Franz Maier-Bruck

Das Große Sacher Kochbuch
Die österreichische Küche

*Fachliche Beratung:
Ernest Richter*

Inhalt

7	Die Geschichte der österreichischen Küche	257	Kalbfleisch
35	Das Hotel Sacher	283	Schweinefleisch
40	Kleiner Sprachführer	305	Lamm- und Hammelfleisch
43	Küchen-Abc	317	Innereien
54	Maße und Gewichte	331	Würste
59	Gewürze und Kräuter	335	Hausgeflügel
66	Fett, Butter, Öl	357	Wild
71	Mehl	377	Wildgeflügel
73	Die Suppen	389	Beilagen, Sättigungsbeilagen
127	Vorspeisen	413	Gemüse
133	Eiergerichte	445	Pilzgerichte
145	Aspik- und Sulzgerichte	453	Salate
151	Die Saucen	465	Kalte Platten (Kaltes Buffet)
171	Fischgerichte	471	Pasteten
195	Krustentiere, Schalen- und Weichtiere	485	Mehl- und Süßspeisen
		579	Literaturverzeichnis
		589	Abbildungsverzeichnis
207	Rindfleisch	595	Register

Abbildung auf dem Schutzumschlag: Tafelspitz, garniert

Nur die in Zierrahmen gestellten Rezepte sind Originalrezepte aus dem Hotel Sacher, verfaßt von Sous-Chef Franz Zodl.
Die 60 Farbfotos stammen von Küchenchef Ernest Richter, der dazu die Speisen auch gekocht und angerichtet hat, ausgenommen Lungenbraten, Tafelspitz und Wiener Eiskaffee, diese hat Sous-Chef Franz Zodl, Hotel Sacher, gekocht und angerichtet.
Die Makronenaufsatztorte (zwischen Seite 514 u. 515 abgebildet) stellte Konditormeister Karl Schuhmacher her.

Genehmigte Lizenzausgabe

© 1975 by Schuler Verlagsgesellschaft mbH, Herrsching

Schutzumschlag: Heinrich Mayr unter Verwendung eines Fotos von Ernest Richter

Alle Rechte vorbehalten

Herstellung: Druckerei Ernst Uhl, Radolfzell

ISBN: 3-88199-388-6

Die Geschichte der österreichischen Küche

Österreich liegt im Schnittpunkt Europas, im Spannungsfeld sich begegnender Völker und Kulturen, aus denen sich Land und Volk des heutigen Österreich kristallisiert haben. Seine geographische Lage im Donau- und Alpenraum bedingt gleichsam die Elemente der ständigen Beeinflussung, der steten Auseinandersetzung.

In frühgeschichtlicher Zeit lebten hier indoeuropäische Völker und Stämme, in der Hallstattkulturzeit (etwa 800 bis 380 v. Chr.) waren es Illyrer, denen die Kelten folgten. Schon die Illyrer entfalteten eine rege Handelstätigkeit. Auf ihren Warenlisten standen: Bernstein von der Ostseeküste, Zinn aus England und Siebenbürgen, Eisen aus Mähren und der Steiermark, Salz aus dem eigenen Salzkammergut, Glas vom Rhein und aus dem Adriagebiet, Terra sigillata aus Südgallien, Olivenöl aus dem Süden, Riechwasser aus Rom, Glasflaschen aus Phönizien, Elfenbein aus Afrika und Zaumzeug aus Südrußland. Der Salzhandel brachte den Hallstätter Handelsherren großen Wohlstand. Die Kelten bzw. illyrisch-keltische Mischstämme errichteten im zweiten vorchristlichen Jahrhundert auf österreichischem Boden das erste Königreich: Norikum. Enge Handelsbeziehungen mit Rom führten kurz vor Christi Geburt zur Einverleibung des Landes durch die Römer, die bis ins fünfte Jahrhundert n. Chr. hier herrschten. Sie verwandelten die Naturlandschaft weithin in Kulturlandschaft und führten neue Saat-, Gemüse- und Fruchtarten ein, förderten Vieh- und Ackerwirtschaft und den heimischen Weinbau. Römische Soldaten, Beamte, Kaufleute, Handwerker brachten neue Eß- und Wohnkulturen. In den folgenden Jahrhunderten war das Land dem Ansturm der Völkerwanderung preisgegeben: Quaden, Markomannen, Heruler, Hunnen, Westgoten, Ostgoten, Skiren, Sweben, Rugier, Langobarden, Awaren, Samaren und Slawen, Franken und Baiern überfielen, raubten oder besiedelten das Gebiet.

Die Babenberger (976–1246) konsolidierten diesen Völkerkessel nach innen und außen und knüpften durch ihre Heiratspolitik verwandtschaftliche Bande nach Ungarn, Böhmen, zu den Welfen und Staufern und zu Byzanz; drei Babenberger, Heinrich II.

(1141–1177), Leopold VI. (1198–1230) und Friedrich II. (1230–1246), waren mit byzantinischen Prinzessinnen verheiratet gewesen.

Die Kreuzzüge des 11. und 12. Jahrhunderts machten Wien zu einem reichen Handelsplatz, denn die Ritterheere einiger Kreuzzüge zogen die Donau entlang quer durch Österreich. Nach dem böhmischen Zwischenspiel des Ottokar Premisl kamen 1282 die Habsburger ins Land und regierten es bis 1918. Diese fast sieben Jahrhunderte währende Habsburgerherrschaft schuf die Casa d'Austria, das »Haus Österreich«, prägte endgültig Denkkategorien, Mentalität, Charakter, Geschmack und Lebenskultur der Gesellschaft und des einzelnen. Die Habsburger boten der Geschichte am Beispiel Österreich eine »Rekapitulation aller Weltzivilisation, üppig und barock«. Denn das »Haus Österreich«, das war und ist nicht nur Wien, Niederösterreich, Oberösterreich, Steiermark, Kärnten, Salzburg, Tirol, Vorarlberg und Burgenland – das war auch Krain, Küstenland (mit Görz-Gradisca, Triest, Istrien), Dalmatien, Montenegro, Mazedonien, Serbien, Walachei, Banat, Bukowina, Kroatien, Bosnien und Herzegowina, Sandschak-Novipazar, Slawonien, Ungarn, Böhmen, Mähren, Galizien und Lodomerien, Österreich-Schlesien und Siebenbürgen, das war aber auch Schweiz, Schwaben, Elsaß, Burgund, Flandern, Artois, Franche-Comté, Spanien, Niederlande, Sizilien, Sardinien, Lombardei, Venetien, Toskana und Modena, Mexiko und Peru. »Die österreichische Substanz«, schrieb Joseph Roth, »wird genährt und immer wieder aufgefüllt von den Kronländern.«

Schließlich umfaßte die österreichisch-ungarische Monarchie bis zum Ersten Weltkrieg auf 676 600 qkm rund 52 Millionen Menschen und 16 verschiedene Sprachen und ebenso viele und noch mehr »nationale« Küchen. Alle diese Völker, Länder, Kulturen, Sprachen und Küchen der Einheimischen, Deutschen, Magyaren, Slawen, Polen, Ruthener, Rumänen, Italiener wurden schließlich durch Wien, die Metropole und Kaiserstadt, repräsentiert.

Die volle Skala der gegenseitigen feinnervigen Beeinflussung und Anreicherung läßt sich nur erahnen und manchmal in kleinen Episoden nachvollziehen. Und nur aus diesem Insgesamt und in der großen Zusammenschau lassen sich auch die österreichische Küche und im besonderen die Wiener Küche, dieses kulinarische Paneuropa, interpretieren und annähernd verstehen.

Die österreichische bzw. die Wiener Küche (ihren gemeinsamen Nenner werden wir noch zu überdenken haben) ist von jeher das Ergebnis einer vielschichtigen, vielbahnigen Wechselwirkung von Nehmen und Geben, von Bekommen, Verwandeln, Sublimieren und Weitergeben. So wie Wien politisch, ethnisch und kulturgeschichtlich ein Schmelztiegel war und ist, in den Fremdes und Bodenständiges hinein- und aus dem etwas Neues, Eigenes herauskommt, so ist auch die Wiener Küche eine Art Schmelzofen. Die Mitgift jeder Nation, jedes Volkes, jeder Köchin brachte neue Rezepte, neue Nuancen, neue Gewürze, neue Zutaten, neue Kombinationen, neue Eß- und Kochkulturen. Das alles vereinigte sich in der Donaumetropole, akklimatisierte sich, das alles floß zunächst einmal in die Wiener Hofküche und gelangte von dort in die Fürstenschlösser und viel später in die Bürgerhäuser. Der Hof und der hohe Adel gaben in diesen Jahrhunderten den Ton an, bestimmten Geschmack und Mode.

Zur historischen Grobstruktur der politischen Verflechtungen und des jahrhundertelangen Zusammenlebens von Völkern, die bereits eine ausgeprägte Speisenkultur hatten – wie Ungarn und Böhmen –, kam die tiefer reichende Feinstruktur der Beziehungen und Verwandtschaften, das Netz persönlicher und alltäglicher Bindungen, Verbindungen und Beeinflussungen. Böhmische Köchinnen und Handwerker, schwäbische »Menscher«, Offiziersburschen aus dem Balkan, byzantinische Kammerzofen, bayrische und mährische Dienst- und Stubenmädchen (»aus Mähren fallen s' ein wie die Bienen«, heißt es in einem Wienerlied um 1780), die Gattinnen von in irgendeiner Provinzstadt der Monarchie diensttuenden Offizieren und Beamten, die Wiener Herrschaftsfamilien in den Sommerfrischen, die Verwandten in Böhmen und Ungarn, die Paläste und Landschlösser der Liechtenstein, Auersperg, Trauttmansdorff, Hardegg, Harrach, Herberstein und Fürstenberg und die Höfe der Esterházy, Palffy, Andrássy, Széchenyi und die Küchen Metternichs und Prinz Eugens – sie alle steuerten ihr Scherflein und Wis-

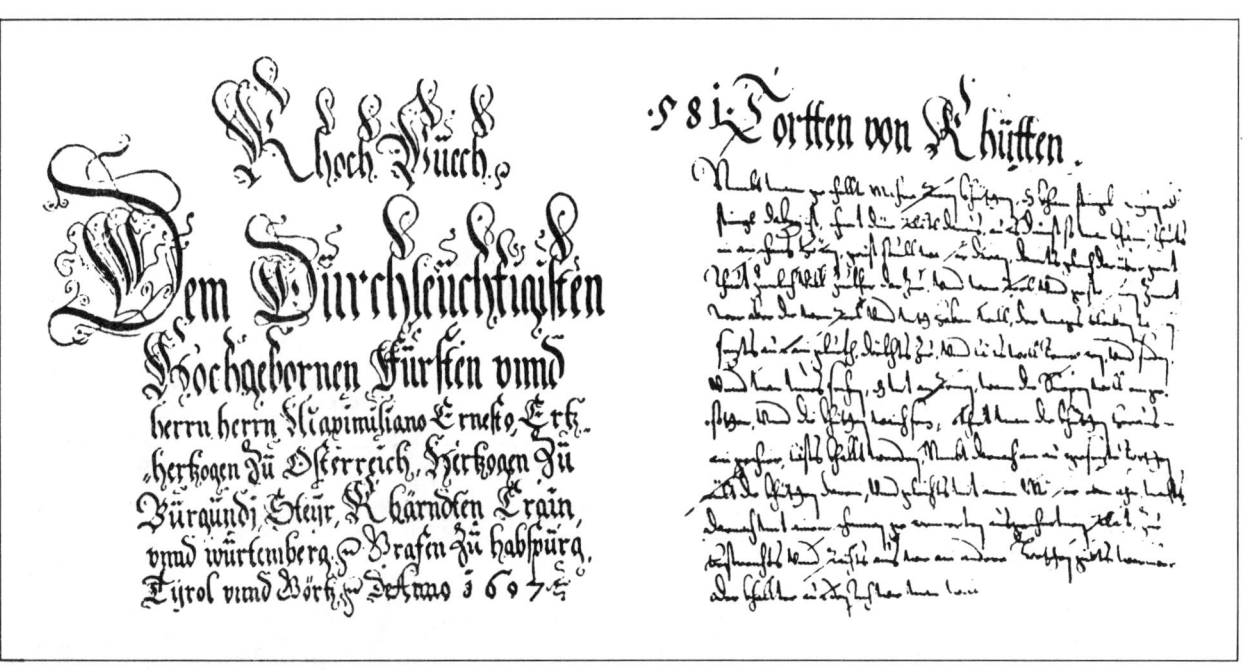

Das Kochbuch für Erzherzog Maximilian Ernst von Steiermark, 1607

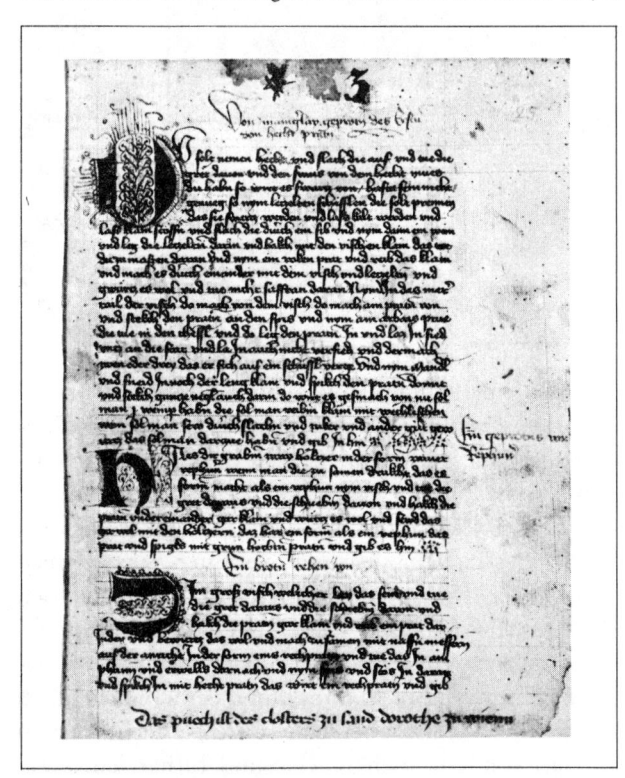

Dorotheen-Kloster-Kochbuch, 15. Jh.

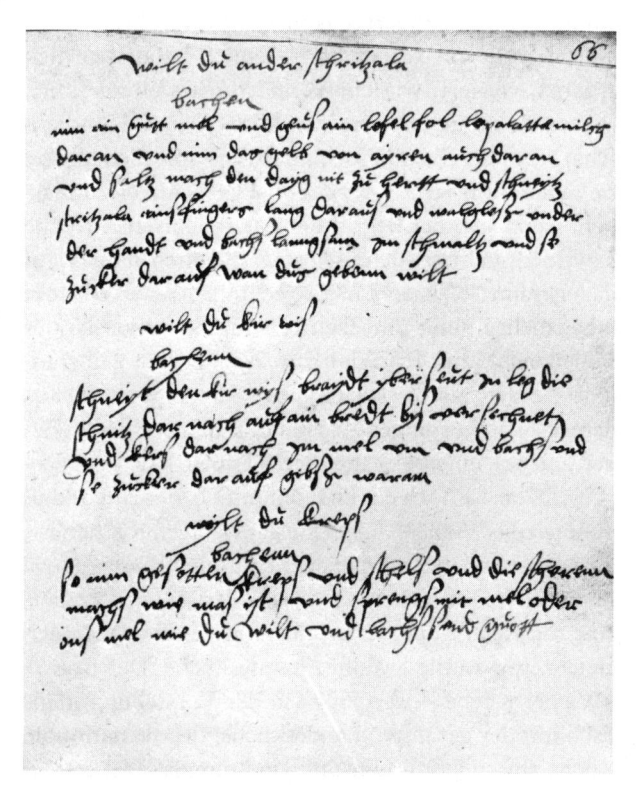

Kochbuch für Philippine Welser, 16. Jh.

sen bei zum Rezept-Repertoire der Wiener Küche. Das Höfisch-Überfeinerte wurde dabei vereinfacht, verbürgerlicht, handfester, nahrhafter gemacht, das Bäuerlich-Kräftige verfeinert, aus- und abgewogener, ausgeglichener. Es ist ja ein Grundzug österreichischen Wesens, Harmonien zu schaffen, Gegensätze auszugleichen, Leidenschaften zu sublimieren. Verbindlichkeit und Beziehungsfreude zeichnen den Österreicher im Positiven wie im Negativen gleich stark aus.

Und noch eine Eigenschaft mag in diesem Zusammenhang wesentlich sein: Der Österreicher ist im Grunde ein konservativer Mensch. Er läßt sich nicht so schnell zu einem Experiment verleiten, er fällt auf keinen modischen Firlefanz herein, er wartet ab, und erst, wenn sich ein Provisorium auf Dauer bewährt, übernimmt er es in sein Eigentum. Die Tradition ist das einzige Gesetz, das er von Natur aus anerkennt. Es wird nicht jeder Haushalt in Österreich eine Bibel oder ein Werk der Weltliteratur besitzen, aber auf alle Fälle hat jede Hausfrau ihr Kochbuch, und zwar nicht irgendeines, ein modisches, sondern das ihrer Mutter, ihrer Großmutter, voll von vergilbten Rezepten, handschriftlich ergänzt, variiert, wie ein Vermächtnis weitergeführt. Dieses Kochbuch gehört zur Mitgift, zum Familienschatz wie der Familienschmuck, der von Generation zu Generation vererbt wird. So ist es nicht verwunderlich, wenn sich der Begriff der österreichischen Küche bzw. der Wiener Küche selbstverständlich immer auf das gesamte Österreich erstreckt hat und erstreckt (aber nicht immer umgekehrt, denn die Bundesländer fühlen sich »aus Tradition« noch immer als selbständige Länder, als die souveränen »Herzogtümer«, aus denen sie hervorgingen – so hat es schon vor der »Wiener Küche« eine eigenständige »Tiroler Küche« gegeben). Dabei ist noch ein Phänomen zu beobachten: daß nämlich die Wiener Küche eine der wenigen Küchen ist, die von jeher den Stadtnamen tragen, aber für das ganze Land gelten. Heute kennt man eine Pariser, eine Prager, eine römische Küche, aber niemand denkt dabei auch gleichzeitig an die jeweilige Landesküche. Der Begriff »Wiener Küche« dagegen ist in der Vorstellung identisch mit der gesamten Landesküche, die die nationale Küche einschließt und meint. Und nur als Wiener Küche hat die österreichische Küche Weltruhm erlangt.

Meister Sebastians »Koch und Kellermeisterey« von 1581 erwähnte zwar schon eine polnische und eine »wählische« Küche, aber er kannte noch keine österreichische, geschweige denn eine Wiener Küche. (Und er war Mundkoch eines Habsburgers.)

Ebensowenig kannte Paul Jacob Marperger, »Königlich polnischer und Chur-Sächsischer Hoff- und Commercienrath«, in seinem 1716 in Hamburg erschienenen »Vollständigen Küch- und Keller-Dictionarium« den Begriff »Wiener Küche«, erwähnte allerdings bereits »Oesterreichische und gesamter Kayserlichen Erb-Länder« Speisen und schrieb ausführlich über den Reichtum des Landes: »Wem nun das gemeine Sprichwort (die Erb-Lande seyen zum Essen und Trincken eigentlich gemacht) nicht unbekannt, der kann leichtlich erachten, daß alle oberzehlten Dinge nicht nur in Menge, sondern auch in Überfluß fürhanden… An dem Kayserlichen Hofe selbst seynd die Spanische,

Teutsche, Welsche und Ungarische Koch-Arten gleichsahm concentrirt, und was an denen darzu gehörigen Requisitis noch fehlet, solches wird durch die in gantz Oesterreich florirende Handelschafft reichlich herbeygeschaffet... Ich werde auch nicht irren, wann ich sage, daß vielleicht in Oesterreich die besten Köch und Köchinnen der Welt anzutreffen, und zwar aus Ursache

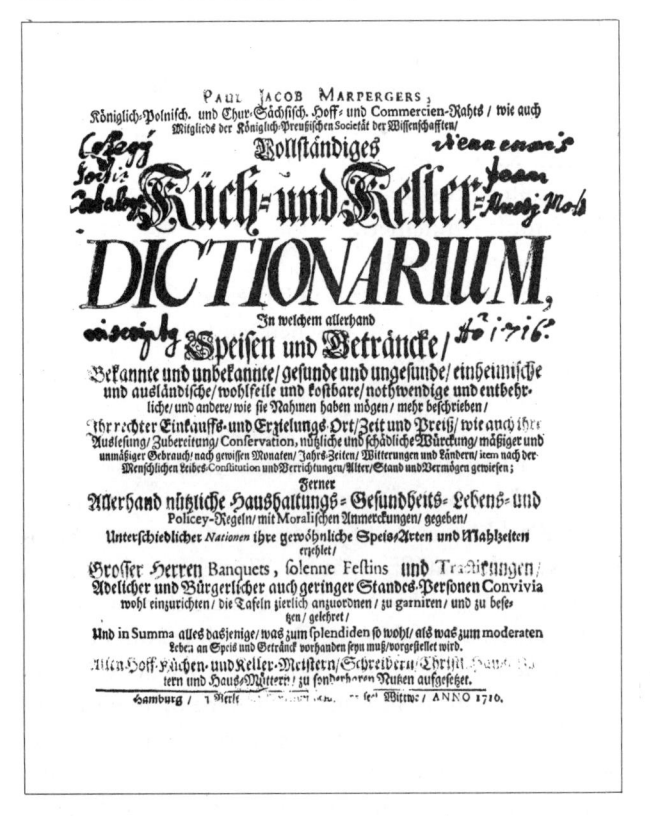

des Kayserlichen Hoffs, und der an solchen sich aufhaltenden vielen ausländischen Fürsten und Ambassadeurs, die ihre eigene Köche mehrenteils bey sich führen, welche, weil ihre Herren großen Staat führen, und staattliche Tractirungen ausrichten müssen, untereinander certiren, wer die besten Speisen zur Tafel bringen möge; Einer siehet, lernet und erfähret es von andern, der Teutsche von Italiänern, der Frantzose von Englischen, und so nimmt hernach das Bürgerliche Frauenzimmer auch davon an.«

Das 1785 in Prag und Wien erschienene »Neue Lexikon der französischen, sächsischen, österreichischen und böhmischen Kochkunst« enthält eine schon lange Reihe von Rezepturen »auf österreichisch«. Erschien doch schon 1798 in Wien ein »Kleines österreichisches Kochbuch« von einer ungenannten »wienerischen Köchin«. Bereits 1792 hieß es in einem »Nützlichen Adreß- und Reißbuch von Wien«: »Inländer haben es im Ausland und Ausländer bei uns gefunden, daß die wienerische Küche die beste, die nahrhafteste und auch die wohlfeilste sei.«

Erst im letzten Drittel des 18. Jahrhunderts taucht endgültig in den Kochbüchern der Begriff Wiener Küche auf und verdrängt dann die österreichische Küche bzw. die Rezepte »auf österreichisch« mehr und mehr. Trotzdem wußte man schon verhältnismäßig früh, daß man in Wien gut leben, gut essen und gut trinken konnte, daß der Wiener auf gutes und reichliches Essen und Trinken etwas hält. Im Nibelungenlied, um 1200 endgültig gefaßt, hieß es von »Wien dort an der Donau«:

»In reichem, vollem Maße war alles dort bereit,
Was sie zu haben wünschten.«

Der Geschichtsschreiber Ottokar von Horneck schilderte das Hochzeitsessen nach der Vermählung König Bélas von Ungarn mit der Nichte Ottokars von Böhmen im Jahre 1264 in Wien: »Des Überflusses war da genug. Kaum trug die Donau in den Schiffen die Last der Speisen, und manches barst da im Gedränge.«

Aenea Silvio Piccolomini, seit 1437 als Humanist und Kanzler Kaiser Friedrichs III. in Wien (und seit 1458 Papst Pius II.), wußte über Wien zu berichten: »In Wien halten fast alle Bürger Tavernen, sie heizen ihre Stuben, halten gute Küche, laden leichtes Volk zu sich und geben ihm die Speise umsonst, daß es desto mehr trinke... das Volk ist ganz dem Leibe geneigt und ergeben, und was die Wochen mit der Hand schwerer Arbeit gewonnen hat, das tut es am Fyrtag alles verzeren.«

Und Neidhart Fuchs, um 1480, schildert:
»Darnach kam ich gen Wien ans fürsten tisch,
man gab mir wildbret unde fisch,
man hieß mich frölich essen,
man schenkt mir lutenperger ein,
meines Leides hät ich vergessen.«

Ein anderer Zeitgenosse vermerkte, daß die Wiener auch in Kriegszeiten nichts von jener Annehmlichkeit des Daseins entbehren mochten, die zu Hause Küche

Fischereiordnung Kaiser Maximilians I., 1506

und Keller boten. In liebevoller Fürsorge sandte der Rat von Wien seinen Kriegern, die zur Niederbrechung einiger Raubritterburgen ausgezogen waren, nicht bloß Fastenspeisen wie gesalzene Fische und Käse nach, sondern auch allerhand angenehme »Überflüssigkeiten« wie Wildbret, Schmalz und Spezereien, Gewürze, Mandeln, Feigen, »Weinber« und einen guten Tropfen »Reinfal und Malvasier«.
Johann Basilius Küchelbecker schrieb in seinen »Allerneuesten Nachrichten vom Römisch-Kayserlichen Hofe«, 1730: »Am meisten wird in Wien in Essen und Trinken oder besser zu reden in Fressen und Sauffen exzediret, welches sowohl von Hohen und Niedrigen als auch von Geistlichen und Weltlichen geschieht und weiß man den größten Theil des Tages nicht besser und vergnügter als bey Tische beym Glas Wein zuzubringen.« Und Johann Kaspar Riesbeck berichtete seinem Bruder zu Paris 1783 aus Wien: »Als die Rede vom Essen war, da war weder eine Table d'hôte noch etwas ähnliches im Haus. Der Kellner stellte sich steif vor mich hin und nannte mir 20 bis 30 Gerichte in einem Atem, so geschwind daher, daß ich nichts unterscheiden konnte... Und ich muß gestehen, daß alles sehr billig war. Um 20 bis 24 Kreuzer kann man hier ein ziemlich gutes Mittagessen nebst einem Schoppen Wein haben.« Was ein Wiener Kellner damals zu nennen wußte, dürfte ungefähr so geklungen haben, wie es eine Altwiener Speisekarte aus dem Singspiel »Die Teufels-Mühle am Wienerberg«, 1805 von einem Anonymus verfaßt, uns anschaulich aufzählt:
»Ein' Suppen mit Fleckerl steht hier angeschrieben,
Ein Rindfleisch mit Semmelkren und roten Rüben,
Ein Kraut mit Pofesen, ein Eing'machts mit Krebsen,
Gebrat'ne Tauben, ein Ragout von Schöpsen,
Kapäuneln und Hendeln, gebrat'ne Vögel,
Ein Antel, ein Gansel, ein kälbernes Schlägl,
ein guts Karbonadl,
Ein gefülltes Rostbratel,
Ein g'stopft's Indianerl,
Ein schönes Fasanerl,
Gebrat'ne Karpfen, gesott'ne Forellen,
Ein welsches Salatl mit frischen Sardellen,
Pasteten und Torten
Von allerley Sorten,
Das wär' für Euch wohl ein köstlicher Schmaus –
Wär' nur von dem allen ein Bissen im Haus!«
Warum Wien bzw. Österreich im Chor der eigenständigen Kochbücher und Speisen des »vornehmen Standes« verhältnismäßig spät zu Wort kam, hat seinen Hauptgrund im historischen Schicksal. Die ersten Habsburger, die 1282 nach Österreich gekommen waren, hatten für Wien und Österreich zunächst wenig übrig gehabt. Ihr Besitz lag am Oberrhein, im Elsaß, im schwäbischen Raum, ihr Stammland war die nördliche Schweiz. Die Herzogtümer im Osten waren nur eine Draufgabe zur Hausmacht. Und so waren diese Habsburger und ihre Ratgeber zunächst wenig beliebt. Erst ab Mitte des 14. Jahrhunderts, als sie die Schweiz verloren hatten, besannen sie sich auf Österreich als ihre neue Hausmacht. Und erst den Barockkaisern gelang es, den Wienern zu gefallen.
Noch Kaiser Maximilian I. (1493–1519), der letzte Ritter und schon auch »uomo universale« der Renaissance, war nur ungern in Wien (er ließ sich in Wiener Neustadt begraben) und machte Innsbruck zu seiner Hauptstadt. Achtzehnjährig heiratete er Maria von Burgund und lebte 12 Jahre am reichen Hof von Burgund, zu dem damals das heutige Burgund, die Franche-Comté, der Großteil von Flandern, Brabant und

Eiß vnnd form gründt- lich vnd artlich, viel vnd mancher- ley Speise, So zu außenthaldt des menschlichen lebens dinstlich, aus vier füssigenn, zahmenn vnd wilden Thieren, vo- geln vnd federwiltpret, Fisch gebraten, Paketen, Turten, Salath, Ingemüs, Mandelkeß, Sup- pen, Confect, vnnd Eingemachtem, auch ande- rem, so zur kocherey nütz vnd notigk, zumachen, erkleret, Nicht allein vor Fürsten vnnd Her- renn Tafeln, Sondern auch dem gemeinen mann Nützlich vnd dien- lich.

Durch Den erfahrnenn Meister Marx Rumpoltz aus klein Walachey, Churfürstlichenn Maintzischen Mund- koch, jedermenniglich zu nutz, an thagk Bracht.

Marx Rumpolt, »Ein new Kochbuch«, 16. Jh.

Luxemburg sowie die Provinzen der Pikardie und des Artois gehörten. Am Hof von Burgund stellte der junge Maximilian bei Abendgesellschaften wiederholt persönlich das Mahl zusammen. Dort lernte er die exquisiten Saucen, Pasteten, Honigkuchen und Konfitüren aus gepreßten Rosen und alle anderen Köstlichkeiten der flandrischen Küche kennen und lieben. Als er schon lange in Innsbruck saß und mit Bianca Sforza, der verschwenderisch-genußsüchtigen Nichte des Herzogs von Mailand, verheiratet war, schickte er seinen Koch zu seiner Tochter nach Mecheln, damit dieser in ihrer Küche lerne, denn er wisse nur zu gut, daß nirgends in der Welt so köstliche Pasteten gebacken werden wie in Flandern. Sie wieder sandte ihrem Vater Süßigkeiten und Konfitüren, für die er eine besondere Schwäche hatte. 1514 brachte er die ersten »Zuckerbläser« an seinen Hof.

Das älteste schriftliche Zeugnis österreichischer Kochbücher befindet sich heute im Besitz der Österreichischen Nationalbibliothek in Wien. Es ist eine Handschrift, vermutlich aus dem 15. Jahrhundert, das »puech des closters zu sand dorothe zu wienn« (Cod. Vind. 2897). Der Besteller dürfte das fertige Werk voll Ungeduld herbeigesehnt und es dem »Rubrator«, der die Anfangsbuchstaben extra zu zeichnen und zu malen hatte, aus der Hand gerissen haben, weil in dem Exemplar viele weiße Flecken für die ausgesparten Initialen geblieben sind. Eine beliebte Speise darin war der Fisch in Form eines »Rehrückens«. Auch Hühner wurden besonders raffiniert zubereitet und mußten in allen Farben des Regenbogens schillern, denn es gibt darin Rezepte »vom grünen, vom weißen, vom roten, vom swarzen hun«; jedes dieser gefärbten Hühner mußte außerdem mit einer anders gefärbten »Salsen« versehen werden. Ein anderes Kapitel berichtet »vom maniglay essen, wy man dy hofleich machen soll«. Unter dem Titel »Ein ander essen von arbais« (= Erbsen) lernen wir den Ahnherrn des späteren italienischen »risi e pisi« kennen. Wie diese Handschrift und auch die anderen in der Österreichischen Nationalbibliothek bewahrten handgeschriebenen Kochbücher (Cod. Nr. 4995 und 5486) entstanden sind, wer sie geschrieben hat und woher vor allem die einzelnen Rezepte stammen, läßt sich nicht mehr sagen. Man kann nur feststellen, daß einige Rezepte untereinander bzw. in anderen Handschriften und Frühdrucken auffallend übereinstimmen. So findet man einige im Dorotheen-Kloster-Kochbuch erscheinende Rezepte auch im Wiener Cod. Nr. 4995, im Heidelberger Cod. pal. gem. 676 oder im Würzburger »Buch von guter spise« (entstanden gegen Ende der vierziger Jahre des 14. Jahrhunderts und dann mehrmals abgeschrieben), u. a. die Rezepte für drei Arten von Gewürzsaucen »Agrest«, »Kondiment« und »Salse«, oder Rebhühner in der Fastenzeit, Spanferkel, Bocksleber, »ein geprotns von rephuner«, »ein brotens rehen« und »Mandelkäse«. Der Codex Vind. Nr. 4995, ebenfalls aus dem 15. Jahrhundert, stimmt in seinem ersten Teil mit der Würzburger Fassung des »Buches von guter Speise« überein. Die Rezepte »Erbsen am Spieß«, Pasteten von Fischen, gefüllter Aal, Spanferkel oder »Kuchen mit doberis zu machen« findet man auch in anderen Handschriften wieder. Der Cod. Nr. 4995 hat übrigens ein Register vorangestellt, das allerdings nicht immer mit der Reihenfolge selbst übereinstimmt! Auch im Cod. Vind. Nr. 5486 (Blatt 83^r–95^v) stimmen Rezepte (wie Speise aus Holunderbeeren, Speise auf Krebs oder gepreßter Schweinskopf) mit Rezepten in Rumpolts »New Kochbuch« (1581), in »Koch vnd Kellerei von allen speisen und geträncken« (1537) und in »Küchenmeisterei« überein.

Ungleich bezeichnender für diese Epoche ist das handschriftlich erhaltene Kochbuch (Cod. Vind. 11 375) der Philippine Welser (1527 bis 1580). Vermutlich handelt es sich dabei um eine Abschrift einer Zettelsammlung, die nicht von der Verfasserin selbst geschrieben worden sein dürfte. Ein zweites Rezeptbuch (Cod. Vind. 11 454) der Philippine Welser dagegen, das vor allem medizinische und hauswirtschaftliche Rezepte und Mittel enthält, ist eine Sammlung aus Einzelblättern, die wohl später in nichtsystematischer Reihenfolge gebunden wurden. Die Rezepte zu diesem Buch hat die Sammlerin aber größtenteils in ihrer zierlichen Handschrift geschrieben (sie sind oft im schwäbischen Dialekt abgefaßt). Beide Handschriften werden heute im Schloß Ambras bei Innsbruck aufbewahrt, wo Philippine Welser einst Schloßherrin war. Diese Augsburger Patriziertochter wurde 1557 Gemahlin des Erzherzogs Ferdinand II. (gestorben 1595), seit 1564 Statthalter

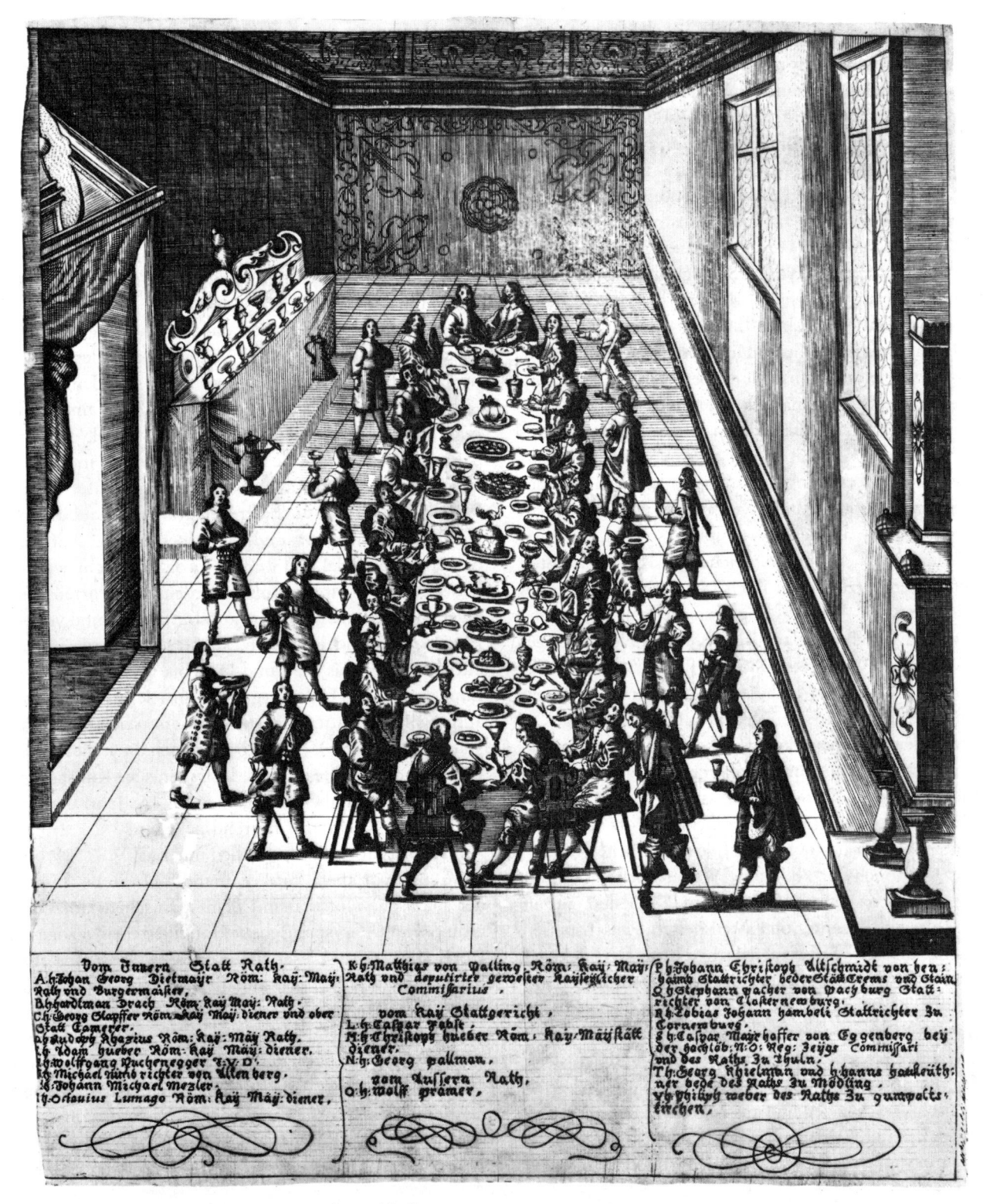

Vom Innern Statt Rath.	K.h. Matthias von Palling Röm: Kay: May:	P.h. Johann Christoph Altschmidt von ben:
A.h. Johan Georg Dietmayr Röm: Kay: May: Rath und Burgermaister.	Rath und deputirter gewesener Kayserlicher Commissarius.	hamb Stattrichter beder Statt Crems und Stain. Q.h. Stephann Wacher von Wachburg Statt: richter von Closternewburg.
B.h. Hartman Drach Röm: Kay May: Rath.	vom Kay Stattgericht.	R.h. Tobias Johann hambeli Stattrichter zu Cornenburg.
C.h. Georg Clapffer Röm: Kay: May: diener und ober Statt Camerer.	L.h. Caspar Pabst.	S.h. Caspar Mayrhoffer von Eggenberg bey
D.h. Rudolph Abazius Röm: Kay: May: Rath.	M.h. Christoph Hueber Röm: Kay: Mäystatt diener.	der hochlöb: N:Ö: Reg: Zeygs Commissari und des Raths zu Tuln.
E.h. Adam Hueber Röm: Kay: May: diener.	N.h. Georg Pallman.	T.h. Georg Khielman und h. hanns hackeuth:
F.h. Wolffgang Puchenegger I.V.D.	vom Aussern Rath.	nör bede des Raths zu Mödling.
G.h. Michael Hundt richter von Ulenberg.	O.h. Wolff Pramer.	V.h. Philipp Weber des Raths zu Gumpoltz:
H.h. Johann Michael Mezler.		kirchen.
I.h. Octauius Lumago Röm: Kay: Mäy: diener.		

Große kaiserliche Tafel in der Wiener Hofburg, 17. Jh.

von Tirol, eines Sohnes Kaiser Ferdinands I. 1567 übersiedelten beide von Böhmen nach Innsbruck. Ihre morganatische Ehe wurde vom kaiserlichen Vater erst Jahre später anerkannt, der die Augsburgerin dann zur »durchlauchtigsten Fürstin und Frau, Frau Philippina, Markgräfin zu Burgau, Landgräfin zu Nellenburg, Gräfin zu Nieder- und Ober-Hohenburg etc. etc.« ernannte. Sie war eine tüchtige Hausfrau in dem dreistöckigen Schloß, das von einem Kunstgarten mit Muskat- und Damaszenerrosen, Springbrunnen, fruchttragenden Orangen-, Feigen-, Mandel- und Kastanienbäumen, Statuen und Lusthäusern sowie von einem Wildpark mit halbzahmen Hirschen, Rehen, Damwild, Steinböcken und Gemsen umgeben war. Die gute Küche der Frau Philippina lockte stets viele Gäste an; serviert wurde meist auf weißem Majolikageschirr aus italienischen Werkstätten in Faenzo und Urbino. (Das Inventar von Schloß Ambras, 1596 nach dem Tod des Erzherzogs aufgenommen, verzeichnet u. a. »ainen casten, darinnen allerlei weis majolica, schüssl, geschirr, schalen, flaschen und dergleichen«.) Täglich mußten auf dem erzherzoglichen Tisch 24 verschiedene Speisen – in gehöriger Abwechslung – erscheinen. Die Küche benötigte zum Beispiel täglich 900 Pfund Fleisch, ungerechnet des Wildbrets, und 50 Pfund Schmalz. Ein Diätgericht für den erzherzoglichen Gemahl enthielt »ein gesotten Hühnel, ein gebraten Hühnel, Spargel, in einer Fleischbrühe gekocht, gesottenes Gerstel, Nekkarwein und Mandelmilch«. An einem Freitag gab es Mandelsuppe, Zwetschken, Krapfen von Marzipan; zum Abendessen verspeiste der Gemahl trotz des kirchlich gebotenen Fasttages noch »ein Hühnchen«.

Das Kochbuch der Philippine Welser dürfte aus ihrer eigenen Praxis entstanden sein. Auf 272 Seiten enthält es zahlreiche Rezepte von Fastenspeisen, Fleischspeisen (mehr als 30 Schweinefleischgerichte, gebackenes Fleisch), Suppen, gebackene Fische, Krebse, Sulzen aus Fleisch, Fisch und Krebs, Mehlspeisen, Torten (u. a. eine Nußtorte), »weyse streybla« (worin wir unsere »Strauben« wiedererkennen), Pasteten und Müslein, das Blancmanger, das Mandelgelee, von ihr »plamausch« geschrieben und aus Mandeln, Reismehl und Milch bereitet, »auf Glut gesetzt und wol gerurt, damits nit annprinn oder knollet werden«. Von »basteten« und »dorten« enthält die Sammlung eine ansehnliche Menge. Und bereits »klassisch« serviert sie zum Rindfleisch »Marrhettich« (Meerrettich). Zum Obst empfiehlt sie »Hohlhippen, Turten, Setzküchlein, Strauben, Gebackenes, Messerkuchen und allerley Käß«.

Auch im Tiroler Landesmuseum »Ferdinandeum« liegt ein Kochbuch einer Tiroler Adels- oder reichen Bürgerfamilie aus der zweiten Hälfte des 16. Jahrhunderts auf, das eine Anzahl von Fisch- und Fleischspeisenrezepten und Tortenrezepte enthält (beliebt war eine Torte mit Zirbennüssen).

Es ist vielleicht nicht zuletzt das Verdienst der Philippine Welser, daß die Tiroler Küche als eine der ersten heimischen »Provinz«-Küchen auch in deutschen Kochbüchern schon früh Erwähnung fand und daß noch heute »Tiroler Knödel, Tiroler Strudel, Tiroler Sauce« und andere Gerichte »à la tyrolienne« in der internationalen Gastronomie ihren angestammten Platz haben. Freilich trug auch der Reichtum des Landes, ab 1400 durch den Silber- und Kupferbergbau geschaffen, dazu bei, daß Adel und Bürger Tirols bald sehr wohlhabend waren. Tirol genoß außerdem den Vorteil des regen Handels zwischen den augsburgischen und venezianischen Handelshäusern. Entscheidend war aber auch, daß 1379 bis 1490 und 1564 bis 1665 eine eigene Linie des Hauses Habsburg in Innsbruck ihre Residenz aufgeschlagen hatte (Tirol wird ja erst seit 1665 von Wien aus »regiert«). Dazu kommt noch die Italiennähe – Ferdinand II. hatte in Tirol die italienische Kunst sehr gefördert. Und Italien war gerade im 16. Jahrhundert auch in der Kochkunst führend gewesen!

Am Wiener Hof war inzwischen mit Karl V. (1519 bis 1556) und vor allem mit Ferdinand I. (1556 bis 1564) der spanische Hofstaat mit dem spanischen Hofzeremoniell und der spanischen Hofetikette eingezogen. Doch konnte sich dieser spanische Einfluß weder auf die Wiener Politik noch auf die Wiener Küche allzu stark geltend machen. Karl V. aber vereinigte erstmals alle habsburgischen Länder und machte die Habsburger zur mächtigsten Dynastie Europas. Das »Haus Österreich« wurde Weltmacht, in seinem Reich ging die Sonne nicht unter.

Parallel zu dieser Entwicklung hat sich auch der Ruhm Wiens – 1529 hatte es erfolgreich den ersten großen

Türkenansturm abgewehrt – verbreitet, und fast alle Zeitgenossen stimmen in das Loblied Wiens ein. Wolfgang Schmeltzl, aus der Oberpfalz um 1540 nach Wien gekommen, wo er bis 1553 Lehrer am Schottenstift war, schreibt in seinem Lobspruch der Stadt Wien:
»Der Schmälzl khain pesser schmalzgrub fand.
Ich lob diß ort für alle land!
Wer sich zu Wien nit neren kan,
Ist uberall ein verdorbner man.«
Dieser Wolfgang Schmeltzl kam sich am Lugeck, der ältesten Stelle Wiens, vor, als wär er »gen Babl khumen, wo alle sprach ein Anfang gnomen«:
»Hebreisch, Griechisch, und Lateinisch,
Deutsch, Frantzösisch, Türkisch, Spanisch,
Behaimisch, Windisch, Italienisch,
Hungarisch, guet Niderlendisch,
Naturlich Syrisch. Crabatisch,
Rätzisch, Polnisch und Chaldeisch...«
Auch Hans Sachs stimmt in seinem Lobspruch von 1567 mit ein:
»Nun diese Stat, volkreich vür war,
Doch kumbt überflüssiger weis
Täglich darein allerlei Speis
An korn, weizen, prot, flaisch und visch,
Krebs, air, vogel und wilpret frisch.«
Aber nicht nur Wien und Tirol verstanden zu speisen, sondern auch die übrigen Länder Österreichs. So ist uns aus Salzburg, das damals noch ein selbständiges geistliches Fürstentum war, die »Gasterey« einer Hochzeit aus dem Jahre 1581 überliefert, bei der so enorm »aufgekocht« wurde, daß die 99 geladenen Gäste drei Tage zu tun hatten. Zum »ersten Gang« gab es: »Pumberantschen Sallat (Pomeranzensalat), Kelsten oder Köpfl-Sallat, Pratten Äll (Aal), Zeller Krebs, Gesotenen Kopaun, Groß Pratten Vögel, Westfalisch Schweinshamen (Schinken)«; zum »zweiten Gang«: »Lungen Pratten, Zween Koppaunern gebratten, allerley gebratten Feder-Wildbret, Allerley gebrattenes Stiebendt-Wildbret, Hayßgsotten Höchten, Barmb (Barben), Rutten, Salbling, Forchen (Forellen), Kellkraut (Kohl), Mandl Dortten, Geselchte Lax-Forchen«; zum »dritten Gang«: »Grundl in Butter, Ferchen Sulzen, Dattl Dortten, Eingemachte Hiener, Wildpret Pasteten, Abgesottene Partlßgadner Saibling, Gesulzte Milch«; zum »vierten Gang«: »Articockhi, Himel-Brot, Wißkotten oder hörts Zuckerbrot, Windtstrickh, so endtliche Kiechl seind, Groß und khlaine Hollehipen, Feil Valtten, das seind auch zusammengewickhelte Hollehipen.«

Das 16. Jahrhundert war die Zeit gewesen, in der vermutlich am meisten gegessen und getrunken wurde, es war aber auch das Jahrhundert der gastronomischen und kulinarischen sowie der kochtechnischen Umwälzungen. Verschiedene Faktoren trafen in diesem »Jahrhundert der Entdeckungen« zusammen: der allgemeine Auftrieb der Künste, auch der Kochkunst – am Ende dieses Jahrhunderts war die italienische Küche führend in Europa –, die Früchte und Gewürze, einst von den Kreuzfahrern nach Europa gebracht, bürgerten sich allgemein ein, neue kamen hinzu – vor allem durch die Entdeckung Amerikas und des Seeweges nach Ostindien – wie Ananas, Kartoffeln, Kakao, Kaffee, Tabak. Auch in der Küche selbst gab es wichtige Umwälzungen und Neuerungen: Das offene Feuer wurde durch die ersten Öfen aus Gußeisen ersetzt, gußeiserne Töpfe, Kasserollen, Kessel und neues Backgeschirr ermöglichten Verbesserungen der Koch-, Brat- und Backtechniken. Ostasiatisches Porzellan kam erstmals nach Europa. Eß- und Trinkgeschirre aus Metall wurden mehr und mehr durch Glas- und Steingut ersetzt. Elfenbeinschnitzerei, Gold- und Silberschmiedehandwerk brachten wundervolles, kostbares Tafelgeschirr »auf den Markt«, die Eßgabel wurde an den europäischen Höfen allgemein üblich. Das Tranchieren wurde eine eigene Kunst und Wissenschaft, und schließlich ermöglichte die Erfindung der Buchdruckerkunst die rasche Verbreitung von Kochrezepten bzw. Kochbüchern, Kräuter- und allgemeinen Haushaltungs- und Wirtschaftsbüchern.

Die ersten gedruckten Kochbücher wurden von den Küchenmeistern der Fürstenhöfe verfaßt; ein gewisser Hauch von Internationalität ist bereits zu spüren, so vor allem in dem »New Kochbuch« des Marx Rumpolt, 1581 in Frankfurt am Main herausgegeben, eines Kurfürstlich Mainzischen Mundkochs. In diesem Prachtwerk – mit vielen Holzschnitten versehen – beschreibt er eingehend die Speisefolge der Kaiser und Könige, Erzherzöge und Fürsten, Barone und Edelleute,

»wie man ein Fürsten- oder Herrenbankett bestellen soll«; er bringt Muster von Speisenfolgen, nach Ständen geordnet vom »kaiserlichen Bankett« bis zum »Bankett des Bauern«. Bei einigen Rezepten beruft sich Rumpolt auf hochstehende Persönlichkeiten, zum Beispiel: »So ist es ein gut Essen fuer die Vngerischen vn Polnischen Herrn«, »Also tregt man es fuer einen Koenig in Polen«, »so essens die Herren von Oesterreich gern« oder »Vnd auff diese art zugericht hat deß Keysers Maximilians Mutter Koenigin Anna gern gessen.« Übrigens besitzt die Österreichische Nationalbibliothek eine handschriftliche Abschrift dieses Kochbuches von Rumpolt mit einer Widmung an Kaiser Rudolf II. (1576–1612 Römischer Kaiser, der sich 1582 an den Prager Hof zurückgezogen hat und sich der Astrologie, Alchimie und seiner Kunstsammlung widmete). Rumpolt dürfte auch internationale Erfahrung besessen haben; so beschreibt er zum Beispiel eine Sulze, »die man auff vngerisch gekocht heißt«, und einen Lungenbraten, den »also die Turcken gern essen«. Der wachsende Luxus, der in der Kochkultur der adeligen Gesellschaftskreise zum Ausdruck kommt, äußert sich nicht nur in der zunehmenden Zahl der prunkhaften Schaugerichte, die bis ins 18. Jahrhundert hinein gebräuchlich waren, sondern auch in der Tatsache, daß die einfachen Rezepte im Laufe des 15. und 16. Jahrhunderts durch »erlesene und kostbare Zutaten und weitere Arbeitsgänge immer mehr verfeinert werden« (Anita Feyl, »Das Kochbuch Meister Eberhards«, 1963). Rumpolt führt »Vom Ochsen drey vnd achtzigerley Speiß und Trachten zu machen« an und bemerkt zu einem »Braten vom Rücken vom Ochsen«: »Ist ein gut herrlich Essen, du magst es geben für Könige vnd Kayser.«

Ein weiteres Kochbuch, das mit Österreich nur indirekt zu tun hat, ist die »Koch vnd Kellermeisterey / Daraus man alle Heimlichkeit deß Kochens zu lernen hat / Von allen Speisen wie man sie bereiten sol sampt eines jeden essens wirckung und natur zur auffenthaltung der gesundheit: Jetzundt erst an tag geben Durch Meister Sebastian N. Röm(ischer) Keys(erlicher) May(estät) gewesener Mundtkoch«, 1581. Allerdings dürfte es sich dieser »Meister Sebastian« leichtgemacht haben, wie Hans Wiswe in »Kulturgeschichte der Kochkunst« (1970) festgestellt hat, denn viele Seiten und Holzschnitte sind dem im selben Jahr und im selben Verlag erschienenen Werk des Mar Rumpolt entnommen, und der Kern des Buches enthält die alte »Koch und Kellermeisterei«, die 1545 von Hermann Gulfferich in Frankfurt am Main herausgegeben wurde, die ihrerseits wieder auf eine »Küchenmeisterei«, das 1485 bei Peter Wagner in Nürnberg erschienene, erste in deutscher Sprache gedruckte Kochbuch, zurückgeht. Zu erwähnen wäre noch das Kochbuch aus der Küche des »durchleuchtigsten Maximiliani Ernesti, Erzherzog von Österreich« aus dem Jahre 1607, das Eufemia von Kudriaffsky in »Die historische Küche« (Wien 1880) erwähnt; das handgeschriebene Exemplar (Cod. Vind. 11 470) befindet sich in der Nationalbibliothek, Wien. Im 17. und 18. Jahrhundert trat Österreich mit den Barockkaisern Leopold I. (1658–1705), Joseph I. (1705 bis 1711) und Karl VI. (1711–1740) in sein »Heldenzeitalter« ein. Seit dem Dreißigjährigen Krieg war die österreichische Großmacht der Habsburger ihre eigenen Wege gegangen, und jetzt ging die Sonderentwicklung Österreichs ihrer Vollendung entgegen. Nach dem letzten erfolgreich abgewehrten Türkenansturm vor Wien im Jahre 1683 konnte sich im Barock die wahre Natur des Landes und seiner Bevölkerung zu voller Pracht entfalten.

Die neue Wirtschaftsform des Frühkapitalismus brachte Handel und Gewerbe zum Erblühen. Die »Niederläger« (Großimporteure) führten in ihren Lagern »Pomerantzen«, Austern, Mandeln, Kastanien, Pistazien, Reis, »Zibeben«, Wein aus Spanien, Käse aus Holland und Italien, Mortadella aus Cremona, Konfekt aus Venedig, Gewürze aus Indien, Strudel aus der Steiermark. Seltener noch waren Tee, »Cioccolate« und »Caffe«; Rohrzucker war ebenfalls noch eine Kostbarkeit.

Es begann das Zeitalter der formvollendeten Standesabgrenzung, jeder hielt sich in seinem »Lebensstil« an seinen »Bürgerzettel«, ein jeder »maintenirt seinen état«. Kaiser Leopold teilte seine Untertanen in fünf Klassen ein: »Zur ersten Klasse gehörten: Die kaiserlichen und landesfürstlichen höheren Beamten, wie Vizedome, Hof- und Kriegszahlmeister, Amtsmänner, Landgrafen, Hofquartiermeister, Sekretäre, welche nicht zugleich wirkliche Räte sein, die Doktores der

Rechten und Arznei, die Nobilitierten, so Landgüter haben, Kammerdiener, Hofkapell- und Vizekapellmeister und die Stadtrichter zu Wien und Linz. Zur zweiten Klasse gehörten: Nobilitierte ohne Landgüter, Hofmusizi, Hoffouriere, Herolde, Leibbarbiere, Stadt- und Gerichtsbeisitzer, Münzmeister, Buchhalter, Rentmeister, Bürgermeister und Richter der landesfürstlichen Städte und Märkte. Die dritte Klasse umfaßte: Buchhaltereibediente, Konzipisten, Kellermeister, Zimmerwarter, Tafeldecker, Türhüter, Kammerheizer, Hatschierer, Trabanten, Leiblakaien, Kammertrabanten, Trompeter, die äußeren Ratspersonen, die vornehmen bürgerlichen Handelsleut, wie auch andere vornehme Bürger, welche kein Handwerk treiben, die Künstler: nämlich Buchdrucker, Maler, Bildhauer und Kupferstecher. Der vierten Klasse gehörten an: Falkner, Jäger, Hofsattler, Mesner, Kirchendiener, niedrige Kanzleibediente, Handwerker, Köche und Köchinnen und Bediente der anderen Klassen. In die fünfte Klasse gehörten: Die Untertanen und derselben Inleute, die Tagwerker und das übrige gemeine Volk.« (Fred Hennings, »Das barocke Wien«, 1965.)

Den geringen Standespersonen verbot Leopold jedweden Luxus an Kleidern und Essen, Geschirr und Hausrat – selbst die Anzahl der Speisen und der Gäste, selbst die Kerzen bei Hochzeiten und Begräbnissen waren genau festgelegt. Leopold ging sogar so weit, daß er amtliche Kontrollorgane bestellte, die den Hausfrauen in Töpfe und Pfannen zu schauen hatten (das Volk nannte ihn deswegen den »Häferlgucker«). Köchinnen und Dienstpersonal köderte man mit Prämien, um Übertretungen ihrer Herrschaft den Behörden anzuzeigen.

Es war die Zeit, da der kaiserliche Hof, der Hochadel und die hohe Geistlichkeit sich »divertierten«. Allongeperücken, gravitätischer Gang, Stöckelschuhe, lange Weste, riesige Ärmel und Knöpfe – alles das steigerte den Eindruck barocker Würde. »Aus diesem Grund kam damals sogar die Fettleibigkeit in Mode. Sie war jener körperliche Habitus, der dem Barockmenschen als Ideal vorschwebte«, schreibt Egon Friedell in seiner »Kulturgeschichte der Neuzeit«. Und Fred Hennings ergänzt dazu: »Man setzte aber auch alles daran, diesem Ideal nahezukommen. Die Essensgewohnheiten der Barockzeit beweisen es.«

Ein gewöhnliches Essen einer »fürstlichen Tafel« mußte mindestens acht Gänge oder »Trachten« haben:
1. Gang: Klare und gebundene Suppen, eingedickte Kartoffelsuppe, legierte Hühner- und Pilzsuppen etc., Artischockensuppe und Fischsuppe.
2. Gang: Schinken, Ragout, Zungen, Würste, Wildbretpasteten, Frikassees (»eingemachtes Fleisch«).
3. Gang: »großer« Braten: Fasan, Rebhuhn, Indian, Hasen, Kaninchen (»Küniglhasen«), Gebratenes, alles immer mit Zitronen, Orangen und Oliven garniert.
4. Gang: »kleiner« Braten: Schnepfen, Lerchen, Gartenammern, Drosseln und andere kleine Vögel.
5. Gang: Fische, besonders Lachse, Forellen, aber auch Hechte, Karpfen, Fischpasteten, Krebsgerichte, Schildkrötenfrikassee.
6. Gang: Eiergerichte, Gebackenes mit Eiern, Sulze, Flammeris.
7. Gang: Obst, Gebäck, Käse.
8. Gang: Süßigkeiten, Konfekt, getrocknetes Obst, kandierte Früchte, Marzipan, Gebilde aus Zucker, Tragant und Makronen, verschieden gefärbt und zu kostbaren Tortenaufsätzen und Aufbauten gemodelt. Dazu trank man heimische, deutsche, ungarische und italienische Weine.

Getrunken hat man nicht wenig, wie eine Inschrift in der oststeirischen Riegersburg kundtut: »Anno 1635 den 6. April hat sich das Sauffn angehebt und ale Tag ein Rausch geben bis auff den 26. detto.« (Allein in Tirol hat es im 16. Jahrhundert 754 Gasthöfe gegeben.) Bei einem Hochzeitsessen im Jahre 1666 verschlang man 8 Ochsen, 100 Schöpse, 50 Kälber, 50 Lämmer, 100 Mastschweine, 80 Spanferkel, 6 Wildschweine, 100 Fasane, 100 Truthühner, 160 Rebhühner, 80 Gänse, 100 Wildenten, 400 Schnepfen, 200 Kapaune, 800 Hühner, 300 Wachteln, 400 Tauben, 400 Pfund Speck, 1200 Zitronen, 1200 Orangen, 100 Granatäpfel. Eine adelige Wöchnerin in Tirol aß zu ihrer »Stärkung« an einem einzigen Tag: Um drei Uhr morgens eine Suppe mit drei Eiern und Spezereien darin, um fünf Uhr, »da sie des Kindes wartet«, ein Eiermus von drei Eiern und eine gute Hühnersuppe, um sieben Uhr ein paar frische Eier, um neun Uhr eine gute Dottersuppe mit Spezereien und etlichen »Streiblen« nebst einem Glas Traminer, zu Mittag einen Kapaun, gebratene

Vögel, ein Wildhendl und eine Schale Wein, dazu Brot und Bäckerei; um ein Uhr ein paar Brandküchlein mit Wein, um drei Uhr zur Jause wieder einen gebratenen Kapaun, eine Schüssel voll kleiner Fische wie Grundeln und Pfrillen, dazu wieder Wein, Brot und Bäckerei; um fünf Uhr einen guten Eierkuchen mit Wein, zum Nachtmahl fünf bis sechs Gerichte, u. a. Gesottenes, Gebratenes und Fische wie Äschen und Forellen, um sieben Uhr wieder eine gute Hühnersuppe, um neun Uhr eine Pfanne voll Brandküchlein, Wein, Brot und Bäckerei (»Trisett«) und um Mitternacht noch einmal eine Dottersuppe mit Spezereien.

Dabei mutet dieser Wochenbett-Speisezettel einer jungen Edelfrau, den uns Guarinonius in »Die Greuel der Verwüstung menschlichen Geschlechts« (1610) überlieferte, noch mäßig an, wenn man vom selben Autor erfährt, daß Bäuerinnen während des Wochenbetts innerhalb 24 Stunden 24mal zu essen pflegten und für eine glückliche Niederkunft in Tux 56 kg Schmalz, 28 kg Butter, 1000 bis 2000 Eier, 60 kg Weizengrieß und ein Faß Traminer Wein bereitgestellt wurden. Kindern pflegte man auf eine Mahlzeit einen Brei von eineinhalb Liter Milch »einzustreichen«. Jedes Fest, jede Gelegenheit wurde mit einer »Fresserey« gefeiert. Es gab laut Guarinonius »Kindsbett-, Gerichtliche, Vertrags-, Vormundschafts-, Kaufmännische, Hochzeitliche, Gelehrte, Handwerkliche, Leykauf-, Raittungs-, Gerhabschaffts-, Willkomb- und Valete-, Trinckstuben-, Spittal-, Kommission- und Hausfressereyen«. »Der Fraß muß ein Sigel und Pöttschaft aller Sachen seyn«, heißt es dazu bei Guarinonius. Für eine kleine oder mittlere Stadt errechnet er im Jahr 138 200 überflüssige Gerichte, »was für ein Land mit 15 Städten, 12 Märkten und 300 Dörfern im Jahr 16 344 600 vergeudete Speisen ausmacht (wird nun jede Speise nur zu sechs Kreuzer geschätzt, obschon deren manche über fünf Gulden kommen, so ergibt dies mit dem dazugehörigen Wein 3 268 920 Gulden!)«.

Lady Mary Wortley Montagu, die 1717 in fürstlichen Häusern Wiens zu Gast war, schrieb: »Ich muß gerechterweise sagen, daß der ausgezeichnete Geschmack und der Prunk ihrer Tafeln zu dem ihrer Einrichtung sehr gut paßte. Ich wurde wiederholt mit mehr als fünfzig Fleischgerichten, alle auf Silber serviert und aufs schönste angerichtet, bewirtet. Der Nachtisch wird im selben Maßstab auf dem feinsten Porzellan aufgetragen. Das Überraschendste ist jedoch der Reichtum und die Mannigfaltigkeit der Weine. Es ist hier üblich, den Gästen ein Verzeichnis derselben neben die Serviette auf den Teller zu legen, und ich habe zu wiederholten Malen bis zu achtzehn Sorten gezählt.« Ihr Landsmann, der Engländer Edward Brown, der im Auftrag der Londoner medizinischen Gesellschaft zwischen 1668 und 1673 den Kontinent bereiste, notierte: »Die meisten Leute in Wien leben sehr wohl und reichlich. Denn es gibt hier einen großen Überfluß an Getreide. Sie bekommen auch köstliche Weine aus Ungarn und Italien, und zwar mehr als dreißig Sorten. Sie haben gleichfalls keinen Mangel an gutem Bier... Viel Schwein und Wildbret wird in Wien gegessen. Auch an Fischen herrscht großer Überfluß.«

In diesem österreichischen Barock und Rokoko des 17. und 18. Jahrhunderts entfaltete sich nicht nur der feudale Lebens- und Kunststil des österreichischen Adels zur vollen Blüte, in dieser Zeit wurzelt noch heute die Vorstellung von Üppigkeit, Verschwendung, Pracht, gutem und vielem Essen und Trinken, die man von Österreich und seinen Bewohnern im Ausland hat. Protestantismus, Pest und Türken waren besiegt, die Habsburger hatten sich die Niederlande, Mailand, Neapel, Prinz Eugen hatte die Großmacht Habsburgs und Österreichs gesichert. Der Hochadel war reich geworden, die Kirche war es schon immer gewesen: beide scharten sich jetzt um die Barockkaiser und wetteiferten mit diesen im Bau von Schlössern, Palästen, Klosterschlössern, Kirchen und Parkanlagen und überboten sich an Repräsentation, Festen, Prunk und Gasterei. Die öffentlichen Tafeln des Kaisers, die Schauessen, Hochzeitsfeste, Namens-, Geburtstags-, Garten- und Jagdfeste in Schönbrunn, im Belvedere, in der Favorita, auf den Land- und Jagdschlössern, die Riesenbuffets bei den Hofbällen in der Hofburg, Maskenfeste, »Wirtschaften« und »Schenken« – das alles wurde wie eine Theateraufführung inszeniert und dekoriert. Die Zahl der Gänge, Trachten und Gerichte stieg ins fast Unvorstellbare. Und selbst die reichen »privilegierten« Bürger feierten alles, ob »Kindlmahl« oder Totenschmaus, wobei die »Strauben und verzuckerten

Trachten, kristallenen Sulzen schleckrige Possen mit den vergüldeten Kandeln den völligen Galopp herumtanzten.«

Wenngleich noch am Hof Kaiser Karls VI. (1711 bis 1740), des Vaters von Maria Theresia, spanische und italienische Edelleute gleichermaßen den »romanischen« Ton angaben, so standen doch seit Ferdinand III. (1637–1657) und vor allem Leopold I. (1658–1705) bereits die Italiener in größerer Gunst (aus dieser Zeit stammt auch die Vorliebe des Österreichers, Fremdwörter, die er ja meist aus dem Italienischen entlehnte, auf der vorletzten Silbe zu betonen). »À la mode« (nach der neuesten Mode) wurde das Losungswort der Stutzer und nicht zuletzt auch – der Küche. Der italienische Einfluß wurde noch unterstützt durch den Habsburgerbesitz von Mailand und (zeitweise) Neapels. Erst unter Franz I. (1745–1765) und Maria Theresia (1740–1780) begann am Wiener Hof der französische Einfluß sich voll zu entfalten – seit etwa 1676 führte die französische Küche bereits in Europa! –; der Gatte Maria Theresias, Franz I., war übrigens 1729 bis 1735 Herzog von Lothringen und Großherzog der Toskana gewesen.

Maria Theresia war zwar eine sparsame Hausmutter (sie ließ zum Beispiel übriggebliebene Speisen von der Hoftafel gewinnbringend verkaufen), aber die Repräsentationspflichten ihrer Hofhaltung gegenüber forderten ihren Tribut. Aus den Melker Stiftsarchiven und Rechnungen läßt sich der kulinarische Aufwand rekonstruieren, der für einen eintägigen Besuch Maria Theresias am 3. Juli 1742 betrieben wurde. Der klösterliche Küchenmeister mußte eine »Spezifikation deren zur Bewürthung ihrer Majestät der Königin und dero Suite gemachten Unkösten« machen. Die Küche benötigte u. a. »587 Pfund Rindfleisch, 743 Pfund Kälbernes, neun Kalbsköpfe, 40 Kälberfüß, 33 kälberne Brüstel, 56 Pfund Schweinefleisch, 78 Pfund Schöpsernes, 13 Lämpl, vier Pfund Ochsennieren, vier Pfund Mark und vier Ochsenzungen«; zur Verpflegung der königlichen Stalleute brauchte man zusätzlich 214 Pfund Rindfleisch und für die Soldaten 54 Pfund Rindfleisch. Außerdem benötigte die Küche »sechs Pfund Kaffee, 32 Hasen, eine erkleckliche Menge Federwildbret, elf Achtel Schmalz, 1405 Eier, 15 Stück Forellen, sechs Pfund Karpfen, acht Pfund Zibeben, sechs Pfund Weinberl, neun Lot Zimt, sieben Stück Rehböck, ein Stück Gemsen, zwei Stück Hirschkälber, 1175 Stück Krebsen und fünf neue Bratspieß vom Meister Schlosser«. Diese eintägige »königliche« Verköstigung kostete dem Stift insgesamt 2405 Gulden und 8,5 Kreuzer. (Der Abt Adrian Pliemel hatte schon 14 Tage vorher eigens vier Köche aus Wien engagiert.) – Zum Vergleich: Das Stift gab zwischen den baufreudigen Jahren 1702 und 1740 jährlich rund 1700 Gulden an Baukosten aus!

Das 18. Jahrhundert hat uns auch bereits eine stattliche Reihe von heimischen Kochbüchern hinterlassen, die ein umfassendes Bild damaliger Kochkunst und Küchenpraxis liefern. Dabei überwiegen in der ersten Hälfte des Jahrhunderts die Kochbücher aus adeligen Kreisen und für adelige Kreise geschrieben: so »Ein neues und nutzbahres Koch-Buch«, von einer »Hochadelichen Person« zusammengetragen, das ab 1699 den zahlreichen Ausgaben des 1696 erstmals erschienenen populärmedizinischen »Freywillig-aufgesprungenen Granat-Apffels des Christlichen Samaritans« der Eleonora Maria Rosalia von Lichtenstein beigefügt wurde. In der Steiermärkischen Landesbibliothek fand sich inzwischen der direkte Vorläufer zum »Granat-Apffel«-Kochbuch: »Ein Koch- und Artzney-Buch«, das 1686 in Graz gedruckt wurde. Es enthält bereits alle Rezepte, die im »Granat-Apffel«-Kochbuch wieder erscheinen. Da aber das Grazer Kochbuch stärker mundartliche Färbung aufweist, dürften die Autoren der beiden Kochbücher zwar voneinander gewußt haben, aber nicht identisch sein. Die Rezepte zeugen von der damals gewohnten Internationalität des Adels, es gibt neben den heimischen Gerichten »calecutische« und »pohlnische« Suppen, spanisches »Aepffel-Mus«, Spanische Milch (genannt »Nates«), »Frittada«, »Carabanda«, Rindfleisch auf englisch, Spinat auf niederländisch, Böhmische Golatschen, Hühner-Raviol, »Genueser Marck-Pastetlein«, ein »wälsch Panädel«, »Stuffada zu machen auf welsch«, ungarische Pastetlein, »Italiänische und Oesterreichische Tauben-Pastete«, Nürnberger Leb-Zelten oder »Pfeffer-Nüssel«, »Westphälische Hammen oder Schincken«, Brabantische, Spanische und Englische Pasteten, Frangipani-, Bianco-magiare-

Torten, »Coppenhagische Butter-Torten« und Schweizer Käse. Ein »Bewährtes und wohl-eingerichtetes Koch-Buch« ist auch den späteren Ausgaben (1714/15–1749) des 1682 erstmals erschienenen Riesenkompendiums der »Georgica curiosa aucta. Oder: Adeliches Land- und Feld-Leben« von Wolf Helmhard von Hohberg beigegeben. Vermutlich wurde dieses Kochbuch nach dem Tod des Verfassers auf Veranlassung des Verlegers Joh. And. Endter in Nürnberg beigefügt als Konkurrenz zu »Oeconomus prudens et legalis« des Philipp Florinus (gestorben 1699), ebenfalls ein Werk für den Landadel.

Ein in seiner Art unübertroffenes Meisterwerk stellt das barocke »Neue Saltzburgische Koch-Buch« von Conrad Hagger dar (1719 bei Johann Jacob Lotter in

Augsburg gedruckt). Hagger wurde in Augsburg von dem berühmten Johann Ludwig Prassin ausgebildet und anno 1701 vom Salzburger Fürsterzbischof Johann Ernst »vor dero Stadt- und Landschafft-Koch« aufgestellt und angenommen und blieb 27 Jahre lang in dessen Diensten. Haggers Kochbuch ist ein »wahres Kompendium der Kochkunst«, 12 cm dick, mehr als 2,5 kg schwer, enthält »mehr dann 2500 Speisen und 318 in schönen Kupffer gestochenen Formen, aus eigener langwieriger praxi also eingerichtet, daß man auch bey Hoch-Fürstl. und vornehmer Höfe Tafeln, bey großen Gastereyen und gemeinen Mahlzeiten die Tische auf das Zierlichste mit annehmlichen Abwechslungen täglich versehen und bestellen kann«. Der Autor selbst bekannte am Schluß, daß »vor und biß zu unsern Zeiten noch kein so rares, kostbar und mühsames Koch-Buch gemacht und zum Vorschein gekommen« ist. Hagger klagt, daß junge Köche unmittelbar nach ihrer Lehre als Alleinköche in Diensten genommen würden, obwohl sie ihre Künste des Kochens erst bei erfahrenen Meisterköchen vermehren sollten.

Bescheidener nehmen sich dagegen die folgenden Kochbücher aus: eines erschien 1724 von einem Jakob Heim in Linz, ein weiteres »Nutzliches Koch-Buch / Oder: Kurtzer Unterricht / In welchem Unterschiedene Speisen Gut zu zubereiten beschriben seynd. Erstlich zu Wienn in kleinern Form gedruckt« (1736), »Anjetzo aber / Da vil der Kocherey Verständige, dises Buch wegen ihrer gut- und sichergestelten Einrichtung sattsam approbiret haben, auf vilfältiges Ersuchen in disem Form wiederum neu zum Druck befördert.« Verlegt wurde es 1740 durch »Johann Adam Holtzmayr seel. Wittib und Erben« in Steyr. 514 Rezepte sind auf 234 Seiten in sechs Absätze gegliedert: »Von unterschidlichen Fasten-Suppen, Von unterschidliche Mehl-Speisen, Von unterschidlichen Fischen, Fleisch-Speisen, Pastetten und Torten, Von unterschidlichen Bachereyen / Wie auch aufgelauffenen Koech / und eingemachten Sachen.« Dem Buch ist ein elfseitiges Register beigegeben. Fast identisch mit diesen beiden Kochbüchern und ebenfalls in »sechs Absätz vertheilet« war das 1749 erstmals und 1759 bereits in fünfter Auflage bey Leopold Kaliwoda »auf dem Dominicaner-Platz, im Jesuiten-Haus gedruckt und zu finden« erschienene »Be-

wehrte Koch-Buch«. Der Verleger hat sich eines zehnjährigen konkurrenzlosen Privilegs von Maria Theresia versichert. Das gleiche Buch erschien 1772 in Bamberg und Würzburg (»zu finden in der Göbhardischen Buchhandlung«) unter dem Titel: »Wienerisches bewährtes Koch-Buch in sechs Absätze vertheilet; in welchem zu finden: Wie man verschiedene Speisen, von allerhand Wild-Prät, Fleisch, Geflügelwerk, Fisch und Garten-Gewächsen, wie auch Torten, Pasteten, und anderes Gebackenes niedlich zurichten könne. Neue und mit einem Register über die unbekannten Oesterreichischen Wörter vermehrte Auflage.«

Diesem »Wienerischen bewährten Kochbuch« müßte man eine eigene Studie widmen; es wurde wiederholt aufgelegt, neu von immer wieder anderen Autoren bearbeitet und vermehrt und war ein Standardwerk um 1800. So erschien 1779 eine Ausgabe in Hamburg, eine bei Gerold in Wien. In der Ausgabe von 1799 ist vermerkt: »Anfangs herausgegeben von Ignaz Gartler, nunmehro aber verbessert und vermehret von der Barbara Hikmann« (es war die 22., mit einem alphabetischen Register versehene Auflage). Ab der 34./35. Auflage (1828 und 1831 bei Gerold in Wien) wurde es – jetzt in 20 Abschnitten mit 1131 »Kochregeln« – von F. G. Zenker bearbeitet und verbessert. 1844 erschien bereits die 37. Auflage. Dazu erschien auch bald ein zweiter Teil unter dem Titel »Die Wiener Hausfrau in allen ihren Geschäften, oder nützliches Hausbuch für Frauen und Mädchen etc.«.

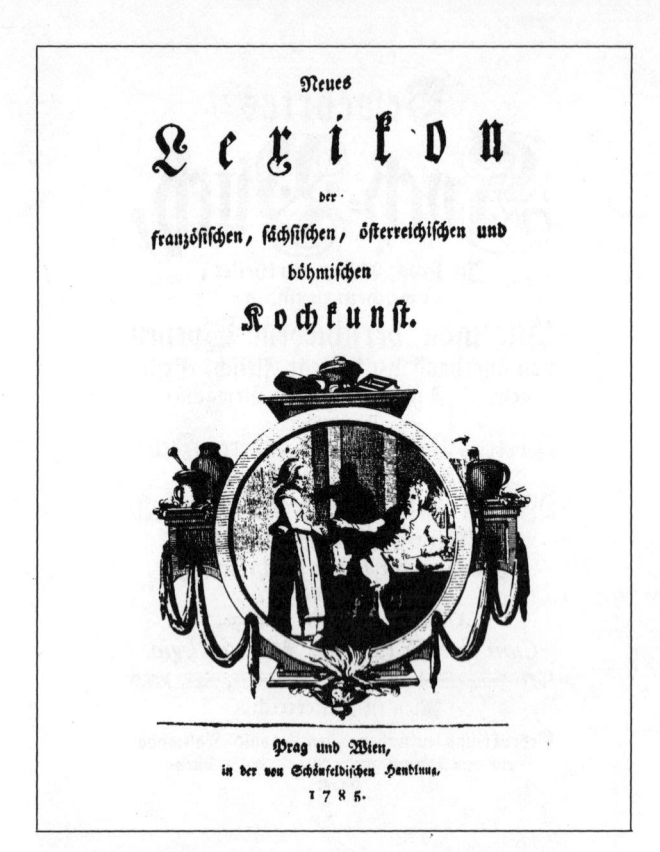

1768 erschien in Wien das Buch »Eröffnete Geheimnüße der vornehmsten auserlesenen Haushaltungs-Künste und Wissenschaften, zum Nutzen der menschlichen Gesellschaft dem Druck überlassen von Carl Radlmeyer«. Es bringt auch Rezepte zur Vertilgung der Wanzen, für Haarpomade, Zahnwehpulver, Fleckkugeln, »Mäuse- und Ratzen-Confect, dieselben damit zu tödten«. 1785 kam in der Schönfeldischen Handlung in Prag und Wien das »Neue Lexikon der französischen, sächsischen, österreichischen und böhmischen Kochkunst« heraus, 1788 in Wien (bei Wappler) von Maria Anna Rudisch »Mein eigenes geprüftes Kochbuch« »für alle Gattungen der Stände, durchgehends neu, selbst verfaßt« (zweite Auflage 1789). 1791 und 1792 erschienen das »Österreichische Kochbuch, durch Erfahrung geprüftes, eingerichtet für alle Stände, 2 Theile« in Graz (bei Kienreich); dieses Kochbuch erfuhr wiederholte Neuauflagen und Bearbeitungen und erhielt ab 1795 einen neuen Titel: »Österreichisches Kochbuch (izt Gräzerisches)«; es erschien bei Tusch in »Grätz«. Dieses »Grätzerisches durch Erfahrung geprüftes Kochbuch. Eingerichtet für alle Stände« wurde ab 1804 von »J. M.« herausgegeben (gedruckt und verlegt bei Johann Andreas Kienreich in Graz). 1792 gab Rosina Pflanzl aus Steyr ein Kochbuch heraus, 1798 erschien ein »Kleines österreichisches Kochbuch oder Sammlung der ausgesuchtesten, schmackhaftesten und vorzüglichsten Fleisch- und Fastenspeisen nebst einigen Confitüren, die eine wienerische Köchinn sowohl für herrschaftlicher als bürgerlicher Tafeln durch eine lange Reihe von Jahren stets mit Beyfall aufgetischt hat«. 1794 folgte »Der Wienerische Zuckerbäcker / Zum Besten des weiblichen Geschlechtes und aller derjenigen, welche sich der Kochkünst und Zuckerbäckerey widmen wollen« (verlegt bei Anton Doll in Wien).

Alle diese in der zweiten Hälfte des 18. Jahrhunderts erschienenen Kochbücher waren bereits für den »Bürgerstand« berechnet, für die »einfache Bürgerküche« geschrieben. Allerdings liebäugelten die Autoren und Autorinnen nach wie vor mit der Verwendungsmöglichkeit ihrer Werke auch in der »feinsten Küche und dem vornehmsten Haushalt«, man schrieb eben für »herrschaftliche und bürgerliche Tafeln«, »eingerichtet für alle Stände« (so im »Grätzerischen Kochbuch«), wo es im »Vorbericht« u. a. heißt: »Die Leser und Leserinnen werden nicht allein die zur bürgerlichen Hausmannskost erforderlichen Zubereitungen der Speisen finden, sie werden auch in den Stand gesetzt, auf jede Fürstentafel bekannte und unbekannte, geprüfte, seltene und schmackhafte Gericht aufsetzen zu können.«

Bezeichnend für die weitere Entwicklung der österreichischen bzw. Wiener Küche und Kochkunst ist die Tatsache, daß die meisten Kochbücher bereits mit dem Titel »Österreichische« oder »Wiener« Küche erscheinen – ab nun sollte dieses Prädikat keinem Kochbuch mehr fehlen, das etwas auf sich hielt. Das Erkennen des »nationalen« Charakters dieser österreichischen bzw. Wiener Küche begann präzise Formen anzunehmen und sollte sich in der zweiten Hälfte des 19. Jahrhunderts zum wahren Wettstreit der Nationen im Vielvölkerstaat der österreichisch-ungarischen Monarchie verschärfen.

Die Jahrzehnte um 1800 haben das politische und gesellschaftliche Leben Wiens und Österreichs tiefgehend geändert. Der Volkskaiser Joseph II. versuchte »von oben« her zu reformieren, 1848 stieg das Volk »von unten« auf die Barrikaden der Revolution. Die Zäsuren, welche die Politik in diesem 19. Jahrhundert schlug, spiegeln sich auch in der Küche und in den Kochbüchern wider. Blüten und Krisen eines jeden

Volkes zeichnen sich ja nachhaltig gerade in so »trivialen« Werken wie den Kochbüchern ab, die für den »modischen Zeitgeist«, den »Trend«, besonders anfällig sind. Völkerschicksal und Küche werden in diesem Jahrhundert gleichsam eine Einheit. Das Erstarken des Bürgertums und später auch des Arbeiterstandes führte – parallel zur »Nationalisierung« der Völker des Habsburgerreiches – in Österreich allmählich zu einem »nationalen«, einem »österreichischen« Denken, Handeln und Kochen. Goethe beklagte sich 1830, daß es in Deutschland keine Stadt, kein Land gebe, von denen man behaupten könnte, es wäre Deutschland, aber »fragen wir in Wien, so heißt es: hier ist Österreich!«. 1804 war das »Kaiserreich Österreich« entstanden. – Dieser Prozeß fand natürlich in der Küche und in den Kochbüchern seinen Niederschlag!
Drei Zäsuren können wir in dieser Entwicklung bis zur nächsten Jahrhundertwende bzw. bis zum Untergang der Donaumonarchie 1918 feststellen. Den ersten Abschnitt eröffneten die Napoleonischen Kriege. Der Österreicher kämpfte um seine Freiheit, um die Freiheit seines Landes. Die Kontinentalsperre machte erfinderisch: damals wurde durch den feldmäßigen Zuckerrübenanbau der Zucker billiges Volksnahrungsmittel. Der Sieg über Napoleon brachte Wien 1814/15 den Wiener Kongreß mit 700 Gesandten und 100 000 Fremden. Unmittelbar vor und nach dem Kongreß mit seinen kostspieligen Empfängen, Diners und Festlichkeiten war Wien sozusagen am wienerischsten. Es war die große Zeit des Bürgertums, der Mittelklasse, es war das Biedermeier, die Zeit der bescheidenen Freuden, der Postkutsche, der Walzerseligkeit, der Sommerfrischen, Heurigen und Backhendeln, der Kammermusikabende und der Kaffeejause mit Damasttischtuch, Silber und Porzellan, dazu Briochen, mit Hagelzucker bestreut, Kipfel, Gugelhupf und Jourbrötchen. Damals feierten die Phäaken fröhliche Urständ, die Friedrich von Schiller schon 1796 erkannt hatte:
»Mich umwohnt mit glänzendem Aug' das Volk der Phajaken;
Immer ist' Sonntag, es dreht immer am Herd sich der Spieß.«
Es war ein Menschenalter des bürgerlichen, häuslichen und geselligen Genusses, von dessen Lebenskultur die Klischeevorstellungen über den Österreicher bzw. den Wiener bis heute zehren. Übersehen wird dabei meistens, daß diese Lebenshaltung eine Reaktion des von Metternich und seiner Polizei politisch bevormundeten Bürgers war, der sich in seine vier Wände zurückzog und außer den leiblichen Genüssen eines »guten Essens«, außer Musik, Tanz und Theater kein Vergnügen, aber auch kein Ideal kannte. Damals lernte der Österreicher das »Finassieren, Lavieren und Temporisieren« und die Lebenskunst des Genießens. Madame de Staël schrieb 1814: »Man behandelt in diesem Lande klugerweise das Vergnügen wie eine Pflicht.« Der Adel und die Kirche waren bereits zu Statisten zwischen den Kulissen des Welttheaters degradiert. Der Speisezettel der Wiener Küche allerdings erfuhr in diesen Jahrzehnten seine große Bereicherung und Internationalisierung. Die politische Bedeutung eines Metternichs, eines Feinschmeckers par excellence, in dessen Küche ein Franz Sacher seine Lehrjahre absolvierte, spiegelt sich nicht zuletzt in den Rezepten, die seither Metternich zu Ehren benannt wurden.
Der zweite tiefgreifende Einschnitt in das Leben des Österreichers erfolgte mit der Thronbesteigung Kaiser Franz Josephs im Jahre 1848 – nach der Revolution, aus der das Kaiserhaus gestärkt als Sieger hervorgegangen war. Die alte Herrschaft etablierte sich neu im Neoabsolutismus. Der junge Kaiser machte seine Residenzstadt bewußt zum »überragenden Zentrum der Monarchie«.
Die nächste Zäsur setzte das Jahr 1867: Durch den österreichisch-ungarischen Ausgleich entstand die k. u. k. österreichisch-ungarische Monarchie, das Kaiserreich Österreich wurde in die Doppelmonarchie Österreich-Ungarn umgewandelt.
Wien wurde erneut Umschlagplatz für Völker, Waren, Genuß und Rezepte. Zugleich fiel diese Strecke der Geschichte mit jenen Jahrzehnten zusammen, da die »Wiener Küche« begonnen hatte, Ruhm anzusetzen, ihren vollen Geschmacksreichtum zu entfalten. Zu der bisherigen, vorwiegend »westlichen« Einflußsphäre – einschließlich Italiens, Böhmens und Mährens – stießen jetzt die Nahländer des Ostens und Südostens, Ungarn, Polen, die Völker des Balkans und der Levante. Dabei kam vor allem der Unterschied zwischen den

Böhmen und den Ungarn zum Tragen. Aus Böhmen waren in erster Linie Handwerker und Bedienstete, Schneider und Schuster, Köchinnen, Ammen, Lakaien und Offiziersburschen eingewandert. Der Ungar kam als Herr, als Aristokrat, Offizier, Magnat, Rennstallbesitzer, Musikant, Schriftsteller, Boulevardier und Privatier. Aus Ungarn kamen die Esterházy, Andrássy, Szécheny, Zichy, kamen das Gulyás, der Paprika und der Csárdás – aus Böhmen kamen der Tschischek, der Wlassak, der Bossak und der Krepatschak, kamen die Dalken, Kolatschen, Tatschkerl, Liwanzen, Buchteln, Knödel und der Powidl. War der ungarische Einfluß männlich, leidenschaftlich, feurig, scharf bis elegant, so war der böhmische Einfluß dagegen ein sehr intimer, fraulich-mütterlich. Er brachte auch einen dickschädeligen Menschenschlag, der sich speziell um das häusliche Wohl seiner Herrschaft kümmerte.

Über diese zweite und dritte Epoche des 19. Jahrhunderts lagerte sich eine weitere Entwicklung, die sogenannte »Gründerzeit«, die von etwa 1850 bis zum schwarzen Freitag des Börsenkrachs von 1873 – ein paar Tage nach der Weltausstellungseröffnung in Wien – reichte. Es war die Zeit der Finanzaristokratie, der Großindustriellen, der »Herrenstände« und »Hausherrn«, der Geldbarone und Neureichen, die Epoche der Monumentalisierung, der historisierenden Stilnachahmung, der Neoklassik, der Neogotik, des Neobarocks, die Zeit der vehement einsetzenden Industrialisierung, die Zeit, in der die Dörfer und Vororte rings um Wien der Stadt eingemeindet wurden (1856 hatte Wien 8793 Häuser, 1910 waren es 39 407), in der sich Wien zur passablen Groß- und Weltstadt mauserte (mit 431 147 Einwohnern 1851 und mit 1 891 090 um 1900) und zahlreiche Hotels erbaut wurden. Verständlich, daß von diesem Größenwachstum auch die »Wiener Küche« ihr Gutteil abbekommen hat.

Am Höhepunkt dieser Entwicklung, 1876, hat das Hotel Sacher seine Tore geöffnet und wurde bald ein Mittelpunkt des gesellschaftlichen Lebens der k. u. k. Monarchie: Das »Haus Österreich« der Habsburger hat seine Dependance bekommen, in der bald oft mehr Erzherzöge, Minister, Offiziere, Aristokraten und Männer der Hochfinanz ein und aus gingen als in der kaiserlichen Hofburg.

Wenn wir parallel zu der eben aufgezeigten Entwicklung die österreichische Kochbuchliteratur des 19. Jahrhunderts durchsehen, können wir feststellen, wie sich der Begriff »Wiener« bzw. »Österreichische« Küche von Jahrzehnt zu Jahrzehnt stärker manifestiert und zugleich auffächert in die vielen Einflußzonen, denen Land und Menschen in der Donaumonarchie ausgesetzt waren.

1802 erschien »Die erfahrne und wohlgeübte Herrschafts-Köchin« (bei Georg Eckmann, Wien) noch als »Ein Handbuch für die Schönen«. Im selben Jahr kam ein »Neues erprobtes Wienerisches Kochbuch aus den hinterlassenen Papieren einer berühmten Köchin« (Barbara Nicklin) in Wien heraus (Neuausgabe 1812). Alte Bibliographien verzeichnen ferner ein Buch mit dem Titel »Neues Wienerisches Kochbuch«, das 1806 bei Pichler, 1807 bei Sammer erschienen ist, 1808 bei Gerh. Fleischer in Leipzig und 1812 bei Joachim in Leipzig sowie 1816 wieder bei Pichler in Wien als »Neues Wienerisches Kochbuch oder Unterricht für Köchinnen aus allen Ständen, wie selbe alle Arten Fleisch-, Fisch- und Fastenspeisen, Backereyen, warme Getränke u.s.w.«. Das 1805 von P. Neubauer verfaßte Kochbuch tituliert sich »Durch Erfahrung geprüftes Wienerisches Kochbuch für alle Stände« (zunächst bei J. G. von Mößle, 1812 und 1816 bei Pichler in Wien erschienen). 1805 kam ein »Linzerisches Kochbuch« heraus (in der akademischen Buchhandlung), verfaßt von Maria Elisabetha Meixner, geborene Niedererin (1818 in 4., verbesserter Auflage bei Härtter in Wien erschienen). 1810 gab Theresia Ballauf, »vereheligte Muck, gewesene Freyherrlich Aarnstein'sche Köchinn«, »Die Wiener-Köchinn wie sie seyn soll« heraus (bei Kupffer und Wimmer, Wien); es ähnelt in Aufbau, Rezeptauswahl und -abfolge oft beinahe wortwörtlich dem »Wienerischen bewährten Kochbuch« von Gartler und Hikmann (auch mit dem »Grätzerischen Kochbuch« hat es viel gemein). Aber unangefochten schrieb die Autorin kühn im Vorwort: »Der großen Menge von Kochbüchern ungeachtet, wagen wir es dennoch ein Neues, jedoch nicht nur dem Titel sondern auch dem Inhalt nach den verehrungswürdigen Kennerinnen der Kochkunst zu empfehlen.« Sie versichert sogar, »keineswegs Wiederholungen bereits bekannter Speisen

Das
neue, große, geprüfte und bewährte
Linzer Kochbuch
in
zehn Abschnitten.
Enthält:
ein tausend sechs hundert ein und sechzig
Kochregeln für Fleisch= und Fasttage,
sehr deutlich und faßlich beschrieben.

———

Nebst einem
Anhange in zwey Abschnitten,
worin ein allgemeiner Unterricht vom Kochen überhaupt, von der
Ordnung, von der Reinlichkeit, von der Zierlichkeit im Anrichten,
von dem Fleiße, von der Sparsamkeit, vom Tranchiren und
Vorlegen gründlich und ausführlich abgehandelt wird.

———

Beygefügt sind noch:
mehrere bequem eingerichtete Speiszetteln, nebst einem
vollständigen alphabetischen Register.

———

Verfaßt
von
Maria Elisabetha Meixner, geborne Niederederinn.

———

Fünfte, verbesserte und mit 2-5 Speisen vermehrte Ausgabe.

———

Linz, 1822.
Im Verlage der kaiserl. königl. privil. akademischen Kunst-
Musik- und Buchhandlung.

sondern fast durchgehends nach dem neuesten Geschmack abgeänderte oder ganz neue Kochregeln zu liefern«.
F. G. Zenker, »Mundkoch Sr. Durchlaucht des regierenden Herrn Fürsten Joseph von Schwarzenberg«, gab 1817/18 seine »Theoretisch-praktische Anleitung zur Kochkunst« heraus (die zweite vermehrte Auflage erschien 1824 unter dem Titel »Vollständige theoretisch-praktische Anleitung zur feineren Kochkunst«), dem er 1818 die »Theoretisch-praktische Anleitung zur Kunstbäckerey« (als Fortsetzung der »Kochkunst«) folgen ließ (erfuhr ebenfalls 1824 eine 2. Auflage); die Bücher erschienen bei Carl Haas, Wien und Prag. Sie sind, wie er im Vorwort vermerkt, »das Resultat der von mir selbst, theils in Paris in der französischen, theils in Wien in der deutschen Küche gemachten Erfahrung, Versuche und Beobachtungen... sie sind übrigens für die höhere Küche berechnet. Die Kunst selbst blieb ein Gegenstand der mündlichen Überlieferung und der mechanischen Übung; und doch ist die Kochkunst ein so unentbehrlicher und im geselligen Leben so weit verbreiteter Zweig der häuslichen Beschäftigung, sie hängt so eng mit der Naturgeschichte, Technologie, Chemie und Ökonomie zusammen, daß sie gewiß eine größere

Aufmerksamkeit und sorgfältigere Bearbeitung verdient, als sie bisher erhalten hat.« Als ein Standardwerk und »für gebildete Köchinnen ein unentbehrliches Handbuch« erweist sich auch das »Neueste Universal- oder: Große Wiener-Kochbuch«, herausgegeben von Anna Dorn, geborne Pellet (bei Tendler und von Manstein, Wien); diese Dame, die Rumohrs 1822 erschienenes Buch »Geist der Kochkunst« genau studiert hat (und seitenlang zitiert, ohne den Verfasser zu nennen), setzt sich mit Zenkers Werken auseinander und klagt im Vorwort, daß das Streben, »alles Ausländische nachzuahmen«, die gedeihliche, nahrhafte Kost »unserer Aeltermütter« verdrängt habe. »Was die höhere Kochkunst seit einem halben Jahrhunderte gewonnen haben mag, hat dagegen unsere alltägliche, oder wenn ich so sagen darf, nationale verloren, und das gewiß zu unserem, von den meisten Männern schon tief empfundenen Nachtheile. Beyde Arten der Kochkunst, in so fern es sich thun läßt, auf eine schickliche Art mitsammen zu vereinen, und wo dieß nicht angeht, ganz zu trennen, und die Aufmerksamkeit auf die bisher so vernachlässigte Bereitung jener Speisen zu verdoppeln, an die uns die Richtung unserer Verhältnisse im bürgerlichen Leben wies, ist das vorgesteckte Ziel dieses Versuches.«

F. G. Zenker bearbeitete übrigens auch die 37. Auflage des »Wienerischen bewährten Kochbuches« von Gartler und Hikmann (1844 bei Gerold, Wien, erschienen). Franz Zelena, ehemaliger Haushofmeister des Erzherzogs Johann, nannte sein 1828 bei Mörschner und Jasper in Wien herausgegebenes Werk »Die Kochkunst für herrschaftliche und bürgerliche Tafeln, oder allerneuestes Österreichisches Kochbuch«, es erschien in 2. Auflage 1831 unter dem Titel »Allgemeines österreichisches oder neuestes Wiener Kochbuch, in jeder Haushaltung brauchbar, oder die Kochkunst für herrschaftliche und bürgerliche Tafeln«. 1830 erschien bei Carl Gerold, Wien, ein »Appetit-Lexicon... Für unsere Lande und Verhältnisse eingerichtet, und zugleich Ergänzung eines jeden Kochbuches«, 1833 »Die bürgerliche Küche, oder neuestes österreichisches Kochbuch für Bürgerfamilien aus der gebildeteren Mittelclasse« von Elisabeth Stöckel (bei S. P. Sollinger's Witwe). Dieses Buch erfuhr zahlreiche Auflagen, so noch 1902 als

25. Jubiläumsauflage (bei C. Daberkow, Wien) unter dem Titel »Elisabeth Stöckel's österreichisches Universal-Kochbuch für die bürgerliche Küche«, vollständig neu bearbeitet von Emilie Kieslinger (der Verfasserin der Bücher »Die Einsiedekunst«, »Süddeutsche Familienküche«, »180 Hausconditorei-Recepte«, »Kochbuch für die liebe Jugend« und »Seefisch-Kochbuch«). Kieslinger vermerkt im Vorwort u. a.: »Der zunehmende Verkehr hat die Küche international gemacht, und die culinarischen Bedürfnisse wuchsen gleichsam mit dem Fortschritt der Civilisation... Das vorliegende Buch behandelt hauptsächlich die österreichische Küche mit specieller Berücksichtigung der rühmlichst bekannten Wiener Küche.«

Anton Hüppmann, Mundkoch des Grafen Georg von Károlyi, verfaßte 1835 »nach den besten deutschen und französischen Methoden« ein »Praktisches Handbuch der feineren Kochkunst« mit dem Titel »Der elegante Gaumen«, weil er »als Mensch und Künstler auf Auszeichnung von Seiten der Herrschaft will rechnen dürfen«. Als Ergänzung zu den bereits bewährten Kochbüchern einer Barbara Hikmann und anderer wurde 1836 von einer »praktischen Köchin« ein »Allgemeines homöopathisches Wiener Kochbuch« in Leipzig herausgegeben. Im selben Jahr erschien in Pest das »Allgemeine geprüfte Pesther Kochbuch« mit »1100 Vorschriften für die bürgerliche Küche«, »geprüft und herausgegeben von drei Pesther Frauen«. 1851 erschien Katharina Schreders »Praktisches Kochbuch mit 962 Kochregeln und 46 Speisenzetteln« (die 8. Auflage, 1882, verbesserte und vermehrte Aloisia Schneider).

Als ein »Meilenstein« in der österreichischen Kochbuchliteratur darf »Die Süddeutsche Küche« von Katharina Prato (Edle von Scheiger) genannt werden; »die Prato« erschien erstmals 1858 (bei Hesse in Graz) und erlebte bis in die jüngste Zeit Neuauflagen und Bearbeitungen. In ihrer 25. Auflage im Jahre 1896 konnte die Autorin schreiben: »...der Titel ›Die Süddeutsche Küche‹ sollte die selbst gezogenen Grenzen ersichtlich machen. Dieser Titel erscheint gegenwärtig wie ein Gewand, dem der Träger desselben entwachsen ist, und hat jetzt, da mein Buch wegen seiner Reichhaltigkeit schon lange kein National-Kochbuch mehr ist, nur insoweit Gültigkeit, als tatsächlich in Süddeutschland die

Die
Süddeutsche Küche.
Für Anfängerinnen und praktische Köchinnen
zusammengestellt von
Katharina Prato
(Edle von Scheiger).
Bereichert und herausgegeben von deren Enkelin
Viktorine von Leitmaier.
Ausgezeichnet mit ersten Preisen.
Sechzigste Auflage.
362. bis 366. Tausend.
Mit 4 Farbentafeln und 51 Textbildern.

Graz und Wien 1918.
Verlagsbuchhandlung „Styria".
Zweigniederlassung: Wien I., Dominikanerbastei 4.

Nationalspeisen vieler Völker auf den Speisezetteln stehen. Eine Änderung des Titels wäre aber ebenso unzweckmäßig als überflüssig, da das Publikum sich längst gewöhnt hat, das Buch kurzweg ›die Prato‹ zu nennen.«

»Die Prato« eröffnet die lange Reihe österreichischer und »süddeutscher« Kochbücher, die, das Österreichische und speziell das Wienerische betonend, auch die deutsche, ungarische, südslawische, polnische, böhmische und italienische Küche berücksichtigen. Es seien hier nur die wichtigsten erwähnt: Josefine Zöhrer, »Neues Salzburger Kochbuch«, 1863 (berücksichtigt auch »die süddeutsche, englische und französische Küche einigermaßen«); Emma Eckhart, »Der häusliche Herd«, 1876; Anna Willkomm, »Österreichisches Universal-Musterkochbuch«, um 1880; Louise Seleskowitz, »gewesene Wirthschafterin des Stiftes Schotten in Wien«, »Wiener Kochbuch«, 1880; sie spricht im Vorwort von der »allseitig anerkannten Wiener Küche«; das Buch erfuhr zahlreiche Neuauflagen und Bearbeitungen, so die 13. Auflage vom Küchenchef O.

Die Österreichische Küche

Eine Sammlung selbsterprobter Kochrezepte für den einfachsten und den feinsten Haushalt nebst Anleitungen zur Erlernung der Kochkunst

von

Marie von Rokitansky

Achte Auflage :: 31.—35. Tausend

Vielfach vermehrt und verbessert
Mit 32 Textillustrationen und 6 Tafeln

Wien
A. Edlinger's Verlag
1913

Wien — München — Leipzig
Rudolf Lechner & Sohn — J. Lindauer'sche Buchhandlung (Schöpping) — E. J. Steinacher

---

Die Wiener Bürger-Küche.

Illustriertes Kochbuch
: herausgegeben von :

J. M. Heitz
Besitzer und Direktor der Ersten
Wiener Bürger-Privat-Kochschule

5. bis 6. Tausend. • PREIS 8 KRONEN (7 MARK).

WIEN 1911.
Eigentum und Verlag von A. und R. HEITZ.
Kommissionsverlag für den gesamten Buchhandel: JOSEF LENOBEL, Verlagsbuchhandlung, Wien IX/1., Leipzig.

Spörk; Amalie von Grünzweig, »Wiener Koch- und Wirtschaftsbuch«, 1885; August Mauer, »Illustrirtes Wiener Kochbuch«, 1885; Juliane Weidmann, geb. Engelhardt, »Neue Linzer Köchin für die bürgerliche Küche Österreichs und Deutschlands«, 1887; Josephine Liebold, »Größtes und vollständiges Kochbuch für die österreichisch-ungarische Küche«, 1888 (2. Auflage); Anna Bauer, »Die praktische Wiener Köchin«, 1889 (2. Auflage); Agnes Hofmann, »Die Wiener Mehlspeis-Köchin«, 1890, und »Die Wiener Kartoffelküche«, 1890; Klara Fuchs, »Die praktische Wiener Vorstadt-Köchin als Meisterin in der Kochkunst«, 1887; Babette Franner, geb. Weinzierl, »Die Wiener exquisite Küche«, 1893; »Die Kochkunst. Kochbuch der ›Wiener Mode‹«, 1893; Marie von Rokitansky, »Die Österreichische Küche«, 1897; Robert Habs, L. Rosner, »Appetit-Lexikon«, 1894 (2. Auflage); Lotti Richter, »Mein Kochbuch«, 1900; Johann Michael Heitz, »Die Wiener Bürger-Küche«, 1901/02; Sofie Meissner, »Modernes Kochbuch«, 1901; Franz Wagner, »Geheimnisse aus der feinen Küche«, 1902; F. J. Beutel, »Die freie österreichische Kochkunst«, 1904; M. Dorninger, »Bürgerliches Wiener Kochbuch«, 1906. Im letzten Viertel des 19. Jahrhunderts wurde es auch bereits eine merklich zunehmende Sitte, in den größeren Hotels und Restaurants namhafte Köche anzustellen (bislang war dies mehr oder weniger ein Privileg der feudalen Herrschaftshäuser gewesen). So sehen wir in den achtziger Jahren des 19. Jahrhunderts bereits eine stattliche Anzahl von Köchen in Wien und nächster Umgebung in ihrer Tätigkeit. Bald entstand auch ein »Verband der Köche«, aber der Individualität eines Kochs entsprechend, verlor er rasch an Mitgliederzahl und Bedeutung. Nur die Unentwegten, meist herrschaftliche Köche, blieben der Vereinigung treu; es wurde schließlich ein feudaler Zirkel, dem nur angehören konnte, wer sich eines exquisiten Rufes oder einer besonderen Stellung erfreute. Es waren in erster Linie die Köche des Hofes; und sie setzten alles daran, »unter sich zu bleiben«.

Es dauerte jedoch nicht lange, da vereinigten sich die Köche aus »dem bürgerlichen Lager« wieder, um so mehr, als der im Jahre 1884 gegründete »Verein der Köche« um die Jahrhundertwende kaum mehr seinem Namen nach existierte.

Im Frühjahr 1902 begannen die Gründungsbesprechungen. Die führenden Männer waren: Eduard Sacher, Wagner und Powondra. Im Oktober 1902 wurde der noch heute bestehende »Verband der Köche Österreichs« gegründet. Ein Jahr später erschien bereits die Fachzeitschrift »Gastronom«. Der Verband veranstaltete eine Reihe von internationalen Kochkunstausstellungen und jährlich den »Ball der Köche Österreichs«. Nach dem Zerfall der Monarchie trat erst im Frühjahr 1923 wieder ein Gründungskomitee unter der Leitung von Mathias Hofer zusammen. Nach Gass übernahm Hans Ziegenbein die Leitung des Verbandes. Franz Ruhm hatte schon vorher die Redaktion des »Gastronom« übernommen. Unter Ziegenbeins Leitung erwarb der Verband ein Heim mit Vortragssaal, -küche und Bibliothek im Hof des Hauses Schubertring 8. Unter seinem Nachfolger Julius Eckel wurde der »Weltbund der Kochverbände« gegründet. Ziegenbein und Eckel haben übrigens gemeinsam die beiden Kochbücher »Was koche ich heute?« und »Die gute Wiener Mehlspeise« verfaßt. Auf Eckel folgte Stefan Gareis als Verbandspräsident; der Verband veröffentlichte in diesen Jahren das »Buch der Kochkunst«, das unter Mitwirkung prominenter Fachleute zustande gekommen war. 1938 wurde der Verband unter der Leitung von Josef Knott durch die neuen Machthaber liquidiert. Aber schon im Mai 1945 beschloß man unter Franz Ruhm, den Verband aufs neue zu gründen. Nach Ruhm und Felbinger übernahm Karl Duch die Leitung des Verbandes; Duch verfaßte zahlreiche Koch- und Lehrbücher sowie das »Handlexikon der Kochkunst« und wurde schließlich zum Präsidenten des Weltbundes der Kochverbände gewählt. Unter seinem Vorsitz wurde 1960 in Wien der Kongreß des Weltbundes abgehalten. Inzwischen war auch wieder eine Verbandszeitschrift, »Die Gastronomie Österreichs«, geschaffen worden. Auf Karl Duch folgte Karl Pokorny, der 1962 eine Jungmannschaft aufbaute. 1965 wurde Pokorny durch Ernst Faseth, vormals Vizepräsident und Generalsekretär, seit 1968 Präsident des Weltbundes der Kochverbände, abgelöst. Seit 1967 erscheint »Die Gastronomie Österreichs« gemeinsam mit »Gastronomie und Gastlichkeit« unter dem Titel »Tafelfreuden. Zeitschrift für Küche, Keller und Haus sowie für Feinschmecker und Hobbyköche« als offizielles Organ des Bundes Österreichischer Gastlichkeit, des Verbandes der Köche Österreichs und der Chaine des Rôtisseurs, Bailliage National d'Autriche. 1968 konnte der Kochverband sein neues Heim in der Philippovichgasse eröffnen.

Im Verlauf des 19. Jahrhunderts eroberte sich also die »bürgerliche« Küche mehr und mehr den Platz an der Sonne. Die Standardwerke der österreichischen Küche wurden meistens von »Bürgersköchinnen« verfaßt. Es bildete sich aber nicht nur die nationale Küche Wiens bzw. Österreichs zur Vollkommenheit aus; damals entstand auch jenes Flair der seligen Backhendlzeit, jene Gesinnung des »Leben und Lebenlassen«, jene unnachahmliche Wechselwirkung zwischen Kochkunst und Lebenskunst, zwischen einfacher, sättigender »Hausmannskost« und raffinierter Genüßlichkeit, es entstand jener phänomenale Tagesablauf der »Wiener Phäaken«, wonach einer den lieben langen Tag nur in Gasthäusern, Cafés, Restaurants, beim Heurigen und am häuslichen Eßtisch ständig in Seligkeit schwelgt; nicht von ungefähr gehörten Stilleben, üppig mit Fleisch, Wild, Geflügel, Gemüse und Obst beladen, um die Jahrhundertwende zu den Prunkstücken einer jeden »gutbürgerlichen« Wohnung (meist in Drucken oder Kopien nach alten holländischen Malern). Es war jene Epoche, da Wien als schon längst bekannte Musik- und Theaterstadt auch noch zur Stadt des guten Essens und Trinkens, des Speisens, Dinierens und Soupierens avancierte.

In diesem Wien mischten sich alle Gegensätze bis zur Harmonie, das Überfeinerte wurde bodenständig gemacht, das Bodenständige, das rustikale Element wurde verfeinert. Die bloße Übernahme eines Gerichts hätte schließlich noch keine weltberühmte »Wiener Küche« ergeben. Da passierte noch etwas Besonderes: Die übernommenen Rezepte wurden modifiziert, assimiliert, veredelt. Die Wiener Küche des 19. Jahrhunderts verwandelte das allzu Differenzierte einer Nationalspeise, verfeinerte das Grobe und vereinfachte das Überpikante. Der Speise wurde, um es auf einen kurzen

Nenner zu bringen, die wienerische Note des soliden Bürgertums aufgedrückt.

Vergleichen wir dazu die französische Küche. In ihr heißen nur die kultiviertesten, überfeinerten Gerichte »à la reine«, »à la princess«. Im Wienerischen bekamen gerade die hausgemachten Gerichte, die Speisen der bürgerlichen Hausmannskost das Prädikat »kaiserlich« oder »Kaiser-«, ob das nun Kaiserschöberl, Kaisergugelhupf, Kaiserschmarrn, Kaiserfleisch oder Kaisersemmeln waren und sind.

Nicht umsonst wurde in den Jahrzehnten um 1900 das Hotel Sacher zum Inbegriff und Signum österreichischer, Wiener Koch- und Eßkultur. Auch die Küche des Hotels Sacher war auf der soliden Grundlage einer Wiener Fleischhauertochter und der Tradition eines Metternich-Kochs erbaut. Jetzt verstehen wir auch den dynastisch-dynamischen Bogen, der sich vom »Haus Österreich« zum Hotel Sacher und von diesem »Hotel Österreich« zum volkstümlichen »Kleinen Sacher« spannt. »Kleines Sacher« nennt der Wiener einen Würstelstand auf der Straße, an dem man noch um Mitternacht ein Paar Würstel bekommen kann: Auch der Republikaner, auch der »kleine Mann« kann ohne »sein« Sacher nicht auskommen! Ja, das Haus Sacher wurde geradezu zum »kulinarischen Symbol für die Wechselbeziehungen zwischen hochgestelltem Bürgertum und Aristokratie«, wie Anna Schendl in ihrer Wiener Dissertation »Wiener Kochbuch und Wiener Küche im Spiegel der Zeit«, 1961, bemerkte. Denn seit etwa 1800 war es die »Bürgersköchin«, die der Wiener Küche ihren unvergleichlichen Stempel aufdrückte. Das Mahl wurde unter ihren Händen das Produkt einer ehrlichen Arbeit, und der Esser konnte gesättigt vom Tisch gehen. Und wenn wir zur Zeit Maria Theresias den Weg von der Hofküche zum Bürgertisch verfolgen können, so entwickelte sich im 19. Jahrhundert eine noch engere »Wechselwirkung zwischen Hof und Bürgertum. Der ›Steinkogler Guglhupf‹, das Frühstücksgebäck des Kaisers, trägt einen bürgerlichen Namen, während der Kaiserschmarrn, der eine Hausmannskost im eigentlichen Sinn darstellt, sich eines prunkvollen Namens erfreut. Auch der Esterházy-Rostbraten ist trotz seines feudalen Namens eine ausgesprochen bürgerliche Angelegenheit« (Anna Schendl).

Auf dieser soliden Grundlage des bürgerlichen neunzehnten Jahrhunderts beruht bis heute die Wiener bzw. die österreichische Küche. Sie hat sich im Grunde genommen seither nicht wesentlich verändert.

WEIN & Delicatessen
Entrée
I Stadt Maxmilan Straſse
Sacher
Restauration & WEIN Handlung von Sacher
Salle a manges
Chambre particuli
Eduard

Das Hotel Sacher

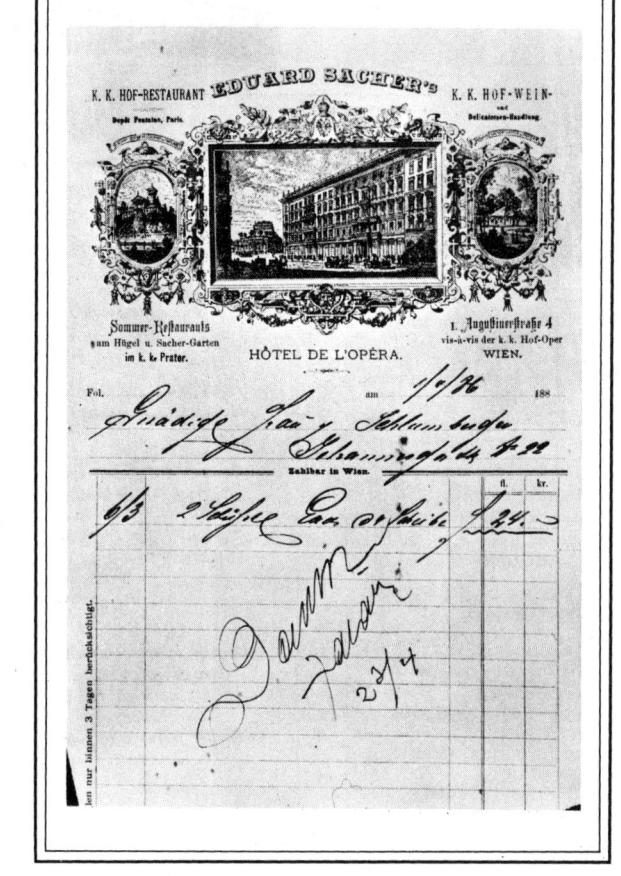

Das Hotel Sacher und Wien sind in der Welt eine Einheit. Mit Recht hat man dieses Hotel Sacher auch »Hotel Österreich« genannt; wir haben es im Rahmen der Geschichte der österreichischen Küche sozusagen als Dependance zur Casa d'Austria das »Hotel Österreich« geheißen.

Für die Wiener war »das Sacher« schon immer eine Institution – wie ihr Kaffeehaus. Bereits zum 25jährigen Jubiläum des Hauses im Jahre 1891 schrieb eine Wiener Zeitung: »Eduard Sacher ist mehr als eine Spezialität – Sacher ist eine Institution des Wiener gesellschaftlichen Lebens.« Es ist nicht nur Hotel, Restaurant, Café und Bar, es ist auch Sehenswürdigkeit und Denkmal, ein Denkmal, das die Wiener Küche und die Wiener Lebensart sich selbst errichtet haben. Nicht umsonst sagt der Wiener, wenn er den Superlativ vornehmster Einladung und exquisiter Gasterei zum Ausdruck bringen will: »Heut' gehn wir ins Sacher!« – nur mit dem kleinen Unterschied von Wunsch und Wirklichkeit, daß die wenigsten Wiener tatsächlich »ins Sacher« speisen gehen; der Wiener kennt seine Grenzen und begnügt sich mit dem Schauen, mit der seligen Erinnerung, mit dem Flair.

Jenes Hotel Sacher war und ist keine »Luxusherberge«, wie sie in anderen Weltstädten und Touristenzentren erbaut wurden und werden, nach den Normen des internationalen Fremdenverkehrs, mit Prunkfassade, Massenvergnügungsräumen und Tanzsälen. Das Sacher ist eine Kult- und Kulturstätte des Genusses in der edelsten Bedeutung des Wortes.

Seit der Gründung durch Eduard Sacher (geb. 1843 in Wien) – sein Vater Franz Sacher, Wein- und Delikatessenhändler in Wien I, Weihburggasse 4, hat um 1835 die Sachertorte erfunden und hatte zuvor in Metternichs Küche seine Lehrjahre absolviert – im Jahre 1876 ist das Haus sich seiner Exklusivität bewußt. Eduard Sacher hatte 1873 ein Gastlokal in der Kärntner Straße eröffnet – nach Pariser Vorbild mit »Chambres séparées«. Ungefähr an derselben Stelle, wo heute das Hotel Sacher steht, befand sich das »k. k. Hof-Operntheater

CONGRES

Banquet
du 23 Mai 1891

POTAGES

Sherry pale superior, old 1884
Bière de Schwechat

Printanière
Tortue à l'anglaise

HORS-D'OEUVRE

Pâté de foie gras à la gelée

POISSON

Stift Lilienfelder 1841

Saumon du Rhin, sauce royale

RELEVÉ

Vöslauer Goldeck de R. Schlumberger

Pièce de boeuf à la Richelieu

ENTRÉES

Rüdesheimer Berg-Auslese 1874
Château Latour grand vin 1881

Suprêmes de coq des bois aux truffes du Périgord
Langoustes en chaudfroid, sauce verte

RÔTS

Pommery & Greno carte blanche 1886

Poulardes du Mans
Canards de Rouen
Salade romaine

LÉGUME

Asperges en branches, sauce mousseline

ENTREMETS

Cognac Rivière Gardrat extra fin champagne
Curaçao triple sec
Rochers frères. La côte St. André
La grande chartreuse
Anisette Focking

Bombe glacée
Fruits en corbeilles
Petits fours
Fromage du château d'Ellischau

EDOUARD SACHER
Fournisseur de la Cour Imp. et Roy.
VIENNE

---

1. Juli 1891

BUFFET

Hors-d'oeuvre

Grosses Pièces

Saumon garni de hâtelettes
Homards coupés en liard
Tronçons de fogas à la matelot
Truites de la rivière au bleu à la Chambord

Relevés

Selle de veau à la chartreuse
Filet de boeuf à la moderne
Jambon à la Godard

Bière Dreher Pfaffstättner (Stift Lilienfeld) 1841

Entrées

Suprêmes de volailles en chaudfroid
Pâté de foie gras aux truffes du Périgord
Faisans en plumes
Ecrevisses montées en belle vue
Pains de gibier à la royale

Vöslauer Goldeck (R. Schlumberger)

Rôts découpés

Poulardes du Mans à la broche
Selle de chevreuil glacée
Chapons de Styrie bardés
Dindonneaux piqués
Salade de saison
Compotes mêlées

Jockey-Club grand vin (Deutz & Geldermann)

Grandes pièces montées en grillage

Grosses pièces de pâtisseries
Pyramide de tartelettes de fraises
Charlotte russe sur socle
Sacher-Torten
Corbeilles de fruits
Crème glacée
Fromages
Cafe

Liqueurs
Cognac Rivière Gardrat extra fin champagne
Curaçao triple sec en ballons
Rocher frères à la côte St. André

Edouard Sacher
Fournisseur de la Cour Imp. et Roy.

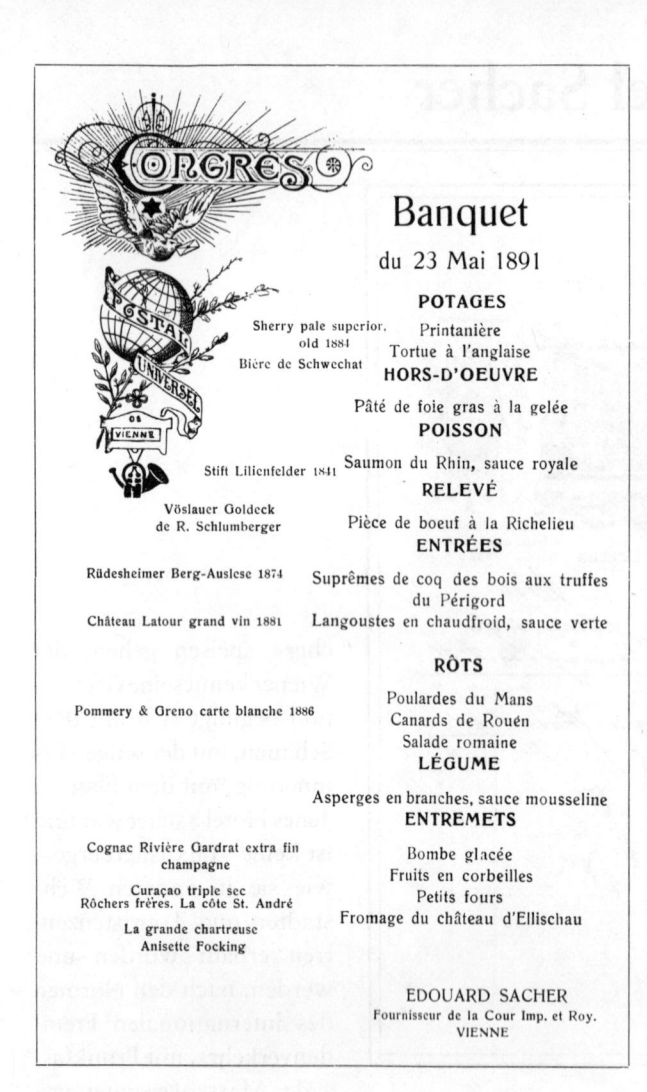

nebst dem Kärntnertor«. (Noch heute »lastet« auf dem Haus das grundbürgerlich eingetragene Verbot, diese »Liegenschaften zu Theaterzwecken zu verwenden«.) Bereits mit dem ersten Buffet in dem »maison meublée« Sacher in der damaligen Augustinerstraße hat etwas begonnen, was in wenigen Jahren dazu führte, daß das Haus zum »Mekka« des Hof- und Hochadels und der Hochfinanz der österreichisch-ungarischen Monarchie wurde: »Man« wollte nur noch im Sacher absteigen, dinieren und soupieren.

Man speiste in kleinen, intimen Räumen an kleinen Tischen das beste Essen der Welt, für den Stammgast immer extra zubereitet. Der Oberkellner hatte das Auftreten eines Botschafters. Und wenn Frau Sacher, begleitet von einem Zwergbully, von Tisch zu Tisch wandelte, wurde sie wie eine regierende Fürstin begrüßt.

Diese Anna Sacher war die Seele des Hauses, sie stiftete Legenden und wurde selbst zur Legende. Am 2. Jänner 1859 als Tochter eines Wiener Fleischhauers namens Johann Fuchs in der Leopoldstadt geboren, heiratete sie am 21. Februar 1880 Eduard Sacher. Es war die »Hochzeit von Tafelspitz und Sachertorte«. Anna Sacher brachte ein unschätzbares Grundkapital als Mitgift in die Ehe: Selbstvertrauen, Tüchtigkeit und Herz. Sie verstand es, in kürzester Zeit jenes Flair zu schaffen,

Das alte Delikatessen-Verkaufsgeschäft im »Etablissement Sacher«, 1906

das noch heute in und um das Hotel Sacher schwebt. Felix Salten sagte über sie in seinem Nachruf, sie sei zwar nicht schön oder hübsch gewesen, »aber pikant, sogar reizvoll, mit einem blitzgescheiten, von tausend Teufeleien durchzuckten Soubrettengesicht«. In ihrer Obhut fühlten sich die polyglotten Kosmopoliten und die Exzellenzen der alten Monarchie wie zu Hause. Und die Gesellschaftskreise höchster Rangordnung wiederum machten das Haus zum exquisitesten von Wien. 1892, erst neunundvierzig Jahre alt, starb Eduard Sacher und hinterließ seiner Frau das »Hotel Österreich«, damals schon Inbegriff für Exklusivität, delikate Küche und Wiener Lebensart. Es hatte bereits damals den besonderen Anstrich, das »Cachet«, wie der Wiener sich auszudrücken pflegte. Der gleiche Geist des Hauses herrschte auch im »Sachergarten« im sogenannten Nobelprater. Dort traf sich die Turfwelt nach den berühmten Pferderennen. Daß sich im Hotel Sacher vielleicht hin und wieder Mitglieder des Erzhauses Habsburg mit den Wiener Vorstadtmaderln trafen, mag als humoristische Begleitnote der »Chambres séparées« betrachtet werden. Dauerhafter als diese amourösen Beziehungen und Liebschaften, als diese »leicht verruchte Weltläufigkeit« waren die diskreteren Verbindungen und Begegnungen zwischen Staatsmännern, Diplomaten, Künstlern, Offizieren, Finanziers

Verkaufslokal im »Etablissement Sacher«, 1906

»Sachertisch« auf der II. Internationalen Kochkunstausstellung in Wien, 1906

Alte Küche im Hotel Sacher, 1906

Zeitungsinserat

**Sacher's Hôtel de l'Opera
in Wien (Oesterreich),**
Augustinerstrasse 4, vis-à-vis der k. k. Hofoper, dem elegantesten und frequentesten Platze der Stadt in unmittelbarer Nähe der k. k. Hofburg, der k. k. Schatzkammer, des k. k. Naturalien-, Münzen- und Antiken-Kabinets, der k. k. Gemälde-Galerie im Belvedere, der Ambraser-Sammlung, des k. k. Volksgartens, des Stadt- und Rathhausparkes, des Künstlerhauses und der Musikvereins-Säle. — 120 Zimmer von fl. 1 aufwärts. Appartements von fl. 6 aufwärts. Prachtvollen Speisesaal, Restaurationssäle, Conversations-, Lesezimmer mit in- und ausländischen Zeitungen. Bäder im Hause, Aufzugsmaschinen nach allen Stockwerken. Dejeuners, Diners und Soupers à la Carte und per Couvert von fl. 1.50, 2, 3 und höher. Table d'hôte fl. 3 per Person. Omnibus von und zu allen Bahnhöfen empfiehlt bestens
3789   **Eduard Sacher**, k. k. Hoflieferant und Eigenthümer.

und Wirtschaftsgenerälen, waren die Beziehungen zwischen den Häuptern des alten Feudal- und den Spitzen des aufkommenden Finanz- und Industrieadels gewesen. Für diese politisch-finanziellen »Mesalliancen« war das Hotel Sacher geradezu prädestiniert. Hier war man sich der absoluten Diskretion sicher. Hier genoß man die Standesprivilegien »unter Ausschluß der Öffentlichkeit« und hatte doch Publikum.
Im November 1918 zerfiel das habsburgische Haus Österreich, die Ordnung der feudalaristokratischen Gesellschaft wich endgültig dem republikanischen Bürgertum. Bestehen blieb das »Hotel Österreich«. Allerdings ging die Nachkriegszeit auch am »Sacher« nicht spurlos vorüber. Am 19. März 1919 berichtete die »Volks-Zeitung«: »Gestern sah sich zu dieser Maßregelung (der Schließung) eine Wirtschaft gezwungen, die immer als der Inbegriff der Üppigkeit und Schwelgerei galt: das Restaurant Sacher. Deutlicher könnte wohl der Niedergang Wiens, der ›Stadt der Phäaken‹ von ehedem, nicht mehr zum Ausdruck kommen.« Nun, das »Restaurant Sacher« öffnete seine Tore bald wieder. Neue Gäste kamen, unter ihnen die Bosels und Castigliones, die raschen Emporkömmlinge, die Spekulanten einer flüchtigen Ära, die Gewinner der Inflation. Die resolute Anna Sacher nahm auch diese Ära hin. Aber die Verbindlichkeiten wuchsen, sie überstiegen längst die vorhandenen Mittel. Anna Sacher blieb

großzügig. Sie verschenkte, wenn auch bereits ein Nichts. Und im April 1929 meldete die »Wiener Zeitung«, Anna Sacher sei entmündigt worden. Auf eigenen Wunsch...

Am 25. Februar 1930 schloß die einundsiebzigjährige Anna Sacher für immer die Augen. Zwei Tage später bereiteten die Wiener »ihrer« Frau Sacher eine grandiose »Leich«. Ihre letzte Ruhestätte fand sie auf dem Dornbacher Friedhof. Das Haus hinter der Oper aber hielt weiter seine Tore offen.

Vier Jahre waren die Besitzverhältnisse ungeklärt. Dann fanden sich zwei Männer, die den Mut aufbrachten, das schwere Erbe anzutreten: Rechtsanwalt Dr. Hans Gürtler und Cafétier Kommerzialrat Josef Siller erwarben die beiden Häuser in der Augustinerstraße und in der Maysedergasse. Feudale Tradition und die Erfordernisse der Neuzeit mußten in Einklang gebracht werden, sollte das Hotel Sacher »das Sacher« bleiben. Man baute um und eröffnete 1936 neu.

1938 fiel über Österreich der dunkelste Schatten seiner Geschichte. Die neuen Herrscher hatten kein Verständnis für den Weltbegriff »Sacher«. 1945, im Jahre Null, wurde das Haus hinter der Oper – wie alle Hotels der Wiener Ringstraße – Requirierungsgut: zunächst der Russen, dann der Briten. Diese gaben es am 1. April 1951 wieder frei. Mit viel Behutsamkeit und Einfühlungsverständnis wurde das Haus erneut renoviert.

1962 starb Frau Anna Siller, die zusammen mit Frau Leopoldine Gürtler wesentlichen Anteil an der inneren Führung des Hauses hatte. Die Besitzanteile gingen an die Familie Gürtler über, die eine OHG gründete, in der Dr. Hans Gürtler, Leopoldine Gürtler und Dr. Rolf Gürtler als geschäftsführende Gesellschafter vertreten waren. Im Mai des Jahres 1970 starb Dr. Hans Gürtler, im Dezember desselben Jahres Dr. Rolf Gürtler.

1971 übernahm Peter Gürtler, mit 25 Jahren der jüngste geschäftsführende Gesellschafter, gemeinsam mit Leopoldine Gürtler die Leitung des Hotel Sacher. Heute wehen wieder die Fahnen aller großen Nationen über dem Eingang des Hotels, Gäste aus aller Welt sind zu Gast im Hotel Sacher, im Hotel Österreich.

Gäste unter den Farben Rot-Weiß-Rot.

Gäste im »Haus Österreich«.

Gäste bei Tafelspitz und Sachertorte.

Kleiner Sprachführer

Wie schwierig es für Laien und Fremde ist, die Küche eines Landes zu verstehen, geht allein aus der Tatsache hervor, daß sich gerade auf den Gebieten des Essens und Trinkens, des Kochens und aller damit verbundenen Tätigkeiten und Materien in jedem Land eine eigene Sprache entwickelt hat, wobei auch den Provinzen lokalgefärbte Anteile zukommen. Darüber hinaus zeigt die »Küchensprache« eines jeden Landes, einer jeden Nation eine tiefverwurzelte Bodenständigkeit und hält hartnäckig an dem einmal Benannten fest. Ja, die Eigenständigkeit eines Volkes, sein Charakter, seine spezifische Eigenart manifestieren sich in der Sprache der Küche am unverfälschtesten. In der Küchensprache, in der Alltagsbezeichnung der Lebensmittel, der Mengen- und Gewichtsangaben, der geschmacklichen Zutaten, der Küchengeräte und der Tätigkeiten beim Kochen ist jedes Volk ganz es selbst. Hier wird tatsächlich noch »Muttersprache« gesprochen.

In jeder nationalen Küchensprache gibt es eine Fülle von Dialekt- und Lokalausdrücken aus der Welt der Hausfrauen, der Köchinnen und Köche, der Bauern, der Fleischhauer, der Bäcker, der Gemüse- und Kräuterhändler, Ausdrücke, die für einen Ausländer unverständlich sein müssen und die selten in einem Wörterbuch zu finden sind. Dazu kommen Wörter aus der Fachsprache der internationalen Küche sowie die fremdländischen Bezeichnungen importierter Gerichte bzw. Zubereitungsarten, deren Namen, nicht selten bis zur Unkenntlichkeit ihrer Herkunft verändert, der Umgangssprache eines anderen Volkes einverleibt wurden. Da läßt sich quer durch alle Jahrhunderte ein Wanderstrom von Küchenwörtern aus dem Süden nach dem Norden, von Westen nach Osten und umgekehrt beobachten. Es gaben meist immer nur jene Völker, deren Lebens- und Eßkultur bereits verfeinert war, den neuen Wortschatz an Völker mit einer noch einfacheren Lebensführung ab. Was seit mehr als 2000 Jahren in unseren Wäldern, auf Wiesen und Feldern wuchs, trägt auch meist eine germanisch-deutsche Bezeichnung. Zu dieser Gruppe gehören u. a. Kraut (alle Blätterpflanzen), Möhre (= die eßbare Wurzel), Kresse (»kriechende Kräuter«), Dille, Bohne, Rübe, Lauch, Knoblauch (gespaltener Lauch), Schnittlauch (Lauch zum Schneiden), Zwiebel (zweifacher Knollen), Erbse, die bereits in vorgeschichtlicher Zeit bekannt war, ferner Weizen, Roggen, Gerste und Hafer, dessen Anbau seit der Bronzezeit nachweisbar ist, und der Mohn (im Althochdeutschen »mago«, österreichisch-bairisch »Mogn«, altwienerisch »Magn«), eine der ältesten indoeuropäischen Kulturpflanzen, sowie Nelke oder Gewürznelke (aus »nagel, negelin«). Das Wort »Apfel« (althochdeutsch »apful«) ist Germanen, Kelten, Balten und Slawen gemeinsam; man weiß aber nicht, welche Vorstellung der ursprünglichen Benennung zugrunde liegt. Zunächst dürfte der wildwachsende Holzapfel so bezeichnet und der Name auf die von den Römern eingeführten veredelten Apfelsorten übertragen worden sein. Der Apfel hat sich als einziger einheimischer Name einer Baumfrucht behaupten können (bei Birne, Kirsche, Pflaume etc. übernahmen wir den Namen von den Römern). Die Herkunft des Wortes »Traube« ist nicht sicher geklärt. Das Wort »Nuß« bezeichnet ursprünglich die Haselnuß, später auch die Walnuß und andere; das Wort geht auf denselben Wortstamm wie das lateinische »nux« (Nuß, geballtes Kügelchen) zurück. »Erdbeere« (mittelhochdeutsch »ertber«) bedeutet soviel wie auf der Erde liegende Beere, Heidelbeere ist die auf der Heide wachsende Beere, Himbeere (»hintber«) die Beere des Strauches, in dem sich die Hinde (Hirschkuh) mit ihren Jungen verbirgt (?), Brombeere (»bramber«) ist die Beere des Dornstrauches (»brame«).

Viele Obst- und Gemüse-, Gewürz- und Speisennamen sowie Küchenausdrücke haben wir von den Römern beziehungsweise von der Koch- und Gartenkunst römischen Ursprungs übernommen. So ist das Wort »Koch« spätestens im 4. Jahrhundert – etwa gleichzeitig mit »Kohl, Küche, Kümmel, Kerbel, Minze, Pfeffer« – aus dem vulgärlateinischen »coco« entlehnt worden; Küche, vom lateinischen »cucina«, erscheint im 4. Jahrhundert als »coquina« (qu wurde als k ausgesprochen).

Aus »Wienerisches bewährtes Koch-Buch«, 1772

Als im sechsten und siebenten Jahrhundert mit den christlichen, vorwiegend irischen Mönchen auch eine neue Art von Gartenpflege und Kochkunst zu uns kam, vermittelten sie uns gleichzeitig auch zahlreiche Ausdrücke aus Küche und Keller, Garten und Feld. Aus dem Lateinischen entlehnt sind außer Koch, kochen, Küche, Kuchen, Garten, Pfanne und vielen Gemüsenamen auch Obstbezeichnungen, wie Birne (lateinisch »pirum«), Pflaume (»prunum«), Kirsche (»cerasum«), Pfirsich (»persica« = persische Frucht), Weichsel (»visciola«; kam bereits im 2. Jahrhundert durch die Römer über die Alpen), Mandel (»amandula«), Kastanie (»castanea«), Zitrone (»citrus«; kam erst nach 1500 aus dem Italienischen zu uns, hieß vorher nur »Limone«, »Limonie« oder »Zitronapfel«). Erst im 15. Jahrhundert entstand »Pomeranze« (aus dem spätlateinischen »pomo arancia«); man sagte in Deutschland auch lange »Arancia« zu dieser Frucht; erst um 1700 bürgerte sich dafür das französische »orange« ein, das wieder auf eine morgenländische Quelle zurückgeht (arabisch »narang«, persisch »naräng«, indisch »narenga« = bittere Apfelsine); zur selben Zeit kam über Hamburg die niederländische Bezeichnung »Appelsine« – »Apfelsine« (»Apfel aus China«) zu uns.

Aus mönchischem bzw. vormönchischem Küchenlatein (die Herkunft dieses Wortes ist übrigens nicht eindeutig geklärt) stammen u. a. auch Anis (»anisum«), Lattich (»lactuca«), Eppich (»epium«), Minze (»menta«), Feige (»fica«), Pfeffer (»piper«), Rettich (»radix«), Wirsing (»viridia«), Spargel (»asparagus«), Senf (»sinapis«; die Verwendung des Senfsamens zur Senfbereitung lernten wir etwa gleichzeitig mit Essig, Kümmel und Pfeffer von den Römern kennen; in der germanischen Vorzeit verwendete man die Senfblätter hauptsächlich als Gemüse), Petersilie (»petrosilium«, was wiederum auf griechisch »petros« = Stein und »selinon« = Eppich, Sellerie zurückgeht), Oblate (»oblatum« = das Dargebrachte; wurde aus der Kirchensprache entlehnt, seit dem 13. Jahrhundert auch Bezeichnung für »feines Backwerk«).

Während die veredelte »Pflaume« (das rundliche, im August reife Kernobst) zur Römerzeit zu uns kam, ist die »Zwetschke« oder »Zwetsch(g)e« (die längliche, im September reifende Frucht) erst von den Kreuzfahrern aus dem Morgenland nach Europa eingeführt worden und hieß zuerst »prunum Damascenum«, also »Pflaume aus Damaskus«; aus »Damascenum« dürfte die »Dweske« bzw. die »Zwetschke« geworden sein. (Sebastian Franck spricht in seinem »Weltbuch« 1534 noch von der »Pflaume zu Damasco«.) Das Wort »Aprikose« ist wie die »Karotte« niederländischer Herkunft und kam im 17. Jahrhundert in Norddeutschland auf (das niederländische »abrikoos« stammt von dem arabischen »albarkok« = gelber Pfirsich). Die österreichische »Marille« kommt dagegen vom lateinischen »de Armenica« (italienisch »amarello«, »armenillo«). Aus dem Italienischen stammen auch die Bezeichnungen Melone (»mellone«), Karfiol (»cavoli fiore«), Salat (»insalata« = Eingesalzenes), Sellerie, Kohlrabi. »Cervelatwurst« (wienerisch »Safferladi«, »Savaladi«) stammt nicht vom italienischen »cervello« = Hirn, sondern vom italienischen »cervo«

= Hirsch (es handelt sich um eine dunkle Fleischwurst, die ursprünglich aus Hirschfleisch, später aus Schweinefleisch hergestellt wurde). Unser »Stanitzel« (»Skarnitzel« = Tüte) stammt vom italienischen »scartoccio« bzw. vom slowenischen »kornut«; daraus wurde Skarnitz, Skarnitzel, dann Stanitzel. Das Wort »Quargel« (altwienerisch auch »Kelleranten« genannt) lautete im Mittelalter »quark« (Topfen) und ist dem russisch-polnischen »tvarog« entlehnt. »Spinat« geht zwar auf das Romanische zurück, leitet sich aber letztlich aus dem Persischen (»äspänah«, arabisch »isfingha«) ab, ebenso »Zibebe« (arabisch »zibiba« = Rosine). Safran (arabisch »sa-farân«), Sorbet (arabisch »scharbat« = Trunk) und Sirup (»sarâb« = Trank) sowie Artischocke (»harsot«) sind arabischen Ursprungs. Die Endivie verdankt ihren Namen dem ägyptischen Monat Tybi (Jänner), in dem sie reift (lateinisch »entiba«, italienisch »endivia«, wienerisch »Andifi«). Ein Exote ist auch die Tomate (mexikanisch »tomate« = das Schwellende); der Österreicher und der Deutsche sagten zunächst »Paradiesapfel« bzw. »Paradeiser« dazu. Eine Fülle von Ausdrücken kam seit dem 17. Jahrhundert bis heute aus dem Spanischen, Italienischen, Französischen, Englischen, Ungarischen, Tschechischen, Türkischen etc. zu uns. Spanisch sind u. a. Olla potrida, Olio, Ratafia (Likörart). Aus Italien übernommene Speisennamen sind u. a. Biskotten (»biscotto«, lateinisch »bis coctus« = zweimal gebacken, gekocht), Broccoli, Carabanda, Crostada, Frittate, Frittura mista, Karbonadel, Lasagne, Makkaroni, Marinade, Maroni, Melanzani, Minestra, Pofesen, Panadel, Pasta asciutta, Polenta, Ravioli, Risipisi, Risotto, Rosoglio, Spaghetti, Stufato, Tutti-Frutti, Zupa pavese. Französischer Herkunft sind Aspik, Baiser, Biskuit (in der Umgangssprache blieb die italienische Form »Biskotten« erhalten), Blancmanger (Mandelsulz), Bonbon, Braise, Brioche, Bœuf à la mode, Farce, Chaudeau, Consommé, Kotelett, Creme, Kroketten, Escalopes, Frikandeau, Frikassee, Gelee, Glace, Goulee, Grillage, Haschee, Jus, Kanapee, Nougat, Omelette, Paniere, Pommes frites, Püree, Ragout, Roulade, Salmi, Sauce, Soufflé, Timbale, aber auch servieren, Likör, Champagner, Bouillon, Menü. Englisch sind u. a. Beefsteak, Roastbeef und Rumpsteak, Ham and eggs, Pudding, Sandwich sowie alle Flip- und Fizzarten, Cobbler, Julep, Sillybub. Ungarisch sind Fogosch, Gulyás, Halászlé, Honvédbraten, Liptauer, Letscho, Pittah, Pörkölt, Tarhonya, Tapioka. Tschechische bzw. slawische Speisennamen sind Buchteln, Dalken, Datschkerl, Kolatschen, Haluschka, Liwanzen, Pogatschen, Potizen, Powidl, Skubanken. Serbisch sind Dahorp (Hammelfleischragout), Gjuwetsch (bulgarisches Hammelragout), Hadschiloja (»Bosniakerl«), Palatschinken, Rasnijci, Cevapčiči. Türkisch sind Bitta und Pilaw. Polnisch-russisch sind Barszcz, Kascha, Piroggen, Plinzen, Schtschi, Srasy.

Nicht uninteressant sind auch Dialektwörter aus dem Reich der Küche. Der »Plenten« (für Buchweizen) stammt vom italienischen »polenta«, »Haiden« (für Buchweizen) hängt mit dem Wort »Heide« zusammen. »Türkischer Weizen«, eine alte Bezeichnung für den Mais, oft auch nur »Türken« genannt, geht auf die falsche Vorstellung zurück, daß dieser Mais von den Türken zu uns gekommen wäre (tatsächlich haben ihn die Spanier aus Mexiko mitgebracht). Das Dialektwort »Kukuruz« ist unsicherer Herkunft, geht jedenfalls aber auf das türkische »kokoros« zurück und kam erst im 19. Jahrhundert auf. »Kapäunl« (Kapaun) geht auf das lateinische »capo« (= verschnittener Hahn) zurück. »Polakl« ist der steirische Ausdruck für das französische »poularde« (»poule« = Huhn). »Sur« kommt von dem niederdeutschen Wort »sur« = sauer. Die Herkunft des Wortes »Blunzen« ist nicht geklärt; zur Auswahl stehen »plutzig« = dickleibig, aufgeblasen oder englisch »to blow« = aufschwellen, lateinisch »plenus« = voll oder slawisch-polnisch »pluca« = Lunge, eßbare Eingeweide. Unser Wort »selchen« (für räuchern) geht auf das lateinische »salire« = salzen zurück.

So sahen sich die Kochbuchautoren schon immer vor die Schwierigkeit gestellt, einerseits allgemeinverständlich zu bleiben, andrerseits aber gerade die nationale Eigenart nicht nur der jeweiligen Zubereitungsart, sondern auch der Küchensprache zu wahren. Die Landessprache einer Küche ist nicht nur das Siegel der Authentizität, der Echtheit, es ist auch der Ausdruck der Liebe und der Überzeugung. Wer dagegen sündigt, verliert an Glaubwürdigkeit.

Schon die Herausgeber des »Wienerischen bewährten Koch-Buches«, das 1772 in Bamberg und Würzburg erschienen war, hielten es für notwendig, dieser »deutschen« Ausgabe ein »Register über die unbekannten Oesterreichischen Wörter« beizugeben. Und noch Emma Eckhart beschloß ihr »Neues geprüftes Kochbuch – Der häusliche Herd«, 1877 in Wien, Pest und Leipzig erschienen, mit einem umfangreichen Anhang: »Küchen-Deutsch, oder: Erklärung der sprachgebräuchlichen, zumeist österreichischen Local- und Dialect-Ausdrücke in Betreff von Pflanzen, Thieren, Hausgeräthen und allerlei Haushaltbedürfnissen.«

Küchen-Abc

Nicht aufgenommen sind Bezeichnungen von Fleischteilen bzw. Speisen, die in den Rezepten behandelt werden. Diese sind im Gesamtregister erfaßt und an Ort und Stelle ausführlich erklärt (z. B. Hieferscherzel, Panadel).

Abatis: Geflügeljunges, Geflügelklein, siehe **Junges**
Abbrennen: Siehe **Absengen**. Auch für »abbrühen« verwendet
Abbröseln: Butter und Mehl mit den Fingern auf dem Nudelbrett verreiben, bis beides zu kleinen Bröseln verbunden ist
Abfetten, entfetten, degraissieren: Suppe oder Soße von Fett (= Abschöpffett) befreien
Abfrischen: Siehe **Abschrecken**
Abhängen, abliegen: Lagern von Fleisch, Wild oder Wildgeflügel, bis es mürbe oder schmackhafter wird
Abhäuten: Entfernen der dünnen Häute bei Innereien und Fleisch
Abklären (»auslassen«): Butter auf schwacher Flamme langsam kochen, bis das Fett rein und durchsichtig ist, dann stehenlassen, bis sich die unreinen Stoffe und Salz am Boden abgesetzt haben, abschäumen und das reine Fett ohne Bodensatz in ein Gefäß leeren
Abliegen: Fleisch mürbe werden lassen
Ablöschen, deglacieren: In angeröstetes oder angedünstetes Kochgut etwas Flüssigkeit gießen
Abrebeln: Stiele von Beeren entfernen
Abschäumen: Den Schaum, der sich beim Kochen bildet (bei Fleischsuppen, Fischsud, Zucker, Obst etc.), vorsichtig mit dem Löffel entfernen (»mit dem Schaumlöffel abheben«)

Abschmalzen: Kochgut in heißem Fett schwenken
Abschmecken: Speisen während der Zubereitung bzw. am Ende des Kochprozesses kosten, die noch fehlenden Zutaten an Gewürzen nach Geschmack beigeben
Abschöpffett: Fett, das die kochende Suppe aufwirft und das mit dem Löffel abgeschöpft wird
Abschrecken, abfrischen: Rasches Abkühlen von Gekochtem oder Blanchiertem. Gekochte Teigwaren und Gemüse werden mit kaltem Wasser übergossen; Kaffee wird mit kaltem Wasser geklärt; gekochte Eier lassen sich, unter kaltes Wasser gegeben, besser schälen
Absengen, abbrennen: Über offener Flamme die kleinen Härchen von Geflügel, Jungschwein usw. abbrennen. Auch flambieren oder abflämmen
Absprudeln: Verrühren, quirlen
Abstreifen: Haut von Wild abziehen
Abtreiben: Fett (z. B. Butter) abrühren, flaumig-schaumig rühren; ergibt den **Abtrieb**
Abziehen mit Stärke: Mit Stärke binden
Agras(el): Stachelbeere
à la...: Abkürzung für »à la mode de...«, »nach Art von...«
Ananas: In Österreich auch Bezeichnung für Gartenerdbeere
Anbraten, steifmachen, ansteifen: Fleisch in wenig Fett rasch beidseitig braten, damit sich die Fleischporen schließen
Anschwitzen, anlaufen lassen: Gemüse, Zwiebel, Fleisch etc., ohne Farbe nehmen zu lassen, in wenig Fett erhitzen, bevor man aufgießt
à part: Getrennt servieren, zusätzlich zum bestellten Gericht

Arancini, Aranzini: Orangenschalenstreifen, in Zucker konserviert

Aromat, Aromaten: Gewürze, Kräuter, rohes Wurzelwerk, Gemüse

Aschanti(nuß): Erdnuß

Aspik (in Österreich auch »das Aspik«): Gelee, Sulz; auch Gericht, in klares Gelee gesetzt

Assiette: Bezeichnung für Teller oder jede Schüssel zum Auftragen; im weiteren Sinn auch Schüssel mit einer feinen Zwischenspeise bzw. Bezeichnung für kleine Gerichte oder Vorspeisen

Aufgießen: Nach dem Ablöschen mit Flüssigkeitsmenge versehen

Aufkochen: Volkstümliche Bezeichnung für ein festliches, reichliches Kochen

Auflauf: Dem Pudding ähnliche Masse, meist im Wasserbad zubereitet (gebacken); nicht zu verwechseln mit dem französischen »Soufflé«

Aufschäumen: Butter bis zum Aufschäumen heiß werden lassen

Aufschlagen: Soßen, Cremes im Wasserbad unter Schlagen erhitzen

Aufschnitt, Aufgeschnittenes: Kalte Platte aus Schnitten von Wurst, Schinken, Ochsenzunge, Kalbsbraten, auch Käse etc.

Auf(s) Eis stellen: Wienerisch für »kalt stellen«

Au gratin, gratinieren: Gares Kochgut mit Mornay- oder Duxellesauce, Semmelbrösel oder Käse bestreuen; im Backrohr kurz überbacken (überkrusten)

Ausbacken, herausbacken: Kochgut in heißem Fett schwimmend backen

Ausbeinen, auslösen, ausbeinein: Das Entfernen der Knochen aus rohem oder gekochtem Fleisch

Ausfehen: Alte Bezeichnung für »mit Mehl stauben«, eine Form mit Mehl stauben, bemehlen; auch für sieben

Aushacken: Ein geschlachtetes Tier (durch Fleischhauer) zerlegen

Auswalken: Teig ausrollen

Auszugmehl: Alte Bezeichnung für die beste Sorte des Mehls

Aux fines herbes: Mit feingehackten Kräutern gewürzt

Backen: Im heißen Backrohr garen

Backerbsen: Mehlerbsen, Teigtropfen, in Fett gebakken (Suppeneinlage)

Bäckerei: Kleingebäck

Backhendl, Backhuhn: Geteiltes und paniertes junges Huhn, in heißem Fett gebacken

Backteig: Ausbackteig

Bähen: Semmeln, Weißbrot usw. dünnblättrig oder würfelig etc. schneiden und ohne Fett im warmen Backrohr übertrocknen bzw. leicht rösten

Baiser: Schaumgebäck aus Zucker und Eischnee; auch »spanischer Wind«, »Meringue« genannt

Bardieren: Geflügel, besonders Wildgeflügel usw., mit dünnen fetten Speckscheiben (»Speckbarden«) umwikkeln bzw. belegen, um das Austrocknen zu vermeiden

Batzerlgugelhupf: Siehe **Patzerlgugelhupf**

Baunzerl: Milchbrötchen, ein in der Mitte geteiltes Kleingebäck

Bavese: Siehe **Pofese**

Beefsteak Tatar: Faschiertes oder geschabtes rohes Rindfleisch, mit Gewürzen etc. angemacht

Beigel: Flügel und Schenkel von einem (Back-)Hendl

Beinfleisch: Zwerchried, Quer-, Zwerchrippe, Platte

Beiried: Rippenstück aus dem halbierten, ausgelösten Rinderrücken

Beize: Siehe **Marinade**

Beizen, marinieren: Fleisch, Wild, Geflügel in die Beize legen, um es länger aufbewahren zu können bzw. das Fleisch schmackhafter zu machen

Bertram: Estragon

Beugel: Hörnchen

Beuschel, Lüngerl: Lunge; auch Bezeichnung für ein Gericht

Bieg(e)l: Keule, speziell vom Geflügel (»Gansbiegel«)

Binden, legieren: Soßen, Suppen, Gemüse usw. mit Mehl eindicken (stauben), damit die Speise »bündiger«, dicklich bzw. molliger wird. Auch durch Zugabe von Einbrenn oder Einmach bzw. Obers und Dotter

Biskotte: Löffelbiskuit

Blanchieren, ab- oder überbrühen: Gemüse, Innereien, Knochen kurz in siedendes Wasser legen

Blancmanger: Gesulzte Mandelmilch

Blätterteig: Butterteig, anstelle von Butter mit anderen Fetten hergestellt

Blaukochen, blausieden: Das Garen von Fischen in einem Essigsud, um der Fischhaut die gewünschte blaue Farbe zu geben

Blaukraut: Rotkohl
Blindbacken: Das Leerbacken von Pasteten, Kuchenböden, Tartelettes ohne Fülle (meist gibt man als Einlage trockene Hülsenfrüchte in die zu backende Form)
Blunze: Blutwurst
Blutknochen: Alle Knochen (z. B. Rückgratknochen) mit Ausnahme der Rohr- oder Markknochen
Bockerl: Altwiener Bezeichnung für den Indian (Truthahn); auch »kalkutischer Hahn«
Bohnen: Weiße Bohnen
Bordure: Einfassung, Randverzierung, Schüsselrand
Bouillon: Klare Fleisch- oder Geflügelsuppe, Fleischbrühe, ohne Einlage
Bouillonhering: Marinierter Hering, im Handel erhältlich
Bouquet garni: Kräuterbündel, Sträußchen feiner Kräuter (Petersilie, Thymian, Lorbeerblatt, auch Porree, Selleriegrün, Knoblauch)
Brandschmalz: Schmalz, in dem schon einmal etwas gebacken wurde
Brathendl: Brathähnchen
Bridieren: Das Formgeben (durch Binden) von Geflügel, Fisch oder Fleisch; wird in Österreich auch »dressieren« genannt
Bries: Kalbsmilch, Kalbsmilke
Brioche: Feines Hefegebäck (»Briochekipferl«), verschieden geformt, aus eidotterreichem Germteig
Brockerln: Altwiener Bezeichnung für Sprossenkohl
Brösel, Semmelbrösel: Paniermehl (geriebene Semmeln, Weißbrot oder Kipfel). Auch aus süßen Massen (Kuchen- oder Biskuitbrösel)
Bröselfleisch: Ein nicht zu fettes, bröseliges Fleisch (z. B. vom schwarzen Scherzel), vor allem Siedefleisch
Bruckfleisch: Das auf der Schlachtbrücke (»Brucken«) frisch ausgestochene Kleinfleisch (Bries, Herz, Herzkranzl, Aorta, Kronfleisch, Leber, Milz, Stichfleisch)
Brunoise: Gemüse (Weißes von Porree und Wurzeln), feinwürfelig geschnitten
Brustkern: Rinderbrustspitze
Brustspeck: Durchzogener Räucherspeck (»Englischer Speck«), in Wien auch »Hamburger Speck« genannt
Buchtel: Hefegebäck
Buffet, Büffet: Bufett, Büfett
Busserl: Kleines rundes Plätzchen

Carcassé, Karkasse: Gerippe von zugerichtetem Geflügel, Wild, auch Rückenknochen; Panzer vom Hummer
Chaudeau: Weinschaum
Chaud-froid: Kaltes Sulzgericht (aus Schinken, Geflügel, Wild usw.)
Chemisieren: Mit Überzug versehen, eine Form mit Aspik, eine Eisbombe mit Eiscreme auskleiden
Cocotte, Kokotte, Casserolle, Kasserolle: Bratfestes Geschirr (Gußeisen, Fayence, feuerfestes Glas) mit fest verschließbarem Deckel; die Speise wird in der Cocotte auch serviert
Concasser: Hacken
Consommé, Konsommee: Kraftsuppe (Kraftbrühe), Kraftfleischsuppe. In alten Kochbüchern fälschlich auch für Dunstkoch
Coulis: Mehlbrei (angerührtes Mehl, in Wasser eingekocht), wird als Streckmittel verwendet; auch alte Bezeichnung für Grundsoße bzw. geseihte Kraftsuppe
Court-bouillon: Fischsud, gewürzt mit Essig, Wurzelwerk und Bouquet garni, darin der Fisch gar gekocht wird
Crêpes: Besonders feine Omelettes (Palatschinken)
Croquette, Krokette: Panierte, in Fett gebackene Krustel
Crouton (der): In Form (würfelig, in Herzform, Dreieck, Halbmond, Viereck usw.) geschnittenes, geröstetes Weißbrot (als Suppeneinlage), auch getoastete Weißbrotschnitte als Unterlage für kleine Gerichte oder zum Garnieren
Dalken: Dicker kleiner Pfannkuchen aus Hefeteig, krapfenähnliches Fett-(»Schmalz«-)Gebäck
Dalkenpfanne: Spiegeleierpfanne
Dampfel: Gärprobe, Hefestück
Darioleform: Glatte konische kleine Form mit etwa $1/8$ l Inhalt, aus Aluminium oder rostfreiem Stahl
Deglacieren: Ablöschen des Bratsatzes
Degraissieren: Siehe **Abfetten**
Deka: Österreichische Kurzform für Dekagramm
Deka(gramm): Abgekürzt »dkg«, »Dg«; 10 Gramm
Derndel, Dirndl: Cornelkirsche
Dille, Dillenkraut: Dill. In Österreich »die Dille«
Dotter: Eigelb
Doublieren: Je zwei Stücke zusammensetzen
Dressieren: Spritzen (mit dem »Dressiersack«) von

Teigen, Massen oder Cremes. Siehe auch **Bridieren**
Dressing: Siehe **Marinade**
Dunsten: Im Wasserbad kochen (z. B. Koch oder Wiener Auflauf)
Dunstobst: Kompottfrucht, Dünstobst
In Dunst stellen: Ins Wasserbad geben
Durchschlag: Altwiener Bezeichnung für Nudelsieb
Durchschlagen: Alte Bezeichnung für »passieren«
Duxelles: Füllmasse aus gehackten Champignons und geschnittenen Zwiebeln, Petersilie, in Butter gedünstet; benannt nach der Erfindung von François-Pierre de la Varenne, dem Küchenchef des Marquis d'Uxelles
Eierschwamm(erl): Pfifferling
Eierspeise: Ähnlich dem Rührei
Eiklar: Eiweiß, Klar
Einbrenn: Braune Mehlschwitze
Einkochen, reduzieren: Säfte, auch dünnflüssige Speise durch ständiges Kochen eindicken, verdicken; auch Gewürzreduktion
Einmach: Helle, lichte, weiße Mehlschwitze
Einpökeln: Fleisch, Zunge usw. mit Mischung aus Salz und Gewürzen trocken, naß oder schnell pökeln
Einschiebspeise: Zwischengericht
Einsieden: Einkochen (vor allem bei Obst, Früchten)
Eis: Gefrorenes
Emincé: In dünne Scheiben geschnitten, geschnitzelt
Entenjunges: Entenklein
Entfetten: Siehe **Abfetten**
Entremet: Süßspeise; am Ende einer Mahlzeit serviert
Erdäpfel: Kartoffeln
Escalope: Rohe Fleischscheibe (im Gegensatz zur Tranche)
Etamine: Seihtuch aus Leinen; auch **das** Etamin, österreichisch **der** Etamin
Farce, Farsch, Fasch: Feingehacktes, fasciertes und püriertes Fleisch, Schinken, Fisch usw., mit Speck, Butter usw. und Gewürzen als Füllung (Füllsel) von Fleisch- und Gemüsegerichten, Pasteten u. dgl. verwendet
Farcenockerl: Hachénockerl, aus feiner Farce geformt (Suppen-, Ragouteinlage)
Farcieren: Füllen
Farferl: Name einer Mehlspeise, die in die Suppe eingekocht wird

Farsch, Fasch: Siehe **Farce**
Faschieren: Durch die Fleischmaschine (**Faschiermaschine**, Fleischwolf) gedrehtes Fleisch usw. (**Faschiertes**)
Faumlöffel: Alte Bezeichnung für einen dicken Schaumlöffel (Faum = Schaum von Suppe, Obers, Bier usw.)
Filet: Lungenbraten (in Deutschland »Lendenstück«) von Rind, Schwein, Wild; Fischfilet ist das entgrätete Rückenstück; Geflügelfilet ist das Bruststück; auch Leberfilet
Filz, Bauchfilz: Schweinespeck
Fisole, gelbe: Wachsbohne, Spargelbohne
Fisole, grüne: Junge Schnittbohne, grüne Bohne
Flambieren: Speise mit Spirituosen (Cognac, Weinbrand, Kirschwasser, Rum u. dgl.) übergießen und anzünden. Auch: Absengen von Geflügel u. ä.
Flämmen: Rasches Überbacken im Rohr
Fleck: Kuttelfleck, Kaldaune
Fleckerl: Kleines Teigstück aus Nudelteig, in quadratische Form geschnitten; Name der Mehlspeise aus diesen Flecken
Fleischglace: Siehe **Glasieren**
Fleischhacker, Fleischhauer, Metzger: Fleischer
Fleischlaibchen, Fleischpflanze(r)l: Frikadelle, Bulette, Klops
Fleurons: Ungesüßte Blätterteighalbmonde zur Garnierung von Speisen
Fogos: Zander
Fond: Geschmacksangereicherte, geschmacksgebende Kochflüssigkeit (braun oder weiß); Grundbrühe für Soßen, Suppen; auch Bratensaft »à la Fond kochen« = ganz einkochen (bei Gulyás »auf Fett fallen lassen«)
Fondant (in Österreich »das Fondant«): Glasurzucker
Frankfurter (Würstchen): Wiener Würstel, Wienerl
Frikassee: Ragout, eingemachtes (weißes) Fleisch von Kalb, Huhn oder Lamm
Frischling: Junges Wildschwein
Frittaten: Nudelig geschnittene und ungesüßte dünne Palatschinken, als Suppeneinlage verwendet
Fruchtsalat: Obstsalat
Gabelfrühstück: Vormittägliche Zwischenmahlzeit
Gams: Gemse
Gansbiegel: Gänsekeule

Gans(l)junges: Gänseklein
Garen, garziehen: Mit viel Flüssigkeit garen
Garnitur, Garnierung: Gemüse, Fleurons usw., mit denen man eine Speise garniert (belegt)
Gefrorene, Gfrorene, Gfrorne, das: Speiseeis
Gekröse: Bezeichnung für Magen, Darm und Netz von Schlachttieren
Gelbe Rübe: Möhre
Gelieren: Sulzen von Flüssigkeiten
Germ: Hefe, Preßhefe
Germteig: Hefeteig
Geriebenes Gerstl: Geriebener Nudelteig, Teiggraupen (Suppeneinlage)
Gerst(e)l: Rollgerstl, Graupen, Rollgerste, auch Ulmer Gerste
Geschlinge: Gekröse
Geschnattel (das): Grobgeschnittene, in saurer Soße gekochte Eingeweide von Tieren
Geselchtes: Geräuchertes, Rauchfleisch; gepökeltes, geräuchertes Schweinefleisch
Geselchte Zunge: Räucherzunge
Gesponnener Zucker: Zucker, in Wasser gekocht
Gewiegtes: Feinfaschiertes, Hackfleisch
Glasieren (auch Glacieren): Überglänzen, überziehen, Glanz geben mit Glace, Braisierfond (bei Fleisch), mit Butter und Zucker (bei Gemüse), mit Aspik, mit Fondant (bei Torten usw.). Bei Fischen ein Überbacken bzw. Bräunen (mit Soße, stark mit Butter durchsetzt)
Glasur: Überguß aus Zucker, Schokolade
Göderl: Schweinskinn
Golatsche, Kolatsche: Germmehlspeise mit Topfen- oder Marmeladefülle (z. B. mit »Powidl«)
Grammeln: Grieben
Grammelschmalz: Griebenfett
Gratinieren: Siehe **Au gratin**
Gratinierschüssel: Feuerfeste Keramik- oder Fayenceschüssel, auch aus feuerfestem Glas
Grenadiermarsch: Gemenge aus gerösteten Kartoffeln, Fleisch und Fleckerln
Grillage: In Zucker geröstete Nüsse (Hasel- oder Walnüsse) oder Mandeln, fein gerieben
Gröst(e)l, Tiroler Gröst(e)l: Gemengsel von Kartoffeln und Fleisch
Gschnatter: Rindfleischsorte (Name von »schneiden«, »abschneiden«, mundartlich: »abgeschnatteter«)
Gugelhupf: Napfkuchen. Alte Form auch »Kugelhupf«
Gulyás, Gulasch (Altwienerisch: **Gollasch**): Paprikafleisch (»Pfefferfleisch«)
Haché, Haschee: Faschiertes, Feingehacktes, meist mit einer Soße gebunden
Hachel: Küchenhobel
Hacheln: Feinblättrig hobeln, schneiden
Hachieren (haschieren): Mit dem Wiegemesser hacken, fein wiegen
Hadschiloja: In Wien auch »Bosniakerl«, ein Kümmelweckerl
Hagelzucker: Grobgestoßener Zucker (zum Bestreuen von Brioches etc.)
Hálaszlé: Ungarisches gemischtes Fischgericht, Fischsuppe
Haluschka: Böhmische Mehlspeise, viereckige Teigflecken, in Schmalz gebacken, mit Topfen, Rahm oder Grammeln bestreut
Hangerl: »Wischtuch« des Kellners und des Kochs, Geschirr- oder Küchentuch
Hasenjunges: Hasenklein
Hasenpfeffer: Ragout von Hasenfleisch
Häuptel: Kopf einer Gemüsepflanze (Zwiebel, Kraut, Salat)
Hausenblase: Fischleim, gewonnen durch Trocknen der Innenhaut des Störfisches (in der jüdischen Küche noch verwendet)
Hautgout: Hochgenuß; auch Bezeichnung für typischen edlen Geruch (bzw. Geschmack) eines abgehangenen Wildes oder Wildgeflügels
Haxeln, Haxl, Haxerl: Füße
Heidelbeere: Blaubeere
Heidenmehl: Buchweizenmehl
Hend(e)l: Junges Huhn
Herausbacken: Kochgut in heißem Fett schwimmend backen
Herrenpilz: Steinpilz
Herzl: Das Innere einer Pflanze, die Kernblätter, besonders bei Salat
Hetschepetsche, Hetscherl: Hagebutte
Heurige: Frühkartoffel
Hirschhorn: Geraspelt, zerfeilt wie Hausenblase zu verwenden

Hirschhornsalz: Ammoniumkarbonat, Treibmittel, wird meist bei Lebkuchen verwendet
Hohli-Hippen: Alte Form von Hohlhippen, röhrenförmiges Backwerk aus dünnem Teig
Holler: Holunder
Hühnerjunges: Hühnerklein
Indian: Truthahn, Puter
Indianerkrapfen: Mohrenkopf
Innereien: Die Innenteile eines Tieres: Leber, Lunge, Milz, Herz, Lichteln (= Aorta), Magen, Lembraten (= Nieren), Bries, Ochsenmaul, Zunge, Hirn, Rindsmark und Blut
Jause: Vesper, Zwischenmahlzeit am Vormittag (»Gabelfrühstück«) und am Nachmittag (»Kaffeejause«, »Jause«, »Marende«)
Julienne: In feine, kurze, dünne Streifen geschnittenes Gemüse u. ä.
Juliperle: Speckige Kartoffelsorte
Junges (Enten-, Gänse-, Hasen-, Hühnerjunges): Klein (Enten-, Gänse-, Hasen-, Hühnerklein), Abatis; Kopf, Hals, Lunge, Magen, Leber und Füße eines Tieres
Jungfernbraten: Lungenbraten von Schwein oder Kalb
Jus (österreichisch auch **der**): Saft; Braten-, Fleisch- oder Fruchtsaft, brauner Fond. Alte Schreibweise auch »Schüh«
Kaffeeobers: Dünnere Sahne
Kaffeeschale: Kaffeetasse
Kaiserfleisch: Rippenfleisch, (gepökeltes) geräuchertes Bauchfleisch vom Schwein
Kaisersemmel: Rundes Weißgebäck (Brötchen), oben mit fünf bogenförmigen Einschnitten versehen
Kalbsstelze: Kalbshaxe, Hesse
Kalbsvögerl: Ausgelöste Hesse (Stelze); auch kleine Kalbfleischroulade
Kalkutischer Hahn: Alte Bezeichnung für Truthahn (Indian)
Kanapees, Canapés: Pikant belegte Weißbrotscheiben, gefüllte Blätterteigschnitten
Kandieren: Überzuckern
Kaneel: Feiner Zimt
Kapaun: (Kastrierter) gemästeter Hahn
Karamel: Braungebrannter Zucker
Karbonade: Gebratenes Rippenstück, Kotelett; alte Schreibweise auch »Karbonadel«, »Carmenädl«

Karfiol: Blumenkohl
Karkasse: Siehe **Carcasse**
Karotte: Mohrrübe, Goldrübe
Karree: Rippenstück, Rippchen; das Fleischstück zwischen Rücken und Keule (vom Hals bis zum Schlegel), ein in der Mitte der Länge nach zerteilter Rücken
Kasserolle: Niederer Kochtopf. Siehe auch **Cocotte**
Kastenform: Wandelform
Kernfett: Rindertalg, Rindernierenfett
Kilogramm: Abgekürzt »kg«; 1000 Gramm = 100 Dekagramm; 2 Pfund
Kipfel, Kipferl: Mondsichelförmiges Kleingebäck; Hörnchen
Kipfler: Speckige, länglich-gekrümmte Kartoffelsorte, besonders für Salate
Kitte: Quitte
Kittenkäse: Der mit Zucker zu Aspikkonsistenz eingesottene Quittensaft
Kitz: Junge Ziege
Klären (Klarifizieren): Flüssigkeit durch Abschäumen und Entfetten so lange kochen, bis sie klar ist; auch unter Beigabe von fasciertem, gehacktem Rohfleisch und geschlagenem Eiklar (»Klärung«, »Klarifikation«)
Kletze: Dörrbirne
Kletzenbrot: Früchtebrot, Gebäck aus gedörrten Birnen (»Kletzen«), Zwetschken, Feigen, Datteln, Nüssen usw.
Knackwurst, Knacker: Cervelat
Knödel: Kloß, Klöße
Knöderl: Kleiner Kloß, Klößchen
Koch: Auflaufähnliche Süßspeise; auch Brei (Milchspeise), Mus
Kochen: In Flüssigkeit garen
Kochsalat: Lattich; auch fertiges Gemüsegericht
Kohl: Wirsing
Kohlsprosse: Rosenkohl, Röschen des Rosenkohls
Korinthen: Kleine Rosinen
Kotelett: Karbonade, Rippchen
Kracherl: Limonade, Sprudel
Krammetsbeer: Wacholderbeere
Krammetsvogel: Wacholderdrossel
Kranewett, Kranewitt: Wacholderbeere
Krapfen: Hefegebäck, in heißem Fett gebackenes rundes Schmalzgebäck

Krapferl: Plätzchen, in Fett gebackenes Törtchen
Kraut: Weißkohl, Chabis
Kräuterbündel, Kräuterbukett: Siehe **Bouquet garni**
Kren: Meerrettich
Krokant: Mischung aus Mandeln, Hasel- oder Walnüssen und geschmolzenem Zucker
Kronfleisch: Zwerchfell beim Rind
Kruspelspitz: Ausgelöste Zwischenrippe beim Rind
Kukuruz: Mais
Kuttelfleck, Kutteln: Kaldaunen, Löser, Fleck. Lab- und Blättermagen vom Rind
Kuttelkraut, Kudelkraut: Thymian
Kuvertüre: Tunkmasse
Lachs: Salm
Latwerge (die): Fruchtmus, z. B. Zwetschkenmus; ursprünglich breiförmige Arznei
Lebzelten: Volkstümliche Bezeichnung für Lebkuchen, Pfefferkuchen
Legieren: Binden; fertige, nicht mehr kochende Soße, Ragout oder Suppe mit Eidotter und Obers zu stärkerer Konsistenz verfeinern (verdicken)
Lembraten: Rindsniere, von Fett und Strängen befreit
Liaison: Legierung
Lichtl: Aorta
Limoni, Lemoni: Alte Bezeichnung für Zitrone
Liptauer: Topfenkäse (Quark) mit Gewürzen (als Brotaufstrich)
Makronen: Kleingebäck
Marille: Aprikose
Marinade: Beize, Soße zum Einlegen von Fleisch, Fisch, auch Salat (hier »Dressing« genannt)
Markieren: Kochgut mit Zutaten in Kasserolle einsetzen (z. B. zum Pochieren von Fischfilets)
Markknochen: Siehe **Rohrknochen**
Marmelade: Jam, püriertes oder unpüriertes eingekochtes Obst (Früchte)
Maroni: Geröstete Edelkastanien
Maschansker: Borsdorfer Äpfel
Maskieren: Fleisch oder Mehlspeise mit einer dicken Soße bedecken
Masse: Gerührtes oder Aufgeschlagenes mit starkem Eianteil, im Gegensatz zum Teig mit hohem Mehlanteil
Maurache, Morchel: Eßbarer Schwamm
Mehl, glattes: Sehr fein gemahlenes Weizenmehl (in einer Konditorei wird beispielsweise fast nur glattes Mehl verwendet)
Mehl, griffiges: Grobgemahlenes Weizenmehl
Mehlspeise: Süßspeise, auch Dessert
Melieren: Unterziehen (z. B. von Schnee), vermischen
Meringue: Siehe **Baiser**
Metzger, Fleischhacker: Fleischer
Mirepoix: Röstgemüse für braune Fonds und Soßen; Name nach dem Herzog von Mirepoix (1699–1757), dessen Koch diese Methode erstmals angewandt hat
Mollig: Sämig, samtartig (z. B. bei Soßen)
Montieren: Fertige Soße oder Jus mit Butter samtartig vollenden, oft in Verbindung mit Obers. Kochgut darf dann nicht mehr kochen
Nachtmahl: Abendessen
Nachwürzen, abschmecken: Würzen am Schluß des Kochprozesses
Nappieren: Das Überstreichen, Bedecken, Überziehen, Saucieren eines Gerichts mit einer dicklichen Soße
Neugewürz, Gewürzkörner: Piment
Nierndl: Niere
Nockerl, Nocken: Klößchen, Spätzle
Nudelwalker: Rollholz, Teigrolle, Nudelholz
Obers: Süße Sahne, süßer Rahm. **Schlagobers** ist der zum Schlagen geeignete Rahm, **Kaffee-** und **Teeobers** eine fettärmere dünnere Qualität
Ochsenschlepp: Ochsenschwanz
Omelette (die): Omelett (das), Eierkuchen
Palatschinke: Pfannkuchen, Eierkuchen
Panade: Brandteig
Panieren: Kochgut (Fleisch, Fisch usw.) vor Braten oder Backen in Mehl, Ei und Brösel (der »Panier«) wenden
Paprikaspeck: An der Luft getrockneter, in Rosenpaprika gewälzter Speck
Paradeiser, Paradiesäpfel: Tomaten
Parfümieren: Aromatisieren mit Weinen, Likören, Schnäpsen
Parieren: Zurichten, zurechtschneiden (um z. B. einem Filet eine gefällige Form zu geben). Die Abfälle davon heißen Parure (Parüre)
Passieren: Durch ein Sieb etc. streichen (mittels des Passierholzes leicht durchdrücken = »durchschlagen«)
Patzerlgugelhupf, Batzerlgugelhupf: Napfkuchen, gefüllt mit Mohn, Nuß oder Topfen (Quark)

Pflanz(e)l: Frikadelle, Pfannkuchen
Pfefferoni: In Österreich eine besonders scharfe Paprikasorte
Pfiff: Altwiener Achtelmaß einer Flüssigkeit (»1 Pfiff Bier«)
Pignoli: Pinienkerne
Pignolikipferl: Mehlspeise, mit Pinienkernen bestreut
Pinza: Aus Ungarn stammendes Ostergebäck
Plenten: Polenta, Maisgrieß
Pochieren: Unter dem Siedepunkt ziehen lassen (z. B. Eier, Innereien, Fische), ohne kochen zu lassen
Pofese, Bavese, Baveuse (etymologisch richtig: Pafese): Je zwei Weißbrot- oder Semmelschnitten, gefüllt und in Fett gebacken
Polenta: Maisgrieß, auch Brei aus Maismehl oder -grieß
Pomeranze: Bittere Apfelsine
Pörkelt, Pörkölt: Ragoutähnliches Gericht aus der ungarischen Küche
Porree: Lauch
Potize: Germstrudelteig mit Nuß- oder Mohnfüllung, wird von zwei Seiten her eingerollt und in länglicher Form gebacken
Powid(e)l: Pflaumenmus
Prager Schinken: Feine Schinkensorte (Qualitätsbegriff)
Preiselbeere: Kronsbeere
Preßburgerteig: Fettreicher Germteig
Prügelkrapfen: Altwiener Mehlspeise, die über einer prügelförmigen Walze geformt und über offenem Feuer gebacken wurde
Puderzucker: Feinster Staubzucker
Püree: Mus, auch Früchtemus
Quirl: Sprudler, ein Küchengerät
Radieschen: Monatsrettich
Rahm: Süße und saure Sahne. In der Wiener Küche bedeutet »Rahm« immer Sauerrahm (»Schmetten«), in den anderen Bundesländern süßer oder saurer Rahm
Reduktion, reduzieren: Siehe **Einkochen**
Rehrücken: Süßspeise in Rehrückenform
Rehrückenform: Kastenform
Reibeisen: Raffel
Reiben: Raspeln, auf dem Reibeisen (Raffel) reiben (z. B. Zitronenschale, Semmeln); bei feiner Zerkleinerung

Rein: Kasserolle, flaches Kochgefäß; ein kleines Kochgefäß heißt »Reindl«
Reißen: Hobeln, auf dem Reißer (»Krenreißer«) hobeln (z. B. Kren, Wurzelwerk); bei gröberer Zerkleinerung
Resch: Knusprig
Rettig: Rettich
Ribisel: Johannisbeere
Rieddeckel: Zwerchrippendecke beim Rind
Rindschmalz: Die zerlassene Butter, im Tiegel aufbewahrt
Rindsuppe: Bouillon, klare Suppe, Fleischbrühe
Ringlotten: Reineclauden, Mirabellen
Rissole: In Teig gehülltes gebackenes Fleisch, Pastete; Faschiertes, Haschee, in Butterteig gebacken
Risotto (in Österreich auch »das Risotto«): Reisspeise
Rohrknochen, auch Markknochen: die langen hellen Gliedmaßenknochen mit Knochenmark im Innern
Rollgerst(e)l: Perlgraupen
Röster: Gedünstetes Obst (Zwetschken, Marillen, Holunder)
Rote Rübe: Rote Bete, Rohne, Rahne
Rotkraut: Rotkohl
Russen: Marinierte Heringe
Saft: Jus, Soße, Brühe, Tunke
Sago (in Österreich »der Sago«): Gekörntes Stärkemehl (aus Palmenmark)
Salamander: Gratinierapparat. Gar-Apparat mit starker Oberhitze zum Gratinieren, Überkrusten
Salmis: Braunes Ragout oder Haschee aus Wild, Wildgeflügel
Salpicon, Salpikon: Kleinwürfelig geschnittenes Fleisch oder Geflügel usw. mit dicker Soße, als Fülle in Pastetchen, Tartelettes, Croustaden
Salse: Alte Bezeichnung für einen sirupdick eingekochten Fruchtsaft. In alten Kochbüchern auch Bezeichnung für die Soße
Salzstangerl: Längliches Weißgebäck, mit Salz und Kümmel bestreut
Sämig: Seimig, dickflüssig
Saucieren: Speise mit einer Soße übergießen, bedecken
Sauerkraut: Sauerkohl
Sautieren: In einer Pfanne kleine Fleischstücke kurz auf beiden Seiten braten bzw. schwingen, Gemüse in Butter schwenken; auch als »rösten« bezeichnet

Schaden: Alte Bezeichnung für Wels oder Wallerfisch
Schale: Im Wienerischen: Tasse (Kaffeeschale); auch Fleischsorte
Schalotte: Kleine, mild schmeckende Zwiebelsorte; Perlzwiebel
Schanigarten: Platz vor einem Wirts- bzw. Gasthaus, wo die Sitzplätze durch Efeuwände, in Blumenkästen gezogen, geschützt sind
Schaumbrot: Mus
Schaumrolle: Schillerlocke
Scheiterhaufen: Süßspeise, die wie ein Haufen Holz übereinandergeschichtet wird
Scherz(e)l: Der Anschnitt oder das letzte Stück eines Brotlaibes; auch ein Fleischteil des Rindes
Schlagobers: Geschlagene Sahne, Schlagsahne
Schlegel (fälschlich auch **Schlögel**): Keule, besonders beim Kalb, Reh usw.
Schlickkrapfen: Kleine Nudelteigflecken, gefüllt
Schlieferl: Hörnchenähnliche Teigware, eine Beilage
Schmalz: Ausgelassenes Schweinefett
Schmalzkoch: Alte Bezeichnung für ein aus Grieß, Milch und Schmalz bereitetes Koch
Schmankerl: Leckerbissen; auch Gebäck aus Mehl, Zucker, Milch, Obers
Schmarr(e)n: Warme Mehlspeise aus Mehl, Eiern; auch aus Grieß, Kipfel, Semmeln, aber auch aus Erdäpfeln
Schmetten: Sauerrahm
Schmolle: Die Krume; der innere, weiche Teil eines Gebäcks, Brotes
Schmoren: Dünsten; Fleisch usw. nach Anbraten in wenig Flüssigkeit in einer Kasserolle garen
Schnecke: Germteiggebäck, eingerollt, mit Nüssen, Rosinen, Zimtzucker als Einlage
Schneeballen: In Fett gebackene Mehlspeise
Schneerute: Schneebesen
Schneidsemmel: Altbackene Semmel, die meist kleinwürfelig geschnitten für Semmelknödel usw. oder Füllmassen verwendet wird; auch für Pofesen (als Schnitten)
Schnittling: Selten für Schnittlauch
Schnittwecken: Siehe **Wecken**
Schöberl: Gesalzenes Biskuit als Suppeneinlage
Schopfbraten: Schweinehals, Kamm
Schöpsernes: Hammelfleisch

> **Küchen-Deutsch,**
> oder:
> Erklärung der sprachgebräuchlichen, zumeist österreichischen Locals- und Dialect-Ausdrücke in Betreff von Pflanzen, Thieren, Hausgeräthen und allerlei Haushaltbedürfnissen.
>
> **Abrebeln**, die Beeren von den Weintrauben ablösen.
> **Abschöpffette**, die, das Fett, welches die kochende Suppe aufwirft und mit Löffeln abgenommen wird.
> **Abschröteln**, kleine gebackene Fischstücke, zum Garniren von Zuspeisen. Von schroten abschroten, d. i. schräg abhauen oder abbrechen.
> **Ackersalat** s. Vögerlsalat.
> **Aepfelmandel**, das: Aepfelmus.
> **Aeschpel**, hochdeutsch Mispel (Mespilus germanica).
> **Agras**, h. d. Stachelbeere (Ribes grossularia).
> **Aisfleisch**, ein Theil des Ochsenfleisches von der Schulter genommen.
> **Akazienblüthe** wird die Blüthe der falschen Akazie (Robinia Pseudoacacia) genannt (wird so wie die »Hollerblüthe« in Schmalz gebacken).
> **Alkermes**, h. d. Kermesbeere, Scharlachpflanze (Phytolacca decandra), der Saft wird zum Färben von Backwerk gebraucht.
> **Alti**, h. d. der Eltfisch (Cyprinus Cephalus).
> **Amarellen**, die Sauerkirsche (Prunus cerasus).
> **Ampfer**, h. d. ebenso; Sauerampfer (Rumex Acetosa). Gemüse Ampfer (englischer Spinat) (Rumex patientia). — Französischer Ampfer (Rumex scutatus).
> **Ananas-Erdbeere** (Fragaria grandiflora).
> **Anbrennen**, wenn die Speise beim Kochen sich an das Geschirr anlegt und daher vom Rauch riecht.
> **Aneis**, h. d. Anis (Sison Anisum).
> **Ansich**, der, das Weichwerden des Holzgeschirres, dem das Anfaulen folgt.
> **Antivi**, siehe Endivi.
> **Apfel** (Pyrus malus). Maschanzker, h. d. Borsdorfer. — Renett, richtig Reinette. — Tafetiner, richtig Taft- oder Seidenapfel.
> **Arschitzen** s. Aschützen.
> **Artitschocke**, h. d. Artischocke, wälscher Strobldorn (Cynara Scolymus, Articiocco).
> **Asch**, der, eine Gattung Salm (Salmo thynallus). So genannt von seiner aschgrauen Farbe.
> **Ascherl**, s. Aeschpel.
> **Aschützen**, h. d. Speierling, eine Art kleiner Birnen (Sorbus domestica).

Schotten) Topfen, Quark
Schübling: Vorarlberger Wurstsorte, etwas gröber und größer als die Knacker
Schüh: Siehe **Jus**
Schunken: Schinken
Schusterlaibchen, Schusterlaberl: Brötchen aus Weizen- und etwas Roggenmehl, mit Kümmel bestreut, in runder Form gebacken
Schwamm, Schwammerl: Pilz
Schweinernes: Schweinefleisch
Seidel, Seitel: 1 Wiener Seidel = 2 Pfiff = 0,354 l
Seihen: Suppe oder Soße durch ein Sieb (»Seiher«) oder durch ein Tuch fließen lassen
Selchen: Räuchern
Selchfleisch: Räucherfleisch; gepökeltes, geräuchertes Schweinefleisch; Geräuchertes (»Geselchtes«)
Selchkarree: Geräuchertes Rippenstück; »Kassler Rippchen«
Selchspeck: Räucherspeck
Selchsuppe: Suppe, die sich beim Kochen von Selch-(Rauch-)fleisch ergibt

Semmel: Weißbrötchen
Semmelbrösel: Paniermehl, Semmelmehl (geriebene getrocknete Semmeln)
Senf: Mostrich
Sieden: Kochen
Skubanki: Böhmische Speise aus Kartoffeln, Mehl, Butter, in Form von Nockerl ausgestochen, mit zerlassener Butter übergossen, mit Mohn bestreut
Sorbet, Scherbet: Getränk, eisgekühlter oder halbgefrorener süßer Fruchtsaft
Soß, Soße (wird in Österreich immer ohne Endungs-e ausgesprochen): Sauce
Soufflé: Leichter Auflauf
Spagat: Bindfaden
Spanferkel: Junges Milchschwein
Speis: Mundartliche Bezeichnung für Vorratskammer von Lebensmitteln
Speisesoda: Natron
Spicken: Mit Speckstreifen durchziehen
Spiegel: Fettaugen auf klarer Suppe, Fettspiegel beim Gulyás
Spiegelei: Setzei, Ochsenauge
Sprossenkohl: Rosenkohl
Sprudler: Quirl, ein Küchengerät
Stanitz(e)l: Spitze Tüte, Cornet
Stauben: Zu gedünstetem Fleisch, Gemüse etc., wenn alle Flüssigkeit eingegangen ist, etwas Mehl beigeben
Staubzucker: Puderzucker
Stelze: Verkürzte Form für Schweinestelze (deutsches »Eisbein«)
Sterntülle: Sternrohr, Sternröhrl, wird in den Dressiersack eingesetzt
Sterz: Speise aus Mehl-, Grieß- oder Maisteig, in Fett gebacken oder in Wasser gekocht
Straube: Schmalzgebäck
Striezel: Hefegebäck, länglich und in geflochtener Form
Strudel: Mehlspeise aus Hefe-, Mürb-, Strudelteig, gefüllt mit geschnittenen Äpfeln, Marmelade, Mohn, Nüssen, Topfen, aber auch Fleisch, zusammengerollt und gebacken oder gekocht
Sultaninen: Kernlose kleine getrocknete Weintrauben
Sulz: Sülze
Suppengrün: Dazu gehören u. a. Petersilie und Sellerie (Blätter, Stengel und Wurzelstück), Porree, Karotte. Siehe auch **Wurzelwerk**
Sur: Beize zum Einpökeln von Fleisch (ergibt das »Surfleisch« = Pökelfleisch)
Tafelspitz: Rindfleischsorte
Tafelstück: Rindfleischsorte
Tarhonya: Eiergraupen, eine ungarische Teigware
Tartelettes, Torteletten: Kleine Formen, mit Mürbteig ausgelegt, zum Füllen mit Obst, Fleisch, Gemüse usw. für kleine Vorspeisen, Garnituren, Früchtebrötchen
Tascherl: Tasche aus Kartoffelteig (Powidltascherl, Topfentascherl usw.)
Teebutter: Bezeichnung für Markenbutter (Qualitätsbezeichnung)
Tellerfleisch: Gekochtes Rind- oder Schweinefleisch in Stücke geschnitten, in der Suppe serviert
Terrine: Tiefe Schüssel (»Suppenterrine«)
Timbale: Kleiner Becher für Aspikgerichte
Tomates concassées: Geschälte, ausgedrückte, würfelig geschnittene Tomaten
Topfen: Quark
Topinambur: Erdbirne
Tortenform: Springform
Tournieren: Formen, Zuschneiden von Gemüsen
Tranche: Gekochte bzw. gebratene Fleischscheibe (im Gegensatz zum »Escalope«)
Tülle: Röhrchen zum Dressieren (glatte oder gezackte Formen)
Überbacken: Überkrusten, gratinieren (bei starker Oberhitze)
Überbrühen: Siehe **Blanchieren**
Überkrusten: Siehe **Au gratin, gratinieren**
Umurke: Dialektwort für Gurke
Umstechen: Ragoutstücke, Hühnerteile usw. mittels Drahtlöffel aus der Soße heben und in ein reines Geschirr geben (mit der Gabel umstechen); dann heiß mit der passierten Soße übergießen
Untergießen: Wenig Flüssigkeit unter das Kochgut gießen (meist beim Dünsten)
Unterspickt: mit Fett durchzogenes Fleisch
Vanillekipferl: Süßes Mandel- oder Nußgebäck in Hörnchenform, mit Vanillezucker bestreut
Vanillezucker: Staubzucker, Puderzucker mit Vanillearoma

Vögerlsalat: Rapunzelsalat, Feldsalat, Nüßlisalat
Vorschußmehl: Schönstes Mehl, wurde für weißes feines Hausbrot (mit Sauerteig) verwendet. Es gibt noch heute »Vorschußbrot« beim Bäcker zu kaufen, das aber mit Germ zubereitet wird
Vorwürzen: Vor dem Kochprozeß würzen, damit sich das Aroma entwickeln kann (z. B. durch Salz)
Wachauer Laibchen: Brot aus Roggen- und etwas Weizenmehl, mit Kümmel, etwas größer als die Semmel
Wadschinken, Wadschunken: Ausgelöstes (Vorderes oder Hinteres) vom Rind
Waffeln: Oblaten
Wammerl: Bauchfleisch vom Schwein
Wandel: Wandelform, Kastenform. Kleine Form aus Metall oder Ton, die der Speise die Gestalt gibt, z. B. Biskuitwandel; aber auch kleines Gebäck in Wannenform, wie z. B. Germwandel, Wandelbrot
Wasserbad: Bain-marie; zum Warmhalten von Soßen, Gemüse, Suppen etc. wird die Speise (in einem Gefäß) in heißes Wasser gestellt; auch Gefäß mit Heißwasser, um darin im Rohr Süßspeisen usw. zu pochieren
Wecken: Längliches resches Gebäck (Brot, Weißgebäck). Hat es Einschnitte, nennt man es **Schnittwecken**
Weckerl: Längliches Kleingebäck
Weichsel: Sauerkirsche
Weinbeere: Kleine schwarze Rosinenart
Weinbeißer: Längliche kleine Lebkuchen (zum Wein); auch Bezeichnung für Pfeffernüsse und für einen Weinkenner
Weißes Scherzel: Hinteres Schwanzstück des Rindes
Weißkraut: Weißkohl
Weitling, Weidling: Rührschüssel aus Metall, Porzellan oder Steingut
Wespennest: Mandelbackwerk
Windbäckerei: Schaumgebäck aus Eischnee und Zukker
Würfelzucker: Zu Würfeln gepreßter Grießzucker
Würstel: Würstchen
Wurzelwerk: Wurzelgemüse, besteht aus je einem Stück Knolle von Petersilie und Sellerie, Karotte, Porree und Zwiebel
Zapfen: Rindfleischsorte
Zeller: Sellerie
Zeltel: Alte Bezeichnung für ein flaches Stück Süßigkeit
Zelten: Flacher Kuchen, daher auch »Lebzelten«
Zibebe: Große Rosine
Zieger: Scharfer Buttermilch- oder Molkenkäse
Ziehen lassen: Gerichte in heißer Flüssigkeit garen, ohne zu kochen
Ziemer: Rückenstück mit den Lenden, vor allem vom Wild
Ziment: Alte Bezeichnung für geeichtes Maßgefäß aus verschiedenem Material, meist aus Metall, vom Zimentierungsamt (Eichamt) überprüft, ursprünglich ein Urmaß, nach dem alle anderen Hohlgefäße gemessen bzw. geeicht wurden, vor allem für die Wirte
Ziselieren: Am Kochgut kleine Einschnitte machen (z. B. bei Fischen), um das Aufspringen oder Zerreißen zu verhindern und die Hitze leichter eindringen zu lassen
Zuckerbäcker: Konditor
Zuckerl: Bonbon
Zuspeis: Alte Bezeichnung für das Gemüse als Beilage
Zuwaage, Zuwage: Knochen als Zugabe zum Fleisch (beim Fleischeinkauf)
Zwetschke: Pflaume, Zwetschge, Zwetsche
Zwetschkenpfeffer: Mus aus gedörrten Pflaumen
Zwetschkenröster: Pflaumenkompott
Zwiebelhäuptel: Zwiebelknolle

Siehe dazu Süß- und Mehlspeisen-Abc auf Seite 489

Maße und Gewichte

»Nicht ein pfund, nicht ein halb pfund, nicht ein vierting, nicht ein Loth, nicht ein quinte respect...«
Abraham a Santa Clara in »Mercks Wienn«, 1680

Einer verschlüsselten Welt des Alltags und des häuslichen Küchenlebens vergangener Tage stehen wir gegenüber, wenn wir in alten Kochbüchern Maß- und Gewichtsangaben lesen. Erst wenn wir ihre Bedeutung kennen, bekommen wir jenes Gespür, das notwendig ist, um die »erprobten Verhältnisse« (von denen Katharina Prato einmal spricht), die Relation der Zutaten, die Abstimmung des Geschmacks in den alten Rezepten zu verstehen. Allerdings zeigt sich zunächst ein höchst verwirrendes Bild. Im Mittelalter hatte nicht nur jedes Land, sondern oft jede Stadt, jeder Markt und jedes Tal eigene Maße und Gewichte. Den unzähligen Lokalmaßen, die ausschließlich aus den Naturalabgaben entstanden sind, stehen die lange Zeit vergeblichen Versuche gegenüber, ein im ganzen Land gültiges Maß einzuführen. Wie schon ihre Vorgänger versuchte auch Maria Theresia – ganz im Sinn ihrer zentralistischen Regierung – allen Maßen in Österreich die Wiener Maße zugrunde zu legen (Patent vom 22. 7. 1747 und 17. 6. 1763 u. a. m.). Die Zimentierungspatente Maria Theresias von 1777 und Josefs II. von 1785 ordneten an, daß sich alle Käufer und Verkäufer nur zimentierter (geeichter) Maße bedienen sollten. Die Wirte durften nur in zimentierten Gefäßen den Gästen die Getränke zumessen, konnten aber weiterhin das Getränk in unzimentierten Gläsern oder Trinkgeschirren vorsetzen. (Jeder Gast war berechtigt, sich das Getränk in einem geeichten Gefäß vormessen zu lassen.) Maße, Gewichte und Ellen waren alle zwei Jahre nachzuprüfen. Mit diesen Bestimmungen – in ihren Grundzügen gelten sie noch heute – wurde allerdings nur alter Brauch sanktioniert.

1875 wurden die ersten staatlichen Eichämter eingeführt, denen 1872 die »Normal-Eichungs-Kommission« vorangegangen war, Vorläuferin des 1923 gegründeten Bundesamtes für Eich- und Vermessungswesen in Wien. Mit der am 23. Juli 1871 (RGBl. Nr. 16 aus 1872) erlassenen »Maß- und Gewichtsordnung«, die mit 1. Jänner 1876 in Anwendung gekommen ist, war in Österreich das metrische System eingeführt worden. 1893 wurden die Kopien des Urmeters und des internationalen Kilogramms als verbindlich vorgeschrieben. Heute ist das 1950 erlassene Maß- und Eichgesetz in Österreich gültig.

In den Kochbüchern des 18. und 19. Jahrhunderts begegnen wir stets einigen immer wiederkehrenden Gewichts- und Hohlmaßen, die regional keinen besonderen Unterschied aufweisen. Das Wiener Pfund entsprach 56 dkg (genau: 560,06 g). 1 Grazer Pfund betrug 560,218 g, 1 Münchner Pfund 561,551 g; das norisch-pannonische Pfund, das zur Römerzeit in Österreich in Gebrauch war, betrug umgerechnet 555,805 g. Es hatte sich also nicht viel geändert. Das Wiener Pfund unterteilte sich in 32 Lot (= 16 Unzen), diese wieder in 128 Quentchen bzw. 512 Sechzehntel. Der Deutsche Zollverein führte Mitte des 19. Jahrhunderts das Zollpfund = 500 g ein; bis 1884 findet man die Bezeichnung »Pfund« auch für das halbe Kilogramm, das ja im Sprachgebrauch noch heute üblich ist. Ein Pfund Linzer Gewicht zum Beispiel betrug ebenfalls 560 g, war aber in zwei halbe Pfund zu je 16 Lot oder vier Viertel zu je 8 Lot unterteilt. Das Wiener Lot hatte 1,75 dkg (175 g) oder 4 Quentchen. (Nach Einführung des Zollpfundes in Deutschland war 1 Lot = $^1/_{30}$ Pfund = $16^2/_3$ g.) Verschiedentlich wurde bis 1884 das eingeführte Dekagramm (10 g) auch als »Neulot« bezeichnet und landschaftlich verschieden wurde als ein Neulot auch $^1/_{10}$ Pfund (50 g) bezeichnet. Prato bezeichnete bei der Umrechnung von Lot auf Dekagramm mit »1 Neulot« die 4 (alten) Lot (= 7 dkg = 70 g). Das kleinste alte Handelsgewicht war das Quentchen (vom lateinischen Wort quintus = Fünftel); man findet auch die Formen Quint, Quent, Quentchen, Quentel, Quintel, Quintlein (»3 Quintel Gewürznelken«, »1 quintlein muscaten-blüthe und neglin«). 1 Wiener Quentchen oder Quintel war $^1/_4$ Lot = 5,375 g (ab 1858 auch $^1/_{10}$ Lot = $^1/_{300}$ Zollpfund = 1,67 g). Außerdem gab es noch das Zoll- oder Postlot mit

16,66 g, das Zollpfund mit 500 g, den Zoll-Zentner mit 50 kg, das Wiener Marklot zu 1,75 dkg (175 g) und das Wiener Mark mit 0,28 kg.

Hin und wieder begegnet man in alten Kochbüchern auch Apotheker- und Edelmetallgewichten, so dem Gran (»3 oder 4 gran bisam und ambra«) = 0,0729 g, dem Skrupel = 1,459 g, der Drachme = 4,376 g und der Unze = 35,004 g.

Eine in den österreichischen und süddeutschen Kochbüchern neben Pfund und Lot immer wieder vorkommende Gewichtsangabe war das Vierting, Viertung oder Vierding (es ist bereits in einer Klosterneuburger Klosterrechnung aus dem Jahre 1498 belegt). 1 Vierting ist der vierte Teil eines Pfundes, also etwa 14 dkg (140 g). Das Pfund teilte sich also in 4 Vierting. Es gab Gewichte zu einem, zwei und drei Vierting (wir finden auf ein und derselben Kochbuchseite z. B. »3 Vierting gefähten Zucker« und »3 Viertelpfund gefähten Zukker«). Dieses Vierting darf nicht verwechselt werden mit dem alten deutschen Hohlmaß »Viertel« oder »Quart« (vom lateinischen quartum = Viertel), das im bayerisch-süddeutschen und österreichischen Raum auch als »Quartel« erscheint; es entspricht 0,267 Liter. Als trockenes Hohlmaß gab es den Metzen (= 8 Achtel = 16 Maßl = 61,42 Liter); es war für Getreide, Mehl u. a. die größte Einheit. Es folgten der Halbmetzen (30,74 l), der Viertelmetzen (15,37 l), der Achtelmetzen (7,68 l), das Mühlmaßl (3,84 l), das kleine Maßl oder Futtermaßl (0,96 l) und der Becher (0,48 l). Hierher gehört auch das Scheffel (von Schaffel, Schaff) mit 54,96 l Inhalt und das Wiener Muth zu 30 Wiener Metzen, das sind 18,45 Hektoliter.

Zu den Hohlmaßen für Flüssigkeit gehörte der Eimer (4 Viertel = 8 Achtel = 32 Achtering, Maß oder Kandl) mit 56,58 l (1 Eimer Wein füllte 41 Maß, 1 Eimer Bier 42½ Maß!). Die Maß hatte 1,41 l, die Halbe 0,70 l. Das Wiener Krüge(r)l oder große Seidel (auch Seitel) maß 0,53 l, ein Wiener Seidel 0,35 l, und ein Wiener Pfiff oder halbes Seidel hatte 0,17 l. – »Seidel«, »Krügel« und »Pfiff« sind bis heute nicht aus dem Sprachgut verschwunden.

Die Umrechnung von Pfund, Vierting und Lot in Kilogramm, Dekagramm, Gramm und von Seidel auf Litermaße hatte den Köchinnen und Kochbuchautoren des 19. Jahrhunderts einige Schwierigkeiten bereitet. Diese spiegeln sich zum Beispiel in der »Süddeutschen Küche« der »Prato«: »Bei der Umrechnung in das neue Maß und Gewicht mußte ich mich an die auf die alten Zimente (= geeichte Hohlmaße; Anm. d. Autors) und Gewichtsstücke entfallende Menge halten, um das erprobte Verhältnis zu den Eiern nicht zu verändern, und aus diesem Grunde den Zehntelliter (Deziliter) anwenden, weil die Zehnteilung mehr als die Halbierung dem alten Maß entspricht. Der Deziliter enthält nur um einen Eßlöffel mehr als ein Viertelseidel, weshalb 2 Deziliter für ½ Seidel, 3 für ¾ Seidel gelten können, wenn man sie schwach mißt, und 3½ Deziliter einem Seidel gleich sind (da z. B. ¼ Liter 2¾ Viertelseidel und ⅛ Liter 1½ Viertelseidel ausmacht), wäre die Umrechnung sehr umständlich und entstünde oft eine kaum verständliche Angabe. Die Deziliter-Zimente zu 5, 3 und 1 Deziliter sind unten weiter als oben, die Viertel und Achtel gleich weit.«

Klara Fuchs bringt noch in der 10. Auflage (1893) ihrer »Praktischen Wiener Bürger-Köchin« eine Gegenüberstellung alter und neuer Gewichte und Maße:

»Das Neue dem Alten gegenüber mit Rücksicht auf die Küche:

neues Maß:		altes Maß:
1 Deciliter	ist	¼ Seidel
2 Deciliter	ist	½ Seidel
3 Deciliter	ist	¾ Seidel
4 Deciliter	ist	1 Seidel
½ Liter	ist	1½ Seidel
7 Deciliter	ist	2 Seidel
1 Liter	ist	3 Seidel
1 Hectoliter	ist	1 Wiener Eimer

neues Gewicht:		altes Gewicht:
2 Decagramm	ist	1 Loth
7 Decagramm	ist	½ Vierting
14 Decagramm	ist	1 Vierting
28 Decagramm	ist	½ Pfund
56 Decagramm	ist	1 Pfund

½ Kilo rechnet man für 1 Zoll-Pfund. 1 Kilo ist 1 Pfund und 3 Viertinge.«

Eine genauere Umrechnung brachte Katharina Prato in ihrer »Süddeutschen Küche«:

Lot	Deka und Gramm	
1	1	7½
2	3	5
3	5	2½
4	7	—
5	8	7½
6	10	5
7	12	2½
8	14	—
9	15	7½
10	17	5

»es entfallen demnach auf die alten Gewichtstücke des Wiener Pfundes folgende neue Gewichte:

auf das von	2 Lot	3½	Deka
auf das von	4 Lot	7	Deka
auf das von	8 Lot	14	Deka
auf das von	16 Lot	28	Deka
auf das von	32 Lot	56	Deka
oder auf je	4 Lot	7	Deka oder 1 Neulot.«

Wenn wir alte und neue Kochbücher, also Kochbücher vor und nach der Einführung des Dezimalsystems, vergleichen, so fällt uns immer wieder die eine Relation – besonders bei den Mehlspeisen, bei Torten und Bäckereien – auf: Man findet in den »neuen« Rezepten (nach der Einführung des Dezimalsystems) sehr oft die Mengenangaben von 7, 14, 28 und 56 Dekagramm, also 70, 140, 280 und 560 Gramm, so bei Kofraneks »Sandmasse« (4 ganze Eier, 14 dkg Zucker, 14 dkg Butter) oder »Valerie-Torte« (6 ganze Eier, 14 dkg Zucker, 14 dkg Butter), bei Ruhms »Ingwerbäckerei« (28 dkg Mehl, 28 dkg Zucker, 4 Eier, 2 dkg Ingwer), in Ziegenbein-Eckels »Schokoladetorte« (je 14 dkg Zucker, Butter, Mehl, je 7 dkg Weizenpulver, Schokolade, Mandeln, 12 Dotter), »Sachertorte« (14 dkg Butter, 14 dkg Zucker) oder »Linzertorte« (je 14 dkg Butter, Zucker, Mehl und Mandeln), oder in Hess' »Nuß- oder Haselnußkrapferln« (je 14 dkg Mehl, Butter, Zucker, Nußkerne, 2 Dotter). Diese Mengenangaben gehen alle zurück auf die alten Gewichtstücke Pfund, Vierting und Lot. Man wollte das »erprobte Verhältnis zu den Eiern« nicht ändern. Uns geben Rezepte mit diesem Mengenverhältnis die Gewähr, daß es sich um traditionelle alte Rezepte handelt. Erst die neuere Schule fand allmählich zu neuen Mengenverhältnissen.

Neben Pfund, Vierting und Lot findet man auch Gewichtsangaben nach Währungseinheiten. So heißt es im »Neuen und nutzbahren Koch-Buch« des »Granat-Apffels« von 1699 zur »raren Fisch-Ohlio«: »Nimm 3 Kreutzer oder vor 9 pf. (Pfennige) weisse violen, 6 kreutzer oder 18 pf. welsche kösten, 8 kreutzer oder 8 dreyer gereinigte pöperlein« (Büberlsalat, Rapunzel). Bei anderen Rezepten heißt es: »Nimm 3 stritzel oder klumpen frische butter, wie man sie um einen kreutzer oder dreyer kauft«, oder »nimm klumplein frische butter«, »2 hand voll mandeln«, »1 nössel Wasser (»nözzelin« war ein altes kleines Flüssigkeitsmaß; die Wortherkunft ist nicht geklärt), oder kurz und bündig: »nimm eyer, so viel du wilt«. Im »Nutzlichen Koch-Buch oder Kurtzer Unterricht« (1736/1740) heißt es ebenfalls: »Um 6 kreutzer geschölte und gewaikte Semmel.« Übrigens fällt gerade in diesem Kochbuch auf, daß die enormen Mengen bei einigen Rezepten auch für eine enorm große Zahl von Personen berechnet waren, wenn es heißt: »Nimm vor 100. Personen 30. Eyer«, »vor 100. Personen 10. Leber, 50. Eyer«, »vor 100. Personen 40. Eyer«; bei der »Mandel-Torte auf bessere Arth« heißt es: »Rühre 2. Stunden 16. Eyer, und von 30. Eyern die dotter darein, schön gemach gerührt, daß es schön pflämig wird.« Auch die Kochbücher des 19. Jahrhunderts berechneten überwiegend die Mengen noch für acht bis zehn Personen (Seleskowitz, 1880), mindestens aber für sechs Personen (Klara Fuchs, 1893).

Daß auch damals die Preise schon schwankten, geht aus einer Bemerkung der Theresia Ballauf in »Die Wiener-Köchinn wie sie seyn soll, oder mein eigenes durch dreyßig Jahre geprüftes Kochbuch«, Wien 1810, hervor: »Nimm um 8 Kreutzer (gegenwärtig) Vaniele.« In sehr alten Kochbüchern dienten Gebetslängen als Zeitmesser: ein Ave-Maria rechnete man für ein weichgekochtes Ei, ein Vaterunser für ein »Hirnwandel« (eine Art Hirndunstkoch). Weitere »praktische« Maß- und Mengenangaben lesen wir zum Beispiel im »Grätzerischen Kochbuch« (1804): »4 Kochlöffel voll Mehl«, »zwei Hände voll Mehl«, »ein Glasel Wein«, »ein

Weinglas Wasser«, »3 Löffel Rosenwasser« oder »ein Stück Beulrieth mit Mollbratel so schwer an Gewicht, als es die Menge der Tafelgäste erfordert«. In Elisabeth Stöckels »Österreichischem Kochbuch« (Ausgabe 1853) taucht der Begriff »Dösel« (»ein Dösel Mundmehl«) auf; das »Dösel« (Dose) war ein rundes hölzernes Gefäß, Büchse oder Schachtel, es gab Back-, Wasch- und Schmalzdösel; das »Mundmehl« war die Mehlsorte »Prima O«.

HEUTE GEBRÄUCHLICHE MASSE

1 kg = 2 Pfund = 100 dkg = 1000 g = 1 l

½ kg = 1 Pfund = 50 dkg = 500 g = ½ l

¼ kg = ½ Pfund = 25 dkg = 250 g = ¼ l = 1 Wasserglas, 1 Tasse

⅛ kg = ¼ Pfund = 12,5 dkg = 125 g = ⅛ l = 8 EL Wasser

1/16 kg = ⅛ Pfund = 6,25 dkg = 61,5 g = 1/16 l = 4 EL Wasser

1 l = 10 dl = etwa 3 Seidel
½ l = 5 dl
¼ l = 2,5 dl
1/10 (0,1) l = 6 EL Wasser = 1 dl

1 Wiener Maß = 1,4 l = 4 Seidel
1 Seidel = 3,5 dl
1 Wiener Pfund = 56 dkg = 560 g = 32 Lot = 128 Quentchen
1 Vierting = 14 dkg = 140 g = 8 Lot
1 Lot = 17,5 g

(Englische Maße und Gewichte: 1 pound [1 lb] = 453,7 g; 1 ounce [oz] = 28 g; 1 Gallon = 4,54 l = 4 quarts; 1 quart = 1,136 l = 2 pints; 1 pint = 0,568 l = 4 gill; 1 gill = 0,142 l)

Löffelmaße

1 Tasse (¼ l Inhalt) gestrichen voll:

Butter	225 g	Reis	200 g
Grieß	165 g	Salz	130 g
Haferflocken	85 g	Schmalz	235 g
Mandeln, geschält, gehackt	85 g	Kristallzucker, grob	185 g
Mehl	110 g	Kristallzucker, fein	225 g
Öl	185 g	Staubzucker	200 g

1 Eßlöffel gestrichen voll:

Butter	15 g	Stärkemehl	10 g
Haferflocken	5 g	Reis	20 g
Kaffee, gemahlen	5 g	Salz	9 g
Kakao	5 g	Schmalz	17 g
Mehl, feine Brösel	10 g	Zucker	15 g
Grieß	20 g	Wasser, Milch oder Essig	20 g

1 Teelöffel gestrichen voll:

Kaffee, gemahlen	2 g	Salz	3 g
Mehl	4 g	Zucker	4 g
Stärkemehl	5 g	Kakao	3 g

Ca. ½ kg (50 dkg = 500 g) sind an Stückzahl:

mittelgroße Kartoffeln	9–10
mittelgroße Äpfel	4– 5
große Birnen	3– 4
kleine Birnen	5– 6
rote Rüben	4– 6
gelbe Rüben, gemischt	5– 6
kleine – mittelgroße Zwiebeln	10–14

Pro Person rechnet man Rohmaterial:

Suppe: ¼ l Flüssigkeit (als Hauptgericht: ½ l)
50 g Kalbsknochen (z. B. für Einmachsuppen)
50 g Wurzelwerk bzw. Frischgemüse
2 mittlere Kartoffeln

Einlage: 20 g (2 EL) Mehl (z. B. für Frittaten, Nudeln, Tropfteig)
20 g Reis, Grieß, Rollgerstel, Hülsenfrüchte u. dgl.

Einmach (Bindung): ¼ l
8–10 g (1 EL) Butter
10 g (1 EL) Mehl
Regel: gleich Butter, gleich Mehl

Soße:	⅛ l für selbständige Einmachsoße
	¹⁄₁₀ l für Beilagensoßen, Mayonnaise
	10 g (1 EL) Butter bzw. Fett
	10 g (1 EL) Mehl bzw. Stärke
Hauptgericht:	120–150 g Fleisch ohne Knochen
	150–200 g Fleisch mit Knochen
	120–150 g Selchfleisch
	200–250 g Wild
	250 g Fisch (ganz)
	150–200 g Fischfilet (ausgelöst)
	250–300 g Geflügel (je nach Art)
	10 g (nußgroß) Fett zum Braten
	30–50 g Fett zum Backen
Beilage:	50 g (etwa 3 EL) Reis
	50 g Mehl (für Nudeln, Nockerl u. dgl.)
	50 g Teigwaren
	30–50 g Hülsenfrüchte
	120–150 g Wurzelgemüse
	250 g Kartoffeln (3–4 mittelgroße)
	250 g Grüngemüse (z. B. Spinat, Kohl)
	10 g (1 EL) Butter oder Fett zum Dünsten bzw. Einmach
	10 g (1 EL) Mehl zum Binden (Eindicken)
Süßspeise:	1 ganzes Ei für Masse (z. B. Biskuit- oder Sandmasse für Torten, Kuchen usw.)
	40–50 g Mehl für Teige
	Eier, Zucker, Butter etc. laut Rezeptur
Kompott:	20–30 g Zucker
	¹⁄₁₀ l Wasser
	200–250 g Frischobst oder
	50–60 g Dörrobst (dann nur 10–20 g Zucker)

Zu den Maßangaben in diesem Buch:

Ist 1 Eßlöffel angegeben, nehme man 1 Eßlöffel gestrichen voll. Bei Fett sind 1 Eßlöffel voll trockenes Fett, bei Zucker und Mehl ein nicht ganz gehäufter Eßlöffel (ca. 15 g) zu nehmen. Sind Schneidsemmeln angegeben, berechne man pro Stück ca. 50 g. »Nußgroß Butter« bedeutet Butterstück (ca. 10 g) in der Größe einer Nuß. Bei Eiern ist zu berücksichtigen, daß nicht alle Eier gleich schwer sind; daher heißt es bei »mehlempfindlichen« Speisen öfter z. B. »2 Ei schwer« Mehl, also so viel Mehl, wie die 2 Eier wiegen. Frische Eier sind schwerer als vor längerer Zeit gelegte. Für mittelgroße Eier berechnet man durchschnittlich 60 g pro Ei.

Geeichte Meßgefäße vor Einführung des Dezimalsystems

Gewürze und Kräuter

Eine kaum vorstellbare Wandlung haben im Laufe der Jahrhunderte unsere von den Köchen strapazierten Geschmacksnerven erfahren. Die Würzfunktion war ja bis weit ins 18. Jahrhundert eine völlig andere als heute: gewürzt wurde in erster Linie nicht, um den Eigengeschmack eines Grundstoffes zu betonen, zu verfeinern, man würzte vor allem um des Gewürzes willen (wobei einzig auf das »Temperament« des Essenden Rücksicht genommen werden mußte). Da die Konservierungsmöglichkeiten äußerst dürftig waren, mußten die Gewürze auch so manchen üblen »Hautgout« übertönen. Nicht zuletzt war die Verwendung von Gewürzen ein Statussymbol, also Prestigesache: Würzen hieß reich sein (im Hochmittelalter wurde Pfeffer körnerweise verrechnet; 1 Pfund Safran kostete soviel wie ein Pferd). Vielen Gewürzen schrieb man außerdem heilende Wirkung zu (nicht umsonst waren damals Kochbücher vielfach mit Arzneibüchern verknüpft). So sinnierte Meister Sebastian in seiner »Koch- und Kellermeisterey« (1581): »Senf erwermet den Magen und Leber, ringert den Miltzen, bringt durst und unkeuschheit, er hilft den blöden Magen und schadet den guten augen zu viel gessen.« Pfeffer, Ingwer, Lavendel, Koriander, Muskat und Nelke schrieb man pestabwehrende Kraft zu. Vanille, Zimt, Mandeln, Basilikum und Zwiebel galten als Aphrodisiaka; Gegensätzliches bewirkten angeblich Thymian, Rosmarin und Hopfen.
Die Kreuzzüge brachten aus dem Nahen und Fernen Osten erstmals exotische Gewürze in großen Mengen ins Land, wie Pfeffer, Ingwer, Zimt, Gewürznelken, Muskatnuß, Zitronen, Mandeln, Zuckerrohr, Orangen, Safran und Garingal, eine aromatische Wurzel. Safran, angeblich 1198 von einem Walter von Merkenstein als Brautgeschenk für eine Rauhenstein (deren Burg dann »Safranburg« genannt wurde) ins Land gebracht, wurde in Österreich bald heimisch und gilt als satt braunroter österreichischer Safran noch heute als eine der besten Sorten. Tabernaemontanus gab seinem Rezept einer Safran-Latwerge den Namen »Electuarium Maximiliani«, »weil sie beym Kaiser Maximiliano in Brauch gewesen«. Auch Kalmus war um 1650

Kroatin mit Zwiebeln und Knoblauch

eingebürgert: »Allermaßen ich ganze kleine Teiche gesehen, die anstatt des Geröhrichs eitel Kalmus haben«, berichtet Freiherr von Hohberg um 1682. Vom Majoran soll noch Ende des 17. Jahrhunderts alljährlich Samen aus Italien bezogen worden sein und – in Niederösterreich noch so gut wie unbekannt – seit dem 19. Jahrhundert bereits häufig in Hausgärten und um den Neusiedler See auch in Großkulturen anzutreffen gewesen sein. Die Zitrone gehörte schon um 1550 Tag für Tag zum Dessert der kaiserlichen Tafel. Der Granatapfelbaum stand als Zierbaum 1564 im Garten der Wiener Hofburg, später auch in den »Kalthäusern« oberösterreichischer Edelsitze. (Der Orangenbaum hat ihn dann entthront.) Auf der Tafel Kaiser Ferdinands I., dessen Verdienste um die Wiener Küche nicht unbedeutend waren, bildeten Zitronensaft und Granatapfelkörnersaft als »Schmackreizung« den stehenden Ersatz des Essigs. Und noch das Kochbuch des »Granat-Apffels« von 1699 erklärt in einem Notabene: »Zu dem gebratenen ist gebräuchlich, daß man jederzeit salat gebe, welchen ein jeglicher nach seinem belieben gemischt oder allein geben kan, bey vornehmen orten giebt man auch von allerhand welschen früchten, lemonien, citronen, pomerantzen, so mit granat-äpffel-kernen regulirt, auch allerhand salsen oder titschen, wie ein jeder will.« Gerade dieses Kochbuch gibt uns anschauliche Beispiele damaliger Würzpraktiken. Ein »Grieß-Mus« aus Meth und Grieß wird gewürzt mit »Rosinen oder wein-beerlein, ingber, pfeffer und saffran«, zuletzt mit Zucker bestreut. Zu einem »guten Wilpret« kamen Salz, Pfefferkuchen, Rosinen, Mandeln, Zucker, Muskatenblüte, Pfeffer, Ingwer, Nelken, Wein und Essig. Gepfeffert wurde fast alles, ob gekochte Hühner, Stockfisch, Zitronensuppe oder Kräutertorte. Als Pastetengewürz gibt die adelige Verfasserin an: »Nimm zwey theil gestossen ingber, ein theil gestossen pfeffer, mische es untereinander, thue gestossen nägelein, geriebene muscaten-nuß, gestossenen caneel, von jedweden 2. loth zu einem pfund pfeffer, mische es, und hebe es auf in lederne säcklein. Etliche lassen jedwedes gewürtz vor sich selber, und heben es auf in lederne säcke. Es seynd auch viel, welche an statt alles andern gewürtzes nur allein den pfeffer brauchen, ob gleich das gemischte viel lieblicher als der pfeffer alleine ist.« Zu den »gesaltzen Gewürtzen« nimmt sie je ein Pfund Pfeffer und Ingwer und zwei Pfund Salz.

Ganz anders klingt es bereits im »Wienerischen bewährten Kochbuch« des Ignaz Gartler und der Barbara Hikmann Ende des 18./Anfang des 19. Jahrhunderts: »Aus- und inländische Gewürze sollten möglichst vermieden, oder wenigstens die allzustarke nur im geringen Maaß in unsern deutschen Küchen gebraucht werden« (Ausgabe 1799).

Eine weitere Besonderheit mittelalterlich-frühneuzeitlicher Würzung waren die sogenannten Zimmergewürze, kandierte Früchte, Gewürzpulver, wie geriebener Pfeffer, mit Zucker vermischt und über Brot geröstet, oder Anis, Koriander, Fenchel, Ingwer, Mandeln, meistens kandiert. Man knabberte diese »Bonbons«, um den Mund zu »parfümieren« und die Verdauung anzuregen. Die Armen begnügten sich mit Haselnüssen, Nüssen, Mandeln, getrockneten Trauben und Zwetschken, heute noch als »Studentenfutter« bekannt und beliebt, in Altwien auch als »Gigerlfutter« bezeichnet. Man trank zu diesen »Zimmergewürzen« Kräuterwein, parfümiert mit Rosmarin, Anis, Absinth, Myrthe, oder pfeffrigen Wein, mit Zucker, Zimt, Nelken, Ingwer und Muskat aromatisiert. Auf fällt auch die häufige Verwendung von Rosenwasser und Mandelmilch.

Die Küchenkräuter dagegen haben schon lange ihr Heimatrecht. Bereits seit vorrömischer Zeit kennt und pflanzt man in heimischen »Paradeis- oder Hausgärten« Zwiebel, Kümmel, Wacholder, Mohn, Rosmarin, Thymian, Liebstöckl, Quendel, Petersilie, Minze und andere bodenständige Kräuter. Vor allem die Klosterwirtschaften kultivierten im Mittelalter die Heil- und Küchenkräuter. Heute zählen außerdem noch Schnittlauch, Basilikum, Dill, Estragon, Knoblauch, Kerbel, Kren, Majoran, Borretsch, Brunnenkresse und Sauerampfer zu den heimischen Kräutern. Das Volk verband mit vielen Kräutern abergläubische Vorstellungen und Bräuche: Dillkraut mache einen gegen Verzauberung immun; die Braut trug ein Sträußchen in ihrem Schuh und beschwor: »Ich habe Senf und Dill, mein Mann muß tun, was ich will.« Rosmarinzweige bekamen die Braut, der Täufling und der Tote mit. Quendelkränze trug man bei der Fronleichnamsprozession und hängte sie geweiht in Haus und Stallung auf. Bohnenkraut sollte unkeusche Begierden wecken, Salbei verwendete man als Liebeszauber. Petersilie galt als ein Unglückskraut, konnte aber auch vor Hexen und bösen Geistern schützen. Die Heilkräuterbücher waren nach der Erfindung der Buchdruckerkunst übrigens das große Geschäft. Das Christentum hatte zwar die heidnischen Bräuche umprogrammiert, aber man sammelt noch immer ein Bündel aus neun Kräutern, bindet es mit »Mariengras«, läßt es zu Mariä Himmelfahrt in der Kirche weihen, steckt es zu Hause hinter den Herrgottswinkel und hängt es über der Stalltür auf.

Anna Dorn konnte dann in ihrem »Großen Wiener Kochbuch« (1827) schreiben: »Man hat in neueren Zeiten verschiedene Vorschläge gemacht, die fremden, uns aus Ost- und Westindien zugeführten Gewürze, durch einheimische ganz zu verdrängen, und nennt für diesen Zweck: Salbey, Thymian, Majoran, Schalotten, Wacholderbeeren, Kümmel, Koriander, Anieß oder Fenchel, Saffran, Quendel oder Kuttelkraut, Lorbeerblätter, Basilicum, Pfefferkraut, Dill, Paprika u.s.w. Es gibt wohl keine Haushaltung, in der man diese einheimischen Würzen nicht kennt, wo dann die ausländischen Würzen füglich wegbleiben können; allein ob diese vaterländischen Sämereyen und Kräuter dem einmahl verwöhnten Gaumen unserer Feinschmecker, jene fremden Gewürze ganz und in allen Fällen ersetzen werden, ist eine Frage, die wohl auch Herr Zenker um so weniger unbedingt bejahen wird, obschon dieser achtungswerthe, denkende Mann in seiner theoretisch-praktischen Anleitung zur Kochkunst zuerst von seinen Vorgängern abweicht, und in seinen Recepten sich oft der inländischen Würzen statt fremder bedient, aber doch die ausländischen nicht unbedingt verwirft, sondern nur in gemilderten Portionen anwendet. – Und dieß ist nach meiner bescheidenen Meinung der am sichersten zu wählende Ausweg.«

Noch Karl Friedrich von Rumohr mokiert sich in seinem »Geist der Kochkunst« (1822) über das »Wienerische Kochbuch«, weil er darin »Champignons, Schalotten, Zitronenschalen und Basilikum mit mehr anderen, weniger hervorsprechenden Würzen in dasselbe Gehäcksel« gemengt vorfand: »Wer seine Geschmacksnerven nicht durch häufiges Tabakrauchen abgestumpft hat, oder überhaupt ganz phantasielos ist, dem wird schaudern vor dieser Verbindung des Lieblichen und Widrigen mit dem Bitteren und Zusammenziehenden.«

Der Österreicher von heute, im Herzen Europas lebend, ist, was das Würzen anlangt, Weltbürger geblieben. Er verwendet Anis aus Spanien, Ingwer aus China und Japan, Muskat und Macis aus Indonesien, Majoran und Knoblauch aus dem heimischen Garten, Koriander aus dem Balkan, Lorbeerblatt aus Italien und Griechenland, Fenchel aus den Mittelmeerländern, Nelken aus Sansibar und Pemba, Paprika aus Ungarn, Pfeffer aus Indien, Indonesien, Brasilien und Afrika, Safran aus Österreich, Zimt aus Ceylon, Piment aus Jamaika. Das Salz hatten die »Souveräne« des Landes bereits im frühen Mittelalter als Monopol gesichert; es gehörte zum »Kammergut« des Landesfürsten – davon ist auch der Name »Salzkammergut« abgeleitet. Die erste österreichische Zuckerraffinerie gründete Maria Theresia 1750 in Fiume.

Der Österreicher würzt als Individualist bis zur Caprice. Besondere Vorliebe zeigt er für das pikant Abgeschmeckte, das Süß-Säuerliche, etwa beim Beuschel, bei den leicht gesüßten Marinaden der Salate, bei saurer Leber und den Nierndln, beim Ochsenschlepp und Polnischen Karpfen; er verwendet auffallend gern Zitronenschalen und -saft gleicherweise bei Fleischgerichten und Süßigkeiten, er liebäugelt mit der Schärfe des Krens, mildert sie aber gleichzeitig durch Obers, Äpfel, Zimt oder Mandeln, er ist ein besonders »ausgekochter« Zauberer mit der Zwiebel, der er mit Zucker, Essig, Wein, Zitronensaft, Senf, Nelken alle Geheimnisse bis zur letzten Schale zu entlocken weiß; er läßt sie in Butter oder Schweinefett anlaufen, anschwitzen, anrösten, glasig, goldgelb und braun werden, wägt den Mo-

Lorbeerblätterkrämer

61

ment des Ablöschens (und das Womit) genau ab – und jedesmal bringt er einen andersartigen Geschmack, eine neue Grundnuance hervor. Und er benutzt den sauren Rahm, um eine spezifisch österreichische Geschmacksbasis zu schaffen für Liaisonen mit Senf, Sardellen, Kapern, Rotwein, Paprika, Wurzelwerk, Preiselbeeren, Champignons, Knoblauch oder Sauerkraut.

Besonders toll treibt es der Österreicher in seiner Liebe zu Exotischem im Reich der Süßspeisen. Da serviert er Gewürzknödel, -taler und -krapferl, Zimtkoch, -karten und -sterne, Anischarten und -bögen, Pfeffernüßchen, Mandelmaultaschen, Nelkenbrot und -kipferl oder Ingwermarsellen: das alles erinnert ein wenig an die alten Zimmergewürze.

Gleichzeitig aber ist er ehrlich genug, »seinen« Gewürzen den geziemenden Tribut zu zollen, indem er viele Gerichte – nicht nur die schon genannten Süßspeisen und Schleckereien – nach dem Hauptgewürz zu nennen pflegt: Majoranfleisch, -erdäpfel und -nudeln, Kümmelsuppe, -fleisch und -erdäpfel, Krenfleisch, Zwiebelfleisch, Zwiebelrostbraten, Senfbraten, Pfefferkarpfen, Waldmeisterbraten, Paprikaerdäpfel, -karpfen, -huhn, -lämmernes und -schnitzel.

FACHLICHE HINWEISE

Man verwende nach Möglichkeit immer frische Gewürze und Kräuter, kaufe die Gewürze im ganzen und stoße bzw. reibe sie selbst nach Bedarf frisch zum Gericht. Für Gewürze und Kräuter das gute alte Leinensäckchen und das Kräuterbüschel verwenden. Frische Kräuter schneide man auf befeuchtetem Brett und gebe sie immer erst im letzten Moment zum Kochgut: Duft und Vitamine kommen so zur besten Entfaltung. Grüne Kräuter nie zu lange im Wasser liegen lassen.

Aufbewahrung: Gewürze an trockenen Orten, lichtgeschützt, gut verschlossen und frei von Fremdgerucheinflüssen, aufbewahren. Zucker vor Feuchtigkeit schützen. Zwiebeln und Knoblauch zu Kränzen gebunden aufhängen. Wurzeln, Sellerie, rote Rüben und Kren in Sand einschlagen.

Verwendung: Scharfe Gewürze sparsam verwenden. Kochsalz jedem Gericht außer Hülsenfrüchten bereits beim Ansetzen beigeben. Frische Gewürzkräuter im-

Limonienkrämer

mer erst kurz vor dem Anrichten beigeben, fertige Würzen nicht im kochenden Zustand der Speise beigeben, sondern dem bereits fertigen Gericht. Senf mit Essig und Wasser verdünnen, glattrühren und in das nicht mehr kochende Gericht geben. Petersilie rasch waschen, kurz an der Luft trocknen, fein hacken (wenn damit das Gericht bestreut werden soll). Knoblauch wird mit Salz auf einem Brett püreeartig zerdrückt und roh der fertigen Speise beigegeben. Zwiebel schmeckt hell geröstet süßlich (für Gemüse, gedünsteten Fisch, helles Fleisch), braun geröstet leicht bitter (für dunkle Fleischgerichte). Zwiebel wird meist fein geschnitten, d. h. ganz klein geschnitten (fälschlich wird in vielen Kochbüchern dafür »gehackt« geschrieben).

Kleines Gewürz- und Kräuter-Abc

Anis (in Österreich Betonung auf der ersten Silbe): Backgewürz (z. B. Anisscharten, -brot, -bögen, -krapferl); mit Kümmel, Fenchel und Koriander auch Brotgewürz

Basilikum: Frisches Gewürzkraut zu Salaten, Kräutersoßen, Marinaden, Fisch und Wild, Gemüse, Suppen, Paradeisergerichten

Beifuß: Blätter zum Würzen von Braten (Gänse, Enten, Wildschwein)

Bertram: Siehe **Estragon**

Bohnenkraut, Pfefferkraut: Blattspitzen zu Gurkensalat, Rohgemüsen, mitgekocht zu Suppen, Gemüsen, Ragouts; mit Thymian in eingelegte Gurken und Pilze

Borretsch, Gurkenkraut: Feingewiegte oder -geschnittene Blätter zu Gurkensalat; paßt auch zu Salatmarinaden

Brunnenkresse: Schmeckt scharf; zu Wildgeflügel, als Salat und zu Salaten, kalten Platten

Cayennepfeffer: Scharfes Gewürzpulver (gemahlen ca. zwanzigmal so scharf wie Paprika)

Curry: Indisches Mischgewürz

Dillenkraut, Dill (österr. »die Dille«): Frische Blätter mit Stengel als Zutat bei eingelegten Gurken (daher auch »Gurkenkraut« genannt) und Sauerkraut; feingewiegt zu warmen (»Dillsoße«) und kalten Soßen, Salaten, Gemüsen, Kartoffelgerichten. Dekor für kalte Platten

Estragon, Bertram: Gehört zu den »fines herbes«. Junge Blätter für Soßen und Gemüsegerichte. Einlegegewürz und Dekor für kalte Platten

Fenchel: Dem Anis ähnliches würzig-süßes, sehr aromatisches Gewürz, ganz und gemahlen für Bäckereien und Brot. Zarte frische Blätter zu Kopfsalat und Paradeisern, auch als Gemüse (»Finocchi«) und zum Einlegen von Gurken

Gartenkresse: Hat pikant-bitteren Geschmack; Zutat zu Salaten, Gegrilltem. Auch zum Garnieren kalter Platten

Ingwer: Getrocknet und gemahlen als Gewürz zu Bäckereien, Obst, Gemüse, Suppen, Soßen, Eingemachtem, süßsauren Gerichten, Fleisch- und Wurstwaren. Auch in Mischgewürzen (Curry) enthalten. Außerdem als kandierter Ingwer im Handel

Kalmus: Dem Ingwer ähnliches Gewürz (früher gern kandiert), meist in Mischgewürzen enthalten

Kapern: Die Blütenknospen der Kapernstaude werden zu Soßen, Fleisch- und Fischgerichten, Ragouts verwendet. Am besten sind die kleinsten Kapern (auch »Nonpareilles« genannt)

Kardamom: Gewürz für Bäckereien, speziell Lebkuchen und feine Wurstwaren. Auch in Mischgewürzen

Kerbel: Für Suppen (»Kerbelsuppe«), Soßen, Kräuterbutter, Salate. Dekor für kalte Platten

Knoblauch (»Knofel«): Wird in Österreich lokal verschieden stark verwendet für Fleischspeisen, Salate, Gemüse, Soßen. In Alt-Wien hieß der Knoblauch auch »Vanille des armen Mannes« oder »ungarische Vanille«

Kren, Meerrettich: Gekocht für kalte und warme Soßen (besonders zu Rindfleisch), roh gerissen zu Fleisch (»Wurzelfleisch«) und heißen Würsteln

Koriander: Zu Wildgerichten (Beize), Lebkuchen, Brot, Wurstwaren. Einst auch kandiert

Kümmel: Zu Brot, Bäckereien, Kleingebäck (»Kümmelweckerl«, »Salzstangerl«), Soßen, Salaten, Fleischspeisen, Würsten, Kartoffelspeisen

Kuttelkraut: Siehe **Thymian**

Liebstöckel, Maggikraut, Lustock: Für Suppen, Soßen, Ragouts. Frische Blätter zu Rohsalaten, Frischgemüse

Lorbeer: Zu Marinaden, Suppen, Soßen, Farcen, Wurstwaren, eingelegten Gurken, zum Aromatisieren von Essig. Sparsam anwenden!

Löwenzahn: Die inneren zarten Blätter zu Frischsalat, Suppen, Soßen

Majoran: Wichtiges Küchenkraut zu Fleischspeisen, Farcen, Faschiertem, Gemüse, Ragouts, Würsten, Soßen, Suppen, Kartoffelgerichten. Sparsam dosieren!

Mandeln: Für Soßen, süße Gerichte, Kuchen und Bäckereien

Mohn: Ungemahlen zum Bestreuen von Kleingebäck, gemahlen als Grundstoff zu süßen Füllungen (Mohnkipferl, -beugel, -strudel); besonders zu Gerichten aus der böhmischen Küche

Muskat (österr. Betonung auf der ersten Silbe): Im letzten Moment erst den Speisen frisch gerieben beigeben.

21. Giem, Magron, Gwöl!

Altwiener Kaufruf

Wird zu vielen Gerichten in der österreichischen Küche verwendet, so bei Gemüsen, Suppen, Fleisch-, Käse- und Kartoffelgerichten
Muskatblüte, Macis: Für Backwerk, Lebkuchen, Kompotte, Wurstwaren
Nelke, Gewürznelke: Für Lebkuchen, Obstspeisen, Kompotte, Mehlspeisen, auch als Einmachgewürz und zu Wild- und Fleischbraten, Ragouts, Reis. Zum Spikken der Zwiebel
Neugewürz (in Österreich für »Piment«): Zu Backwerk, Fleisch- und Fischgerichten, Suppen, Soßen, Marinaden, Würsten. Auch Misch- und Einmachgewürz
Paprika: Zu Fleisch-, Fisch-, Geflügelgerichten, besonders zu Gulyás, Suppen, Soßen, Wurstwaren. Paprikapulver immer nur in mäßig heißes Fett geben, sofort ablöschen. Nicht zu lange lagern! Die Skala vom milden zum schärfsten Paprika heißt im Handel: Delikateß-, Edelsüß-, Halbedelsüß-, Rosen- und Scharfpaprika, auch Kirschpaprika genannt
Pastetengewürz: Ist ein Mischgewürz und nach Belieben zusammengesetzt, z. B. je 25 g Koriander, Majoran, Thymian, Muskat, Nelken, Pfeffer, je 10 g Ingwer, Basilikum, Lorbeer, Muskatblüte und je 5 g Zimt, Salbei, Bohnenkraut und Rosmarin
Petersilie (in Österreich auch »der Petersil«): Universalgewürz: Blätter gehackt, Stengel zum Bouquet garni, Wurzel zum Wurzelgemüse bzw. Suppengrün; für Garnituren (auch gebacken), zum Dekorieren kalter Platten auch Kräuselpetersilie
Pfeffer: In ganzen Körnern oder gemahlen (gestoßen) zu verwenden. Der weiße Pfeffer (für helle Gerichte) ist etwas milder als der schwarze; auch eingelegter grüner Pfeffer
Pomeranze, Bitterorange: Als Arancini zu Bäckereien zu verwenden
Porree, Lauch: Zu Suppen, Soßen, als Gemüse, Salat
Portulak: Frisch gehackt zu Salaten, Suppen, Soßen; die Knospen waren früher auch Kapernersatz
Quendel: Wie Thymian zu verwenden
Rosmarin: Zu Lamm-, Fleisch-, Fisch- und Gemüsegerichten
Safran: Immer erst zu der fast fertigen Speise geben. Für

Kaiserschöberlsuppe

Frittatensuppe, Leberknödelsuppe, Grießnockerlsuppe

Wiener Einmachsuppe mit Markknöderln

Gefüllte Eier

Fleischsuppe, Reis, Fischgerichte, Soßen und Backwerk
Salbei (in Österreich Betonung auf der ersten Silbe; immer »der Salbei«): Zu Fisch-, Lebergerichten, Faschiertem, Lamm und fettem Braten. Nur in geringen Mengen verwenden!
Sauerampfer: Fein geschnitten zu Salaten, Kräutersoßen, Suppen
Schnittlauch: Neben Petersilie das beliebteste Küchenkraut; zu Salaten, Suppen, Soßen, Eierspeisen, zu allen »zwiebelgeeigneten« Gerichten
Sellerie (in Österreich immer Betonung auf der letzten Silbe und »die Sellerie«), auch **Zeller** genannt: In Österreich wird vor allem die Knollensellerie verwendet, zu Suppen (Bestandteil von Suppengrün und Wurzelwerk), Soßen, als Gemüse und Salat (»Selleriesalat«)
Senf: Getrocknet und gerieben zu Speisesenf, ganze Körner zu Marinaden, Konserven; auch für Wurstwaren. Der in Österreich häufig verwendete »Kremsersenf« besteht aus Senfmehl und süßem Wein- oder Obstmost
Thymian, Kuttelkraut: Gehört in frischem Zustand zu den »fines herbes«; wird verwendet zu Faschiertem, Leberknödeln, Rinds-, Wildbraten, Fischen, Soßen, Suppen, Marinaden, Kräuteressig und Wurstwaren
Vanille: »Königin der Gewürze« genannt, wird zu Bäckereien (»Vanillekipferl«), Aufläufen, Süßspeisen, Getränken, süßen Soßen verwendet. Vanillestangen gibt man auch in Staubzucker zum Aromatisieren. Ist fremden Gerüchen gegenüber sehr empfindlich
Wacholder, Kranawitt-, Kronawettbeeren: Für Wild, Wildgeflügel, Fische, Soßen, Sauerkraut. Auch zur Schnapsgewinnung (»Wacholderschnaps«). Auch in Gewürzmischungen enthalten
Zimt: Im ganzen (Stangen) oder gemahlen für Kompotte, Süßspeisen, Heißgetränke und Bäckereien. Auch in Mischgewürzen
Zitrone (Limone, Lemoni): Saft und Schalen (ganz oder gerieben) zu Bäckereien, Süßspeisen, Suppeneinlagen, Aufläufen, Füllen, Fleisch- und Fischspeisen, Salaten, Soßen
Zwiebel, Zwiebelhäuptel, »Zwiefel«: In der österreichischen Küche zu vielen Gerichten als Geschmacksgrundlage verwendet; ist mit Salz und Pfeffer oft die einzige »Gewürzbeigabe« einer Speise

WEITERE AROMATEN

Gewürzsträußchen, Kräuterbüschel (»Bouquet garni«): Die Zusammensetzung richtet sich nach dem jeweiligen Gericht und besteht u. a. aus grüner Petersilie, einem Stämmchen Kuttelkraut (Thymian), einem kleinen Stück Lorbeerblatt, nach Wunsch auch Porree, Selleriegrün oder Knoblauch. Mit Spagat zusammenbinden und mitkochen bzw. -dünsten; wenn die Speise nicht passiert wird, vor dem Anrichten entfernen.
Röstgemüse (»Mirepoix«): Setzt sich aus gleichen Teilen Zwiebeln und Wurzelwerk (Suppenwurzeln), wie Karotten, Petersilien- und Selleriewurzel, zusammen. Wird für Fonds, Fleisch- und Wildgerichte verwendet. Das Röstgemüse kann grob oder mittelfein geschnitten werden (am besten in Würfelform schneiden). Wird das Gericht passiert, Röstgemüse nicht schälen, sondern nur gut bürsten. Das Röstgemüse nie zu braun rösten! Röstgemüse verwendet man zum Ansetzen von braungedünstetem Fleisch, Geflügel, Wild oder Soßen, wenn Knochen mitgebraten werden.
Paradeismark (Tomatenmark): Ist sparsam zu verwenden, damit Geschmack und Farbe nicht in den Vordergrund rücken. Für braune Soßen und Ragouts das Paradeismark ohne Beigabe langsam und leicht bräunen bzw. beim Ansetzen mitrösten (verbessert die Farbe).
Kräuterbutter: Siehe Buttermischungen, Seite 66 ff.

Fett, Butter, Öl

Eine »Erklärung« drängt sich auf: Die Verwendung von Fett ist die Gewissensfrage jeder guten Küche. Die altösterreichische Küche ist als fettreich verschrien; man denkt dabei an die Fettaugen der Rindsuppe, an den Fettspiegel eines Gulyás, an abgeschmalzene Nudeln und glänzende Beilagen, an eine von Fett »triefende« Panier oder an Schmalzbrot, an die reichliche Fettverwendung bei der alpenländisch-bäuerlichen Kost, an die in Schmalz gebackenen Krapfen usw. Die Werfener Bauern im salzburgischen Pongau haben für diese Liebe zum Fett den Spruch geprägt: »In Rahm Butter einbrockn und an Speck dazu beißn, das wär a hübsch a fetts Essen!«

Die Statistik jedoch rehabilitiert uns weitgehend: Heute verbraucht der Österreicher pro Jahr und Kopf rund 26 kg Fett und Öl, davon entfallen auf Butter ca. 6 kg, auf Schlachtfett 9 kg und auf pflanzliche Öle 11 kg (bei rund 700 kg Nahrung insgesamt pro Kopf und Jahr). Eingedenk der Lebensweisheit, daß Essen Leib und Seele zusammenhält, bringt der konservative Österreicher aber nach wie vor gern das bürgerliche Opfer der Gewichtszunahme. Das Fett, klug und ehrlich verwendet, liefert dazu die Grundlage.

BUTTER

Frische Butter weist ein gleichartiges Gefüge ohne Flecken und Streifen auf; wenn sich beim Schmelzen der Butter Trübungen ergeben sollten, war die Butter nicht rein bzw. mit einer Beigabe versehen. Die österreichische Köchin verwendet die Butter besonders dann, wenn sie einem Gericht den feinen Geschmack erhalten will, wenn sie das Fett außerdem keiner allzu hohen Temperatur auszusetzen braucht, z. B. bei der lichten hellen Einmach (dem leichten Erhitzen von Mehl in Butter) und zum Schwenken von Kochgut in Butter sowie zum Braten von Fischen, Innereien und Fleisch mit kurzer Garzeit. Vor allem wird Butter auch in der Mehl- und Süßspeisenküche verwendet, für feine Abtriebe, für Massen und Teige, für Germ- und sogenannte Butterteige sowie ausgelassen als Butterschmalz zum Backen von Krapfen und Dalken.

Um ein Gericht (Saft, Soße, Gemüse) besonders samtartig und glänzend zu machen, rührt man dem fertigen, nicht mehr kochenden Gericht abseits vom Feuer frische Butter ein; der Fachmann nennt diesen Vorgang »mit Butter montieren«.

Butter wird aus Obers oder angesäuertem Rahm hergestellt. Das »Appetit-Lexikon« von Habs und Rosner, 1894, führt als beste Butter die Teebutter an (diese Qualitätsbezeichnung ist bis heute im Handel üblich) und reiht daran die »Mai- oder Frühlingsbutter«, die »Herbst- oder Stoppelbutter«, die »Frischmilchbutter« und die »Stroh-, Stall- und Altmilchbutter«.

Buttermischungen: Verwendet man zur Bereitung verschiedener Speisen, vor allem für am Rost bzw. am Grill gebratene Gerichte, in der kalten Küche und um fertige Soßen geschmacklich zu ergänzen bzw. zu verfeinern und zu vollenden (zu »montieren«). Die Mischbutter kann man auf einem nassen Pergamentpapier zusammenrollen, kühlen und in Scheiben schneiden. Je nach Zutat erhält man die verschiedensten Buttermischungen (Mischbutter), u. a.:

Estragonbutter: Feingestoßene Estragonblätter und Butter mischen.

Hummerbutter: Wie Krebsbutter zubereiten.

Kaviarbutter: Schaumiggerührte Butter und Kaviar verrühren.

Knoblauchbutter: Püreeartig zerdrückten Knoblauch und Butter vermengen.

Krebsbutter: Trockene Schalen gekochter Krebse mit Butter im Mörser fein stoßen, mit etwas Wasser aufkochen, auf Eiswasser gießen und erstarren lassen. Den Butterziegel abheben, erwärmen und abseihen. Wird zum Montieren von Krebssuppe, Krebssoße und Fischsoßen verwendet.

Maître-d'hôtel-Butter (»Haushofmeisterbutter«): Butter schaumig rühren, gehackte Petersilie beigeben, mit Salz, Pfeffer, Zitronensaft, Senf und Worcestershiresauce würzen. Wird zu Grillgerichten verwendet.

67

Wenn man dazu feingehackte oder im Mörser zerstoßene Kräuter (Petersilie, Schnittlauch, Kerbel, Estragon oder Schalotten) darunterrührt, erhält man die **Kräuterbutter.**

Mehlbutter: Küchentemperierte Butter wird mit etwas Mehl vermischt. Dient als Bindung für À-la-minute-Gerichte.

Sardellenbutter: Sardellenfilets wässern, passieren, mit Butter vermengen.

Sardinenbutter: Wird wie Sardellenbutter mit Sardinen zubereitet.

Schneckenbutter: Schalotten, Knoblauch, Petersilie, feinst gehackt, mit Butter vermischen, salzen, pfeffern. Wird für die Zubereitung von Schnecken verwendet.

Senfbutter: Butter und Senf (oder Senfpulver) vermengen, wenig salzen.

Darüber hinaus kennt die Wiener Küche noch einige Arten heißgemachter Butter:

Geschmolzene (»geklärte«) Butter: Frische Butter zerlassen und abschäumen (für blaugekochten Fisch).

Braune Butter: Butter goldgelb erhitzen und schäumend heiß über eine angerichtete Speise gießen (für Fische und Gemüse).

Schwarze Butter: Butter zu brauner Farbe erhitzen, über die mit Kapern und Petersilie bestreute Speise gießen. Die Pfanne mit Essig ablöschen und diesen über die Speise gießen.

Bröselbutter: Semmelbrösel in erhitzter Butter rösten.

Butterschmalz: Wird in den Kochbüchern auch als **Rindschmalz** bezeichnet. Man gewinnt es aus frischer Butter, die in einer großen Pfanne ausgelassen wird, zuerst auf starker, dann auf schwacher Hitze, bis das Fett klar wird und eine goldgelbe Farbe bekommt. Der sich bildende Schaum wird abgeschöpft (ergibt die »Buttersäure«, in der ländlichen Küche auch »Buttersoß« genannt; kann zu einfachen Germspeisen oder »Almkoch« verwendet werden). Das reine, überkühlte Fett vorsichtig in einen Steinguttopf seihen, auskühlen lassen, verschließen und an trockenem, luftigem Ort aufbewahren. Butterschmalz ist lange haltbar, wird in der österreichischen Küche zum Braten, vor allem aber zum Backen für Krapfen, Dalken, Palatschinken und Omeletten verwendet.

SCHWEINESCHMALZ

Schweineschmalz (Schweinefett, Schmalz, Fett): Ist das meistverwendete Fett in der österreichischen Küche. Um die Bereitung guter Speisen zu gewährleisten, ist die Hauptbedingung, nur das beste Fett zu verwenden. Es ist unser eigener Magen, der als Gradmesser »mißbraucht« würde. Um gutes Schweineschmalz zu gewinnen, verwende man nur vollfrischen, dicken Speck (am besten eignet sich der Rücken- oder Karreespeck; etwas mindere Qualität liefert der Bauch- oder Speckfilz). Der Speck wird in regelmäßige kleine Würfel geschnitten, in einer eisernen Pfanne mit etwas Salz (auf 3 kg Speck, 1 Eßlöffel Salz) und etwas Wasser (den Boden damit bedecken) anfangs auf stärkerer, später auf mäßiger Hitze »ausgelassen«. Manche Hausfrauen verwenden statt Wasser Milch ($1/8$–$1/4$ Liter pro Kilogramm Speck; dabei vorsichtig sein, damit sich die Milch nicht anlegt!). Wenn die Speckwürfel zu schmelzen beginnen, ständig rühren, damit sie sich gleichmäßig verkleinern. Sobald die Speckwürfel (jetzt »Grammeln« oder Grieben genannt) blaßgelb werden und das Fett klar wird, das Fett abschöpfen, durch ein feines Sieb in einen Steintopf seihen. Den letzten Teil mit den Grammeln gießt man in ein anderes Gefäß. Das reine Fett offen auskühlen und stocken lassen, dann erst den Topf mit Pergamentpapier abschließen und zubinden. Mit einer Nadel ein paar Löcher ins Papier stechen. Kühl und luftig – ohne Fremdgerucheinfluß – aufbewahren! Schweinefett soll eine helle Farbe (weiß) haben und fast geruchlos sein. Werden die Grammeln für Speisen verwendet (z. B. Grammelknödel), läßt man die Grammeln mit dem restlichen Fett noch etwas auf dem Feuer stehen, bis sie goldgelb-braun werden, gießt sie dann ab und preßt sie aus.

Schweineschmalz verträgt höhere Temperatur als Butter; man verwendet es zum Abschmalzen, zum Dunkelrösten von Mehl (Einbrenn), zum Braten oder Backen von Fleisch (Wiener Schnitzel) oder Mehlspeisen (Krapfen), zu Kartoffelgerichten (gerösteten Kartoffeln, Erdäpfelschmarrn), für alle Krautgerichte und für eingemachtes Gemüse auf Wiener Art.

Grammelschmalz: Ist beliebt als Brotaufstrich (beim Heurigen). Man kann das oben beschriebene restliche Fett mit den Grammeln verwenden, oder man bereite es extra: Es wird wie Schweineschmalz (nur aus dem Rückenspeck) gewonnen. Wenn die Speckwürfel gelblich zu werden beginnen, gibt man eine feingeriebene Zwiebel und nach Wunsch etwas Knoblauch und einen geschälten, in kleine Stücke geschnittenen (oder gehobelten) Apfel bei. Sobald die Grammeln knusprig braun sind, nimmt man die Pfanne vom Feuer, läßt das Fett leicht überkühlen und gießt alles in ein Tongefäß.

KERNFETT, RINDSFETT

Man gewinnt es aus dem Nieren-, Kern-, Lungen- und Taschenfett vom Rind. Das beste ist das Nierenfett, auch »Lungel« genannt. Die mindere Qualität ist das Taschenfett (am Schlegel). Man kocht es meist faschiert, ebenfalls mit etwas Salz und Wasserbeigabe. Das Kernfett ist schwer verdaulich. In der altösterreichischen Küche verwendete man das Kernfett als Beigabe zu anderen Fetten und vor allem zur Reifung von Fleisch: Rindfleisch (oder auch Wild) wurde durch überkühltes, noch flüssiges Kernfett gezogen, dann aufgehängt.

Knochenmark: Wird ebenfalls ausgelassen und hat eine hellgelbe Farbe. Verwendet wird es – schaumig gerührt – für Markknödel und -schöberl.

ÖL

Öl verwendet man zum Braten von Fleisch, Fischen, Gemüsen, zu Marinaden, Salaten, zur Herstellung von Strudel- und Backteigen. In Kärnten und der Weststeiermark verwendet man hier und da noch heute Öl aus Kürbiskernen.

Buttermodel, 18. Jh.

PFLANZENFETT, KOKOSFETT

Es hat hohen Schmelzwert und wird daher gern zu Buttercremes verwendet, um deren Standfestigkeit zu erreichen (vorher flüssig machen und Butter beigeben). Wird es zu einem Teig verwendet, muß es, bevor man es ins Mehl gibt, mit den flüssigen Zutaten vermengt werden.

GÄNSE- UND ENTENFETT

kann man wie Schweinefett gewinnen, auch als Abschöpffett beim Braten von Gans und Ente. »Ganslschmalz« wird gern als Brotaufstrich bzw. zum Ganslritschert verwendet.

BRATENFETT

von Gänsen, Kapaunen, Kalbs- oder Rinds- bzw. Schweinsbraten verwendet man zu Gemüse oder Fleischspeisen; man muß es allerdings bald und vorsichtig gebrauchen (hält sich nicht lange). Jedes Bratenfett stets gut seihen, bevor man es verwendet!

BACKFETT

Als Backfett verwendet man in der österreichischen Küche gern eine Mischung aus Butterschmalz, Schweinefett und Öl. Zum Backen benütze man eine nicht zu weite, halbtiefe und flachbödige Eisenpfanne, bis zu zwei Drittel mit Fett gefüllt. Rasch aufeinander folgend backen! Dabei muß das Fett zur jeweiligen Speise den richtigen Wärmegrad haben. Die gute Küche verwendet Backfett nicht mehr als ein-, höchstens zweimal (nach dem Backen immer gut abseihen!). Einmal gebrauchtes Backfett wird nach der Verwendung weggegeben, da es schwer verdaulich bzw. gesundheitsschädlich ist.

SPECK

Zum Spicken von Fleisch, Auskleiden von Pastetenformen etc. verwendet man meist frischen, »grünen«, dikken Rückenspeck vom Schwein. Je nach Konservierung gibt es trocken gesalzenen und luftgeräucherten Speck (gewonnen durch Salzen und Trocknen großer Speckseiten), den geräucherten Speck bzw. das »Geselchte« (gewonnen durch Räuchern oder »Selchen« des luftgetrockneten Specks); auf diese Weise entstehen der »englische Speck« oder »Frühstücksspeck«, auch magerer Selchspeck. Paprikaspeck entsteht, wenn man trocken gesalzenen, höchstens ganz schwach geräucherten Speck mit Paprika einreibt. »Debreziner Speck« bekommt man, wenn man die Schwarte und die darunterliegende Speckschicht anröstet, dann erst einsalzt, trocknet und papriziert. Geräucherten Speck soll man stets frisch und in nicht zu großen Mengen kaufen, immer an kühlem, trockenem Ort verwahren. Speck verwendet man zu Fleischspeisen, Gemüse, Eierspeisen, zum Abschmalzen, für Salate (statt Öl, z. B. beim warmen Krautsalat).

Mehl

In der österreichischen Küche spielt das Mehl seit eh und je eine große Rolle, ja ein Fremder würde vielleicht die österreichische, speziell die Wiener Küche ausschließlich nach diesem Kriterium als »Mehlspeisküche« klassifizieren. Tatsächlich findet er Mehl in zahllosen Landesgerichten, ob als Suppeneinlage, als Beilage, im Gemüse, als Haupt- oder Nachspeise.

Dennoch findet man in alten Kochbüchern immer nur das Notwendigste über das Mehl gesagt. Die gute Köchin, die tüchtige Hausfrau wußte darüber auch so Bescheid, man konnte sich auf Erfahrungswerte berufen, die von der Mutter auf die Tochter übergingen. Lernen mußte man das nicht. Aber wehe der Köchin, die ihr Mehl nicht kannte! Wurden die Knödel fest, ging der Strudelteig daneben, blieb der Germteig sitzen, wurde die Torte speckig, so lag das in erster Linie am Mehl und nicht an der Ungeschicklichkeit der Köchin. Daran hat sich bis heute nichts geändert.

Das Mehl muß gut backfähig und gut kochfähig sein. Die gute Backfähigkeit (das »Aufgehen« des Teiges, der Kleber) hängt von Getreidesorte, Klima und Wetter ab und beruht auf dem hohen Eiweißgehalt des Mehls. Er allein garantiert, daß das Gebackene gleichzeitig lokker, stabil und voluminös ist. Bei feinerer Vermahlung geht dieser Eiweißstoff im Mehlkörper an die Kleie ab, pulverisiert wird dann nur mehr die Stärke. Leichter Germteig, Blätterteig, Brandteig, gezogener Strudel brauchen unbedingt ein Mehl mit sehr guter Backfähigkeit; schwerer Germteig, Topfenteig, Backpulverteig, Biskuitmasse, Sandmasse, Keks und Palatschinken benötigen Mehl mit mindestens guter Backfähigkeit. Nicht umsonst hat Katharina Prato in ihrer »Haushaltungskunde« gerade das »Ungarische« oder »Banater« Mehl für Strudelteige empfohlen – in den Getreidekörnern wärmerer Gegenden kann sich der Kleber, der Eiweißstoff besser entwickeln als in kälteren Anbaugebieten. Darum konnten die Ungarn auch die Meister des Strudelmachens werden.

Die gute Kochfähigkeit des Mehls wird durch den Stärkegehalt im Mehl bestimmt. Mehl, dessen Stärkekörner durch das Mahlen unbeschädigt bleiben, ist gut kochfähig, weil diese besser verkleistern und so zum Beispiel sämige Saucen liefern.

Das Österreichische Lebensmittelbuch schreibt vor, daß Mehl ein unverfälschtes Naturprodukt sein muß, und verbietet das Bleichen des Mehls. Lediglich Vitamin C darf dem Mehl extra beigemischt werden. Selbstverständlich muß das Mehl rein, sauber und trocken sein. Die Lagerung ist dabei sehr wichtig. Mehl muß an einem kühlen, luftigen, trockenen Ort gelagert werden. Originalverpackt nicht länger als ein halbes Jahr lagern!

Brodtzerinn.
Une femme que vend le pain.

Früher hat man das Mehl nach dem Grad der Ausmahlung gekennzeichnet, heute geschieht dies sowohl durch den Mehltyp als auch durch den Feinheitsgrad der Ausmahlung. An Mehltypen in Österreich gibt es Weizenmehl der Typen 700 und 480. Die Typennummer bezieht sich auf den Aschegehalt bzw. Mineralstoffgehalt des Mehls, d. h. Mehl des Typs 700 enthält etwa 700 Milligramm Mineralstoffe, Mehl des Typs 480 nur etwa 480 Milligramm auf 100 g Mehl. Da Schale und graufärbende Farbstoffe des Mehls einen höheren Ascheanteil besitzen als der Mehlkern, haben Mehle mit niedriger Typenzahl eine hellere Farbe. Praktisch erkennt man den Unterschied der beiden Typen an der Farbe des Mehls: Mehl des Typs 700 ist etwas dunkler als das Mehl des Typs 480 mit geringerer Ausmahlung und größerer Feinheit. Mehl dieses Typs ist in der Regel auch etwas teurer.

Ein weiterer Unterschied besteht in der Feinheit, in der Griffigkeit der Mehlsorten. Im Handel sind das doppelgriffige und griffige sowie das glatte Mehl, außerdem noch eine Mischung aus griffigem und glattem Mehl. Doppelgriffiges Mehl (auch Auszugmehl, Doppel-Nuller genannt) hat größere Teilchen als das griffige Mehl (heißt auch Nuller-Mehl). Wenn man beide Mehlsorten zwischen Daumen und Zeigefinger nimmt, fühlen sich das doppelgriffige und das griffige Mehl körnig, fast wie Grieß an, das glatte Mehl dagegen ist feiner, glatter und greift sich auch glatt an. Die gemischten Mehlsorten kommen unter den Typenbezeichnungen »Gold« und »Juwel« Typ 480 auf den Markt. (Wer besonders auf sehr lockere Speisen Wert legt, wähle diese gemischte Mehlsorte.) Griffiges Mehl verwendet der Koch vor allem dann, wenn es notwendig ist, daß der Teig »nachsteift« (zum Beispiel bei Knödeln). Glattes Mehl des Typs 480 verwendet man zum Binden von Suppen und Soßen, aber auch für einfache Teige, wie Germ-, Nudel-, Strudel-, Blätter-, Palatschinken- und Backteig, für Biskuitmassen, Sandmassen, Mürbteig und Brandteig. Für Strudel- und Blätterteige darf nur glattes Mehl verarbeitet werden. Im allgemeinen wird in der österreichischen Küche also glattes Mehl verwendet; nur für die in Wasser gekochten Speisen und für spezielle Rezepte verwendet man griffiges Mehl oder eine der Mischsorten.

Welches Mehl verwendet man zu welcher Speise?

	Typ 480 (sehr hell)	Typ 700 (hell)	griffig	glatt	Mischung von griffig und glatt
Einbrenn		*		*	
Stauben		*		*	*
Soßen		*		*	
Bechamel	*			*	
Knödel		*	*		*
Nockerl	*				*
Tropfteig		*			*
Leichter Germteig		*		*	*
Schwerer Germteig		*		*	
Topfenteig	*	*	*	*	
Backpulverteig		*		*	*
Biskuitmasse	*			*	*
Blätterteig	*			*	
Brandteig		*		*	
Sandmassen	*			*	*
Keks		*		*	
Gezogener Strudel	*			*	
Palatschinken		*		*	

Die Suppen

»Da man bey uns die Mahlzeit mit der Suppe eröffnet, werden wir einer schmackhaften Bereitung derselben um so mehr Aufmerksamkeit schenken müssen, da gewöhnlich der erste Eindruck entscheidet, mithin eine schlechte Suppe den noch so wohl geratenen, folgenden Speisen – ja dem ganzen Mahle überhaupt – einen großen Abbruch thun würde.«

Anna Dorn, »Neuestes Universal- oder: Großes Wiener Kochbuch«, Wien 1827

Österreich ist ein Land der Suppen. Die nie verheimlichte Liebe des Österreichers zur Suppe ist gleichsam sein demokratisches Lebensbekenntnis. Denn die Suppe gehört zur Nahrung aller Volksschichten. Die Suppe macht das Essen zum Mittagessen, das Abendessen zum Souper. Mit einer Suppe begann der Bauer sein Tagwerk, mit einer Suppe beendete er es.

Die Suppe war und ist in der österreichischen Küche so essentiell, daß es lohnt, der Sache auf den Grund zu gehen. Liebe ist immer verräterisch. Und die Liebe zur Suppe verrät uns einige Geheimnisse nicht nur der österreichischen Küche, sondern des Österreichers selbst.

Das erste Gesetz, das uns bei der hellen oder weißen klaren Rindsuppe – der klassischen Suppe aus der Wiener Küche – entgegentritt, heißt: Zeit haben. Eine im Druckkochtopf rasch zusammengebraute Rindsuppe wird niemals die Klarheit und geschmackliche Fülle einer klassischen Rindsuppe erreichen. Die Eigenschaft des Österreichers, Zeit und Geduld zu haben, ist für das Zustandekommen der Rindsuppe das A und O: eine vollkommene Rindsuppe braucht ihre zwei bis drei Stunden (und oft mehr). Nur so kann sie zur Vollendung reifen, die notwendige Klarheit, die konzentrierte Kraft und nahrhafte Fülle des Geschmacks erreichen. Nicht zuletzt beruht auf diesen Stunden der »Vor-Liebe« die Wertschätzung des guten österreichischen Gasthausessens, einer Suppe in einer »Restauration«. (Auch wenn man nicht weiß, daß dieses Wort »Restauration« mit der Suppe in direktem, wortwörtlichem Zusammenhang steht. Im 18. Jahrhundert war das französische Wort »restaurant« noch ein Beiwort und bedeutete soviel wie »stärkend, erquickend«.)

Die Rindsuppe offenbart uns einen weiteren Grundsatz, der ein Charakteristikum für Küche und Mensch des Landes ist: Für ein gutes Essen ist schon zu seinem Beginn, also für die Suppe, das Beste gerade gut genug. Die Situation ist immer die gleiche: Das beste Stück Rindfleisch ergibt die beste Rindsuppe. In der feudalen Barockzeit wanderte das Rindfleisch, aus dem die Rindsuppe gewonnen wurde, auf die Dienstbotentafel; nur die Suppe war würdig, auf den Herrschaftstisch gestellt zu werden.

Die Rindsuppe, klar und vieläugig, muß alle Geschmacksknospen öffnen, den Esser aufwärmen und die Reife erahnen lassen, die das Hauptgericht zu versprechen gewillt ist. Abraham a Santa Clara, Bußprediger im barocken Wien, der seine Vergleiche gern aus dem Kulinarischen bezog – diese Sprache verstand und versteht der Wiener am besten –, fand dafür einmal die sozusagen negative Definition: »Eine rechte Jungfrau soll sein und muß sein wie eine Spitalsuppe, die hat auch nicht viel Augen, also soll sie auch wenig um sich gaffen.« Die solide Rindsuppe ist also das Gütezeichen einer reifen Köchin: vieläugig und neugierig, fähig, neue Begier nicht nur zu wecken, sondern sie auch – fürs erste – zu stillen.

Zur Wiener Rindsuppe gehören die Suppeneinlagen, und zwar – malerisch für das Auge abgestimmt – die hellen Einlagen in die braune klare Suppe, die dunklen Einlagen in die helle klare Suppe. Das frische Grün des darübergestreuten feingeschnittenen Schnittlauchs vollendet das harmonische Bild dieser irdischen Ehe von Suppe und Einlage.

Dabei ist die österreichische Küche an den raffinierten und doch so einfachen Suppeneinlagen so überreich, daß belesene und erfindungsreiche Köchinnen und Köche für jeden Tag des Jahres eine andere Einlage bereiten könnten. Und selbst für das nächste Jahr dürfte es immer noch eine neue Variante und Überraschung geben. Der »Hoch-Fürstliche Saltzburgische Stadt- und Landschaffts-Koch« Conrad Hagger war imstande, auf Befehl seines Herrn, des Fürsterzbischofs Johann Ernst, »auf ein gantzes Jahr täglich die Suppen zu verändern, damit auch sechs gantze Jahr zu continuiren!«. Hagger verstand aber unter »Suppe« noch das »Hauptgericht der Mahlzeit«. Denn die barocke »Suppe«, die Hagger kochte, umfaßte kunstvoll aufeinander abgestimmte Gerichte, deren gemeinsame Unterlage gebähte Semmelschnitten, deren raffiniert komponierter flüssiger Überguß eben die Suppe darstellte. Auf diesen Semmelschnitten prangten Fleisch, Geflügel, Wild, Innereien, Fische, Krebse, Austern, gebraten, gekocht, gebacken, gedünstet, umkränzt von Gemüse. Ertränkt wurde die ganze Herrlichkeit in einer goldäugigen Rindsuppe und in allen Säften, die bei der Bereitung der »Einlagen« entstanden waren. So servierte er in einer »guten Suppe von Hasel- oder Rebhühnern, Maurachen, Brüß, Krebs, Winterszeit auch Austern« als Einlagen die gekochten Hasel- und Rebhühner, mit Muskatblüte, Zwiebel, Speck, Gewürznelken, Rosmarin und Zitronenschale gewürzt, Morcheln, Bries und ausgelöste Krebsschweife, durch einen Teig gezogen und in Schmalz gebacken, und Austern.

Im oberösterreichischen Innviertel, in meiner Heimat, wird noch heute an Festtagen – nach der Suppe und vor dem Braten – ein Abglanz solcher barocken Gerichte »aufgekocht«: Da werden Rindfleisch oder gekochte Schweinsrippen samt Suppe und Suppengemüse in der Suppenschüssel angerichtet; obenauf schwimmen goldbraune Brotschnitten, die in Palatschinkenteig getaucht und in heißem Fett gebacken wurden. (Zu diesem »Suppenfleisch« gibts natürlich Semmelkren.)

Die Suppeneinlagen der österreichischen bzw. Wiener Küche von heute sind die legalen Nachkommen dieser barocken Einlagen, sie sind sozusagen der konzentrierte Extrakt der Materie. Und weil Wiener Küche und »Mehlspeis« in vielen Beziehungen identisch sind, darf es nicht wundern, wenn wir schon in der Suppe auch die »Mehlspeis« vorfinden, so groß ist eben die Liebe zu beiden. Die »Mehlspeis« in der Suppe bleibt das österreichische Paradoxon.

Gerade mit diesen Suppeneinlagen wird die österreichische Küche am »österreichischesten« oder – bei der Küche mag diese Steigerung erlaubt sein – am »wienerischesten«. Frittaten, Schöberl, Nockerl, Strudel, Krapfen, Biskuits, Palatschinken, Pofesen, Knödel – hier feiert die barocke Palette der österreichischen Küche wahre Triumphe. Diese Miniatürtörtchen und

-biskuits muten in ihren zierlichen und doch füllligen Formen wie die porzellanenen Nippessachen in einem Wohnzimmer aus der Biedermeierzeit an.

Diese Suppeneinlagen sind auch der Anlaß, daß der geborene und der gelernte Österreicher bei der Zusammenstellung des Menüs in einem Restaurant mit der »Nachspeise« beginnt und von dort aus sich bis zur Suppe vorarbeitet, auf die Nachspeise abgestimmt alles Vorhergehende »komponiert«. Denn mit der warmen Mehlspeise als Nachspeise schließt sich der Kreis, der mit einer Mehlspeise als Suppeneinlage begann, in beiden Fällen oft einer Mehlspeise, bei der das Mehl die geringste Zutat ist, sozusagen nur das Alibi für die gutbürgerliche Abstammung. Wer diese Zusammenhänge begreift, der beginnt, Land und Menschen von Österreich tiefer zu verstehen.

Da aber aller guten Dinge drei sind, kommt im Reich der Suppen auch noch der solide Hintergrund zur Geltung, nämlich die gebundenen Suppen. Sie liefern noch heute alle Nuancen aus sämtlichen Kron- und Erbländern der österreichisch-ungarischen Monarchie und aus dem altösterreichischen Bauernstammland: Gulyássuppe aus Ungarn, Bohnensuppe aus Serbien, Kartoffelsuppe aus Böhmen und Bayern, dazu die heimischen Gemüse-, Püree- und Schwammerlsuppen, die Brenn-, Rahm- und Brotsuppe sowie die Stosuppe – Frühstücke der Bauern seit jeher.

Im Reich der gebundenen Suppen feiert allerdings auch eine Untugend der österreichischen Küche fröhliche Urständ: die dickmachenden, eindickenden »Einmach« und »Einbrenn«.

Diese Dreieinigkeit im Vorhof der österreichischen Speisenkarte – Rindsuppe, Suppeneinlage und gebundene Suppe – ist schuld daran, daß hierzulande die Suppe, als Ganzes gesehen, die Vorspeisen überrundet, an denen die nationale Küche, gemessen an der internationalen Küche, nicht sehr reichhaltig ist. Für ein filigranes Horsd'œuvre kann sich der Österreicher nicht so recht begeistern. Er stürzt sich lieber gleich ins volle Vergnügen. Weil die österreichische Küche ihre ganze Einbildungs- und Entfaltungskraft auf die Suppen und Suppeneinlagen verschwendet, legt sie nicht viel Wert auf die daraufolgenden raffinierten, appetitanregenden Vorspeisen. Im übrigen ist der Österreicher bzw.

Grünzeughändlerin

der Wiener immer bei Appetit. Er benötigt keine Anregung, keine zarte Aufforderung. Er beginnt lieber gleich – mit dem Essen.

Die Rindsuppe, wir sagten es schon, muß »nahrhaft« sein. Selbst beim »Bankett zur Silbernen Hochzeit des österreichischen Kaiserpaares im Jahre 1879«, gegeben vom Bürgermeister der Stadt Wien in der »Taferne der Gemain auf der Mehlgrube in Wienn«, stand als Nummer eins auf der Speisekarte: »Ain nahrhaftige Kaiser-Fleischbrühe«.

Bevor wir mit dem Suppenkochen beginnen, werfen wir noch einen Blick in die ehemalige k. u. k. Hofküche, und zwar in die berühmte Olioküche. Hier wurde *die* Spezialität der Wiener Hofküche zubereitet: die Olio-Suppe. Es war dies eine Suppe von entzückendem Geschmack, die in vier großen Kesseln gebraut wurde. Die Fülle der Zutaten und Gewürze für diese Suppe läßt erahnen, was der Österreicher sich unter einer »nahrhaftigen« Suppe vorstellt. Die Supersuppe wurde für den jährlichen Hofball gekocht und war für rund 2000 Ballgäste berechnet.

Folgende Zutaten wanderten in die vier Kessel: 20 Pfund Rindfleisch, 6 Pfund Ochsenleber, 24 Pfund Kalbfleisch, 16 Kalbfüße, 20 Pfund Schweinefleisch, 16 Pfund Lammfleisch, 20 Pfund Selchfleisch, 16 Pfund Wildbret, 5 Enten, 5 Wildgänse, 3 Gänse, 8 Rebhühner, 8 Tauben, 10 Hühner. »Mit Ausnahme des Rindfleisches wird das gesamte Fleisch angebraten, bis es braun ist, dann in 550 Liter Wasser getan und langsam gekocht. Man tut 10 Bund Petersilie, 10 Mohrrüben, 15 Stangen Lauch, 10 Zuckerrüben, 12 Sellerie, 16 Pfund weiße Zwiebel und die folgenden Gewürze in die Suppe: 70 Gramm weißen Pfeffer, 10 Gramm Ingwer, 80 Gramm Muskatnuß, 60 Gramm Muskatblüte, 6 Gramm Cayenne-Pfeffer, 24 Gewürznelken. Sechs Pfund Kastanien werden mit 200 Gramm Zucker glasiert und auch in die Suppe getan.«

Angesichts dieser restaurierenden Suppe konnte der vom Tanzen erschöpfte Ballgast wohl mit dem wienerischen Diminutiv eines Verliebten ausrufen: »Das ist ein Supperl!«

Klare Suppen

FACHLICHE HINWEISE

Die moderne österreichische Küche unterscheidet klare Suppen und gebundene Suppen (Einmach- und Cremesuppen), zu denen auch die Püree-, Gemüse- und einige nationale Spezialsuppen zählen; darüber hinaus gibt es Suppen von Fischen, Krustentieren usw. sowie Kaltschalen, die aber für die österreichische Küche nicht typisch sind.

Voraussetzung einer guten Suppe ist die **Grundbrühe** (der **Fond**): Fleisch, Geflügel, Wild oder Fisch muß so lange kochen, bis Fleisch und Knochen ihre ganze Kraft abgegeben haben; allerdings darf die Kochzeit nicht ungebührlich lange ausgedehnt werden, die Knochen bzw. die Fischgräten würden dann der Suppe einen leimigen Geschmack verleihen. Alle Fonds und klaren Suppen sind offen, nicht zugedeckt zu kochen.

Fleisch: Für eine »gute« Rindsuppe ist nur das beste Rindfleisch zu verwenden: Hinteres oder Vorderes, dicker Spitz, Hieferscherzel, Beinfleisch und Tafelspitz (siehe auch Kapitel RINDFLEISCH). Das Fleisch, das für diese Rindsuppe verwendet wird, ist nach dem Kochen nicht mehr saftig und geschmackvoll; es kann nur mehr sekundär Verwendung finden. Das Fleisch ist mit kaltem Wasser auf das Feuer zu setzen. (Will man nur saftiges gekochtes Rindfleisch, und soll die Suppe dabei »sich nur nebenbei ergeben«, dann muß das Rindfleisch in das bereits kochende Wasser eingelegt werden!)

Kochzeit: Je nach Qualität und Menge 3 bis 4 Stunden.

Wurzelwerk, Suppengrün: Das Wurzelwerk besteht aus gleichen Teilen Karotte (gelbe Rübe), Petersilwurzel, 1 Stück Sellerieknolle, 1 Stange Porree; zum Suppengrün gehört das Grüne von Petersilie und Sellerie. (Wurzelwerk und Suppengrün gibt es gebündelt im Kleinhandel.) Wurzelwerk und Suppengrün bei der klaren Rindsuppe erst die letzte halbe Stunde mitkochen. Das Wurzelwerk nicht schneiden, sondern in große Stücke teilen und beigeben (kann nach dem Kochen weiterverwendet werden).

Zwiebel: In der Rindsuppe wird eine ungeschälte, halbierte Zwiebel mitgekocht. Die Schnittflächen werden auf der Herdplatte angebräunt, das mildert den Rohgeschmack der Zwiebel und verleiht der Suppe Farbe.

Gewürze: Einige Pfefferkörner, wenige Neugewürzkörner, Salz, Knoblauch und am Schluß des Kochprozesses etwas geriebene Muskatnuß.

Suppenkräuter: Nach Wahl Petersiliengrün, Schnittlauch, Kerbel, Sauerampfer, junge Sellerieblätter, Basilikum, Liebstöckel, Estragon, Pimpinelle. Suppenkräuter nicht mitkochen, sondern erst vor dem Anrichten beigeben. Jede Rindsuppe wird beim Anrichten mit Schnittlauch bestreut.

Knochen: Die Suppenknochen heißen in Österreich auch »Zuwaage« und betragen 25 Prozent des Fleischgewichtes. Für Rindsuppe nur gute zerkleinerte – gehackte – Blutknochen verwenden. Rohrknochen mit dem Rindsmark würden die Suppe fett und trüb machen. Will man Mark zur Geschmacksverbesserung beigeben, ist das rohe Mark, kleinwürfelig oder in Scheiben geschnitten, kurz vor dem Anrichten in die fertige Suppe zu geben.

Klären: Bei richtigem, also sehr langsamem Kochen der Rindsuppe ist das Klären überflüssig (trübgewordene Rindsuppe schmeckt nicht gut). Nur die Kraftsuppe (Consommé) muß extra mit Rindfleisch und Eiklar geklärt werden.

Geschmacksverbesserung: Geschmack und Farbe einer Rindsuppe kann man durch verschiedene Beigaben verbessern, z. B. durch einige Trockenpilze (die man 2 Stunden vorher in kaltes Wasser legen muß), einen aufgerissenen Paradeiser, 1 Stück grüne Paprikaschote, 1 Stück Kohlblatt, 1 Stück Ochsenschlepp, 1 alte Suppenhenne.

Suppeneinlagen: Dürfen nur in wenigen Fällen direkt in die kochende klare Rindsuppe eingelegt und darin gargekocht werden. Allerdings besteht dabei immer die Gefahr, daß die Bouillon trüb wird. Es empfiehlt sich, Einlagen immer gesondert in reichlich Salzwasser zu kochen und erst kurz vor dem Anrichten in die Suppe zu geben bzw. mit der Suppe extra zu servieren.

1 Liter Suppe reicht für 4–5 Personen

Helle oder weiße Rindsuppe (Bouillon)

8–10 Portionen

1 kg Rindfleisch (saftig, durchwachsen) im ganzen; ca. 300 g Rindsknochen (Blutknochen), etwa 3 l kaltes Wasser, Wurzelwerk, 2 Zwiebeln, 1 Champignon, 1 aufgerissener Paradeiser, 2 kleine Knoblauchzehen, je 30 g Leber und Milz (evtl. etwas Fett für Leber und Milz), 10 g Salz, 4 Pfefferkörner, Muskat

Die gehackten Knochen waschen, in kochendes Wasser geben, einige Minuten darin kochen, dann abseihen und mit kaltem Wasser abschwemmen. Das Rindfleisch im ganzen mit einem in heißes Wasser getauchten Leinentuch abwaschen und leicht klopfen (oder walken). Dann erst Knochen, Fleisch und die Gewürzzutaten sowie Leber und Milz, die man vorher in wenig Fett rösten kann, in dem kalten Wasser zusetzen. Das Wasser langsam zum Kochen bringen. Die Zwiebeln, das Wurzelwerk und das Suppengrün erst nach einer Stunde Kochzeit beigeben.

Nicht zugedeckt sehr langsam kochen. Das Wasser soll immer nur von einer Seite her aufwallen, damit sich der Schaum, der sich bildet, setzen kann. Der graue Schaum soll nicht abgeschöpft werden, er enthält wertvolle Substanzen (Eiweiß), verkocht sich von selbst und klärt gleichzeitig die Suppe.

Sobald das Fleisch sich kernig-weich durchstechen läßt, ist es gar und wird herausgenommen (und anderweitig verwendet, weil es ausgekocht ist). Das Passiertuch vorbereiten, etwas Muskat daraufreiben, die Suppe langsam durchseihen und zuletzt mit Salz abschmecken.

Das gekochte Fleisch kann nur mehr zu Haschees, Rindfleischsalat usw. verwendet werden. Wenn man saftiges, gekochtes Rindfleisch will, bringt man die Knochen und übrigen Zutaten zum Kochen und gibt das rohe Rindfleisch im ganzen (und zusammengebunden) in das siedende Wasser (s. Kapitel RINDFLEISCH).

Braune Rindsuppe

6–8 Portionen

1 kg Rindfleisch im ganzen, 250 g Rindsknochen (Blutknochen), 2–3 l kaltes Wasser, 40 g Fett, 50 g Rindsleber, 30 g Milz, Wurzelwerk, grobwürfelig geschnitten, 1 Zwiebel, Salz, 5 Pfefferkörner, evtl. 1–2 Neugewürzkörner, Muskat

Die gewaschenen, kleingehackten Knochen in heißes Wasser geben, kurz überkochen, abseihen und mit kaltem Wasser abschwemmen. Dann mit kleingeschnittener Leber und Milz sowie dem Wurzelwerk in heißem

Fett rösten. Sobald alles Färbung annimmt, die Zwiebel beigeben, alles braun rösten, dann mit kaltem Wasser aufgießen, das Fleisch im ganzen und die Gewürze beigeben. Alles nicht zugedeckt langsam kochen. Den Schaum nicht abschöpfen. Wenn das Fleisch weich ist, herausnehmen, die Suppe durch ein Passiertuch, auf das frischer Muskat gerieben wurde, seihen. Auch hier ist das gekochte Rindfleisch nur sekundär zu Haschee, Salat usw. zu verwenden. Die dunkle Rindsuppe eignet sich vor allem zu lichten Suppeneinlagen. – Es können auch Knoblauch, Paprikaschoten, Paradeiser, Kohlblatt usw. mitgekocht werden.

Weiße Kalbsknochensuppe

4–6 Portionen

250 g Kalbsknochen (Blutknochen), 1 1/2 l kaltes Wasser, Wurzelwerk, 1 Zwiebel, 3 Pfefferkörner, 1 Gewürznelke, Salz, Muskat

Die kleingehackten und kurz überkochten Knochen mit kaltem Wasser aufstellen und zum Kochen bringen, salzen und mindestens 1 Stunde langsam kochen; nicht abschäumen. Dann ungeschältes Wurzelwerk und Zwiebel beigeben. Offen, nicht zugedeckt, 1 1/2 bis 2 Stunden sehr langsam bei kleiner Flamme kochen. Zum Schluß auf das Passiertuch etwas Muskat reiben und die Suppe darüberseihen.
Die Kalbsknochensuppe dient als Diätsuppe und anstelle der Rindsuppe für die Herstellung gebundener Suppen (»Einmachsuppen«), zum Aufgießen verschiedener Gemüse und für die Bereitung von Soßen. Kalbsknochen brauchen 3 bis 4, Rindsknochen 4 bis 5 Stunden, bis sie vollständig ausgekocht sind. Die Knochen können also zweimal für eine Suppe verwendet werden. Der gewünschte Gehalt einer Suppe bestimmt jeweils die Kochdauer.

Hühnerbouillon (Klare Hühnersuppe)

8 Portionen

1 Suppenhuhn, 2–3 l kaltes Wasser, Wurzelwerk und Suppengrün, 1 kleine Zwiebel samt Schale, halbiert; Salz, Schnittlauch oder Petersiliengrün

Das ausgenommene, geputzte und gewaschene Huhn ungeteilt mit dem Wurzelwerk im ganzen und dem Suppengrün sowie der Zwiebel (Schnittfläche auf heißer Herdplatte überrösten) in leicht gesalzenem kaltem Wasser ansetzen und offen, nicht zugedeckt, sehr langsam 2 bis 3 Stunden kochen. Sobald das Fleisch gar ist, die Suppe seihen. Zu dieser Suppe kann man verschiedene Einlagen geben, u. a. das geteilte und gehäutete Hühnerfleisch (mit blättrig geschnittenem Hühnermagen, würfelig geschnittener, in Butter gerösteter Hühnerleber) und feine Suppennudeln. Mit Schnittlauch oder Petersilie bestreuen. Anstatt des Suppenhuhns kann auch die entsprechende Menge Hühnerjunges verwendet werden.

Sacher Rezept
Klare Wachtelsuppe

4–6 Portionen

4 Wachteln, 3 Eiklar, 6 Wacholderbeeren, 6 Pfefferkörner, 1/16 l Sherry, 1 l Rindsuppe

Wachteln auslösen, die Karkassen klein hakken, mit geschlagenem Eiweiß, zerdrückten Wacholderbeeren, Pfefferkörnern und Sherry anrühren, 1/2 Stunde ziehen lassen und dann mit kräftiger Rindsuppe auffüllen und klären. Durch ein Etamin seihen, abschmecken mit Salz und Sherry. Als Einlage gibt man Wachtelfarcenockerl (siehe Seite 90).

Klare Gemüsesuppe

4 Portionen

1 EL Butter, reichlich Wurzelwerk, 1 kleine Zwiebel, alles kleinwürfelig geschnitten; Karfiol- und Kohlblät-

ter, 1 l Wasser, 2 Pfefferkörner, 2 Neugewürzkörner, Salz, Muskat, Schnittlauch oder Petersiliengrün

In heißer Butter Wurzelwerk und Zwiebel rösten, ohne Farbe nehmen zu lassen (nach Wunsch 1 Eßlöffel Paradeismark mitrösten), mit kaltem Wasser aufgießen, Gemüse und Gewürze beigeben und langsam offen, nicht zugedeckt, kochen. Zum Schluß die Gemüsebouillon durch ein Passiertuch, mit geriebenem Muskat bestreut, seihen. Beim Anrichten mit Schnittlauch oder Petersilie bestreuen.

Kraftsuppe (Consommé)

Die Kraftsuppen müssen goldklar sein; sie sind das Konzentrat aus der hellen oder der braunen Bouillon und extra Klärfleisch (besteht aus magerem, kleingehacktem oder faschiertem, fett- und sehnenfreiem Rindfleisch bzw. Fisch, Geflügel- oder Wildfleisch). Während des Kochens sind diese Suppen wiederholt abzuschäumen und abzufetten. Die Consommé muß gleich beim ersten Klären grundklar werden. Jedes weitere Klären würde Geschmack und Kraft vermindern.

6 Portionen

500 g mageres, fett- und sehnenfreies Rindfleisch, ½ l kaltes Wasser, 100 g Wurzelwerk, 1 Stange Porree, 1 kleine Zwiebel, Salz, 20 g Paradeismark, 3 Eiklar, 2 l Rindsuppe

Eiklar und Wasser mit dem Schneebesen schaumig

In der Volksküche, 1839

schlagen, das grobfaschierte Rindfleisch, das Wurzelwerk, Porree, Zwiebel, Salz und Paradeismark beigeben, gut verrühren und dann mindestens ½ Stunde rasten lassen (nicht allzuviel Wurzelwerk beigeben, sonst bekommt die Suppe einen süßlichen Geschmack!). Dann mit der leicht erwärmten (lauwarmen) und entfetteten Rindsuppe unter ständigem Rühren nach und nach zur gewünschten Menge auffüllen. Unter vorsichtigem Rühren einmal aufkochen lassen, dann sehr langsam auf schwachem Feuer 1½ Stunden leicht kochen lassen (ohne zu rühren!). Vor dem Seihen möglichst noch 1 Stunde am Herdrand ziehen lassen. Zum Schluß durch ein Passiertuch (Etamin) seihen.

Je mehr Fleisch man nimmt, eine um so bessere Qualität erzielt man bei allen Kraftsuppen, bei denen es weniger auf die Quantität als auf die Qualität ankommt. Die Consommé kann heiß oder kalt, mit Zusätzen wie Sherry, Madeira usw., oder als »klassische« Consommé mit gemischten Einlagen serviert werden. Es können in der Consommé alle Suppeneinlagen serviert werden, sie müssen nur feiner, kleiner und zarter gehalten werden. Die Consommé wird ausschließlich in der Tasse aufgetragen.

Doppelte Kraftsuppe (Consommé double)

Die zuvor beschriebene Kraftsuppe (Rind-, Geflügel-, Fisch- oder Wild-Kraftsuppe) wird mit der doppelten Menge Klärfleisch zubereitet. Anschließend wie die Kraftsuppe aufkochen, abschmecken und vollkommen entfetten. Das geschieht durch das mehrmalige Auflegen von Papierservietten auf die Oberfläche der Consommé.

Wild-Kraftsuppe

Sie kann von Fasan, Reh, Rebhuhn, Wachtel oder Hase bereitet werden. Wichtig dabei ist, daß das Fleisch stets frisch, d. h. ohne Hautgout, verwendet wird.

8–10 Portionen

2 kg Wildknochen, Parüren oder zerschossenes Wild, auch Füße; 3½ l Wasser, 100 g Wurzelwerk, 1 Zwiebel, 1 Bouquet garni, Salz, 6 Pfefferkörner, 3 Wacholderbeeren, 1 Stengel Thymian, ¼ Lorbeerblatt, 50 g Selchspeck, 1/16 l Rotwein, Klärfleisch und Eiklar zum Klären

Den würfelig geschnittenen Speck glasig rösten, die gehackten Wildknochen usw. beigeben, braun rösten, ebenso das würfelig geschnittene Wurzelwerk und die grobwürfelig geschnittene Zwiebel. Mit Rotwein ablöschen und mit dem kalten Wasser aufgießen. Gewürze und Bouquet garni mitkochen. Diese einfache braune Wildsuppe zum Schluß mit Klärfleisch und Eiklar wie Kraftsuppe klären. Wird meist mit Cognac oder Madeira abgeschmeckt, oft mit Wildfarcenockerln oder Eierstich (»Royal«) serviert.

Metternich zu Ehren wurde die klare Fasanensuppe **»Consommé Metternich«** genannt. Als Einlage gibt man Julienne von Fasanenfleisch und von Champignons.

Hühner-Kraftsuppe

8 Portionen

2 l entfettete Hühnerbouillon
Zum Klären: 250 g fettfreies Rindfleisch, 300 g gehacktes Hühnerjunges, ½ l Wasser, Salz, 3 Eiklar, 100 g Wurzelwerk, 1 kleines Stück Porree

Die Zubereitung dieser Consommé erfolgt, wie bei der Consommé angegeben. Diese Kraftsuppe – auch Consommé Madrilène, Kraftsuppe auf Madrider Art, genannt – wird eiskalt und daher leicht geliert serviert.

Beeftea

4 Portionen

750 g mageres, fettfreies Rindfleisch; 1 l Bouillon, ⅛ l Wasser, Salz

Das Rindfleisch sehr fein hacken und faschieren, etwas salzen (in besonderen Fällen, so für Kranke, auch ohne Salz), mit der Hand das Wasser einarbeiten. Ohne weitere Zutaten, nur mit der Bouillon, in ein Rexglas (Einkochglas) geben, dieses fest verschließen, in ein kaltes Wasserbad stellen und etwa 3 Stunden langsam kochen lassen, bis der aufsteigende Fleischsaft vollkommen klar ist. Die dabei gewonnene Essenz wird über ein Tuch geseiht und warm oder kalt serviert. Die Fleischfasern sind nicht mehr zu verwenden.

Der Beeftea, von den Engländern erfunden, eignet sich besonders auch für Kranke und Genesende. In Restaurants wird in diese fertige Suppe gern ein konzentrierter Gemüse- und Kräuterfond gegeben. Der Beeftea übertrifft an Qualität und Geschmack die doppelte Kraftsuppe und kann auch mit beliebigen Suppeneinlagen gereicht werden.

In unmittelbarem Zusammenhang mit der Kraftsuppe steht die Erfindung der Suppenkonzentrate. Das Kochbuch der Anna Dorn (1827) bringt ein Rezept für »Suppenzelteln auf Reisen«; für »ein Pfund Suppenzeltlein« (in »Täfelchen von der Größe eines Chocolatezeltels«) benötigt die Dorn 5 Pfund mageres Rindfleisch, 1 alte Henne, 2 Kalbsfüße, Zwiebeln, 1 Kalbsschlegel, 2 oder 3 Pfund Schöpsenfleisch und Wurzelwerk. »Will man sie aber verbessern, so kann man auch ein paar Rebhühner, einen Fasan oder einen Birkhahn dazu nehmen.« 1852 wurde die Idee kommerziell genutzt: Es entstand »Liebigs Fleischextrakt«.

Klare Ochsenschleppsuppe (Oxtail)

Die Ochsenschwanzsuppe ist – mag sie auch heute der Stolz der englischen Küche sein – eine französische Erfindung des 16. Jahrhunderts: Französische protestantische Flüchtlinge sollen in Clerkenwel billig Ochsenschwänze von einer Gerberei gekauft haben, die Rinderhäute samt den Schwänzen von Londoner Fleischhauern angeboten bekam. Um 1600 soll diese Bouillon nach Frankreich gelangt sein. Inzwischen hat sie auch längst in österreichische Kochbücher Eingang gefunden.

4–6 Portionen

1 kg Ochsenschlepp, gliedweise geschnitten; 2 l Wasser, 60 g Fett (Schweineschmalz), 150 g Wurzelwerk, 1 Zwiebel, Salz, Pfeffer, 5 Pfefferkörner, 1 Lorbeerblatt, Muskat, evtl. 1 kleine Knoblauchzehe und Cayennepfeffer, 1 Eiklar, 1/8 l Weißwein, 1 Glas Madeira, Schnittlauch

Zuerst den gewaschenen und getrockneten Ochsenschlepp in heißem Fett rösten, dann das Wurzelwerk und die würfelig geschnittene Zwiebel (nach Wunsch auch den zerdrückten Knoblauch) mitrösten, mit Wein ablöschen und mit Wasser aufgießen. Die Gewürze beigeben und das Ganze langsam weich kochen (etwa 3 bis 4 Stunden). Sobald der Ochsenschlepp weich ist – das Fleisch muß sich leicht von den Knochen lösen lassen –, aus der Suppe nehmen, das Fleisch von den Knochen lösen, in kleine Würfel schneiden und warm stellen.

Die Suppe seihen und entfetten. Vor dem Anrichten mit Pfeffer, Muskat und Madeira abschmecken. Vor dem Servieren das würfelig geschnittene Fleisch im Suppenteller anrichten, die heiße Suppe darübergießen und reichlich mit geschnittenem Schnittlauch bestreuen.

Kräftiger und besser wird diese Suppe, wenn sie mit Klärfleisch (wie bei der Kraftsuppe angegeben) geklärt wird. Außerdem gibt man zum Klärfleisch etwas Schildkrötengewürz (bekommt man als fertige Gewürzmischung zu kaufen).

Einlage: Suppennudeln, kleinwürfelig geschnittenes Wurzelwerk und Porree

Sacher Rezept

Consommé Olympia

Rechteckig geschnittene Palatschinken, Spargelspitzen und Markscheiben kommen als Einlage in eine Kraftsuppe.

Consommé Narve

In eine Kraftsuppe gibt man ein kleines Lebernockerl und ein kleines Marknockerl als Einlage.

Consommé Valerie

In eine Kraftsuppe gibt man Erbsen, Champignons und zwei kleine Grießnockerl als Einlage.

Dem Kapitel »Rindsuppen« bzw. »Fleischsuppen« widmen die österreichischen Kochbücher des 19. Jahrhunderts liebevoll viele Seiten. Dabei sparten die Autoren nicht mit Ratschlägen und Detailangaben. Ignaz Gartler und Barbara Hikmann raten der Köchin im »Wienerischen bewährten Kochbuch«: »Um eine gute und klare Fleischsuppe zu sieden, mußt du den Hafen, worinnen das Fleisch zugesetzt wird, vorher mit Wasser sauber auswaschen, wenn du ihn auch schon den Tag vorher gesäubert hast. Wird in demselben Geschirr, ohne es vorher noch einmal sauber ausgewaschen zu haben, Fleisch zugesetzt, so bekommt die Fleischsuppe einen Geschmack, welchen zwar nicht alle Personen beobachten, allein Personen von feinem Geschmack bemerken gleich, daß die Suppe einen üblen Geschmack hat... Unter allen Fleischgattungen gibt das sogenannte Schwanzstückel, und auch dasjenige Stück, welches man die Rieth nennet, die beste und kräftigste Suppe.« Anna Dorn rechnet im »Neuesten Universal- oder: Großen Wiener Kochbuch« (1827) auch das »Schal-Ortel« dazu und belehrt ihre Leserinnen u. a.: »Man setze es mit kaltem, reinen, wo möglich, Flußwasser zu, worin es schmackhafter und mürber, als in gewöhnlichem Brunnenwasser wird.« Dann heißt es noch: »Der, besonders in Handwerkshäusern herrschende Gebrauch, Saffran in die Rindbrühe zu geben, bezweckt weiter nichts, als einer schlechten, trüben Suppe, ein etwas appetitliches Ansehen zu verschaffen. – Ein ganzes Stückchen Ingwer mitsieden lassen, thut für den Geschmack, und besonders im Winter – für den Magen weit bessere Dienste.« Und abschließend heißt es: »Der Brühe von Schöpsen und Schweinfleisch bedient man sich bey uns wohl nie in anständigen Häusern als Suppe.« Zu Dorns »guter Schü- oder braunen Saftsuppe« liest man: »Ein stäter Vorrath von dieser Suppe, die sich ungesalzen einige Tage aufbewahren läßt, wird in einer guten Küche um so nothwendiger, da man mit ihr nicht nur jede Fleischsuppe färben, und sehr schmackhaft machen kann, sondern auch ihre Anwendung zu mehreren Brühen und Vorbereitungen unerläßlich ist, wie sich in der Folge zeigen wird.
Man legt in eine Casserolle Fett oder einige Scheiben frischen Speck, überlegt sodann den Boden mit einigen in Scheiben geschnittenen Zwiebeln, denen man auch einen Ganzen mit Gewürznelken besteckten beyfügt. Hierauf kommt ein mageres Stück Rindfleisch schnittweise, endlich gibt man einige gelbe Rüben, Pastinack, Bury und Sellerie klein geschnitten dazu, und läßt das Ganze unzugedeckt auf der Glut so lange anbraten, bis der Zwiebel auf dem Boden gleich braun wird. Nun gießt man gute Fleischbrühe dazu, und läßt es zugedeckt einige Stunden langsam sieden. – Dazu gethane Kalbs-, Schaf- oder Geflügel-Beine machen sie um so kräftiger.« Marie von Rokitansky empfiehlt in »Die Österreichische Küche« (1897) während des langsamen Kochens »öfter etwas kaltes Wasser zuzugießen, d. h. die Suppe abzuschrecken oder das Sieden zu unterbrechen, wodurch die Suppe klarer wird«. Weiter heißt es: »Die zum Kochen geeignetsten Stücke sind von den Schenkeln, dem Schlußstück des Ochsen und dem Brustteile und werden unter dem Namen kalter und warmer Spitz, Scherzl, Schweiförtel, Hieferschwanzl, ausgestochenes Örtel, Deckel, Federspitz, Brustkern, verkauft. Von letzterem wird die Suppe auch sehr gut.« Abschließend sei noch »Die Wiener Bürger-Küche« von J. M. Heitz (1902) zitiert: »Alles Schöne reizt uns, unbekümmert um dessen inneren Wert. Dies zeigt sich besonders bei der Suppe. Eine gute Suppe soll das Auge, den Gaumen und den Geruch befriedigen. Eine klare Suppe ist jedoch kein Nährmittel, sondern ein vorzügliches Reizmittel, je nachdem sie mit mehr oder weniger Fleisch hergestellt wurde.«

Suppeneinlagen

Die Suppeneinlagen sind einer der liebenswertesten Beiträge der Wiener Küche zur internationalen Gastronomie. Sie sind sozusagen die illegitimen Kinder der Liebe des Österreichers zur »Mehlspeise«.

Wir haben im Einleitungskapitel zu den Suppen verfolgen können, wie diese Suppeneinlagen auf die barocke »Suppenpraxis« zurückgehen. Im 17. Jahrhundert begann sich die Suppeneinlage selbständig zu machen, womit die gutbürgerliche Wiener Küche ihren ersten Schritt zur Eigenständigkeit getan hat.

Im Kochbuch des »Granat-Apffels« erscheinen 1699 bereits sehr köstliche Suppeneinlagen, so Semmel-, Speck-, Reis-, Hechtknödel, Gezupfte Knödel, »Frittada«, Knödel von Hühnerfleisch, Schlickkrapfel, Grießschöberl, Specknocken, ein »Wälsch Panadel« und »Kaisergerste«. Das »Wienerische bewährte Koch-Buch« widmete diesen Einlagen um 1800 schon Abschnitte wie »Allerlei Sachen in die Fastensuppen« (Gebackene Erbsen, Hechteneiterl, Hechtenknöderl, Karpfen-, Semmelknöderl, »Obersscheberl«) und »Verschiedene Mehl- Milch- Grieß- und Reisspeisen, meistens an Fasttagen«, wobei Knöderl, Nockerl, Nudeln, Schlickkrapferl, Strudeln und »Wandeln« in vielen Varianten behandelt wurden.

Um 1800 verfügte die Wiener Küche bereits über ein umfangreiches Register an ausgeklügelten Suppeneinlagen, die sehr oft so nah mit den Mehlspeisen verwandt sind, daß einige Kochbücher sie kurzerhand unter dem Kapitel »Mehlspeisen« behandeln. So schreibt Anna Dorn in der »Vorerinnerung« zum Kapitel »Mehlspeisen« ihres »Neuesten Universal- oder: Großen Wiener Kochbuches« u. a.: »Unter diesen sind die Suppenstoffe wegen ihrer allgemeinen Brauchbarkeit die wichtigsten... Gesottene Teige, welche sich in's Unendliche abändern lassen, sind den in Schmalz abgebackenen, vorzuziehen, die man hier und da wohl zu Suppen verwendet; weil letztere ihr gebratenes Fett der Suppe mitteilen und dadurch sowohl den Geschmack als auch die innere, arthafte Güte derselben oft verderben.« Anna Dorn bringt dann Rezepte für Grießnokkerl, Erdäpfelknöderl, Hirn-, Leber-, Markknödel, abgetriebene Speckknödel, »Bechamelnockerl, goldene Schnitten, Grießschöwerl, Lungenstrudel, Schwemmknödel, Schlickkrapfen von Karpfenmilch« und anderes mehr.

Auch das »Grätzerische Kochbuch« (1804) kennt schon »Kaisergerstel, gebackene Semmelschnitten, Speckknödel, Kaiserknödel, Knödel von Blumenkohl, gebackenes Milchbrot, Gebackenes in die Suppe, Suppe mit Obers-(Rahm-)Schöberl, Hechtenschöberl, Mandelknöderl zur Milchsuppe oder Krebswürstel zur Suppe.«

FACHLICHE HINWEISE

Wir unterscheiden gebackene und gekochte oder pochierte Einlagen. Die gebackenen (Schöberl, Strudel, Pofesen) werden im Backrohr oder in heißem Fett gebacken, extra zur klaren Rindsuppe serviert und erst bei Tisch in die Suppe gegeben. Die gekochten Einlagen (Nockerl, Knödel) sind in der Suppe auf den Tisch zu bringen. Sie werden gesondert in Salzwasser gekocht (nur einige können direkt in die zu servierende Rindsuppe eingelegt und darin gekocht werden, allerdings besteht dabei die Gefahr, daß die Suppe trüb wird). Sobald die Einlage in die kochende Flüssigkeit gelegt wird, darf diese nicht mehr stark kochen – man soll die Einlagen mehr ziehen als kochen lassen. Gekochte Einlagen dürfen erst unmittelbar vor dem Servieren in die heiße Suppe eingelegt werden. Die meisten dieser Einlagen dulden kein zu langes Stehenlassen in der Flüssigkeit. Helle klare Suppen verwende man bei den dunklen Suppeneinlagen (z. B. Leberknödel, Lungenstrudel, Leberreis, Milzschnitten), für helle Einlagen (Schöberl, Nockerl, Teigwaren) dagegen soll die klare Rindsuppe dunkel sein.

Wie jede Rindsuppe werden auch die Suppen mit Einlage vor dem Servieren reichlich mit geschnittenem Schnittlauch bestreut.

Schneeschlagen: Schnee wird, wenn er wie hier nicht mit Zucker ausgeschlagen wird, immer mit etwas Salz geschlagen.

Milz ausdrücken: Die Milz mit dem Messerrücken klopfen, mit festem Druck aus dem Gewebe auf einer Seite herausdrücken.

Teigwaren: Wenn man Teigwaren in Salzwasser kocht, nehme man immer zehnmal soviel Wasser wie Teigwaren.

Alle Suppeneinlagen können auch in eine Kraftsuppe eingelegt werden, nur müssen sie dann in der Konsistenz zarter, in der Form kleiner gehalten werden.

Schöberl

Bei allen diesen Massen, d. h. bei Massen mit Abtrieb, wird zuerst Schnee und dann Mehl in die Masse eingehoben (Fachausdruck: »meliert«), also nicht mit der Schneerute eingerührt, sondern behutsam und leicht mit dem Kochlöffel vermengt. Die Backform (Tortenform, Springform, Biskuitwandel oder -wannen, Backblech etc.) wird jeweils mit weicher Butter bestrichen oder mit geschmolzener Butter ausgepinselt, gleichmäßig leicht mit Mehl oder Bröseln gestaubt (Seleskowitz gebrauchte dafür den Ausdruck »gefeht«). J. M. Heitz legte die Schöberlmasse in einen mit Butter bestrichenen Model, dessen Boden mit Papier ausgelegt war. Bei allen Massen mit Butterabtrieb empfiehlt es sich, die Masse fingerdick auf den Boden einer Springform aufzutragen. Die Backzeit beträgt bei starker Hitze bis zu 15 Minuten (weil kein Zucker dabei ist, muß die Masse rasch gebacken werden!). Nach dem Backen auf ein Brett stürzen, auskühlen lassen und (bei ganzen Formen) in Rhomboide usw. schneiden. Vor dem Servieren die Stücke kurz anwärmen und auf vorgewärmten Tellern extra zur Suppe auftragen. (In Restaurants werden die Schöberl kurz vor dem Servieren in die Suppe eingelegt.) Schöberl kann man auf Vorrat backen. – In den alten Kochbüchern erscheinen diese Suppenschöberl oft auch als »Pflanzel«. J. M. Heitz nennt die Biskuitschöberl »Biscotins Viennois«.

Biskuitschöberl

6–8 Portionen

3 Eidotter, 3 Eiklar, 50 g Mehl, etwas Obers, Prise Salz, Butter und Mehl für die Form

Die Eiklar mit Prise Salz zu festem Schnee schlagen. Dotter und Obers verrühren, in den steifen Schnee einrühren, dann das Mehl einheben. Eventuell nachsalzen. Backen: Die Masse auf ein gebuttertes und mit Mehl leicht gestaubtes Backblech fingerdick auftragen und etwa 10 Minuten im Rohr bei starker Hitze goldgelb backen. Stürzen, überkühlen und in Formen (Rhomboide, Würfel) schneiden.

Anstelle von Backblech, kleinen Biskuitformen (Wandeln) oder kleinen Puddingformen eignet sich zum Backen dieser Butterabtriebmassen eine Springform.

Gemüseschöberl

8 Portionen

3 Eidotter, 3 Eiklar, 60 g Mehl, Prise Salz, evtl. etwas Obers, 1 Karotte, 1 Stück Sellerieknolle, einige kleine Champignons, 50 g Fisolen, 1 geschälter, entkernter Paradeiser, nußgroß Butter, Butter und Mehl zum Backen

Das geputzte, sehr kleinwürfelig geschnittene Gemüse in Butter und ganz wenig Flüssigkeit weich dünsten, dann in die fertige Biskuitmasse (wie bei Biskuitschöberl beschrieben) einrühren und wie diese fertigen. Der Paradeiser wird roh und würfelig geschnitten beigegeben.

Grießschöberl

8 Portionen

¼ l Milch, 60 g Weizengrieß, Salz, Muskat, 30 g Butter, 2 Eidotter, 2 Eiklar, Butter und Mehl zum Backen

Die Milch mit einer Prise Salz zum Sieden bringen, nach und nach den Grieß einrühren und so lange kochen, bis sich die eingedickte Masse vom Löffel löst. Ausdünsten und überkühlen lassen. Inzwischen die schaumiggerührte Butter mit etwas Muskat und den Eidotter gut verrühren, dann in die Grießmasse einrühren. Zuletzt den steifen Schnee unter die Masse heben. Fertigen wie Biskuitschöberl.

Hirnschöberl

6 Portionen

120 g Kalbshirn oder 1 Schweinshirn, blanchiert und enthäutet; 30 g Butter, 1 kleine Zwiebel, 40 g Butter, 2 Eidotter, 1 Schneidsemmel, Milch, Salz, Pfeffer, Muskat, Petersilie, 30 g Brösel, 2 Eiklar, Butter und Mehl zum Backen

Feingeschnittene Zwiebel in heißer Butter leicht anrösten. Das feingehackte oder faschierte Hirn mitrösten, dann vom Feuer nehmen. Butter und Dotter schaumig rühren, die entrindete, in Milch geweichte, gut ausgedrückte, passierte Semmel beigeben, gehackte Petersilie, Salz, Muskat und das Hirn dazugeben. Mit Bröseln die Masse festigen. Zuletzt den festen Schnee darunterziehen. Wie Biskuitschöberl fertigen.

»Kaiser...«

In keinem anderen Land der Welt hat der Kaiser so häufig bei Kochrezepten Taufpate gestanden wie in Österreich. Es manifestiert sich für uns in dieser Tatsache vor allem die Herkunft der Rezepte, die ursprünglich fast immer aus höfisch-adeligen (und klösterlichen) Haushalten stammten. Später wollten Verfasser und Verfasserinnen mit dem höchsten Attribut, das zu vergeben war, das Exquisite, das Aristokratisch-Vornehme, kurzum das »Klassische« ihrer Rezepte bekunden und beurkunden.

Die Litanei der »Kaiser«-Gerichte kann hier nur auszugsweise vorgetragen werden: Kaisersuppe, Kaiserschöberl, Kaiserknödel, Kaiserfleisch, Kaiserteil, Kaiserschnitzel, Kaiserschmarren, Kaisergulyás, Kaisersemmel, Kaiseromelette, Kaiserstollen, Kaiserwein, Kaiserbier, Kaiserbirne, Kaiserschlegel, Kaisererdäpfel, Kaisertorte, Kaiserguglhupf, Kaiserbiskuit, Kaisertrank, Kaisergerste, Kaiserbrot, Kaiser-Consommé, Kaisernockerl, Kaiserpunsch, Kaiserkuchen, Kaiserpudding, Kaiserkoch, Kaiserzwetschken... Die (sprachliche) Abstammung ist dabei nicht immer ganz »stammbaumecht«, manchmal sogar etwas anrüchig-suspekt. So dürfte der Kaiserschmarren ursprünglich eine bäuerliche Kost gewesen sein und das Wort von »casa« (italienisch: = Haus) kommen, also »Hausschmarren«, »hausgemachter« Schmarren bedeuten. Aber wenn wir bedenken, daß »Casa d'Austria« (»Haus Österreich«) für das Habsburgerreich steht, so kommt das Ganze wieder ins rechte Kaiserlot! Oder gar das Kaiserfleisch! Dieses besagte Stück Schweinefleisch soll samt Haut – so sagt die Fama – einst einer kaiserlichen Frühgeburt als natürlicher Brutofen gedient haben!

Sei es wie immer! Der »Zug zum Höheren«, die Hierarchie in der Tradition des Österreichers könnte nicht bestimmter, klarer und alltäglicher zum Ausdruck gebracht werden als in dieser gastronomischen Titelsucht (die dem Österreicher auch sonst gern nachgesagt wird).

Kaiserschöberl

8 Portionen

60 g Butter, 3 Eidotter, 3 Eiklar, 2 EL Milch, 80 g Mehl, Salz, Muskat, etwas Reibkäse, Butter und Mehl für die Form

Die Butter schaumig rühren, die Dotter, die Milch und das Mehl nacheinander beigeben und gut verrühren, mit Salz und geriebenem Muskat würzen, den geriebenen Käse beigeben. Zuletzt den steifen Eischnee darunterziehen. In Wandeln oder Springform fertigen und wie Biskuitschöberl backen.

Kohlschöberl

6 Portionen

30 g Butter, 2 Eidotter, 2 Eiklar, 1 Schneidsemmel, etwas Milch, 100 g gekochtes Selchfleisch, 20 g Butter, 1 kleine feingeschnittene Zwiebel, gehackte Petersilie, 100 g Kohl, 40 g Mehl, Salz, Pfeffer, Butter und Mehl für die Form

Butter schaumig rühren, mit den Dotter, der leicht entrindeten, in Milch geweichten, ausgepreßten und passierten Semmel, dem kleinwürfelig geschnittenen Selchfleisch, dem in Butter mit feingeschnittener Zwiebel und Petersilie gedünsteten, feingehackten Kohl verrühren. Salzen und pfeffern. Zuletzt den steifen Schnee und das Mehl darunterziehen. In Wandeln oder Springform fertigen. Wie Biskuitschöberl backen.

Krebsschöberl

6 Portionen

50 g Krebsbutter, 50 g Butter, 2 Eidotter, 2 Eiklar, 2 Schneidsemmeln, etwas Milch, etwas Krebsfleisch, Salz, Pfeffer, Muskat, Reibkäse, Butter und Mehl für die Form

Butter und Krebsbutter mit den Dotter schaumig rühren. Die entrindeten, in Milch geweichten, ausgepreßten und passierten Semmeln beigeben, etwas Reibkäse dazugeben, vorsichtig würzen und den Schnee darunterziehen. Man kann zuvor noch etwas kleingeschnittenes Krebsfleisch in die Masse einrühren. In Wandeln oder Springform fertigen; wie Biskuitschöberl backen.

Leberschöberl

8 Portionen

120 g Kalbs- oder Rindsleber, 50 g Butter, 2–3 Eidotter, 2 Eiklar, 2 Schneidsemmeln, etwas Milch, Salz Pfeffer, Muskat, geriebene Zitronenschale, Petersilie, 50 g Semmelbrösel, etwas Mehl, Butter und Mehl für die Form

Butter und Eidotter schaumig rühren; die Leber und die entrindeten, in Milch geweichten und ausgepreßten Semmeln zusammen fein faschieren, mit dem Butterabtrieb verrühren. Masse mit Bröseln und Mehl festigen, würzen und zuletzt den steifen Schnee darunterziehen. In Wandeln oder Springform fertigen. Wie Biskuitschöberl backen.

Schinkenschöberl

6 Portionen

50 g Schinken, 50 g Butter, 2 Eidotter, 2 Eiklar, 2 Schneidsemmeln, etwas Milch, Petersilie, Salz, Pfeffer, 10 g Mehl, Butter und Mehl für die Form

Entrindete Semmeln in Milch einweichen, auspressen und passieren. Butter und Dotter schaumig rühren, mit der Semmelmasse vermengen, sehr fein geschnittenen Schinken und gehackte Petersilie beigeben, würzen und alles gut verrühren. Zuletzt Mehl und festen Schnee einheben. In Wandeln oder Springform füllen. Wie Biskuitschöberl backen.

Markschöberl

6 Portionen

50 g Rindsmark, 2 Eidotter, 2 Eiklar, Salz, Muskat, Petersilie, 40 g Mehl, Butter und Mehl für die Form

Würfelig geschnittenes, leicht angewärmtes Mark mit den Dotter schaumig rühren, mit Salz, Muskat und gehackter Petersilie würzen, zuletzt Mehl und den festen Schnee in die Masse einheben. In Wandeln oder einer Springform fertigen und anschließend wie Biskuitschöberl backen.

Milzschöberl

6–8 Portionen

100 g Milz, 50 g Butter, 2 Eidotter, 2 Eiklar, 2 Schneidsemmeln, Milch, 30 g Butter, 1 kleine Zwiebel, Petersilie, Salz, Pfeffer, Majoran, 10 g Semmelbrösel, 10 g Mehl, Butter und Mehl für die Form

Butter schaumig rühren, mit den Dotter, der ausgestrichenen Milz und den entrindeten, in Milch geweichten, ausgedrückten und passierten Semmeln verrühren. In heißer Butter die feingeschnittene Zwiebel und gehackte Petersilie anschwitzen, der Masse beigeben, würzen und abschmecken. Zuletzt Mehl und Brösel sowie den festen Schnee in die Masse einheben. Wie Biskuitschöberl fertigen und backen.

Semmelschöberl

6–8 Portionen

60 g Butter, 4 Eidotter, 3 Eiklar, 80 g Schneidsemmeln, ⅛ l Milch, Salz, Muskat, Petersilie, ca. 30 g Semmelbrösel, Butter und Mehl für die Form

Butter und Dotter mit den Gewürzen schaumig rühren, die entrindeten, in Milch geweichten, ausgepreßten und passierten Semmeln sowie gehackte Petersilie beigeben, gut verrühren, mit Bröseln festigen. Zuletzt den steifen Schnee darunterziehen. In Wandeln oder Springform füllen und wie Biskuitschöberl backen. – Gibt man in diese Masse in Butter geschwenkte feingeschnittene Champignons und gehackte Petersilie, erhält man Champignonschöberl

Knöderl

Es empfiehlt sich, jeweils einen Probeknödel zu kochen. Man kann die fertige Masse noch korrigieren, also Flüssigkeit bzw. Fett oder feste Zutaten (Mehl, Brösel) beigeben, um die notwendige Konsistenz zu erreichen. Die Knödel können auch als Beilage verwendet werden, nur werden sie dann etwas größer geformt.

Bröselknödel

8 Stück = 4 Portionen

100 g Butter, 1 Eidotter, 1 ganzes Ei, Salz, Muskat, 3–4 EL Milch, 20 g Semmelbrösel, evtl. auch 2 Schneidsemmeln

Die Butter schaumig rühren, Dotter und Ei dazurühren, ebenso die in Milch angefeuchteten Semmelbrösel. Die Masse gut verrühren und eine halbe Stunde ziehen lassen. Dann aus der Masse kleine Knödel formen und in kochendem Salzwasser etwa 10 Minuten mehr ziehen als kochen lassen. – Man kann zur Masse auch zwei entrindete, in Milch geweichte, ausgepreßte und passierte Semmeln geben; dafür weniger Semmelbrösel zum Binden der Masse verwenden.

Die Bröselknödel können auch in heißem Fett schwimmend gebacken werden.

Hirnknödel

6 Portionen

1 Schweinshirn oder ebensoviel Kalbshirn, 20 g Butter, 1 kleine feingeschnittene Zwiebel, 30 g Butter, 1 Eidotter, Salz, Pfeffer, Muskat, Petersilie, 100 g Semmelbrösel, 1 Eiklar

Das Hirn in heißem Wasser blanchieren, dann häuten. Die Zwiebel in Butter rösten, das zerkleinerte Hirn beigeben und mitrösten. Die Masse auskühlen lassen, mit Butter und Dotter gut abtreiben, Brösel, Salz, Pfeffer und Muskat sowie feingehackte Petersilie beigeben und gut verrühren. Zuletzt den steifgeschlagenen Schnee in die Masse heben. Kleine Knödel formen, in siedendem Salzwasser etwa 6 Minuten ziehen lassen, bis die Knödel an die Oberfläche aufsteigen.

Leberknödel

8 Portionen

250 g Rindsleber, 80 g Nierenfett, 50 g Milz, 3 Schneidsemmeln, 1/16 l Milch, 40 g Schweinefett, 1 kleine Zwiebel, Petersilie, Salz, Pfeffer, Majoran, 1 zerdrückte Knoblauchzehe, Zitronenschale, 2 Eier, 40–50 g Semmelbrösel

Leber und ausgedrückte Milz mit den entrindeten, in etwas Milch geweichten und ausgepreßten Semmeln sowie dem Nierenfett sehr fein faschieren.

In heißem Fett feingeschnittene Zwiebel und Petersilie anschwitzen, zur Leber-Semmel-Masse geben, diese würzen und alles gut verrühren, mit den Eiern vermengen, abschmecken und mit den Bröseln die Masse festigen. – Die Masse soll saftig bleiben, aber sie muß die Form halten können. Dann die Masse im Kühlschrank etwas anziehen lassen. Aus der Masse kleine Knödel formen, in siedendem Salzwasser bei kleiner Flamme langsam kochen.

Man kann die Leberknödel auch in heißem Fett schwimmend backen (**gebackene Leberknödel**): Dazu halte man die Masse etwas lockerer, indem man eine Schneidsemmel mehr beigibt und mit 100 g feinst faschiertem Rindfleisch verfeinert.

Diese gebackenen Leberknödel standen – und stehen immer noch – auf den Speisekarten der Salzburger und der angrenzenden Innviertler Wirtshäuser. Sie können dort in manchen Fleischhauereien fertig gebacken gekauft werden. Durch die braun-knusprige Kruste schimmert gleichsam noch der barocke Einschlag unverkennbar durch. Nicht umsonst führt Conrad Hagger die gebackenen Leberknödel in seinem barocken »Saltzburger Kochbuch« an.

Markknödel

4–6 Portionen

100 g Rindsmark, 2 Schneidsemmeln, 1/16 l Milch, Salz, Pfeffer, Muskat, 2 Eier, Petersilie, 80 g Mehl, 40 g Semmelbrösel

Das Rindsmark zerkleinern, auf schwacher Hitze schmelzen und abseihen; leicht gestockt schaumig rühren. Die entrindeten, in Milch geweichten, ausgepreßten und passierten Semmeln beigeben. Mit Salz, Pfeffer, Muskat und gehackter Petersilie würzen, die Masse mit den Eiern binden, mit Mehl und Bröseln festigen. Kurze Zeit rasten lassen. Aus der Masse kleine Knödel formen und in Salzwasser mehr ziehen als kochen lassen.

Reisknödel

10–12 Portionen

160 g rundkörniger Reis, ½ l Milch, 120 g Butter, 2 Eier, 3 Eidotter, 80 g Schneidsemmeln, Milch, Salz; nach Wunsch: 2 EL gekochte kleine Erbsen oder feingehackter Schinken bzw. Selchfleisch

Den blanchierten Reis mit der Milch dickbreiig einkochen, ausdünsten und auskühlen lassen. Butter, Eier und Eidotter schaumig rühren, den ausgekühlten Reis, die kleinwürfelig geschnittenen, mit Milch angefeuchteten Semmeln beigeben. Salzen. Die Masse etwas ziehen lassen. Man kann gekochte Erbsen oder Schinken bzw. Selchfleisch, kleinwürfelig geschnitten, beigeben. Aus der Masse kleine Knödel formen und in siedendem Salzwasser kochen. Man kann die Knöderl auch in heißem Fett schwimmend backen.

Semmelknöderl

6 Portionen

3 Schneidsemmeln, ¹⁄₁₆ l Milch, 30 g Butter, 1 Ei, Petersilie, 20 g Mehl

Die kleinwürfelig geschnittenen Semmeln in heißer Butter anrösten. Das Ei in der Milch verrühren, salzen und über die Semmelwürfel gießen, gut verrühren und die gehackte Petersilie beigeben. Sobald die Semmelwürfel weich sind, mit dem Mehl die Masse festigen. Kurz rasten lassen. Dann aus der Masse kleine Knödel formen und in kochendem Salzwasser etwa 10 Minuten mehr ziehen als kochen lassen.

Tiroler Knöderl

6 Portionen

3 Schneidsemmeln, ca. ¹⁄₁₆ l Milch, 1 Ei, Salz, 20 g Butter, 1 Zwiebel, Petersilie, mageres Selchfleisch, 30 g Mehl

Die kleinwürfelig geschnittenen Semmeln mit der leicht gesalzenen Milch, in der das Ei verrührt wurde, übergießen und ziehen lassen. Etwas Petersilie, gehackt, und die in Butter glasig angeröstete feingeschnittene Zwiebel sowie das kleinwürfelig geschnittene Selchfleisch beigeben und alles gut verrühren, eventuell nachwürzen und die Masse mit Mehl binden. ¼ Stunde ziehen lassen. Aus der Masse kleine Knödel formen und 8 bis 10 Minuten in siedendem Salzwasser mehr ziehen lassen als kochen.

Nockerl

Butternockerl

6 Portionen

100 g Butter, 3 Eidotter, 2 Schneidsemmeln, etwas Milch, eine Prise Salz, Muskat, ca. 80 g griffiges Mehl, 3 Eiklar

Butter schaumig rühren, mit den Dotter, den entrindeten, in Milch geweichten, gut ausgedrückten und passierten Semmeln verrühren, salzen, mit etwas geriebenem Muskat würzen, zuletzt Mehl und steifen Schnee in die Masse heben. Mittels zweier Suppenlöffel kleine Nockerl (längliche Form, an beiden Enden spitz verlaufend) formen, in siedendes Salzwasser legen und darin mehr ziehen als kochen lassen (pochieren). Es ist ratsam, zunächst ein Probenockerl zu kochen! Sollte die Masse zu weich sein, mit etwas Mehl festigen, ist sie wiederum zu fest, kann man ein wenig zerlassene Butter beigeben.

Butternockerl aus Brandteig

4 Portionen

40 g Butter, ⅛ l Milch, Salz, 100 g Mehl, 3 ganze Eier, 30 g Reibkäse

Butter, Milch und Salz aufkochen, das Mehl auf einmal beigeben und so lange über dem Feuer rühren, bis die Masse sich vom Geschirr löst. Die Eier nach und nach in den kurz überkühlten Teig einrühren, mit Reibkäse würzen. Mittels zweier Löffel nußgroße Nockerl formen. In siedendem Salzwasser pochieren.

Cremenockerl

4 Portionen

70 g Butter, 70 g Mehl, 1/8 l Milch, 70 g Butter, 4 Eidotter, Salz, Muskat, 2 Eiklar

70 g Butter in einer Kasserolle erwärmen, gleichmäßig das Mehl dazurühren und kurz durchrösten, dann Milch unter ständigem Rühren beigeben, rühren, bis sich die Masse vom Geschirr löst.
Die Masse auskühlen lassen. Inzwischen 70 g Butter schaumig rühren, die Eidotter nacheinander dazurühren, ebenso die erkaltete Masse löffelweise einrühren, mit Salz und Muskat würzen. Zuletzt den festen Schnee in die Masse einheben. Mittels zweier Löffel kleine Nockerl formen und in siedendem Salzwasser am Herdrand mehr ziehen als kochen lassen.

Grießnockerl

6–8 Portionen

1 Eischwer (60 g) Butter, 2 Eischwer (120 g) Nockerlgrieß, 1 Ei (60 g), Salz, Muskat

Als Nockerlgrieß verwendet man einen groben Grieß! Die altbewährte Grundregel für die Zutaten lautet: 1 Ei, 1 Eischwer Butter und 2 Eischwer Nockerlgrieß. Die etwas vorgewärmte Butter schaumig rühren und mit den Gewürzen abtreiben, dann ein ganzes Ei (wenn mehrere, dann nach und nach) beigeben. Zuletzt den Grieß beigeben, alles gut verrühren und kurz rasten lassen. Dann mittels zweier Löffel aus der Masse gleichmäßige Nockerl formen, diese auf einen beölten Teller legen und im Kühlschrank anziehen lassen.
Dann erst in das kochende Salzwasser einlegen und bei offenem Geschirr vorsichtig 10 Minuten mehr ziehen als kochen lassen. Die Grießnockerl sollen dabei fast noch einmal so groß auflaufen und gleichmäßig flaumig-locker in ihrer Konsistenz werden.
Eine lustige Variante hat J. M. Heitz, Besitzer und Direktor der »Ersten Wiener Bürger-Privat-Kochschule« in Wien, in seinem Kochbuch »Die Wiener Bürger-Küche« (1902) gebracht. Er teilt die Grießnockerlmasse in drei Teile, färbt einen Teil mit Spinatgrün, den zweiten mit 1 Eßlöffel Paradeismark und läßt den dritten Teil dottergelb. Das Rezept nennt er »Sezessionsnockerl«.

1897 hatten sich neunzehn junge Mitglieder des Wiener »Künstlerhauses« zur »Vereinigung bildender Künstler Österreichische Secession« zusammengefunden, die der »Art nouveau« bzw. dem »Jugendstil« verschrieben war.

Hirnnockerl

6 Portionen

100 g Kalbs- oder Schweinshirn, 80 g Butter, 1 ganzes Ei, 1 Dotter, 2 Schneidsemmeln, etwas Milch, 40 g Mehl, Salz, weißer Pfeffer, Petersilie

Das Hirn in heißem Wasser blanchieren; dann häuten und passieren. Butter und Eier schaumig rühren, das passierte Hirn, die entrindeten, in Milch geweichten, ausgepreßten und passierten Semmeln nebst dem Mehl dazurühren, salzen, pfeffern und feingehackte Petersilie beigeben. Diese Masse 1/2 Stunde rasten lassen. Dann daraus mit zwei Löffeln kleine Nockerl formen, in siedendem Salzwasser bis zum Aufsteigen mehr ziehen als kochen lassen.

Lebernockerl

8 Portionen

250 g Rindsleber, 60 g Nierenfett, 1 kleines Stück Milz, 2 Schneidsemmeln, etwas Milch, 30 g Butter, 2 Eier, 1 kleine Zwiebel, Petersilie, 1 Knoblauchzehe, Salz, Pfeffer, Majoran, etwas geriebene Zitronenschale, Semmelbrösel

Die entrindeten Semmeln in Milch einweichen, ausdrücken, mit Leber, Nierenfett und der ausgedrückten Milz sehr fein zweimal faschieren. Die Masse mit den Eiern binden. Die feingeschnittene Zwiebel in heißer Butter anschwitzen, zur Masse geben, ebenso gehackte Petersilie und zerdrückten Knoblauch dazugeben; mit Salz, Pfeffer, Majoran und einer Spur geriebener Zitronenschale würzen. Eventuell nachsalzen. Mit den Bröseln die Masse festigen. 1/2 Stunde rasten lassen. Aus der Masse mit 2 Löffeln kleine Nockerl formen, in das siedende Salzwasser einlegen. Vorsichtig mehr ziehen als kochen lassen.
Aus der gleichen Masse bereitet man den **Leberreis**: Die Masse für den Leberreis soll etwas weicher geraten

als die Lebernockerlfarce. Statt der Brösel gebe man etwas Mehl bei. Diese Masse kurz ziehen lassen und über ein grohlöchriges Reibeisen (mit der rauhen Seite nach unten) partienweise in die siedende Rindsuppe mit einem Löffel drücken. Damit die durchgepreßten Fäden nicht zu lang werden, gebe man immer nur 1 bis 2 Eßlöffel Lebereismasse auf das Reibeisen und verteile diese Masse über die ganze Fläche des Reibeisens. Der Lebereis soll in der Suppe nicht aneinanderkleben. Dann die Suppe einmal aufkochen und den Lebereis 3 bis 5 Minuten ziehen lassen.

Sacher Rezept

Wachtelfarcenockerl

4–6 Portionen

4 Wachteln, 50 g Béchamel, 1–2 Eiklar, 3 EL Obers, Salz, Pfeffer, Cognac

Das ausgelöste Fleisch der zur klaren Wachtelsuppe gekochten Wachteln sehr fein faschieren und dann im Mörser stoßen (oder kuttern). Mit der Béchamel binden.
1 bis 2 Eiklar und 3 Eßlöffel Obers zur feinen Konsistenz einrühren, mit Salz, Pfeffer und Cognac würzen. Aus der Masse mit einem kleinen Löffel kleine Nockerl formen, in das heiße Salzwasser einlegen; pochieren.

Prager Nockerl

6 Portionen

150 g magerer Schinken (oder Selchfleisch), 2 Schneidsemmeln, Milch, 30 g Butter, 1 Ei, 2 EL Semmelbrösel, Salz, Pfeffer, Paprika

Die entrindeten, in Milch geweichten, gut ausgedrückten, passierten Semmeln mit der schaumiggerührten Butter und dem Ei gut verrühren, würzen, mit feinst faschiertem Schinken vermischen, mit Brösel festigen. ½ Stunde rasten lassen. Mit zwei Löffeln kleine Nockerl formen und in siedendem Salzwasser mehr ziehen als kochen lassen.

Marknockerl

4–6 Portionen

Markknödelmasse (aber ohne Mehl), 100 g Semmelbrösel

Aus der Knödelmasse, aber statt mit Mehl und Bröseln nur mit Semmelbröseln zubereiten, kleine Nockerl formen und in siedendem Salzwasser mehr ziehen als kochen lassen.

Strudel

Grießstrudel

4 Portionen

Strudelteig: 120 g glattes Weizenmehl, 1 Prise Salz, 1 EL Öl, lauwarmes Wasser
Fülle: 60 g Butter, Salz, Muskat, 2 Eidotter, 2 Eiklar, 80 g grober Weizengrieß

Aus Mehl, Öl, Salz, etwas lauwarmem Wasser einen seidig-glatten Strudelteig bereiten, zu einem Laibchen formen, dieses leicht mit Öl bestreichen, 20 Minuten rasten lassen. Dann auf bemehltem Tuch etwas auswalken (rollen), mit den Händen so dünn wie Seidenpapier ausziehen und mit der fertigen Füllmasse zwei Drittel der Teigfläche bestreichen. Dann das Tuch auf der mit Masse bestrichenen Seite hochheben und den Strudelteig zusammenrollen, mit bemehltem Kochlöffelstiel 5 cm lange Stücke eindrücken, mit der Teigkarte durchschneiden und die Schnittflächen gut zusammendrücken. Die einzelnen Strudelstücke in siedendes Wasser einlegen und etwa 15 Minuten offen langsam garziehen lassen. (Je dünner die Rolle ist, desto leichter lassen sich die 5 cm langen Stücke schneiden. Bei einer dicken Rolle würden die Stücke beim Kochen platzen.)
Fülle: Butter, Salz, geriebener Muskat und Eidotter

werden schaumig gerührt, dann der Grieß beigegeben und verrührt. Nun steifen Schnee in die Masse einheben. Der Grießstrudel kann auch als Beilage oder Mehlspeise serviert werden (dabei wird der gekochte Strudel in mit Butter gerösteten Bröseln oder Grieß gewälzt).

Lungenstrudel

6 Portionen

Strudelteig: siehe vorhergehendes Rezept
Fülle: 250 g Schweins- oder Kalbslunge, 1/2 l Wasser, Salz, 30 g Schweinefett, 1 Zwiebel, Petersilie, Salz, Pfeffer, Majoran, Thymian, Kümmel, 2 EL Semmelbrösel, 1 Ei, 2–3 EL Lungensud

Den Strudelteig, wie bei Grießstrudel beschrieben, bereiten. Die Lunge in gesalzenem Wasser etwa 40 Minuten kochen lassen, auskühlen und fein faschieren. Die feingeschnittene Zwiebel und Petersilie in heißem Schweinefett anrösten, die faschierte Lunge beigeben und mitrösten, würzen, die Semmelbrösel darunterrühren, ebenso ein ganzes Ei. Mit etwas Lungensud aufgießen, abschmecken und gut verrühren. Dann die Masse erkalten lassen und auf den inzwischen ausgezogenen Strudelteig auftragen. Diesen zusammenrollen und wie beim Grießstrudel ca. 5 cm lange Stücke abtrennen, die einzelnen Strudelstücke vorsichtig in das siedende Salzwasser einlegen und etwa 12 Minuten langsam garziehen lassen.

Köchin in der Küche, um 1795

Der Lungenstrudel kann auch ungeteilt, zusammengerollt oder schneckenförmig zusammengedreht auf ein gebuttertes, leicht bemehltes Backblech gelegt und 15 Minuten im mittelheißen Backrohr gebacken werden. Dann in zweifingerbreite Stücke schneiden und als Suppeneinlage servieren.

Statt der Lunge kann auch Restfleisch verwendet werden. Diese Suppeneinlage heißt dann **Fleischstrudel**.

Rouladen (Rollen)

Fleischroulade

4–6 Portionen

4 Palatschinken: 50 g Mehl, 1/8 l Milch, 1 Ei, Salz, Butter zum Backen, 1 Eiklar, etwas Butter für die Serviette
Fülle: 1/16 l Milch, 10 g Butter, 10 g Mehl, 1 Eidotter, 150 g Kalbsschulter, einige Champignons, nußgroß Butter, 1 EL feingeschnittene Zwiebel, Salz, Pfeffer

Aus dem Palatschinkenteig 4 Palatschinken in heißer Butter backen, dann zu einem Rechteck nebeneinanderlegen (mit Eiklar an den Rändern zusammenkleben) und mit der vorbereiteten Fülle bestreichen. Dann den Palatschinkenfleck zu einer Rolle zusammendrehen, in eine gebutterte Serviette einwickeln, mit Spagat zusammenbinden und etwa 20 Minuten in siedendem Wasser gar kochen. Die gekochte Rolle überkühlen lassen und dann in Scheiben schneiden.

Fülle: Milch und Butter zum Kochen bringen, das Mehl einrühren und so lange rühren, bis sich die Masse zu einem Knödel formt. Erkalten lassen und in die Masse Dotter und in Butter angeschwitzte Zwiebeln und feingehackte Champignons und feinst faschiertes Kalbfleisch dazurühren, mit Salz und Pfeffer würzen, auf den vorbereiteten Palatschinkenfleck streichen.

Lungenroulade

4–6 Portionen

4 Palatschinken (wie bei Fleischroulade)
Fülle: 150 g Kalbslunge, Salz, 1 Zwiebel, 2–3 Pfefferkörner, 20 g Schweinefett, 1 kleine Zwiebel, Petersilie, Salz, Pfeffer, 1 Ei, Butter für die Serviette

Die Kalbslunge in Salzwasser mit Zwiebel und Pfefferkörnern weich kochen, fein hacken oder faschieren. In heißem Fett die feingeschnittene Zwiebel und gehackte Petersilie anschwitzen, mit der Lunge und dem Ei gut verrühren, mit Salz und Pfeffer würzen. Diese Fülle auf den vorbereiteten Palatschinkenfleck streichen und wie die Fleischroulade fertigen.

Milzroulade

4–6 Portionen

4 Palatschinken (wie bei Fleischroulade)
Fülle: 30 g Butter, 1 Ei, 2 Schneidsemmeln, etwas Milch, 10 g Fett; 1 Zwiebel, fein geschnitten; 100 g ausgestrichene Milz, Petersilie, Salz, Majoran, Pfeffer, 50 g Semmelbrösel, Butter für die Serviette

Die Palatschinken wie bei Fleischroulade bereiten und zu einem Rechteck zusammenlegen, dieses mit der Fülle bestreichen und wie die Fleischroulade fertigen (etwa 25 Minuten in Salzwasser kochen).

Fülle: Butter schaumig rühren, das Ei dazurühren, mit den entrindeten, in Milch geweichten, ausgepreßten und passierten Semmeln verrühren. Ausgestrichene Milz und in Fett geröstete Zwiebel beigeben, mit gehackter Petersilie, Salz, Pfeffer und Majoran würzen. Mit den Bröseln die Masse festigen und auf den Palatschinkenfleck streichen.

Gibt man der vorstehenden Masse (ohne Milz und Majoran bereitet) 200 g gehäutetes und feingehacktes Kalbshirn bei, erhält man die **Hirnroulade**.

Semmelroulade (Semmeleinbund)

6–8 Portionen

3 Schneidsemmeln, etwas Milch, 140 g Butter, 2 Dotter, 2 ganze Eier, gehackte Petersilie, Salz, Muskat, Butter für die Serviette

Die leicht entrindeten, in Milch geweichten Semmeln auspressen, am Schneidbrett grob hacken. Die Butter schaumig rühren, 2 Dotter und 2 ganze Eier nacheinander beigeben und verrühren, dann die Semmeln und gehackte Petersilie dazugeben und das Ganze mit Salz und Muskat würzen.

Ein längliches Küchentuch (Hangerl oder Serviette) mit Butter bestreichen, die Masse, gut zusammengedrückt, zu einer Rolle formen, auf die Serviette auflegen, das Tuch einschlagen, straff zusammenrollen und mit einem Spagat die Rollenenden zusammenbinden. Die Rolle in siedendes Salzwasser legen und etwa 25 Minuten bei schwacher Flamme sieden. Die Rolle auf ein Brett legen, kurz rasten lassen, den Spagat lösen und die Serviette entfernen. Die Rolle wird in etwa 1 cm dicke Scheiben geschnitten.

Eierstich (Eierconsommé)

Eierstich

4 Portionen

1/8 l Milch, 2 Eidotter, 1 ganzes Ei (oder 2 ganze Eier), Salz, Muskat, Butter und Mehl zum Präparieren der Formen

Milch nacheinander mit den Eiern und Gewürzen mit dem Schneebesen gut verklopfen, durch ein feines Sieb seihen und in die mit Butter ausgestrichenen Formen geben. Die heute sauberste und wirtschaftlichste Art aber ist es, die Masse in kleine Kunstdärme (mit etwa 5–6 cm Durchmesser) zu füllen, abzubinden und in siedendem Wasser zu pochieren. Die Formen oder Därme werden im Wasserbad sehr langsam etwa 1 1/2 Stunden pochiert, dann gestürzt bzw. samt Darm in kaltes Wasser gelegt; erkalten lassen und in Würfel, Streifen, Rhomboide usw. schneiden.

Man kann den Eierstich nach Belieben variieren, mit Paradeismark rot, mit gekochtem, passiertem Spinat grün färben, mit Geflügelfleisch und kalter Béchamel, mit Wildfleisch und brauner Soße, mit Fisch und Béchamel oder mit gedünstetem, passiertem Gemüse und Béchamel wie beim Eierstich eine Masse bereiten und fertigen.

»Wenn die Consommés kochen«, schreibt J. M. Heitz in »Die Wiener Bürger-Küche«, »sind sie verdorben, werden löcherig und setzen Wasser ab.« Und weiter heißt es dann: »Die Consommés bieten eine große Abwechslung und sind deshalb als Suppeneinlagen sehr zu schätzen.«

Dunstkoch

Die älteren österreichischen Kochbücher bezeichnen fälschlicherweise die verschiedenen Dunstkoche oft mit »Consommé« bzw. »Konsommee«. Tatsächlich aber verwendet man diese »Dunstkoch«-Gerichte als Einlage in eine Kraftsuppe, also in eine Consommé. Reich an Zahl sind in fast allen Kochbüchern des 19. Jahrhunderts die Belege für diese beliebte Suppeneinlage, bei der die entsprechende Masse (Leber, Hirn, Eier, Fleisch, Wildbret, Milz, Kartoffeln, Gemüse, feine Kräuter usw.) in bebutterte, mit Mehl bestaubte Formen gefüllt und im Wasserbad gekocht wird. Am besten verwendet man dazu kleine Wandelformen, aber auch Puddingformen. Früher benutzte man für »Formen im Dunst kochen« hohe zapfenlose Formen, Melonenformen, ovale Formen, Reifformen und kleine Wandelformen. Das Wasser reicht dabei bis zwei Drittel der Geschirrhöhe; gekocht wird halb zugedeckt im Rohr oder auf der Herdplatte. Kochdauer: etwa 30 Minuten. Nach dem Kochen noch ziehen lassen, dann erst stürzen und in kleinere Scheiben schneiden. Bevor die Stücke in die Suppe eingelegt werden, müssen sie über Dunst leicht erwärmt werden.

Grießdunstkoch

4 Portionen

1/8 l Milch, 20 g Butter, 40 g Grieß, 1 Eidotter, Salz, Muskat, 1 Eiklar, Butter und Mehl für die Formen

Die Milch zum Kochen bringen, Butter darin verrühren, dann langsam den Grieß einrühren und so lange rühren, bis sich die Masse vom Kochlöffel löst. Auskühlen lassen, mit Dotter und den Gewürzen verrühren und den steifen Schnee in die Masse ziehen. Wie angegeben, in die vorbereiteten Formen füllen und im Wasserbad kochen.

Hirndunstkoch

4 Portionen

150 g Kalbshirn, 20 g Butter, 1/2 Zwiebel, Petersilie, Salz, Pfeffer, 1 Ei, Butter und Mehl für die Formen

Das vorbereitete Hirn (siehe Seite 322) in heißem Wasser blanchieren, dann fein hacken. In heißer Butter feingeschnittene Zwiebel und gehackte Petersilie anschwitzen, das Hirn beigeben und rösten, mit Salz und Pfeffer würzen, auskühlen lassen, das Ei dazurühren. Wie angegeben, in die vorbereiteten Formen füllen und im Wasserbad kochen.

Das Hirndunstkoch kann auch mit einem Butterabtrieb bereitet werden (siehe Leberdunstkoch, unten).

Kaiser-Consommé

8 Portionen

70 g Butter, 2 Schneidsemmeln, etwas Milch, 4 Eidotter, Salz, weißer Pfeffer, 4 Eiklar, 10 g Mehl, Butter und Mehl für die Formen

Die Butter mit den Eidotter schaumig rühren, die leicht entrindeten, in Milch geweichten, ausgedrückten und passierten Semmeln beigeben, salzen und pfeffern und gut verrühren. Steifen Schnee und Mehl in die Masse einheben. Die Masse in die vorbereiteten Formen füllen und im Wasserbad kochen.

Leberdunstkoch

4 Portionen

60 g Rindsleber, 1 Schneidsemmel, etwas Milch, 40 g Butter, 2 Eidotter; 20 g Speck, würfelig geschnitten; 1 kleine Zwiebel, Petersilie, Salz, Pfeffer, Majoran, 2 Eiklar, Butter und Mehl für die Formen

Die Butter mit den Dotter schaumig rühren, die feinfaschierte Leber, die entrindete, in Milch geweichte, ausgepreßte und passierte Semmel dazugeben, ebenso die in erhitztem Speck geröstete feingeschnittene Zwiebel und die gehackte Petersilie. Alles gut verrühren, würzen, zuletzt den festen Eischnee in die Masse einheben. Die Masse in die vorbereiteten Formen füllen und im Wasserbad kochen.

Valentin Strobl, der Kastellan des Metternich-Schlößls von Sankt Veit in Wien-Hietzing, lobte in seinem Tagebuch wiederholt die Tüchtigkeit einer bürgerlichen Köchin: »Heut hat die Kathi was Feins gekocht: Hirn-Ei-Strudel in die Suppe. Da reiben S' eine beißbare Semmel gut ab, weichens' in die Milch ein mit eyn ganzen Kälberhirn. Dann wird alles passiert, und man läßt es in ein Pfandl tünsten und treibts flaumig ab. Mit Eydotter vermengt und gut Salz und Pfeffer dazu, schmorts dann in eyn Wandl, man füllt es in Strudelteig und kocht es in die Sube ein« (nach Otto Stradal).

In Altwiener Kochbüchern heißt dieses Rezept dann »Gesottene Hirnwandeln«: »Siede ein ganzes Hirn in Salzwasser ab, häute es sauber aus, weiche um 2 Kreuzer Semmelschmolle in frischen Wasser, schneide sie mit grüner Petersil unter das Hirn, treibe im Weidling ½ Vierting Butter fein ab, rühre 2 ganze Eier und 2 Dotter, jedes gut verrührt. Alsdann gib das Geschnittene hinein, lege Salz, etwas Pfeffer, Muskatnuß und neues Gewürz daran, schmiere die Wandel mit Butter, fülle sie halb an, nimm in eine Rein Glied hoch siedendes Wasser, stelle die Wandel darein, und laß sieden.« Auf die gleiche Art wurden »Apfel-, Augspurger-, Austern-, Biskoten-, Blamaschee-, Blanschier-, Butter-, Dukaten-, Erbsen-, Familien-, Fleisch-, Gehäck-, Germ-, Haschee-, Hechten-, Karpfen-, Kapauner-, Kipfel-, Kleiben-, Konsumee-, Krebs-, Mandel-, Mark-, Milch-, Nieren-, Nudel-, Obers-, Pistazien-, Ragout-, Reis-, Schunken-, Semmelbrösel-, Semmel-, Topfen-, Weichsel-, Zimmet- und Zitronatwandeln« hergestellt, wobei viele auch in der »Tortenpfanne« im Backrohr gebacken wurden.

Teigeinlage

»Der Bezirkshauptmann gab das Zeichen zum Niedersetzen. Jacques verschwand und trat nach einer Weile wieder mit weißen Handschuhen ein. Mit diesen Handschuhen hielt er ein dunkles Tablett. Darauf stand die dampfende Suppenterrine. Bald hatte er sie in der Mitte des Tisches hingesetzt, sorgfältig, lautlos und sehr schnell. Nach alter Gewohnheit verteilte Fräulein Hirschwitz die Suppe. Man kam den Tellern, die sie hinhielt, mit gastfreundlich ausgestreckten Armen entgegen und mit einem dankbaren Lächeln in den Augen. Sie lächelte wieder. Ein warmer goldener Schimmer wallte in den Tellern; es war die Suppe: Nudelsuppe. Durchsichtig, mit goldgelben, kleinen, verschlungenen, zarten Nudeln.«

Heringssalat

Karfiol und Champignons, gebacken, mit Sauce tatare

Gesulzter Wurzelkarpfen

Hechtnockerl mit Kräutersauce und Reis

Polnischer Karpfen

Forelle à la Mozart

So schwärmerisch beschreibt Joseph Roth in seinem »Radetzkymarsch«, einem Roman aus »Altösterreich«, den Beginn eines kultivierten Mittagessens bei einem Bezirkshauptmann (das ist der Vorsteher eines politischen Bezirkes, der untersten Verwaltungseinheit des Landes).

Die Suppen- oder Fadennudeln erscheinen bereits 1714/15 in reiner Gestalt in dem barocken Riesenwerk für Adelige, der Enzyklopädie »Georgica Curiosa oder Adeliches Land- und Feld-Leben« von Wolff Helmhard von Hohberg, einem aus Niederösterreich stammenden Barockepiker und -lyriker. Bis heute haben sich die »hausgemachten« Nudeln in Österreichs traditionsbewußten Küchen als Gütezeichen halten können.

Suppennudeln

6 Portionen

100 g griffiges Weizenmehl, 1 Ei, 1/2–1 EL lauwarmes Wasser

Man häuft das Mehl auf dem Nudelbrett an, macht in der Mitte eine kleine Vertiefung, in die man das Ei hineinschlägt, gibt etwas lauwarmes Wasser bei, verrührt das Ganze mit den Fingerspitzen und bearbeitet den Teig mit den Händen so lange, bis er fest und seidig glatt wird und nirgendwo mehr haftenbleibt, beölt die Oberfläche der Teigkugel leicht und läßt den Teig 20–30 Minuten zugedeckt rasten. Dann walkt (rollt) man den Teig, am besten in mehrere Flecken, auf dem bemehlten Nudelbrett papierdünn (Seleskowitz: »so fein wie Taffet«) aus, läßt die Flecken etwas trocknen, schneidet sie in ca. 10 cm lange Streifen, legt einige solche Streifen übereinander und schneidet sie zu sehr feinen Nudeln. Man kann aus diesem Nudelteig auch kleine Vierecke (»Fleckerl«) schneiden. Mit der Hand werden die Nudeln auf dem Nudelbrett auseinandergestreut. Dann läßt man sie eine Zeitlang in einem trockenen Raum trocknen. Daraufhin kocht man die Nudeln in zehnmal soviel reichlich gesalzenem Wasser wie Nudelmenge 8–10 Minuten, seiht sie ab, schwemmt sie mit kaltem Wasser ab, läßt sie abtropfen und gibt sie in die heiße klare Rindsuppe. Salz soll man dem Nudelteig keines beigeben, weil der Teig dadurch grau werden könnte.

Der ausgewalkte Nudelteig »kann auch mittels eines Krapfenradels bänderartig abgeradelt werden und heißt in diesem Falle die Suppe Lasany-Suppe, oder auch schneidet man anstatt Fleckerln Schifferln, welche mit dem Krapfenradel oder mit einem Messer geschnitten werden« (Seleskowitz). Eine »Tiroler Nudelsuppe« wird mit Frankfurter Würstel serviert.

Frittaten

4 Portionen

1/8 l Milch, 1 ganzes Ei, Prise Salz, 50 g glattes Mehl, Fett zum Backen

Kalte Milch, Eier und Prise Salz mit so viel Mehl nach und nach verrühren, daß der Teig glatt dünnflüssig wird (soll aber einen Löffelrücken noch bedecken). Eine flache Omelette- bzw. Palatschinkenpfanne heiß werden lassen, etwas Fett (Butter oder Schweinefett) hineingeben, dann so viel Teig in die Pfanne gießen, daß deren Boden gleichmäßig 2 mm dick bedeckt wird; man muß dabei die Pfanne etwas schwenken, damit sich der Teig gleichmäßig verteilt. Auf beiden Seiten über mäßigem Feuer goldgelb backen (sobald die eine Seite goldgelb ist, hebt man den Fleck mit der Schaufel hoch, stürzt ihn mit der noch rohen Seite wieder in die Pfanne und bäckt ihn fertig). Die Pfanne soll man dabei am Anfang immer etwas schütteln und rütteln, damit sich der Fleck leicht vom Pfannenboden lösen kann. Vor dem Eingießen der nächsten Teigportion gibt man wieder etwas frisches Fett in die Pfanne.

Die dünnen Palatschinken-Frittaten erkalten lassen, einzeln wie eine Roulade zusammenrollen, zu strohhalmdicken Nudeln schneiden. Je eine Portion in die Suppenteller geben, die heiße Rindsuppe darübergießen und reichlich mit geschnittenem Schnittlauch bestreuen.

Man kann in den Palatschinkenteig auch feingehackte Petersilie geben oder passierten Spinat (ergibt die »**Spinatfrittaten**«).

Das Wort »Frittate« kommt aus dem Italienischen bzw. vom lateinischen »frictella«, das der italienische Humanist Platina (1421–1484) in seinem Kochbuch »De honesta voluptate et valetudine« (1542 von Stephanus

Vigilius Pacimontanus ins Deutsche übersetzt: »Von der Erlichen zimlichen, auch erlaubten Wolust des leibs...«) gebrauchte; das neunte Kapitel überschrieb Platina mit »De offelis quas vel frictellas licet appellare« (»Über Häppchen, die man Röststückchen nennen kann«). Noch heute bezeichnet man mit »frittata« und »frittella« in Italien Omelette bzw. »Pfannkuchen«, und »frittello« heißt »(in Öl) Gebackenes«.

Im Kochbuch des »Aufgesprungenen Granat-Apffels«, 1699, in dem der Einfluß der französischen Küche noch keine große Rolle spielt (darum heißt es dort auch »Bianco Mangiare« für das später französisch bezeichnete »blancmanger« = Mandelsulz), wird bereits ein Rezept angeführt:

»Frittada zu machen

Nimm allerley grüne kräutlein, spenat, salbey, schnittlauch, junge grüne zwiebeln, frauenblätter, wasche alles aus, hacks klein unter einander, schlag etliche eyer darein, auch drey oder vier löffel vol mund-mehl, zwey löffel voll milch-rahm, allerley gewürtz, rosmarin, pfeffer, nägelein, muscatenblüthe, und sardellen, oder pickel-häring klein geschnitten, und wohl durch einander gerührt, schütt alles in heisses schmaltz in eine weite pfanne, setz es auf ein glütlein oder kohl-feuer, oben auch ein wenig glut, so wird es fertig.«

Da ist noch weit und breit nicht von einer Suppeneinlage die Rede. Diese spätbarocke »Frittada« ist vielmehr eine feine Gemüse-Kräuter-Omelette. Die Wandlung vollzog sich erst um 1800.

Die italienischen Einflüsse auf die Wiener Küche sind schon an den Titeln der Gerichte nicht zu übersehen, wenn wir in alten und auch neuen Kochbüchern blättern: Spaghetti, Risotto, Risipisi, Pasta asciutta, Ravioli, Minestra (die uns erst in der zweiten Hälfte des 19. Jahrhunderts begegnet), Minestrone, Brokkoli, Melanzani, Makkaroni, Maroni, Marinade, Biskotten, Stufato (»Stuffada zu machen auf wällisch«, heißt es im »Granat-Apffel«-Kochbuch), Stucchi, Tutti-Frutti, Zuppa pavese, Polenta, Carabanda (eine Fleischspeise im »Granat-Apffel«-Kochbuch), Crostada, Karbonadel (in »Kurtzer Unterricht«, 1736, heißt es: »Carmenädl zu machen«), Zitrone (im »Granat-Apffel«-Kochbuch stehen »Citroni« und »Lemoni« noch nebeneinander). Dieses Kochbuch kennt neben den bereits zitierten Gerichten »à l' italienne« noch »Piccadi von Indianischen Hüneln, Hüner-Raviol, Genueser March-Pastetl, Italienische Tauben-Pasteten, Romanische Crostada, Bianco Mangiare Dorten, Pistatzien-Piscoten, Marzepan, Zerbelat-Würste, Frangipani-Torte«.

Abraham a Santa Clara wetterte einmal laut und vernehmlich gegen die Sucht, alles mit ausländischen Namen zu benennen: »Einfache Gerichte sind höchstens noch für das Gesinde gut genug. Für die Herrschaft ist das nichts. Die Zungen so feiner Leute erwarten bei jedem Bissen ein ganzes Sammelsurium von Genüssen. Die Speisen, die auf der Tafel erscheinen, tragen samt und sonders fremdländische Namen, wie Syrakusische Kramets-Vögel, Lombardische Wachteln, Bokkharische Aale, Mazedonischer Thunfisch, Ambrakisches Wildschwein, Aegyptische Tauben, Numidische Hühner, Romanische Gänse, Trevisanische Sulzen, Mailändische Cervellatum, Cremonische Mortatellen, Lampreten aus dem Bodensee. Triebe die Hitze, die in seinem Reiche herrscht, dem Koch nicht ohnedies das Wasser aus den Poren, so würden die Ansprüche, die man an ihn stellt, ihm gleichfalls Schweißbäche entloken. Die Meister ihres Faches werden förmlich mit Geld aufgewogen und genießen großen Respekt.«

Die italienischen Einflüsse des 16. und 17. Jahrhunderts beschränkten sich, wie wir eingangs erwähnt haben, nicht allein auf die Küche: Oper, Musik, Theater, Baukunst, Mode, Sprache – überall waren damals italienische Meister am Werk. Im Frieden von Rastatt erhielt Österreich 1714 neben den Spanischen Niederlanden Neapel, Mailand, Sardinien und Mantua.

Eingetropftes (Tropfteig)

4 Portionen
2 Eier, 1 Eiklar, ca. 40 g Mehl, Prise Salz

Die Eier und das Eiklar mit einer Prise Salz gut verrühren, dann löffelweise so viel Mehl dazugeben, daß der entstehende fein abgerührte Teig fadenförmig vom Löffel rinnt. Der Teig darf nicht zu dünn sein, sonst zerrinnt er sofort in der Suppe, soll aber auch nicht zu dick gehalten werden, sonst bilden sich Klümpchen. Den Teig kurz rasten lassen. Dann den Teig in den Dressiersack mit kleiner, glatter Tülle oder in einen

> **Die praktische Wiener**
> **Vorstadt-Köchin**
> als Meisterin in der Kochkunst.
>
> Ein verläßliches
> **Universal-Kochbuch,**
> um bei
> theueren Zeiten billige und doch vorzügliche Kost herzustellen.
> Enthaltend über 1000 Speisen.
> Durch 22-jährige Erfahrungen erprobt und herausgegeben
> von der ehemaligen
> Klosterneuburger Stiftsköchin
> **Klara Fuchs.**
>
> 6. gänzlich umgearbeitete und vermehrte Auflage. Mit Speisezetteln fürs ganze Jahr.
>
> Wien, 1887.
> Verlag von Albert A. Wenedikt.
> Druck von P. Hornung, I., Operring 21.

Trichter mit sehr kleinem Loch füllen und in einem strohhalmdicken Strahl den Teig direkt in die siedende Rindsuppe hineinfließen lassen. Die Teigmasse dabei nicht immer auf dieselbe Stelle fließen lassen, um ein Zusammenkleben zu verhindern. Die Rindsuppe dann nur einmal ganz kurz aufkochen lassen. Das Eingetropfte muß sehr »flaumig« aussehen.

Diese Einlage ist eine der wenigen, die direkt in die fertige klare Rindsuppe eingekocht werden dürfen. In vielen alten Kochbüchern heißt diese Suppe auch »Baumwollsuppe« oder »Wollsuppe«. Seleskowitz nennt die »Eingetropfte Suppe« »Potage pâte filante à la Viennoise«. In Kärnten kennt man sie unter dem Namen »Eingußnudeln«.

Geriebenes Gerstel, Reibgerstel

Einen fertigen, etwas fester gehaltenen Nudelteig übertrocknen, dann mit einem großen Reibeisen zu kleinen, gleichmäßigen Teigklümpchen (»Gerstel« genannt) reiben, auf dem Nudelbrett ausbreiten und trocknen lassen, dann in siedendes Salzwasser geben und in kurzer Zeit garkochen. Abschwemmen und in die heiße Rindsuppe geben.

Das Reibgerstel kann auch in heißer Butter goldgelb gebacken und in die tischfertige Rindsuppe gestreut werden.

Rumohr schreibt in seinem »Geist der Kochkunst« (1822): »In Österreich und Bayern ist es auch üblich, den Nudelteig in einen Knopf zusammenzudrücken und sodann auf einem Reibeisen abzureiben. Dieses grobe Gereibsel wird alsdann an der Luft getrocknet und gibt auch in dieser Gestalt einen vortrefflichen Suppenstoff.«

Farferl (Farfel)

4 Portionen

120–150 g Mehl, 20 g Butter, 1 ganzes Ei, Prise Salz, etwas Milch oder Wasser

Mehl, Ei, Flüssigkeit und Prise Salz zu einem festen Teig kneten, ein wenig trocknen, dann auf dem Reibeisen zu kleinen Klümpchen reiben, aufstreuen und trocknen. Diese Teigklümpchen (»Farferl« genannt) können auch in heißer Butter kurz durchgeröstet und in die siedende Suppe gegeben oder so, wie sie sind, in die kochende Suppe gegeben werden. Etwa 20 Minuten leicht kochen lassen. Mit feingeschnittenen Kräutern oder Schnittlauch anrichten. In alten Kochbüchern findet man auch »**Grieß-Farferl**« (80 g Grieß und 2 Eier werden mit den Händen »abgerebelt« und in die siedende Rindsuppe gestreut).

Das Wort »Farferl« leitet sich vom mittelhochdeutschen »varvelen« ab, was soviel wie »Suppe mit geriebenem Teig, mit gequirlten Eiern« bedeutet. (Wenn aber ein Wiener ein Mädchen als »Farferl« bezeichnete, meinte er damit ein »unansehnliches, unverständiges Frauenzimmer« – dieses »Farferl« jedoch leitet sich vom italienischen »farfalla« = Schmetterling und »farfarella« = Koboldin ab.)

Katharina Prato beschreibt in ihrer »Süddeutschen Küche« den Farferlteig folgendermaßen: »Man gibt 4 Deziliter Mehl in eine Schüssel, klopft dann 2 Eier, einige Löffel kaltes Wasser und ein wenig Salz in einem Töpfchen mit einer zweispitzigen Gabel ab, schüttet dies nach und nach in das Mehl und verrührt es dabei schnell und so lange mit der Gabel, bis das ganze Mehl bröselig und kleinbröckelig geworden ist.« Die Prato kennt neben den Grießfarferln auch noch Zwiebelfarferl.

Kaisergerstel

4 Portionen

3 ganze Eier, eine Prise Salz, Muskat, $1/10$ l kalte Rindsuppe

Die Eier gut verschlagen, mit kalter Rindsuppe verrühren, würzen, dann die Masse in gebuttertem Geschirr im Wasserbad garziehen lassen (pochieren), bis sie fest ist. Mit einem Dessertlöffel kleine Stückchen ausstechen und in die tischfertige Suppe geben.

Backerbsen

6–8 Portionen

100 g Mehl, 2 Eier, etwas Milch oder Bier, 1 EL Öl, Prise Salz, Muskat, Backfett

Die Zutaten werden zu einem dickflüssigen Teig verrührt. Dann läßt man die Masse durch ein Reibeisen oder ein großlöchriges Sieb in reichlich heißes Fett tropfen, daß die »Backerbsen« im Fett schwimmen. Die Backerbsen müssen Platz genug haben in der Pfanne, damit sie sich kleinkugelförmig verteilen können. Rasch goldgelb backen, mit einem Drahtlöffel herausheben, abtropfen lassen. Dann die nächste Portion backen. Immer nur so viel von der Masse eintropfen lassen, daß die Teigtropfen nicht übereinander zu liegen kommen.

Brandteigkrapferl

6–8 Portionen

20 g Butter, $1/10$ l Milch, 40 g Mehl, 1 Ei, Prise Salz, Backfett

Milch zum Sieden bringen; Butter, Salz und Mehl einrühren und so lange rühren, bis sich die Masse vom Kochlöffel löst. Etwas überkühlen lassen. Dann das Ei kräftig in die Masse einrühren und abschmecken. Aus der Masse mit einem in Fett getauchten Löffel kleine Krapfen formen und sie in reichlichem, mäßig heißem Fett langsam unter mehrmaligem Wenden beidseitig goldbraun backen. Auf Filterpapier abtropfen lassen. Man kann diese Teigmasse, zu kleinen Krapferln geformt (mit glatter Tülle aufgespritzt), auch auf leicht gefettetem Blech im heißen Backrohr backen. Sie heißen dann Profiterolen. Anstelle von Milch wird aber Wasser verwendet.

Panadelsuppe

6 Portionen

1 1/4 l Kalbsknochensuppe oder Rindsuppe, 3 bis 4 Schneidsemmeln, Salz, Pfeffer, Muskat, 2 Eier, Schnittlauch

Die altbackenen Semmeln entrinden, dünnblättrig schneiden und in der siedenden Suppe verkochen, dabei tüchtig mit der Schneerute zu einem Brei zerschlagen. Mit Salz, Pfeffer und geriebenem Muskat würzen. Zuletzt die zwei verrührten Eier mit der Schneerute darin verrühren. Die Suppe mit Schnittlauch bestreuen und anrichten.

Bereits im Register »Über die unbekannten Oesterreichischen Wörter« im »Wienerischen bewährten Koch-Buch« (1772) erscheint das Wort »Panatl« und wird als »aufgekochte Suppe von Brod und Wasser« erklärt.
Im Wort »Panadel« steckt das lateinische Wort »panis« (= Brot); es kam über das Französische zu uns, denn »Panadel« ist das eingewienerte Wort für das französische »panade« (= Brotsuppe). Im »Neuen und nutzbahren Koch-Buch« des »Granat-Apfels« gibt es ein »wälsch Panädl«; in dem 1736 ohne Autorennamen erschienenen »Kurtzen Unterricht, in welchem Unterschiedene Speisen gut zuzubereiten beschrieben seynd«, gibt es ein »Krehnpanädl«, also eine Art Semmelkren.
J. M. Heitz erklärt in seiner »Wiener Bürger-Küche« (1902): »Panada, Panadelsuppe ist ein weißes oder schwarzes Brot in Suppe oder Wasser verkocht, mit Ei und Butter legiert.« Dagegen heißt es unter dem Stichwort »Panade«: »nennt man einen Brandteig, der aus

Reis oder gewöhnlichem Mehl bereitet wird. Abgerindete Semmeln, die in Wasser oder Milch eingeweicht wurden, werden zur Bereitung verschiedener Fleisch- oder Fischfarcen als Bindemittel verwendet.«

In dem 1880 in Wien erschienenen und oftmals aufgelegten »Wiener Kochbuch« der Louise Seleskowitz, »Gewesene Wirtschafterin des Stiftes Schotten in Wien, Begründerin des I. Wiener Kochlehr-Instituts, ausgezeichnet mit goldenen und silbernen Medaillen, Ehrenpreisen und Anerkennungs-Diplomen«, heißt die Suppe »Panade-Suppe«, ebenso in Marie von Rokitanskys »Die Österreichische Küche«.

Die Vorliebe für das Französische – in Küche und Lebensform – reicht tief in das 18. Jahrhundert zurück, als am Wiener Hof der Einfluß des Italienischen durch das Französische verdrängt wurde. Man sprach jetzt am Hof französisch, man kleidete sich nach französischer Mode, man dinierte, soupierte, parlierte, aß Bouillon, Poulard, Compott, Chaudeau, Confect, Bisquit, trank Champagner, Café. Zu Maria Theresias Zeiten waltete in der Wiener Hofküche ein lothringischer Koch, der der »Kaiserin« Leckerbissen seiner Heimat, wie Galettes aux Œufs (Eierkuchen), Cacarons (Makronen) de Nancy und Confitures aux Bars servierte. Wilhelm Ludwig Wekherlin schrieb 1777 über Wien: »Die Lebensart zu Wien ist auf französischem Fuße. Beym Herrn des Hauses ist um 10 Uhr Tag. Man wartet ihm anfänglich im Putze auf. Wenn man nähere Bekanntschaft gestiftet oder keine Angelegenheit hat, so darf man im Negligé erscheinen. Die folgende Zeit wird in der Kirche oder mit Geschäften zugebracht. Meistens pflegt man um 2 Uhr sich zur Tafel zu setzen. Der Rest des Tages ist für die Spatzierfahrt oder das Schauspiel bestimmt. Sobald der Abend angebrochen ist, so begibt sich jedermann in Gesellschaft. Hier wird gespielt.«

Abgesehen davon, daß die Fachsprache der internationalen Haute Cuisine französisch ist, erscheinen seit dem Zeitalter des französischen Einflusses (18. Jh.) in unseren Kochbüchern bis heute eine Menge französisch bezeichneter Gerichte, wie Aspik, Baiser, Biskuit (schon um 1600 entlehnt), Blancmanger, Bonbon, Brioche, Bœuf à la mode, Chaudeau (hieß in Altwien auch »Brautsuppe«), Consommé bzw. Konsommee, Kotelett (in Anna Dorns Kochbuch »Kalbscarbonade oder Kalbscotelets«), Creme, Kroketten, Dessert, Escalopes, Farce (heißt im Wienerischen »Fasch«, auch Faschiertes), Braise, Jus (viele alte Kochbücher verwenden die eingedeutschte Form »Schü«, so die Prato: »Kraftbrühe oder Schüsuppe«), Goulee, Filet, Frikandeau, Frikassee, Gelee, Grillage, Haschee, Kanapees (waren wie die »Jourbrötchen« eine Altwiener Angelegenheit; ausgehöhlte, pikant gefüllte Semmeln oder belegte Weißbrotschnitten, im Rohr überbacken), Nougat, Krokant, Omelette, Panier, Pommes frites, Püree, Ragout (dazu die Prato: »in Österreich auch Eingemachtes, in Hessen Beiessen, in Norddeutschland feines Würzfleisch, Mischgericht oder Pfeffer genannt«), Rouladen, Salmi, Sauce, Soufflé, Timbale usw. Daß das einfache Volk sich zur Zeit des Rokoko mit einfacherer Kost begnügen mußte, zeigt recht anschaulich die Strophe eines Theaterliedes von Philipp Hafner aus dem Jahre 1760:

»Knödel, Torten, Würst, Salat,
Grapfen, Schuhwix, Metridat,
Kletzen, Schunken, Käs, Visolen,
Semmeln, Rätig, Suppen, Lungenmueß,
Pluntzen, Häring, Nierenbrätel,
Und ein Dutzend schöner Mädel,
Gibt der Ball uns zum Genuß.
Wenn man gnug gegessen hat,
Tanzt man sich hernach erst satt!«

Gerade an der weitgehenden Französisierung der Wiener Küche – vor allem im folgenden 19. Jahrhundert – zeigt sich ein Zug des Altwiener Bürgers, den man positiv als »nobliche Lebensart« bezeichnen mag. Weinheber ironisiert in seinem Gedicht »Synonyma« in »Wien wörtlich« diesen Charakterzug:

»An Kaschernat laßt als ›Menu‹ man antragn,
weil nämlich d'Franzosen ›Repas‹ dazua sagn.
Es bleibt der Begriff, und es wechselt der Laut:
Bei uns sagns' zum Thymian – Kudelkraut.
Ja, daß i zum Schluß net aufs Beste vergiß:
Mir wienern halt ein, was net wienerisch is...«

Und so nannte man die italienischen Ravioli in der »noblen« Gründerzeit »Ravioles«, und Kochbücher des 19. Jahrhunderts bezeichneten die vulgäre »Stosuppe« vornehm »Potage au lait à la styrienne«, die

Wiener Einmachsuppe hieß »Potage lié à l'Autrichienne« oder »Soupe à l'allemande«.

Schlickkrapferl (Fleischtascherl)

8 Portionen

Nudelteig (siehe Seite 95)
Fülle: 150 g Bratenreste, fein faschiert; 30 g Fett; 1 kleine Zwiebel, fein geschnitten; Petersilie, Salz, Pfeffer, 1 Ei, Eistreiche

Den Nudelteig bereiten und nach dem Rasten zu dünnen Flecken ausrollen. Dann die ausgewalkten Flecke mit Ei bestreichen, in unregelmäßige kleine Vierecke schneiden (etwa 5–7 cm lang), auf die Mitte der viereckigen Teigflecken die vorbereitete Fülle in kleinen Portionen (teelöffelgroß) legen, dann den Teig dreieckig über die Fülle schlagen und die Teigränder fest zusammendrücken. Diese in Größe und Form etwas ungleichen »Krapferl« in siedendes Salzwasser legen und 12–15 Minuten leicht kochen lassen. Abseihen, mit kaltem Wasser abschrecken und gut abtropfen lassen. Fülle: Feingeschnittene Zwiebel in heißem Fett goldgelb rösten, die faschierten Fleischreste beigeben und rösten, mit Salz und Pfeffer würzen, das Ei mit etwas feingehackter Petersilie einrühren. Abschmecken. Die Masse auskühlen lassen und dann die vorbereiteten Teigflecken damit füllen.

Unsere Schlickkrapferl entsprechen den italienischen Ravioli (Seleskowitz nennt die Schlickkrapferlsuppe »Potage de Raviolis à la Viennoise«), den französischen Ravioles und den russischen Piroggen. Das »Neue und nutzbahre Koch-Buch« des »Granat-Apffels« kennt sowohl »Hühner-Raviol« (»mach einen teig an, wälger ihn, und schlage die fülle darein, formiere es den haasen-öhrlein gleich, legs in eine fleischbrühe, laß sieden«) als auch »Schlick-Kräpffel, man kan sie auch zum Beleg auf die Schüsseln brauchen« und »Schlick-Kräpffel von Krebsen«, wobei es aber bei diesen beiden Rezepten nur heißt: »mach einen teig, walge ihn dünn aus, fülle das gehackte darein, gewürzt es mit pfeffer, muscaten-blüthe und saltz, mach schlick-kräpffel, übersieds gar ein wenig im wasser, legs auf ein sieb, daß sie wohl absincken, hernach legs in eine schüssel…«

Ignaz Gartler und Barbara Hikmann widmen in ihrem »Wienerischen bewährten Kochbuch« (1791) den »Schlickkrapfel« neben »Fleckerl, Knöderl, Nockerln, Nudeln, Reisspeisen, Schmarren, Strudeln und Wandeln« eine eigene Rubrik im IV. Abschnitt (»Verschiedene Mehl- Milch- Grieß- und Reißspeisen, meistens an Fasttagen«). Angeführt werden Schlickkrapfen von Hausen, von Karpfenmilch, von Krebsen, »mit Spenat«, von Fleisch und von der Lunge (»Treibe den Taig mit dem Nudelwalker aus, und ziehe ihn mit der Hand schön aus, daß er wie ein Postpapier so fein wird. Bestreiche ihn alsdann mit einem abgeschlagenem Ey, gib die Lung mit dem Eßlöffel darauf, schlage den Taig darüber, und schneide die Lungenkräpfel mit dem Backradl schön aus.«).

Elisabeth Stöckel rät 1853: »…schlägt den Teigrand darüber, sticht sie mit einem runden Model aus, oder radelt sie mit dem Krapfenradel ab, und gibt sie in kochende Fleischbrühe.«

Nicht sicher geklärt ist die Herkunft des Wortes »Schlick« (Krapfen ist ein altes heimisches Wort); volksetymologisch könnte man es mit dem Wort »schlucken« (mundartlich: »schlicken«) in Zusammenhang bringen (im Frühneuhochdeutschen bezeichnete man mit dem Wort »Schlucker« auch einen »Schlemmer« – heute ist meist nur die Vorstellungskombination von einem »armen Schlucker« geläufig). Das Grimmsche Wörterbuch dagegen vermutet, daß mit »Schlick« vielleicht die Farce, also die Fülle dieser »Krapfen« bezeichnet werden soll (von »slikan« = glatte, schleimige, schlüpfrige Masse).

Pofesen und Schnitten

Hirnpofesen

8 Portionen

½ Kalbshirn, 20 g Butter, 1 kleine Zwiebel, Petersilie, Salz, Pfeffer, 1 Eidotter, 8 Weißbrotschnitten (3 mm dick; Weißbrot vom Vortag verwenden), etwas Milch, 1–2 Eier, Butter zum Backen

Die feingeschnittene Zwiebel in heißer Butter goldgelb rösten, das vorsichtig enthäutete und feinst gehackte

Hirn beigeben und mitrösten, bis die Masse ziemlich trocken geworden ist, dann vom Feuer nehmen, den Dotter und die feingehackte Petersilie beigeben, alles gut verrühren, anziehen lassen, mit Salz und weißem Pfeffer würzen. Die Masse etwas überkühlen lassen und anschließend auf die vorbereiteten Weißbrotschnitten streichen.

Je eine Weißbrotschnitte (man kann auch Semmelschnitten nehmen), ca. 3 mm dünn geschnitten, mit der Masse bestreichen, mit einer zweiten Weißbrotschnitte bedecken, dann alle gefüllten Weißbrotschnitten mit Milch ein wenig befeuchten, in Streifen oder Rhomboide schneiden, durch gut verschlagenes Ei ziehen und in zerlassener Butter goldgelb backen.

Man kann die gefüllten und zusammengelegten Weißbrotschnitten auch im ganzen durch einen Back- oder Palatschinkenteig ziehen, in heißem Fett schwimmend backen, dann in gefällige Stücke schneiden. Auf die gleiche Art können **Leberpofesen, Milzpofesen, Schinkenpofesen, Spinatpofesen** usw. bereitet werden (anstelle von Hirn nehme man sehr fein faschierte Leber, ausgestrichene Milz, feingehackten Schinken, passierten Cremespinat, dick gebunden und mit Ei vermischt, usw.). Alte Kochbücher empfehlen als Fülle u. a. Kalbfleischpüree, Hühnerfleischfarce, feines Ragout oder Wildpüree.

Als Pavese, Pofese, Poföse, Bofese, fälschlich auch Baweuse, bezeichnete man im Mittelhochdeutschen einen großen Schild, der, mit einer langen Eisenspitze versehen, in die Erde gestoßen wurde und dem Schützen als Deckung diente. Noch heute heißen zwei schildförmig mit einer Fülle zusammengefügte Weißbrotschnitten im Italienischen »pavese«. Zum erstenmal belegt ist das Wort im Tegernseer Klosterkochbuch aus dem Jahre 1534.
Für das gleiche Gericht kannte man im Mittelalter auch die Bezeichnung »Armer Ritter« und »clamirre«. »Armer Ritter« heißt die Pavese heute noch in Norddeutschland; schon das »Buch von guter spise« aus dem 14. Jahrhundert erwähnt die »armenritler«, wobei die Worterklärung nicht endgültig gesichert ist: (vielleicht – nach Hans Wiswe – von »riter, reuter« = Stücke im Zeughaus, oder von »rider« = ein Stück Speck auf einem Bissen Brot, oder von niederländisch »ruyte«, lateinisch »rupta« = Rotte); nicht sehr wahrscheinlich ist die Ableitung von einer Speise aus der Küche eines »armen Ritters«. Dagegen spricht auch das österreichische »clamirre«, das in der 1250 im heutigen oberösterreichischen Innviertel von Wernher dem Gartenaere geschriebenen Versnovelle »Meier Helmbrecht« erscheint. In diesem Epos mahnt der Vater seinen abtrünnigen Sohn, der lieber Ritter als Bauer werden möchte: »datz ôsterrîche clamirre, di soltû ezzen, liebes kint«. Im Glossar dazu wird »clamirre« als »gebackene Semmelschnitten, mit Hirn und Obst gefüllt«, erklärt. Noch heute ist bei einem bäuerlichen Festessen im Innviertel und im angrenzenden Salzburgischen die »Pofese« ein traditionelles Gericht, allerdings als Mehlspeise, mit Powidl gefüllt. Auch »Armer Ritter« ist noch als Schmalzgebäck bekannt, so in Albert Kofraneks »Die gute Wiener Küche«.

Milzschnitten (Milzcroutons)

4–6 Portionen

100 g Rindermilz, ausgestrichen; 40 g Butter; 1 Zwiebel, Petersilie, fein geschnitten; 2 Eier, Salz, Pfeffer, Majoran, Knoblauch, Weißbrotschnitten oder auch Schneidsemmeln, Fett oder Butter zum Backen

Die Weißbrotschnitten oder Semmeln in ca. 5 mm dünne Scheiben schneiden, mit der vorbereiteten Masse bestreichen und in heißem Fett schwimmend backen (zuerst mit der bestrichenen Seite ins Fett geben, dann auch auf der anderen Seite rasch backen), gut abtropfen lassen und in kleine Streifen schneiden.
Die bestrichenen Weißbrotschnitten können auch auf einem leicht gebutterten Blech im Backrohr gebacken werden.
Masse: In heißer Butter feingeschnittene Zwiebeln goldgelb rösten, die ausgestrichene Milz beigeben und mitrösten, dann das Ei und die feingehackte Petersilie beigeben, verrühren und anziehen lassen, mit Salz, weißem Pfeffer und Majoran sowie einer Spur Knoblauch würzen, gut verrühren und anschließend etwas überkühlen lassen.
Statt der ausgestrichenen Milz können auch 100 g feinpassierte Leber verwendet werden (**Leberschnitten**).

Gebundene Suppen

Das Wort »Suppe« ist im Deutschen seit dem 14. Jahrhundert bezeugt und bezeichnete ursprünglich eine flüssige Speise mit Einlage bzw. mit fetter oder magerer Suppe eingeweichte Brotschnitten. Der Begriff dehnte sich später auf alles aus, was in die Suppenschüssel kam, wovon die Kochbücher des 18. und des beginnenden 19. Jahrhunderts noch Zeugnis ablegen. So führt die Herzogin Lichtenstein im Kochbuch des »Granat-Apffels« von 1699, im Kapitel »Von allerhand Suppen« u. a. an: »Eine Suppe mit kleinen Vögelein«, »Ein gutes Süpplein über gebratene Hühner«, »Eine Mandelbrühe über einen Rehbug«, »Schwarze Brühe zu machen über einen Karpffen«, »Eine gute Suppe über eine Zunge«. Das Rezept »Eine gute Königs-Suppe zu machen« lautet so: »Nimm einen cappaun, er sey gesotten oder gebraten: nimm das weisse davon, und mach ein gutes gestossenes: nimm darzu ein halb pfund mandeln, und eine schmollen, oder das weiche von einer semmel, zerreib das mit einer guten halben kanne cappaunen-suppe durch, und halt sie warm, bis mans anrichten will; nimm brod, und laß auf einem kohlfeuer wohl anlauffen, mit guter suppe und substantz, und richte die suppe darüber; zum regulieren der suppe nimm brießlein, und nimm ausgelöste granat-äpffel. Will mans besser haben, so nimm man gestossene krebs-farb, und kälbernen braten-safft, und reguliert die suppe darmit.« Ähnliche Rezepte finden wir auch noch in den Kochbüchern um 1800, so im »Wienerischen bewährten Kochbuch« des Ignaz Gartler und der Barbara Hikmann, z. B. »Brodsuppe mit Vögeln«, »Gestossene Suppe von gebackenen Hühnern«. Wir haben im Kapitel »Suppeneinlagen« schon auf die ähnliche barocke Suppenpraxis des Conrad Hagger hingewiesen. Erst im Laufe des 19. Jahrhunderts hat sich eine Klassifikation der Suppen herauskristallisiert, nicht zuletzt durch den Einfluß der französischen Küche, wo sich schon im 16./17. Jahrhundert ein »Klassenunterschied« bei den Suppen entwickelt hat. Ab dem 18. Jahrhundert heißt die Suppe der feinen Leute die Bouillon, das Fleischkonzentrat unserer Rind- und Kraftsuppe »potage« (von »pot« = Topf), worunter man ursprünglich einen Fleisch- und Gemüseeintopf verstand; die »ländlich-ordinaire« dicke Suppe, für arme Leute zum Sättigen ihres Hungers gedacht, hieß »soupe«, während im Deutschen alles unterschiedslos als »Suppe« bezeichnet wurde und wird (das Wort »Suppe«, spätlateinisch »suppa«, hat die gleiche Wurzel wie die Wörter »saufen«, »schlürfen«; einige Forscher wollen das Wort aus dem Sanskrit ableiten, und zwar aus der Zusammensetzung von »su« = gut und »pô« = ernähren).

Das Frühstück – und nicht selten auch die Hauptmahlzeit – unserer Bauern bestand einst aus der dicken »soupe«, einer Suppe, meist auf einer Milch- und Mehlgrundlage basierend, wie die Mehlsuppe, die Stosuppe, die Schottensuppe, die Einbrenn-, Brenn- oder Bräunsuppe bezeugen. Zum Mittagessen dagegen gab und gibt es auf dem bäuerlichen Tisch nicht regelmäßig eine Suppe, wie sich dies in der Wiener Küche, in der Eßgewohnheit der Städter entwickelt hat (wo wieder die »Milchsuppe« des Bauern keine Rolle spielt). Überall in Österreich aber sagt man heute »Suppe«, wo es im Binnendeutschen »Brühe« heißt, ein Wort, mit dem man im Österreichischen nur eine »zweifelhafte Flüssigkeit« (Julius Jakob, »Wörterbuch des Wiener Dialektes«, 1929) bezeichnet.

Einen »wunden« Punkt der Wiener Küche haben wir im Zusammenhang mit der »gebundenen Suppe« noch zu klären: die »Einmach« und die »Einbrenn«. Schon in Biedermeiers Zeit begannen die Suppenrezepte meist so: »Erstlich mache eine gelbliche Einbrenn« oder: »leg in eine Rein Butter oder Schmalz, und laß es auf einer Glut zergehen. Gib dann so viel Mehl darein, als nötig ist. Dieses lasse langsam schön braun werden.« Anna Dorn, die erfahrene Biedermeierköchin, läßt sich in ihrem Wiener Kochbuch (1827) besonders diese »Einbrenn« angelegen sein und schreibt ein eigenes Kapitel »Von Verfertigung der Einbrenn«, darin es u. a. heißt: »Eine Einbrenn darf nie zu braun und nie zu licht, sondern der Grundfarbe jener Speise, zu welcher sie bereitet wird, angemessen, nie zu dick, aber auch nicht zu dünn, am allerwenigsten aber mit jenen ekelhaften Pappknödel versehen sein, die sich leicht als Folge eines nicht gehörig verrührten und in zu großer Dosis auf einmal eingeworfenen, oft feuchten Mehles bilden. Die Haupterfordernisse einer ordentlichen Einbrenn sind: reines, vollkommen trockenes, mithin keinen dumpfigen Geschmack äußerndes Weizenmehl und frische, folglich von aller ranzigen Beschaffenheit ganz freie Butter. Zur Bereitung der Einbrenn nimmt man Butter oder Rindschmalz – Schweineschmalz nur in ärmeren Haushaltungen – in eine Caserolle oder Rein, läßt sie recht heiß oder gelbbraun werden und gibt dann nach Proportion Mehl darein, das man beständig mit dem Kochlöffel umrührt und so braun werden läßt, als es der Speise angemessen ist. Zuletzt tut man die nach Umständen für die Einbrenn erforderlichen Dinge, als: Zwiebeln, grüne Petersilie, Schalotten u.s.w. dazu, und rührt es ein. – Will man Speisen mit Zucker kochen, so gibt man ihn zu dem braunen Mehle und läßt ihn eine schöne hohe Farbe bekommen.«

Soweit die Biedermeierköchin Anna Dorn. So oder ähnlich haben Generationen vor ihr und Generationen nach ihr die Einmachsuppen, Einbrennsuppen, gebundenen Suppen und braunen Suppen, »eingebranntes« Gemüse und die Soßen fabriziert. Das kochtechnische Verfahren beim Verfertigen dieser »Mehlschwitze« hat sich natürlich inzwischen gewandelt, verfeinert, aber nach wie vor bekennt sich der Österreicher zu seiner Vorliebe für Mehl. Und er bleibt in dieser Liebe konsequent, ob Mehlspeise, ob Mehl in der Suppe oder im Gemüse.

Auch in der modernen Küche lassen sich diese Einmach und Einbrenn noch immer vertreten. Man muß nur zu den gebundenen Suppen die Speisenabfolge entsprechend abstimmen, das heißt, man darf zum Beispiel in diesem Falle keine Fleischgerichte mit dicken Saucen folgen lassen und keine Mehlspeisen, sondern leichte Desserts.

FACHLICHE HINWEISE

Die gebundenen Suppen werden in folgende Arten unterteilt: **Cremesuppen** sind ganz feine, zarte, cremige Suppen mit zarter Einlage oder mit pürierten, gebundenen Gemüsen (z. B. Spargel für die Spargelcremesuppe). Die Suppe wird vor dem Anrichten montiert, d. h. mit Butter(flocken) und Obers vollendet.

Legierte Suppen, Einmachsuppen sind feine, gebundene Suppen mit reichlich Einlage (z. B. Wiener Einmachsuppe).

Grundrezept: Zu 1 $\frac{1}{4}$ Liter Fond (Aufgußmittel) nimmt man 1–2 Eßlöffel Butter und 3–4 Eßlöffel Mehl; als gehackte Kräuter nehme man Petersilie, Selleriegrün, Schnittlauch oder Kerbel. Die Butter wird erhitzt, das Mehl beigegeben, kurz geröstet, mit etwas kalter Suppe gelöscht, dann unter ständigem Rühren nach und nach heiß aufgegossen. Das Ganze läßt man $\frac{1}{2}$ Stunde langsam kochen. Vor dem Anrichten wird die Suppe legiert: Man verrührt Eidotter und Obers mit etwas Suppe, rührt es in die nicht mehr kochende Suppe ein und vollendet dann mit den gehackten Kräutern (allenfalls nachwürzen).

Auf diese Weise kocht man Karfiol-, Karotten-, Kochsalat-, Kräuter-, Schwammerl-, Sellerie-, Spargel-, Spinat-, Paradeis-, Rote-Rüben-, Wurzelsuppe und verschiedene andere Gemüsesuppen.

Püreesuppen sind alle gebundenen Suppen, wenn sie durch ein Sieb gestrichen (»durchgeschlagen« heißt es in den alten Kochbüchern) werden. Der Großbestandteil dieser Suppe, also der namengebende Geschmacksträger der gebundenen Suppe (z. B. Erbsen, Linsen, Bohnen, Karotten, Sellerie, Paradeiser, Karfiol, Spargel, Kartoffeln) wird püriert. Die Bindung (sie kann dicker oder dünner gehalten werden) erfolgt bei Gemüsesuppen in Verbindung mit Kartoffeln oder Einmach; bei Hülsenfrüchtesuppen: wegen besserer Konsistenz mit wenig Einmach; bei Wildsuppen: mit Linsen, lichter Einmach oder brauner Einbrenn. Püreesuppen erhalten cremige Beschaffenheit, wenn man die Suppe im Mixer laufenläßt, statt sie zu passieren (außer bei Püreesuppen aus Fleisch; diese werden durch die feine Scheibe der Faschiermaschine gedreht). Auch die Püreesuppen vollendet man gern mit gehackten frischen Kräutern.

Unpassierte Gemüsesuppen: Ihre leichte, mollige Bindung erhält man, indem man einige in kleine Scheiben geschnittene rohe Kartoffeln mitkocht. Das Gemüse

Von allerhand Suppen.

1. Eine gute Mandel-Suppe zu machen.

Es sollen gar kleine bereitete mandeln genommen werden, hernach soll man im frischen wasser geweichte semmeln wohl ausdrücken, und die mandeln stossen, und mit gesottenem wasser oder fleisch-suppe durchtreiben, daß es eine dicke mandel-milch wird; darnach soll man es zuckern, und einen sud thun lassen, weil es siedet, mit dem löffel wohl klopffen, und solche auf gebähte semmel-schnitten anrichten. Wenn man will, daß diese suppe nicht stopffen soll, so kan man ein wenig weitzene kleyen im wasser oder suppe sieden, und solche mandeln mit durchtreiben, in welchem fall man es aber nicht mit zucker anmachen darff.

2. Schmalz-Suppe von Maurachen oder Morgeln.

Nehmt sauber gereinigte maurachen, schneidet überzwerch eines messerrückens dicke ringel daraus, thuts in einem hafen oder topff, schneidet petersilien und bertram darzu, pfeffer und saltz, giest darauf drey oder vier schöpff-löffel voll gute fleisch-suppe, lasts darein sieden, alsdann schneidet etwas weniger als zu einer schmalz-suppe reckenes brodt auf, und richtet die gesottenen maurachen darauf an, die suppe muß nicht zu trucken auch nicht zu naß seyn, darnach den schmaltz heis gemacht, darüber gebrennt, und ein wenig gepfeffert.

3. Eine Suppe mit kleinen Vögelein.

Man soll rockenes brodt aufschneiden, wie zu einer schmaltz-suppe, eine gute rindfleisch-suppe darüber giessen, und lassen eintrucknen, hernach die kleinen vögelein fein safftig abbraten, und auf das brod gelegt, und in schmaltz wohl geröstete zwiebeln darauf legen, pfeffern, und ein wenig mit Eßig, besprengen, darnach gar einen heissen schmaltz darüber brennen.

4. Die Jäger-Suppe zu machen.

Man soll haus-brod aufschneiden, wie zu einer schmaltz-suppe, und in eine schüssel richten, darnach soll man von einem braten, es sey kälbern, schöpsen oder wildprät, etwas gar klein hacken, und auf das brod sträuen, hernach wieder eine lage brod, und wieder gehackten braten, bis die schüssel voll

Nnn 3

selbst wird grundsätzlich gedünstet. Wurzelwerk und Zwiebel kann man in etwas stärkerem Ausmaß dazu verwenden. Die feingeschnittene Zwiebel wird in heißem Fett (1 Eßlöffel) hell geröstet, Porree und Wurzelwerk, in Streifen, Würfel oder Scheiben geschnitten, zugedeckt kurz mitgedünstet; dann untergießt man mit etwas Suppe oder Wasser, gibt das in Stücke geschnittene Gemüse bei, würzt und läßt alles halbweich dünsten. Nun gibt man die Kartoffeln hinzu, gießt mit Wasser oder Suppe auf und kocht das Ganze fertig. Zum Schluß schmeckt man mit gehackten frischen Kräutern ab.

Getreidesuppen: Dazu gehören u. a. Rollgerstel, Ulmergerstel, Grieß-, Maisgrieß-, Buchweizen-, Hirse-, Haferflocken-, Reis- und Weizenschrotsuppe. Produkte mit einer längeren Kochzeit kann man in kaltem Wasser vorweichen, wobei man das Einweichwasser zum Kochen weiterverwendet. Auch hier röstet man zunächst das Wurzelgemüse in Fett hell, gibt das Kochgut bei, läßt es kurze Zeit mitrösten, gießt mit Flüssigkeit auf, würzt und läßt alles langsam und gleichmäßig kochen. Man vollendet sie mit Kräutern.

Bei den **braunen Suppen** der Wiener Küche läßt man das Kochgut (Mehl, Grieß, Haferflocken usw.) in heißem Fett gleichmäßig braun bis dunkelbraun rösten, gießt mit Fond (Aufgußmittel) auf, würzt und läßt alles langsam unter öfterem Umrühren etwa ½ Stunde kochen. Man vollendet sie mit Kräutern.

Hülsenfrüchtesuppen (Bohnen, grüne und gelbe ganze Erbsen, grüne und gelbe Spalterbsen, Linsen): Die Hülsenfrüchte weicht man die Nacht über ein und stellt sie dann mit dem Einweichwasser auf. Man kann eine lichte Zwiebeleinmach mit dem Sud der weichgekochten Hülsenfrüchte binden und fertig kochen.
Oder man bereitet die Hülsenfrüchte mit Gemüse und Kartoffeln zu: Dazu röstet man in heißem Fett Zwiebel und Wurzelwerk, füllt mit Wasser auf und bringt es zum Kochen, gibt die Hülsenfrüchte dazu (nicht salzen!) und kocht sie weich; vor dem Weichwerden gibt man zwei, drei kleinwürfelig geschnittene Kartoffeln bei, salzt, läßt alles gut verkochen und würzt eventuell nach. Diese Art kann man anwenden, wenn die Hülsenfrüchte nicht länger als 1 Stunde zum Weichkochen benötigen. Man kann aber die Hülsenfrüchte auch mit ungerösteten Zwiebeln und Wurzelgemüse weich kochen.

Weiße oder lichte Einmach und **braune Einbrenn:** Für die lichte Einmach verwendet man Butter, für die braune Einbrenn Öl oder Schmalz (Schweinefett). Man erhitzt das Fett und gibt das nötige Mehl dazu (auf 1¼ Liter Suppenflüssigkeit rechnet man je 30 bis 40 Gramm Fett und Mehl), röstet für die lichte Einmach das Mehl, ohne es Farbe nehmen zu lassen; für die braune Einbrenn röstet man das Mehl weiter, bis es eine gleichmäßig goldgelbe bis braune Farbe annimmt. Nach diesem »Mehlanschwitzen« füllt man unter ständigem Rühren mit dem Schneebesen den Fond (Aufgußmittel) zur gewünschten Menge auf und läßt das Ganze kochen. Je brauner die Einbrenn, desto länger soll das Gericht kochen!

Aufgußmittel (Fond): Um eine gute gebundene Suppe zu bekommen, ist das Aufgußmittel (Fond, Gemüsesud, Kochsud, Einweichwasser) von größter Wichtigkeit.
Für legierte Suppen oder Cremesuppen wird weißer Kalbsfond, also Kalbsknochensuppe, verwendet, die mit Grundmaterial (Spargel, Karfiol u. dgl.) geschmacklich angereichert wurde.
Für Püreesuppen wird weißer Kalbsfond oder die zum zweiten Mal ausgekochten Rindsknochen, zu einem Fond aufgestellt, verwendet.

Bohnensuppe

4 Portionen

1¼ l Wasser, 200 g Bohnen, Selchfleisch oder Speck, 100 g durchzogener Speck, 40 g Schweinefett, 30 g Mehl, 1 Zwiebel, 1 Zehe Knoblauch, Salz, Paprika, Pfeffer, 4–6 EL Sauerrahm

Die gewaschenen Bohnen die Nacht über in genügend Wasser vorweichen, am nächsten Tag im Einweichwasser mit dem Selchfleisch (Speck) weich kochen. In heißem Fett kleinwürfelig geschnittenen Speck anrösten, die feingeschnittene Zwiebel beigeben und mitrösten, ebenso eine zerdrückte Knoblauchzehe, dann mit

Mehl stauben, hellgelb rösten und paprizieren. Mit Bohnenkochsud auffüllen, glattrühren, hernach die Bohnen samt restlicher Kochsudflüssigkeit beigeben, verkochen lassen und würzen. Zum Schluß mit Sauerrahm abschmecken. Das mitgekochte Selchfleisch (Speck) gibt man würfelig geschnitten als Einlage in die fertige Suppe.

Bohnenpüreesuppe

4 Portionen

200 g Bohnen, Stück Speck und Speckschwarten, 1 Zwiebel, 1 Karotte, 20 g Butter, 20 g Mehl, 250 g Paradeiser, 2 Gewürznelken, Salz, Pfeffer, 1 Knoblauchzehe

Die gewaschenen Bohnen die Nacht über in reichlich Wasser vorweichen. Im Einweichwasser mit Speckstück und Schwarte, den geschälten, entkernten und aufgerissenen Paradeisern, der Karotte sowie etwas Pfeffer und den Gewürznelken weich kochen. Aus Butter und Mehl, feingeschnittener Zwiebel und etwas zerdrücktem Knoblauch eine lichte Einmach bereiten, mit den Bohnen samt Kochwasser auffüllen, gut verkochen und dann passieren. Zum Schluß nachwürzen. Einlage: gebähte Semmelwürfel.

Brotsuppe

4 Portionen

1 ¼ l Rindsuppe, 250 g altbackenes Schwarzbrot, 3 EL Fett, 1 mittlere Zwiebel, 1 Knoblauchzehe, Salz, Kümmel, Muskat, Pfeffer, 3 EL Sauerrahm, 1 Eidotter, 1 EL Butter, Schnittlauch

Das Fett heiß werden lassen, die feingeschnittene Zwiebel hellbraun rösten, den zerdrückten Knoblauch mitrösten, das würfelig geschnittene Schwarzbrot beigeben, mit heißer Suppe aufgießen und würzen. Während des Kochens das Brot mit dem Schneebesen zu einem dicklichen Brei zerschlagen, danach abschmecken. Nach kurzem Aufkochen mit Sauerrahm und Eidotter legieren, mit einem Stück frischer Butter vollenden. Reichlich mit geschnittenem Schnittlauch bestreuen.

Beethovens Lieblingssuppe war eine dicke Brotsuppe, breiig gekocht; dazu mußten ihm zehn ansehnliche frische Eier auf einem Teller präsentiert werden, die er, ehe er diese in die Suppe einrühren ließ, gegen das Licht hielt, prüfte, sie eigenhändig aufschlug und beroch. Hatte ein Ei einen Strohgeruch, soll er es kurzerhand seiner Haushälterin nachgeworfen haben. In alten Kochbüchern, so im »Grätzerischen Kochbuch« (1804), finden wir auch eine **süße Brotsuppe**. Etwas verfeinert, soll sie hier angeführt werden:

4 Portionen

250 g Brotreste, 2 EL Rosinen, 1 EL Korinthen, 1 TL Zucker, Zitronenschale, Prise Salz, 1 Eidotter, $1/16$ l Rotwein, Zucker, Zimt

Die Brotreste vorweichen, mit wenig kaltem Wasser ansetzen, 10 Minuten ziehen lassen, dann pürieren. Das Pürierte mit Rosinen, Korinthen, Zitronenschale, etwas Zucker und Salz und der benötigten Flüssigkeitsmenge etwa 15 Minuten leicht kochen lassen. Rotwein und Eidotter verrühren und die Suppe zum Schluß damit legieren. Mit Zucker und Zimt bestreuen.

Eine »**Schwarze Brodsuppe**« bringt »Die erfahrne und wohlgeübte Herrschafts-Köchin« (Wien, 1802), bereitet aus Schwarzbrotschnitten und Rindsuppe, Eiern, geschnittenen Bratwurststückchen (»die die Suppe vielgeschmacker machen als die geselchten Würsteln«), mit »gedünsteten und in kleine Stücke zerteilten Brüsen und Eiterln, dann Pfeffer und Gewürze nach Maßgabe, und so zugerichtet auf die Tafel. Diese Suppe wird Ehre einlegen.«

Champignonsuppe

4 Portionen

1 ¼ l Kalbsknochensuppe, 350 g frische Champignons, 20 g Butter, einige Tropfen Zitronensaft, 40 g Butter, 40 g Mehl, 1/8 l Obers, 1 Eidotter, Salz, weißer Pfeffer, Muskat, Petersiliengrün

Die Champignons, geputzt, gewaschen, in dünne Scheiben geschnitten, in heißer Butter und etwas Zitronensaft zugedeckt rasch weich dünsten. Aus Butter und Mehl eine lichte Einmach bereiten, mit der Kalbsknochensuppe aufgießen, ½ Stunde kochen, passieren, die gedünsteten Champignons beigeben und aufkochen lassen. Mit den Gewürzen abschmecken, mit Obers und Dotter legieren und mit gehackter Petersilie bestreuen.

Buttermilchsuppe

4 Portionen

1 l Buttermilch, Salz, Kümmel, 2 EL Mehl, 1–2 EL kalte Milch

Die Buttermilch mit Salz und etwas Kümmel zum Kochen bringen. Das Mehl mit wenig kalter Milch verrühren, in die kochende Buttermilch einrühren, ein paar Minuten kochen lassen. Mit Schwarzbrotschnitten, eventuell auch mit gekochten Kartoffeln anrichten.

Wiener Einmachsuppe

4 Portionen

1 1/4 l Kalbsknochensuppe, 250 g Kalbfleisch, 50 g Butter, 40 g Mehl, Salz, weißer Pfeffer, Muskat, 1/8 l Obers, 2 Eidotter, nußgroß Butter, Petersilie

In der Kalbsknochensuppe das Kalbfleisch weich kochen. Aus Butter und Mehl eine lichte Einmach bereiten, mit der Kalbsknochensuppe aufgießen, glattrühren und 1/2 Stunde leicht kochen lassen. Die Suppe passieren und würzen. Mit Obers und Dotter legieren und mit einem Stück Butter vollenden. Das feingeschnittene Kalbfleisch als Einlage in die fertige Suppe geben. Mit gehackter Petersilie bestreuen.
Weitere Einlagen nach Wahl: Champignons, Karfiol, kleingeschnittene Karotten, grüne Erbsen, Brösel- oder Markknödel oder gebähte Semmelwürfel, Nudeln.
Für die Wiener Einmachsuppe werden meist Kalbs- oder Geflügelknochen gekocht. Sind keine vorhanden, kann man auch eine lichte Rindsuppe verwenden.
Um 1900 las sich ein Rezept der »feinen Einmachsuppe – Potage lié à l'Autrichienne« so: »Ein Stück Kalbskopf wird weichgekocht, gute Buttereinbrenn wird mit der Suppe, in welcher der Kopf gekocht wurde, aufgegossen, etwas Madeirawein dazugegeben, das Fleisch von Kalbskopf abgelöst, in Würfel geschnitten, Markknödel, Bratwurstscheiben, Champignons, Trüffelscheiben und Karfiolstücke beigegeben, alles miteinander vermengt und die Suppe dann angerichtet.«

Einbrennsuppe

4 Portionen

1 EL Fett, Mehl, 1 1/4 l Wasser (oder Rindsuppe), Prise Salz

Im erhitzten Fett das Mehl gleichmäßig dunkelbraun rösten, mit kaltem Wasser aufgießen, salzen und 15 Minuten kochen. Als Einlage nehme man Schwarzbrotschnitten. Wird Kümmel mitgekocht, erhält man die **Kümmelsuppe**. Diese Suppen waren einst als billige Hausmannskost beliebt (Seleskowitz nennt sie »soupe des pauvres gens«), sind aber heute kaum mehr in einem Haushalt anzutreffen.

Erbsenpüreesuppe

4 Portionen

250 g Erbsen, 1 1/2 l Selchsuppe, 1 Karotte, 1/2 Lorbeerblatt, Thymian, 1 Gewürznelke, 2 rohe Kartoffeln, 100 g Selchspeck, 1 Zwiebel, 20 g Mehl, Salz, Zucker, Pfeffer, Obers, nußgroß Butter, Petersilie

Die vorgeweichten Erbsen in der Selchsuppe mit Karotte, Lorbeerblatt, Thymian, Gewürznelke etwa 1 Stunde kochen. Dann die rohen geschälten und würfelig geschnittenen Kartoffeln mitkochen.
Würfelig geschnittenen Selchspeck glasig anlaufenlassen, die feingeschnittene Zwiebel darin rösten, mit Mehl stauben, mit der Erbsensuppe samt den Erbsen aufgießen, alles zusammen noch etwa 10 Minuten kochen, dann passieren und würzen. Mit Obers und frischer Butter vollenden. Mit gehackter Petersilie bestreuen. – Hat man keine Selchsuppe, koche man Schwarten und 1 Stück Selchspeck mit. Einlage: gebähte Semmelschnitten.

Fasanpüreesuppe

4 Portionen

1 Fasan, 2 EL Fett, Suppengemüse, Salz, 1 Schale Linsen, 40 g Öl, 40 g Mehl, Wurzelwerk, 1 Zwiebel, Salz, Pfeffer, Thymian, Lorbeerblatt, 1/16 l Madeira, 2 Eidotter, 1/8 l Obers, 30 g Butter zum Montieren

Man kann auch einen älteren (oder zerschossenen) Fasan verwenden, reinigt ihn, salzt und pfeffert und brät ihn in heißem Fett auf allen Seiten gut an. Dann kocht man ihn mit Suppengemüse und etwas Salz weich. Extra kocht man eine Schale vorgeweichte Linsen. Dann bereitet man aus Fett und Mehl eine braune Einbrenn, gibt das kleinwürfelig geschnittene Wurzelwerk bei, röstet es ein wenig an, gießt mit der Fasansuppe auf, gibt die Linsen bei, ebenso das weiche, ausgelöste Fasanfleisch, etwas Thymian, Lorbeerblatt und läßt alles gut kochen. Dann passieren (am besten durch die feine Scheibe der Faschiermaschine). Die passierte Suppe gießt man in eine Kasserolle, läßt das Ganze noch einmal aufkochen (wenn nötig, gebe man etwas Suppe dazu). Zum Schluß würzen (mit Salz, Pfeffer, Madeira), mit Obers und Eidotter legieren und mit frischer Butter montieren.

Auf die gleiche Art kann auch eine Suppe aus Rebhuhn, Wildtaube und Ente bereitet werden.

Einlage: kleinwürfelig geschnittene, in Butter geröstete Semmelcroutons

Fastensuppen

Noch vor wenigen Jahrzehnten hatte das katholische Kirchenjahr 148 Fasttage, die für unsere Küche und Gastronomie verpflichtend waren. Der § 2480 der Verordnung der administrativen Polizei Niederösterreichs und Wiens, 1829 herausgegeben, lautete: »Die Gastwirte, Traiteurs und Garköche sind verpflichtet, an Fasttagen für ihre Gäste in der Regel Fastenspeisen zuzubereiten, und nur als Ausnahme ist es ihnen gestattet, auf besonderes Verlangen, jedoch in einem abgesonderten Zimmer, oder wo es an Gelegenheit hierzu mangelt, wenigstens auf einem abgesonderten Tische, auch Fleischspeisen abzureichen.« Wer dagegen verstieß, dem drohte die »Gewerbesperre«. Aber auch die Kirche hatte mit ihren Fastengeboten Sorge. Der Suppenluxus war gerade in den Klöstern des frühen Mittelalters so groß, daß auf dem Konzil von 1304 beschlossen wurde, an Wochentagen dürfe pro Pater und Tag nur eine einzige Suppe verabreicht werden. In den Klöstern wurde als Fastenspeise vor allem auch Marzipan sehr kultiviert, denn schon Thomas von Aquin (1225–1274) schrieb, »solch verzuckerten Gewürze« würden »die Fasten nicht brechen«.

Das Wort »fasten« ist von dem Eigenschaftswort »fest« abgeleitet und bedeutet zunächst »festhalten, beobachten«. Schon die ostgotische Kirche dürfte den Begriff der Enthaltsamkeit in dieses Wort gelegt haben (»an den Fastengeboten festhalten«), das sich bereits im 5. Jahrhundert im Germanischen und Slawischen mit dieser Bedeutung ausgebreitet hat.

Die kirchlichen Fastengebote, von Papst Gregor dem Großen 590 eingeführt, untersagten vor allem während der vierzigtägigen Fastenzeit zwischen Aschermittwoch und Ostern den Genuß von warmblütigen Tieren bzw. die mehrmalige Sättigung pro Tag; aber auch Milch, Butter, Käse und Eier waren bis 1490 verboten gewesen. Zu diesen 40 Tagen im Jahr kamen noch die Quatember- und Vigiltage; die Quatembertage waren die drei Fasttage (Mittwoch, Freitag und Samstag) zu Beginn der vier Jahreszeiten, also in der dritten Advents- und ersten Fastenwoche, in der Pfingstwoche und in der Woche nach der Kreuzerhöhung (14. September); die Vigiltage waren die Vortage hoher kirchlicher Feiertage (Weihnachten, Pfingsten, Maria- und Christi Himmelfahrt, Johannes, Peter und Paul und Laurentius). Übrigens fasteten schon die Juden an jedem Mittwoch und Freitag, die Römer am Samstag. Allerdings lockerten sich die strengen Vorschriften von Jahrhundert zu Jahrhundert, und die Gläubigen hatten auch an den Fasttagen nicht immer auch Fastentage gehabt. So stieg die Zahl der Fastensuppen in den Kochbüchern von Ausgabe zu Ausgabe. Ein Kochbuch aus dem Jahre 1581 weist 63 Suppen auf. Conrad Haggers Barock-Kochbuch von 1719 führte bereits 417 Suppen an, davon 281 Fleisch- und 136 Fastensuppen. Da nicht nur das Fleisch, sondern auch die Rindfleischsuppe an den Fasttagen verboten war, bereitete man die Fastensuppen meist aus dem Kochsud der Erbsen. Außerdem gab es genug Fische, Austern, Krebse, Muscheln, Schildkröten, Schnecken, Fischotter und Biber, die in Mengen das schale Erbsenwasser zur genießbaren Delikatesse machten.

Die Wiener »Hausköchin« Magdalena Rettig verfaßte 1888 sogar ein eigenes Kochbuch für die Fastenzeit. Das »Festtagsmenü à la Frau Rettig« konnte sich dennoch sehen lassen: »1. Wurstsuppe von Fisch. 2. Muscheln mit Wein. 3. Eierpflanzel mit Schwämmen. 4.

Erster Absatz.
Von unterschiedlichen Fasten-Suppen.

N. 1. Mandel-Suppen.

Breite klein-gestossene Mandeln, darnach man viel Suppen brauchet, nimm geschälte Semmel, giesse eine siedende Milch daran, richte die Mandeln und Semmel in einen Durchschlag, treibe es mit siedender Milch durch, so viel Milch genommen, als man Suppen vonnöthen hat, bestreiche ein Rein, oder Hafen mit Schmalz, richte es darein; lasse alsdann aufsieden, gezuckert nach Belieben, ein Stück Butter, hernach gesalzen, und angericht.

N. 2. Blinde Mandel-Suppen.

Rühre in einem Hafen ein wenig Mehl ab mit kalter Milch, darunter gerührt 3. ganze Eyer, und 12. Dotter, fünf Maß siedende Milch, solches rühre eine halbe Stund vor dem Tisch untereinander, es lauffet sonsten gern zusammen, gezuckert, und ein wenig gesalzen, ein Stück Butter,

Heiß abgesottener Hecht mit Kren. 5. Äpfelauflauf. 6. Karpfen mit gelber Soße. 7. Faschierte Krebse mit Karfiol. 8. Backfisch mit grünem Salat. 9. Einen Teller Golatschen und einen Teller Zwieback, zwei Teller Obst; Bier, Wein, Kaffee.« Hunger brauchte dabei ein fastender Christ wohl nicht zu leiden!

Außerdem konnte man es sich auch damals schon »richten«, wie Christoph Friedrich Nicolai, Berliner Buchhändler und Aufklärer, in seiner »Beschreibung einer Reise durch Deutschland und die Schweiz im Jahre 1781« berichtete: »Das Fasten der Wiener hat mich zuweilen ziemlich divertirt. Es war lustig anzusehen, wie ein feister Schmeerbauch, dergleichen es in Wien so viele giebt, den erzürnten Gott, mit großen Bissen zarter Macaroni besänftigte, die er mit einem fetten Karpfen oder aus einem sehr großen, mit Sardellen gespickten und saftig gebratenen Aale einen Schild wider die Nachstellung des höllischen Geistes machte. Wer aber seinen großen Appetit nach Fleisch nicht mäßigen wollte, mußte die Erlaubnis dazu beym päpstlichen Nuncius suchen, welcher sie auch sehr leicht gegen die Gebühren ertheilte.«

Da Nicolai in der Fastenzeit nach Wien gekommen war, erhielt er im »blauen Mondschein« vom Kellner »nur« sechs Gänge vorgesetzt; Rohrhendl und »schlampete Schnecken« (Schneckensalat) fehlten erfreulicherweise dabei nicht. Ein anderer Berliner Reiseschriftsteller, Carl Julius Weber, berichtete in seinen »Briefen eines in Deutschland reisenden Deutschen«, 1826, daß er in Wien an Fasttagen sein Fleisch gekreuzigt habe »mit ungarischen Edelkröten, das heißt mit Schildkröten, mit Hausen, Schnecken, Makkaroni und den ausgesuchtesten Mehlspeisen«. Ein Jahr später, 1827, empfahl Anna Dorn in ihrem Kochbuch für den Gründonnerstag folgendes Essen: »Kräutersuppe mit Eyern legirt, Biber in der Soße statt des Rindfleisches; Spinat mit gesetzten Eyern, Fricassirte Frösche mit Limoniensoße, Rohrhühner in brauner Soße, Karpfen, gebacken, mit grünem Salat und harten Eyern«. Am »Charfreitag« konnte der hungrige Katholik nach Anna Dorn essen: »Artischockensuppe, Verlorne Eyer mit Champignonsoße, Erdäpfel mit Stockfisch, Poupiton von Reis mit Karfiol, gebratenen Hecht mit Austern, Butterbogen«. Kein Fastengebot schrieb vor, ob es nur eine oder fünfzig Austern sein durften. Die folgenden zwei Suppen sollen unser Tribut an jene Fastenzeiten sein.

Fischsuppe

4 Portionen

1 großer Fischkopf, Fischabfälle (daraus 1¼ l Fischsuppe bereiten), 200 g Süßwasserfische, 40 g Butter, 3 hartgekochte Eier, 2–3 Schneidsemmeln, Salz, Pfeffer, Petersilie

Das Fischfleisch kleinwürfelig schneiden, salzen, etwas pfeffern, in der heißen Butter kurz überrösten, die zerdrückten, hartgekochten Eier darüberstreuen. Das Ganze in die kochende Fischsuppe geben, in der zuvor die in Scheiben geschnittenen Semmeln mit dem Schneebesen zerschlagen wurden. Würzen. Unter öfterem Rühren das Ganze einmal aufkochen. Mit feingehackter Petersilie bestreuen.

Fischbeuschelsuppe

4–6 Portionen

Kopf, Schwanzstück, Gräten und Rogen eines frischen Karpfens, Gräten vom Zander, 1½ l Wasser, 2 EL Essig, Salz, 1 Zwiebel, ½ Lorbeerblatt, 6 Pfefferkörner (leicht zerdrückt), Thymian, nußgroß Butter, 2 Teelöffel Zucker, 40 g Fett, 40 g Mehl, 100 g gerissenes Wurzelwerk (am Krenreißer), 1/16 l Rotwein, 2 EL Sauerrahm, Zitronensaft, Petersilie

Die einzelnen Fischstücke, kalt gewaschen, mit Wasser, Essig, Salz, Zwiebel, Lorbeerblatt, Pfefferkörnern und Thymian ansetzen und langsam 1½ Stunden weich kochen, dann abseihen, das Fischfleisch von den Knochen lösen, grob hacken und warm stellen. Den Rogen mit wenig Wasser und Essig, knapp bedeckt, und etwas Salz und Zucker langsam kochen, bis er hart und gelblich wird, dann mit einer Gabel zerdrücken und mit der Schneerute zerschlagen. Inzwischen eine braune Einbrenn aus Fett, etwas Zucker und Mehl bereiten, das feingerissene Wurzelwerk beigeben, kurz mitrösten und mit Rotwein und etwas Essig ablöschen, mit der geseihten Fischsuppe aufgießen. Das Ganze etwa ½ Stunde langsam und gleichmäßig kochen. Mit Salz,

Rotwein, Essig oder Zitronensaft und Sauerrahm abschmecken. Zum Schluß das Karpfenfleisch und den Rogen mit dem Essigsud beigeben. Abschmecken und einmal aufkochen. Die Suppe soll einen pikant-säuerlichen Geschmack haben, mit einem ganz leichten Anklang zur Süße. Angerichtet wird diese Suppe mit Petersilie und Semmelwürfeln.

Gailtaler Kirchtagssuppe

4–6 Portionen

1 kg Fleisch (Huhn, Lamm usw.) mit Knochen und Innereien (Herz, Lunge, Leber), 2 Stangen Porree, 1 Knoblauchzehe, 1 Lorbeerblatt, 3 Neugewürzkörner, Salz, Kräuterbündel: Minze, Salbei, Bertram, Rosmarin, Gundelrebe, 30 g Mehl, 3/8 l Sauerrahm, 1 Kaffeelöffel Essig, 1 Prise Safran (einige Fädchen), 1 Eidotter

Fleisch und Gewürze mit Porree und dem Kräuterbündel in kaltem Wasser (1½ Liter) ansetzen und langsam weich kochen. Sobald das Fleisch gar ist, abseihen, das Fleisch von den Knochen lösen und in kleine Würfel schneiden, dann wieder in die Suppe geben. Das Mehl und den Sauerrahm mit etwas Suppe verrühren und unter ständigem Rühren mit der Schneerute in die Suppe geben. Essig, etwas Safran und die gehackten Kräuter beigeben. Das Ganze einmal aufkochen, vom Feuer ziehen, mit dem verschlagenen Eidotter legieren. Mit gerösteten Weißbrotwürfeln anrichten.

Ganslsuppe

4 Portionen

Gansjunges: Kopf, Flügel, Hals, Füße, Magen, Herz, etwas Gänsefleisch, 1½ l Kalbsknochensuppe oder Wasser, Wurzelwerk, ½ Lorbeerblatt, 4 Pfefferkörner, 1 Gewürznelke, 60 g Butter, 60 g Mehl, 100 g Champignons, Salz, weißer Pfeffer, Muskat, Zitronensaft, 1/16 l Obers, 1 Eidotter, Petersilie

Das geputzte Gansjunge kurz in heißem Wasser blanchieren, dann in der Kalbsknochensuppe oder in Wasser mit etwas Gänsefleisch, dem geputzten Wurzelwerk, Lorbeerblatt, Pfefferkörnern und Gewürznelke weich kochen. Sobald das Fleisch weich ist, herausnehmen, von den Knochen lösen, die Haut entfernen, die Fleischstücke kleinwürfelig schneiden, ebenso das gekochte Wurzelwerk, und alles warm stellen. Aus Butter und Mehl eine lichte Einmach bereiten, die feinblättrig geschnittenen Champignons darin kurz anschwitzen, mit der abgeseihten Ganslsuppe aufgießen, das Ganze ½ Stunde glattkochen lassen. Dann Fleisch und Wurzelwerk beigeben, würzen und pikant abschmecken. Zuletzt mit Obers und Eidotter legieren. Mit gehackter Petersilie bestreuen. Als Einlage: Mark- oder Bröselknöderl.

Diese »Gans(er)lsuppe« beruht auf dem Prinzip der Wiener Einmachsuppe, die, wie Anna Bauer in der »Praktischen Wiener Köchin« (1889) schreibt, »der eigentliche Grundbestandteil aller übrigen Ragoutsuppen« ist.

Gemüsesuppe

4 Portionen

1¼ l Kalbsknochensuppe, 30 g Butter, 30 g Mehl, 300 bis 400 g Gemüse nach Wahl und Jahreszeit, gemischt oder auch Einzelgemüse; Kräuterbündel, Salz, Pfeffer, Muskat, Obers, Butter zum Montieren; oder: Obers und Eidotter zum Legieren

Das Gemüse reinigen, kleinblättrig bzw. würfelig schneiden und in der Suppe mit dem Kräuterbündel kochen. Aus Butter und Mehl eine lichte Einmach bereiten und mit der Gemüsesuppe, aus der das Kräuterbündel entfernt wurde, aufgießen. Gut verkochen und mit den Gewürzen abschmecken. Das Gemüse als Einlage in die Suppe geben. Zum Schluß mit Obers und Eidotter legieren oder nur mit Obers und Butter vollenden. Mit gehackter Petersilie bestreuen.

Diese Suppe kann auch als **Püreesuppe** bereitet werden. Sobald das Gemüse gar ist, abseihen, das Kräuterbündel entfernen, das Gemüse passieren. Mit der Suppe die Einmach aufgießen, das pürierte Gemüse beigeben, gut verkochen lassen, würzen und mit Obers und Eidotter legieren.

Meist aber wird diese **Gemüsesuppe auf Hausfrauenart** zubereitet: Butter aufschäumen, eine feingeschnittene Zwiebel darin glasig werden lassen, mit 20 Gramm

Mehl stauben, mit gewünschter Flüssigkeitsmenge aufgießen und das vorbereitete Gemüse darin ohne Legierung weich kochen.

Grießsuppe

4 Portionen

1¼ l Kalbsknochensuppe oder abgeseihte Gemüsesuppe, 40 g Weizengrieß, 20 g Butter, Salz, 20 g Butter, 20 g Mehl, 100 g Gemüse, Salz, Pfeffer, Muskat, 1 Eidotter, Petersilie

Den Grieß in heißer Butter licht rösten und in die abgeseihte Kalbsknochen- oder Gemüsesuppe einlaufen lassen. Tüchtig verrühren, das geschnittene Gemüse beigeben und ½ Stunde langsam kochen. Aus Butter und Mehl eine lichte Einmach bereiten, mit der Suppe und dem Gemüse aufgießen, würzen und mit Dotter legieren. Mit gehackter Petersilie bestreuen.

Halászlé (ungarische Fischsuppe)

4 Portionen

500 g portionierter Fisch verschiedener Sorten (Karpfen, Hecht, Wels, Schill usw.), 200 g Zwiebeln, 80 g Öl, 3 Teelöffel Paprika, 2 kleine Paprikaschoten, 4 Paradeiser, 1 Knoblauchzehe, Pfefferoni, 10 g Kartoffelmehl, Salz, 1 Glas Weißwein

Die Fischfilets in gröbere Stücke schneiden, salzen und kalt stellen. In heißem Fett die feingeschnittenen Zwiebeln goldgelb rösten, paprizieren, mit Weißwein ablöschen, mit ca. 1½ Liter kaltem Wasser aufgießen und 10 Minuten verkochen, dann die kleingeschnittenen Paprikaschoten, die geschälten, in Scheiben geschnittenen Paradeiser und etwas zerdrückten Knoblauch beigeben. Alles zum Kochen bringen, dann zugedeckt langsam und gleichmäßig gut ½ Stunde kochen. Das Kartoffelmehl in etwas Flüssigkeit anrühren und die Suppe damit binden.
Die Fischstücke beigeben, einmal aufkochen, dann nur mehr am Herdrand ziehen lassen, bis die Fischstücke gar sind. Wer es besonders scharf will, gibt einen feingeschnittenen Pfefferoni bei. – Die Suppe soll eine lebhafte rote Farbe haben.

Einlage: Csipetka, das ist ein Nudelteig, in kochendes Salzwasser gezupft und gekocht.
In Österreich werden anstelle der Csipetka gern dünnblättrig geschnittene rohe Kartoffeln beigegeben (kurz vor der Beigabe des Fischfleisches mitkochen!).

Gulyássuppe

4 Portionen

500 g Rindfleisch (Vorderes, Wadschunken), 60 g Schweinefett, 250 g Zwiebeln, 20 g Rosenpaprika, Salz, Majoran, 1 Messerspitze Kümmel, 1 Knoblauchzehe, 10 g Mehl, 2–3 kleine Kartoffeln, ca. 1½ l Rindsuppe oder Wasser

Die feingeschnittenen Zwiebeln in heißem Fett goldbraun rösten, paprizieren, mit etwas Suppe ablöschen und einkochen. Dann das würfelig geschnittene Rindfleisch beigeben, mit Salz, zerdrückter Knoblauchzehe,

Grätzerisches
durch Erfahrung geprüftes
Kochbuch.
Eingerichtet
für alle Stände.
Zum
Gebrauch für Fleisch- und Fasttäge.

Enthaltend:
deutlich und gründlich beschriebene Vorschriften von der Zubereitung verschiedener für jeden Stand tauglicher Gerichte, Gebackenen, Torten, Zuckergebäcke, Gefrornen, Sulzen und Eingesottenen, Geleen, Gallerten, ꝛc. Getränken, von Fleischeinpökeln: ꝛc. nebst andern häuslichen Erfahrungen, und einer Anweisung zum Trenschiren und Vorlegen.

Herausgegeben von J. M.
Achte mit einer großen Menge bewährter Speise-Vorschriften neuerdings vermehrte und veränderte Auflage.

Grätz,
gedruckt und verlegt bey Johann Andreas Kienreich
1804.

Majoran, Kümmel würzen, das Fleisch darin weich dünsten (zugedeckt, unter öfterem Eingehen und Umrühren). Bevor das Fleisch ganz weich ist, den Fond einkochen, bis das Fett klar erscheint, dann leicht mit Mehl stauben, mit Rindsuppe oder Wasser zu der benötigten Menge aufgießen, die würfelig geschnittenen rohen Kartoffeln beigeben und fertigkochen.
Die Suppe muß sehr heiß serviert werden. Wer sie besonders scharf will, kann vor dem Anrichten einen sehr fein geschnittenen Pfefferoni beigeben.

Hirnpüreesuppe

4 Portionen

1¼ l Kalbsknochensuppe, 1 Schweins- oder ½ Kalbshirn, 30 g Butter, 1 kleine Zwiebel, Petersiliengrün, Salz, Pfeffer, Muskat, 30 g Butter, 30 g Mehl, ⅛ l Obers, 2 Eidotter

Das Hirn in siedenem Wasser kurz blanchieren, häuten und fein hacken. – Aus Butter und Mehl eine lichte Einmach bereiten, mit Kalbsknochensuppe aufgießen, ½ Stunde kochen, dann das zuvor mit feingeschnittener Zwiebel in heißer Butter geröstete Hirn beigeben. Mit Salz, Pfeffer und Muskat würzen. Zuletzt mit Obers und Eidotter legieren. Mit feingehackter Petersilie bestreuen.

Hühnereinmachsuppe

Siehe Einmachsuppe, Seite 107

Hühnerpüreesuppe

4 Portionen

½ Suppenhenne, 500 g Kalbsknochen, Wurzelwerk, Salz, Pfeffer, 30 g Butter, 30 g Mehl, 1 kleine Zwiebel, 1 EL feingehackte Petersilie, ⅛ l Obers, 2 Eidotter

Das gereinigte halbe Huhn und die Kalbsknochen, gehackt, mit dem Wurzelwerk, grob geschnitten, in leicht gesalzenem Wasser weich kochen. Sobald das Huhn weich ist, herausnehmen, das Fleisch von den Knochen lösen, die Haut entfernen, das Fleisch fein faschieren. Aus Butter und Mehl, Zwiebel und Petersilie eine lichte Einmach bereiten, mit der passierten Suppe aufgießen und ½ Stunde langsam kochen. Das faschierte Hühnerfleisch wieder dazugeben und einmal aufkochen. Zum Schluß mit Obers und Eidotter legieren. Mit feingehackter Petersilie bestreuen.

Kaisersuppe

8–10 Portionen

60 g Butter, 80 g Mehl, 2¼ l lichter Kalbsfond, 20 g Butter, 1 Kalbszunge, 150 g Wurzelwerk, 1 Zwiebel, 3 Artischockenböden, ¼ Karfiol, ½ Kalbsbries, 30 g Pilze, ¼ gekochtes Huhn, 2–3 EL grüne Erbsen, Salz, Pfeffer, Muskat, 1/16 l Obers, 1 Eidotter

Aus Butter und Mehl eine lichte Einmach bereiten, mit dem Kalbsfond aufgießen und 30 Minuten kochen.
Die Kalbszunge in Salzwasser weich kochen, häuten, kleinwürfelig schneiden. Wurzelwerk, Artischocken, Karfiol, Pilze und Erbsen kochfertig machen bzw.

kleinwürfelig schneiden und zusammen mit der feingeschnittenen Zwiebel in heißer Butter dämpfen. Die vorbereitete Zunge beigeben, ebenso das blanchierte, würfelig geschnittene Bries, mit Salz, Pfeffer und Muskat würzen, alles gut durchrösten, mit etwas Flüssigkeit untergießen und weich dünsten. Das würfeliggeschnittene Hühnerfleisch zum Schluß beigeben und alles zusammen in die passierte Einmachsuppe geben. Nachwürzen. Zum Schluß mit Obers und Eidotter legieren. Mit feingehackter Petersilie bestreuen. – Früher servierte man in dieser Suppe noch pochierte Eier oder Kaiserschöberl als Einlage.

Kalbfleischpüreesuppe

4 Portionen

200 g Kalbfleisch (Schulter), 750 g Kalbsknochen, gehackt, Suppengrün, 100 g Wurzelwerk, 1 Zwiebel, 40 g Butter, 40 g Mehl, Salz, 2 EL feingeschnittene Zwiebel, Petersiliengrün, 1 Eidotter, etwas Obers, 1/10 l Weißwein oder 1 EL Cognac

Das Kalbfleisch mit den blanchierten Kalbsknochen, Suppengrün, Wurzelwerk und Zwiebel in 1½ Liter Wasser zum Fond ansetzen. Wenn das Fleisch weich gekocht ist, herausnehmen, fein faschieren. In Butter etwas feingeschnittene Zwiebel anschwitzen, mit Mehl stauben, etwas gehacktes Petersiliengrün beigeben, ebenso das faschierte Kalbfleisch, und mit der geseihten Suppe aufgießen. Das Ganze ½ Stunde kochen lassen. Würzen. Zuletzt mit Obers und Eidotter legieren, mit Weißwein oder Cognac verfeinern. Als Einlage gibt man gebähte Semmelschnitten oder Bröselknödel. Beim Anrichten mit gehackter Petersilie reichlich bestreuen.

Kardinalsuppe

6 Portionen

1¼ l Kalbsknochensuppe oder Rindsuppe, 1 kg Paradeiser, 1 Lorbeerblatt, etwas Thymian, Saft ½ Zitrone, 1 Gewürznelke, Salz, Zucker, Cayennepfeffer, Zitronenschale, ¼ l Weißwein, 2 EL Stärkemehl, ⅛ l Madeira, ⅛ l Obers

Die zerdrückten, geschälten Paradeiser in der Kalbsknochen- oder Rindsuppe weich kochen. Dabei werden Zitronensaft, Thymian, Lorbeerblatt, Zitronenschale, Gewürznelke und Weißwein mitgekocht. Dann die Suppe passieren. Mit Salz, Zucker, Cayennepfeffer würzen. Stärkemehl in Madeirawein verrühren und in die Suppe einrühren. Etwa 5 Minuten noch leicht kochen. Diese Suppe in Tassen servieren; obenauf je einen Eßlöffel geschlagenes ungesüßtes Obers geben.

Karfiolsuppe

4 Portionen

1 Karfiol, 40 g Butter, 1 Zwiebel, 40 g Mehl, 1¼ l Kalbsknochensuppe (in der die Karfiolabfälle mitgekocht wurden), Salz, Pfeffer, Muskat, ⅛ l Obers, 2 Eidotter, Butter, Petersilie

Karfiol in kleine Röschen teilen, mit den in Streifen geschnittenen inneren Karfiolblättern in wenig siedendem Salzwasser (oder in etwas Kalbsknochensuppe) weich kochen. Kleingeschnittene Zwiebel in Butter anlaufen lassen, mit Mehl stauben, durchrösten, mit dem Karfiolsud bzw. der Suppe aufgießen und ½ Stunde kochen. Passieren, die Karfiolröschen mit Kochflüssigkeit beigeben, mit Salz, weißem Pfeffer und etwas Muskat würzen. Schließlich mit Obers und Eidotter legieren. Mit nußgroß Butter vollenden, mit gehackter Petersilie bestreuen.

Karfiolpüreesuppe

Wird wie die Karfiolsuppe zubereitet, nur wird der weichgekochte Karfiol sehr fein passiert.

Karottenpüreesuppe

4 Portionen

500 g Karotten, 1 Zwiebel, 100 g magerer Speck, 1 Stange Porree, 40 g Butter, 1 EL Zucker, Salz, 30 g Mehl, 1 EL Paradeismark, nußgroß Butter, Petersilie oder Selleriegrün

Butter erhitzen, darin würfelig geschnittenen Speck, feingeschnittene Zwiebel und geschnittenen Porree nacheinander anschwitzen lassen. Die geschälten, in feine Scheiben geschnittenen Karotten beigeben und andünsten, kurz alles durchrösten, mit Mehl stauben. Das Ganze mit Kalbsknochensuppe aufgießen, mit Salz und Zucker abschmecken und weich kochen. Passieren, wieder erhitzen, nachwürzen und mit etwas Paradeismark abschmecken. Anschließend mit Butter montieren und mit Petersilie oder Selleriegrün, gehackt, bestreuen.

Wiener Kartoffelsuppe

4 Portionen

300 g rohe kleinwürfelig geschnittene Kartoffeln, 1½ l Kalbsfond oder helle Rindsuppe, 40 g Fett, 50 g Selchspeck, 1 kleine Zwiebel, Wurzelwerk, einige getrocknete, vorgeweichte Pilze, etwas Zitronenschale, 20 g Mehl, Salz, Pfeffer, Kümmel, Majoran, 3–4 EL Sauerrahm, Petersilie oder Selleriegrün

Den kleinwürfelig geschnittenen Selchspeck in heißem Fett rösten, dann die feingeschnittene Zwiebel und ebenso das kleinwürfelig geschnittene Wurzelwerk darin rösten. Nun mit Mehl stauben, mit Suppe aufgießen, feingehackte Zitronenschale, Salz, Pfeffer, Kümmel, Majoran beigeben, ebenso die Pilze und die Kartoffeln. Alles weich kochen. Mit Salz und Pfeffer eventuell nachwürzen. Etwas Sauerrahm einrühren. Mit Petersilie oder Selleriegrün, gehackt, bestreuen.

Prager Kartoffelpüreesuppe

4 Portionen

1¼ l Selchfleischsuppe, 500 g Kartoffeln, 30 g Fett, 30 g Mehl, Majoran, ⅛ l Milch, Selchfleisch, Semmelwürfel

Die geschälten, würfelig geschnittenen rohen Kartoffeln in der Selchsuppe breiig verkochen. Aus Butter und Mehl eine lichte Einmach bereiten, mit Milch aufgießen, mit Majoran würzen, mit der Kartoffelsuppe aufgießen und alles gut verkochen, dann durch das Drahtsieb passieren.
Einlage: Kleinwürfelig geschnittenes Selchfleisch, in Butter geröstete Semmelwürfel. Reichlich mit geschnittenem Schnittlauch bestreuen.

Kochsalatcremesuppe

4 Portionen

8 zarte Kochsalathäuptel, 100 g Wurzelwerk, 30 g Butter, 1¼ l Kalbsknochensuppe, Salz, weißer Pfeffer, Muskat, 30 g Butter, 30 g Mehl, 3 Eidotter, 4 EL Schlagobers, 150 g gekochte Zuckererbsen, 24 Hühnerfarcenockerl

Vom Kochsalat die äußeren Blätter entfernen, auseinanderbrechen, die harten Stiele entfernen, einmal in reichlich kaltem Wasser waschen und abtropfen lassen. Den Salat kurz blanchieren, abfrischen, gut ausdrücken und zusammen mit dem kleingeschnittenen Wurzelwerk in Butter und etwas Suppe dünsten (15 Minuten). Aus Butter und Mehl eine lichte Einmach bereiten, mit der Kalbsknochensuppe aufgießen und mit dem Salat und dem blättrig geschnittenen Wurzelwerk zusammen ½ Stunde kochen, dann passieren. Nochmals kurz aufkochen und würzen. Zum Schluß mit Obers und Eidotter legieren. Als Einlage kommen gekochte Zuckererbsen und teelöffelgroße Nockerl aus feiner Hühnerfleischfarce (siehe Seite 482) in die Suppe.

Dieses Rezept stammt von Alexander Spörk, dem letzten Leibkoch Kaiser Franz Josephs und Kaiser Karls. Spörk war Hofkoch erster Klasse. Nach seinen Lehr- und Wanderjahren, die ihn in den achtziger Jahren des 19. Jahrhunderts durch mehrere Herrschafts- und Luxusküchen führten (in Genua, Florenz, Mailand, Abbazzia, Monte Carlo), stand er in Wien bei einem Baron in Diensten. Von dort übernahm ihn Graf Bellegarde, der Oberstküchenmeister des kaiserlichen Hauses, als Bestallungskoch erster Klasse. Spörk avancierte bald, bis er die oberste Sprosse erreicht hatte.
Dem Hofkoch erster Klasse oblag die Beaufsichtigung und Herstellung der Speisen für den Kaiser, nach der Menüzusammenstellung, die tags zuvor jeweils in Übereinstimmung mit dem Oberstküchenmeister und dem Leibarzt Dr. Kerzl vorgenommen wurde.
Kaiser Franz Joseph speiste in der Regel allein oder »à la camera« und äußerst pünktlich (daher das Sprichwort: »Der Kaiser und das Mittagessen sind in Österreich pünktlich.«). Das Frühstück wurde Sommer und Winter Punkt 5 Uhr aufgetragen und bestand aus Tee

und Gebäck, das der Hofzuckerbäcker täglich frisch herstellen mußte (er war schon um 2 Uhr nachts an der Arbeit). Dazu wurde eine kleine Portion Fleisch, warm oder kalt, serviert. Zur warmen Fleischspeise gab es junges Gemüse, zur kalten Hühnergelee in Formen. Einfach war auch das kaiserliche Déjeuner, das Punkt 13 Uhr aufzutragen war und zumeist bloß aus Suppe und Fleisch mit Beilagen bestand. Ausgiebiger fiel das Diner um 17 Uhr aus; es bestand aus Suppe, einfachen Vorspeisen, zweierlei Fleischspeisen; das waren sehr häufig gekochter Tafelspitz und warmer Schinken. Als Beilage gab es Garnituren oder einzelne Gemüse in kleiner Auswahl: Spinat, grüne Fisolen, Karotten, Zuckererbsen, Kartoffelpüree. Der nächste Gang bestand aus kaltem Gericht von Huhn, Wild oder Wildgeflügel. An Braten liebte der Kaiser Spanferkel, ungarische Mastgans, steirische Poularde, Rehrücken, Wildschwein mit den passenden Beilagen. Ein bevorzugtes Zwischengericht war frischgekochter Spargel. Als Süßspeisen kamen Schokolade-Auflauf, Reiscroquetten mit Marillensoße oder Eiscremespeisen auf den Tisch. Käse und Kaffee genoß der Kaiser nie, dafür aß er mit Vorliebe Obst. Punkt 20 Uhr nahm er noch eine Tasse saure Milch, dazu ein Stück Schwarzbrot, zu sich. Diese nicht allzu raffinierte Abwechslung hielt der Kaiser auch auf Reisen und bei auswärtigen Aufenthalten aufrecht. Trotzdem mußten auf diese Reisen nicht nur die Köche mit, sondern es mußten das gesamte nötige Kochgeschirr und Service mitgenommen werden.

Kohlpüreesuppe

4 Portionen

1 Kohl, 100 g Selchspeck, 30 g Butter, 1 kleine Zwiebel, Knoblauch, 30 g Mehl, Salz, Pfeffer, Majoran, 1 ¼ l Kalbsknochensuppe, 2 kleine Kartoffeln, Petersilie

Den geputzten vorbereiteten Kohl feinnudelig schneiden, kurz in kochendem Wasser blanchieren, dann abseihen. Kleinwürfelig geschnittenen Selchspeck in Butter anlaufen lassen, feingeschnittene Zwiebel und etwas Knoblauch darin anschwitzen, mit Mehl stauben und mit der Suppe aufgießen. Den Kohl und die grobwürfelig geschnittenen Kartoffeln beigeben. Das Ganze weich kochen, dann passieren bzw. im Mixer durchlaufen lassen. Würzen, einmal aufkochen und mit gehackter Petersilie bestreuen.

Sacher Rezept

Krebssuppe
12 Portionen

2 kg lebende Krebse, 100 g Mirepoix, ⅛ l Cognac, ¼ l Weißwein, ¼ l Fischfond, Bouquet garni, 300 g frische Paradeiser, etwa 2 l Kalbsvelouté, 30 g Paradeismark, 20 g Butter, Öl, etwas Obers

Mirepoix in Butter und Öl anrösten, blanchierte Krebse beigeben, mit Cognac flambieren, mit Weißwein löschen und den Fischfond beigeben, salzen und etwa 4–5 Minuten kochen lassen. Die Krebse aus dem Fond heben, auslösen, die Karkassen (Krebsschalen) fein im Mörser stoßen und wieder in den Dünstfond geben. Ferner frische Paradeiser und Paradeismark sowie das Bouquet garni dazugeben und mit weißer Grundsauce binden. Etwa 15 Minuten das Ganze verkochen lassen, passieren, würzen mit Salz, Cayennepfeffer und evtl. Cognac. Mit Butter und Obers montieren. Krebsfleisch als Einlage beigeben.

Zur Suppe gehört der Löffel, der neben dem Messer zu den ältesten Speisegeräten zählt und schon vor 50 000 Jahren in Gebrauch war. Auch in österreichischen Pfahlbaudörfern um 2500 v. Chr. fand man Löffel aus Holz, Ton, Knochen, Horn und Eberzähnen. Aus der Hallstattzeit (um 600 v. Chr.) kennen wir Löffel mit einem steil ansteigenden Stiel; man schöpfte damit aus den tiefen, engen Eimern, den sogenannten »Situlen«.

Der mittelalterliche Löffel hatte noch einen kurzen, gedrungenen Stiel, den man mit der ganzen Hand umklammerte. Auch in der Renaissance, wo der Löffel ein kunstvoll ausgeführter Ziergegenstand wurde, umfaßte man ihn – nun schon mit langem, dünnem Stiel – noch mit der ganzen Hand. Der flache, abgeplattete Stiel kam erst im 18. Jahrhundert auf. Damals fing man auch an, den Löffel in der heutigen Form zu halten, und erst damals begann man, allgemein zu Messer und Gabel auch einen Löffel vorzulegen (was früher nur in den vornehmen Häusern zu geschehen pflegte), denn bisher trank man die Suppe meist aus einem Napf mit zwei Henkeln oder aus ausgehöhlten Brotrinden.

Der Löffel steht in einem ursächlichen Zusammenhang mit der Suppe, worauf Habs und Rosner in ihrem »Appetit-Lexikon« hinweisen: »Die Unentbehrlichkeit des Löffels kennzeichnet zugleich die Suppe als Product einer spätern und höhern Cultur, denn der Löffel mußte natürlich erst erfunden sein, bevor man ihn gebrauchen und auf seinen Gebrauch eine neue Gattung von Gerichten gründen konnte. Daraus ergibt sich aber die sonderbare Tatsache, daß die moderne Tafel eigentlich mit dem verkehrten Ende zuerst auf die Welt gekommen ist, indem sich unstreitig zuerst das Dessert aus Baumfrüchten, dann der Spießbraten, der Rostbraten, der Schmorbraten, das Gemüse und das Ragout und erst ganz zuletzt die Suppe entwickelt hat.«

Kurz vor 1800 erst entstand der Begriff »Besteck« in unserem Sinn, das Messer, Gabel und Löffel zu einer Einheit zusammenfaßt. Bis dahin verstand man unter »Besteck« die reichverzierten Leder- und Metallköcher, die silbernen Scheiden, die man mit diesen Tischgeräten – Messer, Gabel, Löffel – »besteckte«.

Das Messer gehört zu den ältesten Werkzeugen der Menschheit (das Wort entstand aus den urgermanischen Wortstämmen »mezzir-sahs«, also »met« = Speise und »sahs« = Schwert). Es hatte zunächst eine geschweifte Klinge. Das mittelalterliche Messer hatte meist keine Spitze, sondern war vorne abgeschnitten und hatte am Rücken oft einen Widerhaken oder einen halbmondförmigen Ausschnitt. Erst im 15. Jahrhundert wurden die Klingen schmäler, zierlicher. Im 16. Jahrhundert waren sie vorne meist zugespitzt, in der Form schlanker, eleganter. Der Verwendungszweck

Löffel aus Sterzing, Südtirol, 18./19. Jh.

bestimmte meist auch die Form des Messers. Beim Übergang vom Mittelalter zur Neuzeit gab es u. a. eigene Messer für mageres und fettes Fleisch, zum Abschneiden der Brotrinde (die dann als Teller diente), es gab Federmesser, Austernmesser, »Männer-, Frauenzimmer-, Kindermesser, Tranchier- und Zerleg-Messer, Beschneidemesser, Taschen- und zusammengelegte Messer«.

Schwieriger hatte es die Gabel (lateinisch »gabulus« = gabelförmiger Galgen). Erstmals als Tafelgerät erwähnt wurde sie Ende des 13. Jahrhunderts in Italien, von wo aus sie sich über Europa ausbreitete, allerdings unter heftigem Widerstand, vor allem der Kirche, die darin ein Zeichen des Luxus und der Verweichlichung sah. Erst im 18. Jahrhundert wurde auch die Gabel allgemein üblich.

M. Wolgemut, »Königliche Tafel«, 1491

Krautsuppe

4 Portionen

½ Weißkrautkopf, 2–3 Paradeiser, 100 g Butter, 1 kleine Zwiebel, 30 g Mehl, 200 g rohe Kartoffeln, Salz, Pfeffer, Muskat, Kümmel, 1¼ l Rindsuppe oder auch Wasser

Das Kraut feinnudelig schneiden bzw. hobeln, leicht salzen, mit etwas Kümmel würzen und ½ Stunde stehenlassen, dann auspressen. In heißer Butter die feingeschnittene Zwiebel anschwitzen, das Kraut beigeben und unter ständigem Rühren leicht anrösten, mit etwas Mehl stauben und mit der Suppe aufgießen. Die geschälten, entkernten und würfelig geschnittenen Paradeiser (oder 1 Eßlöffel Paradeismark) beigeben und alles zusammen weich kochen. Salzen, pfeffern und mit Muskat abschmecken. 15 Minuten vor dem Garwerden mit den rohen, geschälten und feingerissenen Kartoffeln die Suppe binden.

Eine **ungarische Krautsuppe** erhält man, wenn man zum obigen Rezept statt Weißkraut Sauerkraut und statt Butter Schweinefett nimmt, die geröstete Zwiebel papriziert, ablöscht und dann erst aufgießt und das Sauerkraut, geschnitten, darin weich kocht. Zum Schluß wird diese ungarische Variante mit 2 Eßlöffel Sauerrahm abgeschmeckt.

Kürbissuppe

4 Portionen

1 kleiner Kürbis, Salz, 40 g Butter, 1 Zwiebel, 1¼ l Rindsuppe, Salz, Paprika, Muskat, Zitrone, Essig oder Wein, ¼ l Sauerrahm, 1 EL Mehl, Schnittlauch oder Dille

Den Kürbis schälen, entkernen, in längliche Streifen schneiden, salzen, zugedeckt 1 Stunde stehenlassen. – In heißer Butter die feingeschnittene Zwiebel anschwitzen, den gut ausgedrückten Kürbis beigeben, alles gut verrühren, 10 Minuten zugedeckt dünsten. Mit Suppe aufgießen. Dann Sauerrahm und Mehl verrühren, der Suppe einrühren, würzen und etwa ¼ Stunde kochen. Nach Belieben mit Zitronensaft, Essig oder Weißwein abschmecken. Mit Schnittlauch oder Dille bestreuen.

Leberpüreesuppe

4 Portionen

250 g Kalbsleber, 80 g Fett, 1 Zwiebel, Wurzelwerk, 40 g Mehl, 1¼ l Kalbsknochensuppe, 2 EL Paradeismark, Salz, Pfeffer, Majoran, 1 Glas Wein, ¼ Lorbeerblatt, Spur Essig, 1 Teelöffel Cognac, ⅛ l Obers, 2 Eidotter

In heißem Fett feinblättrig geschnittene Zwiebel und feinblättrig geschnittenes Wurzelwerk nacheinander rösten, ebenso feinblättrig geschnittene Leber mitrösten, mit Pfeffer und Majoran würzen, mit Mehl stauben, mit Suppe aufgießen, alles weich kochen. Dann faschieren bzw. passieren und zusammen mit Paradeismark und etwas Lorbeerblatt, Wein und Cognac noch einmal aufkochen. Mit Salz, Pfeffer und Essig abschmecken. Zum Schluß mit Obers und Eidotter legieren.
Als Einlage Backerbsen oder gebähte Semmelschnitten geben.

Linsenpüreesuppe

4 Portionen

350 g Linsen, 1¼ l Selchsuppe oder Wasser, Wurzelwerk, 1 Speckschwarte, Thymian, ¼ Lorbeerblatt, Zitronenschale, 2 kleine Kartoffeln, 50 g Butter oder Selchspeck, 1 Zwiebel, 40 g Mehl, Paradeismark, Salz, Pfeffer, Zucker, Zitronensaft oder Essig, ⅛ l Obers, 2 Eidotter, Petersiliengrün

Die vorgeweichten Linsen mit Wurzelwerk, Speckschwarte, Lorbeerblatt, Thymian, etwas Zitronenschale, würfelig geschnittenen rohen Kartoffeln in Selchsuppe oder Wasser weich kochen.
In Butter oder ausgelassenen Speckwürfeln die feingeschnittene Zwiebel anschwitzen lassen, mit Mehl stauben, mit der Linsensuppe aufgießen, mit Paradeismark würzen und ½ Stunde kochen. Anschließend passieren, die Suppe einmal aufkochen, mit Salz, Pfeffer, Zitronensaft (oder etwas Essig) und einer Prise Zucker abschmecken.
Zum Schluß mit Obers und Eidotter legieren. Mit gehackter Petersilie bestreuen.

Gebundene Ochsenschleppsuppe

4 Portionen

500 g gehackter Ochsenschlepp, 50 g Fett oder Öl, Wurzelwerk, 1 Zwiebel, 1 kleine Zehe Knoblauch, 1 Glas Wein (Sherry oder Madeira), 1½ l Rindsuppe, 1 Lorbeerblatt, Thymian, Liebstöckl, Muskat, 5 Pfefferkörner, Salz, 1 EL Paradeismark, etwas Oregano, 2 Gewürznelken, 40 g Fett, 40 g Mehl, Madeira

Den blanchierten Ochsenschlepp in heißem Fett rösten, das grobwürfelig geschnittene Wurzelwerk und die grobgeschnittene Zwiebel nacheinander mitrösten, mit Wein ablöschen, die Gewürze beigeben, mit Rindsuppe auffüllen und auf kleiner Flamme etwa 2½–3 Stunden kochen. Dann die Suppe entfetten, mit einer braunen Einbrenn aus Fett und Mehl binden und gut verkochen. Sobald das Fleisch weich ist, herausnehmen, von den Knochen lösen, kleinwürfelig schneiden und in die inzwischen passierte Suppe als Einlage geben. Mit Salz und Pfeffer abschmecken, mit Madeira vollenden.

Olla potrida (Spanischer Suppentopf, auch »Fauler Topf«)

4 Portionen

40 g Fett oder Speck, Wurzelwerk, 1 Zwiebel, Petersiliengrün, Gemüse (z. B. einige Paradeiser, Paprikaschoten, Kohl, Kohlrabi, Kartoffeln), mehrere Sorten Fleisch (z. B. Huhn, Lamm, Schwein), Salz, Paprika, Pfeffer

In heißem Fett oder Speck kleinwürfelig geschnittenes Wurzelwerk, feingeschnittene Zwiebel, Petersiliengrün, kleinwürfelig geschnittenes Gemüse kurz dünsten, dann die verschiedenen Fleischsorten beigeben, mit Salz, Paprika und Pfeffer würzen, mit dem Sud eines gekochten Lammkopfes (man kann auch ein Stück Schweinskopf und Schweinsfüße nehmen) aufgießen und weich kochen.
»Man richtet diese Speise in einer Schüssel an, daß oben die schönen Stücke sichtbar sind«, heißt es bei »der Prato«, die für diesen spanischen Suppentopf »besonders Ziegen- oder Schöpsenfleisch, zahmes oder Wildgeflügel... Sud von gekochtem Lamms-Kopf sowie das Fleisch davon« empfiehlt.

Zur Original-Olla-Potrida verwendete man »Kohl, Lauch, Mohrrüben, Zwiebel, Kürbis, Knoblauch, Pfeffer, Öl, Essig, Schweine-, Kalb- und Hammelfleisch sowie reichlich Speck« (Hans Wiswe); ein anderes Rezept empfahl Kichererbsen, frischen und alten Speck, Huhn, Schinken, Wurst, Kalbsfuß, Schweinsohr, Knödel aus faschiertem Fleisch, Kartoffeln, Reis, Schmink- und andere Bohnen. Das Charakteristikum dieses spanischen Nationalgerichts waren und sind die vielen Fleisch- und Gemüsearten. Rumpolt, der sie »Hollopotrida« nennt, schreibt neunzig verschiedene Zutaten vor. De Rontzier nennt diese Suppe »En alle Patryden« und »Holipotriden«, das »Granat-Apffel«-Kochbuch »Allapotrida«. Rumpolt führt die Bezeichnung darauf zurück, daß »vielerlei zusammenkommt«, andere wieder bringen es mit dem französischen Wort »patrie« (Vaterland) in Verbindung (die Suppe verbreitete sich von Spanien aus über Frankreich in ganz Europa), und wiederum andere Autoren führen es auf das jüdische Gericht »adafina« (aus Huhn oder Rindfleisch, Gemüse und hartgekochten Eiern) zurück.

Der spanische Einfluß auf die Wiener bzw. österreichische Küche ist gering. Obwohl die politischen Beziehungen zwischen der spanischen und der österreichischen Linie des Hauses Habsburg bis in das 17. Jahrhundert eng waren und obwohl die spanische Hofetikette den Wiener Hof beherrschte, konnten die spanischen Edelleute weder die Herzen der Wiener noch die Küche der Wienerinnen erobern. Selbst Herzogin Eleonora Maria Rosalia Lichtenstein erwähnte in ihrem Kochbuch an spanischen Gerichten nur »Spanisch Aepffel-Mus, Die Spanische Milch zu machen, Spanische Milch, Nates genannt, Spanische Ohlie, nachdem man viel machen will, Spanisch Brodt zu machen, Spanischen Teig zu machen, Kleine Spanische Pasteten, Alla Potrida oder Patrie Pastete, Wie man die weiße Spanische Latwerge machen soll«.

Übrig geblieben von diesen Gerichten ist einzig die »Olla potrida«, die in vielen österreichischen Kochbüchern des 19. Jahrhunderts zu finden ist. Habs und Rosner führen dazu in ihrem »Appetit-Lexikon« (1894) u. a. an: »Zur Herstellung der feinen Olla dagegen mengt man den drei vorgenannten Gemüsen [Kichererbsen, weiße Bohnen, Kohlblätter], die vorher in Wasser weich gekocht werden, grüne Erbsen, Blumenkohl, Spargel, Kartoffel, Selleriewurzeln und Quitten bei, kocht das Gemisch mit den angegebenen Gewürzen [Salz, Pfeffer, Zwiebeln, Knoblauch] und mit einem Stück Speck, einem Stück rohen Schinken und einigen Stücken Knackwürsten. In dieser Form ist die Olla ein wirklicher Leckerbissen ersten Ranges, der schon zu Anfang des 16. Jahrhunderts in die französische Küche, zu Ende desselben in die österreichische Küche überging. In etwas vereinfachter Gestalt behauptete sie sich als Ollea während des ganzen 18. Jahrhunderts auf der Wiener Tafel.«

Paradeissuppe (Tomatensuppe)

4 Portionen

750 g Paradeiser, 30 g Butter, ¼ Zwiebel; Petersilienstengel, evtl. Porree; 40 g Butter, 30 g Mehl, 1 l Rindsuppe, Salz, Pfeffer, ¼ Lorbeerblatt, etwas Zucker, Sauerrahm

In heißer Butter feingeschnittene Zwiebel anschwitzen, die gewaschenen, zerdrückten Paradeiser sowie das Grün beigeben und weich dünsten.

Aus Butter und Mehl eine lichte Einmach bereiten, die weichgedünsteten Paradeiser beigeben, mit der Suppe zur gewünschten Menge aufgießen, die Gewürze beigeben, alles gut verkochen, dann passieren und abschmecken. Beim Anrichten kann man einen Eßlöffel Sauerrahm obenauf geben. In den österreichischen Haushalten wird diese Paradeissuppe gern mit Reis als Einlage serviert.

Polnische Rote-Rüben-Suppe (Barszcz)

4 Portionen

300 g rote Rüben, Essig, 2–3 Schwarzbrotschnitten, Wasser, Zucker, 250 g Rindfleisch, 250 g Schweinefleisch, 500 g Rindsknochen, 3 Zwiebeln, 5 Pfefferkörner, 1 kleines Lorbeerblatt, etwas Kümmel, 2 Neugewürzkörner, Salz, 4 EL Sauerrahm, 2 Eidotter

Die roten Rüben werden geschält, grob gerissen, mit etwas Wasser, Zucker, Essig und den Schwarzbrotscheiben in einem Geschirr an einen warmen Ort gestellt, damit die Rüben gären können (kann einige Tage

Festtafel zur Erbhuldigung für Josef I.

dauern). Sobald sie genügend sauer geworden sind, schöpft man die weiße Masse, die sich an der Oberfläche gebildet hat, ab und setzt den klaren sauren Rübensaft, »Barszcz« oder auch »Rübenkwas« genannt, samt den roten Rüben und dem Schwarzbrot, mit dem Fleisch und den blanchierten Knochen, den Zwiebeln und den Gewürzen zum Kochen auf das Feuer. Alles einmal gut aufkochen und mit 1½ Liter Wasser auffüllen. Sobald das Fleisch weich ist, nimmt man es heraus, schneidet es würfelig und gießt die inzwischen passierte Suppe wieder darüber. Abschmecken und nachwürzen. Vor dem Anrichten mit den in Sauerrahm verrührten Eidotter legieren. Eventuell mit einem Rest des gegorenen Rote-Rüben-Saftes verfeinern.

Diese polnische Suppe erinnert an das österreichisch-polnische »Intermezzo« in der Geschichte. Als in der »Ersten polnischen Teilung« Österreich 1772 das den Karpaten südlich vorgelagerte Galizien und Lodomerien erhielt (samt den bereits 1769 besetzten Zipser Ländchen waren es 81 908 qkm mit 2,5 Millionen Einwohnern), soll Maria Theresia zwar geweint haben, »aber genommen hat sie«, wie ihr Gegner, der Preußenkönig Friedrich der Große, spöttisch bemerkt haben soll. (1795 erhielt Österreich außerdem Westgalizien bis zum Bug.) Altösterreichische Kochbücher haben immer schon auch wenigstens drei bis vier polnische Rezepte angeführt; außer der Barszcz-Suppe noch den polnischen Rostbraten, »Zrázy« genannt, Piroggen und Plinzen, die »polnische Zunge«, eine »polnische Suppe« (sie geistert in den Kochbüchern auch als »Ritscher« herum) und natürlich den Karpfen in »polnischer Soße«. Die etwa 70 polnischen Abgeordneten zum Abgeordnetenhaus und zum Herrenhaus der österreichisch-ungarischen Monarchie, zusammen »Reichsrat« genannt, sollten in der Residenzstadt Wien wenigstens ihre vertraute Küche vorfinden.

Porreesuppe (Lauchsuppe)

4 Portionen

4–6 Stangen Porree, 40 g Butter, 1 Zwiebel, 30 g Mehl, 1¼ l Kalbsknochensuppe, Salz, Pfeffer, Muskat, 200–300 g Kartoffeln, 1/16 l Obers, 1 Eidotter, nußgroßes Stück Butter, Petersilie

Die Porreestangen sauber putzen, halbieren, waschen, feinnudelig schneiden. In erhitzter Butter feingeschnittene Zwiebel anschwitzen, den Porree beigeben und etwas überdünsten, mit Mehl stauben, gut durchrösten, mit der Suppe aufgießen und den Porree weich kochen. Kurz vor dem Garwerden die rohen feingeriebenen Kartoffeln beigeben und damit die Suppe binden. Mit den Gewürzen abschmecken. Zum Schluß mit Obers und Butter legieren oder mit etwas Butter montieren. Mit feingehackter Petersilie bestreuen.

Rahmsuppe (Saure Rahmsuppe)

4 Portionen

1 l Wasser, Salz, Kümmel, ¼ l Sauerrahm, 2–3 EL Mehl, Muskat, 1 Spritzer Essig, 2 EL Obers

Wasser, etwas Salz und Kümmel zum Kochen bringen, dann den Sauerrahm, mit Mehl glatt verrührt, langsam in das siedende Salz-Kümmel-Wasser einrühren. Das Ganze kurz kochen lassen. Mit Salz und Pfeffer, eventuell auch mit einem Spritzer Essig abschmecken. Mit frisch geriebener Muskatnuß würzen und mit Obers vollenden.

Eine **süße Rahmsuppe** wird in Kärnten bei verschiedenen Festessen, bei Hochzeiten, aber auch beim »Leichenschmaus« serviert; sie soll außerdem eine schützende Unterlage für ein paar Gläschen Schnaps abgeben.

4 Portionen

1 l Wasser, Salz, Anis, Safran, Zimt, ½ l Obers, 60 g Mehl

Das Wasser, Salz, Anis und etwas Safran zum Kochen bringen, das Obers mit dem Mehl glatt verrühren, in das siedende Wasser einrühren, gut versprudeln und kurz kochen lassen. Vor dem Anrichten mit Zimt bestreuen.

Reissuppe

4 Portionen

80 g Rundkornreis, 20 g Butter, 1 Zwiebel, 1 Karotte, 1¼ l Kalbsknochensuppe, Salz, Pfeffer, Muskat, 40 g Butter, 20 g Mehl, 1/16 l Obers, 1 Eidotter, Schnittlauch

Gewaschenen Reis kalt mit der Kalbsknochensuppe aufsetzen, zum Kochen bringen und weich kochen. In heißer Butter feingeschnittene Zwiebel anschwitzen, die kleinwürfelig geschnittene Karotte beigeben und mitrösten, mit Mehl stauben, mit etwas Suppe aufgießen und glattrühren. Die restliche Suppe mit dem Reis beigeben und fertigkochen. Mit Salz, Pfeffer und Muskat abschmecken und zum Schluß mit Obers und Eidotter legieren. Mit Schnittlauch bestreuen.

Rollgerstelsuppe (Ulmer Gerstelsuppe)

4 Portionen

120 g Rollgerste, Salzwasser, 30 g Mehl, etwas Milch, 1 1/4 l Selchsuppe (oder Kalbsknochensuppe), Salz, Pfeffer, Muskat, Obers, 1 Eidotter, Essig (oder Zitronensaft), Schnittlauch

Die Rollgerste in kaltem Wasser vorweichen, dann in kalter Suppe ansetzen und bei mäßiger Hitze langsam weich kochen, dabei wiederholt umrühren, damit sich die Rollgerste nicht anlegt. Sollte die Suppe zu dick werden, noch etwas Suppe nachgießen. Zum Schluß Milch und Mehl verrühren, in die Suppe einrühren. Würzen. Mit Essig oder Zitronensaft abschmecken. Mit Obers und Eidotter legieren; mit geschnittenem Schnittlauch bestreuen.

Man kann feingeschnittenes Schinken-, Kalb- oder Geflügelfleisch als Einlage beigeben.

Rumfordsuppe

Der englisch-amerikanisch-bayerische Graf Rumford (1753–1814), vom bayerischen Kurfürsten zum Grafen erhoben, bemühte sich als Wohltäter um die Massenspeisung an die Armen und legte seine Erfahrungen in der Abhandlung »Über die Speise und vorzüglich über die Ernährung der Armen« (1797) nieder. Die nach ihm benannte Suppe ist in zwei Varianten überliefert: einmal besteht sie aus Graupen, Erbsen, Salz, Essig oder saurem Bier und Wasser, ein andermal aus Kartoffeln, Erbsen und Graupen. Man konnte sie verbessern durch »eine geringe Menge gesalzenes Fleisch, das gekocht und möglichst klein geschnitten wird«, ferner durch »in Butter, Speck oder Schmalz gebratenes Brot« sowie durch »allerlei wohlfeile Wurzeln, Kräuter und sonstige Würzmittel«.

Während der Napoleonischen Kriege wurde diese »Armeleutesuppe« auch in Wien kostenlos öffentlich ausgegeben. Aber die Massenspeisung mußte wegen mangelnden Zuspruchs bald wieder eingestellt werden. Verzehrten doch die Wiener damals jährlich 84675 Ochsen, 131985 Kälber, 124717 Gänse, 100000 Kapaune, mehr als 1 Million Hühner, 423135 Schnekken, 13616 Schock Frösche, 3162 Schock Krebse und 27 Biber (deren Schweife mit »Limoniensoße« als Delikatesse galten). Pro Kopf und Jahr verzehrte man damals 100 kg Fleisch. Inzwischen hat die Rumfordsuppe, verfeinert, international Fuß gefaßt.

6 Portionen

500 g Rindsknochen, 1 kg Schweinskopf, 120 g Speck, Salz, Pfefferkörner, Wurzelwerk, Suppengrün, 1 Zwiebel, 120 g Rollgerste, 120 g Trockenerbsen, 500 g Kartoffeln, 1 Eidotter, Petersilie

Knochen wie bei der hellen Rindsuppe ansetzen, Schweinskopf, Speck und Wurzelwerk sowie Zwiebeln, Suppengrün und Pfefferkörner beigeben, alles weich kochen. Rollgerste und Erbsen, vorgeweicht, extra und getrennt weich kochen. Die Erbsen dann durch ein Haarsieb streichen, mit der nötigen Suppenmenge aufgießen, die inzwischen weichgekochten, geviertelten Kartoffeln und die Rollgerste in die Suppe geben, ebenso das feingeschnittene Wurzelwerk und das von den Knochen gelöste, würfelig geschnittene Fleisch und den Speck beigeben. Das Ganze noch einmal aufkochen. Mit Salz und Pfeffer würzen, mit Eidotter legieren und mit gehackter Petersilie bestreuen.

Schwammerlsuppe

4 Portionen

300–500 g Pilze (Eierschwämme, Herrenpilze, Champignons u. a.), 30 g Butter, 30 g Mehl, 1 kleine Zwiebel, Salz, Pfeffer, Majoran, Zitronensaft, 1 1/4 l Kalbsknochensuppe, 1/16 l Obers, 20 g Butter, Petersilie

Die feingeschnittene Zwiebel und die gereinigten, feinblättrig geschnittenen Pilze in erhitzter Butter anschwitzen, mit Mehl stauben, durchrösten, mit der

Kalbsknochensuppe aufgießen und ½ Stunde kochen. Würzen und mit Obers und Butter montieren. Mit gehackter Petersilie bestreuen.

Schwarzwurzelsuppe

4 Portionen

250 g Schwarzwurzeln, Essig, Zitronensaft, 40 g Butter, 30 g Mehl, 1 ¼ l Kalbsknochensuppe, Salz, Pfeffer, 1–2 EL Obers, 1 Eidotter, Petersiliengrün

Die Schwarzwurzeln gut waschen, schälen, in kleine Stücke schneiden und in mildes Salz-Zitronen-Wasser legen. Mit frischem, kaltem Wasser ansetzen, etwas salzen und weich kochen (etwa 30 Minuten), dann abseihen. Aus Butter und Mehl eine lichte Einmach bereiten, mit dem Gemüsekochsud und der Kalbsknochensuppe aufgießen, 30 Minuten kochen. Würzen und abschmecken. Die Schwarzwurzeln als Einlage in die fertige Suppe geben, mit Obers und Eidotter legieren. Mit gehackter Petersilie bestreuen.

Selleriesuppe

4 Portionen

1 Sellerieknolle, Salzwasser, Zitronensaft, 40 g Butter, 40 g Mehl, 1 ¼ l Kalbsknochensuppe, Salz, Pfeffer, Muskat, ⅛ l Obers, 20 g Butter, Selleriegrün

Die Sellerieknolle schälen, würfelig schneiden, mit Salzwasser und etwas Zitronensaft weich kochen. Durch ein Sieb seihen und dann fein passieren. Aus Butter und Mehl eine lichte Einmach bereiten, mit Selleriekochfond löschen, die passierte Sellerie beigeben, mit der Suppe aufgießen und gut verkochen. Würzen und abschmecken. Zuletzt mit Butter und Obers montieren. Feingehacktes Selleriegrün darüberstreuen.

Spargelcremesuppe

4 Portionen

500 g Suppenspargel, 40 g Butter, 40 g Mehl, 1 ¼ l Kalbsknochensuppe, Salzwasser, Prise Zucker, Salz, Pfeffer, Muskat, ⅛ l Obers, 1 Eidotter, Petersiliengrün

Den Spargel waschen, putzen, schälen, in kurze Stücke schneiden und in Wasser mit etwas Zucker und Salz

> N. 12. Erbsen-Suppen.
> Siede die Erbsen mit Petersil, und gerösten Brod-Rinden, treibe es durch, brenne es mit Zwiffel-Einbrenn ein, daß es die rechte Dicke bekommt, säure es mit Wein, oder Essig, gewürzt, und auf gebähtes Brod angericht.
>
> N. 13. Fissolen-Suppen.
> Die Fissolen werden sauber klaubt, und gewaschen, in dem darzu gehörigen Suppen Haffen zugesetzet, und schön weich sieden lassen. Man kan auch klein-geschnittene Petersil-Wurzen darzu nemen, brenne es mit guter Zwiffel-Einbrenn in der rechten Dicken ein, hernach ansäuerlich gemacht mit Essig oder Wein, gut gewürzt, und recht gesalzen.
>
> N. 14.

Aus »Bewehrtes Koch-Buch«, 1759

weich kochen. Dann den Spargel abseihen, abtropfen lassen, die Spitzen abschneiden und als Einlage beiseite stellen. Den Rest fein passieren. Das Passierte in die siedende Kalbsknochensuppe einrühren und damit die aus Butter und Mehl bereitete lichte Einmach aufgießen. Gut verkochen lassen. Mit Obers und Eidotter legieren. Mit feingehackter Petersilie bestreuen.

Spinatsuppe

4 Portionen

1 ¼ l Kalbsknochensuppe, 300 g Spinat, 40 g Butter, 40 g Mehl, Salz, Pfeffer, Muskat, Zitronensaft, 1/16 l Obers, 30 g Butter

Den gut geputzten, gewaschenen Spinat kurz in Salzwasser blanchieren (etwa 3 Minuten), abfrischen, abseihen und klein hacken. Aus Butter und Mehl eine lichte Einmach bereiten, mit der Kalbsknochensuppe aufgießen, gut verkochen, passieren, dann den Spinat beigeben und mit den Gewürzen abschmecken. Mit Obers und Butter montieren. Mit gebähten Semmelwürfeln servieren.

Die folgenden drei Suppen – die Klach(e)lsuppe, die Schott(en)suppe, die Stosuppe – sind typisch landschaftlich gebundene altösterreichische Suppen, vor allem in den südlichen und westlichen Alpenländern bekannt (wo man statt »Topfen« die Bezeichnung »Schott« oder »Schotten« verwendet). Das Wort »Sto« dagegen dürfte slawischen Ursprungs sein; die Bedeutung ist nicht geklärt, dürfte aber von »gerinnen« kommen (die Suppe wird in den Kochbüchern fälschlich meist als »Stoßsuppe« bezeichnet). Die Klachlsuppe ist eine Jäger- und Holzknechtsuppe; das Dialektwort »Klachl« bedeutete ursprünglich »Glockenklöppel«, im übertragenen Sinn auch einen klobig-groben Kerl und Lümmel. (Marie von Rokitansky nennt diese Suppe »Jäger- oder Klachelsuppe«.)

Steirische Klachelsuppe

4 Portionen

Stücke von Schweinskopf, Schweinsfüße oder Halsstücke samt Schwarte vom Jungschwein, Salz, Wasser, ½ Lorbeerblatt, etwas Thymian, Majoran, Pfefferkörner, Wacholderbeeren, Kümmel, Wurzelwerk, 1 Zwiebel, 1 TL Essig, ¼ l Sauerrahm, 1–2 EL Mehl, 30 g Butter, Muskat

Die Fleischstücke in leicht gesalzenem Wasser zusammen mit den Gewürzen, Wurzelwerk und Zwiebel weich kochen. Sobald das Fleisch weich ist, herausnehmen, von den Knochen lösen und in längliche Streifen schneiden. Mehl und Sauerrahm gut verrühren, in die geseihte Suppe einrühren, aufkochen und mit Essig nachsäuern. Das Fleisch als Einlage beigeben und die Suppe mit Butter montieren.

Man kann aus Mehl, Butter und etwas Suppe dazu eine helle Einmach bereiten, das weichgekochte Fleisch, portioniert, beigeben und mit Suppe aufgießen, kochen lassen; mit Rahm und Butter montieren, mit Muskat abschmecken. – Die Steirer essen dazu »Heidensterz«.

Steirische Schott(en)suppe

4 Portionen

200 g Schotten (Topfen), 3 EL Sauerrahm, 1 l Wasser, Salz, Schwarzbrotschnitten

Den Topfen mit Sauerrahm verrühren, in das siedende Salzwasser einrühren und aufkochen lassen. Die fertige Suppe über dünnblättrig geschnittenes Schwarzbrot gießen.

Stosuppe

4 Portionen

½ l Wasser, ½ l saure Milch, Salz, Kümmel, 10 g Mehl, ½ l Sauerrahm, einige Kartoffeln

Wasser, Salz und Kümmel zum Kochen bringen. Die saure Milch mit dem Mehl glattrühren, in das kochende Wasser einrühren. Aufkochen lassen, den Sauerrahm beigeben und die geschälten, würfelig geschnittenen, extra in Salzwasser gekochten Kartoffeln beigeben. Mit Schwarzbrot servieren.

Wildsuppe

4 Portionen

Hasenjunges mit Knochen oder entsprechende Menge Wildfleisch, 40 g Fett, 200 g Wurzelwerk, 1 Zwiebel, 30 g Mehl, 6 Pfefferkörner, Neugewürzkörner, 1 Stengel Thymian, Ingwer, 4 Wacholderbeeren, Salz, Muskat, Essig, etwas Rotwein, 1 EL Preiselbeerkompott, Madeira

Zerkleinertes Hasenjunges oder Wildfleischreste mit gehackten Knochen in Fett goldbraun rösten, Wurzelwerk, dann feingeschnittene Zwiebel mitrösten, mit Mehl stauben, mit entsprechender Flüssigkeitsmenge aufgießen, einen Spritzer Essig beigeben, mit allen Gewürzen das Fleisch weich kochen. Sobald es weich ist, herausnehmen, von den Knochen lösen, kleinwürfelig schneiden und für die Einlage warm stellen. Die Suppe mit Rotwein, Preiselbeeren, Salz und Pfeffer würzen, mit Madeira abschmecken. Das Fleisch als Einlage in die fertige Suppe geben.

Wildpüreesuppe

4 Portionen

Zutaten wie bei der Wildsuppe, etwas Obers, 150 g Linsen

Die Zubereitung dieser Suppe erfolgt wie bei der Wildsuppe; es werden nur noch extra gekochte Linsen mit dem Wildfleisch zusammen fein faschiert und in die passierte Suppe gegeben. Aufkochen und mit ein, zwei Löffel Obers vollenden.

Zuckererbsensuppe

4 Portionen

350 g grüne Zuckererbsen, 40 g Butter, ½ Zwiebel, 40 g Mehl, 1¼ l Kalbsknochensuppe, Salz, 1/16 l Obers, Petersilie

In heißer Butter feingeschnittene Zwiebel anlaufenlassen, die Erbsen beigeben und dünsten. Mit Mehl stauben, durchrösten, mit der Suppe aufgießen und weich kochen. Die Suppe mit den weichgekochten Erbsen passieren, salzen und dann mit Obers und Butter montieren.

Man kann zusätzlich extra gekochte Erbsen als Einlage in die fertige Suppe geben. Zum Schluß mit gehackter Petersilie bestreuen.

Zwiebelpüreesuppe

4 Portionen

350 g Zwiebeln, 40 g Butter; Petersilie, gehackt; 40 g Mehl, 1¼ l Kalbsknochensuppe, Salz, weißer Pfeffer, 1/8 l Obers, 20 g Butter

Die in Streifen geschnittenen Zwiebeln in kochendem Wasser kurz blanchieren und abseihen. Butter aufschäumen und darin die Zwiebeln und die gehackte Petersilie andünsten. Mit Mehl stauben, durchrösten und mit der Suppe aufgießen. 30 Minuten kochen. Das Ganze passieren, mit Salz, weißem Pfeffer abschmecken. Mit Obers und Butter vollenden. Mit gebähten Semmelwürfeln servieren.

Vorspeisen

Jede Landesküche hat ihre schwache Stelle, weil durch den Mangel an Nachfrage nie ein volles Angebot aufkommen konnte. Die österreichische bzw. Wiener Küche hat zum Kapitel »Vorspeisen«, ob kalt oder warm, nicht sehr viel Eigenständiges beizutragen, wenn man von den Usancen der internationalen Hotellerie und des Gastgewerbes absieht. Wir haben schon im Kapitel über die Suppen feststellen können, daß der Österreicher seit eh und je die Suppe überaus nahrhaft als »Vorspeise« gestaltet und auf eine zusätzliche Vorspeise gern verzichtet. Dazu kommt noch der Wunsch, den Prozeß des Essens am liebsten auf den ganzen Tag zu verteilen, wobei er allerdings auf feste Zwischenstationen akzentuierten Wert zu legen pflegt, nämlich auf die Zwischenmahlzeiten, für die er typischerweise auch landeseigene Bezeichnungen gebraucht: Der Bürger und Städter hatte das Gabelfrühstück (zwischen zehn und elf Uhr am Vormittag) und die Kaffeejause (um etwa fünf Uhr am Nachmittag), der Bauer und Arbeiter hatte die »Jause« (das Wort kommt von slowenisch »južina« = Mittagessen, Vesper), also die »Neunuhrjause« und die »Dreiuhrjause«, oft auch nur »Brotzeit«, in Tirol »Marenda«, »Marend(e)« (von italienisch »merenda«) genannt; ein Großteil der bäuerlichen Bevölkerung kannte dagegen das Abendessen (der Österreicher sagt dazu »Abendmahl«) nicht, eine Milch- oder Kaffee-»Suppe«, ein Mus oder Koch hatten genügt.

Allerdings wußte auch die bäuerliche Bevölkerung gerade bei den »Jausen« fein zu differenzieren, wobei überliefertes Brauchtum und ortsgebundene Eigenheiten ausschlaggebend waren. So zählt Lia Miklau in ihrem »Kärntner Kochbüchl« (3. Auflage 1973) einleitend die verschiedenen »Kärntner Jausen« auf: »Bauernjausn, Holzknechtjausn, Knechtjausn, Fastenjausn, Schulerjausn, Rettichjausn, Öljausn, Osterjausn, Zwiebeljausn, Kasjausn, Pian- oder Nußjausn, Weihnachtsjausn, Fragerjausn, Klosterle, Gailtaler Kirchtagsgupf.« Bei Schwerarbeit gab es Brot, Speck, Geselchtes, auch Butter sowie Käse und Rettich; in den Gebirgsgegenden waren Plenten mit gestockter Milch oder Mehlknödel sowie Erdäpfelschmarren üblich;

dazu trank man Most, in Weingegenden auch Wein.
Wie es um die städtische »Jause«, das Gabelfrühstück, in der seligen Biedermeierzeit bestellt war, gibt uns »Der Marianka, Mundköchin des Hans-Jörgel von Gumpoldskirchen, erprobtes Kochbuch« (Wien 1846), kund: »Die Speisen, sowohl kalte als warme, werden Alle auf Einmal aufgetragen; auch wird dabei der Keller gewöhnlich ziemlich in Anspruch genommen.
Da wir uns hier auf die Verhältnisse und Gewohnheiten des Mittelstandes beschränken wollen, so müssen die Speizettel für größere Gabelfrühstücke wegbleiben. Wo in unseren Verhältnissen Gabelfrühstücke Statt finden, werden gewöhnlich nur gebratene oder geröstete Fleischschnitze in verschiedener Form, Würste, Schinken, Zungen, kaltes Kalbfleisch, Aspik, und mancherlei Geflügel, Austern u.s.w. gegeben.
Bei festlichen Gelegenheiten kommen noch Pasteten, Torten und verschiedene Backereien; selbst Sulzen, Schaumspeisen, Kompots und Salate dazu.
Das Gabelfrühstück kann alle Ingredienzen der Mittagstafel enthalten, außer Suppen, gekochtem Fleisch, Gemüsen und feinen Eingemachten. Es ist vorzüglich für Junggesellen berechnet.«
Die Speisenauswahl für »größere Gabelfrühstücke« liefert uns beispielsweise das »Wiener Kochbuch« von Louise Seleskowitz: »Zum Gabelfrühstück (Déjeuner) kann man sich einzelner Speisen bedienen oder 2 bis 3 zusammenstellen, so wie folgt: Sterlet oder beliebiger Fisch mit Sauce Hollandaise – Bouillon – Kalter Aufschnitt mit Wildbret, Galantine – Gebratenes Huhn und Pökelzunge auf eine Schüssel angerichtet, garniert mit Rettig, Butter, Aspik, Kren, Kapern und Senf – Naturgebratene Schöpsenschlägel auf eine Schüssel angerichtet, mit einer Papier-Manchette besteckt, mit geschabtem Kren und Petersilie verziert; auf eine zweite Schüssel wird in Salzwasser weichgekochter Karfiol in die Mitte gelegt, grüne Fisolen, gedünstete weiße Rüben und in Salzwasser gekochte Kipfel – Kartoffel gibt man, wenn man will, etwas in Butter geröstete Petersilie, dazu serviert man Paradies-Sauce oder Senf. Gemischtes Backwerk, Obst und Nüsse, dazu serviert man Bier, Weiß- und Rothwein, und beliebigen Liqueur.
Gekochtes Rindfleisch mit Kren und kleinen Gurken – Beefsteaks mit Erdäpfelschmarren oder Purée – Rumpsteak – Rostbraten – Rinds-, Kalbs- oder Schweinsgollasch mit Nockerln oder Erdäpfelschmarren – Kalbsbrust – Kalbsschnitzel – Sauer gekochter Kalbskopf – Kalbsohr – Kalbszunge mit Kren und Wurzelwerk – Nieren mit Hirn – Gebratene oder auch gebackene Leber mit Gemüse – Limonenbeuschel mit Eier – Schweinszunge – Frankfurter mit Kren, Erdäpfelschmarren oder Purée – Gedämpfte Hühner mit Reis – Sauer gekochte Hühner mit Wurzelwerk – Gedämpfte Rebhühner – Junge Gans mit Reis – Krammetsvögel mit Polenta – das Junge vom Hasen mit Macaroni – Rehläufel – Solfische (gekocht, gebraten, gebacken) – Fischschnitzel – Beliebige kalte Pasteten – Pfannkuchen – Fridatten – Omelettes – Beliebigen Schmarren – Sterz – Abgeschmalzene Nudeln – Eierspeisen etc. – Liqueur – Wein – Bier.«
Das Gabelfrühstück unterlag in Altwien einem genau festgelegten Ritual. Der Wiener zelebrierte sein Gabelfrühstück nur in seinem »Stammbeisel« (»Beisel« oder »Beisl« hießen ehemalige Vorstadt-Kneipen und einfache Gasthäuser; das Wort kann abwertend und im positiven Sinn gebraucht werden; heute bedeutet »Stammbeisel« soviel wie »Stammlokal«).
Der Wiener Dichter Josef Weinheber bekannte in seinem Gedicht »Der Phäake«:
»Zum Gabelfrühstück gönn ich mir
ein Tellerfleisch, ein Krügerl Bier,
schieb an und ab ein Gollasch ein,
(kann freilich auch ein Bruckfleisch sein),
ein saftiges Beinfleisch, nicht zu fett,
sonst hat man zu Mittag sein Gfrett...
Zur Jausen geh ich in die Stadt
und schau, wer schöne Stelzen hat,
ein kaltes Ganserl, jung und frisch,
ein Alzerl Käs, ein Stückl Fisch,
weil ich so früh am Nachmittag
nicht schon was Warmes essen mag.«
Wir sehen: Es ist die besinnlich-verschmitzte Stunde der Diminutiva, der liebenswürdigen, die eigene Schwäche verkleinernden Lebenslüge, die man unter sich feiert mit einem Stückerl Schinken, einem Supperl, einem Fleischerl, einem Krügerl, einem Alzerl (von althochdeutsch »atzel« = Stück, Bröcklein), einem Weinderl.
Das war schon immer so in Wien, in dieser »europä-

isch-asiatischen Grenzstadt«, wie Egon Friedell die Stadt einmal nannte. In der Zeit der Monarchie ging die elegante Welt zum Gabelfrühstück zum »Stiebitz« und zur Kaffeejause zum »Demel«.

Zu dieser städtischen Kaffeejause stellt Louise Seleskowitz zur Auswahl: »Kaffee – Chocolate mit Schlagobers – Gugelhupf – Brioche – Beliebiges Gebäck – Butterbrot mit Honig – Geschlagenes Obers mit Erdbeeren oder mit beliebigem Geruchzucker – Skarnitzeln, gefüllt mit Schlagobers – Spanischer Wind mit geschlagenem Obers – Indianerkrapfen mit geschlagenem Obers – Torten – Croque en bouche, garniert mit Hobelspänen – Beliebige Crêmes mit Gebäck – Blancmanger – Beliebige Kaltschale mit Gebäck – Gefrornes – Obst«.

Auch die Systematiker beweisen uns die Ungewohntheit der Vorspeisen. Wenn wir alte österreichische Kochbücher aus dem 17., 18. und 19. Jahrhundert durchforschen, stoßen wir immer wieder auf das Phänomen, daß das Kapitel »Vorspeisen« entweder gar nicht, stiefmütterlich oder im Rahmen der internationalen Gastronomie eher fremd-hochtrabend behandelt wurde.

Die adelige Autorin des Kochbuchs zum »Freywillig-aufgesprungenen Granat-Apffel« teilte die »Materie« ihres Kochbuchs folgendermaßen ein: »Von allerhand Suppen; Von allerhand Koch und Muß; Allerhand Milch; Von allerhand Sulzen oder Gallerten; Von allerhand Würsten, Knödel, Strudel etc.; Von allerhand warmen Speisen; Allerhand Gebratenes; Allerhand Back-Werck; Von allerhand Pasteten und Torten; Von allerhand Torten; Allerhand Speisen von Fischen; Von allerley Sachen; Von candirten und eingemachten Sachen.« Das »Wienerische bewährte Koch-Buch« (1772 ff.) teilte so ein: »Von verschiedenen Fastensuppen, Eyer- Grieß- Milch- Mehl- und Reißspeisen, wie auch ordinare Bachwerk von Germ und Schmalz; Von verschiedenen Fischen und andern Gerichten von Fischwerk, als auch Köchen und Obstspeisen; Von allerley Fleischsuppen, Rindfleisch, Brühen, Sossen, Gemüsen und Belegungen derselben; Verschiedene Nebenspeisen von gesottenen, gedünsten, eingemachten, gebackenen Fleisch und Geflügel, wie auch Wildprät; Pasteten an Fast- und Fleischtägen; Von verschiedenen Torten, feinen Backereyen, süßen und sauren Salaten, Salsen, Gefrornen, Sulzen, Eingesottenen, wie auch Säften.«

Speisentarife aus dem 18. Jahrhundert vermitteln uns ebenfalls ein Bild; so die »Notification« aus dem Jahre 1745...

Kraft welcher hiemit jedermänniglich kund und zu wissen gemacht wird, daß in Wirts-Häusern allhier in der königl. Haupt- und Residentz Stadt Wien um verschiedenen geringen Preiß die Kost für Distinktions-Personen sowol, als vor gemeine Leut zu bekommen sey, auch was und wie viel Gerichte man selben vor solchen Preiß aufsetze.

Vier und zwaintzig Kreutzer Kost mit 7 Speisen.

Bestehen in denen Fleisch-Tägen folgender massen:

1. *Eine Suppen, welche täglich verändert wird.*
2. *Rind-Fleisch, darzu ein Soß, Kren oder Umurcken.*
3. *Eine grüne Speiß, worauf Würst, Schwein- oder anderes Fleisch, zuweilen gebackene Leber oder Kälber-Füß.*
4. *Ein extra eingemachtes, was die Jahrs-Zeiten geben, dann und wann eine Pasteten.*
5. *Eine Wechsel-Speiß, die besteht zu Zeiten in Wild-Brät, in Schnecken, Krebsen, oder Spargel, auch in einer Ragou.*
6. *Täglich, nachdeme die Zeiten, einen anderen Bratten, daß ist nicht allein zu verstehen in Kälbernen, oder Schweinern und Lämmernen, sondern Capauner, Hüenel, Gännß, Aendten, auch zu Zeiten Feder Wild-Brät.*
7. *Sallat.*

An Fast-Tägen bestehen die 7 Speisen in folgendem:

1. *Täglich eine andere Fasten-Suppen.*
2. *Eine Eyer-Speiß.*
3. *Grüne Speiß mit gebackenen Eyern, oder Stock-Fisch, auch kleinen Fischeln.*
4. *Eine extra Mehl-Speiß.*
5. *Ein heiß abgesotten, oder eingemachten, dann und wann gebratten guten Fisch.*
6. *Gebachenen Fisch oder anderes gebachenes.*
7. *Sallat, oder Krebsen.*

Confect.
Bestehet in Obst, oder Rättig, Käß, und Butter, Mandeln, Pisquit.

17 Kr. Kost ist voriger gleich, ausser daß die fünfte und sogenannte Wechsel-Speiß ausbleibt.

Zwölf Kreutzer Kost.
An Fleisch-Tägen.
1. *Eine gute Suppen.*
2. *Ein Stuck Rind-Fleisch darzu eine Soß oder Krenn.*
3. *Eine grüne Speiß, worauf jedesmal Würst, oder anderes Fleisch, oder statt dieser ein extra eingemachtes.*
4. *Ein Bratten.*
5. *Ein Sallat.*

An Fast-Tägen.
1. *Eine Suppen.*
2. *Eine Eyer-Speiß oder statt dieser Kraut und Stock-Fisch oder anderen eingemachten Fisch.*
3. *Eine Mehl-Speiß.*
4. *Gebackenen oder gebrattenen Fisch.*
5. *Sallat, Krebsen, oder Käß und Butter.*

Sieben Kreutzer Kost.
An Fleisch-Tägen.
1. *Eine Suppen.*
2. *Rind-Fleisch mit Krenn oder Umurcken.*
3. *Grüne Speiß.*
4. *Ein Eingemachtes die Wochen hindurch aber statt diesem dreymal gebrattenes.*

An Fast-Tägen.
1. *Eine Fasten-Suppen.*
2. *Eine Mehl-Speiß.*
3. *Eine grüne Speiß.*
4. *Ein heiß abgesotten, oder gebackenes Stückl Fisch.*

Die 9 Kr. Kost ist voriger um 7 Kr. gleich, ausser daß die Zuspeisen allezeit gesattelt, und statt Ordinari ein extra eingemachtes oder bessere Mehl-Speiß gegeben wird.
NB. Dabey ist zu wissen, daß distinquirte Standes-Personen, Priester, die Herren Officier, und andere Beamte nicht in denen Ordinari Gast-Stuben, sondern in extra mobilirten Zimmern oder allenfalls auch in des Wirts Wohnung gastiret, und in aller Sauberkeit bedienet werden sollen.

Auch Anna Dorn kennt in ihrem »Neuesten Universal- oder: Großen Wiener Kochbuch« (1827) auf 642 Seiten noch kein »Vorspeisen«-Kapitel; sie betitelt ihre Abschnitte folgendermaßen: »Suppen; Brühen; Vom Fleische überhaupt; Gemüse; Speisen für Kranke und Genesende; Von der Bereitung verschiedener Wurstgattungen; Fischspeisen; Eingemachtes; Schwammgewächse; Puddinge; Verschiedene Gattungen anderer Mehlspeisen; Einschiebspeisen; Pasteten; Obstspeisen; Eyerspeisen; Creme's; Gefrornes; Braten; Salat; Bäkkereyen; Getränke, Gelée's, Gallerte, Consumé's und Säfte, Marmeladen oder Lattwerge, Sulzen; Haushaltungsvortheile.«

Die »Prato« hat ihrem Kochbuch 1858 diese Gliederung gegeben: »Suppenspeisen; Assietten; Rindfleisch, Garnierungen, Saucen; Gemüse und Belege; Einschiebspeisen; Braten und Salate; Fische und andere Fastenspeisen; Mehlspeisen und Backwerk; Kalte süße Speisen; Nachtisch; Getränke und Beigaben.« In späteren Ausgaben hat sie die »Assietten« durch das Kapitel »Vorspeisen« ersetzt. Und Marie von Rokitansky gliedert »Die Österreichische Küche« (Ende des 19. Jahrhunderts) bereits: »Suppen, Kalte Vorspeisen, Warme Vor- und Zwischenspeisen, Fische und andere Fastentiere, Kalte Saucen, Warme Saucen, Fleischspeisen, Geflügel, Wildpret, Gemüse, Pürées, Schwammspeisen, Erdäpfelspeisen, Salate, Kompotes, Eierspeisen, Reisspeisen, Einfache Mehlspeisen, Milchspeisen und Schmarren, Strudel, Germspeisen, In Schmalz gebackene Speisen, Feine Mehlspeisen, Obstspeisen, Aufläufe, Dunstköche und Puddings, Torten-, Kuchen-, Butterteig-Speisen, Brandteig-Speisen, Feines Backwerk und Konfekt, Gesalzenes Teegebäck und Käse, Geschaumtes Obers, Crêmes und gesulzter Obersschaum, Sulzen, Gefrorenes, Verschiedene gefrorene Bomben, Getränke, Eingesottenes, Wintervorräte, Würste«.

Nur Kochbücher wie »Die Wiener Bürger-Küche« des J. M. Heitz (1902) geben sich »feudal-international«

1. Gefülltes Kraut. 2. Gefüllter Kohl.
3. Dressierte gelbe Rübe. 4. Fischkartoffel.
5. Schwarzwurzel. 6. Rettigröschen.
7. Georgine aus einer Kohlrübe.
8. Ausstecher. 9. Bratcrouton zum Stürzen. 10. Warmes Kanapee.
11. Kleine gestürzte Timbale. 12. Nieren am Spieß. 13. Tartelette moderne.
14. Geflügelwürstel. 15., 16., 17. Kanapee. 18. Sandwich.
19. Englisches Brot, rund. 20. Englisches Brot, oval. 21. Gefüllte Kohlrübe.
22. Crouton mit Nieren. 23. Schnepfen-Crouton. 24. Gefülltes Ei.
25. Blätterteig mit Püree. 26. Blätterteigkipfel mit Schinkenpüree. 27. Favorite.
28. Lachsschnitten. 29. Crouton mit Champignon. 30. Paupiette, stehend und liegend.
31. Eclair Caroli. 32. Dartois cavour. 33. Chaudfroid.
34. Tartelette mit Salpicon. 35. Medaillon. 36. Crepinette. 37. Crepinette, englisch.

Vorspeisen-Formen

im Kapitel »Vorspeisen«, aber ausschließlich in der französischen Gastronomensprache (wohl wissend, daß die Wiener »Bürgersköchin« dem Ganzen kaum gewachsen sein wird): »1. Blätterteigpastetchen, Bouchées und kleine Vol au vents und mürbe Teigpastetchen, petites pâtés; 2. Krockets; 3. Croustades und Cromesquis; 4. Kleine Ragouts auf Muscheln; 5. Kleine Ragouts in Cassoletten; 6. Feine Ragouts auf Silberspieß, Attereaux und Ragouts aus Weinteig gebacken; 7. Timbales, Blätterteigrollen, Rissolen; Warme Kanapees; Mousses, Zephirs, Farcenockerl und Würstchen; Papilloten und Netzwürstchen; Celestines; Favorites; Kalte Vorspeisen.« Dazu heißt es: »Dieselben sollen klein, appetitreizend sein und sorgfältig ausgeführt werden. Gerade bei warmen oder kalten Vorspeisen kann eine Köchin zeigen, ob sie Geschmack besitzt. Die Unterlage (Sockel) soll das Auge fesseln, aber auch nur das Auge. Ist die Vorspeise warm, so soll sie kräftig und doch fein schmecken; ist sie kalt, so soll der Aspik, der zum Verzieren nötig ist, tadellose sein und die Form, die man der Vorspeise gibt, das Auge erfreuen. Grüner Aspik soll vermieden werden.«

Wie die »Praktische Wiener Bürger-Köchin« das in der Praxis handhabe, zeigt uns das gleichnamige Kochbuch der Klara Fuchs, das zwar ein eigenes Kapitel »Entrées und Assietten« aufweist (mit den Rezepten »Aufgeschnittenes, Kaiserfasch, Ragout, Sardellen garnirt in Essig und Öl, Glasirte Zwiebel, Gebackene Zunge, Faschirte Champignons, Schwämme mit Eier, Sardinen mit Caviar, Grillirte Kalbfüße, Schinkenfülle mit Käse, Wild-Haché auf Semmelscheiben, Gansleberfasch mit Aspik«), aber in ihrem »Speise-Zettel für jeden Monat« werden diese Vorspeisen nicht im geringsten berücksichtigt.

Moderne österreichische Autoren haben in ihren Kochbüchern hin und wieder ein Kapitel »Vorspeisen«, so Karl Duch, »Kleines Wiener Kochbuch« und »Wiener Kochbuch« (o. J.); Rudolf Rösch, »So kocht man in Wien« (1966), Albert Kofranek, »Die gute Wiener Küche« (1961); Olga und Adolf Hess, »Wiener Küche« (Neuausgabe 1963), müssen aber dabei stets Anleihen bei allen anderen Hauptkapiteln machen, wie »von Eiern, Gemüsen und Mahlprodukten, Schwämmen, Rahm und Käse, Reis und Fleisch« (so in Hess' Kapitel »Vorspeisen und kleine Fleischspeisen«). Franz Ruhm allerdings hat in seinen »Perlen der Wiener Küche« (1970) für »Vorspeisen« keinen Platz (nur ein Kapitel »Zwischenspeisen, Beilagen und Salate«).

Nach Brillat-Savarins »Physiologie des Geschmacks« soll ein Gast auf einer französischen Speisekarte eine »Mindestauswahl« haben von 12 Suppen, 24 Hors-d'œuvres, 15 bis 20 Speisen von Rindfleisch, 20 Speisen von Schaffleisch, 16 bis 20 von Kalbfleisch, 30 von Geflügel und Wildbret, 24 von Fischen, 15 von verschiedenen Braten, 12 Pasteten, 50 Zwischenessen und 50 Desserts. Franz Ruhm dagegen, ein Experte der Wiener Küche, »stellt es geradezu als eine Unsitte hin, die Speisekarte allzu überladen zu gestalten, da dem Gast die Wahl unter solchen Umständen sehr schwerfällt und ihm durch das allzulange Gustieren und Wählen ein Teil des ursprünglichen Appetits verlorengeht« (nach Anna Schendl, »Wiener Kochbuch und Wiener Küche im Spiegel der Zeit«, Diss., Wien 1960).

Auch wir folgen in diesem Kochbuch der Tradition und widmen den »Vorspeisen« kein eigenes Rezeptkapitel, berücksichtigen aber bei den einzelnen Kapiteln die Möglichkeit, verschiedene Gerichte jeweils auch als Vorspeise servieren zu können.

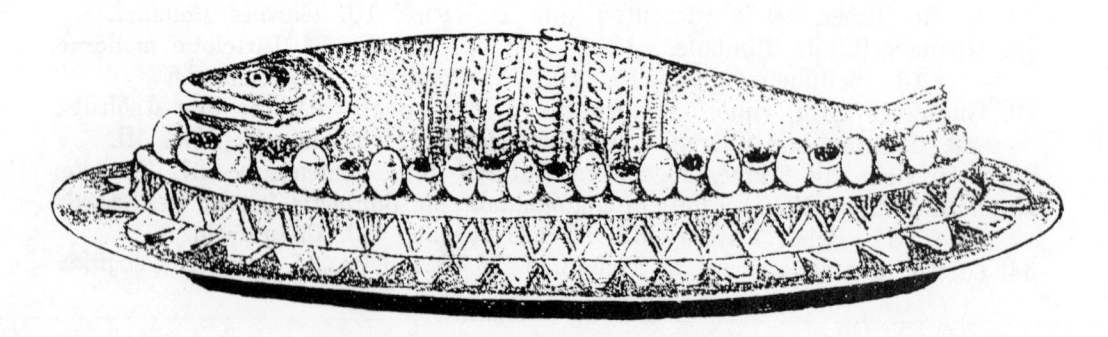

Eiergerichte

Die Eier sind eine der Säulen der Küche, heißt es im »Appetit-Lexikon« von Habs und Rosner (1894), bei deren Wegnahme die Kunst elend zusammenbrechen würde. Das Ei galt seit eh und je als ein Symbol der Fruchtbarkeit; selbst die katholische Kirche konnte nicht umhin, das Ei in ihre Glaubensmagie einzubauen und im Fastenspeisenplan zu berücksichtigen, obwohl sie den Genuß der Eier in der Fastenzeit zunächst verboten hatte (bis 1490). Im Volksglauben galten die »Antlaßeier«, die am Gründonnerstag gelegt wurden, als besonders heilkräftig und boten Mensch, Tier und Besitz Schutz gegen böse Geister. Kinder wurden ebenfalls mit »Antlaßeiern« beschenkt; aus diesem Brauch entwickelte sich dann das Eierschenken und Eiersuchen zu Ostern.

Über einen hemmungslosen Eiergenuß machte man sich im 17. Jahrhundert seine Gedanken. Der Arzt Georg Franck von Franckenau schrieb dem übermäßigen Eiergenuß nicht nur Darm- und Magenbeschwerden zu, sondern auch ein »verdüstertes Gemüt«. Der Tiroler Barockarzt Guarinoni war wiederum ein entschiedener Gegner von »Eiern im Schmalz«, ein Gericht, das man schon im frühen Mittelalter kannte; später nannte man es »Lutherisches Eyerschmalz«, wenn dazu Fleisch oder tierisches Fett mit verwendet wurde, wovon ein Katholik in der Fastenzeit nach wie vor ja nichts genießen durfte.

Das Kochbuch des »Freywillig-aufgesprungenen Granat-Apffels« widmet den Eierspeisen noch keinen eigenen Abschnitt; erwähnt werden nur ein »Eyer-Käß«, wozu Eier mit Rosenwasser gewürzt, in gezuckerte, aufgekochte Milch geschlagen und mit Mandeln bestreut wurden, und das »Eyer-Kraut« – das waren gebackene »Rühreierflecke«, nudelig geschnitten und in Wein und Wasser mit Butter, Zucker und Rosinen gekocht – sowie einige »Pfannen-Kuchen«. Dagegen führt das »Nutzliche Kochbuch« aus Steyr (1740) schon »gefüllte Eyer, gefüllte Eyer mit Krebsen und Eyerfleck« an. Das »Wienerische bewährte Kochbuch« (1772ff.) widmet »Allerhand Eyerspeisen« bereits ein eigenes Kapitel und bringt u. a. Rezepte wie »Eyeramulet, -becherl, -billieter, -fleckerln, eingerührte, faschierte, gebackene, gefüllte, gesetzte, gesprüdelte, gestürzte Eyer, Ochsenaugen, Eyerrolaten, Eyerspeis mit Ragout, Eyertanz, Eyer-Wildprät, Eyerwürstel von Krebsen, aufgelegte Eyer, Eyer auf englische, französische, holländische, polnische und lutherische Art«. Das »Grätzerische Kochbuch« (1804) erwähnt im Kapitel »Von Eyer- und Milchspeisen« 15 Eierspeisen, u. a. »Eyerfladen, Aufgelaufene Eyer, Verlorene Eyer, Rührey mit Äpfl, Eyer mit Senf, Grüne Eyerkuchen, Eyerknödeln« (aus Eiern, Rosenwasser, Zucker, Zimt, Rosinen und Mehl, in Schmalz gebacken). Überhaupt fällt auf, daß viele Eierspeisen noch bis ins 18./19. Jahrhundert häufig mit Rosenwasser gewürzt wurden. Die Köche in der Renaissance und im Barock verwendeten die Eier auch als Tafelschmuck, allerdings in künstlerischer Verwandlung. Beim »Ei im Glas« z. B. wurden Eier in kunstvolle enge Gläser gegeben – die Schale wurde zuvor in Essig aufgeweicht; oder man fertigte aus 50 Eiern ein Riesenei an, wobei man die Trennung von Eiklar und Dotter durch zwei ineinandergesteckte Schweinsblasen erreichte; als Hülle wurde ebenfalls eine Schweinsblase benutzt. In der Fastenzeit gab es Eierimitationen – Eier aus Hechtrogen, aus Mandelmilch –, wobei als »Eiklar« gemahlene Mandeln, als »Dotter« gehackte Feigen dienten.

Das »Neuestes Universal- oder: Großes Wiener Kochbuch« der Anna Dorn (1827) zählt 39 Arten von meist warmen Eierspeisen auf, u. a. »Eyerbraten, Eyergebackenes, Gesetzte Eier mit Sardellen, Graseier, Portugiesische Eier, Eierwandeln, Eierwürste«. Mit Grimod de la Reynières Behauptung, daß die Franzosen 685 verschiedene Arten der Eierzubereitung kennen, ohne jene aufzuzählen, die die Kenner jeden Tag erfinden, kann die österreichische Küche allerdings nicht konkurrieren. Unübertroffen bleibt allerdings das Ei in jeder Küche durch die vielseitige Verwendbarkeit. Ein Ei entspricht ungefähr dem Eiweiß- und Fettgehalt von 40 g fettem Fleisch. Eier binden Suppen, Soßen und Teige, heben den Backteig, sind Grundlage für Tortenmassen und Süßspeisen, verbinden sich willig mit Gemüse, machen sich gut auf Brötchen und bei Suppeneinlagen und gehen eine innige Geschmacksharmonie gerade mit Innereien ein – eine Kombination, die österreichische Köche besonders erfindungsreich machte.

FACHLICHE HINWEISE

Eier müssen immer kühl aufbewahrt werden. Da die Schale porös ist, nehmen sie Fremdgeruch leicht an! Frische Eier erkennt man daran, daß der Eidotter, aufgeschlagen, kugelig-hochgewölbt und das feste Eiklar dicht um den Dotter bleibt. Flache Dotter, wäßrig auseinanderlaufendes Eiklar weisen auf ältere Eier hin.
Anna Bauer, gewesene Stifts- und herrschaftliche Mundköchin, empfiehlt in ihrem Kochbuch »Die praktische Wiener Köchin« (1889): »Am besten sind Eier zu verwenden, wenn sie frisch gelegt, aber schon vollkommen ausgekühlt sind.« Wenn wir die Frische eines Eies prüfen wollen, halten wir es mit beiden Händen gegen das Licht: Wenn das Ei keinerlei Flecken aufweist, klar und durchsichtig ist, ist es in Ordnung. Alte Eier sind dunkel und haben gleichmäßig verteilte Flecken. Schwimmprobe: Eier in kaltes Wasser legen, dem je Liter 125 g Salz beigemengt wird. Sind die Eier frisch, sinken sie sofort auf den Grund; alte Eier schwimmen in der Mitte. Schüttelprobe: Das einwandfreie frische Ei soll dabei nicht schwappen und schlottern. »Besonders begabte Nasen riechen auch schon durch die Schale hindurch den im verderbenden Ei sich entwickelnden Schwefelwasserstoff«, schreiben Habs und Rosner im »Appetit-Lexikon«.
Jedes Ei immer extra in eine Schüssel aufschlagen und die Güte prüfen. Vor der weiteren Verwendung Eidotter und Eiklar immer gut verschlagen, damit sich beide gut vermischen. Eidotter bzw. Eier nie in eine kochende Masse oder Flüssigkeit einrühren (außer wenn das Rezept es erfordert).

Legieren mit Eidotter (bei Suppen, Soßen): Den Dotter zuerst mit etwas Suppe bzw. Soße bzw. mit Obers oder Milch glatt verrühren, dann erst mit dem entsprechenden Kochgut vermischen, das nicht mehr kochen darf (evtl. im Wasserbad warm halten).

Zum **Schlagen des Eiklars zu Schnee** verwende man keine Eier unmittelbar aus dem Kühlschrank. Schneebesen und -kessel müssen stets vollkommen fettfrei sein: Kessel und Besen jedesmal mit kochendem Wasser ausspülen, dann kalt schwemmen! Nie mit einem Hangerl oder Küchentuch auswischen! Für Süßspeisen wird das Eiklar bis zur festen Konsistenz geschlagen, dann erst wird Staub- oder feiner Kristallzucker nach und nach eingerührt. Tüchtig ausschlagen, bis keine Zuckerkristalle mehr spürbar sind. Für gesalzene Speisen immer eine Prise Salz dem Eiklar beigeben: Dadurch bleibt der Schnee besser steif! Ausgeschlagenen Schnee immer erst ganz zuletzt behutsam nach und nach unter die Masse (meist ist es ein Abtrieb) mengen, dabei vorsichtig mit dem Kochlöffel den Schnee unter die Masse ziehen, wobei der Kessel leicht gedreht und der Kochlöffel von unten nach oben bewegt wird. Die Masse darf dann nicht mehr verrührt werden (sie würde sonst nicht aufgehen).

Gekochtes Ei

Das Kochen von Eiern soll immer langsam vor sich gehen. Bei stark wallender Flüssigkeit platzen viele Eier. Das Eierkochen soll mit Hilfe einer zuverlässigen Uhr geschehen; einst verwendete man die Sanduhren oder betete ein Ave-Maria oder Vaterunser, um die Kochzeit zu messen. Exakt ist der Kurzzeitwecker. Dabei läßt man das Wasser zuerst einmal aufkochen, gibt die Eier hinein und stellt die Uhr ein, sobald das Wasser wieder leicht zu kochen beginnt. Weiche Eier benötigen dann noch 3–4 Minuten, wachsweiche Eier 5, hartgekochte Eier ca. 10–11 Minuten (je nach Größe und Frische der Eier). Gekochte Eier sofort mit fließendem Kaltwasser abschrecken, damit sie sich leicht schälen lassen.
Werden Eier aus dem Kühlschrank verwendet, können sie in lauwarmem oder kaltem Wasser zugestellt werden. Vom Beginn des Siedens benötigen weiche Eier 3 Minuten, wachsweiche Eier 4 Minuten, hartgekochte Eier 8–9 Minuten Kochzeit.
Warme Eiergerichte werden im allgemeinen immer erst im letzten Moment vor dem Anrichten zubereitet und sofort serviert. Warme Eierspeisen immer auf Porzellan, kalte auf Glasgeschirr anrichten. Nie auf Silber anrichten!
In unserer Küche werden in der Regel Hühnereier verwendet. Enteneier dürfen nur gekocht verarbeitet werden; man kann sie nicht für verlorene Eier, Rühreier, Palatschinken usw. verwenden.

Kernweiches Ei

Frische Eier in kochendes Wasser legen und 3 Minuten kochen lassen. Ungeschält dann sofort im Eibecher servieren.

Ei im Glas

Frische Eier 3 Minuten kochen, dann nicht abschrecken, sondern gleich aufschlagen, den Dotter in ein vorgewärmtes Glas fallen lassen, das gestockte Eiklar mit dem Löffel herausnehmen und dazugeben, etwas salzen und ganz leicht durchrühren.

Wachsweiches Ei

Frische Eier in der Schale 5 Minuten kochen, dann in kaltes Wasser legen, schälen. Nach Bedarf in heißem Salzwasser kurz nachwärmen. Weiche Eier werden mit den gleichen Garnituren wie die pochierten Eier serviert.

Hartgekochtes Ei

Man legt die Eier in kochendes Wasser und läßt sie je nach Größe 10–11 Minuten kochen, gibt sie in kaltes Wasser und schält sie. Größere Mengen kann man auch in kaltem Wasser aufstellen (vom Augenblick des Kochbeginns an 8 Minuten kochen lassen). Die meisten Servierarten der pochierten Eier können auch für hartgekochte Eier angewendet werden.

Gefüllte halbierte Eier

Grundrezept für Dotterfarce: 8 hartgekochte Eier, 80 g Butter, Salz, weißer Pfeffer, französischer Senf, 2–3 Sardellenfilets (oder in Öl eingelegte Sardinen)

Die hartgekochten geschälten Eier an den Enden abflachen, der Breite oder Länge nach halbieren; Dotter herausnehmen, fein passieren, mit der flaumig gerührten Butter, den passierten Sardellen und dem Senf vermischen, mit Salz und Pfeffer würzen. Die fertige Fülle mit Spritzsack und Sterntülle auf die Eierhälften auftragen. Mit verschiedenem Dekormaterial – wie Kaviar, Räucherlachs, Sardellen, Oliven, Paradeiser usw. – dekorieren.

Werden gefüllte Eier mit Aspik glasiert, setzt man sie auf ein Glasiergitter, das mit Papierstreifen belegt werden muß, da sonst die Eierunterseiten schwarz würden.

Gefüllte ganze Eier

8 hartgekochte Eier, 2–3 Essiggurken, 100 g Schinken oder Selchfleisch, Kapern, Paradeismark, Senf, Salz, Pfeffer, Worcestersauce, Mayonnaise, Aspik

Die gekochten, geschälten Eier der Länge nach halbieren, den unteren Teil von vier Eierhälften etwas abflachen. Eidotter herausnehmen, fein hacken, ebenso Essiggurken, Schinken oder Selchfleisch und Kapern hacken, alles mit Paradeismark, Senf, Worcestersauce und Mayonnaise vermischen, salzen und pfeffern. Diese feine Masse in den Spritzsack (mit glatter Tülle) geben und damit die Eierhälften füllen, diese wieder so zusammensetzen, daß die Fülle etwa kleinfingerdick dazwischen sichtbar bleibt.
Statt Schinken oder Selchfleisch kann man auch gekochten Fisch, Thunfisch, Krebs-, Krabben-, Hühnerfleisch, Bratenreste usw. verwenden. Die gefüllten Eier werden dann mit Aspik überzogen, verschiedenartig dekoriert, dann nochmals leicht mit Aspik überzogen, auf Salatsockel angerichtet, mit gehacktem Aspik, Paradeisscheiben und beliebigen anderen Gemüsen garniert.

Christinen-Eier

8 hartgekochte Eier, 80 g magerer Schinken, 4 kleine Essiggurken, 8 Radieschen, 2 EL Mayonnaise, ¼ l Aspik, 2 TL Paradeismark, 2 TL Weißwein, 250 g Fisolen, Worcestersauce, Zitronensaft, Salz, weißer Pfeffer, Zucker, Schnittlauch

Die hartgekochten Eier der Länge nach halbieren, Dotter herausnehmen, fein hacken, ebenso Schinken, Essiggurken und die Radieschen fein hacken. Dotter mit feingeschnittenem Schnittlauch, Zitronensaft, Weißwein, Worcestersauce, Mayonnaise zu einer pikanten Masse vermischen, salzen und pfeffern und mit dem Kleingehackten gut verrühren. Mit der feinen Masse die Eierhälften füllen, die gefüllten Eier im Kranz anrichten, mit feingeschnittenen marinierten Fisolen garnieren. Mit Aspik glasieren.

Kräutereier

8 hartgekochte Eier; Dotterfülle wie bei gefüllten halbierten Eiern, aber ohne Sardellen; Zitronensaft, Zwiebeln, Petersilie, kleine Essiggurken, Schnittlauch; Brunnenkresse, mariniert

Die hartgekochten Eier schälen, halbieren, Dotter herausnehmen, passieren und mit Butter, Zitronensaft, feingeschnittener Zwiebel, Petersilie und Gurken gut vermischen. Die Eierhälften mit dieser Masse füllen, mit Schnittlauch bestreuen. Auf einem Sockel aus französischem Salat anrichten und mit marinierter Brunnenkresse garnieren.

Russische Eier

Hartgekochte Eier, Mayonnaise, Kaviar, französischer Salat, Sardellenfiletstreifen, grüner Salat, Paradeiser

Die hartgekochten, geschälten Eier der Länge nach halbieren, auf einen Sockel aus französischem Salat stellen, mit einer dickgehaltenen Mayonnaisesauce überziehen und mit Kaviar und Sardellenringen garnieren. Man kann auch Lachsröllchen dazwischen setzen; rundum mit Salat und Paradeiserscheiben garnieren.

Gefüllte Eier mit Schinkenmus

6 hartgekochte Eier, 100 g magerer Schinken oder Selchfleisch, 60 g Butter, Salz, Pfeffer, 1 Schinkenscheibe

Die hartgekochten, geschälten Eier halbieren, die Dotter herausnehmen und mit Butter schaumig rühren; den Schinken oder das Selchfleisch zweimal durch die feine Scheibe der Fleischmaschine treiben und mit der fein abgerührten Dotter-Butter-Masse verrühren, salzen, pfeffern. Die Eierhälften mit der Masse füllen, mit Schinkenstreifen oder -rhomboiden und rund ausgestochenem gekochtem Eiklar garnieren.

Venezianische Eier

Gefüllte ganze Eier mit gesulzter grüner Sauce glasieren, zur Hälfte mit gehackter Zungenspitze und Schnittlauch bestreuen, schief über die Eier einen Streifen Dotterfarce ziehen.

Rührei

Rühreier zuzubereiten scheint eine einfache Sache zu sein, wird aber für den Theoretiker zum Problem, denn es gibt eine Schulrichtung, die behauptet, daß Rühreier gar nicht verrührt werden dürfen – die hohe Schule befiehlt das Wasserbad! Eine andere Richtung wieder gebietet als ursprüngliche Methode, die Eier unverschlagen in das heiße Fett zu brechen, so daß die Teile von Eiklar und Dotter in der cremig-weichen Masse getrennt bleiben. Welcher Schule man auch immer folgen will: Auf alle Fälle sollen die Rühreier nicht zu lange der Hitze ausgesetzt sein, sonst werden sie krümelig, hart und wäßrig!

Habs und Rosner rufen angesichts der zahllosen Rühreirezepte aus: »Welch Formenreichtum schon beim Rührei! Rührei mit Butter und Rührei mit Bratensauce, Rührei mit Milch und Rührei mit Fleischbrühe, Rührei mit Speck und Rührei mit Blumenkohl, Rührei mit Lachs und Rührei mit Schoten, Rührei mit Trüffeln, Rührei mit Sardellen, mit Schinken, mit Schlackwurst, mit Schnittlauch, mit Rauchfleisch, mit Endivie, mit Bückling, mit Estragon, mit Champignons, mit Petersilie, mit Schalotten, mit Käse, mit Soya, mit Spargel, mit Morcheln, mit Leberwurst, mit saurer Gurke, mit Kapern, mit Basilicum, mit Bohnenkraut, mit Sprotten, mit Flunder, mit Hühnerbrust – kurzum, Rührei mit Allem, was pikant und kräftig, mit Allem, was lieblich und würzhaft ist, und doch Alles nur Rührei.«

Rührei

Pro Ei 1 EL Obers, Salz, Butter

Die Eier salzen und mit Obers gut verschlagen. In einer Kasserolle etwas Butter erhitzen, die Eier beigeben, leicht anziehen lassen, dann langsam mit dem Kochlöffel leicht rühren, bis die Eier cremig-weich werden und sich in großen weichen Flocken vom Boden absetzen. Auf vorgewärmtem Porzellan anrichten.

Rührei im Wasserbad

In einem größeren Topf ca. 5 cm hoch Wasser zum Kochen bringen. In das siedende Wasser ein kleineres Geschirr (Schneekessel, Porzellantiegel, Schüssel) stellen, da hinein etwas Butter geben, zerschmelzen lassen und über den Boden verteilen. Die Eier, einzeln aufgeschlagen, mit dem Schneebesen gut verschlagen, salzen und in den Topf mit der zerlassenen Butter geben. Die Eier auf dem Boden setzen lassen, dann mit dem Schneebesen langsam und leicht verrühren, bis sich die Flocken vom Boden absetzen.

Moderne Küchenlexika geben meist mehr als 100 Rezepte für Rühreier an. Hier nur einige Kombinationsanregungen: Man läßt feingeschnittenen Speck in der Pfanne glasig werden, vermischt die aufgeschlagenen Eier mit geriebenem Parmesan und gibt sie in die Pfanne. Oder man legt auf die fertigen Rühreier Spargelspitzen und bestreut sie mit Petersiliengrün. Man kann Rühreier auch auf gebratenen Speckscheiben und sautierten Paradeisern zubereiten, oder man läßt feingeschnittenen Schinken und Champignons in Butter anschwitzen, gibt die Eier bei und läßt sie ein wenig stocken. Man gibt auch auf fertige Rühreier in Butter

»Verlorene Eier auf Fischer-Art«

»Imitierte Fasaneneier«

geschwenkte frische Pilze und feingehackte Petersilie oder in Butter gebundene Zuckererbsen, oder man serviert Rührei mit Hühnerragout, mit grünen Paprikastreifen oder geräuchertem Lachs. Siehe auch die Kapitel INNEREIEN und PILZGERICHTE!

Wiener Eierspeise

Pro Person: 2–3 Eier, Schweinefett oder Butter, Salz

Die »Wiener Eierspeis« unterscheidet sich von den »klassischen« Rühreiern insofern, als die rohen Eier dabei nicht mit Obers verrührt werden. Die gut verschlagenen, leicht gesalzenen Eier werden direkt in der Porzellan-Eierplatte zubereitet und darin auch serviert. Butter, noch besser Schweinefett, heiß werden lassen, die Eier nur leicht verschlagen und salzen, in die Pfanne geben und etwas anziehen lassen, mit der Gabel durchrühren und auflockern, während die Eier stocken. Die Konsistenz soll so gehalten werden, daß das Weiß des Eiklars noch teilweise sichtbar bleibt. Pfeffern. Mit feingeschnittenem Schnittlauch bestreuen und dann servieren.

Nur dem Namen nach verwandt mit den Rühreiern ist das Gericht »**Wiener oder tanzende Eierspeis**«, das in alten Kochbüchern zu finden ist, so im »Neuen, großen, geprüften und bewährten Linzer Kochbuch« aus der Biedermeierzeit (5. Auflage 1822), verfaßt von Maria Elisabeth Meixner, geborene Niederederin: »Siede 8 Eyer hart, löse die Dotter heraus, schneide sie mit einem Kreuzer abgerindelte Semmel klein, treibe ein Stück Butter schön pflaumig ab, gib das Geschnittene hinein, 3 Eyer, eines nach dem andern verrührt, 3 oder 4 Löffel voll Rahm, ein wenig Semmelbrösel, Salz, siede etwelche Maurachen, schneide sie schön dünn wie die Nudeln, aus dem Weißen der Eyer werden auch Nudeln geschnitten. Schmiere eine Schüssel mit Butter, begieße sie mit Rahm, gib von dem Abgetriebenen einen Teil hinein, streich es mit einem Messer von einander, dann gib die geschnittenen Maurachen und Nudeln von Eyern darauf, ein paar Löffel voll Rahm darüber gegossen und wieder einen Teil von dem Abgetriebenen, und so fort, bis es gar ist. Auf der Höhe gib wieder ein wenig Rahm, und wenig Butter, oben nur Gluth, daß es Farbe bekommt.«

Spiegelei (Ochsenauge, Setzei)

In der Küchensprache heißen die Spiegeleier auch »Ochsenaugen«. Das Wort wird unterschiedlich ausgelegt: einmal nach dem französischen »œil de bœuf« (Dachfenster), dann wieder nach der Seemannssprache, in der »Ochsenauge« soviel wie »Wölkchen« bedeutet, »das sich vergrößernd einen Sturm verursacht«. F. G. Zenker erklärt kurz und bündig, daß die Bezeichnung von der Tatsache herkommt, daß die Spiegeleier eine entfernte Ähnlichkeit mit den Augen von Ochsen aufweisen. In der Schweiz heißen sie auch Stieraugen. Wahrscheinlich hat die Ähnlichkeit des spiegelnden Dotters im Eiweißring mit einem kleinen Spiegel die Namensgebung beeinflußt. Spiegeleier bzw. »Ochsenaugen« findet man seit frühneuhochdeutscher Zeit in den Kochbüchern, so im Tegernseer Klosterkochbuch aus dem Jahre 1534.

Spiegeleier »vorschriftsmäßig« machen zu können, gilt als Kennzeichen, ob ein Koch die goldenen Regeln des Alltags beherrscht. Man nehme nur ganz frische Eier mit festem Dotter. Der Eiweißring rund um den Dotter darf nicht die geringste Bräunung aufweisen, von unten nicht zu scharf, also nicht bei zu großer Hitze gebacken sein; das Innere des Eidotters und etwas vom Eiweiß müssen weich bleiben! Gewürzt darf nur das Eiweiß werden. Salz und Pfeffer würden den Dotter fleckig machen.

Pro Person: 2 Eier, 15 g (nußgroßes Stück) Butter, Salz

In der Spiegeleierpfanne (feuerfeste Porzellanschüssel oder Dalkenpfanne) die Butter heiß werden lassen, salzen, dann die einzeln aufgeschlagenen Eier in die Pfanne gleiten lassen, dabei darauf achten, daß der Dotter nicht auseinanderfließt. Ein paar Sekunden die Hitze erhöhen, dann langsam braten, bis das Eiklar gestockt ist. Der Dotter soll weich bleiben, darf außen nur eine hauchdünne Festigkeit haben. Ganz zum Schluß die Hitze noch einmal einen Sekundenbruchteil erhöhen. Die Spiegeleier können in der Porzellanplatte, in der sie gebraten werden, serviert werden; sonst auf warmem Teller oder auf warmer Schüssel anrichten. Garnituren an der Seite des Dotters nur ganz zart (»en bouquet«), Sauce oder Jus in sehr zarten Streifen außen herum anrichten.

Man kann fertige Spiegeleier als Auflage für Gemüsespeisen verwenden, mit Soßen umkränzen oder garnieren, unter anderem mit gebratenen Speckscheiben, Sardellenstreifen, Paradeisern, Pilzen, gebratenen Melanzanischeiben, Paprikaschoten, kleinen halbierten Bratwürsten, mit einem Ragout aus Hühnerleber und Champignons, mit Spargelspitzen natur (die Köpfe mit einer Sauce hollandaise betupfen), mit Buttererbsen und dergleichen.

Gebackenes Ei

In einer Stielpfanne dreifingerhoch Öl erhitzen; das rohe Ei in eine Schale schlagen, in das heiße Öl gleiten lassen, mit zwei Holzlöffeln das fest werdende Eiweiß um den Dotter zusammenschlagen, so daß die etwas längliche Eiform gewahrt bleibt. Etwa 1 Minute bakken. Das Innere der gebackenen Eier muß weich bleiben. Zum Schluß auf einem sauberen Tuch entfetten, leicht salzen und auf gebackenen Weißbrotcroutons anrichten, mit grüner oder gebackener Petersilie garnieren oder damit ein anderes Gericht garnieren.

Auch mit gebackenen Eiern lassen sich die verschiedensten Varianten herstellen: man kann sie mit Fleischragout, Haschee, Spinat, grünen Erbsen, Saucen, gebackenen Zwiebelringen und sautierten Paradeisern und Sauce tatare an der Seite servieren.

Pochiertes Ei (Verlorenes Ei)

Warum das pochierte Ei auch »verlorenes Ei« genannt wird, weiß niemand genau zu sagen. Die »Prato« definiert: »Verlorene Eier nennt man solche, die man aufgeschlagen kocht, bis die Klar weiß geworden, aber herausfaßt, solange die Dotter noch weich sind. (Eier, die nicht frisch sind, zerfahren dabei.)« Louise Seleskowitz nennt die verlorenen Eier »verschleierte Eier«. Ich könnte mir vorstellen, daß die Tatsache, daß eine Henne im wortwörtlichen Sinn ein Ei »verlieren« kann (dieses Ei hat zwar eine elastische Außenhaut, aber noch keine feste Schale), zur Namensgebung geführt hat. Genau weiß ein Küchenchef nur, daß zu den pochierten Eiern ganz frische Eier verwendet werden müssen.

In einer flachen Kasserolle wird Wasser zum Kochen gebracht. Nun gibt man einen kräftigen Schuß Essig bei. Die frischen Eier einzeln in eine Schale schlagen – das Ei muß dabei ganz bleiben! – und dann vorsichtig in das nicht mehr kochende Essigwasser geben. Nie zuviel Eier auf einmal in die Kasserolle geben und jeweils warten, bis das Wasser wieder fast den Siedepunkt erreicht, ehe das nächste aufgeschlagene Ei hineingegeben wird. Sobald alle Eier in der Kasserolle sind, diese vom Feuer nehmen, die Eier 4–5 Minuten ziehen lassen. Der Dotter eines pochierten Eies muß innen weich bleiben. Dann die Eier mit dem Schaumlöffel herausnehmen, in kaltes Wasser tauchen, das Eiklar zuschneiden (parieren) und nach Bedarf im warmen Salzwasser erwärmen bzw. warm halten. Vor dem Servieren auf einem Tuch abtropfen lassen.

Raffiniert-spitzfindige Köche mit entsprechender Muße empfehlen folgende etwas zeitraubende Methode: Man halte das Essigwasser immer knapp unter dem Siedepunkt, rühre mit dem Kochlöffel so lange um, bis sich ein Wirbel bildet, in den hinein man das aufgeschlagene Ei vorsichtig gleiten läßt. Eiklar und Dotter halten so besser beieinander, man erspart sich das Parieren – behaupten wenigstens die »Tüftler«.

Die sogenannten »Zipfelmützeneier« sind das Ergebnis folgenden Verfahrens: Man drehe aus einem dreieckigen Stück Pergamentpapier ein Stanitzel, schlage das Ei in die Mitte des Stanitzels, stelle das Ganze in das fast kochende Essigwasser und lasse es darin 5–6 Minuten ziehen. Dann werden die Eier herausgenommen, die obere Kante wird eventuell etwas glatt geschnitten. Eine ähnliche Methode wendet schon Elisabeth Stöckel in »Die bürgerliche Küche oder neuestes österreichisches Kochbuch...« (10. Auflage 1853) in dem Rezept »Eiergebackenes« an: »Man verrührt fünf Eier mit zwei Kochlöffel voll Mehl, gießt sie gesalzen in ein kleines Säckchen, gibt dieses in kochendes Wasser und läßt sie hart werden, nimmt den Teig dann heraus, schneidet ihn in fingerlange Streifen, die man aus Schmalz backt,

Aus »Bewehrtes Koch-Buch«, 1759

N. 95. Gefüllte Eyer mit Krebsen.

Bereite die Eyer wie die vorigen, treibe Krebs-Butter ab, 2. oder 3. Eyer darein gerührt, mache ein lindes Eingerührtes, in Milch geweikte Semmel, stoße es untereinander, auch etliche hart-gesottene Eyer-Dotter, geschnittene Krebs-Schweiffel, Milchrahm, gewürzt; dieses in dem Butter abgetrieben, fülle die Eyer, wie die vorigen, richte es in eine Schüssel, mache unten und oben Glut, mit Semmel-Bröseln bestreuet, Milchrahm in die Schüssel, mit Krebs-Butter begossen, wann sie schön gelblicht seynd, gibs zur Tafel.

---

auf eine Schüssel richtet und mit Zucker bestreut.«

»Verlorene« Eier wurden im Mittelalter als eine besondere Delikatesse unter höchst feierlicher Zeremonie serviert: Dem Gericht wurde eine »Soltete«, eine Statue aus Zucker und Wachs, vorangetragen, Fanfaren erklangen, dann wurden die verlorenen Eier den Gästen auf ihre Brotteller gegeben.

Doch auch in der modernen Küche finden die pochierten Eier vielseitige Anwendung; man kann sie auf verschiedene Gemüsespeisen auflegen, mit einer Sauce nappieren und auf vielerlei Art garnieren und bestreuen.

Kalt serviert: Pochierte Eier werden pariert, auf einen Sockel aus Salaten oder Paradeisern gesetzt, zart dekoriert und mit Aspik glasiert oder mit Aspikmayonnaise, natur oder leicht mit Paradeismark gefärbt, oder mit gehackten Kräutern und etwas durch Spinat grün gefärbten Aspik glasiert und garniert.

Pochierte Eier auf Tiroler Art

4 Portionen

4 pochierte Eier, 4 große Paradeiser, Salz, Pfeffer, Essig, 1 Zwiebel, 8 schöne Salatblätter, ¼ l Tiroler Sauce

Auf einer Salatplatte mit Essigwasser marinierte Salatblätter anrichten, in der Mitte geschälte, in Scheiben geschnittene Paradeiser schön auflegen, Zwiebelringe daraufgeben und mit Salatmarinade aus Essig, Salz, Pfeffer und Öl leicht beträufeln.

Die pochierten Eier darauflegen und mit Tiroler Sauce überziehen.

Pochierte Eier auf Benediktiner Art

4 Portionen

4 pochierte Eier, 4 Scheiben Toastbrot, 5 halbe Scheiben Preßschinken, 30 g Butter, ca. ¼ l Sauce hollandaise

Entrindete Weißbrotscheiben in Butter goldgelb braten, in derselben Butter 4 Stück Schinken sautieren und auf die Weißbrotscheiben legen, die pochierten, parierten und gut abgetropften Eier daraufgeben, mit Sauce hollandaise überziehen, mit Schinkenstreifen bestreuen und im Salamander bzw. mit Oberhitze im Backrohr glasieren (flämmen).

Pochierte Eier auf königliche Art

4 pochierte Eier, 4 Torteletten, aus Blätterteig gebakken oder fertig gekauft, 2 gekochte Hühnerbrüste, ¼ l Hühnercremesauce, 100 g Champignons, 20 g Butter, Zitronensaft, 4 Scheiben Trüffel

In die gewärmten Torteletten werden die enthäuteten, in Scheiben geschnittenen Hühnerbrüste gefüllt, mit erwärmtem pochiertem Ei belegt und reichlich mit gut deckender Hühnercremesauce, vermischt mit Champignonpüree (feingehackte Champignons in Butter und einigen Tropfen Zitronensaft kurz gedünstet und püriert), nappiert. Mit je einer Scheibe Trüffel garnieren.

Pochierte Eier à la Tegetthoff

4 pochierte Eier, 100 g gedünsteter Reis, 100 g gekochte ausgebrochene Krebsschweifchen, ¼ l Dillsauce, ca. 100 g Fischfarcenockerl (Seite 482f.)

In mit kaltem Wasser gespülten Ringformen Krebsschwänze einlegen, mit Reis füllen, zusammendrücken und auf eine vorgewärmte Platte stürzen. Das pochierte Ei in die Mitte legen, mit Fischfarcenockerl garnieren und alles mit einer etwas festeren Dillsauce überziehen. Wilhelm von Tegetthoff wurde 1827 in Marburg geboren und starb 1871 in Wien; er war der bedeutendste Admiral der österreichisch-ungarischen Kriegsmarine, Sieger bei Helgoland (1864) und Lissa (1866). Seiner Reorganisation der Kriegsmarine verdankte die Donaumonarchie ihre Seemacht. Wien und Graz haben dem Admiral je ein Denkmal gestiftet, die internationale Gastronomie widmete ihm einige Gerichte, so eine »Potage à la Tegetthoff« (Püreesuppe von grünen Erbsen, mit weißen Spargelköpfen garniert), das »Kalbsbries à la Tegetthoff« (braungedünstetes Kalbsbries, mit Madeirasauce nappiert, garniert mit Spargelspitzen und Torteletten, die mit einem Püree von grünen Erbsen gefüllt sind) und den »Tegetthoff-Rostbraten« (Rostbraten in Butter angebräunt, mit grobgeschnittenem Wurzelwerk und Zwiebelstreifen in einer Demiglace geschmort; die Sauce wird mit entsteinten blanchierten Oliven ergänzt. Der Rostbraten wird nun mit den Scampischwänzchen belegt und mit der Sauce übergossen).

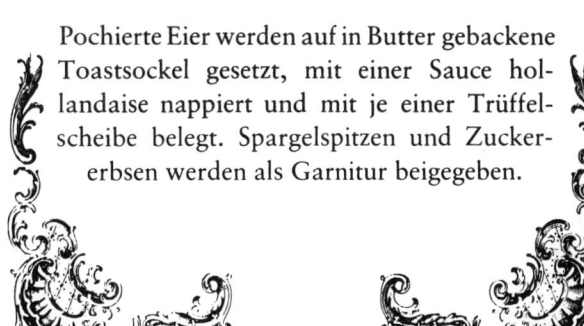

Sacher Rezept

Pochierte Eier »Princesse«

Pochierte Eier werden auf in Butter gebackene Toastsockel gesetzt, mit einer Sauce hollandaise nappiert und mit je einer Trüffelscheibe belegt. Spargelspitzen und Zuckererbsen werden als Garnitur beigegeben.

Eieromelette

Das Wort »Omelette« erscheint seit 1710 in deutschsprachigen Kochbüchern; es wurde dem gleichlautenden französischen »Omelette« entlehnt (in Österreich heißt es »die« Omelette); in älteren Kochbüchern wird dieses Gericht als »Französischer Strudelfleck« bezeichnet. So heißt es im »Kurtzen Unterricht, in welchem Unterschiedliche Speisen gut zuzubereiten beschrieben seynd« (Wien 1736): »Eyerflecken werden gemacht wie der französische Strudelfleck.«

Zum Gelingen einer Omelette ist es wichtig, eine Stielpfanne mit gut rutschendem Boden zur Verfügung zu haben, d. h. eine Pfanne, die nur für diese Gerichte (Omeletten, Palatschinken, Spiegeleier) verwendet, nicht gewaschen, sondern immer nur mit einem Tuch oder Papier ausgewischt wird. Die modernen Spülmittel entziehen nämlich einer Pfanne alles Fett; das hat zur Folge, daß der Teig am Boden festklebt.

Pro Omelette: 2–3 Eier, 1 Prise Salz, 1 Eßlöffel Obers (oder Milch), 20–30 g Butter

Die Eier aufschlagen, mit einer Prise Salz und etwas Obers gut, aber nicht zu stark verklopfen. Die Butter in eine flache Stielpfanne geben, sehr heiß werden lassen (wichtig ist es, daß die Omelette rasch, in kürzester Zeit, zubereitet wird). Jetzt die Eier eingießen und dabei mit der Palette so lange rühren – vor allem an den Rändern, weil diese rascher backen –, bis die Eiermasse festzuwerden beginnt; dann nur mehr die Pfanne schütteln und hin und her bewegen. Sobald die Masse genügend angezogen hat, einen kurzen Augenblick noch ruhig auf dem Feuer stehenlassen, um die Omelette am Boden Farbe nehmen zu lassen (nach der französisch-internationalen Küche soll die Omelette farblos sein, in Österreich gibt man aber gern etwas Farbe!). Dann vom Feuer nehmen, denn die Mitte der Omelette soll weich bleiben. Man kann jetzt die eine Hälfte der Omelette über die andere schlagen und auf der vorgewärmten Platte anrichten oder vor dem Übereinanderschlagen in der Mitte die vorbereitete Fülle einlegen. Die Garnitur wird je nach Rezept entweder gleich unter die aufgeschlagenen Eier gemischt (z. B. feingehackter Schinken) oder vorher in der für die Omelette bestimmten Butter geschwungen (z. B. Champignons) oder erst in die fertige Omelette eingefüllt (z. B. Blattspinat); bei feineren Garnituren kann man die Fülle auch durch einen Einschnitt an der fertigen, bereits übereinandergeschlagenen Omelette einfüllen und zusätzlich obenauf (Spargelspitzen, feine Ragouts, Saucen etc.) und, wenn passend, sehr mäßig an die Seite geben. Die Oberfläche der fertigen Omelette zum Schluß vor dem Servieren mit einem Stück frischer Butter überglänzen.

Bauernomelette

4 Eier, 50 g würfelig geschnittener Speck, 150 g gekochte Kartoffeln, Salz, Petersilie, 20 g Butter

In der erhitzten Pfanne Butter heiß werden lassen, Speckwürfel glasig rösten, würfelig geschnittene Kartoffeln beigeben und leicht Farbe nehmen lassen. Die mit Salz und gehackter Petersilie gewürzten und verschlagenen Eier in die Pfanne gießen, leicht stocken lassen und mit der Palette bewegen. Farbe nehmen lassen und ungerollt auf eine vorgewärmte Platte stürzen.

Omelette à la Tegetthoff

Omelette: 4 Eier, 2 TL Butter, Salz
Fülle: 20 g Mehl, 30 g Butter, Gemüsewasser, 50 g Erbsen, 50 g Fisolen, 1/2 Rose Karfiol, Salzwasser, 20 g Butter, 2–3 Champignons, Prise Salz, 1/16 l Obers, 1 Dotter

Die Omelette wie beschrieben bereiten.
Fülle: Aus Butter, Mehl und Gemüsewasser eine lichte Einmach bereiten und gut verkochen. In die dickliche Einmachsauce gibt man extra in Salzwasser gekochte grüne Erbsen, die würfelig geschnittenen Fisolen, in kleine Röschen zerteilten Karfiol sowie würfelig geschnittene, in Butter gedünstete Champignons.
Diese Fülle zum Schluß mit Dotter und Obers legieren und in die mit einem Einschnitt versehene Omelette hineingeben.

Spanische Omelette

4 Eier, 20 g Öl, 1 Zwiebel, 2 frische Paprika (rote und grüne), 4 Paradeiser, Salz, Pfeffer, etwas Tabasco, 4 gefüllte Oliven, Petersilie

In heißem Öl die in Streifen geschnittene Zwiebel goldgelb rösten, in Streifen geschnittene Paprika beigeben und auf schwacher Flamme zugedeckt 5 Minuten dünsten; salzen, pfeffern und die geschälten, ausgedrückten und in Streifen geschnittenen Paradeiser beigeben, leicht mit Tabasco würzen und fertigdünsten. Die Omelette wie oben angegeben bereiten und auf die vorgewärmte Platte stürzen, in der Mitte aufschneiden und das Gemüse einfüllen. Mit Oliven garnieren und mit Petersilie bestreuen.

Omelette à la Kaunitz

Wenzel Graf Kaunitz, Reichsfürst von Kaunitz-Rietberg, war als Staatskanzler Berater sowohl Maria Theresias als auch ihres Sohnes Josef II. Kaunitz erwarb Galizien, die Bukowina und das Innviertel für Österreich. In seinem Palais auf dem Wiener Ballhausplatz befindet sich heute das Bundeskanzleramt. Am Maria-Theresia-Denkmal in Wien ist er mit einer Statue verewigt. Europa hat Maria Theresia um diesen Kanzler beneidet, auch wenn jener seine Extravaganzen und

Böhmische Köchin.

Kaprizen hatte. Einmal warteten Maria Theresia und der Kaiser wieder auf Kaunitz. Die »Kaiserin« hatte schon einige inzwischen kalt gewordene Schalen Milchkaffee mit Kipfel verzehrt und bat ihren ungeduldigen Gemahl Franz, der nie ein Frühstück aß und also noch nichts zu sich genommen hatte, sich doch eine Suppe bringen zu lassen. Er aber »bockte« und wollte nüchtern durchhalten, bis Kaunitz zu erscheinen geruhte. – Bei der folgenden Omelette hätte Kaunitz die Herrschaft allerdings nicht so lange warten lassen dürfen!

Omelette, Madeirasauce, blanchiertes Kalbsbries, Champignons, Trüffeln, Kalbsfarcenockerl

Man bereitet eine starke, etwas dickliche Madeirasauce, gibt ein bereits blanchiertes, würfelig geschnittenes Kalbsbries, feinblättrig geschnittene Champignons, Trüffeln und Farcenockerl bei und läßt alles einige Minuten aufkochen. Indessen bereitet man die Omelette, gibt auf die eine Hälfte der Omelette die vorbereitete Fülle, schlägt die zweite Hälfte darüber, stürzt die Omelette auf eine vorgewärmte Platte und serviert sie sofort.

Omelette Châtelaine

4 Portionen

8 Eier, Salz, 60 g Butter, 120 g Schinken, 4 Artischockenböden, 6 Paradeiser, Pfeffer, feingehacktes Petersiliengrün

Schinken und gekochte Artischockenböden in ca. 3 mm dicke Streifen schneiden. Die Paradeiser blanchieren, schälen, halbieren, die Kerne ausdrücken und würfelig schneiden. Eine Omelettenpfanne erhitzen, Butter darin aufschäumen lassen, Schinken- und Artischockenstreifen kurz rösten. Die aufgeschlagenen, mit Salz gewürzten Eier beigeben und unter Schütteln der Pfanne eine Omelette formen. Auf eine erwärmte Porzellanplatte stürzen. Oben in der Mitte leicht einschneiden und die in restlicher Butter sautierten gesalzenen und gepfefferten Paradeiserwürfel einfüllen. Mit Petersiliengrün bestreuen.

Aspik- und Sulzgerichte

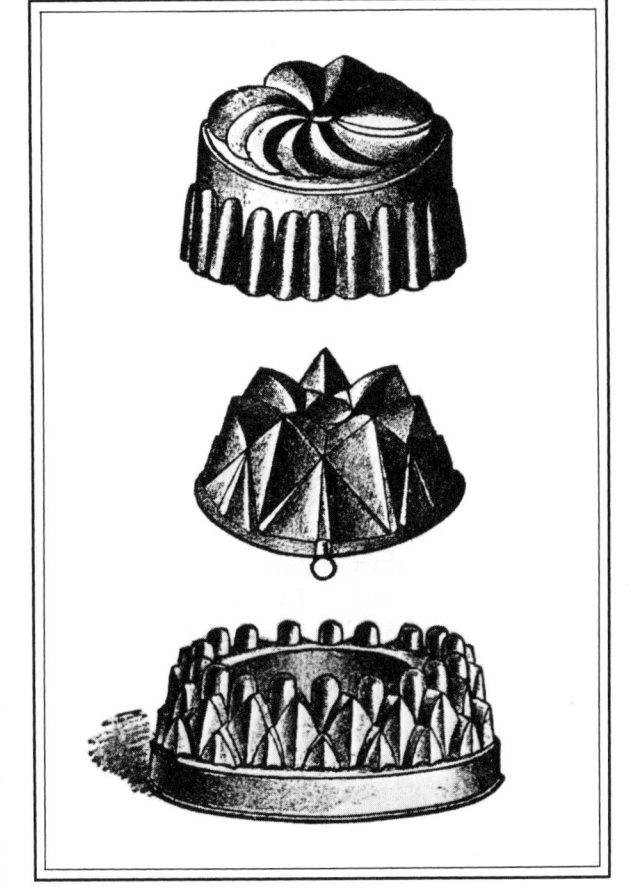

Bei diesem »Küchenprodukt« bedarf es zunächst einer sprachlichen Klärung. Der Österreicher sagt »das«, der Deutsche »der« Aspik. Das Wort selbst kommt aus dem Griechischen und bedeutet eigentlich »Natter«.

Der Österreicher sagt und schreibt auch die »Sulz« und die »Sulzen«, während es im Binnendeutschen »Sülze« und »Sülzen« heißt. Dieses Wort kommt von »Sole«, »Salzwasser«. Schon im 15. Jahrhundert kannte man den Begriff »sülzen« für Sulzen bereiten.

Das Wort »Aspik« wurde erst im 19. Jahrhundert aus dem gleichlautenden französischen »aspic« entlehnt. Bis dahin stehen in den heimischen Kochbüchern dafür die Begriffe »Sulz«, »Gallert« und »Gallerte«; im Mittelhochdeutschen hieß es »galrei(de)« – taucht 1214 erstmals in Bayern auf – oder »galrayd«, das sich aus dem im 6./7. Jahrhundert gebildeten lateinischen »gelatria« (Gefrorenes, Sulz) bzw. »gelare« (= gefrieren machen, verdichten, eindicken) entwickelte. Damit verwandt sind auch die Begriffe »Gelatine« (Knochenleim, Gallert) und »Gelee« (gallertartiger, eingedickter Frucht- oder Fleischsaft), die im 17./18. Jahrhundert aus dem gleichlautenden französischen »gelée« entlehnt wurden.

»Was ist Aspik in seiner chemischen Zusammensetzung?« fragt J. M. Heitz in seiner »Wiener Bürger-Küche«. »Eine sehr klare, gewürzte, mit Gemüse, Kräuterwerk, Essig, Wein oder Zitronensaft nach Geschmack gehobene, schöne feste Masse, die durch Gallerte (Gelatine) der Kalbs- oder Schweinsfüße, Schweinsschwarten, Schweins- und Kalbskopf steif wird.« Ursprünglich stellte man nach römischen Rezepten Gallerte bzw. Sulz aus Fischen her, die mit Kräutern in Wein eingelegt wurden. Im »Artzney-Buch« des »Freywillig aufgesprungenen Granat-Apffels« werden noch vielerlei »Sultze oder Gallert« als Heilmittel angeführt, z. B. »wann der Catharr auf der Brust vorbey ist«, »zur Brust und Lungensucht, die auch zu den catharen nützlich ist«, »vor die Catharr, oder auch sonst wann man besorgt, man habe einen Mangel an der Brust« und »vor die Hectica, Dörr und Abnehmen des Menschen«. Habs' und Rosners »Appetit-Lexikon« gibt uns den Stellenwert des Aspiks in der Küche des ausgehenden 19. Jahrhunderts an: »Ein solcher Aspik bildet zugleich ein Schaugericht ersten Ranges und ist ein Prüfstein für das culinarische Können wie für den künstlerischen Geschmack eines Küchenchefs. Vollendete Aspik sind daher selten wie vollendete Köche.« Und J. M. Heitz forderte: »Vorbedingungen sind: eine reine, fettfreie Form, eine wohlschmeckende und kristallreine Aspik und – Schönheitssinn... Die Formen sollen zierlich, fein und geschmackvoll angerichtet werden, so daß selbst der Verwöhnteste damit zufrieden ist.«

Heute hat das Aspik nicht mehr diese Bedeutung. Außerdem werden heute fast durchweg die von der Lebensmittelindustrie hergestellten Aspikpulver bzw. die Gelatineblätter verwendet. Wer hat heute schon Zeit für eine »hausgemachte Sulz«, deren Zubereitung einen enormen Zeitaufwand und außerdem gute Sach- und Materialkenntnis erfordert! Dennoch: Hin und wieder, zu einem kalten Buffet, zu einer kalten Platte, zu einer Faschingsparty u. ä. mag die eine oder andere Hausfrau es doch auf sich nehmen, selbst ein Aspik bzw. eine Sulz zu machen.

Zum Gelieren verwandte man noch im 19. Jahrhundert auch Hirschhorn oder die Hausenblase, die heute nur mehr in der koscheren Küche Verwendung findet. Diese Hausenblase wurde durch das Trocknen der Innenhaut der Schwimmblase der Störfische (u. a. auch des Hausen) gewonnen; die »echte Astrachaner Hausenblase« stammte nicht vom Hausen, sondern vom Stör (Sterlet), ist »weiß mit bläulichem Schimmer, durchscheinend bis fast durchsichtig, völlig geruch- und geschmacklos und löst sich nach vorheriger Erweichung in kaltem Wasser in heißer Flüssigkeit so gut wie vollständig auf, um dann zu durchsichtiger, farbloser Gelée zu erstarren, wie man sie eben in der Küche haben will« (Habs und Rosner, »Appetit-Lexikon«, 1894). Die alten Kochbücher liefern dazu nähere Angaben: Man klopfte die nötige Menge Hausenblase mit einem Stein, wusch sie, zerriß sie in kleine Stücke und ließ sie die Nacht über in lauwarmem Wasser, mit einigen Zitronensafttropfen vermischt, an einem warmen Platz stehen. Am nächsten Tage wurde diese Hausenblase 3–4 Stunden weich gekocht. Mit geraspeltem Hirschhorn erreichte man das gleiche; man wusch es »so lange mit Brunnenwasser, bis das Wasser so klar war, als es von dem Brunnen kömmt; es muß wohl zwölf Mal gewaschen werden«, heißt es im »Grätzerischen Kochbuch« (1804). Im Mittelalter nahm man außerdem auch Harz oder Schleie zum Gelieren.

Naturaspik

2 Schweinsfüße, 2 Kalbsfüße, der Länge nach gespalten; 500 g gut gereinigte Speckschwarten, evtl. auch einige Kalbs- oder Rindsknochen; ca. 4 l Wasser; 1 gelbe Rübe, 1 Petersilwurzel, 1/4 Sellerieknolle, grob geschnitten; Suppengrün (Petersilien-, Selleriegrün), 2 Zehen Knoblauch, 1 Zwiebel mit Schale, halbiert; 1/2 Lorbeerblatt, 8 Pfefferkörner, 4 Neugewürzkörner, etwas Thymian, Salz, Zitronensaft
Zur Klärung: Weinessig, Weißwein, 3 Eiklar

Schweins- und Kalbsfüße, Speckschwarten und evtl. Knochen in reichlich kaltem Wasser auf den Herd stellen, zum Kochen bringen. Nach etwa 1 Stunde Kochzeit den grauen Schaum abschäumen und sämtliches Wurzelwerk, Suppengemüse und die Gewürze beigeben. (Die ungeschälte halbierte Zwiebel wird zuvor auf der Herdplatte an den Schnittflächen leicht gebräunt.) Nach insgesamt drei Stunden Kochzeit wird die Suppe abgeseiht und über Nacht kalt gestellt, worauf das an der Oberfläche erstarrte Fett säuberlich abgehoben wird. Ist das Aspik von richtiger Festigkeit (sollte es zu weich sein, gibt man einige Gelatineblätter bei), wird es geklärt:

Die gesulzte, entfettete Masse wird dazu bis ca. 40 Grad erwärmt, bis sie dünnflüssig ist. Die Eiklar werden mit 1/4 Liter kaltem Wasser, etwas Weißwein und Essig gut verschlagen und der flüssig gewordenen Masse unter kräftigem Schlagen mit dem Schneebesen eingerührt. Unter öfterem Rühren mit dem Kochlöffel zum Kochen bringen (Vorsicht: Das Eiklar legt sich leicht an!). Dann am Herdrand 1/2 Stunde ziehen lassen. Das Eiklar nimmt durch das Stocken alle Unreinigkeiten in sich auf.

Die heiße Flüssigkeit durch ein in heißes Wasser getauchtes, straff gespanntes Etamin seihen, abschmekken, auskühlen und die Nacht über im Kühlschrank stocken lassen.

Fertiges Aspik muß sich gut schneiden lassen, ein wenig zittern, angenehm säuerlich schmecken und bernsteinfarben sein. Es soll leicht im Mund zergehen.

Will man Aspik geschmacklich verbessern, können z. B. ein Suppenhuhn oder Fleischstücke mitgekocht werden. Es kann aber auch mit Klärfleisch (siehe Kraftsuppe, Seite 79 f.) geklärt und dadurch zu hoher Qualität gebracht werden. Aus den mitgekochten Schwarten, Füßen, Wurzelwerk usw. bereitet man eine Sulz (siehe Seite 149 f.). Aspik kann man längere Zeit aufbewahren. Man gießt das bereits geseihte Aspik heiß in Gläser, verschließt diese und läßt es 8–10 Minuten sterilisieren (in Dunst kochen).

Das Aspik wird besonders fest, wenn man während des Kochprozesses mit dem Wurzelwerk und den Gewürzen einige aufgelöste Gelatineblätter (siehe unten) beigibt.

Das **Färben von Aspik** ist heute nicht mehr üblich. Im Gegensatz zum Wildaspik, das dunkel ist, muß Fischaspik ganz hell, Fleischaspik bernsteinfarben sein.

Temperiertes, dickflüssiges Aspik: Gestocktes Aspik auf schwacher Flamme flüssig machen, im Schneekessel, den man in Eiswasser stellt, langsam kalt rühren. Findet Verwendung zum Überziehen von vorgekühlten gefüllten Eiern, Fleisch- oder Fischgerichten usw.

Trockenaspik (Gelatineblätter)

Pro 1 Liter Aspik: ca. 60–70 g Trockenaspik (in Pulverform) oder 16–18 Gelatineblätter (= 40–50 g)

Zu verwendende Flüssigkeit:
1. 1 l klare Rindsuppe oder Kraftsuppe, 1/8 l Wein, 1 EL Essig
2. Statt Rindsuppe ein Gemüse-Gewürz-Absud aus je 1 Stück Karotte, Petersil- und Selleriewurzel, 1/4 Lorbeerblatt, einigen Pfefferkörnern
3. Wasser, Salz, Essig, 1/8 l Weißwein, evtl. Suppenwürze (Suppenextrakt)

Zur verwendeten Flüssigkeit: Man verbessert eine fertige Rindsuppe, die man entfettet hat, mit etwas Wein, würzt mit Essig, oder man läßt Wurzeln und Gemüse zusammen mit den Gewürzen in 1 1/2 Liter Wasser langsam kochen, um ein Trübwerden zu verhindern. Dann läßt man sie vollkommen abkühlen und seiht sie durch eine Serviette. Anstelle von Rindsuppe oder dem Gemüse-Gewürz-Sud kann man auch Wasser, Salz, Essig, Weißwein und Suppenextrakt verwenden.

Verwendet man **Trockenaspik**, löst man dieses vorher 15 Minuten lang in der Hälfte der angegebenen kalten Flüssigkeitsmenge auf. Nach dieser Zeit kocht man die zweite Hälfte der Flüssigkeit auf und gießt sie in kochendem Zustand über das aufgeweichte Trockenaspik. Durch langsames Rühren löst sich das Aspikpulver voll auf. Dabei keine schon gebrauchten Kochlöffel verwenden! Diese sind meist fettig und würden das Aspik trüb machen.

Verwendet man **Gelatineblätter**, werden diese in kaltem Wasser eingeweicht, ausgedrückt und mit einer warmen Flüssigkeit aufgelöst; zum Schluß abschmecken.

Fischaspik

Ca. 1 1/2 kg Fischköpfe, Gräten, Fischabfälle, gut gereinigt; 1 Zwiebel, 1 Karotte, 1 Stück Sellerieknolle, Petersilwurzel, Zitronenschale, 1 Lorbeerblatt, etwas Thymian, Essig, Weißwein, Gewürze (siehe Naturaspik), 16–18 Gelatineblätter, Wasser, 4 Eiklar

Fischteile, Wurzelwerk und Gewürze mit kaltem Wasser ansetzen (es muß alles mit Wasser gut bedeckt sein) und so lange kochen, bis die Fischköpfe zerfallen. Vor dem Klären gibt man die in kaltem Wasser aufgeweichten Gelatineblätter bei (zur Verbesserung der Farbe evtl. etwas Safran verwenden). Dann wird der Fischfond geklärt und wie das Aspik gefertigt.

Madeira-Aspik

Das noch flüssige Aspik wird mit Madeirawein abgeschmeckt.

Schweinsschwartenaspik

Auf 1 Kilogramm Schweinsschwarte rechnet man ca. 4 Liter Wasser. Die Zubereitung erfolgt wie bei Naturaspik. Dieses Aspik eignet sich speziell zum Chemisieren, Spritzen und Verzieren, da es besonders fest wird.

Aspikmayonnaise

Eine fertige Mayonnaise vermischt man nach und nach zu gleichen Teilen mit zerlassenem flüssigem Aspik. Das Ganze nur leicht verrühren. Aspikmayonnaise kann nachgefärbt werden. Man verwendet sie besonders zum Überziehen (Glasieren) von Fischen, Eiern, Fleischstücken, Gemüse, Salaten usw., die vorher kalt gestellt werden müssen. Auch die Aspikmayonnaise muß zum Glasieren kalt gerührt werden, bis sie die entsprechende Festigkeit erreicht hat. Nach dem Glasieren die Speisen wieder kalt stellen, die gewünschte Verzierung anbringen, nochmals mit dickflüssigem Aspik übergießen.

Spritzaspik

Fertiges Aspik sehr fein hacken, dabei etwas mit Wein befeuchten, bevor man es in den Dressiersack oder in eine Tüte füllt. Statt Weißwein ist auch etwas Essigwasser zu verwenden.

Schneiden von Aspik

Fertiges Aspik auf einem Pergamentpapier in regelmäßige kleine Würfel schneiden; bevor man es weiterverwendet, mit etwas Madeirawein bespritzen.

Glasieren und Auskleiden (Chemisieren) mit Aspik

Das **Glasieren** (Überziehen) ist für die Vorbereitung zu einem schönen Buffet notwendig, denn manche Speisen müssen dazu unter Aspik gearbeitet und schön dekoriert werden.
Hierfür muß das fertige Aspik wieder flüssig gemacht, d. h. erwärmt und wieder langsam kalt gerührt werden, am besten in Eiswasser; aber nicht zu schnell rühren, sonst bilden sich Luftblasen, und das Aspik wird trübe! Das Aspik muß wie dickflüssiges Öl rinnen. Die Speisen, die zu glasieren sind, müssen alle sehr kalt sein; nur dann hält das Aspik gut auf ihnen und läuft nicht ab. Am besten legt man die zu glasierenden Stücke auf ein Glasiergitter (bei Eiern legt man einen Papierstreifen

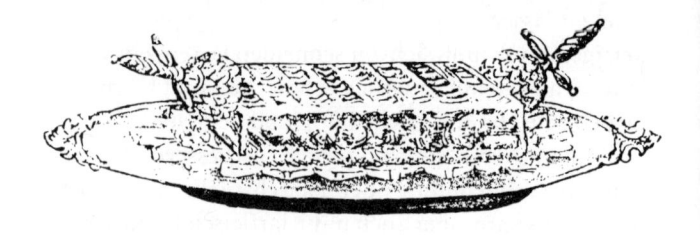

»Ungarisches Rebhuhn«

darauf) mit Abtropfblech, kühlt sie gut und überzieht sie dann mit einem breiten Pinsel oder mit dem Spritzlöffel in einem Guß mit temperiertem Aspik. Der Vorgang muß meist einmal wiederholt werden.
Das Auskleiden einer Form mit einer dünnen Aspikschicht nennt der Fachmann **Chemisieren**. Die Formen – man verwendet Bombenformen, spezielle Kotelett- oder Tortelettenformen, auch Dariole-Formen –, in die man die gewünschten Speisestücke geben will, stellt man vorher bis zum Rand in Eiswasser, füllt die Form bis zum Rand mit temperiertem Aspik, wartet einige Sekunden und prüft mittels Fingerdruck, ob sich eine ca. 2–3 mm dicke feste Aspikschicht gebildet hat. Darauf gießt man das übrige flüssige Aspik aus und stellt die Formen sofort wieder in das Eiswasser zurück. Die Formen müssen vor dem Verwenden ganz trocken und völlig fettfrei sein.
Dann erst werden die Formen mit entsprechendem Garniturmaterial, wie Trüffeln, Schinken, Radieschen, Paradeiser- oder Eierscheiben, Scheiben oder Würfel von gekochtem Gemüse, garniert. Dabei wird dieser Dekor mit einer Nadel angestochen, in Aspik getaucht und sofort auf dem vorgesehenen Platz in der Form plaziert. Nach längerem Durchkühlen kann mit Aspikmayonnaise oder anderen Saucen nochmals chemisiert oder sofort die vorgesehene Füllung eingefüllt werden. Als Füllung kommen in erster Linie leicht mit Aspik versetzte und mit leicht geschlagenem Obers vermischte Pürees von Gänseleber, Schinken, Hühnern, gekocht bzw. gebraten, usw. (auch »Schaumbrote« oder »Mousse« genannt) in Frage. Aber auch leicht mit Aspik versehene Salate werden verwendet.

»Mayonnaise mit Fischresten«

Chemisieren mit Aspikmayonnaise

Die Formen werden wie oben behandelt, chemisiert mit temperiertem Aspik, mit Dekorstücken belegt. Diese hält man mit Aspikschicht fest und gießt etwas Aspikmayonnaise dazu und läßt die übrige unter ständigem Drehen der Form in Eiswasser so einlaufen, daß die ganze innere Fläche mit Aspikmayonnaise überzogen ist. Dann füllt man vorsichtig die einzufüllende Masse ein. Obenauf schließt man das Ganze mit Aspik, das man steif werden läßt.

Das Stürzen der Formen

Die ausgekühlten Formen (dauert meist einige Stunden!) werden kurz in heißes Wasser getaucht und sofort auf die vorbereitete Platte gestürzt. Dieser Vorgang muß rasch durchgeführt werden, weil sonst die in der Form befindliche Aspikschicht zerfließen würde. Aspike und Sulzen nicht in die Tiefkühltruhe stellen, sie würden dort trüb werden. Man kühle sie im Kühlschrank!

Eier in Aspik

Vorbereitete Formen mit Aspikschicht überziehen, die in Scheiben geschnittenen hartgekochten Eier, gekühlt, in Aspik tauchen und in beliebiger Form auflegen. Man kann Petersiliengrün, entkernte Paradeiserscheiben etc. als Garnitur verwenden oder die Formen mit Hühneraspik chemisieren, mit Trüffelsternen dekorieren oder dünne Sardellenstreifen und gehackte Kapern beigeben. Das Ganze mit Aspik ausgießen und dann erkalten lassen.

Aspikschüssel

Nicht zu tiefe Glasschüsseln werden mit französischem Salat ausgelegt, darauf Delikatessen (z. B. Spargelspitzen, Stücke von Lachs, Hering, Salami, Gurken- und Eierscheiben usw.) angeordnet, mit Mayonnaise garniert, mit temperiertem Aspik zugegossen. Anschließend kalt stellen.

Fisch in Aspik

Entsprechende Formen mit Fischaspik chemisieren und dekorieren (Eierscheiben, Paradeiser, Krevetten usw.), mit pochierten Fischstücken auslegen, mit temperiertem Aspik ausgießen, gut durchkühlen. Stürzen, mit Zitronenspalten, Salatherzen, Kräuselpetersilie garnieren.

Haussulz

6 Portionen

1 1/2 bis 2 kg Schweins- oder Kalbskopf oder -füße, Schweinsschwarten, sehr sauber geputzt; Wasser, Essig, Salz; Wurzelwerk, grob geschnitten; 1 große Zwiebel, Gewürzsäckchen (8 Pfefferkörner, 4 Neugewürzkörner), Kräutersträußchen (Stengel Thymian, 1/4 Lorbeerblatt), etwas Zitronenschale

Kopf oder Füße und Schwarten mit so viel Wasser aufstellen, daß alles gut bedeckt ist; zum Kochen bringen und dann gut abschäumen. Nun Wurzelwerk, Gewürzsäckchen und Kräutersträußchen, etwas Essig und Salz beigeben und das Fleisch langsam weich kochen. Sobald das Fleisch weich ist, herausnehmen, würfelig oder nudelig schneiden, evtl. auch gekochte Rindfleischreste beigeben und das Geschnittene in ein Gefäß oder in kleine Formen oder Schalen geben.
Den Kochsud inzwischen sauber entfetten, seihen und über das Fleisch gießen, dabei das Fleisch gut durchrühren, damit es sich nicht auf dem Gefäßboden absetzen kann. Kalt stellen und stocken lassen. Zum Anrichten die Sulz in Stücke oder Scheiben schneiden, mit feingeschnittener Zwiebel, Essig und Öl und etwas Pfeffer servieren. Ungeklärte Sulz ist schmackhafter; man kann aber den Kochsud auch klären, wie bei Naturaspik (Seite 146 f.) angegeben ist. In den Wiener

Kochbüchern heißt diese Haussulz auch **Ungarisches Rebhuhn.** Schon Rumpolts »Ein new Kochbuch« (1581) beschreibt eine Sulze, die »man auff ungarisch gekocht heißt«. Die Ungarn sind auch heute noch wahre Meister des »vollendeten Aspiks« und im Trüffelzeichnen. Emma Eckhart schreibt zu diesem »Ungarischen Rebhuhn« in »Der häusliche Herd« (1876): »Dieses ist eine in Österreich beliebte Fleischsulze, die man in manchen Gast- und Privathäusern findet.« Spöttischer äußern sich Habs und Rosner in ihrem »Appetit-Lexikon«: »Das sogenannte Ungarische Rebhuhn, eine gepfefferte Schweinskopfsulze, die mit Essig und Öl verspeist wird, trägt seinen Namen nur mit demselben Recht wie lucus a non lucendo – womit jedoch gedachtem Schweinskopf beileibe nichts Übles nachgesagt sein soll.« Die alten Kochbücher empfehlen außer Kalbs- und Schweinsfüßen auch Ober- und Untergaumen vom Rind.

Wiener Tellersulz

Eine Haussulz, wie oben beschrieben, zubereiten. Das ausgelöste und kleingeschnittene Fleisch gibt man auf einen Suppenteller, garniert mit Scheiben von hartgekochten Eiern, in Scheiben geschnittenen Essiggurken, gibt etwas halbgestocktes Aspik bei, würzt mit Salz, feingeriebenem weißem Pfeffer und Essig, übergießt das Ganze mit dem entfetteten, abgeseihten Sud und läßt es erstarren. Vor dem Anrichten die Sulz in gleichmäßige Stücke schneiden, mit gerissenem Kren oder feingeschnittenen Zwiebeln bestreuen, leicht pfeffern und mit Essig und Öl versehen.

Gemüsesulz

Verschiedene Gemüse (je nach Jahreszeit und Wunsch: Karfiol, Spargelspitzen, grüne Erbsen, Kohlsprossen, Fisolen, blanchierte Gurken, junge Karotten etc.), sehr weich gekocht; einige Paradeiser; Marinade aus Essig, Zitronensaft, Salz, Spur Zucker und etwas Gemüsekochwasser; Aspik; Dekor

Das Gemüse, alles sehr weich gekocht, ½ Stunde in der Marinade ziehen lassen, abtropfen, ebenso die rohen Paradeiserscheiben. Die vorbereiteten Formen mit Aspik chemisieren, das Gemüse – in der Farbe abwechselnd – einlegen, nach jeder Lage eine dünne Schicht Aspik auftragen, stocken lassen und den Vorgang wiederholen. Als Dekor Scheiben von hartgekochten Eiern, Gurkenfächer, Paradeiserscheiben, Radieschen usw. verwenden. Man kann auch in Streifen oder würfelig geschnittenes Fleisch, Geflügel, Wild oder Fisch mit einlegen.

Die Saucen

Küche Mensch.
Fille de Cuisine

»Mit den Saucen beginnt das ideale Streben der Kochkunst«, schreibt der geistreiche deutsche Feinschmecker Eugen Baron von Vaerst in seiner »Gastrosophie oder die Lehre von den Freuden der Tafel« (1851), denn – so fährt er fort – die rechte Romantik fange erst mit den Saucen an; sie seien allerdings auch die Klippen einer jeden Küche und erfordern die gründliche Kenntnis der Chemie. Das französische Wort »sauce« geht auf das deutsche Wort »Salse« (= Saft des Fleisches, gesalzene Brühe, Tunke) zurück, das wieder zu einem mittellateinisch-italienischen »salsa« gehört. Schon in einer Handschrift aus dem Jahre 1101 heißt es:
»Salbei, Knoblauch, Salz und Wein,
dazu Pfeffer und Peterlein,
geben im richtigen Gemisch
rechte Salse auf den Tisch.«
Aus einer Klosterhandschrift des Jahres 1350 geht hervor, daß Speck, Eidotter, Äpfel, Essig, Weinbeeren (Rosinen), Salz und Safran die »Salsen« bereicherten. (Unter »Salsen« verstand man auch noch die zu Sirupdicke eingekochten Fruchtsäfte.) Da die mittelalterlichen Köche das Mehl als Bindemittel nicht zu verwenden wußten, dickte man die Saucen durch Einkochen und zum Schluß durch Beigabe von geriebenem gerösteten Weißbrot, Lebkuchen oder gestoßenen Mandeln ein. (Dieser »Lebkuchen« war aber meist nur geröstetes Weißbrot, mit Pfeffer und Kümmel gewürzt.) Häufig verwendete man die Saucen, um den Eigengeschmack oder das Aussehen einer Speise zu verfremden. Immer wieder liest man von schwarzen, von grünen, weißen und roten sowie von sauren Saucen (zunächst aus gepreßtem Sauerampfer oder Kresse und dem Saft unreifer Trauben, seit den Kreuzzügen ersetzt durch die Zitrone). Die meisten der überlieferten Saucen aus der mittelalterlichen Küche entsprachen dem Geschmack nach eher unseren kalten Saucen und Salatmarinaden.

Erst als die Mönche Gewürz- und Kräutergärten anzulegen begannen, wurden die »Salsen« zu Saucen. Sie waren aber immer noch verhältnismäßig dick, weil man ja noch ohne Gabel und Löffel, sondern mit bloßen Fingern aß und die Sauce mit dem Brot auftunkte. Die Verfeinerung der »Salsen« begann, als die dazu notwendigen Bestecke allgemein üblich wurden. Sehr bald schon haben sich dann die Franzosen der Saucen angenommen. (Talleyrand bemerkt einmal spöttisch, in England gebe es drei Saucen und 360 Religionen, in Frankreich dagegen drei Religionen und 360 Saucen.) Schon 1394 hatte es in Paris bereits eine Gesellschaft von Saucen-Fabrikanten (»Saussiers et Moustardiers«) mit einem strengen Statut gegeben: »Wer da Gewürzsaucen (sausse appelée Cameline) bereiten will, soll guten Zimt, guten Ingwer, gute Gewürznägelein, gutes Guineakorn, gutes Weißbrot und guten Essig dazu nehmen.« Bald wurden die Saucen das verhätschelte Liebkind der Köche und Herren. Auftragen und Vorkosten einer Sauce war von einer feierlichen Zeremonie begleitet. Und im 15. Jahrhundert war eine vortreffliche Sauce bereits Wertmesser für die Güte einer Küche und den Geschmack eines Hauses, so daß Monsieur Dassoucy, ein französischer Gastrosoph, warnend seine Stimme erhob: »Die köstlichste Sauce ist der Appetit.«

Ab 1700 begann man die Saucen in ein System zu bringen. Marperger trennte sie 1718 von den »Brühen«; der Franzose Marie Antoine Carême (1784–1833), Erfinder der Schaustücke, der »Piéces montées«, gilt als der Erneuerer der Saucenkunst. In Deutschland machte sich Emile Bernard, Küchenchef am Hof König Wilhelms II. von Preußen, um die Saucen verdient. Carl Friedrich von Rumohr schrieb 1822 im »Geist der Kochkunst« ein Kapitel »Von der Verwendung der Fleischbrühe zu Tunken, gemeinhin: Soßen« (auch er trennt die Saucen von den Brühen), und Antoine Gogué mahnte 1856: »Viel Sauce, schlechter Koch, wenig Sauce, guter Koch.« Im 20. Jahrhundert war es der Franzose Auguste Georges Escoffier (1847–1935), Erfinder der Sauce diable, der die Saucen in ein endgültiges System brachte. Er bezeichnete die fünf warmen Grundsaucen – Sauce espagnole, Velouté, Béchamel, Tomatensauce und Holländische Sauce – als die Grundlage der grande cuisine. Sein Werk »Le guida Culinaire« (1903) ist noch heute eine Bibel der hohen Kochkunst.

In den altösterreichischen Kochbüchern gab es – abgesehen von den polnischen, englischen, holländischen, französischen, italienischen, spanischen und ungarischen Saucen – seit eh und je eine Reihe von eigenständigen Soßen (der Österreicher sagt und schreibt lieber »Soßen«: Wortklang und Wortbild sind saftig-mollig, samten, lind und voll, wie er sich eben eine Soße wünscht). Auf fällt, daß es in den österreichischen Kochbüchern des 18. und 19. Jahrhunderts fast regelmäßig ein eigenes Kapitel »Allerlei Soßen zum Rindfleisch und Braten« gibt. Dazu bemerkt der unbekannte Verfasser des »Grätzerischen Kochbuchs« (1804): »Sie sind allerdings wichtiger, als sie zu seyn scheinen, denn es ereignet sich öfters, daß mehr die Brühe als das Hauptessen den Geschmack reitzet; ja manche fast unschmackhafte Speise wird dadurch eßbar und angenehm gemacht.«

Bei F. G. Zenker (»Vollständige theoretisch-praktische Anleitung zur feineren Kochkunst für herrschaftliche und bürgerliche Tafeln«, 2. Aufl. 1824) heißt es: »Hier und bey den folgenden Tunken (Saucen) möchte ich gar zu gerne den angehenden Künstlern interessant seyn; hier ihn ausschließend lange Zeit beschäftigen, ihm recht an die Seele legen, daß hier das Schwerste, das Beste der Kunst verborgen liegt; daß die richtige Behandlung und der feine Geschmack der Saucen den wirklichen Künstler bezeichnet, daß diese mehr als eine schulgerechte Beobachtung der Regeln, nämlich große lange Übung, gesundes Urtheil und feinen Gaumen als die ersten Bedingnisse verlange. Die Regeln bezeichnen, erleichtern, führen: bilden aber den Gegenstand noch nicht... Viel Übung, Beharrlichkeit, stets rege Aufmerksamkeit, eigenes Gefühl wird dem angehenden jungen Manne den feinen Tact geben, unter vielen Momenten den rechten zu treffen, und ihn so zum Künstler bilden, der dann erst in den trockenen Regeln Leben finde, und bey der mindesten Andeutung mich verstehen wird.«

Anna Dorn widmet den »Brühen« ebenfalls ein eigenes Kapitel, gibt allerdings nur eine äußerst hausbackene Definition: »Sauce (sage: Soß) ist eine jede Brühe, die über irgend eine gekochte Speise angerichtet wird.« J. M. Heitz dagegen warnt in seiner »Wiener Bürger-Küche« (1902) eindringlich: »Die Saucen sind wunde Punkte in der bürgerlichen Küche und scheitert deren gute Ausführung häufig an der Unkenntnis des Ausführenden. Die Bürgerküche kann sich nicht nach der Herrschaftsküche richten. Bei ersterer muß man nur mit den vorhandenen Mitteln und mit der Zeit rechnen… Ein großer Fehler bei der Bereitung der Saucen liegt darin, daß meistens mehr Sauce gemacht als gebraucht wird, und daß sie zu wenig aufgegossen sowie zu wenig eingekocht wird, daher pappig ist und nicht kräftig genug schmeckt. Ich kann nur die aufmerksame Bereitung von Saucen auf das lebhafteste empfehlen.« August Mauers »Illustrirtes Wiener Kochbuch« (1885) konnte bereits eine umfangreiche Liste an »Hausmannssaucen« der Wiener Küche anführen: Kapernsauce, süße Zwiebelsauce, saure Zwiebelsauce, Knoblauchsauce, Sauce aus frischen und gedörrten »Pilslingen« (Pilzen), Dill-, Gurken-, Sauerampfer-, Sardellen-, Heringsauce, pochierte Eiersauce, falsche Wildbretsauce, Paradiesäpfelsauce, gewöhnliche Rahmsauce, Zitronen- und Orangensauce, Pfeffer-, Zwetschken-, Schnittlauchsauce, Krensauce (Suppenkren), Milchkrensauce und Knoblauchkrensauce.

Der Österreicher hat ein besonders diffiziles Verhältnis zur Sauce bzw. Soße. Um dafür volles Verständnis zu gewinnen, müssen wir noch einmal auf die sprachliche Differenzierung eingehen. Denn die Wiener Köchin unterscheidet genau, ob sie eine Sauce zubereitet oder eine Soße macht, genauso wie ein Topfenstrudel oder Zwetschkenknödel nicht zubereitet, sondern gemacht wird. »Eine Sauce ist pikant, eine Soß ist lind. ›Lind‹ ist ein schwer zu definierender Ausdruck, der in der Wiener Mundart und besonders in den Wiener Kochbüchern immer wieder vorkommt. ›Lind‹ heißt das goldene Mittelmaß, das der Wiener liebt. Nicht zu dick, sonst wird die Soß ein ›Papp‹, aber auch nicht zu dünn, sonst wird sie ein ›Gschlada‹«, heißt es in Anna Schendls Dissertation »Wiener Kochbuch und Wiener Küche im Spiegel der Zeit« (Wien 1961). »Lind« (hochdeutsch: gelinde) bedeutet weich, nicht hart, nicht rauh. Der steirische und kärntnerische Dialekt kennt daneben auch ein Zeitwort »linden« = lind machen, weich, gefügig machen, insbesondere das Mehl (oder Grieß, Mais) in der Pfanne so lange trocken rösten, bis kein Dunst mehr entsteigt, es trocken-grießelig wird, aber noch nicht geröstet ist, also noch keinen Röstgeschmack angenommen hat.

Friedrich Hampel, Hofkoch in der k. u. k. Hofmundküche in Wien, gab – mit Erlaubnis des k. u. k. Hofwirtschaftsamtes – 1897 ein 144 Seiten starkes Büchlein »Der Saucier« heraus und nannte die Saucen das Fundament, auf welchem sich die kulinarischen Kenntnisse aufbauen. »Es gilt dies hauptsächlich von der höheren Kochkunst, obwohl auch in kleineren Küchen der Sauce ihre Bedeutung nicht genommen werden kann, beispielsweise in der Wiener Küche, welche wegen ihrer Verehrer aus dem Bürgerstande bezeichnend die ›bürgerliche‹ genannt wird.« Er definiert: »Die Sauce enthält den concentrirten Geschmack der jeweiligen Speise, erleichtert durch ihr flüssiges Wesen das Genießen trockener Substanzen, oder vervollständigt das Gericht und bildet so auch physiologisch einen Hauptfactor gastronomischer Tafelfreuden.« Im ersten Kapitel zählt Hampel die wichtigsten »Artikel«, welche damals »zur Erlangung eines vorzüglichen Saucengeschmackes unerläßlich« waren, auf: Trüffel, Paradeiser, Champignon, Morchel, Steinpilz, Schalotte, Knoblauch, Gewürze, Weine, Liköre, Butter (»clarificirte«, Mehl-, Sardellen-, Krebs-, Hummer-, Kräuter-, Maîtrebutter), brauner, gelber und weißer Roux (Mehl- oder Einbrenn), Mirepoix, Bouquet garni, Liaison, Duxelles und Farben.

Warme Saucen

Warme Saucen sind nicht nur eine Sache der Routine, sondern auch ein Prüfstein des Finger- oder besser gesagt: des Zungenspitzengefühls. Man muß sich jedesmal aufs neue überlegen, zu welcher Speise eine Sauce abgestimmt werden soll – ein und dieselbe Sauce wird nie ganz gleich werden – und wem die Sauce jeweils vorgesetzt wird. Das Geheimnis des Wohlgeschmacks und der Reizung liegt bei den Saucen jeweils zwischen den anzugebenden Zutatenmengen.

Trotz der vielen persönlichen Varianten an Saucen gibt es einige Grundsaucen, auf denen fast alle übrigen Saucen aufbauen. Abgesehen von den sogenannten »echten« Saucen, dem Eigensaft einer zubereiteten Speise, der durch Braten oder Dünsten entsteht und meist unverändert bzw. nur leicht mit »Fremdzutaten« abgeschmeckt und angerichtet wird, gibt es eine Reihe von Saucen, die entweder von diesen echten Grundsaucen abgeleitet oder selbständig hergestellt werden. Saucen mit einer Einmach bzw. Einbrenn benötigen eine etwas längere Kochzeit, denn gerade das längere Kochen ergibt Geschmack, Glanz und schöne, glatte Konsistenz. Um sich in dem Gewirr der verschiedensten Saucen leichter zurechtzufinden, bringen wir zunächst eine kurze Einteilung der Grundsaucen und behandeln dann die verschiedenen Ableitungen bzw. die selbständigen und typisch österreichischen Saucen.

Am Beginn der meisten Saucen steht das Aufgußmittel. Der Fachmann nennt es auch »Fond«. Dieser Fond ist das A und O einer guten Sauce. Es muß daher nicht nur jeder Koch, es soll auch jede Hausfrau darüber genau Bescheid wissen.

1. Die Grundsaucen

Die Einteilung der warmen Saucen in verschiedene Gruppen geht auf die französische Küche zurück und ist für die internationale Gastronomie und Küche verbindlich. Daneben hat natürlich ein jedes Land auch bodenständige Saucen entwickelt bzw. diese Einteilung da und dort leicht variiert.

a) Braune Saucen
Rindsbratensauce. In feiner und kräftiger Form: Sauce demi-glace, auch braune Fleischsauce
Gebundener Kalbsbratensaft
Wildsaucen

b) Weiße Saucen
Kalbseinmachsauce
Hühnercremesauce
Weißweinsauce (Geschmacksträger: Fisch)
Béchamelsauce

c) Buttersaucen
Sauce hollandaise

2. Selbständige Saucen

Jede der oben angeführten Grundsaucen kann durch Beigabe von Reduktionen, Buttermischungen und verschiedenen Einlagen in Geschmack und Aussehen weitgehend verändert werden. Man sollte dabei jedoch immer bedenken, daß nur eine gute Grundsauce eine gute Ableitung ergeben kann.

FACHLICHE HINWEISE

Man rechnet pro Portion $1/8$ Liter warme Sauce oder $1/16$ Liter Bratensaft (Jus).

Die warme Sauce wird meist über das aufgeschnittene und angerichtete Fleisch gegeben. Mit dem Bratensaft (Jus) wird das Fleisch jeweils nur umkränzt.

Mehleinmach (Mehlschwitze): Das Mehl muß bei der Einmach bzw. Einbrenn im Fett sehr langsam unter häufigem Rühren geröstet werden. Es darf aber nie zu dunkel werden, weil sonst die fertige Sauce einen bitteren Geschmack bekommen würde. Einmach und Einbrenn sollen immer etwas flüssig gehalten werden, also nie zu trocken anmachen, damit die Sauce glatt werden kann. Nie mit heißer Flüssigkeit aufgießen.

Saucen und Fonds müssen immer sehr langsam gekocht werden. Wenn eine Mehleinmach (Mehlschwitze) mit Flüssigkeit aufgegossen wird, muß zuerst immer mit dem Schneebesen glattgerührt werden (auch in den Ecken des Geschirrs!), damit sich das Mehl gut auflösen kann; dann erst das Kochgut wieder zum Kochen brin-

Tafelspitz im Hotel Sacher

Lungenbraten à la Hotel Sacher

Harlekinbraten

Gerollte Beiried

gen. Erneut mit dem Schneebesen glatt verrühren. Jetzt erst verwende man für das weitere Rühren einen Kochlöffel.

Bindet man mit Stärkemehl (Kartoffelmehl, Maizena, Mondamin), verrührt man zuerst das Stärkemehl mit Wasser, Madeira und anderem.

Salzen: Speisen wie Suppen, Saucen und Ragouts sollen am Beginn des Kochprozesses nur vorgesalzen, nie bereits vollständig mit dem Salz gewürzt werden. Endgültig gewürzt und abgeschmeckt wird die fertige Sauce erst ganz am Schluß!

Passieren: Braune Saucen werden zuerst durch das Spitz-, Draht- oder Kugelsieb passiert. Um eine ganz feine, glatte Sauce zu bekommen, wird sie dann erneut durch ein »Etamin« (Passiertuch) oder durch ein Haarsieb passiert. Das Passiertuch vorher immer naß machen und gut auswinden! Man kann die Sauce nach dem Passieren durch das Spitzsieb auch kurz im Mixer laufen lassen (gilt aber nur für die braunen Saucen!). Bei weißen Saucen genügt es, sie durch das Spitzsieb zu passieren.

Warmstellen von Saucen: Immer im Porzellantiegel oder in einem Emailgeschirr! Die Oberfläche mit einem gebutterten Pergamentpapier abdecken, um die Häutchenbildung zu vermeiden. Das Geschirr stelle man in das Wasserbad, das Wasser darf dabei nicht kochen! Die Sauce hollandaise stelle man am besten auf einer Warmhalteplatte ab.

Flüssigkeitsmenge: Die Angabe der Flüssigkeitsmenge kann nie ganz genau und verbindlich sein. Sie hängt von zu vielen Faktoren ab. Es ist von großer Bedeutung, welchen Durchmesser das Geschirr hat, wie lange gekocht wird, wie stark der Hitzegrad beim Kochen ist, wie lange eine Sauce warm gestellt wird. Gerade bei kleineren Mengen spielen diese Einzelheiten eine entscheidende Rolle. Die Konsistenz, die Dichtigkeit einer Sauce muß daher ständig überprüft werden.

Das Aussehen der Saucen: Weiße und braune Saucen sollen eine glatte, glänzende Oberfläche haben und kein aufsteigendes Fett aufweisen (keinen Fettspiegel!). Die Konsistenz soll so sein, daß die Faserung des Fleisches noch erkennbar ist, wenn sie über das Fleisch gegossen wird. Eine Ausnahme bilden dabei die Sauce Mornay, die Rahmsauce und die Sauce hollandaise, die das Gericht vollauf bedecken sollen.

Die braune Grundsauce

Die Rindsbratensauce (Braune Grundsauce, Demi-glace, Sauce demi-glace)

Der rationellste Weg, eine gute Rindsbratensauce zu bekommen, ist die Zubereitung eines Rindsbratens, wie er auf Seite 222f. beschrieben ist.

Früher wurde diese Sauce – wenn sie extra gemacht wurde – etappenweise hergestellt, wobei sich eine Gesamtkochzeit von 10 Stunden ergab! Man bereitete zuerst einen braunen Fond (aus Knochen und Wurzelwerk, die in Fett geröstet, mit Gewürzen, Wasser, Wein etwa 4 Stunden gekocht wurden); dann wurde dieser Fond mit tomatisierter brauner Einbrenn (»Roux«) gebunden und wieder langsam weitergekocht. Das Endergebnis war dann die Spanische Sauce (Sauce espagnole). Darin wurden angebratene Fleischstücke gedünstet: das ergab dann die Sauce demi-glace.

Kaum jemand bereitet heute noch die Sauce demi-glace auf diese Art und Weise. (Der historische Rückblick sollte nur den Sinn und die Sinne für diese wichtige Sauce schärfen!) Am Prinzip hat sich bis heute nichts geändert: Alle braunen Saucen erhalten ihren Grundgeschmack hauptsächlich von Knochen, Fleisch und Gewürzen.

Beim Rindsbraten (Seite 222f.) wurde mit Absicht der braune Fond und die Sauce espagnole ausgeklammert. Aber das Ergebnis unterscheidet sich kaum von der zeitraubenden altmodischen Art. Die Kochzeit der nachstehend beschriebenen braunen Sauce reduziert sich auf höchstens 4 Stunden und verringert sich im Druckkochtopf sogar auf höchstens 1/2 Stunde.

1,50 kg Knochen (Rinds- und Kalbsknochen gemischt), klein gehackt (von den Rindsknochen nehme man am besten die Fleischknochen); 500 g Rindfleisch (Parüren, Kleinfleisch, Flechsen), ca. 30 g Selchspeck und Schwarten, ca. 40 g Fett, 1/4 l Weißwein; 150 g Wurzelwerk, grobwürfelig geschnitten; 100 g Zwiebeln, grobwürfelig geschnitten; 30 g Mehl, 10 g Paradeis-

mark, 2½ l Wasser, Bouquet garni (Petersil- und Selleriestengel, Porree, Thymian, 1 Knoblauchzehe, 1 daumennagelgroßes Lorbeerblatt), einige Pfefferkörner, Salz, ca. 10 g Stärkemehl

Vorbemerkung: Wenn nicht mit Mehl gestaubt wird, erhält man den braunen Fond zum Dünsten von Rindfleisch und für Ragouts.

In einer rechteckigen Pfanne mit dickem Boden das Fett erhitzen, die Knochen beigeben, langsam – am besten im Rohr – bräunen, zwischendurch öfter durchrühren und mit einem Spritzer Weißwein ablöschen. Sobald die Knochen goldbraun gebraten sind, Speck, Speckschwarten und Rindfleisch, grob geschnitten, beigeben und bis zur Braunfärbung dieser Zutaten weiterrösten. Auf dem Herd das Wurzelwerk beigeben und weiterrösten, dann die Zwiebeln goldgelb darin mitrösten, mit Mehl stauben, gut durchrösten, das Paradeismark dazugeben und ebenfalls zu brauner Färbung rösten, mit dem Weißwein ablöschen und mit etwa 2½ Liter Wasser auffüllen, das Bouquet garni beigeben, ebenso Salz und Pfefferkörner, alles zum Kochen bringen und in der Pfanne langsam kochen. Dann in eine Kasserolle umfüllen und entweder zugedeckt am Feuer oder – noch besser – zugedeckt im Rohr langsam kochen, dabei öfter entfetten. (Es kann, um die Kochzeit zu verkürzen, nur mit 1¼ Liter Wasser aufgefüllt und im Druckkochtopf nur ½ Stunde gekocht werden.)

Am Ende des Kochprozesses sollte die Sauce etwa 1 Liter ergeben. Zum Schluß die Sauce abschmecken, durch das Spitzsieb passieren (das Wurzelwerk soll dabei nicht durchgepreßt werden!). Restlichen Weißwein mit Stärke verrühren und die Sauce damit abziehen.

Die Sauce soll glatt und glänzend sein, eine schöne satte braune Farbe mit einem leicht rötlichen Schimmer haben. Verbesserungen erhält man, wenn man in die aufgegossene Sauce 1 Kalbsfuß oder 3 Schweinsschweifchen einlegt und mitkochen läßt oder bereits mit den Knochen einige Ochsenschleppstücke mitröstet.

Brauner Fond

Wird wie die vorstehende Sauce unter Weglassung von Rindfleisch, Mehl und Stärkemehl hergestellt. Er dient als Aufgußmittel für das Braundünsten von Schnitzeln, Koteletts, Rouladen, Ragouts und dergleichen.

Die wichtigsten Ableitungen der braunen Fleischsauce

Aus 1 Liter Sauce demi-glace bereitet man:

Teufelsauce (Sauce diable)

⅛ l Weißwein, 1 feingeschnittene Zwiebel, Petersilie, Estragon, zerdrückte Pfefferkörner werden zusammen eingekocht (reduziert). Mit der Sauce demi-glace auffüllen, verkochen, passieren, mit etwas Cayennepfeffer würzen und mit 20 g Butter montieren.
Verwendung: für Geflügel und Fleischgerichte, meist grilliert

Kräutersauce (Sauce Duxelles)

100 g Zwiebeln, fein geschnitten; 20 g Butter, 20 g Öl; 200 g Champignons, gehackt; Petersilie, gehackt; 1 TL Paradeismark, etwas Weißwein. Zwiebeln in Butter und Öl goldgelb rösten, Champignons mitrösten, ebenso Petersilie, Paradeismark beigeben, mit Weißwein ablöschen, mit Demi-glace auffüllen, verkochen.
Verwendung: für Eier- und Fleischgerichte. Ist – stark eingekocht und mit Eidotter versetzt – auch zum Gratinieren geeignet

Madeirasauce (Sauce Madeira)

50 g Zwiebeln, fein geschnitten; Petersilie, gehackt; 150 g Champignons, gehackt; ⅛ l Rotwein werden zusammen reduziert (eingekocht), mit der Sauce demi-glace aufgefüllt; verkochen, passieren, mit ¹⁄₁₆ l Madeira abschmecken, mit 50 g frischer Butter montieren.
Verwendung: für Fleisch-, Eiergerichte, Geflügelleber

Senfsauce (Sauce Robert)

20 g Butter; 1 Zwiebel, fein geschnitten; 1 TL Zucker, ⅛ l Weißwein, 1 EL Senf, Zitronensaft. Die Zwiebeln in heißer Butter anschwitzen, Zucker beigeben, rösten, mit Weißwein ablöschen, mit Sauce demi-glace auffüllen, 10 Minuten verkochen, passieren, Senf mit restlichem Weißwein und etwas Zitronensaft verrühren und der fertigen Sauce beigeben.
Verwendung: für Schweinefleisch (gegrillt oder gebakken)

Bordelaiser Sauce (Sauce bordelaise)

1/8 l Rotwein, 1/8 l Wasser; 50 g Schalotten oder Zwiebeln, fein geschnitten; Pfefferkörner, zerdrückt; Thymian, Lorbeer, Petersilstengel werden auf 1/16 l reduziert; mit der Grundsauce auffüllen, verkochen, passieren. 150 g grobwürfelig geschnittenes Mark, in 1/16 l Rotwein erwärmt, als Einlage geben.
Verwendung: zu Rindfleisch

Italienische Sauce (Sauce italienne)

wird wie die Kräutersauce zubereitet; zusätzlich werden 2 EL Paradeismark und extra 150 g gehackter Schinken, in Butter angeschwitzt und gedünstet, sowie gehackter Estragon beigegeben.
Verwendung: für Gemüsevorspeisen, Fleisch, Eiergerichte

Pikante Sauce (Sauce piquante)

1/8 l Weißwein, 1 EL Essig, 100 g Schalotten, fein geschnitten, werden mit 1/8 l Wasser reduziert. Dann mit der Sauce demi-glace auffüllen, verkochen, passieren, 3 gehackte Essiggurken, 1/2 TL gehackte Petersilie als Einlage beigeben.
Verwendung: für Schweinefleischgerichte

Rahmsauce

Die Grundsauce wird ohne Stärkemehl zubereitet. 1/4 l Sauerrahm wird mit 20 g Mehl verrührt und damit die Sauce demi-glace gebunden.
Gibt man in diese Rahmsauce feine Wurzelwerkjulienne, in Butter angeschwitzt und gedünstet, gehackte Kapern und feine Zitronenschalenstreifen, erhält man die **Esterhazysauce**.
Verwendung: für alle Arten Fleischgerichte

Großjägermeistersauce

2 EL Öl in 50 g Zucker karamelisieren, 100 g Ribiselgelee beigeben, mit Essig und 1/4 Liter Rotwein löschen, mit 1 Liter Sauce demi-glace aufgießen, 15 Stück zerdrückte Pfefferkörner beigeben und gut verkochen lassen. Passieren.

Gebundener Kalbsbratensaft

Bei der Zubereitung von Kalbsbraten erhält man Kalbsbratensaft, auch »Jus« genannt (in vielen älteren österreichischen Kochbüchern findet man die eingedeutschte Form »Schü«)!
In der österreichischen Küche wird die Jus – im Gegensatz zur internationalen Küche – nicht entfettet! Das »Safterl« darf in der Wiener Küche nicht nur Fettaugen aufweisen: diese werden vielmehr gefordert. Wenn man nicht gerade einen Kalbsbraten herstellt, aber für ein Pfannengericht, wie Naturschnitzel, Koteletts, Leberfilets, geröstete Leber, Bries usw., einen Saft braucht, verwendet man gebundenen Bratensaft, mit dem man den Bratrückstand des Gerichts löscht und dadurch genügend Saft erhält. Außerdem kann der Bratensaft, wenn er reduziert eingekocht wird, anstelle der Sauce demi-glace Verwendung finden. Die Beigabe von Wurzelwerk, Zwiebeln und vielerlei Gewürzen würde diesem Saft nicht guttun! Hier zählt allein der Geschmack der Knochen und des Fleisches.

500 g kleingehackte Kalbsknochen; 500 g Fleischparüren vom Kalb (es kann auch Kalbshalsfleisch verwendet werden), klein geschnitten; 50 g Fett, 40 g Butter, 20 g Mehl, etwas Paradeismark, 1/8 l Weißwein, 1 1/2 l Wasser, Salz

Die kleingehackten Kalbsknochen und das Fleisch in heißem Fett braun braten (am besten langsam im Rohr); da sich immer Bratensatz bildet, wird öfter mit etwas Weißwein oder Wasser abgelöscht und der Bratensatz von der Pfanne gelöst (abgekratzt und gut verrührt). Dann das Fett abgießen, frische Butter beigeben, aufschäumen lassen, mit Mehl stauben, gut durchrösten, das Paradeismark dazugeben und zur Braunfärbung weiterrösten. Dann mit dem Weißwein ablöschen, mit 1 1/2 Liter Wasser auffüllen, leicht salzen und langsam kochen lassen. Ergibt schließlich etwa 3/4 Liter Kalbsbratensaft.

Rahmsauce

Für Kalbfleischgerichte verwende man den oben beschriebenen Kalbsbratensaft, aber ohne Beigabe von Paradeismark. Passieren, mit 1/4 Liter Sauerrahm, der mit 10 g Mehl verrührt wurde, zusätzlich binden, mit Zitronensaft und weißem Pfeffer zum Schluß würzen. Bei dieser Rahmsauce können Wurzelwerk und Zwiebeln mitgeröstet werden.

Wildsauce

Die Wildsauce wird bei allen gedünsteten Wildgerichten hergestellt. Bereitet man aber in der Pfanne ein Gericht von Wild, wie Hirschkoteletts, Rehfilets, -medaillons, -steaks, dann empfiehlt es sich, die Wildsauce extra zuzubereiten. Auch für naturgebratenen Hirsch- oder Rehrücken kann diese Sauce verwendet werden. Die Knochen und Parüren vom Wild können vorher in einer Marinade gebeizt werden, wie sie laut Rezept für Wildfleisch verwendet wird. Ein Teil der Beize wird dabei mitverwendet (es entfällt bei der Zubereitung dann der Wein).

Wenn nicht mit Mehl gestaubt wird, erhält man den **Wildfond,** den man zum Aufgießen und Dünsten bei Wildgerichten verwendet.

1 kg Wildknochen, 500 g Wildparüren, 50 g Speckabfälle vom Selchspeck, 40 g Fett, 200 g Wurzelwerk, 150 g Zwiebeln, 40 g Mehl, Bouquet garni (Petersilien- und Selleriegrün, Porree, Thymian, Lorbeerblatt), Gewürze: einige Wacholderbeeren, Koriander, Pfefferkörner; Salz, 1 Scheibe Zitrone, evtl. 1 Scheibe Orange, 1/8 l Rotwein, 1 EL Preiselbeerkompott, 1/2 EL Senf, Zitronensaft

Die Zubereitung der Wildsauce erfolgt, wie bei der Sauce demi-glace, nur mit Rotwein, aber ohne Paradeismark, jedoch mit den hier angeführten Gewürzen. 3 Stunden langsam kochen lassen. Zum Schluß Preiselbeerkompott mit dem Rotwein und Senf verrühren, die Sauce damit abschmecken, noch einmal aufkochen, dann passieren. Ergibt etwa 1 Liter Wildsauce.

Ableitungen der Wildsauce:

Rahmsauce für Wildgericht
1 Liter braunen Wildfond abseihen. 1/4 Liter Sauerrahm mit 40 g Mehl glattrühren, mit etwas Fond verdünnen und in den kochenden Fond einrühren. Langsam 10 Minuten kochen, zum Schluß mit Preiselbeerkompott, Senf und Rotwein abschmecken.

Sauce poivrade (Pfeffersauce)
Die Grundsauce (Wildsauce) wird betont mit gestoßenen Pfefferkörnern gewürzt, dann passiert.

Sauce grand-veneur (Oberjägermeistersauce)
Der abgeseihte Wildfond wird mit gestoßenen Pfefferkörnern einige Minuten gekocht, mit Sauerrahm und Mehl gebunden, mit Senf, Rotwein und Preiselbeerkompott und etwas Gin abgeschmeckt und passiert.

Als eine weitere Grundlage bzw. zum Verbessern von Saucen dient die

Fleischglace (Fleischextrakt)

1 kg Rindsknochen, klein gehackt; 500 g fettfreie Rindfleischparüren, 20 g Fett, 3 l Wasser, Gewürzsäckchen (Pfefferkörner, etwas Lorbeerblatt, Spur Thymian, 1/2 Zwiebel, 1 Karotte, 1/4 Sellerieknolle, etwas Petersiliengrün)
Kein Salz verwenden!

Kleingehackte Knochen und das Fleisch in wenig Fett sehr langsam bräunen, mit 3 Liter Wasser auffüllen und langsam 3 Stunden kochen. 1 Stunde läßt man dabei auch das Gewürzsäckchen mitkochen. Es muß immer wieder entfettet und darauf geachtet werden, daß alles sehr langsam kocht. Die Flüssigkeit muß schließlich klar werden. Dann abseihen und auf Sirupdicke einkochen. In Porzellangeschirr oder in Kunststoffdärme füllen und kalt lagern.

Glace wurde früher vor allem auch verwendet, um angerichteten Fleischstücken einen Glanz zu geben. Der Ausdruck »Glace« für »Gelee aus Fleischsaft« gilt heute als antiquiert. Katharina Prato erklärt die Glace so: »Glace ist getrocknete Fleisch-Essenz.«

Die weiße Grundsauce

Die Kalbseinmachsauce

wird für das eingemachte Kalbfleisch (siehe Seite 280) hergestellt (laut Rezept). Sie dient – extra bereitet – als Bindung für feine Ragouts, als Füllung zu Pastetchen u. dgl. sowie als Beilagensauce zu Vorspeisenpudding. Zuerst wird ein **heller Kalbsfond** bereitet:

1 kg kleingehackte Kalbsknochen, 500 g Kalbfleischparüren, Salz, 150 g Wurzelwerk, 1 halbe Zwiebel, Petersilstengel, einige Pfefferkörner, 1 kleines Stück Lorbeerblatt

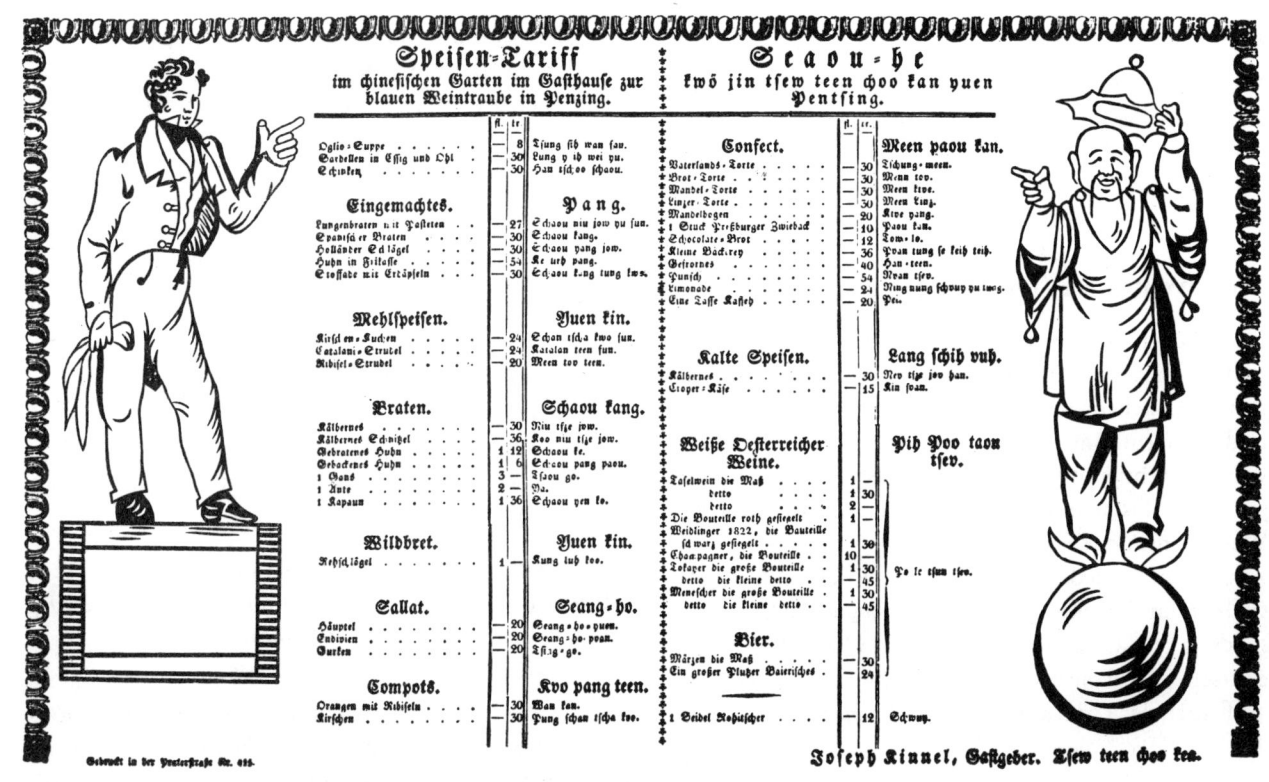

Speisekarte im chinesischen Garten in Penzing bei Wien, um 1825

Die kleingehackten Knochen und Fleischparüren in etwas kochendes Wasser geben, wieder zum Kochen bringen, das Wasser abgießen, kalt schwemmen, mit 1¼ Liter kaltem Wasser erneut zustellen, aufkochen lassen, abschäumen und alle übrigen Zutaten beigeben. Etwa 2 Stunden kochen. Zum Schluß abseihen und entfetten.

Kalbseinmachsauce

¾ l weißer Kalbsfond, 40 g Butter, 50 g Mehl, Salz, Muskat, einige Tropfen Zitronensaft, ¹⁄₁₆ l Obers, 1 Eidotter

Mehl in aufgeschäumter Butter anschwitzen, ohne Farbe nehmen zu lassen, mit überkühltem Fond aufgießen, glattrühren und gut verkochen, würzen, mit Obers und Eidotter, beides gut verrührt, schließlich legieren (binden).

Ableitungen der Kalbseinmachsauce: **Champignonsauce** und **Kräutersauce**

Champignonsauce

½ l Grundsauce, 30 g Butter, 50 g feinst geschnittene Zwiebeln, 200 g blättrig geschnittene Champignons, etwas Zitronensaft, ½ TL gehackte Petersilie

Die Zwiebeln in heißer Butter anrösten, die Champignons, mit Zitronensaft beträufelt, mitrösten, salzen und gehackte Petersilie beigeben, kurz dünsten lassen. In die Grundsauce geben, dann erst legieren.

Kräutersauce

½ l Grundsauce, 30 g Butter, 1 EL feinst geschnittene Schalotten (oder Zwiebeln), Petersilie, Kerbel, Estragon, ¹⁄₁₆ l Weißwein

In der heißen Butter die Schalotten (oder Zwiebeln) anlaufen lassen, die gehackten frischen Kräuter beigeben, mit Weißwein ablöschen und einkochen, dann die Grundsauce beigeben, mit einigen aufgesparten frischen Kräutern obenauf bestreuen.

Hühnercremesauce

Wird wie die Kalbseinmachsauce bereitet. Anstelle der Kalbsknochen nimmt man Hühnerknochen und Hühnerjunges (Hühnerklein). Man verwendet zum Aufgießen den Kochfond von Suppenhuhn bzw. Hühnersuppe.

Weißweinsauce (Fischsauce)

Fischsaucen werden bei der Herstellung von Fischgerichten in Weißweinsauce (siehe unten) bereitet, finden aber auch als Beilagensaucen zu gekochten Fischen und als Grundsaucen zu Fischragouts und Gerichten von Krustentieren Verwendung. Außerdem kann jeder pochierte Fisch mit den folgenden Ableitungen der Weißweinsauce serviert werden.

Zuerst wird wieder der Fond, der **Fischfond**, hergestellt. (Zur Beachtung! Wird die Sauce zu Meeresfischen gereicht, benutzt man zum Fond ebenfalls Meeresfische. Wird die Sauce zu Süßwasserfischen gereicht, muß auch der Fond aus Süßwasserfischen bereitet werden.):

1 kg Fischgräten; gereinigte, halbierte Fischköpfe; ein paar Petersilstengel, eine in Streifen geschnittene Zwiebel, einige Pfefferkörner, Zitronensaft, Salz, Champignonabfälle (Schalen oder Stiele)

Die gewässerten Fischgräten und vorbereiteten Fischköpfe mit 1 Liter kaltem Wasser aufs Feuer stellen, zum Kochen bringen, abschäumen, die anderen Zutaten beigeben und mitkochen; dann abseihen und langsam auf ½ Liter Fond einkochen lassen.

Nun wird die **Fischeinmachsauce**(-Velouté) hergestellt:

½ l Fischfond, 30 g Butter, 40 g Mehl, ⅛ l Weißwein

Das Mehl in der aufgeschäumten Butter anschwitzen lassen, mit dem kräftigen Fischfond aufgießen, Weißwein beigeben und ½ Stunde langsam kochen lassen.

Weißweinsauce

½ l Fischeinmachsauce, 2 Eidotter, ⅛ l Obers, 60 g Butter

Die passierte Fischeinmachsauce wird mit Eidotter und Obers (beides gut verrührt) legiert, mit reichlich Butter montiert und mit Salz abgeschmeckt (anstelle der Legierung und der Butter kann diese Weißweinsauce auch mit Sauce hollandaise und Obers vollendet werden).

Ableitungen der Weißweinsauce (¾ l):

Krebssauce
Anstatt frischer Butter wird mit Krebsbutter montiert. Krebsschwänze werden als Einlage gegeben.

Hummersauce
Anstatt frischer Butter verwendet man Hummerbutter und schmeckt mit Cognac ab.

Sardellensauce
Anstatt frischer Butter verwendet man Sardellenbutter zum Montieren der Sauce. 3 gehackte Sardellenfilets werden als Einlage extra gegeben.

Sauce bonne femme (auf Hausfrauenart)
30 g Butter, 50 g feingeschnittene Zwiebeln, 200 g blättrig geschnittene Champignons, gehackte Petersilie, ¹⁄₁₆ l Weißwein, etwas Fischfond

Die Zwiebeln in Butter anlaufen lassen, Champignons und Petersilie mitrösten, mit Weißwein und Fischfond einkochen und in die Grundsauce als Einlage geben.

Béchamelsauce (Sauce Béchamel, Milcheinmachsauce)

Die Sauce entstand am Hof des »Sonnenkönigs« Ludwig XIV. in Paris und wurde dem Hofmeister und Sekretär des Königs, dem Marquis de Nointec Louis de Béchameil (gestorben 1703), gewidmet. Auch diese Sauce hat sich seit ihrer Erfindung bis heute einiges gefallen lassen müssen, denn ursprünglich stellte man sie im 17. Jahrhundert auf äußerst komplizierte Art her: Man kochte dazu ein altes Huhn, ein Rebhuhn, Gemüse und Weine; sie wurde mehrmals durchgeseiht, dann erst mit dickem Obers gebunden und eingekocht; später bereitete man sie mit Schinken, in Butter angeschwitzten geschnittenen Zwiebeln und einem Bouquet garni, kochte im Rahm alles gut ein, passierte das Ganze, gab dickes Obers bei und kochte noch einmal alles dick ein. Heute bietet sich uns das höchst einfache Verfahren an, um eine Grundsauce zu bekommen, die immer erst weiterverarbeitet werden muß, bevor sie auf den Tisch kommt bzw. einem Gast vorgesetzt wird.

¾ l Milch, 40 g Butter, 40 g Mehl, Salz, frischgeriebene Muskatnuß
Nach Wunsch zusätzlich: ½ Zwiebel, 3 Gewürznelken, einige Petersilstengel (zuweilen auch 1 Zweig Thymian und 1 kleines Lorbeerblatt)

Man läßt das Mehl in heißer Butter anschwitzen, ohne Farbe nehmen zu lassen (»eine blendende Weiße bezeichnet den Fleiß des Künstlers«, schreibt F. G. Zenker), gießt mit Milch auf, rührt alles glatt und läßt es gut verkochen. Zum Schluß würzt man mit Salz und Muskat. Die Milch kann vorher mit nelkengespickter Zwiebel und den Petersilstengeln (und Thymian und Lorbeerblatt) gekocht werden, um der Sauce etwas Geschmack zu verleihen. Da sie aber immer nur weiterverarbeitet wird – und stets in relativ kleinen Mengen –, muß die Béchamel kein Geschmacksträger sein. Sie bringt den Eigengeschmack von Gemüse, Fleisch- und Fischgerichten um so besser zur Geltung.

Ableitungen der Béchamelsauce (½ l):

Mornaysauce (Sauce Mornay)
(Weiße Gratiniersauce)

½ l Béchamel-Grundsauce, dicklich eingekocht; 50 g Butter, 2 Eidotter, 1 EL geriebener Parmesankäse

Butter wird mit den Dottern schaumig gerührt und damit die nicht mehr kochende Béchamelsauce legiert bzw. montiert; mit geriebenem Käse vorsichtig würzen und verrühren. (Die Eidotter und die Butter können auch extra in die Béchamelsauce gegeben werden.)
Die Sauce muß unmittelbar verwendet werden und dient zum Gratinieren von bereits gekochtem, pochiertem, gebratenem Fleisch oder Gemüse und soll gut decken, d. h. nicht abrinnen.
Obenauf wird immer Reibkäse gestreut, mit Butter beträufelt und bei guter Oberhitze im Rohr gratiniert.

Cremesauce
Die Béchamel-Grundsauce wird aus halb Milch und halb Obers hergestellt. Zum Schluß nur mit 30 g Butter vollenden (montieren). Diese Cremesauce wird nur für Gemüse verwendet.

Aurorasauce (Sauce aurore)
ist eine Cremesauce, die leicht mit Paradeismark rötlich gefärbt wird. Eignet sich vor allem für Eiergerichte.

Die feine Buttersauce

Sauce hollandaise (Holländische Sauce)

Die Sauce hollandaise hat mit Holland nichts zu tun. Der Name »Holländische Sauce« findet sich schon sehr früh in den Kochbüchern, doch bezeichnete man damit einfach zerlassene Butter, mit Gewürzen, frischen Kräutern und Fleischglace verrührt.

4 Eidotter, 4 EL Flüssigkeit einer Reduktion aus zerdrückten Pfefferkörnern, 1 EL Zwiebeln, ½ EL Essig, ⅛ l Wasser: alles zusammen einkochen und abseihen; 350 g Butter
oder: 4 Eidotter, 4 EL Suppe, etwas Essig, ganz wenig Cayennepfeffer, Salz, Zitronensaft, 350 g Butter

Die Butter zunächst zerlassen; aufkochen, dann beiseite stellen; sie soll dabei auf 50 Grad abkühlen.
Die rohen Eidotter werden mit der Flüssigkeit (Reduktion), Salz, etwas Zitronensaft über dem Dunst im Schneekessel mit dem Schneebesen dickcremig aufgeschlagen. Die Masse darf aber dabei nicht aufkochen! Dann vom Dunst weggeben und unter ständigem Rühren in einem dünnen Strahl die abgekühlte flüssige Butter einrühren. (Die am Boden des Gefäßes abgesetzte Molke der Butter läßt man zurück!) Die Sauce nun abschmecken, auf einer elektrischen Warmhalteplatte oder im lauwarmen Wasserbad warmstellen.
Sollte diese Sauce durch zu heiße Butter oder zu rasches Eingießen der Butter gerinnen, gibt man am Kesselrand etwas kaltes Wasser hinein und rührt mit dem Schneebesen an ebendieser Stelle die Sauce wieder auf.
Verwendung der Sauce hollandaise: als Beilagensauce für gekochte oder pochierte Fische und für Feingemüse (warm serviert), z. B. Spargel, Artischocken. Zum Überziehen und Glasieren von feinen Ragouts und Gemüse. Sie kann auch zum Montieren, speziell für Fischsaucen, verwendet werden.

Ableitungen der Sauce hollandaise:

Sauce mousseline (Schaumsauce)
Beim Servieren gibt man an die bereits angerichtete Sauce hollandaise Obers und mischt erst am Tisch durch. Für Fische und Feingemüse geeignet.

Sauce Maltaise (Malteser Sauce): Der fertigen Sauce hollandaise werden die geriebene Schale einer Orange und der Saft einer Blutorange beigegeben. Wird als Spezialsauce für Spargel verwendet.

Sauce béarnaise (Béarner Sauce, Béarnaisesauce)
4 Eidotter, Salz, 4 EL Reduktion (siehe unten), 350 g Butter, Cayennepfeffer, 1/2 EL Estragon, gehackt, 1 TL Petersilie, gehackt, 1 EL Fleischglace (wenn man's ganz korrekt machen will)
Reduktion: 50 g feingeschnittene Schalotten (oder Zwiebeln), 6 zerdrückte Pfefferkörner, Stengel von Estragon und Petersilie, Prise Thymian, etwas Lorbeer, 3 EL Kräuteressig, 1/8 l Wasser

Die Zubereitung erfolgt wie bei der Sauce hollandaise. Für die Reduktion werden alle Zutaten eingekocht (reduziert). Am Schluß wird die Sauce mit Cayennepfeffer, Estragon und Petersilie sowie mit Fleischglace gewürzt und abgeschmeckt. Es gibt heute in den Feinkosthandlungen bereits einen Kräuterauszug mit Fleischextrakt in Gläsern, den man anstelle der Reduktion und der Fleischglace verwenden kann.

Aus der Béarnaisesauce bereitet man auch die **Sauce Choron:** Man gibt in die fertige Sauce béarnaise etwas Paradeismark, um sie rötlich zu färben.

Die Sauce béarnaise stammt aus Frankreich, entstand laut Graf Austin de Croze, dem Verfasser von »Les Plats regionaux de France«, in der Villa König Heinrichs IV. (1553–1610) in St. Germain-en-Laye und verdankt ihren Namen der südfranzösischen Provinz Béarn in den Pyrenäen, aus der Heinrich IV. auch abstammte.

Die selbständigen Saucen

Krensauce, warm zubereitet, wird in der österreichischen Küche in erster Linie zum gekochten Rindfleisch serviert.

»Kren« (tschechisch »křen«) ist das österreichisch-süddeutsche Wort für »Meerrettich«. Das Wort »Kren« dürfte vermutlich aus dem Slawischen stammen und wurde bereits 1000 v. Chr. nach Westeuropa eingeführt (das Wort »Meerrettich« gibt es etwa seit dem 10. Jahrhundert).

Die kulinarische Liaison Kren – Rindfleisch hat in der österreichischen Küche wahrlich viele »Kinder der Liebe« hervorgebracht: Semmelkren, Oberskren, Mandelkren, Mostkren, Suppenkren, Schnittlauchkren, Erdäpfelkren, Knoblauchkren, Milchkren, Essigkren, Apfelkren, Eierkren, grünen Kren.

Wie tief dieser Kren tatsächlich »im Volk verwurzelt« ist, geht aus der Tatsache hervor, daß er in vielen Redewendungen eine Rolle spielt: »Du bist der Kren« heißt: Du bist der Betrogene; »sich an Kren geben« heißt: sich ein Ansehen (Air) geben, das einem nicht zusteht; »einen Kren reißen« heißt: sich wichtig machen, großtun; »seinen Kren dazugeben« heißt: seine Ansicht – ungefragt – über etwas äußern; »einen zum Krenreißen brauchen können« heißt: zu nichts Besserem gebrauchen können; eine Frau, die ihren »Kren hat«, hat finanziell ausgesorgt – sie hat ihren Geldgeber gefunden; ein »Krenreißer« ist ein Großtuer und Protz; »der höchste Kren« ist ein großer Schwindel, etwas Unglaubliches, und wenn »einer ein g'sunder Kren« ist, läßt er sich schamlos ausnutzen.

Warmer Oberskren

40 g Butter, 40 g Mehl, 1/4 l Milch, 1/4 l Obers, Salz, Zucker, Muskat, 100 g gerissener Kren, 20 g Butter

Das Mehl läßt man in aufgeschäumter Butter anschwitzen, mit Milch und Obers verkochen, würzen, dann gibt man den gerissenen Kren bei und vervollständigt (montiert) das Ganze mit Butter.

Mandelkren: Zu dem vorstehenden Rezept röstet man mit dem Mehl gleichzeitig 30 g geriebene Mandeln mit und gibt zusammen mit dem gerissenen Kren 60 g gehobelte oder in Stifte geschnittene Mandeln als Einlage dazu.

Semmelkren

Der Semmelkren ist eine der klassischen Beilagen zum gekochten Rindfleisch.

4 Schneidsemmeln, ca. 3/8 l entfettete Rindsuppe, 1 TL Zucker, Salz, Pfeffer, Muskat, etwas Zitronensaft, 10 g Butter, 80 g gerissener Kren (man rechnet pro Semmel 1 EL gerissenen Kren)

Nach Wunsch: 2 EL Obers oder Milch oder 1 bis 2 Eidotter

Die entrindeten Semmeln in sehr dünne Scheiben schneiden, mit kochender Rindsuppe übergießen, mit einem Schneebesen zu einem Brei schlagen, mit etwas Zucker, weißem Pfeffer, Salz, Muskat und Zitronensaft abschmecken, etwas frische Butter dazurühren und zum Schluß den gerissenen Kren beigeben und kurz verkochen. In heißem Wasserbad warm stellen. Man kann diesen Semmelkren nach Wunsch mit etwas warmer Milch oder Obers oder mit Eidotter legieren (der Semmelkren darf dann nicht mehr kochen!).
Wer den Semmelkren besonders scharf liebt, darf die Sauce mit dem Kren zum Schluß nur ganz kurz aufkochen lassen. Je länger der gerissene Kren mitgekocht wird, um so mehr verliert er an Schärfe. Besonders fein wird dieser Semmelkren, wenn man die entrindeten und mit Rindsuppe aufgeweichten Semmeln fein passiert und dann erst weiterbehandelt. Früher gab man in den Semmelkren auch ein, zwei Fädchen Safran zwecks Farbgebung hinein. In einigen Gegenden, so im niederösterreichischen Waldviertel, würzt man diesen Semmelkren mit etwas Zimt, wie das schon die Barbara Hikmann in ihrem »Wienerischen bewährten Kochbuch« um 1800 angegeben hat.

Dillsauce

40 g Butter, einige Dillstengel, 50 g feingeschnittene Zwiebeln, 40 g Mehl, ½ l Rindsuppe oder weißer Fond, 10 g Butter, 2 EL gehacktes Dillkraut, ⅛ l Sauerrahm, Zitronensaft oder Essig, etwas Zucker

In aufgeschäumter Butter feingeschnittene Zwiebeln und die Dillstengel anlaufen lassen, mit Mehl stauben, mit Rindsuppe oder Fond aufgießen und verkochen lassen. In frischer Butter Dillkraut anschwitzen, mit Essig ablöschen, die Sauce darüberpassieren, würzen und mit glattgerührtem Sauerrahm fertigen.

Dillsauce auf einfache Art: Man versetzt eine unlegierte Kalbseinmachsauce oder eine Sauce Béchamel reichlich mit gehacktem Dillkraut, gibt Sauerrahm bei, schmeckt mit Essig, einer Spur Zucker und etwas weißem Pfeffer ab.

Paradeissauce (Tomatensauce)

mit Paradeismark

20 g Fett, 40 g würfelig geschnittener Selchspeck, 80 g grobgeschnittene Zwiebeln, ca. 3 EL Paradeismark, ¾ l Wasser, Salz, Zucker, 1 zerdrückte Knoblauchzehe, 2 Gewürznelken, Essig oder Zitronensaft

Den Selchspeck in heißem Fett glasig rösten, die Zwiebeln darin anlaufen lassen, mit Mehl stauben, das Paradeismark beigeben, kurz mitrösten, mit Wasser aufgießen, die Gewürze beigeben, zu Saucenkonsistenz verkochen und passieren. Abschmecken.

mit frischen Paradeisern

1 kg Paradeiser, 80 g grobgeschnittene Zwiebeln, 1 zerdrückte Knoblauchzehe, Salz, Zucker, 2 Gewürznelken, 40 g Fett, 40 g Mehl, Essig oder Zitronensaft

Die Paradeiser waschen, den Stielansatz ausschneiden, die Früchte zerdrücken und mit ca. ¼ l Wasser, grobgeschnittenen Zwiebeln und den Gewürzen etwa ½ Stunde zugedeckt kochen. Dann passieren.
In heißem Fett das Mehl anschwitzen, mit den passierten Paradeisern und mit Flüssigkeit aufgießen, glattrühren und auf die richtige Saucenkonsistenz einkochen lassen. Zuletzt mit Salz, Zucker und Zitronensaft (oder Essig) abschmecken.
»Sie muß nebstbey schön rother Farbe seyn«, wie F. G. Zenker in seiner »Anleitung zur feineren Kochkunst« (1824) bemerkt.

Gurkensauce

300–500 g frische Salatgurken, Salz, Pfeffer, 1 zerdrückte Knoblauchzehe, 1 TL gehacktes Dillkraut, ca. 2 EL Essig, 1 feingeschnittene kleine Zwiebel, 60 g Butter, eine Spur Zucker, 2 EL Mehl, ⅛ l Sauerrahm, etwas Rindsuppe und Essig

Geschälte, blättrig geschnittene Gurken mit Salz, Pfeffer, zerdrücktem Knoblauch, etwas gehacktem Dillkraut und etwas Essig gut abmischen, stehenlassen. Inzwischen in Butter eine Spur Zucker bräunen, die Zwiebeln darin anrösten, die marinierten Gurken samt Eigensaft beigeben, alles halbgar dünsten, mit Mehl stauben, mit Essig, Rahm und Suppe aufgießen und über kleiner Flamme zur richtigen Saucenkonsistenz einkochen. Mit frischgehacktem Dillkraut bestreuen. Diese Sauce wird in der österreichischen Küche gern zum gekochten Rindfleisch serviert.

Kapernsauce

40 g Fett, 40 g Mehl, 1 EL Kapern, 80 g feingeschnittene Zwiebeln, etwas gehackte Petersilie, ½ l Rindsuppe, ⅛ l Sauerrahm

Mehl in heißem Fett hellgelb rösten, das Gemisch aus gehackten Kapern, Zwiebeln, Petersilie kurz mitrösten, mit Rindsuppe aufgießen und verkochen lassen, glattgerührten Sauerrahm beigeben.
Wird zu gekochtem Rindfleisch, Hammel- und Lammfleisch serviert.

Wiener Zwiebelsauce

50 g Schweinefett, 5 TL Zucker, 200 g in Scheiben geschnittene Zwiebeln, 30 g Mehl, ½ l Rindsuppe, 2 EL Zitronensaft, Essig, Salz, weißer Pfeffer

Den Zucker in heißem Fett hellgelb rösten, die Zwiebeln beigeben, hellbraun rösten, dann die Zwiebeln herausnehmen. In das Fett das Mehl geben, langsam braun rösten, mit Suppe aufgießen und glatt verrühren. Die Zwiebeln wieder beigeben. Mit Salz und Pfeffer sowie etwas Zitronensaft abschmecken und etwa 20 Minuten verkochen lassen. Zum Schluß passieren und mit Essig abschmecken. Die Zwiebelsauce wird vor allem zu gekochtem Rindfleisch serviert. »Die Sauce muß angenehm süßlich-sauer sein«, fordert Louise Seleskowitz im »Wiener Kochbuch« (1880); sie kochte diese Sauce mit Suppe, Essig, Salz, Zimt, Zitronenschale und Gewürznelken, zum Schluß auch mit etwas Wein, zur richtigen Saucenkonsistenz ein.

Polnische Sauce

30 g Mandeln, in Stifte geschnitten; 30 g Rosinen, 30 g Korinthen, etwas Zimt und geriebene Nelken, 1 Glas Rotwein, 30 g Butter, 1–2 EL Zucker, ca. 10 g Mehl, ca. 10 g Semmelbrösel, Zitronenschale

Die länglich geschnittenen Mandeln, die Rosinen und die Korinthen sowie etwas Zimt und Nelkengewürz mit dem Rotwein einige Minuten kochen. Butter heiß werden lassen, darin den Zucker hellbraune Farbe nehmen lassen, mit etwas Bröseln vermischen und mit Mehl vermengen, etwas anlaufen lassen, mit Wein samt Rosinen etc. aufgießen, etwas Zitronenschale beigeben und das Ganze zu Saucenkonsistenz verkochen lassen. Paßt ausgezeichnet zu Fischen, Rinds- und Kalbszunge.

Currysauce

Eignet sich für Fischgerichte, in der Pfanne zubereitet, für Fleischgerichte, wie Filets, Schnitzel, Koteletts vom Schwein und Kalb, außerdem für Geflügelgerichte. Wenn statt der Knochen und Parüren Ragoutfleisch oder Hühnerstücke verwendet werden, erhält man Curryhuhn, Lamm-, Kalbs- oder Schweinscurry. Dazu wird das fertiggedünstete Fleisch umgestochen, dann die fertige Currysauce über das Fleisch passiert.

500 g kleingehackte Kalbsknochen, 250 g Kalbfleischparüren, 50 g Öl, 150 g feingeschnittene Zwiebeln, ca. 10 g Curry (je nach Qualität), 30 g Mehl, Salz, 1–2 kernige Äpfel, 10 g Kokosett (Kokosraspel), 1 EL Mango Chutney, Zitronensaft, ⅛ l Obers

Knochen und Fleischparüren in heißem Öl goldbraun rösten, herausheben und warm stellen. Im selben Fett feingeschnittene Zwiebeln goldgelb rösten, den Curry beigeben, mit Mehl stauben und mit ¾ Liter Wasser aufgießen. Knochen und Parüren, blättrig geschnittene, geschälte, entkernte Äpfel, Salz, Kokosraspel, Mango Chutney und Zitronensaft beigeben, abschmecken und etwa 2 Stunden sehr langsam kochen lassen. Passieren und mit Obers vollenden.
Nach Geschmack kann noch ½ Banane, 1 aufgerissener Paradeiser und 1 Zehe zerdrückter Knoblauch beigegeben werden.

Paprikasauce

Wird für Pfannengerichte von Kalb- und Schweinefleisch vorbereitet, z. B. für Schnitzel und Koteletts. Das sautierte, zuletzt in Butter geschwenkte Fleisch wird angerichtet, der Bratensatz mit der Sauce aufgegossen, evtl. mit etwas Obers verfeinert und über das angerichtete Fleisch gegeben.

500 g Kalbsknochen, klein gehackt (es können auch Schweinsknochen genommen werden, je nach Verwendungszweck der Sauce); 250 g Fleischparüren (von Kalb oder Schwein), 60 g Butter, 150 g feingeschnittene Zwiebeln, 20 g Edelsüßpaprika, Rindsuppe, 1 zerdrückte Knoblauchzehe, Salz, 2 Paradeiser, etwas Zitronenschale, ⅛ l Sauerrahm, 20 g Mehl, Zitronensaft

Gewaschene, gutabgetropfte Kalbsknochen und Parüren in heißer Butter anrösten und herausheben. Im selben Fett die feingeschnittenen Zwiebeln goldgelb rösten, paprizieren, mit Wasser oder Rindsuppe ablöschen, mit ¾ Liter Wasser auffüllen, Knochen und Parüren wieder dazugeben, Knoblauch, zerschnittene Paprikaschote, zerrissene Paradeiser, Salz und Zitronenschale beigeben. Zusammen langsam etwa 2 Stunden kochen lassen (oder 20 Minuten im Druckkochtopf), dann abseihen, mit Sauerrahm und Mehl, beides gut verrührt, binden und mit Zitronensaft abschmecken.

Sardellensauce

4–6 Sardellenfilets, 30 g Butter, 1 feingeschnittene Zwiebel, Petersiliengrün, 30 g Mehl, Rindsuppe, Zitronensaft, Salz, Pfeffer, Zucker, Rahm oder Obers

Die feingeschnittene Zwiebel in heißer Butter anlaufen lassen, gehackte Petersilie beigeben, mit Mehl stauben, leicht anrösten, mit etwas Rindsuppe ablöschen und aufgießen, zum Kochen bringen, glattrühren und gut verkochen lassen. Zum Schluß passieren und mit gehackten Sardellenfilets, etwas Zitronensaft, Salz und Pfeffer abschmecken. Vor dem Anrichten mit etwas Sauerrahm oder Obers verfeinern. Man kann auch einige gehackte Kapern beigeben.

Die altösterreichische Küche scheint in die Sardellen geradezu verliebt gewesen zu sein. Noch in den Kochbüchern des 18. und 19. Jahrhunderts begegnen wir fast auf Schritt und Tritt Sardellensoße, Sardellensuppe und -brühe. Da gab es gebratenes Kalbsbries in Sardellensuppe und gesottenen Hecht in der Sardellensuppe, es gab »Sardellensoße« zu gebratenen jungen Hühnern, gespickter Kalbskeule, Kalbfleisch, Lammfleisch, gedünstetem Rostbraten, Leber, Ochsenzunge, Tauben, wilden Enten, Kalbskotelettes und Kapaun; selbst junge Hähnchen wurden mit Sardellen gespickt (»daß die Sardellen frisch, dem Speck ähnlich geschnitten, das Ganze zierlich und schön gehalten werden muß, versteht sich ohnehin«, schrieb F. G. Zenker dazu). Marie von Rokitansky bringt in ihrer »Österreichischen Küche« (1897) sogar ein »Sardellenschnitzchen« (aber, bitte: es sind Naturschnitzel! Auf dem Wiener Schnitzel, als Garnierung gelegt, haben die Sardellen keine Berechtigung!). Dagegen verwendet Barbara Hikmann zu Kalbsschlegel und Schöpsenschlegel, die sie eigens »auf österreichische Art« apostrophiert, Sardellen. Anna Bauer führt drei Zubereitungsarten »dieser sehr beliebten Sauce« an.

Berühmt wurde im biedermeierlichen Wien die »Sardellenkönigin«, die junge hübsche Witwe Anna Maria Spöttl, Besitzerin des »Spezereiwarengeschäftes« zum »Grünen Fassel« auf dem Kohlmarkt, wo »man« die besten Sardellen kaufte. Die »Sardellenkönigin« wurde laut Fama gleichzeitig von den beiden Grafen Metternich, Vater Franz Georg und Sohn Klemens Lothar, sehr verehrt. Ein unfreiwilliges Zusammentreffen der beiden Rivalen bei Anna Maria Spöttl veranlaßte Kotzebue, das Lustspiel »Die beiden Klingsberg« zu schreiben. Die Sardellen kamen somit zu Burgtheaterehren!

Sehr beliebte Saucen waren auch die Ribiselsauce, die Stachelbeersauce (»Agraselsauce«) und vor allem die **Hetschepetschsauce (Hagebuttensauce)**: In einer lichten Einmach aus Butter und Mehl verrührte man einige Eßlöffel Hagebuttenmarmelade, goß mit wenig Suppe oder Rotwein auf und ließ es, mit Salz und Zucker gewürzt, gut aufkochen. »Man reicht diese Sauce besonders gern zu Rot- oder Schwarzwild«, bemerkt Anna Bauer zu ihrem Rezept.

DER SAUCIER.
Eine Anleitung zur Bereitung von Saucen und einschlägigen Artikeln
für Herrschafts-, Hotel- und bürgerliche Küchen,
sowie für Kochinstitute
Von
FRIEDRICH HAMPEL
Hofkoch in der k. u. k. Hofmundküche in Wien.
A. HARTLEBEN'S VERLAG.

Kalte Saucen

Die meisten kalten Saucen werden von der Mayonnaise abgeleitet oder sind von mayonnaiseähnlichem Charakter. Außer den Mayonnaisesaucen gibt es noch einige kalte selbständige Saucen sowie (speziell in der österreichischen Küche) die verschiedenen Krenarten.

Mayonnaisesaucen

Die Mayonnaise hat der »Sage« nach gleich mehrere Ursprungsorte aufzuweisen: die Fischerstadt Bayonne am Golf von Biscaya (von wo auch der berühmte Bayonner Schinken kommt) und die Stadt Mahom in Frankreich. Carême protestierte dagegen: »Ich will zugeben, daß diese Namen (Bayonnaise, Mahonnaise, Mayonnaise) bei den Köchen allgemeiner Art gebräuchlich sind. Ich protestiere aber, denn für meinen Teil wurden diese drei Ausdrücke in unseren großen Küchen (wo wirklich Kenner waren) nie verwendet. Wir bezeichnen diese Saucen immer als ›Magnonaise‹. Aber wie ist es, daß ein Mann von Logik und Geist, wie Grimod-de-la-Reynière, nicht auf den ersten Blick sehen konnte, daß das Wort ›magnonaise‹ von dem französischen Verb ›manier‹ (= rühren) abstammt und daß dies wiederum der passende Name für die kalte Sauce ist, weil sie ihren Ursprung einem fortwährenden Rühren im Verlauf der Zubereitung verdankt…« Andere wieder glauben, daß das Wort vom alten französischen Wort »moyeu« (= Eidotter) abstamme und ursprünglich »Moyeunaise« gelautet haben soll. Wenn sich die Forscher schon uneins sind über die Herkunft des Wortes, so sind sich die Praktiker immerhin ziemlich einig über die Herstellung der **Mayonnaise:**

4 frische Eidotter, pro Dotter ca. 1/8 l Öl, 1/2 EL französischer Senf, Salz, weißer Pfeffer, Zitronensaft oder Estragonessig, Prise Zucker

Ei und Öl müssen immer Küchentemperatur haben: also nie direkt Material aus dem Kühlschrank verarbeiten!
Zunächst Eidotter mit Senf, Salz, Pfeffer und einigen Tropfen Zitronensaft (oder Essig) mit dem Schneebesen tüchtig verrühren. Gewürze nur in sparsamster Menge verwenden. Dann tropfenweise das Öl einrühren, bis man unter ständigem Rühren mit dem Schneebesen die gewünschte Festigkeit der Mayonnaise erreicht hat. Man muß dabei immer kräftig rühren, damit Öl und Eidotter sich sofort gut binden. Immer nur tropfenweise soviel Öl beigeben, wie man sofort verrühren kann. Einer der Hauptgründe beim Mißlingen der Mayonnaise ist das zu rasche Einrühren des Öls. Wird die Mayonnaise im Mixer angemacht, kann man statt 3 Eidotter 1 ganzes Ei nehmen. Man erzielt damit die gleiche Menge, die aber leichter ist.

Im Mixer zubereitete Mayonnaise
2 Eier, Gewürze wie vorstehend, 1/3 l Öl
Eidotter, Eiklar und Gewürze mit etwas Öl auf der zweiten Stufe emulgieren (glattwerden lassen), das restliche Öl bei laufendem Gerät beigeben.
Die Menge der Eier richtet sich nach der erforderlichen Menge Mayonnaise. Öl kommt immer soviel dazu, wie die Dotter aufnehmen. Die Mayonnaise soll stets dick und schaumig bleiben! Sollte die Mayonnaise trotzdem einmal gerinnen (z. B. durch zu schnelles Einrühren oder durch Verwendung kalter Materialien), so erhitze man etwas gewässerten Essig und schütte ihn unter ständigem Rühren am Rand des Geschirrs ein. Oder man gebe einen frischen Eidotter in einen frischen Kessel und lasse die geronnene Mayonnaise tropfenweise unter raschem Rühren des Eidotters einlaufen. Sollte die Mayonnaise während des Rührens zu fest werden, kann man etwas verdünnten Essig oder etwas Zitronensaft daruntermengen. Dabei das Nachwürzen nicht vergessen. Benötigt man eine größere Menge Mayonnaise, kann man zu einer dicken Grundmayonnaise 1/3 oder mehr dicke kalte Béchamelsauce geben; das ergibt eine besonders leicht bekömmliche, fettarme Mayonnaise von cremiger und standfester Konsistenz.
Fertige Mayonnaise darf nicht in einem zu tief temperierten Kühlschrank aufbewahrt werden.
Je nachdem die fertige Mayonnaise mit verschiedenen Beigaben versehen wird (z. B. Paradeismark, Tomatenketchup, Sauerrahm, Obers, feinst gehackte Kräuter,

Essiggurken, Zwiebel, Kapern, Knoblauch, Gemüse, Gänseleber, Fische, Krustentiere usw.), erhält man die verschiedenen Mayonnaisesaucen.

Die fertige Mayonnaise kann verdünnt werden mit: leichtgeschlagenem Obers (Obersmayonnaise), Sauerrahm oder Joghurt,
Essiggurkenwasser.

Kräutermayonnaise
300 g Mayonnaise, etwas Obers, 5–6 EL feinst gehackte Kräuter (Schnittlauch, Petersilie, Dill, Thymian, Kerbel, Estragon)

Die grünen Kräuter (je nach Jahreszeit können auch Sauerampfer, Basilikum, 1–2 Blätter grüner Spinat beigegeben werden) hacken bzw. nach Belieben pürieren und mit der Mayonnaise und dem Obers gut verrühren.

Grüne Sauce
Mayonnaise, frische Spinatblätter, Petersilie, Kresse, Estragon

Das frische Grün im Mörser stoßen oder püreeartig hacken und durch ein Drahtsieb streichen. Mit der Mayonnaise vermischen.

Vincentsauce
Grüne Sauce und Tatarensauce vermischen, zusätzlich noch feinst gehackte Pfefferminzblätter beigeben.

Polnische Sauce
300 g Mayonnaise, 3 EL Ribiselgelee, Zitronensaft

Die fertige Mayonnaise wird mit dem Ribiselgelee verrührt und mit Zitronensaft abgeschmeckt.

Tatarensauce, Sauce tatare (auf Wiener Art)
300 g Mayonnaise, 1 Essiggurke, 1 EL Kapern, Petersiliengrün, 40 g Zwiebeln (nur wenn die Sauce bald verbraucht wird; in etwas Öl anschwitzen, ausgekühlt beigeben)

Leicht verdünnte Mayonnaise mit Essiggurke, Kapern und Petersiliengrün (alles sehr fein, fast püreeartig gehackt) verrühren. Mit etwas Worcestersauce nachwürzen.

Tiroler Sauce
1. Mayonnaise wird mit Paradeismark (oder Ketchup) und geriebenem Kren gut verrührt.

Alte Mayonnaise-Rührschüssel

2. Mayonnaise wird mit Tatarengewürz (siehe Tatarensauce) und Paradeismark vermischt.

Remouladensauce
1. Sauce tatare wird mit feinst gehackten Sardellenfilets verrührt.

2. Zwei hartgekochte Eidotter, 2 rohe Eidotter, Salz, Pfeffer, Zucker, 2–4 EL Obers, 2 EL gewässerter Essig oder Zitronensaft, 1 EL Senf, 1 TL Kapern, 1 kleine Zwiebel, 2 Sardellenfilets, 1–2 EL frische Kräuter, 2 EL kleinwürfelig geschnittene Gewürzgurken

Die passierten hartgekochten Dotter mit den rohen Dotter gut verrühren, mit Salz, Zucker, Pfeffer würzen, tropfenweise das Öl einrühren, dann das Obers, Zitronensaft oder Essig und Senf beigeben, die feinst gewiegten Kapern, die feingeriebene Zwiebel, die feinst gehackten Sardellen und Kräuter sowie die Gewürzgurken beigeben, alles gut verrühren; evtl. nachwürzen.

3. Tatarensauce, 1–2 hartgekochte Eidotter, etwas Caviar, französischer Senf, Kräuter

Fertige Tatarensauce mit feinst gehackten Kräutern, dem passierten Dotter und Caviar gut verrühren; mit Senf würzen.

Chantillysauce
Eine dickgehaltene Mayonnaise wird mit leicht geschlagenem Obers vermengt (¼ Liter Mayonnaise zu ca. ⅛ Liter Obers).

Heringssauce

Mayonnaise, Milch von 2 Heringen, einige Heringsstücke, 1–2 Sardellenfilets, 1/16 l Obers oder Milch

In die fertige Mayonnaise werden die passierte Heringsmilch, einige geputzte, feingeschnittene Heringsstücke und gehackte Sardellen gegeben und mit Obers oder Milch gut verrührt. Nachwürzen.

Wiener Schnittlauchsauce

3 hartgekochte Eidotter, 2 rohe Eidotter, ca. 1/4 l Öl, 2 entrindete, in Wasser geweichte und passierte Semmeln, Essig, Zitronensaft, Salz, Zucker, Schnittlauch

Die hartgekochten passierten Eidotter mit den rohen Eidotter gut verrühren, würzen, die passierte Semmel beigeben, tropfenweise das Öl einrühren und wie eine Mayonnaise aufrühren, 1–2 Eßlöffel feinst geschnittenen Schnittlauch einrühren, mit Essigwasser zur Saucenkonsistenz verdünnen. Die fertige Sauce mit feingeschnittenem Schnittlauch bestreuen.

Sacher Rezept

Schnittlauchsauce

In Milch geweichtes, gut ausgedrücktes Weißbrot (oder Semmeln) und pochierte Eidotter passieren, rohe Eidotter beigeben, mit Öl zur Mayonnaise aufrühren, mit Salz, Zucker, Essig und etwas weißem Pfeffer würzen. Mit feingehacktem Schnittlauch verrühren.

Kalte Dillsauce

erhält man, wenn man statt des Schnittlauchs wie bei der oben angeführten Wiener Schnittlauchsauce feinst gehacktes Dillkraut verwendet. Wird wie die Schnittlauchsauce vorwiegend zu gekochtem Rindfleisch serviert.

Krensauce

wird wie die Wiener Schnittlauchsauce zubereitet; anstelle von Schnittlauch gibt man gerissenen Kren bei.

Schwedische Sauce

2 Teile Mayonnaise werden mit 1 Teil ungezuckertem Apfelmus vermischt. Abgeschmeckt wird mit gerissenem Kren.

Kalte Zigeunersauce

4 EL Mayonnaise, 4 Paprikaschoten (2 rote, 2 grüne), 1 Essiggurke, 1 kleine Zwiebel, Petersilie, Worcestersauce, Obers, Salz, Pfeffer

Paprikaschoten, Gurken, Zwiebel, Petersilie werden, feinst gehackt, mit der fertigen Mayonnaise verrührt, gewürzt und mit etwas Obers zu einer dickflüssigen Sauce verrührt.

Cocktailsauce

1. Mayonnaise, Tomatenketchup, gerissener Kren, Zitronensaft, Staubzucker
2. Mayonnaise, feinst gehackte Brunnenkresse, etwas Sauerrahm, Zitronensaft, Staubzucker
3. Mayonnaise (ca. 1/10 l), 2 EL Obers, 4 EL Tomatenketchup, 1 TL Cognac, 1 TL trockener Sherry

Die fertige Mayonnaise wird mit den übrigen Beigaben (je nach gewünschtem Rezept) gut verrührt und abgeschmeckt. Wird zu Cocktails aus Krusten- und Schalentieren, Fischen und Geflügeln verwendet.

Selbständige kalte Saucen

Apfelkren

3 mittelgroße Äpfel, Zitronensaft, 2–3 EL feingerissener Kren, Salz, Essig, Wasser

1. Die geviertelten, mit Zitronensaft beträufelten Äpfel im Rohr weich dünsten und durch ein Haarsieb passieren. Zu diesem Apfelbrei den feingerissenen Kren ge-

ben, mit einem Spritzer Essig, der etwas gewässert wurde, mit Zucker und ein wenig Salz abschmecken.
2. Die geschälten rohen Äpfel werden gerissen, mit Zitronensaft beträufelt, mit dem Kren sowie 1–2 Eßlöffel Öl gut verrührt und mit Salz und Zucker gewürzt. Man kann auch 50 g abgezogene, grobgemahlene oder gehackte Mandeln beigeben.

Essigkren

3 EL gerissener Kren, 3 EL Öl, 1/8 l Bouillon, Weinessig, Zucker, Salz, Pfeffer

Den sehr fein gerissenen Kren mit Essig und Öl, Zucker, weißem Pfeffer und Salz feucht abrühren, mit entfetteter, kochendheißer Bouillon übergießen und zu einer breiig-suppigen Konsistenz verrühren. Kalt stellen.

Preiselbeerkren

1. 2 EL gerissener Kren; 4 EL Preiselbeerkompott, 2 EL Senf, Zitronensaft, Salz, 1/8 l Schlagobers

Das Preiselbeerkompott, den gerissenen Kren und den Senf mit der Schneerute sehr gut verrühren, mit Zitronensaft und einer Prise Salz abschmecken. Zuletzt das steifgeschlagene Obers einheben.

2. 2 EL Kren, etwas heiße Rindsuppe, Zitronensaft, Zucker, Salz, Preiselbeerkompott

Den fein gerissenen Kren mit etwas kochend heißer, entfetteter Rindsuppe breiig verrühren, mit Zitronensaft, Zucker, evtl. Salz würzen und das passierte Preiselbeerkompott beigeben. Alles gut verrühren.

Roter Rübenkren

200 g gekochte rote Rüben, 1 Apfel, etwas Kümmel, 2 TL gerissener Kren, 1/2 Tasse Weinessig, 1 EL Zucker, Salz

Die gerissenen gekochten roten Rüben mit gerissenem Apfel und Kren verrühren. In einer Kasserolle Essig, Zucker, Kümmel und Salz erhitzen, dabei ständig rühren, bis sich der Zucker gelöst hat. Nach 5 Minuten Kochen diese Lösung über die Rüben-Kren-Mischung gießen und gut verrühren, zugedeckt dann mindestens 12 Stunden im Kühlen stehenlassen, dabei mehrmals umrühren.

Geschnitzter Apfelschaber aus Oberösterreich

Gurkensauce

3 Essiggurken, Dillkraut, Petersilie, 1 kleine Zwiebel, 1 Sardellenfilet, 2 hartgekochte Eier, 1 EL Paradeismark, 3 EL Öl, 1 TL Senf, Salz, Pfeffer, Zucker, gewässerter Essig

Die feingehackten Zutaten der Reihe nach zu einer dicklichen Sauce verrühren.

Sauce vinaigrette
(Essig-Kräuter-Sauce)

2 hartgekochte Eier, 1 kleine Zwiebel, 2 Essiggurken, 1 TL Kapern, Petersiliengrün, Öl, Essig, Salz, Pfeffer, Zucker, Estragonsenf

Die hartgekochten Dotter fein hacken, ebenso das Eiklar extra hacken. Nun etwas gewässerten Essig mit Öl, Senf, Salz, Pfeffer und Zucker abschmecken, feinst gehackte Gurken, Kapern und Petersilie sowie die Eier beigeben.

Mit Salz und evtl. Worcestersauce nachwürzen und mit Essig verdünnen. Die Sauce soll eine suppige Konsistenz bekommen.

Cumberlandsauce

Den Namen verdankt die Sauce Cumberlande Ernst-August, Herzog zu Braunschweig und Lüneburg (1845 bis 1923). Die Erfindung der Sauce wird dem Hofmarschall des Herzogs, Freiherrn von Malortie, zugeschrieben. Orangensaft, Ribiselgelee, Preiselbeeren, Portwein, Orangenschalen, Senf, Ingwer, Cayennepfeffer ergeben diese berühmte Sauce, die gern zu kaltem Wild gereicht wird. Garnierung: blanchierte Orangen- und Zitronenschalenstreifen, gehackte Schalotten.

1 Orange, $1/2$ Zitrone, $1/8$ l Ribiselgelee, $1/8$ l Preiselbeerkompott, 1 TL französischer Senf, $1/2$ TL englisches Senfpulver, $1/8$ l Rotwein, Ingwer, Cayennepfeffer

Orangenschalen sehr dünn schälen und zu ganz zarter Julienne schneiden, die in Orangensaft und $1/16$ Liter Rotwein kurz blanchiert werden. Passiertes Ribiselgelee und Preiselbeerkompott wird mit Rotwein, Orangensaft, Schalen, Zitronensaft, Ingwer und einer Spur Cayennepfeffer gewürzt. Die beiden Senfarten mit Flüssigkeit dickbreiig verrühren und damit die Sauce vollenden. Eventuell mit Orangensaft verdünnen. Mindestens 24 Stunden im Kühlen ziehen lassen.

Fischgerichte

Wolfgang Schmeltzl, Humanist, Dichter und Lehrer am Wiener Schottenstift, rühmt in seinem »Lobspruch der Stadt Wien« aus dem Jahre 1548 »der seltnen Fische große Zahl«, die es in jener Stadt zu kaufen gab.

Und der Schuhmacher-Poet Hans Sachs schrieb 1549 in seinem »Lobspruch der Stadt Saltzburg«:
»Auch het es um der Stadt Revier
Viel Weiher, See und Bächlein frisch,
Darin man hegt allerlei guet Fisch.«

Bei der im historischen Einleitungskapitel erwähnten Hochzeits-»Gasterey« in Salzburg 1581 fielen uns schon die vielen Fischgerichte auf, und noch Conrad Haggers »Neues Saltzburgisches Koch-Buch« aus dem Jahre 1719 führt unter 2500 Rezepten 450 Fischgerichte an (u. a. 113 Hecht-, 50 Lachs- und Rheinsalmrezepte). Der Tiroler Barockarzt Guarinonius wettert über den allzu großen Fischverzehr und gibt den Rat, Fische nur mehr an Fasttagen (Freitag und Samstag) aufzutragen; Sälmling und Forellen (»Förchen«) seien überhaupt so zarte Fische, daß sie nur auf die Tafeln von Fürsten gehörten. Zu den heimischen Fischen zählt er die Forellen, Äschen, Saiblinge, Grundeln und »Ränken«. In der Etsch gab es Schleien oder Schlohen, Aale, Rutten, Tolmen und Karpfen. In Hall aß man sogar »venedische Austern«, aber auch Stockfische oder Blatteiß.

An allen größeren Fischwassern gab es wohlorganisierte Fischereigenossenschaften, Zünfte der Fischer und Fischhändler, in allen bedeutenden Orten existierten Fischmärkte, an die heute nur mehr der Name der Plätze und Straßen erinnert.

In diesen Jahrhunderten verfügte die österreichische Küche über ein heute kaum mehr vorstellbares Großangebot an Fischen: Süßwasserfische aus heimischen Gebirgsbächen, Flüssen und Seen, vom ungarischen Plattensee, aus Böhmen, Mähren, Galizien, Bosnien, Seefische aus Triest, den Niederlanden und von der Nordsee. Dazu kam eine Unmenge Austern (mit Extrapost aus Venedig nach Wien geschickt), Schnecken, Muscheln, Krebse, Froschschenkel, Meerspinnen, aber auch Biber, Fischotter, »Tuckenten«, Rohrhühner, Schildkröten. Noch Anna Dorn erklärte in der »Vorerinnerung« zum Kapitel »Fischspeisen« ihres »Großen Wiener Kochbuches« (1827): »Zu den Fischspeisen rechnet man nicht nur die gewöhnlichen uns hinlänglich bekannten, wirklichen Fischgattungen, sondern sogar Tiere aus allen übrigen Classen; – Säugetiere und Geflügel – wie Biber und Fischottern, Tauchänten und Rohrhühner, weil der Aufenthalt und hauptsächlich die Nahrung, ihr Fleisch in Verwandtschaft mit jenem wirklicher Fische bringt – Schildkröten, Frösche, Krebse, Schnecken und Austern.«

Das alles war damals Alltagskost. Diese heute fast unverständliche Liebe des Österreichers zu Fischen und »fischähnlichem« Getier hatte allerdings einen sehr realen Grund: An den »gebotenen« Fasttagen durften die Katholiken weder Fleisch essen noch durfte das Fleisch für die Zubereitung von Speisen verwendet werden – selbst die Rindsuppe oder Saucen mit Rindsuppe waren an solchen Tagen verboten! So finden wir in allen Kochbüchern bis ins späte 19. Jahrhundert bei vielen Rezepten die Formel: »In der Fasten zu machen.« Den Fastenspeisen wurden große Kapitel in allen Kochbüchern gewidmet – und immer stand dabei der Fisch an erster Stelle. Beispielgebend dafür waren von Anfang an die Klosterküchen. Die Meisterschaft ihrer Köche war dazu angetan, selbst den verwöhntesten Gaumen vergessen zu lassen, daß es sich »nur« um eine Fastenspeise handelte.

Das »Neue Lexikon der französischen, sächsischen, österreichischen und böhmischen Kochkunst« (1785) führt eine lange Reihe von Fischrezepten an, die »auf österreichisch« auszuführen waren: Aal in Schmalz gebacken; Aal in Orangensauce; Aal, gefüllt; Asch, gesotten; Forelle, gesotten; Grundeln und Hausen, gesotten, gedünstet, geselcht; Hecht mit saurem Rahm; Austern; Krebse, mit Petersilwurzeln, gebacken, in Öl gedünstet, mit Zitronensuppe und mit Austern; Neunauge, gesotten; Rutten mit Austern; Säblinge, gesotten; Schaden, gesotten, gebacken, gebraten; Stockfisch, gebacken, mit Kren, Senf und Butter, mit Milchrahm – sie alle waren »auf österreichisch« zuzubereiten.

Die zeitgenössischen Kochbücher überboten sich an Fischgericht-Rezepten. Da gab es Hecht mit Mandelkren, Karpfenzungen, Karpfen auf jüdische, auf tirolische, böhmische und welsche Art, Forellen in Tokayerwein, Forellen in Papier gebraten, Krebseiterln (eine Art Krebsschöberl), Flecke von Fischmägen, gespickte Schnecken, gebackenen Fischpudding, Hausen (»sind Österreichische Fische«, wie es im Kochbuch des »Granat-Apffels« heißt), Tuckanteln in brauner Soße, und immer wieder auch Fischotter (»dieweil er sich doch von Fischen nährt und also kein Fleisch darstellt«; oder, wie die Seleskowitz schreibt: »Das Fleisch der Fischotter ist dem des Rotwildes sehr ähnlich, wird auch ebenso wie Wild bereitet und als Fastenspeise gegeben«) und Biber (»weil er aussieht wie ein Fisch«), aber auch Austernpastete, Butterpastete von Schildkröten, Karpfenlungenbratel, Krebskarbonadel; dazu kamen Lachs-, Rogen-, Karpfen-, Krebs-, Fischbrat-, Biberbrat- und Biberleberwurst sowie die berühmten Paulaner Würste zur »Belegung auf die Gemüse an Fasttagen«.

Die Krönung aller Fischrezepte stellt wohl die »Rare Fisch-Ohlio« dar, zu der im »Gantz neuen und nutzbahren Koch-Buch« des »Granat-Apffels« mehr als eine ganze Seite an Zutaten aufgezählt werden.

Daß damals kein Tier vor dem Kochtopf bzw. vor der Bratpfanne sicher war, wußte schon Abraham a Santa Clara in »Mercks Wienn« anzukreiden: »Bei diesen unseren Zeiten ist kein Tier mehr sicher, weder in Luft, weder auf Erden, weder in dem Wasser, daß man es nicht fängt, kocht und auf die Tafel setzt. Der Hirsch muß also seinen Ziemer hergeben, die wilde Sau ihren Kopf, die einheimischen Schwein ihr Gedärm, der Biber seinen Schweif, der Bär seine Bratzen, der Ochs seine Brust, der Gams seine Schlegel, die Rutten ihre Leber, der Karpfen seine Zung, das Kalb sein Hirn, kein Tier auf der Welt ist nicht sicher, außer – der Krokodil, den kann fressen, wer da will.«

Nachdem Kaiser Josef II. in den achtziger Jahren des 18. Jahrhunderts nicht nur viele Klöster – einst Hauptlieferanten guter Fische –, sondern auch viele Fasttage abgeschafft hatte, gerieten die Fisch-Fastenrezepte in Vergessenheit. Ja bald galt auch für die Wiener das Sprichwort aus der elisabethanischen Zeit, als die Protestanten Fischesser und Katholik gleichsetzten: »Er ist ein ehrlicher Mann, er ißt keine Fische.«

War es vorher selbstverständlich gewesen, daß auch auf den Tischen der Bauern und Arbeiter Fische, Muscheln, Schnecken und Froschschenkel standen, schüttelte man ab jetzt bald nur mehr geringschätzig, wenn nicht angeekelt den Kopf, sobald von diesen Gerichten auch bloß die Rede war. Dazu kam der allgemeine Verfall der Fischzuchtanstalten und Fischgewässer sowie der Fischereirechte. Worüber sich ein Carl Peyrer in seiner im Auftrag des k. u. k. Ackerbauministeriums verfaßten Schrift »Fischereibetrieb und Fischereirecht in Österreich« (Wien 1874) mit Leidenschaft beklagte. Als mit dem Zerfall der österreichisch-ungarischen Monarchie 1918 Ungarn, Böhmen und Mähren, aber auch die Zugänge zum Meer verlorengingen und Österreich ein Binnenland wurde, gerieten bei den Köchinnen und Hausfrauen auch die letzten köstlichen Fischrezepte in Vergessenheit. Und die Kochbücher begannen sie ebenfalls zu verschweigen.

Allerdings versuchte man in der Zwischenkriegszeit, den heimischen Fischkonsum anzukurbeln. Die Gesellschaft der Fischhändler gab sogar ein eigenes Fisch-Kochbuch heraus. Heute hat der Österreicher wieder ein halbwegs geordnetes Verhältnis zum Fischgericht. Die Kühltechnik hat neuen Anreiz, der Wunsch nach schlanker Linie neue Gelegenheit geschaffen. Die Urlaubsreisen ans Meer taten ein übriges.

Einzig und allein der Karpfen war auch in der »fischlosen« Zeit Tradition geblieben: Er stand und steht am Weihnachtsabend auf dem Tisch. Und mit einem ausgiebigen Heringsschmaus beendet man auch heute noch den Fasching – oder eröffnet die Fastenzeit.

FACHLICHE HINWEISE

Einkauf: Frische Fische haben straffe Haut und festes Fleisch, das einem Fingerdruck nicht nachgeben soll. Vor allem Süßwasserfische haben rote oder rosarote Kiemen, klare hervortretende Augen, glänzende Schuppen, festanliegende Kiemendeckel.
1. Tote Fische immer sofort ausnehmen. Kühl – ohne Papier – lagern. Fische immer sehr bald verarbeiten! Pro Person und Mahlzeit rechnet man ca. 1/4 kg Fisch (etwa 50% Abfall).

Abschuppen: Fast alle Fische (außer beim Blaukochen) werden geschuppt. Den Fisch mit einem Tuch am Schwanz festhalten, mit dem Messerrücken vom Schwanz zum Kopf hin abschuppen. Bei hornartigen, festsitzenden Schuppen den Fisch vorher kurz in siedendes Wasser tauchen.

Ausnehmen, Säubern: Den Bauch vom Schwanz zum Kopf hin aufschneiden, die Enden der Innereien an der Kopfwurzel durchschneiden und vom Kopf aus vorsichtig die Eingeweide herausnehmen. Die Fischgallenblase (hinter dem Kopf) dabei nicht verletzen! Eventuelle schwarze Haut innen oder lederartige weiße Haut an der Bauchseite längs des Rückgrats und geronnenes Blut entfernen. Außerdem auch Rogen und Milch von Därmen trennen und zur weiteren Verwendung aufbewahren.

Füllen: Will man einen Fisch füllen, nimmt man ihn von oben aus: durch je einen Schnitt beiderseits entlang der Rückengräte aufschneiden, das Grätengerüst vorsichtig herausziehen (Rückengräte hinter dem Kopf und vor dem Schwanzende vorher durchschneiden) und die Eingeweide herausnehmen. Nach dem Füllen mit Spagat zusammennähen.

Benötigt man Fischblut, dann den Fisch vor dem Ausnehmen hinter dem Schwanz einstechen, das Blut auffangen und mit etwas Essig vermengen. Gräten, Fischkopf und Abfälle auskochen und den Kochsud für Suppe oder Sauce verwenden.

Erfordert es die Zubereitungsart, schneidet man Flossen und Schwanz mit einer Schere ab oder kürzt sie, ebenso den Kopf oder nur die Augen und Kiemen (unter dem Kiemendeckel) auslösen. Bei einigen kleineren Fischen kann man die Augen im Fisch lassen.

Waschen: Alle nicht blaugekochten Fische unter kaltem Fließwasser innen und außen waschen, ausspülen und Schuppenreste und Blut wegreiben.
Die Fische nie ins Wasser legen!
Auf einem Sieb abtropfen lassen bzw. vorsichtig mit Küchenpapier trocknen.

Häuten: Fischfilets werden immer gehäutet: den Fisch am Schwanzende zwischen Haut und Fleisch einschneiden, die Haut festhalten und diese mit dem Messer drückend (wie bei der Speckschwarte) abtrennen. Ganze Fische, Aal und Rotzunge vom Kopfende her abziehen, Seezunge dagegen vom Schwanz zum Kopf hin abziehen.

Marinieren, Säuern: Fische, besonders Seefische, mit Zitronensaft oder säuerlichem Weißwein beträufeln, und zwar Schnittflächen, Filets und Innenseite. Eine Zeitlang (etwa 1/2 bis 1 Stunde) ziehen lassen. Man kann Fische auch mit verschiedenen Kräutern marinieren.

Salzen: Immer erst unmittelbar vor der Zubereitung (wenn das Rezept es erfordert) gut salzen. Es empfiehlt sich, anstelle des Fisches die Panier oder den Fischsud zu salzen bzw. zu würzen.

Tiefkühlfische: Jeweils nach vorgeschriebener Gebrauchsanweisung auftauen und verwenden. Filets oder portionierte Fischstücke angetaut verwenden.

Zubereitungsarten (die kochtechnische Behandlung der Fische):

Braten: Fische salzen, Fische mit derberem Fleisch (z. B. Karpfen) auch pfeffern, auf der Hautseite bemehlen und sofort in heißer Butter oder heißem Öl rasch knusprig – nicht zu knusprig, nicht zu weich – beidseitig braten (nach 5–8 Minuten wenden). Vor dem Anrichten den Fisch mit Zitronensaft beträufeln und mit gehackter Petersilie bestreuen. Das Bratfett abgießen (nicht, wenn Butter verwendet wurde), pro Portion 20 g frische Butter beigeben, aufschäumen und über den angerichteten Fisch gießen. Jede Portion mit einem Zitronensechstel garnieren. Diese Zubereitungsart heißt »**auf Müllerinart**« (à la meunière). In der gepflegten Restaurantküche kommt in die aufgeschäumte Butter noch etwas Fleischglace. Auf diese Art können Fische im ganzen oder filetierte Fische zubereitet werden.

Man kann das Bratfett abgießen, sobald man den Fisch gewendet hat, und durch frische Butter ersetzen, in der man den Fisch dann fertigbrät. Den angerichteten Fisch übergießt man mit der sehr heißen Bratbutter. Der Bratfisch wird besonders knusprig, wenn man ihn vor dem Mehlen durch Milch zieht.

Man kann in der Bratbutter in Scheiben geschnittene Zwiebeln, blättrig geschnittene Champignons oder Paradeiser mitbraten. Auch Kapern können in der Fischbutter rasch geschwenkt werden. Schließlich kann man den Fisch in Ei und Brösel panieren, braten und mit Bratbutter übergießen.

Ganze Fische vor dem Braten nicht ziselieren (quer einschneiden), sondern nur längs des Rückgrats einschneiden; das erleichtert das Vorlegen bzw. Abheben der Filets.

Fische können auch am Rost gebraten (gegrillt) werden. Dazu den Fisch leicht salzen, mitunter auch mit Paprika würzen oder in eine Ölmarinade legen. Bei ganzen Fischen das Rückgrat entlang einschneiden. Zarte, kleine Fische kann man in Mehl oder Brösel wenden oder durch Öl ziehen; dann auf die Roststäbe legen. Bratdauer etwa 15 Minuten. Zum Grillen eignen sich vor allem Karpfen, Lachs, Seezunge, Scholle, Schill. Werden Salzkartoffeln als Beilage gereicht, wird der Fisch meist mit Maîtrebutter belegt.

Backen: Den Fisch mit Zitronensaft und Petersilie marinieren, dann salzen, durch Milch ziehen, in Mehl wälzen und in heißem Öl schwimmend knusprig backen. Als Beilagen dienen Salate und Mayonnaisesaucen.

Eine weitere Zubereitungsart für den gebackenen Fisch: Den Fisch in Mehl, Ei und Semmelbröseln panieren und in heißem Fett schwimmend backen. Er wird auf einer Serviette angerichtet, mit Zitronensechstel und Petersilie garniert; als Beilage reicht man Salate. Die dritte Zubereitungsart: Den marinierten Fisch salzen, eventuell auch leicht pfeffern, durch einen Backteig (siehe Seite 516) ziehen und in heißem Fett schwimmend knusprig backen. Auf einer Serviette anrichten, mit gebackener Petersilie und mit Zitronensechstel garnieren. Als Beilage gibt man eine Mayonnaisesauce.

Pochieren: Fischfilets oder kleinere ganze Fische salzen, in ein bebuttertes flaches Geschirr legen, nach Rezept mit Wein oder Fischfond übergießen, fast bis zum Kochen bringen, mit bebuttertem Pergamentpapier bedecken und im Rohr, ohne zu kochen, pochieren. Zutaten je nach Rezept mitdünsten. Der sich dabei ergebende Fond wird je nach Rezept zur Weißweinsauce verwendet. Derbere Fische werden gedünstet. Salzkartoffeln oder Fleurons werden als Garnitur oder extra angerichtet.

In Alufolie: Alufolie mit Butter bestreichen, den gewürzten Fisch darauflegen, die Folie gut verschließen und im Rohr garen.

Gratinieren, Überkrusten: 1. weiß gratiniert: pochierten Fisch mit Mornaysauce (Seite 161) überziehen, mit Käse bestreuen, mit Butter beträufeln, bei guter Oberhitze bräunen; 2. braun gratiniert: pochierten Fisch mit dickgehaltener Sauce Duxelles und Eidotter (siehe Seite 156) überziehen, mit Käse bestreuen, mit Butter beträufeln und bei guter Oberhitze bräunen.

Blaukochen bzw. im Fischsud, in der **Court-bouillon**, garziehen (nur für Süßwasserfische geeignet): Dazu den Fisch weder schuppen noch fest anfassen, damit der Hautschleim, der Träger des Farbstoffes, nicht verletzt wird. Den Fisch vorsichtig unter Wasser reinigen und ausnehmen; dabei nur bei den Kiemen oder am Kopf halten. Dann den Fisch in anschließend beschriebene Court-bouillon einlegen. Dieser Fischsud wird nachher nicht für die Zubereitung der Fischsauce verwendet. Die Menge der Zutaten bzw. der Flüssigkeit richtet sich nach Größe bzw. Menge der Fische. Die Fische müssen immer reichlich mit Flüssigkeit bedeckt sein. Die Fische nur ziehen lassen bzw. große Fische kurz aufkochen und dann garziehen. Will man den Fisch gefällig anrichten, kann man beim rohen Fisch Schwanz und Kinnlade vor dem Einlegen durchstechen und die Fischenden rund zusammenbinden.

Court-bouillon
Auf 1 l Wasser: 20 g Salz, ca. $^{1}/_{16}$ l Essig, 6 Pfefferkörner, 1 halbes kleines Lorbeerblatt; 60 g Zwiebeln, in Scheiben geschnitten; 100 g Wurzelwerk, blättrig geschnitten; Petersilstengel

Alle Zutaten zum Kochen bringen und so lange kochen, bis das Wasser den Geschmack der Gewürze und Beigaben angenommen hat (etwa 10 Minuten). Dann erst den Fisch einlegen.
Bei dieser Zubereitungsart des »Blaukochens« gehört es dazu, daß der eingelegte Fisch »reißt«, d. h., daß die Haut aufgerissen wird, ja das »Reißen« ist ein Zeichen dafür, daß der Fisch ganz frisch ist. Als Beilage werden üblicherweise Salzkartoffeln und geschmolzene Butter gereicht.

Kochen im Salzwasser: für Meeresfische (zu weißen Fischen kann man Milch beigeben). Auf 1 Liter Wasser nehme man 25 g Salz. Fische in das siedende Salzwasser geben, sofort vom starken Feuer ziehen und zugedeckt ziehen lassen. Als Beilage reicht man Salzkartoffeln, eine Buttersauce oder geschmolzene Butter; wird der Fisch als Hauptspeise serviert, auch Salate.

Die Süßwasserfische

»Ich saß am Markte stundenlang
und schrie, daß mir das Ohr erklang:
Kauft Fische, Fische, Fische!
Hier ist ein Aal von sechzehn Pfund
Und hier ein Karpfen, fest und rund,
Kauft Fisch, ihr Mädchen, Fische!«

Aus dem Singspiel »Der Irrwisch« oder »Endlich fand er sie«, Text von Christoph Friedrich Bretzner (1782), Musik von Ignaz Umlauf

Aal

Am schmackhaftesten sind junge Aale von 500–750 g. In den letzten Jahren wurden Aale erfolgreich im Neusiedler See im Burgenland ausgesetzt. Große Aale immer häuten, junge nur mit Salz oder Asche abreiben. Aale haben fettes Fleisch, sind daher schwer verdaulich. Nicht backen und keine Mayonnaise dazu servieren.

Aal, gebraten
4 Portionen
600 g Aal, Salz, Pfeffer, Salbei- oder Lorbeerblätter, Zitronenstücke, Butter, Zitronensaft, Gewürznelken, Muskat, Zimt

Den kochfertigen, in Stücke geteilten Aal der Quere nach auf kleine Spieße stecken. Zwischen die einzelnen Aalstücke werden je zwei Salbei- oder Lorbeerblätter gesteckt. Salzen, pfeffern und in heißer Butter rasch braten (etwa 15 Minuten). Man kann die Fischstücke, halb gebraten, mit Semmelbröseln bestreuen und im Rohr fertigbraten. Mit Zitronenstücken anrichten. Die Bratbutter mit etwas Zitronensaft, geriebener Gewürznelke, Muskat und Zimt würzen. Vor dem Anrichten den Aal mit dieser Sauce übergießen. – Die Aalstücke kann man vor dem Braten auch eine Stunde marinieren (in Öl, feingehackter Petersilie, feingeschnittener Zwiebel, Zitronensaft, Salz, Pfeffer).

Aal in grüner Sauce
4 Portionen
600 g Aal, 2 Glas Weißwein, 1/4 l Wasser, Zwiebelscheiben, Petersilie, Pfefferkörner, 1 Lorbeerblatt, Wacholderbeeren, Zitronenschale, Salz
Sauce: 1 EL Butter, feingehackte Kräuter (Kerbel, Petersilie, Estragon, Pimpernelle, Schnittlauch, Zwiebelgrün etc. nach Wahl), 1/16 l Obers, 2 Eidotter, 40 g Butter, Zitronensaft

Den kochfertigen, in Stücke geteilten Aal in Weißwein und Wasser mit den Gewürzzutaten legen, nachdem alles zum Kochen gebracht wurde. Zugedeckt bei kleiner Flamme etwa 20 Minuten pochieren. Die Aalstücke vorsichtig aus dem Sud herausheben, abtropfen lassen und warm stellen. Den Fond dann bis zur Hälfte einkochen.
Die feingehackten Kräuter in Butter anschwitzen, mit dem abgeseihten, eingekochten Fischfond aufgießen, aufkochen und dabei glattrühren. Vom Feuer ziehen. Mit Obers und Eidotter legieren, mit frischer Butter aufschlagen. Die fertige Sauce über die angerichteten Aalstücke gießen.
Beilage: Salzkartoffeln, Gurkensalat

Österreichische Kochbücher des 19. Jahrhunderts bringen häufig ein Rezept »**Wiener Aal**«: In Wasser werden gelbe Rübe, Sellerie, Petersilwurzel, Zwiebel und Porree, julienneartig geschnitten, mit Essig, Salz und Pfefferkörnern ziemlich weich gekocht; dann den Aal, in Stücke geschnitten, darin gar pochieren. Die Aalstücke werden mit dem abgetropften Wurzelwerk und einem Teelöffel voll gerissenen Kren angerichtet. Die **Aalrutte** wird wie der Aal zubereitet. Als Delikatesse gilt die Leber, zubereitet wie Karpfenmilchner. Aalrutten werden heiß abgebrüht und mit Salz abgerieben (statt gehäutet).

Äsche

Die schwarzgepunktete Äsche (in Österreich »der Asch«), die zur Familie der Salmoniden gehört, wird meist gehäutet im ganzen zubereitet (der Fisch hat kleine, sehr harte Schuppen). Freiherr von Hohberg rühmte um 1680 den Äschenreichtum der Traun, des Attersees und der Ager in Oberösterreich und schrieb über diesen Fisch: »Sein Magen ist weiß, dick und fett, wird von den Köchen ausgesäubert und neben dem Fisch als ein Schleckessen auf die Herrentafel getragen.« Der Fisch kann gedünstet, pochiert, gegrillt oder gebraten oder wie die Felchen bereitet werden. Besonders geschätzt waren die jungen Äschen – Sprenzlinge oder Mailinge genannt –, deren Fang zeitweise nur für die kaiserliche Hoftafel, für Kranke und schwangere Frauen gestattet war.

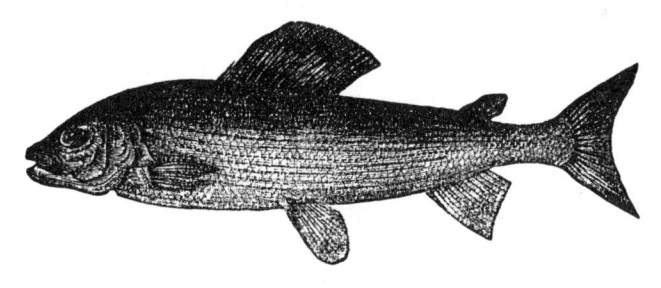

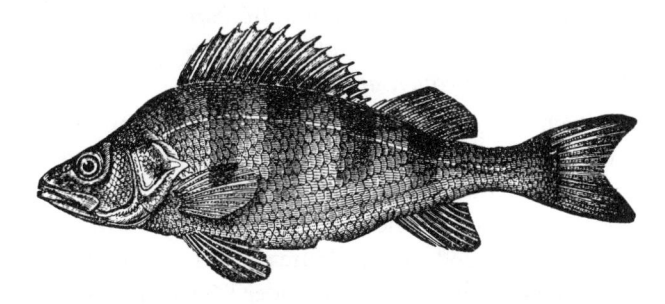

Barsch

Der Fisch wird meist gehäutet und portioniert verwendet. Er hat außer der Hauptgräte fast keine Gräten. Der kleinere und wohlschmeckendere Barsch heißt »Perchette«; er wird gern gebacken serviert.

Bartgrundel

Dieser Fisch kommt hauptsächlich in den Gewässern Tirols und der Schweiz vor. Sein Fleisch soll nur ganz frisch verwendet werden. Er wird blaugekocht, in Butter oder am Rost gebraten.

Caviar

Echter Caviar ist der Rogen (die großkörnigen Eier) der Störarten Sterlett und Hausen. Das Wort kam im 17. Jahrhundert aus dem Türkischen (»chavijar« = Eier tragend) zu uns; allerdings ist der russische Caviarhandel mindestens 400 Jahre alt. Schon im 14. Jahrhundert soll schwarzer Caviar aus Störarten in Norddeutschland hergestellt worden sein. Bereits zu Shakespeares Zeit war der Caviar einzig dem Adel vorbehalten. Anfang des 16. Jahrhunderts bezogen die Italiener den Caviar aus Rußland über Konstantinopel, und die italienischen Kaufleute führten ihn als einzige in Europa. Im 18. Jahrhundert setzte die russische Caviarerzeugung stärker ein, im 19. Jahrhundert erlebte der Caviar seinen großen Aufschwung. (Weder Grimod noch Brillat-Savarin, noch Rumohr erwähnen den Caviar in ihren Werken.) Das »Appetit-Lexikon« (1894) schreibt: »Der Geschmack des Caviars ist durchaus einzig in seiner Art und deshalb schwer zu beschreiben, um so schwerer, da der echte großkörnige Caviar von glänzend grauschwarzer Farbe durchaus keinen Geruch hat und haben darf und weder nach Salz noch nach Fisch, dabei aber picant und doch zugleich mild und lieblich schmeckt. Guter körniger Astrachan-Caviar ist eben eine unvergleichliche Delicatesse, deren Eigentümlichkeit durch keine Zutat irgend welcher Art entweiht werden darf. Aus diesem Grunde ißt der gewitzigte Gourmet sie am liebsten mit hölzernem Löffel – in gerechter Besorgnis, ihr schon durch die Berührung mit einem Metalle den zarten Duft der Jungfräulichkeit abzustreifen.«

Fachliche Hinweise: Die Größe des Korns und die Farbe bestimmen auch den Wert des Caviars: Je größer das Korn und je heller die Farbe, um so teurer ist der Caviar. Nach den verschiedenen Störarten gibt es auch verschiedene Caviarsorten: Beluga oder Hausen (sehr grobes Korn, stahlgrau bis grauweiß), Schipp (mittelgroßes Korn), Ossitr (kleineres Korn) und Sevruga (sehr kleines Korn). Neben dem echten russischen und persisch-iranischen Caviar (Astrachan-Caviar und Beluga-Malossol-Caviar, wobei »Beluga« = Hausen und »Malossol« = mild gesalzen bedeutet) gibt es Caviar von geringerer Qualität als Preßcaviar. Außer dem echten Caviar ist auch ein rötlicher Keta Malossol- oder Lachskaviar aus dem Rogen von Lachsarten und der Trota Malossol (dunkler Süßwasserfischrogen) im Handel. Der Deutsche Kaviar stammt aus dem Rogen von Seehasen. Kaviar aus Rogen von Dorsch und Hering wird künstlich schwarz eingefärbt. Echter Caviar ist – auch in der Dose – nur sehr begrenzt haltbar und muß bald gegessen werden. Pro Person rechnet man etwa 25 g.

Echter Caviar wird in der Original-Metalldose, auf gestoßenes Eis gesetzt oder auf einem Eissockel angerichtet, serviert (Caviar nie mit dem Eis direkt in Verbindung bringen; auch nicht in der Tiefkühltruhe aufbewahren!). Man kann ihn ebenfalls abgefüllt in Kristallschalen oder in Gläsern mit Kristalleinsatz (dazwischen gibt man Eissplitter) anrichten oder in kleinen Muscheln servieren, belegt mit je einer entbarteten Auster (oder Krebsschweifchen), gewürzt mit etwas Zitronensaft und einem Hauch Pfeffer; oder man umkränzt entbartete, gewürzte Austern in der Austernschale mit Caviar. Auch runde getoastete Weißbrotschnitten werden mit Caviar und je einer frischen Auster belegt und auf Serviette mit Zitronenviertel angerichtet.

Caviar allein serviert man mit Toast und Butter, eventuell noch mit Zitronenachteln – Puristen wollen den Caviar oft ohne jede Beigabe genießen! Als Besteck lege man kleine Löffel aus Holz, Glas, Elfenbein, Schildpatt oder Perlmutt auf.

Eine aus Rußland stammende Art, Caviar zu essen: Man serviert ihn mit heißen Blinis (das sind dünne kleine Kuchen aus Buchweizenmehl, in Fett gebacken) und Sauerrahm. Der Gast gibt einen Eßlöffel voll Caviar auf die reschen, sehr heißen Blinis und darauf etwas geschlagenen Sauerrahm.

Zu Caviar serviert man in erster Linie eisgekühlten Wodka, in einer kleinen Karaffe im Kübel mit Eisblock. Auch die Gläschen stelle man zuvor in den Kühlschrank. Man kann aber ebenfalls trockenen Sherry, Portwein, Sekt oder Champagner servieren.

Felchen

ist der Sammelname für kleinere bis mittelgroße Lachsfische. Bekannt sind der Blaufelchen aus dem Bodensee (in Vorarlberg und Tirol heißt er auch Renken) und die »Gmundener Rheinanke«. Sie werden wie die Heringe gesalzen, geräuchert und mariniert und stellen einen bedeutenden Handelsartikel dar.

Bodenseefelchen in Rahmsauce
4 Portionen
4 Bodenseefelchen, 80 g Butter, 2 Zwiebeln, Petersilie, Salz, Pfeffer, 1/8 l Sauerrahm, 1 Zitrone

Die Fische im ganzen – ausgenommen, die Flossen entfernt, zieseliert – salzen, in eine Pfanne mit erhitzter Butter legen und bei schwacher Hitze braten. Dabei die Fische wenden. Zum Schluß die feingeschnittenen Zwiebeln darüberstreuen, leicht Farbe nehmen lassen, gehackte Petersilie beigeben und anschwitzen. Dann den mit etwas Wasser glattgerührten Sauerrahm darübergießen, leicht pfeffern und die Fische langsam fertigdünsten. Mit Zitronenscheiben garnieren.
Beilage: Salzkartoffeln, grüner Salat

Blaufelchen auf Haushofmeisterart
4 Portionen
4 Blaufelchen, Salz, Pfeffer, 30 g Butter, 1/8 l Weißwein, 1 Zwiebel, Petersilie, 4 EL Sauce Béchamel oder Fischeinmachsauce (siehe Seite 160), 1 Eidotter, 1/16 l Obers, 50 g Butter, Zitronensaft, Petersilie

Die kochfertigen Blaufelchen gut würzen, im ganzen in Butter zusammen mit Weißwein, feingeschnittener Zwiebel und Petersilie pochieren. Sobald die Fische gar sind, herausnehmen, die Haut abziehen und warm stellen. Den Fischfond auf die Hälfte einkochen, passieren, mit weißer Fischeinmachsauce oder Béchamel binden, gesondert mit Obers und Eidotter binden und über schwachem Feuer frische Butter einschlagen, Zitronensaft und gehackte Petersilie beigeben. Die fertige Sauce über die angerichteten Fische gießen.

Fogás, Fogosch

Siehe Schill und Zander

Forelle

Dieser wohlschmeckende Fisch gehört zur Familie der Salmoniden, lebt gern in kühlen Gewässern, wird aber auch in Brutanstalten gezüchtet. Der Fischname in seiner heutigen Form ist seit dem 16. Jahrhundert bezeugt und bedeutet soviel wie »gesprenkelt, bunt«, da der Fisch bunte Tupfen auf seinem Rücken hat. Freiherr von Hohberg hat die Forellen aus dem kleinen oberösterreichischen Flüßchen Vöckla als die trefflichsten bezeichnet. In Wien galten um 1850 die Forellen aus der Fischa als besonders lecker.

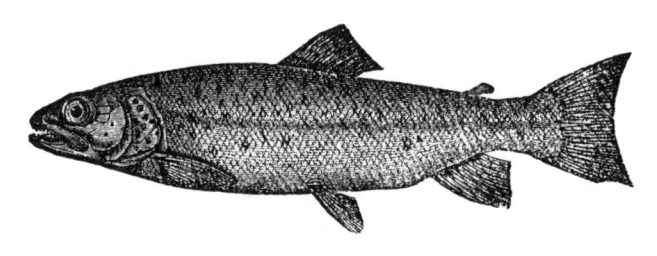

Für den Kenner darf eine Forelle nur unmittelbar vor ihrer Zubereitung getötet werden. Die häufigste und beliebteste Zubereitungsart ist »blaugekocht«. Dazu eignen sich vor allem die etwas größeren Lachsforellen (Seeforellen) und die kleineren Bachforellen.

Forelle blau
4 Portionen
4 Forellen, Court-bouillon (siehe Seite 175), Zitronenscheiben, Petersiliengrün

Forellen im Wasser öffnen, ausnehmen, sehr vorsichtig waschen, mit dem Daumen das innere Blutgerinnsel entfernen (Fisch am Kopf bzw. an den Kiemen festhalten). Die Fische in die leicht kochende Court-bouillon einlegen, dann nur mehr ziehen lassen. Die Flüssigkeit darf, sobald die Fische eingelegt sind, nicht mehr kochen und muß die Fische gut bedecken. Die Forellen sind gar, sobald die Augen als weiße Kügelchen heraustreten. Auf Serviette oder vorgewärmtem Teller anrichten, garniert mit Petersiliengrün und Zitronenscheiben.
Beilage: Salzkartoffeln, geschmolzene Butter

Forelle in Papierhülle (Truite en papillote)
4 Portionen
4 Forellen, Salz, Pfeffer, Zitronensaft, Butter, feingeschnittene Schalotten oder Zwiebeln, feingehackte Petersilie

Die ausgenommen, gesäuberten, gewaschenen und getrockneten Forellen im ganzen salzen, pfeffern, mit Zitronensaft beträufeln, auf ein mit Butter bestrichenes Pergamentpapier legen, mit Schalotten (oder Zwiebeln) und Petersilie bestreuen, die Ränder des Papiers wie bei einer Alufolie einfalzen (innen etwas freien Raum lassen, damit die Papillote aufgehen kann). Im heißen Backrohr backen.
Die Forellen werden in der Backhülle serviert.

Forelle à la Mozart
4 Portionen
4 Forellen, Salz, Zitronensaft, 60 g Butter, 200 g gedünsteter Reis, 1/4 l Dillsauce (siehe Seite 163), 150 g gekochte, ausgebrochene Krebsschweifchen, 20 g Butter, 1/16 l Obers, 4 Stück Zitronensechstel

Die Forellen von oben ausnehmen, d. h. am Rücken aufschneiden, am Kopf und Schwanzende das Rückgrat durchtrennen und sämtliche Gräten und Innereien entfernen. Fische gut waschen, salzen und innen mit Zitronensaft beträufeln. Fische auseinanderklappen, in die Höhlung den gedünsteten Reis einfüllen. In einer Pfanne die Butter erhitzen und unter wiederholtem Beträufeln mit heißer Butter die Fische im Rohr garen. Auf vorgewärmter Platte anrichten. Mit Bratbutter umkränzen. In heißer Butter die Krebsschweifchen anschwitzen, mit Dillsauce aufgießen, mit Obers montieren und über die angerichteten Forellen gießen.

Gebackene Forellen
4 Portionen
4 Forellen, Salz, Mehl, 2 Eier, Semmelbrösel, Fett zum Backen, Petersiliengrün, Zitronensechstel

Kochfertige kleine Forellen auf beiden Seiten einschneiden (ziselieren), salzen, 10 Minuten stehenlassen. Dann abtrocknen, auf beiden Seiten in Mehl wenden, durch die verklopften, leicht gesalzenen Eier ziehen, mit Semmelbröseln panieren und in heißem Fett schwimmend lichtbraun backen. Anrichten, mit gebackener Petersilie und mit Zitronensechsteln garnieren.
Man kann die Forellen zuerst auch mit Zitronensaft und gehackter Petersilie marinieren, dann durch einen Bierteig (siehe Seite 516) ziehen und in heißem Öl schwimmend backen.

Forelle auf Tiroler Art
4 Portionen
4 Forellen, Milch, Salz, Mehl, Fett, Tiroler Sauce (siehe Seite 167)

Die ausgenommenen Forellen von den Flossen befreien und ziselieren, durch Milch ziehen, in gesalzenem Mehl wenden und in heißem Fett schwimmend knusprig goldgelb backen. Zu diesen Forellen serviert man Tiroler Sauce.

Forelle auf Müllerinart
Wie auf Seite 174 angegeben zubereiten.

Grundel, Gründel, Gründling, Sangel

Der kleine, durchschnittlich 10 bis 15 cm lange Fisch gehört zur Familie der Karpfen und stand laut Konrad Geßner im Ruf eines »Leutfressers«. Als nämlich 1683, im Jahr der Türkenbelagerung Wiens, in der Donau zahlreiche Menschenleichen und Tierkadaver lagen, sah man – so berichteten Augenzeugen – die Gründlinge großartige »Bacchanalien« feiern, wobei sie dem Menschenfleisch den Vorzug gegeben haben sollen.
Die größere Grundel kann man abschuppen, ausnehmen, einschneiden, salzen, etwas stehenlassen, dann mit Semmelbröseln, die man mit etwas Mehl vermengt hat, panieren und in heißem Fett schwimmend backen (nach Grimod »ein recht angenehmes Bündel Zahnstocher«). Kleine Grundeln werden nur ziseliert, gesalzen und durch Milch und Mehl oder Backteig (siehe Seite 516) gezogen und in Fett gebacken. Nach Freiherr von Hohberg wurde die Grundel »bei allen Herrentafeln hochgehalten«.

Hausen

Der 6 bis 8 m lange Großfisch gehört zur Familie der Störe und liefert vortrefflichen Caviar (»Mitinhaber der großen Caviarfirma Stöhr & Co.«, wie das »Appetit-Lexikon« den Fisch tituliert). Er soll, 1564 noch in Exemplaren von zwei bis zweieinhalb Zentner Gewicht bei Wien gefangen, 100 Jahre später höchstens noch bis Komorn gekommen und von dort aus »der Kaiserstadt zu Wagen zugeführt« worden sein. Aus der Innenhaut der Schwimmblase wurde die feinste Sorte Gelatine, die »Hausenblase«, gewonnen, die die Prato in ihrem Kochbuch noch 1918 für klare Sulzen der Gelatine oder Gallerte vorzog (siehe auch das Kapitel ASPIK UND SULZGERICHTE). Sie wurde im Durchschnitt sechsmal teurer bezahlt als die Knochengelatine.
Der Hausen scheint schon im mittelalterlichen Wien sehr gefragt gewesen zu sein und wurde noch im 19. Jahrhundert »über Verdienst« geschätzt. Wolfgang Schmeltzl berichtet in seinem »Lobspruch der Stadt Wien«:
»Wie ich dann nun an Fischmarkt kham,
Mich noch vil größer wunder nam
Von seltzamen Fischen solche Meng,
Es war von Fischern groß gedreng,
Von Behaim, Mähren, Hungarland,
Viertzehn wägn mit hausen ich fand.«
Natürlich gab es eine Unmenge von Rezepten für diesen Hausen: gebraten, gesotten, in »guter Suppe«, in saurer Suppe, in süßer Suppe, in der Buttersoß, geselcht, mit Kren, in der »Müscherlsoß«, mit Kapernsauce, als Kalbsnuß; Hausen-Goly und Hausen mit Mayonnaise. F. G. Zenker erklärt die große Anzahl der Zubereitungsarten mit dem Hinweis, daß das Fleisch der jungen Hausen »eine entfernte Ähnlichkeit mit dem Kalbfleische« habe.

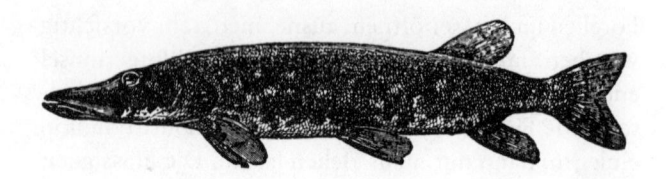

Hecht

Dieser größte Süßwasserraubfisch kann eine Länge bis zu 2 Meter und ein Gewicht bis zu 35 kg erreichen. Als sehr schmackhaft gelten kleinere Hechte bis zu zwei Kilogramm. Geschätzt wird das Fleisch des einjährigen Hechts (»le brocheton«), wegen seiner grünlichen Farbe auch »Grüner Hecht« oder »Grashecht« genannt (er wird entlang des Rückgratknochens eingeschnitten und meist im ganzen gebraten). Größere, grätenreiche Hechte werden gern zur Farce (z. B. für Hechtnockerl) usw. verarbeitet. Bereits das »Kochbuch des durchleuchtigsten Maximilian Ernest, Erzherzog von Österreich« aus dem Jahre 1607 legte auf die Zubereitung von Fischen besonderen Wert. Das Rezept »Höchten auf frantzesisch zu sieden« nimmt allein fünf handgeschriebene Seiten ein. Unserem Barockgewährsmann in Küchenfragen, Wolfgang Helmhard Freiherr von Hohberg, galt der Hecht sogar für »edler als der Karpfen«, und das »Appetit-Lexikon« von 1894 tituliert ihn: »Der geborene Herr Von und privilegirte Ritter von der Landstraße«. Die Wiener verzehrten im 19. Jahrhundert jährlich bei 25 000 bis 30 000 kg Hechte. Da der Hecht ein mehr trockenes Fleisch liefert, wird er gern gekocht oder gedünstet (früher auch gespickt). In den altösterreichischen Kochbüchern stehen vor allem die Rezepte »Hecht mit heißer Sardellenbutter« bzw. »mit Sardellensauce« und der gedünstete Hecht mit Sauerrahm und Sardellen. Als besonderer Leckerbissen wurde im 17. und im 18. Jahrhundert die Leber des Hechts empfohlen; sie wurde in Schnitten mit der Milch oder dem Rogen an der Tafel herumgereicht, und jeder Tischgenosse hatte beim Zulangen einen »Leberreim« nach ein für alle Mal feststehendem Muster zum Besten zu geben, etwa in folgender Weise: »Die Leber ist vom Hecht und nicht von Schulzens Schwester / Denn wäre sie von der, sie spräche gleich: ›Mein Bester...‹« – Den Hecht kann man einige Tage auf Eis legen, sein Fleisch wird dadurch zarter. Im »Register über die unbekannten Oesterreichischen Wörter« des »Wienerischen bewährten Koch-Buchs« (1772) gibt es das Stichwort »Bretzen-Hecht«, und es wird so erklärt: »junge abgesottene Hecht, der Name kommt von der Figur, weil man den Schweif in den Rachen steckt«.

Hecht, mit Sardellen gebraten
3–4 Portionen
1–1,20 kg Hecht, 120 g Speck, Sardellenstreifen, 1/2 Zitrone, Butter, Petersiliengrün

Hecht ausnehmen (Vorsicht: Die Galle liegt fast bei den Kiemen!), reinigen, säubern, häuten, Flossen und Schweif stutzen. Dann recht dicht abwechselnd mit Sardellen- und Speckstreifen spicken, und zwar auf jeder Seite in zwei Reihen in schiefer Richtung gegen den Kopf. Anschließend mit Zitronensaft beträufeln und 1/2 Stunde im Kühlen ziehen lassen.

Den Fisch in eine reichlich gebutterte Alufolie geben, die Folie gut einschlagen und bei starker Hitze ca. 3/4 Stunde im Rohr braten. 1/4 Stunde vor dem Garwerden die Alufolie entfernen und Speck und Fisch bei mittlerer Hitze Farbe nehmen lassen. Fisch anrichten, in das Maul Zitronenscheibe oder ein Büschel Petersiliengrün geben.
Beilage: Salzkartoffeln

Man kann den gespickten Hecht auch im Rohr goldbraun braten; dabei wiederholt mit Sauerrahm (1/4 l) und Bratensaft begießen. Er ist gar, wenn sich die Rückenflosse ohne Mühe herausziehen läßt. Zum Schluß ein paar Tropfen Zitronensaft beigeben. Der Rahm-Fischbratsaft soll bräunlich werden.

Hecht mit Sardellenbutter
4 Portionen
1–1,20 kg Hecht, Court-bouillon, Petersilie, 120 g Butter, Sardellen

Kochfertigen Hecht in einer Court-bouillon (siehe Seite 175) kochen, herausheben, abtropfen lassen, mit gehackter Petersilie bestreuen, anrichten und mit heißer Sardellenbutter übergießen (pro Person 30 g Butter aufschäumen lassen, feingehackte Sardellen darin kurz anrösten, mit etwas Fischsud mäßig aufgießen und kurz kochen lassen).
Beilage: Salzkartoffeln

Hecht mit Paradeisern und grünem Paprika
3–4 Portionen
1 Hecht (1–1,20 kg), Salz, Fett, 1 Zwiebel, 2–3 Paprikaschoten, 2–3 Paradeiser, etwas Essig, Butter

Zwiebel und Paprika in Streifen schneiden. Zunächst die Zwiebel in heißem Fett rösten, dann die Paprika und die in Scheiben geschnittenen Paradeiser beigeben, kurz andünsten und mit einem Schuß Essig würzen. Den kochfertigen, gesalzenen Hecht oder die Hechtfilets in ein gebuttertes Gratiniergeschirr geben, das Gemüse über den Fisch geben und alles gar dünsten. Den Hecht mit einer Gemüsegarnitur und Salzkartoffeln anrichten.

Ein klassisches Rezept der Altwiener Küche sind die
Hechtnockerl
6 Vorspeiseportionen, 4 Portionen als Hauptspeise

250 g frisches Hechtfleisch, filetiert; 250 g Kalbsnierenfett, 250 g kalter Brandteig, 3 Eier, Salz, Muskat, weißer Pfeffer, 1 Zwiebel, 2 Gewürznelken, 1/2 Lorbeerblatt, Salzwasser
Brandteig: 1/8 l Milch, 30 g Butter, Salz, 60 g Mehl
Soße: 30 g Butter, 1 kleine Zwiebel, 50 g Champignons, fein gehackt; Salz, Muskat, Petersilie, 2 EL Mehl, 1 Glas Weißwein, Hechtnockerlfond, 1/8 l Obers, 1 Eidotter

Brandteigzubereitung: Milch und Butter gemeinsam aufkochen, das Mehl einrühren und so lange rühren, bis die Masse sich vom Geschirr löst; dann vom Feuer nehmen und würzen.

Nockerlzubereitung: Hechtfleisch, Fett und ausgekühlten Brandteig zweimal durch die feinste Scheibe der Faschiermaschine drehen, dann die 3 Eier einrühren. Salzwasser mit Lorbeerblatt und der mit Nelken gespickten Zwiebel zum Sieden bringen und die aus der Masse geformten Nockerl einlegen. Dann nur mehr ziehen lassen (pochieren). Sobald die Nockerl an die Oberfläche steigen, sind sie gar. (Zur Sicherheit ein Probenockerl herausnehmen und halbieren!) Die Nockerl herausheben, anrichten, mit der Soße übergießen und heiß servieren.

Soße: Die feingeschnittene Zwiebel in Butter anschwitzen, feingehackte Champignons mitdünsten, mit Mehl stauben, mit Hechtfond und Weißwein aufgießen, ca. 1/2 Stunde kochen lassen. Zum Schluß mit Obers und Eidotter, beides gut verrührt, legieren. Gehackte Petersilie beigeben.
Beilage: gedünsteter Reis

Huchen (Donaulachs, Rotfisch)

Der Huchen gehört zur Lachsfamilie und war laut Habs–Rosners »Appetit-Lexikon« (1894) einmal »eine rein österreichische Specialität, da er sich nur in der Donau und in deren unmittelbar vom Gebirge kommenden rechtsseitigen Zuflüssen findet«. Nach F. G. Zenker kommt er »aus den Gegenden Oberösterreichs, Steyermarks, wo harte Gewässer fließen«. Der Fisch soll, ausgenommen und leicht gesalzen, ein paar Tage im Kühlen liegen; dadurch wird sein Fleisch zarter. Auf der österreichischen Speisenkarte findet man den Huchen gern als gebackenes Fischschnitzel, aber auch gebraten und gegrillt. In Scheiben geschnitten, läßt sich das Huchenfleisch schlecht kochen oder braten. Man verwendet ihn heute gern für Mayonnaisen.

Hohberg schreibt über den Huchen: »Hat ein mürbes Brät (Fleisch) sonsten, das sich leicht bröselt, daher er auch für einen verdaulichen und gesunden Fisch geachtet wird.«

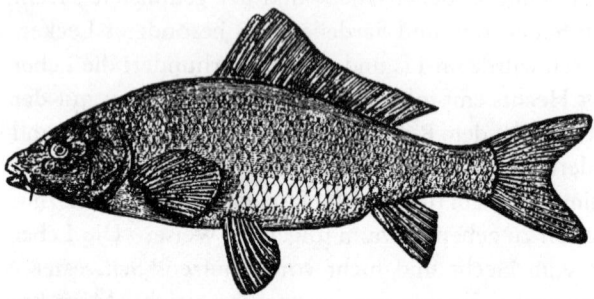

Karpfen

Der Name des Fisches stammt vermutlich aus einer unbekannten Sprache des Donau- und Alpengebiets. Wir unterscheiden Schuppen- oder Flußkarpfen und Spiegel- oder Teichkarpfen. Der Flußkarpfen hat ein festeres Fleisch und kleine Schuppen, der Teich- oder Spiegelkarpfen ist fetter, hat weicheres Fleisch und große Schuppen. Der Lederkarpfen hat keine Schuppen.

»Schon marinirt erregt er eine günstige Vorstellung, gebacken stille Befriedigung, in schwarzer Sauce allgemeine Anerkennung, als Ragout ungetheilte Zustimmung, gebraten lauten Beifall, in Gelee aufrichtige Bewunderung und blaugesotten endlich jenes tiefe, innige Entzücken, für das die Auserwählten überhaupt keine Worte haben, und das man daher kurz und bündig als ›blaue Karpfen-Seligkeit‹ bezeichnet. Über den blauen Karpfen im Ganzen gehen nur zwei Dinge: die höchst delicate Karpfenmilch, die auch gebacken als selbständiges Gericht auftritt, und die noch delicatere Karpfenzunge, d. h. der Gaumen des Fisches, ein wahres quinto elemento, wie die Spanier sagen, dessentwegen selbst verschämte Feinschmecker nicht selten um den Kopf des Thieres zu betteln wagen.« Soweit Habs-Rosners Loblied des Karpfens. Wegen der vielen Gräten wird aber heute der Karpfen seltener zu einem feinen Essen serviert. Dennoch hat der Fisch immer noch seine Liebhaber. Die Wiener haben dem Karpfen seit eh und je die Treue gehalten. So dominiert er auch heute noch nicht nur als traditionelles Gericht am Weihnachtsvorabend, zu Silvester und am Aschermittwoch, sondern auch in den Fischrestaurants rund um Wien. Die Familie Österreicher verzehrte zu Weihnachten 1971 z. B. nicht weniger als 210 000 Kilogramm Karpfen; davon kamen 150 000 kg allein aus den Karpfenteichen des niederösterreichischen Waldviertels. Im Jahre 1890 verbrauchten die Wiener noch 476 475 kg Karpfen; der durchschnittliche Jahresbedarf betrug damals allerdings »nur« rund 375 000 Kilogramm. In der Monarchie waren vor allem die Karpfen aus den Schwarzenbergschen Teichen bei Wittingau in Südböhmen sehr geschätzt. Bei den ehrsamen Mitgliedern der Wiener Donaufischer-Genossenschaft galt das reiche Auftreten von Karpfen in der Donau einst als das schlimme Anzeichen für eine nahende Pest.

In altösterreichischen Kochbüchern erscheinen vielerlei Karpfen-Rezepte, so Karpfen auf böhmische, jüdische, Tiroler, wälische Art, Karpfen blau gesotten, in der Blutsuppe, gedünstet, gebacken, in der Suppe, gebraten, geselcht, gesulzt, heiß abgesotten, in der »Kackelsoß« (mit gehacktem Wurzelwerk und gestoßenem Gewürz), mit Kräutern, in der »Limoniesuppe«, in der »Müscherlsoß«, mit Oliven, in der Pastetensuppe, in der Sardellensoß, in schwarzer Soß.

Drei klassische Zubereitungsarten sind für die Wiener Küche auch heute noch typisch: der gebackene Karpfen, der gesulzte Wurzelkarpfen und der »Schwarzfisch«, das ist der »Böhmische Karpfen«; seit einigen Jahren findet auch der »Serbische Karpfen« immer mehr seine Liebhaber.

Vorbereitungsarbeit: Lebenden Karpfen mit einem Fleischschlögel (oder starkem Messerrücken) mit kräftigem Schlag kurz über den Augen töten, dann mit Fischschupper oder Messer vom Schwanz zum Kopf hin (gegen den Strich) schuppen und den Bauch bis zum Kopf aufschneiden (dabei die Gallenblase nicht verletzen!). Rogen oder Karpfenmilch beiseite geben, die anderen Innereien, vor allem auch die bitter schmeckenden Innenhäute, entfernen. (Nach altem Volksglauben soll das in Erfüllung gehen, was man sich gerade gedacht hat, wenn die Fischblase, ins Feuer geworfen, mit einem lauten Knall zerspringt!) Dann Flossen und Kopf abschneiden, Kopf und Rumpf in der Mitte auseinanderhacken, gut waschen, danach in beliebige Stücke schneiden.

Karpfen, gebacken
3–4 Portionen

1 Karpfen, Salz, 20 g Mehl, 2 Eier, ca. 100 g Semmelbrösel, Fett zum Backen, 1 Zitrone

Den halbierten kochfertigen Karpfen in 2–3 cm dicke Stücke (zu ca. 200 g je Stück) schneiden. Die Stücke von der Hautseite her zwei-, dreimal leicht einschneiden, abtrocknen, salzen und mit etwas Zitronensaft beträufeln. ½ Stunde kühl liegenlassen. Noch einmal abtrocknen, dann die Stücke in Mehl, den gut (evtl. mit etwas Milch) verklopften Eiern und Semmelbrösel panieren. In reichlich Fett schwimmend goldgelb – nicht zu rasch – backen (die Fischstücke sind gar, wenn man an der dicksten Stelle mit einer Gabel ohne Widerstand einstechen kann). Das Backfett gut abtropfen lassen. Die Fischstücke mit Zitronenspalten garnieren.
Beilage: Wiener Erdäpfelsalat, Selleriesalat oder gemischter Salat

Gesulzter Karpfen
6 Portionen

1 kg Karpfen, Salz, ca. 300 g Wurzelwerk, 1 Zwiebel, Essig, 2–3 Stück Würfelzucker, Gewürzsäckchen (Pfefferkörner, Lorbeerblatt, Thymian, Knoblauch, Majoran, Zitronenschale), 2–3 Eiklar, Zitronensaft, ⅛ l Weißwein, evtl. Gelatine (auf ½ l Suppe 10 g Gelatine), 2 hartgekochte Eier, Essiggurke

Wurzelwerk und Zwiebel feinnudelig schneiden, mit Wasser (nicht zuviel, damit zum Schluß die Sulz nicht zu weich wird!), Salz, Zucker, Gewürzsäckchen weich kochen, zum Schluß den Essig mitkochen.

Inzwischen wird der Karpfen ausgenommen und filetiert. Sobald das Wurzelwerk weich ist, werden die Karpfenstücke im abgeseihten Wurzelfond etwa 15 Minuten vorsichtig weich gekocht. Dann die Fischstücke herausnehmen, auskühlen lassen und entgräten (es kann auch die Haut abgezogen werden). Auf einer Fischschüssel gleichmäßig auflegen, mit dem gekochten Wurzelwerk und Zwiebel garnieren, dazwischen nudelig geschnittene Essiggurke, zwischen die Karpfenstücke je eine Eischeibe stecken.

Den Fischsud (Gewürzsäckchen entfernen!) klären: Eiweiß, Zitronensaft und Weißwein gut verklopfen, mit überkühltem Fischfond auffüllen und unter öfterem Umrühren zum Kochen bringen, vom Feuer nehmen und 1/2 Stunde ziehen lassen. Durch ein Passiertuch (Etamin) seihen, auskühlen lassen und, dickflüssig geworden, über die vorbereiteten Karpfenstücke gießen. Im Kühlschrank gut kühlen.

Die Gelatine kann man dem Gemisch von Eiklar, Wein und Zitronensaft in aufgeweichtem Zustand beigeben. Es können auch die ganzen Filets gekocht werden, dann gut ausgekühlt, entgrätet, enthäutet, in exakte Portionen geschnitten und in der Form des Fisches auf die Platte gelegt werden.

Böhmischer Karpfen (Karpfen in schwarzer Soße)
4–6 Portionen

1 kg Karpfen portioniert, Salz, Pfeffer, Wurzelwerk, 1 Zwiebel, 1/3 l süßes dunkles Bier, Karpfenblut, 2–3 EL Essig, 1/8 l Rotwein, Gewürzsäckchen (6 Pfefferkörner, 6 Neugewürzkörner, 1 Lorbeerblatt, etwas Ingwer und Thymian, Zitronenschale), 60 g geschälte, gestiftelte Mandeln; 1 EL Rosinen, 30 g in Streifen geschnittene Dörrpflaumen oder Feigen, 30 g halbierte Nüsse, Zucker, 50 g geriebener Lebkuchen, 2–3 feingehackte Sardellenfilets, 1 TL entwässerte, gehackte Kapern; Zitrone, nußgroß Butter

Wurzelwerk und Zwiebel werden zu feiner Julienne geschnitten. Mit dem Bier weich kochen und mit dem Karpfenblut gut verrühren. Mit Essig und Rotwein abschmecken, das Gewürzsäckchen, die Mandeln, Rosinen, Dörrpflaumen und Nüsse beigeben. Etwas zuckern und das Ganze gut durchkochen. Das Gewürzsäckchen herausnehmen, einen Teil des Fonds durch ein Passiertuch seihen und darin die mit Salz und Pfeffer gewürzten Karpfenstücke dünsten (etwa 15 Minuten). Sobald die Fischstücke weich sind, vorsichtig herausnehmen und warm stellen.

Den Fischfond mit geriebenem Lebkuchen binden, den restlichen ungeseihten Fischfond samt Wurzelwerk, Mandeln usw. beigeben, feingehackte Sardellenfilets und Kapern beigeben, mit Zitronensaft abschmecken und mit frischer Butter montieren. Einen Teil dieser Soße über den angerichteten Fisch gießen. Den Rest der Soße extra servieren. Mit gerösteten Schwarzbrotwürfeln garnieren.

Beilage: Semmelknödel

Karpfen auf serbische Art
4–6 Portionen

1 kg Karpfen, Mehl, Salz, Öl zum Backen
Marinade: 1/8 l Öl, 4 Zehen Knoblauch, fein zerdrückt, 2 TL Paprika
Knoblauchbutter: 80 g Butter, 4 Zehen Knoblauch, Salz, weißer Pfeffer, feingehackte Petersilie, Zitronensaft, gut schaumig gerührt

Den portionierten Karpfen in ein flaches Porzellangeschirr schlichten, mit der gutvermischten Marinade übergießen, mit einem Teller beschweren und einige Stunden marinieren.

Fisch aus der Marinade heben, gut abtropfen lassen, salzen und in Mehl wenden. In einer Pfanne werden zwei Finger hoch Öl gut erhitzt, die Fischstücke eingelegt und knusprig gebacken. Die Fischstücke herausheben, das Fett abtropfen lassen und anrichten: mit Knoblauchbutter belegen und mit verschiedenen Garnituren, wie Senfgurke, pikantem Krautsalat und Paprikasalat, servieren.

Polnischer Karpfen
4–6 Portionen

1 kg Karpfen portioniert, Salz, 1/4 l Rotwein, 80 g Butter oder Speck, Wurzelwerk (Sellerie, Karotte, Porree), 1 Zwiebel, 2 EL Zucker, 60 g geriebener unglasierter Lebkuchen, 40 g Mandeln, Salz, Pfeffer, Neugewürz, Zitronensaft, 1–2 Sardellenfilets

Den entschuppten und ausgenommenen Karpfen, in Stücke geschnitten, leicht salzen, in Rotwein weich

Zwiebelrostbraten

Esterhazy-Rostbraten

Rindsgulyás

Ochsenschlepp auf Wiener Art

Gerollter Nierenbraten

Gefüllte Kalbsbrust

dünsten, herausnehmen und warm stellen. In heißer Butter (oder würfelig geschnittenem Speck) das feinwürfelig geschnittene Wurzelwerk, die feingeschnittene Zwiebel mit Zucker braun rösten, mit dem Fischweinsud aufgießen und alles weich kochen. Den Sud durch das Passiertuch passieren und wieder zum Kochen bringen. Salz, Pfeffer, Neugewürz, etwas gehackte Sardellen, den Lebkuchen, die geschälten, in Stifte geschnittenen Mandeln beigeben und alles gut verkochen. Mit Zitronensaft und Zucker abschmecken. Die Sauce über den angerichteten, entgräteten Fisch gießen. Will man einen ganzen Karpfen verwenden, kann man eine größere Karotte der Länge nach in das Fischinnere stecken, damit der Fisch seine Form beibehält.
Die »Wiener Küche« von Olga und Adolf Hess empfiehlt als Beilage Knödel.

Pfefferkarpfen
4–6 Portionen
1 Karpfen (1 kg), Salz, Knoblauch, Pfeffer, frisch gemahlen; 2–3 rohe Kartoffeln, 1 große Zwiebel, Butter, Fischfond, Wasser, Petersilie, Saft einer Zitrone, 5 Pfefferkörner

Den filetierten Karpfen mit Knoblauch leicht einreiben, salzen und pfeffern. Zwiebel und geschälte Kartoffeln in dünne Scheiben schneiden. Die Karpfenstücke mit der Schmalseite nach oben in eine feuerfeste, gut gebutterte Terrine schlichten, dabei die Zwischenräume mit den Kartoffel- und Zwiebelscheiben ausfüllen, dann mit so viel Fischfond und Wasser auffüllen, daß die Fischstücke bedeckt sind. Die Pfefferkörner und den Saft einer Zitrone beigeben. Das Ganze mit feingehackter Petersilie bestreuen. Zugedeckt etwa 40 Minuten dünsten.
Der Fisch wird in der Terrine serviert.

Ungarischer Karpfen
4–6 Portionen
*1 kg Karpfen portioniert, Salz, Butter
Paprikasoße: 50 g Butter, 200 g Zwiebel, 20 g Edelsüßpaprika, ¼ l Sauerrahm, 1 EL Mehl, weißer Fond oder Weißwein, 2 Paradeiser, 1 Knoblauchzehe, Zitronenschale*

Die Portionsstücke salzen und im Kühlen ziehen lassen. In heißer Butter auf allen Seiten anbraten, mit fertiger Paprikasoße übergießen und fertigdünsten.
Paprikasoße: In heißer Butter feingeschnittene Zwiebel rösten, mit Paprika bestreuen, sofort mit etwas Weißwein oder Fond aufgießen, durchkochen, mit Rahm und Mehl, beides gut verrührt, binden, zerdrückten Knoblauch, Paradeiser und Zitronenschale beigeben und ½ Stunde kochen. Dann über den angebratenen Karpfen passieren.

Karpfen auf jüdische Art
4–6 Portionen
1 kg Karpfen portioniert, Wasser, Wurzelwerk, Pfefferkörner, Neugewürz, Ingwer, Zitronenschale, Muskat, 50 g Rosinen, 1 EL Essig oder Zitronensaft, 150 g geschälte, geriebene Mandeln

Portionierte Karpfenstücke mit Wasser, Wurzelwerk, den Gewürzen und Rosinen etwa 20 Minuten weich dünsten, mit Essig oder Zitronensaft einige Male dabei abschrecken. Die weichen Fischstücke herausnehmen und in einer Schüssel warm stellen. Den Fischsud über die Fischstücke seihen, die Mandeln beigeben, den Fisch darin noch 10 Minuten ziehen lassen. (Sollte die Soße zu dünn sein, mit einem Eidotter binden.)

Gefüllter Karpfen
4–6 Portionen
*1 kg Karpfen, 80 g Butter, 100 g Pilze, ¼ l Rotwein, ¼ l Wasser
Fülle: 50 g Butter, 1 Zwiebel, Petersilie, Schnittlauch, Leber und Milch des Karpfens, 1 Schneidsemmel, 2 Eier, Salz, Muskat*

Den entschuppten Karpfen zum Füllen vorbereiten: am Rücken aufschneiden, die Wirbelsäule und die Innereien entfernen. Karpfenmilch und Leber mit feingeschnittener Zwiebel, Petersilie und Schnittlauch in Butter anschwitzen, dann mit der in Milch eingeweichten, ausgepreßten und passierten oder gehackten Semmel und den Eiern gut verrühren, mit Salz und Muskat würzen. Mit dieser Masse den Karpfen füllen und ihn zunähen. Den Fisch in heißer Butter leicht anbräunen, mit blättrig geschnittenen Pilzen bestreuen und in Rotwein und Wasser fertigdünsten.
Beilage: Salzkartoffeln

Lachs oder Salm

Der Lachs ist ein Edelfisch; er lebt in den ersten drei Jahren als Salm in Bächen und Flüssen, läßt sich dann ins Meer treiben, wo er als Lachs lebt, kommt aber zum Laichen wieder in das Süßwasser zurück. Er gilt nach der Forelle als delikatester Süßwasserfisch (am besten vor der Laichzeit).

»Lachs auf Wiener Art« bereitete man um 1900 so: Der gereinigte Lachs wird in feinem Fischsud mit etwas Madeira langsam gedünstet, sorgfältig in eine Schüssel gehoben, mit großen Fischfarce-Nockerl und einem Ragout aus Austern, Miesmuscheln und gedünsteten Champignons, das mit Madeira gebunden wird, garniert; extra reiche man eine mit Cayennepfeffer geschärfte Madeirasauce sowie länglich geschnittene Fischkartoffeln.

Lachs, gekocht
4 Portionen
Lachs (1 kg), Wasser, Salz, etwas Weißwein, 5 Pfefferkörner, 1 Gewürznelke, ½ Lorbeerblatt, Petersilstengel

Den kochfertigen Lachs in Scheiben schneiden und in einem Fischsud aus den angegebenen Zutaten weich kochen. Keinen Essig beigeben, da der Fisch sonst seine Farbe verlieren würde. Fischstücke herausheben und abtropfen lassen. Mit zerlassener Butter oder Sauce hollandaise und Kartoffeln auf einer vorgewärmten Platte anrichten.

Die Lachsscheiben können auch mit einer Sauce mousseline serviert werden, ferner mit einer Sardellen-, Kapern-, Krevetten-, Hummer-, Austern-, Ravigot- oder Venetianischen Sauce. Auf Serviette anrichten, mit Salzkartoffeln und Petersilie garnieren.

Lachsschnitten in Rotweinsauce
4 Portionen
4 Stück Lachsschnitten (à 200 g) vom Mittelstück, 20 g Butter, 40 g feingeschnittene Schalotten, ¼ l Rotwein, Salz
Rotweinsauce: Pochierfond, Petersilie, ⅛ l Demi-glace (siehe Seite 155 f.), 20 g Sardellenbutter (siehe Seite 68), 2 Eidotter, 1/16 l Obers, 40 g Butter
Garnitur: 80 g Krebse, Champignonköpfe oder pochierte Austern

Ein flaches Geschirr mit Butter bestreichen, mit feingeschnittenen Schalotten bestreuen, den Fisch einlegen, salzen, mit Rotwein begießen und fast zum Siedepunkt erhitzen, mit gebuttertem Pergamentpapier belegen und im Rohr fertigziehen lassen. Aus der Flüssigkeit herausheben, dann die Gräten entfernen, die Haut abziehen und auf einer leichtgebutterten Fischplatte warm stellen (dabei mit dem vorher verwendeten Papier bedecken).

Den Pochierfond mit gehackter Petersilie anreichern, zur Hälfte reduzieren, Demi-glace beigeben, aufkochen, mit Obers und Eidotter legieren, mit Sardellenbutter und frischer Butter aufschlagen (montieren) und über den angerichteten Fisch passieren. Die Garnitur auflegen. Als weitere Beilagen kann man Fleurons oder Salzkartoffeln reichen.

Lachs, gebraten oder gegrillt
Lachsscheiben salzen und pfeffern, mit Zitronensaft beträufeln und etwas ziehen lassen. Den Fisch in der Pfanne in Butter braten oder auf dem Rost mit Öl grillen.
Beilage: Salzkartoffeln, Mayonnaisesauce, kalte Kräutersauce oder Caviarsauce

Lachsforelle (Seeforelle)

Die Grundzubereitung erfolgt wie bei Lachs und Forelle, blaugekocht, gebacken, auf Müllerinart, pochiert oder gegrillt. Die Spezialzubereitung erfolgt wie beim

Lachs, allerdings nicht portioniert, sondern meist im ganzen.

Neunauge, Lamprete

Das Bach-, Fluß- und Meer-Neunauge ist ein aalförmiges Wirbeltier mit fettem Fleisch. Kann wie der Aal zubereitet werden. Wird gehäutet (zuvor in kochendes Wasser tauchen), dann gewässert.

Paulaner Würste

Da einst in der Fastenzeit jede Fleischspeise verboten war, die Enthaltsamkeit aber allzu schwerfiel, wollte man Fleisch wenigstens dem Aussehen und dem Namen nach auf dem Tisch sehen. Eine der beliebten Nachahmungen waren die Paulaner Würste, hergestellt von den Paulanermönchen in Wien:

»Nimm ein Stückel Karpfen und ein Stück Hechten, löse sie von der Haut und den Gräten, nimm 2 in der Milch geweichte Mundsemmeln, druck und hack sie klein mit sammt dem Fisch und 1 Stückel Butter. Hernach salze und pfeffere es, ein wenig Majoran, 1 Zeherl Knoblauch, Limonieschäler, alles durcheinandergerührt; alsdann mache ganz kleine Würstel daraus, zum Ausmachen kannst du ein wenig Mehl dazu nehmen, sonst hängt sich der Fasch gern an, siede sie in Salzwasser ab, hernach nimm in eine Bratpfanne einen Butter, bestreue die Würstel mit Semmelbrösel, backe sie in der Bratpfanne.«

Bestimmt wurden solche »Fastenwürstel« nicht auf den sogenannten »Würstelbällen« angeboten: das waren Hausbälle in Wiens Biedermeiertagen, auf denen den Herren von den Damen zur Stärkung Würstel serviert wurden, wie Eduard Bauernfeld von einer der »Schubertiaden« zu berichten weiß.

Rheinanke

Ist wie der Blaufelchen in österreichischen, bayerischen und Schweizer Bergseen zu finden. Zubereitungsart wie bei der Forelle. Als österreichische Spezialität gilt die geräucherte Rheinanke.

Saibling, Rötel

Ein 30 bis 40 cm, öfter auch bis zu 80 cm langer Süßwasserfisch; wird in kleineren Exemplaren wie die Forelle, in größeren wie die Lachsforelle zubereitet, blaugekocht, mit Butter, auf Hofmeisterart und auf Müllerinart zubereitet.

Saibling auf Weinkennerart

Der kochfertige, vom Rückgrat her ausgenommene Fisch wird mit einer getrüffelten Fischfarce (siehe Seite 482) gefüllt, in Rheinwein mit Fischfond und Butter pochiert. Dann wird der Fischfond eingekocht, mit Fischvelouté (siehe Seite 160) vermischt, mit Obers und Eidotter legiert und mit Krebsbutter verfeinert. Beim Anrichten garniert mit Torteletten, gefüllt mit einem Salpikon von gedünsteten Champignons und Krebsschwänzchen, das mit Weißweinsauce gebunden wurde. Auf jede Tortelette kommt eine Trüffelscheibe. Im barocken Salzburg des Conrad Hagger war der geräucherte Saibling aus dem Königsee (damals Bartholomesee genannt) sehr geschätzt – im Volksmund hieß dieser Fisch »Schwarzreiter« und war ein gewinnbringender Exportartikel. »Kalt und trocken, wie sie von Ort kommen, auf einer Serviette mit Petersilie bestreuen angerichtet«, empfahl Conrad Hagger.

Schaiden

Siehe Wels, Waller

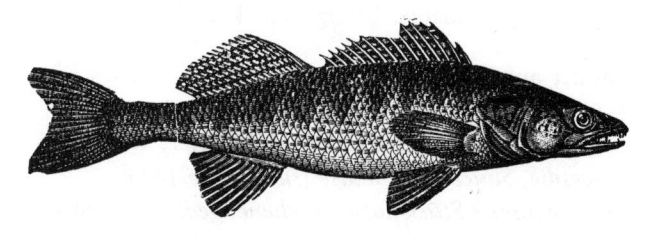

Schill, Zander, Fogás (Fogosch)

Dieser Fisch gehört zur Familie der Barsche und wird auch »Hechtbarsch« genannt. Auf den österreichischen Speisenkarten heißt er »Schill« (auch Donauschill, da er meist aus der Donau kommt), in Norddeutschland nennt man ihn Zander, auf ungarisch wird er Szüllö, wenn er jung ist, und Fogas, wenn er alt ist, genannt.

Schon im »Appetit-Lexikon« von Habs–Rosner heißt es: »Keine Küche läßt dem Schill oder Zander mehr Gerechtigkeit widerfahren als die Wiener, die bereits 1890 nicht weniger als 48260 Kilogramm verbrauchte und es seitdem auf mehr als 65000 Kilogramm im Jahr gebracht hat.«

Der überaus vielfältig zuzubereitende Fisch hat ein weißes, saftiges Fleisch. Der Fogás wurde früher nur mit amtlicher Plombe im Kiemendeckel verschickt (1885 gelangten rund 10000 Kilogramm auf die Wiener Fischmärkte). – Der Schill oder Zander oder Fogás wird meist filetiert und portioniert verwendet.

Zander à la Sacher
4–6 Portionen

1 kg Zanderfilet, 80 g Öl, 1 Zwiebel, 1 EL Paprika, 1 EL Paradeismark, 20 g Mehl, ¼ l Sauerrahm, ¼ l Bouillon, 80 g Butter, Semmelbrösel, Parmesankäse

Die enthäuteten Fischfilets salzen, in Mehl wälzen und in heißem Öl beidseitig rasch braten. In eine vorgewärmte, mit Butter bestrichene Gratinierschüssel legen. In der Fischpfanne in frischer Butter die feingeriebene Zwiebel goldgelb anschwitzen, dann mit Paprika bestreuen. Sauerrahm, mit Mehl und etwas Flüssigkeit verrührt, das Paradeismark und die Bouillon beigeben, verrühren und aufkochen lassen, mit Salz abschmecken und über den Fisch passieren; geriebenen Parmesankäse und Semmelbrösel daraufstreuen und reichlich mit zerlassener Butter beträufeln. In heißem Rohr zu schöner Farbe gratinieren. Beilage: Salzkartoffeln.

Zander auf Königinnenart
4–6 Portionen

1 kg Zanderfilet, Salz, Pfeffer, 40 g Butter, Weißwein, Petersilie, Sauce hollandaise (siehe Seite 161)
Pro Portion: 2 Stück ausgebrochene, gedünstete Miesmuscheln, einige ausgebrochene Krebsschweifchen, Trüffel, Fleurons

Die enthäuteten Fischfilets in gleichmäßig schräge Schnitten schneiden. Salzen, pfeffern und mit gehackter Petersilie in Wein und Butter zugedeckt weich dünsten bzw. pochieren.
Eine Sauce hollandaise mit dem dick eingekochten Fischfond verrühren. Die vorbereiteten Muscheln und Krebsschweifchen erwärmen und damit den angerichteten Fisch garnieren, mit gehackter Trüffel bestreuen und die Sauce darübergießen. Mit Fleurons am Rand garnieren.

Fogás, gebraten
4 Portionen

Fogás im ganzen (ca. 800 g), Salz, Paprika, Butter, nach Wunsch Sauerrahm

Den kochfertigen Fisch gut abtrocknen, beidseitig ein paarmal einschneiden, salzen, mit Paprika bestreuen und 20 Minuten ziehen lassen. Dann mit viel Butter in der Pfanne in heißem Rohr etwa 25 Minuten braten. Dabei kann man den Fisch öfter mit etwas saurem Rahm begießen.
Beilage: Salzkartoffeln, Paprikasalat

Besonders pikant schmeckt der **Fogás am Rost** zubereitet. Man salzt den Fisch, reibt ihn kräftig mit Paprika ein, streut Brösel darüber und brät ihn am Rost. Dazu gibt man Sauce tatare auf Wiener Art.

Fogás à la Metternich
4 Portionen

Fogás im ganzen oder Filets (ca. 800 g), Zitrone, 40 g Butter, Salz, ⅛ l Obers, 60 g Butter zum Montieren, Paprika, ⅜ l Béchamel, Trüffeln, Zitronenscheiben

Den Fisch kochfertig machen, mit Zitronensaft, Salz und etwas Fischsud und Butter dünsten. Fisch dann warm stellen, den Fond einkochen, zur fertigen Béchamel geben, diese mit Obers und Butter montieren, mit Edelsüßpaprika würzen und färben. Vor dem Anrichten den Fisch häuten, mit Sauce übergießen, mit Trüffeln und Zitronenscheiben garnieren.
Beilage: Salzkartoffeln

Gefüllter Fogás auf Wiener Art
4 Portionen

Fogás (ca. 800 g), Salz, 2 EL Weißwein, Zitronensaft, Butter für Pergamentpapier/Folie
Fülle: 3 Schneidsemmeln, Milch, 2 Eier, Salz, Muskat, 20 g Butter, 2 EL gekochte grüne Erbsen, 120 g würfelig geschnittene Champignons, 2 geschälte, entkernte Paradeiser

Den Fogás kochfertig machen (zum Füllen von oben ausnehmen), säubern, trocknen, salzen, mit Zitronensaft beträufeln. Den Fisch mit der vorbereiteten Füllmasse füllen, zunähen und mit etwas Weißwein begießen. Den gefüllten Fisch auf ein mit Butter bestrichenes Pergamentpapier oder auf eine gebutterte Alufolie legen, einschlagen und im heißen Rohr etwa 30 Minuten braten.

Fülle: Die Semmeln entrinden, kleinwürfelig schneiden, mit Milch befeuchten, mit den Eiern vermengen, salzen, etwas geriebenen Muskat sowie zerlassene Butter beigeben. Das Ganze gut verrühren und die extra gekochten Erbsen, die in Butter sautierten Champignons und die würfelig geschnittenen Paradeiser unter die Masse mischen.

Man kann den gefüllten Fisch auch in Speckscheiben wickeln und mit Weißwein und Fischfond dünsten. Zum Schluß wird der Fischfond mit Obers und Eidotter legiert und mit frischer Butter aufgeschlagen, mit Zitronensaft abgeschmeckt und extra zum angerichteten Fisch serviert.

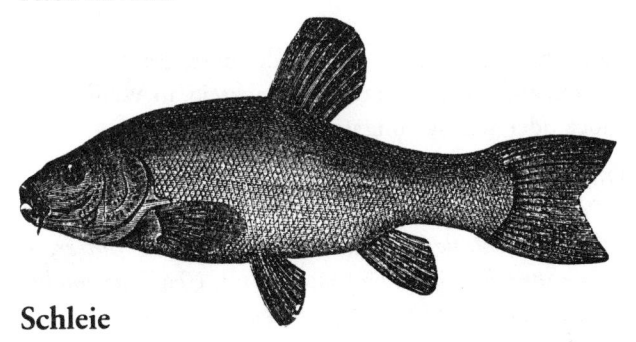

Schleie

Der Name dieses der Karpfenfamilie zugehörigen Fisches kommt von dessen schleimigen Schuppen. Die Schleie ist in langsam fließenden Gewässern zu finden und wird meist wie der Karpfen im ganzen zubereitet. Ihr weißes Fleisch ist schwer verdaulich.

Schleie, in Bier gedünstet
4–6 Portionen
1 kg Schleie, 100 g Butter, 1 Zwiebel, Petersilie, 1 Stück Sellerieknolle, ¼ l Bier, 1 Stück unglasierter Lebkuchen, Butter

Den kochfertigen gesalzenen Fisch in Butter anbraten, feingeschnittene Zwiebel zuletzt mitrösten, gehackte Petersilie und kleinwürfelig geschnittene Sellerieknolle beigeben und im hellen Bier weich dünsten. Sobald der Fisch weich ist, herausheben und warm stellen. Vor dem Anrichten den Fisch häuten.

Den Fond mit geriebenem Lebkuchen eindicken, mit etwas Butter zu einer molligen Sauce montieren und über den angerichteten Fisch passieren.

Man kann die Schleie auch blaugekocht, gebacken, gefüllt, grün und en papilotte oder **auf Tiroler Art** zubereiten: Den kochfertigen Fisch salzen, pfeffern und in heißer Butter braten, dann warm stellen. Im Bratfett geschälte, entkernte, würfelig geschnittene frische Paradeiser anrösten, salzen, pfeffern und über den angerichteten Fisch geben; diesen mit gebackenen Zwiebelringen garnieren.

Stör

Ein großer Meeres- und Süßwasserfisch, der in Flußmündungen zu finden ist. Aus seinem Rogen wird Caviar gewonnen. Die Herkunft des altgermanischen Fischnamens ist unbekannt. Sein weißes Fleisch ist etwas fest, aber wohlschmeckend. Wird meist portioniert oder als Mittelstück für mehrere Portionen zubereitet, gern mit Speckscheiben umwickelt und gedünstet (früher auch gespickt). Die Begleitsaucen sollen braun gehalten sein. Zur Familie der Störe gehört auch der Zwergstör oder Sterlet(t), österreichisch »Stirl« genannt; er wird gern in würzigem Fischfond gekocht. Früher gehörte der Stör zur Alltagskost, ja Dienstboten ließen sich oft vertraglich von ihrem Dienstgeber zusichern, daß sie nicht öfter als dreimal in der Woche Stör vorgesetzt bekämen.

Wels, Waller

Er ist der größte mitteleuropäische Süßwasserfisch. Wohlschmeckend ist vor allem das weiße Fleisch des jungen Wels. Zubereitungsarten: gebacken, gekocht, gegrillt oder auf Müllerinart.

Der Wels oder Waller ist auch unter den Bezeichnungen

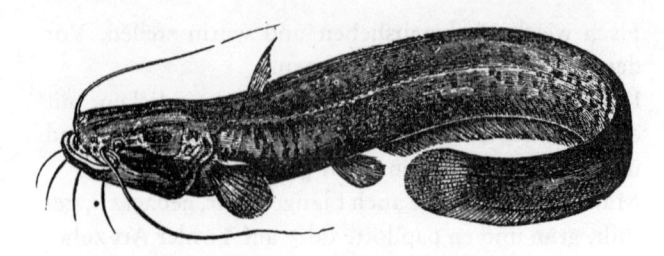

»Schaiden«, »Schad'n«, »Schaidl«, »Scharn« u. a. bekannt. Alt-Wiener Kochbücher brachten gern das Rezept der

Schaiden-Schnitzel
»Ein Schaiden wird geschuppt, ausgeweidet, gewaschen und in schöne, zwei Finger breite Stücke geschnitten; diese werden eingesalzen, mit Pfeffer, Zwiebelringen, Zitronenschale und -saft mariniert und durch einige Stunden gut zugedeckt liegen gelassen. Hierauf nimmt man sie aus der Marinade, wischt die Fischstücke trocken, taucht sie in Mehl, aufgeklopftes Ei und Brösel und backt sie in heißem Rindschmalz oder Öl. Serviert werden sie mit Sauce tatare auf Wiener Art oder mit Erdäpfelsalat. Oder man brät die Schnitzel mit Butter, begießt sie beim Braten mit der Marinade und serviert eine Trüffel- oder Pfeffersauce dazu.« So lautet das Rezept in der »Österreichischen Küche« von Marie von Rokitansky, 1897.

Seefische

Bekannte, vielseitig verwendbare Seefische sind u. a. Hering, Kabeljau, Dorsch, Schellfisch, Seelachs, Seehecht, Seezunge, Steinbutt, Merlan. Der Kabeljau, ohne Kopf, ausgeweidet, geteilt, entgrätet und an der Luft getrocknet, heißt Stockfisch; wird er gesalzen und (auf Klippen) getrocknet, heißt er Klippfisch; gesalzen und in Fässern verpackt, wird er als Laberdan gehandelt. Die Wiener Küche bereitet den Stockfisch gern mit Bröseln, gerösteten Zwiebeln und Butter zu. »Dorsch« ist der noch junge Kabeljau. Der Hering tritt ebenfalls unter verschiedenen Namen auf: Der frische Hering heißt grüner Hering. Der Matjeshering ist der noch nicht geschlechtsreife Hering; Vollhering ist ein Hering mit Rogen bzw. Milch, Hohlhering der bereits abgelaichte Hering, und Bückling ist der mildgesalzene und geräucherte Hering.

Zur Heringsfamilie gehören außerdem noch die Sprotten, Sardinen und Sardellen, die auch Anchovis genannt werden.

Dorsch
Frischer Dorsch wird vorwiegend gekocht zubereitet, kann aber auch filetiert und portioniert folgendermaßen zubereitet werden: auf Müllerinart, gratiniert, gebacken auf Wiener Art oder in Backteig, in Weißweinsauce oder wie der ungarische Karpfen.

Dorschfilet in Rahmsauce
4 Portionen
800 g Dorschfilets, Salz, etwas Mehl, 80 g Butter, 4 Stück Sardellenfilets, ½ l Sauerrahm, 10 g Stärkemehl, 2 grüne oder rote frische Paprika, 30 g Butter

Die Dorschfilets salzen, bemehlen und in heißer Butter scharf anbraten, umdrehen, Farbe nehmen lassen und in einer Gratinierschüssel anrichten. In der Bratbutter feingehackte Sardellenfilets anschwitzen und über die Fische gießen. Sauerrahm mit ⅛ l Wasser, Salz und Stärkemehl glattrühren und den Fisch damit bedecken. Im Rohr in etwa 20 Minuten fertigdünsten. In Butter feine Streifen von Paprika sautieren, bis sie weich sind, salzen und auf das fertige Fischgericht geben.

Kabeljau

Der Kabeljau gehört zur Familie der Dorsche. Er wird gebacken, gratiniert, gedünstet in Rahmsauce, auf Müllerinart bereitet oder findet zu Fischkroketten Verwendung.

Seewolf

Dieser vorzügliche Fisch, insbesondere aus dem Mittelmeer, erscheint auf der österreichischen Speisenkarte unter seinem italienischen Namen »Branzino«. Er wird pochiert, gratiniert, auf Müllerinart oder wie Seezungenfilets zubereitet.

Seezunge

Dieser Plattfisch ist einer der beliebtesten Fische in der Fischküche, weil er in der Zubereitung äußerst variabel ist. So führt allein Karl Duch in seinem »Handlexikon der Kochkunst«, 1970 (7. Auflage), 110 Rezepte an, Richard Hering in seinem »Lexikon der Küche«, 1969, bringt es auf mehr als 400 Varianten.

Seezungen werden immer enthäutet verwendet. Dazu schneidet man die Schwanzhaut leicht ein, faßt mit einem Tuch das Hautstück am Schwanz und zieht die Haut zum Kopf hin ab. Den Kopf dann schräg abschneiden, aus der Körperhöhlung die Eingeweide herausziehen, die äußeren Gräten leicht stutzen, den Fisch gut waschen, reinigen und abtrocknen. Kleine Seezungen werden im ganzen, größere werden immer filetiert verwendet. Seezungen eignen sich für fast alle Fischzubereitungsarten (außer gekocht). Werden Seezungen im ganzen zubereitet, so werden die Filets durch nicht allzu tiefe Einschnitte vom Mittelteil gelöst. Dadurch verkürzt sich die Garzeit und auch das Filetieren wird erleichtert.

Seezunge auf Wiener Art

Fisch häuten, ausnehmen, säubern, waschen, abtrocknen, filetieren, in Öl, Zitronensaft, gehackter Petersilie und Schalotten marinieren. Nach einiger Zeit in Mehl, Ei und Brösel panieren, in heißer Butter rasch backen. Mit Zitronensechsteln und gebackener Petersilie anrichten.

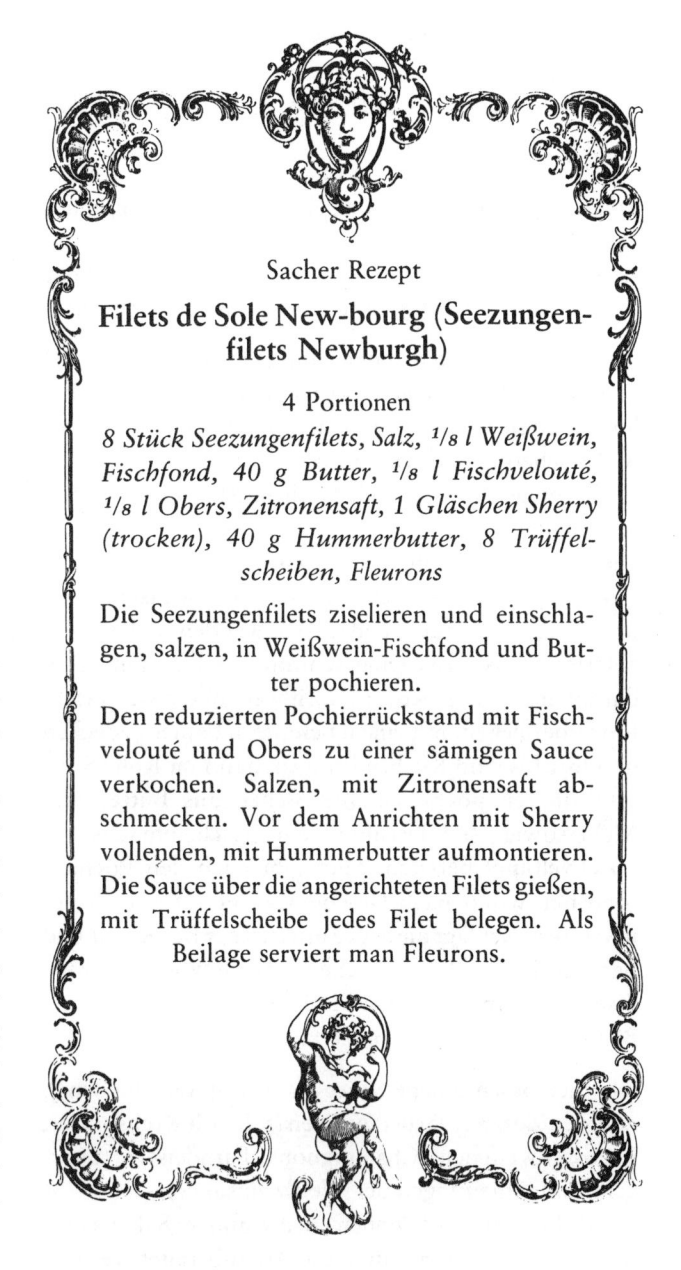

Sacher Rezept

Filets de Sole New-bourg (Seezungenfilets Newburgh)

4 Portionen

8 Stück Seezungenfilets, Salz, 1/8 l Weißwein, Fischfond, 40 g Butter, 1/8 l Fischvelouté, 1/8 l Obers, Zitronensaft, 1 Gläschen Sherry (trocken), 40 g Hummerbutter, 8 Trüffelscheiben, Fleurons

Die Seezungenfilets ziselieren und einschlagen, salzen, in Weißwein-Fischfond und Butter pochieren.

Den reduzierten Pochierrückstand mit Fischvelouté und Obers zu einer sämigen Sauce verkochen. Salzen, mit Zitronensaft abschmecken. Vor dem Anrichten mit Sherry vollenden, mit Hummerbutter aufmontieren. Die Sauce über die angerichteten Filets gießen, mit Trüffelscheibe jedes Filet belegen. Als Beilage serviert man Fleurons.

Seezunge à la Metternich

Zusammengerollte Seezungenfilets werden in Weißwein und Fischfond pochiert. Den Fischfond verwendet man zur Bereitung einer paprizierten Fischsauce, mit der der angerichtete Fisch nappiert wird. Mit Trüffelscheiben garnieren.

Seezungenfilets in Weißweinsauce
4–6 Portionen

1 kg Seezungenfilets, Salz, Fett, 20 g Schalotten, ⅛ l Weißwein, Fischfond
Fischfond: Fischabfälle (Kopf, Gräten usw.), 1 Petersilwurzel, 1 kleine Zwiebel, Salz, Pfefferkörner, reichlich Petersilstengel
Sauce: 20 g Butter, 20 g Mehl, eingekochter Fischfond, ⅛ l Obers, 3 Dotter, 60 g Butter zum Montieren

Aus den Fischresten (ohne Haut, da der Fond sonst grau würde!) mit Petersilwurzel und -stengeln, Schalotten, Pfefferkörnern, Salz und Wasser einen starken Sud kochen (soll etwa ¼ l ergeben).
Nicht länger als ½ Stunde kochen. Abseihen und beiseite stellen.
Die Filets vorbereiten (sie können in verschiedenen Formen eingelegt werden; man kann kleine Fische auch im ganzen verwenden) und salzen. Auf den Boden einer befetteten Kasserolle feingeschnittene Schalotten legen, darauf die Filets geben, mit Weißwein und etwas Fischfond übergießen, mit einem befetteten Papier bedecken und fast bis zum Kochen bringen, dann im Rohr 8 bis 10 Minuten pochieren. Inzwischen aus Butter und Mehl sowie ¼ l Fischfond eine Fischeinmachsauce (Fischvelouté) bereiten. Man gibt auch den Pochierfond bei, würzt nach Geschmack, legiert mit Dotter und Obers, schlägt die Sauce mit frischer Butter auf und passiert sie über die inzwischen auf einer vorgewärmten Fischplatte angerichteten Fischfilets.
Beilage: Salzkartoffeln oder Fleurons

Die hier beschriebene Sauce kann mit verschiedenen anderen Zutaten variiert werden (z. B. mit Krebsbutter, Krebsschweifchen, Champignons, Paradeisern, Spargeln und Ableitungen der Weißweinsauce).
Die Zubereitung (es können ebenso andere Salzwasser- bzw. Süßwasserfische auf diese Art zubereitet werden) kann auch abgewandelt werden:
1. Den pochierten Fisch anrichten, den Fischfond reduzieren, bis er dickflüssig wird, mit Obers und Eidotter legieren, mit frischer Butter montieren.
2. Genau wie vorstehend beschrieben, doch kommt zuerst Obers in den Fischfond, der statt mit Eidotter und Butter mit einer Sauce hollandaise legiert wird.

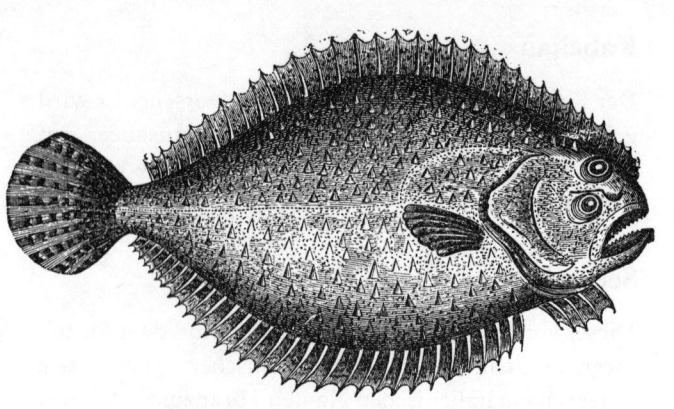

Stein- oder Heilbutt

Ein Fisch, der zur Familie der Schollen gehört. Er wird abgezogen, der Länge nach halbiert und in Portionen geschnitten oder im ganzen zubereitet, und zwar gekocht, in Weißwein pochiert, mit Sauce hollandaise, gegrillt, in Butter gebraten, auf Müllerinart oder gratiniert. Pro Portion etwa 400 g bei ganzen Fischen.

Stockfisch

So wird der Kabeljau genannt, wenn er vom Kopf befreit, ausgeweidet, geteilt, entgrätet und luftgetrocknet ist. Vor der Zubereitung 24 Stunden in kaltem Wasser aufweichen; dabei das Wasser wiederholt erneuern.
Auf Wiener Art zubereitet wird der Stockfisch in Stücke geschnitten in Salzwasser gekocht. Die angerichteten Fischstücke werden mit gerösteten Zwiebelscheiben bedeckt, mit Semmelbrösel bestreut und mit brauner Butter übergossen.

Weitere Fischgerichte

Faschierte Fischlaibchen
6 Portionen

600–800 g Fischfilet (ausgelöster frischer Seefisch, keine Tiefkühlware), 2 Schneidsemmeln, etwas Milch, 20 g Butter (oder 50 g Speck), 1 kleine Zwiebel, fein geschnitten; 1 Ei, Salz, Pfeffer oder Paprika, Majoran, Thymian, gehackte Petersilie; Brösel oder Mehl bzw. Mehl, Ei und Brösel; Butter oder Fett zum Braten

In Milch eingeweichte, gut ausgedrückte Semmeln und das Fischfilet zweimal durch die Faschiermaschine dre-

hen, die Masse mit der in Butter hell gerösteten Zwiebel und dem Ei gut vermischen. Würzen und die Petersilie beigeben. Die Masse eventuell mit Mehl oder Bröseln festigen. Aus der Masse mit befeuchteten Händen kleine Knödel formen, diese zu Laibchen flachdrücken, in Semmelbrösel wälzen (oder nur in etwas Mehl) bzw. in Mehl, Ei und Brösel panieren und in heißer Butter braten (etwas mehr Fett als bei den Fleischlaibchen verwenden!). Statt der Laibchen kann man auch Schnitzel formen und in Fett beidseitig backen. Man kann die Laibchen auch auf ein befettetes Blech legen, mit Fett beträufeln und in heißem Rohr braten.
Beilage: Dill- oder Paradeissauce, Gemüse, Salate

Fischkroketten
8 Vorspeiseportionen
500 g gekochte Fischreste, 500 g rohe Kartoffeln, 2 Eidotter, Salz, Muskat, Petersilie; Mehl, Ei, Brösel und Backfett

Die Kartoffeln schälen, vierteln, in Salzwasser auf den Punkt kochen, abgießen und im Rohr etwas nachtrocknen. Dann durch das Sieb drücken, würzen, mit Eidotter binden und mit dem trocken gehaltenen, ausgelösten, zerpflückten Fisch vermischen und würzen. Aus der Masse daumengroße Kroketten formen, in Mehl, Ei und Brösel panieren, in Backfett backen. Werden als Vorspeise mit Sauce tatare, Zitrone und Salat serviert.

Fischgulasch
4–6 Portionen
1 kg Fisch beliebiger Sorte, Salz, Zitrone, Mehl, 100 g Fett, 200 g Zwiebeln, 1 EL Paprika, 1 EL Essig, ³⁄₈ l Wasser oder Rindsuppe, 1 Knoblauchzehe, Zitronenschale, etwas Paradeismark, ¹⁄₈ l Sauerrahm, 10 g Mehl

Die Fischfilets in große Stücke schneiden, mit Zitronensaft beträufeln, leicht salzen, eine Zeitlang stehenlassen. Dann abtrocknen, in Mehl tauchen und in heißem Fett braten. Herausnehmen und warm stellen. Im heißen Fett die feingeschnittenen Zwiebeln goldgelb rösten, paprizieren, mit Essig ablöschen, mit Flüssigkeit aufgießen, Gewürze und Paradeismark beigeben, mit Sauerrahm und Mehl binden und gut verkochen, dann über die Fischstücke passieren.

Man kann über die gebratenen Fischstücke auch eine fertige, etwas dicker gehaltene Paprikasauce (siehe Seite 164 f.) gießen und die Fische darin 10–15 Minuten ziehen lassen.
Beilage: Nockerl, Teigwaren, Knödel

Fischpörkölt
Wird wie das Fischgulasch zubereitet; statt der Paprikasauce nimmt man eine fertige **Pörköltsauce:** Man röstet Selchspeck glasig an, röstet darin die feingeschnittenen Zwiebeln, papriziert sie, löscht sie mit Wasser ab und gibt etwas Paradeismark bei, würzt mit Knoblauch und läßt alles gut verkochen. Dann gibt man die gesalzenen Fischstücke bei, ebenso die blättrig geschnittenen rohen Kartoffeln und dünstet alles zusammen zugedeckt weich.

Fischerei und Fischverkauf waren schon immer strengen gesetzlichen Bestimmungen unterworfen. Herzog Albrecht II., der Vater von Rudolf dem Stifter, ordnete an, daß die Fischverkäufer zu keiner Jahreszeit Mantel oder Kopfbedeckung tragen durften, wenn sie am Stand ihre frische Ware verkauften. Damit sollten vor allem die Frische der Ware, rascher Warenumsatz und niedrige Preise garantiert worden sein. Außerdem durften die Fische nur stehend verkauft werden.
In der Wiener Marktordnung aus dem Jahre 1430 heißt es u. a.: »Bürger und Gäste, die Fische hingeben wollen, sollen nur dort feyl haben, denn an dem Hohen Markt. Die Gäste, die lebendige Fische herbringen und verkaufen wollen, sollen ihren Stand haben hinten an der Fischmauer mit dem Rücken zwischen dem Thürlei, die an den Hohen Markt gehen. Item, die Bürger, die Schubfische feil haben, sollen ihren Rücken kehren gegen den Wendtkremmen (= Gewandhändlerstände) und ihre Fische vor sich haben bis hinaus, wo man Wachs feil hat, also daß ein guter geräumiger Weg zwischen beider Teile Tischen frei ist. Seefische soll man nur am Hof feil haben.«
Auf dem Hohen Markt in Wien stand noch bis ins 19. Jahrhundert der Fischerbrunnen. Auch der 1255 erstmals genannte »Fischhof« mit den Häusern »Zu den drei Forellen« und »Zum Fischhof« erinnert an den ehemaligen Wiener Fischmarkt. In der Spenglergasse stand einst das kleine Bierhaus »Zum Fischtrüherl«. Es

erfreute sich besonders an Feiertagen großer Beliebtheit wegen der dort aufgetischten Fische, und noch Beethoven hat es gerne besucht. Auch die Fischerstiege in Wien erinnert an die fischreiche Zeit und war schon 1367 unter diesem Namen bekannt. Sie führte vom Ufer der damals noch näher an der Stadt vorbeifließenden Donau in das Stadtinnere.

Kaiser Maximilian erließ 1517 eine äußerst strenge Fischverkaufsverordnung für Wien. Darin heißt es u. a.: »Anfänglich ist geordnet und gesetzt, daß ein jeglicher Fischer oder Fischkäufl« (= der Fische kauft, um sie wieder zu verkaufen, also der Fischhändler) »keine verbotenen oder unzalpern« (die Fischerordnung vom Jahre 1557 hat hier: »keine verbotenen, unzahlbaren oder kleineren Fische, dann wie die an der Tafel, zu dieser Ordnung gehörig, ausdrücklich verzeichnet sind«) »Fische kaufen oder verkaufen soll.

Item so soll ein jeglicher Fischer oder Fischkäufl ein geschworner Bürger zu Wien sein, der ein ehelich Weib gehabt oder noch hat.

Item so sollen auf dem rechten, gemauerten Fischbrunnmarkte keine anderen Fische, dann wie es von Alter her gekommen ist, nämlich die guten Fische als aus der Donau, March und anderen Zwerchwässern« (= Quer- oder Seitenflüssen) »und guten Teichen, verkauft werden.

Item kein Weib soll Fische feil haben, schröten, kaufen und verkaufen, nicht zu Fischmarkt stehen, noch damit handeln, aber der Fischer zu Wien Hausfrauen mögen die Fische, so ihre Hauswirte fangen, verkaufen, doch den Fürkauf hierin nicht gebrauchen.

Item so sollen die alten Weiber, noch die ledigen Knechte oder andere, die in ihrer Zeche nicht sind, mit nichten sich unter die Fischer stellen, fürkaufen oder andern helfen verkaufen, Theuerung oder Neuerung machen.

Item so soll auch kein Gast Marktsteher haben, weder Weiber, Knecht, noch Mann, er könnte denn selbst die Sprache nicht, so soll er allein einen Mitbürger zum Dolmetsch haben.

Item, es soll auch kein fremder Fischer in der Woche an keinem Fleischtag zu Wien am Markt feil haben, kaufen, noch zu Markte stehen, sondern an einem gewöhnlichen Fasttag und zur Zeit des Advents.

Gegeben zu Klosterneuburg, den 22. November 1517, unsers Reichs im 32. Jahr.«

Maximilian hatte 1506 eine Fischereiordnung erlassen, die an eine ähnliche Ordnung seines Vaters Friedrich anschloß (siehe Abbildung Seite 12). Das Patent Maximilians bestimmte, wie gewisse Fischarten (u. a. Hechte, Karpfen, Barben, Huchen, Rutten, Welse, Forellen) »nach mass und zal gefangen, hingeben und verkauft sullen werden«. Unsachgemäßer Raubfang und Vernichtung der Fischbrut hatten in der Donau und in ihren Nebenflüssen die Fischwasser veröden lassen. Das kaiserliche Patent gab daher den Fischmeistern den strengen Auftrag, dafür Sorge zu tragen, daß die genannten Fische den Vorschriften entsprechend gefangen würden. Die Fische waren – acht an der Zahl – koloriert auf der Urkunde abgebildet. Zwei Jahre vorher – 1504 – hat Kaiser Maximilian das »Fischereibuch von Tirol und der Grafschaft Görz« anlegen lassen (der kaiserliche Fischmeister mußte dem Kaiser dazu die nötigen Unterlagen zusammenstellen).

Heute ist die Fischerei – wie die Jagd – in Österreich Sache der Bundesländer-Gesetzgebung. Der Fischer muß eine von der Bezirkshauptmannschaft ausgestellte amtliche Fischerkarte haben (das »Fischbüchl«). Besitzer von Fischwässern können in einigen Bundesländern auch kurzfristige Fischergastkarten ausstellen. Der Fischer braucht außerdem den lokalen Erlaubnisschein vom Besitzer oder Pächter des Fischwassers, um fischen zu dürfen.

Lassen wir abschließend noch einmal Wolfgang Schmeltzl zu Wort kommen, der 1547 über den Wiener Fischmarkt folgendermaßen berichtet:

»Der Fischmarkt jeden Tag muß
Sandel, Koppen, Grundel, Pfrillen,
Auch Karpfen und Hecht feil haben zu willen!
Wenn solches nicht Genüge brächte,
Fänd man zwölf Wagen gesalzne Hechte,
Sechs Tonnen mit gesalznen Hausen,
Stockfisch, daß einem könnte grausen.
Lachsforellen, Huchen, Häring,
Theißkarpfen, Plattfisch, Bückling.
Ganz nah die Fischer Wasser finden
Zur Frischung. Fünf große Linden
Den Fischmarkt zieren, grünen schön.«

Krustentiere, Schalen- und Weichtiere

Wir haben schon im Einleitungskapitel zu den Fischen und bei den »Fastensuppen« darauf hingewiesen, wie sehr die kirchlichen Fastengebote die Eßgewohnheiten des Volkes einschränkten und wie die Menschen erfindungsreich es verstanden, diese Fastengebote bis zur sündhaften Schlemmerei zu unterwandern. Dieses Kapitel gibt uns Gelegenheit, einen noch tieferen Einblick in die menschliche Natur und in die Praktiken ihrer »Kasteiung« zu tun. In den »Täglichen Betrachtungen zu den Fasten« aus dem Jahre 1726 heißt es: »Dann anlangend das Fasten ist solches nichts anders, als ein Reinigung der Sünden und Ausrottung deren Lastern. Massen selbes von denen irdischen Begirden befreyet, das Gemüth zu himmlischen Dingen erhebet, das Fleisch dem Geist unterwirffet, die Hitz deren fleischlichen Gelüsten dämpffet, das Hertz zerknirschet, und nicht allein Verzeyhung deren begangenen Sünden erlanget, sondern auch ein Vermehrung deren Göttlichen Gnaden auff Erden, und Glori im Himmel verdienet; indeme selbiges (daß ich mit der Kirchen rede) die Laster unterdrucket, das Gemüth erhebet, die Tugend und Belohnung reichlich mittheilet.« Aber das »teuflische Leben, so man in der Fastenzeit treibet«, hat der Kirche dennoch immer wieder zu schaffen gemacht. Die Lust zu essen, gut und reichlich zu essen, war und ist der menschlichen Natur nicht auszutreiben. Und wie es diese Natur des Menschen verstand, ihr Recht zu fordern, lehrt uns gerade das Kapitel, das man heute schlichtweg mit der Vorstellung von einer »Luxusschlemmerei« in Verbindung setzt (und das mit Recht!). Denn Austern, Muscheln, Hummer, Krebse, Schnecken und Froschschenkel waren einst nicht nur die »Favorits« aller Fastenspeisenzettel – sie galten und gelten par excellence auch als Leckerbissen, als letzte Steigerung für einen jeden Gourmet. Wir verstehen jetzt vielleicht, warum gerade diese Tiere es den Gläubigen angetan haben. Kein Kochbuch bis ins ausgehende 19. Jahrhundert konnte an diesen »Fastentieren« vorübergehen. Meist wurde diesem »Fischwerk« ein eigenes Kapitel gewidmet, so in Theresia Ballaufs »Die Wiener-Köchinn«, 1810 (»Verschiedene Speisen von Fischen, wie auch Austern, Schildkröten,

Duckänten, Krepsen, Fröschen, Rohrhühnern und Schnecken«), oder in Barbara Hikmanns »Wienerischem bewährtem Kochbuch«. Und noch Marie von Rokitansky faßte in ihrer »Österreichischen Küche« (8. Auflage, 1913) diese Gerichte in einem eigenen Kapitel »Fastentiere« zusammen, die in alten Kochbüchern gewöhnlich ein Fünftel des Gesamtumfanges ausmachten.

Da gab es Muschelsuppe, Krebssuppe, Krebsknöderl, -nockerl und -koch, Schlickkrapfen und Artischocken, mit Krebsen gefüllt, Krebsschweife à la Nantua, Krebskarbonadel, Krebsragout, -würstel, -wandel, -pudding und -pfanzel, faschierte Krebse mit Karfiol, Pastete von Krebsfarce, Krebse, gebacken, gebraten, gespickt, »geschmierte« Krebse, kalte Krebse auf Wiener Art, Schnecken, gefüllt, auf dem Rost, in der Soße, gebakken, überkrustet, gebraten, mit saurem Milchrahm, in der Sardellensoße, auf Wiener Art, nach Winzerinnenart, Schnecken mit Knoblauchbutter, mit Sardellen, mit Rahm und Kapern, Schneckenwürste und Schneckensalat, Frösche, gebraten, gebacken (Klara Fuchs nimmt als Paniermehl »Kipfelbrösel«), Frösche, eingemacht, gekocht (mit gerissenem Kren) und frikassiert, Froschschenkel mit Paprika und Trüffeln, auf spanische, auf böhmische oder auf ungarische Art, Froschkoteletts, gekochte Froschschenkel mit Wurzelwerk, Muscheln und »Paradiesäpfel«, auf provençalische Art, Meerspinnen auf griechische Art, Fischotter-Braten, Biberschlegel in einer Soß (»von Austern, Artoffeln oder Müscherln«) oder in Pastetenteig (die Biber verschwanden erst endgültig aus den heimischen Kochbüchern, als das Tier unter Naturschutz gestellt worden war), Schildkröten mit grünen Erbsen, in »Frikasse«, mit Öl, in wälscher Soß oder in einer Einmachsoß und mit Semmelwürsteln, gebratene, gedämpfte, gebackene oder gefüllte Austern, faschierte Austern mit »Ruttenleber in der Limoniesoße«, Austernpasteten und -torten, Austernkuchen und -suppe.

Daß man alle diese Delikatessen nur euphemistisch als »Fastenspeisen« bezeichnen kann, wird jedem klar. Freilich – den Armen konnte auch hier nicht geholfen werden. Für sie waren schon »Hasen von Fischen« oder »Paulaner Würste« ein Genuß. Und ihnen mag es dabei wie der Klosterschülerin Armellina vorgekommen sein (Casanova hatte sie den Austerngenuß gelehrt): »So etwas Leckeres zu essen kann eigentlich nur Sünde sein, ich glaube, so ein Genuß gehört gebeichtet – doch der Beichtvater lachte über so viel übertriebene Gewissenhaftigkeit.«

Krustentiere

Hummer

»Dir tönt mein Lied! Grob bist Du freilich, aber von göttlicher Grobheit und anstößig nur für jene Unglücklichen, die sich überhaupt vor jeder mannhaften Erscheinung fürchten und sich gegenüber der Gänseleberpastete und Dir von vornherein dem Tode verfallen fühlen. Allen andern bist Du hochwillkommen, magst Du gescheibelt mit Mayonnaise und Aspik Dich zum Tanze stellen oder bescheidenern Sinns Dich als Suppeneinlage mit Blumenkohl umwinden. Am schönsten freilich und am erhabensten erscheinst Du, wenn Du in einfacher Majestät gesotten mit dem Petersilienkranz einhertrittst, einem Herrscher gleich, dessen Purpurmantel der grüne Lorbeer des Siegers schmückt.« So besingen Habs und Rosner im »Appetit-Lexikon«, 1894, den Hummer. Brillat-Savarin hat ihn in seiner »Physiologie des Geschmacks« seltsamerweise nicht erwähnt, obwohl er den Krebs in gebührender Form gewürdigt hat.

Fachliche Hinweise

Grundsätzlich nur lebende, ganz frische Hummer verwenden (am Schwanz ziehen: wenn er in seine alte Richtung zurückschnappt, ist der Hummer frisch!). Ein »Luxus-Hummer« hat außerdem auf steinigem Meeresboden zu leben gehabt. Und: die männlichen Exemplare sind besser!

Am schmackhaftesten sind Hummer mit 500 bis 800 Gramm Lebendgewicht.

Hummersaison: April bis Oktober. Das Zerschneiden lebender Tiere bzw. der Stich in den Herzmuskel ist verboten. Hummer mit Kopf und Scheren voraus in stark kochendes Wasser werfen. Kochzeit (auch für Tiefkühl-Hummer): 20 Minuten. – Das Hummerbesteck besteht aus Spieß und Schere.

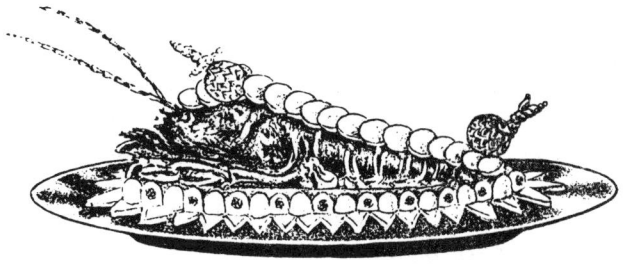

Grundrezept

Den Hummer in stark gesalzenes kochendes Wasser werfen (man kocht im Wasser Petersilie, Kümmel und ein Stück Butter mit, die Franzosen geben auch ein Kräuterbündel und ein Stück Porree dazu). Etwa 20 Minuten leicht kochen lassen (bei ca. 500 g; bei ca. 1 kg 30 Minuten). Vom Feuer nehmen und im Kochsud erkalten lassen.

Hummer kann auch warm serviert werden. Sobald er gekocht ist, aus dem Kochsud nehmen, ein paar Minuten rasten lassen (dabei beschweren). Bei trächtigen Weibchen die Eier unter dem Schwanzende entfernen. Dann den Hummer auf den Bauch legen. Mit einem scharfen, schweren Messer den Hummer der Länge nach halbieren (zuerst vom Kreuz zum Schwanzende, dann den vorderen Körperteil), den beim Kopf liegenden Magen entfernen, die Scheren ausbrechen, mit einigen Schlägen aufbrechen (mit Messer und Hammer), das Fleisch auslösen, das Hummerfleisch auch aus den großen Schalen auslösen, den Darm (ein schwarzer Streifen im Schwanzstück) herausziehen. Die Schalen des kleinen Greifers abdrehen, das Fleisch auslösen. Beim weiblichen Tier auch die Eier (das Hummer-Corail) aus der Rückenschale auslösen (wird als Einlage in Saucen und Mayonnaise verwendet).

Hummer, kalt

Den gekochten Hummer auslösen wie oben beschrieben. Die Schalen mit französischem Salat (siehe Seite 460) füllen, das Hummerfleisch (das große Schwanzstück in Scheiben geschnitten) dekorativ auflegen, mit marinierten Salatherzen garnieren. Mit Obersmayonnaise (Schlagobers in gut abgeschmeckte Mayonnaise darunterziehen) à part servieren. Dazu Toast und frische Butter.

Zu kaltem Hummer und kalter Languste reicht man edle Weiß- oder Roséweine oder Champagner, möglichst trocken. Als warmes Vorgericht serviert, verbindet man damit Auslesen und Cabinettweine, eventuell auch schwere Rotweine und Roséweine.

Hummer-Cocktail

Eine Sektschale wird mit Salatstreifen belegt, hügelartig werden kleinwürfelig geschnittene Champignons (eingelegte) und Spargelspitzen angeordnet, die vorsichtig mit einer etwas flüssigen Mayonnaise, mit einem Schuß Sherry oder herbem Portwein sowie etwas Tomatenketchup vermischt werden. Darauf legt man das in Scheiben geschnittene Fleisch der Hummerschwänze. Garniert wird das Ganze mit Spargelspitzen und mit in Scheiben geschnittenen hartgekochten Eiern.

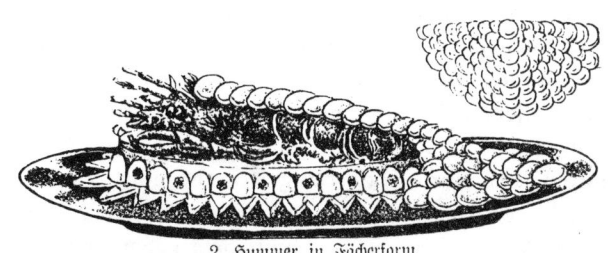

Hummer à l'américaine oder à l'armoricaine

Der Streit um den Namen dieses Gerichts ist noch nicht entschieden: die einen behaupten, der Homard à l'américaine wurde um 1860 in Nizza erfunden (dort werden Langusten in einer aus Weißwein und Paradeisern gemischten Sauce bereitet), die andern glauben, er komme aus Amerika, andere meinen, daß es sich um ein Rezept aus jenem Teil der Bretagne handelt, der einst »Armorique« (Land am Meer) genannt wurde (diese wahrscheinlichere Theorie vertrat der Gastrosoph Curnobsky nach dem Ersten Weltkrieg). Zum erstenmal aufgeschrieben hat das Rezept Jules Gouffé 1867, der es drei Jahre später auch in seinem Buch »Le Livre de la Cuisine« veröffentlichte. Erstmals serviert wurde das Gericht in einem Pariser Restaurant.

2 Portionen

Hummer (ca. 1 kg), 3 l Wasser, Salz, weißer Pfeffer (oder Cayennepfeffer), 100 g Olivenöl, 200 g Butter, 100 g feingehackte Schalotten, 1 Glas (2 cl) Cognac, 1/3 l Weißwein, 1/8 l Fischsud, etwas Knoblauch, zerdrückt; 1/8 l Sauce Demi-glace oder dementsprechend Fleischglace, 3–4 Paradeiser oder etwas Paradeismark, Butter, Petersiliengrün

Den lebenden Hummer in kochendem Wasser töten (das Originalrezept verlangte, den noch lebenden Hummer entzweizuschneiden!), halbieren und auslösen. Das Fleisch des Schwanzes in dicke Scheiben schneiden. Die cremigen Innenteile (Mark, Eingeweide) beiseite stellen. Den Darm entfernen, ebenso den Magen (in der Höhe des Kopfes). Die Hummerstücke würzen, dann in Öl und Butter mit den feingehackten Schalotten bis zur Rotfärbung rösten, mit Cognac flambieren, mit Weißwein und Fischsud untergießen, etwas Knoblauch, die zerschnittenen, gehäuteten Paradeiser (oder Paradeismark) beigeben, ebenso Demiglace oder Fleischglace. Das Ganze zugedeckt etwa 10 Minuten dünsten. Die Hummerstücke herausheben, das Fleisch auslösen und in einer vorgewärmten tiefen Schüssel anrichten.

Den Fond einkochen. Das Mark usw. mit etwas Butter im Mörser zerstoßen, damit den eingekochten Fond montieren. Die Sauce passieren, kurz erhitzen, mit frischer Butter montieren, mit den Gewürzen abschmecken und über die angerichteten Hummerstücke gießen. Mit gehackter Petersilie bestreuen.

Beilage: Butterreis

Überbackener Hummer (Hummer Thermidor)
4 Portionen

2 Hummer (zu je 700 Gramm), gekocht; Salz, Pfeffer, 40 g Butter, 50 g feingeschnittene Schalotten oder Zwiebeln, 1 TL gehackte Petersilie, etwas Cognac, 1/16 l Weißwein, 3/8 l Sauce Mornay (siehe Seite 161), 1 TL englisches Senfpulver, mit etwas Wasser angerührt

Den gekochten Hummer auslösen. Die Scherenstücke dabei ganz belassen, die Fleischstücke der Schwänze in Scheiben schneiden. In einer flachen Kasserolle Butter aufschäumen, darin Schalotten glasig rösten, gehackte Petersilie mitrösten, das Hummerfleisch (ohne die Scheren) beigeben, würzen und andünsten. Mit Cognac begießen, flambieren, mit Weißwein untergießen, die Scheren einlegen und kurz mitdünsten. Die inzwischen vorbereiteten Hummerschalen mit der Sauce Mornay, die mit englischem Senf und Hummerdünstfond gewürzt wird, füllen, obenauf die Scheren und Fleischstücke legen, mit Sauce Mornay bedecken, bei Oberhitze im Rohr gratinieren.

Auch die Langusten, Langustinos, Hummerkrabben und Scampi können wie der Hummer zubereitet werden. Tiefgefrorene Tiere müssen zuvor langsam aufgetaut werden.

Krebs

»Die Monde ohne R sind gut zum Reisen, zum Hochzeitmachen und zum Krebsespeisen.«

Krebse gehörten einst zu den Volksnahrungsmitteln. Im mittelalterlichen Wien wurde der Krebsmarkt seit ältester Zeit am Hof abgehalten, wie schon Wolfgang Schmeltzl in seinem »Lopspruch auf Wien« berichtet:
»Fünfftzig Fuder krewssen ich sah!
Der Krewssenrichter zu mir sprach:
›Mein freund, laßt euchs kein wunder sein,
Denck wohl, daß khommen seind herein
Hundert Fuder auff ein tag,
Und all verkaufft wordn, wie ich sag.
Glaub nit, daß sovil krewssen erwischt,
Ob sunst zway Land wurden ausgefischt.‹«

Dieser »Krebsenrichter« hatte dafür zu sorgen, daß nur lebende und gesunde Krebse zum Verkauf gelangten; er mußte alle »crepirten Krepsen« schon bei der Schlagbrücke, der heutigen »Schwedenbrücke« – bevor sie auf den Markt gelangten –, vernichten. Nach 1555 wurde der Krebsmarkt Wiens auf den Hohen Markt und 1768 an den Stadtwall beim ehemaligen Fischertor verlegt. Selbst als er vor das Schottentor verlegt wurde, amtierte der »Krebsenrichter« immer noch. Freiherr v. Hohberg schrieb 1682: »Es werden ganze Wagen voll, in Decken von Rohr eingemacht, nach Ödenburg, Preßburg und Wien geführt und allda um einen wohlfeilen Wert verkauft.« Bis tief ins 19. Jahrhundert behaupteten die Krebse aus Österreich und Ungarn ihren guten Ruf. Krebse aus dem Komitat Szala nannte man

Gambari.

Cancri: cpło. fri. mł. hu. mp. Electio: morantes yr ripas. lunax hrbar̃ ⁊ locis aq̃r̃ currẽtiũ. ⁊ petroſar. uuiamtũ. pucet ſopnuũ ⁊ ſcẽut cthicis ptiſicis. mariê ſi ſit ilaca reocrī. ⁊ omiſ ſcẽs exco. cũ corticẽ ſuo. ⁊ meſtus ul' bibit cũ gẽtiã. v̄ ad morſum. catrabidi. nocetĩ gñat cap. Remo cũ pipe ⁊ aceto. Gñant huõres ⁊ flaticos. ꝯuenit. cãl iuuenibus uere orientalib3.

»Solokrebse«. Wien konsumierte noch gegen Ende des 19. Jahrhunderts jährlich 600 000 Stück (1890 waren es sogar 907 000 Stück). Das »Appetit-Lexikon« nennt den Krebs einen »gar vornehmen Tafelpatricier, dem man sich zur Vermeidung böser Nachrede und noch böserer Flecken im weißen Linnen nur mit färbiger Serviette vorstellen soll«. Alte Arzneibücher empfehlen: »Krebsschalen zu aschen brennen, mit honig und Encian getrunken, heilt Rasender Hunde bissz.« Schon Rumpolt führte in seinem »New Kochbuch«, 1581, Würste aus Krebsen an. Noch F. G. Zenker bringt in »Kochkunst«, 1824, ein Rezept »Krebs-Würste«.
Bei zeitgenössischen Schauessen mischte man unter die toten Krebse lebende, die man mit starkem Branntwein rot färbte. Dazu heißt es: »Das wird einen artigen Possen geben.«

Grundrezept
4 Portionen
32 Krebse, etwa 2–3 l Kochwasser, 30 g Salz, 1 TL Kümmel, einige Dillstengel, etwas Petersilien- und Selleriegrün

Nur lebende Krebse verwenden, wobei die Bachkrebse den Flußkrebsen vorzuziehen sind. Feinschmecker schätzen die 80 bis 100 g schweren Tiere. Die Krebse werden unter fließendem Kaltwasser gebürstet und sauber gewaschen. Dann bringt man das Kochwasser zusammen mit Salz und Kümmel, Dille und dem Grünen zum Kochen und wirft die gereinigten Krebse mit dem Kopf voran in das siedende Wasser, und zwar nach und nach (das Wasser soll dabei nie zu kochen aufhören, damit die Tiere sofort getötet werden). Sobald alle Krebse im siedenden Wasser sind, die Temperatur drosseln. Kochdauer: 7–10 Minuten. Dann die Krebse aus dem Wasser heben, das Fleisch vorsichtig aus den Schweifchen und Scheren lösen und weiterbehandeln.

Krebse, gekocht
2 Portionen
16 Krebse, 2 l Wasser, 15 g Salz, 1/2 TL Kümmel, 1 kleine Zwiebel, 1 kleinwürfelig geschnittene Karotte, Kräuterbündel (Petersilien- und Selleriegrün, Dillstengel, etwas Thymian, 1 kleines Lorbeerblatt), 8 Pfefferkörner, 3 dl herber Weißwein

Das Wasser mit den Zutaten zum Kochen bringen. Die Krebse nacheinander in das siedende Wasser werfen und 7–10 Minuten langsam kochen. Meist werden die gargekochten Krebse in einem eigenen Topf heiß aufgetragen, da einmal erkaltete Krebse an Wohlgeschmack verlieren. Die Schalen können mit einer eigenen Krebsenschere geöffnet werden. Meist aber ißt man die Krebse – wie die Artischockenblätter und den Stangenspargel – mit der Hand. Man nimmt einen Krebs am Kopf und Schweif, macht eine rasche Gegendrehung und hat dadurch den Schweif vom Panzer gelöst. Dann entfernt man den Darm aus dem Schweifstück und schiebt das Schwanzfleisch in den Mund. Die Scheren bricht man mit den Fingern und schlürft sie aus. Man serviert dazu Weißbrot oder Jourgebäck. Der Krebsfond wird in Tassen à part serviert.

Krebse auf Burgenländer Art
4 Portionen
32 gekochte Krebse (nach Grundrezept), Scheren und Schweifchen ausgelöst, 1 EL feingeschnittene Zwiebel, 1 TL gehackte Petersilie, 40 g Butter, 40 g Mehl, 1/4 l Sauerrahm, 1/4 l Wasser der gekochten Krebse, etwas Dille, etwas Essig

Die Zwiebel in Butter anschwitzen, ebenso die Petersilie, mit Mehl stauben, kurz durchrösten, mit Sauerrahm und Krebskochwasser aufgießen, gut verrühren und 1/2 Stunde kochen lassen. Zum Schluß frische Dille, vorher mit etwas Essig mariniert, beigeben. Das ausgelöste Fleisch der gekochten Krebse in der Sauce kurz überdünsten.

Krebse à la Schöner
2 Portionen
*16 Krebse, gekocht nach Grundrezept; 1 feingeschnittene Zwiebel, 40 g Butter, 1 EL gehackte Dille, 1/8 l Sauerrahm, 1 EL Mehl, Salz, Zitrone, ca. 1/8 l Bouillon
Rahmreifen: 4 Dotter, 1/8 l Rahm, 4 EL Mehl, Salz, 4 Eiklar, Butter für die Form*

Das Fleisch der gekochten Krebse aus Schwanz und Scheren lösen. In heißer Butter die Zwiebeln und die Dille anschwitzen, mit Rahm, mit Mehl verrührt, aufgießen, mit etwas Bouillon verdünnen, mit Salz und Zitronensaft abschmecken und gut verkochen. Dann die

Krebsstücke darin kurz dünsten, bis sie sehr heiß sind. Das Ragout in kleinen Töpfen oder in einem Rahmreifen anrichten.

Der Rahmreifen, auch »falsche Polenta« genannt, wird extra zubereitet: Dotter mit dem Rahm verrühren, Mehl und Salz beigeben, zuletzt den steifen Schnee darunterziehen. Die Masse in einen mit Butter bestrichenen Dunstreifen dressieren, eine 3/4 Stunde im Dunst kochen. Den garen Reifen auf eine flache Schüssel stürzen, in die Mitte das vorbereitete Krebsragout geben. Alexander Spörk, Leibkoch des Kaisers Franz Josef, nahm »schöne große Laibacher Krebse«, entfernte durch Ausziehen der Mittelflosse rasch den Darm und warf die Krebse dann in kochendes Bier, dem er Salz und in einem kleinen Säckchen Kümmel beigegeben hatte.

Krebs-Risotto
Pro Person 6–8 mittelgroße Krebse
Risotto (siehe Seite 345)

Die Krebse in Salzwasser und Kümmel kochen, das Fleisch auslösen, einem halbfertigen Risotto beigeben und dünsten. Den angerichteten Risotto mit Krebsnasen dekorieren, mit Krebsbutter übergießen. Man kann in die Mitte eines in Ringform angerichteten Risottos auch ein Krebsragout (siehe oben) geben, das mit einer Krebssauce (Seite 160) gebunden wurde.

Krebse, gebacken
Gekochte und ausgelöste Krebsfleischstücke in Mehl, zerklopftem Ei und Bröseln panieren, in mittelheißem Fett schwimmend backen. Beilage: Sauce tatare.

Krebsauflauf
4 Portionen
160 g ausgelöste Krebsschweifchen, gekocht nach Grundrezept; 2 EL Krebsbutter; Béchamel aus 40 g Butter, 40 g Mehl, 1/4 l Milch; 4 Dotter, Salz, Pfeffer, Muskatnuß, 4 Eiklar, Parmesan, Butter für die Form

Aus Butter, Mehl und Milch eine dickliche Béchamel bereiten, mit Krebsbutter sämig machen, mit Parmesan verrühren, mit Eidotter binden und würzen. Das ausgelöste Fleisch der Krebsschwänze beigeben, zuletzt den steifen Schnee darunterziehen, in eine gebutterte Souffléschale geben und bei Oberhitze backen. Die

»Krebse auf Wiener Art«

Masse kann auch als **Krebspudding** bereitet werden. Dazu reicht man extra eine leichte Krebssauce.

Zu einem »Krebsenschmalzkoch« benötigte der Verfasser des »Kochbuchs des durchleuchtigsten Maximilian Ernest, Erzherzog von Österreich« aus dem Jahre 1607 nicht weniger als 100 Krebse. Ebenso »reichhaltige« Krebsrezepte führt das »Nutzliche Koch-Buch«, 1740 in Steyr gedruckt, an, das für 100 Personen einen »Krebs-Strudel« kennt: ein ausgezogener Strudelteig (aus 30 Eiern, 15 Eiklar und Mehl) wird mit einer Fülle aus 3 Pfund Krebsbutter, 20 Eiern, süßer Milch, Petersilie, Fischfarce und geweichten Semmeln und »Krebs-Schweifel« gefüllt (»man kann auch Weinbeer dazu nehmen«), mit siedender Milch begossen und »im Bachofen gebachen«. Die »Krebs-Böcherl in Fast-Tägen« wurden gefüllt mit »Hechten-Leber, Karpfen-Zungen, gesottenen Spargel-Köpfl, grünen Erbsen, Nägerl-Schwämml, Krebs-Schweiffl«. Und ein damaliger »Krebs-Gugelhopf« wurde mit »anderthalb Vierting guten Krebs-Butter«, 6 Eiern und 12 Dotter, Milch, Germ und Mehl bereitet. Außerdem gibt es in diesem Kochbuch noch »Krebs-Torten«, »Krebs-Koch« und ein »Aufgeloffenes Krebs-Koch«.

Sacher Rezept

Frische Krebse »Rassconi«

4 Portionen
150 g Krebsenfleisch, 3 EL Cognac, 150 g würfelig geschnittene frische Gurke, gehackte Dille, 3/16 l Sauerrahm

Krebsenfleisch mit Cognac marinieren, 1/2 Stunde ziehen lassen, abtropfen, Gurkenwürfel beigeben, salzen, mit Sauerrahm binden, mit gehackter Petersilie abschmecken. Auf Salatblatt erhaben anrichten, mit Dille bestreuen. Mit Paradeiserscheiben und Oliven garnieren.

Krabben (Garnelen, Kaisergranat, Porren, Crevetten, Shrimps)

Diese unter vielen Namen auftretenden kleinen Seekrebse kommen schon abgekocht und ungeschält oder geschält sowie in Konserven in den Handel. Sie werden gern als Garniturbestandteil verwendet oder kalt mit Sauce tatare oder einer Kräutersauce (Sauce vinaigrette) serviert. Es können auch schmackhafte Eigengerichte hergestellt werden, meist mit einer Sauce gebunden und ergänzt mit Champignons, Trüffeln, Spargelspitzen u. ä. m. Man kann sie panieren oder durch einen Backteig ziehen und in heißem Fett schwimmend backen. Habs–Rosners »Appetit-Lexikon«, 1894, empfiehlt sie nur in Salzwasser abgekocht und ohne Zutaten oder in Form eines Salates mit Pfeffer, Essig und Öl: »Alle andern Bereitungsweisen sind ungehörige Künsteleien.«

Scampi, Meerkrebse

sind ebenfalls Krustentiere, ähnlich den Krabben, aber größer. Von den Scampi kommen nur die Schweifchen – meist tiefgekühlt – in den Handel. Die Schweifchen frischer Scampi werden ausgebrochen und nach Entfernung des Darms gebacken oder gebraten, aber auch gegrillt (dazu wird nur das Fleisch des unteren Schalenpanzers ausgelöst).

Scampi auf Wiener Art

Die ausgelösten Scampi werden am Rücken leicht eingeschnitten, der Darm wird herausgezogen. Die Scampi salzen, in Mehl, verquirltem Ei und Bröseln panieren, in mittelheißem Fett schwimmend backen. Mit Zitronenscheibe und Petersilie garnieren. Extra dazu wird Mayonnaise serviert.

Man kann die Scampi zuvor auch in Zitronensaft und gehackter Petersilie marinieren, dann durch einen Backteig ziehen, in Fett backen und mit Sauce tatare servieren. Oder nur salzen, in Mehl wenden und in heißem Öl backen.

Schalen- und Weichtiere

Austern

Austern sind die »Vorspeise« par excellence, können aber auch beim Déjeuner und Diner serviert werden. Sie standen bei allen Gourmets und Gourmands immer schon hoch im Kurs und genießen auch heute noch schrankenlose Verehrung. Mit den Austern verbindet der Wissende jene höfisch-luxuriöse Welt eines französischen Königs- oder Kaiserhofes, die Welt der Chevaliers, Abbés und Champagnerritter mit ihrem Austern- und Sektfrühstück – jene Epoche, die durch die Französische Revolution nur kurzfristig unterbrochen worden war. Seit Ludwig XIV. gilt die Auster als »le bivalve de l'aristocratie et la palme de la table«. Die Gattin Ludwigs XV., eine polnische Prinzessin, soll bei einem Abendessen einmal 320 Austern gegessen haben. Nun, die Zeit, da man seine 10–12 Dutzend Austern aß, ist vielleicht vorbei (»ein gewiegter Esser mag 10–12 Dutzend zum Vorspiel hinunterschlürfen, ohne dadurch

Kleine lewendign Fisch!   Kaft's Krebs'n!

seinem Appetit auf die Hauptmahlzeit Abbruch zu tun. Der wahre Kenner indessen geht nie über 60, höchstens 72 Stück hinaus, denn mindestens mit dem sechsten Dutzend hört die Auster auf, ein Genuß zu sein«, heißt es im »Appetit-Lexikon«, 1894).

Das Wort kam erst im 16. Jahrhundert aus dem Niederdeutschen (»uster«; griechisch »osteron«; indogermanisch »ost[h]« = Knochen) ins Hochdeutsche; als Delikatesse aber waren die Austern schon bei den Griechen und Römern begehrt.

Fachliche Hinweise

Der Kenner unterscheidet verschiedene Sorten und Qualitätsunterschiede (Imperials, 1. und 2. Sorte). Begehrt sind u. a. die französischen Bélons, Marennes, Cancalaises, Arcachonaises und Portugais, die niederländischen Imperials, die britischen Cholchesters, Whitestables, Burnhams und Carlingfords; früher waren auch die deutschen Limfjord-Austern und die venezianischen Arsenal-Austern beliebt. An nordamerikanischen Austern bekannt sind vor allem die Blue Points und die Cape Cods. Die Austern werden heute größtenteils auf künstlich angelegten Austernbänken gezüchtet. – Am besten sind Austern in den Monaten, die ein »r« im Namen führen. Der Fachmann kann das Alter der Auster an der Schale ablesen.

Nur geschlossene Austern verwenden. Mit Bürste im kalten Wasser sauber waschen, dann trocknen. Immer erst unmittelbar vor Gebrauch öffnen! Man legt die geschlossene Auster mit der Wölbung nach unten auf die Handfläche, sticht vorsichtig mit dem Austernbrecher (einem Messer mit flacher Klinge, gekrümmt und zugespitzt, und kurzem Griff) zwischen die beiden Schalen, bewegt das Messer auf und ab und lockert die obere Deckelschale, führt den Austernbrecher unter der Deckelschale entlang (vorsichtig, damit die Auster nicht beschädigt wird; die Schale waagrecht halten, damit der Saft nicht ausrinnt!), schneidet den oberen Muskel durch, entfernt die Deckelschale und durchtrennt den unteren Muskel, der Auster und Schale verbindet. Eventuelle Schalensplitter entfernt man mit einem Pinsel, den man in Salzwasser taucht, schneidet den »Bart« (die Kiemenblätter und die Fransen des Mantels) weg (allerdings gibt es Puristen, die sich dagegen wehren). Die Austern werden geöffnet in tiefer Schale auf gestoßenem Eis angerichtet (pro Person 6–12 Stück), mit Zitronenachteln garniert und nach Wunsch mit Grau- oder Grahambrot, mit Butter dünn bestrichen, oder Toast serviert. Dazu serviert man möglichst kalten, sehr trockenen Weißwein (z. B. Chablis) oder Champagner. Der Gast beträufelt die Auster mit wenig Zitronensaft und schlürft sie im ganzen.

Austern auf Wiener Art

Austern warm zu essen gehört bei den Franzosen zu den »petites cochonneries«, zu den »kleinen Schweinereien« – dennoch seien hier zwei Rezepte angeführt: Geöffnete, ausgelöste und entbartete Austern im eigenen Saft, Zitronensaft und Zwiebelringen und gehackter Petersilie marinieren. Gut abtropfen lassen, mit Mehl, Ei und Bröseln panieren und in mittelheißem Fett backen. Die Marinade aufkochen, seihen und mit Eidotter über Dunst dicklich aufschlagen, zuletzt frische Butter einschlagen und separat zu den gebackenen Austern servieren. Die Austern nach dem Backen leicht salzen, auf Serviette anrichten, mit gehackter Petersilie und Zitronensechsteln garnieren. Die Sauce wird à part gereicht.

Gratinierte Austern

Ausgelöste und entbartete Austern im eigenen Saft kurz ansteifen, d. h. fast bis zum Kochen erhitzen. Die Unterschale (gut gereinigt und getrocknet) auf Salz stellen. Eine dickgehaltene Sauce Mornay mit dem reduzierten Austernfond verfeinern. Auf die bebutterten Schalen einen Löffel Sauce Mornay geben, zwei bis drei Stück Austern darauflegen, mit Mornaysauce bedecken, mit Reibkäse bestreuen, mit Butter beträufeln und bei Oberhitze gratinieren.

Muscheln

Die Muscheln (Pfahl- oder Miesmuscheln, Klaff-, Kamm- und Herzmuscheln) zählen zu den »ärmeren Verwandten« der Auster, haben dafür aber einen größeren Kreis von Liebhabern (»Naturmenschen, Schiffbrüchige, Liebhaber und andere notleidende Geschöpfe essen diese Schaltiere roh ohne Salz und Serviette und haben dabei allerdings den Vorteil, daß ihr Mittagsbrot nicht nur billig, sondern auch sehr verdaulich ist«, heißt es in unserm »Appetit-Lexikon« von 1894).

Fachliche Hinweise: Beim Einkauf ist darauf zu achten, daß die Muschelschalen geschlossen und frisch sind. Offene Muscheln bzw. solche, die beim Wässern auf der Oberfläche schwimmen, müssen weggeworfen werden. Sollten sich die Muscheln bei der Zubereitung schwarz oder rötlich verfärben, müssen alle weggegeben werden, da sich giftige darunter befinden! Frische Muscheln einige Stunden wässern (Wasser dabei mehrmals wechseln), gut bürsten und waschen.

Grundrezept (für frische Pfahl- oder Miesmuscheln)
500 g Miesmuscheln, 3 EL Öl, 50 g feinst geschnittene Zwiebeln, 2 zerdrückte Knoblauchzehen, 2 TL gehackte Petersilie, Kräuterbündel (Thymian, 1/4 Lorbeerblatt), 1/8 l trockener Weißwein, Pfeffer
Zwiebeln in Öl anschwitzen, zerdrückten Knoblauch und gehackte Petersilie kurz erhitzen, mit Weißwein ablöschen, das kleine Kräuterbündel beigeben. Die gut gereinigten Muscheln beigeben, pfeffern (nicht salzen), zugedeckt bei starkem Feuer 5–7 Minuten dämpfen. Alle Muscheln müssen sich dabei öffnen (nichtgeöffnete Muscheln wegwerfen!). Die Deckelschale entfernt man, die halben Muschelschalen mit den Muscheln werden in einer tiefen Schüssel (Timbale) angerichtet, der erhitzte Kochfond wird geseiht darübergegossen. Dazu serviert man Pariserbrot oder Toastscheiben. Kenner verwenden zum Auslösen des Muschelfleisches eine leere Muschelschale und kein Besteck!

Die so zubereiteten Muscheln kann man auch für Salate (meist in Verbindung mit Spargel, Paradeiser und Reis) oder ausgebrochen mit Sauce vinaigrette servieren oder für diverse Muschelgerichte weiterverwenden.

Muscheln marinière
500 g gekochte Muscheln (Grundrezept), 20 g Butter, 1 TL Mehl, 1 Eidotter, Obers, Salz, Zitronensaft
Butter und Mehl zu Mehlbutter kneten. Die gekochten Muscheln ausbrechen, auf den Schalen anrichten. Den Kochfond der Muscheln mit der Mehlbutter binden, mit Dotter und Obers legieren, mit Salz und Zitronensaft abschmecken und über die angerichteten Muscheln gießen. Die Sauce kann mit Dille und Cayennepfeffer abgeschmeckt werden.

Schnecken

»sind zwar der Erdengüter höchstes nicht, doch aber zur Erregung angenehmer Empfindungen geeignet. Als Füllsel für einen saftigen Kapaun gebraten vermögen sie sogar weniger empfängliche Gemüther mit stiller Sehnsucht zu erfüllen«, schreiben die Autoren des »Appetit-Lexikons«. Weiters preisen sie sie in Gestalt von »Tartarin-Schnecken«, die mit »gemesserten« Zwiebeln, Schalotten und Paradeisern in Butter gedünstet, mit Bratensaft getränkt, mit Knoblauch und Kräutern gewürzt und mit frischer Butter serviert werden. »Auch mit Kapern und Sardellen in legierter Buttersauce gedünstet, oder mit Knoblauchbutter geröstet und auf duftiges Sauerkraut gebettet, oder gefüllt mit Essig und Öl gegeben, verfehlen sie eines angenehmen Eindrucks nicht.«
Die Wiener Küche des 18. Jahrhunderts schwang sich sogar zu Schneckenknödeln und Schneckenpasteten, zu gespickten Schnecken und zu Schneckenwürsten auf. Am liebsten aß man sie mit Kren oder Weinkraut. Und die schlichte Schneckensuppe wurde selbst von den härtesten Fastenbrechern geschätzt. Man aß Schnecken aber auch gezuckert oder als Schneckensalat (»Schlamperte Schnecken« genannt). Eine »Eierspeise mit Schnecken« überliefert Katharina Schreder.
Im Mittelalter legten die Mönche nach römischem Vorbild (die Römer verstanden sich auf die Schneckenmästung!) eigene Schneckengärten an und konnten so

ihr Fastenmenü erheblich aufbessern. Später wurden Weinbergschnecken ein österreichischer Exportartikel. Ab 1840 ging in Österreich der Schneckenverbrauch immer mehr zurück. Allerdings blieb das Sprichwort erhalten: »Besser a Schneck als gar kein Speck!« Im ehemaligen niederösterreichischen Sammelgebiet um Landegg-Pottendorf feierte man sogar einen »Schneckenkirchtag«: Burschen in weißer Fleischhauerkleidung zogen am »schwarzen« Sonntag, dem letzten Sonntag in der Fastenzeit, an einem Seil eine Schnecke durch das ganze Dorf; sie wurde schließlich an einem Birnbaum aufgehängt und mit einem Fleischerbeil erschlagen. Die Zuschauer wurden dabei mit Tierblut besprengt. Die Volksmedizin verwendete Schneckenpulver »vor den cathar«, wie es im Arzneibuch des »Granat-Apfels« um 1700 heißt. Die alten Steirer wissen außerdem: »Männer, die Schnecken essen, sind auch nachts beim Dasein da!« Heute stehen die Schnecken in Österreich unter Naturschutz, zum Sammeln bedarf es einer behördlichen Bewilligung. Für den Handel werden die Weinbergschnecken heute auch in Österreich wieder in eigenen Schneckenfarmen gezüchtet.

Fachliche Hinweise

Schnecken kommen frisch oder fertig vorbereitet (gekocht) und in Dosen konserviert mit dem Gehäuse extra in den Handel. Frische Schnecken müssen in einem geschlossenen Schneckenhaus (mit kalkhaltigem Verschluß) sein.

Das Vorbereiten der frischen Schnecken ist sehr mühsam! Die gereinigten Schneckenhäuser müssen zunächst abgedeckt werden (Verschlußmembrane wegschneiden). Dann in kochendes Wasser werfen und 5 Minuten kochen lassen, herausnehmen, mit der Spicknadel die Schnecken aus dem Gehäuse ziehen, Darm (Futtersack), Kopf, das weiße Steinchen und das dunkle Schwanzende entfernen. Das Schneckenfleisch mit grobem Salz bestreuen, abreiben und durchspülen. Den Vorgang so oft wiederholen, bis das Spülwasser klar ist. Dann kocht man das Schneckenfleisch in Salzwasser mit Suppengrün, Zwiebel und Thymian 4 bis 6 Stunden langsam weich. Zuletzt gießt man etwas trockenen Weißwein dazu. Dann nach Rezept weiterbehandeln.

Schnecken in Kräuterbutter (»Schneckenbutter«)
Pro Person rechnet man 6 bis 12 Schnecken

Die Schnecken, wie nebenan beschrieben, weich kochen und im Sud erkalten lassen. Die leeren Gehäuse in Sodawasser etwa 30 Minuten kochen, wässern, säubern und trocknen.

Butter mit feingeschnittenen Schalotten, einer zerdrückten Knoblauchzehe und gehackter Petersilie vermischen, salzen und pfeffern. Etwas von dieser Butter in die Schneckenhäuser geben, die gekochten Schnecken zusammen mit etwas Kochfond hineindrücken, mit Kräuterbutter abschließen und die Gehäuse mit der Öffnung nach oben in eine Schneckenpfanne geben; im Rohr etwa 8 Minuten erhitzen, bis oben die Butter klar austritt. Sehr heiß servieren.

Heiße Schnecken werden in der Schneckenpfanne (mit entsprechenden Vertiefungen) angerichtet. Das heiße Schneckengehäuse faßt man mit der kleinen schaufelförmigen Zange, mit der Schneckengabel (schmale lange Gabel mit zwei Zinken) zieht man das Fleisch in einem Zug heraus.

Man serviert dazu auch gern etwas vom Kochsud. Getrunken wird zu diesem Gericht Weißwein.

Gebackene Schnecken
Gekochte Schnecken mit Salz und Knoblauch marinieren, mit gehackten Schalotten, Knoblauch, Salz und Pfeffer in heißer Butter sautieren, dann erkalten lassen, durch einen mit Schnittlauch vermischten Backteig ziehen, in mittelheißem Fett goldgelb backen. Mit gebackener Petersilie und Zitronensechstel anrichten. Man kann die gekochten Schnecken vor dem Backen auch mit Öl, Zitronensaft, geschnittenen Schalotten und gehackter Petersilie marinieren.

Heitz führt in seiner »Wiener Bürger-Küche« von 1902 **»Schnecken auf Wiener Art«** folgendermaßen an: Gewaschene Schnecken in Salzwasser und mit einem Spritzer Essig und julienneartig geschnittenem Wurzelwerk eine Viertelstunde kochen, herausnehmen und abtrocknen; sie werden auf »einer zierlich gebrochenen Serviette mit frisch angemachtem Essigkren zur Tafel gebracht«.

Schnecken auf österreichische Art (»Schneckensalat«)
Die weichgekochten Schnecken feinnudelig schneiden,

mit feingeschnittenen Zwiebeln und hartgekochten, gehackten Eiern vermischen, mit Salz, Pfeffer, Essig und Öl anmachen, mit gerissenem Kren servieren.

Froschschenkel

»In den Landen ober und unter der Enns war man noch um 1680 über die Zuträglichkeit dieser Speise sehr im Zweifel, hat aber schließlich alle törichten Bedenken tapfer überwunden, und jetzt verspeist Wien seine 5000–10000 Paar Froschschenkel jährlich«, wissen Habs und Rosner zu berichten. Nach Anna Bauer werden die Frösche »als sehr heilsam für Brustkranke angesehen«. Heute bekommt man die Schenkel des grünen Wasserfrosches (mit gelben Streifen auf dem Rücken und schwarzgeflecktem Bauch) abgezogen und gereinigt beim Delikatessenhändler. Tiefgefrorene Froschschenkel müssen langsam aufgetaut werden. Am besten sind sie frisch im Herbst. Pro Portion rechnet man 12 Stück (als warme Zwischenmahlzeit).

Froschschenkel, gebacken
Die Schenkel salzen und pfeffern, mit Mehl, zerklopftem Ei und Bröseln panieren und in heißem Fett goldgelb backen. Extra Mayonnaisesauce servieren. Man kann sie auch salzen, pfeffern, mit feingehackter Petersilie, etwas zerdrücktem Knoblauch, Zitronensaft und Öl eine Stunde marinieren, abwischen, durch einen Backteig ziehen, in heißem Fett rasch goldgelb backen. Auf Serviette mit gebackener Petersilie anrichten. Extra dazu Sauce tatare. Oder »auf Müllerinart« salzen, mit Mehl bestäuben, in Butter oder Butterschmalz braten, anrichten, mit Zitronensaft beträufeln, mit gehackter Petersilie bestreuen und mit aufgeschäumter frischer Butter begießen. Heiß servieren.

Froschschenkel mit feinen Kräutern
Die Schenkel salzen, in Mehl wälzen und in Butter braten. Anrichten und mit Zitronensaft beträufeln. Frische Butter zum Bratensatz geben, aufschäumen, möglichst viel verschiedene grüne Kräuter, fein gehackt, beigeben und sofort über die angerichteten Schenkel gießen. Mit Salzkartoffeln servieren.

Eingemachte Froschschenkel
Froschschenkel, Zitronensaft, 1 EL feingeschnittene Zwiebel, 1 TL gehackte Petersilie, 40 g Butter, ¼ l Weißwein, ¼ l Wasser, Salz, 1 kleines Stück Lorbeerblatt, 30 g Butter, 30 g Mehl, 2 EL Obers, 1–2 Dotter
In heißer Butter Zwiebel und Petersilie anschwitzen, mit Weißwein und Wasser aufgießen, das Lorbeerblatt beigeben, salzen und die zuvor in Zitronensaft marinierten Froschschenkel darin weich dünsten.
In heißer Butter das Mehl anschwitzen, mit dem Kochsud (ohne Lorbeerblatt) aufgießen, gut verkochen, mit Obers und Eidotter legieren, mit Salz und Zitronensaft abschmecken. Die Froschschenkel darin erhitzen. Mit gehackter Petersilie bestreuen und servieren. Beilage: gedünsteter Reis und Zitronenscheiben.

Von Krebßen seind drey vnd zwantzigerley Speiß vnd Trachten zu machen.

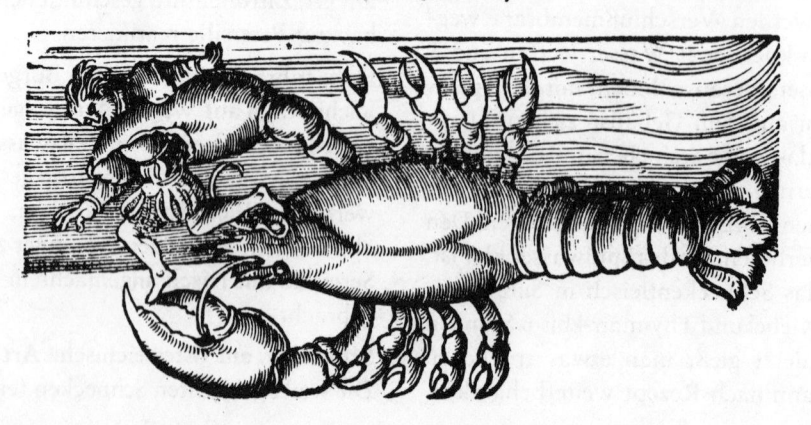

Rindfleisch

Koch.
Un Cuisinier.

»Das unentbehrlichste Fleisch in einer Haushaltung ist und bleibt unter allen Verhältnissen das Rindfleisch.« So eröffnet August Mauer in seinem »Illustrirten Wiener Kochbuch« von 1885 das Kapitel »Über den Ochsen«. Schon während des ausgehenden Mittelalters bildete das Rindfleisch neben dem Brot eines der wichtigsten und damals billigsten Nahrungsmittel der städtischen Bevölkerung. (Auf dem Lande lebte man vorwiegend von Mehl- und Fettprodukten.) Im städtischen Haushalt wurde schon immer das Rindfleisch bevorzugt. In einem Grazer Haushalt mit drei erwachsenen Personen benötigte man zum Beispiel im Jahre 1600 in der Woche etwa 3 kg Rindfleisch. 1685 bekamen 11 Spitalsarbeiter und -arbeiterinnen wöchentlich etwa 34 kg Rindfleisch. Selbst die Armen des Grazer Bürgerspitals erhielten 1726 wöchentlich pro Kopf 2 Pfund Rindfleisch, wie Fritz Popelka in dem Artikel »Die Bewegung der Fleischpreise in Österreich im 16. Jahrhundert« ausführte. Um 1870 konnte sich eine mehrköpfige Wiener Arbeiterfamilie zweimal die Woche etwa ein halbes Pfund Rindfleisch leisten. Dabei ist zu bemerken, daß sich der Fleischkonsum seit dem ausgehenden Mittelalter bis zum beginnenden 19. Jahrhundert pro Kopf im Jahr von 100 auf 20 Kilogramm verringerte! Der jährliche Pro-Kopf-Verbrauch an Rindfleisch in Österreich stieg von 1960 bis 1971 von 14 auf 29 kg.

Der Berliner Reiseschriftsteller Nicolai bemerkte 1793 zum Wiener Rindfleischkonsum: »Berlin hat 140 000 Einwohner, die jährlich etwa 20 500 Stück Rindvieh verzehren. Wenn Wien 206 000 Menschen hat, die bloß 39 000 ungarische Ochsen essen, ohne die inländischen, die auch an 4000 ausmachen, so sieht man deutlich den sehr viel größeren Verbrauch des Rindfleisches in Wien. Es essen, durch die Bank gerechnet, die Berliner ebenso viel, die Wiener aber mehr als den vierten Teil mehr Rindfleisch, als die Londoner, die fast nur Rindfleisch essen.« 1830 verzehrten die 305 990 Wiener laut Statistik 77 740 Ochsen, 16 214 Kühe, 126 854 Kälber, 100 000 Lämmer und Schöpse sowie 115 000 Schweine.

Interessant ist, daß im ausgehenden Mittelalter die Qualität bei der Festsetzung der Preise für die einzelnen Fleischsorten des Rindes noch keine große Rolle spielte. Laut einer Verordnung des Wiener Magistrates aus dem Jahre 1460 mußten die Fleischer das Rindfleisch nach dem Pfund – ohne Qualitätsunterschiede – verkaufen. Das hatte die Fleischer zunächst verdrossen. Doch bald hatten sie ihren Vorteil darin erkannt: Jede Fleischsorte wurde mit dem gleichen Preis bezahlt, während früher arme Leute mindere Qualität billiger erwerben konnten. Die Wohlhabenden kauften das beste Stück Rindfleisch also zum gleichen Preis wie die Armen, denen die Fleischer »das pößt als teur gaben als das pest. So namen die purger das pest in seinem werd und ließen die armen das ergerist.« Für das Rindfleisch wurde ein Durchschnittspreis festgesetzt: 1548 kostete 1 Pfund Rindfleisch 6 Pfennige, 1600 schon 13 Pfennige. Nur der Lungenbraten, der »Ripp- oder Rückpraten«, die beste Fleischsorte beiderseits des Rückgrates, durfte zu höherem Preis verkauft werden. Wichtig für die Erstellung des Rindfleischpreises war schon damals die »Zuwaage«; die Höhe der Zuwaage wurde vom Magistrat von Zeit zu Zeit aufs neue durch die Probeschlachtung (»Teichung«) eines Ochsen bestimmt. 1574 betrug diese Zuwaage bei einem Pfund Rindfleisch 6 Lot (105 Gramm) »Ingereisch« (Eingeweide), worunter man Füße, »Gräb, Haubtschedl und Vozmaull« verstand. In den uns überlieferten Rindfleischpreisen dürfte diese Zuwaage immer mitinbegriffen sein. Die Käufer der »vier vordern gueten Praten (dann man meer Rückhpratten auß einem Ochsen nit machen soll)« hatten als Zuwaage ein Viertel »Fleckh« (Kaldaunen) zu nehmen, wie aus einer Fleischsatzung vom 3. Juni 1574 hervorgeht.

Die Versorgung der Städte, namentlich von Wien und Graz, Klosterneuburg, Freistadt, Gmunden, mit Rindfleisch war bis ins 19. Jahrhundert auf die Einfuhr ungarischen Viehs angewiesen. Für Wien zum Beispiel konnte die niederösterreichische Landwirtschaft rund um die Stadt nicht zur Gänze aufkommen. Steirisches Vieh wurde auf legalen und illegalen Wegen vorwiegend nach Italien exportiert. Obersteirische Talschaften mußten die Bergleute des Erzberges und die Salinenarbeiter in Aussee mit Rindfleisch verproviantieren.

Diese exportabhängige Fleischversorgung war natürlich stets von den politischen Geschehnissen sehr abhängig. Die Türkenkriege zum Beispiel störten den Handel empfindlich, und der Wiener Magistrat zwang damals die Fleischer, die Stadt mit genügend Fleisch zu einem bestimmten Preis zu versorgen. Schon damals mußte man mit Subventionen aus der Gemeindekasse die Rindfleischpreise stützen. 1561 zahlte die Stadt für jeden geschlachteten Ochsen eine Prämie. Kalbfleisch war außerhalb Wiens etwas billiger; Schöpsenfleisch wurde vor allem von den Armen erworben. Den Bedarf an Schweinefleisch (1 Pfund kostete 1569 etwa 10 Pfennig) deckten die Städte größtenteils aus der ländlichen Umgebung; jedoch nahm gegen Ende des 16. Jahrhunderts auch hier die Einfuhr aus Ungarn zu. Der Preis des Schweinefleisches richtete sich allerdings nach der Qualität des Fleisches.

Es gibt also viele Gründe, warum gerade Wien zu einem Mekka der Rindfleischesser geworden ist. Einmal war es die große Nachfrage wegen der Billigkeit des Fleisches, dann die mit Geduld und Ausdauer gepaarte Mühe der Wiener Bürgers- und Gasthausköchin, die sich die Zeit nahm und nimmt, ein Stück Rindfleisch liebevoll zuzubereiten und die dem Rindfleisch jene Zeit läßt, die es benötigt, um saftig, zart und weich zu werden. Nicht zuletzt aber war es die fast schon chirurgische Kunst der einheimischen Fleischhauer, die aus einem Ochsen alles herausholten, was an Spezialitäten herauszuholen ist; diese Fleischhauer oder Metzger wissen fast jeden einzelnen Muskel und jedes Fleischteil zu »sezieren«, die sich jeweils nur für ein ganz bestimmtes Gericht eignen. (Als Kenner erweist sich, wer beim Fleischer oder im Gasthaus präzise das von ihm bevorzugte Stück Rindfleisch zu bestellen versteht!) Und nicht zu vergessen sind die ungarischen und einheimischen Rinderzüchter!

Die jungen Ochsen, deren »Tafelspitze« einst im berühmten Wiener »Rindfleischtempel«, dem Restaurant »Meissl & Schadn«, serviert wurden, fütterte man in eigenen Zuckerrübenfeldern des Marchfeldes. Nach dem Schlachten mußte das Fleisch genau zwei Wochen abhängen. Im zweiten Stock von »Meissl & Schadn«, das im Bombenhagel des Zweiten Weltkrieges unterging, wurden nicht weniger als 24 Rindfleischspezialitäten des Hauses serviert: Tafelspitz, Tafeldeckel, Rieddeckel, Beinfleisch, Rippenfleisch, Kavalierspitz, Kruspelspitz, Hieferschwanzl, Schulterschwanzl, Schulterscherzl, Mageres Meisl (oder Mäuserl), Fettes Meisl, Zwerchried, Mittleres Kügerl, Dünnes Kügerl, Dickes Kügerl, Bröselfleisch, Ausgelöstes, Brustkern, Brustfleisch, Weißes Scherzl, Schwarzes Scherzl, Zapfen und Ortschwanzel. Ein Gast, der »respektiert« werden wollte, mußte präzise das gewünschte Stück zu bestellen wissen. Der Stammgast bekam natürlich »sein« Gustostückerl ungefragt serviert – er blieb seinem einmal gewählten Lieblingsstück treu, er hatte ja auch stets denselben Tisch, denselben Kellner! Die Gäste hatten pünktlich zu erscheinen und sollten ihren Gaumen vorher nicht durch Alkoholgenuß irritieren! – Der »Tafelspitz« im Hotel Sacher gilt noch heute als eine legendäre Spitzenqualität.

Dieses fast kultische Zeremoniell rund um das »gekochte« Rindfleisch hatte sich in der zweiten Hälfte des 19. Jahrhunderts gerade in Wien entwickelt. Den Anstoß dazu dürfte kein geringerer als Kaiser Franz Josef gegeben haben. Noch in der 1912 in 3. Auflage erschienenen »Servierkunde. Ein Hilfsbuch für den Servierunterricht an Schulen der Gastwirte und Hoteliers« von Hess, Scheichelbauer und Sirowy kann man lesen: »Wenn unser allgütiger Monarch frei von Repräsentationspflichten seine Mahlzeiten in Allerhöchst seinen Privatgemächern einnimmt, dann unterscheidet sich das Menu nur wenig von dem größerer Bürgershäuser. Nie fehlt an der Privattafel Sr. Majestät ein gutes Stück gesottenen Rindfleisches, das zu seinen Lieblingsgerichten zählt. Die übrigen Speisen seines Mittagsmahles wählt der Kaiser aus einem ihm täglich morgens vom k. u. k. Hofwirtschaftsamte vorgelegten kleinen Speiseverzeichnis, in welchem mehrere der Saison entsprechende Gerichte in Vorschlag gebracht werden. Se. Majestät durchstreicht eigenhändig in diesem Verzeichnisse, was er nicht wünscht oder was ihm je nach den Tagesbedürfnissen zu viel erscheint. Meist geht dem Rindfleische Suppe und Vorspeise oder Entree... voraus, während Braten und Mehlspeise oder Dessert folgen. Manchmal wird Käse zum Abschluß gewählt.« Joseph Wechsberg schrieb in »Meine zarte Kindheit oder: Erziehung eines Gourmets« u. a.: »Das Menu der Mittagsmahlzeiten war stets auf Wochen im voraus festgelegt. Jeden Montag, Dienstag, Mittwoch und Donnerstag gab es eine klare Suppe und Rindfleisch mit Gemüse (montags Mohrrüben, dienstags Spinat, mittwochs Kohl und donnerstags Erbsen).« So oder ähnlich – der Unterschied mag nur in der Abfolge der Beilage bestanden haben – hielt man es bis zum Ersten Weltkrieg in allen »gutbürgerlichen« Haushalten der österreichisch-ungarischen Monarchie.

Dabei war das »gekochte Rindfleisch« bis ins 19. Jahrhundert hart umkämpft. Internationale Feinschmecker argumentierten, daß doch der Braten zuerst gewesen sei; das »gekochte« Rindfleisch sei erst nach Erfindung des Topfes gekommen, und außerdem ginge durch das lange Kochen viel Eigensaft des Fleisches verloren! Ausnahmsweise ließ sich der Österreicher bei der Einschätzung des Rindfleisches einmal nicht durch das Urteil ausländischer »Fachleute« beeinflussen. Brillat-Savarin teilte in seiner »Physiologie des Geschmackes«, 1825, die »Suppenfleischesser« in vier Kategorien ein: in Gewohnheitsmenschen, Ungeduldige, Unaufmerksame und Fresser. Abschließend urteilte er: »Die Leute vom Fach essen niemals gekochtes Rindfleisch, einmal aus Achtung vor den strengen Grundsätzen und zum anderen, weil sie vom hohen Kathedern aus diese unbestreitbare Wahrheit verkündet haben: Das Suppenfleisch ist ein Fleisch ohne Saft.« Der Deutsche Antonius Anthus dozierte 1838 in seinen »Vorlesungen über Eßkunst« noch abfälliger: »Der lieben Suppe folgt nun in der Regel das liebe gesottene Rindfleisch, welchem jene ihre Existenz verdankt, ohne welche sie gar nicht auf der Welt wäre. Und dieses ab- und ausgekochte, saft- und kraftlose Fasergewebe, welches schon als Mittel zu einem anderen Zweck gedient, dieser schöne Abhub, dieses bereits verbrauchte Überbleibsel, dieser Altweibersommer gilt als Speise... Gekochtes Rindfleisch ist eigentlich bloß etwas mehr als gar keines.« Klüger äußerte sich der französische Küchenchef Antonin Carême: »Rindfleisch ist die Seele der guten Küche.« Joseph Wechsberg folgerte daraus: »Und gekochtes Rindfleisch ist die Seele der Wiener Küche.« Der »gelernte« Österreicher hat es gern, wenn alles seine Ordnung hat, denn was behördlich geregelt und bescheinigt ist, ist meist durch Jahrzehnte als Provisorium bereits erprobt und geprüft. Dem kann man vertrauen. Und so ließ er sich auch die »Qualifikation« des Ochsen durch eine Verordnung beglaubigen. Bis ins späte 19. Jahrhundert hinein finden wir in den Kochbüchern immer nur wenige Rindfleischsorten genannt: Lungel-Braten (Lungenbraten) oder Mollbraten, Tafelstück, Schweifstück oder Schwanzstückel, Oberschale, Brust(kern), Hinterstück, »Beulrieth«, Rost-Bratel, Bruckfleisch, Ochsenschweif, -fuß, -zunge und Obergaum. Die »Mundköchin des Hans-Jörgel von Gumpoldskirchen« führt in ihrem Kochbuch von 1846 aus: »An dem Ochsen sind, außer der abgezogenen Haut, alle Theile seines Körpers genießbar: Der Fleischer hackt daraus zwei Brustkerne, zwei Riede (Rostbraten), zwei Beiriede (englische Braten), zwei Lungenbraten, zwei Schwanzel oder Tafelstücke, und zwei Schalen; die Schulter und das übrige Fleisch in kleinen Theilen.

Der Kopf, der Wadschinken, sammt dem andern Gebein, wird als Zuwage gegeben.« Als »einfach gesottenes Rindfleisch« empfiehlt sie »das Kücherl, den Kruspelspitz, die Schulter, den Rieddeckel oder das Riedhüftel«; zum Dünsten und Braten den Lungenbraten, den Rostbraten und »das Beiried«. »Knochenfleisch, ausgelöstes Meisel und Theilsames sind zur Fasche, zu faschirten Füllungen oder zu Würsten am geeignetsten. – Das Schwanzel, so wie der Brustkern sind Tafelstücke.« Erst im Jahre 1873 befaßte sich der Wiener Gemeinderat mit dieser Materie; was dabei herauskam, war die »Qualifikationstabelle der Ochsen«, die am 21. Februar 1873 beschlossen wurde.

Der Feuilletonist Friedrich Schlögl äußerte sich in »Wiener Blut« dazu humoristisch-kritisch: »Der bekannte Fleischhauer B a h l im Souterrain der Wiener Großmarkthalle ist überflügelt, sein stabil inserirter Ochse mit dem hippokratischen Ausdrucke im melancholischen Antlitze und der nach der Fleischrangsordnung rubricirten Haut ist ein überwundener Standpunkt altehrbarer Ausschrotkunst und naivster Gewerbeordnung, ein anachronistisches Überbleibsel lächerlich-ehrlicher Bankwissenschaft, denn der Ochse – das anspruchsloseste Thier der Schöpfung – ist nach der Gründerära endlich auf seinen wahren Werth gebracht, nach seinen wirklichen Eigenschaften taxirt und von den uneigennützigen Gelehrten unserer Approvisionirungssection bis in das kleinste Kruspeldetail abgeschätzt, qualificirt und classificirt worden.

Der gute, biedere Bahl fand bisher nur s e c h s wahrhafte Fleischspecialitäten in seinem Tranchiropfer, nur sechs Argumente zur unterschiedlichen Taxation seines bluttriefenden Objectes – welch ungeheuerliche Genügsamkeit (oder Ignoranz!) – die Männer der fortschrittlichsten Keulungsindustrie haben z w e i u n d z w a n z i g Abstufungen und Gütevarietäten entdeckt, sie haben das geduldige Rind mit mikroskopischer Genauigkeit durchforscht und durchkostet und – die Gesetzgeber unserer Ernährung, die legalen Anwalte unseres Magens, die erwählten Vormünder unserer gedeihlichen Verdauung, die communalen Beschützer unserer Unterleibswohlfahrt, haben die kühne Entdeckung (die just in die Woche der Kopernikusfeier fiel) mit Enthusiasmus bewillkommt und in herzinnigem Einverständnisse sanctionirt, und so wird denn das Fleisch von nun an (das hohe Ministerium wird das Inslebentreten des allerneuesten Gesetzes erst bekannt geben) nicht mehr, wie in der guten alten Zeit, in schlenderhafter Oberflächlichkeit als simples ›Hinteres‹ und ›Vorderes‹, sondern, wie gesagt nach z w e i u n d z w a n z i g diversen Qualitäten den verehrlichen Kunden in's Einkaufskörberl gelegt.

Die Frage ist, ob unseren geliebten Hausfrauen und den mitunter gleichfalls werthen Mägden, welch beiden ordinirenden häuslichen Factoren seit einer Reihe von Jahren ohnehin mancherlei Um- und Neurechnungsvexationen ihr Küchenregiment erschweren, nun in rascher Folge auch noch die vielgliedrige scientifische ›Fleischbildung‹ in ihrer zweiundzwanzigfachen Terminologie zugemuthet werden darf, und ob jedes Herdbackfischchen, welches sein Küchennoviziat unter den alten Ordensregeln begonnen, seinem holden Köpfchen auch noch die gesammte Nomenclatur und Titulatur, wie sie die neuesten Ochsenanatomen als unfehlbares Preisdogma aufgestellt, so schnell einzuprägen vermag, als es die Wichtigkeit des Gegenstandes, und um keine Disharmonie in den Resultaten der vereinbarten Speiszettel hervorzurufen, erheischt?

Denn wenn manche ›tüchtige‹ Hausfrau in ihrer ›Toleranz‹ bisher nicht einmal einen Unterschied zu ergrü-

Vom Ochsen was darauß für Speiß zu machen.

· I ·

Ein gantzen Ochsenn kopff zukochen, Schneidt zu mitten Hörnern vnnd der Haudt ab. Sez was ser in einem Kessel auß, vnd mach es Heiß. Brü den kopff darjnnen, wie man die Sewköpff zurichtet, daß das Haar darvon gehet, vnd wann er sauber bereittet ist, So sez in inn waßer zu, vnd verfahren in woll, Nim̄tt hinnlich viel Salz darinn, vnnd laß darmit ann die Stadt sieden. Darnach heuch in auß, auf ain Schiebord Brott, vnnd laß jne kaldt werdenn, darüber zu auß. Vnd wann du Jne wilt auff ein Tisch geben, kanstu Jn Schmücken

Rezeptseite aus Marx Rumpolt, »Ein new Kochbuch«, 1581

beln geneigt war, ob für die octroyirte Leib- und Lieblingsspeise ihres Gemahls Brat- oder Siedfleisch zu wählen, ob z. B. für ein echtes ›Gulyas‹ ein ›ausgelöster Spitz‹ oder gar ein ›Ortscherzl‹ das rationellere Specificum wäre, und keinen Anstand erhob, wenn ihr von der Fleischbotin ein ›dünnes Kügerl‹ für veritable ›Beiried‹ declarirt wurde, so ist bei der nunmehr erweiterten Classengattung und gewissenhaftester Analyse des kochbaren Ochsensthums eine directe Verwechslung selbst der Elementarkenntnisse in Sachen des Spießes und der Sauce zu befürchten.«

FACHLICHE HINWEISE

Es gibt: den Mastochsen (4–6jährig), sein Fleisch hat eine lebhafte rote Farbe, ist stark marmoriert (= reichlich mit weißem Fett durchwachsen), sein Knochenmark ist rosa; gutgemästete nichtträchtige Kühe (3–5 Jahre alt), mit dunkelrotem Fleisch, wenig gelblichem Fett; gemästete Stiere (von ca. 1 ½ Jahren) mit kupferfarbenem Fleisch und gelbem Fett. (Schon Marx Rumpolt schrieb 1581 in seinem »New Kochbuch«: »Vom Ochs seind drey und achtzigerley Speiß und Trachten zu machen.«)

Ausgelöstes Rindfleisch hat eine viel kürzere Zubereitungsdauer und bleibt daher saftiger, es behält die Form besser, was wieder ein schöneres Tranchieren ermöglicht. Auch alle Knorpeln, Sehnen und Häute sind wegzuschneiden (man verwende sie gesondert zu Soßen, Saft oder Suppe).

Fleischaufbewahrung: aus dem Papier nehmen, in eine Porzellanschüssel legen, mit Teller zudecken, kühl und dunkel lagern. Kurz waschen, sofort abtrocknen (Fleisch nicht im Wasser liegen lassen!). Vor Gebrauch leicht klopfen (plattieren) oder walken, um das Gewebe zu lockern. Salzen immer erst unmittelbar vor der Verarbeitung (bzw. während des Kochprozesses)! Fleisch immer in das heiße Fett, Wasser oder Rohr geben, damit das Eiweiß sofort gerinnt und die Zellen sich verschließen, um den Saftaustritt zu verhindern. Die Garzeit nie länger als unbedingt notwendig halten (das Fleisch würde sonst hart, trocken und faserig werden). Man vermeide auch das Hineinstechen in das Fleisch mit einer Gabel. Vor dem Tranchieren jeden Braten noch ca. ¼ Stunde rasten lassen, um Saftverlust zu vermeiden.

Die Aufteilung des Rindes

Die österreichischen Fleischhauer kennen zwei Teilungsmethoden: die Wiener und die internationale Aufteilungsart. Allerdings wird die alte Wiener Aufteilung heute nur mehr in den seltensten Fällen praktiziert. Nach dieser Wiener Aufteilung ergeben sich insgesamt fünf Teile: Zunächst wird die Brust im ganzen abgesetzt; sie zerfällt in Brustkopf und Frack. Das übrige Tier wird in vier Teile geteilt: das Vorderviertel nennt man den »Bug« (mundartlich »Buach«; leitet sich von »beugen, biegen« ab und heißt soviel wie Gelenk), das Hinterviertel nach alter Metzgersprache das »Diech« (mundartlich »Diach«; das Wort hat sich in seiner mittelhochdeutschen Form erhalten und bedeutet »Oberschenkel an Mensch und Tier«). Diese bei der Ausschrotung für den Großhandel sich ergebenden Teile werden dann vom Fleischhauer exakt nach Qualität und Verwendungsmöglichkeit weiter zerlegt, wobei die einzelnen Fleischsorten zum größten Teil traditionelle Namen haben, die Fleischhauern, Köchen und Hausfrauen noch heute geläufig sind. Allerdings findet man oft in zwei nebeneinanderliegenden Fleischhauereien die unterschiedlichste Benennung für ein und dasselbe Stück Rindfleisch. Wir halten uns an die zumeist angewandten Benennungen.

Nach der internationalen Teilung wird das Tier zunächst halbiert, dann oberhalb der fünften Rippe jede Hälfte in ein Hinter- und in ein Vorderviertel geteilt. Das Vorderviertel besteht aus Spitz und Schulter, das Hinterviertel aus dem Englischen, dem Knöpfel (Schlegel, Keule) und dem Riedhüfel.

I. HINTERVIERTEL (»DIECH«)

1. Der Englische

Darunter versteht man den längsgespaltenen halben Rücken von der Schulterhöhe bis zum Rückgratende. Er besteht aus:

Das Rind.

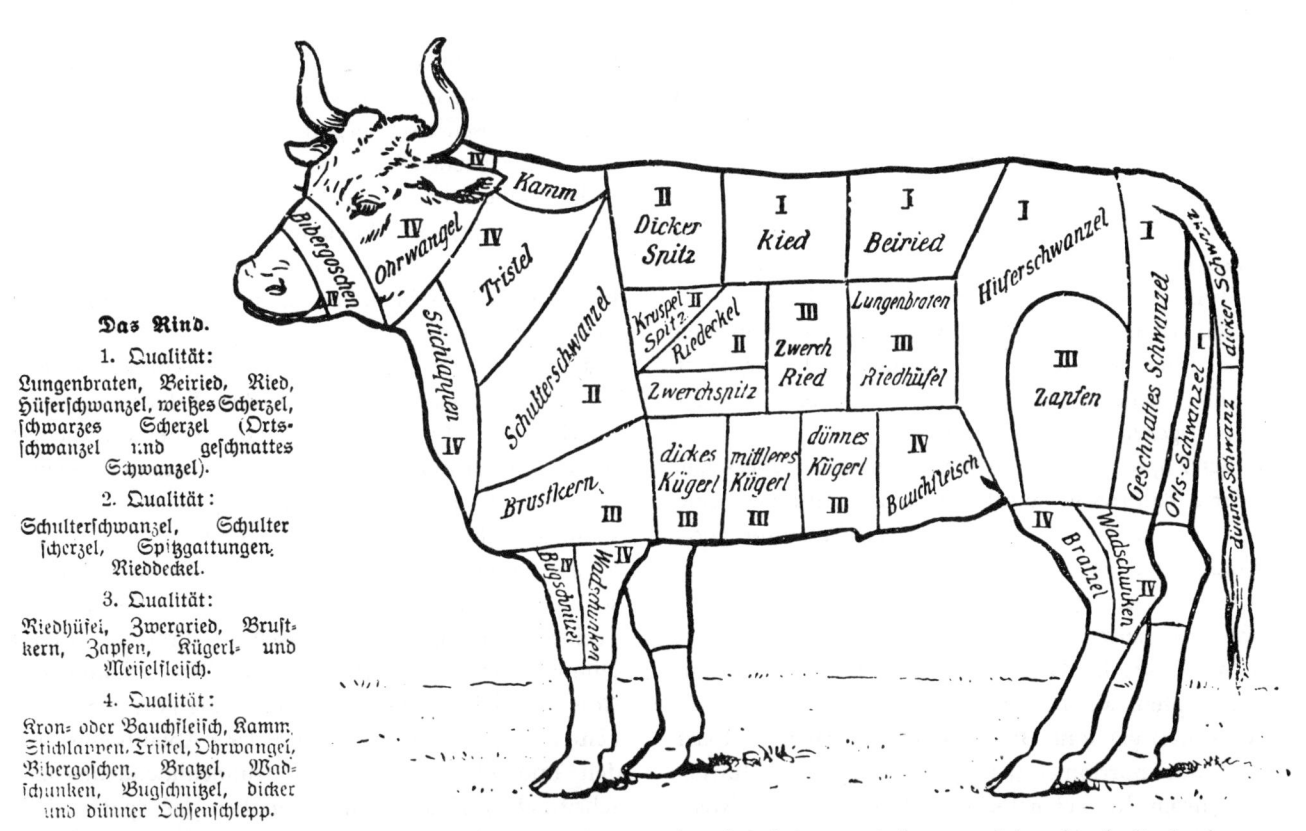

1. Qualität:
Lungenbraten, Beiried, Ried, Hüferschwanzel, weißes Scherzel, schwarzes Scherzel (Ortsschwanzel und geschnattes Schwanzel).

2. Qualität:
Schulterschwanzel, Schulterscherzel, Spitzgattungen, Rieddeckel.

3. Qualität:
Riedhüfel, Zwergried, Brustkern, Zapfen, Kügerl und Meiselfleisch.

4. Qualität:
Kron- oder Bauchfleisch, Kamm, Stichlappen, Tristel, Ohrwangel, Bibergoschen, Bratzel, Wadschunken, Bugschnitzel, dicker und dünner Ochsenschlepp.

a) **der Lungenbraten** (Lendbraten, Rindsfilet), früher auch Mürbebraten oder Mollbraten (dieses Wort kommt vom lateinischen »mollis« = weich) genannt; er ist ein zartes Fleisch, ein teures Stück, liegt unter der Beiried. Der Lungenbraten (siehe Seite 227) wird im ganzen (Lungenbraten, Filet de Bœuf) und geschnitten zu Chateaubriands, Beefsteaks, Tournedos und Rindsmedaillons verwendet.

b) **die** oder **das Beiried** (Roastbeefstück; auch niedere Beiried; früher auch »Hufstück«, in Tirol »Schossen« genannt), liegt zwischen dem Knöpfel (Schlegel) und der Rostbratenried, ist ein kräftiges, wohlschmeckendes Fleisch zum Braten und Dünsten; ergibt für die Küche Roastbeef, Rumpsteaks, Entrecôtes. Wird auch im ganzen gedünstet und ergibt einen mageren, aber saftigen Rindsbraten. – Mit »Ried« bezeichnet man in der Metzgersprache die hohen Teile eines Tieres, also das Rippenstück, das durch die Spaltung des Rückgrates gewonnen wird; I. F. Castelli erklärt das Wort in seinem »Wörterbuch der Mundart in Österreich unter der Enns«, 1847, so: »die *Riad*, Benennung eines Theiles des Fleisches vom Ochsen, welcher durch die Spaltung des Rückgrates gewonnen wird: dö bradi *Riad*, wovon der Rieddeckl genommen wird; dö schmali *Riad* oder *Bairied*, welche im innern Theile das Lungabratl enthält; dö *Schlem-* und *Zweachriadn*, der fettere Theil«. J. A. Schmeller bringt das Wort in seinem »Bayerischen Wörterbuch«, 1877, mit dem Wort »Rippe« (»Rieb«) in Zusammenhang.

c) **der Rostbraten** (auch hohe Beiried oder Rostbratenried genannt), ein kräftiges, aber etwas faseriges Fleisch, teilweise mit viel Fett durchzogen; eignet sich zu gedünstetem, saftigem Rindsbraten und Rostbraten. Ergibt mit den Rippenknochen geschnitten das Rindskotelett.

2. Das Knöpfel (Schlegel, Keule)

umfaßt die »Gustostücke« des gesottenen Rindfleisches in der Wiener Küche:

a) **das Ortschwanzel** (Schale), bestehend aus schwarzem Scherzel, Ortschwanzelanschnitt und Beinscherzel; die Muskulatur der inneren Schenkelfläche, liegt vor allem unter dem Tafelstück; eignet sich zum Dünsten im ganzen, für Schnitzel und Rouladen. Ist ein mageres, bröseliges, aber sehr gutes Fleisch. – Das Wort »Ort«, »Örtel« (Diminutivform) in Ortschwanzel, Schwanzörtel, Schweförtel, Schalörtel usw. enthält noch die ursprüngliche Bedeutung »Spitze«, Endstück, Anschnitt oder Scherzel (mundartlich »Ertl«) eines Laib Brotes oder eines größeren Stück Fleisches.

b) **das Schalblattel**, in Wien wegen seiner Form auch »Fledermaus« genannt, ein kleines Stück, am Hüftknochen liegend; ausgelöst, ein sehr saftiges, leicht fettes, ausgezeichnetes Siedefleisch.

c) **der Zapfen** (Kugel, auch Blumenstück, Oberschale oder Schalörtel genannt) liegt in der Mitte des Schlegels und ist ein fast fettfreies Fleisch, ergibt guten Rindsbraten; eignet sich zum Dünsten und für roh portionierte Gerichte (Rindsschnitzel); besonders auch zum Faschierten.

d) **die Rose, das Hieferschwanzel**, liegt anschließend am Zapfen, auch (ungeteiltes und geteiltes) Hüferschwanzel genannt. Bratenfleisch, im ganzen (Roastbeef) oder portioniert (Rumpsteaks) und zum Dünsten im ganzen. Küchenmäßig versteht man unter »Rose« auch das geteilte Hieferschwanzel mit dem Tafeldeckel, das G'stutzte und den Zapfen zusammen. – Hiefer- und Hüferschwanzel und -scherzel, aber auch die Nebenformen Hüferl, Hüfel-, Hüfter-, Hufen- und Hüftenschwanzel und -scherzel gehen auf die mittelhochdeutsche Form »huff« (Diminutivform »hüffl«) = die Hüfte zurück.

e) **das Hieferscherzel**, ein dreieckiger Muskel, geeignet zum Sieden und Dünsten im ganzen, ein saftiges, nicht fettes, etwas grobfaseriges, aber gut teilbares Fleisch. Hier läuft das Hieferschwanzel in einen dünneren Teil aus.

f) **der Tafelspitz** ist der an das schwarze Scherzel anschließend spitz zulaufende Muskel, ein feinfaseriges, vorzügliches Fleisch, das Gustostückerl zum Sieden und Dünsten. Er hat eine schöne, regelmäßige Form mit einem schmalen, schmackhaften Fettrand auf der oberen Rundung.

g) anschließend an den Tafelspitz liegt das **Tafelstück**, ein gutes Siedefleisch, aber mehr grobfaserig als der Tafelspitz.

h) **das G'stutzte**, auch schwarzes Scherzel genannt, ist die Fortsetzung des Tafelstückes, ein saftiges, dunkles, mageres Bröselfleisch; ergibt in der Schnittfläche einen fast quadratischen Muskel.

i) **das weiße Scherzel** (auch »Weißbraten«, »Schweförtel« genannt): ein schmaler runder Muskel, längs des schwarzen Scherzels, knochenfreies, weißes, sehr trockenes, bröseliges Siedefleisch, leicht zu portionieren und anzurichten.

j) **das Gschnatter, der Anschnitt** (Wadschinkenstück): sehnendurchzogener Muskel am dem Tafelspitz gegenüberliegenden Ende des schwarzen Scherzels. Siedefleisch, vor allem aber für Gulyás. »Gschnatter« ist die mundartliche Bezeichnung für »abgeschnittener Anschnitt« (»abgeschnatteter« Anschnitt).

k) **der (hintere) Wadschinken** (mundartlich: »Wadschunken«) oder hinteres Pratzel: ist ein fleischiges, flechsiges, kräftiges Gulyásfleisch. – »Pratzel« ist das Diminutivum zu Pratzen, Pfote; das Wort »Schinken« ist eine Ableitung von »Schenkel«; die Form »Schunken« ist aus einer weiteren Stufe des e-Ablauts entstanden und überwog in den frühneuhochdeutschen schriftlichen Zeugnissen gegenüber der später sich durchsetzenden Form »Schinken«.

l) **Ochsenschlepp**: der dicke Teil des Ochsenschwanzes; sehr gut zum Kochen und zum Dünsten geeignet. – Schlepp(e) ist ein Lehnwort aus dem niederdeutschen »slepe«, das im 17. Jahrhundert das ältere »Schweif«, »Schwanz« verdrängte.

3. Das Riedhüfel

a) **das Zwerchried** oder **Rippenfleisch** und **die Palisade**, zusammen die »Platte« bildend, sind die letzten gegen den Spitz zuliegenden fünf Rippen. Sehr gutes Siedefleisch. Der an dem Spitz anliegende Teil der Platte heißt Zwerchried oder Rippenfleisch (»Beinfleisch«), der an den Riedhüfel anschließende dünnere Teil heißt Palisade (»Tellerfleisch«).

b) **das Riedhüfel, die** oder **das Schlem(m)ried**, schließt an die Zwerchried an und läuft in einen Spitz, den Riedhüfelspitz, aus. Sehr gutes Suppenfleisch, läuft wie alles Spitzfleisch beim Sieden auf. – »Schlemm-« dürfte mit dem Wort »schlemmen« zusammenhängen, bezeichnet also ein besonders gutes Stück für den »Schlemmer«; könnte aber auch von »schlemm« (= schräg, schief) abgeleitet werden.

II. VORDERVIERTEL (»BUG«)

1. Der Spitz

a) **das Tristel** (»Drüstel«), auch vorderes Ausgelöstes, Halsstück (unausgelöst »Drüstel« oder »Tristel«, ausgelöst »vorderes Ausgelöstes« genannt): grobfaseriges, fettarmes Fleisch: ist als Klärfleisch und zu Kleingerichten zu verwenden. – Das Wort »Tristel« geht zurück auf »Droß, Droßel«, mittelhochdeutsch »drüzzel« = Schlund, Kehle.
b) **der Rindskamm**, fettdurchwachsenes, kräftiges Fleisch, meist gepökelt oder geräuchert im Handel.
c) **das hintere Ausgelöste** schließt an die Rostbratenried an, reicht bis zum vorderen Ausgelösten; ein fettdurchwachsenes (marmoriertes), sehr saftiges Fleisch, zum Sieden und Dünsten. Das auf einer Seite anliegende sogenannte Bein- oder Haarwachs ist ungenießbar und wird vor der Zubereitung entfernt.
d) **der Spitz** besteht aus dem Gnack-Spitz, dem dicken Spitz oder Rippenspitz (der mittlere, bis zur fünften Rippe liegende Teil), dem Kruspelspitz (von »Kruspel« = Knorpel) im unteren Teil und dem dünnen Spitz (von der sechsten bis zur achten Rippe). Ist ein saftiges, knochenfreies Siedefleisch.
Dieser Teil wurde früher quer ausgehackt, das ergab dann die »Zwerchrippe«, auch »G'stutzte Rippen« oder »Zwerchspitz« genannt: die Rippen werden in etwa 10 cm breite Streifen gehackt.
e) **die Rindsbrust**, bestehend aus Brustspitz oder Brustkern (das ist das beste Stück der Brust) und dickem, mittlerem und dünnem Kügerl; ein reich mit Fett durchwachsenes, grobfaseriges Siede- und Dünstfleisch; auch gepökelt und geräuchert im Handel. Erfordert längere Kochzeit!

2. Die Schulter

a) **der Rieddeckel** (auch Zwerchried) liegt über Rostbratenried und Schulter, überdeckt jeweils den Hals des Rindes; beliebtes Suppenfleisch, auch zum Dünsten.
b) **das magere Meisel** (auch »Mäusel«); der vordere Schulterblattmuskel, unterhalb des fetten Meisels; zum Sieden und Dünsten, läßt sich gut teilen. – Das Wort »Meisel« stammt vom lateinischen »musculus« = Muskel.
c) **der Kavalierspitz**, liegt unmittelbar am Schulterblatt, ein besonders saftiges Gustostückerl, läuft beim Sieden schön auf, läßt sich besonders appetitlich anrichten. Unterhalb des Kavalierspitzes liegt das »Gratfleisch«, ein nur ca. 300–500 g schweres Stück, das selten gesondert ausgelöst wird.
d) **das fette Meisel**, überdeckt das magere Meisel und ist ein »fetziges«, aber saftiges Siedefleisch, läuft stark auf, benötigt längere Kochzeit! Auch Gulyás-Fleisch.
e) **das Schulterscherzel**, ein saftiges, sehniges Stück, zum Sieden, Dünsten und für Gulyás geeignet.

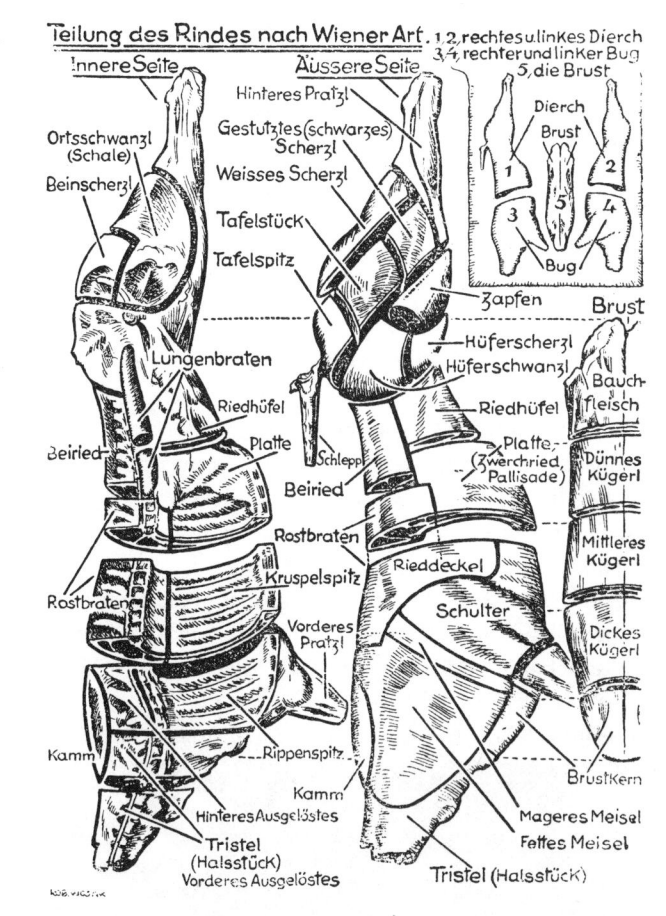

f) die dicke Schulter, ist der Hauptteil der Schulter, eignet sich zum Sieden und Dünsten.

g) das Bugschnitzel und **das vordere Pratzel,** ergeben zusammen den vorderen »Wadschinken«, ein sehr saftiges Fleisch, für Gulyás, zum Dünsten, besonders für Kleingerichte.

h) das Lud(e)l, liegt am Schenkelknochen an, wird meist nicht gesondert ausgelöst, eignet sich zum Sieden und Dünsten. Die Wortherkunft ist unklar.

Zum vorderen Fleisch gehören auch noch das **Kronfleisch;** es zerfällt in das dünne Kronfleisch (Zwerchfell) und das dicke Kronfleisch (Herzzapfen) und wird zum Bruckfleisch (siehe Seite 321) verwendet. J. A. Schmeller kann das Wort »Kron« in seinem »Bayerischen Wörterbuch« nicht erklären. Schon in einer Wiener Metzgerverordnung aus dem Jahre 1364 heißt es: »Auch sol man weder Kra noch mitiger in die smer oder smerlaib winden.« Theodor Unger führt in »Steirischer Wortschatz« auch die Form »Gronfleisch« an und erklärt: »das an der Innenseite der Rippen angewachsene Fleisch (Teil des Zwerchfells) beim Rindvieh«.

Der Frack (so genannt wegen seiner Form), aufgeteilt in Bauchfleisch und Bauchlapperl (das nur selten gesondert ausgeschroten wird), ergibt billiges, minderwertiges Fleisch zum Sieden, Dünsten und zu Bruckfleisch.

Auch das sogenannte **Stichfleisch,** am unteren Teil des Halses, wird wie das Kronfleisch zum Bruckfleisch verwendet. Der Vollständigkeit halber seien noch das dicke und dünne **Ohrwangel** (Mundartform für Ohrwange), die Fleischteile des Kopfes, erwähnt; ebenso der **Ochsengaumen** (auch Ochsenmaul und Gam genannt), der zur Herstellung von Ochsenmaulsalat dient, sowie **das Fotzmaul** (Tautologie; Fotze = Maul), auch Bibergoschen (Wortherkunft unklar) genannt, bezeichnet die eßbaren Teile um das Maul. Die **Rindszunge** wird meist geräuchert und gepökelt gekocht. Die restlichen Teile sind im Kapitel INNEREIEN aufgeführt.

Festtafel anläßlich der Krönung Maria Theresias in der Prager Burg, 1743

Gekochtes Rindfleisch

Für gekochtes Rindfleisch kommen in der österreichischen Küche vor allem in Frage: saftiges, mageres Rindfleisch: Tafelspitz, Schulter, »Fledermaus« (ein ca. 300 g schwerer Fleischmuskel, am Schlußknochen liegend), eventuell auch schwarzes Scherzel (»Bröselfleisch«); fettes, durchwachsenes Rindfleisch: Kruspelspitz, Kavalierspitz, Rieddeckel, Hieferschwanzel, hohe oder gestutzte Rippe (Beinfleisch), Palisade, Brust oder Kügerl; trockenes Rindfleisch: Ortscherzel oder Schwanzel, weißes Scherzel; Rindfleisch minderer Qualität: Tristel, Riedhüfel; sehr weiches Rindfleisch: Ausgelöstes. Beim zu kochenden Rindfleisch ist es wichtig, daß die Fleischstücke nicht pariert (zugeschnitten) werden – nur so gehen sie beim Kochen auf (vor allem die »Spitz«-Sorten). Dabei spielen die Sehnen und Häute eine große Rolle. So schmeckt der Tafelspitz nur im ganzen gekocht richtig. Wichtig ist auch das Tranchieren: Es werden immer fingerdicke Scheiben – Beinfleisch über eine Rippe – quer zur Fleischfaser geschnitten.

Um ein vorzüglich gekochtes Rindfleisch herzustellen, ist das richtige Ansetzen von guter Rindsuppe die eine Hauptvoraussetzung; die andere ist die Qualität des Fleisches; Rindsknochen, am besten Blutknochen, werden klein gehackt, in kochendes Wasser gelegt, einige Male aufgekocht, dann kalt geschwemmt. Mit kaltem Wasser erneut zustellen, zum Kochen bringen und das zu kochende Rindfleisch (pro 1 kg etwa 2½ l Wasser) einlegen. Dann erst salzt man ein wenig und gibt einige Pfefferkörner und eine kleine Knoblauchzehe bei. Nach 1 Stunde Kochzeit gibt man Wurzelwerk und Suppengrün bei, das aus Karotten, Petersilwurzel, 1 Stück Sellerieknolle, Petersilstengel, Selleriegrün und einer ungeschälten, halbierten und an den Schnittflächen angerösteten Zwiebel besteht; auch ein Blatt Kohl, aber auch Reste von Milz und Rindsleber (zuvor leicht angebraten) können mitgekocht werden. Wichtig ist, daß man das Fleisch etwa zwei Stunden sehr langsam kocht und es anschließend noch eine weitere Stunde ziehen läßt (siehe auch das Kapitel KLARE SUPPEN); dabei darf es nicht mehr kochen! Sobald das Fleisch weich ist, in fingerdicke Tranchen aufschneiden, mit etwas fetter, sehr heißer Rindsuppe begießen, leicht salzen und mit geschnittenem Schnittlauch bestreuen. Sehr gerne werden auch Markscheiben aufgelegt, die man in heißer Rindsuppe etwas erwärmt hat. August Mauer läßt für 6 Personen ein Fleischstück von 2,5 kg, netzartig gebunden, fünf Stunden langsam kochen. Dazu heißt es: »Beim Anrichten wird das Tafelstück von Bindfaden gelöst, von allen Seiten rein zugeschnitten, mit feinem Salz bestäubt und etwas klare Bouillon darunter gegossen. Kleine Gurken, rothe Rüben, warmer oder kalter Kren oder eine gewünschte Garnitur von Gemüsen Mixed-picles, Maccaroni, Reis, Spargel, Artischockenböden etc. oder verschiedene warme und kalte Saucen werden dem Rindfleisch beigegeben.«

In einer »Küchen-Oktave« überschriebenen Anekdote gibt der Hausherr seiner Gattin auf deren Frage, was sie dem Gast, einem Musiker, vorsetzen solle, zur Antwort: »Na, dem gibst halt acht Gemüse zum Rindfleisch: Rotkraut, Kartoffel, Reis, Spinat, Fisolen, Rüben, Kohl, Salat.«

Beilagen zum gekochten Rindfleisch
Alle Gemüsesorten auf Wiener Art, gedünsteter Kohl und Krautarten, geröstete und gestürzte Kartoffeln, Erdäpfelschmarren und Kartoffeln in Sauce, z. B. Eingebrannte Erdäpfel, Dill-, Gurken-, Majoran- und Paradeiserdäpfel.

Warme Begleitsaucen: Zwiebel-, Gurken-, Kapern-, Paradeis-, Dillsauce und Semmelkren

Kalte Beilagen: Essigkren, Apfelkren, Schnittlauchsauce, Rote-Rüben-Salat

»Rindfleisch, garniert« ist für den geborenen und »gelernten« Österreicher eine unzertrennliche Einheit. Wir beggnen in fast allen Kochbüchern des 18. und 19. Jahrhunderts den Hinweisen auf die richtige Garnierung und das Anrichten des Rindfleisches. So fordert Anna Dorn: »Beym Anrichten des Rindfleisches muß man darauf merken, daß die fleischreichste Seite oberhalb der Schüssel komme. Man bestreut den Rand derselben, und das Fleisch mit ganzer grüner Petersilie, und belegt sie mit etwas von den mit der Suppe gekochten gelben Rüben... Die warmen und kalten Soßen zum Rindfleisch werden nicht verziert; die eingemachten Gurken aber pflegt man mit Kirsch- oder Weinblättern, die man bey dem Einlegen derselben brauchte, eine Unterlage zu machen, und auch etwas Dill darauf zu stellen. Auf eingemachte rothe Rüben legt man einige Würfel von dem Kren, den man beym Einmachen brauchte.« Theresia Ballauf schreibt 1810: »...ein wenig Rindsuppe darüber geben, damit das Fleisch nicht sobald kalt werde, dann wird es ein wenig mit Salz bestreuet und mit grünen Petersill überlegt; die Sossen zum Rindfleisch werden gewöhnlich in Schaalen gegeben. Die Zugemüser werden mit folgenden Sachen garnirt: als: mit gebackenen Hirnkarbonadeln, gebackener Leber, Leberpflanzel, Schlückkrapfeln u. dergl. Eingemachte ziert man ebenfalls mit Spargel, Kauly, Krepsen, Butterkräpfchen, und mehr andern kleinen Sachen von Buttertaig.« Barbara Hikmann schreibt um 1800: »gemeiniglich wird es so, wie es ist, ohne alle oder doch nur mit sehr weniger Brühe aufgetragen, dieweil die Brühen und Soßen meistens besonders dazu gegeben werden, welche meistens bestehen in Krenen, rothen Rüben, Umurken, Senft und andern Brühen von Milch, zu selben legt man auch auf die Schüssel: gelbe Ruben, Zelleri; und der Rand der Schüssel, sowie das Fleisch wird mit Petersil bestreuet«. Elisabeth Stöckel rät 1853: »Bei größeren Tafeln ist es unerläßlich, das Rindfleisch bereits zerschnitten und mit verschiedenen Garnirungen zu serviren. Die wichtigsten der letzteren sind: Kleine in Butter geröstete Erdäpfel. – Sogenannter wälscher Reis... gedünstete Sprossen und Goldrüben schichtenweise untertheilt, grüne Nudeln... Champignons können gedünstet oder gefüllt werden, Pilze mit grüner Petersilie oder gefüllte Maurachen... Artischocken... Sämmtliche dieser Garnirungen werden rund um das zerschnittene Fleisch schön geordnet. Übrigens wird immer Sauce, gewöhnlich eine kalte und eine warme, dazu serviert.« Lotti Richter (1899, 1921) empfiehlt: »Warm garniertes Rindfleisch wird mit Blaukraut, braun gedünstetem Kraut, eingebranntem Kohl, grünen Fisolen, Spinat, gedünstetem Reis, Erdäpfelschmarrn, gefüllten Paradeisäpfeln, gedünsteten und gekochten Kohlrabi, mit englisch zubereiteten Zuckererbsen, Karotten und Spiralwurzeln, Karfiolröschen mit Butter, gefülltem Paprika, glasierten Zwiebeln, gebackenen Morcheln und gefüllten Gurken garniert.«

Die österreichische Geschirrindustrie hat für das gekochte Rindfleisch ein eigenes Geschirr entworfen, das man in alten Gaststätten noch da und dort vorgesetzt bekommt. In der Mitte liegt das aufgeschnittene Rindfleisch, rund herum sind die Garnierungen in kleinen, schalenartigen Vertiefungen. Es gab einen Teller mit 12 Vertiefungen; darauf bekam man zum Beispiel serviert (im Uhrzeigersinn): Senf, Kartoffelsalat, Essiggurken, Rote Rüben, Bohnensalat, Grüner Salat, Kaviar, Kohlrüben, Petersilien-Kartoffelchen, Blaukraut, Grüne Erbsen, Karotten.

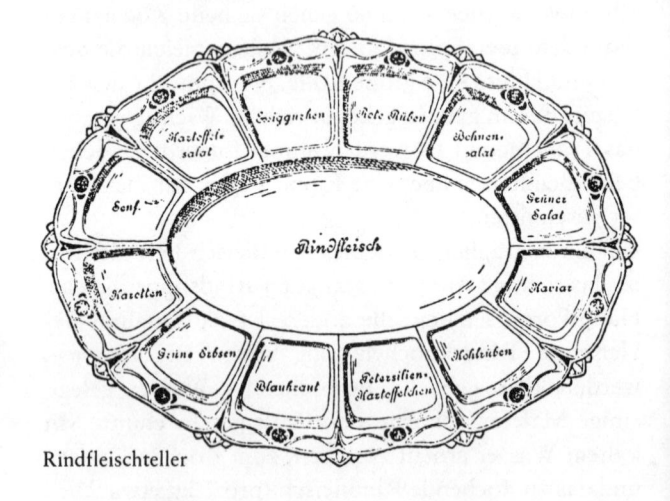

Rindfleischteller

»...Nach der Suppe trug man den garnierten ›Tafelspitz‹ auf, das Sonntagsgericht des Alten seit unzähligen Jahren. Die wohlgefällige Betrachtung, die er dieser Speise widmete, nahm längere Zeit in Anspruch als die halbe Mahlzeit. Das Auge des Bezirkshauptmanns liebkoste zuerst den zarten Speckrand, der das kolossale Stück Fleisch umsäumte, dann die einzelnen Tellerchen, auf denen die Gemüse gebettet waren, die violett schimmernden Rüben, den sattgrünen ersten Spinat, den fröhlichen hellen Salat, das herbe Weiß des Meerrettichs, das tadellose Oval der jungen Kartoffeln, die in schmelzender Butter schwammen und an zierliche Spielzeuge erinnerten... Er machte sich nun, wie

jeden Sonntag, daran, den ›Spitz‹ zu zerschneiden. Er stieß die Manschetten in die Ärmel, hob beide Hände, und indem er Messer und Gabel an das Fleisch ansetzte, begann er, zu Fräulein Hirschwitz gewendet: ›Sehn Sie, meine Gnädige, es genügt nicht, beim Fleischer ein zartes Stück zu verlangen. Man muß darauf achten, in welcher Art es geschnitten ist. Ich meine, Querschnitt oder Längsschnitt. Die Fleischer verstehen heutzutage ihr Handwerk nicht mehr. Das feinste Fleisch ist verdorben, nur durch einen falschen Schnitt. Sehen Sie her, Gnädigste! Ich kann es kaum noch retten. Es zerfällt in Fasern, es zerflattert geradezu. Als Ganzes kann man's wohl ›mürbe‹ nennen. Aber die einzelnen Stückchen werden wohl zäh sein, wie Sie bald sehen werden. Was aber die Beilagen, wie es die Reichsdeutschen nennen, betrifft, so wünsche ich ein anderes Mal den Kren, genannt Meerrettich, etwas trockener. Er darf die Würze nicht in der Milch verlieren. Auch muß er, knapp bevor er zum Tisch kommt, angerichtet werden. Zu lange naß gewesen. Ein Fehler!‹«
Joseph Roth, »Radetzkymarsch«

Gratinierte Fledermaus auf Wiener Art

4 Portionen

2 Stück Fledermaus (der am Schlußknochen liegende Fleischmuskel) im ganzen
Gratiniermasse: 30 g Butter, 30 g Mehl, ¼ l Milch, 1 EL gerissener Kren, Spritzer Essig, Salz, Pfeffer, Muskat, 2 Eidotter, Reibkäse, Semmelbrösel, Butter

Die zwei Fleischstücke, wie beim gekochten Rindfleisch beschrieben, kochen. Sobald das Fleisch weich ist, aus der Rindsuppe herausnehmen, in fingerdicke Tranchen schneiden, in eine Pfanne legen und ganz wenig Rindsuppe daraufgießen. Mit der inzwischen zubereiteten Gratiniermasse die Fleischstücke gut fingerdick bedekken, mit Reibkäse und Bröseln bestreuen, mit Butter beträufeln und im Rohr gratinieren. Garnituren wie bei gekochtem Rindfleisch.
Gratiniermasse: Mehl in Butter anschwitzen, mit Milch dicklich einkochen, würzen und mit den Eidotter verrühren.
Das Rezept dieses Gerichts eignet sich auch für übriggebliebenes, schon gekochtes Rindfleisch; dazu wird das Fleisch in fingerdicke Tranchen geschnitten, mit etwas Rindsuppe untergossen, erwärmt, gesalzen, mit der Gratiniermasse bedeckt und gratiniert.

Sacher Rezept

Tafelspitz im Hotel Sacher

Rindsknochen blanchieren, dann kalt zusetzen und etwa eine halbe Stunde kochen lassen. Dann erst den Tafelspitz in die kochende Suppe hineinlegen, ebenso das Suppengemüse. Den Tafelspitz langsam garziehen lassen. Beim Tranchieren gegen die Faser schneiden, auf Platte legen, mit etwas Rindsuppe übergießen, salzen und mit Schnittlauch bestreuen.
Im Hotel Sacher wird der Tafelspitz stets mit gerösteten Kartoffeln (siehe Seite 406), Schnittlauchsauce (siehe Seite 168) und Apfelkren (siehe Seite 168f.) serviert.

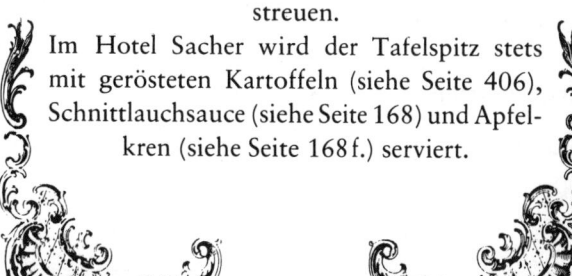

Gekochtes Rindfleisch in Suppe und mit Gemüse

4 Portionen

600 g Rindfleisch (ohne Zuwaage), Salz, grobnudelig geschnittenes Wurzelwerk (Karotte, Petersilwurzel, Sellerieknolle), 4 kleine Kohlviertel, 500 g geschälte und geviertelte Kartoffeln, Schnittlauch

Das Fleisch in kochendes, leicht gesalzenes Wasser geben, langsam kochen lassen, nach 1½ Stunden Kochzeit Wurzelwerk beigeben und weiterkochen. In der letzten Viertelstunde den Kohl und die Kartoffeln mitkochen, bis alles weich ist. Das Fleisch wird würfelig geschnitten, mit Wurzelwerk, Kohl und Kartoffeln in der Suppe angerichtet und reichlich mit Schnittlauch bestreut.

Steirischer Rieddeckel

6 Portionen

1 kg Rieddeckel, Salz, Gewürzsäckchen (Pfefferkörner, Lorbeerblatt, 1 Zehe Knoblauch), 350 g Wurzelwerk (Karotten, Petersilwurzel, 1 Stück Sellerieknolle), 1 Zwiebel, 500 g Kartoffeln, Spritzer Essig, gehackte Petersilie

Den Rieddeckel in leicht gesalzenem, siedendem Wasser gemeinsam mit dem Gewürzsäckchen kochen, dann das in feine Julienne geschnittene Wurzelwerk und die ebenso geschnittene Zwiebel mitkochen, in der letzten Viertelstunde die Kartoffelviertel mitkochen. Zum Schluß mit etwas Essig säuern. Das Fleisch aufschneiden, anrichten, mit Wurzelwerk und Kartoffeln bedecken, mit heißer Rindsuppe begießen. Mit gehackter Petersilie bestreuen.

Sardellenfleisch

4 Portionen

600 g gekochtes Rindfleisch, 6 feingehackte Sardellenfilets, ¼ l Sauerrahm, Pfeffer, Zitronensaft

Das gekochte, in Scheiben geschnittene Rindfleisch mit den feingehackten Sardellen bestreuen und mit verdünntem, glattgerührtem Sauerrahm überziehen, mit Pfeffer und etwas Zitronensaft würzen. Im Rohr bei mäßiger Hitze etwa 20 Minuten überdünsten.

Rindskamm, gekocht

Der Rindskamm ist ein besonders saftiges Stück; es wird meist geräuchert und dann wie Selchfleisch – ohne Salzzugabe – gekocht. Man kann es mit Erbsen- oder Kartoffelpüree servieren. Wenn der gekochte Rindskamm kalt serviert wird, gibt man dazu meist gerissenen Kren, Essiggurken oder Aspik.

Gekochte Rindszunge

Siehe Seite 329

Ochsenschlepp, steirisch

6 Portionen

1 kg Ochsenschlepp, Salz, Gewürzsäckchen (1 Knoblauchzehe, 6 Pfefferkörner, ½ Lorbeerblatt, Kuttelkraut), 300 g in Streifen geschnittenes Wurzelwerk, 500 g Karotten, etwas Essig, Petersilie, Kren

Den Ochsenschlepp wie beim »Gedünsteten Ochsenschlepp nach Wiener Art« (siehe Seite 256) vorbereiten, in Salzwasser mit Gewürzsäckchen kochen. Nach etwa 2 Stunden Kochzeit das Wurzelwerk, sehr fein zu Julienne geschnitten, beigeben. Das Gewürzsäckchen entfernen, sobald die Speise Würze angenommen hat. Wenn das Fleisch fast weich ist, geschälte, würfelig geschnittene Kartoffeln beigeben und weich kochen. Zuletzt mit Essig säuern.

Beim Anrichten mit gehackter Petersilie bestreuen. Gerissenen Kren dazu servieren.

Eine Wiener Spezialität ist das »**Tellerfleisch**«. Darunter versteht man ein etwa 1½ Stunden – etwas »rescher« (nicht so weich) als gewöhnlich – gekochtes Rindfleisch; das Gericht besteht aus einem zu zwei Drittel mit heißer Rindsuppe gefüllten Teller mit etwas Suppengemüse (Wurzelwerk) und einem Stück Rindfleisch, einigen erwärmten Markscheiben, bestreut mit Schnittlauch. Tellerfleisch kann zum Gabelfrühstück serviert werden. Als Beilage kommen gerissener Kren oder Rote-Rüben-Salat in Frage.

Das »**Beinfleisch**« ist gekochtes Ochsenfleisch von der Rippe (Quer-, Zwerchrippe), das so tranchiert und serviert wird, daß die Rindfleischportionen mit je einem Stück Bein (daher der Name) auf den Tisch kommen. F. G. Zenker eröffnet sein Kapitel »Vom Rindfleisch« in der »Vollständigen theoretisch-praktischen Anleitung zur feineren Kochkunst«, 1824, mit der Feststellung: »Nur gutes Fleisch! hört man aus jedem Munde; nur gutes Fleisch, ist der allgemeine Wunsch! Allein, wie es nun schon mit den menschlichen Wünschen geht, sie bleiben gewöhnlich nur Wünsche, und so darf ich nicht als Bedingniß, sondern ebenfalls nur als Wunsch hersetzen, daß das Fleisch gut genähret, fett, von einem Alter von vier bis fünf Jahren geschlachtetem Vieh, feinfaserig, von dunkelrother Farbe, angenehmen Geruchs, gebraucht werden soll! Dagegen liegt die Wahl des Stücks, das Abliegen (mortifier), das Mürbeklopfen einem jeden frey, und ist durchaus nicht aus der Acht zu lassen.

Das Schweifstück wird als das vorzüglichste Stück, der Qualität nach, und besonders als großes Tafelstück der schönen Form wegen geachtet; es gibt gute Brühe, behält viel Saft und endlich eine schöne Form. Die gröbsten Beine, nähmlich das Schluß- und Rückenbein, werden ausgelöset, das Fleisch mit Spagat gebunden, und fünf Stunden langsam im zugedeckten Kessel gekocht, dann behuthsam herausgehoben, aufgebunden, zugeschnitten und auf die Schüssel gethan, der guten Miene wegen glasirt und der Schüsselrand mit grüner abgezupfter Petersilie bestreuet. Grüne gesäuerte Gurken, rothe Rüben, braune Saucen oder kalter Krän werden besonders beygesetzt.

Sehr schön läßt ein Belege von Kohl und gelben Rüben... Das Ganze muß sehr rein und zierlich gemacht werden. Auf diese Art sind auch die übrigen Belege sehr im Gange, wie z. B. der Kohl auf holländische Art, gefüllter Salat, Hoschepot, gemischtes Grünzeug, glasirte spanische Zwiebeln, Gurken, und alle durchgeschlagene Hülsenfrüchte. Jeder dieser Belege wird zierlich in seiner Art darunter oder rund herum gethan.«

Eine weitere Spezialität Zenkers war das »**gefüllte Tafelstück**«: Die ungespickte Schale wird mürbe geklopft, mit Spagat gebunden, dann »in einer langen Casserolle, die mit Speckplatten, Schneidschinken, Zwiebeln, Lorbeerblättern, Thymian, einem Gliedchen Knoblauch gefüttert ist, gelegt, mit einigen Schnitzen Fleisch und Schneidschinken belegt, mit Gewürznelken, einigen Gliedchen Ingwer, Pfeffer und Muskatblüthe gewürzt, mit einer Flasche Porto-Wein, und das übrige aber mit altem Österreicher genässet und sehr weich gekocht.«

Das Rindfleisch wird dann leicht gepreßt und kalt gestellt; der Kochsud wird entfettet, am starken Feuer zu einer Sauce eingekocht und passirt. Das Fleisch wird »nett zugeschnitten, die Oberfläche einen halben Finger dick im ganzen heruntergeschnitten, das inwendige Stück weit ausgehöhlt, und nur ein fingerdicker Rand rund herum stehen gelassen, dieser Rand mit gekochten Speckplatten belegt und warm gestellt«. Das herausgeschnittene Rindfleisch wird in messerrückendünne Blättchen geschnitten, mit passirten Champignons oder braun eingemachten Gurken oder gedünstetem Salat in die passirte Sauce gegeben, in das vom Speck entblößte und glasirte Tafelstück getan, mit der Oberfläche wieder belegt, und »zwar so, daß man das darin befindliche Emincé nicht bemerkt«. Das Ganze wird noch einmal glasirt und rundherum mit glasirten Zwiebeln oder gefülltem Salat belegt. »Es kann mit dem Löffel genommen oder gestochen werden.« Zenker nannte das Gericht daher »Bœuf à la Cuillère« oder auch »en surprise«, weil »es durch seine reguläre Form nichts ahnen läßt, und den ersten Eingreifer überrascht«.

Zu den Standardrezepten der Altwiener Rindfleischküche gehörte das »Stufato« (»Stoffat«). Das **Stufato** ist ein gedünstetes Rindfleisch; Art und Name kamen aus dem Italienischen. Im Kochbuch des »Granat-Apffels« (1699) gibt es neben einem »Französischen Stofade« auch ein Rezept »Stuffada zu machen auf welsch«, Gartler und Hikmann schreiben »Rindfleisch, Stafadie genannt«, F. G. Zenker kennt es als »Gedünstetes Rindfleisch, oder die Schale als Stofade«, bei Anna Dorn heißt es »Staffad« (sie nimmt allerdings Kalbfleisch!), Katharina Prato bezeichnet es als »Gedünstetes Rindfleisch auf italienische Art oder Stufato«. In modernen Küchenlexika heißt es »Italienisches Dämpffleisch«: ein Stück vom Ortschwanzel oder Schwanzel (Stöckel: »am besten von der Schulter«) wird mit dickem Speck gespickt (den man in Salz, weißem Pfeffer und gestoßenen Gewürznelken wälzte), mit Wurzelwerk, Gewürzen, Kräutern und Brotschnitten drei Stunden in Rindsuppe, Essig und Wein weich gedünstet.

Rindsbraten

Die Bezeichnung »Rindsbraten« ist, vom küchentechnisch-chemischen Standpunkt aus betrachtet, nicht ganz zutreffend. »Braten« nennt man die Zubereitung in heißem Fett (manchmal mit ganz wenig Wasserbeigabe, um das Anlegen und Verbrennen des Bratensaftes zu vermeiden). Beim »Rindsbraten« handelt es sich jedoch immer nur um ein rasches Anbraten des Fleisches (sowie der Knochen, des Wurzelwerks usw.) in heißem Fett; die eigentliche Garmachung erfolgt durch das Dünsten des Rindfleisches. Ein Beispiel aus der französischen Küche – in der altösterreichischen Küche ebenfalls häufig verwendet – ist das **Bœuf braisée**, das gedünstete Rindfleisch, der Schmorbraten. Es wurde in Fett scharf angebraten, auf Wurzelwerk und Zwiebel gelegt und nach Geschmack mit Wein, Essig, Rindsuppe und Rahm begossen. Gedünstet wurde das Ganze in einem »mit wohl passendem Deckel versehenen Topf, welcher zum Überfluß mit Brot oder Mehlteig verklebt wird«, wie es in den alten Kochbüchern heißt.

Auch das (französische) »**Bœuf à la mode**« taucht schon früh in den Wiener Kochbüchern auf (im »Bewährten und wohl-eingerichteten Koch-Buch« von Hohberg (1715) heißt es »bœuf à la mode, oder Rind-Fleisch auf neue Manier«); es ist ein mit Speck (und Zunge) gespicktes Scherzel oder Schwanzel, das zuerst in heißem Fett rundum angebraten wird, dann mit Wurzelwerk, Zwiebel, Lorbeerblatt, Thymian, etwas Knoblauch, Gewürzen, Wein und Essig sowie Wasser und Schwarzbrot weich gedünstet wird.

Nur das Roastbeef (die gebratene Beiried) oder der im ganzen zubereitete Lungenbraten werden ausschließlich gebraten.

Folgende Teile eignen sich für einen Rindsbraten: Hieferschwanzel, Hieferscherzel, schwarzes Scherzel, Zapfen oder Kugel, Ortschwanzel, Tafelstück und Tafelspitz, Beiried, Kavalierspitz, hinteres Ausgelöstes.

Spicken des Rindsbraten: Fleischteile, die mit wenig Fett durchzogen sind, werden für den Rindsbraten immer gespickt; es wird dazu Selchspeck oder grüner Speck verwendet. Der Speck wird in kleinfingerdicke, an einem Ende leicht spitz zulaufende Streifen geschnitten und entweder in Eiswasser oder für kurze Zeit in den Tiefkühler gelegt. Mit einem Messer werden mit der Fleischfaser verlaufende Einstiche in das Fleischstück gemacht und mit einem kleinen Kochlöffelstiel vergrößert; die Speckstreifen werden dann in diese Öffnungen geschoben. Anschließend wird das Fleisch mit Spagat gebunden.

Die bei der Rindsbratenzubereitung entstandene Sauce ergibt die Rindsbratensauce (Demi-glace), die auch bei vielen anderen Gerichten Verwendung findet. Mit verschiedenen Gewürzen und Einlagen versehen, ergeben sich daraus die Ableitungen wie Madeirasauce, Teufelssauce, Kräuter-, Großjägermeister- oder Bordelaiser Sauce (siehe Seite 156f.).

Es gibt die verschiedensten Möglichkeiten, den Rindsbraten und die Rindsbratensauce zuzubereiten. Die folgende Art kommt aus der Praxis, ist daher die rationellste und zeigt ein bestes Ergebnis.

Rindsbraten (Grundrezept)

6 Portionen

1,20 kg Rindfleisch im ganzen, 80 g Speck, Salz, schwarzer Pfeffer, 60 g Öl, einige kleingehackte Rinds- und Kalbsknochen, 200 g gemischtes, grobwürfelig geschnittenes Wurzelwerk, 150 g ebenso geschnittene Zwiebeln, Pfefferkörner, 30 g Mehl, ½ EL Paradeismark oder 2 zerdrückte frische Paradeiser, ¼ l Weißwein, ¾ l Fond, Rindsuppe oder Wasser, Bouquet garni (Sellerie- und Petersiliengrün, Porree, Knoblauchzehe, Thymian, wenig Lorbeer), ca. 20 g Stärkemehl

Das Fleisch (siehe voranstehende Liste) von den gröbsten Flechsen befreien, spicken, binden, mit geriebenem schwarzem Pfeffer und Salz einreiben.

In der Pfanne das Fett erhitzen, das Fleisch (rundum) und die Knochen zuerst schnell, dann bei gedrosselter Hitze bräunen (am Boden legt sich dabei immer ein Bratsatz an; damit dieser nicht anbrennt, öfters mit einem Eßlöffel Wasser ablöschen = deglacieren). Das

Anbraten kann auch im heißen Rohr erfolgen (auch hier den Bratsatz durch etwas Wasserbeigabe vom Geschirr lösen). Dann das Fleisch herausheben und warm stellen. Im selben Bratfett den restlichen Spickspeck und das Wurzelwerk rösten. Ebenso die grobwürfelig geschnittenen Zwiebeln goldbraun mitrösten. Dann alles mit Mehl stauben, Paradeismark beigeben und bis zur Braunfärbung weiterrösten (Vorsicht: Die Zwiebeln verbrennen sehr leicht!). Mit 1/8 l Weißwein ablöschen und mit 3/4 l Flüssigkeit aufgießen, Bouquet garni und Pfefferkörner beigeben, das Fleisch einlegen und zugedeckt am besten im Rohr dünsten (etwa 2 Stunden; nach Größe und Qualität des Fleisches sehr verschieden lang). Dabei das Fleisch wiederholt mit der Flüssigkeit übergießen, um ein Austrocknen zu verhindern. Den Braten mit wenig Saft zugedeckt warm stellen.
Den restlichen Weißwein mit Stärkemehl verrühren und die Sauce damit abziehen, eventuell mit zusätzlicher Flüssigkeit auf die richtige Saucenkonsistenz bringen, schließlich durch das Spitzsieb passieren. Den Braten tranchieren und mit der Sauce übergießen. – Man rechnet pro Person 1/8 l Sauce.
Beilage: Serviettenknödel, Semmelknödel, Teigwaren, Kartoffelkroketten, Prinzeßkartoffeln, Naturgemüse, Mischgemüse, Kohlkugeln

Senfbraten

Den Rindsbraten nach Grundrezept zubereiten. Zum Schluß wird der restliche Weißwein, mit 1 EL französischem Senf und Stärke verrührt, der Sauce beigegeben und, wie oben angegeben, weiterbehandelt.

Harlekinbraten

So heißt ein Rindsbraten, nach Grundrezept zubereitet, der mit Speck, Gurken und Karotten gespickt wurde. Nur mit Karotten und Speck gespickt, ist dieser Braten als **Nassauer Braten** bekannt.

Znaimer Rindsbraten

Wie den Senfbraten bereiten. In die fertige Sauce gibt man dünnblättrig geschnittene Salzgurken (»Znaimer Gurken«).

Rindsbraten à la Trauttmansdorff

Den Rindsbraten nach Grundrezept zubereiten. Der angerichtete Rindsbraten wird mit in Butter gedünsteten, blättrig geschnittenen Champignons, Trüffeln, ausgestochenem, gedünstetem Gemüse, gebratenen Paradeisern, Kartoffelpüree und kleinen Gurken garniert.

Gerollte Beiried

4 Portionen

800 g Beiried, 1 EL Öl (übrige Beigaben siehe Grundrezept Seite 222)
Fülle: 100 g Schinken oder Zunge, fein gehackt; 1 kleingehackte Essiggurke, 2 geschälte, ausgedrückte und kleingeschnittene Paradeiser, 80 g Reis (5 Minuten in Wasser gekocht)

Das rohe Fleisch zu einer fingerdicken, rouladenartigen Schnitte schneiden, leicht klopfen, salzen und pfeffern, mit Öl bestreichen, dann die vorbereitete Fülle daraufgeben, zusammenrollen, die Roulade binden und das Fleisch auch von außen würzen. Dann anbraten und dünsten, wie beim Rindsbraten angegeben.

Champignonbraten

6 Portionen

Rindsbraten (siehe Seite 222f.), 30 g Butter, 250 g blättrig geschnittene Champignons oder andere Pilze, 1 feingeschnittene Zwiebel, gehackte Petersilie

Den Rindsbraten nach Grundrezept bereiten. In der Butter die feingeschnittene Zwiebel goldgelb rösten, Petersilie und die Pilze beigeben und salzen. Das Ganze kurz dünsten, auf den tranchierten angerichteten Braten geben und mit Rindsbratensauce übergießen.

Jägerbraten

6 Portionen

Rindsbraten (siehe Seite 222f.), Selchspeck zum Spicken, 30 g Butter, 1 feingeschnittene Zwiebel, gehackte Petersilie, 250 g Champignons oder andere Pilze, 1/16 l Weißwein, 1 EL durchgeschnittene Kapern

Den rohen Rindsbraten besonders stark mit Selchspeck spicken, dann nach Grundrezept zubereiten. Die Zwiebel extra in Butter anschwitzen, Petersilie beigeben, ebenso die blättrig geschnittenen Champignons oder anderen Pilze, mit Weißwein untergießen, salzen und weich dünsten. Die gedünsteten Champignons werden mit den Kapern als Einlage in die fertige Sauce gegeben, die über den angerichteten tranchierten Rindsbraten gegossen wird.

Gedünsteter Tafelspitz

Den rohen Tafelspitz salzen, mit schwarzem Pfeffer einreiben und wie den Rindsbraten zubereiten. Zum Schluß den Tafelspitz tranchieren (und zwar vom »Spitz« aus, also von der schmalen Seite her, gegen die Faser) und mit der passierten Sauce überziehen. Beilage: Serviettenknödel.

Gedünstete Beiried

Wird ungespickt nach Grundrezept wie der Rindsbraten bereitet.

Paradeisbraten

Wird wie Rindsbraten nach Grundrezept, aber mit Rotwein (statt Weißwein) bereitet; kein Wurzelwerk, sondern nur die Zwiebel, außerdem 400 g Paradeiser oder 4 EL Paradeismark verwenden. Das Fleisch selbst soll beim Anbraten nur sehr wenig Farbe bekommen. Die fertige Sauce durch ein Sieb treiben und über den angerichteten Rindsbraten gießen.

Rahmbraten (Rindsbraten mit Rahmsauce)

Der Rindsbraten wird nach Grundrezept bereitet. Die Sauce wird weder mit Mehl gestaubt noch tomatisiert. Nach Beendigung der Garzeit gibt man ¼ l Sauerrahm, mit 30 g Mehl verrührt, der Sauce bei, läßt diese einmal durchkochen und passiert sie.

Esterházy-Rindsbraten

Rindsbraten wird wie der Rahmbraten zubereitet. In der fertigen Sauce werden extra in Butter angedünstete Wurzeljulienne mitgedünstet, als weitere Einlage kommen gehackte Kapern und ganz feine Julienne von Zitronenschale dazu.

Burgunderbraten

Rindsbraten nach Grundrezept zubereiten. Man verwende aber statt Weißwein ¼ l Rotwein. Garniert wird der fertige Braten mit braunglasierten Zwiebeln (siehe Seite 441).

Bordelaiser Rindsbraten

Den Rindsbraten nach Grundrezept zubereiten, statt Weißwein nimmt man ¼ l Rotwein; die Würzung mit Thymian, Pfeffer und Lorbeerblatt ist etwas zu verstärken. Zum Schluß werden 200 g Rindsmark, in dicke Scheiben geschnitten und in Rotwein leicht erwärmt (nicht gekocht!), auf den angerichteten Rindsbraten verteilt; mit Sauce übergießen. Siehe auch Sauce bordelaise, Seite 157.

Gedünsteter Rindskamm

Der Rindskamm ist ein überaus saftiges Stück Rindfleisch, muß aber viel länger als jede andere Rindfleischsorte gedünstet werden. Die Zubereitung erfolgt nach dem Grundrezept. Man kann auch die anderen oben angeführten Abwandlungen anwenden.

Sauerbraten

6 Portionen

1,20 kg Rindfleisch (vom Zapfen)
Marinade: 200 g feinblättrig geschnittenes Wurzelwerk, 100 g feinnudelig geschnittene Zwiebeln, ⅛ l Essig, ½ l Wasser, 5 Pfefferkörner, 3 Neugewürzkörner, 3 Gewürznelken, etwas Muskatnuß, 1 Stengel Thymian, 1 kleines Lorbeerblatt, Fett, Salz, Pfeffer, 1 KL Zucker, 20 g Mehl, ⅛ l Weißwein, 100 g geriebener unglasierter Lebkuchen

Das Fleisch wird vor der Zubereitung 3 bis 4 Tage mariniert.
Marinade: Wurzelwerk und Zwiebeln, Pfefferkörner, Lorbeerblatt, Thymian, Gewürznelken, Neugewürzkörner und etwas Muskatnuß sowie den Essig in ½ l Wasser eine Viertelstunde leicht kochen lassen, kalt

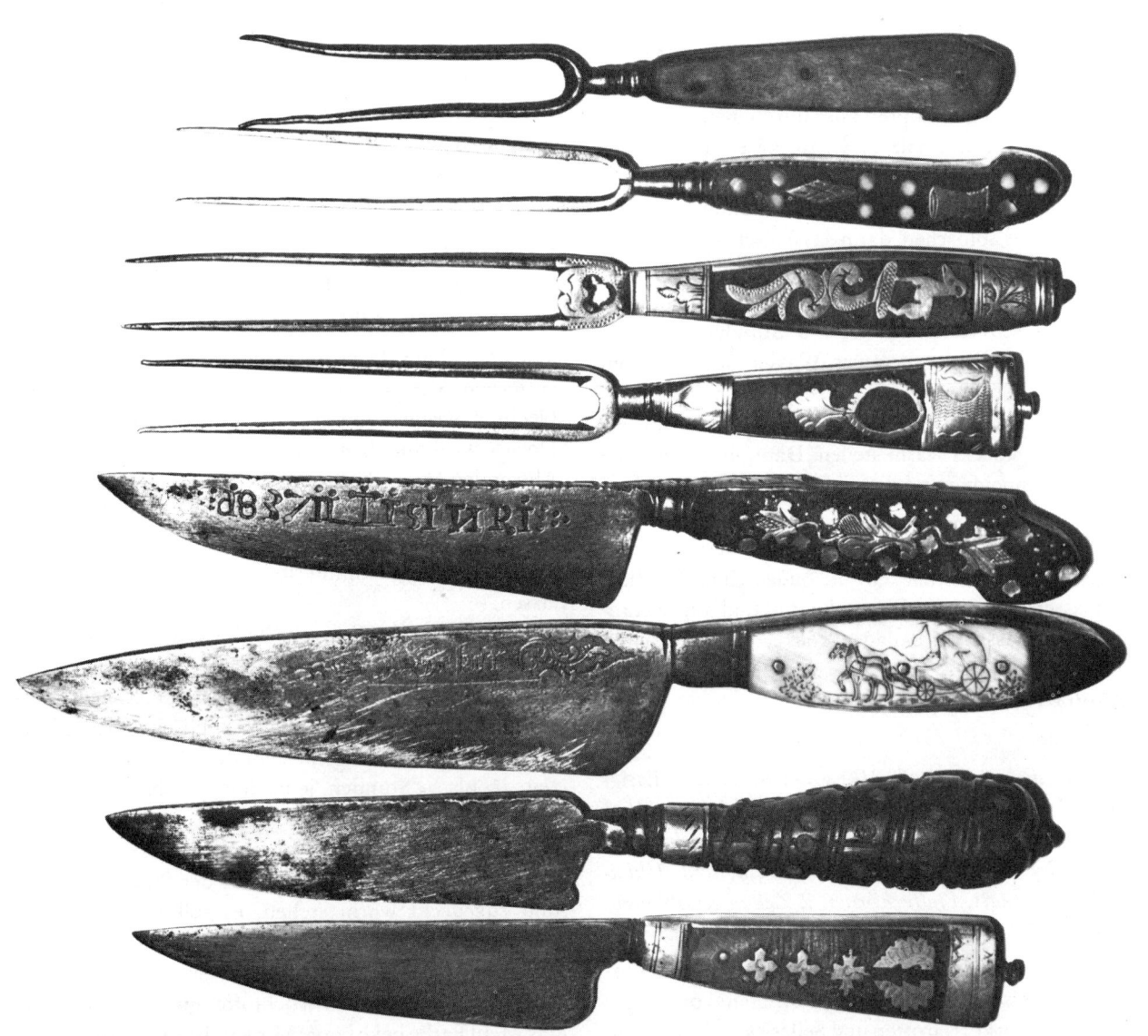

Bäuerliche Eßbestecke aus dem Nonns- und Passeiertal, 18./19. Jh.

stellen und kalt über das in Porzellan- oder Emailgeschirr gelegte Fleischstück gießen. Das Fleisch muß von der Marinade ganz bedeckt sein und während des Marinierens öfter gewendet werden.

Dann das Fleisch aus der Marinade heben, gut abtropfen lassen, salzen, pfeffern und in heißem Fett anbraten. Das Wurzelwerk von der Marinade mit Zucker zuletzt mitrösten, mit Mehl stauben, durchrösten, mit der Marinade übergießen und fertigdünsten. Fleisch herausheben und zugedeckt warm stellen. Zum Schluß die Sauce passieren, Weißwein und geriebenen Lebkuchen beigeben und noch einmal gut verkochen. Dann wie den Rindsbraten anrichten.

Rindsbraten auf ungarische Art

8 Portionen

1,50 kg Rindfleisch (schwarzes Scherzel), 150 g Selchspeck zum Spicken, Salz, Paprika, Fett, 1 Zwiebel, 5 Pfefferkörner, 3 Neugewürzkörner, 1 kleines Stück

Ingwer, 1 Stück Brotkruste, 2 ausgepreßte, gehackte Paradeiser, ⅛ l Sauerrahm, 1 EL Mehl

Das Rindfleisch gut klopfen oder durchkneten, ausgiebig spicken und mit Salz und Paprika einreiben. Das Fleisch rasch von allen Seiten braun braten, die feingeschnittene Zwiebel beigeben und goldbraun rösten, mit wenig Wasser ablöschen, dann das Fleisch in eine kleine Kasserolle geben, mit kochendem Wasser ganz bedecken, Gewürze, Brotkruste und Paradeiser beigeben. Zugedeckt sehr langsam etwa 3 Stunden dünsten. Wenn notwendig, muß etwas Wasser nachgegossen werden.
Sobald das Fleisch weich ist, herausheben und mit etwas Saft zugedeckt warm stellen. Dann in fingerdicke Scheiben schneiden und den Saft über den angerichteten Braten passieren.
Man kann den Saft auch mit Mehl und Sauerrahm, beides gut verrührt, eindicken, die Sauce einmal aufkochen lassen und über den tranchierten und angerichteten Braten passieren. Beilage: Nockerl oder Nudeln.

Gespickte Beiried

6 Portionen

1,20 kg niedere Beiried, 100 g Selchspeck, 1 Essiggurke, 2 Karotten, ¼ einer Sellerieknolle, 30 g Öl, 1 Petersilwurzel, 150 g feingeschnittene Zwiebeln, 40 g Mehl, 10 g Paradeismark, ⅛ l Rotwein, Senf, 1 kleines Lorbeerblatt, Pfefferkörner, 2 Zehen Knoblauch, Thymian, 1 l Wasser

Die Beiried von den gröbsten Sehnen befreien und entlang der Fleischfaser mit dicken Streifen von Selchspeck, Essiggurke, Karotten und Sellerieknolle spicken. Salzen und pfeffern. Mit Spagat binden und in heißem Fett anbraten. Dann das Fleisch herausheben und zugedeckt warm stellen.
Im Bratrückstand die Parüren (Sehnen, Fleischabfälle) anbraten, die Reste vom Selchspeck und das Wurzelwerk beigeben, die Zwiebeln mitrösten und alles gut bräunen. Mit Mehl stauben, Paradeismark dazugeben und mit dem Rotwein ablöschen. Diesen Ansatz, die restlichen Gewürze und 1 l kochendes Wasser zum Fleisch geben und je nach der Qualität des Fleisches etwa 1½ Stunden dünsten. Die Sauce passieren, abschmecken und über die tranchierte, angerichtete Beiried geben.
Beilage: Serviettenknödel, Kartoffelkroketten, Teigwaren, Gemüse

Roastbeef

6 Portionen

1,20 kg Beiried, Salz, Pfeffer, eventuell Senf, 80 g Öl, 10 g Mehl, Rindsuppe oder Wasser

Von der gut abgelegenen, ausgelösten Beiried die Kette entfernen. Von der dickeren oberen Seite werden die Flechsen weggeschnitten, und die noch verbleibende Flechse wird mit einem spitzen Messer in fingerdicken Abständen eingeschnitten, damit sich das Fleisch beim Braten nicht zusammenziehen kann. Mit Salz und frischgemahlenem Pfeffer, eventuell auch mit Senf, gut einreiben und dann mindestens eine Stunde lang liegen lassen.
In einer Pfanne das Fett sehr heiß werden lassen, darin das Fleisch rasch auf beiden Seiten anbraten – jeder Braten wird zuerst mit der Außenseite in das heiße Fett gelegt – und dann im Rohr halb »englisch« fertiggebraten. Dabei wiederholt mit dem Fett übergießen. Bratzeit: ½ bis ¾ Stunden, je nach der Höhe des Fleischstückes. Innen muß das Fleisch noch rosa sein. Nadelprobe durchführen (siehe Seite 228).
Sobald das Roastbeef gar ist, aus der Pfanne nehmen und zugedeckt warm stellen; es soll vor dem Aufschneiden ¼ Stunde rasten! Den Bratrückstand am Herd etwas, jedoch nicht zu stark, eingehen lassen, mit Mehl stauben, mit dem Kochlöffel gut verrühren, bis das Mehl Farbe bekommt. Mit Rindsuppe oder Wasser aufgießen und den Saft verkochen lassen, damit sich alles Angekrustete gut auflösen kann. Dann abseihen und das in dünne Scheiben geschnittene Roastbeef damit umkränzen.
Beilage: Pommes frites, Pommes duchesses, alle Arten von Gemüse, vor allem Fisolen, Kohlsprossen, Kohlkugeln
Achtung: Immer ein möglichst großes Stück Roastbeef braten, weil dieses saftiger bleibt als ein kleines Stück. Man kann übriggebliebenes Roastbeef kalt aufschneiden und mit Sauce tatare servieren.

Lungenbraten im ganzen

Die Bezeichnung »Lungenbraten« hat ihre eigene Wortgeschichte. Der Lungenbraten hat nichts mit der Lunge zu tun. Im Register »Über die Österreichischen Wörter« zum »Wienerischen bewährten Koch-Buch«, 1772 in Bamberg und Würzburg erschienen, wird erklärt: »Lungel-Braten: vom Rindfleisch was inwendig am Ruckgrad sitzt«. Schon im »Buch von guter spîse« aus dem 14. Jahrhundert gibt es einen »hirschen lumel braten«, in Schweizer Kochbüchern findet man noch heute den »Lummelbraten«. Auch unser »Lungenbraten« müßte korrekterweise so heißen. Denn das Wort leitet sich vom lateinischen Wort »lumbus« = Lende ab. Daraus wurde im Mittelalter »lume«, »lumpe«; im Alt-Wien der Barock- und Biedermeierzeit sagte man dazu noch »Lummelbraten« und »Lumpelbraten«, in den Kochbüchern des 18. Jahrhunderts erscheint bereits die Form »Lungel-Bratl«. In den folgenden Jahrzehnten bildete sich dann unsere irreführende Bezeichnung »Lungenbraten«. In Deutschland: »Lendenbraten«.

Was gleich geblieben ist, das ist die Wertschätzung dieses köstlichen Stücks vom Rind. Der Lungenbraten (die Rindslende, das Filet de bœuf) gilt als eines der edelsten, wenn nicht überhaupt als das beste Fleischstück des Rindes. Aus einer Fußnote zum »Speiszettel« für den Pfingstmontag, für den Anna Dorn 1827 »Englischen Lungenbraten« empfiehlt, wissen wir, seit wann der Wiener sich vom gekochten Rindfleisch weg- und zum »gedünsteten« Lungenbraten hingezogen fühlt: »In guten Häusern ahmt man jetzt gewöhnlich die englische Sitte nach und gibt das gewöhnlich gesottene Rindfleisch, das uns der Suppe wegen zum natürlichen Bedürfnisse geworden ist, auf den Domestiquen-Tisch, weil das in seinem Safte gedünstete, geschmorte oder gebratene, jenem ausgekochten, das seine meisten Nahrungskräfte schon der Suppe überließ, auch an Wohlgeschmack bey weitem vorzuziehen ist.« In einem der »Briefe des Hans Jörgel« aus dem Jahre 1832 heißt es: »Weil uns a bissel a Mader (= Hunger) angriffen hat, haben wir uns zum Papperl (ein berühmtes Praterlokal) übridraht und haben uns a Lungenbratl angfriemt, weil sie's dort gar so kostbar machen.«

Vorbehandlung: Der Lungenbraten wird meist im ganzen (englisch) gebraten bzw. gedünstet. Das Fleischstück »Lungenbraten« liegt unter der Beiried. Es ist ein sehr zartes, wohlschmeckendes Fleisch und besteht aus dem dicken Ende, auch Lungenbratenkopf oder -zapfen genannt, dem Mittelstück und dem schmalen Ende, das auch Lungenbratenspitz heißt.
Der Lungenbraten wird von der äußeren Fettschicht befreit, die »Kette« heruntergeschnitten und die Haut abgezogen. Unter »Kette« versteht man den am dicken Ende des Lungenbratens längsliegenden Fleischstrang. Beim Braten das Fleischstück immer mit der Außenseite nach unten zuerst in das heiße Fett legen!

Altwiener Lungenbraten
10 Portionen

1,20 kg Lungenbraten, Salz, Pfeffer
Fülle: 150 g feinst fasciertes Kalbfleisch, 150 g feinst fasciertes Schweinefleisch, 1 in Milch geweichte Schneidsemmel, 1 feingeschnittene Zwiebel, gehackte Petersilie, Salz, Paprika, etwas zerdrückter Knoblauch, 1 ganzes Ei, etwas Obers, 1 kleine Gänseleber
Sauce: 40 g Öl, 2 EL feingeschnittene Zwiebel, 40 g Mehl, 3/8 l Rindsuppe, 1/4 l Sauerrahm

Den vorbehandelten, enthäuteten Lungenbraten der Länge nach so aufschneiden, daß man ein großes, rechteckiges, fingerdickes Schnitzel bekommt. Das Schnitzel klopfen und die vorbereitete Fülle daraufstreichen. Auf die Füllmasse legt man die länglich geschnittene Gänseleber, rollt das Fleisch dann zu einer Roulade ein, bindet diese und würzt sie außen. Die Roulade in heißem Fett rundum anbraten, dann in ein passendes Geschirr zum Dünsten legen.
Im Bratrückstand die feingeschnittene Zwiebel rösten, mit Mehl stauben und mit Suppe und Rahm aufgießen, kurz verkochen lassen und über das Fleisch gießen. In dieser Sauce den Lungenbraten unter öfterem Begießen

mit der Sauce etwa 1½ Stunden langsam im Rohr unter gleichmäßiger mittlerer Hitze dünsten.
Fülle: Das feinfaschierte Fleisch mit der in Milch geweichten, ausgedrückten und passierten Semmel vermischen (man kann sie auch mit dem Fleisch mitfaschieren); die Zwiebel in heißem Fett rösten, ebenso die gehackte Petersilie, dann der Fleischmasse beigeben, ebenso das Ei, in etwas Obers verklopft. Mit Salz, Paprika und zerdrücktem Knoblauch würzen. Die Masse zu geschmeidiger Konsistenz verarbeiten. Beilage: Serviettenknödel, feine Gemüsegarnitur.

Lungenbraten (Englisches Filet)

10 Portionen

1,50 kg Lungenbraten, 100 g grüner Speck zum Spikken, Salz, Pfeffer, 100 g Butter oder Öl, 1 TL Mehl, ½ l Fond oder Rindsuppe

Den Lungenbraten vorbehandeln (siehe Seite 227) und spicken. Mit Salz und Pfeffer würzen. Man kann das Fleisch schon am Vortag mit Öl kräftig einreiben; das Fleisch wird dadurch besonders mürbe.
⅔ der Butter in einer Pfanne erhitzen, den Lungenbraten darin rasch auf allen Seiten scharf anbraten (etwa 5 Minuten), salzen und pfeffern, dann mit der Oberseite nach unten ins heiße Rohr geben und bei gleichmäßiger mittlerer Hitze unter häufigem Begießen mit Bratfett so lange braten (je 10 bis 15 Minuten auf beiden Seiten), bis das Fleisch von außen schön braun geworden ist (innen soll es stark rosa sein). Den fertigen Braten herausnehmen, ¼ Stunde zugedeckt rasten lassen, dann in fingerdicke Scheiben schneiden und mit der Jus umkränzen.
Saft (Jus): Den Bratrückstand eingehen lassen, mit Mehl stauben, kurz durchrösten, die restliche Butter darin aufschäumen, mit ½ l Fond oder Suppe aufgießen und zu dünner Jus verkochen.
Beilage: Feines Gemüse (Erbsen, Fisolen, Karotten), gebratene Paradeiser als Garnitur; extra dazu Kartoffelkroketten.
Achtung: Das Fleisch bleibt desto saftiger, je größer das Lungenbratenstück ist. Den übriggebliebenen Braten kann man, kalt und aufgeschnitten, mit Sauce tatare oder kaltem Oberskren servieren.

Rindslungenbraten à la Colbert (Filet de bœuf Colbert)

10 Portionen

1,60 kg Lungenbraten vom Mittelstück, Salz, Pfeffer, ¹⁄₁₆ l Öl, 2 Kohlköpfe, Salzwasser
Duxelles: 50 g Butter, 100 g feingeschnittene Zwiebeln, 400 g gehackte Champignons, gehacktes Petersiliengrün, ⅛ l Weißwein, ⅛ l Rindsbratensauce (Sauce demi-glace, siehe Seite 155 f.), Salz, Pfeffer, 1 Schweinsnetz, ¹⁄₁₆ l Öl, 1 l Rindsbratensauce

Die Kohlköpfe entblättern, gut waschen, die Blätter in reichlich Salzwasser leicht kernig kochen. Dann kalt schwemmen und gut abtropfen lassen.
Den Lungenbraten von Fett, Kette und Haut befreien, mit einer Schnur formgerecht binden, salzen, pfeffern, etwa 8 Minuten in heißem Öl rasch auf allen Seiten anbraten und zugedeckt warm stellen.
Duxelles: Die Zwiebeln in Butter goldfarben rösten, die gehackten Champignons beigeben und mitrösten. Nachdem dieses Gemisch etwas Farbe genommen hat, feingehackte Petersilie mitrösten, mit Weißwein löschen, salzen und pfeffern, mit ⅛ l Sauce demi-glace zu streichfähiger Konsistenz verkochen.
Auf einem Tuch das gewässerte Schweinsnetz ausbreiten, die Kohlblätter auflegen, dabei die groben Rippen entfernen, nach jeder Lage die Blätter fest andrücken und mit etwas Salz und Pfeffer würzen. Abschließend werden ¾ des Champignongemisches (Duxelles) aufgestrichen. Dann wird der von der Schnur befreite Lungenbraten mit der Oberseite nach unten aufgelegt. Durch Hochheben des Tuches wird das Fleisch in die Kohlblätter und in das Schweinsnetz eingerollt. Anschließend bindet man alles mit Spagat.
In einer entsprechend großen Pfanne Öl erhitzen, das Filet einlegen und im Rohr etwa 25 Minuten bei zuerst stärkerer, gegen Schluß bei mittlerer Hitze braten; dabei wiederholt mit Bratenfett begießen.
Garprobe: Eine lange Nadel in kaltes Wasser tauchen, dann in den Braten bis zur Mitte einstechen und die Nadel einige Sekunden darin stecken lassen, herausziehen und an die Lippen führen. Ist der Nadelteil an der Spitze, der in der Mitte des Fleisches gelegen hat, lauwarm, ist der Braten gar.

Wie jeder Braten soll auch der Lungenbraten ¼ Stunde vor dem Tranchieren zugedeckt warm gestellt werden, damit er rasten kann. Man vermeidet dadurch beim Tranchieren Saftverlust.
Das restliche Champignongemisch mit der Rindsbratensauce aufgießen, kurz verkochen lassen und damit den tranchierten Lungenbraten umkränzen.
Beilage: Schloßkartoffeln, Prinzeßkartoffeln oder heurige Kartoffeln, feines Mischgemüse, gefüllte Paradeiser.
Das Filet Colbert kann auch ohne Schweinsnetz zubereitet werden.

Filet Wellington (Lungenbraten in Butterteig)

8 Portionen

1,20 kg Lungenbraten, Salz, Pfeffer, 40 g Öl, Champignongemisch (Duxelles) wie beim Lungenbraten Colbert, 250 g Butterteig (siehe Seite 538), 1 Ei, 1 l Rindsbratensauce

Den Lungenbraten, wie oben beschrieben, vorbereiten, würzen, binden und kurz anbraten.
Auch die Champignonmasse (Duxelles) bereiten.
Den Blätterteig messerrückendick ausrollen, einstechen, mit ¾ der überkühlten Duxelles dick bestreichen, das Filet mit der Oberseite nach unten auflegen, die Teigränder mit Ei bestreichen, das Filet in den Teig einschlagen, mit der »Naht« nach unten auf ein feuchtes Blech legen, mit Eistreiche bestreichen, portionsgemäß außen mit Blätterteigstreifen belegen – auch diese mit Ei bestreichen –, dann 10 Minuten rasten lassen und bei starker Hitze etwa 25 Minuten im Rohr backen. Am Ende der Backzeit die Hitze drosseln. Vor dem Tranchieren ¼ Stunde rasten lassen.
Restliche Duxelles mit Demi-glace vermischen und à part anrichten.

Gedünsteter Lungenbraten in Rahmsoße

4 Portionen

800 g Lungenbraten, 60 g Speck zum Spicken, Salz, Pfeffer, 60 g Butter, 1 feingeschnittene Zwiebel, kleingeschnittenes Wurzelwerk, 40 g Mehl, ⅛ l Sauerrahm, etwas Rindsuppe, Saft von ¼ Zitrone, 1 kleines Lorbeerblatt, 1 Stengel Thymian, 1 KL Kapern, 50 g blättrig geschnittene Champignons, etwas Butter

Den Lungenbraten häuten, die sehnigen Teile wegschneiden, spicken, salzen, pfeffern, in heißer Butter rasch auf allen Seiten anbraten. Dann herausnehmen und zugedeckt warm stellen.
Im Bratrückstand zuerst die Zwiebel, dann das Wurzelwerk rösten, mit Mehl stauben, mit Rahm, mit etwas Rindsuppe glatt gerührt, aufgießen, die Gewürze beigeben und den Lungenbraten darin im heißen Rohr weich dünsten. Dabei wiederholt mit Sauce begießen und nach der halben Garzeit wenden. Den garen Braten herausheben, zugedeckt rasten lassen, dann in fingerdicke Scheiben aufschneiden. Die Sauce inzwischen passieren, mit den in Butter gedünsteten Champignons und den Kapern noch einmal aufkochen lassen und über den angerichteten Lungenbraten gießen.
Beilage: Teigwaren, Reis, grüner Salat, Preiselbeeren

Lungenbraten auf Wiener Art (mit Wurzelwerk)

8–10 Portionen

1,50 kg Lungenbraten, 10 g Öl, Salz, Pfeffer, 50 g Butter, 1 kleine, nudelig geschnittene Zwiebel, 150 g gerissenes Wurzelwerk, 1 EL Mehl, ¼ l Weißwein, ¾ l Rindsuppe oder Wasser, Zitronensaft

Den Lungenbraten von Haut, Kette und Sehnen befreien, mit Öl gut einreiben und einige Zeit stehenlassen.
Dann den Lungenbraten salzen und pfeffern, in heißer Butter scharf von allen Seiten braun anbraten. Das Fleisch dann herausheben und zugedeckt warm stellen. Zuerst die Zwiebel, dann das Wurzelwerk im Bratenfett kurz rösten, mit Mehl stauben, mit Wein löschen und mit Rindsuppe oder Wasser aufgießen, das Fleisch einlegen und im Rohr bei guter Hitze etwa ½ Stunde dünsten. Dabei wiederholt mit Sauce begießen, nach der halben Garzeit wenden. Sobald das Fleisch gar ist, herausnehmen, ¼ Stunde zugedeckt rasten lassen, dann in fingerdicke Scheiben tranchieren.
Die Sauce mit Flüssigkeit auf die richtige Konsistenz bringen, gut verrühren und verkochen, dann passieren (oder im Mixer pürieren), noch einmal aufkochen las-

Lungenbraten à la Godard

sen, mit Zitronensaft abschmecken und über den angerichteten Lungenbraten gießen.
Nach Wunsch kann man die fertige Sauce mit ⅛ l glattgerührtem Sauerrahm vollenden.
Beilage: Bandnudeln, Serviettenknödel oder Kartoffelkroketten, Feingemüse oder Gemüseplatte

Pester Lungenbraten

6–8 Portionen

1,20 kg Lungenbraten, Salz, Pfeffer, 60 g Speck zum Spicken, 50 g Fett, 30 g würfelig geschnittener Selchspeck, 1 feingeschnittene Zwiebel, 10 g Edelsüßpaprika, 1 EL Essig, ca. 1 l Rindsuppe oder Wasser, 1 EL Paradeismark, ⅛ l Sauerrahm, 10 g Mehl

Den Lungenbraten von Haut, Flechsen und Kette befreien, spicken, mit Salz und Pfeffer einreiben, in heißem Fett auf allen Seiten rasch anbraten, ins heiße Rohr stellen und unter wiederholtem Begießen mit Fett weitere 10 Minuten braten. Das Fleisch herausnehmen und zugedeckt warm stellen.

Dann gießt man etwas Bratfett ab, gibt den würfelig geschnittenen Speck dazu, röstet ihn und dann auch die Zwiebel darin goldgelb, papriziert und löscht sofort mit Essig, gießt mit Suppe oder Wasser auf, gibt das Paradeismark bei und legt den Braten wieder ein. Zugedeckt alles 1 Stunde dünsten lassen. Dabei wiederholt begießen.
Zum Schluß den mit Mehl glattgerührten Sauerrahm beigeben, verrühren und noch 1/4 Stunde zusammen dünsten lassen.
Beilage: Nudeln, Nockerl, Tarhonya

Gedünsteter Lungenbraten Belvedere

6–8 Portionen

1,20 kg Lungenbraten, 80 g Selchspeck und Schinken; Essiggurken und Sardellenfilets, zum Spicken in Streifen geschnitten; Salz, Pfeffer, 50 g Fett, etwa 500 g kleingehackte Rindsknochen, kleinwürfelig geschnittenes Wurzelwerk, 1 feingeschnittene Zwiebel, 5 Pfefferkörner, etwas Thymian, 1/2 Lorbeerblatt, 1 EL Mehl, 1/8 l Sauerrahm, Zitrone, Schale und Saft, 3 EL Weißwein, ca. 1 l Rindsuppe oder Wasser, etwas Obers und Butter

Den Lungenbraten von Haut und Flechsen befreien, mit Speck, Schinken, Essiggurken und Sardellenstreifen gefällig spicken, mit Salz und Pfeffer würzen.
In heißem Fett auf allen Seiten rasch anbraten, dann herausnehmen und zugedeckt warm stellen. Im Bratfett die Rindsknochen anrösten, ebenso das Wurzelwerk und die Zwiebel, mit Weißwein ablöschen, mit Suppe oder Wasser aufgießen, die Gewürze beigeben, den Lungenbraten einlegen und alles etwa 1 Stunde weich dünsten. Dabei den Braten wiederholt begießen. Den garen Lungenbraten herausnehmen und zugedeckt warm stellen. Den Dünstfond mit Sauerrahm, der mit Mehl verrührt wurde, binden, etwas Zitronenschale beigeben, etwa 1/2 Stunde verkochen lassen und über den in fingerdicke Scheiben tranchierten, angerichteten Lungenbraten passieren.
Man kann die Sauce nach dem Passieren mit Obers und einem Stück Butter montieren, mit Zitronensaft abschmecken und über den Braten gießen.
Beilage: Teigwaren, Serviettenknödel, Gemüsegarnitur

Sacher Rezept

Rindslungenbraten Medici

Mittelstück vom Lungenbraten, Salz, Pfeffer, Fett, Gänseleber, Trüffeln, Salz, Pfeffer Hühnerfarce: 500 g feinfaschiertes Hühnerfleisch, 250 g Hühnerfett, 250 g feinfaschiertes Schweinefleisch, 200 g Panade, Eiklar, Obers, Pistazien, 1 Schweinsnetz

Ein pariertes Mittelstück vom Lungenbraten binden, salzen, pfeffern und etwa 20 Minuten anbraten, dann kalt stellen.
Die Gänseleber mit den Trüffelstreifen spikken, würzen und 10 Minuten im Wasserbad pochieren, dann ebenfalls kalt stellen.
Aus den angegebenen Zutaten eine sehr feine Hühnerfarce bereiten. Dann die Gänseleber auf den Lungenbraten auflegen, mit Hühnerfarce zustreichen, alles in ein Schweinsnetz einhüllen und etwa 35 bis 40 Minuten im Rohr braten.

Zum Vergleich ein Originalrezept aus Elisabeth Stökkels »Bürgerliche Küche, oder neuestes österreichisches Kochbuch«, 1853 (in der »Österreich-ungarisches Universal-Kochbuch« betitelten 24. Auflage um 1900 wortwörtlich wiedergegeben):
Lungenbraten auf Wiener Art

»Man lege einen schönen Lungenbraten, nachdem man ihn von Haut und überflüssigem Fette gereinigt, in eine Beize von halb Essig, halb Wasser, worein man gelbe Rüben, Petersilienwurzel, ein Paar Lorbeerblätter, Zwiebel, Gewürznelken, Pfeffer und gehöriges Salz gegeben, und lasse ihn darinnen drei oder vier Tage liegen. Nun nehme man denselben heraus, durchziehe ihn zierlich mit Speck, stecke ihn an einen Spieß, und lasse ihn beim Feuer langsam gar braten. Während dieser Zeit wird er mit der Beize und etwas Rahm begossen, doch muß es Anfangs vom Feuer entfernt gehalten und nur gegen das Ende schön braun gemacht werden, weil er sonst zu sehr austrocknen würde. Das herabträufelnde Fett wird unten in einer Bratpfanne aufgefangen, etwas Mehl hineingestaubt und Rahm dazu gegeben. Wenn der Braten gut ist, wird er auf eine Schüssel gelegt, mit der Sauce begossen und mit kleinen Erdäpfeln garnirt. Man kann denselben auf die nämliche Art in eine Bratpfanne legen und ihn in eine Röhre geben.«

Aus dem Lungenbratenstück werden noch andere Gerichte hergestellt, »die unter allen Umständen der Anerkennung der Besten sicher sind, und deren bloßer Anblick schon den appetitbenagtesten Tafelgenossen mit der tröstlichen Gewißheit erfüllt, daß er für diesmal noch dem Hungertode entgehen wird« (Habs–Rosner, »Appetit-Lexikon«, 1894).

Die Alt-Wiener Küche kannte eine Reihe von Rezepten, so das »**Geflochtene Lungenbratl**«:

»Man flechtet 3 oder 4 aus einem schönen Lungenbraten geschnittene Teile wie einen Zopf«, den Anna Dorn dann gesalzen, mit Speck, Kräutern, Gewürzen, Zwiebeln, Knoblauch und den gewöhnlichen Wurzeln, etwas Rindsuppe und Essig »mürbe dünstet«, etwas Mehl darüberstreut, ein »wenig Milchrahm« und »ein wenig klein geschnittene Kapern oder Sardellen« dazugibt und den sie dann »in einer Schüssel auf die Tafel setzt«.

Es muß nicht ein »geflochtenes Lungenbratel« gewesen sein, das eines Tages Beethoven so in Zorn versetzte, daß er dem Kellner die Sauce ins Gesicht schleuderte, der zwar versuchte, seinen erbosten Gast zu beruhigen, aber durch die vom Gesicht triefende Sauce am Sprechen gehindert war – er konnte nicht gleichzeitig reden und die Sauce mit seiner Zunge von den Lippen lecken. Die Gäste lachten – und die peinliche Situation war gerettet. Es gab ja auch noch den »eingebeizten, gedünsteten Lungenbraten«, einen gerollten und einen marinierten Lungenbraten, einen Lungenbraten auf italienische Art (wurde mit Rosmarinblättern und Gewürznelken gedünstet), den Lungenbraten mit Malagawein, mit »durchgeschlagenen Zwiebeln« (das waren passierte Zwiebeln in Sauce), mit Paprika- oder Madeirasauce, mit Wildgeschmack, mit Sauce Colbert oder à la Bellegarde (Bellegarde war der oberste Küchenchef am Wiener Kaiserhof; der überbratene Lungenbraten wurde in eine sulzartig gebackene Masse aus gekochtem Spinat und Brandteig, beide passiert, 8 Dotter, 3 ganzen Eiern und dem Schnee von 3 Eiklar eingehüllt und 30 bis 40 Minuten im Backrohr bei mäßiger Hitze unter öfterem Begießen mit dem eigenen Fett »gebraten«).

Vielzitiert seit Lichtensteins »Granat-Apffel«-Kochbuch ist auch der »**Most-Braten**«: »Einen gut abgelegenen Lungenbraten häutet man ab, legt ihn auf Speckschnitten in eine Kasserolle, gibt gewiegte gelbe Rübe, Pastinakwurzeln und Zwiebeln dazu, sowie einige Pfefferkörner, gießt soviel guten Wein- oder Obstmost darüber, daß das Fleisch halb bedeckt ist, läßt auch noch 1 Hand voll geschälter, gebratener Kastanien mitkochen, deckt die Kasserolle zu und läßt das Fleisch mürbe dünsten. Der Saft muß dicklich einkochen und wird passiert über das Fleisch angerichtet.«

Ein weiteres, auch heute noch gern bereitetes Gericht ist der »**Faschierte Lungenbraten**«, auch »**Falscher Hasenrücken**« genannt, der in vielen Varianten in den Kochbüchern erscheint. Bei Anna Dorn (1827) heißt das Gericht »Aufgerolltes, einem Hasen gleichendes Rindfleisch« (sie beizt das Innere einer großen Keule mit Weißwein und Essig 48 Stunden lang, bereitet eine gute Fülle und bratet ihn am Spieß; »man trägt es in einer starken Brühe auf, und gibt in besonderen Schalen Johannisbeersaft und geschmolzene Butter dazu. Wenn man es spickt, erhält man ein besseres Aussehen und einen besseren Geschmack.«). Häufiger als dieser gefüllte Lungenbraten im ganzen erscheint der »Falsche Hasenrücken« aus faschiertem Lungenbraten, meist sogar mit gemischtem Fleisch (z. B. je 280 g Rind-, Kalb- und

Schweinefleisch, 1 Semmel, 1 Ei, Salz, Pfeffer, Knoblauch und Zwiebel); das Faschierte wird wie ein Hasenrücken geformt, gespickt, mit Zitronenschale und Parmesan bestreut, mit Fett, Essig und Sauerrahm während des Bratens begossen. Die Prato bereitete ihn aus 1 kg Rindfleisch und etwas Schweinefleisch, 1 Trüffel, 1 Ei, 3 Eidotter, 30 g Semmeln, Schalotten, Pfeffer und Salz. »Man formirt davon eine Wurst, die man spickt und in mit Butter bestrichenes Papier deckt oder in eine Reh- oder Hasenrückenform drückt und bratet, mit Wildbretsauce und Limonieschalen bestreuen.« (Die »Reh- oder Hasenrückenform« übrigens wird auch in der Wiener Süßspeisenküche verwendet.) Auch Rokitansky und Anna Bauer kennen den »Faschierten Lungenbraten (falscher Hasenrücken)«: »Man formt diese sorgfältig abgerührte Masse wie einen Hasenrücken, der wie ein solcher gespickt und unter fleißigem Begießen in der Röhre gebraten wird. Gegen Ende des Bratens rührt man etwas Rahm zur Sauce.«

Lungenbraten, roh portioniert

FACHLICHE HINWEISE

Vom Lungenbraten können auch folgende rohportionierte Gerichte bereitet werden:
Beefsteak (auch Filetsteak): wird vom Mittelstück geschnitten, pro Portion etwa 180 g schwer.
Doppeltes Beefsteak (Chateaubriand): wird aus dem Mittelstück des Lungenbratens geschnitten. Für 2 bis 3 Personen das Stück, bis zu 500 g schwer, wie nachstehend beschrieben zubereiten, vor dem Gast in fingerdicke Scheiben tranchieren.
Tournedos (Lendenschnitten): werden vom Lungenbratenspitz fingerdick geschnitten. Jede Schnitte im Gewicht von 80 g schneiden; man serviert 2 Stück pro Person.
Filets mignons oder Rindsmedaillons: werden aus dem Lungenbratenspitz geschnitten. Man serviert pro Person 3 Stück im Gesamtgewicht von etwa 160 g.
Diese hier angeführten Fleischstücke werden am Rost gegrillt oder in der Pfanne gebraten (sautiert).

Das Grillen von Rindfleisch
(Gilt auch für andere Fleischsorten)
Man verwendet dazu nur gutes, schön marmoriertes Fleisch, das immer gut abgelegen sein muß. Das Fleisch, jeweils portioniert, gut parieren, leicht plattieren (klopfen). Zu starkes Klopfen würde die Fasern zerstören, was Saftverlust zur Folge hätte! Das zum Grillen bestimmte Fleisch wird gesalzen und gepfeffert; es kann vorher auch in einer Ölmarinade mariniert werden (z. B. in Öl mit frischgemahlenem Pfeffer, Thymian, Lorbeerblatt); das Fleisch wird mit der Marinade übergossen. (Kalbfleisch wird nicht mariniert! Hammel- und Schweinefleisch wird in Öl, Knoblauch, Zwiebel und Zitronenschale mariniert!) Alle Marinaden können durch Beigabe von Paprika, Petersilstengel, Basilikum und Rosmarin variiert werden.
Der Grill muß vor dem Auflegen des Fleisches gut erhitzt werden.
Zum Grillen eignen sich folgende Grillapparate:
Kontaktgrill: 2 geheizte, gerippte Grillplatten; die obere Platte wird nur ganz leicht auf das Fleisch gedrückt.
Plattengrill: hat nur eine Grillplatte. Das Fleisch muß auf beiden Seiten extra gegrillt, also gewendet werden.
Holzkohlengrill: Die Kohle soll während des Grillens nicht mehr brennen, es muß nur genügend Glut vorhanden sein!

Wenn das Fleisch mariniert wurde, aus der Marinade heben, gut abtropfen lassen, salzen und mit frischgemahlenem Pfeffer bestreuen und auf die mit Öl bestrichene, sehr heiße Grillplatte oder den Grillrost legen. Wird nichtmariniertes Fleisch verwendet, legt man das Fleisch zuvor auf einen Teller, beölt das Fleisch, salzt und pfeffert es.

Das Fleisch soll rasch Farbe annehmen, um unnötigen Saftverlust zu vermeiden. Die Saftperlen, die an der Oberfläche des Fleischstückes austreten, zeigen an, daß das Fleisch zu wenden bzw. daß es gar ist. Das Fleisch wird je nach der Dicke verschieden lang gegrillt, und zwar unter einmaligem Wenden insgesamt:
Beefsteak ca. 5 Minuten; Chateaubriand ca. 10 Minuten; Tournedos ca. 1½ Minuten; Entrecôte, Rumpsteak ca. 2 Minuten. Dabei das Fleisch mit Marinade bepinseln. Das Umdrehen des Fleisches soll mit der Grillzange oder mit 2 Holzspateln erfolgen – das Anstechen mit einer Gabel würde zu Saftverlust führen. Der gewünschte Grad der Garzeit läßt sich durch Fingerdruck bestimmen:
Fleisch noch weich und etwas schwammig, innen noch roh: englisch (blutig) gebraten (engl.: rare; franz.: bleu)
Fleisch bereits elastisch, immer noch rot, aber nicht mehr blutig: halbgebraten (underdone; saignant)
Fingerdruck fester werdend, leicht rosa gebraten: rosa (medium well; à point)
Fleisch fühlt sich fest an, darf innen nicht mehr rot sein: durchgebraten (well-done; bien cuit)
Natürlich erfordert diese Druckprobe sehr viel Routine und Erfahrung. Sollten Sie nach den ersten Versuchen nicht sicher sein, machen Sie »unfachmännisch« einen kleinen Einschnitt in das Fleisch. Grillgerichte werden immer mit Kräuterbutter belegt serviert.

Beilagen zu Grillgerichten

Kartoffeln: alle in Fett gebackenen Kartoffelarten (Pommes frites, Pommes chips, Strohkartoffeln, Zündholzkartoffeln); Pariser Kartoffeln, Schloßkartoffeln sowie im Rohr gebackene Kartoffeln. **Gemüse:** Naturgemüse, Fisolen, Erbsen, Kohlsprossen usw., Champignons, gefüllte Paradeiser, Artischockenböden. **Saucen:** nur Ableitungen der Buttersauce, wie Sauce béarnaise, Sauce Choron oder Sauce Rachel (mit Fleischglace und Paradeismark abgeschmeckte Sauce béarnaise). Anstelle von Saucen werden Grillgerichte auch mit einer Buttermischung (z. B. Kräuter- oder Sardellenbutter) belegt. **Salate.**
Auf diese Art werden Chateaubriand, Beefsteak, Rindsmedaillons, Entrecôte, Rindskotelett und Rumpsteak garniert. Tournedos erhalten immer eine spezielle Garnitur, die dem Gericht den Namen gibt.

Das Braten von Rindfleisch in der Pfanne (sautiert à la minute)

Auch bei dieser Zubereitungsart kann das Fleisch zuvor mariniert werden. Allgemein jedoch genügt es, das Fleisch zu salzen und zu pfeffern. Eine Pfanne (mit möglichst dickem Boden) zuerst ohne Fett erhitzen, dann mit sehr wenig Öl den Boden bedecken und das Fleisch einlegen. Garzeit, Wenden und Garprobe erfolgen, wie bei den Grillgerichten beschrieben.
Dicke Stücke – wie Chateaubriand, Rindskotelett, Entrecôte für 3 Personen – werden nach dem Wenden am vorteilhaftesten im Rohr fertiggebraten. Bevor das Fleisch ganz gar ist, das Bratfett abgießen, pro Portion 10 g frische Butter aufschäumen lassen, das Fleisch anrichten, die Pfanne mit Sauce, Jus oder Suppe ablöschen und das angerichtete Fleisch damit umkränzen.

Beefsteak

Das Beefsteak wird in der Regel vom Lungenbraten geschnitten. Die internationale Küche versteht dagegen unter »Beefsteak« eine gebratene Rindfleischschnitte (Filetsteak). Das Fleisch muß gut abgelegen sein!
Die Schnitten im Gewicht von 180 g werden leicht geklopft, evtl. mit Spagat zu schöner Form gebunden.

Beefsteak in Blätterteig

4 Portionen

4 Beefsteaks à 180 g, Salz, Pfeffer, 100 g Butter, 800 g rohe, geschälte und in Scheiben geschnittene Kartoffeln, 150 g feinblättrig geschnittene Champignons, 1 feingeschnittene Zwiebel, gehackte Petersilie
Butterteig (200 g Butter, 200 g Mehl, siehe Seite 538; oder Tiefkühlteig), 1 Ei

Die vorbereiteten Beefsteaks salzen, pfeffern und in wenig Butter rasch anbraten.
Die Kartoffelscheiben in Butter braten, dabei salzen. In heißem Fett zuerst die Zwiebeln, dann die Champignons und die Petersilie rösten und alles auskühlen lassen. Boden und Seitenwand einer Tortenform mit dem Butterteig auslegen, dann auf dem Boden 1 Schicht Kartoffelscheiben legen, die Beefsteaks daraufgeben, darauf die gerösteten Champignons, zuletzt wieder eine

Lage Kartoffelscheiben und mit einem Butterteigdeckel schließen. Mit Ei bestreichen, mit Teigstreifen verzieren, auch diese mit Ei bestreichen. Bei stärkerer Hitze im Rohr ca. 3/4 Stunden backen. Beilage: Gemüseplatte, Salate.

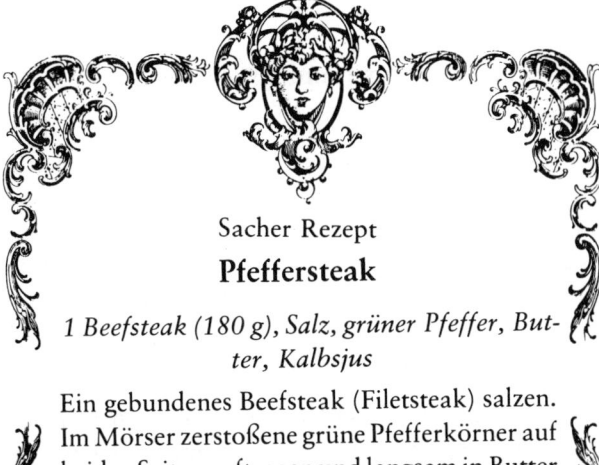

Sacher Rezept
Pfeffersteak

1 Beefsteak (180 g), Salz, grüner Pfeffer, Butter, Kalbsjus

Ein gebundenes Beefsteak (Filetsteak) salzen. Im Mörser zerstoßene grüne Pfefferkörner auf beiden Seiten auftragen und langsam in Butter leicht englisch braten.
Bratrückstand mit Kalbsjus deglacieren. Mit frischer Butter aufmontieren und über das Steak gießen.

Beefsteak Stephanie

Das vorbereitete Beefsteak am Grill zubereiten, mit Kräuterbutter (siehe Seite 68) belegen, mit gekochten grünen Erbsen und gekochtem Schinken garnieren. Dazu werden Strohkartoffeln serviert.

Beefsteak Tatar

2 Portionen

300 g Lungenbraten, 1 Eidotter, 1 Essiggurke, feingeschnittene Zwiebeln, gehackte Petersilie, 2 Kapern, 1 gehacktes Sardellenfilet, Schnittlauch, Kümmel, Senf, Pfeffer, Paprika, Salz

Man nehme dazu ganz mageres Fleisch, am besten vom Lungenbratenspitz. Das Fleisch mit zwei scharfen Messern sehr fein hacken bzw. schaben (nicht faschieren). Dann forme man aus der Fleischmasse eine Kugel, drücke sie breit, mache in der Mitte eine kleine Vertiefung, in die man den rohen Eidotter gibt. Rings um das Fleisch gibt man als Garnitur feingeschnittene Zwiebeln, gehackte Essiggurke, gehackte grüne Petersilie, Kapern, Sardellen, Schnittlauch, gehackten Kümmel, Pfeffer, Paprika und Senf. Der Gast kann die verschiedenen Beilagen und Gewürze nach eigenem Geschmack mit dem Fleisch vermischen. Bereitet man das Beefsteak Tatar in der Küche zu, werden die Gewürze mit Eidotter und Öl glatt gerührt und mit dem gehackten Fleisch vermengt. Dazu Toastbrote und frische Butter.

Tournedos

Die Tournedos werden vom Lungenbratenspitz geschnitten, sind also kleine Beefsteaks. Der Name leitet sich von den französischen Wörtern »tourner« = wenden und »dos« = Rücken ab. Man serviert pro Person 2 Stück im Gesamtgewicht von etwa 160 g. Die Stücke werden oft in dreieckiger oder runder Form pariert. Die Tournedos sollen nicht allzu dünn, eher etwas dick geschnitten werden. Sie werden leicht geklopft (oder nur mit dem Handballen in die runde Form gedrückt), hoch geformt und mit dünnem Spagat umschnürt, damit sie ihre Form behalten.
Die vorbereiteten Tournedos mit Salz und Pfeffer würzen, mit Öl bestreichen und auf dem Rost oder in der Pfanne braten. Anzurichten sind die Tournedos immer auf einem Sockel, z. B. aus Toastbrot (Croutons): dazu wird Weißbrot in der Größe der Tournedos rund ausgestochen und beidseitig in Butter goldbraun gebraten. Oder auf flach-rund geformten Kroketten oder einem Reissockel (der Sockel wird dabei jeweils der Größe der Tournedos angepaßt). Der Bratsatz wird mit Madeirawein (oder Rindsuppe) losgekocht und mit Butter vollendet und als Sauce extra serviert (man kann auch andere Saucen wählen). Die Art der Garnitur gibt dem Gericht jeweils seinen Namen. Die internationale Küche unterscheidet etwa 250 Tournedos-Gerichte.

Tournedos à la Maria Theresia

Gebratene Tournedos werden auf einem Risotto-Sockel angerichtet und mit Trüffelscheiben belegt. Dazu wird tomatisierte Demi-glace serviert.

Tournedos à la Metternich

4 Portionen

8 Stück Tournedos (je ca. 80 g), Salz, Pfeffer, Butter, 200 g Champignons, 30 g Butter, 200 g Reis, 2–3 Paradeiser, 1 Trüffel, 1/4 l Rindsbratensauce oder etwas Fleischglace, 2 EL Obers

Die Paradeiser häuten, ausdrücken, würfelig schneiden. Die Trüffel fein hacken. Reis mit Paradeisern und der Trüffel dünsten, dann in gebutterte kleine Becherformen geben und im Wasserbad warm stellen.

Das Fleisch klopfen, rund binden, salzen, pfeffern und in Butter kurz »englisch« braten.

Die in Scheiben geschnittenen Champignons in heißer Butter dünsten, mit Sauce oder Fleischglace ablöschen, mit einem Stück Butter und Obers noch einmal kurz aufkochen und über die auf dem (aus dem restlichen Reis) bereitstehenden Reissockel angerichteten Tournedos gießen. Zu beiden Seiten der Tournedos die Reisbecher stürzen.

Tournedos bouquetières

Die vorbereiteten Tournedos auf dem Rost braten bzw. grillen, auf Croutons anrichten und mit verschiedenem Gemüse (glasierte Karotten, Fisolen, grüne Erbsen, Karfiolröschen) bukettartig garnieren. Man serviert extra Natursaft und gibt Strohkartoffeln um die Tournedos.

Tournedos Rossini

Die sautierten Tournedos werden auf Weißbrotcroutons angerichtet und jedes Stück mit einer gebratenen Gänseleberscheibe, obenauf mit Trüffelscheibe, belegt. Der Saft wird mit Madeirawein vollendet. Als Garnitur gibt man Strohkartoffeln (siehe Seite 408).

Tournedos auf Jägerart

Die Tournedos werden auf Scheiben aus Kartoffelkroketten angerichtet, mit in Butter gedünsteten Pilzen belegt, mit Großjägermeistersauce (siehe Seite 157) bedeckt und mit gehackter Petersilie bestreut.

Tournedos mit Sauce béarnaise

Die auf Weißbrotcroutons angerichteten Tournedos (innen noch etwas blutig) werden mit gebratenen, halbierten Paradeisern belegt, in die je ein Löffel Sauce béarnaise gefüllt wurde. Mit Pommes frites garnieren.

Tournedos mit grünem Erbsenpüree

Die Tournedos werden auf Scheiben aus Kartoffelkroketten angerichtet. Ein dickes Püree aus passierten grünen Erbsen, etwas passierten Kartoffeln, Butter und Obers wird mit einer Sterntülle kranzartig auf die Tournedos dressiert. In die Mitte des Kranzes gibt man würfelig geschnittene, geröstete Paradeiser.

Tournedos à la tyrolienne (auf Tiroler Art)

Gegrillte Tournedos werden mit gebackenen Zwiebelringen und gerösteten Paradeisvierteln, Brunnenkresse und Strohkartoffeln garniert.

Sacher Rezept

Tournedos Prince Rohan

Die Tournedos salzen und pfeffern und am Rost braten. Beim Servieren auf in Butter gebackenen Croutons anrichten.

Garnitur: Würfelig geschnittene Champignons und Hühnerleber in Butter sautieren, feingeschnittene Zwiebel beigeben, salzen und pfeffern, mit Demi-glace binden, verkochen lassen und mit Madeira vollenden. Damit die angerichteten Tournedos nappieren. Strohkartoffeln als Beilage.

Rostbratenried und Beiried, roh portioniert

Entrecôte, Beiriedschnitte

Das Entrecôte (Zwischenrippenstück) wird von der niederen Beiried geschnitten. Da dieses Stück Fleisch dicht am Knochen liegt, ist es besonders würzig. Vorerst wird von der Beiried die Kette (siehe Seite 227) ausgelöst und am oberen dicken Teil die starke Sehne entfernt. Dann werden stark fingerdicke Schnitten im Gewicht von 180 bis 200 g pro Person geschnitten. Allgemein wird das Entrecôte für 2 Personen als ein Stück mit 360 g, für 3 Personen mit 500 g geschnitten. Die Schnitten jeweils leicht plattieren (klopfen) und am Rand etwas einschneiden. Salzen, pfeffern und grillen oder in der Pfanne braten. Das Entrecôte für 2 und mehr Portionen wird vor dem Gast in 1 cm dicke schräge Tranchen geschnitten. Das Grillen des Entrecôte ist auf Seite 233, das Braten (Sautieren) in der Pfanne auf Seite 234 beschrieben. Sauce und Garnitur werden extra gereicht.

Entrecôte auf Wiener Art

Wird wie der Zwiebelrostbraten (siehe Seite 238 f.) zubereitet.

Entrecôte à la Auersperg

Die Entrecôtes stark englisch (blutig) braten bzw. grillen, dann in eine gebutterte Gratinierschüssel legen, mit rohen Mark- und Champignonscheiben belegen, mit Sauce Duxelles (siehe Seite 156) überziehen, mit geriebenem Käse bestreuen, mit Butter beträufeln und im Rohr bei starker Oberhitze gratinieren.

Die Auersperg waren ein steirisch-krainisches Uradelsgeschlecht. Im achten Wiener Gemeindebezirk besaßen sie das Palais Roffrano – heute dient es als vornehmes Restaurant. Andreas Freiherr von Auersperg (1557 bis 1595) war kaiserlicher General und wurde der »Schreck der Türken« genannt. Auch Anastasius Grün, der politische Dichter des Wiener Vormärz, war ein Graf Auersperg. Die Fürsten Adolf und Carlos Auersperg waren österreichische Ministerpräsidenten.

Rindskotelett (Rindsrippenstück)

Das Rippenstück wird aus dem hohen Beiriedstück geschnitten, soll 6 bis 8 cm dick sein und reicht für 3 bis 4 Portionen. Die Rippe wird wie bei einem Kotelett zugerichtet, d. h. am oberen Ende abschaben. Das Fleisch gut klopfen, salzen, pfeffern und wie das Chateaubriand braten (das Fleisch auf beiden Seiten anbraten, dann zum Durchziehen 15 Minuten ins heiße Rohr stellen). Es eignet sich besonders gut zum Grillen. Das Rindskotelett wird wie das Entrecôte für mehrere Personen am Tisch vorerst vom Knochen, dann in 1 cm dicke schräge Tranchen geschnitten und vorgelegt. – Gemüsegarnituren wie beim Chateaubriand.

Rumpsteak

Das Rumpsteak wird im Gewicht von 160 bis 180 g aus der niederen Beiried, aber auch nach internationaler Praxis (als »echtes Rumpsteak«) vom Rumpf, also von der Rindsrose (Hieferschwanzel), geschnitten, leicht plattiert (geklopft) oder mit einem Messer flach gestrichen, am Fettrand eingeschnitten und wie das Entrecôte auf dem Rost gebraten oder gegrillt und auch mit den gleichen Saucen und Garnituren serviert. Man kann das Fleischstück vor dem Braten einige Stunden in etwas Öl beizen.

Rumpsteak auf Weinhändlerart

4 Portionen

800 g Beiried, Salz, 1/16 l Öl, 3/8 l Rindsbratensauce, 50 g in Scheiben geschnittenes Rindsmark, 50 g blättrig geschnittene Champignons oder Trüffeln, Semmelbrösel, 20 g Reibkäse, 20 g Butter

Die daumendicken Fleischstücke salzen, in einer Pfanne oder auf dem Rost halb braten, schief in Scheiben tranchieren, in eine Gratinierschüssel legen, mit Rindsbratensauce übergießen, mit abgebrühten Markscheiben und Champignons (oder Trüffeln) belegen, mit Parmesan und Brösel bestreuen, mit Butter beträufeln und bei sehr starker Oberhitze im Rohr gratinieren.

Rostbraten

»Richtig, Rostbraten! Das ist ein herrliches Gericht, das wird Ihnen trefflich munden. Aegidius, komm' mal her! Bringe uns zwei Rostbraten, aber ja vorzüglich gut! Es ist ein preußischer Hofrat hier, mit einem rothen Adler-Orden vierter Classe. Mit Zwiebeln und gebratenen Erdäpfeln; von Beiden nicht zu wenig, verstehst? Im einzelnen der Rostbraten nicht zu fett, und im ganzen etwas scharf gebraten.«
Glasbrenner, »Bilder und Träume aus Wien«, 1836

Das Braten auf dem Rost dürfte so alt sein wie das Braten am Spieß; allerdings hat unser »Rostbraten« damit nur noch wenig zu tun, denn zum An-Braten des Fleisches, das eigentlich ein Rindsschnitzel ist, kam bald das Mürbemachen durch Dünsten sowie die Bereitung des Saftes. Das Grundverfahren hat sich in den letzten Jahrhunderten nicht viel geändert – verfeinert haben sich die Zutaten. Im »Nutzlichen Koch-Buch«, 1740 in Steyr erschienen, tritt uns noch die Zwitter- und Zwischenform des Rost-Bratens und -Dünstens entgegen: »Nimm ein gutes Lungel-Brätl, schneide nach der Breiten dinne Schnitzel, klopfe es wohl mit dem Messer, ein wenig gesaltzen, brate es auf dem Rost geschwind, richte es in eine Rein, giesse Rind-Suppe und Wein daran, laß 2.Stund gemach dünsten, daß schön marb wird, brenn es ein, gut gewürzt, ein wenig Milchrahm und Capry daran.«
Um und nach 1800 kannte man in der Wiener Küche bereits gegrillten, gedünsteten, gefüllten, faschierten, gebackenen Rostbraten, Rostbraten mit Sauce, mit Rahmsauce, mit Kohl, mit Malaga und mit Zwiebeln. (F. G. Zenker nennt diesen »Rostbraten mit Zwiebeln« »Côte de Bœuf à la Provençale«; er belegt den gebratenen Rostbraten mit in Ringe geschnittenen spanischen Zwiebeln, die gesalzen und bemehlt, in Öl gebacken und in Weinessig und Glace kurz aufgekocht werden; in einem anderen Rostbraten-Rezept belegt er den Rostbraten mit gekochten Zwiebelringen.) Ferner gab es Rostbraten mit Knoblauch, in natura, mit Erdäpfeln, mit Reis und Paradiesäpfeln, mit Sardellen und schließlich den »Zwiebelrostbraten«, den »Rostbraten mit Zwiebel«. Bei J. M. Heitz (1902) heißt er: »Rostbraten aux oignons à la Viennoise«. In dieser Form finden wir ihn heute in jedem guten Gasthaus auf der Speisekarte, und so hat ihn der Wiener lieben gelernt. Dieser »Wiener Rostbraten« kommt dem ursprünglichen Rostbraten wieder nahe. Heute gilt der »Rostbraten« in seinen verschiedenen Formen als eine spezifisch österreichische Platte, wie Karl Duch in seinem Handlexikon der Kochkunst festhält. »Spezifisch« vor allem auch, weil die Fleischhauer genau jenes Stück unter dem Ried- oder Rostbratendeckel des vorderen Rindsrücken »aufgefunden« haben, das als schön marmoriertes, saftiges Stück besonders geeignet ist zum Rostbraten.

FACHLICHE HINWEISE

Rostbraten werden von der hohen Beiried, auch Rostbratenried genannt, also vom »Englischen«, im Gewicht von je 160 bis 180 g abgeschnitten. Die Schnitten werden leicht geklopft (plattiert) – den Fettrand mehrmals einschneiden (damit sich die an den Rändern verbleibende Sehne während des raschen Bratens nicht zusammenziehen kann) –, gewürzt und gebraten, gedünstet oder gebacken zubereitet. Bei den gebratenen und gebackenen Rostbraten ist besonders gut abgelegenes, mürbes Fleisch zu verwenden.
Alle gedünsteten Zubereitungsarten der Rostbraten eignen sich auch für die Zubereitung der **gedünsteten Rindsschnitzel**, die von der Schale, dem schwarzen Scherzel, dem weißen Scherzel oder vom Zapfen im Gewicht von à ca. 150 g geschnitten und genauso behandelt werden wie der gedünstete Rostbraten; allerdings beträgt die Garzeit dieser Fleischsorten je nach Qualität bis zu 1½ Stunden.
Rindsrouladen werden ebenso wie Rindsschnitzel geschnitten, gefüllt und dann gerollt wie der gefüllte Rostbraten; auch sie haben eine längere Garzeit.

Zwiebelrostbraten (Wiener Rostbraten)

4 Portionen

4 Rostbraten, Salz, Pfeffer, Mehl, 40 g Fett, 30 g Butter, 1 TL Mehl, etwas Rindsuppe oder Wasser, 200 g nudelig oder in Scheiben geschnittene Zwiebeln, Fett

Tafel anläßlich der Erbhuldigung Maria Theresias durch die niederösterreichischen Stände, 1740

Die Rostbraten klopfen und den Rand leicht einschneiden. Salzen, pfeffern und auf einer Seite in Mehl tauchen. Die Pfanne erhitzen, das Fett beigeben und die Rostbraten mit der bemehlten Seite ins heiße Fett einlegen. Auf beiden Seiten braten; sie sollen innen leicht rosa bleiben. Braten anschließend auf gewärmter Platte warm stellen.

In den Bratrückstand die Butter geben, aufschäumen, mit wenig Mehl (1 TL Mehl) stauben, mit Suppe oder Wasser zu einer kurzen Jus verkochen. Die Rostbraten mit den extra braun gerösteten Zwiebeln bedecken, mit der Jus übergießen.

Zwiebelzubereitung: Die nudelig oder in Scheiben geschnittenen Zwiebeln in einer Pfanne mit fingerdick hoch Öl goldgelb rösten, sofort abseihen, gut abtropfen lassen und leicht salzen. Diese Zwiebeln können auch auf Vorrat bereitet werden, wenn man viele Portionen benötigt. Hat man nur wenige Portionen Zwiebelrostbraten zuzubereiten, können die Zwiebeln vor dem Fertigbraten der Rostbraten diesen beigegeben und mitgebraten werden. Allerdings werden die Zwiebeln bei dieser Methode nicht so knusprig und geschmackvoll.

Beilage: Bratkartoffeln oder Erdäpfelschmarren,

Vanillerostbraten

4 Portionen

4 Stück Rostbraten, Salz, Pfeffer, Knoblauch, 50 g Schweineschmalz, 1 Zwiebel, 20 g Butter, etwas Rindsuppe

Die Bezeichnung dieses Rostbratens erinnert an die Zeit, da die Gewürze für den einfachen Haushalt noch beinahe unerschwinglich waren. »Tröstend« nannte man in Wien den billigen Knoblauch die »Vanille des armen Mannes«.
Den Rostbraten wie oben vorbereiten, salzen, pfeffern und mit feinst zerdrücktem Knoblauch einreiben. Auf beiden Seiten goldbraun in heißem Fett braten, herausnehmen, Butter aufschäumen, die nudelig geschnittenen Zwiebeln darin goldbraun rösten, mit etwas Suppe aufkochen und zu einem Saft verkochen, den man dann über den Rostbraten gibt.
Zu diesem »Vanillerostbraten«, wie auch zum folgenden, verwende man nur gut abgelegenes, marmoriertes Fleisch!

Gebackener Rostbraten

4 Portionen

4 Stück Rostbraten, Salz, Pfeffer, Mehl, Ei, Semmelbrösel zum Panieren, Fett zum Backen

Die Rostbraten wie oben vorbereiten, salzen und pfeffern, dann in Mehl, Ei und Bröseln panieren und wie Wiener Schnitzel (siehe Seite 269f.) in heißem Fett schwimmend backen.

Rostbraten auf dem Rost

4 Portionen

4 Stück Rostbraten, Salz, Pfeffer, Öl

Die gut abgelegenen Rostbraten klopfen und den Rand leicht einschneiden. Salzen, pfeffern, durch Öl ziehen und auf dem Rost beidseitig rasch grillen. Mit Haushofmeisterbutter (siehe Seite 66) belegen und dann servieren.
Beilage: Bratkartoffeln, gebackene Kartoffeln, Gemüse, Salz- oder Essiggurke, Salate

Esterházy-Rostbraten

4 Portionen

4 Rostbraten, Salz, Pfeffer, Mehl, 50 g Fett, ½ Zwiebel, ¼ l brauner Fond, Rindsuppe oder Wasser, 1 EL Mehl, ⅛ l Sauerrahm, Zitronensaft und -schale, 1 TL gehackte Kapern, 20 g Butter, Wurzelwerk (½ Karotte, ½ Petersilwurzel, ⅛ einer Sellerieknolle; auch etwas Porree kann beigegeben werden)

Die Rostbraten plattieren und den Rand mehrmals leicht einschneiden. Salzen, pfeffern, auf einer Seite in Mehl tauchen und auf dieser Seite zuerst, dann auch auf der anderen Seite in heißem Fett schnell braun anbraten. Die Rostbraten in eine Kasserolle legen. Im Bratrückstand feingeschnittene Zwiebel rösten, mit Flüssigkeit aufgießen und über das Fleisch geben. Dieses zugedeckt darin weich dünsten.
In der Zwischenzeit das Wurzelwerk putzen, in feine Streifen (Julienne) schneiden, in Butter etwas anschwitzen und, nachdem die Rostbraten je nach Qualität in 20 bis 40 Minuten fast weich geworden sind, beigeben und mitdünsten. Mit Sauerrahm, mit wenig Mehl verrührt, den Saft binden, sehr feine Streifen von Zitronenschale und gehackte Kapern beigeben, nachwürzen, eventuell mit Zitronensaft abschmecken.
Wichtig ist dabei, daß das Wurzelwerk seine Form und Frische beibehält, also nicht zu lange mitgedünstet wird.
Beilage: Serviettenknödel, Bandnudeln

Eine zweite Möglichkeit, Esterházy-Rostbraten zuzubereiten, ist die folgende, wobei die Wurzeln extra in Butter und etwas Flüssigkeit gedünstet werden: Die Rostbraten – wie oben gedünstet – anrichten, mit der Sauce nappieren, mit dem Wurzelwerk obenauf garnieren und mit gehackter Petersilie bestreuen.

Die Esterházy von Galántha waren eines der reichsten ungarischen Magnatengeschlechter. Ihnen gehörten in Ungarn und im heutigen Burgenland 50 Marktflecken, 400 Dörfer und 21 Schlösser. Aus ihrem Haus gingen Feldherrn, Diplomaten, Kunstsammler und Mäzene hervor. Fürst Paul IV. (1635–1713), Palatin von Ungarn, malte, dichtete, komponierte und ließ Schloß und Bergkirche in Eisenstadt erbauen. Fürst Nikolaus Joseph (1714–1790), genannt »der Prachtliebende«, war österreichischer Marschall. 1714 trat Joseph Haydn als Kapellmeister und Hauskomponist in seine Dienste. Fürst Nikolaus IV. (1765–1833), österreichischer Feldmarschall, prunkliebender Mäzen von Kunst und Wissenschaften, war ein leidenschaftlicher Jäger und bevorzugte vor allem Wildgerichte. 1809 hat Napoleon ihm vergeblich die ungarische Königskrone angeboten. Der Auftritt dieses Fürsten beim Wiener Kongreß erregte Aufsehen: Er erschien an der Spitze der königlich-ungarischen Garde in einer mit Perlen und Diamanten übersäten Magnatenuniform. Auf seiner Mütze glitzerte eine Edelsteinaigrette, große Perlengehänge baumelten an seinen Stiefeln. Esterhazys spielten als Mäzene auch im Leben von Schubert, Weigl und Liszt eine Rolle.

Kein Wunder, daß die österreichische Küche exquisite Gerichte mit dem Namen dieses Geschlechts auszeichnet: Esterházy-Gulyás, -Rindsschnitzel, -Rostbraten und -Torte. Der Esterházy-Rostbraten hat verschiedene Variationen in der Kochbuchliteratur erfahren. Anna Bauer (1889) belegt ihn mit glasig angelaufenem Speck, geschnittenen Sardellen, Kapern und Zitronenschale, rollt und bindet ihn und dünstet ihn mit Wurzelwerk und feinnudelig geschnittenen Zwiebeln sowie etwas Rindsuppe »schön braun«, nimmt ihn dann heraus, staubt mit etwas Mehl, gießt Suppe und Rahm dazu, »wobei man große Kapern zugeben kann. Diese Sauce wird nicht passiert.«

Rokitansky schichtet abwechselnd eine Lage Wurzelwerk, Sardellen, Zwiebel, Speck, dann Rostbraten, dann wieder Wurzelwerk usw. in eine Kasserolle, bedeckt alles mit einigen Kapern und saurem Rahm und dünstet das Ganze 1½ Stunden im Rohr. Zum Schluß wird das Fett abgeschöpft, etwas »Mehlwasser«, eine Handvoll Kapern, Salz, Zitronensaft und eine Spur Zucker beigegeben und alles noch einmal gut verkocht. Den Rostbraten serviert sie dann samt Wurzelwerk. »Sellerie gibt man nicht dazu«, bemerkt sie.

Besonders berühmt sollen die Rostbraten der »Schönen Sklavin« in Wien-Erdberg gewesen sein: »weich wie Butter, unmenschlich groß und ohne Bein«, wie Meisl in »Wien mit seinen Vorstädten humoristisch geschildert« beteuert.

Girardi-Rostbraten

4 Portionen

4 Stück Rostbraten, Salz, Pfeffer, 1 Zwiebel, 40 g Fett, 1 Glas Weißwein, ¼ l Rindsuppe, brauner Fond oder Wasser, 20 g Butter, 50 g feingehackter Selchspeck, 3 feingehackte Champignons, feingehackte Zitronenschale, 1 TL gehackte Kapern, 1 feingeschnittene kleine Zwiebel, 1 KL gehackte Petersilie, 1 EL Mehl, ⅛ l Sauerrahm, etwas Senf

Die Rostbraten plattieren und den Rand leicht einschneiden. Salzen, pfeffern und in heißem Fett auf beiden Seiten rasch braten. Dann warm stellen.

Im Bratrückstand die feingeschnittene Zwiebel goldgelb rösten, mit Weißwein ablöschen, mit Suppe oder Fond aufgießen und die Rostbraten darin zugedeckt weich dünsten.

Speck, Champignons, die kleine Zwiebel, Zitronenschale, Kapern und Petersilie sehr fein hacken und in heißer Butter anschwitzen, mit Mehl stauben, den Sauerrahm dazurühren und dann dem fast garen Rostbraten beigeben. So lange alles dünsten, bis das Fleisch weich ist. Mit wenig Senf nachwürzen. Beim Anrichten mit glattgerührtem Sauerrahm begießen.

Beilage: Serviettenknödel oder Bandnudeln

Alexander Girardi, nach dem diese Zubereitungsart benannt wurde, kam 1850 in Graz als Sohn eines aus Cortina d'Ampezzo eingewanderten Schlossers auf die Welt. Alexander erlernte zunächst die Schlosserei, trat aber bald auf Provinzbühnen auf und kam 1871 an das Strampfer-Theater nach Wien, 1874 dann an das Theater an der Wien. Hier feierte er als Volksschauspieler wahre Triumphe. Er spielte auch im Carltheater, im (Deutschen) Volkstheater und 1917 in »Der Bauer als Millionär« sogar im Hof-Burgtheater. Genial verkörperte er vor allem Raimunds Gestalten: den Valentin oder den Fortunatus Wurzel. Am 20. April 1918 starb dieser Volksschauspieler in Wien.

Ungarischer Rostbraten

4 Portionen

4 Rostbraten, Salz, Mehl, 60 g Fett, 2 Zwiebeln, Zitronenschale, ½ Zehe Knoblauch, ½ EL Paprika, 1 EL

Essig; Rindsuppe, brauner Fond oder Wasser; 1 grüner Paprika, ½ l Sauerrahm, 1 EL Mehl

Die Rostbraten plattieren und den Rand mehrmals leicht einschneiden. Salzen, auf einer Seite bemehlen und zuerst auf dieser Seite, dann auch auf der anderen Seite in heißem Fett rasch braun braten, herausnehmen und warm stellen.
Im Bratrückstand die feingeschnittenen Zwiebeln goldgelb rösten, etwas Zitronenschale und zerdrückten Knoblauch beigeben, paprizieren, mit dem Essig sofort ablöschen und mit Flüssigkeit aufgießen. Die Rostbraten wieder beigeben, den nudelig geschnittenen Paprika dazugeben und zugedeckt alles weich dünsten. Die fertigen Rostbraten auf eine vorgewärmte Platte legen. Die Sauce mit Sauerrahm und Mehl binden und über die Rostbraten gießen.
Beilage: Salzkartoffeln, Bandnudeln, Nockerl

Znaimer Rostbraten

4 Portionen

4 Stück Rostbraten, Salz, Pfeffer, 40 g Fett, 80 g Zwiebeln, 10 g Mehl, 1 EL Paradeismark; Rindsuppe, Fond oder Wasser; etwas Essig, 1 EL Senf, 4 Salzgurken (»Znaimer Gurken«)

Die Rostbraten plattieren und den Rand mehrmals einschneiden. Salzen und pfeffern und beidseitig in heißem Fett rasch anbraten, dann herausnehmen und warm stellen.
Im Bratfett die feingeschnittenen Zwiebeln goldgelb rösten, mit Mehl stauben, das Paradeismark beigeben, alles weiterrösten, mit Rindsuppe, Fond oder Wasser aufgießen, die Rostbraten wieder beigeben und zugedeckt weich dünsten. Mit Essig und Senf pikant abschmecken. Jede Portion mit einer blättrig geschnittenen, geschälten Salzgurke garnieren. Beilage: Bandnudeln.

Sardellenrostbraten

4 Portionen

4 Rostbraten, Salz, Pfeffer, Mehl, 50 g Fett, 50 g Selchspeck, 2 Zwiebeln, Petersilie, etwas Rindsuppe oder Wasser, ½ Zitrone, 3 Sardellenfilets, 1 TL Kapern, ¼ l Sauerrahm, 1 EL Mehl

Die Rostbraten plattieren und am Rand leicht einschneiden. Salzen, pfeffern, auf einer Seite bemehlen. Zuerst auf dieser, dann auch auf der anderen Seite in heißem Fett anbraten, herausnehmen und warm stellen.
Im Bratrückstand kleinwürfelig geschnittenen Selchspeck glasig rösten, dann die feingeschnittenen Zwiebeln beigeben, hellgelb rösten, feingehackte Petersilie beigeben, mit Rindsuppe oder Wasser aufgießen, Kapern und Zitronenschale, beide fein gehackt, sowie die passierten Sardellenfilets beigeben. Die Rostbraten wieder in die Sauce einlegen und zugedeckt langsam weich dünsten. Kurz vor dem Garwerden Mehl und Rahm verrühren und damit die Sauce binden. Mit Salz, Pfeffer und Zitronensaft pikant abschmecken.
Beilage: Semmelknödel, Serviettenknödel, Teigwaren.

Jägerrostbraten

4 Portionen

4 Rostbraten, Salz, Pfeffer, 40 g Fett, 50 g Selchspeck, 2 feingeschnittene Zwiebeln, 1/16 l Weißwein; 1/8 l Rindsuppe, Fond oder Wasser; 30 g Butter, feingehackte Petersilie, 150 g Champignons oder andere Pilze, 1 TL gehackte Kapern, 1/8 l Sauerrahm, 10 g Mehl

Die geklopften, am Rand leicht eingeschnittenen Rostbraten salzen und pfeffern, scharf auf beiden Seiten anbraten, in einer Kasserolle warm stellen. Im Bratrückstand würfelig geschnittenen Speck glasig anlaufen lassen, darin die feingeschnittene Zwiebel goldgelb rösten, mit Weißwein ablöschen, mit 1/8 l Flüssigkeit aufgießen, die Rostbraten einlegen und zugedeckt dünsten. Wenn sie fast fertig gedünstet sind, mit Sauerrahm und Mehl den Saft zur molligen Sauce verkochen. Kapern und extra gedünstete Champignons oder andere Pilze als Einlage beigeben.
Pilzzubereitung: In Butter die feingeschnittene Zwiebel anschwitzen, die feingehackte Petersilie und die blättrig geschnittenen Pilze beigeben, salzen und dünsten. Beilage: Nockerl, Teigwaren oder Knödel.

Reinrostbraten

4 Portionen

4 Rostbraten, Salz, 50 g Fett, 2 feingeschnittene Zwiebeln, 1 KL Rosenpaprika, Kümmel; Knochensuppe, Fond oder Wasser; 500 g geschälte, entkernte, geviertelte Paradeiser; 500 g rohe, geschälte, in Scheiben geschnittene Kartoffeln

Die größere »Rein« bzw. das kleinere »Reind(e)l« ist ein mehr breiter als hoher länglicher oder runder Kochtopf (Kasserolle) mit Deckel. (Früher verstand man unter »Rein« oder »Rain« auch einen Tiegel mit drei Füßen, worin das Fett zerlassen oder Speisen aufgewärmt wurden.) J. M. Heitz zeigt in seiner »Wiener Bürgerküche« eine eigene Rostbratenkasserolle mit fest verschließbarem Deckel. Der praktische Vorteil dieses Geschirrs beruhte darauf, daß das Gericht darin serviert werden konnte.

Die Rostbraten klopfen und den Rand leicht einschneiden. Salzen, in heißem Fett beidseitig rasch anbraten, in eine servierfähige Kasserolle (Cocotte) mit Deckel geben und warm stellen. Im Bratrückstand die Zwiebeln goldgelb rösten, paprizieren, mit etwas Kümmel würzen, mit Flüssigkeit aufgießen und das Ganze über das Fleisch geben, das darin zugedeckt weich gedünstet wird. Etwa ½ Stunde vor dem Garwerden Paradeiser und Kartoffeln beigeben und zugedeckt – die Rostbraten an der einen Seite, die Kartoffelscheiben auf der anderen Seite – fertigdünsten. Im Geschirr auftragen.

Maschinrostbraten

4 Portionen

4 Stück Rostbraten, Salz, 1 EL Mehl, 30 g Butter, 2 feingeschnittene Zwiebeln, 1 TL feingehackte Kapern, 2 feingehackte Essiggurken, gehackte Petersilie, gehackte Schale einer achtel Zitrone, 10 g Mehl, ⅛ l Sauerrahm, Rindsuppe oder Wasser, 1 KL Edelsüßpaprika, 1 EL Senf

Auch dieser Rostbraten hat – wie der vorhergehende – seinen Namen vom Geschirr bekommen, in dem er zubereitet und serviert wird. Die »Maschin« ist das verbesserte »Reindl«; einige Autoren setzten beide Gerichte gleich. So erklärt Theodor Eckardt in seinem »Wörterbuch der Küche und Tafel«, o. J.: »Reinbraten (Maschinen-Rostbraten) = Rindsschnitzel mit Zwiebel und Paprika in einer tiefen Casserolle (Reine, Reindl) gedünstet; mit Kartoffeln«. Rokitansky bereitet ihren »Maschin-Rostbraten« in einer »Blech- oder Nickelkasserolle (Nickelrein)« ohne Flüssigkeitsbeigabe zu, Anna Bauer spricht von der »bekannten Blech-Casserolle (gedeckten Maschine)«, Marie Dorninger schreibt 1906: »Eine luftdicht verschließbare Kasserolle (welche man zu Maschin-Rostbraten zu kaufen bekommt).« Das entscheidende Moment war, daß die Kasserolle sehr dicht abzuschließen war und daß der Rostbraten darin wie in einem modernen Druckkochtopf weich gedünstet wurde.

Die Rostbraten klopfen, den Rand leicht einschneiden, salzen, auf einer Seite bemehlen und in heißem Fett erst auf der bemehlten, dann auch auf der anderen Seite rasch anbraten, herausnehmen und in ein servierfähiges Gefäß mit festschließendem Deckel (Cocotte) geben. Im Bratrückstand die Zwiebeln goldgelb rösten, Kapern, Gurken, Zitronenschale und Petersilie, alles fein gehackt, kurz mitrösten, mit Mehl stauben, Sauerrahm beigeben und mit Suppe oder Wasser aufgießen und mit etwas Paprika und Senf würzen. Diese Sauce über die Rostbraten geben und sie darin zugedeckt weich dünsten. Mit kleinen Bratkartoffeln (Kipfler) und mit Fächergurken servieren.

Der Maschinrostbraten wird im Kochgeschirr, in dem er zubereitet wurde, angerichtet. An die Seite die Bratkartoffeln und Fächergurken (oder eine geschälte, in Scheiben geschnittene Salzgurke) geben.

Italienischer Rostbraten

4 Portionen

4 Rostbraten, Salz, Pfeffer, Mehl, 40 g Fett, 100 g Zwiebeln, 1 Melanzani, 3 Paradeiser oder 1 EL Paradeismark, 1 Knoblauchzehe, Rindsuppe oder Wasser, gehackte Petersilie

Die Rostbraten plattieren und den Rand leicht einschneiden. Salzen, pfeffern, an einer Seite bemehlen, auf dieser Seite zuerst, dann auch auf der anderen Seite in heißem Fett rasch anbraten, herausnehmen und warm stellen.

Im Bratrückstand feingeschnittene Zwiebeln goldgelb rösten, ebenso eine geschälte, würfelig geschnittene Melanzani und die geschälten, würfelig geschnittenen Paradeiser oder Paradeismark beigeben, durchrösten, mit etwas zerdrücktem Knoblauch würzen, mit Rindsuppe oder Wasser aufgießen, zu einer leichtflüssigen Konsistenz verkochen und die Rostbraten darin zugedeckt langsam weich dünsten. Beim Anrichten mit gehackter Petersilie bestreuen. Beilage: Makkaroni.

Rostbraten à la Tegetthoff

4 Portionen

4 Rostbraten, Salz, Pfeffer, 30 g Fett, 150 g feingeschnittene Zwiebeln, 10 g Mehl, ½ EL Paradeismark, 1/16 l Weißwein, 20 g Butter, 250 g Wurzelwerk, 10 g Stärkemehl, einige entsteinte Oliven, 8 ausgebrochene Scampi

Die Rostbraten klopfen und den Rand einschneiden. Salzen, pfeffern, in heißem Fett beidseitig rasch bräunen, herausnehmen und in eine Kasserolle legen. Im Bratrückstand feingeschnittene Zwiebeln rösten, mit Mehl stauben, Paradeismark beigeben, braun rösten, mit Weißwein löschen und mit ⅜ l Flüssigkeit aufgießen und darin die Rostbraten zugedeckt dünsten. Inzwischen in heißer Butter grobe Streifen vom Wurzelwerk anschwitzen, zu den Rostbraten geben und fertigdünsten. Zuletzt mit Stärkemehl zusätzlich binden. Die Rostbraten mit entsteinten, halbierten Oliven und ausgebrochenen Scampi, gesalzen, bemehlt und in heißer Butter gebraten, garnieren.

Gefüllter Rostbraten nach Wiener Art

4 Portionen

4 Rostbraten, Salz, Pfeffer, Senf, 100 g dicke Streifen eines mageren Selchspecks, 1–2 Essiggurken, 2 Karotten, ¼ Sellerieknolle, alles in ½ cm dicke Streifen geschnitten, 40 g Fett, 100 g grobwürfelig geschnittene Zwiebeln, 20 g Mehl, etwas Paradeismark, ⅛ l Rotwein; ½ l Fond, Rindsuppe oder Wasser; etwas Thymian, ½ Lorbeerblatt, 1 zerdrückte Knoblauchzehe

Die Rostbraten klopfen und den Rand leicht einschneiden. Salzen und pfeffern, mit Senf bestreichen, abwechselnd mit Selchspeck-, Essiggurken-, Karotten- und Sellerieknollenstreifen belegen, einrollen und binden, außen würzen und rasch braun anbraten. Übriggebliebenes Wurzelwerk und restlichen Selchspeck mitrösten, die Zwiebeln beigeben und mitrösten, mit Mehl stauben, Paradeismark beigeben, mit Rotwein löschen und mit ½ l Flüssigkeit aufgießen, die Gewürze beigeben und alles zugedeckt weich dünsten. Wenn das Fleisch weich ist, in eine Kasserolle umstechen und die Sauce über die Rostbraten passieren.

Sofie Meissner füllt den »Wiener Rostbraten« mit gedünsteten Pilzen, andere »gerollte« oder »gewickelte« Rostbraten mit Pökelzunge, Reis, Kohl oder mit einer Schinkenfarce aus Kraut, Rostbratenfleisch und Schinken oder nur mit Reis, Zwiebeln, Speck, Petersilie.

Gerollter Rostbraten

4 Portionen

4 Rostbraten, 50 g Fett, Salz, Pfeffer
Fülle: 100 g kleinwürfelig geschnittener Emmentaler, 30 g geriebener Parmesankäse, 2 kleinwürfelig geschnittene Schneidsemmeln, 80 g grobgeschnittene Champignons, 60 g Erbsen, 1 Ei, Salz, Pfeffer, Muskat, 30 g Butter, 30 g Mehl, ⅛ l Sauerrahm, ⅜ l Rindsuppe oder Wasser, Zitronensaft

Die einzelnen Zutaten zur Fülle werden gut vermischt und mit dem Ei gebunden und gewürzt.

Die Rostbraten dünn klopfen, am Rand etwas einschneiden, mit der Fülle belegen, einrollen, binden, außen salzen und pfeffern, in heißem Fett rundum rasch anbräunen, dann in eine Kasserolle legen.

Etwas Bratfett abgießen, Butter aufschäumen, mit Mehl stauben, goldgelb rösten, Sauerrahm und Flüssigkeit beigeben, gut verkochen, mit Zitronensaft abschmecken. Diese Sauce über die Rouladen geben und sie dann etwa 1 Stunde zugedeckt weich dünsten. Beilage: Kartoffeln oder Teigwaren.

Hunyadi-Rostbraten (Gerollter Rostbraten)

Johannes Hunyadi war ein ungarischer Heerführer, um 1387 in Siebenbürgen geboren, 1456 in Semlin gestorben. Von 1447 bis 1453 war er ungarischer Reichsver-

Wiener Schnitzel

Kalbssteak auf kaiserliche Art

Glasierte Kalbsvögerl mit Champignons

Gefüllte Jungschweinsbrust (»Salzburger Braten«)

weser für den minderjährigen Habsburger Thronprätendenten Ladislaus Posthumus gewesen. Er stammte aus walachischem Adel und kämpfte gegen Hussiten und Türken.

4 Portionen

2 Rostbraten à 300 g, Salz, Pfeffer
Fülle: 150 g Makkaroni, 20 g Butter, 20 g Mehl, 100 g Schinken oder Selchfleisch, Paprika, gehackte Petersilie, ⅛ l Sauerrahm, 1 Ei
Sauce: 80 g würfelig geschnittener Selchspeck, 100 g feinst geschnittene Zwiebeln, ½ TL Edelsüßpaprika, 1 zerdrückte Knoblauchzehe, gehackter Kümmel, 1 EL Paradeismark; Fond, Rindsuppe oder Wasser; 20 g Mehl, ⅛ l Sauerrahm

Die Rostbraten klopfen, den Rand einschneiden, beidseitig salzen und pfeffern.
Fülle: Die fingerlang gebrochenen Makkaroni in Salzwasser weich kochen, abseihen, gut abtropfen lassen. In Butter das Mehl goldgelb rösten, Schinken oder Selchfleisch beigeben, kurz durchrösten, paprizieren, etwas gehackte Petersilie beigeben, sofort mit Sauerrahm aufgießen und kurz verkochen. Zum Schluß mit dem Ei binden. Das Ganze mit den abgetropften Makkaroni zur Füllmasse vermengen. Diese Fülle wird auf die vorbereiteten Rostbraten aufgetragen. Dann die Rostbraten rollen und mit Spagat binden.
In einer Kasserolle würfelig geschnittenen Selchspeck glasig werden lassen, die Speckwürfel herausnehmen und warm stellen. Die gebundenen Rostbraten im selben Fett rundum rasch hellbraun anbraten, herausnehmen und warm stellen. Im Bratfett die Zwiebeln anrösten, paprizieren; zerdrückten Knoblauch, Kümmel und Paradeismark beigeben, mit Mehl stauben, kurz anschwitzen, mit Sauerrahm und mit etwas Flüssigkeit aufgießen, dann zu einer molligen Soße verkochen. Darin die Rostbraten zugedeckt langsam weich dünsten. Eventuell nachwürzen. Kurz vor dem Garwerden die Speckwürfel wieder beigeben. Die fertigen Rostbraten herausheben, den Spagat entfernen, in Scheiben aufschneiden und mit der Sauce überziehen.
Zur Garnierung verwendet man Paradeiserscheiben, wenig gesalzen und gepfeffert, in heißem Öl rasch überbraten, und geschälte saure Fächergurken.

Aus Rumpolt, »Ein new Kochbuch«, 1581

Gerollter Rostbraten auf Offiziersart

4 Portionen

4 dünne Rostbraten à 120 g, 4 dünne Schweinsschnitzel à 80 g, Senf, Salz, Paprika, 40 g Fett, 150 g feingeschnittene Zwiebeln, ⅛ l Sauerrahm, 10 g Mehl
Würzmischung: 60 g Selchspeck, 2 Sardellenfilets, 4 Kapern, Petersiliengrün

Würzmischung: Selchspeck, Sardellenfilets, Kapern und Petersilie fein hacken und gut miteinander vermischen.
Die Rostbraten klopfen, am Rand leicht einschneiden, salzen, paprizieren und mit Senf bestreichen. Auch die Schweinsschnitzel klopfen, am Rand leicht einschneiden, salzen, auf die Rostbratenstücke legen, die Würzmischung darauf verteilen, zusammenrollen und binden. Die Rouladen in heißem Fett rundum braun anbraten, die Zwiebeln beigeben und mitrösten, mit Wasser aufgießen und zugedeckt etwa 1 bis 1½ Stunden weich dünsten.
Sobald die Rouladen weich sind, herausnehmen und auf eine gewärmte Platte legen. Den Saft mit Sauerrahm und Mehl binden, kurz verkochen und über die angerichteten Rostbraten-Rouladen gießen. Beilage: Nokkerl, Reis, Knödel.

Die Reihe der Rostbraten aus österreichischen Kochbüchern ließe sich noch fortsetzen. Beliebt war der Rostbraten in einer Rahmsoße (»die Sauce soll spagatdick vom Löffel sich spinnen und nebst angenehmen Geruch von schöner lichtbrauner Farbe seyn«, heißt es bei Zenker, der diesen Rostbraten 3 Stunden dünstet). Louise Seleskowitz, die sich an diese Formulierung stark anlehnt, bringt u. a. auch einen »Stephanie-Rostbraten«: der angebratene Rostbraten wird mit in Butter gerösteten Champignons, in Salzwasser gekochtem Wurzelwerk, Kartoffeln, grünen Erbsen, Kapern und feinblättrig geschnittener Trüffel und Malaga gedünstet. Rokitansky, aber auch Sofie Meissner u. a., kennen noch Rostbraten, in Milch gedünstet, auf italienische Art, »heißabgesottene«, gebackene Rostbraten, Rostbraten mit Knoblauch, Paprikarostbraten, Landbayrischen, Englischen, Russischen, Ungarischen, Schwedischen, Französischen Rostbraten. Babette Franner rezeptiert in ihrer »Wiener exquisiten Küche«, 1893 und 1906, auch einen »Steirischen Rostbraten« (wie Esterházy-Rostbraten, »nur schneidet man die Wurzeln wie auch die Zwiebel und die Champignons in gleiche Würfel«) und einen »Pörköltrostbraten« (Zwiebel und Speck anlaufen lassen, paprizieren, mit Mehl stauben, »verrösten«, mit Suppe aufgießen, verkochen und die Rostbraten in dieser Sauce dünsten). Auch einer berühmten Tänzerin, der Vigano, wurde ein Rostbraten gewidmet. Die Vigano (1756–1821) stammte aus Wien (in ihrem Taufschein stand der Name »Peppi Mayer«), wurde in Italien groß und hielt triumphalen Einzug in Wien. Sie diktierte auch die Mode: »Selbst gemeine Weiber, Fiakerinnen, Höckerinnen, Obstweiber mußten Fächer à la Vigano besitzen«, schrieb ein Zeitchronist 1794.

Speisekarte um 1840, auf der bereits »Gollaschfleisch« aufgeführt wird.

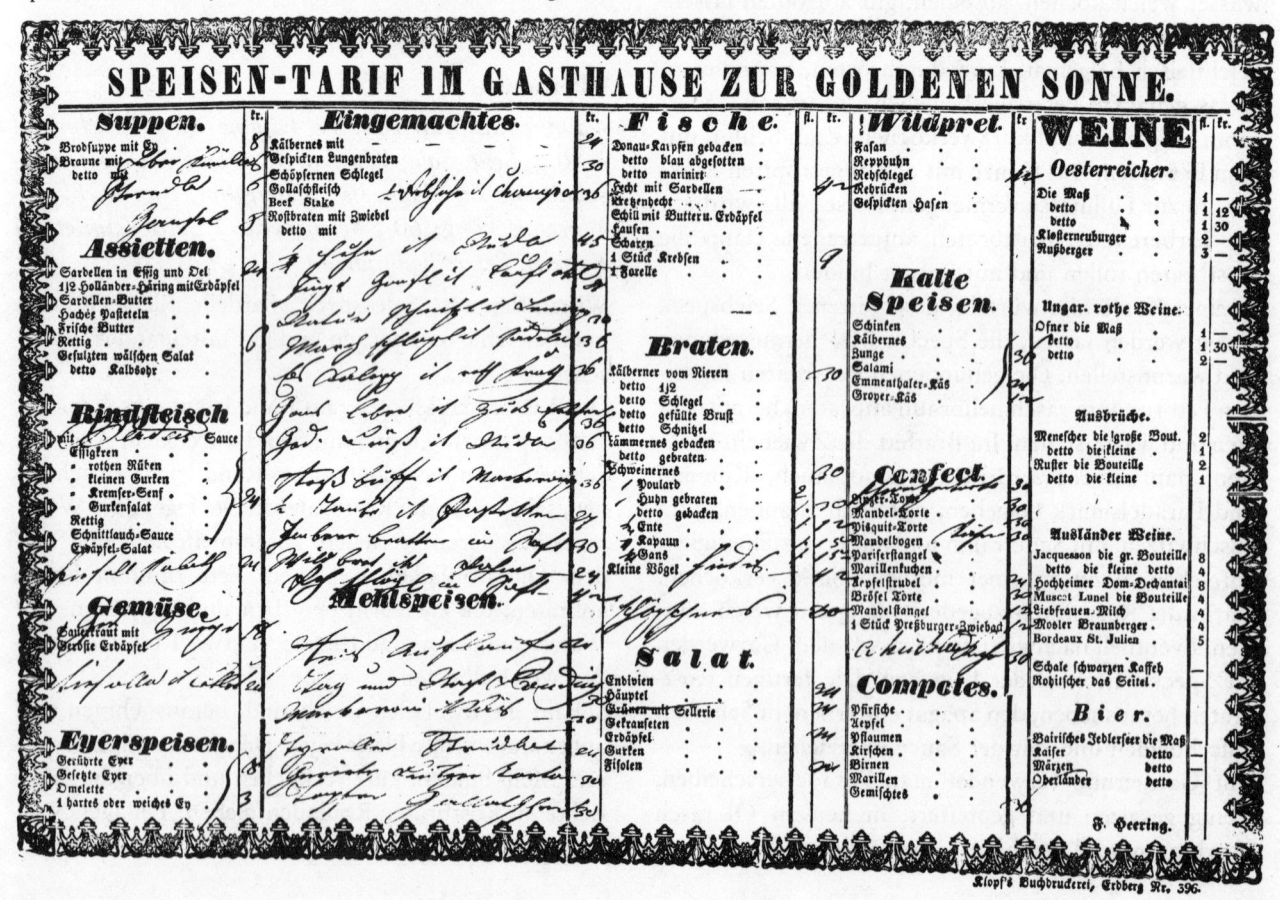

Das Gulyás

Kaum ein anderes Gericht hat die Wiener bzw. österreichischen Köche und Hausfrauen zu einer derartigen Fülle von Varianten angeregt wie das Gulyás. Da die Zubereitung an sich keine großen Schwierigkeiten bereitet (das »Urrezept« stammt ja von einfachen Hirten), trauen sich auch die Hobbyköche mit mehr oder weniger Erfolg an das Rezept. Dadurch aber ist auch den »Theoretikern« unter ihnen Tür und Tor geöffnet, von denen jeder auf »seine« Methode schwört.

Gericht wie Wort stammen aus Ungarn. »Gulyá« heißt die Rinderherde, davon abgeleitet ist »gulyás« = der Rinderhirte. Das Fleischgericht, das von Rinderhirten im Kessel gekocht wird, heißt ungarisch »gulyás hús« (»hús« = Fleisch), verkürzt »gulyás«. Das deutsche Lehnwort »Golasch« bzw. »Gollasch« (und die Form »Gulasch«) wurde durch österreichische Vermittlung aus dem Ungarischen in den deutschen Sprachschatz aufgenommen. Es gelangte Anfang des 19. Jahrhunderts über die Preßburger Gegend nach Wien. Und weil man in der Preßburger Gegend für »ol« auch »ul« sagt (zum Beispiel »Hulz« für »Holz«), glauben die Wiener, daß »aus einem Gulyás ein richtigeres Gollasch gemacht werden muß« (Anna Schendl, »Wiener Kochbuch und Wiener Küche im Spiegel der Zeit«, Diss. Wien, 1960). Die Wiener Köchinnen und Kochbuchautorinnen unterschieden anfangs genau zwischen einem ungarischen »Gulyás« und einem Wiener »Gollasch«. (In Österreich heißt es immer »das« Gulyás, in Deutschland auch »der«; der Plural lautet »Gulasche«.) Die Unterscheidung in Gulyás und Gollasch bzw. Gulasch ist nicht nur eine sprachliche, sondern in erster Linie eine geschmackliche, also eine Sache der Zubereitung.

Zur Verwirrung von Begriff und Sache kommt noch der Umstand, daß der Ungar unter »Gulyás« gar nicht das versteht, was wir als »Gollasch« bzw. »Gulasch« bezeichnen! Für den Ungar ist »gulyás« eine Suppe (gulyás lé), die im Suppenteller serviert und mit dem Löffel gegessen wird. Das Hauptgericht, auf flachem Teller serviert, mit Messer und Gabel gegessen, heißt »Pörkölt« (was unserem Gulasch am ehesten entspricht); zum »Pörkölt« verwendet der Ungar nicht nur Rindfleisch, sondern auch Kalb- und Schweinefleisch, brät es an und läßt es dann gardünsten. Und ein »Pörkölt«, dessen Saft mit Obers bzw. Rahm verfeinert wird, nennt er »Paprikas« (besonders für Fische und Geflügel).

Die Geschichte des Gulyás hängt eng mit der des Paprikas zusammen. In den Dudenausgaben und etymologischen Wörterbüchern wird das Gulyás auch heute noch meist mit »Pfefferfleisch« übersetzt. Dazu muß man wissen, daß der Paprika früher Spanischer, Indischer (Kalkutischer), Türkischer und auch Ungarischer Pfeffer genannt wurde. Noch Emma Eckhart schreibt in ihrem »Küchen-Deutsch« (1887): »Paprika, d. h. spanischer Pfeffer (Capsicum annuum)«. Der Paprika war bis Ende des 16. Jahrhunderts selbst in Ungarn noch fast unbekannt. Nicht geklärt ist, ob er aus Amerika oder Indien stammt, auf alle Fälle war er in allen tropischen Ländern bekannt. Unser Wort »Paprika« wurde aus dem Ungarischen entlehnt. Die Ungarn wieder übernahmen das Wort »paparka« aus dem Serbokroatischen »pàpar« = Pfeffer, das wie das deutsche Wort »Pfeffer« aus dem lateinischen »piper« bzw. griechischen »peperi« oder »piperi« stammt, womit die Griechen zuerst den schwarzen Indischen Pfeffer, später auch den roten »Spanischen« Pfeffer bezeichneten.

Türkische Krieger und bulgarische Bauern brachten diesen »Spanischen« Pfeffer nach Ungarn. Aus »peperke« und »paparke« wurde in Ungarn »paparka«. Und aus »paparka« wurde unser »Paprika«.

Die Kenntnis dieses Gewürzes verdankt Europa Kolumbus. Bald nach dessen Entdeckung von Südamerika (1498–1500) wurde in spanischen Gärten »Indianischer Pfeffer« angepflanzt. Schon Leonhard Fuchs erwähnte in seinem 1543 erschienenen »Kreuterbuch« diesen »Indianischen Pfeffer«: »Ist ein frembd gewechß, newlich in vnser Teütschland gebracht. Würt in den scherben und wurtzgärten gezilet.« (Allerdings empfiehlt Fuchs nicht das Fruchtfleisch, sondern die scharfen Samenkörner.) Lonicerius schrieb 1679 in seinem »Kreuterbuch«: »Wird in den Gärten und Scherben geziehlet / und ist nunmehr allenthalben fast gemein.« In den folgenden vier Jahrhunderten blieb der Paprika den Kochbuchautoren im großen und ganzen unbekannt, da er eher vom einfachen Volk verwendet wurde – die Vornehmen, die Adeligen und die reicheren Klosterküchen hielten sich lieber an die teuren, exotischeren Gewürze. Der Belgier Charles de l'Ecluse berichtete 1593: »Ich erinnere mich, daß ich 1585 ausgedehnte Anpflanzungen in der Vorstadt von Brünn, der berühmten Stadt in Mähren, gesehen habe; durch ihn gelangen die Gärtner zu einem nicht zu verachtenden Verdienst, da er vom gewöhnlichen Volk regelmäßig genossen wird.« József Csapó schrieb 1775 in seinem Gartenbuch, daß man den Paprika in Ungarn »in Gärten züchtet, die Bauern seine roten langen Früchte zu Pulver mahlen und ihre Speisen damit pfeffern«. Daß in Ungarn der Paprika rasch zu einem begehrten Gewürz wurde, geht auch aus einem Brief des Grafen Hoffmansegg hervor, der 1793/94 Ungarn bereiste und berichtete, daß ihm seine Gastgeber im südlichen Baranyavár eine scharf gewürzte Speise vorgesetzt haben. »Sie rieten mir, das Gericht mit gestoßenem Paprika zu bestreuen. Diesen türkischen Pfeffer, den man hier Paprika nennt, habe ich kurz danach zum erstenmal gekostet, und zwar war mit ihm die Krautfüllung gewürzt. Er beißt, doch nicht lange, und verbreitet Wärme im Magen.« In einem späteren Brief schrieb Hoffmansegg: »Vor mir stand eine köstliche ungarische Nationalspeise: Fleisch mit Paprika, der herrlich schmeckte und sehr gesund sein muß, denn obwohl ich am Abend viel gegessen habe, habe ich nicht den geringsten Schaden genommen... Der reife Paprika wird aufgefädelt und aufgehängt, dann im Backofen getrocknet und gestoßen.«

In den österreichischen Kochbüchern taucht der Paprika als Gewürz erst im 19. Jahrhundert auf. F. G. Zenker erwähnt ihn 1817/18 und 1824 im Abschnitt »Einiges über die in der modernen Küche üblichen Gewürz-Sorten« als »Spanischen Pfeffer«. Es war Anna Dorn, die in ihrem »Großen Wiener Kochbuch« 1827 zum ersten Male im Kapitel »Eingemachtes« ein Rezept »Ungarisches Kolaschfleisch« bringt, das sie in den weiteren Auflagen »Ungarisches Gulyásfleisch« nennt: »Man schneidet ein gut unterwachsenes, rindenes und enthäutetes Rippenstück in mehrere lange und breite Stücke, und läßt sie mit sehr wenig gehacktem Kernfett und ein Paar in Scheiben geschnittenen Zwiebeln in der eigenen Brühe dünsten. Dann salzt man es, und gibt etwas Paprika (türkischen Pfeffer) dazu, hüthet sich aber, daß es nicht zu viel werde, weil der starke Pfeffer von dem Deutschen nicht so, wie von dem Ungarn, vertragen wird. Nun läßt man es mit ein wenig daran gestaubtem Mehl zu einer Soße verdicken, und kocht es nicht allzu weich.« (Dorn übernahm – wieder einmal – dieses Rezept fast wörtlich aus »Die wirthschaftliche Prager Köchinn«, 1819 in Prag erschienen.)

Anna Dorn bringt als nächstes Rezept das »Wiener Kolaschfleisch« (in den späteren Ausgaben schreibt sie »Golaschfleisch«, wie es bereits im Register der 1. Auflage steht!). Es lautet: »Man läßt das in mehrere Stücke geschnittene Fleisch von einem Lendenbraten in einer Casserolle mit Fett, Zwiebeln, Schalotten und Limonienschalen bedeckt über einer starken Glut kochen. Ist die Soße eingekocht, so gibt man sauren Rahm dazu, staubt ein wenig Mehl daran, und würzt es nach Belieben mit Salz und Pfeffer. Vor dem Anrichten gibt man einige Tropfen Limoniensaft oder Essig daran, salzt es aber erst kurz vor dem Auftragen.« Die Formen »Gollasch« und »Gulasch« findet man auch in anderen österreichischen Kochbüchern in ein und demselben Exemplar (so im »Österreichischen Kochbuch« der Elisabeth Stöckel«, 10. Aufl. 1853). Stöckel nimmt zu ihrem »Gollaschfleisch« 4 Pfund Rindfleisch (»vorzüglich ist der Lungenbraten hierzu tauglich«), schneidet es in kleine Scheiben, dünstet es mit würfelig geschnittenem Speck, einer ganzen Zwiebel und einem Eßlöffel voll »in ein Fleckchen gebundenen Kümmel« und Essig weich. (In späteren Ausgaben dünstet sie auch Wurzelwerk mit!) »Gegen das Ende nimmt man den Deckel weg, und läßt die Brühe bis auf Weniges verdampfen, nimmt dann die Zwiebel und den Kümmel heraus und gibt es mit Salz und etwas weißem Pfeffer zur Tafel.« In ihrem »Neuesten und bewährten Kochbuch« gibt sie erst zum Schluß Paprika dazu, und das »Gulasch auf andere Art« staubt sie am Schluß »mit klein wenig Mehl«. Sie führt übrigens auch schon je ein Rezept »Gulasch von Kalbfleisch« und »Gulasch von Schöpsenfleisch« an.

Echt wienerisch bereits gibt sich »Der Marianka

Mundköchin des Hans-Jörgel von Gumpoldskirchen erprobtes Kochbuch«, 1846:
»Gulaschfleisch

Unterwachsenes Fleisch vom Rippenstück, oder auch vom Lungenbraten wird gut geklopft, in kleine Scheiben zerschnitten, und dann mit ¼ Pfd. würfelig geschnittenen Speck, 1 Happel Zwiebel, 1 Eßlöffel voll in ein Fleckchen gebundenen Kümmel und einigen Eßlöffeln voll Essig in eine Rein oder Kasserolle gegeben, mit Wasser vergossen, zugedeckt und weich gedünstet.

Man kann auch würfelig geschnittenen spanischen Zwiebel, Schalotten, Kuttelkraut, Lorbeerblättchen, selbst etwas mit Gewürznelken besteckten Knoblauch dazu geben.

Der Saft wird nach weggenommenen Deckel kurz eingesotten, bis er sich recht verdickt und mit dem Fleische verbindet. – Schlüßlich streut man Paprika in Pulver und Salz in kleiner Gabe darunter, und richtet es recht heiß an. Kümmel, Kuttelkraut, Lorbeerblättchen, Knoblauch u. dgl. werden früher herausgenommen.

Manche geben zuletzt auch gekochte und geschnittene Erdäpfel dazu.«

Um die Mitte des 19. Jahrhunderts hat sich das »Wiener Gulasch«, richtiger das Gulyás auf Wiener Art, bereits zu einem Standardrezept der Wiener Küche entwickelt, indem die Kochbuchautorinnen dieses Gericht zunächst in das Kapitel »Eingemachtes« stellten, worunter man »in unserer hierländischen Küchensprache gewöhnlich die Fricassees, Ragouts und dergleichen feinere Assiettengerichte« (Anna Dorn) versteht. In der Bereitung der »eingemachten« Gerichte aber nahm die Soße den »wichtigsten Platz« ein. Dadurch war der Weg frei für das »Wiener Saftgulasch«, dadurch war auch die Berechtigung geschaffen, mit Mehl zu stauben, den Saft möglichst dick zu machen (»die Sauce soll nicht zu dünn vom Löffel laufen«, schreibt Louise Seleskowitz 1880 in ihrem »Wiener Kochbuch«!). Wieder einmal mehr hat die Wiener Küche ein importiertes Nationalgericht sich zu eigen gemacht und auf Wiener Art modifiziert und verfeinert.

Anna Bauer konnte dann in ihrer »Praktischen Wiener Köchin« 1889 (2. Auflage) bereits wieder exakt unterscheiden zwischen dem »Gulyas-Hus (Hirtenfleisch)« und dem »Rinds-Gulyas (Gollasch auf Wiener Art)«; zu diesem läßt sie 1 großes und 2 kleine Häuptel Zwiebel, in »Ringeln« geschnitten, in Speck oder Fett gelbbraun anlaufen, gibt das würfelig geschnittene Fleisch bei, würzt es mit einer starken Messerspitze Kümmel, Salz und Paprika nach Geschmack und läßt das Ganze anderthalb bis zwei Stunden im eigenen Saft dünsten, staubt schließlich mit etwas Mehl, gießt Suppe oder Wasser zu und läßt nochmals verkochen. »Die Sauce soll schön braun, und zwar recht blaß, von Paprika rothbraun gefärbt und nicht zu dünn sein. Übrigens wird das Gulyas je nach dem Gutachten noch in sehr verschiedener Weise bereitet. Man gibt statt des Kümmels Majoran zu, gießt mit Rahm oder Wein auf u. s. w. Sehr schmackhaft wird das auf Wiener Art bereitete Gulyas, wenn man halb Rind- und halb nicht sehr fettes Schweinefleisch vom Schlegel dazu nimmt. Das Letztere, gleichfalls in Würfeln geschnitten, wird erst zugesetzt, wenn das Rindfleisch schon ziemlich weich ist. Wird das ungarische Gulyas vom Rind- und Schöpsenfleisch gemischt, sehr stark papricirt und Knoblauch mitgedünstet, so nennt man es Zigeuner-Gulyas.« Das ungarische Gulyás dagegen dünstet sie ohne Mehlbindung nur mit Kartoffeln fertig.

Vier Jahre später widmet Babette Franner, geborene Weinzierl, in ihrem 1893 herausgegebenen Buch »Die Wiener exquisite Küche« dem Gulyás bereits einen eigenen Abschnitt »Verschiedenes Gollasch« und bringt u. a. Gewöhnliches Rindsgollasch, Ungarisches Gollasch, Bauerngollasch (sie gibt statt der Erdäpfel Nokkerl direkt in das Gollasch), Kalbsgollasch, Schweinsgollasch, Karlsbader Gollasch (zu dem sie Rind-, Kalb- und Schweinefleisch nimmt), Szeklergollasch (aus Schweinefleisch, Sauerkraut und saurem Rahm), Fischgollasch (»Halászlé«), Debrecziner Gollasch (aus Rind-, Schöps- und Schweinefleisch, Sauerkraut und Sauerrahm. »Man hat auch schon Nockerl zugeben gesehen, doch scheint es dann zu kompakt zu sein.«), Beefsteakgollasch (aus dem Lungenbraten) und ergänzt diese Reihe in der Ausgabe von 1906 durch ein »Andrassygollasch« und ein »Gollasch à la Secession«.

Habs und Rosner definierten in ihrem »Appetit-Lexikon« (1894) unter dem Stichwort »Gulasch, richtig Gulyás, sprich Guljaasch«: »Nationalgericht der Magyaren, dessen Cardinalwürze der Paprika bildet. Ein rechter Ungarmagen verträgt einen Theelöffel voll Paprika wie Confect, den deutschen aber brennt's bei gleicher Dosis wie mit Höllengluthen, die weder Bacchus noch Gambrinus zu löschen vermögen – Grund genug, um jedes Wirtshaus-Gulasch so lange mit Mißtrauen zu betrachten, bis es sich als mäßig papricirt ausgewiesen hat. Im übrigen weniger ein feines, als vielmehr ein derbes Gericht, ein richtiges Bivouac-Tractament, hat das Gulasch doch seit etwa dreißig Jahren den ganzen Continent erobert und tritt sogar bereits als Conserve auf.«

Für die Eroberung des »ganzen Continents« sprachen auch zwei Wörter bzw. »Einrichtungen«: das eine ist die »Gulaschkanone«, scherzhaft für die fahrbare Feldküche verwendet, das zweite die Bezeichnung einer Wiener Gaststätte, die meist erst um Mitternacht öffnet und bis in die Morgenstunden hinein Nachtschwärmern mit einem heißen, scharfen Gulasch die Lebensgeister wieder zu wecken imstande ist; der Wiener nennt dieses Lokal »Gulaschhütte«. Daß ein »Wirtshaus-Gulasch« einem meist besser mundet als das noch so gute »hausgemachte« Gulasch, liegt daran, daß eine Wirtshausköchin erstens eine größere Menge bereitet und dadurch der Saft molliger wird, zweitens aber auch daran, daß das Gulasch erst am Tag nach der Bereitung seine voll ausgereifte Geschmacksskala preisgibt.

Ein nicht leicht gelöstes Problem war auch, welches Fleisch man für das Gulyás verwenden soll. Die Prato empfahl 1858 »vorzügliches saftiges vom Hals, Ausstoß, Rippen u. d. gl.«. Seleskowitz wählte ein gut abgelegenes Fleisch »von den vorderen Theilen des Ochsen. Man kann auch Lungenbraten nehmen, wenn dieser nicht zu kostspielig ist«. Auch Elisabeth Stöckel und Klara Fuchs empfehlen den Lungenbraten, Lotti Richter »von der Rippe und gut unterwachsenes Rindfleisch, noch besser aber ein abgehäuteter Lungenbraten« (schreibt aber bei der Rindfleischaufteilung: »Das Halsstück eignet sich zum gewöhnlichen und der Federspitz zum feinen Gulasch.«) und empfiehlt an anderer Stelle auch schon das »Wadenstück«. Das »Kochbuch der Wiener Mode«, 1895, empfiehlt »saftiges vorderes Fleisch«. Rokitansky dagegen bemerkt 1897: »Um ein gutes Gulyas zu bereiten, wähle man vor allem ein gut abgelegenes Stück Fleisch von den vorderen Teilen des Ochsen. Viele nehmen auch Lungenbraten, doch ist dies sehr kostspielig und nicht nötig. Die Abfälle eines ganzen Lungenbratens verwendet man zu Gulyas... Jedes Fleischstück muß, vor dem Zerschneiden in große, ziemlich regelmäßige und gleichgroße Würfel, gut geklopft werden.« J. M. Heitz wird noch deutlicher (1902): »Zur Bereitung des Gulyas eignet sich das mit Fett durchzogene Fleisch am besten, Lungenbraten, Tafelspitz, schwarzes Scherzel sind erstens teuer und zweitens trocken.« Heute wissen wir, daß das Fleisch vom Wadschinken oder von der Schulter am geeignetsten ist, weil bei diesen Fleischsorten auch Knorpel dabei sind, die besonders gut gelieren.

Allmählich also hat sich das Wissen um die richtige Zubereitung eines Wiener Saftgulyás gebildet, das Wissen um die richtige Fleischsorte, um die Gulaschwürzung und -färbung aus Zwiebeln, Paprika, Salz, Knoblauch, Kümmel und Majoran (und eventuell etwas Paradeismark zum Färben), ebenso die Form des eher blättrig als würfelig geschnittenen Fleisches. Auch das Wissen um die Behandlung des Paprikas hat sich vervollkommnet, man lernte, daß der Paprika nicht im heißen Fett mitgeröstet werden darf, sondern nur als Würze und als Farbstoff zu betrachten ist, daß also der Paprika nie in das sehr heiße »kochende« Fett kommen darf, weil durch das Mitrösten im heißen Fett der Zuckergehalt des Paprikas karamelisiert (gebrannt) und der Paprika bitter wird. Aus diesem Grund empfiehlt die moderne Kochschule, daß man bereits vor der Paprikabeigabe mit Wasser und Essig ablöschen soll. Denn eines ist sicher: Die Seele eines guten Gulyás ist und bleibt der Paprika. Und er spiegelt sich im Fettspiegel, den man nur durch eine überaus sorgfältige Prozedur gewinnt.

FACHLICHE HINWEISE

Rindsgulyás-Fleisch wird immer dickblättrig geschnitten! Mit Mehl wird das Saftgulyás nicht gestaubt! Besser ist es, vor dem Paprizieren mit Flüssigkeit abzulöschen, denn das starke Erhitzen ist dem Paprika immer von Nachteil! »Künstler« verwenden zunächst nur die Hälfte der vorgesehenen Paprikamenge zum Paprizieren, geben den restlichen Paprika in zerlassene But-

251

ter, lassen ihn mit etwas Rindsuppe kurz aufkochen und geben das Ganze erst dem fertigen Gulyás bei. Oder sie würzen mit dem schärferen Paprika und färben das Gulyás mit dem milderen nach.

In vielen Kochbüchern wird behauptet, daß zum Saftgulyás Fleisch und Zwiebeln im Verhältnis 1:1 genommen werden sollen. Aber das wäre bereits ein Zuviel an Zwiebeln, das Gulyás würde zu süßlich schmecken. Wer das Gulyás etwas schärfer will, kann auch Halbsüß- oder Rosenpaprika (aber dafür etwas weniger) nehmen.

Saftgulyás (Gulasch auf Wiener Art)

5–6 Portionen

1 kg dickblättrig geschnittener Wadschinken (kleinfingerdicke Scheiben à 30–40 g), 150 g Schweinefett, 800 g blättrig geschnittene weiße Zwiebeln; 1 Spritzer Essig, mit 1/16 l Wasser verdünnt; 40–50 g Edelsüß- oder Delikateßpaprika, 2 zerdrückte Knoblauchzehen, je ein schwacher TL Majoran und gehackter Kümmel, Salz, evtl. 1 EL Paradeismark

Die Zwiebeln werden in sehr heißem Schweinefett goldgelb (nicht zu licht) geröstet, wobei man ständig mit dem Kochlöffel rühren muß; dann (nach der alten Schule) paprizieren, ganz kurz durchrühren und sofort mit Essig und Wasser ablöschen. Ganz kurz dünsten lassen, das Fleisch beigeben, etwas salzen, den mit gehacktem Kümmel zerdrückten Knoblauch sowie Majoran beigeben (nach Wunsch auch etwas Paradeismark), nicht ganz zugedeckt alles im eigenen Saft eindünsten. Dabei soll der Saft einigemal eingehen, worauf jedesmal mit ganz wenig Wasser wieder untergossen wird. (Würde man zuviel Wasser beigeben, würde das Fleisch kochen, es darf aber nur dünsten!) Nur so erhält man den braunen, fetten Saft mit der satten Farbe des Wiener Saftgulyás (den man an einem Wirtshaus-Gulyás so schätzt!). Außerdem »verkochen« nur auf diese Weise die Zwiebeln zur Gänze und geben dem Gulyás die nötige Bindung. Sobald das Fleisch kernig-weich geworden ist, gibt man so viel Wasser bei, daß das Fleisch vom Saft bzw. von der Flüssigkeit gerade bedeckt ist. Dann läßt man das Fleisch noch etwa 10 Minuten sehr langsam kochen, bis das rotbraun gefärbte Fett teilweise an die Oberfläche aufsteigt und der Saft seine »mollige« Konsistenz zeigt.

Rindsgulyás

5–6 Portionen

1 kg dickblättrig geschnittener Wadschinken (oder von Schulter, Hals usw.), 120 g Schweineschmalz, 700 g feingeschnittene Zwiebeln, 40–50 g Edelsüßpaprika; 1 Spritzer Essig, mit 1/16 l Wasser verdünnt; 2 zerdrückte Knoblauchzehen, Salz, 1 TL Majoran, Kümmel, 1 EL Paradeismark, 15 g Mehl

Die Zubereitung erfolgt wie beim Saftgulyás. Nach dem letzten Eingehen des Saftes wird mit Mehl gestaubt, gut verrührt und mit Wasser zur richtigen Konsistenz aufgegossen (das Fleisch soll knapp damit bedeckt sein). Weitere 10 Minuten langsam nicht zugedeckt dünsten, um den Fettspiegel zu erlangen.

Sollte statt Wadschinken anderes Fleisch genommen werden, muß die abgelöschte Zwiebel mit den Gewürzen und etwas Wasser 3/4 Stunde langsam dünsten, dann erst darf man das Fleisch beigeben. Sehr gut schmeckt das Gulyás, wenn kurz vor dem Garwerden frische, in Streifen geschnittene Paprikaschoten beigegeben werden.

Ungarisches Gulyás (Kesselgulyás, Bograczgulyás)

5–6 Portionen

1 kg Rindfleisch, 500 g geschälte, geviertelte Kartoffeln, 400 g grobgeschnittene Zwiebeln, 30 bis 40 g Edelsüßpaprika, Salz, Kümmel, 2 zerdrückte Knoblauchzehen, grüne und rote Paprikaschoten, Paradeiser, Csipetke

Den Boden eines Geschirrs mit den Zwiebeln belegen, darauf das geschnittene Fleisch geben sowie Salz, Kümmel, Knoblauch, Paprika, die in Streifen geschnittenen Paprikaschoten und Paradeiser. Mit Wasser bis zur Fleischhöhe untergießen. Das Ganze zugedeckt im Rohr dünsten, bis das Fleisch so weich ist, daß die rohen Kartoffeln mitgedünstet werden können. Sobald die Kartoffeln beigegeben sind, nur mehr sehr langsam bei kleiner Flamme dünsten, damit das Fett des unterspickten Fleisches durchziehen kann. Am Ende muß das Gericht ein wenig suppig sein. Hat man keine Paradeiser, kann man zum Schluß etwas Paradeismark beigeben und noch einmal aufkochen.

In kleinen Silberkesseln anrichten. Obenauf gibt man Csipetke (aus Nudelteig gezupfte Nockerl, in Salzwasser extra gekocht) und feinnudelig geschnittenen Paprika.

Den Namen hat dieses Pußtagulyás von dem Kessel, in dem die Hirten es ursprünglich zubereitet haben.

Variationen (Ableitungen) des Rindsgulyás

Gulyás auf Karlsbader Art (Karlsbader Gulyás): Ein fertiges, entfettetes Saftgulyás wird mit 1/8 l Sauerrahm und 10 g Mehl gebunden. Es werden als Beilage Nokkerl serviert. (Alte Rezepte verfertigen es auch aus Rind-, Kalb- und Schweinefleisch.)

Debreziner Gulyás: Im Rindsgulyás werden kurz vor dem Fertigwerden 2 grüne, in Streifen geschnittene Paprikaschoten mitgedünstet, zuletzt zwei Stück Debreziner Würstchen, in Scheiben geschnitten, beigegeben und leicht erwärmt. Mit Salzkartoffeln servieren.

Serbisches Gulyás: 2 nudelig geschnittene Paprikaschoten werden mitgedünstet, zuletzt geschälte, ausgedrückte, würfelig geschnittene Paradeiser.

Fiakergulyás: Ein Saftgulyás wird mit Spiegelei, Fächergurken, Einspänner (= ein einzelnes Frankfurter Würstchen) und rotem Paprikasalat garniert.

Herrengulyás: Zum fertigen Saftgulyás werden Pommes frites serviert.

Modernde Küchenlexika und alte Kochbücher führen noch eine ganze Reihe von Gulyásvarianten an. Hier eine kleine Auswahl:

Andrássy-Gulyás: Rindsgulyás mit Haluska als Beilage
Bauerngulyás: Rindsgulyás mit kleinem Semmelknödel pro Portion
Bosnisches Gulyás: Gulyás aus Rinds- und Hammelfleisch und Kartoffeln
Esterházy-Gulyás: ist ein Rahmgulyás mit extra gedünsteter Wurzeljulienne (ohne Zwiebeln), Kapern und Erbsen vermischt. Man reicht dazu Salzkartoffeln.
Gulyás auf Fiumer Art: Rindsgulyás mit Speckwürfeln, Kartoffeln und zerteiltem Kohl
Hunyadi-Gulyas: Schweinsgulyas (siehe Seite 300)
Kaisergulasch: Gulyás aus Lungenbratenparüren und mit abgeschmalzenen Nudeln
Károly-Gulyás: Rindsgulyás mit Paradeisern und würfelig geschnittenen Kartoffeln
Lungenbratengulyás: Gulyás, mit Lungenbratenparüren angesetzt (Rösch gibt einen Schuß Rotwein bei)
Maximiliangulyás: Wie Kaisergulasch, mit Pommes frites, die mit dem Chartreusemesser zugeschnitten wurden
Palffy-Gulyás: Rindsgulyás, obenauf garniert mit würfelig geschnittenem, in Butter gedünstetem Wurzelwerk (oder wie Esterházy-Gulyás, nur mit würfelig geschnittenem Wurzelwerk)
Gulyás auf Pester Art (Pester Gulyás): Gulyás mit Tarhonya (oder »Zweckerln«) und grünem Paprika (Rokitansky versteht darunter ein Gulyás ohne Paprika, aber mit Pfeffer und Reis)
Gulyás auf Preßburger Art (Preßburger Gulyás): Rindsgulyás, pro Portion mit 1 EL abgeschmalzenen Bandnudeln (Butternudeln) garniert
Salongulyás: Lungenbratengulyás mit ausgebohrten Kartoffeln (laut Heitz)
Serbisches Gulyás: Rindsgulyás, mit in Streifen geschnittenen grünen Paprikas garniert
Gulyás auf Triester Art (Triester Gulyás): Rindsgulyás, mit Polenta garniert
Zelny-Gulyás: die tschechische Variante des Szegediner Gulyás
Zigeunergulyás: Gulyás mit Rind-, Kalb- und Schweinefleisch, geröstetem Speck, Sauerrahm und Kartoffeln
Gulyás auf Znaimer Art (Znaimer Gulyás): Rindsgulyás, mit einer Julienne von kleinen Gurken obenauf garniert (mit »Znaimer Gurken«)

Rindsragout

Zwiebelfleisch

4 Portionen

800 g Rindfleisch (Rose, Schulter oder Zapfen), 80 g Schweinefett, 500 g Zwiebeln, ½ Knoblauchzehe, etwas Majoran, Salz, Pfeffer, Rindsuppe, 1 EL Essig, 1 EL Mehl

Die nudelig geschnittenen Zwiebeln in heißem Fett goldbraun rösten und mit einem kräftigen Spritzer Essig ablöschen. Das blättrig geschnittene Fleisch und die Gewürze beigeben. Fast ohne Flüssigkeit zugedeckt im eigenen Saft dünsten. Zuletzt eingehen lassen, mit etwas Mehl stauben und mit wenig Flüssigkeit zu molliger Saucenkonsistenz verkochen. Das Fleisch dann noch ganz weich fertigdünsten. Sollte beim Dünsten das Fleisch nicht weich werden, kann man mehrmals ein wenig Wasser nachgießen.

Zwiebelfleisch nach Hausfrauenart

4 Portionen

800 g Rindfleisch (Schale oder Zapfen oder schwarzes bzw. weißes Scherzel), Salz, Pfeffer, Mehl, 100 g Fett, 300 g Zwiebeln, Spritzer Essig

Vom ausgelösten Fleischteil Schnitzelchen im Gewicht von je 50 g schneiden, dünn klopfen, den Rand etwas einschneiden, salzen, pfeffern, auf einer Seite bemehlen und mit dieser Seite zuerst in stark erhitztem Fett braun rösten, umdrehen und weiterbraten, dann aus der Pfanne heben. Zum Bratrückstand noch etwas Fett geben, darin die feingeschnittenen Zwiebeln goldgelb rösten, mit Essig ablöschen, ¼ l Wasser beigeben und zum Fleisch geben. Zugedeckt langsam weich dünsten. Mit kurzgehaltenem Saft servieren.

Majoranfleisch

4 Portionen

800 g dickblättrig geschnittenes Rindfleisch (Rose, Schulter, Zapfen), 80 g Fett, 350 g Zwiebeln, Salz, Pfeffer, 1 EL Essig, 1 schwacher EL Majoran, ⅛ l Sauerrahm, 20 g Mehl

In heißem Fett die feingeschnittenen Zwiebeln goldbraun rösten, mit wenig Essig ablöschen, das Fleisch beigeben und weiterrösten, dann die Gewürze beigeben, mit ⅛ l Flüssigkeit aufgießen und langsam etwa 1½ Stunden zugedeckt dünsten. Von Zeit zu Zeit etwas durchrühren. Zum Schluß mit Mehl und Sauerrahm binden, mit Flüssigkeit zu Saucenkonsistenz verkochen. Beilage: Teigwaren, Salzkartoffeln.

Matrosenfleisch

4 Portionen

800 g mageres, blättrig geschnittenes Rindfleisch, 50 g Fett, 200 g feingeschnittene Zwiebel, 1 TL Zucker, 1 EL Essig, 1 zerdrückte Knoblauchzehe, Salz, Pfeffer, 1 Msp Majoran, wenig Thymian, 20 g Butter, 200 g am Krenreißer gerissenes Wurzelwerk, ⅛ l Rotwein, ⅛ l Sauerrahm, 20 g Mehl

Die gezuckerten Zwiebeln in heißem Fett goldgelb rösten, mit Essig ablöschen, das Fleisch und die Gewürze beigeben. Zugedeckt im eigenen Saft halbweich dünsten. Dabei wiederholt durchrühren. In heißer Butter das Wurzelwerk anschwitzen lassen, mit Rotwein aufgießen und kurz dünsten lassen. Alles zum Fleisch geben, etwas Wasser beigeben und weiterdünsten, bis alles weich ist und eine mollige Sauce sich bildet. Zum Schluß mit Sauerrahm und Mehl binden. Beilage: Nokkerl.

Wurzelfleisch vom Rind

4 Portionen

800 g blättrig geschnittenes, mageres Rindfleisch, 1 nudelig geschnittene Zwiebel, 250 g nudelig geschnittenes Wurzelwerk, Salz, Pfeffer, Kümmel, Thymian, ½ Lorbeerblatt, 2 zerdrückte Knoblauchzehen, 3 rohe Kartoffeln, 1 EL Essig, Petersilie

Fleisch, Zwiebeln, Wurzelwerk und Gewürze in so viel Wasser zum Kochen bringen, daß das Fleisch gut bedeckt ist. Etwa 1 Stunde langsam kochen, dann die geschälten, gevierteilten Kartoffeln beigeben und alles weich kochen. Das Wurzelfleisch zum Schluß mit etwas Essig abschmecken und mit gehackter Petersilie bestreut anrichten.

Rindsragout auf bürgerliche Art

4 Portionen

800 g Rindfleisch, 60 g Fett, 150 g Wurzelwerk, 150 g Zwiebeln, 1 schwacher EL Paradeismark, 1/8 l Rotwein, Salz, Pfeffer, Thymian (1 Prise), 1 Knoblauchzehe, 1 kleines Stück Lorbeer, Grünes von Petersilie und Sellerie, 1/2 l Rindsuppe, Fond oder Wasser, 30 g Fett, 30 g Mehl
Gemüseeinlage: 100 g Karotten, 100 g Erbsen, 150 g Champignons, 100 g Fisolen

Das Fleisch in Ragoutstücke von 25 bis 30 g schneiden, in etwas heißem Fett bräunen (dabei immer nur bodenbedeckend portionsweise Fleisch einlegen). Sobald das Fleisch Farbe hat, salzen und pfeffern und weiterbraten, dann herausheben und warm stellen. Im Bratrückstand grobwürfelig geschnittenes Wurzelwerk rösten, ebenso die Zwiebeln mitrösten, Paradeismark beigeben, kurz weiterrösten, dann mit Wein ablöschen. Das Fleisch, die Gewürze, gehacktes Grünes und etwa 1/2 l Flüssigkeit beigeben und zugedeckt dünsten. Nach 1 Stunde aus Fett und Mehl eine braune Einbrenn herstellen, zum Ragout geben und fertigdünsten. Das Fleisch umstechen, die Sauce über das Fleisch passieren. Als Einlage in Butter geschwenkte halbierte Champignons, stiftelig geschnittene, gekochte Karotten, Erbsen und kurz geschnittene, extra gekochte Fisolen geben. Beilage: Knödel, Kartoffelkroketten.

Rindfleisch Parmentier

4 Portionen

600 g gares Fleisch (gekochtes Rindfleisch, Bratenreste, auch von anderen Fleischsorten), 60 g Butter, 100 g Zwiebeln, 150 g Champignons oder andere Pilze, gehackte Petersilie, 1 EL Paradeismark, 1/16 l Rot- oder Weißwein, Salz, Pfeffer, etwas Mehl, etwas Worcestersauce, Eierstreiche
Duchessemasse: 1 kg mehlige Kartoffeln, 4 Eidotter, 80 g Butter, Salz, Muskat

Zubereitung der Duchessemasse: Geschälte Kartoffeln kochen, das Wasser abgießen, kurz nachdämpfen und noch heiß passieren; Salz, Muskat, frische Butter und Eidotter in die noch heiße Kartoffelmasse kurz einarbeiten.

In etwas Butter das kleinblättrig geschnittene Fleisch anrösten und herausheben. In restlicher Butter die feingeschnittenen Zwiebeln hellgelb rösten, feingehackte Champignons mitrösten; gehackte Petersilie zuletzt mitrösten, Paradeismark beigeben, mit Wein ablöschen und eingehen lassen. Mit Mehl stauben, mit Suppe, Sauce oder Wasser zu sämiger Konsistenz verkochen, abschmecken, Fleisch beigeben und ziehen lassen.

Eine Gratinierschüssel mit Butter bestreichen, die Kartoffelmasse in einen Dressiersack mit großer, gezackter Tülle einfüllen und am Rand der gebutterten Schüssel eine Bordüre dressieren, das Ragout einfüllen, die restliche Kartoffelmasse gitterartig über das Ragout dressieren, mit Eistreiche bestreichen und im heißen Rohr mit Oberhitze Farbe nehmen lassen. Mit Salaten servieren.

Kurtzer Unterricht/ In welchen Unterschiedene Speisen gut zuzubereiten beschrieben seynd.

WIEN/
Gedruckt bey Maria Theresia Voigtin Wittib/ Universitäts-Buchdruckerin/
1736.

Ochsenschlepp

Gedünsteter Ochsenschlepp nach Wiener Art
4 Portionen

1,20 kg Ochsenschlepp, 40 g Öl, 200 g Wurzelwerk (Karotte, Sellerie, Petersilwurzel), 150 g Zwiebel, 40 g Mehl, 40 g Paradeismark, Grünes von Petersilie und Sellerie, 1 Scheibe Zitrone, Thymian, 1 Lorbeerblatt, 1 EL Senf, 50 g Preiselbeerkompott, 1/16 l Rotwein, etwas Zitronensaft

Ochsenschlepp waschen, abtrocknen und in fingerdicke Stücke teilen (wird meist schon vom Fleischhauer zerhackt). Salzen, pfeffern, in eine heiße Pfanne mit etwas Öl einlegen und langsam von allen Seiten bräunen (vorteilhafter ist es im Rohr!). Dann das geputzte, grobwürfelig geschnittene Wurzelwerk beigeben und goldbraun rösten. Ebenso die Zwiebeln beigeben und, sobald diese Farbe genommen haben, mit Mehl stauben, durchrösten, mit Paradeismark würzen, mitrösten, mit 2 bis 2½ l Wasser aufgießen. Das Grüne, 1 Scheibe Zitrone, Thymian und Lorbeerblatt beigeben. Zugedeckt im Rohr etwa 3 Stunden dünsten, dabei manchmal umrühren. Sobald das Fleisch weich ist und sich vom Knochen drücken läßt, in ein frisches Geschirr umstechen. Die Sauce entfetten, reduzieren (einkochen), mit Senf, Rotwein, Preiselbeeren und Zitronensaft abschmecken, über das Fleisch passieren und das Fleisch einige Minuten darin nachdünsten.

Garnitur: als Beilage Semmelknödel, glasierte Zwiebeln, sautierte Champignons

Kalbfleisch

Die Wienerische Köchin

»Ein gebratener Kalbsziemer von 6–7 kg, der zugleich das köstliche Nierenstück in sich schließt, gehört unbedingt zu dem Tröstlichsten, was eine vorzügliche Küche zu bieten hat. Angesichts dieser pompösen und dabei soliden Schönheit fängt der stumpfste Appetit Feuer, fühlt die genußentfremdetste Zunge ein menschliches Rühren und löst sich der herbste Schmerz in sanftes, aus Hoffnung und Wehmuth gepartes Sehnen, so daß ein besseres Gericht für betrübte Erben, gebeugte junge Witwen und schmerzgebrochene Freunde gar nicht denkbar ist. Der Nierenbraten gilt für eleganter und ist in der Tat so verlockend, daß er sogar Männer von Geist verführt, die da sehr wohl wissen, daß er etwas fettig fade schmeckt und in dieser Hinsicht dem fleischigeren Schlegel nachsteht. Kalbsbrust ist weniger aristokratisch, hält aber im Geschmack die goldene Mittelstraße zwischen dem Nierenbraten und dem Rippenstück und bildet mit weißem Spargel, rothen Krebsschwänzen und grünen Erbsen gefüllt und mit Champignonsauce angerichtet in Kenneraugen eine Schüssel ersten Ranges.« So rühmen Habs und Rosner das Kalbfleisch in ihrem »Appetit-Lexikon«, 1894. Sie reihen daran noch Leber, Lunge, Hirn, Schwanz, Ohr (mit »Meerrettich oder mit Fricassesauce«), Herz, Gekröse, Kopf und Füße, Milz, Nieren, Zunge, Koteletts, Frikandeau, Rouladen und die »Kalbsmilch«-Gerichte.

Der Österreicher schätzt auch heute noch das Kalbfleisch höher ein als Rindfleisch und Schweinefleisch – und ißt es daher seltener (was auch im Preis beim Fleischhauer und im Gasthaus zum Ausdruck kommt). Von »kälbernen braten« und »kälber-brüstlein« spricht schon die Autorin des »Granat-Apffel«-Kochbuchs 1699, allerdings nur im Zusammenhang mit »kälbernen Würsten«. Daß aber um 1700 dem Kalbfleisch in der Küche schon alles abgerungen wurde, bestätigt uns das »Saltzburgische Kochbuch« des Conrad Hagger aus dem Jahre 1719; es bringt u. a. gefüllte Kalbsbrust, eingemachte Kalbsbrust, ausgelösten Kalbsrücken, Schulter, »Niern-Brätlein«, Kalbsstelzen und -schlegel, »Kälberne Vögel« und »Wammlein« oder Bauchfleisch. Um die Jahrhundertwende empfiehlt ein Kochbuch zum Mittag- bzw. Abendessen im Jahr 102mal Schweinefleisch, 66mal Rindfleisch und 57mal Kalbfleisch.

Das Kalbfleisch ist zarter, feiner im Geschmack und leichter verdaulich als Rind- oder Schweinefleisch. Das »weiße« Kalbfleisch umgibt daher ein Hauch von Vornehmheit. »Mäßig genossen ist es auch fast jeder Leibesbeschaffenheit unschädlich und oft heilsam. Zu diesen Vorzügen kömmt noch die Gutsaftigkeit des Kalbfleisches, die es so unschuldig macht«, schreibt Anna Dorn 1827 im »Großen Wiener Kochbuch« und empfiehlt es als »gute Speise für Kinder, Alte, Wiedergenesende, Entkräftete, Verblutete, Gichtkranke, hypochondrische und hysterische Personen«, vorausgesetzt, daß »es so gemästet ist, daß es dem Gaumen behagt und der Gesundheit keinen Eintrag thut«.

Denn über Mästung und Alter des Kalbes erhoben Kochbuchautoren immer wieder ihre Stimme. F. G. Zenker warnt in seiner »Kochkunst«: »Ländlich, sittlich! Ein Sprichwort, das viel Löbliches haben mag, nur nicht allgemein autorisirt seyn sollte! Wenn ich einem von unsern Ökonomen sage: daß die Franzosen, Niederländer, Holländer, Engländer, Schweitzer u. a. m. das Kalb länger bey der Mutter lassen, ja selbst dem zum Schlachten bestimmten Kalbe die Milch von zwey, auch drey Kühen ganz überlassen, so wird man mir antworten: Ländlich, sittlich; – und wer so was sagt, will nichts weiter darüber hören. Bey uns werden die Kälber im Durchschnitte zwischen drey und vier Wochen geschlachtet. Die des Bessern Unterrichteten lassen sie wohl fünf bis sechs Wochen alt werden, und diese sind es, welche uns das beste Kalbfleisch liefern.«

Anna Dorn verrät uns, wie »Ökonomen« das Kalb damals präparierten, um »eine solche Fettheit und Festigkeit zu erzielen, an der so viele Leute ein Behagen finden«: »Man zapft dem auf der Mast stehenden Kalbe alle 2 bis 3 Tage eine kleine Menge Blut, ungefähr 1 bis 3 Loth ab... Man macht in das Fell einen kleinen Einschnitt, und bläst das unter dem Felle liegende Zellengewebe durch eine kleine Röhre auf, und wenn nun die Luft durch Blasen, Reiben und Drücken allenthalben gleich vertheilt worden ist, so verschließt man den Einschnitt aufs genaueste. Dieß wird täglich wiederhohlt, und der Erfolg immer der seyn, daß sich alle Zwischenräume mit Fett anfüllen. Beyde Operationen sind unschmerzhaft, und daher ohne Bedenken anzuwenden.«

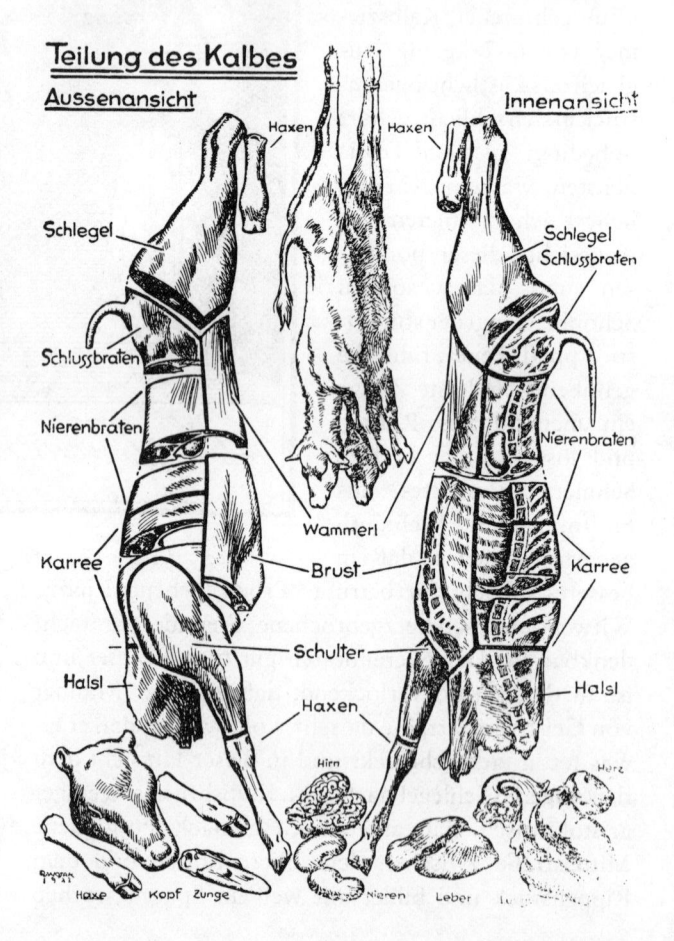

Die klassischen Gerichte aus Kalbfleisch finden sich bereits in allen alten Kochbüchern: Kalbsnierenbraten, gefüllte Kalbsbrust, Kälbernes Eingemachtes, Kalbsschlegel, gebackene Kalbsfüß, gesulzter Kalbskopf, Vögerl von Kalbfleisch, Kälberne Karbonadel auf Wiener Art (Karbonaden oder Karbonadel nannte man im 19. Jahrhundert die Koteletts), Kalbsbeuschel, Kalbsgulasch, »glacierte Frikando« (»Fricandeau sind von den Coteletten, welche geschnittene Rippenstücke sind, dadurch unterschieden, daß man sie aus dem Kalbsschlegel theils groß, theils klein schneidet«, schreibt Anna Dorn), »Frikasse« von Kalbfleisch (das Wort »Fricasee« – Frikassee = Schnittfleisch kam im 17. Jahrhundert aus dem Französischen in die Wiener Küchensprache), gespickte und gedünstete Kalbsschnitzel, Naturschnitzel, Kälberne Schnitzel in der Soße – so und ähnlich konnte man es auf den Speisekarten des 18. und 19. Jahrhunderts lesen. Das Wiener Kalbsschnitzel allerdings hat sich erst in der zweiten Hälfte des 19. Jahrhunderts zum Wiener Schnitzel schlechthin entwickelt.

Die Aufteilung des Kalbes

Allgemein wird das Kalb halbiert und geviertelt; es ergeben sich daraus 2 hintere Stutzen und 2 vordere Stutzen, Kalbskopf und Innereien.
Wird der Kalbsrücken gebraucht, wird das Kalb nicht der Länge nach halbiert, sondern je nach gewünschter Länge in der Querrichtung geteilt:

Hinterer Stutzen

Kalbsrücken: im ganzen gebraten oder glaciert.
Nierenbraten: Kalbsrücken halbiert – unausgelöst gebraten mit mitgebratener Niere oder ausgelöst mit der Niere gerollt und gebraten, ergibt den gerollten Nierenbraten. Vom halbierten Rücken werden die Koteletts (mit langen Rippenknochen) geschnitten.
Kalbslende – Kalbsjungfer oder (Kalbs-)Lungenbraten: wird für Medaillons verwendet oder im ganzen gespickt und gebraten, oder der Länge nach aufgeschnitten, plattiert und wie Schnitzel zubereitet.
Kalbsschlegel: ergibt ausgelöst
Naturteil (Schale) oder Kaiserteil – für Naturschnitzel
Kalbsnuß – für Wiener Schnitzel oder im ganzen gebraten
Kleine Nuß oder Rose – ergibt den Schlußbraten oder wird für Schnitzel verwendet
Frikandeau – im ganzen gebraten oder glaciert
Hintere Kalbsstelze – wird im ganzen gebraten oder gefüllt oder für Kalbsvögerl verwendet
»Schlegelstutzerl« wird der untere Teil des Schlegels genannt.

Vorderer Stutzen

Kalbsschulter: weniger zart als der Schlegel, kann zu Schnitzel verwendet werden, meist aber für Ragouts (Gulyás, Eingemachtes Kalbfleisch usw.), oder im ganzen ausgelöst gerollt, gebunden und gebraten oder glasiert.
Kalbshals (»Halsel«): für Ragouts oder zum Faschieren.
Kalbsbrust: gefüllt, gebraten oder glasiert, wird ausgelöst auch zu Reisfleisch und zu Kalbsgulyás verwendet.
Wammerl: das mindere Bauchfleisch; setzt die Kalbsbrust fort und wird für Gulyás, Ragouts, Farce u. ä. verwendet.
Vordere Stelze: wird wie die hintere Stelze zubereitet. Die Innereien werden in einem eigenen Kapitel behandelt. Kopf und Füße heißen in Wien auch das »Gschmaß«.

Zum Braten (im Rohr): Schlußbraten, Kaiserteil, Nuß, Frikandeau, Nierenbraten, Karree, Brust; Schulter, gerollt; Stelze

Für Schnitzel: Schale (Natur- oder Kaiserteil), Frikandeau, Nuß, dicke Schulter

Zum Dünsten: Karree, Brust, Schulter

Zum Kochen: Wammerl, Brust, Schulter, Kopf

Für Kleingerichte: Schulter; Stelze, ausgelöst; Hals, Kleinteile des Schlegels

Kalbsbraten

FACHLICHE HINWEISE

Folgende Teile des Kalbes eignen sich zum Kalbsbraten:

Schlegel (ausgelöst): Schlußbraten, Frikandeau, Nuß und Stelze
Rücken: der Sattel, Nierenbraten
Brust: gefüllt und gerollt
Schulter: ausgelöst, gerollt

Die »besseren« Stücke sind Nieren- und Schlußbraten und die Kalbsnuß. Das Karree ist ein besonders saftiges Stück.

Das Fleisch leicht parieren (zurechtschneiden), die äußere Haut verbleibt am Fleisch, es würde sonst austrocknen. Die Ausnahme bildet dabei das Frikandeau, aber auch nur, wenn es gespickt wird. (Frikandeau spicken: Das Fleischstück im Rohr ansteifen lassen, herausnehmen und dann erst spicken: so geht es leichter!)

Das Kalbfleisch wird – ausgenommen Brust, Stelze und Frikandeau – immer gebunden. Es bleibt dadurch saftiger und man erzielt beim Aufschneiden auch schönere Tranchen.

Für den Kalbsbraten wird Butter verwendet. Pro Kilogramm rechnet man 50 g Butter.

Gewürzt wird nur mit Salz.

Kalbsbraten (Grundrezept)

Den Boden einer Bratenpfanne mit einigen kleingehackten Kalbsknochen (den »Zuwaagknochen«) auslegen, das gesalzene Fleisch mit der »schönen« Seite nach unten darauflegen. Butter in einem anderen Geschirr aufschäumen lassen, über das Fleischstück gießen, mit etwas Wasser untergießen und im heißen Rohr rasch anbraten (um unnötigen Saftverlust zu vermeiden!), dann die Hitze drosseln und unter häufigem Begießen mit Eigensaft braten. Sollte der Bratsatz (die Bratkruste an Boden und Rand der Pfanne) keine Flüssigkeit mehr haben, muß sofort mit etwas Wasser ergänzt werden. Nach der halben Bratzeit den Braten umdrehen und auch die schöne Seite goldbraun braten (wieder mehrmals mit Eigensaft begießen!). Wichtig ist dabei der Flüssigkeitsgehalt des Bratsatzes. Wenn zuwenig Flüssigkeit in der Pfanne ist, kann sich im Rohr kein Dunst bilden, das Fleisch trocknet aus, die Knochen verbrennen, und die Bratkruste wird stellenweise zu stark gebräunt. Wenn man zuviel Wasser beigibt, bekommen Fleisch und Knochen keine Farbe und werden ausgelaugt. Der Bratensaft, die Jus, schmeckt dann auch nicht gut.

Am Schluß des Bratvorgangs soll der Bratsatz bereits leicht braun sein und Sirupdicke haben.

Garprobe: Man sticht mit einer Nadel den garen Braten an. Ist der an der Einstichstelle austretende Saft nicht mehr rosa, sondern bereits leicht klar, dann kann man das Fleisch herausnehmen. Ganz klare Flüssigkeit würde bedeuten, daß der Braten schon zu lange im Rohr ist!

Den garen Braten mit gebuttertem Papier bedecken und so eine Zeitlang vor das offene Bratrohr stellen. Jeder fertige Braten soll 10 bis 15 Minuten liegengelassen und dann erst gegen die Fleischfaser aufgeschnitten werden. Ein Kalbsbraten soll nicht zu weich gebraten werden.

Bereiten des Bratensaftes (Jus)

Den Bratensaft und die Knochen in der Pfanne auf dem Feuer nachrösten, bis keine Flüssigkeit mehr vorhanden ist, dann ein kleines Stück frische Butter aufschäumen lassen, pro Kilogramm Fleisch mit einem Teelöffel Mehl stauben, kurz anrösten, dann pro Portion mit $1/16$ l Wasser aufgießen und gut verkochen lassen. Zum Schluß den Bratensaft abseihen und den angerichteten Braten damit umkränzen.

Der Bratensaft in der österreichischen bzw. in der Wiener Küche soll nicht saucenartig sein, soll aber auch nicht zu stark reduziert und mit Stärkemehl versehen werden, wie das in der internationalen Küche üblich ist. Er soll kräftig braun, aber eher dünn sein. Seine Konsistenz erhält der Bratensaft (die Jus) in der österreichischen Küche durch Bratsatz (Bratkruste, Röststoffe) plus Fett (Butter) plus Stäubchen Mehl plus wenig Flüssigkeit.

Beilagen zu Kalbsbraten
Sättigungsbeilagen: gedünsteter Reis in allen Varianten; feine Kartoffelarten wie Pariser Kartoffeln oder Prinzeßkartoffeln.
Gemüse: junges, zartes Gemüse; Zuckererbsen, Spargel, glasierte Karotten, Pilze oder Champignons, gefüllte Paradeiser als Garnierung.
Kompotte: vor allem Apfelkompott.
Salate: alle Blattsalate und gekochte Gemüsesalate.

Dominikaner Kalbsbraten

5–6 Portionen

800 g Kalbsschlegel (Frikandeau), 60 g Selchspeck, Salz, kleingehackte Kalbsknochen, 50 g Butter, 20 g Mehl, 1/8 l Sauerrahm, Rindsuppe oder Wasser, 150 g gekochtes Selchfleisch, 100 g Champignons, 20 g Butter, gedünsteter Reis, grüne Erbsen

Den Kalbsschlegel auslösen, abhäuten, spicken, salzen und nach Kalbsbraten-Grundrezept (siehe linke Seite) braten. Herausnehmen und warm stellen. Den Bratensaft eindicken, mit Mehl stauben, mit Rahm und Rindsuppe oder Wasser aufgießen, gut verkochen lassen, dann passieren. Blättrig geschnittene, in Butter geschwenkte Champignons als Einlage in die Sauce geben.
Das Frikandeau tranchieren, anrichten, zwischen jede Tranche eine dünne gekochte Selchfleischscheibe geben. An einer Seite die grünen Erbsen anrichten. Mit Sauce leicht umkränzen, den Rest der Sauce à part servieren. Auch den gedünsteten Reis separat anrichten.

Kaiserschlegel

5–6 Portionen

1 kg Kalbsschlegel (ein Stück von Nuß oder Frikandeau), Salz, 100 g Selchspeck, gehackte Kalbsknochen, 40 g Butter, 20 g Mehl, 1/4 l Sauerrahm, 3 Sardellenfilets, 2 KL Kapern, Petersilie, Zitronensaft, Pfeffer

Den ausgelösten Schlegel abhäuten, reichlich spicken, binden und salzen. Nach Kalbsbraten-Grundrezept (siehe linke Seite) braten. Den garen Braten herausnehmen und warm stellen.
Den Bratrückstand eingehen lassen, mit Mehl stauben, Sauerrahm mit Rindsuppe oder Wasser verrühren, beigeben und gut verkochen lassen. Zum Schluß die Sauce passieren, mit Kapern, Petersilie, Sardellen – alles gehackt –, Zitronensaft und Pfeffer abschmecken. Mit Reis und Gemüse anrichten.

Paprikabraten

6 Portionen

1 kg Kalbsschlegel (Frikandeau oder Nuß), gehackte Kalbsknochen, Salz, 100 g Selchspeck, 40 g Butter, 200 g grobwürfelig geschnittene Zwiebeln, 2 zerdrückte frische Paradeiser, etwas Zitronenschale, 30 g Mehl, 10 g Edelsüßpaprika, 1/4 l Sauerrahm, Rindsuppe oder Wasser

Das Frikandeau vorbereiten, spicken und nach Kalbsbraten-Grundrezept (siehe linke Seite) mit den Zwiebeln und den Paradeisern braten. Das gebratene Frikandeau herausheben und warm stellen.
In den Bratrückstand etwas Zitronenschale geben, den Saft eingehen lassen, mit Mehl stauben und paprizieren. Den Sauerrahm, mit Rindsuppe oder Wasser glattgerührt, beigeben, zu einer molligen Sauce verkochen, passieren und damit den angerichteten Braten umkränzen. Den Rest der Sauce à part servieren. Beilagen: Nockerl oder Reis.

Kalbsnierenbraten

12 Portionen

1 Nierenbraten mit Niere (ca. 2 1/2 kg), gehackte Kalbsknochen, Salz, Pfeffer, 50 g Butter pro 1 kg Fleisch, extra nußgroßes Stück Butter, 10 g Mehl, Rindsuppe oder Wasser

Der Nierenbraten umfaßt sieben Rippen (von hinten gezählt) und wird im ganzen mit den Rippen gebraten. Die Nieren werden extra beigegeben und mitgebraten.
Das Vorbereiten des Nierenbratens: Den Rückgratknochen entfernen und die am Rückgratknochen lie-

gende starke Sehne ablösen. Die in Fett eingepolsterte Niere wird vor dem Braten abgelöst, extra mitgebraten, aber bereits nach halber Bratdauer herausgenommen, weil sie eine wesentlich kürzere Bratzeit benötigt. Dann warm stellen. Die Niere ist gar, wenn man sie leicht mit einer Gabel ohne Widerstand anstechen kann.

Den Nierenbraten salzen, mit der schönen Seite nach unten auf die Kalbsknochenunterlage geben. Ebenso die Niere, die gut gesalzen und leicht gepfeffert wird. Mit heißer Butter übergießen, mit etwas Wasser untergießen und nach Kalbsbraten-Grundrezept (siehe Seite 260f.) braten. Während des Bratens wiederholt mit Bratensaft begießen. Nach der halben Bratzeit das Fleischstück wenden. Sobald die Niere gar ist, herausnehmen und warm stellen. Sobald der Braten gar ist, diesen ebenfalls herausnehmen und warm stellen. Den Bratensaft eingehen lassen (eindicken), ein Stück Butter aufschäumen lassen, mit Mehl stauben, pro Portion $^{1}/_{16}$ l Rindsuppe oder Wasser aufgießen und verkochen lassen. Dann den Saft abseihen und damit den aufgeschnittenen Nierenbraten und die blättrig geschnittene, mitangerichtete Niere (pro Portion eine Scheibe) umkränzen. Der Nierenbraten wird quer zur Fleischfaser aufgeschnitten. Beilage: Reis und Salat.

Gerollter Nierenbraten

8–10 Portionen

1 1/2 kg Nierenbraten (halbierter Kalbssattel mit Niere), einige Kalbsknochen, Salz, 80 g Butter, 10 g Mehl, Rindsuppe oder Wasser
Nach Wunsch ein Champignongemisch: 20 g Butter, 1 kleine feingeschnittene Zwiebel, 100 g feingeschnittene Champignons, feingehackte Petersilie

Den von allen Knochen ausgelösten Nierenbraten ausbreiten und plattieren, mit der halbierten (der Länge nach gespaltenen), gutgesalzenen Niere belegen (es können auch zwei Nieren genommen werden), das Fleisch straff zusammenrollen und mit Spagat binden. Vor dem Einlegen der Niere kann man diese mit einem Champignon-Zwiebel-Gemisch bestreichen: Zwiebeln in Butter anrösten, Champignons mitrösten, zum Schluß Petersilie beigeben, dann etwas überkühlen.

Den gerollten Nierenbraten gut mit Salz einreiben und in eine Pfanne auf kleingehackte Kalbsknochen legen, damit das mit der schönen Seite nach unten aufgelegte Fleisch nicht unmittelbar auf dem Boden aufliegt. Das Fleisch mit Butterstückchen belegen, im heißen Rohr scharf anbraten, erst dann mit etwas Wasser untergießen und unter wiederholtem Begießen mit Bratensaft fertigbraten (Bratdauer etwa 1 1/4 Stunden). Nach halber Bratzeit den Braten wenden. Je mehr sich das Fleisch in gleichmäßiger Hitze bräunt, desto häufiger muß es mit dem eigenen Saft begossen werden. Nach Bedarf ein wenig Wasser beigeben. Fleisch, Knochen und Bratkruste müssen zum Schluß eine hellbraune Färbung aufweisen. Besonders ist darauf zu achten, daß die Bratkruste an keiner Stelle zu sehr bräunt, da sonst der Saft bitter schmecken würde.

Der Braten ist gar, wenn sich bei der Garprobe an der Einstichstelle ein fast wasserheller Tropfen zeigt. Den garen Braten herausnehmen, warm stellen und vor dem Aufschneiden etwa 10 Minuten rasten lassen. Die Knochen etwas nachrösten, damit der Wassergehalt ganz verdunstet, ein Stück frische Butter beigeben und gut aufschäumen lassen. Wenig Mehl dazugeben und kurz durchrösten. Pro Portion $^{1}/_{16}$ l Rindsuppe oder Wasser aufgießen, daß ein kräftiger, aber eher dünner Saft entsteht. Gut verkochen lassen. Den Saft abseihen und den aufgeschnittenen Nierenbraten damit umkränzen.
Beilage: Reis (mit Champignons, Risipisi), junges Gemüse, Salate

Kalbsrücken (Kalbssattel)

Der Kalbsrücken ist ein Stück mit drei bis sieben langen Rippenpaaren. Der Kalbssattel ist das Stück ohne die langen Knochen, d. h. der in der Quere getrennte Rücken, der bei der Keule liegende Teil.

Vom Rücken werden die Nieren abgelöst; auch der Kalbslungenbraten wird ausgelöst (und anderweitig verwendet, siehe Seite 278); die Wirbelknochen werden einige Male durchgehackt, ohne das Fleisch dabei zu verletzen, oder man schiebt durch den Rückenmarkkanal einen Eisenstab (um die Form während des Bratens zu bewahren). Der Rücken wird nicht gehäutet; es werden nur die am Rückgratknochen liegenden Sehnen abgetrennt. Die langen Rippenknochen werden nicht wie beim Nierenbraten lang gelassen, sondern unter den Rückenfilets abgesetzt (gleichmäßig abgehackt); sie sollen zweifingerbreit unter der Rückenfleischrose hervorschauen.

Zubereitung: Das Fleischstück binden und salzen. In einer Pfanne Fett erhitzen, mit der schönen Seite nach unten einlegen und rasch anbraten, mit Flüssigkeit (braunem Fond oder Wasser) untergießen, im Rohr weiterbraten, nach 15 Minuten umdrehen und unter häufigem Begießen mit Bratensaft fertigbraten (unter reichlicher Beigabe von Flüssigkeit). Gesamtbratdauer: ca. 1 Stunde. Aus dem Bratsatz wird wie beim Kalbsbraten (siehe Seite 260 f.) die Jus bereitet.

Tranchieren: Die Rückenfilets mit einem schmalen Messer herunterlösen, in 1 cm dicke, schräge Tranchen schneiden und in der ursprünglichen Form auf das Knochengerüst aufsetzen.

Der Saft wird extra (à part) in einer Sauciere serviert.

Wiener Kalbsrücken (oder Kalbssattel)

8–10 Portionen

2 kg Kalbsrücken, Salz, 80 g Butter, Fond oder Rindsuppe oder Wasser, 20 g Butter

Den Kalbsrücken, wie oben angegeben, vorbereiten und mit den beiden Nieren braten (wobei die Nieren nach 25 Minuten Bratzeit herausgenommen werden). Den gebratenen Rücken von den Knochen lösen, in schräge Tranchen schneiden und wieder auf das Knochengerüst aufsetzen; dann mit den blättrig geschnittenen Nieren belegen.

Den Bratensaft entfetten, mit Butter aufschäumen, mit Flüssigkeit aufgießen und gut verkochen lassen. Den Saft extra servieren. Beilage: Salate, Gemüse, Reis, Risipisi.

Kalbsrücken à la Metternich

Das Sattelstück wird, wie oben angegeben, vorbereitet und gebraten, dann tranchiert. Die Tranchen werden wieder auf das Knochengerüst aufgesetzt. Zwischen den Tranchen je zwei Trüffelscheiben und etwas paprizierte Béchamel (siehe Seite 160f.) geben. Zum Schluß gänzlich mit paprizierter Béchamel nappieren (die Béchamel reichlich mit Butter und Eidotter bereiten; noch besser mit Sauce hollandaise vermischen: 2 Teile Béchamel, 1 Teil Sauce hollandaise). Dann den Rücken glasieren.

Extra gereicht werden Kalbsjus und Pilawreis.

Gebratene Kalbsstelze

4 Portionen

2 Kalbsstelzen, Salz, 80 g Butter, 30 g Butter für den Saft, 10 g Mehl, Rindsuppe oder Wasser

Die Kalbsstelzen waschen, salzen und in heißer Butter unter wiederholtem Begießen mit Bratensaft und Untergießen von Rindsuppe oder Wasser im Rohr allseitig goldbraun braten. Bratdauer: ca. 1 Stunde. Den Saft eingehen lassen, mit Butter aufschäumen, mit Mehl stauben, mit Wasser aufgießen und verkochen lassen.
Beilage: Reis, Gemüse, Salate

Tiroler Kalbshaxen

Pro Portion ½ Haxe, 4 EL Butter, 1 feinzerdrückte Knoblauchzehe, Salz, Pfeffer

Die Haxen waschen, salzen, pfeffern und mit Knoblauch einreiben. Butter in eine erhitzte Pfanne geben, zerfließen lassen. Darin das Fleisch im Rohr von allen Seiten goldbraun braten (ca. 1 Stunde), dabei immer wieder die Haxen mit Bratensaft begießen. Ab und zu auch mit einem Eßlöffel Wasser untergießen. Garprobe machen. Die garen Haxen herausnehmen und warm stellen. Den Bratensaft eingehen lassen, mit ganz wenig Mehl stauben und mit Flüssigkeit zu einer Jus verkochen.

Die Haxen auf vorgewärmter Platte anrichten. Den Saft à part servieren.

Beilage: Reis oder heurige Petersilkartoffeln, gemischter Salat oder Gemüsegarnitur

Die Kalbsbrust

In der österreichischen Küche gibt es die gebratene, die glasierte, die gebackene und die gefüllte Kalbsbrust sowie die gekochte »eingemachte« Kalbsbrust. Alle diese Zubereitungsarten findet man bereits in den alten Kochbüchern, wobei sich die gefüllte Kalbsbrust zu einer österreichischen Spezialität entwickelt hat. In fast allen Kochbüchern zwischen 1700 und 1900 gibt es als ein Standardrezept die »Kälberne Brust, mit Spargel, Krebsen und Erbsen gefüllt, mit Schampiansoß«. F. G. Zenker stellt 1817/18 fest: »In Deutschland ist das Füllen der Kalbsbrüste so allgemein, daß eine gebratene Brust ohne Fülle gar nicht denkbar ist, und dieß mit einigem Rechte. Es ist ein Mißgriff, eine Brust zu braten, welche bloß aus Rippen und einer fleischigen Haut besteht: durch das Füllen entsteht doch eine gewisse Masse; allein dieser Braten bleibt immer ohne allen Rang.«

Kalbsbrust, glasiert

4 Portionen

1 Kalbsbruststück (ca. 1 kg), einige Kalbsknochen, Salz, 100 g Butter, brauner Fond oder Rindsuppe oder Wasser
Fülle: 150 g Champignons, 1 EL gehackte Petersilie, 1 kleine feingeschnittene Zwiebel

Die Kalbsbrust von den Rippen, Brustknochen und Knorpeln auslösen, waschen, abtrocknen und untergreifen. Die Kalbsbrust salzen, innen mit feingehackten Champignons, Zwiebeln und gehackter Petersilie füllen, zusammenrollen und binden. Den Pfannenboden mit Kalbsknochen belegen, die Brust mit der schönen Seite nach unten daraufgeben, im Rohr rasch anbraten, die Hitze drosseln und mit ca. 1/8 l braunem Fond untergießen (steht keiner zur Verfügung, dann mit Rindsuppe oder Wasser) und unter einmaligem Wenden nach halber Bratzeit und wiederholtem Begießen mit Bratensaft glasieren (etwa 1 1/2 Stunden). Am Schluß des Bratens (bei der Garprobe darf der an der Einstichstelle austretende Saft nicht mehr rosa, sondern muß leicht klar sein) soll der Bratensaft Sirupdicke haben; nur so erreicht man beim Begießen des Bratens die richtige Glasur.

Die Kalbsbrust herausnehmen und warm stellen. Den Saft eingehen lassen bis zu schöner Braunfärbung, dann mit Wasser verkochen und abseihen.

Auf die gleiche Art wird auch eine **gerollte Kalbsbrust** zubereitet. Dazu die Kalbsbrust komplett auslösen, mit verschiedenen Einlagen belegen, zum Beispiel mit Schinkenstreifen, Pökelzunge (die Brust vorher mit Sardellenbutter bestreichen), dann fest zusammenrollen und etwa 1 1/2 Stunden glasieren.

Gefüllte Kalbsbrust

8 Portionen

2 kg Kalbsbrust, einige gehackte Kalbsknochen, 80 g Butter, etwas Mehl, Wasser
Fülle nach Wahl (im Anschluß an dieses Rezept)

Die Knochen der Kalbsbrust zum größten Teil auslösen (nur die Knorpel sollen zurückbleiben), an der Schmalseite beginnend untergreifen, d. h. mit dem Messer vorerst einschneiden und dann mit der Hand die Öffnung erweitern. (Im allgemeinen läßt man sich die Kalbsbrust vom Fleischhauer untergreifen.) Die Kalbsbrust dann füllen, die Öffnung zunähen, salzen und mit der schönen Seite (der Oberseite) nach unten auf die Knochenunterlage in eine Pfanne setzen. Mit Butterstücken belegen und im heißen Rohr sehr schnell anbraten. Dann die Hitze drosseln, mit Wasser untergießen und unter wiederholtem Begießen (die Haut der Kalbsbrust trocknet leicht) mit dem Bratensaft insgesamt etwa 1 3/4 Stunden braten. (Nach einer guten halben Stunde die Kalbsbrust wenden.)

Die Kalbsbrust muß mit häufiger Beigabe von Wasser gebraten werden, nur dann läßt sie sich schön schneiden. Sie soll nur hellbraune Färbung erreichen. Die gefüllte Kalbsbrust vor dem Aufschneiden mindestens 1/2 Stunden warm gestellt rasten lassen!

Den Bratensaft inzwischen eingehen lassen, mit ganz wenig Mehl stauben, mit 3/8 l Wasser aufgießen, gut verkochen lassen und abseihen. Der Saft wird à part serviert. Beilage: Reis, grüner Salat, Erbsen, glasierte Karotten.

Verschiedene Füllen zur Kalbsbrust

Semmelfülle I

60 g Butter, 2 Eier, 2 Eidotter, Salz, Muskat, gehackte Petersilie, 4 Schneidsemmeln, ca. 1/4 l Milch

Butter mit Salz, Muskat und den Eidotter schaumig rühren, gehackte Petersilie beigeben. Die in Milch geweichten, gut ausgedrückten und passierten (oder auch nur grobgehackten) Semmeln und das Eiklar beigeben. Abschmecken.

Semmelfülle II

5 Schneidsemmeln, 40 g Butter, 30 g feinst geschnittene Zwiebeln, gehackte Petersilie, 3 Eier, ca. 1/16 l Milch, Salz, Muskat

Die Semmeln leicht entrinden, kleinwürfelig schneiden. In Butter die feinst geschnittenen Zwiebeln anschwitzen, Petersilie beigeben, über die Semmelwürfel gießen und alles gut verrühren. Eier mit Milch und den Gewürzen versprudeln, die Semmelwürfel damit anfeuchten, zusammenpressen und vor der Verwendung 15 Minuten so stehenlassen.

Spinatfülle

4 Schneidsemmeln, 100 g Tiefkühlspinat, 3 Eidotter, 3 Eiklar, 1/16 l Milch, 40 g Butter, Salz, Pfeffer, Muskatnuß, 1 EL Semmelbrösel

Die leicht entrindeten Schneidsemmeln kleinwürfelig schneiden, Milch mit dem Eiklar und Spinat gut vermischen, würzen und über die Semmelwürfel geben, zusammendrücken und 10 Minuten ziehen lassen. Butter mit den Eidotter schaumig rühren, die Semmeln beigeben, mit Bröseln leicht festigen und gut vermischen.

Fleischfülle

200 g Kalbsschulter, 1 Schneidsemmel, Milch, Salz, Pastetengewürz, 2 Eidotter, ca. ⅛ l Obers, 10 g grobgehackte Pistazien, 30 g kleinwürfelig geschnittene Pökelzunge

Die Schneidsemmel mit Milch einweichen, ausdrücken und passieren. Das Fleisch zweimal durch die feine Scheibe der Faschiermaschine treiben. Gewürze, Semmel, Eidotter beigeben und gut durcharbeiten. Dann das Obers einrühren und zuletzt Pistazien und Pökelzunge daruntermischen. – Die Bratdauer der gefüllten Kalbsbrust erhöht sich bei dieser Fülle auf 2 Stunden! Alle diese Füllen können mit Champignons variiert werden.

Kaiserliche Tafel in der Wiener Hofburg, 17. Jh.

Gebackene Kalbsbrust

6 Portionen

1 kg Kalbsbrust (Kalbsbrustkern), Salz, einige Pfefferkörner, etwas Wurzelwerk, Petersilstengel, Selleriegrün, Mehl, 4 Eier, Brösel, 1 Zitrone

Die Kalbsbrust mit Wurzelwerk, Salz, Pfefferkörnern, Petersilstengel und Selleriegrün kochen. Sobald das Fleisch weich ist, herausnehmen und die Knochen auslösen. Das Fleisch überkühlen und in gleichmäßige, fingerdicke Scheiben schneiden, salzen und wie die Wiener Schnitzel in Mehl, verklopften Eiern und Bröseln panieren und in heißem Fett backen. Mit Zitronenspalten garnieren.

Einzelgerichte vom Kalb

Das Wiener Schnitzel

Das Beispiel Musik soll uns das folgende Geständnis »schmackhafter« machen: die »Wiener Klassik«, heute ein Weltbegriff, wurde von Musikern geprägt, die alle nicht in Wien geboren sind, aber in Wien lebten und komponierten: Haydn kam aus dem niederösterreichischen Rohrau, Mozart aus Salzburg, Beethoven aus Bonn. Aber die Welt kennt sie nur als die Hauptvertreter der »Wiener« Klassik. Ähnlich erging es der österreichischen Küche mit ihrem stolzesten Produkt, dem »Klassiker« der Wiener Küche: mit dem Wiener Schnitzel. Um es offen einzugestehen: Das Wiener Schnitzel wurde aus Italien, aus der Lombardei, importiert; hinter dem »Wiener Schnitzel« steckt die »costoletta alla milanese«, das Kotelett auf Mailänder Art, das wahrscheinlich zwischen dem 14. und dem 16. Jahrhundert entstanden sein dürfte. Felice Cúnsolo führt es in seinem Buch »Guida gastronomica d'Italia«, 1969 (deutsche Ausgabe »Italien tafelt«, 1971), auf die höfische Sitte zurück, daß wohlhabende Personen damals ihre Speisen mit Blattgold belegt aßen (weil die Ärzte das Gold als eine Medizin für das Herz priesen). Dieser verschwenderische Luxus nahm bald so überhand, daß der Rat von Venedig 1514 das Vergolden von feinem Marzipan verbieten mußte. Man suchte einen optischen Ersatz und fand ihn in den in Ei und Brösel panierten und in heißem Fett »goldbraun« gebackenen Speisen. Noch Karl Friedrich von Rumohr bemerkt in »Geist der Kochkunst«, 1822, zu den panierten, in Fett gebackenen Artischocken: »Man überzieht sie vorher mit Eigelb und dreht sie in Brosamen um, was man gemeinhin das Vergolden eines Abgebackenen nennt.« Übrigens findet sich im »Handbuch der Kochkunst« von Friedrich Wilhelm Huth, in Weimar 1838 in zweiter Auflage erschienen, ein Rezept für »Escalopes«, das mit dem Mailänder »goldenen« Kotelett identisch ist: Das Fleisch wird in Ei und geriebenen Semmeln gewälzt und in heißem Fett gebacken. (Aber das kannten die Wiener Kochbücher auch schon. Und sie panierten und buken in Schmalz nicht nur die Backhendl, sondern auch Kalbsfüße, Kalbsohren, Kalbshirn, Kalbsschweif, wie überhaupt die Technik des Panierens und Backens zu dieser Zeit in Wien bereits perfekt war. Es fehlte nur noch das Schnitzel.)

Cúnsolo liefert uns auch einen zeitlichen Anhaltspunkt, wann dieses Mailänder Kotelett nach Wien verpflanzt worden bzw. der Anstoß zum »Wiener Schnitzel« erfolgt sein könnte: Im Wiener Staatsarchiv fand man ein Schriftstück, das Graf Attems, der Flügeladjutant des Kaisers Franz Joseph, verfaßt hatte; darin zitiert Attems einen Bericht des Feldmarschalls Radetzky, der den Wiener Hof über die damalige politisch-militärische Lage in der Lombardei informierte. (1848 wurde Radetzky nach Oberitalien geschickt, um die Revolution gegen den Habsburger Kaiser niederzuschlagen. Am 6. August jenes Jahres rückte der Marschall in die Lombardei ein und hielt seinen Einzug in Mailand.) Nebenbei heißt es in diesem Schriftstück, daß »die Mailänder Küche etwas wahrhaft Außergewöhnliches hervorbringe: ein Kalbskotelett, in Ei gewälzt, paniert und in Butter gebacken«. Radetzky wurde nach seiner Rückkehr angeblich an den Hof gerufen und gebeten, der Hofküche das Rezept zu verraten.

Die Historiker lassen aber auch den Mailändern nicht das Erstrecht auf das panierte, gebackene Schnitzel. Angeblich hatten es bereits die Juden im alten Byzanz kennengelernt. Mit den Mauren sollen die Juden das »Schnitzel« nach Andalusien gebracht haben. Als dann die Italiener bei spanischen Invasoren das »andalusische« Schnitzel sahen, übernahmen sie es (und gaben es abermals inmitten von Kriegswirren an die Wiener weiter...).

Und Wien hat sich in den folgenden Jahren mit diesem Rezept aus Mailand gründlich befaßt; anstelle des Koteletts wurde das saftige Stück der Kalbsnuß gesetzt, aus den Weißbrotbröseln wurden in Wien die knusprig-braunen Semmelbrösel, und die Panier wurde auf die solide Grundlage der Wiener Küche, das Mehl, gestellt. Wieder einmal vollzog sich jenes Wunder wiene-

rischer Metamorphose, und heute ist der Begriff »Wiener Schnitzel« (und »Wiener Backhendl«) plus Panier aus der Küche nicht mehr wegzudenken.
Blenden wir kurz zurück, was vorher unter »gebackenem Schnitzel« verstanden wurde.
Im »nutzlichen Koch-Buch« aus dem Jahre 1740 gibt es ein »Kälbernes Schnitzel mit Parmesan-Käß und Semmel-Schnitten«: »Nimm ein guten Schlögel, schneide dinne Schnitzel, klopf es schön breit, gesaltzen, mit Mehl bestreut, und in Schmaltz schön gelb gebachen, richte auch kleine gebähte Semmel-Schnittel, bereite es Leg-weiß mit den gebachenen Schnitzel und geriebenen Parmesan-Käß auf ein Schüssel, mit guten Gewürtz bestreut, giesse eine gute Hünersuppen daran, und laß wohl sieden, daß schön marb wird, wann Zeit ist, gibs auf die Tafel.« Ähnlich werden auch die »Carmenädl gebachen« (»gesaltzen, ein wenig mit Eßig besprengt, abgetrucknet, und mit Mehl bestreut, bache es aus der Faisten, oder im Schmaltz«). Auch Barbara Hikmann kennt nur »Kälberne Schnitzel in Frikase«, glacierte, gebrackte (= geklopfte), gespickte, gefüllte, gedünstete Kälberne Schnitzel, Kälberne Schnitzel in der Limoniesuppe, mit Parmesankäs und Semmelschnitten (»gieß eine Hühnersuppe daran, laß es wohl sieden, daß schön mürb wird«) und auf Vögerl Art. Im gleichen Fahrwasser rezeptieren alle anderen zeitgenössischen österreichischen bzw. Wiener Kochbücher. Ein Rezept »Kalbsschnitzel« in Elisabeth Stöckels »Bürgerlicher Küche«, 1853 (10. Aufl.), kommt dem Wiener Schnitzel schon um einen Schritt näher: »Selbes wird, nachdem es mürbe geklopft, mit etwas Salz bestäubt, mit Semmelbröseln bestreut, und mit Butter in einer flachen Pfanne auf beiden Seiten schön braun gebraten. Man kann auch Citronensaft oder etwas Essig darüber geben, und es beim Anrichten mit Citronenschalen und Kapern bestreuen.«
Im letzten Drittel des 19. Jahrhunderts wird das »Panierte Schnitzel«, wie es zunächst heißt, schon in den meisten Wiener Kochbüchern angeführt, so in Anna Bauers »Praktischer Wiener Köchin«, 2. Auflage 1889, und in Emma Eckharts »Der häusliche Herd«, 1877 (2. Auflage 1887): »Panirte Schnitzel: Man richtet die Schnitzel her, klopft und salzt sie. Rührt abgeschlagene Eier mit etwas zerlassenem Schmalz ab, taucht die Schnitzel ein, läßt sie abtropfen, panirt sie in Bröseln und bratet sie langsam in heißem Schmalz; erst zugedeckt, dann abgedeckt und belegt sie beim Anrichten mit Citronenscheiben.«
Die Prato bringt in der »Süddeutschen Küche«, 1885 (18. Aufl.), das Rezept »Eingebröselte oder panirte Schnitzeln«, ist aber noch weit vom »Wiener Schnitzel« entfernt: »Die vom Kalbschlegel geschnittenen, fingerdicken Schnitzchen werden geklopft und gesalzen, in Mehl gedreht, in Wasser getaucht (!) und eingebröselt. Man legt sie in heißes Schweinschmalz, womit der Boden der Bratpfanne gut bedeckt ist und kehrt sie erst um, wenn die Brösel auf der unteren Seite schön gelb gebacken sind, und bewegt sie dabei öfters, damit immer Fett darunter ist. Wenn sie auf beiden Seiten gebraten (!), auf die Schüssel gelegt sind, kocht man das Angelegte mit etwas Suppe los und gießt es dazu. Man gibt halbirte Limonien oder Salat oder Gemüse oder Petersiliensauce dazu.« Vier Jahre später, 1889, bringt Anna Bauers »Praktische Wiener Köchin« das »Panirte Schnitzel« schon ganz anders: »Wenn die Schnitzel geklopft und gesalzen sind, paniert man sie mit Mehl, Eiern und Semmelbröseln und backt sie in fingerhohem heißen Schmalz, zuerst auf der einen, dann auf der anderen Seite schön hellbraun. Während des Backens schüttelt man die Pfanne, um eine ungleiche Färbung zu verhindern. Werden mehrere Schnitzel nacheinander bereitet und bräunt sich das Schmalz stärker, so muß es erneuert werden, wobei man abgebröckelte Brösel aus der Pfanne entfernt.«
Es ist erstaunlich, welch umfassende Kenntnis über die richtige Panier und die richtige Behandlung des Fettes beim Schnitzelbacken diese »gewesene Stifts- und herrschaftliche Mundköchin« bereits besaß. Selbst späteren Kochbuchautoren fehlt diese Kenntnis noch. Auch dürfte sich der Begriff »Wiener Schnitzel« verhältnismäßig spät auf das panierte gebackene Schnitzel eingependelt haben. Das 1921 in 5. Auflage in Graz erschienene Kochbuch (1. Auflage 1899 in Wien) der Lotti Richter, der »erzbischöflichen Güterdirektors-Tochter in Wien«, nennt das Rezept »Gebackene Bröselschnitzel« (sie faschiert außerdem das Kalbfleisch!), obwohl die Prato in ihren späteren Ausgaben (z. B. in der 60. Auflage, 1918 in Graz und Wien erschienen) schon den

Titel »Eingebröselte Schnitzchen (Wienerschnitzel)« gebraucht; jetzt werden sie auch von der Prato schon in Mehl, mit etwas Wasser abgesprudeltem Ei und Bröseln gedreht.

Auch das Kochbuch der »Wiener Mode«, »Die Kochkunst«, 1895, kennt nur das »Eingebröselte« Kalbsschnitzel (»aus dem Schlägelstück«), in Mehl, Ei und Bröseln gedreht; dafür gibt es in diesem Kochbuch ein »Wiener Naturschnitzel«!

In Rokitanskys »Österreichischer Küche«, Ausgabe 1913, werden die »Wiener Schnitzel« schon aus der ausgelösten Kalbsnuß geschnitten, in »Mehl, Ei und Bröseln« gedreht und gebacken in »heißem Rind- oder Schweineschmalz, oder beides gemischt. Sie müssen in Fett schwimmen können... Man gibt eine Citronenspalte zu jedem Schnitzel und etwas grüne Petersilie auf die Schüssel.«

Der Fachmann J. M. Heitz, Besitzer der »Ersten Wiener Bürger-Privat-Kochschule«, gibt in seiner »Wiener Bürger-Küche«, 1902, seinen Schülern in »Bemerkungen zu Schnitzeln« (er nennt das Rezept »Wienerschnitzel«) den Rat: »In den Privathäusern kommt es häufig vor, daß Klagen über die Schnitzel geführt werden. Aus welchen Gründen? – Weil die Schnitzel holperig, verbogen aussehen und oft schwarze Tupfen haben. Die Ursachen sind die, daß das Schnitzel zu langsam gebraten wurde, dann, weil zuviel auf einmal in die Pfanne gelegt wurden und auch, weil das Fleisch, das dazu verwendet wurde, nicht gut entflechst war. Schwarze Tupfen entstehen, wenn das Fett nicht gewechselt und die Pfanne nicht mit Papier gereinigt wurde.« Heitz selbst paniert die »mit einem Eisenprakker« geklopften, gesalzenen, 120 g schweren Schnitzel in »verklopftem Ei und Bröseln« und backt sie in »abgesetzter Butter auf beiden Seiten goldgelb«. »Altes Rindsschmalz gibt dem Schnitzel üblen, widerlichen Geruch. Es soll daher nur Butter und selbst ausgelassenes Schweineschmalz zum Abbraten des Schnitzels verwendet werden. Nachdem das Schnitzel gebacken ist, legt man dasselbe auf ein Tuch, damit dieses das Fett einsaugt.«

Louise Seleskowitz, »gewesene Wirtschafterin des Stiftes Schotten in Wien, Begründerin des 1. Wiener Kochlehr-Institutes«, kennt in ihrem »Wiener Kochbuch«, 1880, nur das »Panierte Schnitzel«, das sie mit drei Zeilen abtut, und so erscheint es auch noch in der 19. Auflage 1922 (von Hedwig Schuller bearbeitet). Babette Franner, geb. Weinzierl, spricht in »Die Wiener exquisite Küche«, 1893 (2. Auflage 1906), von »Wiener Koteletts«, die sie paniert und in Fett bäckt; anschließend führt sie die »Wiener Schnitzel« an, bemerkt aber nur: »Werden ebenso gemacht.« Maria Elisabetha Meixners »Wiener Küche«, 1917 (25. Aufl.), führt nur »Fricandeauschnitzel« an. Sofie von Meissners »Modernes Kochbuch«, 1901, schreibt bloß »Gebackene Schnitzel«; wenn sie von Schnitzel »nach Wiener Art« spricht, meint sie gedünstete Naturschnitzel, wie auch das Rezept »Wiener Schnitzel mit Remouladensauce« zeigt, das ein in Butter gebratenes Naturschnitzel mit Bratensaft und Sauce ist.

Marie Dorningers »Bürgerliches Wiener Kochbuch«, 1906, bringt auch nur das »Gebackene Schnitzel« (neben vielen »Naturschnitzeln« wie Pilzlingschnitzel, Esterházy-Schnitzel, Sauerampferschnitzel, Paradeisschnitzel, Paprikaschnitzel, Sardellenschnitzel, Limonienschnitzel und Fasciertes Schnitzel). Übrigens berechnet Dorninger für das »gebackene Schnitzel« (500 g Kalbsschlegel) 1 Krone 96 Heller, für Naturschnitzel (600 g) 2 Kronen 12 Heller. Ihr 526 Seiten starkes Buch kostete 5 Kronen. Sie berechnete die Jahresmenüs für mittags und abends zu 170 Kronen pro Monat (130 Kronen mit »Hinweglassung der Mehlspeise an den Wochentagen«).

Wiener Schnitzel

4 Portionen

4 Kalbsschnitzel (Schlegel) à 120–140 g, Salz, 60 g Mehl, 2 Eier, 80 g Brösel, 200 g Fett

Vorbereitungen

Als Fleisch verwendet man Kalbsnuß – diese ist besonders saftig: aber auch die gutparierte Kalbsschulter (vom dicken Teil der Schulter) und das Frikandeau, wie Ruhm in seinem Rezept angibt (»man schneide vom Frikandeau bleistiftdicke rechteckige Schnitzel, die aus 2 zusammenhängenden Teilen bestehen«), eignen sich als Schnitzelfleisch. Die Schnitzel nicht zu dünn klopfen (die Schnitzel sollen dann etwa 4 mm dick sein), und die feinen Hautränder ganz leicht einschneiden, damit sich das Schnitzel beim Backen nicht zusammenzieht und krümmt.

Das Panieren

Man bereite 3 Teller (oder flache Schüsseln) für die Panier vor; in den einen Teller gibt man Weizenmehl, in den zweiten Teller verklopft man mit ganz wenig Wasser oder Milch die Eier mit einer Gabel, in den dritten Teller gibt man reichlich gleichkörnige Semmelbrösel. Dann die Schnitzel auf beiden Seiten salzen, im Mehl wenden und leicht abklopfen. Das Fleisch soll nur eine hauchdünne Schicht Mehl annehmen!

Jedes bemehlte Schnitzel zieht man nun durch die verklopften Eier, läßt es abtropfen und wendet es sofort in den Semmelbröseln. Das Schnitzel dabei nur ganz leicht andrücken, nie »anklopfen«, dann die überflüssigen Brösel abschütteln; auch die Brösel dürfen nicht zu fest am Schnitzel kleben! Panierte Schnitzel sofort backen; läßt man sie liegen, wird die Panier feucht!

Das Backen

Inzwischen in einer genügend großen Pfanne mindestens daumendick Schweinefett erhitzen. Das Fett muß so heiß sein, daß eine durch das Wasser gezogene Gabelspitze, ins Fett gehalten, ein kräftiges Zischen verursacht.

Dann die panierten Schnitzel backen. Man lege immer nur so viele Schnitzel in das heiße Fett ein, daß sie genügend Platz haben und im Fett »schwimmen« können. Die Unterseite sollte nach etwa 1½ Minuten Backzeit goldgelb bis hellbraun werden. Dann wendet man die Schnitzel und backt sie auch auf der anderen Seite ebenso zu hellbrauner Farbe. Während des Backens die Pfanne wiederholt schütteln, damit das heiße Fett auch über die obere Seite der Schnitzel hinwegspült und die Panier »aufgeht« (»soufflirt«, wie es der Fachmann nennt). Die Panier muß an einigen Stellen hochgehen und darf nicht am Fleisch kleben. Sie soufflirt vor allem durch das Schütteln der Pfanne während des Backens. Zwischen Panier und Fleisch muß man ein Messer schieben können.

Zum Fett

Das Fett zum Backen der Schnitzel darf immer nur einmal verwendet werden! Nach der alten Wiener Schule wird Schweinefett genommen. Das »Schmalz« gibt erst den »echten«, unverkennbaren Geschmack. In feinen Häusern wird das Wiener Schnitzel, nachdem es im Schmalz gebacken wurde, in etwas aufgeschäumter Butter gewendet und dann erst angerichtet – oder gleich in Butterschmalz gebacken.

Das Wiener Schnitzel muß »fett-trocken« sein! Das heißt, man muß es abtropfen lassen, sobald man es aus dem Fett genommen hat.

Der ganze Backprozeß soll sehr zügig vor sich gehen, damit das Fleisch der Schnitzel noch »saftig« und die Panier resch ist, wenn die Schnitzel auf den Tisch kommen.

Die Schnitzel im offenen, mittelheißen Backrohr, wenn es sein muß, ganz kurz warm stellen. Nie übereinanderlegen oder gar zudecken!

Anrichten

Wiener Schnitzel werden »trocken« angerichtet, mit einem Sträußchen grüner Petersilie und einem Zitronensechstel pro Schnitzel. Der Saft der Zitrone wird vom Gast über das Schnitzel gepreßt. Als Beilage serviert man grünen Häuptel- oder Kopfsalat, Kartoffelsalat oder Gurkensalat bzw. gemischten Salat.

Aus »Kleines österreichisches Kochbuch«, 1798

> **Gebachene Schnitzeln.**
>
> Nimm ein kälbernen Schlegel, schneide Schnitzeln davon, klopf es mit einem Messer wohl ab schön breit, spicks mit Speck, und bestreu es mit Semmelbresel, bachs ganz gäh in Schmalz heraus, hernach legs auf eine Schüssel, gehackte Sartellen, Milchram Butter, Lemonisaft, und Schäller, laß es ein wenig aufsieden, giebs auf die Tafel.

Weitere in Fett gebackene Schnitzel

Auch die hier angeführten Schnitzel werden aus der Kalbsnuß oder dem Frikandeau geschnitten.

Cordon bleu

Die Bezeichnung kommt aus Frankreich. Eine Vereinigung von Köchinnen verlieh als Preis das Blaue Ordensband, das »cordon bleu«.

4 Portionen

8 sehr dünne Kalbsschnitzel, 4 Scheiben Emmentaler, 4 Scheiben Schinken, Salz, Mehl, 2 Eier, Brösel, Fett

Die Schnitzel klopfen und an den Rändern leicht einschneiden.
Vier Schnitzel mit je einer Scheibe Käse und einer Schinkenscheibe belegen, die anderen Schnitzel darauflegen, die Ränder mit dem Messerrücken klopfen, damit das Fleisch zusammenhängt. Die gefüllten Schnitzel wenig salzen, in Mehl wälzen, abklopfen, durch die verklopften Eier ziehen, kurz abtropfen lassen, zuletzt in den Bröseln wälzen und die überflüssigen Brösel abschütteln. In heißem Fett langsam zu goldbrauner Farbe auf beiden Seiten backen (auf jeder Seite etwa 4 Minuten). Die Schnitzel herausnehmen, abtropfen lassen und mit gemischtem Salat anrichten.

Parmaschnitzel

4 Portionen

4 Kalbsschnitzel, Salz, Mehl, 2 Eier, 60 g geriebener Parmesankäse, Fett

Die Schnitzel klopfen, die Ränder leicht einschneiden, nicht zu stark salzen, dann in Mehl wälzen, durch die verklopften Eier, vermischt mit geriebenem Parmesan, ziehen und sofort in reichlichem, heißem Fett rasch goldbraun backen. Beilage: Zitronensechstel, Mayonnaisesalat oder gemischter Salat.
Nach einer anderen Version füllt man das Parmaschnitzel wie das Cordon bleu, taucht es wie das Pariser Schnitzel in Eier und backt es langsam in Fett schwimmend.

Pariser Schnitzel

4 Portionen

4 Kalbsschnitzel, Salz, Mehl, 2 Eier, Fett oder Butterschmalz

Die Schnitzel klopfen und an den Rändern leicht einschneiden, salzen, in Mehl wälzen, überflüssiges Mehl abklopfen. Dann durch die verklopften Eier ziehen (man kann auch pro Schnitzel 1 ganzes Ei nehmen!) und sofort vom Eiteller in das fingerdick den Pfannenboden bedeckende heiße Fett rutschen lassen; unter wiederholtem Schütteln der Pfanne die Schnitzel Farbe nehmen lassen, umdrehen und fertigbacken. Auch die Farbe der Pariser Schnitzel muß goldbraun sein. Das Pariser Schnitzel kann man mit Brunnenkresse oder Vogerlsalat garnieren.
Mit Zitronenspalten und nach Wahl mit grünen Erbsen und gebratenen Paradeisern, Salaten und heurigen Kartoffeln servieren.

Das Naturschnitzel und seine Ableitungen

Naturschnitzel

4 Portionen

4 Kalbsschnitzel vom Kaiserteil (Naturteil) à 140 bis 160 g, Salz, Mehl, 60 g Fett oder Öl, 50 g Butter, Kalbsbratensaft oder Kalbsknochensuppe, 1 Zitrone, Petersiliengrün

Die Schnitzel möglichst in kleinfingerdicke Rechteckform schneiden, nur mäßig klopfen, die feinen Hautränder mehrmals leicht durchschneiden, auf beiden Seiten salzen und die schöne Seite bemehlen. In einer flachen Pfanne Fett oder Öl gut erhitzen, die Schnitzel mit bemehlter Seite nach unten ins heiße Fett einlegen, bei starker Hitze rasch zu goldbrauner Farbe braten. Dann dreht man die Schnitzel um und bratet sie auf der anderen Seite ebenso rasch goldbraun. – Wichtig: daß das Fett dabei sehr heiß ist und daß man nie zu viele Schnitzel auf einmal in eine zu kleine Pfanne legt. Das Braten muß schnell vor sich gehen, damit kein Saft austritt, sonst würde das Fleisch zu dünsten beginnen.
Die goldene Regel lautet in diesem Falle: Naturschnitzel bei voller Hitze braten. Den Pfannenboden nur zu zwei Drittel mit Schnitzel belegen. Während des Bratens die Schnitzel etwas bewegen bzw. mehrmals ihre Lage verändern.

Die Schnitzel warm stellen (wenn man mehrere braten muß). Dann das Bratfett abgießen, Butter in die Pfanne geben und die Schnitzel darin nochmals kurz und scharf aufbraten und mit der schönen Seite nach oben anrichten.

Dem Saft 3–4 EL Kalbsbratensaft beigeben und scharf aufkochen lassen. Steht kein Bratensaft zur Verfügung, wird die aufgeschäumte Butter mit 1 TL Mehl gestaubt, gut durchgeröstet und mit Kalbsknochensuppe oder Wasser zu kurzer Jus verkocht.

Die angerichteten Schnitzel mit dem kurzen Bratensaft überziehen. Man garniert jedes Schnitzel mit einer Zitronenspalte sowie einem kleinen Häufchen gezupfter Petersilie.

Beilage: Risipisi, Champignons oder gedünsteter Reis, Erbsen, Häuptelsalat

Champignonschnitzel

4 Portionen

4 Kalbsschnitzel vom Naturteil, Salz, Mehl, 60 g Fett, 50 g Butter, 160 g blättrig geschnittene Champignons, Pfeffer, gehackte Petersilie, Kalbsbratensaft oder Kalbsknochensuppe

Die 4 Kalbsschnitzel wie die Naturschnitzel zubereiten und anrichten.

Bratfett abgießen, frische Butter in der Pfanne aufschäumen lassen, die Champignons rasch durchschwitzen, mit wenig Pfeffer würzen und Petersilie beigeben, mit etwas Kalbsbratensaft oder Kalbsknochensuppe aufgießen, aufkochen lassen und über die angerichteten Schnitzel gießen.

Jägerschnitzel

4 Portionen

4 Kalbsschnitzel vom Naturteil, Salz, Mehl, 60 g Fett oder Öl, 50 g Butter, 60 g feingeschnittene Zwiebeln, 160 g grobgehackte Champignons (oder andere Pilze), Salz, Pfeffer, Kalbsbratensaft oder Kalbsknochensuppe

Die 4 Kalbsschnitzel wie die Naturschnitzel zubereiten und anrichten.

Die Zwiebeln im Bratfett gelb rösten, die grobgehackten Pilze beigeben und mitrösten, salzen und pfeffern, Petersilie beigeben, mit Kalbsbratensaft oder Kalbsknochensuppe ablöschen, dünsten und über die Schnitzel gießen.

Eine zweite Art: Wie vorstehend mit Champignons oder Steinpilzen bereiten. Zusätzlich mit den Zwiebeln werden eine zerdrückte Knoblauchzehe, dann dünnblättrig geschnittene Pilze und geschälte, ausgedrückte, würfelig geschnittene Paradeiser mitgeröstet. Dann wie oben fertigen.

Paprikaschnitzel

4 Portionen

4 Kalbsschnitzel (Schlegel), Salz, 80 g Fett, 30 g kleinwürfelig geschnittener Speck, 30 g feingeschnittene Zwiebeln, 1 KL Rosenpaprika, 10 g Mehl, Rindsuppe oder Wasser, 1/8 l Sauerrahm

Die Schnitzel werden wie die Naturschnitzel vorbereitet und gebraten.

Im Bratfett in einer Kasserolle den Selchspeck glasig werden lassen, darin die Zwiebeln licht anrösten, paprizieren, mit Rindsuppe oder Wasser aufgießen und aufkochen lassen. Abschmecken, eventuell nachwürzen, dann den mit Mehl verrührten Sauerrahm beigeben, durchrühren, die Schnitzel beigeben und darin fertigdünsten.

Sollte die Sauce zu wenig rot sein, färbt man mit etwas Paradeismark oder durch weitere Paprikabeigabe nach.

Beilage: Reis, Nockerl, Nudeln, Tarhonya.

Eine zeitraubende, aber noch bessere Version: Die Schnitzel wie Naturschnitzel braten, das Fett abgießen, frische Butter aufschäumen lassen, die Schnitzel dann herausnehmen und anrichten. Den Bratensaft mit 3/8 l fertiger Paprikasauce (siehe Seite 164 f.) aufgießen, verkochen, mit Obers verfeinern und damit die Schnitzel, halb bedeckend, übergießen.

Rahmschnitzel

4 Portionen

4 Kalbsschnitzel (vom Naturteil), Salz, Mehl, 60 g Fett, 50 g Butter, 10 g Mehl, 1/8 l Sauerrahm, Kalbsbratensaft oder Rindsuppe, 1 TL gehackte Kapern, 1/2 Zitrone

Die Schnitzel zunächst wie Naturschnitzel braten, dann Fett abgießen, frische Butter aufschäumen lassen, die Schnitzel herausnehmen und anrichten. Butter mit Mehl stauben, durchrösten, Sauerrahm beigeben, anziehen lassen und mit Kalbsbratensaft oder Rindsuppe zu molliger Sauce verkochen, mit Kapern, Zitronensaft und Salz abschmecken und über die Schnitzel passieren.
Beilage: Teigwaren, Reis, Salate.
Eine zeitraubendere Variante: Den Bratensatz mit $3/8$ l Rahmsauce (siehe Seite 157) aufgießen, dann mit Obers und Butter montieren.
Gibt man zusätzlich in die passierte Sauce als Einlage grobgehackte Kapern und hauchdünn geschnittene Streifen von Zitronenschale, wird das Rahmschnitzel zum **Kaiserschnitzel**.
Beim **Sardellenschnitzel** kommen in die fertige, passierte Sauce 2 bis 3 feingehackte oder passierte Sardellenfilets.

Champignonschnitzel, Jägerschnitzel, Rahmschnitzel und Sardellenschnitzel können auch – vor allem, wenn aus anderen Teilen des Schlegels (aber auch von der Schulter) geschnitten – in der Sauce gedünstet werden. Die Zubereitung ist die gleiche. Das Montieren (mit Butter und Obers) und die Beigabe von Champignons, Pilzen, Paradeisern usw. erfolgen zum Schluß.

Gratiniertes Kalbsschnitzel

4 Portionen

4 Kalbsschnitzel, Salz, 60 g Butter zum Braten der Schnitzel, 1/2 feingeschnittene Zwiebel, 250 g gehackte Champignons, gehackte Petersilie, 20 g Butter für die Gratinierschüssel
Gratiniermasse: 40 g Butter, 40 g Mehl, 1/4 l Milch, 1 Eidotter, 30 g Parmesan, 20 g Parmesan zum Bestreuen, Butter

Die Schnitzel wie Naturschnitzel zubereiten, in Butter hellbraun braten und nebeneinander in eine gebutterte Gratinierschüssel legen. In der heißen Butter die Zwiebeln anlaufen lassen, ebenso die gehackten Champignons, zuletzt die Petersilie beifügen, dann alles über die eingelegten Schnitzel geben und gleichmäßig verteilen. Aus Butter, Mehl und Milch eine nicht zu dünne Béchamel bereiten, leicht überkühlen, dann den Eidotter und den Käse einrühren. Mit der fertigen Sauce die Schnitzel überziehen, mit Käse bestreuen, mit Butterflocken belegen und im heißen Rohr gratinieren.
Die fertigen Schnitzel mit gebratenen Paradeisern und grünen Erbsen garnieren.

Marengo-Kalbsschnitzel

Dieses Rezept entstammt der französischen Küche (»Ragout Marengo«) und wurde in Österreich auf das Naturschnitzel abgewandelt – mit einiger historischer Berechtigung, denn Napoleon besiegte am 14. Juni 1800 bei Marengo die Österreicher.
(Das französische »Ragout Marengo«, das angeblich Napoleon nach dieser Schlacht serviert wurde, besteht aus Huhn, Paradeisern, Knoblauch, Weißwein, Krebsen und gerösteten Weißbrotscheiben.)

4 Portionen

4 Naturschnitzel, Salz, Pfeffer, Mehl, 60 g Öl, 60 g feingeschnittene Zwiebeln, 1 EL Paradeismark, 150 g blättrig geschnittene Champignons, eine zerdrückte Knoblauchzehe, 1/16 l Weißwein, Kräuterbündel (Petersilstengel, Selleriestengel, zusammengebunden); Mehlbutter aus 20 g Butter und 1 TL Mehl, gut verknetet

Die Naturschnitzel salzen, pfeffern, braten und warm stellen. Im Bratfett die Zwiebeln rösten, Paradeismark beigeben, ebenso die Champignons und den Knoblauch mitrösten, mit Weißwein aufgießen, die Schnitzel einlegen (sollen von der Sauce bedeckt sein), das Kräuterbündel beigeben und alles weich dünsten. Das Kräuterbündel entfernen, die Sauce mit Mehlbutter binden.
Beilage: Reis, grüne Erbsen

Butterschnitzel

4 Portionen

350 g Kalbfleisch (Schulter), von den Sehnen befreit; 2 Schneidsemmeln, kalte Milch zum Einweichen, Salz, Muskat, etwa 1/16 l Obers, 2 Eidotter, 70 g Butter zum Braten, Kalbsbratensaft oder Kalbsknochensuppe, Zitronensaft

Das Fleisch und die abgerindeten, in Milch geweichten und gut ausgepreßten Semmeln zweimal durch die feine Scheibe der Faschiermaschine treiben, die Masse salzen und mit Muskat würzen, mit dem Eidotter gut verarbeiten und zuletzt das Obers einrühren.

Aus der Masse 4 fingerdicke, ovale Schnitzel formen, in gut erhitzter Butter langsam auf beiden Seiten goldbraun braten. Wichtig: Eine gut rutschende Pfanne erhitzen, die Butter rasch aufschäumen lassen, darin die Schnitzel zunächst sehr rasch anbraten und dann langsam fertigbraten.

Herausnehmen und anrichten (warm gestellt).

Das Bratfett mit Kalbsbratensaft oder Kalbsknochensuppe zu kurzer Jus verkochen, mit ein paar Tropfen Zitronensaft abschmecken und die Schnitzel damit überziehen.

Beilage: Zuckererbsen, Reis, Salat

Die Kalbsroulade

Die Bezeichnung »Roulade« ist französischen Ursprungs. In Barbara Hikmanns »Wienerischem bewährtem Kochbuch« finden sich »Rollaten von einer kälbernen Brust«; gefüllt werden sie mit »Schunkenfleisch«, Petersil, Zitronenschale, Knoblauch, in Milch geweichten »Semmelschmollen«, Mark, Speck und »Milchrahm«, gedünstet werden sie in Essig, Wasser und Wein mit Kalbsknochen, Speck, Petersilwurzel, Zeller, gelben Rüben, Zwiebel, Kuttelkraut, Lorbeerblättern, »Muskatblühte und gestossenen Gewürznagerln«, mit Mehl gestaubt, mit Rindsuppe aufgegossen. Das »Grätzerische Kochbuch« (1804) füllt die »Rolladen von Kalbfleisch« mit einer »Fasch von Speck, Kernfetten, Kalbfleisch, drei Eyern, etwas Kräutel, Petersil, Muskatenblüthe, Pfeffer, Ingber, Schnittlich, geschnittenen Limonienschälern, Sardellen, Butter und Salz« und serviert sie in einer »Soße von Austern, Müscherln, Artoffeln, Maurachen, Champion oder was beliebt«.

Kalbsrouladen (gefüllte Kalbsschnitzel)

4 Portionen
4 Kalbsschnitzel, Salz

Fülle: 30 g Butter, 1 feingeschnittene Zwiebel, 100 g feingehackte Champignons, gehackte Petersilie, 150 g feinst faschierte Kalbsschulter, 1 Eidotter, etwa 1/16 l Obers
Sauce: 30 g Butter, 30 g Öl, 1 kleine, feingeschnittene Zwiebel, 20 g Mehl, 1/8 l Sauerrahm, Kalbsknochensuppe oder Wasser, etwas Zitrone

Zubereitung der Fülle: Die Zwiebel in heißer Butter anrösten, die Champignons mitrösten, Petersilie beigeben, etwas überkühlen und mit dem feinst faschierten Kalbfleisch vermengen, mit Salz und dem Eidotter gut verarbeiten und zuletzt das Obers einrühren.

Variante: Man kann z. B. die Duxelles (das Zwiebel-Champignon-Gemisch) weglassen, dafür Eisechstel, dünne Streifen von Sardellen und einen Schinkenstreifen einlegen.

Die Kalbsschnitzel dünn klopfen, an den Rändern leicht einschneiden. Dann wird die Fülle aufgetragen. Die Schnitzel einrollen und binden (oder mit Zahnstochern befestigen). Außen salzen und in halb Butter, halb Öl auf allen Seiten bräunen, dann herausheben. Die Zwiebeln goldgelb rösten, mit Mehl stauben, mit Sauerrahm und Kalbsknochensuppe aufgießen, verkochen, die Rouladen einlegen und dünsten. Die Sauce mit Zitronensaft und Salz abschmecken.

Die fertigen Rouladen herausheben, Zahnstocher oder Spagat entfernen, die Sauce darüber passieren.

Saucen-Variante: Den Sauerrahm weglassen, dafür die Rouladen mit blättrig geschnittenen, in Butter geschwenkten Champignons und Petersilie anrichten.

Beilage: Reis, Teigwaren, Safranreis, glasierte Karotten, Zuckererbsen

Schwalbennester

4 Portionen

4 Kalbsschnitzel (vom Frikandeau, Naturteil) à 100 g, Salz, weißer Pfeffer, 4 Blatt Schinken, 4 gekochte Eier, 30 g Butter, 30 g Öl, 20 g Mehl, 1/8 l Sauerrahm, Rindsuppe oder Wasser, 1/2 Zitrone, einige feinst gehackte Kapern, 1 TL Senf

Die Kalbsschnitzel dünn klopfen, an den Rändern leicht einschneiden, salzen und pfeffern, mit je einem

Schweinskarree auf Kaiserart

Szegediner Schweinskoteletts

Bauernschmaus

Serbisches Reisfleisch

Gefüllte Paprikas mit Paradeissoße

Lammragout mit Gemüse

dünnen Blatt Schinken belegen. Darauf je ein gekochtes ganzes Ei legen und mit dem Fleisch vollständig einhüllen. Die Stücke dann mit Spagat zusammenschnüren und in dem heißen Gemisch aus Butter und Öl scharf goldbraun anbraten. Kalbsschnitzel herausnehmen und warm stellen.

Das Bratfett mit Mehl stauben, schwach durchrösten, mit Sauerrahm aufgießen, glattrühren und mit Rindsuppe oder Wasser zu einer dünnen Sauce aufgießen; mit Zitronensaft, feinst gehackten Kapern und etwas Senf würzen und pikant abschmecken. Einmal aufkochen lassen. Dann die angebratenen »Nester« in die Rahmsauce einlegen und zugedeckt langsam gar dünsten.

Die »Schwalbennester« anrichten. Sie werden dabei von den Bindfäden befreit und mit der heißen Sauce überzogen.

Beilage: Teigwaren, Reis

Kalbskoteletts

Kalbskoteletts werden daumendick vom halbierten Rücken jeweils mit einem langen Rippenknochen geschnitten, pariert (zugeschnitten), an den Rändern einigemal eingeschnitten; der obere Teil des Knochens wird etwa 3 cm blank geschabt. Dann das Fleisch leicht plattieren.

Zubereitungsarten: gebraten (sautiert), gegrillt, gebakken, manchmal auch gedünstet. Es können alle Rezepte für Schnitzel angewendet werden. Die Back- und Bratdauer ist etwas länger, die Hitze muß etwas geringer gehalten werden.

Ein Kotelett hat ein Gewicht von etwa 220 Gramm. Bratdauer: etwa 12 Minuten (Fleisch darf am Knochen nicht rosa sein!).

Weitere Zubereitungsarten finden Sie bei den Naturschnitzeln, z. B. auf Jägerart, Kalbskoteletts in Rahmsauce, Champignonkoteletts. Die Beilagen bleiben die gleichen, oder man serviert sie wie die Kalbssteaks (siehe Seite 276).

Bei der Zubereitung ist darauf zu achten, daß alle Koteletts mit der gleichen Seite zuerst in die Pfanne eingelegt werden, damit man beim Anrichten die Knochen der Koteletts in der gleichen Richtung auflegen kann.

»Kalbs-Cotellettes«. Radierung, 19. Jh.

Kalbskoteletts à la Imperial

4 Portionen

4 Kalbskoteletts, Salz, Mehl, 30 g Fett
Omeletten: 40 g Butter, 4 Eier, Salz, Pfeffer, 2 KL Parmesankäse, Butter
Paradeisjus: Bratfett, 10 g Butter, ½ EL Paradeismark, Rindsuppe oder Wasser

Die Koteletts leicht klopfen, einschneiden, salzen, auf einer Seite bemehlen, mit dieser zuerst in das heiße Fett legen und langsam auf beiden Seiten fertigbraten.

Dann für jedes Kotelett extra je eine Omelette bereiten: Die Eier versprudeln, dabei salzen, pfeffern und Parmesankäse beigeben, dann die erste Portion (¼ der Eiermenge) in eine gebutterte Omelettenpfanne geben, anziehen lassen, das Kotelett in die Mitte der Omelette legen, diese auf allen Seiten über das Kotelett schlagen. Den Vorgang bei den anderen drei Koteletts wiederholen.

Die Koteletts können vor dem Einschlagen in die Omelette mit Gänseleberpüree oder mit Gänseleberscheiben belegt werden. Dann alle vier Koteletts auf eine vorgewärmte Platte legen und mit Paradeisjus umkränzen.

Paradeisjus: Ein Teil des Bratfettes abgießen, Butter aufschäumen lassen, Paradeismark mitrösten, mit etwas Rindsuppe oder Wasser zu stark rotgefärbter Jus verkochen.

Garnierung: Feingemüse, zum Beispiel Spargel, sehr gut auch grüner Spargel, Torteletten mit Champignons à la creme gefüllt, gefüllte Paradeiser; Reis oder Pariser Kartoffeln oder Schloßkartoffeln.

Sacher Rezept

Kalbskoteletts »Gourmet«

4 Portionen

4 Kalbskoteletts à 180 g, 60 g Butter, 4 Scheiben Kalbsniere, 1 EL feingeschnittene Zwiebel, 100 g gehackte Champignons, 1 EL Petersilie, 10 g Mehl, Pfeffer, 1/8 l Weißwein, 4 Scheiben Rindsmark, etwas geriebener Parmesankäse, 1/4 l Kalbsjus, 40 g Butter, 60 g gehackter Schinken, 200 g grüne Erbsen, Pariser Kartoffeln

Die Kalbskoteletts salzen, in einer Pfanne in heißer Butter langsam braten und auf eine Anrichteplatte geben. Im Bratrückstand die Zwiebel ansautieren, gehackte Champignons beigeben, durchrösten, leicht mit Mehl stauben, salzen, pfeffern, gehackte Petersilie beigeben, mit Weißwein ablöschen und zu einer deckenden Sauce verkochen lassen.
Die Koteletts mit gebratener Nierenscheibe belegen, mit einem Teil der fertigen Sauce bestreichen, blanchierte Markscheiben daraufgeben, mit geriebenem Parmesan bestreuen und in heißem Rohr gratinieren.
Pariser Kartoffeln und Schinkenerbsen als Garnitur geben. Den Rest der Kräutersauce mit Kalbsjus auffüllen, extra reichen.

Gratinierte Kalbskoteletts

4 Portionen

4 Kalbskoteletts, Salz, 50 g Fett, 20 g Butter, Parmesankäse

*Duchessemasse: 250 g mehlige Kartoffeln, geschält und geviertelt; 1 Eidotter, 10 g Butter, Salz, Muskat
Duxelles: 150 g Champignons, 30 g Butter; 4 schöne fleischige Paradeiser, geschält, ausgedrückt und grobwürfelig geschnitten; Salz, Pfeffer
Sauce Mornay (Zubereitung siehe Seite 161): 20 g Butter, 20 g Mehl, 1/4 l Milch, 1 TL geriebener Parmesankäse, 1 Eidotter*

Zubereitung der Duchessemasse: Die Kartoffeln werden gekocht und anschließend passiert. Dann die Masse mit Dotter und Butter noch heiß glattrühren, mit Salz und Muskat würzen.
Zubereitung der Duxelles: In heißer Butter gehackte Champignons andünsten, salzen, pfeffern, die Paradeiser beigeben und fertigdünsten.
Bei den Koteletts die Sehnen einschneiden, dann leicht klopfen, salzen und nur auf einer Seite anbraten.
Mit der angebratenen Seite nach oben auf eine gebutterte Pfanne legen. Mit dem Dressiersack einen Rand (Bordüre) von Duchessemasse aufspritzen, in die Mitte auf die Koteletts das Champignongemisch (Duxelles) geben, mit Sauce Mornay bedecken, mit Parmesan bestreuen, mit Butter beträufeln und in heißem Rohr etwa 12 Minuten fertigbacken. Mit feinem Gemüse servieren.

Das Kalbssteak, Kalbsstück

Das Kalbssteak ist eine daumendicke Schnitte quer von der Kalbsnuß, noch besser vom ausgelösten parierten Rückenfilet (vom Sattelstück), im Gewicht von 200 g, leicht plattiert, oval.
Die Zubereitung: gebraten (sautiert) in der Pfanne, mit gleicher Garnierung wie das Kalbskotelett. Oder gegrillt, mit Kräuterbutter belegt, mit Gemüse und gebackenen Kartoffeln anrichten. Die Garnierung gibt dem Steak den Namen.

Kalbssteak auf Altwiener Art

4 Portionen

4 Kalbssteaks (vom Sattelstück mit dem Lungenbraten geschnitten) à 200 g, Mehl, 4 Scheiben Kalbsniere, 2 Scheiben halbierten Preßschinken, 4 große, feste

Champignonköpfe, 50 g Fett, 40 g Butter, 1 TL Mehl, 1 EL Paradeismark, etwas Rindsuppe oder Wasser

Den Kalbslungenbraten mit Spießchen an den Steaks befestigen, salzen, auf einer Seite bemehlen und zuerst auf dieser Seite in heißes Fett einlegen, etwa 5 Minuten braten, umdrehen und fertigbraten. Das Fett abgießen, Butter beigeben, die gesalzenen Nierenscheiben in Mehl tauchen und mitbraten, ebenso die halbierten Schinkenscheiben sowie die ganzen Champignonköpfe. Die Steaks anrichten, die Spießchen entfernen und je eine zusammengeklappte halbe Scheibe Schinken, darauf je eine Nierenscheibe, obenauf einen Champignonkopf legen. Den Bratensatz mit Mehl stauben, Paradeismark beigeben, mit Wasser oder Rindsuppe zu kurzer Jus verkochen. Die Steaks damit umkränzen. Beilage: Zuckererbsen, heurige Kartoffeln, Reis.

Kalbssteak auf kaiserliche Art

4 Portionen

4 Kalbssteaks (etwa 2 cm dick), 50 g Fett
Omeletten: 40 g Butter, 4 Eier, Salz
Briesragout: 1 Kalbsbries, Salzwasser, 100 g würfelig geschnittene Champignons, 30 g Butter; 1/8 l Kalbseinmachsauce, mit Eidotter und Obers legiert; Zitronensaft

Zubereitung des Kalbsbriesragouts: Das gut gewässerte Kalbsbries 20 Minuten in siedendem Salzwasser ziehen und im Kochsud auskühlen lassen. Enthäuten und kleinwürfelig schneiden. Die Champignons mit etwas Zitronensaft in Butter anschwitzen, das Bries beigeben, kurz erhitzen und mit Kalbseinmachsauce aufgießen, mit Eidotter und Obers legieren. Mit Zitronensaft und Salz abschmecken.
Die Kalbssteaks werden wie vorstehend auf beiden Seiten goldbraun gebraten.
Auf jedes Steak gibt man eine Portion Briesragout, darüber legt man eine dünne Omelette. Das Ganze auf einer Platte anrichten und mit Saft umkränzen.
Statt der Omeletten können die mit dem Bries-Champignon-Ragout bedeckten Kalbssteaks auch mit einer Sauce hollandaise (siehe Seite 161) überzogen und bei Oberhitze geflämmt (glasiert) werden. Beilage: Reis, Salate, Zuckererbsen oder feine Gemüsegarnitur.

Glasierte Kalbsvögerl, gespickt

4 Portionen

1 hintere Kalbsstelze, ausgelöst; Salz, 100 g Speck zum Spicken, 40 g Butter, 1 Zwiebel, 1 TL Mehl, 1/8 l Kalbsknochensuppe oder brauner Fond oder Wasser

Die Kalbsstelze auslösen, in vier längliche Stücke teilen und die gröbsten Häute abziehen. Die einzelnen Stücke spicken, zusammenrollen, binden und salzen.
Butter aufschäumen lassen, die Vögerl einlegen und auf der Herdplatte oder im Rohr von allen Seiten mit den Parüren (Fleischabschnitten) zuerst rasch, dann langsam bräunen. Speckreste und die feingeschnittene Zwiebel zuletzt mitrösten, mit wenig Mehl stauben, mit Flüssigkeit aufgießen und fertigdünsten, dabei das Fleisch immer wieder mit Saft übergießen. Die Vögerl herausheben, den Spagat entfernen und die Vögerl in Scheiben schneiden. Dann anrichten und mit geseihtem Saft umkränzen. Beilage: Reis, Risipisi, Salate.

Glasierte Kalbsvögerl mit Champignons

4 Portionen

Vorstehendes Grundrezept und 20 g Butter, 150 g blättrig geschnittene Champignons, Salz, gehackte Petersilie

Die fast fertigen gedünsteten Kalbsvögerl umstechen, Saft darüberseihen und die in Butter geschwenkten, mit Salz und Petersilie gewürzten Champignons beigeben und noch 10 Minuten weiterdünsten.
Weitere Zubereitungsarten: **Kalbsvögerl in Rahmsauce** (mit Mehl und Sauerrahm zuletzt binden) oder **in Paprikasauce** (die Zwiebel paprizieren, zuletzt mit Sauerrahm und Mehl binden).

»Kälberne Vögel« führt bereits das »Granat-Apffel«-Kochbuch (1699) an, wo sie zu einer »Alla Potrida oder Patrie-Pastete« zubereitet werden. Conrad Hagger bringt 1719 drei Rezepte »Kalbs-Vögel«, u. a. »Nr. 67. Andouille, oder kälberne Vögel vom Kalbsschlegel zu machen. Es werden Flecklein vom Schlegel geschnitten

/ breit geschlagen / mit einem fetten / guten Knödlein-Gehäck gefüllt / und über einander gerollt; dann in kälberne Netzlein gewickelt / und mit Salbey-Blättern / gleichwie die Cramets-Vögel an Spiß gebraten / und gibs im Safft.« – »Kälberne Vögel oder Boncons gedämpft« spickt Hagger mit Speckschnitten und rohem Schinken, bestreut sie mit Petersil, Zwiebel, Gewürzen und wohlriechenden Kräutern und läß sie »sieden à la braise« oder dämpfen.

Kalbsmedaillons

Die Kalbsmedaillons werden aus der »Rose« des Kalbsrückens oder aus der Kalbslende (Lungenbraten) geschnitten. Die Stücke sollen fingerdick sein und eine schöne runde Form haben; damit sie diese behalten, werden sie einzeln mit einem dünnen Spagat gebunden. Man serviert 2–3 Stück pro Portion, im Gesamtgewicht von etwa 160 Gramm.
Die Medaillons salzen, in heißer Butter braten und mit beliebiger Garnierung wie bei Schnitzel oder Koteletts servieren.

Überkrustete Kalbsmedaillons

4 Portionen

8 Kalbsmedaillons, Salz, 100 g Butter, 150 g in Scheiben geschnittene Champignons, Zitronensaft, Fleischglace, einige Löffel Obers, Mehl, Salz, Pfeffer, Muskat, 1 EL geriebener Parmesan, Butter

Die vorbereiteten Medaillons (wie vorstehend beschrieben) in Butter rasch braten und nebeneinander in eine gebutterte Gratinierschüssel legen.
Im Bratensaft die Champignons mit etwas Zitronensaft schwenken, stauben, Fleischglace und einige Löffel Obers beigeben und einkochen, mit Salz, Pfeffer und Muskat würzen. Die Sauce über die Medaillons gießen, mit Parmesan bestreuen, mit Butter beträufeln und im heißen Rohr gratinieren.
Garnitur: Mit frischen grünen Erbsen usw. oder mit dickem Kartoffel- oder Erbsenpüree (aus frischen Erbsen), an beiden Seiten aufdressiert, garnieren. An die beiden Enden der Platte legt man gedünstete Selleriescheiben.

Kalbsmedaillons Metternich

4 Portionen

500 g Kalbslungenbraten, 200 g Kalbsschulter, 50 g Pistazien, 50 g Pökelzunge, 1/16 l Obers, 1 Eidotter, 1/16 l Öl, 40 g Butter, 1 TL Mehl, 1 TL Paradeismark

Vom Kalbslungenbraten die Haut abziehen, der Länge nach wie eine Roulade aufschneiden, auseinanderbreiten, klopfen und zu schönen Rechtecken parieren. Das von allen Häuten befreite Fleisch von der Kalbsschulter und die Abschnitte des Kalbslungenbratens zweimal durch die feinste Scheibe der Faschiermaschine drehen. Salz, geriebene Muskatnuß und Eidotter beigeben und mit dem Kochlöffel gut abarbeiten. Das Obers langsam einrühren und zuletzt die geschälten Pistazien und die würfelig geschnittene Zunge beigeben. Diese Masse auf das gesalzene Fleisch streichen, zusammenrollen und für 2 Stunden in den Tiefkühler stellen. Darauf die Rouladen in daumendicke Scheiben schneiden und auf Holz- oder Eisenspieße reihen. In einer Pfanne Öl erhitzen, die bemehlten Medaillons einlegen und nicht zu rasch braten. Das Öl abgießen, durch Butter ersetzen und fertigbraten. Die Medaillons können mit den Spießen oder einzeln auf Risipisi angerichtet werden. Der Bratrückstand wird mit einem Teelöffel Mehl gestaubt, tomatisiert und mit Rindsuppe oder Wasser zu einem Saft (Jus) verkocht.

Kalbsragout und Kleingerichte

Die Bezeichnung »Ragout« wurde im 17. Jahrhundert aus dem Französischen übernommen, von »ragouter« = den Appetit reizen (goût = Geschmack) bzw. von lateinisch re-adgustare (gustus = Geschmack) = »die Eßlust wiedergeben«. Das Ragout, die »kulinarische Brücke vom Steak zum Braten«, hatte einst in der österreichischen Küche eine große Rolle gespielt – heute wird es vielfach als nicht »standesgemäß« betrachtet.

Früher wurde im bürgerlichen Haushalt gewöhnlich das Kopffleisch als »Rosinenfleisch« in Ragoutform serviert. Man pflegte vor allem das Kleinragout, das, in kleine Pastetchen oder in Muschelschalen (»Coquillen«) gefüllt, hauptsächlich als Zwischengericht (es gab Hahnenkamm-, Krebs-, Geflügelragout usw.) auf den Tisch gebracht wurde.

Meist hatten die Kochbücher für das Ragout einen eigenen Abschnitt reserviert; das »Grätzerische Kochbuch« (1804) und Gartler–Hikmann kennen sogar ein Ragout aus Kälberohren und »Obergaum« und »Kälberne Brüß« (Bries) mit Krebsbutter sowie mit 50 Müscherln und 20 Austern, sechs »Artoffeln« (Trüffeln) und gedünsteten »Champion«. F. G. Zenker schreibt begeistert: »Ein gelungenes Ragout ward von jeher als die höchste Vergleichungsstufe des guten und feinen Geschmackes angesehen; vermuthlich weil man es so selten wirklich gelungen findet, und dieses wieder, weil ein gelungenes Ragout den Künstler ausschließend beschäftigt, dessen Aufmerksamkeit doch über so viele andere Gegenstände ausgebreitet seyn muß; endlich auch, weil ein Ragout das Urtheil eines jeden Kenners und Nichtkenners gleichsam auffordert, indem es nicht sowohl zum Sättigen, als vielmehr zum Versuchen da zu seyn scheint. Ein wahrer Expedient, der anspruchslos einem jeden Gericht eine Unterlage bildet, um desselben Werth zu erhöhen.«

Noch Habs und Rosner stellten 1894 im »Appetit-Lexikon« fest: »Überhaupt kann ein großes Diner ohne Ragout kaum als vollständig gelten, denn diese Würzspeise kitzelt nicht bloß die Zunge, sondern regt auch den etwas abgestumpften Appetit von neuem an und fordert zu weiteren Thaten heraus. Für die Verdauung freilich sind viele und darunter gerade die schmackhaftesten Ragouts eine harte Nuß, aber ›der Gourmand nimmt es damit nicht so genau und erwartet ein kleines Magenübel mit Stoicismus‹ (Vaerst), denn er weiß, daß die Welt unvollkommen ist und daß die Götter aus purem Neid vor den höchsten Ruhm den Schweiß und hinter das beste Ragout das Magendrücken gestellt haben.«

Kalbsgulyas

4–6 Portionen

800 g würfelig geschnittenes Kalbfleisch (Schulter), die Würfel à 25 g; 80 g Schweinefett, 250 g feingeschnit-

tene Zwiebeln, etwa 20 g Edelsüßpaprika, Salz, 1 zerdrückte Knoblauchzehe, etwas Zitronenschale, 1 TL Paradeismark, 20 g Mehl, 1/8 l Sauerrahm

Die Zwiebeln in heißem Fett goldgelb rösten, paprizieren, gut verrühren, mit sehr wenig Wasser ablöschen, Salz, etwas Zitronenschale (daumennagelgroß), Paradeismark, zerdrückte Knoblauchzehe und das Fleisch beigeben, alles etwa 35 Minuten unter wiederholtem Umrühren dünsten, das Fleisch in eine Kasserolle umstechen, den Saft mit Sauerrahm und Mehl, beides glattgerührt, binden, mit Wasser auf Saucenkonsistenz bringen, über das Fleisch passieren und dieses darin etwa 5 Minuten dünsten. Beilage: Nockerl.

Kalbspörkölt

4–6 Portionen

800 g würfelig geschnittenes Kalbfleisch (Schulter, Hals), 100 g kleinwürfelig geschnittener grüner Speck, 50 g kleinwürfelig geschnittener Selchspeck, 250 g feinst geschnittene Zwiebeln, 20 g Paprika, Salz, 2 zerdrückte Knoblauchzehen, 1 EL Paradeismark, 1 KL Stärkemehl, etwas Wasser

Die Zwiebeln im angelaufenen grünen Speck und Selchspeck bei guter Hitze rasch goldgelb rösten, paprizieren, mit wenig Wasser ablöschen, Paradeismark, Knoblauch und das Kalbfleisch beigeben, salzen. Zugedeckt unter wiederholtem Umrühren 25 Minuten im eigenen Saft dünsten; dadurch erhält es die nötige Bindung. Dann mit Stärkemehl (mit Wasser verrührt) leicht binden (abziehen) und noch etwa 10–15 Minuten dünsten. Beilage: Nockerl, Csipetke (Zupfnockerl), Tarhonya.

Eingemachtes Kalbfleisch

4–6 Portionen

800 g würfelig geschnittenes Kalbfleisch, 1 Wurzelwerk, 1/2 Zwiebel, 1/2 Lorbeerblatt, 5 Pfefferkörner, 1/2 Karfiol, 100 g grüne Erbsen, 150 g Champignons, 30 g Butter, 40 g Mehl, 1 Prise Muskat, Zitronensaft, 1/16 l Obers, 2 Eidotter

Das Kalbfleisch in kochendes Wasser einlegen (gerade bedeckt), mit dem Wurzelwerk im ganzen, der halben Zwiebel und den Gewürzen und Salz langsam weich kochen. Das Fleisch aus dem Kochsud heben.
Karfiol gesondert in etwas Kalbfleischsud weich kochen und abseihen. Aus Butter und Mehl eine lichte Einmach bereiten, mit dem Kalbfleischsud aufgießen, gut verkochen. Die Fleischstücke beigeben, ebenso das blättrig geschnittene Wurzelwerk, die Karfiolröschen und die extra gekochten Erbsen sowie die in Butter gedämpften Champignons. Alles kurz kochen, mit Muskat und Zitronensaft würzen, zum Schluß mit Obers und Eidotter legieren. Markknödel als Einlage geben.

Eingemachte Kalbsbrust

6 Portionen

1 kg Brustkern (das dicke Stück der Kalbsbrust), 50 g Butter, Salz, etwa 1/2 l Kalbsknochensuppe oder Wasser, 1 Karotte, 1/2 Zwiebel, 1/4 Sellerieknolle, 40 g Butter, 40 g Mehl, Salz, Muskat, Zitronensaft, 2 Eidotter, 1/8 l Obers, 1/2 extra gekochte Karfiolrose oder Spargel, 100 g gekochte grüne Erbsen

Die Kalbsbrust salzen und in aufgeschäumter Butter in einer Kasserolle ansteifen lassen, bei schwacher Hitze, ohne Farbe nehmen zu lassen, mit Wasser oder Kalbsknochensuppe untergießen, Karotte, Zwiebel, Sellerieknolle im ganzen beigeben und zugedeckt im Rohr weiß glasieren.
Wenn die Brust weich ist (nach etwa 1 1/4 Stunden), warm stellen. Mehl in Butter anschwitzen lassen, mit dem abgeseihten Dünstfond aufgießen, mit Flüssigkeit auf Saucenkonsistenz bringen, mit Salz, Muskat und Zitronensaft abschmecken, Karotten und Sellerie, blättrig geschnitten, sowie Erbsen und Karfiolröschen als Einlage dazugeben, mit Obers und Eidotter legieren. Die Sauce mit den Einlagen über die ausgelöste und aufgeschnittene Kalbsbrust geben. Mit Mark- oder Bröselknödel oder auch mit Reis servieren.

Pilzling-Kalbfleisch

4 Portionen

600 g würfelig geschnittenes Kalbfleisch, 60 g Fett, Salz, Pfeffer, 100 g feingeschnittene Zwiebeln, 1/16 l Weißwein, 3/8 l brauner Fond oder Kalbsknochensuppe

Brautschmaus. Holzschnitt von Erhard Schoen

oder Wasser, 20 g Butter, 200 g Pilze, 1 Prise gehackter Kümmel, gehackte Petersilie, 10 g Mehl, ⅛ l Sauerrahm

Das Kalbfleisch in erhitztem Fett rösten (nicht zuviel Fleisch auf einmal in die Pfanne geben). Erst wenn das Fleisch Farbe bekommen hat, salzen und pfeffern, dann die Zwiebeln mitrösten, mit Weißwein ablöschen, mit einem Teil Flüssigkeit untergießen und 20 Minuten dünsten.

Blättrig geschnittene Pilze oder Champignons in Butter anschwitzen, gehackten Kümmel, zerdrückte Knoblauchzehe, gehackte Petersilie beigeben, stauben, mit Sauerrahm aufgießen, mit Flüssigkeit glattrühren, dem Ragout beigeben und 15 Minuten fertigdünsten.

Kalbfleisch, geschnetzelt

4 Portionen

600 g Kalbfleisch, 40 g Butter, 40 g Öl, Salz, 80 g feinst geschnittene Zwiebeln, 150 g blättrig geschnittene Champignons

Sauce: 20 g Mehl, ⅛ l Sauerrahm, ⅛ l Obers, Pfeffer, Zitronensaft
Oder: ⅜ l fertige Rahmsauce (siehe Seite 157), mit Obers und Butter montiert, gehackte Petersilie

Das richtige Fleisch zu diesem Gericht ist das Kalbsfilet (Kalbsjungfer), sehnenfrei und gehäutet, oder der Schlegel, billigeres auch von der Schulter.

Das entsehnte, gehäutete Kalbfleisch schnetzeln (in ganz dünne Blätter schneiden). Pfanne erhitzen (bis sie raucht), einen Teil Öl und Butter beigeben und einen Teil des Fleisches darin rasch bräunen, dann salzen und in eine Kasserolle geben. So fortfahren, bis alles Fleisch geröstet ist. In der Pfanne mit restlichem Fett die Zwiebeln gelb rösten, die Champignons beigeben und mitrösten, stauben und mit Sauerrahm und Obers aufgießen, mit Kalbsbratensaft oder Wasser zu molliger Sauce verkochen, würzen, über das Fleisch gießen. Nun alles in der Kasserolle fast zum Kochen bringen und noch 10 Minuten ziehen lassen (nicht kochen!). Beim Anrichten dann das Gericht mit gehackter Petersilie bestreuen.

Schweinefleisch

»Ja – das Schreiben und das Lesen
ist nie mein Fall gewesen,
doch schon von Kindesbeinen
befaßt ich mich mit Schweinen!
Mein Ideal und Lebenszweck
ist Borstenvieh und Schweinespeck!«
Aus dem Couplet des ungarischen Schweinezüchters Kolomán Zsupán, in der Operette »Der Zigeunerbaron« (1885) von Johann Strauß

Fleischselcherinn.
Une fumeuse de la viande.

Der Österreicher hält mit mehr als 45 kg pro Kopf und Jahr nach wie vor die Spitzenposition unter den Ländern mit extrem hohem Schweinefleischkonsum. Im Verhältnis zu den anderen Fleischsorten ißt der Österreicher etwa 60% Schweinefleisch, 25% Rindfleisch, 10% Kalbfleisch; der Rest verteilt sich auf Geflügel, Wild und Schaf. Der Gründe für die Liebe zum Schweinefleisch gibt es mehrere: Billigkeit des Fleisches, vielseitige Verwendbarkeit und leichte Zubereitungsart, Nahrhaftigkeit und die aufwandsgeringe, traditionelle Konservierungspraxis des Einpökelns und Selchens (Räucherns). Das Sur- und Selchfleisch der spätherbstlichen Schlachtung mußte einst meist den ganzen Jahresbedarf eines Bauernhofes decken – Frischfleisch gab es nur an den hohen Festtagen.

Nicht zuletzt spiegeln sich im Verhältnis zum Schweinefleisch auch alte »heidnische« Glaubensvorstellungen (übrigens galt den Juden das Essen von Schweinefleisch als ein Merkmal des »Heidentums«). Bei vielen alten Völkern, so bei den Ägyptern, aber auch bei den Germanen, war das Schwein ein Opfertier, somit auch eine Festtagsspeise. Unser sonntäglicher Schweinsbraten geht auf diese ursprüngliche Opfermahlzeit zurück (die Kirche segnete dann immerhin nachweislich seit dem 10. Jahrhundert den Osterschinken). Auf dem Bauernhof war und ist das Schweineschlachten immer ein Fest, zu dem in einigen Gegenden Verwandtschaft, Nachbarn und Bekannte geladen waren. An diesen »Sautanz« knüpfte sich u. a. der Brauch des »Sauschädelstehlens«: Die Nachbarn versuchten, den Kopf des frischgeschlachteten Schweins zu »stehlen«; er mußte dann zu einem gemeinsamen festlichen Mahl zubereitet werden.

Das Schwein galt in grauer Vorzeit als ein Symbol der Fruchtbarkeit und der Ernährung, also auch des Glücks; noch heute ißt man in der Silvesternacht einen Schweinskopf oder schenkt symbolisch ein »Glücksschweinderl«. Erst die christliche Lehre ließ im abwegigen Haß gegen alles »Fleischliche« den Teufel persönlich in die Säue fahren und schloß aus der Vorliebe des Schweins, im »Dreck zu wühlen«, auf die »innere Unreinheit« des Tieres.

Noch die deutsche Mystikerin Hildegard von Bingen († 1179) hielt nichts vom Schweinefleisch, weil das Schwein ein »unreines« Tier sei! Da die Vorstellung vom Schwein als ein Symbol des Glücks und der Fruchtbarkeit den christianisierten »Heiden« nicht auszutreiben war, hat die Kirche nach bewährter Manier das Schwein unter den Schutz eines »Heiligen« gestellt: des heiligen Antonius, des »Fakentonis«, wie das Volk ihn bald nannte und dessen Fest man am 17. Jänner feierte.

So wurde aus dem Jul-Eber das Antoniusschwein, das Schlachtfest wurde von der mittwinterlichen Julzeit auf den Antoniustag verlegt. Noch 1786 schreibt die josephinische Zeitschrift »Über Gottesdienst und Religionslehre«: »In der Pfarre Raach, Kirchberger Dekanat, wurde das Fest des sogenannten heiligen Anton mit der Sau mit einem erbaulichen Opfer gefeiert. Dieses Opfer besteht darin, daß die Bauern und besonders das andächtige Weibervolk lebendige Spanferkeln, ganze Schweinsschinken, Speckseiten, Würste usw. auf den Altar legen... Die Opfernden pflegten mit unbeschreiblichem Ungestüm sich zum Altar zu drängen, und um den Patron ihrer Schweine würdig zu verehren – ihm das Angesicht oder den Bart mit Opferspeck zu bestreichen.«

Am Tag eines anderen »Heiligen«, des Bartholomäus, am 24. August, begann der Bauer mit der Schweinemast. Das Volk gab diesem Heiligen daher den Spitznamen »Saubartl«; erst später verknüpfte man mit diesem Wort die Vorstellung von einem »unsauberen« Menschen mit »schweinischen« Gedanken und Redensarten.

Trotz oder gerade wegen der Nützlichkeit des Schweins für das »gemeine« Volk, aber auch aufgrund der kirchlichen Fastengebote, dauerte es verhältnismäßig lange, bis das Schweinefleisch in den Kochbüchern ausführlich erwähnt wird, und selbst dann ließen die Kochbuchautoren nicht viel Gutes am Schweinefleisch. In dem ersten in Österreich (Graz) gedruckten »Koch- Und Artzney-Buch«, 1686, fehlen die Rezepte für die Zubereitung von Schweinefrischfleisch noch gänzlich. Auch im »adeligen« Kochbuch des »Granat-Apffels« (1699) und dem bereits »bürgerlichen« »Wienerischen bewährten Kochbuch« gibt es noch kein eigenes Kapitel für das Schweinefleisch. Einzig das Spanferkel ist in allen Kochbüchern bis 1800 mit mehreren Rezepten vertreten. Gartler und Hikmann weisen besonders darauf hin: »Im August. Nebst dem Kalbfleisch und Schweinfleisch sind jetzt die Sponfärkel am besten«, und »Im September. Sponfärkel sind nun nicht mehr so gut.« Daneben findet man in diesen Kochbüchern nur noch den Schinken (»Wie man die Westphälische Hammen oder Schincken machen soll«, »Granat-Apfel«-Kochbuch). Nur der gründliche Conrad Hagger bringt in seinem »Neuen Saltzburgischen Koch-Buch« (1719) 43 Speisen »von dem einheimischen Schwein / vom Kopff biß zu den Füssen; frischer und geselchter« und »Von dem Spanfärcklein / was darauß zu machen; bestehend in 25. Veränderungen«.

Verstreut findet man in den Kochbüchern vor und nach 1800 allerdings auch schon Hinweise, daß in »bürgerlichen« Küchen im Alltag sehr wohl das Schweinefleisch, frisch, eingesalzen und geräuchert, verwendet wurde. Man braucht nur die »Speiszetteln an Fleischtagen« durchzuschauen; es gibt da »Schweinernes Brattel mit Sallat, Grünen Kohl mit schweinernen Karbonadeln, Gelbe Erbsen mit Selchfleisch, Blauen Köhl mit Kästen und Kaiserfleisch, Sauerkraut mit Bratwürste, gebackene Schunkenfleckel, schweinerne Nieren am Rost, Margaroni mit Schunken, Speckknödel mit Kaiserfleisch, Sauerkraut mit Kaiserfleisch und Bratwürsten« (»Wienerisches bewährtes Kochbuch«), »Schweinernes Netzbratl, Schweinernes auf florentinische Art, Schweinernes Fleisch mit Kren, Gesulzter Schweinskopf, Gute Blünzeln« (»Linzer Kochbuch«, 1805/1822). F. G. Zenker wird in seiner »Vollständigen theoretisch-praktischen Anleitung zur feineren Kochkunst für herrschaftliche und bürgerliche Tafeln«, 1818, 2. Auflage 1824, schon deutlicher: »Das Schwein wird bey uns gewissermaßen verachtet, aber trefflich genützt... Das Fleisch ist sehr fett, saftig und starkschmeckend, allein schwer verdauend. Daher mag es kommen, daß es aus der höheren Küche beynahe verwiesen ist.«

Anna Dorns »Neuestes Universal- oder: Großes Wiener Kochbuch«, 1827, widmet dem Schweinefleisch schon ein eigenes Kapitel. Sie betont zwar, daß das Fleisch »eine gesunde und sehr nahrhafte Speise gibt, vorausgesetzt, daß das Thier nicht alt, mit Eicheln, Getreide, Nüssen, Erbsen, Bohnen, Kartoffeln oder Erdbirnen und Früchten gemästet, aber doch nicht zu fett geworden ist«, schränkt aber sogleich ein: »Aus dem Gesagten erhellet demnach, daß das Schweinefleisch nur eine Kost für starke, arbeitsame, kraftvolle Menschen, für Handwerker, Taglöhner, Holzhacker, Bauern und solche Leute abgibt, deren Magen so stark, wie ihre Faust ist; für Kinder und alte Leute, für Schwächliche und Wiedergenesende, für hypochondrische und gallichte oder blutreiche Temperamente, und für solche Personen, die einen schwachen Magen, zartgebaute Organe und eine sitzende Lebensart haben, paßt es durchaus nicht... Ein reichlicher, unbehuthsamer und zu oft wiederholter Genuß dieses Fleisches, macht ihnen sonst Unverdaulichkeiten, zähes, leimichtes Blut, Trägheit und Verstopfungen des Unterleibs oder eine ungesunde Fettigkeit.« Außerdem empfiehlt Anna Dorn zum Schweinefleisch die »mehlichten Zugemüse, als: Erbsen, Bohnen, Linsen, Kartoffeln, Klöse, imgleichen Rüben, Braunkohl, Sauerkraut. Denn das Fett oder der Speck macht die Wege, welche die Mehlspeisen zu passieren haben, schlüpfrig.«

»Der Marianka erprobtes Kochbuch«, 1846, stellt u. a. fest: »Mastschweine werden nur zu Speck und zum geräucherten Fleisch benützt. Leber, Bäuschel, Gedärme und Blut von allem jungen und alten Borstenvieh wird in der Regel fast nur allein zu Würsten verwendet... Vom Frischling dient das vordere Viertel: Brust, Schulter etc. meistentheils zum Krenfleisch, man dünstet es wohl auch mit Rüben oder Kraut, gibt es halbgeselcht auf die Zuspeise, oder verwendet es zu Knödeln, Schinkenfleckeln u. dgl. Der Rücken wird gewöhnlich heiß abgesotten, das Bauchfleisch eingemacht, die Füße gesulzt. Die Schlegel pflegt man zu braten oder zu räuchern. Das meiste Schweinfleisch wird geräuchert.« Immerhin beginnen die Kochbuchautoren in der zweiten Hälfte des 19. Jahrhunderts immer mehr Rezepte für Schweinefleisch zu bringen, so die Prato, Klara Fuchs, Marie von Rokitansky, Katharina Schreder, Elisabeth Stöckel, Josephine Zöhrer, Emma Eckhart, Babette Franner, geb. Weinzierl, Louise Seleskowitz, Maria Elisabeth Meixner und die »Kochkunst der Wiener Mode«. Aber auch August Mauers »Illustrirtes Wiener Kochbuch«, 1885, hält fest: »Das Schwein ist eines jener Nutzthiere, welches weniger in der herrschaftlichen Küche, aber destomehr in der gut bürgerlichen geschätzt und verwendet wird«, und warnt dann vor den »so vielen infusorischen Krankheiten«, denen das Schwein unterworfen sei.

Inzwischen waren parallel zur starken Belieferung von ungarischem Schweinefleisch (das Bakonyer-Schwein, wienerisch »Bayonner« genannt) dazu auch spezielle Schweinefleischgerichte der ungarischen Küche nach Wien gelangt, von wo aus sich deren Zubereitungsarten über die übrigen Kron- und Erbländer der österreichisch-ungarischen Monarchie verbreiteten. Überdies erneuerte sich gerade zur selben Zeit die ungarische Küche, nicht zuletzt unter dem Einfluß französischer Köche. Aus Schweinefleisch, in Schweinefett gerösteten Zwiebeln, die papriziert werden, aus saurem Rahm und Sauerkraut, harmonisiert durch ein langes, langsames Dünsten, entstand eine speziell ungarische Geschmackswirkung, die auch die Wiener Küche beeinflußte. Der ungarische Koch Joszef Venesz schrieb: »Man kann in jedes Essen ein Stück Schweinebraten oder eine dünne Scheibe Schweinebauch tun und wird damit zweifellos den Geschmack verbessern.« Schon Peter Apor von Altorja erwähnt um 1700 in der »Metamorphosis Transylvaniae« – zu einer Zeit, da es auch in Ungarn noch wenig Paprika gab – neben Kohl mit Rindfleisch, Rindfleisch mit Reis, gebratenem Huhn mit Knoblauch »Schweinsschlegel mit Kren« und »Schweinefleisch mit einer stark gepfefferten Sauce« als typisch ungarische Speisen. Heute zählen Szegediner Gulyás, Szegediner Schweinskoteletts, Krautfleisch,

Debreziner Fleisch und Schinken in der Bunda (im Omelettenteig) zu den typisch ungarischen Schweinefleischgerichten. Gemeinsam mit den bodenständigen Gerichten aus Schweinefleisch ist das eine oder andere Rezept davon auch bereits zu einem Glanzstück der »feinen« Küche geworden, alle aber sind heute fester Bestandteil der Wiener bzw. der österreichischen Küche.

Verwendung von Schweinefleisch

In der Zubereitung unterscheidet man das Spanferkel, das Jungschweinerne (etwa 6 Monate alt), beide mit der Schwarte (mundartlich »Schwartel«), und das abgezogene Schwein.

Der **Schweinsschlegel**, das beste Stück, wird meist ausgelöst; die einzelnen Teile ergeben Braten oder – aufgeschnitten – Schnitzel; die hintere Stelze wird meist gebraten, aber auch gekocht mit Wurzelwerk und Kren serviert. Zum Schweinsschlegel gehört der »**Schlußbraten**«. Schweinsschlegel und Schlußbraten samt Schwarte geselcht ergeben den Schinken (altwienerisch »Schunken«). Schulter und Schlegel, als Einzelstücke geselcht, heißen in Wien »**Teilsames**«. Die Schweinsstelze, gebraten oder geselcht, ißt der Wiener gern beim »Heurigen«. Die hintere Stelze geräuchert heißt in Deutschland »Eisbein«.

Die Schweinshaxel (Füße) werden meist zur Bereitung von Haussulz verwendet (siehe Seite 149 f.).

Der geteilte **Schweinsrücken** wird als **Schweinskarree** bezeichnet, das in kurzes und langes Karree zerfällt. Das Karree wird im ganzen (vorher Rückgratknochen aushacken) oder ausgelöst und gerollt gebraten. Aufgeschnitten ergibt das Karree die langen und kurzen Schweinskoteletts (in alten Kochbüchern auch als »Karbonaden«, »Karmenadl« bezeichnet). Innen liegt der **Schweinslungenbraten** (Schweinsfilet); daraus wird der Schweinsjungfernbraten genommen; er wird im ganzen oder aufgeschnitten und leicht geklopft (plattiert) wie Schnitzel zubereitet. Auch der **Kamm**, das **Halsstück** (»**Schopfbraten**«, früher auch »Schafbraten« genannt), ist ein mit Fett durchzogenes, saftiges Stück, das gebraten oder gekocht (dann als Krenfleisch serviert) wird. Im Handel wird der Schopfbraten vor allem geselcht angeboten.

Schweinsschulter, ausgelöst und gerollt, ergibt einen guten Braten; gerollt und geselcht ist sie als »Rollschulter« oder »Rollschinken« im Handel. Frisch wird sie vorwiegend für Gulyás, Ragouts oder Faschiertes verwendet.

Schweinsbrust und **Bauchfleisch**: Die Jungschweinsbrust wird gefüllt und gebraten, sonst werden Brust und Bauchfleisch gekocht und mit Kren und Wurzelwerk serviert, seltener gebraten. Wird auch gern mit der Schwarte zu Krautfleisch und Szegediner Gulyás verwendet. Die Schweinsbrust wird wie auch das Bauchfleisch geselcht und dann als **Ripperlfleisch** (»Rippiertes«) und **Kaiserfleisch** bezeichnet. Eine besondere Sorte ist der »englische Speck«, in Wien auch »Hamburger Speck« genannt.

Der **Schweinskopf** mit Rüssel wird gekocht und mit Kren serviert, aber auch geräuchert und gefüllt sowie zur Bereitung von Hauswürsten und Sulz verwendet, die **Schweinszunge** (»Züngerl«) gepökelt oder geselcht, das **Schweinsbeuschel** wie ein Kalbsbeuschel verwendet und die **Leber** wie die Kalbsleber zubereitet. **Hirn**, **Herz** und **Nieren** (»Nierndln«) werden geröstet oder gedünstet (siehe Kapitel INNEREIEN). Der **Magen** wird für Preßwurst, der **Dickdarm** für Blutwurst und der **Dünndarm** für Leberwurst verwendet.

a) Hals, Kamm; b) Blatt, Bug; c) Bauch;
d) e) Rückenstück, Kotelettstück; f) Schinken

Spanferkel und Jungschweinernes

Spanferkel

8–12 Portionen

1 etwa 6 Wochen altes Spanferkel (ca. 8 kg), 50 g Öl, Salz, Kümmel, 1 Stück grüner Speck, Bier

Das Spanferkel (samt Kopf) ausnehmen, putzen, gut waschen, trocknen und nur innen mit Salz und Kümmel einreiben. Ohren und Schweifchen in beöltes Papier einwickeln und darüber eine Folie geben, damit das Papier hält. Außen das Tier mit Öl bestreichen. Dann das Spanferkel in eine große Pfanne oder auf das Backblech – auf Holzleisten oder zwei hölzerne Kochlöffel – legen oder, wenn vorhanden, auf eine Grilleinlage.

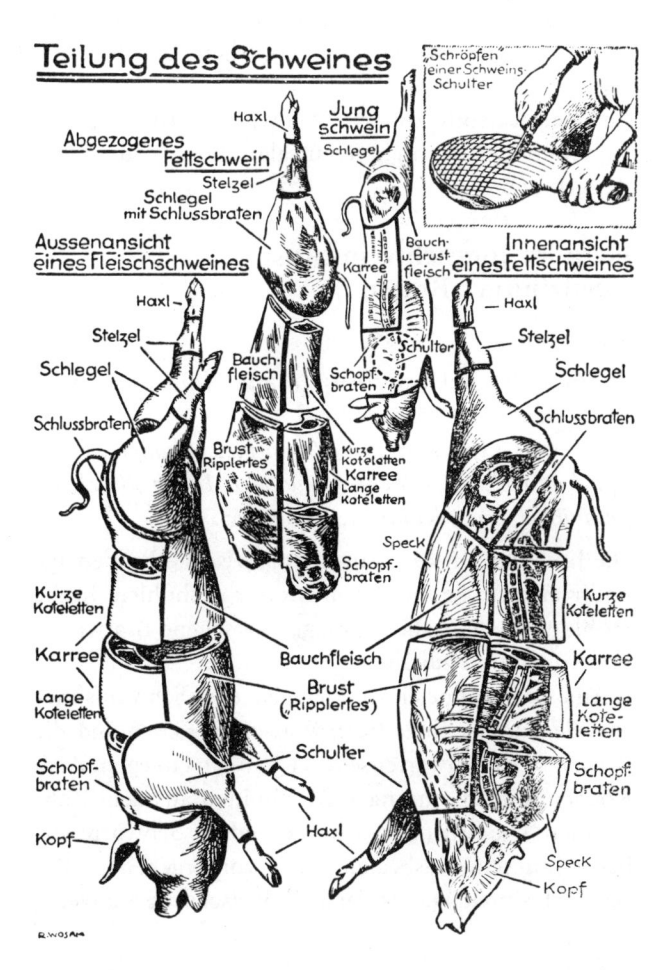

Während des Bratprozesses (etwa 2–2½ Stunden) wird das Spanferkel wiederholt mit einem in Bier getauchten Stück Speck bestrichen. Nach etwa 1 Stunde Bratzeit die Pfanne umdrehen, damit die Farbe vorn und hinten gleichmäßig ansetzt, und das Spanferkel weiter unter häufigem Bestreichen gar braten. Während des Bratens darauf achten, daß ein Spalt des Bratrohrs offen bleibt; wird die Hitze nämlich zu stark, bilden sich Bläschen auf der Haut des Ferkels, die mit einer Nadel aufgestochen werden müssen. Kurz vor dem Garwerden das Papier von Ohren und Schweifchen entfernen, damit auch diese Farbe nehmen können. Das Spanferkel muß glasig glänzen und die Haut sehr resch sein. Garprobe: Beim Einstich ins dicke Fleisch der Beuge und unterhalb der Schulter treten wasserhelle Tropfen aus. Das Ferkel dann in größere Stücke zerhacken; zuerst den Kopf abtrennen, dann der Länge nach teilen, davon die Einzelportionen hacken (nicht schneiden) und auf einer Platte wieder in seine ursprüngliche Form zusammensetzen. Der aufgelöste, leicht entfettete Bratensaft wird à part serviert.

Beilage: Serviettenknödel, warmer Krautsalat, aber auch gedünstetes Kraut, Kren bzw. Krensaucen, zartes Gemüse, Apfelkompott, Preiselbeeren

In allen Kochbüchern um 1800 findet man »Anweisungen, die Speisen zu tranchiren und ordentlich vorzulegen«, meist in wortwörtlicher Übereinstimmung. Ein Beispiel »vom Transchiren und Vorlegen des Spanferkels« aus dem »Grätzerischen Kochbuch«, 1804:

»Man setzet es mit dem Kopfe zur linken Hand, legt das Messer auf den Rücken, imbrochiret die Gabel in beyde Nasenlöcher, und hebt es mit dem Messer unten beym Halse ein wenig auf, schneidet den Kopf ab, trägt ihn auf einen Teller, schneidet das Wangenfleisch alsbald auf beyden Seiten entzwey, doch so, daß es hängen bleibt, biegt die untern Kinnbacken aus, spaltet den Kopf, und setzet ihn aufgericht auf den Teller, zieht die Gabel heraus, und imbrochiret vorn im Rückgrathe, legt es mit Hülfe des Messers auf den Rücken und löset

1. Das rechte Hinter- und Vorderbein mit Ober- und Gegenschnitt, wendet es um, und verfährt hernach
2. Auf der linken Seite auch so.
3. Man schneidet den Bauch mit einem Kreuzschnitte auf, stellet das Messer zur Gabel, nimmt das Gefüllte mit einem Löffel heraus auf dem Teller, setzet es wieder gerade vor sich, und stößt
4. Die Rippen vom Rückgrathe auf einer Seite ab.
5. Zertheilet man den Rückgrath und
6. die Rippen.

Vorlegung
1. Das Fleisch, so beym Halse gestanden.
2. Die Hälfte, wo der Rückgrath daran ist, in etliche Teller.
3.–4. Die hinteren Füße einen nach dem andern.
5.–6. Die Vorderfüße einen nach dem andern, und
7. Die Rippen in etliche Teller. Zu jedem Teller aber muß etwas vom Gefüllten gelegt werden.
NB. Der Kopf wird nur auf Begehren oder auf Hochzeiten der Braut präsentirt.«

Jungschweinsbraten

5–6 Portionen
1 kg Jungschweinernes (Rücken, Karree, Schlegel oder Schulter mit der Schwarte; Brust, gefüllt oder ungefüllt), 300 g kleingehackte Schweinsknochen, Salz, Kümmel, Knoblauch, 5 g Mehl

Den Boden einer nicht zu großen Bratpfanne mit den Knochen bedecken, darüber fingerhoch Wasser geben, zum Kochen bringen und das kurz kalt gewaschene Jungschweinerne mit der Schwarte nach unten einlegen. Entweder auf dem Herd oder im Rohr etwa 20 Minuten kochen lassen. Dann das Fleisch herausnehmen und »schröpfen«: mit einem kleinen, sehr scharfen Messer in ungefähr ½-cm-Abständen etwa ½ cm tiefe Einschnitte quer zur Fleischfaser machen (bei Karree, Rücken und Brust parallel zu den Rippenknochen, bei Schlegel und Schulter quer zur Stelze; Karree und Rücken dabei nur in Längsstreifen schröpfen, Schlegel, Schulter und Brust kann man auch schachbrettartig der Länge und Quere schröpfen). Das Fleisch darunter darf dabei nicht angeschnitten werden.
Diesen so vorbehandelten Jungschweinsbraten gut salzen, mit etwas Knoblauch einreiben und mit Kümmel bestreuen, mit der Schwartenseite nach oben wieder in die Pfanne legen und braten, dabei wiederholt mit Eigenfett begießen, aber erst dann, wenn alles Wasser verdampft und nur mehr reines Fett übrig ist. Nach halber Bratzeit die Schwarte mit etwas Salz bestreuen. Von diesem Moment an soll der Braten nicht mehr begossen werden. Die Hitze nun drosseln. Bratzeit: 1½ bis 2 Stunden. Die Schwarte muß knusprig und goldgelb bis hellbraun sein.
Das Fleisch ist gar, wenn man an der dicksten Stelle des Fleisches die Gabel ohne Widerstand leicht einstechen kann und wenn an der Einstichstelle ein heller Tropfen austritt.
Das fertige Bratenstück herausnehmen, entlang der Längseinschnitte in fingerdicke Scheiben schneiden und mit Bratensaft umkränzen (nie darübergießen!).
Bratensaft: Etwas Bratfett abgießen, den Bratrückstand leicht mit Mehl stauben, gut durchrösten, mit $3/8$ l Wasser aufgießen und gut verkochen, den Saft anschließend seihen.
Beilage: Kartoffelknödel, Waldviertler Knödel, Serviettenknödel, warmer Krautsalat, Weinkraut, Paradeiserkraut

Gefüllte Jungschweinsbrust (»Salzburger Braten«)

8 Portionen
1 Stück Jungschweinsbrust (ohne Rippenknochen), 10 g Mehl, ½ l Wasser
Fülle: 400 g Bratwurstfülle (vom Fleischhauer), 100 g Speckwürfel, 100 g Schinkenwürfel, 100 g Pökelzungenwürfel, Salz, Kümmel, Knoblauch

Die Jungschweinsbrust auslösen, zwischen Rippenlage und Fleischdecke mit einem Messer aushöhlen. In die Höhlung das mit allen Einlagen versehene Bratwurstbrät füllen und zunähen.
In eine Bratpfanne einige kleingehackte Schweinsknochen legen, zweifingerhoch Wasser eingießen und die Brust mit der Schwartenseite nach unten einlegen. Zum Kochen bringen und nach 25 Minuten aus dem Rohr nehmen. Die Brust herausheben und die Schwarte wie beim Jungschweinsbraten (siehe vorhergehendes Rezept) schröpfen. Dann salzen, die Fleischseite mit wenig

Knoblauch einreiben, mit Kümmel bestreuen und die Schwartenseite mit Salz bestreuen. Mit der Schwartenseite nach oben 2 Stunden braten.
Nach dem Braten den größten Teil des Bratfettes abgießen, den Rest mit Mehl stauben, durchrösten und mit ½ l Wasser zu dünnem Saft verkochen lassen. Seihen und damit den inzwischen tranchierten Braten umkränzen.
Beilage: Semmel- oder Kartoffelknödel, Sauerkraut oder Weinkraut.
Der Salzburger Braten wird auch sehr gern kalt mit Senf, Kren, Gurken usw. serviert.

Schweinsbraten

Wiener Schweinsbraten

6 Portionen

1 kg Fleisch, 200–300 g kleingehackte Schweinsknochen, 40 g Schweinefett, 5 g Mehl, Salz, Kümmel, Knoblauch

Zum Schweinsbraten nimmt man gern Teile des Schweinsschlegels, den Schopfbraten und vor allem das Schweinskarree, jeweils ohne Schwarten.
Das Fleisch kurz waschen, salzen, mit Knoblauch einreiben, mit Kümmel bestreuen. In einer Bratpfanne etwas Fett erhitzen, das Fleisch auf allen Seiten kurz anbraten, herausnehmen, die Schweinsknochen in die Pfanne geben und das Fleisch mit der schönen Seite nach unten wieder einlegen. Mit wenig Wasser untergießen und im Rohr bei mittlerer Hitze braten. Nach halber Bratdauer das Fleisch wenden. Während des Bratens Fleisch wiederholt mit Eigensaft begießen. Wenn das Wasser verdampft ist, etwas Wasser nachgießen! Bratdauer: 1½–2 Stunden. Das gare Fleisch herausnehmen und warm stellen. Den Saft eingehen lassen, eventuell etwas Fett abgießen, die Knochen leicht stauben, kurz durchrösten, mit Wasser aufgießen, gut verkochen lassen und abseihen. Der Saft soll »kurz« und dünn sein. Den aufgeschnittenen Braten damit umkränzen (nicht darübergießen!).
Beilage: Semmelknödel, Sauerkraut, gedünstetes Kraut

Schweinsbraten auf Bäckerart

6 Portionen

1 kg Schweinsschlegel (auch Karree oder Schopfbraten), Salz, Kümmel, Knoblauch, 60 g Fett, 300 g Zwiebeln, 1½ kg Kartoffeln

Schweinsbraten wie vorstehend herrichten und ohne Knochenunterlage braten. Nach etwa halber Bratzeit die grobgeschnittenen Zwiebeln und die geschälten, scheibenförmig geschnittenen rohen Kartoffeln beigeben, leicht salzen und unter wiederholtem Wenden im Bratensaft mitbraten. Die Kartoffeln als Unterlage anrichten, darauf das Fleisch, in Tranchen geschnitten, geben. Weitere Beilage: warmer Krautsalat oder Weinkraut.

Am Beispiel »Schweinsbraten« läßt sich die Änderung der geschmacklichen Vorstellung in den letzten zwei Jahrhunderten demonstrieren. Es fällt auf, daß bis um 1800 die »säuerliche Komponente« überwog, zumal statt Frischfleisch häufiger das »Surfleisch« (eingepökeltes Fleisch) verwendet wurde. So wird im »Grätzerischen Kochbuch«, 1804, ein Schweinsbraten zuerst 3 Tage in Essig gelegt und dann in diesem Essig gar gedünstet oder in brauner Butter gebraten, die mit Essig zu einer »flaumigen Brühe« aufgeschäumt wird. In Anna Dorns »Großem Wiener-Kochbuch«, 1827, heißt diese Art »Schweinefleisch auf Wildbretmanier«, wobei der Schweinsbraten ebenfalls in eine gewürzte Essigbeize gelegt werden muß. Eine am Spieß gebratene Schweinskeule läßt Anna Dorn »reichlich mit Nelken« spicken und während des Bratens mit Gurkenwasser begießen. Zur panierten oder mit Brot belegten Schweinskeule empfiehlt sie »Kirschmuß oder Pflaumenmuß oder Johannisbeermuß«. Der »Schweinsbraten mit Brostkruste« erscheint vor allem ab der vorigen

Jahrhundertmitte. Die Prato (1858) nimmt dazu einen halbierten Schlegel, abgelöstes Kammfleisch oder das Schlußstück ohne Schwarte, klopft und salzt es, brätt es mit Zwiebel und wenig Wasser und streicht dann auf das Fett des Fleisches »Brösel vom schwarzen Brot, mit Zucker, Pfeffer« fingerdick auf. Als Beilage empfiehlt sie in Essig eingelegte Zwetschken oder Senffrüchte. Rokitansky bemerkt hierzu 1897: »Diesen Braten darf man erst bei Tische schneiden, da die Kruste sonst unansehnlich wird«, und reicht Preiselbeeren oder auch Senffrüchte dazu. Zu einem »Schweinsbraten mit Schwarte« gibt sie »gedünstetes Sauerkraut, Erdäpfel- oder Erbsenpüree, Krautsalat, Triett oder Preiselbeeren«. Dieses **Triett (Trisenet)** behandelt sie im Kapitel »Kompotte«: »Gebähte Semmelschnitten oder Grazer Zwieback legt man in eine Schüssel, begießt sie mit gezuckertem Weine und läßt die Schnitten erweichen, dann streut man nach 1/2 Stunde gestoßenen Zimmet darauf und gießt noch etwas Wein nach. Mit Himbeersaft statt Wein kann diese Speise auch bereitet werden... Ebenso bereitet man die Speise von Erdbeersaft. Man gibt Triett anstatt Kompotte zu Braten.« Schon im Kochbuch des »Granat-Apfels«, 1699, heißt es: »Zu dem gebratenen ist gebräuchlich, daß man jederzeit salat gebe, welchen ein jeglicher nach seinem belieben gemischt oder allein geben kan, bey vornehmen orten giebt man auch von allerhand welschen früchten, lemonien, citronen, pomerantzen, so mit granat-äpfelkernen regulirt, auch allerhand salsen oder titschen, wie ein jeder will.« Noch Anna Strobl schreibt in ihrer »Praktischen Wiener Küche«, Ausgabe 1912: »Die Speise (Triett von Erdbeeren) wird kalt zu Braten statt Compot serviert.« Der Name »Triett« bzw. »Triet« geht auf die Dreizahl der Zutaten zurück: gebähte Semmeln, Wein (Würzwein oder Würzmost) und Zucker (in alten Handschriften wird erklärt: »triet, a tribus ingredientibus«). Noch heute findet man das »Triet« – auch in Abwandlungen – in Kärnten, der Steiermark, dem Burgenland, im oberösterreichischen Innviertel und in Niederösterreich nicht selten als Zwischengericht bei mehreren Fleischgängen. Der Brauch dürfte auf jene Zeit zurückgehen, in der im Bauernhaus das Weißgebäck noch eine »festliche Kostbarkeit« bedeutete (vgl. Gertrud Heß-Haberlandt, »Das liebe Brot«, 1960).

Das Kren- bzw. Wurzelfleisch steht ebenfalls seit alters her im Repertoire der Schweinefleischgerichte. So schreibt Elisabeth Stöckel in »Die bürgerliche Küche, oder neuestes österreichisches Kochbuch für die Bürgerfamilie aus der gebildeteren Mittelklasse«, 1853 (10. Aufl.), zum »frisch abgekochten Schweinskopf«, mit Kren bestreut: »Auch anderes junges Schweinefleisch kann auf die nämliche Weise bereitet werden.« Lotti Richter rezeptiert ihr »Krenfleisch« mit Salz, gelben Rüben, Petersilie, Thymian, 8 Pfeffer-, 8 Neugewürzkörnern sowie extra gekocht »1 Häuptel spanische Zwiebel, 1 Stück Karotte, 1 Stück gelbe Rübe, 1 Stück Petersilie, 1/4 Sellerie, alles nudelig geschnitten, in Wasser, Essig, Suppe« und serviert es »mit geschabtem Kren überstreut. Man kann auch den Kren weglassen, dann nennt man es Wurzelfleisch.«
Rokitansky nahm 1897 das »Schweins-Gulyás« und das »Szekely-Gulyás« (aus Schweinefleisch, »Zwiebelspeck«, Sauerkraut, Paprika und Sauerrahm) auf und bemerkt zu letzterem: »Man serviert dieses Gulyás in Ungarn zum Rindfleische.« Auch die Prato hat in ihrer »Süddeutschen Küche«, Ausgabe 1885, schon das »Gulasch (Gulyáhus) von Schweinefleisch«; das »Krennfleisch« bestreut die Prato mit »Bröseln und geriebenen Krenn« (in der Ausgabe von 1918 sind es »geröstete Brösel«). Und den Jungfernbraten im Netz begießt sie mit Rahm »oder nur mit Essig... und gibt es sammt dem Netz auf die Schüssel«.

Schweinsbraten in Senfsauce

4 Portionen

600 g Schweinsschlegel oder gerollte Schulter, kleingehackte Schweinsknochen, Salz, Kümmel, 30 g Fett, Wasser oder Rindsuppe, 150 g Zwiebeln, 1 EL Senf, 1/8 l Sauerrahm, 10 g Mehl

Das ausgelöste Fleisch mit Salz und Kümmel würzen, binden und in eine Pfanne auf die kleingehackten Knochen setzen, mit heißem Fett begießen und unter wiederholtem Nachgießen mit Rindsuppe oder Wasser sowie Begießen mit Eigensaft im Rohr braten. Zum Schluß den Saft eingehen lassen und die grobgeschnittenen Zwiebeln mitbraten. Dann das Fleisch herausnehmen und warm stellen.

Etwas Bratfett abgießen. Sauerrahm, Senf, Mehl mit etwas Rindsuppe oder Wasser glatt verrühren, in den Bratrückstand geben und alles verkochen, mit etwas Flüssigkeit zu einer molligen Saucenkonsistenz bringen. Dann seihen und den inzwischen tranchierten Braten damit umkränzen.

Gerolltes Schweinskarree

4 Portionen

800 g Schweinskarree, Schweinsknochen, Salz, Kümmel, Knoblauch, 40 g Fett

Das Karree auslösen, würzen, zu einer festen Rolle binden und in eine kleine Kasserolle auf Knochenunterlage geben, mit heißem Fett übergießen und wie den Schweinsbraten fertigbraten. Das Karree in fingerdicke Tranchen schneiden. Den Saft wie beim Wiener Schweinsbraten (Seite 289) bereiten und extra servieren. Beilage: Semmelknödel, Kartoffelknödel.

Schweinskarree auf Kaiserart

4 Portionen

1 kg langes Schweinskarree, Salz, Kümmel, Knoblauch, Schweinsknochen, 30 g Fett, 10 g Mehl
Fülle: von 4 Schneidsemmeln wie bei gefüllter Kalbsbrust (siehe Seite 265)

Vom Karree die Rückgratknochen aushacken, etwa 1 cm von den Rippenknochen entfernt das Fleisch abschneiden, restliches Fleisch abschaben. Vom Rückgratknochen her einen Einschnitt machen, das Karree auseinanderklappen, mit Salz und Knoblauch einreiben, Fülle auftragen, zusammenrollen und binden. Außen mit Salz, Kümmel und Knoblauch würzen. Auf einer Knochenunterlage wie den Schweinsbraten im Rohr braten. Bratdauer: 1¼ Stunden. Saft wie beim Wiener Schweinsbraten (Seite 289) bereiten.

Steirischer Schweinsschlegel

6 Portionen

1 kg ausgelöster Teil des Schweinsschlegels (Schweinsnuß oder Frikandeau), Salz, Knoblauch, Paprika, Kümmel, kleingehackte Schweinsknochen, 150 g grobwürfelig geschnittene Zwiebeln, 50 g Mehl, ⅛ l Weißwein, Spritzer Essig, 250 g Wurzelwerk

Fleisch mit Salz, Knoblauch, Paprika und Kümmel gut einreiben, in einer Pfanne auf die Schweinsknochen setzen, mit Wasser fingerhoch untergießen und braun braten, wie beim Schweinsbraten angegeben. Zum Schluß die Zwiebeln mitbraten. Den garen Schlegel herausnehmen und warm stellen.

Die durchgerösteten Knochen und Zwiebeln mit Mehl stauben, mit Weißwein, Essig und etwas Rindsuppe oder Wasser aufgießen, zu einer molligen Sauce verkochen lassen. Inzwischen das in feine Streifen geschnittene Wurzelwerk extra in wenig Flüssigkeit weich dünsten. Dann passiert man die Sauce und gibt das gedünstete Wurzelwerk samt Dünstfond dazu, ebenso

Die Bratelbraterin

den Schlegel, und läßt alles eine Zeitlang ziehen. Den Schlegel aufgeschnitten mit Sauce umkränzen und mit Kümmelkartoffeln anrichten.

Schweinsstelze, garniert

2–3 Portionen

1 hintere Schweinsstelze, kleingehackte Schweinsknochen, Salz, Kümmel, Knoblauch

Die Schweinsstelze salzen und in einer zweifingerhoch mit Wasser gefüllten Bratpfanne mit der schönen Seite nach unten etwa ½ Stunde braten, herausheben, quer schröpfen, mit Kümmel und Knoblauch würzen, mit der schönen Seite nach oben weiterbraten. Nach ⅔ der Bratdauer sollte dann die Flüssigkeit eingekocht sein. Dann Hitze drosseln und fertigbraten. Bratdauer: 1¾–2 Stunden.
Die Stelze herausnehmen und warm stellen. Etwas Bratfett abgießen, Knochen mit Mehl stauben, kurz durchrösten, mit Wasser zu einem dünnen, kurzen Saft aufgießen und gut verkochen lassen, dann seihen. Die tranchierte Stelze mit diesem Saft umkränzen, mit Kartoffelsalat, Weißkrautsalat, Gurkensalat, gerissenem Kren, rotem Paprikasalat und Senf garnieren.

Gedämpfter Schweinsschlegel mit Wurzelsauce

4 Portionen

600-g-Teil vom Jungschweinsschlegel (Nuß oder Frikandeau), Salz, Kümmel, Knoblauch, 40 g Fett, Wurzelwerk (1 kleine Karotte, ½ Petersilwurzel, ¼ Sellerieknolle), 1 kleine Zwiebel, Wasser oder Rindsuppe, 1/16 l Weißwein, 10 g Mehl, ¼ l Sauerrahm

Den ausgelösten Schlegel salzen, mit Kümmel bestreuen, mit zerdrücktem Knoblauch einreiben, dann binden.
In heißem Fett den Schlegel rundum anbraten, dann Zwiebel und Wurzelwerk, beides feingeschnitten, beigeben und ebenfalls anbraten. Das Ganze unter wiederholtem Nachgießen von Rindsuppe oder Wasser und Weißwein im Rohr fertigbraten. Sobald das Fleisch weich ist, herausnehmen und warm stellen. Den Saft entfetten. Bratrückstand, Wurzelwerk und Zwiebel mit Mehl leicht stauben, durchrösten, mit Rindsuppe oder Wasser aufgießen, mit Sauerrahm gut aufkochen, dann seihen. Damit den tranchierten Schlegel umkränzen. Beilage: Kartoffelschmarren, Prinzessinnenkartoffeln.
Auf die gleiche Weise kann auch der Schweinslungenbraten zubereitet werden.

Gebratenes Selchkarree

4 Portionen

800 g Selchkarree, 40 g Fett, 10 g Mehl, Rindsuppe oder Wasser

Das Selchkarree etwa 40 Minuten in Wasser ohne Zugabe kochen, abtropfen lassen, dann in heißem Fett unter wiederholtem Begießen mit heißer Rindsuppe oder Wasser im Rohr braten. Den Braten herausnehmen. Saft entfetten, leicht mit Mehl stauben, mit Rindsuppe oder Wasser aufgießen, gut verkochen und seihen. Beilage: Kraut, Hülsenfrüchte, Kartoffelpüree.
In Vorarlberg heißt das gebratene Selchfleisch mit Sauerkraut (welches mit gerösteten Zwiebeln, Mehl, Kümmel, Zucker und Knoblauch in der Selchfleischsuppe gedünstet wird) und Kartoffeln »**Diegenes**« (von »deihen«, austrocknen, selchen).

Gekochtes Schweinefleisch

Gekochter Schweinskopf

4 Portionen

500 g Schweinskopf mit Rüssel, Salz, ½ Knoblauchzehe, 4 Pfefferkörner, ¼ Lorbeerblatt, Wurzelwerk, 1 Zwiebel, Kren

Den Schweinskopf waschen, mit Knoblauch, Salz und den Gewürzen in Wasser langsam etwa 2 Stunden kochen. ¼ Stunde vor Beendigung der Kochzeit das in Streifen geschnittene Wurzelwerk und die Zwiebel beigeben. Sobald das Fleisch weich ist, den Schweinskopf herausnehmen, das Fleisch von den Knochen lösen, in fingerdicke Tranchen schneiden, reichlich mit dem weichgekochten Wurzelwerk, mit Suppe und frischem gerissenem Kren anrichten. Mit Salzkartoffeln servieren.

Der Schweinskopf mit Kren wurde gern in der Silvesternacht bzw. am Neujahrstag gegessen. Das Schwein bedeutet Glück, der Kren bringt Gesundheit. Man servierte dazu auch noch Linsen, die für das ganze Jahr Geld verhießen. Allerdings klagt schon Friedrich Schlögl 1873: »Es ist auch an kein Restaurationsfest des Saurüsselessens zu Mittag am Neujahrstag mehr zu denken, ebenso an den kategorischen Genuß der ›Roratewürstel‹ hält sich niemand mehr.« In der Renaissance servierte man zu Schauessen den Schweinskopf auf eine besondere Weise: Man goß in den Schweinskopf Branntwein und gab dann einen kleinen glühenden Kieselstein, in Brot verpackt, in den Schweinskopf und entzündete so den Branntwein. Damals waren noch andere eigenartige Späße beliebt. So gab man in ein gebratenes Spanferkel lebendige Aale. Bei Tisch schnitt man das Ferkel auseinander, und die Aale krochen auf dem Tisch umher, zur »schönen Lust fürs Frauenzimmer«, wie De Rontzier in seinem »Kunstbuch von mancherley Essen, Gesotten, Pasteten, von Hirschen, Vogelen, Wildprat und anderen Schawessen«, 1598, vermerkt (übrigens ließ Rontzier das Spanferkel noch mit Zucker und Zimt würzen!).

Krenfleisch

4 Portionen

750 g Schweinefleisch (Jungschweinernes, Schulter mit Schwarte, Bauchfleisch oder ½ Schweinskopf mit Rüssel und Zunge), 300 g Wurzelwerk (Karotte, Petersilwurzel, Sellerieknolle, zu gleichen Teilen), 1 grobnudelig geschnittene Zwiebel, Gewürz in Leinensäckchen (8 schwarze Pfefferkörner, 2 zerdrückte Knoblauchzehen, ½ Lorbeerblatt), Salz, 1 EL Essig, 100 g Kren

Das Fleisch in kaltem Wasser auf das Feuer stellen, salzen, das Gewürzsäckchen beigeben und etwa 1½ Stunden langsam kochen; ½ Stunde vor dem Garwerden das Wurzelwerk und die Zwiebeln beigeben und mitkochen. Zuletzt mit Essig säuern und abschmecken. Bei dieser Zubereitung ist wichtig, daß das Fleisch in

Aus »Bewährtes und wohl-eingerichtetes Koch-Buch«, 1715

Schweinen Fleisch zu kochen.

Das Schweinen Fleisch wird gemeiniglich mit saurem Kraut, dürren Birn, oder andern Zugemües gekocht und zu Tisch getragen. Einige sieden das Fleisch in Wasser und Saltz, und streuen beym Anrichten, geriebenen Kreen oder Meerrettig darauf. Man kan auch eine, bey dem Wildpret oder Lammsfleisch beschriebene Brüh darüber machen.

Ein junges Schweinlein, oder Span-Färcklein zu sieden.

Lasset Wein, Wein-Eßig, Wasser und Saltz in einem Kessel sieden, leget das, auf bekannte Weise zugerichte, sauber gewaschene Schweinlein, sammt etlichen Lorbeerblätlein, Roßmarin, eine gantze Zwiebeln mit Negelein besteckt, gröblich zerschnittenen Muscatenblumen, Muscatennuß, Ingber und Pfeffer darein, lasset zusammen sieden, biß das Schweinlein weich, dann hebts aus der Brüh, schneidet eine Citronen, sammt ihrer Schalen in die Brüh, lassets einen Sud aufthun, richtets hernach über das Schweinlein, verspeissets warm oder kalt. Setzt einen Senfft oder Morast mit auf den Tisch. Es lässet sich auch das Schweinlein in dieser Brüh, 8. und mehr Täge aufheben.

nicht zuviel Wasser gekocht wird (es soll immer gerade noch bedeckt sein). Serviert wird das Fleisch, in dicke Scheiben geschnitten, mit Wurzelwerk bestreut, mit etwas Kochsud. Obenauf gibt man dann den gerissenen Kren.

Auch **Schweinsstelzen** können auf diese Art zubereitet werden. In Oberösterreich werden **gekochte frische oder gesurte Schweinsrippen** auf diese Art zubereitet und angerichtet; dazu serviert man Semmelkren extra und in Palatschinkenteig getauchte, in Schmalz gebackene Brotschnitten, die auf die in der Suppenschüssel angerichteten Fleischstücke gelegt werden.

Selchfleisch, gekocht

4 Portionen

800 g Selchfleisch, Wasser

Das Fleisch legt man ohne Zusätze in kochendes Wasser und läßt es sehr langsam nicht zu weich kochen (zu stark wallendes Wasser würde das Fleisch austrocknen). Nach 2/3 der Garzeit soll das Fleisch in der Flüssigkeit nur mehr ziehen. Das Fleisch in zentimeterdicke Tranchen schneiden, mit etwas Kochfond (Selchsuppe) begießen und servieren. Beilage: Kartoffelpüree, Salzkartoffeln, Knödel, Sauerkraut, Erbsenpüree.

Die »Selchsuppe« wird in der österreichischen Küche speziell zur Rollgerstel- und Grießsuppe, aber auch zur Reis- und Erdäpfelsuppe sowie zur Hülsenfrüchtesuppe verwendet.

Eine österreichische Spezialität ist der **Tiroler Speck**. Schon die Fütterung des Mastschweins ging einst nach traditionellen Hausrezepten vor sich, ebenso das Räuchern (in Südtirol zum Beispiel werden Schulter, Schlegel und Bauch ausgelöst, mit Salz, Pfeffer, Lorbeerblättern und Treberschnaps gewürzt, 14 Tage gepökelt, 3 Wochen geräuchert und 3 Monate in trockenem Raum abgehängt).

Nicht nur bei der Mast, auch bei der Tötung hat man vor zwei-, dreihundert Jahren oft eigenartige Methoden angewendet. Spanferkel etwa wurden so lange unter Peitschenschlägen im Kreis herumgetrieben, bis die Tiere an Herzschlag starben. Dann schlachtete man sofort, um das Ausbluten zu vermeiden. Dieses »vollblütige« Fleisch soll für Kenner ein besonderer Genuß gewesen sein!

Pökelfleisch (Surfleisch) und Geselchtes (Geräuchertes)

Die Entwicklung der Konservierungstechnik (Kühltruhen, Gefrierhäuser usw.) hat in den letzten Jahrzehnten auch die Wirtschaft und Kochpraxis im Bauernhaus radikal verändert. Das Surfleisch wurde weitgehend vom Frischfleisch aus der Gefriertruhe verdrängt, die alte Selchkammer wurde durch den Elektroherd »außer Betrieb gesetzt«. Aber Kenner und Eingeweihte wissen auch heute noch ein »echtes Bauerngeselchtes« zu schätzen und zu finden.

Nicht nur aus Pietät sei hier die Prozedur des Einpökelns und Selchens kurz angedeutet. Man verwendet dazu möglichst große Stücke des frisch geschlachteten Schweines (Schulter, Schinken, Hals-, Rippenstücke, Rücken), die man zunächst einmal auskühlen läßt. Dann werden die Fleischstücke mit Salz und Knoblauch eingerieben, eventuell auch noch mit anderen Gewürzzutaten und Kräutern, um den Geschmack zu variieren, und über Nacht liegen gelassen. Man schlichtet sie dann in einen hölzernen Kübel (Faß) und streut dazwischen tüchtig Salz ein (für 25 kg rechnet man 1 kg Salz); die Hälfte des Salzes verwende man zum Einstreuen, die andere Hälfte wird für die Sur benötigt: Dazu wird das Salz mit Lorbeerblättern, Zwiebeln, Pfefferkörnern und etwa 20 g Salpeter in 5 l Wasser gekocht, überkühlt, abgeseiht und ausgekühlt über das eingesalzene, in den Kübel geschlichtete Fleisch gegossen. Die Pökelbeize darf nicht zu scharf sein und muß das Fleisch gut bedecken, alle Hohlräume müssen mit Flüssigkeit ausgefüllt sein. Dann verschließt man den Kübel mit einem beschwerten Holzdeckel. Das Fleisch bleibt zwei bis drei Wochen im Fleischkübel, man gießt nur die anfangs entstandene Flüssigkeit ab. Die Dauer des Pökelns richtet sich auch nach der Dicke der Fleischstücke. Dann kann man das Fleisch portionsweise herausnehmen (den Kübel jedesmal wieder mit dem Deckel gut abschließen). Man verwendet es zum Braten, Sieden, Dünsten usw. bzw. zum Selchen (Räuchern).

Vor dem Selchen läßt man das aus dem Fleischkübel entnommene Fleisch die Nacht über trocknen und hängt es dann in die »Selchkammer«, die im Bauernhaus meist an den Kamin angeschlossen war. Am besten wurde das Geselchte in den alten Rauchküchen; hier war der Raum verhältnismäßig groß und der Rauch nie zu heiß, denn der Rauch muß auf Umwegen in leicht abgekühltem Zustande (ca. 16–18 Grad) an das Fleisch herankommen. Es darf auch nicht tagelang ununterbrochen geräuchert werden; das Fleisch muß dazwischen immer wieder die Nacht über auskühlen. Häufig werden während des Selchens Wacholder-(Kranawitt-)sträucher, Tannenreiser, alte Rebstöcke und Buchenholz, aber auch Akazienholz im Herdfeuer mit verbrannt.

Die Stärke des Selchens hängt vom Verwendungszweck ab. Für bald zu verbrauchendes Fleisch genügt es, wenn das Fleisch eine lichtbraune Farbe hat. Auf keinen Fall darf es schwarz und rußig werden. Das Selchfleisch (die »Renken«) wird an einem kühlen, luftigen, trockenen Ort aufgehängt.

Das zuerst gepökelte, dann geräucherte Fleisch, also das »Geselchte«, wird gesotten und mit Knödeln und Sauerkraut angerichtet oder gekocht, ausgekühlt und aufgeschnitten zur Jause bzw. auf kalten Platten usw. gereicht.

Einzelgerichte

Schweinslungenbraten (Jungfernbraten) im Netz

4 Portionen

600 g Jungfernbraten (Schweinsfilet bzw. -lungenbraten, 2–3 Stück), Salz, Kümmel, Pfeffer, 50 g Butter, 1 feinst geschnittene Zwiebel, 150 g feinst gehackte Champignons, Petersiliengrün, Rindsuppe, 1 Eidotter, 1 KL Mehl, 1 KL Paradeismark, 1 Schweinsnetz

Vom Schweinsjungfernbraten Haut und Fett abziehen, mit Salz, Kümmel und Pfeffer würzen.
Die Zwiebel in Butter goldgelb rösten, die Champignons mitrösten, bis alles Farbe hat, dann gehackte Petersilie mitrösten, salzen, pfeffern, etwas überkühlen und Eidotter einrühren. Das Schweinsnetz vor der Verwendung in lauwarmes Wasser legen, herausnehmen, gut abtropfen, ausbreiten, den Jungfernbraten auflegen, das Zwiebel-Champignon-Gehäck aufstreichen, straff zusammenrollen, in eine ausgefettete Bratpfanne legen und bei starker Hitze etwa 40 Minuten braten. Dabei öfter mit Eigensaft und etwas Rindsuppe begießen. Sobald das Fleisch gar ist, herausnehmen und warm stellen. Den Saft eingehen lassen, etwas Fett abgießen, mit Mehl stauben, das Paradeismark beigeben und mit Flüssigkeit zu einer kurzen Jus verkochen. Den Braten in schräge Tranchen schneiden und mit der Jus umkränzen. Beilage: Serviettenknödel, Teigwaren, Gemüse.

Schweinslungenbraten nach Colbert

4–6 Portionen

800 g Schweinslungenbraten, Salz, Pfeffer, 50 g Zwiebeln, Petersiliengrün, 150 g Champignons, 20 g Schweinefett, 2 Stück Kohl, Salzwasser, 1 Schweinsnetz, 20 g Schweinefett, Rindsuppe oder Wasser

Den Kohl entblättern und blanchieren, starke Rippen ausschneiden, in 3 oder 4 (je nach Anzahl der Lungenbratenstücke) Portionen teilen. Auf ein Brett auflegen, salzen und pfeffern.

In heißem Fett feingeschnittene Zwiebeln anrösten, die feingehackten Champignons mitrösten, zum Schluß gehackte Petersilie mitrösten, überkühlen, auf die Kohlblätter aufstreichen. Darauf je ein halbgebratenes Schweinsfilet geben, in den Kohl einrollen und die fertigen Rollen in das Schweinsnetz binden. In eine Kasserolle legen, mit etwas Rindsuppe oder Wasser sowie Bratfett untergießen und im Rohr etwa $1/2$–$3/4$ Stunden dünsten. Beim Anrichten in dicke, schräge Tranchen schneiden.

»Die Feinesser achten dieses Gericht, das vorzugsweise bey den Gabelfrühstücken aufgetischt wird, sehr hoch; man wird in der That wenig aufweisen können, das dem eigenen starken und dennoch lieblichen Geschmacke gleichkommen könnte«, schreibt F. G. Zenker; er bereitet das Gericht mit Koteletts und nennt es »Côtelettes de Porc frais à la Robert«.

Schweinsfilet à la Lueger

1 Portion

1 Schweinsfilet, Salz, Pfeffer, Öl, Brösel, Maître-Butter

In der österreichischen Küche wird als Schweinsfilet der Schweinslungenbraten (Schweinslende) bezeichnet. Das Filet der Länge nach halbieren, aber nur so weit einschneiden, daß eine zusammenhängende Fläche bleibt; dann plattieren, mit Salz und Pfeffer würzen, durch Öl ziehen, in Brösel wenden und auf dem Rost braten. Mit Maître-Butter (siehe Seite 66) belegen und mit Sauce béarnaise (siehe Seite 162) und Pommes frites garniert anrichten.

Dieses Filet am Rost war ein Lieblingsgericht des christlich-sozialen Politikers Karl Lueger (1844–1910), seit 1897 Bürgermeister von Wien. Karl Lueger war der Anna Sacher nicht immer gewogen. Beide waren höchst eigenwillige Persönlichkeiten, so daß sich schon bei der kleinsten Meinungsverschiedenheit die Fronten verhärteten. Das geschah auch beim »Tramwaykrieg« zwischen Frau Sacher und der Gemeinde Wien: Es war die »63er«, die einen Konflikt zwischen dem Hotel Sacher und dem Rathaus auslöste. Die Straßenbahnzüge jener Linie fuhren damals noch rund um die Hofoper. Die Endstation der »63er« befand sich genau vor dem Eingang zum Hotel Sacher. Damals verursachte die »Inbetriebnahme« einer Straßenbahn erheblichen Lärm: Bevor sich ein Zug in Bewegung setzte, gab einer der Schaffner mit einer Trompete, der zweite mit einer Trillerpfeife und der dritte mit der Zugklingel das Signal zur Abfahrt. Wenn dann gerade vor dem Hoteleingang der Wagen eines Gastes stand und die Tramway wieder einmal nicht weiter konnte, läutete der Motorführer »Sturm«. Begreiflich, daß Frau Anna Sacher für ihre Hotelgäste eintrat, die sich durch die Straßenbahn gestört fühlten. Der Konflikt löste sich von selbst, da die Straßenbahnlinie aus verkehrstechnischen Gründen verlegt werden mußte.

Schweinskoteletts, gebraten

4 Portionen

4 Schweinskoteletts (à 140–160 g), Salz, Kümmel, Mehl, 40 g Fett, 1 KL Butter, Rindsuppe oder Wasser

Die Koteletts leicht klopfen, salzen, mit etwas Kümmel bestreuen. (Nach Wunsch auch mit Knoblauch würzen.) Die schöne Seite in Mehl tauchen. Zuerst auf dieser, dann auf der anderen Seite in heißem Fett goldgelb braten. Die Koteletts warm stellen. Einen Teil des Fettes abgießen, frische Butter aufschäumen lassen, mit etwas Rindsuppe oder Wasser den Bratrückstand zu einem Drittel einkochen, abschmecken und die angerichteten Koteletts damit übergießen. Beilage: Bratkartoffeln, Weiß-, Rot-, Sauer- oder Kürbiskraut, aber auch Erdäpfelsalat und Endiviensalat.

Mit homerischem Pathos beschreibt der österreichische Dichter Anton Wildgans in seinem Epos »Kirbisch« Schweinskoteletts: »Brutzelnd, brätelnd und braun vom prasselnden Brande des Bratherds / Prangte die prächtige Schnitte, verbrämt mit der breitesten Borte / Schwellenden Rückenfetts von der helleren Farbe des Bernsteins. / Riesig ragte die Rippe, umrillt von der weißen Manschette, / Über den Rand des Ovals, indessen das knusprig gebratne / Fleisch, das unter der Kruste die zarteste Faserung aufwies, / Herrlich vom kümmel- und knoblauchgesättigtem Safte umspült war. / Dieses die Schweinskotelette!«

Schweinskoteletts mit Kümmelglace

4 Portionen

4 Schweinskoteletts, Salz, Pfeffer, 1 Knoblauchzehe, 30 g Fett, 1 feingeschnittene Zwiebel, 5 g Mehl, 1 Msp Paradeismark
Kümmelreduktion: 1 EL Essig, 1 KL Kümmel, ¼ l Wasser

Die Koteletts am Rand mehrmals einschneiden, leicht klopfen, salzen, mit Knoblauch einreiben, pfeffern, auf der schönen Seite in Mehl tauchen, auf dieser Seite zuerst, dann auf der anderen Seite in heißem Fett goldgelb braten. Die Koteletts herausnehmen und warm stellen. Im Bratrückstand die Zwiebeln goldgelb rösten, mit Mehl stauben, Paradeismark beigeben, weiterrösten, mit Wasser und der Kümmelreduktion aufgießen. Darin die Koteletts etwa 25 Minuten dünsten.
Die Kümmelreduktion: Wasser, Essig und Kümmel auf ⅛ l Flüssigkeitsmenge einkochen.
Kümmel und Essig können auch gleich mitgedünstet werden, nur muß dann die Sauce passiert werden. Beilage: Bratkartoffeln, Salate.

Schweinskoteletts, gebacken

4 Portionen

4 Schweinskoteletts, Salz; Mehl, Ei und Semmelbrösel für die Panier; Fett zum Backen

Die Schweinskoteletts leicht klopfen, am Rand mehrmals einschneiden, salzen, in Mehl, verklopftem Ei und den Bröseln panieren, in heißem Fett bei einmaligem Wenden in 6–10 Minuten goldbraun backen. Mit gezupfter Petersilie und Zitronenachteln garnieren. Beilage: Kartoffelsalat, Krautsalat.

Bauernschweinskoteletts

4 Portionen

4 Schweinskoteletts, Salz, Mehl, 30 g Fett, 40 g Selchspeck, 200 g Wurzelwerk (Karotte, Sellerieknolle), 1 Zwiebel, 100 g blättrig geschnittene Champignons, Knoblauch, Kümmel, Pfeffer, 400 g in Scheiben geschnittene Kartoffeln, 100 g extra gekochte Erbsen, Petersiliengrün

Die Koteletts leicht klopfen, den Rand mehrmals einschneiden, salzen, beidseitig bemehlen, in heißem Fett goldgelb braten, dann warm stellen.
Im Bratfett den kleinwürfelig geschnittenen Selchspeck glasig rösten, die feingeschnittene Zwiebel und das würfelig geschnittene Wurzelwerk mitrösten, ebenso die Champignons, dann mit etwas Flüssigkeit untergießen, die Koteletts wieder einlegen, mit Knoblauch, Kümmel und Pfeffer würzen, die Kartoffelscheiben beigeben und alles weich dünsten. Zuletzt extra gekochte Erbsen und gehackte Petersilie beigeben.

Gedünstete Schweinskoteletts mit Kräutern

4 Portionen

4 Schweinskoteletts, Salz, Pfeffer, 30 g Fett, 1 kleine Zwiebel, feine Kräuter, Petersiliengrün, Kümmel, 40 g Champignons, 20 g Mehl, Rindsuppe oder Wasser, Salz, ⅛ l Sauerrahm

Die Koteletts am Rand mehrmals einschneiden, leicht klopfen, salzen und pfeffern, auf der schönen Seite in Mehl tauchen, mit dieser Seite zuerst in heißem Fett rasch, dann die andere Seite etwas langsamer braten. Koteletts herausnehmen und warm stellen.
Im Bratfett die feingeschnittene Zwiebel, feingehackte Champignons und gehackte Petersilie rösten, beliebige gehackte Kräuter beigeben, mit Mehl stauben, anrösten, mit Rindsuppe oder Wasser aufgießen, mit Salz und Kümmel würzen, die gebratenen Koteletts beigeben, alles ½–¾ Stunden zugedeckt sehr langsam dünsten. Zum Schluß glattgerührten Rahm beigeben und alles noch einmal kurz aufkochen lassen. Beilage: Salzkartoffeln, Fisolen, Kohlsprossen.
Auf die gleiche Weise können auch **Schweinsschnitzel** und **Schweinslungenbraten** bereitet werden.

Szegediner Schweinskoteletts

4 Portionen

4 Schweinskoteletts à 180 g, Salz, 40 g Schmalz, 3 Knoblauchzehen, 300 g Sauerkraut, 100 g Zwiebeln,

20 g Paprika, Rindsuppe oder Wasser, 10 g Paradeismark, 1 rote und 1 grüne Paprikaschote, Kümmel, 1/8 l Sauerrahm, 10 g Mehl

Die Koteletts leicht klopfen, mehrmals am Rand einschneiden, salzen, mit zerdrücktem Knoblauch gut einreiben, in heißem Schmalz rasch braten. Das Fleisch in eine flache Kasserolle einlegen.

Im Bratrückstand feingeschnittene Zwiebeln rösten, paprizieren, mit Wasser oder Rindsuppe ablöschen, das kurzgeschnittene Sauerkraut, Salz, Paradeismark, Kümmel, Knoblauch beigeben und alles 15 Minuten dünsten. Das Kraut und Streifen von rotem und grünem Paprika über das Fleisch geben und weitere 30 Minuten dünsten. Zuletzt Sauerrahm mit Mehl verrühren, beigeben und das Kraut ganz leicht damit binden. Beilage: Salzkartoffeln oder Bratkartoffeln.

Schweinskoteletts auf Zigeunerart

4 Portionen

4 Schweinskoteletts, 100 g Zwiebeln, 3 Paprikaschoten (rot und grün gemischt), 80 g Schinken, 80 g Pökelzunge, 2 Essiggurken, 20 g Mehl, 1 EL Paradeismark, 1/8 l trockener Weißwein, 3/8 l Rindsuppe oder Wasser, Knoblauch, Pfeffer, Paprika

Die Schweinskoteletts mehrmals leicht am Rand einschneiden, etwas klopfen, salzen und pfeffern. In wenig heißem Fett beidseitig gut anbraten und in eine Kasserolle legen. Im Bratrückstand feingeschnittene Zwiebeln goldgelb rösten, mit Mehl stauben, gut durchrösten, Paradeismark beigeben und mitrösten, mit Weißwein ablöschen. Mit 3/8 l Flüssigkeit aufgießen, salzen und zerdrückten Knoblauch beigeben. In dieser Sauce die Koteletts zugedeckt etwa 1/2 Stunde dünsten. Für die Garnitur werden die in Streifen geschnittenen Paprikaschoten in Fett angeschwitzt, mit Salz und Paprika gewürzt und mit Streifen von Schinken, Pökelzunge und Gurken geröstet. Die gargedünsteten Koteletts aus der Sauce nehmen, mit der Garnitur bedecken und die gut abgeschmeckte Sauce darüber passieren. Beilage: Sautierte Kartoffeln oder Bratkartoffeln.

Weitere Zubereitungsarten von Koteletts: Gebratene Koteletts in einer Pörköltsauce (siehe Schweinspörkölt, Seite 300) dünsten; oder gebratene Koteletts in einer Paprikasauce (siehe Seite 164) servieren.

Schweinsschnitzel

Die Schnitzel werden vom Schweinsschlegel (»Kaiserteil«) für gebratene oder gedünstete, von der Nuß für gebackene Schnitzel geschnitten.

Tiroler Schnitzel

4 Portionen

4 Schweinsschnitzel à 160 g, Salz, Pfeffer, 1 Knoblauchzehe, Mehl, 30 g Fett, 1/4 l brauner Fond oder Rindsuppe, 1/8 l Sauerrahm, 20 g Mehl, 1/2 Zitrone, 2 TL Kapern

Die Schnitzel am Rand etwas einschneiden, klopfen, salzen, pfeffern und leicht mit zerdrückter Knoblauchzehe einreiben, auf der schönen Seite in Mehl tauchen. Zuerst auf dieser, dann auf der anderen Seite in heißem Fett bräunen, mit Fond oder Rindsuppe untergießen und weich dünsten. Nach 20 Minuten den Saft mit Sauerrahm und Mehl, beides glattgerührt, binden. Feine Streifen einer Zitronenschale und durchgeschnittene Kapern beigeben und fertigdünsten. Beilage: Gedünsteter Reis mit Parmesan, Salate.

Schweinsschnitzel, gebacken

4 Portionen

4 Schweinsschnitzel, Salz, Mehl, 1 Ei, Semmelbrösel, Fett

Die Schweinsschnitzel am Rand mehrmals leicht einschneiden, gut klopfen, in Mehl, verklopftem Ei und Bröseln panieren, in heißem Fett goldbraun backen.

Schweinsschnitzel, pikant

4 Portionen

4 Schweinsschnitzel, Salz, Pfeffer, 60 g Öl, 2 Zwiebeln, Rindsuppe oder Wasser, 2 Essiggurken, 1 TL Kapern, 2 Sardellenfilets, 1/2 Knoblauchzehe, Petersiliengrün, 1 KL Senf, Essig, 1/8 l Sauerrahm, 20 g Mehl

Die Schnitzel an den Rändern mehrmals leicht einschneiden, gut klopfen, würzen, beidseitig braun braten und warm stellen. Im Bratfett feingeschnittene Zwiebeln rösten, mit Rindsuppe oder Wasser aufgießen, alle feingehackten Zutaten (Kapern, Sardellenfilets, Knoblauchzehe, Petersilie) beigeben, aufkochen lassen, mit Senf und Essig abschmecken, zum Schluß mit Mehl und Sauerrahm, beide Zutaten gut verrührt, vollenden.

Dann die Schnitzel in die Sauce einlegen und etwa 10 Minuten dünsten lassen.

Schweinsroulade

4 Portionen

4 Schweinsschnitzel (vom Kaiserteil) à 120 g, 30 g Fett, brauner Fond oder Rindsuppe oder Wasser, 1/8 l Sauerrahm, 20 g Mehl, 2 TL Kapern, Pfeffer, Salz
Fülle: 200 g faschiertes Schweinefleisch, Thymian (frisch oder trocken), gehacktes Petersiliengrün, 80 g Zwiebeln, 1 Ei, Salz, 1 EL Semmelbrösel

Fülle: Alle Zutaten der Fülle roh und sehr fein gehackt bzw. faschiert gut vermengen, kurz rasten lassen, dann weiterverwenden.

Die Schweinsschnitzel an den Rändern mehrmals leicht einschneiden, gut klopfen, salzen, pfeffern, die Fülle auftragen, einrollen, binden oder mit Zahnstocher festhalten, leicht bemehlen und in heißem Fett allseitig bräunen. Mit Flüssigkeit untergießen und zugedeckt 35 bis 40 Minuten dünsten. Dann herausnehmen und warm stellen. Den Bratensaft mit Sauerrahm und Mehl, gut verrührt, binden, mit Salz, Pfeffer und gehackten Kapern würzen und über die Rouladen gießen.

Bauernschmaus

4 Portionen

4 kleine Schweinskoteletts à 100 g oder 4 Scheiben eines gebratenen Schweinskarrees, 4 Scheiben gekochtes Selchkarree oder Teilsames, 2 Paar Frankfurter oder Bratwürstchen, 500 g Sauerkraut (siehe Seite 430), 4 Semmelknödel aus 5 Schneidsemmeln (siehe Seite 391)

In die Mitte einer Platte das gedünstete Sauerkraut geben, die Fleischsorten abwechselnd rundherum auflegen und mit Saft umkränzen. Die Knödel werden auf das Sauerkraut gelegt.

Anrichtezimmer mit Einblick in die Küche (links) und in den Speisesaal (rechts hinten), Mitte 16. Jh.

Ragouts

Schweinspörkölt

4 Portionen

600 g würfelig geschnittenes Schweinefleisch (Schulter), 50 g Schmalz oder Öl, 80 g würfelig geschnittener Selchspeck, 300 g feingeschnittene Zwiebeln, 20 g Edelsüßpaprika, Salz, Kümmel, 2 Knoblauchzehen, 500 g Paradeiser oder 2 EL Paradeismark

Den Speck in heißem Fett glasig rösten, die Zwiebeln beigeben und goldbraun rösten, dann paprizieren, mit etwas Wasser ablöschen, das Fleisch beigeben, mit Salz, Kümmel, zerdrücktem Knoblauch würzen und alles im eigenen Saft weich dünsten. Die geschälten, entkernten und zerkleinerten Paradeiser ¼ Stunde vor dem Garwerden des Fleisches beigeben. Der Saft soll am Schluß so weit eingegangen sein, daß er eine nicht allzu dicke Sauce ergibt. Beilage: Salzkartoffeln oder Nockerl.

Schweinsgulyás

6 Portionen

900 g würfelig geschnittene Schweinsschulter, 100 g Fett, 300 g Zwiebeln, 30 g Edelsüßpaprika, Salz, Kümmel, 1 zerdrückte Knoblauchzehe, 3 geschälte, ausgedrückte Paradeiser oder 1 schwacher EL Paradeismark, ¼ l Sauerrahm, 10 g Mehl

Feinst geschnittene Zwiebeln in heißem Fett goldgelb rösten, paprizieren, mit Wasser ablöschen, das Fleisch beigeben, ebenso die Gewürze und die Paradeiser. Unter wiederholtem Eingehenlassen weich dünsten. Wenn das Fleisch fast gar ist, mit Sauerrahm und Mehl, beides gut verrührt, binden und so lange dünsten, bis das Fleisch ganz weich ist. Beilage: Salzkartoffeln.

Szegediner Gulyás, Szekelygulyás

4 Portionen

600 g Schweinefleisch (Schulter, ohne Schwarte), 60 g Fett, 250 g Zwiebeln, 1 EL Rosenpaprika (»Königspaprika«), Salz, Kümmel, 1 zerdrückte Knoblauchzehe, 500 g Sauerkraut, ⅛ l Sauerrahm, 10 g Mehl

Die in Streifen geschnittenen Zwiebeln in heißem Fett goldgelb rösten, paprizieren, mit etwas Wasser ablöschen. Das würfelig geschnittene Fleisch sowie Salz, Kümmel und Knoblauch beigeben und dünsten. Sobald das Fleisch halb weich ist, das Sauerkraut beigeben und alles weich dünsten (etwa ½ Stunde). Zum Schluß mit Sauerrahm und Mehl, beides gut verrührt, binden und noch 10 Minuten ziehen lassen. Beilage: Knödel.

Szegediner Krautfleisch

4 Portionen

600 g Schweinefleisch (Schulter oder Bauchfleisch, kann auch mit Schwarte sein), 40 g Fett, 150 g Zwiebeln, 20 g Paprika, Salz, Kümmel, 1 Knoblauchzehe, 500 g Sauerkraut, 1 rohe, gerissene Kartoffel

Feinst geschnittene Zwiebeln in heißem Fett goldgelb rösten, paprizieren, das würfelig geschnittene Fleisch beigeben, mit Salz, Kümmel und Knoblauch würzen, mit etwas Wasser untergießen und das Fleisch im Eigensaft weich dünsten. Nach halber Dünstzeit das Sauerkraut beigeben und fertigdünsten. 10 Minuten vor Ende der Dünstzeit das Sauerkraut mit einer gerissenen Kartoffel binden. Beilage: Knödel oder Salzkartoffeln.

Steirisches Wurzelfleisch

4–6 Portionen

800 g grobwürfelig geschnittenes Schweinefleisch (Schulter oder Bauchfleisch), Salz, Gewürzsäckchen (1 Lorbeerblatt, 2 Neugewürzkörner, etwas Thymian, 2 Knoblauchzehen), 400 g feingeschnittenes Wurzelwerk, 2 feingeschnittene Zwiebeln, 800 g geschälte, geviertelte Kartoffeln, Salz, Essig, 2 EL gerissener Kren, Petersiliengrün

Das Fleisch mit Salzwasser und dem Gewürzsäckchen zum Kochen aufstellen, in der letzten halben Stunde Zwiebeln, Wurzelwerk und Kartoffeln beigeben und mitkochen. Zuletzt alles mit Essig säuern und das Gewürzsäckchen entfernen. Das Fleisch wird in der Suppe samt Wurzelwerk und Kartoffeln, mit gehackter Petersilie und gerissenem Kren bestreut, angerichtet.

Die Kartoffeln können separat gekocht und zum Schluß dem Gericht beigegeben werden.

> **Jungschweinernes mit Kren.**
>
> Wenn man hiezu einen Brustkern gewählt und selben gesalzen hat, wird er in eine Casserolle, welche mit Wurzelwerk, Beißkräutel, ganzem Gewürz, Rockambolen oder Knoblauch, etwas Wasser und Essig eigerichtet ist, gelegt, und darin gekocht.
>
> Zugleich wird auch in einer andern Casserolle 1 Häuptel spanischen Zwiebel, dreierleifärbige gelbe Rüben, Sellerie, Petersilie, alles nudlicht geschnitten, in 1 Theil Wasser, 1 Theil Suppe und 1 Theil Essig gekocht, und dieser Saft zu dem abgekochten Fleisch geseiht, worauf man es dann anrichtet, mit dem nudelartig geschnittenen Wurzelwerk garnirt, und mit Kren bestreut.

Aus Katharina Schreders »Praktisches Kochbuch«, 1851

Klachelfleisch

6–8 Portionen

3 Schweinsstelzen, 400 g gemischtes Wurzelwerk, Salz, ½ Lorbeerblatt, 5 Pfefferkörner, 3 Neugewürzkörner, 1 Stengel Thymian, ¼ l Sauerrahm, 60 g Mehl, gehackte Petersilie

Die Schweinsstelzen in fingerdicke Scheiben hacken, mit dem blättrig geschnittenen Wurzelwerk, Salz und Gewürzen etwa 1 Stunde in so viel Wasser kochen, daß stets alles gut mit Wasser bedeckt bleibt. Zum Schluß mit Sauerrahm und Mehl, beides gut verrührt, binden und alles noch ¼ Stunde kochen lassen. Das Fleisch in ein frisches Geschirr umstechen, die Sauce über das Fleisch passieren und mit gehackter Petersilie bestreuen. Beilage: Salzkartoffeln.

Steirisches Schweinsragout

4 Portionen

600 g Schweinsschulter, 80 g Fett, 150 g Zwiebeln, 10 g Paprika, 2 EL Paradeismark, Salz, 250 g Spargelbohnen, etwas Dille, ⅛ l Sauerrahm, 20 g Mehl

Feinst geschnittene Zwiebeln in heißem Fett goldgelb rösten, paprizieren, mit Wasser aufgießen, gut verkochen, das würfelig geschnittene Fleisch beigeben, salzen, Paradeismark beigeben und alles dünsten, bis das Fleisch weich ist.

Gut geputzte Spargelbohnen klein schneiden, gesondert in Salzwasser weich kochen, abseihen, mit gehacktem Dillkraut dem Ragout beigeben. Rahm und Mehl glatt verrühren und ebenfalls dem Ragout beigeben. Alles noch etwa 10 Minuten verkochen lassen. Beilage: Salzkartoffeln.

Kümmelfleisch

4 Portionen

600 g Schweinefleisch (Schulter, nicht zu fett), in etwa 20 g schwere, kleine Scheiben geschnitten; 50 g Fett, 200 g feinst geschnittene Zwiebeln, 1 Spritzer Essig, Salz, Kümmel, Pfeffer, 1 Knoblauchzehe, 1 EL Paradeismark, 10 g Mehl

Man kann dazu auch halb Schweinefleisch, halb Rindfleisch verwenden; dann allerdings das Schweinefleisch erst nach der halben Garzeit des Rindfleisches dazugeben!

Die Zwiebeln in heißem Fett goldbraun rösten, mit einem Spritzer Essig ablöschen, das Schweinefleisch beigeben, salzen, kräftig mit Kümmel würzen, etwas gemahlenen Pfeffer und die zerdrückte Knoblauchzehe sowie 1 EL Paradeismark beigeben. Alles unter Beigabe von etwa $1/16$ l Wasser zugedeckt weich dünsten. Sobald das Fleisch kernigweich ist, mit etwas Mehl stauben, gut durchrühren, mit etwas Wasser zu einer nicht zu dicken Sauce aufgießen. Das Fleisch darin zugedeckt langsam weich dünsten. Beilage: Salzkartoffeln, mit einer Prise Kümmel gekocht.

Schweinsragout à la diable

4 Portionen

600 g grobblättrig geschnittene Schweinsschulter, 100 g Fett, 200 g Zwiebeln, 1 EL Paradeismark, Salz, Kümmel, 1 Knoblauchzehe, 1 EL Essig, ⅛ l Sauerrahm, 20 g Mehl, Cayennepfeffer, 1 TL Kapern, 1 Essiggurke, gehackte Petersilie

Das Fleisch in heißem Fett anbraten, die in Streifen geschnittenen Zwiebeln beigeben, goldgelb mitrösten, mit Flüssigkeit untergießen, mit Salz, Kümmel, Knoblauch und Paradeismark würzen. Das Fleisch darin weich dünsten. Zum Schluß mit Cayennepfeffer nachwürzen und mit Sauerrahm und Mehl, beides glatt verrührt, das Ragout binden. Gehackte Petersilie, die feingehackte Gurke sowie Kapern beigeben und alles kurz ziehen lassen.

Csikósfleisch

4 Portionen

600 g Schweinefleisch (Schulter), 50 g Selchspeck, 50 g Schweinefett, 250 g Zwiebeln, 10 g Edelsüßpaprika, 4 Paradeiser oder 1 EL Paradeismark, 1 in grobe Streifen geschnittener grüner Paprika, 3 feinst zerdrückte Knoblauchzehen, Salz, 200 g Kartoffeln, aus 200 g Mehl Nudelteig für Zupfnockerl

Würfelig geschnittenen Selchspeck in heißem Fett glasig rösten, die nudelig geschnittenen Zwiebeln darin goldgelb rösten, paprizieren, mit etwas Wasser ablöschen. Das in kurze, dicke Streifen geschnittene Fleisch beigeben, ebenso die Gewürze und die geschälten, ausgedrückten und gehackten Paradeiser. Etwas Wasser dazugießen und alles weich dünsten, dann die Paprikastreifen beigeben und weiterdünsten, schließlich die würfelig geschnittenen rohen Kartoffeln beigeben und fertigdünsten.
Das Csikosfleisch (ungarisch csikós = Pferdehirt, Landsknecht, trächtige Stute) anrichten, an der Seite mit einem Häufchen Zupfnockerl garnieren, die in klar ausgeschäumter Butter zuvor heiß geschwenkt und leicht gesalzen werden.

Debreziner Fleisch

4 Portionen

600 g Schweinefleisch (Schulter), 50 g Selchspeck, etwas Fett, 150 g Zwiebeln, 20 g Paradeismark, Salz, Kümmel, 1 TL Rosenpaprika, 2 Knoblauchzehen, 20 g Mehl, 1 Paar Debreziner Würstchen, 2 Essiggurken

Den würfelig geschnittenen Speck in heißem Fett glasig rösten, darin die feingeschnittenen Zwiebeln goldgelb rösten, das Paradeismark beigeben, mitrösten, das blättrig geschnittene Fleisch beigeben, dann die Gewürze. Alles weiterrösten, mit wenig Wasser untergießen und weich dünsten. Zum Schluß eingehen lassen, mit Mehl stauben, mit Flüssigkeit auf die richtige Saucenkonsistenz bringen und fertigdünsten. Die blättrig geschnittenen Würstchen und Gurken zuletzt beigeben, einmal aufkochen lassen und servieren.

Serbisches Reisfleisch

4 Portionen

600 g grobwürfelig geschnittenes Schweinefleisch, 120 g Selchspeck, 200 g feinst geschnittene Zwiebeln, 1 EL Rosenpaprika, 1 EL Paradeismark, Salz, Kümmel, 1 zerdrückte Knoblauchzehe, 250 g Reis, ½ l Wasser, geriebener Parmesankäse

Den würfelig geschnittenen Speck glasig anrösten, darin die Zwiebeln goldgelb rösten, paprizieren, das Paradeismark sowie das Fleisch und die Gewürze beigeben. Im eigenen Saft das Fleisch zugedeckt etwa 20 Minuten halbweich dünsten. Dann den trockenen Reis beigeben, mit Wasser auffüllen, aufkochen lassen und zugedeckt 20 Minuten weich dünsten. Zum Schluß muß der Reis ganz trocken sein und in die einzelnen Körner zerfallen. In nasse Portionsformen pressen, stürzen und mit Parmesankäse bestreuen. Beilage: Grüner Salat und Fächergurken.

In der Kärntner Landesküche gibt es ein »**Preinfleisch**«, das wie das Reisfleisch bereitet wird: statt Reis wird Hirse- oder Heiden»prein« (eine Art Sterz) verwendet. Hirse und Buchweizenmehl haben eine kürzere Kochzeit; man muß langsam, ohne umzurühren, dünsten und unbedeckt länger ausdünsten lassen als Reis. Hirse kann man zusätzlich mit etwas Minze oder Zitronensaft würzen.

Faschiertes Fleisch und gefülltes Gemüse

Netzbraten

8 Portionen

400 g Schweinefleisch und 300 g Rindfleisch zum Faschieren, 30 g Schweinefett, 1 feinst geschnittene Zwiebel, gehacktes Petersiliengrün, 2 Schneidsemmeln, 1 Ei, Salz, Pfeffer, 1 zerdrückte Knoblauchzehe, 1 Schweinsnetz, ¼ l Sauerrahm, 10 g Mehl, ½ EL Paradeismark
Einlage: würfelig geschnittener, roher Speck; würfelig geschnittene Pökelzunge, feingeschnittener Schinken, würfelig geschnittene Champignons, gehackte gekochte Eier

In heißem Fett die feinst geschnittene Zwiebel goldgelb rösten, etwas gehacktes Petersiliengrün mitrösten, auskühlen lassen und mit dem Fleisch, der eingeweichten, gut ausgedrückten Semmel und dem Knoblauch zweimal durch die feinste Scheibe der Fleischmaschine drehen. Das Faschierte mit Salz, Pfeffer, dem rohen Ei und etwas kaltem Wasser zu einer geschmeidigen Konsistenz verarbeiten. Dann die vorbereitete Einlage beigeben (wobei die Menge und die Art der Einlage variiert werden können). Aus der Masse eine dicke Rolle formen, die man in ein zuvor in lauwarmem Wasser geweichtes Schweinsnetz hüllt. Diesen »Netzbraten« in eine gefettete Kasserolle legen und hellbraun braten, dabei wiederholt mit Eigenfett begießen. Das Fleisch bekommt dadurch nach weiteren 20–25 Minuten einen glasigen Überzug. Den fertigen Braten herausheben und warm stellen. Den Bratrückstand mit Paradeismark gut verrühren, mit etwas Wasser aufkochen, mit Sauerrahm und Mehl binden, verkochen und passieren. Noch einmal aufkochen lassen und den in fingerdicke Scheiben geschnittenen Netzbraten damit umkränzen. Beilage: halbierte, geschälte Salzgurken.

Gefüllte Paprika

4 Portionen

8 grüne Paprikaschoten, Salzwasser
Fülle: 350 g faschiertes Schweinefleisch (oder halb Schweine-, halb Rindfleisch), 50 g feinst geschnittene Zwiebel, 30 g Fett, gehacktes Petersiliengrün, Salz, Pfeffer, Majoran, 1 Knoblauchzehe, 50 g gekochter Reis, 1 rohes Ei
Paradeissauce: 1 kg Paradeiser, ⅛ l Wasser, 60 g Öl, 100 g Zwiebeln, 50 g Mehl, Salz, Zucker, 1 Spritzer Essig

Von den Paprikaschoten die Stiele entfernen, an der Stielseite einen Deckel ausschneiden, die Paprikas innen völlig entkernen und die weißen Fäden entfernen, dann mit kochendem Salzwasser überbrühen, nach 5 Minuten mit Kaltwasser abschrecken und gut abtropfen lassen. Mit der vorbereiteten Fülle füllen, mit dem Deckel oben wieder verschließen. In eine gefettete Kasserolle dicht nebeneinanderliegend anordnen, salzen und in heißem Rohr unter einmaligem Wenden braten, bis sich die Fülle steif anfühlt. Dann die vorbereitete Sauce darüberpassieren. Alles zugedeckt etwa 20 Minuten langsam dünsten. Als Beilage serviert man Salzkartoffeln.

Fülle: In heißem Fett feinst geschnittene Zwiebeln goldgelb rösten, etwas überkühlen, zum Faschierten geben, mit gehackter Petersilie, Salz, Pfeffer, Majoran und zerdrücktem Knoblauch würzen, mit Reis und dem Ei und eventuell etwas Wasser zu einer geschmeidigen Masse verarbeiten.

Paradeissauce: Die Paradeiser waschen, zerdrücken, in ⅛ l Wasser etwa 30 Minuten langsam kochen. In Fett die feingeschnittenen Zwiebeln anschwitzen, stauben, durchrösten, mit den Paradeisern aufgießen, gut verkochen, würzen und anschließend über die gebratenen Paprikas passieren.

Gefülltes Kraut

6 Portionen

1 oder 2 Krautköpfe (je nach Größe) oder eingelegte Krautblätter
Fülle: 450 g faschiertes, fettes Schweine- und Rindfleisch; 1½ Schneidsemmeln, 1 Ei, 30 g Schmalz oder Öl, 60 g in Streifen geschnittene Zwiebeln, 1 TL ge-

hackte Petersilie, Pfeffer, Salz, Majoran, 1 zerdrückte Knoblauchzehe
Paprikakraut: 40 g Schmalz, 60 g Selchspeck, 60 g Zwiebeln, 20 g Paprika, 400 g Sauerkraut, etwas Kümmel, ½ Lorbeerblatt, 2 Knoblauchzehen, Salz, ⅛ l Sauerrahm, 10 g Mehl

Fülle: Die Schneidsemmeln in Wasser einweichen. Die in Streifen geschnittenen Zwiebeln in heißem Fett goldgelb rösten, gehackte Petersilie beigeben, etwas überkühlen lassen. Dann mit dem Fleisch, der ausgedrückten Semmel und dem Knoblauch sehr fein faschieren bzw. mit dem bereits Faschierten gut vermischen, mit Salz, Pfeffer und Majoran würzen, mit dem Ei und etwas kaltem Wasser zu einer geschmeidigen Masse verarbeiten.

Paprikakraut: Würfelig geschnittenen Selchspeck in heißem Schmalz glasig rösten, feingeschnittene Zwiebeln mitrösten, paprizieren, sofort mit ¼ l Wasser aufgießen, das Sauerkraut und die Gewürze beigeben, zugedeckt weich dünsten. Zum Schluß mit Sauerrahm und Mehl, beides gut verrührt, leicht binden.

Von einem ganzen Krautkopf den Strunk entfernen, in kochendes Salzwasser legen und den Krautkopf darin etwa 5 Minuten kochen, dann herausheben und entblättern. Die einzelnen Blätter in das Kochwasser zurückgeben und kernigweich kochen. Dann die Blätter herausnehmen, gut abtropfen lassen, auflegen, etwas flachklopfen, mit der Fülle belegen, an der Seite einschlagen und zu Rollen formen, mit der »Naht« nach unten in eine gefettete Pfanne legen und leicht salzen. Im Rohr ca. 15 Minuten braten. Dann mit dem vorbereiteten Paprikakraut bedecken und alles gut 1 Stunde zugedeckt und langsam im Rohr dünsten. Beilage: Salzkartoffeln.

Gefüllte Kohlrabi

Als Vorspeise 4 Portionen,
als Hauptspeise 2 Portionen

4 Stück Kohlrabi, 200 g Faschiertes (Schweinefleisch), 30 g Fett, 50 g Zwiebeln, Salz, Pfeffer, Majoran, Wasser, Salz, Zucker, 1 Schneidsemmel, 1 Ei, Petersiliengrün

Die Kohlrabi schälen, einen Deckel ausschneiden und die Kohlrabi gut aushöhlen, bis nur mehr eine dünne Wand übrigbleibt. Die Kohlrabiabfälle sowie die zarten Blätter der Kohlrabi fein hacken und mit der feingeschnittenen Zwiebel in heißem Fett anschwitzen, mit Salz, Pfeffer und Majoran würzen, überkühlen, mit dem faschierten Fleisch und der eingeweichten, gut ausgedrückten Semmel verrühren, das Ei beigeben und die Masse, wenn nötig mit etwas kaltem Wasser, zu einer geschmeidigen Fülle verarbeiten.

Mit dieser Masse die Kohlrabi füllen, diese obenauf mit dem Deckel wieder abschließen und in einer passenden Kasserolle in fingerhoch Wasser oder Rindsuppe dicht nebeneinander setzen, mit einer Spur Zucker und Salz würzen. Zugedeckt das Gemüse weich dünsten.

Sobald die Kohlrabi weich sind, herausnehmen und warm stellen. Mit dem kurz eingekochten Saft die angerichteten Kohlrabi überziehen. Der Saft kann auch mit etwas Einmach zu einer Sauce verkocht werden, in die man reichlich gehacktes Petersiliengrün gibt und mit der man dann die Kohlrabi überzieht.

Lamm- und Hammelfleisch

Noch im ausgehenden Mittelalter war in der österreichischen Küche das Lamm- und das Hammelfleisch reichlich vertreten. Santonino berichtet Ende des 15. Jahrhunderts, daß ihm während einer Reise durch Kärnten wiederholt Lämmernes am Spieß, Brathühner mit Lammrükken und Fleisch von gemästeten einjährigen Schöpsen in Suppe aufgetischt worden seien. Ein Archidiakon namens Valentin erzählte ihm, daß er für seinen Haushalt mit 70 Klerikern und Laien jährlich an die 20 Rinder, mehr als 100 Schöpse und Schafe, 25 Schweine, 60 Gänse und mehr als 400 Hennen, Kapaune und Hähnchen verbrauche. Für einen Hochzeitsschmaus im Jahre 1666 wurden u. a. 100 Schöpse und 50 Lämmer geschlachtet, und noch 1730 benötigte man für die kaiserliche Leopoldi-Festtafel in Klosterneuburg zum Nachtmahl und Frühstück u. a. 395 Pfund »Castrauner« (= verschnittene Hammel), 330 Pfund »Lembernes« (Lämmernes) und 36 »Lemberfüß«. Auch das »Neue und nutzbare Kochbuch des Granat-Apffels«, 1699, bringt Rezepte wie »eine Brühe über eine im Eßig gebaitzte Schöps-Keule«, »Von jungen Schaaf-Mäglein zu kochen«, »ein gutes lämmernes Dampff-Brätlein«, »gefüllte Lamm-Brüstlein« (gefüllt mit gequellter Sellerie, Eiern, Butter, Semmeln und Kräutern), »einen lämmernen Haasen zu braten« (»Schneide einem lamme den leib mit den vordern füssen hinweg, wie mans mit einem haasen zu machen pflegt, spick es mit kleinen speck, brate es und mach eine sartellen-suppe darunter.«) und ein Rezept, »die guten geselchten Kastraun-Schlegel zu machen«, die in Stücke geschnitten werden (»mach eine saure milchrahm-suppe darüber mit capern, laß auf einer schüssel eine weile sieden«). Ebenso waren dem »Neuen Lexikon der französischen, sächsischen, österreichischen und böhmischen Kochkunst«, 1785, eine Reihe von Lamm- und Hammelfleisch-Rezepten »auf österreichische Art zu machen« bekannt.

Genau 100 Jahre später lobt August Mauer in seinem »Illustrirtem Wiener Kochbuch« (1885) das Hammel- und das Lammfleisch, »da man so ziemlich aus allen seinen Theilen geschmackvolle Gerichte – ja, sogar Delicatessen in der Lage zu bereiten ist«. Mauer »rangiert« die Hammelgerichte wie folgt: »1. Hammelskeule, 2. Hammelsrücken, 3. Hammelscarbonaden (Rippchen), 4. Hammelsbrust, 5. Hammelscoteletten, 6. Hammelshälse. Von den kleineren Piècen: Hammelskopf, Hammelszungen, Hammelfleisch, Haché's und Hammelsnieren.«

Allerdings ist schon damals das Lamm- und das Hammelfleisch naturgemäß landschaftsgebunden, also auf die Bergbauerngebiete beschränkt geblieben. Die Steiermark konnte mit dem »Steirischen Schöpsernen« sogar in die internationale Gastronomie Eingang finden, und das »Grätzerische Kochbuch« von 1804 bringt, verglichen mit den anderen zeitgenössisch-heimischen Kochbüchern, zahlreiche einschlägige Rezepte, u. a. »Ragout von Lämmerfleisch«, »Schaffleisch mit Sellerie«, »Lammfleisch mit Kapern« (wurde mit »Muskatblumen«, Gewürznelken, Zwiebeln, Lorbeerblättern, Basilikum, Kapern, Zitronenscheiben, Sardellen und geriebener Semmel gekocht), »Lammfleisch mit einer Sardellensuppe«, »Lämmerbraten in Soß«, Schöpsenschlegel, Ragout von Lämmerbraten, und erteilt Ratschläge »von den Vortheilen bey dem Einschlachten der Lämmer«: »Den Lemmerzemmer kann man wie einen Wildzemmer zurecht machen, und braten lassen, oder einen Lämmerbraten mit dem Rücken frisch braten; von dem andern Lämmerrücken kann man einmahl Karbonadel machen, und den Schlegel in eine Beitze legen, alles Fett abschneiden, sie spicken und am Spieß braten, oder dieselbe einsalzen und räuchern. Das Beischel ißt man mit langen braunen Kohl, so hat man davon auch eine Mahlzeit. Den Lämmerkopf salzet man ein, räuchert ihn, und kocht ihn nachher mit Rüben. Die Füße aber wende man in Eyern und Mehl um, und bäckt sie in Butter gar; so hat man verschiedene wohlschmeckende Speisen, von einem Hammel.« Der unbekannte Autor unterließ es nicht, dazu auch Tranchier- und Vorlegeanweisungen zu geben.

Das »Wienerische bewährte Kochbuch« von Ignaz Gartler und Barbara Hikmann führt bereits in einem eigenen Abschnitt »Verschiedene Fleischspeisen von Lamm« mit 32 Rezepten an und empfiehlt im Speisenzettel an »Fleischtägen bey vornehmen Gastereyen« u. a. »Spenat mit lämmernen Karbonadeln, gebackenes lämmernes Kerndel mit Ribiselsoß, lämmernes gefülltes Biegel, faschirtes lämmernes Brüstel, lämmernen Hasen und Haschee von lämmernem Beischel«. Zenkers »Kochkunst« von 1824 kennt ebenfalls »manch delicates Gericht« von Lamm- und Hammelfleisch, auch auf »französische, italienische und englische Art« oder »Lämmerne Schulter in halber Trauer«. »Die Kochkunst«, das Kochbuch der »Wiener Mode« (1895), empfiehlt zwar für das Diner am Ostersonntag »Lammrücken, garniert mit jungem Gemüse«, zum Souper »gefüllte Lammschlägel mit frischem Salat«, ist aber außer für den Monat Mai mit Lammfleischrezepten eher sparsam.

Inzwischen waren das »Lämmerne« und »Schöpserne« vom Bürgertisch fast ganz verschwunden. 1830 verzehrten die Wiener noch 100 000 Schafe und Hammel (bei rund 360 000 Einwohnern), um 1890 verbrauchte Wien nur mehr 68 000 Schafe, »aber auch hier weicht der Hammel mehr und mehr vor dem Schwein zurück – allerdings nicht, weil minderwertig, sondern nur, weil die Schafzucht auf dem Continent überhaupt zurückgeht. Denn wie auch immer man vom biederen Schaf denken mag, eines steht sprichwörtlich fest: der wahre Schöps paßt auf jede Tafel«, schließen Habs und Rosner das Kapitel »Schaffleisch« in ihrem »Appetit-Lexikon« (1894). Heute werden in Österreich jährlich rund 33 000 Schafe, davon 17 600 in Hausschlachtungen, geschlachtet. Lassen wir abschließend einen Kenner, Friedrich Christian Eugen von Vaerst (1851), zu Wort kommen: »Das Lamm, obgleich etwas fade, ist doch unter einigen Formen gut, besonders durch den Spieß und eine gelehrte Sauce. Potenzierte Gourmands bestreichen die Schüssel, auf der es serviert wird, mit ein wenig assa foetida von der Größe eines Stecknadelkopfes. Der beste Moment für das Gericht ist der Mai. Lämmer, die zweiundeinhalb Monat alt und gut genährt sind, sind die besten. Ein Ragout davon, mit einer Trüffelsauce, ist der Triumph der Küche.« (Als »assa foetida« bezeichnete man den Teufelsdreck, auch »Asant« oder »Stink-Asant« genannt, das eingetrocknete Gummiharz verschiedener Arten der Doldenblütergattung Ferula; es wurde auch als ein unangenehm lauchartig riechendes Arzneimittel zur Nervenberuhigung verwendet.)

FACHLICHE HINWEISE

Das **Lamm** ist das junge, bis zu einem Jahr alte Schaf. Es hat blaß- bis dunkelrosafarbenes, weiches, feinfaseriges Fleisch; an den weiten Lenden soll das Fleisch fest anliegen. Am zartesten ist das Fleisch des 2 bis 3 Monate alten Lammes, auch Milchlamm genannt; es wird vor allem für den Osterbraten verwendet. Lammfleisch zählt zum hellen Fleisch und wird daher ähnlich wie das Kalbfleisch zubereitet.

Der **Hammel** oder Schöps, das meist verschnittene männliche Tier, hat rotes glänzendes Fleisch mit weißem Fett. Hammelfleisch soll immer gut abgehangen sein! Wer den eigenartigen Geschmack und Geruch nicht mag, kann das kochfertige Fleisch eine Zeitlang in mit Essig gesäuertes Wasser legen, dann abseihen, mit kaltem Wasser gut abspülen und weiterverwenden. Doch verliert dabei das Fleisch an Nährwert. Am besten ist der Geschmack mit Knoblauch auszugleichen. Ein Hammelbraten verträgt stärkere Gewürze, neben Salz und Pfeffer auch Senf und Knoblauch sowie Kräuter wie Salbei, Minze, Thymian, Rosmarin, Bohnenkraut – eingedenk der Regel alter Hirten, daß das Schaffleisch mit jenen Kräutern und Früchten gewürzt werden soll, die das lebende Tier gefressen hat.

Alle Schaffleischgerichte sind so heiß wie möglich zu servieren, ja man soll selbst Zugluft dabei vermeiden! Noch ein Wort zur österreichischen Nomenklatur: Mit »Schöps« bzw. »Schöpsernem« bezeichnet man im österreichisch-bayrischen Sprachraum den verschnittenen Widder oder Hammel; das Wort »Schöps« kommt aus dem Slawischen (»skopec«, altslawisch: »skopiti« = verschneiden); in der Tiroler Mundart heißt der »Schöps« noch heute »Gschtraun« = »Kastraun« (italienisch: »castrone« = kastrierter Schafbock), wie er bereits in den barocken Kochbüchern erscheint.

Lammfleisch

Küchenmäßige Aufteilung

Schlegel (Keule): im ganzen gebraten; auch gekocht oder gedünstet; auch gefüllt.
Rücken, Sattel: im ganzen gebraten; halbiert (geteilt) ergibt es die Koteletts (aus dem Karree); aus dem ausgelösten Rückenfilet kommen die Lammnüßchen (2 Stück pro Person); »Lammshase« ist der Rücken mit dem Schlußbraten.
Brust (Brüstel): im ganzen, gerollt und gefüllt, gebraten oder gedünstet; ausgelöst und geschnitten für Ragouts. Das »Teilsame Schöpserne« sind die Brust mit Bauchfleisch und das Halsfleisch.
Schulter: im ganzen, ausgelöst, gerollt, gefüllt, gebraten oder gedünstet; oder wie der Hals für Kleingerichte (Ragouts usw.).
Innereien: Zunge und Lammbries (wie Kalbszunge und -bries zu verwenden); Lammniere für Grillgerichte.

Beilage zu Lammfleisch: Zartes, junges Gemüse, feine Salate; Kartoffeln in jeder Form.

Hammel: a) Schlegel oder Keule; b) c) Sattel, Schoß, Rücken; d) Kotelett-Rippenstück; e) Hals; f) Bug, Schulter, Blatt

Lammschlegel auf Wiener Art

6–8 Portionen

1 Lammschlegel (Keule); 30 g würfelig geschnittener, geräucherter Speck, Salz, Pfeffer, 150 g Wurzelwerk, 1 Zwiebel, 6 Pfefferkörner, 50 g Butter, Rindsuppe oder Wasser, 20 g Butter, 1 KL Mehl, 150 g Champignons, 150 g Karotten

Vorbereitung: Schlegel vom Schlußknochen und Rohrknochen auslösen, Stelzenknochen samt Fleisch entfernen, das am Fett liegende Häutchen abziehen und den Schlegel binden. Der Stelzenknochen kann an der Keule bleiben. Dazu wird das Fleisch am unteren Drittel eingeschnitten, zum Stelzenende hin geschabt und der Knochen am Stelzenende mit der Knochensäge abgeschnitten.

Den Lammschlegel salzen und pfeffern. In eine gebutterte Bratpfanne Knochen und Speckwürfel, blättrig geschnittenes Wurzelwerk, die geschnittene Zwiebel, einige Pfefferkörner und die vorbereitete Lammkeule geben, mit zerlassener Butter übergießen und im heißen Rohr goldfarben braten. Nach halber Bratzeit wenden. Dabei wiederholt mit Eigensaft begießen, der mit etwas Rindsuppe oder Wasser ergänzt wird. Sobald das Fleisch gar ist, die Keule herausnehmen. Den Bratensaft entfetten, etwas frische Butter aufschäumen lassen, mit Mehl stauben, durchrösten, mit Rindsuppe oder Wasser zu einem dünnflüssigen Saft aufgießen, kurz verkochen und durch ein Sieb streichen.

Extra in heißer Butter blättrig geschnittene Champignons und dünnblättrig geschnittene Karotten dünsten. Dann in den Saft geben und kurz aufkochen; hiermit die in Tranchen geschnittene Lammkeule umkränzen. Beilage: Reis, Risipisi oder Kartoffeln, junges Gemüse.

Gebratener Lammschlegel

Wie oben beschrieben herrichten. Es gibt verschiedene Arten der Würzung; mein persönlicher Vorschlag für Lamm: Gemisch aus Salz und Pfeffer, Petersilie und Knoblauch. Gebraten wird auf Knochenunterlage mit wenig Flüssigkeitsbeigabe und unter wiederholtem Begießen mit Eigensaft. Das Lammfleisch – wie Kalbsbraten – durchbraten, wobei das Innere des Bratens zartrosa sein darf. Wenn das Fleisch gar ist, Schlegel herausnehmen und warm stellen. Den Saft eingehen lassen, etwas Fett abgießen, Butter beigeben, mit etwas Mehl stauben und leicht tomatisieren. Mit braunem Fond oder Rindsuppe aufgießen und gut verkochen, wobei man reichlich Petersilstengel mitkocht. Sehr heiß servieren, mit abgeseihtem Saft umkränzt.

Überkrusteter Lammschlegel

Eine hohl augelöste Lammkeule braten. Kurz vor dem Garwerden herausnehmen und überkühlen. Semmelbrösel mit etwas zerdrücktem Knoblauch und reichlich gehackter Petersilie gut vermengen, mit etwas zerlassener Butter befeuchten und auf die Oberfläche der Keule, die man vorher noch mit frischer Butter bestrichen hat, geben; nochmals im Rohr überbraten, damit die Kruste schön braun wird. Natursaft extra servieren. Beilage: Frische Zuckererbsen, junge Karotten, heurige Kohlrabi und Kartoffeln.

Lammrücken

Vorbereitung zum Braten: Die kleinen Filets (Lungenbraten) auslösen und anderweitig verwenden. Das auf der Fettschicht befindliche Häutchen wird abgezogen, die Fettschicht selbst bleibt immer am Lammbraten. Durch den Rückenmarkskanal einen Eisenspieß stecken (um die Form zu erhalten). Die an den Seiten befindlichen Bauchlappen werden an die Unterseite des Bratens gebunden.

Lammrücken auf englische Art

4 Portionen

1 kg Lammrücken, Salz, Pfeffer, 100 g Butter, 100 g Champignons, Petersilie, 1 Zwiebel, 1 Knoblauchzehe, 3 EL Semmelbrösel, Parmesan

Den vorbereiteten Lammrücken salzen und pfeffern, in heißem Fett anbraten und zu ²/₃ fertigbraten. Dann den Rücken mit der Mischung (siehe Seite 309) bestreichen, mit Parmesan bestreuen und im Rohr fertigbraten. Rückenfilets vom Knochen lösen, in dickere Stücke schneiden, zur ursprünglichen Form auf dem Knochen zusammensetzen, auf heißer Platte servieren. Mit halbierten, gebratenen Paradeisern und Fisolen garnieren.

Mischung: Feingeschnittene Zwiebeln in Butter rösten, gehackte Champignons beigeben, salzen, zerdrückten Knoblauch beigeben, feingehackte Petersilie mitrösten und mit Semmelbröseln festigen. Etwas überkühlen.

Lammkarree mit Gemüse

4–6 Portionen

1 Karree ohne Rückgrat (etwa 1 kg), Salz, Pfeffer, Butter, 1 Zwiebel, 1 Karotte, weiße Rüben, 1 Knoblauchzehe, grüne Erbsen, Fisolen, Kalbsjus oder brauner Fond

Das gewürzte Karree in Butter anbraten, mit dem in Butter vorgedünsteten Gemüse umlegen, mit Jus oder Fond untergießen und zugedeckt weich dünsten.

Lammkotelett

»Das Lammkotelett ist die Blume, das Madrigal der feinen Kochkunst, wie das Hammelkotelett das Sonett derselben ist. Ein Lammkotelett, sautée aux champignons, sauce tomate ist das Sublimste, was die Küche bieten kann. Man sollte es nur au petit souper unter vier Augen genießen.«
Friedrich Christian Eugen von Vaerst, 1851

Vorbereitung: Lammkoteletts werden vom Lammkarree geschnitten; man rechnet 2 bis 3 Stück pro Person.

Gebratene Lammkoteletts mit Champignons in Rahmsauce

4 Portionen

12 Lammkoteletts, Salz, Pfeffer, Öl, Butter, Kalbsjus oder brauner Fond, Champignons, Zitronensaft, 1 EL Butter, 1 EL Mehl, ⅛ l Obers

Einige Champignons in nicht zu dünne Blätter schneiden, mit Zitronensaft beträufeln, salzen, pfeffern und in heißer Butter kurz durchschwenken. Mit Mehl stauben, kurz rösten; mit Obers, frischer Butter vollenden. Die Koteletts salzen, pfeffern, in heißem Öl braten und heiß stellen. Das Bratfett abgießen, etwas Butter aufschäumen lassen und mit Kalbsjus oder braunem Fond zu kurzem Saft verkochen und damit die Koteletts umkränzen. Mit Gemüsereis garnieren. Die Champignons à part servieren.

Lammkoteletts, gebacken

4 Portionen

8 Lammkoteletts, Salz, Pfeffer, Mehl, 1 Ei, Semmelbrösel, Butter zum Backen

Die Koteletts salzen, pfeffern, mit Zitronensaft beträufeln, etwas ziehen lassen. Dann die Koteletts in Mehl, verklopftem Ei und Bröseln panieren, in reichlich Butter schwimmend goldbraun backen. Mit Zitronenvierteln garnieren.

Gebackenes Lämmernes

»...vom ganzen Tier aber schneidet man aus der Brust und Schulter Streifen zum Back-Lamm (›Lamm auf Wiener Art‹ nennen's die norddeutschen Kochbücher)... Genaugenommen und alles wohl erwogen, rechtfertigen auch nur die Lammcoteletten und das Backlamm (›Lämmernes gebackenes‹ heißt es auf den Speisekarten der Wiener Wirtshäuser) das Vorkommen des Lammes in der Küche.«
Habs und Rosner, »Appetit-Lexikon«, 1894

6 Portionen

800 g Lämmernes (in Stücke geschnitten, also Schulter oder Brust), Salz, Pfeffer, Mehl, 3 Eier, Brösel, Fett

Die einzelnen Stücke salzen und pfeffern, in Mehl, verklopften Eiern und Semmelbröseln panieren und sofort wie Schnitzel in heißem Fett schwimmend goldgelb backen. Je nach der Dicke des Stückes rechnet man 10 bis 15 Minuten Backzeit pro Stück.

Gefüllte Lammbrust

6–8 Portionen

1 kg Lammbrust oder Lammschulter (hohl ausgelöst), Salz, Pfeffer, Butter, brauner Fond
Fülle: 200 g Kalbfleisch, 2 Eidotter, Salz, Pfeffer, Muskat, 1 EL geschälte, halbierte Pistazien, bis zu ⅛ l Obers

Ein paar möglichst breit geschnittene Lammbrüste, von den Rippenknochen befreit, untergreifen (mit einem Messer zwischen Rippen und Fleischdecke einen Hohlraum schaffen), mit der Fülle füllen, zunähen und in heißer Butter von allen Seiten etwas anbraten; mit braunem Fond untergießen und im Rohr glasieren. Der Fülle wegen langsam braten. Dabei wiederholt mit Eigensaft begießen. Bratdauer: etwa 1¼ Stunden.
Den Bratsatz eingehen lassen, überflüssiges Fett abgießen, frische Butter aufschäumen lassen, mit wenig Mehl stauben, mit braunem Fond aufgießen und verkochen lassen. Mit dem abgeseihten Saft die inzwischen tranchierte Brust umkränzen.
Fleischfülle: Das entsehnte Kalbfleisch zweimal durch die feine Scheibe der Faschiermaschine treiben und möglichst im kalten Zustand (die Köche stellen alles in Eiswasser!) tüchtig abarbeiten, um eine gute Bindung zu erreichen. Eidotter und Gewürze beigeben und so viel Obers einarbeiten, daß die Fülle eine streichfähige Konsistenz erhält. Zuletzt Pistazien dazugeben.

Eingemachtes Lammfleisch

6 Portionen

1 kg Lammfleisch von Schulter, Hals oder Brust; Salz, 4 Pfefferkörner, 2 Gewürznelken, 1 halbierte Zwiebel, 200 g gemischtes Wurzelwerk, 60 g Butter, 60 g Mehl, Muskat, Zitronensaft, 1/16 l Obers, 1 Eidotter, Butter, 100 g blättrig geschnittene Champignons, Petersiliengrün

1¼ l Wasser zum Kochen bringen, das ausgelöste, würfelig geschnittene Fleisch beigeben, zum Kochen bringen und das Fett abschöpfen. Dann die Gewürze, Salz, die halbierte Zwiebel und das Wurzelwerk im ganzen beigeben und alles weich kochen.
Sobald das Fleisch weich ist, umstechen. Das Wurzelwerk blättrig schneiden, zum Fleisch geben.
Aus Butter, Mehl und Kochfond eine helle Einmachsauce bereiten, mit Zitronensaft und Muskat würzen und über das Fleisch passieren. Nach dem Aufkochen mit Eidotter und Obers legieren. In Butter sautierte Champignonscheiben kommen als weitere Einlage dazu. Mit Petersilie bestreut servieren. Beilage: Reis- oder Markknödel.

»Heiß abgesottenes« Lammfleisch

6–8 Portionen

¾–1 kg Lammfleisch von Schulter, Hals oder Brust; Knochen, Wasser, Salz, Gewürzsäckchen (5 Pfefferkörner, 4 Neugewürzkörner, 1 kleines Lorbeerblatt, 1 Stengel Thymian, 1 Knoblauchzehe), 400 g in dünne Streifen geschnittenes Wurzelwerk, 2–3 kleine Zwiebeln, Essig oder Zitronensaft, gehackte Petersilie

Die Knochen in kaltem Wasser ansetzen, salzen und zum Kochen bringen. Kurz bevor das Wasser zu sieden beginnt, das Fleisch beigeben und offen langsam kochen. Kochzeit: etwa 1½ Stunden. Im letzten Drittel der Kochzeit Gewürzsäckchen und das Wurzelwerk beigeben und alles weich kochen. Zum Schluß das Gewürzsäckchen entfernen und mit Essig oder Zitronensaft abschmecken.
Das Fleisch herausnehmen, in Scheiben schneiden, mit dem gekochten Wurzelwerk und dem Kochsud anrichten. Mit gehackter Petersilie bestreuen. – Dieses Gericht ist eine steirische Spezialität.
Das gekochte Schaffleisch kann man auch zu einer mit dem Kochsud hergestellten Kapern-, Senf-, Dill- oder Gurkensauce (siehe Seite 163 f.) servieren. Als Beilage eignen sich alle Bohnenarten, rote Rüben, gedünsteter Kohl und Salzkartoffeln.

Lammgulyas

4 Portionen

600 g grobwürfelig geschnittenes Lammfleisch, Fett, 250 g Zwiebeln, 20 g Paprika, Salz, 1 Knoblauchzehe, Zitronenschale, 1 EL Paradeismark, ⅛ l Sauerrahm, 20 g Mehl

Die feingeschnittene Zwiebel in heißem Fett goldgelb rösten, paprizieren, mit Wasser ablöschen und etwas einkochen lassen. Das vom gröbsten Fett befreite Lammfleisch beigeben, mit Salz, zerdrücktem Knoblauch, Zitronenschale und Paradeismark würzen. Das Fleisch im eigenen Saft weich dünsten, dabei nicht zuviel Flüssigkeit beigeben (das Fleisch soll nie ganz mit der Flüssigkeit bedeckt sein). Das gare Fleisch in ein frisches Geschirr umstechen, den Saft mit Sauerrahm und Mehl, beides gut verrührt, binden, über das Fleisch passieren. Noch einmal aufkochen und sehr heiß servieren. Beilage: Nockerl, Kartoffelnudeln.

Lammragout mit Gemüse

6 Portionen

800 g Lammfleisch (Schulter, Brust, Hals), 60 g Fett, 1 feingeschnittene große Zwiebel, 1 EL Paradeismark, 1/8 l Weißwein, Salz, Pfeffer, 1 Knoblauchzehe, Thymian, gehackte Petersilie, 30 g Mehl, Rindsuppe oder brauner Fond, Karotten, Erbsen, kleine Zwiebeln, Fisolen, 100 g Champignons

Das würfelig geschnittene Fleisch in heißem Fett anbraten, die Zwiebeln darüberstreuen und mitrösten, mit Wein ablöschen und einkochen lassen, mit Salz, Pfeffer, zerdrücktem Knoblauch, Thymian sowie Paradeismark und gehackter Petersilie würzen. Mit Mehl stauben, kurz durchrösten, mit Rindsuppe oder Fond aufgießen und zugedeckt alles weich dünsten. Sobald das Fleisch weich ist, in ein frisches Geschirr umstechen und die Sauce darüberpassieren. Extra zubereitete Erbsen, Fisolen, Karotten, Champignons und glasierte Zwiebeln als Einlage beigeben. Man kann auch 300 g weiße Bohnen, vorgeweicht, extra kochen und als weitere Einlage in das Ragout geben. Beilage: Petersilienkartoffeln.

Hammelfleisch (»Schöpsernes«)

Die Farbe des Hammelfleisches muß hellrot sein, das Fleisch muß sich weich anfühlen. Die küchenmäßige Aufteilung erfolgt wie beim Lamm. Als Beilagen gibt man Fisolen, Paradeiser, Zwiebelpüree, Kohl, Brokkoli, Kartoffeln in fast allen Zubereitungsarten und Salate.

Anna Dorn (1827) warnt in ihrem Kapitel »Von Schafen« vor dem Hammelfett: »Diesem zu Folge dürfen bey der Zubereitung der Hammelfleischgerichte keine Säuren und säuerlichen Dinge, als Rosinen, Citronenscheibchen, saure Gurken, Kapern u.s.w. zur Erhöhung des Geschmackes angewendet werden, wenn sie der Gesundheit ersprießlich seyn, und weder Magendrücken, Sodbrennen, Unterleibskrämpfe, Koliken, Durchfälle, noch andere gefährliche Zufälle erzeugen sollen. Selbst die sonst gewöhnliche Methode, saure Gurken an das geröstete Hammelfleisch, oder auch an das Ragout zu thun, ist verwerflich, obgleich der Geschmack dadurch erhöht wird. Dahingegen schicken sich frische Gurken und alle Arten von Gartengewächsen sehr gut zum Hammelfleisch.« Bevorzugt servierte man im alten Wien zum gesottenen Schöpsernen eine Stachelbeersauce.

Hammelrücken, gebraten

4–6 Portionen

3/4–1 kg gut abgehangener Hammelrücken (Sattelstück), Salz, Pfeffer, Senf, 1 zerdrückte Knoblauchzehe, 3 EL Fett, brauner Fond oder Rindsuppe, etwas Mehl, 2 TL Paradeismark

Den starken Rückgratknochen vom Fleischhauer einhacken lassen oder durch den Rückenmarkskanal einen Spieß stoßen, damit die Form während des Bratens bewahrt bleibt. Etwas Fett entfernen.
Das Fleisch gut mit Salz, Pfeffer, Senf und Knoblauch einreiben, die Lappen einschlagen und binden. Mit der Oberseite nach unten zuerst in heißes Fett geben und dann beidseitig knusprig braten, dabei wiederholt mit Bratensaft begießen. Das Fleisch soll im Innern rosa aussehen.
Bratdauer: etwa 50 Minuten.

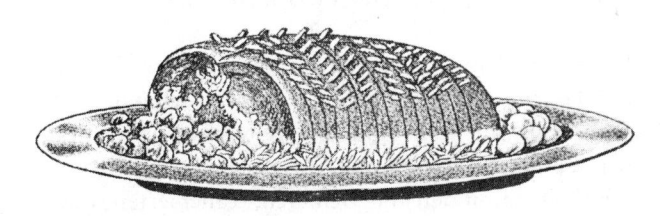

»Gespickter Schöpsenrücken«

Nun den Braten warm stellen. Den Bratrückstand eingehen lassen, entfetten, leicht mit Mehl stauben, mit Paradeismark würzen, mit braunem Fond oder etwas Rindsuppe zu einer Jus verkochen und abseihen.

Hammelrücken à la Metternich

4–6 Portionen

Zutaten wie vorstehendes Rezept. Zusätzlich: Trüffel, Paprika, Béchamel (siehe Seite 160f.), geriebener Parmesankäse, Butter, gedünsteter Reis (Seite 403)

Den gebratenen Hammelrücken etwas überkühlen, die Filets abheben und tranchieren. Gerippe und Tranchenstücke mit Paprika-Béchamel bestreichen, mit kleinen Trüffelstücken bestreuen und zur ursprünglichen Form des Rückens zusammensetzen. Alles mit der paprizierten Béchamel überziehen, mit geriebenem Parmesankäse bestreuen, mit Butter beträufeln und im Rohr bräunen. Mit gedünstetem Reis anrichten.

Schöpsenrücken, gerollt und gebraten

6–8 Portionen

1 kg Hammelrückenfilets ohne Fett, Salz, Pfeffer, 1 Zwiebel, 1 Knoblauchzehe, Fett, Paradeismark, Fond oder Rindsuppe
Fülle: 150 g Schinken, 2 Schneidsemmeln, Milch, 40 g Butter, Schalotten oder 1 Zwiebel, Salz, Pfeffer, gehackte Petersilie, 1 rohes Ei

Die ausgelösten Rückenfilets mit Pfeffer, Knoblauch und Zwiebel einreiben und 24 Stunden kühl lagern. Dann die Filets der Länge nach so einschneiden, daß eine rouladenförmige Fläche entsteht, flachklopfen, salzen, mit der vorbereiteten Schinkenfarce bestreichen, zusammenrollen und binden. In heißem Fett unter wiederholtem Begießen mit Bratensaft und etwas Flüssigkeit im Rohr braten (etwa ¾ Stunden Bratdauer). Den Braten herausnehmen und warm stellen. Bratrückstand eingehen lassen, mit Mehl stauben, mit etwas Paradeismark würzen und mit braunem Fond oder Rindsuppe zu einer Jus verkochen und den tranchierten, angerichteten Braten damit umkränzen.
Fülle: Feingeschnittene Schalotten (oder Zwiebel) in Butter leicht anschwitzen, in den Schneekessel geben und schaumig rühren. Die in Milch geweichten, ausgedrückten und passierten Semmeln, Gewürze und das Ei beigeben. Alles gut verrühren. Zuletzt den feinst faschierten Schinken in die Fülle geben. Das Ganze etwas rasten lassen.

Gedünsteter Hammelrücken

6 Portionen

1 kg Hammelrücken, ausgebeint (kann auch Schulter oder Stück vom Schlegel sein); Salz, Pfeffer, Senf, Knoblauchzehe, 50 g Fett, 60 g magerer Selchspeck, 150 g in dicke Streifen geschnittene Schalotten oder Zwiebeln; 3–4 rohe, geschälte, in Scheiben geschnittene Kartoffeln; Rindsuppe, gehackte Petersilie

Das Fleisch gut mit Salz, Pfeffer, Senf und Knoblauch einreiben, in heißem Fett von allen Seiten gut anbraten, dann im Rohr weiterbraten. Nach der halben Bratzeit würfelig geschnittenen Speck, Zwiebel und Kartoffeln beigeben. Zugedeckt mit sehr wenig Rindsuppe oder Wasser im Rohr weich dünsten. Den in Schnitten tranchierten Rücken auf der Kartoffelgarnitur anrichten, mit Saft umkränzen und mit gehackter Petersilie bestreuen.

Gebratenes Hammelkarree

6 Portionen

1 kg Karree ohne Rückgratknochen, Salz, Pfeffer, Senf, Knoblauch, 3–4 EL Fett, 20 g Butter, Mehl, Rindsuppe oder brauner Fond oder Wasser

Das Fleischstück im ganzen würzen, zuerst mit der Oberseite nach unten in heißem Fett anbraten, 15 Minuten braten, dann wenden und wieder 15 Minuten braten; dabei immer wieder mit Eigensaft und etwas Flüssigkeit begießen. Das Fleisch soll innen rosa bleiben.
Dann das Fleisch warm stellen. Den Bratensaft eingehen lassen, entfetten, frische Butter aufschäumen lassen, leicht mit Mehl stauben, weiterrösten, mit braunem Fond oder Rindsuppe zu einer Jus verkochen und sehr heiß damit den angerichteten, tranchierten Braten umkränzen.

Hammelschlegel in Rahmsauce

Etwa 12 Portionen

1 Hammelkeule, Knochen, 30 g Selchspeck, Salz, Pfeffer, Wurzelwerk, Senf, Knoblauch, 1 Zwiebel, 40 g Fett, 4 Pfefferkörner, 4 Neugewürzkörner, 1 kleines Lorbeerblatt, 1/8 l Essig, 1/4 l Rotwein, 2 EL Preiselbeerkompott, Saft und Schale von 1 Zitrone und 1 Orange, 1/4 l Sauerrahm, 30 g Mehl, Rindsuppe oder Wasser

Das Schlußbein vom gut abgelegenen Schlegel lösen sowie Haut und Fett der oberen Seite entfernen. Mit Salz, Pfeffer, Knoblauch und Senf einreiben, in heißem Fett samt kleingehackten Knochen braun anbraten, Speck, Wurzelwerk und Zwiebeln, alles würfelig geschnitten, beigeben und mitrösten, etwas Fett abgießen, Gewürze, Essig, Rotwein und Preiselbeeren, Schale sowie Saft von Zitrone und Orange beigeben; wenn notwendig, noch mit etwas Rindsuppe oder Wasser auffüllen. Alles zugedeckt langsam weich dünsten. Wenn der Schlegel gar ist, herausnehmen, die Sauce mit Mehl und Sauerrahm binden, mit etwas Rindsuppe oder Fond zu molliger Saucenkonsistenz verkochen, abschmecken, passieren und über den angerichteten und tranchierten Schlegel gießen.

Beilage: Teigwaren, Gemüse

Majoranschöpsernes

4 Portionen

800 g Hammelfleisch von Schlegel oder Schulter, ausgelöst und pariert; Wasser, gemischtes Wurzelwerk, 1 Zwiebel, 40 g Mehl, 30 g Butter, Majoran, gehackte Petersilie, Sauerrahm, Zitronensaft, Gewürzsäckchen (2 Knoblauchzehen, 1/2 Lorbeerblatt, 5 zerdrückte Pfeffer- und 2 Neugewürzkörner, 2 Stengel Thymian, 1 EL grobgeschnittene Zwiebel, etwas Zitronenschale)

Das grobwürfelig geschnittene Fleisch mit Salz, Wurzelwerk, Zwiebel und dem Gewürzsäckchen in etwa 1 1/4 l Wasser kernig weich kochen. In heißer Butter das Mehl goldgelb rösten, eine starke Prise geriebenen, frischen Majoran beigeben, mit abgeseihtem Kochfond aufgießen, mit gehackter Petersilie, Zitronensaft und etwas Sauerrahm zu einer mäßig dicken Sauce einkochen. Das Fleisch beigeben und in der Sauce dünsten, bis es ganz weich ist. Beilage: Salzkartoffeln.

Steirisches Schöpsernes

4 Portionen

750 g Hammelfleisch (Schulter, auch Hals- oder Bruststück), von Fett und Knochen befreit, grobwürfelig geschnitten; Wurzelwerk (Karotte, 1/4 in grobe Streifen geschnittene Sellerieknolle, Petersilwurzel), 1 grobnudelig geschnittene Zwiebel, Gewürzsäckchen (einige Pfefferkörner, Neugewürzkörner, je 1 Stengel Thymian und Rosmarin, 1/4 Lorbeerblatt, 1 kleine Knoblauchzehe, 1 Gewürznelke, etwas Zitronenschale); 6–8 rohe, geschälte, geviertelte Kartoffeln; Salz, Essig, gehackte Petersilie, gerissener Kren

Das Fleisch mit so viel kaltem Wasser ansetzen, daß das Fleisch knapp damit bedeckt ist, und zum Kochen bringen. Nach halber Kochzeit einen Spritzer Essig, Salz, Gewürzsäckchen und Wurzelwerk beigeben und alles weich kochen. In der letzten Viertelstunde die Kartoffeln mitkochen. Zum Schluß das Gewürzsäckchen entfernen, mit Essig nachsäuern, in einer Terrine anrichten und mit gehackter Petersilie bestreuen. Man kann auch gerissenen Kren darüberstreuen.

Die Flüssigkeit, in der das Schöpserne serviert wird, soll ziemlich dick eingekocht werden. Je weniger Wasserbeigabe während des Kochprozesses erfolgt, desto besser wird das Gericht schmecken.

Hammelfleisch mit Bohnen

4 Portionen

800 g Hammelfleisch, 60 g Fett, 1 Zwiebel, 1/8 l Weißwein, Salz, Pfeffer, Majoran, Thymian, 1 Knoblauchzehe, 2 EL Paradeismark, 300 g weiße Bohnen, Knochensuppe oder Wasser, gehackte Petersilie

Das grobwürfelig geschnittene Fleisch in wenig Fett anrösten, die geschnittene Zwiebel beigeben und alles Farbe nehmen lassen. Paradeismark beigeben und weiterrösten, mit Weißwein ablöschen, mit Knochensuppe oder Wasser aufgießen und dünsten lassen. Mit Majoran, Thymian, zerdrückter Knoblauchzehe, Salz und Pfeffer würzen. Sobald das Fleisch fast weich ist, kommen die kernweich gekochten Bohnen dazu. Man läßt alles weiterdünsten, bis das Fleisch ganz weich ist und alles die nötige Bindung hat. Nachwürzen. Mit Petersilie bestreuen.

Hammelzunge, gekocht

4 Portionen

2 Hammelzungen, Salzwasser, 1 kleines Lorbeerblatt, 1 Zwiebel, Petersilie, 3–4 Pfefferkörner, 1 Stengel Thymian, Selleriegrün

Die Zungen waschen und in den mit den Gewürzen zum Kochen gebrachten Sud geben, darin etwa 1½ Stunden langsam weich kochen, herausnehmen, schälen, im Fond erkalten lassen. Nach Rezept weiterbehandeln.

Hammelzunge à la diable

Die gekochten Zungen der Länge nach halbieren, mit Senf bestreichen, mit Cayennepfeffer würzen, in zerlassene Butter tauchen, mit Semmelbröseln bestreuen und am Rost oder im Rohr bei mittlerer Hitze langsam braten. Beilage: Sauce diable (siehe Seite 156).

Hammelzunge à la vinaigrette

Die gekochten Zungen auf Servietten anrichten, mit frischer Petersilie garnieren. Dazu extra Sauce vinaigrette (siehe Seite 170) reichen.

Hammelniere, am Spieß gebraten

Pro Portion 2 Hammelnieren

Hammelnieren, enthäutet und entfettet; Zwiebel, Speckscheiben, Paradeiser, Salz, Pfeffer, Öl

Die Nieren von der Außenseite durch einen Schnitt öffnen, aber nicht ganz trennen, auf Spieße stecken, so daß sie offen bleiben, mit Salz und Pfeffer würzen, mit Öl bestreichen, im Grill 4–6 Minuten von allen Seiten grillen. Man kann am Spieß auch Speckröllchen, Zwiebelscheiben und Paradeiser mitgrillen oder die Nieren mit gebratenen Paradeisern und gebackenen Zwiebelringen garniert anrichten.

Die gegrillten Nieren mit Maître-d'hôtel-Butter (siehe Seite 66) belegen und mit Kresse und Strohkartoffeln garnieren.

Das »Wienerische bewährte Kochbuch« von Gartler und Hikmann (1799) bringt ein Rezept »**Schöpserner Schlegel auf österreichische Art**«: »Nimm einen schöpsernen Schlegel, diesen mußt du wohl abklopfen, daß er schön mürb werde. Hacke klein zusammen Speck, Sardellen, Limonieschäller, Knoblauch, spanisches Kudelkraut, spicke den Schlegel, und gut gebaitzt. Laß ihn 1 oder 2 Tage liegen, wenn du ihn brauchest, richte ihn in die zugehörige Bratpfann, vorhero Baitz daran geschütt, dünste ihn im Backofen, oder wie es beliebt, und giesse ein gutes Süppel darüber. Oder: Der Schlegel wird geklopft, gebaitzt und gespickt wie der vorige, stecke ihn an dem Brattspieß, schön langsam gebraten, hernach abgezogen. Richte ihn in eine Rein, gieß Wein daran, Essig und Rindsuppe, gieb auch Zwiebel, Rosmarin, Limonieschäller, spanisches Kudelkraut dazu. Gieb unten und oben Glut, schön mürb gedünst, und von der gedünsten Suppe eine gute braune Sardellensuppe gemacht.« In diesem Kochbuch gibt es außerdem noch »Schöpsenen Schlegel auf portugiesische Art«, »Schöpsernen Schlegel mit Paradeißäpfeln«, »auf wälsche Art«, »mit Zwiebel und Speck« und – in einer späteren Ausgabe – »Zemmer schöpsenen zuzurichten«: »Den schöpsenen Zemmer richte wie den Hirschzemmer zu, siede ihn in Wein, Essig und Wasser, Lorbeerblätter, Rosmarin, Zwiebel, ein wenig Knoblauch und Limonieschäller schön mürb ab, richte ihn dann auf ein Kasteroll oder Schüssel, begieß denselben mit Butter, gib schwarz geriebenes Brod dazu, auch Zimmet und gefähten Zucker, bestreue damit den Zemmer, begieß ihn wieder mit Butter, und gieb ihn in Backofen, daß er schön braun wird.« Anna Dorn (1827) spickt ihren »Schöpsenschlegel, gebraten« mit Zwiebel und Speck, Zimt und Nelken und würzt ihn, am Spieß gebraten. Inzwischen vermischt sie gehacktes Schöpsenfleisch mit Petersilie, Basilikum, Thymian, Majoran und »andern wohlriechenden Kräutern« sowie mit Ingwer, Zimt, Nelken, Muskatblüte, Butter, einigen Löffeln ausgepreßten Stachelbeersaft (auch Weintraubensaft), Kapern und Wein; kocht alles kurz und gibt noch gehackte Eier und Semmelbrösel bei. Damit wird der Schlegel am Spieß begossen. Marie von Rokitansky (1899) bringt u. a. einen »Schöpsenschlegel als falscher Auerhahn« (sie setzt die einzelnen Tranchen wie eine Auerhahnbrust zusammen), »Schöpsencotelettes à la Nelson« (die eine Seite wird mit einer Zwiebel-Parmesansauce bestrichen, die andere mit Ei und Bröseln paniert) und eine »Schöpsenbrust (Vorschlagel) in Majoran-Sauce«. Seleskowitz empfiehlt ein »Gollasch von Schöpsenfleisch mit Erdäpfeln«. Das Kochbuch »Was koche ich heute?« von Hans Ziegenbein und Julius Ekkel, 1932, kennt u. a. »Schöpsernes nach Wiener Art« (»bereiten wir wie Bruckfleisch, nur nehmen wir hier anstatt Rotwein einige Tropfen Essig«). Ein besonders originelles Rezept soll noch die Steiermark beisteuern: »Hammelfleisch mit Kopftuch«: Eine ausgelöste Hammelbrust wird in ein reines Leinentuch – früher nahm man dazu ein »Kopftuch« – gebunden und in reichlich Salzwasser (etwa 2½ l) weich gekocht. Dann wird das Fleisch mit Butter bestrichen, mit wenig Mehl bestäubt und goldbraun im Rohr gebraten, mit kleingehackten, hartgekochten Eiern bestreut und mit einer Sauce (Béchamel mit Fleischsuppe, Zwiebeln und ⅛ l Weißwein sowie Muskat und abgeriebener Zitronenschale) umkränzt angerichtet.

Kitz

Das Kitz (junges Zicklein) steht vorwiegend auf den österlichen Speisenkarten. Es liefert ähnliches Fleisch wie das Lamm. Verwendet werden nur die jungen Tiere.

Aufteilung (Zerlegung) des Tieres: Zuerst werden die Schultern abgetrennt, dann die beiden Keulen vom Rücken abgesetzt. Nachdem der Hals abgeschnitten wurde, werden beide Bruststücke vom Rücken abgetrennt. Die Stücke nun waschen und trocknen und je nach Rezept weiterverarbeiten. Die vorderen Teile werden meist gebacken zubereitet. Keulen und Rücken werden gern zu Eingemachtem verwendet sowie gebraten oder gedünstet.

Kitz, gebacken

4 Portionen

1 kg Kitzfleisch von Hals, Brust und Schulter oder Keule; Salz, Mehl, 2 Eier, etwas Öl, Semmelbrösel, Fett zum Backen

Hals in 4 Stücke teilen, die Brust in zwei fingerdicke Streifen hacken, Schulter oder Keule auslösen und in größere Stücke teilen. Pro Portion sollten sich jeweils ein Stück mit Knochen und 2 Stück reines Fleisch ergeben.
Die Stücke salzen, bemehlen, durch ein mit etwas Öl verrührtes Ei ziehen und leicht in Bröseln andrücken. In reichlich Fett backen, wobei die Garzeit bei den Stücken bis zu 15 Minuten dauert. Mit Zitronensechsteln auf Serviette anrichten. Mit Salaten servieren.

Kitz, eingemacht

4 Portionen

800 g Kitzfleisch, ausgelöst, vom Rücken, Keulen; man kann auch die in größere Stücke gehackte Brust oder Schulter verwenden; 1 Zwiebel, 50 g Butter, ¾ l Wasser oder Rindsuppe, 40 g Butter, 40 g Mehl, Salz, Pfeffer, Muskat, Zitronensaft, ¹⁄₁₆ l Obers, 2 Eidotter

Feingehackte Zwiebel und das großwürfelig geschnittene Fleisch in heißer Butter anrösten, ohne Farbe nehmen zu lassen. Mit ¾ l Wasser oder Rindsuppe aufgießen, salzen und langsam weich dünsten. Abseihen. Aus Butter und Mehl eine lichte Einmach bereiten, mit dem Dünstfond aufgießen und zu einer dicklichen Sauce verkochen (etwa 10 Minuten lang). Mit Pfeffer, Muskat und Zitronensaft würzen und abschmecken. Das Fleisch in die fertige Sauce geben und langsam weich dünsten. Zuletzt mit Eidotter und Obers legieren. In die Sauce kann man als Einlage Spargel, Champignons und grüne Erbsen geben. Beilage: Markknödel oder Reis.

Paprikakitz

Dazu wird Kitzfleisch in große Ragoutstücke geteilt und wie Kalbsgulyás (siehe Seite 279 f.) zubereitet.

Kaninchen

Wildkaninchen wird genauso nach Altersmerkmalen beurteilt wie der Hase. Auch die Aufteilung und Zubereitung erfolgt wie beim Hasen.

Zahmes Kaninchen: Das Fleisch des zahmen Kaninchens ist sehr zartschmeckend und wird zum weißen Fleisch gezählt. Die Zubereitung erfolgt ähnlich wie beim Kalb- oder Lammfleisch. Das Vordere vom Kaninchen (Hals, Schulter, Brust, evtl. Kopf) wird meist für Ragoutgerichte verwendet, d. h. als Rahmgulyás, als Eingemachtes oder als braunes Ragout (z. B. wie Rehpfeffer). Aber auch gebacken wird Vorderes und Hinteres zubereitet. Das Hintere (Keulen, Rücken) ergibt, wenn es nicht mit dem Vorderen gemeinsam verarbeitet wird, vorzüglichen Braten oder kann in Verbindung mit Sauerrahm oder Paprikasauce gedünstet werden.

Nun folgē vier Bancket der Bürger/ darinn vermeldet/ was für Speiß vnd Trachten/ nicht allein auff die Fleisch/ sondern auch auff die Fasttage/ zuzurichten seyen.

Innereien

Mit der »Spezies« Innereien hat sich die österreichisch-wienerische Küche einen Namen bei Kennern und Feinschmeckern erworben. In alten österreichischen Kochbüchern füllen die Rezepte für Hirn, Nieren, Leber, Herz, Bries, Zunge und Lunge viele Seiten; vor allem in der Kombination der Zutaten ist bei den Innereien-Rezepten ein gewisser Mut anzutreffen, wie er bei der Zubereitung anderer Speisen der österreichischen Küche sonst oft keineswegs in Erscheinung tritt. Die Gerichte rund um die Innereien umgibt außerdem nach wie vor die grundsolide Atmosphäre eines ländlich-bäuerlichen »Sautanzes« – der Schlachttag auf einem Bauernhof war einst eine Art Familienfest. Die ganze »Freundschaft« war mit Kind und Kegel geladen. So konnten die leicht verderblichen Stücke wie Hirn, Nieren, Leber und Blut rasch an den Mann gebracht werden. Auch heute noch nutzen viele Gaststätten den rustikalen Trieb der Städter und spezialisieren sich an einem Tag der Woche auf die »Schlachtplatte«. Zudem haben sich in Wien bis auf den heutigen Tag einige Fleischergeschäfte halten können, die nur Innereien anbieten.

Und noch eine liebenswerte städtische Gewohnheit verbindet sich mit den Innereien. Wenn der Altwiener »Bürger« zum Gabelfrühstück in sein Stammbeisel (Stammwirtshaus) geht, bestellt er nicht selten ein Innereiengericht. Die Wiener – und viele andere Österreicher teilen diese Einstellung – haben es nämlich nicht gern, sich ihren Appetit mit einer Vorspeise unmittelbar vor dem Hauptgericht zu verjagen. Zwischen »Vorspeis« und »Hauptspeis« halten sie lieber den nötigen Abstand. Um ganz sicherzugehen, verlegen sie die »Vorspeis« auf die späte Vormittagsstunde und bestellen Beuschel oder geröstetes Hirn mit Ei, Nierndl, ein Bruckfleisch oder ein Kavaliersbries. Historisch gesehen gehören die Innereiengerichte zum sogenannten Voressen, zum »Führeiß« des 15. Jahrhunderts; in den Kochbüchern des 17. und 18.

Jahrhunderts werden sie in gesonderten Kapiteln behandelt. Noch Anna Dorn widmet den Innereien im »Großen Wiener Kochbuch« (1827) ein eigenes Kapitel »Einschiebspeisen«. Darunter sind Gerichte zu verstehen, die als »Zwischengang« in die Speisenfolge eingeschoben werden können.

Im Kochbuch des »durchleuchtigsten Maximilian Ernest Erzherzog von Österreich« aus dem Jahre 1607 kommt eine Speise vor, die das »khröb von Oxen« heißt (»khröb, Kreb, Gerebe« nannte man die Lunge). Zu diesem Rezept bemerkt der Verfasser: »Man khochts in der gemain, prat die lebern auch und machts gelb ein. Aber in ihrer fürstlich durchleuchtigsten Khuchel ist es nit gebreichig dan es ist ain grobe Speis.« Für die fürstliche Küche war das »Beuschel« damals also zu gemein, zu gewöhnlich. Inzwischen hat es als »Salonbeuschel« jedoch die höchste Stufe der Gastronomie erklettert.

Beuschel

Besonders wohlschmeckend sind die Innereien des Kalbes. Sie sollen eine leuchtende Farbe und ein zartes Gewebe haben und sich fest angreifen lassen. Als Beusch(e)l bezeichnet man in der österreichischen Küche die beiden Lungenflügel und das Herz. Daraus wird eine österreichische Spezialität, »das Beuschel«, bereitet (im Oberösterreichischen heißt das Gericht auch »Lingerl«). Als Suppeneinlage beliebt ist der Lungenstrudel; im Osten Österreichs ist die Fischbeuschlsuppe aus Fischrogen bekannt.

Franz Georg Kohl bereiste um die Mitte des 19. Jahrhunderts die Donau- und Alpenländer. Als Deutschen interessierte ihn auch die österreichische Küche. So berichtet er einmal: »In dem berühmten Leoben hatte ich am Abend einige Offiziere und einen Chirurgen zur Gesellschaft. Unser Wirt tractierte uns mit ›Brügelkrapferl‹, ›Tortlettel‹, ›Pofößen‹, ›geselchten Würsten‹, ›kälbernen Lingerln‹ und anderen solchen wohlschmeckenden Ausgeburten der österreichischen Küche, die bei uns keinen Namen haben.«

Das »Beuschel« als Gericht hat es in sich. Es ist ein Probier- und Prüfstein; am Beuschel erweisen sich Kenner und Könner. Selbst erfahrene Köchinnen und Hausfrauen haben mit dem »hausgemachten« Beuschel oft ihre liebe Not. Denn an das Beuschel legt der Gourmet den Maßstab seines Lieblingsbeisels an. Das hausgemachte Beuschel muß so gut sein wie das beste Wirtshausbeuschel (Kenner machen ein Wirtshaus nur dann zu ihrem Stammgasthaus, wenn das Beuschel gut ist!).

Noch eine wichtige Funktion kann das etwas säuerlich »abgestimmte« Beuschel erfüllen. Der Wiener Feuilletonist Friedrich Schlögl (1821–1892) schildert in seinem Buch »Wiener Blut«, 1873, einen Mann, der sich durch alle Weihnachtsfeiertage hindurchgegessen hatte: »Der starke Mann, sollte er sich nach dem überstandenen Kampfe tiefinnerlich doch invalide fühlen, führt seinen sündhaften Magen einem derberen Purgatorium zu, er kennt sich und sein Selbst, er weiß, was er bedarf, und die Pfade verfolgend, wo ein ›saures Bäuschl‹ credenzt wird, hofft er auch diese Krisis zu überstehen. Und daß dieser letzte Versuch allseits gelinge, ist auch mein herzlichster Wunsch!«

Beuschel

4 Portionen

$1/2$ Kalbslunge, $1/2$ Kalbsherz (zusammen etwa 800 g), $1 1/2$ l Wasser, Wurzelwerk, 1 Zwiebel, 1 kleines Lorbeerblatt, 1 Stengel Thymian, 1 Gewürznelke, 6 Pfefferkörner, Salz, 60 g Fett, 60 g Mehl, Prise Zucker, Weinessig, Beuschelsuppe, Salz, Prise Majoran, 1 EL Senf, Zitronensaft, Essig
Beuschelkräutl: 2 Essiggurken, 20 g Kapern, 1 Sardellenfilet, 1 kleine Zwiebel, 1 Knoblauchzehe, Petersilie, Zitronenschale

Gut gewässerte, gereinigte Kalbslunge und Herz mit kaltem Wasser aufstellen; das geputzte Wurzelwerk,

die halbierte, braungeröstete Zwiebel, das Lorbeerblatt, den Thymian, die zerquetschten Pfefferkörner sowie Salz beigeben und zum Kochen bringen. Alles zugedeckt langsam (etwa 1½ Stunden) kochen. Dann mit einem Messer in den dicken Teil der Lunge schneiden und sich überzeugen, ob sie durchgekocht ist. Sie darf innen noch ein wenig rosa sein. Jetzt die Lunge zum Auskühlen in kaltes, leicht gesalzenes Wasser legen, während in der Suppe das Herz noch langsam weiterkochen muß, bis es weich genug ist.
Inzwischen das »Beuschelkräutl« zubereiten: Salzgurken, Kapern, Sardellenfilet, Zwiebel, Petersilie und Knoblauch sowie etwas Zitronenschale als »Würze« fein hacken.
Lunge und Herz in dünne, kurze Streifen schneiden, wobei eventuell vorhandene Knorpel zu entfernen sind. Dann in Fett das Mehl und eine Prise Zucker unter ständigem Rühren braun rösten, das gehackte Beuschelkräutl dazugeben, kurz mitrösten, mit einem kräftigen Spritzer Weinessig abschrecken und sofort mit geseihter Beuschelsuppe aufgießen; diese Sauce ½ Stunde verkochen lassen, dann auf das Beuschel passieren. Während es zum Aufkochen kommt, mit Senf, Zitronensaft, Salz, Majoran und Essig abschmecken und alles noch ¼ Stunde ziehen lassen.
Auf die gleiche Art können Schweins- und Schöpsenbeuschel zubereitet werden.
Beilage: Semmelknödel, Serviettenknödel oder Grießstrudel

Salonbeuschel

4 Portionen

Kalbsbeuschel, Rindsgulyássaft, Obers oder Sauerrahm

Das Beuschel wird, wie im vorherigen Rezept angegeben, zubereitet. Vor dem Servieren einen Löffel Saft von einem Gulyás obenauf in die Mitte des angerichteten Beuschels geben.
Man kann das Beuschel zuvor noch mit etwas Obers oder Sauerrahm verfeinern.

Krustierte Kalbslunge

4 Portionen

Kalbsbeuschel, 3 Eidotter, Eiklar, Semmelbrösel, Fett, Petersiliengrün, Zitronenscheiben

Das Beuschel wie vorstehend angegeben zubereiten, allerdings die Sauce sehr dick halten. Die Eidotter nach und nach beigeben und mit dem fertigen, dick eingekochten Beuschel vermengen. Die Masse in eine längliche, flache, ausgebutterte Schüssel füllen, etwa 2,5 cm hoch verstreichen und auskühlen lassen. Die erkaltete Masse in etwa 4–6 cm lange, daumendicke Stücke schneiden. Jedes Stück in Eiklar und dann in den Semmelbröseln wenden und in heißem Fett schwimmend goldgelb backen. Das Fett abtropfen lassen. Mit gebackener grüner Petersilie und mit Zitronenscheiben anrichten.

Bries

Das Bries (auch Kalbsmilch, Milken, Mitter, Weißleber genannt) ist die Thymusdrüse, ein Wachstumsorgan, das nur Jungtiere besitzen. Es besteht aus Nuß, auch Briesrose genannt, und Gurgel. Das Bries, besonders das Kalbsbries, zählt zu den teuersten Innereien (daher hat ein Rezept auch die Bezeichnung »Kavaliersbries« erhalten).

Vorbehandlung: Das gewässerte Bries in kaltem Wasser aufstellen, langsam auf schwacher Flamme erwärmen und das Wasser abgießen, sobald es heiß wird. Den Vorgang noch einmal wiederholen. Das Bries muß weiß werden, das heißt, es muß alles Blut entzogen sein. Dann in leicht gesalzenem Wasser etwa 20 Minuten langsam kochen (blanchieren), vorsichtig Schlund, Adern, knorpelige und unansehnliche Stellen entfernen und, mit einem Küchenbrett oder Teller beschwert, in kaltes Salzwasser legen.

Wiener Kalbsbries

3–4 Portionen

1 vorgekochtes Kalbsbries, Mehl, 2 Eier, Salz, Milch, Fett oder Butterschmalz, Semmelbrösel

Das vorgekochte Bries in Scheiben schneiden, salzen, im Mehl wälzen, durch die mit etwas Milch und einer Prise Salz aufgeschlagenen Eier ziehen und mit den Semmelbröseln panieren. Dann wie Schnitzel in heißem Fett schwimmend backen. Beilage: Kartoffel-, Gurken-, Tomaten-, Häuptelsalat.

Bries mit Champignons

6 Portionen

500 g vorgekochtes Kalbsbries, 40 g Butter, Mehl, Salz, 150 g Champignons, gehackte Petersilie, 1/8 l Kalbsjus

Das vorgekochte Bries in dicke Scheiben schneiden, salzen, auf einer Seite bemehlen und in Butter beidseitig goldbraun braten. Anrichten. In derselben Butter blättrig geschnittene Champignons mitrösten, salzen, gehackte Petersilie beigeben und mit Kalbsjus untergießen und über das angerichtete Bries gießen.
Ist keine Kalbsjus vorhanden, werden die gerösteten Champignons leicht mit Mehl gestaubt, geröstet und mit Wasser untergossen, durchgekocht und über das Bries gegeben. Anschließend mit gehackter Petersilie bestreuen.
Beilage: Reis, Petersilkartoffeln, Gemüse, Salate

Kavaliersbries

6 Portionen

500 g vorgekochtes Kalbsbries, Mehl, Salz, 60 g Butter, 150 g Champignons, Zitronensaft, 20 g Butter, 100 g Spargelspitzen, 1/2 Karfiolrose, Salzwasser, 100 g Schwarzwurzeln, Zitronensaft, 30 g Butter, 40 g Mehl, 1/2 l Kalbsknochensuppe, Salz, Pfeffer, Muskat, Zitronensaft

Das vorgekochte Bries in dicke Scheiben schneiden, leicht salzen, in Mehl wälzen, auf beiden Seiten in heißer Butter rasch goldgelb braten.
Die blättrig geschnittenen Champignons mit etwas Zitronensaft beträufeln und in Butter dünsten. Spargelspitzen und zerteilte Karfiolröschen in Salzwasser weich kochen; auch die in kurze Stücke geschnittenen Schwarzwurzeln in Zitronen-Salz-Wasser weich kochen. Aus Butter, Mehl und Kalbsknochensuppe eine helle Einmachsauce bereiten, mit etwas Zitronensaft, Salz, Pfeffer und Muskat würzen. Die Einmachsauce auf Bries, Schwarzwurzeln, Karfiolröschen und Champignons passieren, alles bei kleiner Flamme etwa 1/4 Stunde ziehen lassen, zuletzt die Spargelspitzen beigeben. Beilage: Risipisi, gedünsteter Reis.

Eingemachtes Bries

3–4 Portionen

1 Kalbsbries, 100 g Wurzelwerk, 1/2 Zwiebel, 5 Pfefferkörner, Salz, 30 g Butter, 30 g Mehl, 1/16 l Obers, 20 g Butter, Zitronensaft, Muskat, 100 g Champignons, Butter

Das Kalbsbries in kaltem Wasser ansetzen, zum Kochen bringen, Wasser abgießen und nochmals mit Wasser, blättrig geschnittenem Wurzelwerk, Zwiebel, Pfefferkörnern und Salz etwa 15 Minuten langsam kochen. Das Bries herausnehmen, enthäuten, in Scheiben schneiden. Mehl in Butter anschwitzen, mit dem Kochsud aufgießen, gut verkochen, über das Bries passieren und 5 Minuten dünsten. Mit Butter und Obers montieren, mit Zitronensaft und Muskat abschmecken. (Die Sauce kann auch legiert werden.) Die blättrig geschnittenen, in Butter und Zitronensaft geschwenkten Champignons zuletzt beigeben. Mit Markknödel oder Reis servieren.

Bries auf Artischockenböden

4 Vorspeiseportionen

250 g vorgekochtes Kalbsbries, 4 Artischocken, Salzwasser, Zitronensaft, 30 g Butter, 30 g Mehl, 1/2 l Kalbsknochensuppe, Salz, Muskat, Zitronensaft, Obers

Die Artischocken in Salz-Zitronen-Wasser weich kochen, die Böden auslösen und mit Zitronensaft beträufeln.
Das blanchierte Bries in kleine Stücke schneiden und auf die Artischockenböden verteilen.

Aus Butter, Mehl und Kalbsknochensuppe (oder lichtem Fond) eine lichte Einmach bereiten, würzen, gut verkochen, abschmecken, mit etwas Obers verfeinern und über das angerichtete Bries auf den Artischockenböden passieren und gardünsten.

Kalbsbries à la Tegetthoff

Das blanchierte Kalbsbries in Butter braten, mit Kalbsjus untergießen und unter wiederholtem Begießen mit Saft braun glasieren; mit Madeira leicht abschmecken. Das Bries aufschneiden und mit Jus umkränzen. Garniert wird das Gericht dann mit Spargelspitzen und Torteletten, die mit einem Püree von grünen Erbsen gefüllt sind.

Briesragout, gratiniert

4 Portionen

2 kleine blanchierte Kalbsbriese, 40 g Butter, einige Champignons, Petersilie, Kalbsknochensuppe, 1/8 l Béchamelsauce, 2 Eidotter, 1/8 l Wein, Salz, weißer Pfeffer, Zitronensaft, Parmesan, Butter

Das blanchierte Kalbsbries würfelig schneiden. Geviertelte Champignons in Butter anschwitzen, gehackte Petersilie beigeben, mit Kalbsknochensuppe aufgießen und kurz dünsten lassen. Die Béchamelsauce beigeben, glattrühren, die Eidotter, mit dem Wein gut verrührt, beigeben, mit Salz, weißem Pfeffer und Zitronensaft abschmecken und über das Bries passieren. Die Ragoutmasse in eine gebutterte, mit geriebenem Parmesan bestreute Auflaufform (oder in vorbereitete Muscheln) geben, mit Parmesan bestreuen und mit zerlassener Butter beträufeln. Das Briesragout nun im heißen Rohr kurz überbacken.

Bruckfleisch

Der Name kommt vom Wort »Schlacht- oder Schlagbrücke«, weil dieses Frischfleisch vom Rind ursprünglich direkt vom Schlachthof weg an den Käufer kam. Es soll ohne Ablagerung sofort verwendet werden. Bruckfleisch wird heute vom Fleischhauer kochfertig geliefert; es umfaßt Herz, Milz, Leber, Bries, »Licht(e)ln« oder »Herzröhren« (= Aorta, Hohlvenen) und Kronfleisch (ein Stück grobfaseriges Fleisch an der Brustinnenwand) des Rindes.

8–10 Portionen

1 1/2 kg Bruckfleisch (6 Innereien vom frischgeschlachteten Rind: Leber und Herz, blättrig geschnitten; Herzröhren, in Ringe geschnitten; in Scheiben geschnittenes Bries, in dicke Streifen geschnittene Milz, in Streifen geschnittenes Kronfleisch), 150 g Schmalz oder Öl, 350 g Zwiebeln, 350 g Wurzelwerk (Karotten, Sellerieknolle, Petersilwurzel), 1/8 l Rotwein, Pfeffer, Majoran, 1 Lorbeerblatt, Salz, 2 Knoblauchzehen, Petersilien- und Selleriegrün, 30 g Mehl

Die feingeschnittenen Zwiebeln in heißem Fett goldgelb rösten, das auf dem Krenreißer gerissene Wurzelwerk beigeben und mitrösten, zum Schluß mit Rotwein ablöschen. Leber, Herz, Herzröhren und Kronfleisch diesem Ansatz beigeben, mit Salz, Pfeffer, Majoran, Lorbeer, Knoblauch und dem Grünen würzen. Mit etwas Wasser untergießen und zugedeckt dünsten. Nach einer Stunde das Bries und die Milz beigeben und weich dünsten. Am Schluß des ganzen Dünstvorganges sollte fast keine Flüssigkeit mehr vorhanden sein. Mit dem Mehl stauben. (In alten Originalrezepten wurde dieses Gericht dann mit frischem Rinderblut gebunden: 1/8 l Blut wurde mit etwas Essig und Wasser verrührt und in das fertige Gericht geseiht.) Dann mit Wasser auf die richtige Saucenkonsistenz bringen, mit Essig und Rotwein abschmecken und das Grüne entfernen.

Beilage: Semmelknödel, Serviettenknödel oder Grießknödel

Gekröse

Das Gekröse, auch Reisel oder Inster genannt, setzt sich aus Netz und dem kleinen, krausen (daher der Name) Gedärm (von Kalb, Rind oder Lamm) zusammen.

Vorbehandlung: Mehrere Stunden wässern, Wasser mehrmals erneuern, mit Salz und Mehl bestreuen, den Schleim abreiben und wieder waschen. 1/2 Stunde in Salzwasser mit Wurzelwerk, Pfefferkörnern, Thymian, Lorbeerblatt, Zwiebel und einem Spritzer Essig kochen. Dann in kaltes Salzwasser legen.

Gekröse in Buttersauce

4 Portionen

600 g Gekröse, 40 g Butter, 40 g Mehl, Salz, weißer Pfeffer, Muskat, Zitronensaft, Kräuter (Petersilie, Kerbel, Bertram, Thymian), Lorbeerblatt, Pfefferkörner, etwas Wurzelwerk, 1 Zwiebel, Essig, 1/16 l Obers, 1 Eidotter

Das gekochte Gekröse feinnudelig schneiden. Mit etwas Rindsuppe und Butter vollständig weich dünsten. Aus Butter, Mehl und Suppe eine lichte Einmach bereiten, mit Salz, Pfeffer, Zitronensaft und Muskat würzen, das Gekröse beigeben, mit Obers und Eidotter legieren, mit Kräutern bestreuen und etwas ziehen lassen.

Herz

Vorbehandlung: Das Herz unter fließendem, kaltem Wasser ausspülen, damit sich alles geronnene Blut löst, dann aufschneiden und so weit öffnen, daß man alles Blut, die Häute, Blutgefäße und Muskelfasern entfernen kann; auch außen Fett und Häute entfernen. Dann noch einmal gut waschen und 1 Stunde in kaltes Wasser legen.

Kalbsherz, gespickt

4 Portionen

500 g kochfertiges Kalbsherz, 50 g Selchspeck, 40 g Fett, 150 g Wurzelwerk, 1 Zwiebel, 20 g Butter, Kalbsknochensuppe oder brauner Fond, Salz, Pfeffer, Knoblauch, 1/16 l Sauerrahm, 20 g Mehl

Das kochfertige, gut gereinigte und halbierte Herz eng mit dünnen Speckstreifen spicken, pfeffern, mit zerdrücktem Knoblauch einreiben und bemehlen. In heißem Fett auf allen Seiten bräunen, herausnehmen und beiseite stellen. Im Bratrückstand restliche Speckstreifen und feingeschnittene Zwiebel goldbraun rösten, mit Kalbsknochensuppe oder braunem Fond aufgießen und in dieser Flüssigkeit das Herz weich dünsten. Nach 1 1/2 Stunden Dünstzeit das in Streifen geschnittene, in Butter angeschwitzte Wurzelwerk beigeben. Sauerrahm und Mehl mit etwas Flüssigkeit glattrühren und die Sauce damit binden. Das fertig gedünstete Herz in Scheiben schneiden und mit der Sauce samt dem Wurzelwerk überziehen. (Die Sauce kann mit etwas französischem Senf und Worcestersauce abgeschmeckt werden.) Beilage: Petersilkartoffeln, Reis oder Teigwaren; Salate.

Hirn

Vorbehandlung: Das Hirn einige Stunden wässern, das Wasser mehrmals erneuern, dann in warmes Wasser legen und die feine, blutreiche Haut abziehen, Blutgefäße und Knochensplitter entfernen, dann nochmals wässern. Für manche Zubereitungsarten wird das Hirn in leicht säuerlichem Essigwasser blanchiert und erst danach von der Haut befreit.

Hirn, gebacken

4 Portionen

500 g Kalbshirn (roh oder blanchiert), Fett, Salz, Pfeffer, 1 Ei, Mehl, Semmelbrösel, Petersilie, Zitrone

Das vorbehandelte Hirn in größere Stücke schneiden, salzen, pfeffern, in Mehl, aufgeschlagenem Ei und Semmelbröseln panieren und sofort in heißem Fett langsam hellbraun backen. Mit feingehackter Petersilie und Zitronenscheiben anrichten. Beilage: Salate, grüne Gemüse.

Hirn, geröstet

4 Portionen

500 g Kalbs- oder Schweinshirn (roh), 50 g Butter, 1 kleine Zwiebel, Salz, Pfeffer, Petersilie

Das vorbehandelte Hirn grob hacken. Feingeschnittene Zwiebel in Butter rösten, das Hirn beigeben, salzen und pfeffern und unter ständigem Rühren rösten. Zum Schluß etwas gehackte Petersilie mitrösten. Heiß servieren.

Die Straßen-Auskocherei, um 1845

Hirn mit Ei

4 Portionen

In geröstetem Hirn 4 aufgeschlagene Eier mitrösten (oder nur 4 Eiklar mitrösten), anrichten und in eine Vertiefung 1 rohen Eidotter setzen.

Hirn à la vinaigrette

6 kalte Vorspeiseportionen

500 g Kalbs- oder Schweinshirn (blanchiert), 2 hartgekochte Eier, 1/16 l Aspik, Petersiliengrün, etwa 1/4 l Sauce vinaigrette (siehe Seite 170)

Das in Salzwasser (mit einem Spritzer Essig) blanchierte Hirn grobwürfelig schneiden und mit der fertigen Sauce vinaigrette vermengen und marinieren. Die Masse in Muscheln anrichten, mit Scheiben von hartgekochten Eiern, Aspikwürfeln und gekrauster Petersilie garnieren.

Hirnkroketten

250 g Kalbs- oder Schweinshirn (roh), 30 g Butter, 2 Zwiebeln, Petersilie, Salz, Pfeffer, 3 EL dicke Béchamelsauce, 1 Eidotter, Mehl, 1–2 Eier, Semmelbrösel, Fett zum Backen

Feingeschnittene Zwiebeln und gehackte Petersilie in Butter anschwitzen, kochfertiges, kleingehacktes Hirn beigeben, salzen, pfeffern, gut durchrösten. In die heiße Masse die fertige Béchamel einrühren und mit dem Eidotter rasch verrühren. Diese Masse fingerdick auf ein gefettetes Blech auftragen, gut kühlen, in daumendicke Stücke schneiden, in Mehl, gequirltem Ei, Bröseln panieren, in heißem Fett backen. Beilage: Sauce tatare.

Hirnpudding

6–8 Portionen

350 g Kalbs- oder Schweinshirn (roh), 20 g Butter,

1 Zwiebel, Petersilie, Salz, Pfeffer
Abtrieb: 80 g Butter, 3–4 Eidotter, Salz
Béchamel: ⅛ l Milch, 30 g Butter, 40 g Mehl
150 g Selchfleisch, 100 g Champignons, 20 g Butter, 60 g Erbsen, 3–4 Eiklar, Fett und Brösel für die Form

Das vorbehandelte Hirn fein hacken. In heißer Butter feingeschnittene Zwiebel und gehackte Petersilie anschwitzen, das Hirn beigeben und rösten, überkühlen und mit dem Abtrieb aus Butter, Eidotter und Salz vermengen. Diese Masse in eine fertige Béchamel geben, gekochtes, würfelig geschnittenes Selchfleisch, blättrig geschnittene, in Butter gedünstete Champignons und extra in Salzwasser gekochte Erbsen in die Masse einrühren. Zuletzt den Schnee der Eiklar darunterziehen, die Masse in eine gebutterte und mit Bröseln bestreute Puddingform geben und 1 Stunde in Wasserdunst kochen. Stürzen und mit brauner oder weißer Champignonsauce umkränzen.
Der Pudding kann auch in Darioleformen oder in kleinen Portionsformen zubereitet werden.

Hirnpofesen

4 Portionen

250 g Kalbs- oder Schweinshirn (roh), 30 g Butter, 1 Zwiebel, Petersilie, 2 Eier, Salz, Pfeffer, Muskat, Semmel- oder Weißbrotschnitten, Milch, 2–3 Eier, Semmelbrösel, Fett

Das vorbehandelte Hirn fein hacken. In heißer Butter feingeschnittene Zwiebeln und gehackte Petersilie anschwitzen, das Hirn beigeben und rösten, bis die Masse steif wird. Zwei aufgeschlagene Eier, die mit Salz, Pfeffer und Muskat gewürzt wurden, in die Masse einrühren und stocken lassen. Eventuell nachwürzen. Diese Masse etwas überkühlen und auf je eine dünne Weißbrotschnitte streichen, eine zweite, unbestrichene Scheibe darauflegen; diese »Pofesen« in Milch tauchen, durch das aufgeschlagene Ei ziehen und in den Bröseln wälzen. Dann in heißem Fett goldgelb backen.
Nach einer anderen Zubereitungsart läßt man die Semmelbrösel weg, taucht die Pofesen nur in Ei und brät sie in geklärter Butter.

Das »Neueste Universal- oder: Große Wiener Kochbuch« der Anna Dorn, 1827, führt ein Rezept »Gehirnwürste« an: »Man hackt nach Gutdünken etwas derbes Schweinfleisch und halb so viel Speck sehr klein, gibt einige in Wasser geweichte und wieder ausgedrückte Mundsemmeln, gestoßene Gewürznelken, Pfeffer, Salz, klein geschnittene und in Schweinsfett gebratene Zwiebeln, das ein Paar Mal durchgehackte Schweinhirn und einige Eyerdotter dazu, füllt dieß Gehäcksel in Schweinsdärme, und bratet diese Würste auf dem Roste. Läßt sie aber nicht lange stehen, weil sie des Hirnes wegen bald einen faulenden Geschmack annehmen.«

Kuttelflecke

Paolo Santonino, der 1485 bis 1487 als Sekretär des Patriarchen von Aquileia, Kardinal Marco Barbo, durch Osttirol und durch das Kärntner Gailtal und Rosental nach Villach, schließlich in die Provinz »Saunien«, die alte Untersteiermark, reiste, schilderte in Reisetagebüchern fast auf jeder Seite die Gerichte, die man ihnen allerorten auftischte. In Tristach nahm das Mahl nach dem Gottesdienst »seinen Anfang mit gesottenen Kuttelfleck vom älteren Kalb, unserer trippa. Dieses Gericht hat der Priester aus Österreich, Michael, bestellt. Besagter Michael ließ als vorsichtiger Arzt uns nach dieser Speise einen Schluck besten und unverfälschten Rebolio trinken, damit die Verdauung rascher erfolge.«
Das »Appetit-Lexikon« von Habs und Rosner dagegen schließt den Artikel »Kaldaunen« mit der Feststellung: »Übrigens werden die Kutteln so fabelhaft schnell und gründlich verdaut, daß man um zwei Uhr mit dieser Speise zum Bersten gesättigt, doch bereits um vier Uhr vor erneuertem Hunger in Ohnmacht fallen kann.«
Kuttelflecke, auch Fleck, Kaldaunen oder Löser genannt, sind die Vormägen des Rindes. Man bekommt

sie vom Fleischer schon vorbereitet (gereinigt und vorgekocht). Frische Kuttelflecke müssen gut gereinigt und gewässert in frisches Wasser aufgesetzt werden und etwa 1 Stunde kochen, dann erneut mit frischem Wasser und Salz, Pfefferkörnern, einem Spritzer Essig mehrere Stunden (mindestens 5 Stunden!) weich gekocht werden. Es können am Ende der Kochzeit auch Wurzeln und Grünes beigegeben werden.

Gebackene Kuttelflecke

4 Portionen

500 g gekochte Kuttelflecke, 2 Eier, Semmelbrösel, Fett

Aus gekochten, aber nur mehr warmen Kuttelflecken (kalte Kuttelflecke in heißem Wasser kurz erwärmen!) Stücke in der Größe von Schnitzeln schneiden. Diese in aufgeschlagenen Eiern, dann in Bröseln wenden und in heißem Fett schwimmend wie Schnitzel backen.
Mit Gemüse, Zitronenspalten und Salaten anrichten. Als Vorspeise (dann in kleinere Stücke geschnitten) mit Sauce tatare anrichten.

Kuttelflecke auf Südtiroler Art

3–4 Portionen

500 g Kuttelflecke, Semmelbrösel, Öl, 120 g Paradeismark, Salz, Rindsuppe, Parmesankäse

Die gekochten Kuttelflecke nudelig schneiden, in heißem Öl mit etwas Semmelbröseln rösten. Paradeismark und etwas Rindsuppe beigeben und einige Minuten dünsten.
Mit geriebenem Parmesankäse bestreuen und mit Salzkartoffeln anrichten.

Kuttelflecke in Weinsauce auf Rheintaler Art

3–4 Portionen

500 g Kuttelflecke, 20 g Fett, 100 g Selchspeck, 1 Zwiebel, Petersilie, 1 Knoblauchzehe, 30 g Mehl, Salz, Pfeffer, Paprika, Zitronensaft oder Essig, ⅛ l Weißwein, 60 g Paradeismark

Die gekochten Kuttelflecke feinnudelig schneiden. In heißem Fett würfelig geschnittenen Speck anrösten, feingeschnittene Zwiebel und Petersilie anschwitzen lassen, mit etwas Knoblauch würzen, mit Mehl stauben und mit Weißwein ablöschen, salzen, pfeffern und mit Kochsud aufgießen. Alles gut verkochen lassen, die Kuttelflecke beigeben, mit Zitronensaft abschmecken, mit Paprika und Pfeffer nachwürzen und das Paradeismark einrühren. Das Ganze etwa 20 Minuten dünsten lassen.

Weitere beliebte Zubereitungsarten: Gekochte, nudelig geschnittene Kuttelflecke in einem Gulyásansatz (siehe Rindsgulyás Seite 252) dünsten und leicht mit Sauerrahm und Mehl binden (ungarische Art), oder wie ein Beuschel zubereiten. – In alten Kochbüchern findet sich meist auch ein Rezept **Kuttelflecksuppe**: Gekochte Kuttelflecke feinnudelig schneiden und mit Wurzelwerk vollends weich dünsten. Eine lichte Einmach bereiten, mit abgeseihtem Kochsud aufgießen, mit Salz, Pfeffer, Majoran, Petersilie und Knoblauch würzen, über die Kuttelflecke passieren, durchkochen lassen und reichlich mit blättrig geschnittenen Semmelcroutons und Petersilie (oder Schnittlauch) servieren.

Leber

Besonders zart ist die Kalbsleber. Für den Alltag wird auch Schweinsleber verwendet. Rindsleber wird vor allem für Suppeneinlagen (Leberknödel, Leberreis) verwendet. Jede Leber muß gut ausgeblutet sein. Die Haut der Kalbsleber wird vor der Verwendung abgezogen. Achtung: Je länger eine Leber röstet, kocht oder vor dem Servieren stehenbleibt, desto härter wird sie!

Kalbsleber, natur (glasiert)

4 Portionen

600 g Kalbsleberfilets, Salz, Pfeffer, etwas Mehl, Kalbsknochensuppe oder Kalbsjus, Fett, 40 g Butter

Die abgezogene, in Scheiben geschnittene Leber salzen, pfeffern, in Mehl wenden und wie Naturschnitzel scharf, aber nicht zu lange in heißem Fett auf beiden Seiten braten. Die Leber soll innen rosa bleiben. Das Fett abgießen, durch frische Butter ersetzen, diese aufschäumen lassen und die Leber anrichten.

In der Restaurantküche wird zuvor noch mit Kalbsjus deglaciert und dann über die angerichtete Leber geseiht. Ist keine Kalbsjus vorhanden, wird mit Mehl gestaubt, kurz durchgeröstet, mit etwas Kalbsknochensuppe zu kurzer Jus verkocht und über die inzwischen warm gestellte, angerichtete Leber gegossen.

Gebackene Leber

4 Portionen

600 g Kalbsleber, Salz, Pfeffer, Mehl, 2 Eier, 2 EL Milch, Semmelbrösel, Fett zum Backen

Die von der Haut befreite Leber in Scheiben (wie Schnitzel) schneiden, salzen und pfeffern, erst in Mehl, dann in den mit Milch und Salz verschlagenen Eiern wenden, mit Semmelbröseln panieren und in heißem Fett backen. Abtropfen lassen und mit Zitronenspalten, grünem Salat und Petersilkartoffeln anrichten.

Geröstete Leber

4 Portionen

600 g Kalbsleber, 2 große Zwiebeln, 100 g Fett, 1 TL Mehl, Rindsuppe oder auch Kalbsjus, Salz, Pfeffer, Majoran

Die in Scheiben geschnittenen Zwiebeln in Fett goldbraun rösten, die geschnetzelte, d. h. dünnblättrig geschnittene, enthäutete Leber beigeben und bei starker Hitze rasch rösten. Mit Salz, Pfeffer, Majoran würzen, mit Kalbsjus untergießen und etwas ziehen lassen. Ist keine Kalbsjus vorhanden, dann staubt man die geröstete Leber mit etwas Mehl, gießt mit Rindsuppe oder Wasser auf, läßt kurz aufkochen, dann etwas ziehen. Beilage: Salzkartoffeln, Reis oder Kartoffelschmarrn, Salate.

Saure Leber

Leber wie geröstete Leber zubereiten, mit etwas Essig abschmecken.

Man kann dazu auch einige Apfelscheiben oder geschnetzelte Äpfel mitrösten.

Tiroler Leber

4 Portionen

600 g Kalbsleber, Salz, Pfeffer, Fett zum Braten, 20 g Mehl, 60 g Butter, 1 kleine Zwiebel, 3/16 l Sauerrahm, 1/8 l brauner Fond oder Rindsuppe, 1 KL gehackte Kapern, Schale von 1/4 Zitrone (ungespritzt)

Die abgezogene Leber in Filets schneiden, salzen und pfeffern, auf einer Seite bemehlen, in heißem Fett sehr rasch sautieren; das Fett abgießen, durch Butter ersetzen, aufschäumen lassen. Die Leber herausnehmen und warm stellen.

Kapern und Zitronenschale, sehr fein gehackt, in die heiße Butter geben, mit Mehl stauben, Sauerrahm, gut verrührt, beigeben und mit braunem Fond (oder Rindsuppe) aufgießen. Gut verkochen. Die Leberfilets wieder in die Sauce einlegen. 5 Minuten ziehen lassen (nicht mehr kochen!). Zur Geschmacksverfeinerung kann man die Leberfilets vor dem Braten mit dünnen Speckstreifen oder mit Sardellenstreifen spicken. Beilage: Salzkartoffeln, grüner Salat.

Nieren

Qualitativ am besten sind Kalbs- und Lammnieren von jungen Tieren. Die Rindsnieren, auch Lendbraten, im Volksmund »Lembraten« genannt, eignen sich vor allem zum Dünsten.

Vorbehandlung: Bei Kalbs- und Lammnieren brauchen die Stränge nicht entfernt zu werden, Schweins- und Rindsnieren müssen von Strängen, Häuten und Fettfasern sorgfältig befreit werden. Dann gut waschen, wässern und abtrocknen. Nur bei der Kalbsniere wird der größte Teil des Nierenfettes verwendet. Alle anderen Nieren müssen entfettet werden.

Geröstete Nieren

4 Portionen

500 g Kalbs- oder Schweinsnieren, 60 g Fett, 200 g Zwiebeln, 1 TL Mehl, Salz, Pfeffer, Majoran, Rindsuppe, Essig

Die parierten Nieren dünnblättrig schneiden. Die in Streifen geschnittene Zwiebel in heißem Fett goldgelb rösten, die Nieren beigeben und rasch rösten, mit Mehl stauben, salzen und pfeffern, gut durchrösten, mit etwas Rindsuppe löschen, eine Prise Majoran beigeben und ziehen lassen (nicht kochen!). Eventuell mit einem Spritzer Essig nachsäuern. Beilage: Butterkartoffeln, Reis, Salate.

Nierndeln mit Hirn

4 Portionen

250 g Schweinsnieren, 2 Schweinshirne, 50 g Fett, 1 Zwiebel, Salz, Pfeffer (oder Paprika), Majoran

Die feingeschnittene Zwiebel in Fett anschwitzen, die in Scheiben geschnittenen Nieren darin rasch rösten, das in Stücke geschnittene Hirn beigeben und das Ganze gut durchrösten, salzen und pfeffern (oder auch paprizieren).
Man kann kurz vor dem Anrichten etwa 2 EL helle Rindsuppe beigegeben und alles noch einige Male durchrösten.

Paprikanieren

4 Portionen

500 g Schweinsnieren, 40 g Butter oder Fett, 150 g Zwiebel, Mehl, 1 KL Paprika, Salz, 1/16 l Sauerrahm, Rindsuppe oder Wasser

Zwiebelringe in heißem Fett goldgelb rösten, die blättrig geschnittenen Nieren beigeben und rösten, etwas salzen, leicht mit Mehl stauben. Den Sauerrahm beigeben, fast zum Kochen bringen, paprizieren und mit Wasser oder Rindsuppe untergießen. Alles kurz ziehen lassen.
Beilage: Erdäpfelschmarrn, Wasserspatzen, gedünsteter Reis

»Lembraten«

4 Portionen

600 g Rindsnieren, 40 g Öl, 250 g Zwiebeln, 20 g Mehl, 20 g Öl, Salz, Pfeffer, Majoran, Essig, 1 TL Senf

Die Rindsnieren von Häuten und Fettfasern befreien, der Länge nach halbieren, die Stränge im Innern herausschneiden. Die Nierenstücke blättrig schneiden. Die in Streifen geschnittene Zwiebel in Öl goldgelb rösten. Die Nieren beigeben und bei stärkster Hitze bis zur Braunfärbung weiterrösten, dann mit Pfeffer und wenig Majoran würzen. Mit etwas Wasser untergießen und dünsten lassen. Nach 20 Minuten mit brauner Einbrenn binden, nachwürzen und alles weich dünsten. Zuletzt mit einem Spritzer Essig und mit Senf abschmecken.

Zunge

Daß man in der guten alten Zeit auch langfristig an Kleinigkeiten dachte, um später einen »reinen« Genuß zu haben, bezeugt das 1795 in Wien erschienene Buch »Der Erdmuthe Hülfreichinn Unterricht für Hausmütter in ihren Geschäften, welche sie in der Küche, im Garten, im Viehstalle und im Geflügelhofe zu besorgen haben; nebst dem, was ihnen vom Spinnen, der Weberey, von Zurichtung der Bette und Wäsche zu wissen nothwendig ist«.

Fürsorglich wird beim Kapitel »Von der Mastung des Rindviehes« dem Landwirt der Rat gegeben: »Es trägt auch zur Beförderung und Unterhaltung der Eßlust sehr vieles bey, wenn man dem Mastviehe alle acht oder zehen Tage einmal die Zunge mit Salz reibt oder mit Wein wäschet, wodurch es auch zum Trinken gereizet wird, das ihm ohnehin fleißig gereicht werden muß.« Auch soll, heißt es weiter, bei der Fütterung genaue und bestimmte Ordnung gehalten werden, damit das Vieh seine Eßlust behalte, »worauf der glückliche Ausschlag der Mastung hauptsächlich beruhet. Morgens früh um vier oder längstens zur Winterzeit um fünf Uhr muß der Anfang mit einer nahrhaften Fütterung, die in geschrotenen Früchten, Möhren, Rangen u. d. bestehen kann, gemacht werden. Nach etlichen Stunden, um acht Uhr wird dem Mastviehe Heu vorgestecket. Um zehn Uhr giebt man ein nährendes laulichtes Getränke, worunter Schrott, schwarzes Mehl, Träber oder Kleye gemengt und untergerührt wird. Hierauf steckt man ihm wieder dürres Futter vor, doch nie auf einmal vieles, sondern kommt immer lieber alle zwo oder drey Stunden damit, und füttert endlich Abends um neun Uhr mit gutem Heu vollends ab.«

Georg Hesekiel hat in seiner 1862 erschienenen »Gastronomischen Geographie« die »Rindszungen« sinnigerweise der Stadt Salzburg zugeordnet. Vermutlich wird er sich an den »Salzburger Stier« erinnert haben, das Hornwerk auf der Feste Hohensalzburg, das Leonhard von Keutschach 1502 als Freiorgel anlegen ließ.

Kalbszunge mit Kren

4 Portionen

2 frische Kalbszungen, Salz, 400 g Wurzelwerk, 1 Zwiebel, Pfefferkörner, 1 Lorbeerblatt, 1 EL Essig, 500 g Kartoffeln, Kren

Die Kalbszungen in leicht gesalzenem Wasser 2–3 Stunden kochen. Im letzten Drittel der Kochzeit das in Streifen geschnittene Wurzelwerk, Lorbeerblatt, Pfefferkörner, in Ringe geschnittene Zwiebel und etwas Essig sowie geschälte, geviertelte, rohe Kartoffeln beigeben und weich kochen. Sobald die Zungen weich sind, herausnehmen, in kaltes Wasser legen, schälen und im Kochsud wieder erwärmen. Dann in schräge Tranchen schneiden, auf einer vorgewärmten Platte in Zungenform anrichten, mit Wurzelwerk fast bedecken, mit etwas Kochsud begießen und die Kartoffeln an die Seite legen. Über die Zungen gerissenen Kren streuen.

Kalbszunge, gespickt (gedünstete Zunge)

4 Portionen

2 frische Kalbszungen, Sardellenfilets, 1 EL Petersilie, 30 g Butter, 30 g Mehl, 1/4 l Sauerrahm, Salz, Pfeffer, Kapern, Senf

Die Kalbszungen in Salzwasser weich kochen und häuten. Man kann sie auch mit Wurzelwerk und Gewürzen wie vorstehend angegeben weich kochen.
Die geschälten Zungen mit Sardellenfilets spicken (Zungen der Länge nach einschneiden und die Sardellenfilets hineinstecken). Die restlichen Sardellen fein hacken, mit feingeschnittener Petersilie in heißer Butter rösten, mit Mehl stauben, den Sauerrahm beigeben, auch etwas Senf und die gehackten Kapern. Alles gut verkochen, die Zungen dazugeben und zugedeckt 15 Minuten dünsten lassen. Zungen in schräge Tranchen schneiden, die Sauce darübergießen und servieren. Beilage: Petersilkartoffeln.

Rindszunge

Die frische, gepökelte oder geräucherte Rindszunge wird nach dem Weichkochen geschält, pariert und im Kochfond warm gestellt. Am dicken Teil beginnend in 1 cm dicke Tranchen schneiden und mit Madeirasauce, Zwiebelsauce oder Polnischer Sauce servieren. Mit Pürees von Erbsen, Bohnen, Karotten, Spinat oder Kartoffeln garnieren.

Folgendes Rezept aus dem »Grätzerischen Kochbuch« stammt aus jener Zeit, da dem »Viehe« noch die Zunge mit Wein gewaschen oder mit Salz eingerieben wurde:

Ochsenzunge mit Austern

»Nachdem die frische Rindszunge weich gekocht, wird sie abgeschält, von einander geschnitten und in eine Rein gethan, dann nimmt man sechzig Austern, vierzig davon löset man aus, bestreuet sie mit Salz, Pfeffer und Muskatenblumen, besprengt sie mit einem Citronensaft, zerreibt sie in ein wenig Wein, gießt von der Brühe daran, worin die Zunge gekocht hat, zerrührt sie darin, setzt sie mit einem Stück Butter aufs Feuer, gibt geschnittene Citronenschalen, zerriebene und in Butter geröstete Semmel und die ganz abgewaschenen Austern dazu, und läßt dieß zusammen gut aufkochen; gibt die Zunge auf, macht mit den ganzen Austern einen Kranz herum, und gießt die Brühe darüber.«

Die Schweinszunge wird meist mit dem Schweinskopf gekocht. Die Zubereitung erfolgt wie beim Krenfleisch (siehe Seite 293 f.) mit oder ohne Wurzelwerk.

Verwendung weiterer Innereien

Blut wird für Blutspeisen (Blutwurst, Blunzen) verwendet. Früher wurde dem Bruckfleisch für die Sauce frisches Rinderblut beigegeben.

Därme dienen als Hülle für Blut-, Leber- und Bratwürste.

Mark, Knochenmark wird als vorzüglicher Fettersatz verwendet. Weiches Knochenmark wird roh und erwärmt, festes Mark nur erwärmt bzw. in Speisen (Markknödel usw.) verarbeitet.

Milz wird meist ausgestreift, passiert oder fasciert und vor allem für Suppeneinlagen (Milzschöberl usw.) verwendet.

Netz von Schwein oder Kalb in lauwarmes Wasser legen, auf einem feuchten Tuch oder Brett ausbreiten, bis es verwendet wird (z. B. zum Netzbraten).

Ochsenmaul dient vorwiegend der Zubereitung von

Ochsenmaulsalat

1 Ochsenmaul, Pökelsalz, 1/10 l Essig, 1/10 l Öl, Salz, Essig, Öl, Zwiebel, Pfeffer

Das gut gereinigte Ochsenmaul (vom Fleischhauer gereinigt und vorbehandelt zu beziehen) wird einige Tage trocken gepökelt. Dann in Wasser mit etwas Essig und Öl weich kochen und in der Schinkenpresse (oder mit Brett und Gewichten beschwert) über Nacht pressen. Auf der Schneidemaschine sehr dünn aufschneiden, mit Essig, Öl, Salz, frischgemahlenem Pfeffer und Zwiebeln (wenn sofort serviert wird) marinieren.

Kopf

Schweinskopf und Kalbskopf vor dem Kochen immer gut wässern. Schweinskopf wird meist samt der Zunge gekocht. Die Zubereitung erfolgt wie beim Krenfleisch (siehe Seite 293 f.).

Der Kalbskopf wird meist samt den Knochen gekocht. In kaltem Wasser mit Salz, Wurzelwerk, Zwiebel und Gewürzen ansetzen; das Wasser muß dabei den Kalbskopf ständig bedecken, weil sonst die aus dem Wasser ragenden Teile unansehnlich dunkel würden. Kochdauer etwa 1½ Stunden. Dann den Kopf herausnehmen, in kaltes Salzwasser legen und auslösen, in entsprechende Stücke schneiden und weiterverarbeiten (z. B. mit Wurzelwerk und Kren).

Eine Spezialität ist der **panierte Kalbskopf, gebacken**. Die Zubereitung erfolgt wie beim Wiener Schnitzel (siehe Seite 269 f.). Dabei ist zu beachten, daß nur heißer Kalbskopf paniert wird; findet ein bereits ausgekühlter Kalbskopf Verwendung, muß dieser im Kochsud wieder aufgekocht, dann abgetrocknet und sofort paniert und gebacken werden.

Man kann sich auch vom Fleischhauer einen Kalbskopf von den Knochen auslösen lassen. Man gibt das ausgelöste Kalbskopffleisch in kaltes Wasser und läßt es einmal aufkochen. Dann gießt man das Wasser ab, schneidet das Fleisch in kleine Stücke und gibt es erneut in kaltes Wasser, rührt darin einen EL Mehl glatt, fügt kleingeschnittenes Wurzelwerk, Zwiebel, ein Kräutersträußchen und etwas Essig bei und kocht das Fleisch zugedeckt darin langsam etwa 1 Stunde weich.

Würste

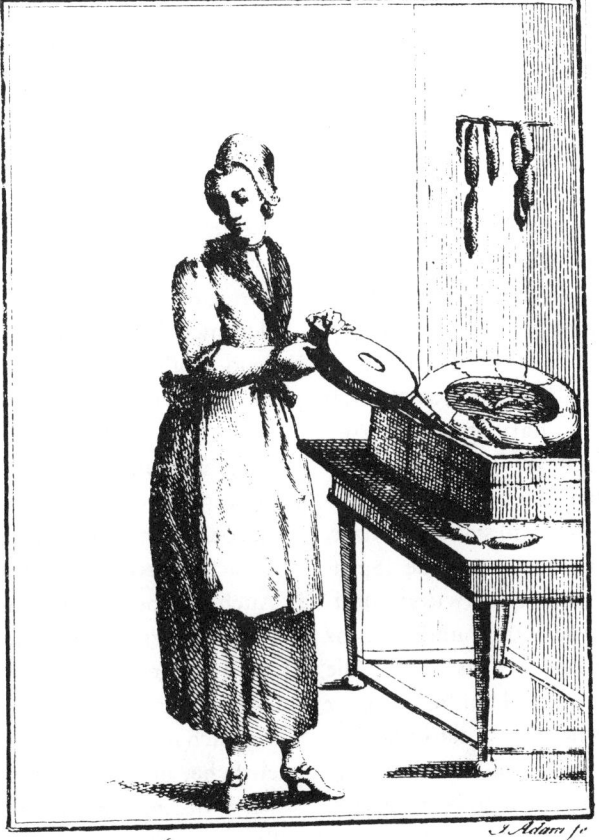

Bratelbraterin
La Rotiseusse

Würste wurden schon von den alten Griechen und Römern geschätzt. Die Kochbücher des Mittelalters und der Renaissance empfehlen das Fleisch von fast allen eßbaren Tieren auch zur Wurstverarbeitung; es gab Würste aus Schweine-, Rind- und Kalbfleisch, Kalbsleberwürste, Würste von Schafen, Hasen, Rehen, Hirschen, Reb-, Trut- und Haushühnern, von Biberleber, Hechten, Karpfen, Krebsen, es gab Hirnwürste, aber auch Blutwürste, obwohl in der damaligen Zeit die katholische Kirche arge Bedenken gegen den Genuß tierischen Blutes erhoben hatte. Daneben brachten die österreichischen Kochbücher des 17. bis 19. Jahrhunderts auch Rezepte einer »Westphälischen Wurst« und »wälscher« Würste (z. B. der »Zerbelad«, der Servelatwurst). Die Salami kaufte der Wiener vom »Salamatschimann«, einem Straßenhändler.

Im 18. und 19. Jahrhundert waren die Würste vor allem eine »sehr beliebte und schmackhafte Garnierung der Zuspeisen« (Anna Dorn), sie erscheinen in den zeitgenössischen Kochbüchern unter den Kapiteln »Verschiedene Sachen zur Belegung der Zuspeisen« oder »Verschiedenes in die Fleisch- und Fastensuppen«. Da man auf diese Weise vor allem sonst nicht weiter verwendbare Fleischreste aufbrauchen konnte, waren die Würste bei der ärmeren Bevölkerung ausgesprochen beliebt.

In diesem Zusammenhang: Die Wurst wurde von dem Augenblick an »ein Bedürfnis«, wie Friedrich Schlögl sich 1881 in »Die Saison der Wurst« erinnert, »als die Menschheit ein billiges Surrogat für Braten zu suchen genötigt war; als ihr nicht nur Rebhühner, Schnepfen, Fasanen, Kapaune und Hirschziemer nicht mehr zugänglich waren, sondern als es der Majorität sogar schwer wurde, als Vesperbrot ein simples ›Schnitzel‹ sich zu gönnen, einen harmlosen Rostbraten, ein schlichtes ›Stoffade‹ oder ein bescheidenes ›gebackenes Lämmernes‹. Da schuf die Meisterin Not die Wurst, den Pseudo- und Talmibraten.«

Marperger berichtet in seinem »Küch- und Keller-Dictionarium«, 1716 in Hamburg erschienen, über ein Ritterspiel, bei dem eine Wurst zu Ehren kam: »Als Anno 1613 fast alle Printzen aus dem Hause Oesterreich zu Wien vor dem römischen Kayser Matthias erschienen, da stellte Allerhöchst-ermeldete Kayserliche Majestät denenselben zu Ehren, ehe sie wieder von einander giengen, ein herrliches Ritter-Spiel an, wobey unter anderen auch die Schlächter zu Wien ihre Persohn wohl zu spielen wußten. Sie präsentirten eine Bauren-Hochzeit, bey welcher unter andern erschienen zwanzig Männer, welche eine Wurst von 999 Ellen in der Länge trugen.«

Friedrich Schlögl schrieb 1881: »Die Vorgeschichte der Würstl in Wien ist einfach: Man hatte in der glorreichen Ära der zwanziger und dreißiger Jahre alles in allem genommen nur acht Sorten: die populären Selchwürsteln (kleine und große zu fünf und sieben Kreuzer, heute ›Frankfurter‹ nominiert), die Cervelade (Savaladi), die Extrawurst, Bratwurst, Leberwurst, Blutwurst (Blunzen), die familiäre Augsburger und die ganz vulgäre Preßwurst. Erst später wuchs noch die exotische Knackwurst hinzu, die allmählich wieder neumodische Specialitäten herbeizog, so daß wir dermalen mindestens an zwanzigerlei Varietäten (darunter echte und auch in Simmering erzeugte Nürnberger, Braunschweiger, Gothaer, Debrecziner, rheinische, polnische etc.) Würste auf dem Repertoire der Speisenzettel haben.

Als noch die Back- und Brathühner, die Originaldonaukarpfen und die geschoppten Gänse usw. die Tische der Grundpatricier schmückten, als der Indian (Pockerl) so profan war, daß man ihn ›Schustervogel‹ nannte, da war die Wurst nur eine sporadische Erscheinung.« Pessimistisch schloß Schlögl seine Überlegungen: »Die Wurst ist die drittletzte Etappe auf dem Passionsweg zur Schlußkatastrophe. Dann kommt nur mehr die ›Erdäpfel in der Montur‹, dann trockenes Brot. Dann folgt, was folgen mag: Manche flüchten zur Bettelsuppe, andere schließen ab!«

Inzwischen wurde die Wurst längst rehabilitiert, was nicht zuletzt den »Wiener Würsteln« zu danken ist, die allerdings gerade in Wien »Frankfurter« heißen, denn kreiert hat sie in Wien ein »Zugereister«: Johann Georg Lahner. Er stammte aus dem Bambergischen, lernte in Frankfurt das Fleischerhandwerk, kam 1804 als Handwerksbursche nach Wien und begann hier als »Aufhackknecht«, brachte es aber bald zu einem eigenen Geschäft an der Ecke der Altlerchenfelder Hauptstraße Nr. 56. Zunächst verkaufte er besonders feines »Brat« (fasciertes Fleisch als Wurstfülle) und stellte aus zweimal gekochtem Rind- und Schweinefleisch dünne, kleine Würstel her, die »Lahner Würstel«, die er aus Dankbarkeit gegenüber seinem einstigen Frankfurter Meister »Frankfurter Würstel« nannte. Sie fanden nicht nur bei den Wienern großen Anklang, und bald wollte man auch in der »Backhendlzeit« nicht mehr auf die »notigen« Würstl verzichten. Die Fleischer und Selchermeister nützten den Boom und erzeugten immer neue Wurstsorten, nicht nur in Stangenform, sondern auch in abgebundenen Teilstücken (da das Abbrechen der letzten vom Kranz einen leichten Knacks hervorruft, nannte man sie »Knackwürste«). Auch die Speisewirtshäuser setzten ihren Stammgästen selbstfabrizierte Würste vor und führten obligate »Wursttage« ein. Allerdings verminderte sich der Wurstkonsum noch einmal, als der minder begüterte Teil sich mehr auf das neu erfundene, anfänglich noch ehrliche, nachmals ebenso zweideutige »Gollasch« warf, bis man wieder zur Wurst zurückkehrte.

Bei der Zubereitung von **Hauswürsten** wird möglichst schlachtfrisches Fleisch verwendet.

Blutwurst (»Blunzen«)

Gut gereinigter, geputzter Schweinskopf, Göderl, Speck und Schwarten werden zweifingerdick darüber mit Wasser bedeckt und zum Kochen gebracht (dabei wiederholt umrühren). Mit Salz, Pfeffer, Gewürzkörnern, Lorbeerblatt, Thymian, Knoblauchzehen würzen. Ist alles weich, herausheben; die Knochen auslösen.

Für Blutwurst wird dann folgende Zusammenstellung verwendet:

2 kg gekochter und ausgelöster Schweinskopf, 4 kg gekochter Speck (Abschnitte, Göderlspeck), 3 kg gekochte Schwarten, 1 ½–2 kg würfelig geschnittene

„was? a so a prächtichi Portion Bradl ein'n Hund geb'n? geb'n sie's mir, i wir glei dermid ferti seyn"

Semmeln, 500–750 g feingeschnittene, in Fett geröstete Zwiebeln, Schweinsblut, Salz, Majoran, Pfeffer, Neugewürz, Knoblauch, krause Därme (Dickdärme vom Schwein)

Die Semmelwürfel mit fetter Suppe (vom Kochsud) leicht anfeuchten. Schweinskopf, Speck und Schwarten durch die Fleischmaschine (mit 5- bis 6-mm-Scheibe) faschieren, in warmem Zustand den Semmeln beigeben, würzen, geröstete Zwiebeln dazugeben und so viel Schweinsblut beimengen, daß die Masse eine dunkle Färbung bekommt. Die vorbereiteten Därme werden vom Salz abgespült und handwarm eingewässert. Dann gibt man die Fülle in die krausen Därme, bindet sie ab und überbrüht sie in Wasser von einer Temperatur von 80 Grad. Zum Schluß kalt schwemmen.

Das **Braten der Blutwurst:** Schmalz in einer Bratpfanne erhitzen, die Wurst einlegen, unter einmaligem Wenden knusprig braten, dann im Rohr fertigbraten. Mit etwas Bratfett anrichten und mit Sauerkraut und gerösteten Kartoffeln servieren.

»G'radelte Blunzn« (Geradelte Blutwurst)

Eine Blutwurst in fingerdicke Scheiben schneiden, diese in Mehl wenden und auf beiden Seiten in heißem Fett braten.

Bratleberwurst

Dazu werden – wie bei der Blutwurst – Schweinskopf, Speck und Schwarten zunächst wieder gekocht. Außerdem wird eine in grobe Stücke geschnittene Leber in heißem Wasser überbrüht. Für Bratleberwurst wird folgende Zusammensetzung verwendet:

3 kg gekochter und ausgelöster Schweinskopf, 2 kg gekochter Speck (Abschnitte, Göderlspeck), 1½ kg gekochte Schwarten, 1½ kg überbrühte Leber, 1½–2 kg würfelig geschnittene Semmeln, 500 g feingeschnittene, in Fett goldgelb geröstete Zwiebeln
Gewürze pro Kilogramm Fülle: 18 g Salz, 1 g Majoran, 15 g schwarzer Pfeffer, Knoblauch nach Geschmack, Schweinssaitlinge oder Dünndarm vom Rind

Die Semmelwürfel mit fetter Suppe (vom Kochsud) anfeuchten. Schweinskopf, Speck, Schwarte, Leber durch die 5- bis 6-mm-Scheibe faschieren und mit den Gewürzen, gerösteten Zwiebeln und Semmeln gut vermischen. Die Masse mit der Wurstspritze in gereinigte Schweinssaitlinge oder Dünndärme füllen, die bereits an einer Seite mit Holzspeilen verspeilt (verknotet) und durchgestoßen sind.
Die Würste im Wasser bei einer Temperatur von 80 Grad überbrühen. Nach 45 Minuten kalt schwemmen. Die Bratleberwurst wird wie die Blutwurst in Fett gebraten und mit Sauerkraut serviert.

Bratwurst

5½ kg mageres Schweinefleisch (Abschnitte, Parüren ohne Sehnen), 2½ kg Bauchspeck, 2 kg festes Schweinefleisch (z. B. Stelzen), gestoßenes Eis (Eisschnee)
Gewürze pro Kilogramm Fülle: 20 g Salz, 2 g weißer Pfeffer, je nach Geschmack Zitronenschale oder Knoblauch (immer nur eines von beiden verwenden!)
Schweinssaitlinge

Zuerst stellt man das »Brat« her: Festes Schweinefleisch, z. B. ausgelöstes Stelzenfleisch, in gut gekühltem Zustand durch die 2-mm-Scheibe der Faschiermaschine drehen. Auf 2 kg Fleisch wird nun 1 Liter Eisschnee nach und nach eingearbeitet. Die Beigabe des Eisschnees muß sehr langsam vor sich gehen, um eine gute Bindung zu bekommen.
In grobe Stücke geschnittenes, mageres Schweinefleisch, Speck, das Brat, Kochsalz und Gewürze gut vermengen und gut gekühlt durch die 4- bis 5-mm-Scheibe der Faschiermaschine drehen. Nochmals gut vermischen und in enge Schweinssaitlinge füllen, die zuvor vom Salz abgespült und handwarm gewässert wurden. In 10 cm lange Würste abpassen bzw. paarweise abdrehen.
Diese Art von Bratwurst wird nicht überbrüht, sondern vor dem Braten in Milch getaucht und in wenig Fett auf beiden Seiten langsam goldbraun gebraten.

Preßwurst

Gut gereinigter Schweinskopf, Stelzen, Füße und eventuell Schwarten und Schweinszunge mit Pökelsalz dick bestreuen, in ein Gefäß einschlichten und einige Tage trocken pökeln lassen. Qualitativ verbessert wird die Preßwurst, wenn man noch Schweinefleisch beigibt.
Das Gepökelte wird mit Wasser zum Kochen gebracht, mit Lorbeer und Knoblauch gewürzt und weich gekocht, dann läßt man das Ganze überkühlen. Noch in lauwarmem Zustand das fette Fleisch kleiner, das magere Fleisch etwas größer schneiden, mit Kochsud gerade so viel auffüllen, daß die Flüssigkeit das Fleisch bedeckt. Mit Pfeffer, Neugewürz, Pökelsalz, Essig, roher, sehr fein gehackter Zwiebel kräftig würzen. Die Masse in Naturdärme (Schweinsmagen) oder Kunstdärme mit 12 cm Durchmesser einfüllen, gut abbinden und etwa 1 Stunde bei 80 Grad überbrühen. Leicht abgekühlt aus der Flüssigkeit herausheben und unter öfterem Umlegen (Umdrehen) in einem kalten Raum auskühlen lassen. Noch 24 Stunden kühl lagern.
In dicke Scheiben geschnittene Preßwurst wird mit kleingeschnittener Zwiebel, Essig, Öl und frischgemahlenem schwarzem Pfeffer sowie Schwarzbrot serviert.

Steirisches Schöpsernes

Salonbeuschel

Bruckfleisch mit Serviettenknödel

Tiroler mit Ei und Geröstete Kalbsleber

Hausgeflügel

Kopaunlerinn.
Une femme aux chapons.

Mit dem Kapitel »Geflügel« kommen wir zu einem der liebreizendsten Abschnitte der Wiener und der österreichischen Küche. Ländlich-gediegene und nahrhafte Vorstellungen verbinden sich bei der Gelegenheit den raffinierten Geschmacksnuancen verwöhnter Gaumen des höfisch-aristokratischen Lebensgenusses. Das Huhn hat nicht nur eine Küchengeschichte – es hat sozusagen selbst Geschichte gemacht. Denn das Geflügel auf den Tischen des Bürgers und des Bauern symbolisiert deren Sieg über die Feudalherrschaft des Adels. Bis dahin stellte das Geflügel eine höfische Delikatesse dar. Auf den bäuerlichen Tisch kam ein Huhn nur dann, »wenn die Henne oder der Bauer krank war«. Bei den hohen Herrschaften allerdings waren Hühner, Enten und Gänse Lieblingsgerichte. Conrad Hagger servierte im »Saltzburgischen Koch-Buch« (1719) seinem Fürsterzbischof 52 Rezepte »vom Capaunen«, 59 »Veränderungen und Speisen von dem Hun mit ihren jungen Hünlein«, 20 Indian-Rezepte, 28 Tauben-, 32 Gans-Rezepte und 24 Rezepte »von denen einheimischen Aenten, Wild-Aenten und Pfauen«. »Wiewohl die einheimischen Aenten auf alle Weiß der vorbeschriebenen Gans gantz gleich können zugericht werden, so sind doch die Aenten am Fleisch und Geschmack etwas subtiler und auf großer Herren Tafel zu öfterer Veränderung tauglicher; wie hier kurtz zu vernehmen.« Auf die erlesene Tafel eines Fürsten aber gelangten vom Geflügel oft nur die Schenkel, die Lenden und die Geilen (Hoden) – diese als Ragout serviert. Und da frisches Rind-, Kalb- oder Schweinefleisch im Mittelalter und auch später selbst für die Tische der Reichen nicht allzuoft zur Verfügung stand, griffen die Köche mit Erleichterung auf Frischfleisch in Form von Geflügel, Wildgeflügel, Wild und Fischen zurück. Als Friedrich I. 1184 in Mainz Hoftag hielt, brauchte man zwei Häuser, um das benötigte Geflügel unterzubringen.

Selbst Adler, Strauße, Schwäne, Reiher, Kraniche, Störche und Krähen und sogar Geier rechnete man zu den eßbaren Vögeln. In der Renaissance und im Barock vergriff man sich an dieser Art Geflügel meist nur noch wegen des prunkvollen Federkleides und trug diese Tiere kunstvoll arrangiert nur mehr zu Schauessen auf. Aber noch Conrad Hagger bringt sechs Adler-Rezepte, ein Rezept für den Schwan und eines für den Strauß: »Der Strauß ist zwar bey uns zu Saltzburg eine rare Speiß; doch ist bey der Profession bekannt, daß er gut und an Geschmack besser dann Kalbfleisch sey... Ich habe selbst nur einen von Malta kommend lebendig an unserm Hof gesehen.« Gebratene Pfauen waren ebenfalls nur der Luxustafel der Fürsten vorbehalten. Die Dienerschaft mußte nicht selten mit verdorbenen, übelriechenden Speisen, mit Ziegenfleisch, abgestandenen Fischen, schwarzem, hartem Brot und saurem Wein vorliebnehmen. In abgelegenen Burgen speisten selbst die Ritter nicht viel besser als die armen Bauern: frisches Fleisch, Gemüse und Brot waren Ausnahmen. Man begnügte sich mit eingesalzenem Fleisch, groben Hülsenfrüchten und altem Gebäck. Die Armen lebten meist nur von Rüben, Sauerkraut und Kraut. Es vergingen Jahrhunderte, bis das Geflügel auf den Tischen der Bürger zu einer Selbstverständlichkeit wurde. Noch im beginnenden 19. Jahrhundert, im »glückseligen« Biedermeier, war das »Wiener Backhendl« das kulinarische Wohlstandssymbol der »gehobenen Bürgerschicht« und der aristokratischen Lebemänner. Das Statussymbol kleinbürgerlicher Lebensweise war damals gekochtes Rindfleisch. Erst nach der Revolution 1848, nach der Bauernbefreiung, nach dem Fall der Bastionen und des Glacis in Wien, in der Zeit des Ringstraßenbaus und in der Gründerzeit, der Zeit der Neureichen und Spekulanten, wurde eben dieses Backhendl endgültig zu jenem weltweit bekannten Aushängeschild für Wien und seine Bürger; so schrieb Hans Jörgel von Speising um 1852: »Im Ausland habn's ja eh die Vorstellung von Wien, daß da alleweil die Backhendl'n h'rumfliegen.« Dazu berichtet die »Wiener Allgemeine Zeitung« aus dem Jahre 1852: »Beim ›Wilden Mann‹ wurde von 12 bis 9 Uhr unaufhörlich getafelt, sechsmal neu gedeckt. Über viertausend Menschen speisten dort. Die Backhühner wurden beim ›Wilden Mann‹ in Champagner buchstäblich ertränkt. Gegen sechs Uhr war weder ein Backhuhn noch ein gebratenes Gansel zu haben; der Spargel war schon um fünf Uhr in mehr denn zweitausend Portionen rein aufgezehrt.«

Viele Wiener Gasthäuser veranstalteten in der zweiten Hälfte des 19. Jahrhunderts regelrechte Backhendlessen. Zu erwähnen ist hier vor allem der Fleischhauer Zobel, der 1849 das Gasthaus »Zur Fortuna« auf dem Magdalenengrund erworben hatte und mit seinem »Schlager« – billige, gute Backhendl – bekannt und beliebt wurde. Später setzte er im »Goldenen Strauß«, den er nach dem Abbruch der »Fortuna« 1875 übernommen hatte, die Tradition des »Backhendlessens« fort. Erstklassige Backhendl gab es auch in den Praterlokalen beim »Wilden Mann« und beim »Paperl«. Franz Gräffer, der gemeinsam mit Czikann 1835 bis 1837 die erste »Oesterreichische National-Encyklopädie« herausgegeben hat, bezeugt, daß in den beiden Praterlokalen jährlich 22000 Paar Backhendl verzehrt wurden. Am Pfingstmontag des Jahres 1852 wanderten nach der Statistik der »Wiener Allgemeinen Zeitung« 12000 Hühner, 4000 junge Gänse und mehr als 300 Ochsen allein im Prater in die »unersättlichen Mägen der Besucher« (Hans Pemmer, »Speisen und Speisenkarten«). In einem Gedicht über den Prater von damals heißt es:
»Doch laßt uns auch den Körper laben,
Dort winkt der Paperl und der Wilde Mann,
Gebackne Hühner sind hier gut zu haben,
Wein zu drei Gulden, den man trinken kann.«
Freilich waren Backhendl und Prater (und Wiener) bereits um 1800 unzertrennliche Begriffe gewesen, sonst hätte Franz Gräffer den »Paperl« um 1800 nicht so schildern können: »Backhühner und Salat waren allenthalben zu sehen. Wir folgten dem wirklich guten Beispiel.« Und Joseph Richter konnte während der Napoleonischen Kriege im Jahre 1806 schreiben: »Gestern bin ich in Prater gewesen, und da hab' ich großmächtige Praterien aufgeführt gesehen. Jetzt wird den Franzosen wohl d' Lust vergehen, in Prater bachene Hendel z'essen.« Aber das Backhendl konnte damals nur der bestellen, der es sich leisten konnte. Und noch Anna Dorn ging in ihrem Speisezettel für die zwölf Monate des Jahres, der ihr Kochbuch von 1827 abschloß, mit den »gebackenen Hühnern« äußerst rar um: sie

empfahl es einzig für die Tage 9. April, 22. und 24. Mai, 10. und 21. Juni, 5. und 25. Juli und 3. November. Dafür gab es 39mal im Jahr eingemachte, gedünstete usw. Hühner, 14mal gebratene Poularde, 22mal Kapaune, 15mal Indian, 25mal Gänse, 27mal Enten, 18mal kleine Vögel, 27mal Tauben, 19mal Rebhühner, 8mal Fasane, 9mal Schnepfen, 7mal Wachteln und je einmal Rohrhühner und »Kronawetter«. Bei 148 Fasttagen im Jahr eine ganz erkleckliche Geflügelschar!

Und wenn Emma Eckhart in ihrem »Speisezettel« 1887 nur für den 13. und 21. Mai »Backhendl mit Salat« und dreimal im Juni »gebackene Hühner« empfiehlt, so ist anzunehmen, daß sie dabei den Brauch des Wieners einkalkulierte, sich seine Backhendl eben »unterwegs« zu holen!

FACHLICHE HINWEISE

Zum Hausgeflügel zählen Huhn, Ente, Gans, Indian, Perlhuhn und Taube.

Rupfen: Solange das Tier noch warm ist, zuerst die Schwungfedern an den Flügeln und den Schwanz, dann Hals, Brust, Flügel, Keule und Rücken rupfen. Bei jungem Geflügel ist darauf zu achten, daß dabei die Haut nicht reißt. Kielreste und Stoppeln extra ausreißen.

Flambieren, Sengen: Nach dem Rupfen werden die weichen Flaumhaare über einer nichtrußenden Flamme (Spiritus, Gasflamme) abgebrannt (dabei das Tier an Füßen und Kopf halten und über der Flamme hin und her bewegen). Dann nachputzen und abtrocknen.

Ausnehmen: Das untere Keulengelenk (1 cm unter dem Gelenk) abhacken. Dann den Kopf abschneiden, wenn das Rezept es erfordert, das Tier von der Darmöffnung bis zum Brustbein aufschneiden und die Eingeweide herausnehmen, sonst das Tier im ganzen von hinten ausnehmen. Fetten Tieren zuerst das unter der Bauchhaut liegende Fett wegschneiden, unter der Halshaut Gurgel und Kropf lockern und lösen. Mit der Hand um den Magen herumfassen und die Eingeweide mit Herz und Leber herausziehen. Hierbei vorsichtig vorgehen, damit die Gallenblase nicht platzt. Gallenblase von der Leber sowie Reste von Gurgel, Kropf und Drüsen entfernen, die eng unter dem Rippenbogen anliegende Lunge herausnehmen, den fetten Bürzel wegschneiden und die Bürzeldrüse auslösen. Das Tier außen und innen waschen, abtrocknen und nach Rezept weiterbehandeln.

Bridieren, Binden: Tier auf den Rücken legen, durch Zusammendrücken der Schenkel das Brustbein herauspressen. Beine und Flügel an den Rumpf drücken, mit Dressiernadel und Spagat den einen Schenkel (auf halber Höhe des Unterschenkels) durchstechen, dann den zweiten, den Bindfaden nachziehen, das Tier auf die Brust legen, die Flügel kreuzweise nach dem Rücken zu verschränken, die Halshaut zurückschlagen und die Nadel durch Flügel, Halshaut und zweiten Flügel stechen; dann die Fadenenden zusammenbinden. Anschließend durch Einstechen an den Enden der Beine und am Brustende das Huhn binden. Auf diese Weise wird jedes Hausgeflügel »dressiert« (nur bei Ente und Gans erübrigt es sich). Das Huhn läßt sich durch das Bridieren besser tranchieren bzw. sieht schöner aus!

Untergreifen, Füllen: Beim jungen Geflügel beim Halsstich unter die Haut greifen, diese vom Fleisch lösen und bis in die halbe Brust hinunter lockern. In den leeren Raum die vorbereitete Fülle geben. Man kann auch, je nach Rezept, die Bauchhöhle des Tieres mit der Füllmasse füllen. Dann binden bzw. zunähen.

Würzen: Vor dem Binden wird das Huhn innen, nach dem Binden außen gewürzt.

Bardieren: Das Geflügel mit Speckscheiben belegen und kreuzweise mit Spagat umbinden; vor allem bindet man eine breite Speckscheibe über die Brust und um die Keulen.

Bratzeiten: Hühner im Gewicht von 1,20 kg etwa 40 Minuten. Genaue Zeiten lassen sich nicht angeben; die Bratzeit richtet sich nach Größe und Qualität der Tiere (im Durchschnitt rechnet man pro Kilogramm ½ Stunde).

Garprobe: Zwischen Schenkel und Brust mit der Gabel einstechen und anheben; wenn der ausrinnende Saft aus der Körperhöhle nicht mehr rötlich ist, ist das Geflügel gar. Bei Wassergeflügel (Ente, Gans) wird etwas länger gebraten. Probe erfolgt mit dem Druck von Daumen und Zeigefinger am Unterschenkel; erweist sich das Fleisch als weich, ist der Braten gar.

Tranchieren: Die Art des Services bestimmt die Regel des Tranchierens. Ganz oder halbiert dürfen nur sehr junge Hühner, Tauben, Rebhühner und Schnepfen serviert werden. Das große Geflügel (Poularden, Enten, Gänse, Truthühner) ist immer zu tranchieren, wobei die Anzahl der Tranchen von der Größe des Geflügels bestimmt wird. Maßgebend ist ferner, ob man mit oder ohne Knochen servieren will. Große Brathühner und Poularden, Gänse und Enten werden, wenn sie nach dem Tranchieren nicht wieder in ihre ursprüngliche Form zusammengesetzt werden, zunächst in zwei Hälften geteilt. Dabei wird das Geflügel auf den Rücken gelegt und links und rechts vom Rückenknochen tranchiert, den man sofort herausnimmt. Danach wird die jeweilige Keule mit dem Schlußknochen von der Brust abgetrennt; wenn erforderlich, entfernt man aus Keulen und Brusthälften die Knochen. Große Keulen werden in Schnitten aufgeteilt.

Gefülltes Geflügel wird wie üblich zerlegt; dabei achte man aber darauf, daß zu jeder Portion ein Stück Fülle kommt. Die Brust wird etwas schräg in nicht zu dünne längliche Tranchen geschnitten. Gefülltes Geflügel immer vor dem Tranchieren ½ Stunde in der Wärme »rasten« lassen.

Zubereitungsarten: Kochen, Dünsten, Braten (im ganzen im Rohr oder am Spieß; portionierte Stücke in der Pfanne oder am Rost), Backen.

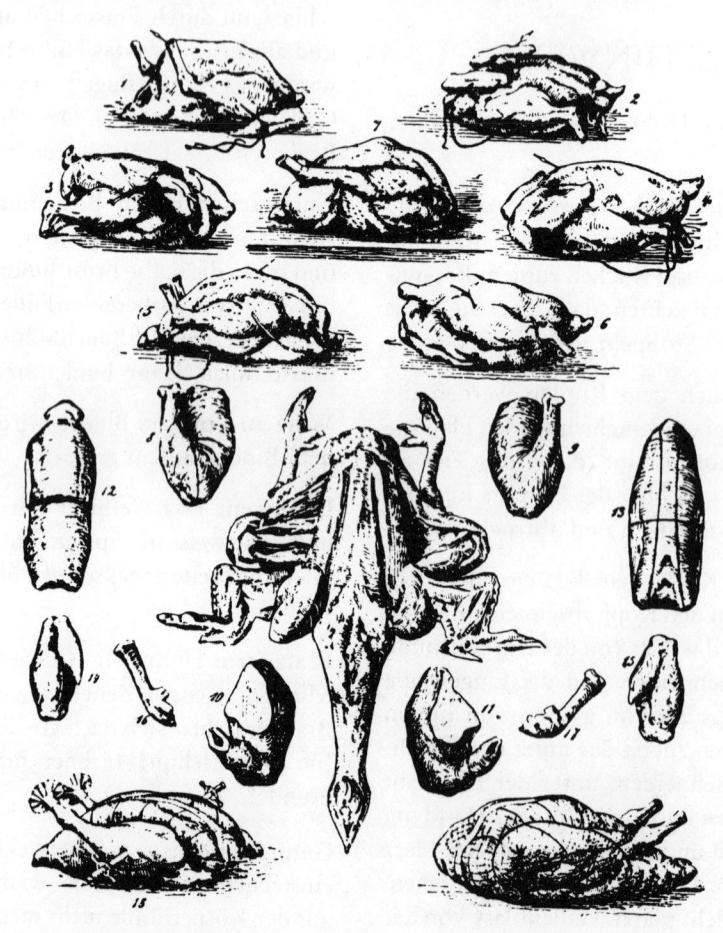

Das Dressieren des Geflügels (1–7). Das Tranchieren des Huhns (8–17), des Truthahns (18), der Gans (rechts unten).

Huhn

Neben dem Wiener Schnitzel gehört das Wiener Backhendl zu den »Klassikern« der Wiener Küche. Küchen- und Kulturhistoriker haben sich bemüht, die Genealogie des Wiener Backhendls zu durchleuchten. Es wird keinem ganz gelingen. Die »bachenen Hühner« der alten Kochbücher bis um 1700 haben noch nichts mit unserem Backhendl zu tun: noch im »Neuen und nutzbahren Kochbuch« des »Granat-Apffels«, 1699, findet sich ein Rezept »Gebackene Hühner und Tauben«, in dem es heißt: »Wann die hühner und tauben zergliedert seyn, soll man die beinlein wohl zerklopffen, und über nacht in ziemlich gesaltzen wasser legen, darnach mit gutem essig besprengen, und wieder eine weile liegen lassen, darnach im mehl umkehren, und im schmaltz backen, und schöne grüne petersilien in heis schmaltz werffen, und gleich wieder heraus thun, und drauf legen, er bleibt schön grün.« Und »Eine andere Manier«: »Laß gantz kleine hühner einen sud in rindfleischsuppe thun, zerschneide sie in stücklein, wältze sie in eyern, oder in einem darzu tauglichen teige, und backs im schmaltze, auf diese weiß kanst du auch frösche backen.«

In Hohbergs »Bewährtem und wohl-eingerichtetem Koch-Buch«, 1715/16, steht ein Rezept »Gebachene Hüner«: »Man zerschneidet ein, auf bekandte Weise weich gesotten Huhn in 4. Theil, lässets wohl verseihen, vermischet zerklopffte Eyer, Semmel-Meel, Saltz, Muscatenblüh, Cardamomen und Pfeffer, daß einem dicklichten Taig gleich, ziehet die Hüner durch, und bächets aus Schmaltz, trägts also trocken, oder in einer süssen Brüh, zu Tisch.«

Das erste unserer heutigen Vorstellung nahekommende Rezept des »Backhendls« taucht in Conrad Haggers »Saltzburgischem Koch-Buch«, 1719, auf: »Hünlein aus abgeschlagenen Eyern gebachen. Dise Hünlein werden halbiert / und die Füßlein eingesteckt / oder gar gerviertheilt / geklopfft / gesaltzen / und in Eßig gelegt / warm / oder kalter / wie erst oben beschrieben ist / oder auch nur eingesaltzner / sauber abgetrücknet / in abgeschlagenen Eyern / so mit wenig Meel / Semmel-Bröslein / und kleingehackten Petersil-Kräutlein vermischt worden / und ein wenig gesaltzen / umgekehrt / und in wohl heissen Schmaltz gebachen / mit gebachenen Eyern und ausgerösten Salbey-Blättlein / oder gebachenen Holder-Strauben / (wann es an der Zeit ist.) regaliert.« Hühner, in Backteig gezogen und in heißem Schmalz gebacken, nennt Hagger »Hünlein im Schlaffrock«. Kurz und bereits »klassisch« liest sich das Rezept »Hünl gebachen von Eyern« in dem 1736 in Wien erschienenen, 1740 in Steyr »neu zum Druck beförderten« »Nutzlichen Koch-Buch«: »Nimm schöne kleine Hünl, zertheilt zu vier Theilen, schlage Eyer auf in eine Schüssel, gesaltzen, kehre die Hünl um in denen Eyern, bestreue es mit Semmel-Bröseln, schön gelb gebachen, und geschwind auf die Tafel geben.« Dazu bemerkt der anonyme Verfasser: »Auf dise Arth bache auch die gesottene Lämmer- und Kälber-Füßl, auch die Bofesen, wie auch die gesottene Lämmer-Köpfel, zerlöst, oder gantzer gebachen, wie es beliebet.« Wortwörtlich wiederholt das »Bewehrte Koch-Buch«, 1749 erstmals in Wien gedruckt, dieses Rezept. Merkwürdigerweise bringen Gartler und Hikmann in ihrem »Wienerischen bewährten Kochbuch« das Rezept »Hühner gebacken« ohne Eier: »Bereite gute Hühner, zertheile sie zu 6 Theilen, salze sie ein, bereite ein gutes Schmalz, nimm Mehl, und Semmelbröseln, mische es unter einander, kehre die Hühner darinn um, und schön gelb herausgebacken, auch mit grün gebackenen Petersil besäet... Besser aber sind kleine Hühner, sie laufen schön auf.« Auch der Autor des »Grätzerischen Kochbuches«, 1804, wendet die Hühnerviertel nur in einem »abgeschlagenen Teigel« aus fünf Eiern und Mehl, und legt sie gebacken auf Spargel, Karfiol, Kohl usw. Theresia Ballauf nennt ihr Rezept 1810 noch »Hühner im Schlafrock«; sie tunkt sie in Eier, bestreut sie mit Semmelbröseln und backt sie im Schmalz. »Richte sie dann auf die Schüssel, und stecke zwischen jeden Stückchen ein Büschel grünen Petersill und darneben eines von Salbey, gieb sie dann so zugerichtet zur Tafel.« Exakter gibt sich da schon das 1805 erschienene »Linzer Kochbuch« der Maria Elisabetha Meixner, geborene Niederederinn: »Gebackene Hendel.

Nachdem die Hendel geputzet und ausgewässert sind, zerschneide sie in 4 Theile, salze sie ein, walze sie in einem abgeschlagenen Ey, besäe sie mit fein geriebenen Semmelbröseln, backe sie schön langsam aus dem Schmalz, damit sie semmelbraun werden, gib sie auf eine Schüssel, und grünen Petersil darauf.«

Anna Dorn warnt in ihrem »Großen Wiener-Kochbuch«, 1827: »Gebackene junge Hühner oder Hähne, dürfen schwache und kranke Leute nur unter der Bedingung essen, wenn sie den über dem Huhn befindlichen Überzug von geriebener Semmel, Mehl und Eyern abschneiden, welcher sich schwer verdauen läßt, weil er in Butter gebraten ist.«

Der Berliner Freidenker Christoph Friedrich Nicolai konnte bei seinem Wien-Aufenthalt 1781 unter den Schmausereien der Wiener das »gebachene Hendl« (»geviertheilte in Schmalz oder in geschmolzene Butter und Mehl gebackene junge Hühner«) bereits anführen und vom Vergnügen des »gemeinen Mannes« im Wiener Prater berichten: »Unter andern sah ich einmahl ein bedecktes Karussel, wo Personen herumgedreht wurden und nach Ringen zu stechen pflegen. Doch die Leute speißten ihre gebachne Händel und Kipfel im Herumdrehen, sehr unbekümmert um Ringe und Stechen. Also auch diese kleine Mühe war zu beschwerlich.«

Als »Hühner auf Wiener Art« dagegen finden sich schon früh Rezepte, die unserem »Eingemachten Huhn« nahekommen. Doch gibt es ein dem »Wiener Backhendl« ähnliches Rezept bereits auch im »Handbuch der Kochkunst« von Friedrich Wilhelm Huth, erschienen 1838 in Weimar. Um 1800 muß sich also das Wiener »Gebackene Hühnel von Eyern« schon über Wien hinaus herumgesprochen haben. Hat doch auch Zenker in seiner »Kochkunst« schon 1817/18 schreiben dürfen: »Wie allgemein und mit welchem Recht sind die jungen Hühnchen gefüllt, und dann auch gebacken, nicht bekannt und geliebt? Wien gilt im Auslande für den Ort, wo man diese zwey Gerichte am vorzüglichsten bereitet.« Und stolz nennt er das Rezept »Gebackene Hühnchen auf Wiener Art. (Poulets frits à la Viennoise.)«: »Die flammirten, rein abgeklaubten, dann aufgemachten, und auf vier Theile zerschnittenen Hühnchen werden mit feinem Salz bestäubt, und mittelst eines geschickten Auf- und Abschleuderns in einem Tuche mit Mehl abgetrocknet; endlich in abgeschlagene, ein wenig gesalzene und mit der Hälfte so viel Wasser verdünnte Eyer getunkt, mit feinen Semmelbröseln aufgelegt und in mittelstark siedendem Schmalz gebacken, sonach aufgehäuft angerichtet; über ihre Mitte kömmt eine Hand voll grün gebackener Petersilie.«

Adalbert Stifter schreibt in »Aus dem alten Wien«: »In einem kühlen, luftigen Zimmer meiner Gartenwohnung wartet meine Gattin auf uns und hat schon auf den gedeckten Tisch gestellt, was uns not tut: eine bekannte Wiener Lieblingsspeise, gebackene Hühner mit dem zartesten Salate und ein nicht gar bescheidenes Fläschchen alten Nußberger.« Auch H. Normann zählt in seinem Büchlein »Wien, wie es ist« (1833) die »Bachhendeln« neben den »Rostbradeln« zu den »weltberühmten Leibgerichten der Wiener«. Habs und Rosner, die Verfasser des »Appetit-Lexikons« von 1894, haben auf das Huthsche Rezept verwiesen und festgestellt, daß die »Gebackenen jungen Hühner« nicht bloß eine Wiener Spezialität, sondern eine Tatsache der österreichischen Kulturgeschichte seien, »die dem Lande zur Ehre gereicht:

Als Sieger tritt's einher, bezaubert und entzückt, weil es durch Güte uns und Hingebung beglückt.«

EINTEILUNG DES HUHNES

Junghuhn: Gewicht 600–800 g, für Backhuhn verwendet; im Gewicht von 800–1600 g zum Braten, Grillen und Dünsten (z. B. Paprika-, Pörkölthuhn)
Poularde: Gemästetes weibliches Tier, 1,60–2,50 kg
Kapaun: Gemästetes männliches Tier (früher immer verschnitten), 1,60–2,50 kg
Suppenhuhn: Mehr als 1 Jahr altes bis 3jähriges Huhn, nur zum Kochen geeignet; ergibt vorzügliche Suppe

Wiener Backhendl (Backhuhn)

4 Portionen

2 junge Hühner (»Hendl«, je 600–800 g), Schweinefett, Salz, Mehl, 2 Eier, 1 KL Öl, Semmelbrösel, Petersilie, 1 Zitrone

Die Hendeln flambieren, ausnehmen, waschen, halbieren, Brustknochen entfernen; die Hälften noch einmal zwischen Schenkel und Brust teilen, die Schenkel beim Gelenk leicht einschneiden; Schenkelknochen einwärts drehen. Die Flügel werden gegen den Hals gedreht. (Früher wurde der gereinigte Kopf samt Hals mitverwendet.) Hühnermagen öffnen, häuten und wie die von der Galle befreite Leber kurz waschen. Den Magensack entfernen. Die Haut darf nicht abgezogen werden. Hühner mit zäher Haut nicht verwenden!

Nun werden die einzelnen Stücke gut gesalzen und vollständig in Mehl getaucht. Danach die Stücke etwas schütteln, damit alles überflüssige Mehl abfällt, dann durch die mit einem KL Öl geschlagenen, leichtgesalzenen Eier ziehen und darin wenden, daß sich die Eier überall gut anlegen. Jetzt jedes Stück in die lichten, nicht zu feinen Semmelbrösel geben, darin etwas rütteln und nur wenig drücken; die lose daran haftenden Brösel abschütteln. Immer nur so viel Stücke panieren, wie man gerade sofort backen kann. Die Panier würde sonst feucht werden.

Die panierten Stücke in heißem, mindestens dreifingerhohem Fett nicht zu rasch gleichmäßig auf beiden Seiten goldbraun backen (Bruststücke etwa 10 Minuten, Schenkel etwa 15 Minuten), zuerst mit der schönen Seite nach unten. Die Pfanne dabei öfter etwas rütteln, damit das heiße Fett über die einzelnen Stücke geschwemmt wird. Die Stücke dürfen nicht ein zweites Mal gewendet werden! Dann die Stücke herausnehmen, das Fett abtropfen lassen und im vorgewärmten Backrohr warm stellen.

Zum Schluß panierte Magen und Lebern (diese zuvor mit der Gabel einige Male einstechen) ebenfalls in Fett backen. Schließlich das gewaschene Petersiliengrün, leicht übertrocknet, ins heiße Fett geben und unter ständigem Bewegen mit einer Gabel kurz backen. Die

Petersilie darf dabei ihre grüne Farbe nicht verlieren. Die fertigen Backhendlstücke auf gebrochener Serviette auftürmen, mit der gebackenen, leichtgesalzenen Petersilie garnieren und links und rechts davon Zitronenachtel legen. Beilage: Zarter Kopfsalat, Sellerie-, Gurken- oder Paradeisersalat oder gemischter Salat.

Brathuhn

2 Portionen

1 Huhn (etwa 1,20 kg), Salz, 40 g Öl, 50 g Butter, 1/8 l Wasser oder Rindsuppe, 5 g Mehl, Petersiliengrün

Das Huhn rupfen, flämmen, ausnehmen und waschen. Kopf samt Hals, Flügel bis zum ersten Gelenk und die Füße knapp unter dem Kniegelenk werden entfernt. Würzen (innen und außen salzen) und bridieren. Dann auf der einen Brustseite in heißes Fett legen und im Rohr etwa 10 Minuten braten. Nun auf die andere Brusthälfte legen und weitere 10 Minuten braten; dabei immer reichlich mit eigenem Saft begießen. Das Huhn jetzt auf den Rücken legen und fertigbraten. Die Bratzeit (ca. 40 Minuten) nicht zu lange ausdehnen, weil sonst das Fleisch trocken wird. Das Huhn (vor dem Tranchieren) warm stellen. Den Saft aus der Körperhöhle des Tieres zum Bratrückstand geben, den Bratsatz bis zu schöner Braunfärbung eingehen lassen, etwas Fett abgießen, frische Butter im Bratsatz aufschäumen lassen, mit Mehl stauben und gut verrühren. Mit 1/8 l Flüssigkeit aufgießen, gut verkochen lassen und dann abseihen. Das Huhn tranchieren, anrichten, mit Saft umkränzen und mit Petersilie garnieren. Beilage: Reis, grüne Erbsen, Kompott, Salate.

Brathuhn in Alufolie

2 Portionen

1 Huhn (etwa 1,20 kg), Salz, Rosmarin, einige Streifen Speck, 1 Sträußchen Petersilie
Würzbutter: Butter, 1 EL Senf, 1 TL Zucker, Zitronensaft, je 1 EL feingeschnittene Zwiebel und Petersilie

Pfannenfertiges Huhn bridieren, innen und außen salzen, innen mit etwas Rosmarin bestreuen.
Aus Butter, Senf, Zucker, Zitronensaft, Zwiebeln und Petersilie die Würzbutter bereiten und kalt stellen. Dann damit das Huhn außen bestreichen. In die Bauchhöhle des Tieres ein paar Streifen Speck geben. Ein Sträußchen Petersilie auf das Huhn legen, dann in die Alufolie einwickeln, die Enden gut zusammenfalten (innen einen Hohlraum lassen). Im vorgeheizten Rohr bei 200 Grad 1 Stunde garen. In den letzten 10 Minuten die Alufolie öffnen, damit das Tier außen Farbe bekommt. Tranchieren und mit dem eigenen Saft anrichten. Beilage: Petersilkartoffeln, Reis, Gemüse, Salate.

Gefülltes Brathuhn

2 Portionen

1 Huhn (etwa 1,20 kg), Salz, Majoran, 100 g Butter, Fülle nach Wahl

Das bratfertige Huhn innen und außen leicht salzen, innen auch mit etwas Majoran einreiben, dann füllen. Entweder füllt man nur die Leibeshöhle und den Hals oder untergreift die Brusthaut und gibt mit einem Löffel oder dem Dressiersack die Fülle zwischen Haut und Brustfleisch. Dann zunähen, bridieren und wie das Brathuhn – aber anstelle mit Fett sofort mit Butter – im Rohr bei mäßiger Hitze und unter wiederholtem Begießen mit Eigensaft braten.
Beim Füllen ist darauf zu achten, daß man das Huhn nicht zu fest mit der Fülle stopft, weil sich die Füllmasse beim Braten etwas ausdehnt.
Sobald das Huhn gar ist (wenn beim Einstechen in einen Schenkel nicht mehr rosa, sondern gelber Saft austritt), herausnehmen, warm stellen. 1/2 Stunde rasten lassen, dann tranchieren und anrichten (Saft wie beim Brathuhn zubereiten).
Eine andere Zubereitung des gefüllten Huhnes: Brust- und Flügelknochen werden komplett ausgelöst, dabei wird das Huhn am Rücken aufgeschnitten. Die Gelenke werden durchgetrennt, die Knochen ausgelöst. Somit bleiben nur die Röhrenknochen von den Füßen am Huhn. Dann wird die Fülle aufgetragen und das Huhn in der ursprünglichen Form zusammengenäht und wie oben weiterbehandelt. Beilage: Gemüse, grüner Salat, Gurkensalat.

Semmelfülle

Wie bei der gefüllten Kalbsbrust (siehe Seite 265).

Oder: *3 Schneidsemmeln, 60 g Butter, 2 Eidotter, 2 Eiklar, 1/8 l Obers, Salz, Pfeffer, Muskat, 1/2 KL gehackte Petersilie; geschabte oder kleingeschnittene Hühnerleber, in Butter sautiert*

Die Butter flaumig rühren; die entrindeten, in Obers geweichten Semmeln, gut ausgedrückt und passiert, dazugeben; die 2 Eidotter und die Hühnerleber, geschabt oder klein geschnitten und in Butter sautiert, beigeben und alles gut verrühren. Würzen, feingehackte Petersilie beigeben. Zuletzt den steifen Schnee in die Masse einheben.

Mandelfülle

60 g Butter, 2 Eier, 1 Eidotter, 2 Schneidsemmeln, Milch; 80 g abgezogene, in etwas Milch feingestoßene Mandeln; 50 g länglich oder feinblättrig geschnittenes Zitronat, 40 g Korinthen, 40 g Rosinen, Petersiliengrün, Zucker, Salz, Muskat

Butter, Eier und Eidotter gut verrühren, in Milch geweichte, ausgepreßte und passierte Semmeln dazugeben; dann alle anderen Zutaten beigeben, gut verrühren, würzen.

Krebsbutterfülle

2 blättrig geschnittene Hühnerlebern, 50 g Butter, 10 Stück ausgelöste Krebsscheren und -schweifchen, 120 g Krebsbutter (siehe Seite 66), 2 Eier, 1 Eidotter, 2–3 Champignons, Butter, 2 Schneidsemmeln, Milch, Salz, Muskat

Die Hühnerleber in Butter sautieren, das Fleisch der ausgelösten Krebsscheren und -schweifchen beigeben. Krebsbutter schaumig mit den Eiern und dem Dotter abtreiben, Hühnerleber und Krebsfleisch beigeben, ebenso die feinblättrig geschnittenen, in etwas Butter weichgedämpften Champignons sowie die entrindeten, in Milch geweichten, gut ausgedrückten und passierten Semmeln. Alles gut verrühren und würzen.

Reisfülle

Feingehackte Zwiebel in Butter anschwitzen, Reis dazugeben und glasig werden lassen, dann im Verhältnis 1:1 mit weißer Bouillon auffüllen und zugedeckt 15 Minuten dünsten lassen. Den Reis mit Gänsefett, Butter oder etwas Hühnercremesauce (siehe Seite 160) verfeinern und schließlich die gewünschte Garnierung (wie geröstete Hühnerleber, Schinken, Pilze, Krebse oder Gemüse) beigeben. Den Reis für die Hühnerfülle nicht ganz gar dünsten und das Huhn damit auch nicht zu fest füllen, weil der Reis während des Bratens noch weiter aufquillt.

Kalbsbriesfülle

100 g Kalbsbries, 40 g Mark, 100 g Champignons, feingehackte Petersilie, 1 Schneidsemmel, Milch, 2 Eier, Salz, Pfeffer, Muskat

Kalbsbries, Mark, Champignons und Petersilie sehr fein hacken; die in Milch geweichte, ausgedrückte, passierte Semmel sowie die Eier beigeben, gut verrühren und würzen.

Einmachhuhn (auf Wiener Art)

3–4 Portionen

1 Huhn (etwa 1,40 kg), 150 g Wurzelwerk, 1/2 Zwiebel, 1/2 Karfiolrose, 150 g Champignons, 30 g Butter, 30 g Mehl, ca. 1/2 l Hühnersuppe, Salz, Muskat, 2 Eidotter, 2 EL Obers, Petersilie

Kochfertiges Huhn mit Wasser bedecken und mit Wurzelwerk, Zwiebel, Karfiol und Salz weich kochen. Aus Butter und Mehl eine lichte Einmach bereiten, mit Hühnersuppe aufgießen, dickflüssig ca. 10 Minuten einkochen, passieren, mit Zitronensaft abschmecken, mit Salz und Muskat mäßig nachwürzen und mit Obers und Eidotter legieren (darf dabei nicht mehr kochen!). Inzwischen das gekochte Huhn häuten, in Portionsstücke tranchieren, mit den blättrig oder stiftelig geschnittenen Wurzeln und Karfiolröschen in die Einmachsoße geben, ebenso die blättrig geschnittenen, mit etwas Zitronensaft beträufelten und in Butter geschwenkten Champignons. Alles noch kurz ziehen lassen. Beilage: Mark- oder Bröselknödel oder Reis.

Einmachhuhn

3–4 Portionen

1 Huhn (etwa 1,40 kg), 150 g Wurzelwerk, 1/2 Karfiolrose, 40 g Champignons, 80 g Zuckererbsen, 1 kleine Zwiebel, 40 g Butter, 30 g Butter, 30 g Mehl, Bouquet garni (*Petersilie, Selleriegrün, Grünes vom Porree*), *3 EL Obers, 2 Eidotter, Salz*

Das kochfertige Huhn vierteln, salzen, in Butter langsam sautieren, ohne es Farbe nehmen zu lassen; dann etwas feingeschnittene Zwiebel beigeben und hell rösten. Das feinblättrig geschnittene Wurzelwerk und die feinblättrig geschnittenen Champignons beigeben, kurz anrösten, dann mit wenig Wasser untergießen und das Ganze gar dünsten.

Aus Butter und Mehl bereiten wir eine lichte Einmach, gießen mit dem Hühnerdünstfond auf, würzen, geben das Bouquet garni bei und lassen das Ganze gut verkochen und passieren es (ohne Bouquet garni). Mit Obers und Eidotter legieren. Die Hühnerstücke in die Soße legen. Das Wurzelwerk, die extra gekochten Karfiolröschen und die extra gekochten Zuckererbsen als Einlage geben.

Gedünstetes Huhn in der Cocotte

2–3 Portionen

1 Huhn, Wurzelwerk, 1 kleine Zwiebel, 1 Knoblauchzehe, 40 g Butter, 120 g Reis, ⅛ l Weißwein, Hühnerbouillon, Salz, Pfeffer, Safran, Parmesan, 6 Trüffelscheiben, 80 g Hühnerleber, Butter

Feingeschnittene Zwiebel und etwas zerdrückten Knoblauch in Butter anschwitzen, den Reis beigeben und glasig werden lassen. Dann mit Weißwein und Hühnerbouillon aufgießen und zugedeckt etwa 18 Minuten dünsten lassen. Vom Feuer nehmen und mit Weißwein angerührten Safran, frische Butter und geriebenen Parmesan locker unter den Reis mischen.

Das Huhn am Rücken aufschneiden, leicht klopfen, salzen, in heißer Butter (zuerst mit der Außenseite nach unten) im Rohr braten, umdrehen und fertigbraten, ohne daß das Huhn allzuviel Farbe nehmen kann. Die Brustknochen auslösen und das Huhn in acht Teile zerlegen. Den Bratfond mit etwas Weißwein löschen, kurz einkochen lassen und mit einem Stück frischer Butter vollenden. In eine ovale Cocotte eine Bordüre Reis legen, die Hühnerstücke in die Mitte geben, den Rand der Reisbordüre mit Trüffelscheiben und mit in Butter sautierter Geflügelleber garnieren. Den Bratensaft (Jus) über das angerichtete Huhn gießen, alles zusammen in der zugedeckten Cocotte gut erhitzen und ziehen lassen. Sehr heiß servieren.

Sacher Rezept

Poulet sauté Hotel Sacher

4 Portionen

2 Poulets à 900 g, Salz, 60 g Butter, 1 Zwiebel, ⅛ l Weißwein, ½ l brauner Fond
Garnitur: 4 halbe Kompottkirschen, 4 Artischockenböden, sautierte Champignonsechstel, 12 Spargelspitzen, Pariser Kartoffeln

Die Poulets vierteln, salzen, in Butter anbraten, feingeschnittene Zwiebel mitrösten, mit Weißwein löschen und mit etwas braunem Fond untergießen; unter öfterem Reduzieren und erneuter Beigabe von braunem Fond fertigdünsten. Wenn das Hühnerfleisch weich ist, umstechen, auslösen und die Haut abziehen. Anrichten. Mit Jus nappieren, mit der Garnitur an der Seite servieren.

Paprikahuhn

2–3 Portionen

1 Brathuhn (etwa 1,40 kg), 40 g Butter, Salz, 20 g Edelsüßpaprika, Zitronenschale, Paradeismark oder 1 frischer Paradeiser, ¼ l Hühnerbouillon oder Wasser,

150 g feingeschnittene Zwiebeln, 1 zerdrückte Knoblauchzehe, ½ grüner Paprika, ⅛ l Sauerrahm, 20 g Mehl, ½ grüner Paprika

Das bratfertige Huhn vierteln, salzen und in heißer Butter beidseitig goldgelb anbraten. Dann warm stellen.

Im Bratrückstand Zwiebeln und Knoblauch goldbraun rösten. (Geschmacklich verbessert man das Gericht, wenn ½ grüner, in Streifen geschnittener Paprika am Schluß mitgeröstet wird.) Dann die Pfanne kurz vom Feuer nehmen, den Edelsüßpaprika vorsichtig einrühren und dann mit ¼ l Hühnerbouillon aufgießen, etwas Paradeismark beigeben und aufkochen lassen. (Steht keine Hühnerbouillon zur Verfügung, kann das Hühnerjunge mit den Fleischteilen mitgebraten werden, man gießt dann nur mit ¼ l Wasser auf.) Mit Salz und Zitronenschale würzen. Die Fleischteile in diese Flüssigkeit (Fond) geben und auf schwachem Feuer zugedeckt etwa ½ Stunde dünsten, bis das Fleisch weich ist. Dann die Fleischteile in ein frisches Geschirr umstechen.

Inzwischen Sauerrahm, etwas Wasser und Mehl mit dem Schneebesen verrühren, in den Fond einrühren, dicklich einkochen, dabei öfter umrühren und schließlich über die Fleischteile passieren. Alles noch einige Minuten ziehen lassen. Beim Anrichten mit einem Löffel Sauerrahm und grünen Paprikastreifen garnieren. Beilage: Nockerl, grüner Salat.

Frau Katharina Schratt, Burgschauspielerin und vertraute Freundin Kaiser Franz Josephs, wohnte in der Gloriettegasse in Wien-Hietzing, unweit des Schlosses Schönbrunn. Der alte Kaiser war oft bei ihr zu Gast: einmal zum Nachmittag-Jausenkaffee, einmal zum Lunch. Dann gab es Schweinskarree mit Bohnen oder Paprikahuhn mit Nockerl, eines der Meisterstücke der Köchin von Frau Schratt, die selbst eine perfekte Köchin war.

Pörkölthuhn

2–3 Portionen

1 Huhn (etwa 1,20 kg), 50 g Öl, Salz, 80 g Selchspeck, 200 g Zwiebeln, 20 g Edelsüßpaprika, 2 zerdrückte Knoblauchzehen, 1 EL Paradeismark, 10 g Stärkemehl

Das Huhn vierteln, salzen, in Fett kurz zu goldbrauner Farbe anbraten und in eine Kasserolle legen. Im Bratrückstand würfelig geschnittenen Selchspeck glasig werden lassen, die feingeschnittene Zwiebel mitrösten, paprizieren und sofort mit ¼ l Wasser aufgießen. In diesen Fond die Hühnerfleischteile sowie Knoblauch und Paradeismark geben und weich dünsten. Zum Schluß Stärkemehl, in wenig Wasser angerührt, beigeben und zu einer eher dünnen Sauce verkochen lassen. Beilage: Nockerl oder Tarhonya.

Suppenhuhn

4 Portionen

1 Suppenhuhn (etwa 2 kg), nudelig geschnittenes Wurzelwerk (Karotte, Petersilwurzel, 1 Stück Sellerieknolle und Porree), Suppengrün, 1 Zwiebel, Gewürzsäckchen (4 Pfefferkörner, 4 Neugewürzkörner, ½ Lorbeerblatt, 1 Gewürznelke, 1 kleiner Stengel Thymian), Salz, Muskat

Das kochfertige Huhn mit Herz, Magen und Leber in reichlich kaltem Wasser (2–2½ l) auf das Feuer setzen und zum Kochen bringen. Das Gewürzsäckchen und die halbierte Zwiebel beigeben. Abschäumen. Suppengrün und Wurzelwerk erst im letzten Viertel der Kochzeit (ca. 90 Minuten; je älter das Huhn, desto länger die Kochzeit) beigeben und mitkochen. Sobald das Fleisch weich ist, Gewürzsäckchen, Zwiebel und Suppengrün entfernen. Die Suppe mit geriebener Muskatnuß abschmecken. Das Huhn herausnehmen, häuten, in kleine Portionsstücke tranchieren und in eine Suppenterrine geben. Die Suppe mit dem Wurzelwerk darübergießen. Extra gekochte Suppennudeln als Einlage in die Suppe geben. Mit Schnittlauch bestreuen. Sehr heiß servieren.

Hühnerrisotto auf Wiener Art

3–4 Portionen

1 Huhn, Wurzelwerk, 1 kleine Zwiebel, 50 g Fett, Hühnerbouillon oder Wasser, 250 g Rundkornreis, Butter, 100 g Champignons, Petersilie

Das kochfertige Huhn vierteln und leicht salzen. Die kleingeschnittene Zwiebel in heißer Butter anschwitzen, das kleinwürfelig geschnittene Wurzelwerk beigeben und anschwitzen. Die Hühnerstücke beigeben, mit wenig Hühnerbouillon oder Wasser untergießen und zugedeckt weich dünsten. Dabei von Zeit zu Zeit etwas Bouillon oder Wasser nachgießen. Sobald das Fleisch weich ist, herausnehmen und warm stellen.

Den Dünstfond abseihen, mit Wasser aufgießen (insgesamt so viel Wasser nehmen, daß darin der Reis weich gedünstet werden kann). In den fertiggedünsteten Reis die blättrig geschnittenen, in etwas Butter sautierten Champignons geben, das von den Knochen ausgelöste Hühnerfleisch darüber anrichten. Das Ganze wird mit feingehackter Petersilie bestreut. Beilage: grüner Salat.

Hippolyt Guarinoni, erzherzoglicher Leibarzt und Physikus am adeligen Damenstift zu Hall in Tirol, beschrieb in seinem 1610 zu Ingolstadt gedruckten, 1330 Seiten umfassenden Werk »Die Greuel der Verwüstung menschlichen Geschlechts« die damals übliche Anordnung einer »Morgensuppen oder Mahl«: Die erste Tracht soll aus zweierlei Voressen bestehen. Das erste Voressen sind kleine Fischlein, nämlich Grundeln, in frischer Butter und Essigsüpplein abgesotten und mit Zimt besprengt. Das andere Voressen ist ein junges »Gestraunen Fleisch« (Schöpsenfleisch) mit Zibeben, Mandeln und Safran eingemacht. Das dritte Voressen ein Paar gebratene und bespickte Wildhähne, »ich setze ein Paar Spielhühner«. Das vierte »ein großer überlederter Kalbskopf oder Kuttelfleck« (dieses Essen, bemerkt Guarinoni, gehöre eher auf eine Bürger- oder Bauerntafel).
Die zweite Tracht: Eine fette Suppe mit einer fetten Henne oder »Koppen (Hahn) und kälbernen, linden, darin schwimmenden Knödeln« sowie Rindfleisch, frisch und geselcht, dann eine Platte mit heiß gesottenen Karpfen, Forellen und Äschen, eine Mandeltorte oder Marzipan, und wenn es an der Zeit ist, ein halbes Dutzend Artischocken. Die dritte Tracht: Eine Schüssel voll »Zettelkraut« (Sauerkraut) mit einem starken Stück darin gesottenen Speck und auf dem Rande herum Semmelschnitten, mit geröstetem kälbernem Hirn, ein gebratener Koppen, ein gebratenes Kalbstück, ein Gemsschlegel. Die vierte Tracht nennt man den »Schreckengast«; sie besteht aus Gerste. »Damit der Gast in solchem Schrecken nicht machtlos sterbe, trägt man beinebens eine Labung auf, als Eierküchel, schöne rot gesottene Krebse, etwas eine Wildpastete.« Als Nachtisch servierte man Käse und Früchte.

An welche Menge ein guter Esser auch noch im 18. Jahrhundert gewöhnt war (und auf welche Menge auch Wirtshäuser vorbereitet waren), läßt der Bericht eines Wanderers erkennen, den ein plötzlich auftretendes Gewitter zwang, in das Dorfwirtshaus eines Tiroler Ortes einzukehren. Er verlangte eine »Jause«, die typisch österreichische Zwischenmahlzeit. Es wurden ihm serviert: Salat mit Butter und Öl, darauf hartgekochte Eier, vier gebratene Hühner, darauf vier Stück Fische und ein Schmarrn (»ein gefräß aus gerösten Teyg mit Butter«). Dazu trank der Wanderer dreizehn Maß Wein. Die Rechnung betrug siebeneinhalb Gulden.

Aus der kaiserlichen Hofhaltung zu Innsbruck ist eine Rechnung zu einem Jagdessen für 20 Personen erhalten: Die Küche benötigte 138 Rebhühner, 2 Rehe, 78 Hasen, 112 Pfund Weißbrot, 118 Liter Rotwein und 72 Kannen Weißwein; extra für 6 Damen, die an der Tafel teilnahmen, »12 Zuckerwerckthürml« in der Größe eines Hochzeitskuchens. Der Rechnungsbeamte bemerkte zu dieser Aufstellung: »Sayn allsambt gefressen mit Puez unde Stingel und sayn allsambt gsund gewesen und geblim.«

DAS PERLHUHN

Das Perlhuhn gehört zur Unterfamilie der Fasane, wird aber seit langem schon als Haushuhn gehalten. Im 18. Jahrhundert schätzte man das Perlhuhn vielfach sogar höher als das Rebhuhn ein. Es lassen sich fast alle Zubereitungsarten für Fasan anwenden. Das junge Perlhuhn wird bridiert und wie das Brathuhn (siehe Seite 342) bereitet, wobei das Fleisch leicht rosa bleiben soll. Bratdauer etwa 30 Minuten. Das Fleisch während des Bratens häufig mit Saft begießen, weil es sonst leicht trocken würde. Ältere Perlhühner werden gedünstet (z. B. mit Kohl).

Perlhuhn in Rahmsoße

2–3 Portionen

1 Perlhuhn, 1 Glas Weißwein, Salz, Pfeffer, Speckscheiben, 30 g Öl, Wurzelwerk, 1 Zwiebel, 5 Pfeffer-

körner, ½ Lorbeerblatt, Hühnerbouillon, 1 EL Mehl, ⅛ l Sauerrahm

Das bratfertige Perlhuhn innen mit Pfeffer würzen, mit Weißwein begießen, die Nacht über stehenlassen, am nächsten Tag gut abtrocknen, salzen, bridieren und über die Brust einige Speckscheiben binden. In heißem Öl im Rohr auf beiden Seiten bräunen, das Wurzelwerk beigeben, mitrösten, zuletzt die feingeschnittene Zwiebel mitrösten, würzen und mit etwas Hühnerbouillon ca. 1 Stunde weich dünsten. Sobald das Fleisch weich ist, das Tier herausnehmen und warm stellen.

Das Wurzelwerk und den Bratrückstand mit etwas Mehl stauben, leicht rösten, mit saurem Rahm und etwas Hühnerbouillon löschen, gut verkochen lassen, über das tranchierte Huhn passieren und bei schwacher Hitze kurz ziehen lassen.
Beilage: Serviettenknödel, Herzoginnenkartoffeln, glasierte Kastanien, Gemüse (Rotkraut oder Kohlsprossen), Preiselbeerkompott

Steirische Poularde mit feinem Gemüse

Die Poularde wird vorbereitet und gebraten, wie beim Brathuhn (siehe Seite 342) angegeben. Als Beilage kann man servieren: Zuckererbsen, gekochten Karfiol mit Butterbröseln, sautierte (eventuell auch gefüllte) Champignons, in Öl gebratene Paradeiser, gekochte Fisolen, mit Petersilie in Butter geschwenkt.

Kapaun auf Wildbretart

4–6 Portionen

1 Kapaun (1,80–2,50 kg), Salz, Pfeffer, 2–3 Wacholderbeeren, 40 g Butter, 40 g Butter, 40 g Mehl, ⅛ l Sauerrahm, Sardellenfilets, 1 TL Kapern
Beize: Wasser, Essig, Wurzelwerk, 1 kleine Zwiebel, einige Neugewürzkörner, ½ Lorbeerblatt, 3–4 Wacholderbeeren

Alle Zutaten der Beize in Wasser kochen und kalt stellen. Den bratfertigen Kapaun innen und außen leicht salzen, innen auch mit zerdrückten Wacholderbeeren einreiben. Bridieren und 1 Tag in der ausgekühlten Beize im Kühlen liegenlassen. Dann herausnehmen,

Von den Cappaunen.

abtropfen lassen und wie ein Brathuhn (siehe Seite 342) braten.
Aus Butter und Mehl eine lichte Einmach bereiten, mit Sauerrahm verkochen, einige Löffel Beize und Wasser sowie den mit Flüssigkeit aufgelösten Bratsatz beigeben, gut durchkochen und passieren. Gehackte Sardellenfilets und Kapern der Sauce beigeben und pikant abschmecken. Die Sauce in der Sauciere zum tranchierten, angerichteten Kapaun servieren. Beilage: Serviettenknödel, Kohlsprossen, Croutons, Preiselbeerkompott.

Poularde à la Maria Theresia

4 Portionen

1 Poularde (etwa 1,50 kg), Salz, 6 Pfefferkörner, ½ Lorbeerblatt, Pfeffer, 100 g Wurzelwerk, ½ Zwiebel, 250 g Reis, 30 g Butter, Geflügelfond, 4 Trüffelscheiben, 4 Scheiben gekochte Rinderzunge

Die kochfertige, gebundene Poularde mit kochendem Wasser zustellen (soll gerade mit der Flüssigkeit bedeckt sein), salzen, die übrigen Gewürze, Wurzelwerk und Zwiebel beigeben und weich kochen. Sobald die

Poularde gar ist, aus dem Fond herausnehmen, das Brustfleisch filetartig auslösen, enthäuten und warm stellen. Das restliche Fleisch würfelig schneiden.
Den Reis in wenig Butter glasig werden lassen, mit dem Geflügelfond auffüllen, die Hälfte des würfelig geschnittenen Fleisches beigeben und den Reis gar dünsten. Diesen Reis sockelartig anrichten, das restliche ausgelöste Keulenfleisch auflegen. Das Brustfleisch darauf abwechselnd mit Trüffelscheiben und Zungenscheiben anordnen und mit einer leichten Hühnercremesauce (siehe Seite 160) nappieren. Den Rest der Sauce in der Sauciere à part servieren.

Maria Theresia, Erzherzogin von Österreich, Königin von Ungarn und Böhmen, volkstümlich »Kaiserin« genannt, hat 1740 als die älteste Tochter Kaiser Karls VI. die Habsburger Ländereien übernommen. Vermählt mit Franz Stephan von Lothringen, war sie nicht nur Mutter von 16 Kindern, sie war auch »Landesmutter«. Sie sorgte sich für alle und alles. So ordnete sie persönlich an, daß ihren Beamten und Offizieren das Mittagsmahl in Extraräumen der Gasthäuser serviert werden mußte. Ihrem mütterlichen Denken gelang es auch, das uralt-steife spanische Hofzeremoniell in das Menschliche einer großen Familie umzuwandeln.
Mindestens seit Maria Theresias Regierungszeit (1740 bis 1780) läßt sich der direkte Weg von der bereits französisch beeinflußten Hofküche ins »niedere« Volk, zu den Bürgerinnen und Bürgern der Reichs- und Residenzstadt Wien, verfolgen. Maria Theresia war eine sparsame Hausfrau, die zu wirtschaften verstand. Begreiflich, daß sie sich ärgerte, wenn aus der Hofküche alle übriggebliebenen Speisen verschwanden – und darüber hinaus noch mehr –, ohne davon einen Gewinn zu haben. So sann sie auf eine Lösung, um auch aus den Überresten der Hoftafel noch Nutzen zu schlagen. Sie erlaubte der ebenso resoluten wie geschäftstüchtigen Gastwirtin Barbara Roman, genannt »Schmauswaberl«, die Hoftafelüberreste aufzukaufen und in der eigenen Wirtschaft an Gäste weiterzuverkaufen. Bald wurde das Lokal der Schmauswaberl »Zum goldenen Schiff« am sogenannten Platzel (auf dem Spittelberg in der heutigen Neustiftgasse) »Ankerplatz« und Treffpunkt aller Leckermäuler und Feinschmecker Wiens,

die hier für wenig Geld wahrhaft königlich-kaiserlich speisen konnten.
Bei dieser »Schmauswaberl« lernten die Wiener die höfische Speisenkarte kennen. Und mancher Ehegatte, der vom »Goldenen Schiff« in den ehelichen Hafen zurückkehrte, berichtete seiner Gattin von den köstlichen Speisen und spornte sie zur Nachahmung an. Die Schmauswaberl selbst wirkte ebenfalls kräftig bei dieser »Amalgamation« mit, machte in ihrer Küche viele Speisen aus dem Hof bodenständiger, substantieller, streckte da eine Soße, vermehrte dort einen Braten durch eine Beilage. Nach dem Vorbild der Barbara Roman entstanden bald ähnliche Lokale in Wien; das be-

kannteste war das »Schmauswaberl« in der Vorderen Bäckerstraße (heute Bäckerstraße Nr. 16) im ersten Wiener Bezirk. Es bezog ebenfalls von der Hoftafel fertige, übriggebliebene Speisen, die vor allem von den Studenten der nahe gelegenen Alten Universität geschätzt wurden.

Adolf Bäuerle, Meister der Wiener Lokalposse und Schöpfer des Parapluiemachers »Staberl«, einer Hanswurstfigur, schrieb sogar eine Lokalposse »Die Schmauswaberl« (die Musik dazu stammte von Wenzel Müller); das Stück wurde am 11. Juli 1816 am Theater in der Leopoldstadt uraufgeführt. Wenn auch das Stück verlorenging, so wissen wir dennoch, wie es bei der »Schmauswaberl« zugegangen ist. Josef Richter, Wiener Lokalchronist, schrieb 1803 seine »Briefe eines Eipeldauers an seinen Herrn Vetter in Kakran über d'Wienerstadt« (Eipeldau war bis 1734 der Name für das heutige Leopoldau, damals ein Bauerndorf, heute Teil des XXI. Wiener Gemeindebezirks Floridsdorf). Richter schuf mit dem »Eipeldauer« die bald populär gewordene Figur eines kritisierenden, räsonierenden, aufgeklärten Bauern in der Großstadt. In einem dieser Briefe heißt es über die Schmauswaberl: »Bey der kriegt man freilich oft gute Bissen, und was's Schönste ist, so macht s' immer noch ein billigen Preis: deswegen könnens auch d'Naschmäuler nicht erwarten, bis der Transport bey ihr ankommt.« Richters Nachfolger, Carl Franz Gewey, schreibt: »...da derzähln's, daß hietzt aus den Hofkucheln Kapäuner und Fasaner sogar g'rupfter und g'bradner davon flieg'n, und d'Hasen g'spickter und bradner davon laufen, und daß d'kälbernen Schlägeln rocher und zueg'richter aufn Schlägelban davon hupfen, und daß d'Fisch schun hasagsodner und g'bachner davon schwimmen, und was g'laubt der Herr Vetter wohin? – 's iß zum Todtlachen! zu der Schmauswaberl auf Spitelberg lassens dö g'kochten Viecher hinflieg'n und hupfen und schwimmen, und da sagen s' sogar, d'Kapäuner und Fasanflügel fliegen nach der Hoftafel sogar von Dellern weg und zu der Schmauswaberl aussi, und da gäbet's a Deller voll so ein'n g'mischt'n Speisel von allerhand Brocken um fünf Gulden.«

Die Barbara Roman starb 1813. Ihre Nichte, Barbara Eßlinger, hat das einträgliche Geschäft noch zwei Jahre weitergeführt – zum Trost aller Feinschmecker und Liebhaber von Adlerpasteten, Krapfen von »Indianischer Henn«, Wiedehopf und Zaunkönig, Schnepfen, in Wildenten eingenäht und gebraten, von Krebstorten und dem Steiß der gebratenen Wachteln und all der sonstigen Köstlichkeiten.

Sacher Rezept

Poulardenbrust Königin Christine

4 Portionen

4 Hühnerbrüste, Salz, 40 g Butter, 1/8 l Weißwein, 1/4 l Hühnerfond, 40 g Butter, 40 g Mehl, 1/16 l Obers, 2 Eidotter, Zitronensaft, 30 g Pistazien, 30 g Mandeln

Von einer Poularde die Keulen abtrennen. Die Bruststücke dann vorsichtig von der Karkasse lösen. Die Bruststücke salzen, im Rohr mit Butter anbraten, mit Weißwein ablöschen, etwas Hühnerfond untergießen und zu dreiviertel gar machen.

Aus Butter und Mehl, mit dem Dünstfond und kräftiger Hühnersuppe eine ziemlich dick gehaltene Hühnervelouté herstellen, mit Salz und Zitronensaft würzen. Obers und Eidotter gut verrühren und damit die Sauce legieren. Gehackte Pistazien und Mandeln einrühren. Die Poulardenbruststücke mit der Sauce überziehen und dann erkalten lassen. Vor dem Servieren im Rohr bei stärkerer Oberhitze überbacken. Mit feinem Gemüse garnieren und servieren.

Ente und Gans

»Und Montags, als am ›heiligen Tage‹, begann die Geflügelmassacre, die große Metzelei unter alten und jungen Poulards und Enten und Indians, und die hinteren und vorderen Gansviertel, die ›Leberln‹ und ›Magerln‹, die ›Flügerln‹ und ›Bügerln‹ der Back- und Brathühner lagen in malerischem Wirrwarr aufgestapelt auf unserem Teller, und wir scheuten vor der Aufgabe nicht zurück, auch noch diesen Transport in das vollgepfropfte Magazin zu besorgen. Und wir tranken dazu: Liesinger, Markersdorfer, Vöslauer Ausstich, Carte Y – und nochmals Liesinger.«
Friedrich Schlögl, »Nach den Weihnachtsfeiertagen«, in: »Wiener Blut«, 1873

Junge Enten erkennt man an den hellen, lichtgelben Füßen, der leicht reißbaren Schwimmhaut und dem weichen Schnabel. Am besten schmecken Jungmastenten im Gewicht von 2–2,50 kg. Bei fetten Gänsen und Enten die Fettschicht, die den Innenraum mit der Leber ausfüllt, vorsichtig in einem Stück ablösen.

Gebratene Ente

3–4 Portionen

1 Ente (ohne Entenjunges), Salz, Majoran, Kümmel, kleine Äpfel, Butter, 1 TL Mehl, Geflügelfond oder Hühnerbouillon oder Wasser

Die bratfertige Ente außen salzen, innen mit Salz, Majoran und Kümmel einreiben, nach Wunsch mit ausgestochenen, ungeschälten Äpfeln füllen. Bridieren. In wenig heißer Butter mit der Brust nach unten in die Bratpfanne legen und unter häufigem Begießen mit Eigensaft etwa 1½ Stunden braten. In der zweiten Hälfte der Bratzeit die Ente auf dem Rücken liegend fertigbraten. Dann das Tier herausnehmen und warm stellen. Den Bratsatz bis zur Braunfärbung eingehen lassen, überflüssiges Fett abgießen, ein Stück frische Butter beigeben, aufschäumen lassen, leicht mit Mehl stauben, mit der Flüssigkeit aufgießen und zu einem kurzen, kräftigen, dünnen Saft verkochen. Passieren und entfetten.

Die Ente tranchieren, mit den halbierten Äpfeln anrichten und mit dem Saft umkränzen (oder, nach Wunsch, übergießen). Man kann in den Saft etwas Zitronen- und Orangensaft und in feine Streifen geschnittene Orangenschale geben.
Beilage: Rotkraut, Weinkraut, Krautsalat, Bratkartoffeln, Knödel, Kompott.
Eine ältere Ente legt man mit der Bauchseite nach unten in fingerhoch heißes Wasser mit etwas Butter, dünstet sie zugedeckt etwa 2 Stunden langsam im Rohr und brät sie dann fertig, damit sie eine schöne braune Farbe bekommt.

Gefüllte Ente

3–4 Portionen

1 Ente (1,50–2 kg), Salz, Majoran, Butter
Fülle: 300 g Kartoffeln, 50 g Butter, Petersilie, einige Schalotten, Salz, Pfeffer, 200 g Bratwurstfülle (vom Fleischhauer)

Bratfertige Ente mit der vorbereiteten erkalteten Fülle füllen und nach vorstehendem Rezept braten. Bratdauer: etwa 2 Stunden.
Fülle: Die geschälten rohen Kartoffeln kleinwürfelig schneiden, mit Butter, gehackter Petersilie, würfelig geschnittenen Schalotten, Salz und Pfeffer unter ständigem Rühren rösten. Zuletzt die Bratwurstfülle beigeben. Mit der ausgekühlten Füllmasse die Bauchhöhle der Ente füllen.
Man kann auch andere Füllmassen verwenden, z. B. gebratene Kastanien, grob zerkleinert, rohe Kartoffelwürfel und Rosinen. Mit dieser Masse die Bauchhöhle der Ente zur Hälfte füllen, dann die in Butter sautierte Entenleber einlegen und die restliche Fülle einfüllen. Zunähen, bridieren und braten.
Jedes Geflügel, das gefüllt gebraten wird, vor dem Tranchieren ½ Stunde rasten lassen!

Gebratene Gans

6–8 Portionen

1 Frühmastgans, 4–4,20 kg; Salz, Majoran; kleine, un-

geschälte, ausgestochene Äpfel; 1 TL Mehl, Hühnerbouillon oder Wasser

Die gerupfte, ausgenommene Gans zwei bis drei Tage in einem kühlen Raum abhängen, dann flämmen, waschen, abtrocknen, außen nur mäßig salzen, innen mit Majoran einreiben, mit kleinen Äpfeln füllen und (ohne Butter oder Fett) in Wasser (zweifingerhoch über dem Pfannenboden) anfangs bei mäßiger Hitze unter häufigem Begießen mit eigenem Saft 2½–3 Stunden – pro Kilogramm rechnet man ca. 40 Minuten – im Rohr braten, zuerst mit der Brust nach unten, nach der halben Bratzeit auf dem Rücken liegend. Nach den ersten 15 Minuten Bratzeit die Haut mit einer Gabel einstechen. In der letzten halben Stunde bei mäßiger Hitze häufig mit Eigensaft begießen, damit die Haut schön knusprig wird.

Den Bratrückstand zur Jus verkochen, wie bei gebratener Ente (siehe Seite 350) angegeben.

Beilage: Krautsalat, warm oder kalt; glasierte Kastanien, gedünstetes Kraut, Weinkraut, Rotkraut, Reis, Knödel, Salate, Kompotte

Gefüllte Gans

8 Portionen

1 Frühmastgans, 4–4,50 kg; Salz, Majoran, Fülle

Apfelfülle: 1 kg Äpfel, ausgestochen, geschält, in Scheiben geschnitten; 400 g entkernte, in Wasser aufgeweichte Dörrpflaumen; einige Rosinen, 50 g geschnittene Mandeln, etwas Zucker, 3–4 EL Semmelbrösel werden gut miteinander vermischt. Man kann die Äpfel, Dörrpflaumen, Rosinen und Mandeln auch mit einer Semmelfülle (wie bei gefülltem Huhn, Seite 342 f.) vermengen.

Kastanienfülle: 500 g Kastanien, geschält, nicht ganz weich gedünstet, werden mit 500 g geschälten, in Scheiben geschnittenen, entkernten Äpfeln und etwas Beifuß gut verrührt.

Semmelfülle: Siehe gefülltes Huhn (Seite 342 f.)

Fleischfülle: 500 g Faschiertes mit 2 eingeweichten, gut ausgedrückten, passierten Schneidsemmeln verrühren, mit Salz, Pfeffer, etwas abgeriebener Zitronenschale, 1 EL Madeira, 2 EL gehackten Trüffeln und nach Belieben mit in Butter sautierter Leber, Magen und Herz der Gans, alles fein gehackt, vermengen.

Die vorbereitete Gans mit der gewünschten Fülle füllen und im Rohr braten. Die Bratdauer verlängert sich um ein Drittel der Zeit, die beim Rezept »Gebratene Gans« angegeben ist.

Gedämpftes Gansel

8 Portionen

1 Frühmastgans, 4–4,50 kg; Gänsefett, Salz, Pfeffer, Majoran, 250 g Wurzelwerk, 200 g Zwiebeln, Selleriegrün, 1 EL Paradeismark, Pfefferkörner, ½ Lorbeerblatt, Thymian, 8 Scheiben Frühstücksspeck, Stärkemehl

Die pfannenfertige Gans in acht Teile teilen, mit Salz, Pfeffer und etwas Majoran einreiben, im Gänsefett beidseitig anbraten und beiseite stellen. Im Bratrückstand blättrig geschnittenes Wurzelwerk, nudelig geschnittene Zwiebel, etwas Paradeismark, Pfefferkörner, Lorbeerblatt, Thymian und etwas Selleriegrün nacheinander beigeben, alles anschwitzen lassen, mit Wasser aufgießen. Die angebratenen Gansstücke beigeben, so daß diese zur Hälfte in der Wurzelsudflüssigkeit zu liegen kommen. Zugedeckt im Rohr fertigdünsten. Ab und zu das Fleisch mit Bratensaft übergießen. Sobald das Fleisch weich ist, vollends tranchieren, in eine feuerfeste tiefe Porzellanschüssel geben und mit gebratenen Speckscheiben belegen. Den Saft samt Wurzelwerk passieren, eventuell mit etwas Wasser verrühren, nochmals aufkochen lassen und leicht mit Stärkemehl abziehen. Dann über die angerichteten Gansstücke gießen. Alles kurz dämpfen, damit das Gericht sehr heiß serviert werden kann.

Beilage: Kleine, in Butter weichgebratene Pariser Kartoffeln und gedämpfte Kohlviertel

Gansljunges (eingemachtes Gänsejunges)

2 Portionen

1 Gansljunges (Kopf, Hals, Magen, Herz, Flügel, Füße), ca. ¾ l lichte Rindsuppe (Bouillon), Wurzelwerk, 1 Zwiebel, etwas Butter, Salz, Pfeffer, Muskat,

Zitronensaft, 20 g Butter, 30 g Mehl, ½ Karfiolrose, 100 g Champignons, 100 g Erbsen, ¹/₁₆ l Obers, 1 Eidotter

Gansljunges in beliebig große Stücke schneiden, in kaltem Wasser waschen, abtropfen lassen. Mit Salz und Pfeffer würzen, zusammen mit grobblättrig geschnittenem Wurzelwerk und der feingeschnittenen Zwiebel in Butter überdünsten, mit Rindsuppe aufgießen und weich kochen. Aus Butter und Mehl eine lichte Einmach bereiten, gehackte Petersilie beigeben, mit der entfetteten, abgeseihten Suppe aufgießen und gut verkochen, dann passieren.

Mit Salz, Pfeffer, Muskat und Zitronensaft würzen und abschmecken (die Sauce soll leicht säuerlich schmekken). In die Sauce extra gedünstete Champignons, gekochte Karfiolröschen, Erbsen und Gansljunges (Herz und Magen feinblättrig geschnitten) als Einlage geben. Alles kurz ziehen lassen. Nach Wunsch mit Obers und Eidotter legieren. Beilage: Markknödel, Bröselknödel oder Reis.

Gansbiegel mit Ritschert

6 Portionen

3 große (oder 6 kleine) Gänsekeulen (»Gansbiegel«), 80 g Gänseschmalz (oder Öl), 1 große Zwiebel, 300 g getrocknete Erbsen, 300 g Graupen, 150 g frische Erbsen, 6 blättrig geschnittene Champignons, Salz, weißer Pfeffer, 1 Msp. Paprika, 1 Knoblauchzehe, 1 EL Paradeismark, ca. 2 l Bouillon, Petersilie

Die Gänsekeulen am Gelenk durchtrennen, waschen, abtrocknen, salzen, pfeffern und leicht mit Knoblauch einreiben. In heißem Gänseschmalz (oder Öl) beidseitig gut anbraten, dann in ein feuerfestes Geschirr geben. Im Bratrückstand die feingeschnittene Zwiebel goldgelb rösten, mit Paprika und Paradeismark würzen, extra (über Nacht eingeweichte) gekochte und abgetropfte Graupen und Erbsen, Salz und reichlich gehackte Petersilie beigeben. Dann die Ritschertmasse über die Gänsekeulen verteilen und mit Bouillon aufgießen. Ohne umzurühren, zugedeckt im Rohr ca. 1½ Stunden dünsten. ¼ Stunde vor dem Garwerden die geschnittenen Champignons und die grünen Erbsen beigeben und fertigdünsten.

Gansleber auf Reisreifen

Gans

Gefüllter Gänsehals

4 Portionen

4 Gänsehälse
Fülle: 400 g Schweinefleisch, Fleisch von den Gänsehalsknochen, 4 Schneidsemmeln, etwas Milch, 2 Eier, 1 Zwiebel, Petersilie, Gänseleber, 80 g Butter, Salz, Pfeffer, Muskat, Knoblauch, etwas Rindsuppe (Bouillon)

Die abgezogenen und gereinigten Gänsehälse an einem Ende zunähen, mit der Füllmasse mittels Dressiersack oder Wurstspritze füllen und auch das andere Ende zunähen. In einer Kasserolle Butter erhitzen, die gefüllten Gänsehälse darin goldbraun anbraten und zugedeckt im Rohr fertigdünsten. Beim Anrichten die Bindfäden entfernen. Den Bratensaft mit etwas Wasser oder Rindsuppe aufgießen, kurz eindicken und über die angerichteten Gänsehälse passieren.

Fülle: Das von den Gänsehalsknochen gelöste Fleisch und das Schweinefleisch sowie die eingeweichten, ausgedrückten Semmeln, die in Butter geröstete Zwiebel, gehackte Petersilie und gehackte Gänseleber sehr fein faschieren. Mit Salz, Pfeffer, zerdrücktem Knoblauch würzen und mit den Eiern und etwas Rindsuppe zu einer geschmeidigen Masse verarbeiten.

Beilage: grüne Erbsen, gedünsteter Reis

Gänseleber mit Zwiebel

4 Portionen

1 Stopfleber (ca. 450 g), etwas Mehl, 30 g Fett (Gänse- oder Schweinefett), nußgroß Butter, 1 feinnudelig geschnittene Zwiebel, Salz, Pfeffer, Bouillon oder auch Wasser

Die Gänseleber in fast zentimeterdicke Scheiben schneiden, mit der flachen Messerklinge etwas klopfen. In der Mitte zweimal kurz einschneiden, salzen, wenig pfeffern und auf einer Seite bemehlen. In reichlich Fett zuerst auf der bemehlten Seite, dann auch auf der anderen goldbraun braten. Die Leber herausnehmen und warm stellen.
Die Zwiebel im Bratrückstand goldgelb rösten, das Fett ablaufen lassen, nußgroß frische Butter beigeben, kurz durchrösten, mit etwas Flüssigkeit aufgießen, die Leber wieder beigeben und noch einmal kurz darin ziehen lassen.

Gänseleber mit Reis

4 Portionen

1 Stopfleber (ca. 450 g), einige Scheiben durchwachsenen Speck, 1 mittelgroße Zwiebel, 1 Karotte, 80 g Butter, Salz, Pfeffer, 4 Gewürznelken, 1/8 l Obers, Semmelbrösel, Bouillon
200 g Reis, 30 g Butter, Petersilie, 1 mittelgroße Zwiebel, 1 Gewürznelke, Salz

Die gereinigte und gehäutete Gänseleber salzen und pfeffern, mit den Gewürznelken spicken, in Speckscheiben einschlagen und binden. In eine gutgefettete Kasserolle Zwiebel und Karotten, in dünne Scheiben geschnitten, legen, darauf die vorbereitete Gänseleber setzen, mit Obers übergießen, mit Semmelbröseln leicht bestreuen, mit Butter beträufeln.
Zugedeckt bei mittlerer Hitze das Ganze dann etwa eine Dreiviertelstunde im Rohr braten. Die Gänseleber kann während dieser Bratzeit mit etwas Bouillon begossen werden.
Inzwischen Reis und gehackte Petersilie in heißer Butter leicht anrösten, mit der erforderlichen Wassermenge aufgießen, die mit der Nelke gespickte Zwiebel beigeben, salzen und gar dünsten. Die Zwiebel vor dem Anrichten entfernen. Die Leber wird in schöne Scheiben geschnitten und anschließend auf dem angerichteten Reis serviert.
Als Beilage kann man zu dem Gericht noch Champignons in Rahmsoße reichen.

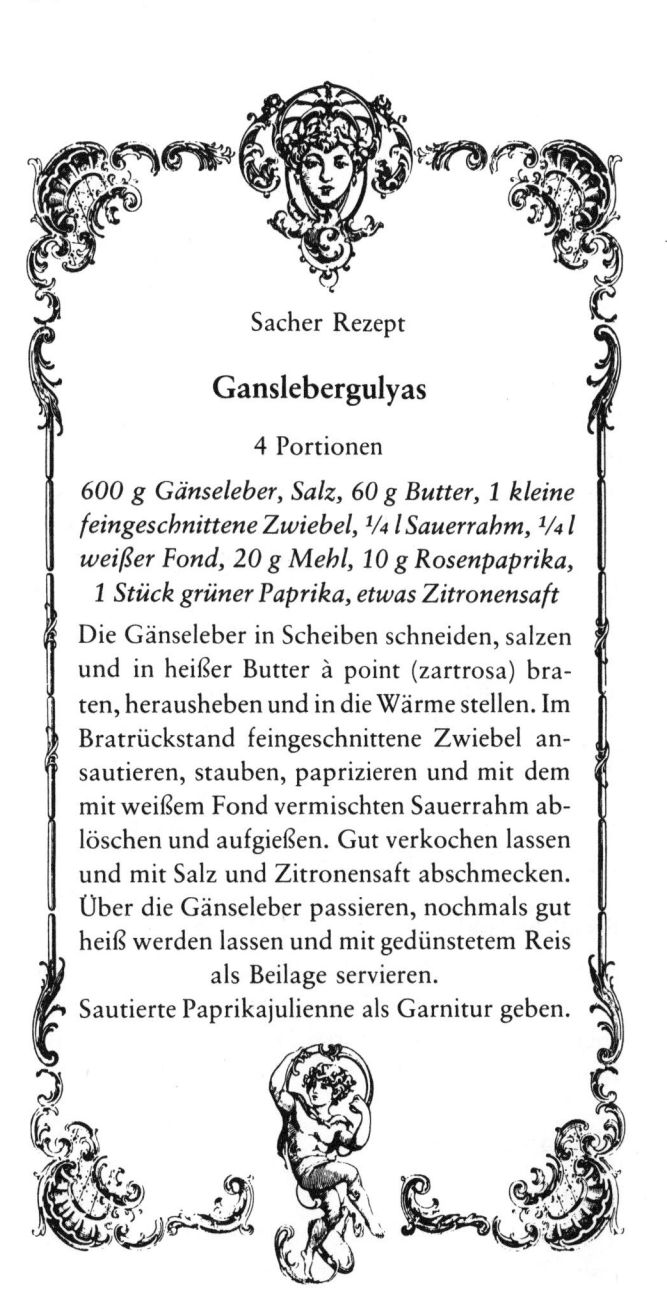

Sacher Rezept

Ganslebergulyas

4 Portionen

600 g Gänseleber, Salz, 60 g Butter, 1 kleine feingeschnittene Zwiebel, 1/4 l Sauerrahm, 1/4 l weißer Fond, 20 g Mehl, 10 g Rosenpaprika, 1 Stück grüner Paprika, etwas Zitronensaft

Die Gänseleber in Scheiben schneiden, salzen und in heißer Butter à point (zartrosa) braten, herausheben und in die Wärme stellen. Im Bratrückstand feingeschnittene Zwiebel ansautieren, stauben, paprizieren und mit dem mit weißem Fond vermischten Sauerrahm ablöschen und aufgießen. Gut verkochen lassen und mit Salz und Zitronensaft abschmecken. Über die Gänseleber passieren, nochmals gut heiß werden lassen und mit gedünstetem Reis als Beilage servieren.
Sautierte Paprikajulienne als Garnitur geben.

Indian

So heißt der Truthahn oder Puter in Österreich; es ist die Kurzform für »Indianischer Hahn«. In den alten österreichischen Kochbüchern erscheint das Tier auch als »calcutischer Hahn« oder »Welscher Hahn«. Die Wiener nannten ihn einst »Pockerl«, spöttisch auch »Schustervogel«, weil ihn vor allem die Schustermeister zum traditionellen »Lichtbraten« auftischten. Dieses Festessen gaben die Handwerksmeister ihren Gesellen an jenem Spätherbsttag, an dem zum erstenmal bei künstlichem Licht gearbeitet wurde.

F. G. Zenker leitet sein Kapitel »Vom Indian (calecutischen Hahn)« so ein: »Im Jahre 1550 sollen durch menschenfreundliche Veranstaltung eines Jesuiten die ersten von Amerika nach Europa gebracht worden seyn. Dieser Mann hat gegründete Rechte auf unsere Dankbarkeit, und durch einen schön gebratenen dampfenden Indian werden wir gewiß recht angenehm daran erinnert. Die Ehre des Bratens wird bey diesem Geschlechte nur der lieben Jugend zugedacht, und so, ohne Putz und Schmuck, bloß mit einer Speckplatte als Ehrenmantel bedeckt, aufgetischt.« Zenker benötigt zum Füllen eines Indian fünf bis sechs Pfund Trüffeln und bedauert, »daß bey dem immer hohen Preise der Trüffeln dieß köstliche Gericht nicht nach Wunsch oft genug aufgetischt werden kann. Solch ein Indian hat das mit den großen Geistern gemein, daß man sich ihrer nur selten erfreuen kann.« Aber »wiederholt und gelungen gegeben, zeigt derselbe von gutem Tone, und verschafft der Küche Credit«.

Fachliche Hinweise

Den Truthahn rupfen, ausnehmen und ungewaschen drei Tage in einem kühlen Raum abhängen. Jüngere Tiere eignen sich zum Braten, ältere werden gedünstet. Bratdauer: Truthahn von 3–4 kg 1½–2 Stunden.

Gebratener Truthahn

8–10 Portionen

1 Truthahn (3–4 kg), 50 g Öl, 20 g Mehl, 40 g Butter, Salz, Bouillon oder Wasser

Bratfertigen Truthahn innen mit Salz einreiben (nach Wunsch auch mit Majoran oder Rosmarin würzen), bridieren (dabei die Schnur doppelt nehmen), außen salzen. Mit einer Brustseite nach unten in heißes Öl legen und ca. 30 Minuten braten; das Tier dabei wiederholt bewegen, um das Anlegen der Brusthaut zu vermeiden. Dann 30 Minuten die andere Brustseite braten; auf dem Rücken liegend fertigbraten. Während des Bratens das Tier wiederholt mit Eigensaft begießen. Die Brust nicht zu lange braten, sie wird sonst trocken! Eine heute beliebte Zubereitungsart ist das Einschlagen in eine Folie. Hierfür wird eine Alufolie mit Butter bestrichen, mit etwas Wasser befeuchtet, der vorbereitete gewürzte Truthahn darin eingeschlagen und im Rohr gebraten. Die letzte Viertelstunde die Folie öffnen und das Tier Farbe nehmen lassen.

Den Bratensaft bis zur Braunfärbung eingehen lassen, etwas Fett abgießen, frische Butter aufschäumen lassen, mit etwas Mehl stauben und mit Bouillon oder Wasser zur Jus verkochen, dann seihen.

Indian, gefüllt und gebraten

8–10 Portionen

*1 Indian (3–4 kg), 50 g Öl, 20 g Mehl, 40 g Butter, Salz
Fülle: 20 g Butter, 100 g durchwachsener Speck, 1*

Zwiebel, 5 Schneidsemmeln, 400 g Kastanien, 12 Stück Chipolatawürste (gebratene Bratwürstchen), 2 Eier, etwa 1/8 l Milch, Salz, Pfeffer, etwas Thymian

Die Körperhöhle des bratfertigen, leichtgesalzenen Truthahns mit der Füllmasse füllen, zunähen, bridieren, außen salzen und nach vorstehendem Rezept braten. Sollte von der Fülle etwas übrigbleiben, gibt man sie in ein mit Butter ausgestrichenes Wandel und stellt es mit dem Truthahn ins Rohr. Am Schluß gießt man etwas Bratensaft darüber.

Fülle: In der Butter den kleinwürfelig geschnittenen Speck glasig rösten, die feingeschnittene Zwiebel darin anlaufen lassen und die entrindeten, kleinwürfelig geschnittenen Semmeln beigeben. Mit Salz, Pfeffer und gestoßenem Thymian würzen. Die Eier mit etwas Milch versprudeln, damit die Masse anfeuchten. Nun Würstchen und gebratene geschälte Kastanien beigeben.

Diese Füllmasse kann durch Weglassen der Würstchen und Kastanien auf folgende Arten variiert werden:

1. durch die in Butter geschwenkte Leber und den gekochten, feinblättrig geschnittenen Magen des Truthahns,
2. wie oben, zusätzlich durch blättrig geschnittene und in Salzwasser blanchierte gelbe Selleriestaude,
3. durch Dörrpflaumen und Äpfel.

Servierart: Die Keulen abtrennen, Brust abheben, Karkasse aufschneiden und die Fülle als Unterlage für das Fleisch auf eine vorgewärmte Platte legen. Die Unterkeulen dekorativ auf einer Längsseite der Platte plazieren, die vom Knochen befreiten Oberschenkel 3–4mal teilen und auf die Fülle legen. Zuletzt die in dicke Scheiben tranchierte Brust obenauf legen. Das Ganze mit Jus umkränzen.

Taube

F. G. Zenker schreibt in seiner »Kochkunst für herrschaftliche und bürgerliche Tafeln« (1824): »Ob man die Tauben schon das ganze Jahr hindurch gebraucht, so sind sie doch nur zur Zeit der grünen Erbsen am besten, und dann muß man sie jung und fett wählen. Um diese Zeit dürfen sie, mit Weinlaub und Speck umwunden, selbst als Braten erscheinen.«

Noch um 1890 haben die Wiener jährlich rund 750 000 Tauben verzehrt.

Fachliche Hinweise

Jungtiere haben helle Füße, schwache Schnäbel, biegsame Brustknochen und zarte Flaumfedern an Kopf und Brust.

Junge Tauben werden gebraten, alte gekocht und zu Suppen, Farcen usw. verwendet.

Pro Portion rechnet man 1 Taube.

Die gerupfte, ausgenommene Taube wird von den Krallen befreit, Hals und Flügel werden abgetrennt. Das Tier dann innen und außen mit Salz und Pfeffer einreiben, nach Wunsch die Brust mit Selchspeck belegen und ohne Wasserzusatz wie ein Brathuhn bei guter Hitze braten.

Taube, in Alufolie gebraten

4 Portionen

4 Tauben, 150 g Kalbsleber, 4 Taubenlebern, 40 g Butter, 4 dünne Scheiben Speck, 100 g Champignons, Petersilie, Schnittlauch, Salz, Pfeffer, 1 Eidotter, 1 TL Semmelbrösel

Die vorbereiteten Tauben der Länge nach halbieren und leicht plattieren. Kalbs- und Taubenlebern durch die feinste Scheibe der Faschiermaschine drehen, mit feingehackten Champignons, Petersilie und feingeschnittenem Schnittlauch vermengen und würzen. Mit Eidotter und Semmelbröseln geschmeidig verarbeiten. Die Taubenhälften würzen, innen mit Farce bestreichen, dann jede Hälfte in Speck einwickeln und in eine mit Butter bestrichene Alufolie einschlagen. Bei guter Hitze im Rohr etwa 20–25 Minuten braten. In der Folie anrichten, die erst bei Tisch geöffnet wird.

Gefüllte Taube

2 Portionen

*2 junge Tauben (à 350–400 g), Butter, Salz, Pfeffer
Fülle: 200 g mageres Schweinefleisch, 50 g Geflügelleber, Salz, Pastetengewürz, 2 Eiklar, 1/16 l Obers, 2 cl Madeira, 30 g kleinwürfelig geschnittene Pökelzunge, 15 g geschälte Pistazien, 30 g Spickspeck*

Die ausgenommenen Tauben am Rücken einschneiden und auslösen. Dabei die Keulengelenke so durchschneiden, daß die Keulen daranbleiben. Zuvor die Flügel beim ersten Glied abschneiden. Die Knochen von innen ausschaben und das Fleisch nach innen drehen. Dann die Taube mit der Haut nach unten auf den Tisch legen, die Fülle daumendick aufstreichen, zur ursprünglichen Form zusammennähen und in eine passende bebutterte Kastenform setzen. Würzen. Bei nicht zu starker Hitze etwa 30–35 Minuten braten. In der Form etwas abkühlen, in Scheiben schneiden und auf einer bebutterten Platte anrichten.
Fülle: Schweinefleisch und Geflügelleber sehr fein faschieren (zweimal durch feinste Scheibe der Faschiermaschine drehen), mit Salz und Pastetengewürz würzen, Eiklar und Obers hinzufügen. Zu einer geschmeidigen Masse verarbeiten. Nun Pistazien, Pökelzunge und Speck beigeben; mit Madeira abschmecken.

Taube auf Wildbretart

4 Portionen

4 junge Tauben; Herz, Leber und Magen der Tiere, 100 g Selchspeck, Salz, Pfeffer, 4 Wacholderbeeren, Butter, Wurzelwerk, 1 Zwiebel, Bouillon, 1/8 l Rotwein, 1 TL Essig, 2 Scheiben Schwarzbrot, etwas Mehl, Zitronensaft, Zucker, 2 EL Ribiselgelee

Die bratfertigen Tauben spicken, innen leicht salzen, pfeffern und mit in Butter zerdrückten Wacholderbeeren ausstreichen. Mit Herz, Leber und Magen, alles fein gehackt, füllen. Bridieren und außen würzen. Die Tauben mit würfelig geschnittenem Speck, stiftelig geschnittenem Wurzelwerk und feingeschnittener Zwiebel in einer Kasserolle dünsten, dabei mit Bouillon, Essig und Rotwein untergießen. Die Tauben mit dünnen Schwarzbrotscheiben bedecken und weich dünsten. Sobald die Tiere gar sind, herausnehmen und warm stellen. Den Bratrückstand passieren, mit Mehl binden, mit Zitronensaft abschmecken, mit etwas Zucker und Ribiselgelee verkochen; über die tranchierten Tauben gießen. Kurz durchziehen lassen.

Früher hatte man ausgesprochen grausame Methoden, Hausgeflügel auf Wildbretart zuzubereiten. Das Kochbuch des »Granat-Apffels« empfiehlt für »ein hühnlein wie ein Hasel-Hühnlein zuzurichten«: »Man soll einen löffel voll essig, und einen halben löffel voll brandtwein dem hühnlein also lebendig in hals giessen, aufhencken, und also verzappeln, und über nacht hencken lassen, darnach rauffen und sengen...« Nicht milder verfährt Barbara Hikmann im »Wienerischen bewährten Kochbuch« mit den Hühnern »auf junge Hasenart«: »Nimm schöne große und fleischige Hühner, bereite einen Essig und gemischtes Gewürz, lasse es untereinander sieden, gieße es den lebendigen Hühnern durch einen Trichter in den Hals, geschwind mit einem Spagat zusammen gebunden, damit sie todt werden.«

Angesichts solcher oft auch noch genüßlich geschilderten Grausamkeiten (das bei Cotta 1775 erschienene Büchlein »Auserlesene Künste für das Frauenzimmer sowohl in den Städten, als auf dem Lande« berichtet eine derartige Methode überaus drastisch) mutet einen das frühere »Gänseschoppen« geradezu mildtätig an.

Gazellenfleysch. Haßen. Kranch. Bistarden. Pfawen. Gänß/Enten. Staren.

Wild

In der Urzeit der nomadisierenden Menschheit war das Wild »herrenlos«. Mit der Seßhaftmachung und Besiedlung entwickelte sich das Recht einiger Privilegierter auf Jagd (und Fischfang); Jagd und Fischerei führten wahrscheinlich zu den ersten Standesunterschieden. Wer Land besaß, durfte darauf auch jagen. Und Land besaß im Mittelalter nur der »Landesherr«, also der König, der Kaiser, der Herzog, der hohe Adel und die hohe Geistlichkeit. Vergab der Landesherr Land, war in den Urkunden meist auch das Recht auf die hohe Jagd besonders vermerkt. Nur die Niederjagd (auf Hasen, Biber, Fischotter und Vögel) war hin und wieder auch dem niederen Adel und anderen Personen gestattet. Die Trennung in Herren und Untertanen, in Arm und Reich, war »gottgewollt«, der Untertan war besitz- und rechtlos.

1156 belehnte Kaiser Friedrich I. die österreichischen Herzoge und geistlichen Grundherren mit dem jagdlichen Hoheitsrecht. Waldmeister und Heger wurden eingesetzt, »Gjaidhöfe« errichtet: In Sagen, Legenden und in den Darstellungen der Kunst (zum Beispiel im Babenberger-Stammbaum) spiegeln sich noch manche Details aus jener Zeit höfischer Hirsch- und Sauhatz hoch zu Roß und mit den Hunden, der Beize und Fangjagd mit Falken. Wie die Babenberger, so waren erst recht die Habsburger leidenschaftliche Jäger – am bekanntesten wohl Kaiser Maximilian I., die Erzherzoge Johann (er schuf die österreichische Jägertracht) und Franz Ferdinand sowie der »Kaiserjäger« Franz Joseph.

Ausgeschlossen von der Jagd waren die Bauern und Bürger, aber auch der Großteil des niederen Grundadels. Die Bauern waren machtlos jedem Wild- und Jagdschaden ausgeliefert. Jagdfron und -robot, Zehent, Hand- und Spanndienste, drakonische Bestrafung für Wilderei und Wilddiebstahl erzeugten im Bauern den Haß gegen das Wild, der durch Jahrhunderte anhielt. (Zu einer Jagd, 1728 zu Ehren Kaiser Karls VI.

in der Obersteiermark veranstaltet – Karl VI. schoß 103 Gemsen –, mußten 3000 Treiber gestellt werden!) Willereraufstände, Bauernrevolten, Jägertod und Wilderermord – das alles änderte nichts am kaiserlichen Wildbann, am Vorrecht der »Herren«. Die Jagd diente aber diesen Herren nicht nur zum Ergötzen und um den »Appetit zum Essen zu erwecken«, sie war »das jenige Excercitum, durch welches noch manche vornehme Tafel mit einem guten Stück Wildprät versehen« (Marperger) wurde. Das Wildbret stellte in den Küchen des Hofes, der Klöster und des Adels den Großteil der Frischfleisch-Verpflegung, vor allem im Winter. Vieh und Schweine zum Schlachten hielt man den Winter über noch wenig (es mangelte ja auch an Futter). »Wilddeputate« besserten allerdings auch in manchen Fällen die Speisezettel von Beamten und Bürgern auf. Ein Volksnahrungsmittel aber war das Wild im höfischen Mittelalter und im feudalen Barock nie gewesen.

Erst Kaiser Joseph II. hob mit dem Patent vom 28. 2. 1786 das Jagdmonopol der Grundherren und der Geistlichkeit auf (»Wir fanden uns bewogen, alle vorhergehenden im Ansehen der Jägerei erflossenen Gesetze und Verordnungen hiemit aufzuheben«). Jetzt konnte sich der Bauer wenigstens gegen Wild und Jäger zur Wehr setzen. Der Kaiser selbst ging mit gutem Beispiel voran und ließ, obwohl selbst leidenschaftlicher Jäger, alle Wildschweine in der Umgebung Wiens in seinen Jagdrevieren bis auf das letzte Stück erlegen. »Der Bauern Gott, der Bürger Not, des Adels Spott liegt auf dem Tod«, sang der Adel, der um seine Privilegien hatte bangen müssen, als der Reformkaiser auf dem Sterbebett lag.

Aber erst das Jagdpatent Kaiser Franz Josephs vom 7. 3. 1849 hob die Jagd auf fremdem Grund und Boden auf und erklärte das Jagdrecht als Ausfluß des Grundeigentums. Es war der Beginn der Eigenjagd und der Gemeinde- bzw. der Genossenschaftsjagd – Formen, die bis heute ihre Gültigkeit haben. Heute ist in Österreich das Jagdrecht Landessache.

Da die Jagd durch Jahrhunderte das Vorrecht einer exklusiven Gesellschaft war, fanden Wildgericht-Rezepte zunächst auch nur in den Kochbüchern der adelig-aristokratischen und kirchlichen Kreise ihren Niederschlag. So wurden dem Bischof von Caorle und seinem Gefolge auf seinen Visitationsreisen, die er 1485 bis 1487 durch Kärnten und die Untersteiermark absolvierte, neben Fisch- und Geflügelgerichten immer wieder Wildgerichte vorgesetzt: Braten von jungen Gemsen, Gepfeffertes, bestehend aus viel Gamsfleisch, gekochtes Gamsfleisch mit kleingeschnittenen Äpfeln und Zwiebeln darüber und mit Gewürz überstreut, Fleisch von jungen Bären in Pfeffersoße, Hasenfleisch in einer aus Hühner- und Hasenblut gekochten und mit verschiedenen Gewürzen und ein wenig Essig versetzten Suppe (»diese Suppen nannten sie wegen der schwarzen Farbe ›Fleisch in Dunkelheit‹«), fette Wachteln, eine Schüssel mit Hirschfleisch in Pfeffer und dergleichen mehr. Das Kochbuch des Erzherzogs Maximilian Ernst aus dem Jahre 1607 kennt unter anderem eine Wurst aus Hirschfleisch. Das aristokratische Kochbuch des »Granat-Apffels«, 1699, bringt an Wild-Rezepten u. a. eine Mandel-Brühe über einen Rehbug, Suppe über einen Hasen, schwarze Suppe oder »Pfeffer über Schweinen-Wildprät«, »Hirsch-Würstlein«, weiche Hirschgeweihe (noch Louise Seleskowitz schreibt 1880: »Ein besonderes Stärkungsmittel für entkräftete Leute sind die sogenannten Hirschkolben«), »Hirschzemmer« oder -rücken, Gamskeulenbraten, gebratenen Rehschlegel und »Pafesen« von Hirschmark. Conrad Hagger bringt in seinem »Neuen Saltzburgischen Koch-Buch« (1719) 37 Hirschrezepte, 16 »Deendel«-Speisen (vom Hirschkalb), 25 Reh-, Gemsen- und Steinbockrezepte, 21 Rezepte für Hasen und 30 Rezepte für Wildschwein, Bären, Murmeltiere und Eichhörnchen (»gleich einem jungen Häslein zu verkochen«). Das »Nutzbare, galante und curiöse Frauenzimmer-Lexikon«, 1739, zählt 39 Hirsch-, 16 Reh- und 11 Hasenrezepte auf.

Das »Wienerische bewährte Kochbuch« der Barbara Hikmann um 1800 kennt Hirschfleisch in »Nägerlsuppe«, in Pastetensuppe, mit Pfeffer, in polnischer Soße und in Sardellensuppe, Hirschleber, Hirschohren, Hirschzemmer, Reh auf niederländische Art und Wildschweinfleisch. F. G. Zenkers »Kochkunst« von 1824 serviert für die herrschaftliche und bürgerliche Küche Hirschziemer, -rippen, -rücken, Eingemachtes, Rehschlegel, -rücken und -koteletten, gespickten Hasen, schwarzen Hasen, braunen Hasen, gebratenen, gedämpften, gefüllten Hasen und Hasen-Netzchen. Zum Wildschwein erklärt Zenker: »So wie das einheimische Schwein, unangesehen, von den Honneurs-Tafeln ausgeschlossen wird, so wird das Schwarzwild freudig aufgenommen und oft mit großem Aufwande aufgetischt. So wird zum Beispiel der Wildschweinskopf zu einem der luxuriosesten Gerichte verwandelt. Wo liegt die Ursache so vieler Verschiedenheit gegen die Geschöpfe aus einem Geschlechte? In der republicanischen Wildheit der letzteren, den freyerm und reinlicherm Leben und besserer Nahrung desselben; daher der feinere Geschmack und die leichtere Verdauung ihres Fleisches.«

Ganz anders klingt es aus dem Wiener Kochbuch der Anna Dorn, das drei Jahre später erschienen ist. Sie warnt ausdrücklich in ihrer »Vorerinnerung« zum Kapitel »Wildbret« vor der »Laugenhaftigkeit« des Wildfleisches, das zu immer noch mehr Weintrinken einlade, und führt konsequent nur wenige Rezepte an: Gebratenen Hasen, Hirschziemer, Rehschlegel und gebratenen Rehrücken.

Zur Fastenzeit wurden – aus Fischfleisch nachgemacht – Rehrücken, Rehbraten und Rehkeulen serviert, also die Wunschstücke der ans Fastengebot Gebundenen. Selbst einige Rezepte aus dem Repertoire der Wiener Mehlspeisenküche bedienen sich der Wildbretnamen, so die schon im 16. Jahrhundert bekannten »Hasenöhrl« und der »Rehrücken«.

Im Laufe des 19. Jahrhunderts fanden die Wildgerichte auch in den städtisch-bürgerlichen Küchen ihre Würdigung. Friedrich August Kanne schildert 1820 in seinem »Humoristischen Panorama von Wien oder der frohe Zuschauer an der Donau«: »Über die Straße, welche von Mähren her gegen Wien führt, sah Verfasser schon mehrmals ganze Caravanen von vierspännigen Lastwagen ziehen, die mit gleichen, und mit Nichts anderem beladen waren, als todt sich stellenden Hasen, Rehen und Rebhühnern.« Friedrich Schlögl berichtet in »Wiener Blut«, 1873, über die Weihnachtstage in Wien: »Am Stefanitag den normalen Hasen und da heuer auch noch ein Sonntag knapp darauf folgte, an diesen vierten Feiertage je nach Umständen ein ›Gansl‹ oder den ›jungen‹ Hasen, d. h. die ›Läufeln‹ des Seligen und dessen ›Lungel‹ und Leber.« Und an anderer Stelle: »Und Dienstags, am Stefani- und Wildprettage, beschäftigten wir uns mit den gespickten Ergebnissen der Hoch- und Niederjagd und segneten bei den deliciösest-üppigsten Saucen den Hasen- und Wildschweinsport und die übrigen Leistungen des edlen Waidwerks.« Eine Wiener Küchenzeitung preist 1888 den Wiener Wildbretmarkt: »Der Wiener Wildpretmarkt ist in seiner Hochsaison, wie alle Fremden sagen, wirklich eine Sehenswürdigkeit, und glücklich der, der Kaisergulden in der Tasche hat, um ein Stück heimzutragen. Man merkt es, daß Österreich das Land der Waldungen und Hochforste ist, die noch voll des verschiedensten Wildes stecken. Da sind: Kaninchen aus dem Marchfelde und den Donauauen, Wildenten und Gänse, die gesuchten böhmischen Fasanen, Auer- und Birkhähne, Rebhühner und Schnepfen, Wildtauben, Kibitze, Krametsvögel und Schneehühner; Raubvögel, Elstern, Wiedehopfe und dergleichen, zum Ausstopfen bestimmte Tiere vervollständigen das Marktbild. – Böhmen liefert die meisten Hasen, 1000 Stück auf 1 Jagdtag sind nicht selten, auch Ungarn und Niederösterreich bleiben nur wenig zurück; die meisten Rehe kommen gleichfalls aus den böhmischen und mährischen Wäldern, aber auch die Alpen und Steiermark, besonders Kärnten, liefern ein schönes Kontingent Rehe und Hirsche. Gemsen liefert Steiermark und Tirol, und manches Stück wird auch unfern von Wien, in den Hochalpen von Payerbach und Reichenau auf die Decke gebracht. Damhirsche kommen aus Böhmen und Ungarn, Wildschweine massenhaft aus den Karpathen. Die Wasservögel stammen aus Ungarn, und zwar aus den unteren Theißgegenden, wo Wildgänse und Trappe in großen Scharen zur Herbstzeit campieren; die Wildenten langen Anfangs November aus den Theißgegenden und über Triest aus den Lagunen an. Die zierlichen Schneehühner kommen meistens aus dem Karst, aber auch sehr viele aus den Tiroleralpen. Südtirol liefert viele Schnepfen; Auerhähne werden aus den Gegenden, wo die Gemse haust, geliefert, auch Böhmen sendet manches Stück. Böhmen ist auch das berühmte Land der Fasanen. Wildtauben sind bei uns seltener zu haben, aber desto mehr Rebhühner und Wachteln.«

Diesem reichen Angebot des Wiener Wildbretmarktes um 1900 entsprachen die Rezepte der zeitgenössischen Kochbücher der Wiener Küche. So widmen Marie von Rokitansky in »Die Österreichische Küche« (1897), Lotti Richter in »Mein Kochbuch« (1899) oder J. M. Heitz in »Die Wiener Bürger-Küche« (1902) sowie das Kochbuch der »Wiener Mode« – um nur einige Werke zu nennen – dem Wildbret bereits den gebührenden Rahmen.

Das Kochbuch der »Wiener Mode«, »Die Kochkunst« (1895), empfahl in »Menus für alle Tage des Jahres« für den Monat Jänner unter anderem: Gebratenen Hasen mit Preiselbeeren, Hasenrücken mit Rahmsauce und Butterteig, gebratenen Hasen mit Salat, Wildschweinernes mit süßer Sauce und Butterteig, Rehschlegel mit Pastetchen und Ribiseln; für August: Hirschrücken mit Ribiselsauce, Rehschlegel mit Rotkraut; für September: Gedämpftes Hirschfleisch mit Kartoffelkräpfchen, Hasenbraten mit Marillenröster; für Oktober: Hasenläufe mit Sauce und Nudeln, Wildpastete, Gebratenen Hasen mit Salat, Hirschschnitze, garniert, Hirschlungenbraten mit Kartoffelkräpfchen; für den November: Gesulzten Hasenrücken, Hasen mit Rahmsauce und Nudeln, Rehrücken mit Sauce Cumberland, Hasenbraten mit Wildpretsauce und abgeschmalzenem Riesenknödel; für Dezember: Hasenschnitzchen mit Trüffeln, gespickten Hirschrücken mit Rahmsauce und Kartoffelkräpfchen, Hirschbeefsteak mit Ochsenaugen, Kartoffeln und Pfeffergurken; für den Christtag zum Diner u. a. Rehrücken mit gemischtem Kompott, zum Souper Hasenrücken mit Rahmsauce und Butterteigpastetchen und für den Stefanitag zum Souper unter anderem Rehschlegel mit französischem Salat.

FACHLICHE HINWEISE

Als »wildprat« bezeichnete man ursprünglich die bratfähigen Fleischstücke eines Wildes, die auf die Herrentafel kamen. (»bret« gehört zum Wort »Braten«, das einst »Fleisch, Weichteile« bedeutete und erst im Mittelhochdeutschen die Bedeutung »gebratenes Fleisch« erhielt.)

Wildbret soll immer eine gewisse Zeit **abliegen** bzw. »reifen«. Angestrebt wird das Mürbewerden und die geschmackliche Verbesserung des Fleisches; dabei entsteht ein schwacher Hautgout, der nicht verwechselt werden darf mit dem bereits scharfen Geruch eines zu lange gelagerten Wildbrets. Durch die moderne Tiefkühltechnik ist es möglich, den Zersetzungsprozeß so weit auszuschalten, daß der scharfe Wildgeschmack nicht mehr eintreten kann.

Kulinarisch zählt das Wildfleisch zum »schwarzen« bzw. »dunklen« Fleisch. Das Fleisch der Jungtiere wird gebraten (innen leicht rosa und saftig halten!), das älterer Tiere wird braun gedünstet.

Tiefgekühltes Wild: Das richtige Auftauen entscheidet über den Wohlgeschmack des Gerichts. Große Fleischstücke immer vollständig auftauen, Einzelportionen etwa $1/2$ Stunde lang auftauen, bis sie sich biegen lassen, dann sofort weiterverarbeiten. Eventuelles Beizen und Spicken immer erst nach dem Tiefkühlen durchführen. Die Garzeiten des tiefgekühlten Wildes sind kürzer als die des frischen Wildfleisches.

Spicken: Die moderne Küche spickt nicht mehr so häufig, sondern begnügt sich damit, die Fleischstücke – vor allem des Wildgeflügels – mit dünnen Speckscheiben zu belegen. Zum Spicken wird manchmal grüner Speck (z. B. beim Rehrücken), meistens jedoch Selchspeck verwendet.

Beizen: Die alte Schule gebot, das Wildfleisch zu beizen; man nahm irrtümlicherweise an, daß das Fleisch dadurch mürber und schmackhafter würde – es wird meist jedoch nur ausgelaugt und trocken. Bei bestimmten Wildgerichten muß allerdings immer gebeizt werden, z. B. bei Hasen-, Hirsch- oder Rehpfeffer. Auch das Fleisch älterer Tiere erfährt durch das Beizen eine geschmackliche Verbesserung. Für die übrigen Wildfleischgerichte ist nach moderner Küchenpraxis so zu verfahren: Man pfeffert die Fleischstücke, bestreicht sie mit Öl und gibt sie – einige Wacholderbeeren dazwischen – mit Öl bedeckt in ein Porzellangefäß. Will man kleine Stücke beizen, genügt es, sie zu pfeffern und mit Rotwein zu übergießen (das Fleisch damit bedecken);

diese Methode eignet sich vor allem für kleine Stücke zum Dünsten. Den Rotwein verwende man später für die Wildsauce.

Zum Beizen kein Salz verwenden (Fleisch würde rot werden!). Man verwende auch immer nur Steingut-, Porzellan- oder Glasgeschirr. Jedes andere Geschirr würde den Geschmack des Fleisches ändern. Gewürze werden immer zerdrückt der Beize beigegeben. Wurzeln werden meist blättrig, Zwiebeln in Scheiben geschnitten. Nach dem Übergießen mit Beize wird die Oberfläche mit Öl abgedichtet. Alle gekochten Beizen immer nur in erkaltetem Zustand über das Wild gießen. Das Fleisch junger Tiere kann man 24 Stunden an einem kühlen Ort lagern, eingewickelt in ein essiggetränktes Tuch, das mehrmals befeuchtet werden muß, damit es nicht trocknet.

Kalte Wildbeize

⅛ l Rotwein, ¹⁄₁₆ l Essig, ¹⁄₁₆ l Wasser, 1 kleine Zwiebel, 1 Karotte, 1 Stück Wurzelknolle von Sellerie, 1 kleine Petersilwurzel, 4–6 Pfefferkörner, ½ Lorbeerblatt, 1 Stengel Thymian, 3–4 Wacholderbeeren, Öl

Die Wildstücke eng, am besten in einen irdenen Topf, legen und mit der kalten Marinade übergießen, so daß sie eben von der Flüssigkeit bedeckt sind. Mit Öl obenauf abschließen.

Gekochte Marinade

Zutaten wie bei kalter Wildbeize

Wasser und Essig mit nudelig geschnittener Zwiebel, blättrig geschnittenem Wurzelwerk und den Gewürzen eine halbe Stunde kochen lassen, auskühlen, den Rotwein zusetzen und über die Wildstücke gießen.

Buttermilchbeize

Kalte Buttermilch, Pfefferkörner, Wacholderbeeren, Lorbeerblatt und einige Zitronenscheiben über das Wild gießen. Sollte das Fleisch länger als 2 Tage in der Beize bleiben, muß die Buttermilch erneuert werden. Das Wild auch mehrmals wenden.

Saucen: Bei der Zubereitung von **Wildfond** und der verschiedenen Wildsaucen bitte das Kapitel SAUCEN beachten.

Tranchieren: Für das Tranchieren des gebratenen Rückens (von Reh, Hirsch, Frischling, Hase) gibt es zwei Methoden. Bei beiden sind zunächst die Rückenfilets durch einen Längsschnitt entlang des Rückgrats und weiter an den Rippen entlang zu trennen; dabei ist zu beachten, daß der untere glatte Schnitt nicht zu dicht an den Knochen erfolgt, damit das Fleisch, wenn man die Einzelstücke wieder zur ursprünglichen Rückenform aufsetzen will, Halt hat. Zuerst die eine, dann die andere Seite des Rückens von Grat und Rippen lösen. Nun werden die Filets in schräge, nicht zu dicke längliche Tranchen geschnitten und wieder zusammengesetzt. – Nach der zweiten Methode, dem sogenannten englischen Schnitt, tranchiert man das losgelöste Filetstück nicht schräg, sondern teilt es in gerade, etwa 6 bis 7 cm breite Querstücke, die dann in Längsscheiben geschnitten werden.

Sättigungsbeilagen: Zu allen Wildgerichten, die mit Sauerrahmsoße oder Wildsauce serviert werden, gibt man Knödel (Semmel- oder Serviettenknödel), Teigwaren oder Nockerl. Zu allen Gerichten mit Naturjus oder dünngehaltener Sauce außerdem Kartoffelkroketten, Prinzeßkartoffeln, Kartoffelnudeln und dergleichen. Reis wird dazu seltener serviert.

Gemüse: Rotkraut, gedünsteter Kohl, Kohlsprossen, Fisolen mit Butter, glasierte Kastanien oder Kastanienpüree, Specklinsen, alle Pilzsorten.

Früchte: Preiselbeeren, Ribiselgelee, Äpfel und Birnen, meist in Weißwein und Zucker pochiert, oder gebratene Apfelscheiben, glasierte Weintrauben, auch sautierte Marillen.

Hase

Die Römer glaubten, Hasenfleisch mache schön. Im Mittelalter hielt man es für »säfteverderblich«; man nahm an, daß es Melancholie erzeuge. Der Hase galt als Träger der Unkeuschheit, und man sagte ihm schlechte Gesinnung nach, verarbeitete deshalb sein Fleisch bis zur Unkenntlichkeit oder würzte es als »Hasenpfeffer« so stark, daß man den spezifischen Hasenfleischgeschmack nicht mehr herausspürte. Neben Huhn und Gans war auch der Hase bei den Kelten als Speisetier nicht erlaubt. Die katholische Kirche hat im frühen Mittelalter Hasengerichte verboten; das Verbot hat aber kaum jemand beachtet. Habs und Rosner schreiben in ihrem »Appetit-Lexikon«: »In der Neuzeit indessen lebt man der triftigen Erkenntnis, daß das gut gespickte Hinterteil eines Viermonatshasen einen recht braven, schmackhaften und gesunden Braten gibt, der freilich nur ein Bürgeressen, aber auch für Aristokratenmagen sehr verlockend ist. Das Vorderteil oder sogenannte ›Hasenklein‹ (Kopf, Brust, Vorderläufe und Lunge), in Österreich ›das Junge‹ genannt, liefert als Hasenschwarz oder Hasenpfeffer ein allgemein beliebtes Gericht.«

Fachliche Hinweise

Den jungen Hasen erkennt man daran, daß man den schwarzen Rundfleck der Löffel (Ohren) und das Fell an der Innenseite der Läufe (Keulen) leicht einreißen kann; die Vorderläufe und die einzelnen Rippen lassen sich leicht brechen, der Unterkiefer leicht aufreißen. Beim abgezogenen jungen Hasen läßt sich der Schlußknochen (wo die Keulen zusammengewachsen sind) leicht durchschneiden; die Schnittfläche ist weiß (bei älteren Tieren rot!).

Hasen sollen drei bis vier Tage ausgeworfen und trocken ausgewischt kühl im Fell hängen (im Winter bis zu einer Woche).

Verwendung: Rücken und beide Hinterläufe ergeben den »Hasenbraten« (beide Keulen knapp hinter dem Hüftknochen abtrennen und längs der Rückgratverlängerung entzweischneiden). Der Rücken wird meist im ganzen gebraten, die Keulen (Schlegel) werden braun gedünstet. Aus dem Rücken schneidet man auch Filets und Nüßchen. Kopf (halbiert), Brust, Vorderläufe (Schulter), Leber, Herz und Lunge werden nach Wiener Art als »Hasenjunges« zubereitet.

Hasenbraten auf Wiener Art (in Rahmsoße)

4–6 Portionen

1 Hasenrücken und Läufe (Keulen), 60 g Speckstreifen, Salz, Pfeffer, Wacholderbeeren, etwas Öl, 100 g gemischtes Wurzelwerk, 1 kleine Zwiebel, 20 g Zucker, 10 g Mehl, 1/16 l Rotwein, Gewürzsäckchen (6 Pfefferkörner, 4 Neugewürzkörner, 2 Gewürznelken, 2 Lorbeerblätter, Thymian, Muskat, Zitronenschale), 1 TL Senf, 1 EL Preiselbeerkompott, 1 TL Kapern, 1/8 l Sauerrahm, 10 g Mehl, etwas Essig, Rindsuppe

Rücken und Hinterläufe trennen, enthäuten, mit Speckstreifen spicken, mit Salz, Pfeffer und zerdrückten Wacholderbeeren einreiben. In heißem Fett mit der Außenseite nach unten bräunen. Umdrehen, die restlichen Speckstreifen, das blättrig geschnittene Wurzelwerk, die in Streifen geschnittene Zwiebel, etwas Zucker beigeben. Alles im Rohr braten. Dabei mehrmals mit Eigensaft, vermischt mit einem Spritzer Essig und Rindsuppe, begießen. Das halbfertig gebratene Fleisch umstechen und warm stellen. Den Bratrückstand und die Wurzeln weiterrösten, mit etwas Mehl stauben, mit Rotwein aufgießen, das Leinensäckchen mit den Gewürzen sowie Senf und Preiselbeerkompott beigeben. Alles zu einer dünnflüssigen Soße verkochen lassen. Dann das Leinensäckchen herausnehmen, die Soße über den Hasenbraten passieren, mit Zitronensaft und Rotwein abschmecken und den Braten zugedeckt noch etwa 3/4 bis 1 Stunde weich dünsten (hierbei beachten, daß der Rücken 1/2 Stunde früher gar ist, daher gibt man ihn erst später dazu). 1/4 Stunde vor dem Garwerden den mit Mehl verrührten Rahm und die feingehackten Kapern beigeben. Dann den Braten tranchieren und die Soße über den Hasen gießen. Noch einmal aufkochen lassen.

Auf die gleiche Art können auch **Hirsch-** und **Rehschlegel** zubereitet werden.

Hasenlauf in Rahmsoße

3–4 Portionen

3 Hasenläufe (Keulen), 60 g Selchspeck, etwas Öl, 1/2 Karotte, 1/8 Sellerieknolle, 1 kleines Stück Petersilwurzel, 1/2 Zwiebel, 1/16 l Rotwein, Petersilienstengel, 1 Zitronenscheibe, Wacholderbeeren, Thymian, 1 kleines Stück Lorbeer, 4 Pfefferkörner, 3 Neugewürzkörner, 2 Gewürznelken, 1/8 l Sauerrahm, 10 g Mehl, Senf, 2 TL Preiselbeerkompott, einige Kapern

Von den Hasenläufen die Schlußknochen auslösen, nur die gröbsten Häute abziehen, die Läufe mit Speckstreifen spicken, salzen, pfeffern und mit zerdrückten Wacholderbeeren einreiben. In einer Pfanne Fett erhitzen, die Läufe einlegen, anfangs rasch, dann langsam bräunen und in eine Kasserolle legen. Im Bratrückstand Speckreste glasig werden lassen, das grobwürfelig geschnittene Wurzelwerk beigeben und goldbraun rösten. Die grobwürfelig geschnittene Zwiebel mitrösten und mit Rotwein ablöschen. Diesen Ansatz, die angegebenen Gewürze und etwa 1/4 l Wasser dem Fleisch beigeben. Zugedeckt langsam dünsten. Wenn die Läufe gar sind, herausheben, entlang der Knochen aufschneiden, die Soße mit Sauerrahm und Mehl binden. Mit gehackten Kapern, Preiselbeerkompott, Senf, eventuell Zitronensaft würzen, passieren und über das Fleisch gießen.

Beilage: Knödel, Teigwaren, Kartoffelkroketten, gedünstete Apfelscheiben, Preiselbeerkompott, Kohlsprossen

Hasenrücken in Rahmsoße

2 Hasenrücken, übrige Zutaten wie bei Hasenlauf in Rahmsoße. Die Zubereitung erfolgt nach vorstehendem Rezept.

Garnierter Hasenrücken

2–3 Portionen

1 Rücken von einem jungen Hasen, 50 g Speckstreifen, Salz, Pfeffer, zerstoßene Wacholderbeeren, Öl, 100 g gemischtes Wurzelwerk, 1 kleine Zwiebel, 10 g Mehl, 1/16 l Rotwein, 1 TL Senf, 1/2 Zitrone, 4 Orangen, 500 g Kastanien, 30 g Zucker, 50 g Butter, pro Portion eine halbe in Weißwein pochierte Birne und 1 Kompottkirsche

Den Hasenrücken enthäuten, mit Speckstreifen spikken, mit Salz, Pfeffer und Wacholder einreiben. In heißem Fett, mit den Filetseiten nach unten, bräunen. Umdrehen, die restlichen Speckstreifen beigeben, glasig werden lassen, das blättrig geschnittene Wurzelwerk, die in Streifen geschnittene Zwiebel beigeben und im Rohr in etwa 10 Minuten fertigbraten. Den Rücken warm stellen, das Wurzelwerk weiterrösten, mit Mehl stauben, mit Rotwein, Senf, Orangen- und Zitronensaft zu einer Sauce verkochen.

Das Rückenfilet auslösen, in schräge Tranchen schneiden und wieder auf das Knochengerüst auflegen. Mit glasierten Kastanien, Orangenfilets (in etwas heißer Butter geschwenkt) und den halben Birnen garnieren. Mit passierter Sauce umkränzen.

Weitere Beilagen: Kartoffelkroketten, Prinzeßkartoffeln, Teigwaren

Hasenjunges

4 Portionen

1 Hasenjunges: Kopf (ohne Augen), Hals, Schultern, Brustfleisch, Vorderläufe, Leber, Herz, Lunge Spritzer Essig, Salz, 100 g Wurzelwerk, 1 kleine Zwiebel, 1/2 Knoblauchzehe, 5 Pfefferkörner, 3 Neugewürzkörner, 1/2 Lorbeerblatt, Zitronenschale, 30 g Fett, 1 KL Zucker, 30 g Mehl, 1 kleine Zwiebel, Petersiliengrün, Zitronensaft, 1 TL Senf, 1 EL Paradeismark, 2 EL Preiselbeeren, eventuell 1 Tasse Hasenblut, 1/8 l Rotwein, 1/8 l Sauerrahm

Vorderläufe und Hals auslösen und in größere Stücke schneiden; Kopf halbieren, Brustfleisch von den gröbsten Knochen befreien und in quadratische Stücke schneiden; Lunge halbieren, Leber und Herz dickblättrig schneiden.

Das gereinigte und so vorbereitete Hasenjunge mit kochendem Wasser bedecken und aufs Feuer stellen, mit Salz, Essig, blättrig geschnittenem Wurzelwerk, Zwiebel, den Gewürzen und etwas Zitronenschale zugedeckt sehr langsam weich kochen. Sobald das Fleisch gar ist, aus dem Kochsud umstechen.

In heißem Fett Zucker bräunen, mit Mehl stauben und zu einer dunkelbraunen Einbrenn rösten, zuletzt ganz kurz feingeschnittene Zwiebel und gehackte Petersilie mitrösten, mit dem Kochsud samt Wurzelwerk und Gewürzen aufgießen. So lange kochen lassen, bis eine nicht zu dicke Sauce entsteht. Senf, Preiselbeeren, Paradeismark beigeben und langsam 1/2 Stunde verkochen lassen. Wenn gewünscht, das mit Rotwein verrührte Hasenblut beigeben und dann vermengen, den glattgerührten Sauerrahm beigeben, eventuell mit etwas Zitronensaft abschmecken. Die Sauce über das Hasenjunge passieren. Das Fleisch noch etwa 10 Minuten in der Sauce ziehen lassen.
Beilage: Semmelknödel, Nockerl

Hasenpfeffer

Wird wie Rehpfeffer (siehe Seite 372) zubereitet. Verwendet wird das ausgelöste Fleisch von Hals, Vorderlauf und Brust des Hasen.

Ausgelöster Hasenrücken, gefüllt

4 Portionen

1 Hasenrücken, Salz, Pfeffer, Wacholderbeeren, 50 g Speckstreifen, 1 EL Öl, 1 Zwiebel, Petersilie, 4 gehackte Champignons, 1 Gänseleber (oder 300 g blanchierte Geflügelleber oder gekochter Schinken), 100 g gemischtes Wurzelwerk, 1/2 Zwiebel, 10 g Mehl, Senf, Preiselbeerkompott, 1/8 l Rotwein, brauner Fond oder Rindsuppe oder Wasser, 1/16 l Madeira, Bratfett

Den Hasenrücken auslösen, die Filets zweimal längsseitig in entgegengesetzter Richtung einschneiden, ohne sie ganz zu durchtrennen. Es soll eine möglichst große zusammenhängende Fleischfläche entstehen, die mit dem Messerrücken leicht breitgedrückt (nicht geklopft!) wird.

In heißem Öl gehackte Champignons und die geschnittene Zwiebel rasch rösten, mit gehackter Petersilie weiterrösten, salzen, pfeffern. Die Masse auf die Filets auftragen, mit Gänseleberstreifen (oder Geflügelleber oder gekochten Schinkenstreifen) belegen, einrollen, binden, spicken, mit Salz, Pfeffer und Wacholderbeeren einreiben und langsam in heißem Fett mit dem geschnittenen Wurzelwerk und der Zwiebel braten; dabei mit etwas Rotwein untergießen. Sobald der Hasenrücken gar ist, herausnehmen und warm stellen. Den Bratrückstand mit Mehl stauben, mit Flüssigkeit aufgießen, etwas verkochen lassen, mit Senf, Preiselbeerkompott und Madeira abschmecken, passieren und die in schräge Scheiben tranchierten Filets damit umkränzen.

Hasenfilet à la Hainisch

Dieses Gericht wurde anläßlich der Österreichischen Koch-Kunst-Schau im November 1928 in Wien vom Küchenchef Alfred Blandetti zu Ehren des damaligen österreichischen Bundespräsidenten Dr. Michael Hainisch kreiert.

Von einem Hasen werden die Rückenstücke herausgelöst und wie im vorstehenden Rezept behandelt, ebenfalls zu großflächigen Filets aufgeschnitten, gefüllt, gerollt, gebunden, gespickt und scharf gebraten. Beim Anrichten mit Krenrose und Brunnenkresse garnieren.

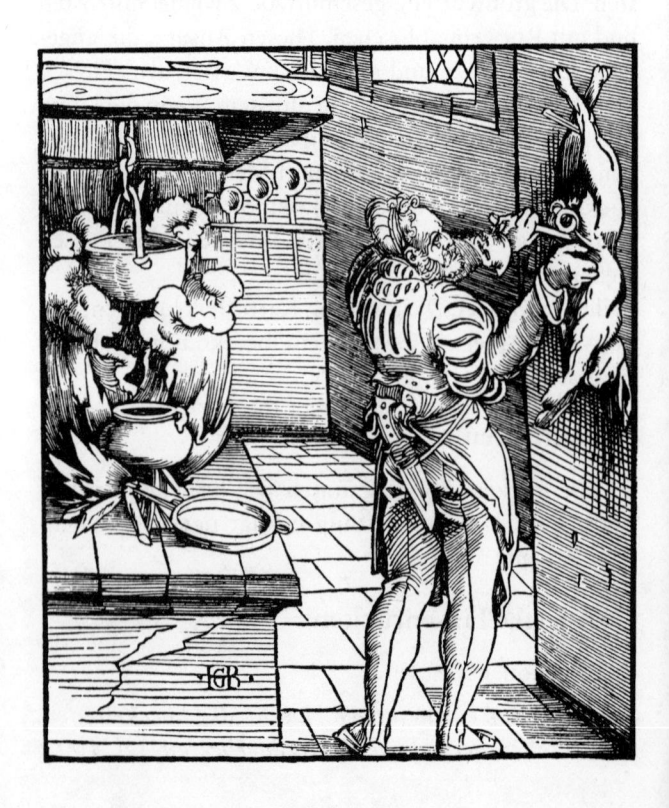

Wiener Backhendl

Paprikahuhn mit Nockerl

Poularde à la Maria Theresia

Gebratene Ente

Gansbiegel mit Ritschert

Hasenrücken in Rahmsoße

Gemse

Das Gamswild stand in der Küche der österreichischen Alpenländer bis ins 17. Jahrhundert hoch im Kurs. Wir haben schon die Reise des Bischofs von Caorle erwähnt, dem man wiederholt Gamsfleisch serviert hat, worüber sein Reisebegleiter Santonino anschaulich berichtete (»Dieses gekochte Gamsfleisch mit kleingeschnittenen Äpfeln und Zwiebeln ging nicht unter mein Dach, da es länger abgelegen war, als es seine Natur verlangt hätte«). Auf einem Tiroler Speisenzettel aus dem Jahre 1610, den uns Hippolyt Guarinoni, Polyhistoriker, Hygieniker und Leibarzt Ferdinands II., dann Stiftsarzt und Stadtphysikus von Hall in Tirol, überliefert hat, erscheint in der dritten »Tracht«, also im dritten Gang, ein Gemsschlegel. Das »Grätzerische Kochbuch« (1804), »eingerichtet für alle Stände«, gibt ebenfalls ein Rezept an, »einen Gemsschlegel gut zu bereiten«: »Der Gemsschlegel muß gut ausgewaschen, sauber abgehäutet, eingesalzen werden, und in dem Salz eine Stunde liegen bleiben; dann wird er gespickt, und in der folgenden Beize gebeizt: nämlich ½ Seidel Tokayer, eben so viel rothen Ofnerwein, etwas Essig, Gewürznägerl und verschiedene Kräuter, siede dieses alles gut, und gieß es über den Schlegel, welcher etliche Tage in dieser Beitze gut zugedeckt liegen bleibt, auch legt man in diese Beitze ein Hapel Spanische Zwiebel. Zum Gebrauch wird der Schlegel gebraten, in die Beitze ein wenig Rahm, etwas Mehl und Limonienschäler gegeben, lasse es ein wenig sieden, und passire über den Schlegel.«

Noch Mauer schreibt 1885 in seinem »Illustrirten Wiener Kochbuch«: »Was den Geschmack des Fleisches anbelangt, so übertrifft das Gemsfleisch beiweitem noch das Rehfleisch, das heißt, nur das von jungen einjährigen Thieren. Ein solcher Braten kann mit Fug und Recht zu den besten Braten gezählt und auf jede königliche Tafel gegeben werden.« Mauer bringt u. a. eine »Gemse auf Tyroler Manier« und schreibt dazu: »Die Alpenländer haben eine besondere Methode, das Fleisch der Gemse zuzubereiten, welches von den Fremden, die daselbst reisen, mit vieler Vorliebe gespeist und von denselben oft als vorzüglich zubereitet bezeichnet wird. Diese Zubereitungsart ist, wie folgt: Nachdem die Gemse ausgebalgt, zerviertelt und rein gewaschen worden ist, wird sie in ein irdenes Gefäß gelegt, gesalzen, mit einigen Zwiebeln, etwas Pfeffer, einem Lorbeerblatt und Salz nochmals gewürzt, mit Wachholderbeeren bestreut und mit heißem Essig übergossen einige Tage an einem kühlen Ort aufbewahrt. Nach 5–6 Tagen wird der Rücken und Schlegel herausgenommen, gespickt und in eine Bratpfanne gelegt, mit ½ l rothem Tiroler Wein und mit gutem sauren Rahm begossen, einige Schwarzbrotrinden beigefügt und so in der Bratröhre weich und mürbe gebraten. Beim Anrichten wird der Gemsschlegel auf eine Bratenschüssel gelegt, der zurückgebliebene Saft mit etwas Fleischbrühe aufgesotten und als leicht legirte, wohlschmeckende Sauce darüber geseiht oder separat mit dem Braten zugleich zur Tafel gegeben.« Noch Küchenchef Franz Ruhm hat diesen »Gemsenrücken auf Tiroler Art« in seinem »Kochbuch für Alle«, 1933, Neuauflage 1960, aufgenommen.

Geschätzt wird nur der Braten einjähriger Gemsen. Von den Jägern gern gegessen wird der Gemsenschinken (von den Keulen). Das Fleisch älterer Tiere hat einen strengen Geschmack und muß in einer gekochten Marinade gebeizt werden. Aber auch diese Prozedur kann das Sprichwort nicht Lügen strafen, das sagt:
»Alte Gams und alter Has'
Geben einen Teufelsfraß.«

Das Gamsfleisch wird im allgemeinen wie Hirschfleisch zubereitet, Behandlung und Benennung erfolgen wie beim Hirsch.

Hirsch

Das »Appetit-Lexikon« von Habs und Rosner nennt den Hirsch »den Braten der Reichen«; er bilde die Zierde der Herrentafel. Ein weiteres Verdienst konnten die Verfasser ihm nicht zugestehen. Den besten Braten gebe der Rücken und der »Zimmer« oder »Ziemer«, das heißt der Teil zwischen der »Blume« und den kurzen Rippen. Auf die Keule, so heißt es weiter, und den Lenden-, Jungfern- oder Mehrbraten, der aus fleischigen Streifen am Rückgrat gerade über den Nieren bereitet werde, sei schon weniger Verlaß. Der Rest sei Kochfleisch.

Tatsächlich war einst vom Hirsch nicht alles würdig, auf die Tafel »der Reichen« zu kommen; oft verlangte man nur den Rücken und die »Geilen« (Hoden), die als Ragout serviert wurden. Der Rest wanderte auf den Gesindetisch.

Ein besonderer Leckerbissen waren die Hirschkolben, die weichen, zarten, um »Johannis« etwa handhohen Stangen des jungen Hirschgeweihs. Sie wurden blanchiert, in kaltem Wasser ausgelaugt, in Wasser weich gekocht, ihrer Haut entkleidet, in Scheiben geschnitten, mit Trüffeln und Zitronenschale in Butter angeröstet, mit Fleischsuppe aufgegossen, gekocht und als Ragout serviert. Der »Küchenmeister« meinte dazu: »Kostet nicht viel, allein der Hirsch, ehe man ihn fängt, kostet viel.«

Rumpolt, der in seinem 1581 erschienenen »New Kochbuch« auf ungarische Hirschrezepte verweist, erwähnt die Zubereitung eines gebratenen ungeborenen Hirschkalbes: »Also hab ich's für die jungen Herren von Österreich zugerichtet. Es würde wohl mancher schlichte Bauer nicht davon essen; er würde besorgen, er freß sich den Tod daran. Ist aber eine gute herrliche Speise, wenn man sie zurichtet. Kann's einer fast mit Fleisch und Beinen essen, so mürb ist es.«

Rumpolt bringt auch ein Rezept über einen ungeborenen Hasen, den er durch ein Haarsieb treiben läßt.

Noch Conrad Hagger bringt 1719 folgendes Rezept: »Die Hirsch-Geil wird verkocht und zugericht / wie die von denen Böcken. Nimm die Geil von dem Hirschen / mach auf der Seiten ein Schnittlein darein / zieh die grobe Haut herunter / wasche sie aus / übersiede auch also in Saltzwasser / so kanst du sie auch also aufschneiden und auslösen / wirff die äussere Haut hinweg / der Kern wird aber in vier Theil nach der Länge / oder überzwerch geschnitten / gesaltzen / gewürtzt / durch Butter gezogen / auf dem Rost / oder in der Pfann mit Butter geröst; gibs warmer / oder melbige sie ein / wann sie zuvor wohl seynd abgetrücknet worden / und bachs in einem gar heissen Schmaltz etwas rösch / und gib Lemoni darzu / oder den Safft darüber / nach Belieben / aber sie müssen also warmer gegeben werden / mit gebachenen grünen Kräutern; sie seynd auch gut weißgesottner / oder gleich also roher in Butter mit wenig Meel gedünster / wie die Brüßlein mit wenig Wein und Lemoni zu verkochen / oder in allerhand Ragouen / und weiß-gemischten Speisen / oder Fricassen / und Gehäck zu mischen / wie auch in die kleine Pastetlein.«

Im 16., 17. und 18. Jahrhundert war der Hirschkopf

samt Geweih eine beliebte Zierde für die Schauessen; man überzog die Geweihe mit Silber oder Gold.

Fachliche Hinweise

Der Jäger nennt das Hirschfleisch »Wildbret«, das Blut »Schweiß«, das Bein »Lauf«, die Schulter »Blatt«, den Schenkel »Keule« und den Unterrücken »Ziemer«. Jungtiere (Hirschkälber und Spießer) werden wie das Kalb, ausgewachsene Tiere wie der Ochse aufgeteilt. Das Hirschkalb, das »gut bei Wildbret ist«, wird allgemein wie das Reh behandelt. Der Rücken bzw. das Sattelstück (der »Ziemer«) vom Jungtier wird gern im ganzen gebraten, ausgelöst wird er als Hirschsteak, Hirschfilet und als Hirschschnitzel verwendet, das auch vom Schlegel genommen werden kann. Die Keule wird ausgelöst, zu Schnitzel geschnitten; die ausgelösten Teile des Schlegels ergeben den Hirschbraten. Der Hirschlendenbraten wird aufgeschnitten, plattiert und als Schnitzel oder als Hirschmedaillons verarbeitet. Das Vordere des Hirsches (Blatt, Hals, Brust) wird für Kleingerichte, Ragouts (»Pfeffer«) verwendet.

Gedünsteter Hirschschlegel in Rahmsoße

8 Portionen

1–1,50 kg Hirschkeule oder ausgelöste Teile der Keule, 120 g Selchspeck, Salz, Pfeffer, 100 g Fett oder Öl, 100 g gemischtes Wurzelwerk, 1 kleine Zwiebel, Zitronensaft oder Essig, 5 Pfefferkörner, 4 zerdrückte Wacholderbeeren, ½ Lorbeerblatt, 40 g Mehl, ⅛ l Rotwein, ⅛ l Sauerrahm

Die Hirschkeule im ganzen oder die ausgelösten Teile etwas klopfen, reichlich spicken, mit Salz und Pfeffer einreiben, in heißem Fett in einer Kasserolle auf allen Seiten anbraten. Dann Wurzelwerk, grobgeschnittene Zwiebel, Zitronenschale und Gewürze beigeben und unter wiederholtem Begießen das Fleisch im Rohr gar dünsten bzw. braten. Sobald das Fleisch weich ist, herausnehmen und warm stellen. Den Bratensaft eingehen lassen, mit Mehl stauben, kurz durchrösten, Sauerrahm beigeben, mit Rotwein und Flüssigkeit auf Saucenkonsistenz bringen. Einen Teil der Soße über die tranchierte, angerichtete Hirschkeule passieren, den Rest passiert extra in der Sauciere servieren.

Montafoner Hirschrücken

8 Portionen

1 Hirschkalbsrücken (etwa 2 kg), 120 g Spickspeck, Salz, Pfeffer, Öl, Rindsuppe, Petersilie, 100 g Speck, 250 g Champignons, 30 g Butter

Einen gutabgelegenen Hirschrücken spicken, mit Öl einreiben, salzen, leicht pfeffern und 2 Stunden liegen lassen. In einer Pfanne Fett heiß werden lassen und den Rücken im Rohr braten, dabei wiederholt mit Bratensaft und Rindsuppe begießen. Einige kleine Speckscheiben extra kurz rösten, gehackte Petersilie beigeben und mitrösten. Den tranchierten Hirschrücken damit und mit in Butter gedünsteten Champignons garnieren. Beilage: Spätzle, Preiselbeeren.

Hirschschulter

Sie wird ausgelöst, gespickt, gebunden (bridiert) und wie der »gedünstete Hirschschlegel in Rahmsoße« zubereitet.

Hirschroulade Wienerwald

6 Portionen

1 kg ausgelöstes Hirschrückenfilet oder Teile der Hirschkeule
Fülle: ½ EL Senf, 100 g Selchspeck, 2 Gewürzgurken, einige Kapern; 150 g Pilze (Steinpilze, Eierschwammerl oder Champignons), in Butter gedämpft; 50 g kleingeschnittene, angeschwitzte Zwiebel
Sauce: 30 g Öl, 150 g gemischtes Wurzelwerk, 100 g Zwiebeln, ⅛ l Rotwein, Wacholderbeeren, Lorbeerblatt, Koriander, Pfefferkörner, 1 Zitronenscheibe, ¼ l Sauerrahm, 20 g Mehl, 1 EL Ribiselgelee

Das Rückenfilet parieren, in Längsrichtung wie eine Roulade aufschneiden, auseinanderbreiten und möglichst flachklopfen. Salzen, pfeffern und mit Senf bestreichen. Kleinwürfelig geschnittenen Selchspeck, Gewürzgurken, Kapern, geschnittene Pilze und Zwiebel, alles vermischt, auflegen; straff zusammenrollen und binden. Gesalzen und gepfeffert wird das Fleisch in Öl angebraten. Dann das Wurzelwerk beigeben, die Zwiebeln mitrösten und mit Rotwein ablöschen. Jetzt die Gewürze und ⅛ Liter Wasser beigeben und im Rohr fertigdünsten. Ist das Fleisch fast weich, gibt man Sauerrahm, mit Mehl und etwas Wasser glattgerührt, bei und läßt alles fertigdünsten. Mit Ribiselgelee zum Schluß abschmecken und passieren. Die Roulade aufschneiden, mit der Sauce umkränzen. Mit halben, in Weißwein gedünsteten, mit Ribiselgelee gefüllten Äpfeln sowie Kohlsprossen garnieren. Dazu extra Serviettenknödel und restliche Sauce servieren.

Hirschschnitzel

4 Portionen

4 Hirschschnitzel, 80 g Spickspeck, Salz, Pfeffer, Mehl, 60 g Fett, 100 g Wurzelwerk, 1 kleine Zwiebel, 1/8 l Rotwein, 1/8 l Sauerrahm, 10 g Mehl

Die Hirschschnitzel klopfen, sternförmig spicken, salzen, pfeffern, in Mehl wenden und in heißem Fett beidseitig rasch braten. Herausnehmen und warm stellen. Im Bratenfett blättrig geschnittenes Wurzelwerk und feingeschnittene Zwiebel rösten, mit etwas Mehl stauben, durchrösten, mit glattgerührtem Sauerrahm binden und mit Wein aufgießen. Alles gut verkochen lassen und passieren oder im Mixer pürieren. Die Schnitzel in die Sauce legen, darin noch kurz ziehen, aber nicht mehr kochen lassen.

Hirschfilets

4 Portionen

8 Filets (2 Stück à 80 g pro Person) vom ausgelösten Rückenfilet oder vom abgehäuteten Lendenbraten geschnitten, 60 g Selchspeck, Salz, Pfeffer, 40 g Öl, 60 g Butter, 10 g Mehl, Madeirawein, Orangensaft

Die Filets mit dünnen Speckstreifen spicken, salzen und pfeffern. Zuerst in heißem Öl braten, das Öl abgießen und in Butter kurz glasieren bzw. fertigbraten. Herausnehmen und warm stellen.
Den Bratensaft etwas eingehen lassen, mit Mehl stauben, mit Madeirawein und etwas Orangensaft ablöschen, kurz verkochen lassen und extra in der Sauciere servieren.
Beilage: Kartoffelkroketten, halbierte gebratene Paradeiser, Fisolen und dressierte, in Butter gebratene Champignonköpfe

Hirschsteaks St. Hubertus

4 Portionen

4 Hirschsteaks (à 180 g), vom Rückenfilet oder von Teilen der Keule geschnitten, 30 g Öl, 2 Scheiben Preßschinken, 4 Stück Hühnerleber, 4 Scheiben Speck, 1 Apfel, 200 g Kastanienpüree, 60 g Butter, ca. 1/8 l Obers, 4 Kompottkirschen, 20 g Mehl, etwas Cognac, 1/4 l Wildfond oder Rindsuppe

Vorbereitung: Hühnerleber pfeffern, in Speck einrollen und auf einen Spieß reihen. Den Apfel ausstechen, schälen, in Scheiben schneiden und mit Zitronensaft beträufeln. Das Kastanienpüree erwärmen, salzen, leicht zuckern, mit Obers und Butter zu einem festeren Püree glattrühren und warm stellen.
Die Steaks leicht plattieren, salzen und pfeffern.
Fertigstellung: Eine Pfanne gut erhitzen, Öl beigeben, die Steaks einlegen und etwa 6 Minuten braten. Das Öl weggießen, durch 30 g Butter ersetzen, die halbierten Schinkenscheiben, Hühnerleber und Apfelscheiben mitbraten. Auf einer Platte die Steaks anrichten, mit den zusammengeklappten Schinkenscheiben und dann obenauf die Hühnerleber garnieren. An der Seite die Apfelscheiben, mit Kastanienpüree erhaben gefüllt, und mit Kompottkirsche garniert.
Dem Bratsatz Mehl beigeben, gut durchrösten, mit Cognac ablöschen und mit Fond oder Rindsuppe zur Sauce verkochen und die Steaks damit umkränzen.

Hirschkoteletts mit Kastanienrotkraut und pochierten Birnen

4 Portionen

4 parierte Hirschkoteletts (à 180 g), 30 g Öl, 70 g Butter, 1/16 l Madeira, 1/8 l Wildfond, 2 Wacholderbeeren, 4 kleine Steinpilze, Saft einer 1/2 Zitrone, 30 g Butter, 4 glasierte Kastanien, 4 mittelgroße Birnen, Saft von 1 Zitrone, Läuterzucker

Die Hirschkoteletts in Öl, Salz und Pfeffer marinieren. Dann in heißer Butter beidseitig zu schöner Farbe und innen noch rosa braten. Warm stellen. Die zerdrückten Wacholderbeeren in den Bratrückstand geben, mit Madeira ablöschen, etwas einkochen, den Wildfond dazugießen und gut verkochen. Dann abschmecken und mit etwas frischer Butter vollenden. Die geputzten Steinpilze salzen, pfeffern, mit Zitronensaft beträufeln und in heißer Butter rasch weich dünsten. Die gleichmäßig geschälten Birnen in Läuterzucker und Zitronensaft pochieren.

Die Koteletts anrichten, mit dem Bratensaft nappieren und jedes Kotelett mit einem Steinpilz belegen. Mit den Birnen garnieren und mit Rotkraut, mit glasierten Kastanien belegt, extra anrichten.

Hirschragout

6 Portionen

1 kg Fleisch vom Blatt oder Hals in Würfel zu 20 g geschnitten, 60 g Öl, 60 g Selchspeck, 200 g gemischtes Wurzelwerk, 100 g Zwiebeln, 1/8 l Rotwein, 1/2 l brauner Fond oder Wasser, Porree, Petersilstengel, Selleriegrün, 6 Pfefferkörner, 4 Wacholderbeeren, 6 Korianderkörner, 1 Lorbeerblatt, 1 Stengel Thymian, Zitronenschale, 30 g Öl, 10 g Zucker, 30 g Mehl, 2 EL Preiselbeerkompott, 1 TL Senf

Die Fleischwürfel pfeffern und in heißem Fett bräunen, salzen, weiterrösten und in eine Kasserolle legen. Im Bratrückstand Speckwürfel glasig rösten, grobwürfelig geschnittenes Wurzelwerk leicht Farbe nehmen lassen, geschnittene Zwiebeln beigeben und goldgelb rösten. Mit Rotwein ablöschen und mit etwa 1/2 l Fond oder Wasser auffüllen und das Ganze über das Fleisch gießen, alle angeführten Gewürze beigeben und zugedeckt dünsten. Sobald das Fleisch halb weich ist, aus Öl, Zucker und Mehl eine braune Einbrenn herstellen, das Ragout damit binden und fertigdünsten. Das Fleisch umstechen, die Sauce mit Preiselbeerkompott und Senf abschmecken und über das Fleisch passieren. Anstelle einer braunen Einbrenn kann auch mit Sauerrahm und Mehl (etwa 1/8 l Sauerrahm und 20 g Mehl) gebunden werden.

Das Hirschragout wird gerne mit gebratenen Speckstreifen, Champignons oder anderen Pilzen und glasierten Zwiebeln garniert.

Werden die Fleischstücke vorher mindestens 24 Stunden in einer Rotweinbeize gelagert und wird das Ragout mit einem Teil der Beize zubereitet, erhält man den Hirschpfeffer.

Hirschgulyas

6 Portionen

1 kg Schulterfleisch, 150 g Schweinefett, 300 g feingeschnittene Zwiebeln, 1 EL Paprika, Salz, Knoblauch, Majoran, Kümmel, 2 EL Paradeismark, 1/8 l Sauerrahm, 30 g Mehl, Bouillon oder Wasser

Feingeschnittene Zwiebeln in heißem Fett goldgelb rösten, paprizieren und sofort mit etwas Wasser ablöschen. Durchkochen. Das würfelig geschnittene Fleisch beigeben, dazu die Gewürze und das Paradeismark. Das Fleisch in diesem Saft unter öfterem Eingehen weich dünsten. Zum Schluß Sauerrahm und Mehl verrühren und damit binden. Mit etwas Flüssigkeit zu molliger Konsistenz verkochen.

Hirschpörkölt

Wird wie das Schweinspörkölt (Seite 300) zubereitet.

Steirisches Hirschragout

4 Portionen

500 g würfelig geschnittenes Hirschfleisch, 300 g Wurzelwerk, 1 große, nudelig geschnittene Zwiebel; Salz, Pfeffer, 1/2 Knoblauchzehe, 1/2 Lorbeerblatt, 1 Stengel Thymian, 500 g grobwürfelig geschnittene rohe Kartoffeln, Weinessig, Petersilie

Das Fleisch mit nudelig geschnittenem Wurzelwerk, Zwiebel und den Gewürzen in eine Kasserolle geben, mit kaltem Wasser bis zur Fleischhöhe anfüllen. Alles langsam weich kochen. Nach 1 Stunde Kochzeit die Kartoffeln beigeben und fertigkochen. Vor dem Anrichten mit Weinessig abschmecken und mit gehackter Petersilie bestreuen.

Reh

Hohberg nannte das Reh »ein liebes und anmutiges Tierlein, das mit der Güte seines Wildbrets die Kleinheit seines Leibes ersetzt«. Boshaft dagegen titulierten Habs und Rosner das Tier als »Ziege des Waldes«. Aber schon Meister Eberhard hielt im frühen Mittelalter fest, daß unter den »wilden« Tieren keines als Speise gesünder sei als das Reh. Es war daher naheliegend, daß man selbst in der Fastenzeit nicht auf den Rehbraten verzichten wollte – allerdings imitiert; so findet man ihn schon in der »Küchenmeisterey« um 1490 und im Kochbuch des Klosters St. Dorothee in Wien aus dem 15. Jahrhundert. Noch in den Biedermeier-Kochbüchern und in denen des späten 19. Jahrhunderts erscheinen Rehbraten und Rehkeule – aus Fischfleisch.

Fachliche Hinweise

Das Fleisch der Jungtiere ist feinfaserig und rosa und wird frisch (ohne Beize) verarbeitet. Das Fleisch der älteren Tiere ist dunkler und grobfaseriger; es ist vor der Verwendung zu marinieren. Jedes Reh soll 4 bis 6 Tage kühl »in der Decke« (im Fell), aber »ausgebrochen« (Innereien und Därme entfernt) abhängen.
Aufteilung (Zerteilung): Die beiden Vorderläufe absetzen, dann das Halsstück abhacken, links und rechts die Brustrippen mit dem Bauchlappen abtrennen; die Keulen vom Rücken trennen. Rücken und die beiden Keulen (Schlegel) ergeben den Rehbraten. Schultern, Brustfleisch und Hals werden zu Ragouts u. a. Kleingerichten und Farcen (für Pasteten usw.) verwendet. Als besondere Delikatesse gilt die Rehleber.
Das Rehfleisch wird stets gehäutet und gespickt. Aus dem Schlegel (Keule), ausgelöst und zerteilt, schneidet man Filets, Steaks, Schnitzel, Medaillons.
Den Rückenmarkskanal des Rehrückens durchstößt man mit einem glühenden Eisenstab, der während des Bratens darinnen bleibt.

Gespickter Rehrücken

8 Portionen

1 Rehrücken, 200 g Räucherspeck, Salz, Pfeffer, 5 Wacholderbeeren, 100 g Butter, Rindsuppe oder brauner Fond, 10 g Mehl

Der Rehrücken ist das beste Stück vom Reh und soll immer nur gebraten werden. Rehrücken gut häuten (Häutchen streifenweise ablösen), parieren, reichlich in der Längsrichtung spicken, mit Salz, Pfeffer und zerdrückten Wacholderbeeren einreiben. In heißem Fett mit der schönen Seite nach unten anbraten, umdrehen und im Rohr unter wiederholtem Begießen mit Eigensaft und braunem Fond oder Rindsuppe etwa 20 Minuten braten. Das Fleisch soll innen leicht rosa und saftig bleiben, der Rücken vom Saft schön glasiert sein.
Den Rehrücken herausnehmen und warm stellen. Bratensaft eingehen lassen, etwas Fett abgießen, frische Butter aufschäumen lassen, leicht mit Mehl stauben, durchrösten; mit Flüssigkeit zu kurzem Saft verkochen.
Tranchieren des Rehrückens: Das Fleisch wird von den Rippen gelöst, in schräge Tranchen geschnitten und wieder auf die Knochen in die ursprüngliche Form gesetzt. Auf vorgewärmter Platte anrichten und mit einem Teil des Saftes umkränzen.
Beilage: Serviettenknödel, Semmelknödel, Kartoffelkroketten, Rotkraut, glasierte Kastanien, Kastanienpüree, Cumberlandsauce, Preiselbeeren, Orangenfilets.
Den Rücken kann man mit Blätterteigpasteten, gefüllt mit Preiselbeerkompott, garnieren.
Weitere Saucen: Pfeffersauce, Rahmsoße, Wacholdersauce. (Der Bratensaft kann mit diesen Saucen aufgefüllt werden.)

Rehrücken auf böhmische Art

8 Portionen

1 Rehrücken, 150 g Selchspeck, Salz, Pfeffer, 5 Wacholderbeeren, 120 g Butter oder Schweinefett, 1 Zwiebel, Zitronenstreifen, Essig, 1/8 l Sauerrahm, 20 g Mehl

Den Rehrücken sorgfältig häuten, den Rückenmarkskanal mit einem Spieß durchstechen. Den Rücken spicken, mit Salz, Pfeffer und zerdrückten Wacholderbeeren einreiben. Mit Zwiebelringen und Zitronenstreifen

mit der gespickten Seite nach unten in das heiße Fett legen, mit heißem Fett übergießen, mit etwas Essig beträufeln und im Rohr braten; dabei wiederholt mit Bratensaft und mit Sauerrahm, verrührt mit Wasser, begießen. Nach der halben Bratzeit umdrehen und die andere Seite braun und resch braten.
Sobald das Fleisch gar ist, herausnehmen, tranchieren und warm stellen. Den Bratensatz etwas eingehen lassen, mit Mehl stauben und zu einer dicklichen Sauce einkochen, passieren; extra in der Sauciere servieren.

Rehrücken

Sacher Rezept

Rehrücken mit flambierten Kirschen

Rehrücken enthäuten, schräg spicken. Mit Öl bestreichen; einige Tage kühl liegenlassen. Dann würzen, im Rohr mit Butter schön rosa braten. Kurz vor dem Garwerden mit Kirschwasser übergießen und flambieren. Rehrücken warm stellen, den Bratrückstand mit Wild- oder Kalbsfond zu einer guten Jus verkochen, den Rehrücken auslösen und gegen den Speck in halbfingerbreite Tranchen schneiden. Auf einer Platte Fleisch wieder auf den Knochen aufsetzen, mit Jus umkränzen. Reich mit flambierten Kirschen garnieren. Flambierte Kirschen: Etwas Butter mit Zucker leicht karamelisieren, entsteinte Kompottkirschen beigeben, darin schwenken, mit Kirschwasser begießen, flambieren und einkochen. Weitere Beilage: Kartoffelkroketten.

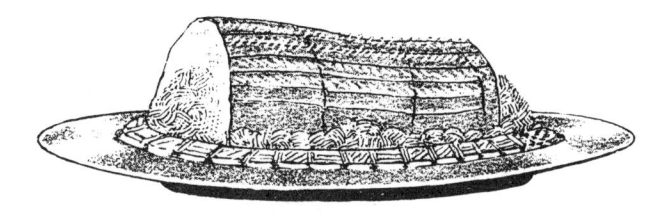

Rehschlegel in Rahmsoße

6 Portionen

1 Rehschlegel, 120 g Selchspeck, Salz, Pfeffer, Pastetengewürz, 120 g Wurzelwerk, 1 Zwiebel, 60 g Fett, 1 Apfel, 4 Pfefferkörner, 3 Gewürznelken, 1 Lorbeerblatt, Thymian, Schale von Zitrone und Orange, 1/8 l Rotwein, Zitronensaft, 1 KL Senf, 1 EL Preiselbeerkompott, Rindsuppe oder brauner Fond, 1/4 l Sauerrahm, 1 EL Mehl, 1 KL Kapern

Rehschlegel hohl auslösen, häuten, dicht spicken, mit Salz, Pfeffer und Pastetengewürz einreiben. Mit den Parüren in heißem Fett braun anbraten. Dann würfelig geschnittenes Wurzelwerk mitrösten, zuletzt grobgeschnittene Zwiebel Farbe nehmen lassen. Den blättrig geschnittenen, geschälten und entkernten Apfel beigeben und mit Rindsuppe oder braunem Fond aufgießen. Alle Gewürze, Senf und Preiselbeerkompott beigeben. Zugedeckt alles langsam weich dünsten, von Zeit zu Zeit mit etwas Saft übergießen. Sobald das Fleisch gar ist, herausnehmen und warm stellen. Den Saft durch ein Sieb streichen, mit Wein aufgießen, mit etwas Zitronensaft säuern, mit Rahm und Mehl, glattgerührt, binden. Alles einmal aufkochen lassen. Zum Schluß die entwässerten und gehackten Kapern beigeben. Den Rehschlegel tranchieren, mit Saft umkränzen und servieren. Beilage: Knödel, Nudeln, Preiselbeeren.
Ebenso wird ausgelöste und gebundene **Rehschulter** zubereitet.

Rehfilets mit Orangen

4 Portionen

8 Filets (pro Person 2 Stück à 80 g) vom Rücken, Salz, Pastetengewürz, 100 g Butter, 10 g Mehl, etwas Ma-

deira, 3 Orangen, 1 cl Orangenlikör (Curaçao, Grand Marnier oder anderer), 8 flache, ovale Kartoffelkroketten (siehe Seite 407), 30 g Butter

Vom ausgelösten, enthäuteten Rückenfilet 8 gleichmäßig schräge Stücke schneiden, leicht klopfen, salzen und mit Pastetengewürz einreiben. In heißer Butter rasch braten (etwa 2–3 Minuten, je nach Dicke), dabei sehr rosa und saftig halten. Jedes Filet auf einer Krokette anrichten und warm stellen.

Den Bratrückstand leicht mit Mehl stauben, mit Madeira ablöschen, den Saft einer Orange beigeben, mit etwas Flüssigkeit einige Minuten kochen lassen, passieren, mit dem Orangenlikör und der blanchierten, in Julienne geschnittenen Schale einer halben Orange vermischen, abschmecken und mit frischer Butter vollenden.

Die angerichteten Filets leicht mit der Sauce nappieren, jedes mit einer geschälten, entkernten Scheibe Blutorange belegen.

Der Rest der Sauce wird extra serviert.

Rehfilets mit Gänseleber

4 Portionen

8 Filets (à 80 g) vom Rücken, Pastetengewürz, Salz, Pfeffer, 160 g Gänsestopfleber, 100 g Butter, 10 g Mehl, 3 cl Madeira, 3/8 l brauner Fond, Saft von 1/2 Zitrone und 1/2 Orange, Butter

Die Filets leicht plattieren, salzen, pfeffern, mit Pastetengewürz einreiben und in heißer Butter rasch braten. Den Bratrückstand leicht mit Mehl stauben, mit Madeira ablöschen, mit braunem Fond aufgießen, verkochen, mit Zitronen- und Orangensaft würzen, abschmecken und mit etwas Butter vervollständigen.

Die Gänseleberscheiben würzen, mehlen, in Butter rasch braten. Die Filets anrichten, je 2 mit einer Gänseleberscheibe belegen und mit Sauce nappieren. Garnieren mit kugelförmigen Kartoffelkroketten, gefüllt mit Preiselbeerkompott.

Rehpfeffer

6–8 Portionen

1,40 kg Fleisch von Schulter (Blatt), Hals, Brust; 50 g Selchspeck, 40 g Öl, 50 g Mehl, 1/2 EL Senf, 1/2 EL Preiselbeerkompott
Beize: 1/4 l Wasser, 1/16 l dreiprozentigen Essig, 150 g Wurzelwerk, 100 g Zwiebeln, 5 Pfefferkörner, 3 Wacholderbeeren, 1 Lorbeerblatt, Thymian, 2 Koriander, Petersilstengel, 2 Scheiben Zitrone, 1/16 l Rotwein
Garnitur: 18 kleine Zwiebeln, 180 g Champignons, 2 dicke Scheiben magerer Selchspeck, 50 g Butter

Das ausgelöste Fleisch von Hals und Blatt in ragoutgroße Stücke schneiden, die Brust in größere Würfel. In ein Porzellan- oder Tongefäß füllen und mit einer kalten Beize bedecken, mit etwas Öl abschließen, mit einem Teller beschweren und etwa 24 Stunden beizen. Das Fleisch dann auf ein Sieb schütten, 1 Stunde abtropfen lassen.

Beize: Wasser und Essig mit Wurzelwerk und Zwiebeln (beides blättrig geschnitten), den Gewürzen und Zitronenscheiben 10 Minuten kochen. Ausgekühlt mit dem Rotwein vermengen.

Zubereitung: In Fett wird würfelig geschnittener Selchspeck (auch Schwarte) geröstet, das Fleisch beigegeben und scharf geröstet. Dann Zwiebeln und Wurzelwerk nicht zu dunkel mitrösten. Mit Mehl stauben, gut durchrösten, mit der Marinade sowie 1/4 l Wasser aufgießen, das Fleisch in dieser Flüssigkeit langsam weich dünsten. Sobald das Fleisch weich ist, in ein frisches Geschirr umstechen, die Sauce mit Senf und den Preiselbeeren abschmecken und über das Fleisch passieren. Beim Anrichten mit glasierten Zwiebeln, in Butter gerösteten, blättrig geschnittenen Champignons und mit gerösteten Speckstreifen garnieren.

Beilage: Servietten-, Semmel- oder Grießknödel, Grießstrudel

Rehragout

4 Portionen

600 g Rehfleisch (Schulter, Hals, Brust), 60 g Fett, Wurzelwerk, 1 Zwiebel, Salz, Pfeffer, Wacholderbeeren, 1 Kräutersträußchen, 3 Paradeiser oder Paradeismark, 1/8 l Rotwein, 1 EL Mehl, Rindsuppe oder Wildfond, 2 EL Preiselbeerkompott, 1 KL Senf, Zitrone

Das würfelig geschnittene Fleisch in heißem Fett scharf anbraten. Feingeschnittenes Wurzelwerk, dann feingeschnittene Zwiebeln mitrösten, mit Salz, Pfeffer und zerdrückten Wacholderbeeren würzen, mit Rotwein ablöschen und gut verkochen. Mit Mehl stauben, etwas anziehen lassen, mit Rindsuppe oder Wildfond auffüllen, das Kräutersträußchen beigeben, etwas Knoblauch, aufgerissene Paradeiser und Zitronensaft beigeben. Zugedeckt alles weich dünsten. Dabei wiederholt umrühren. Sobald das Fleisch weich ist, in eine saubere Kasserolle umstechen. Senf und Rotwein mit Preiselbeeren und etwas Zitronensaft im Saft glattrühren. Abschmecken. Dann über das Fleisch passieren und das Fleisch noch einmal kurz darin ziehen lassen.

Rehgulyás

4 Portionen

600 g Rehfleisch, Öl, 100 g Selchspeck, 250 g Zwiebeln, Salz, 10 g Paprika, Paradeismark, Majoran, Kümmel, ½ Knoblauchzehe, ¼ l Sauerrahm, 1 EL Mehl, Zitronensaft oder Essig

Das Rehfleisch grobwürfelig schneiden. Salz, Majoran und mit Kümmel zerdrückten Knoblauch in etwas Öl verrühren, die Fleischwürfel damit einreiben und eine Zeitlang stehenlassen.
Kleinwürfelig geschnittenen Selchspeck in Öl glasig rösten, die feingeschnittenen Zwiebeln darin goldgelb rösten, paprizieren, sofort mit etwas Wasser ablöschen. Das vorbereitete Rehfleisch beigeben, eventuell noch mit etwas Rindsuppe oder Wasser auffüllen, aber in nur wenig Flüssigkeit dünsten. Paradeismark beigeben, mit Sauerrahm und Mehl, beides glattgerührt, binden. Zum Schluß mit Zitronensaft abschmecken. Beilage: Nockerl, Semmelknödel.

Rehleber

Als besondere Delikatesse gilt die Rehleber, die aber, wie Habs und Rosner im »Appetit-Lexikon« ausführen, »nur dem Waidmann blüht, da sie durchaus frisch sein muß, wenn sie dem Kenner genügen soll. Gewöhnlich häutet man sie ab und schneidet sie in dünne Scheiben, die dann mit Pfeffer, Salz und feingehackter Zwiebel bestreut und, im Mehl umgewendet, auf starkem Feuer möglichst rasch in Butter gebraten werden. Der rechte Jäger jedoch scheibelt die Leber, unmittelbar nachdem sie dem Körper entnommen, ohne sie zu putzen und abzuhäuten, bringt die Scheiben sogleich mit etwas Rehschweiß (Blut) in geschmolzener, mit zerhackter Zwiebel gewürzter Butter ans Feuer, setzt Pfeffer, Salz, etwas Mehl, und später eine gute Dosis Essig zu, läßt alles einige Male aufkochen und erhält auf diese Weise eines jener Gerichte, die Tote zu erwecken und Lebende vom Sterben abzuhalten vermögen.«
Der Koch bereitet die Rehleber wie die Kalbsleber (siehe Seite 326) zu.

Sacher Rezept

Salzburger Linsentopf

Gebeiztes Wildfleisch (grobwürfelig geschnittenes Hirsch- oder Rehfleisch) salzen, in heißem Fett anbraten, mit etwas Marinade ablöschen, ein Bouquet garni beigeben und braunen Fond über das Fleisch gießen und dünsten. Wenn das Fleisch halb weich ist, umstechen, den Fond abseihen, eingeweichte Linsen dazugeben und alles weich dünsten. Beim Servieren gibt man würfelig geschnittenen, gerösteten Speck obenauf und reicht Knödel als Beilage.

Wildschwein

Bevorzugt wird das Jungtier, der »Frischling«; je jünger das Tier ist, desto zarter sein Fleisch, das gebraten und wie Schweinefleisch behandelt wird. Für kalte Platten werden Wildschweinrücken, Wildschweinkarree, -koteletts und -keule verwendet. Der Wildschweinkopf war und ist ein beliebtes Gericht für Jagddessen.

In August Mauers »Illustrirtem Wiener Kochbuch«, 1885, heißt es: »Das Fleisch des Wildschweines wird hochgeschätzt und deshalb auch mit ungeheurer Accuratesse zubereitet, besonders wird sehr viel Wert auf den Wildschweinkopf gelegt, denn dieser wird zu einer der luxuriösesten Speisen umgewandelt und prangt bei jeder thunlichen Gelegenheit als eines der schönsten Schaustücke auf Buffets.«

Die derberen Fleischstücke (mit Schwarte) werden in der Wiener Küche mit Wurzelwerk, Zwiebeln, Gewürzen und Essig gekocht und mit »Hetschepetsche-Salse« – Hagebuttenmark oder -sauce (Seite 165) – serviert. Rumpolt preist in seinem Kochbuch Wildschweinblutwurst als Lieblingsessen der böhmischen Bauern.

Der Sperl in der Leopoldstadt, der herrliche Garten mit die Salon.

Garnierter Frischlingsrücken

8–10 Portionen

2,50 kg Frischlingsrücken (ohne Schwarte), 100 g Fett, 200 g würfelig geschnittenes Wurzelwerk, 2 kleine Zwiebeln, 1 Knoblauchzehe, etwas Kümmel, 6 Pfefferkörner, 6 Neugewürzkörner, 1 Kräuterbündel, 1/4 l Rotwein, 40 g Mehl, 1/2 l Bouillon oder brauner Fond, 250 g Paradeiser

Den Rücken parieren, mit Salz, zerdrücktem Knoblauch sowie Kümmel einreiben und in heißem Fett auf allen Seiten gut anbraten. Das Wurzelwerk beigeben, bräunen, Zwiebeln dazugeben und ebenfalls Farbe nehmen lassen. Dann das Fett aus der Pfanne abgießen und den Bratensaft mit etwas Rotwein ablöschen. Den Rücken zugedeckt unter wiederholtem Begießen mit Rotwein weich dünsten.

Sobald das Fleisch gar ist, herausnehmen, den Saft einkochen, mit Mehl stauben, mit Bouillon oder Fond aufgießen, gut verrühren, das Kräuterbündel beigeben, ebenso die Paradeiser. Alles langsam kochen lassen. Zum Schluß die Sauce abschmecken und durchseihen (nicht passieren!).

Die Rückenfilets auslösen, in Scheiben tranchieren, wieder auf dem Knochengerüst anordnen und mit wenig Sauce nappieren.

Mit gebratenen Paradeisern, Fisolen, Champignons, Kartoffelkroketten, Orangenfilets und Weichselkompott garnieren.

Extra werden Cumberlandsauce und die Wildsauce serviert.

Wildschweinsteak Gorwatsch

4 Portionen

1 kg Frischlingsrückenfilets oder Keule, 20 g Öl, 20 g Butter
Marinade: 1/8 l Rotwein, zerdrückte Pfefferkörner und Wacholderbeeren, etwas Öl
Sauce: 40 g Selchspeck, 20 g Öl, 100 g Wurzelwerk, 1 Zwiebel, 30 g Mehl, einige Pfefferkörner, Koriander, Wacholderbeeren, Orangensaft und -schale, Spritzer Weinessig, 1/2 l Wasser, 1 EL Preiselbeerkompott, 1 TL Zucker, Senf, 30 g Kochschokolade

Garnitur: 4 Scheiben einer geschälten Orange, einige Pinienkerne, 4 Kompottpfirsiche, 4 Dörrpflaumen

Das ausgelöste Fleisch von Häuten und Sehnen befreien, in Stücke von etwa 200 g schneiden, schwach plattieren, auf einen Teller legen, mit der Marinade begießen und etwa 1 Stunde marinieren.

Zerkleinerten Selchspeck (auch Schwarten) in Fett glasig anrösten, Sehnen, Häute, zerkleinerte Knochen und Parüren des Frischlings beigeben und braun rösten.

Offizieller Marktbericht
(nach den Mitteilungen der Genossenschaft der Wildbret- und Geflügelhändler.)
Bericht vom 29. Dezember 1905.

Gattung	Per Stück Von K	Per Stück Von h	Per Stück bis K	Per Stück bis h	Per Kilo Von K	Per Kilo Von h	Per Kilo bis K	Per Kilo bis h
Wild:								
Hasen	3	—	3	20	.	.	.	.
Fasanenhahnen	3	—	4	40	.	.	.	.
Fasanenhennen	3	—	4	—	.	.	.	.
Junge Rebhühner	1	50	1	60	.	.	.	.
Alte Rebhühner	—	80	1	—	.	.	.	.
Wildenten	1	80	2	60	.	.	.	.
Duckenten	—	80	1	—	.	.	.	.
Waldschnepfen	3	—	3	60	.	.	.	.
Wilde Kaninchen	—	80	—	90	.	.	.	.
Edelhirsche	.	.	.	.	—	94	1	—
Hirschtiere	.	.	.	.	—	96	1	02
Damwild	.	.	.	.	1	—	1	10
Rehe	.	.	.	.	1	30	1	50
Gemsen	.	.	.	.	—	70	—	80
Wildschweine	.	.	.	.	—	50	—	60
Frischlinge	.	.	.	.	1	30	1	40
Krametsvögel*	—	40	—	50	.	.	.	.
Wachtel	—	40	—	50	.	.	.	.
Totes Geflügel:								
Gänse (Fettware) Makoer	.	.	.	.	1	50	1	60
" " Szenteser	.	.	.	.	1	50	1	60
" " Fegyházaer	.	.	.	.	1	44	1	56
" " Oroszházaer	.	.	.	.	1	44	1	56
" " Szemeter	.	.	.	.	1	40	1	56
" " K.-ware	.	.	.	.	1	44	1	60
Enten (Fettware)	.	.	.	.	1	70	1	80
Backhühner	1	10	1	30	.	.	.	.
Brathühner	1	40	1	80	.	.	.	.
Poulards	2	—	3	80	.	.	.	.
Steirische Poulards	3	40	6	—	2	60	2	80
Steirische Kapaune	4	50	9	—	2	80	3	—
Truthühner	6	—	11	—	1	70	1	80
Tauben	—	50	—	60	.	.	.	.

Tendenzen. Beim Wild: Mittel. Zufuhren ziemlich stark. Nachfrage lebhaft. Vorrat gering. Export schwach. Beim toten Geflügel: Flau. Da von der Feiertagsware viel unverkauft lagert, ist eine allgemeine Stagnation des Marktes eingetreten. Die Zufuhren sind sehr verringert. Nachfrage äußerst schwach.

Grobwürfelig geschnittenes Wurzelwerk und ebenso geschnittene Zwiebel beigeben und mitrösten. Mit Mehl stauben, gut durchrösten und mit einem Teil der Marinade und etwa ½ l Wasser aufgießen. Die Gewürze beigeben und möglichst lange kochen. Preiselbeerkompott, Senf und Kochschokolade werden erst kurz vor dem Passieren der Sauce beigegeben.

Die Steaks aus der Marinade herausnehmen, salzen und in heißem Fett rasch anbraten, dann langsam fertigbraten. Das Öl weggießen und frische Butter beigeben. Die Steaks anrichten. Den Bratrückstand mit etwas Marinade ablöschen und zur pikant abgeschmeckten Wildsauce geben.

Die Fleischstücke mit der Sauce übergießen, mit Orangenscheiben belegen, Pinienkerne daraufstreuen und je eine Kompottkirsche aufsetzen. An die Seiten der Platte die in Butter geschwenkten Pfirsichhälften und Dörrpflaumen geben.

Beilage: Kartoffelkroketten, Serviettenknödel, Kartoffelrouladen, Teigwaren

Steirisches Wildschweinernes

4–6 Portionen

750 g Frischlingsfleisch (Schlegel ohne Schwarte), Salz, 400 g Wurzelwerk, 1 Zwiebel, 4 Pfefferkörner, 2 Neugewürzkörner, 2 Gewürznelken, 10 Wacholderbeeren, ½ KL Koriander, 2 Senfkörner, 1 Lorbeerblatt, 1 Stengel Thymian, ½ Knoblauchzehe, 2 Stück Würfelzucker, 1 Glas Rotwein, 1 EL Essig

Das ausgelöste Fleisch in kochendes Wasser legen (muß vom Wasser gerade bedeckt sein), zum Kochen bringen, abschäumen, salzen und die Gewürze in einem Leinensäckchen beigeben und langsam fast weich kochen. Dann das in Streifen geschnittene Wurzelwerk und Zwiebel beigeben und vollends weich kochen. Zuletzt mit dem Rotwein und etwas Essig abschmecken. Das Fleisch in Scheiben aufschneiden, mit viel Wurzelwerk und dem kurzgehaltenen Kochsud anrichten.

Beilage: Salzkartoffeln, Hetschepetschesauce (mit etwas Wein angerührt)

Wildgeflügel

War schon die Verwendung des Hausgeflügels in der bürgerlich-bäuerlichen Küche bis ins 19. Jahrhundert eine Ausnahme, so war das Wildgeflügel ausschließlich den Feudal- und Grundherren vorbehalten. Der »Untertan« bekam von den Köstlichkeiten des Wildgeflügels nur selten zu kosten. Fasan (in eigenen Fasanerien gehalten), Rebhuhn, Auerhahn und Schnepfe waren ausschließlich aristokratischen und geistlichen Gaumen vorbehalten.

Der Barock-Koch Conrad Hagger bringt in seinem »Neuen Saltzburgischen Koch-Buch«, 1719, »66 Veränderungen der Speisen von dem Feder-Wildprät; als: Adler / Strauß / Trapp / Auer-Hahnen mit seiner Pram-Hennen / Schild- und Spill-Hahn und Hennen / Fasan / Hasel- und Rebhünlein / Schnepffen / Nußheher / Baum-Häckel / und Grün-Spechten / Kronabet-Vögel / Droschel / Ambsel / Wachtel / Lerchen / Fünnel / Kern-Beisser / mit allen kleinen Vögeln insgesammt.« August Mauer beklagte sich in seinem »Wiener Kochbuch« (1885), daß die Wachteln »bei uns nicht in größere Menge auf den Markt kommen, weil sie gewöhnlich von den Herrschaftsbesitzern entweder geschont oder daselbst verspeist werden«. Mauer meint übrigens, das Hausgeflügel verhalte sich zu Wildgeflügel »wie gewöhnliches Brot zur feinen Torte«. Die Kenner und Genießer »feiner Gelüste« hatten dabei höchste Vorbilder: hieß es doch, daß Kaiser Ferdinand I. aus einem ihm servierten Rebhuhn herausschmecken konnte, ob das Tier in der freien Jagd oder aus einem Gehege erlegt worden war.

Das Volk begnügte sich mit der Jagd nach Vögeln. Spatzen, Drosseln, Lerchen, Amseln, Ortolane, Fettammern fielen Leimruten und Netzen der Bürger zum Opfer und wanderten in Käfige oder Bratpfannen. Wien hatte in Lerchenfeld sogar einen eigenen Markt für diesen Ohren- und Gaumenschmaus. Noch das »Appetit-Lexikon« aus dem Jahre 1894 erwähnt unter dem Stichwort »Kleinvögel«: »Wien verspeist an Lerchen, Wachteln, Drosseln, Fettammern (nebst 500 Dutzend Sperling inclusive) schon seit Jahren nur noch 2500–3000 Dutzend dieser Leckerbissen jährlich, während ihm um 1850 jährlich 10000–12000 Dutzend nicht zuviel waren!« Das Abkommen zwischen Österreich und Italien vom 5. November 1875 und das deutsche Reichs-Vogelschutzgesetz vom 22. März 1888 verboten die Anwendung der auf dem Boden angebrachten Fallen und der großen Schlagnetze, nicht aber den Lerchenfang überhaupt.

FACHLICHE HINWEISE

Allgemein ist das Wildgeflügel auf die gleiche Art wie das Hausgeflügel brat- und kochfertig zu machen (rupfen, ausnehmen, waschen, sengen, bridieren). Gerupft wird in kleinen Partien von unten nach oben. Die Füße werden meist nur von den Krallen gestutzt, Hals und Flügelknochen zumeist abgetrennt.

Fasan, Rebhuhn, Schnepfe und Steinhuhn sollen in den Federn einige Tage in kühlem Raum (möglichst in Zugluft) abhängen. Der Fachmann nennt diesen Reifungsprozeß »faisandieren«, der Kenner spricht dabei von dem »Hautgout«, einem Hochgeschmack, den er sich von dem dabei entstehenden typischen Wildgeschmack verspricht. Die moderne Geschmacksrichtung dagegen bevorzugt weniger Hautgout! Die einst geschätzte Grünblauverfärbung der Bauchdecke ist heute bereits zuviel. Frisch verwendet man Haselhuhn, Krammetsvögel, Wachtel, Wildente, Wildgans, Birkhahn und Auerhahn. Nicht gerupft, sondern mit dem Federkleid gehäutet (abgezogen) werden Haselhuhn, Birk- und Auerhahn. Bei diesen Vögeln wird außerdem das unter der Haut liegende Fett, das beim Braten leicht ranzigen Geschmack entwickeln würde, entfernt.

Sehr vorteilhaft ist es, Wildgeflügel über Nacht in Eiswasser auszuwässern (dadurch wird dem Fleisch das Blut entzogen).

Als **Wildgeflügelgewürze** gelten: Salz, Pfeffer, Wacholder, Lorbeerblatt, Thymian, alle fein gemahlen.

Alles Wildgeflügel wird bridiert (gebunden). Das Spikken bei Wildgeflügel wird in der modernen Küche vermieden, da das Durchstechen der Muskelstränge mit der Spicknadel zu Saftverlust beim Braten führt. Nur ältere Tiere, die man zum Dünsten verwendet, können gespickt werden. Das heute bevorzugte Bardieren (Umwickeln mit rohen Speckscheiben) ergibt neben einer geschmacklichen Verbesserung den Vorteil, daß die zarte Brust während des Bratvorgangs nicht austrocknet. Werden nur die Brüste von Wildgeflügel zubereitet, so werden diese gern in ein Schweinsnetz eingeschlagen, das nach dem Braten zu entfernen ist.

Die klassische Zubereitungsart von Wildgeflügel ist das Braten; dazu verwende man nur junges Wildgeflügel. Ältere Tiere werden gedünstet oder zu Pasteten, Farcen, Ragouts, Suppen u. ä. verarbeitet.

Tranchieren: Kleines Wildgeflügel (Wachteln, Krammetsvögel) werden im ganzen angerichtet. Nur die Krallen an den Füßen werden abgeschnitten. Größeres Wildgeflügel (Rebhühner, Haselhühner, Wildtauben) richtet man halbiert an. Nur das ganz große Wildgeflügel (Fasan, Auerhahn, Birkhahn, Wildgans und -ente) wird in mehrere Tranchen geteilt (Keulen halbiert, die Brust in 2 oder 4 schräge Tranchen geteilt).

Fasan

»Der Fasan ist ein Rätsel, dessen Auflösung nur den Kennern bekannt ist. Diese allein wissen ihn in seiner ganzen Kostbarkeit zu würdigen.«
Brillat-Savarin, »Physiologie des Geschmacks oder Betrachtungen über das höhere Tafelvergnügen«, 1825

Der Fasan, »König des Wildgeflügels« genannt, galt als eines der delikaten Gerichte höfischer Tafelfreuden; »dem es beliebt, der kans auf fünffzigerley Weiß verändern«, schreibt Conrad Hagger, Mundkoch des Salzburger Fürsterzbischofs. Aber auch die »bürgerlichen« Wiener verspeisten schon im 19. Jahrhundert jährlich durchschnittlich 25 000 Stück.

Junger Fasan ergibt einen guten Braten, junge Fasanhennen werden meist gedünstet, aber auch für Farcen (Pasteten) und Ragouts verwendet. Das Jungtier erkennt man an den spitzen Schwungfedern, dem weichen Brustbein und den nur ganz kleinen, stumpfen, glatten Sporenansätzen. Bratzeit: ca. 25–30 Minuten. Die besondere Schwierigkeit bei der Vorbereitung des Fasans besteht darin, den richtigen Zeitpunkt zu erkennen, wann der Vogel genügend abgehangen ist (2–5 Tage). Er muß in den Federn am Kopf hängen.

Fasan, gebraten

2 Portionen

1 Fasanhahn, 2 Speckscheiben, 30 g Fett, Salz, Pfeffer, Wacholderbeeren (oder Pastetengewürz), 20 g Butter,

1 schwacher TL Mehl, ⅛ l brauner Fond oder Wildfond, 1 Glas Madeira

Dem abgehangenen Fasan Kopf samt Hals, Flügel und Schwanzschmuck abhacken, Füße ganz belassen (nur Krallen abhacken, nicht aber die Sporen). Vorsichtig trocken rupfen, ausnehmen, flämmen, gut waschen und mit einem Tuch innen austrocknen. Innen und außen mit Salz, Pfeffer und zerdrückten Wacholderbeeren einreiben, die Brustseite mit zwei Speckscheiben umhüllen und mit Spagat binden. Dann in einer Pfanne mit etwas Fett wie das Huhn braten, zuerst auf der einen, dann auf der andern Brustseite, dabei immer wieder mit dem Bratsaft begießen (Bratdauer etwa 25–30 Minuten). Kurz vor dem Garwerden den Fasan auf den Rücken legen und die Speckscheiben entfernen, damit das Tier Farbe nehmen kann. Kein Wasser beigeben, auf gar keinen Fall bei einem Jungtier! Den Fasan herausnehmen, den Bratrückstand bis zum Braunwerden eingehen lassen, etwas Fett abgießen, dafür frische Butter aufschäumen lassen, leicht mit Mehl stauben und mit braunem Fond oder Wildfond zu kurzer Jus verkochen. Mit Madeira abschmecken, abseihen und extra servieren.

Anrichten: Brustteil vom Rücken lösen; die Füße bleiben, wie sie sind; auf die Platte legen, Brustfleisch vom Knochen lösen, in dünne, längliche Tranchen schneiden, wieder zusammensetzen und zwischen die beiden Schenkel legen.

Beilage: Serviettenknödel, glasierte oder gebratene Kastanien, Rotkraut, Specklinsen, Preiselbeer- oder Pfirsichkompott

F. G. Zenker, »erster Mundkoch Sr. Durchlaucht des regierenden Fürsten Joseph von Schwarzenberg, Herzogs von Krumau etc., etc.«, berichtet in seiner »Kochkunst« (1824), sein Lehrer Richeau, gewesener Mundkoch des Prinzen Condé und späterer Kontrolleur bei der Kaiserin Josephine, habe ihm erzählt, daß er einmal von seinem Herrn den Auftrag erhalten hatte, Fasanenhirn als Horsd'œuvre aufzutischen. Zenker hielt das für einen Scherz, bis er selbst eines Tages dem Fürsten von Schwarzenberg in Postelberg ein Gericht von »Hasen-Niernchen« zu kochen hatte. »Es konnte nur geschehen, weil ich in den sechs Tagen hundert Hasen verbraucht habe. Ich sah dann erst eine Möglichkeit ein, Horsd'œuvre von Fasanenhirn auftischen zu können. Es kömmt wieder darauf an, daß man in sechs Wochen zwey hundert Fasanen verbraucht, und sich die kleine Mühe gibt, die Hirn auf einmal heraus zu lösen, sie dann mit Limoniensaft, Salz, Consommé, Lorbeerblatt und etwas abgezupfter grüner Petersilie einen Tag lang säuert, und in Bierteig bäckt. Auf diese Art geschah es auch, daß wir bey einem Feste, welches der Herr Graf Odonel gab, unter der Leitung des Herrn Negros eine Fleischsulz von Kapaunenhirn geben konnten.«

Fasan auf Wiener Art

2 Portionen

1 Fasanhahn, 150 g Bratwurstfülle, fetter Speck, Salz, Pfeffer, Wacholderbeeren (oder auch Pastetengewürz), 100 g Gänseleber, 2 Stück Trüffeln, 2 Speckscheiben, 30 g Öl, 20 g Butter, 10 g Mehl, 1 Glas Madeira

Den vorbereiteten Fasan mit Ausnahme der Unterkeulen völlig entbeinen, mit Bratwurstfülle, die mit kleinwürfelig geschnittenem fettem Speck verarbeitet, mit den Gewürzen versehen und mit vorher in Madeirawein marinierten Trüffel- und Gänseleberwürfeln gut vermengt wird, füllen. Bridieren. Mit 2 Speckscheiben umhüllen, 24 Stunden kühl lagern. Dann wie den gebratenen Fasan braten, tranchieren und mit einer Wildsauce servieren, die aus den Fasanknochen zubereitet wurde.

Fasan auf Winzerinnenart (Fasan à la vigneronne)

2 Portionen

1 junger Fasanhahn, 1 große oder 3 kleinere Selchspeckscheiben, 30 g Öl, Salz, Pfeffer, 30 g Butter, 1 TL Mehl, Wildfond, 250 g kernarme Weintrauben, Butter, 10 g Zucker, 2 mit Preiselbeerkompott gefüllte Torteletten

Den gerupften, flambierten Fasan salzen, pfeffern, mit Speck belegen und binden. Eine Pfanne erhitzen, Öl eingießen, den Fasan auf der einen Brustseite liegend 10 Minuten im Rohr braten, dann auf die andere Seite legen, wieder 10 Minuten braten. Zum Schluß die Speckscheiben entfernen, um den Fasan, auf dem Rücken liegend, ohne Wasserbeigabe fertigzubraten (gesamte Bratdauer etwa 30 Minuten). Den Fasan herausnehmen und warm stellen. Etwas Bratfett abgießen, frische Butter aufschäumen lassen, mit ein wenig Mehl stauben, mit Wildfond zu einem dünnen Saft verkochen. Die Weintrauben werden halbiert, die Kerne entfernt (eine zeitraubende Variation: die Weintrauben schälen), in etwas schäumende Butter geben, zuckern und kurz glasieren. Der tranchierte Fasan wird mit den glasierten Weintrauben und mit Torteletten garniert. Den Saft extra servieren. Als weitere Beilage kann man dazu Mandelkartoffeln, Kartoffelkroketten oder auch Duchessekartoffeln servieren.

Fasan in Rahmsoße

2 Portionen

1 Fasan, Salz, Pfeffer, Selchspeckscheiben, 60 g Butter, Wurzelwerk, 1 Zwiebel, 5 Pfefferkörner, 2 Wacholderbeeren, 2 Neugewürzkörner, Zitronenschale, 1/8 l Sauerrahm, 1 TL Mehl, 1 EL Preiselbeerkompott, Rindsuppe

Den gut abgehangenen, bratfertigen Fasan bridieren, salzen, pfeffern, mit Speckscheiben belegen und binden.
In heißer Butter zuerst feingeschnittene Zwiebel, dann nudelig geschnittenes Wurzelwerk andünsten, den vorbereiteten Fasan darauflegen, die Gewürze und etwas Zitronenschale beigeben und unter wiederholtem Begießen mit Eigensaft und etwas Rindsuppe im Rohr fertigbraten. Bevor das Fleisch weich wird, die Speckscheiben entfernen und die Haut etwas Farbe nehmen lassen.
Das Tier herausnehmen und warm stellen. Den Saft mit dem Wurzelwerk eingehen lassen, mit etwas Mehl stauben, gut durchrösten, mit Sauerrahm und eventuell etwas Rindsuppe, beides glattgerührt, aufgießen, Preiselbeerkompott beigeben, gut aufkochen lassen und passieren. Den inzwischen tranchierten Fasan wieder zur ursprünglichen Form zusammensetzen, in die Soße geben und kurz darin ziehen lassen. Beilage: Serviettenknödel, Preiselbeerkompott.

Fasan Dürnstein

4 Portionen

2 Fasane, Salz, Pfeffer, gestoßene Wacholderbeeren oder Pastetengewürz, 4 dünne Speckscheiben, 100 g Butter, 8 Marillen (frische oder eingemachte), 8 Morcheln, 1/5 l Wildfond

Die vorbereiteten Fasane bridieren, würzen, mit den Speckscheiben belegen und binden. Mit der Butter wie gebratenen Fasan braten. Herausnehmen und warm stellen.
In der Bratbutter die Marillen und die Morcheln kurz überbraten, herausnehmen und warm stellen. Die Bratbutter abgießen, mit Wildfond ablöschen und einkochen. Die inzwischen tranchierten und angerichteten Fasane mit der Sauce, den Morcheln und den Marillen garnieren. Beilage: Serviettenknödel, Rotkraut.

Gebratene Fasanbrust

4 Portionen

4 Bruststücke von Fasanhähnen, Salz, Pfeffer, 4 Speckscheiben oder Schweinsnetz, 50 g Butter, 10 g Mehl, Cognac, Ananassaft und 2 Ananasscheiben

Die ausgelösten Fasanbruststücke salzen und pfeffern, mit Speckscheiben umhüllen, binden (oder in das Schweinsnetz hüllen) und in geklärter Butter braten. Zum Schluß kurze Zeit noch ohne Speckscheiben braten, damit das Fleisch Farbe bekommt. Verwendet man ein Schweinsnetz, wird dieses nach dem Braten entfernt. Die fertigen Fasanbruststücke in eine Anrichteschüssel legen und warm stellen.
Den Bratrückstand mit etwas Mehl stauben, mit Cognac ablöschen, mit Ananassaft aufgießen, verkochen und über die angerichteten Fasanstücke passieren. Ananasscheiben in Butter braten, die Bruststücke damit belegen. (Variationen: Weintrauben, Orangen-, Mandarinenfilets, Apfelspalten).

Sautierter Fasan mit Granatapfelsaft

4 Portionen

4 Fasanbrüste, 4 cl Cognac, 60 g Butter, Saft von 2 Granatäpfeln

Die Fasanbrüste salzen und pfeffern (sie können auch in ein Schweinsnetz gehüllt werden). Butter in einer Bratpfanne erhitzen, und die Brüste zuerst mit der schönen Seite, dann umgedreht leicht rosa braten. Die Stücke herausnehmen und warm stellen.

Einen Teil der Butter aus dem Bratgeschirr abgießen, den Rest mit Cognac ablöschen und flambieren. Saft der Granatäpfel dazugeben, erhitzen, über die Fasanbrüste gießen und mit Kartoffelkroketten und Ananaskraut sofort servieren.

Fasan mit Speckkraut

2 Portionen

1 Fasan, 3 längliche Speckscheiben, 40 g Fett, Salz, Pfeffer, Wacholderbeeren
Speckkraut: 300 g geschnittenes Sauerkraut, 80 g Schinkenspeck, 1 Zwiebel, Salz, 1 Msp. Kümmel, 1 KL Zucker, Knoblauch, 1 EL Paradeismark, Essig, Wasser, 3 EL Bratensaft vom Fasan

Vorbereiteten Fasan braten, halbieren. Warm stellen. Den kleinwürfelig geschnittenen Speck gelbglasig werden lassen, die feinnudelig geschnittene Zwiebel darin rösten, mit Kümmel, einer Prise Zucker, Salz, Knoblauch und Paradeismark würzen, mit einem Schuß Essig ablöschen. Dann gibt man das kurzgeschnittene Sauerkraut bei, gießt mit Wasser auf (bis fingerbreit zum oberen Krautrand) und läßt alles einmal aufkochen. Anschließend schlichtet man die Fasanstücke in das Sauerkraut ein, gießt etwas Bratensaft darüber und dünstet alles zugedeckt weich.

Sacher Rezept

Fasan Metternich

4 Portionen

2 Fasane, Salz, Pfeffer, Wacholderbeeren, 2 Scheiben Speck, 400 g Fett, 30 g Butter, 1 TL Mehl, 1/4 l brauner Fond oder Wildfond, 1 Glas Madeira, 4 Scheiben gebratener Frühstücksspeck, gedünstetes Rotkraut, glasierte Kastanien

Fasane vorbereiten, würzen und im Rohr langsam braten. Von Schenkel- und Brustknochen befreien. Die Jus wie auf Seite 379 beschrieben herstellen. Die Fasanenhälften auf einem Sockel von Rotkraut mit glasierten Kastanien anrichten. Vor dem Servieren mit gebratenen Speckscheiben belegen. Die Jus wird à part serviert.

Rebhuhn

Im antiken Griechenland war das Rebhuhn oder Feldhuhn ein Kampfvogel, der in der Arena Wettkämpfe mit anderen auszutragen hatte. Auf den Gütern Kaiser Karls des Großen wurde das Rebhuhn neben Pfau und Fasan vor allem als Ziervogel gehalten, in den späteren höfischen Küchen diente es wie jene beiden und der Schwan vorwiegend zu Prunk- und Schaugerichten. Meister Eberhard hielt es »über alle andern wilden Vögel gesund«. Seines saftreichen, aber doch nicht fetten Fleisches wegen galt das Rebhuhn als Fürstenwild erster Klasse. Und das Sprichwort »toujours perdrix« – »alle Tage Rebhuhn« – ist zur stehenden Rede für den höchsten Grad des Wohllebens geworden.

In Altösterreich galten die böhmischen Rebhühner als die besten, und George Hesekiel berichtet in seiner 1862 erschienenen »Gastronomischen Geographie«, daß »im vorigen Jahr auf den gräflich Czerninschen Herrschaften in Böhmen allein 5000 Rebhühner geschossen wurden«. Im heutigen Österreich liegen die besten Reviere im Marchfeld, Weinviertel, Wiener Becken, Tullnerfeld, Innviertel, in der Welser Heide, im Grazer Becken und im nördlichen Burgenland.

Fachliche Hinweise

Jungtier: hellgelbe Füße (im zweiten Jahr graugelbe, später graue), biegsames Brustbein, spitze Schwungfedern, schwarzer Schnabel.
Die Vorbereitung erfolgt wie beim Fasan: 2–5 Tage in den Federn am Kopf abhängen lassen.
Zum Braten werden die Jungtiere verwendet. Ältere Hühner nach dem Rupfen 24 Stunden in eine Beize legen und dünsten oder für Füllen, Pasteten, Ragouts usw. verwenden. Bratzeit: 18–20 Minuten. Pro Person rechnet man 1 Rebhuhn.
Fast alle Zubereitungsarten für Fasan eignen sich auch für Rebhuhn.

Rebhuhn, gebraten

4 Portionen

4 Rebhühner, 40 g Öl, 4 große Speckscheiben, 40 g Butter, Salz, Pfeffer, Wacholderbeeren

Bratfertige Rebhühner bridieren, salzen, pfeffern, mit Speckscheiben umhüllen und binden. Dann in eine gefettete Bratpfanne legen und wie Fasan braten (bei guter Hitze, unter wiederholtem Begießen mit Eigensaft). Zum Schluß den Speck entfernen und die Hühner Farbe nehmen lassen, dabei ebenfalls mehrmals begießen. Tiere herausnehmen und warm stellen.
Etwas Bratfett abgießen, frische Butter aufschäumen lassen, mit Wasser oder Wildfond aufgießen, mit einigen Wacholderbeeren verkochen lassen, dann über die auf Croutons angerichteten Rebhühner seihen. Mit Butterteigpastetchen oder Torteletten, gefüllt mit gekochten Linsen oder grünem Erbsenpüree, garnieren.
Beilage: Specklinsen, Rot- oder Weinkraut, Apfelpüree

Rebhuhn-Salmi

4 Portionen

4 gebratene Rebhühner, Cognac, Jus, etwas Geflügelleber, 3 EL Öl, 1/2 Zwiebel (oder ein paar Schalotten), Petersilie, Salz, Pfeffer, 1 Zitrone, Butter, 6 EL Rotwein, 150 g Champignons, 4 Trüffelscheiben; 4 Scheiben Toastbrot, entrindet, halbiert und in Butter gebraten

Von den gebratenen Rebhühnern Schenkel und Brustfleisch auslösen, die Bruststücke häuten, parieren, mit etwas Cognac und klarer, eingekochter Jus begießen und warm stellen.
Das ausgelöste Schenkelfleisch und die Fleischreste der Rebhühner mit der Hühnerleber im Mörser zerstoßen oder im Mixer zerkleinern, mit feingehackten Schalotten oder Zwiebeln in Öl rösten, mit Rotwein einkochen. Die Jus von den gebratenen Rebhühnern dazugeben, mit Zitronensaft und -schale sowie Salz und Pfeffer würzen, etwas kochen lassen, passieren und mit einem Stück frischer Butter montieren. Die Salmi über die Rebhuhnstücke gießen, mit sautierten Champignons und Trüffelscheiben garnieren und auf Weißbrotcroutons anrichten.
Man kann die Salmi auch in Butterteigpastetchen gefüllt als Garnierung der Bruststücke verwenden.

F. G. Zenker bemerkt dazu: »Der Beytritt von Trüffeln erhöht das Liebliche dieses ohnehin schon kräftigen Gerichtes bis zum höchsten Wohlgeschmack (Haut-Gout), daher die Vorliebe zur Bereitung solcher Gerichte, die nothwendiger Weise einen Reflex ihrer Vortrefflichkeit auf den Künstler zurück werfen.«

Rebhuhn in Kohl

2 Portionen

2 halbierte Rebhühner, Salz, Pfeffer, 30 g Butter, Wildfond, 1 mittelgroßer Kohlkopf (Grünkohl), Salzwasser, 100 g magerer Selchspeck, 1 große Zwiebel, 100 g Champignons, Salz, Pfeffer, Majoran, 3–4 in dicke Scheiben geschnittene Paradeiser, Rindsuppe

Die Rebhühner salzen, pfeffern, ohne Speck kurz in Butter anbraten und anschließend im Wildfond weich dünsten.

Den Kohlkopf halbieren, gut waschen und in Salzwasser halbweich kochen, im kalten Wasser abfrischen, Strünke entfernen, gut abtropfen lassen, mit Salz, Pfeffer und Majoran würzen.

Den abgekühlten, halbierten Rebhühnern Brust- und Beckenknochen ausbrechen, das Fleisch in die vorblanchierten Kohlhälften wickeln. In eine gefettete Schüssel die feingehackte Zwiebel streuen, darin die Rebhühner andünsten, mit dem Saft übergießen und danach fertigdünsten.

Oder: Dicknudelig geschnittenen Speck glasig werden lassen, Zwiebel beigeben und die in Scheiben geschnittenen Champignons darin gut rösten, mit weißem Pfeffer würzen.

In eine gefettete Kasserolle die Hälfte des blanchierten, in Achtel geteilten Kohls geben, die gebratenen und ausgelösten Rebhühner darauflegen, Speck, Zwiebel und Champignons darüber verteilen, ein Kräuterbündel beigeben und den restlichen Kohl daraufschichten, mit Salz, Pfeffer und Majoran würzen, obenauf mit den Paradeiserscheiben abschließen. Mit Rindsuppe und etwas Bratensaft aufgießen, fest verschließen und im heißen Rohr langsam fertigdünsten, bis der Kohl ganz weich ist. Das Kräuterbündel entfernen. Rebhühner heiß in der Kasserolle servieren.

Beilage: Kartoffelpüree

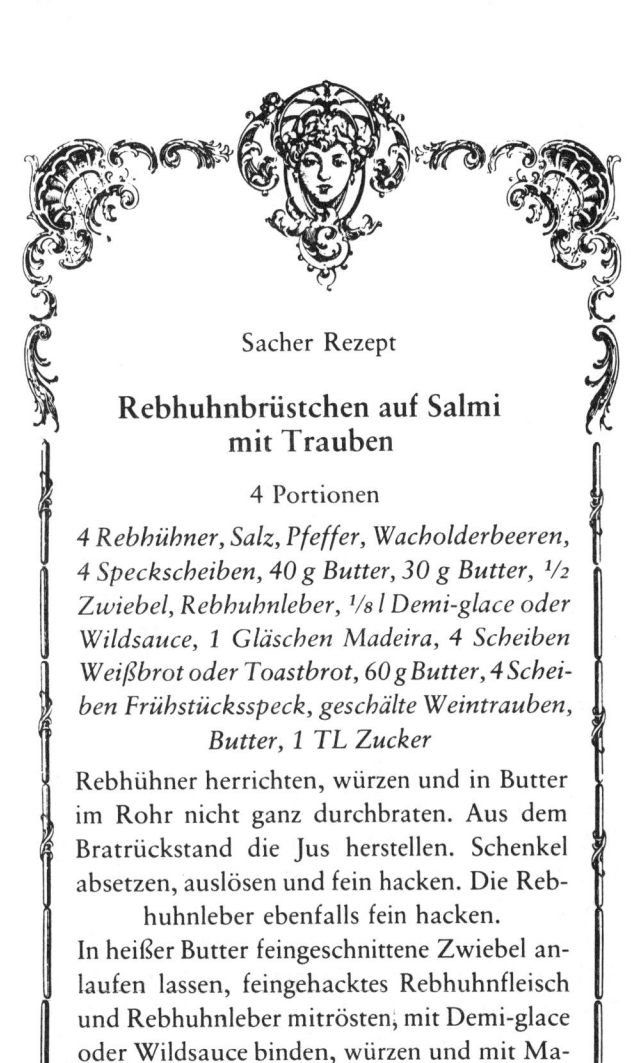

Sacher Rezept

Rebhuhnbrüstchen auf Salmi mit Trauben

4 Portionen

4 Rebhühner, Salz, Pfeffer, Wacholderbeeren, 4 Speckscheiben, 40 g Butter, 30 g Butter, 1/2 Zwiebel, Rebhuhnleber, 1/8 l Demi-glace oder Wildsauce, 1 Gläschen Madeira, 4 Scheiben Weißbrot oder Toastbrot, 60 g Butter, 4 Scheiben Frühstücksspeck, geschälte Weintrauben, Butter, 1 TL Zucker

Rebhühner herrichten, würzen und in Butter im Rohr nicht ganz durchbraten. Aus dem Bratrückstand die Jus herstellen. Schenkel absetzen, auslösen und fein hacken. Die Rebhuhnleber ebenfalls fein hacken.

In heißer Butter feingeschnittene Zwiebel anlaufen lassen, feingehacktes Rebhuhnfleisch und Rebhuhnleber mitrösten, mit Demi-glace oder Wildsauce binden, würzen und mit Madeira abschmecken. Auf in Butter gebackene herzförmige Croutons streichen und diese auf die ausgelösten Rebhuhnbrüstchen setzen. Mit gebratenen Speckscheiben belegen. Geschälte, in Butter und Zucker glasierte Weintrauben als Garnitur. Jus à part servieren.

Beilage: Champagnerkraut.

Rebhuhn à la Andrássy

Julius Graf Andrássy, 1823 in Kaschau geboren, war 1848/49 der Führer des ungarischen Aufstands und wurde in Abwesenheit zum Tode verurteilt. 1857 begnadigt, erreichte er gemeinsam mit Beust und Deák 1867 den österreichisch-ungarischen Ausgleich, der die staatsrechtlichen Verhältnisse zwischen Österreich und Ungarn neu regelte. Die Doppelmonarchie Österreich-Ungarn war damit geboren. Als »k. u. k.« (kaiserlich und königlich) wurden die für beide Reichshälften gemeinsamen Angelegenheiten bezeichnet, als »k.k.« (kaiserlich-königlich) die von Österreich, als »kgl.« (königlich) die ungarischen Angelegenheiten.

4 Portionen

4 Rebhühner, Salz, Pfeffer, 2 EL Öl, 30 g Selchspeck, 50 g Wurzelwerk, 1/2 Zwiebel, Pfefferkörner, 2 Wacholderbeeren, Zitronenschale, Kräutersträußchen, 1/16 l Rotwein, 20 g Mehl, 1/8 l Sauerrahm, Senf, Preiselbeerkompott, 30 g Butter, 2 grüne Paprika

Bridierte Rebhühner salzen, pfeffern, in Fett anbraten, würfelig geschnittenen Speck, Wurzelwerk und Zwiebel mitrösten, die Gewürze beigeben, mit etwas Rotwein und Wasser ablöschen und ohne Deckel unter wiederholtem Begießen mit Saft im Rohr garen. Die Rebhühner herausnehmen, tranchieren und warm stellen. Den Saft eingehen lassen, mit Mehl stauben, Sauerrahm und Rotwein, beides glattgerührt, beigeben, mit Flüssigkeit zu molliger Konsistenz verkochen. Mit Senf und Preiselbeerkompott abschmecken, dann passieren. In Butter geröstete Paprikastreifen als Einlage geben. Die Rebhühner in die Sauce legen, noch einmal aufkochen und servieren.

Das »Neue Lexikon der französischen, sächsischen, österreichischen und böhmischen Kochkunst« von 1785 erwähnt u. a. »Rebhuhn mit Austern gefüllt auf österreichisch«. Im Kochbuch von Ignaz Gartler und Barbara Hikmann, 1799, lautet dieses Rezept: »Bereite schöne frische Rebhühner, die nicht zerrissen sind, nimm ausgelöste Austern, diese in Butter geröst, ausgelöste Krebsschweifeln, geschnitten in der Größe wie die Austern, nimm auch die Leber von Rebhühnern, alles gedünst, auch ein wenig Milchraum; und gut gewürzt fülle die Rebhühner in den untern Theil, hernach zugenäht und schön langsam gebratten, damit sie nicht aufspringen. Mache eine gute Sardellensoß, gieße sie darunter. Du kannst auch Müscherl darunter geben, wie es die Zeit zuläßt, oder zurichten nach den Gästen, die du zu traktiren hast.«

Andere Altwiener Kochbücher, etwa Zenkers »Kochkunst« oder Anton Hüppmanns »Eleganter Gaumen«, führen eine Reihe von Rebhuhn-Rezepten an: geschwungene Rebhühnerbrüste mit Trüffeln, als Escalope mit Gurken, Rebhühner in Papier, mit Orangen, mit Ragout-Godard, mit Kohl, mit »durchgeschlagenen« Linsen, mit Senftunke. Als »Salmy«, Sulz und Galantine, eine Suppe von Rebhühnern mit Trüffeln und Consommé-Wandeln, Sautée von Rebhühnern mit »Brot-Croustade« oder »Rebhühner à la Tartare« und Püree von Rebhühnern im »Reis-Croustade«.

Wie der Fasan wurde auch das Rebhuhn in der Fastenzeit als Gericht gern imitiert. Mit imitierten Speisen wollte man sich die Kräfte der Originalspeise verschaffen und konnte – wenigstens im Geist – die kirchlichen Fastengebote umgehen. Diese imitierten Rebhühner sind allerdings in den 201 333 Stück nicht enthalten, die man 1890 in Wien verzehrt hatte.

Noch in der »Praktischen Wiener Köchin«, dem Handbuch von Anna Bauer aus dem Jahr 1889, erscheint ein Rezept »Falsche Rebhühner« (Hühner, mit Wacholderbeeren gewürzt), ein Zeichen, daß auch die einfache bürgerliche Küche sich noch gern mit nachempfundenen Speisen der vornehmen Tafel brüsten wollte.

Das sogenannte »Ungarische Rebhuhn« dagegen hat nur den Namen mit einem echten Rebhuhn gemein; es handelt sich dabei um eine gepfefferte Schweinskopfsülze, die mit Essig und Öl angerichtet wird.

Haselhuhn

Das weiße, zarte Fleisch des Haselhuhns ist nicht allzu saftig. Daher muß es immer bardiert und mit Bratensaft reichlich begossen werden. Man bereitet es meist auf ähnliche Art wie das Rebhuhn, verwendet es nach Möglichkeit nur frisch und nicht abgehangen.

Das Haselhuhn zählt zum feinsten Wildgeflügel: »Haselhuhn als Salmi aufzutischen ist eine Schändlichkeit, die mit der Entehrung einer Jungfrau auf gleicher Stufe steht«, erklärt das »Appetit-Lexikon« von Habs und

Rosner 1894. Die mittelalterliche Küche servierte dieses Wildgeflügel mit einer Sauce aus Reinfarn (Wein), Petersilie und Salbei.

Das Jungtier wird gebraten, das ältere Huhn geschmort. Jungtiere erkennt man an den Beinen mit weißen Federn, den spitzen Schwungfedern und an der leicht eindrückbaren Schädeldecke. Alttiere haben starkgefiederte Beine, abgerundete Schwungfedern, eine fast weiße Brust und über den Augen große, hochrote Flecken.

Wer den würzigen Geruch des Haselhuhnfleisches nicht schätzt (er kommt davon, daß das Tier gern Tannensprossen verzehrt), kann das Huhn vor dem Braten in Milch einlegen.

Schnepfe

»Reminiscere, putzt die Gewehre;
Oculi, da kommen sie;
Laetare, das ist das Wahre;
Judica, sind sie auch noch da;
Palmarum gehen sie trallarum;
Quasimodogeniti, halt, Jäger, halt, jetzt brüten sie!«
Alter Jägerspruch

Jungtiere erkennt man am schmalen, weichen Schnabel, »Stecher« genannt, und an den weichen, knorpelartigen Brustknochen.

Gebratene Schnepfe mit Schnepfendreck

Die Schnepfe einige Tage im Federkleid abhängen lassen, dann rupfen, flämmen, ausnehmen (Eingeweide bis auf Magen, Galle und den unteren Darmteil aufbewahren und zum sogenannten Schnepfendreck oder Schnepfenkot verarbeiten). Vom Kopf die Augen, den unteren Schnabelteil und den Kropf entfernen, von den Füßen nur die Krallen abschneiden. Waschen.

Die Schnepfe wird auf eigene Weise dressiert: Die Füße werden in den Gelenken zurückgebogen und hinter die Oberschenkel gesteckt. Der geputzte »Stecher« wird durch die beiden Schenkel gestoßen, so daß die beiden Unterschenkel an den Körper geheftet werden. Innen und außen salzen und pfeffern, dann mit Speckscheiben umwickeln und im Rohr wie Fasan etwa 12 Minuten scharf braten. Dabei ständig mit Eigensaft begießen. Den Bratensaft kann man am Schluß mit Cognac versetzen und mit etwas Fond zu einer gebundenen Jus verkochen, die zur angerichteten Schnepfe gereicht wird. Garniert wird mit Croutons, die mit Schnepfendreck bestrichen sind. Wolff Helmhard von Hohberg schrieb in seiner »Georgica curiosa«: »Der Schnepf ist nämlich eines von dem köstlichen Wildprett, das man mitsammt dem Ingeweid zu essen pfleget.«

Schnepfendreck: Eingeweide, Leber und Herz von Schnepfen – ohne Magen, Galle und Darmende – fein zerhacken, zusätzlich ein Stück Gänse- oder Hühnerleber sowie Champignons, alles fein gehackt, beigeben. In heißer Butter feingeschnittene Zwiebel goldgelb anrösten, dann das Gehackte mitrösten, mit Salz, Pfeffer, Muskat und 1–2 zerdrückten Wacholderbeeren sowie feingehackter Petersilie würzen und durchrösten. Alles durch ein feines Sieb streichen und mit Wildsauce zu streichfähiger Konsistenz verrühren. Die Masse fingerdick auf Brotcroutons streichen. Im Salamander oder im Rohr bei Oberhitze leicht flämmen.

Die gebratenen Schnepfen mit diesen Croutons garnieren und sehr heiß servieren.

Schnepfentimbal à la Metternich

Bratfertige Schnepfen mit Butter braten. Die Brusthälften auslösen und warm stellen. Das ausgelöste Schenkelfleisch und die Leber mit Butter anrösten, im Mörser fein zerstampfen, mit 1 Glas Schaumwein aufkochen, einkochen, durch ein Sieb streichen, wieder erwärmen, aber nicht mehr kochen, mit etwas Zitronensaft und Cayennepfeffer würzen und mit dem Bratensaft zur Saucenkonsistenz verrühren.

Inzwischen die Brusthälften abwechselnd mit sautierten Gänseleberscheiben in eine flache, runde Pastete aus Butterteig dressieren, mit der mit Butter vollendeten Sauce und Trüffelscheiben bedecken und sehr heiß servieren.

Wachtel

Die Wachtel ist »der kleinste unter den europäischen Hühnervögeln, aber doch ein großer Leckerbissen«, heißt es im »Appetit-Lexikon«, und Brillat-Savarin warnt: »Man bekundet jedesmal eine großartige Unwissenheit, wenn man sie anders als gebraten auf den Tisch bringt, denn ihr Aroma ist äußerst flüchtiger Natur und löst sich, verfliegt und verschwindet, sobald man den Vogel mit einer Flüssigkeit in Berührung bringt.« Habs und Rosner ergänzen dazu: »Das wahre Vergnügen erfordert indessen Mannigfaltigkeit, und so kommen die Wachteln mit Recht und mit schönstem Erfolg auch als Pfannenbraten, gefüllt mit Trüffelgarnitur und gedämpft auf Gemüse oder mit Maccaroni auf den Tisch.« F. G. Zenker rät in seiner »Kochkunst«: »Ein Braten von Wachteln, in Weinlaub und Speck eingehüllt, der all sein Bestes uns darbiethet, verdient eine Auszeichnung, die wenigstens darin bestehen sollte, daß man nur seine Freunde zu Tische bitten und diese Gottesgabe mit heiterm Gemüthe verzehren dürfte.«

Gebratene Wachteln

Wachteln trocken rupfen, flammieren, ausnehmen, mit einem Tuch innen reinigen, außen und innen mit Salz und nach Wunsch mit wenig weißem Pfeffer einreiben, in bebutterte Weinblätter einhüllen, mit einer dünnen Speckscheibe umgeben, mit Spagat festbinden und bei starker Hitze 10–12 Minuten im Rohr braten. Dabei mit Butter begießen. Dann Spagat aufschneiden, die Weinblätter entfernen und auf kleinen, in Butter gerösteten Weißbrotschnitten anrichten; mit Zitronenscheiben und Kressenbouquet garnieren. Dazu extra Natursaft (Jus) servieren. Man kann sie auch mit Reis garnieren, der mit dem abgetropften Fett gedünstet wurde, oder man kann sie mit dem Abgetropften auf Polentaschnitten geben. Oder aber man legt jeden Vogel extra auf eine mit Butter geröstete Weißbrotschnitte und gießt den Saft darüber.

Ältere Tiere läßt man ein paar Tage in einer Beize aus Weißwein liegen und begießt sie beim Braten ein wenig mit dieser Beize und mit Fett.

Wachteln auf böhmische Art

Bratfertige Wachteln entbeinen, mit einem Stück Gänseleber und Trüffeln füllen, salzen und pfeffern, mit Speckscheibe umbinden und im Rohr braten. Die Vögel anrichten und mit dem Bratsatz, der mit etwas Kalbsjus abgelöscht wird, servieren.

Krammetsvogel (Wacholderdrossel)

Dieser kleine Vogel heißt in Österreich auch »Kronawett, Kramsvogel, Krammetsvogel, Kranewitter« oder »Kronewetter«. Das würzige Fleisch hat seinen charakteristischen Geschmack von den Wacholderbeeren, die in der Nahrung des Vogels enthalten sind, und wird von Kennern sehr geschätzt. Kaiser Ferdinand I. ordnete zur »Kramsvogelzeit« an, daß täglich auf seine Tafel gebratene »Kramsvogel«-Schenkel kommen müßten, obgleich er in seinem letzten Lebensjahr »gar selten davon aß«. Noch um 1900 verzehrten die Wiener jährlich durchschnittlich 40 000 Stück. Das Kochbuch des »Granat-Apfels«, 1699, empfiehlt bereits »Wacholder-Vögel à la Candale«: »Wann dir am Donnerstag gebratene vögel überbleiben, so nimm sie, und lege sie freytags und samstags in essig, sonntags nimm sie heraus, bestreue sie mit mehl, röste sie in butter, gieb sie warm bestreuet mit zucker auf den tisch.«

Sobald sich die Vögel im Herbst von Wein-, Vogel- und Wacholderbeeren nähren, beginnt ihr Fleisch delikat zu werden. Jungtiere: gelber Schnabel, leicht eindrückba-

rer Brustknochen, helle Brustfedern, gesprenkelter Kopf. Ältere Tiere: dunkelgrauer Schnabel, hartes Brustbein.
Allerdings ist die Zartheit des Fleisches bei jungen wie bei alten Tieren gleich.

Krammetsvogel, gebraten

Pro Vogel: 20 g Butter, Salz, Pfeffer, 1 Wacholderbeere, Speck

Die Vögel werden gerupft, flambiert, ausgenommen; die Füße kreuzweise durch die Augenhöhlen gesteckt. Innen und außen mit Salz, Pfeffer und zerdrückter Wacholderbeere einreiben, dann in dünne Speckscheiben wickeln, binden und in heißer Butter bei starker Hitze 20–30 Minuten hellbraun braten. Gegen Ende der Bratzeit die Speckscheiben wegnehmen. Auf Croutons anrichten und mit Jus umkränzen. Oder mit Sauerkraut bzw. mit Reis mit grünen Erbsen anrichten. Pro Person rechnet man 2 Stück.

Krammetsvogel im Nest

Die Vögel werden nach vorstehendem Rezept gebraten. Leber, Herz und Magen der Tiere gut waschen und sehr fein faschieren. Etwas feingeschnittene Zwiebel in 50 g Fett anrösten, dann das Faschierte beigeben, ebenso eine in Milch geweichte, ausgedrückte und passierte Semmel. Alles anrösten, verrühren und die Masse mit 1–2 EL Sauerrahm und 2 Dotter binden, mit Salz und Pfeffer würzen. Die Masse auf in Butter geröstete Weißbrotschnitten streichen (oder Scheiben von Kipfeln). Auf einer runden Schüssel einen Kranz von gedünstetem Reis anrichten. In die Mitte einen Teil der Salmimasse geben, die gebratenen Krammetsvögel daraufsetzen und mit den Croutons umkränzen.

Wildente

Jungtiere: hellgraue Füße, schwache Flügel; ältere Tiere: stahlgraue Füße, starke Flügel. – Wildenten sind frisch zu verarbeiten und werden gebraten, vielfach auch gedünstet. Die Rezepte für die Hausente gelten auch für die Wildente, die nicht gespickt, sondern (eventuell) mit Speckscheiben umbunden (bardiert) wird. Die Frische eines Tieres erkennt man daran, daß die Haut an der Stelle der auseinandergezogenen Schwanzfedern noch fest und weiß ist. Tiere, bei denen diese Hautstellen schon Farbe angenommen haben, nicht mehr verwenden!
Jungtiere sind zu braten, ältere kann man in die Beize legen und dann braun dünsten.
Bratzeit: etwa 25 Minuten im Rohr. Das Fleisch der Wildente soll innen noch leicht blutig (englisch gebraten) sein.

Wildente, gebraten

Das Tier rupfen, reinigen, die Nacht über in Eiswasser auswässern; dann innen und außen mit einem trockenen Tuch abwischen. (Es ist ratsam, die Haut wegen des tranigen Geschmacks abzuziehen.) Das vorbereitete Tier binden, salzen, pfeffern, mit zerdrückten Wacholderbeeren einreiben, mit Speckscheiben bardieren und im Rohr braten. Man begießt die Wildente dabei wiederholt mit zerlassenem Fett. Außen schön goldgelb braten, innen sollen sie leicht blutig bleiben. Tranchieren. Mit Orangen- und Zitronenstücken garniert anrichten. Es können beliebige Kompotte dazu serviert werden.

Wildente in Orangensauce à la Bigarade

Die vorbereitete Wildente (ohne Speckscheiben) salzen, pfeffern und in heißem Fett scharf anbraten, dann herausnehmen. Im Bratfett kleinwürfelig geschnittenen Selchspeck mit Schwarten anrösten, würfelig geschnittenes Wurzelwerk mitrösten, etwas Fett abgießen, mit Rotwein ablöschen und die Ente einlegen, mit Demiglace und Orangensaft bis zur halben Höhe des Tieres aufgießen und weich dünsten. Die Ente herausnehmen und tranchieren. Das Knochengerüst (Karkasse) dabei ausbrechen, im Mörser fein stoßen, mit der Sauce gut verkochen, dann durch ein Etamin passieren. Zucker karamelisieren, mit Wasser ablöschen; wenn der Zucker aufgelöst ist, Weißwein beigeben und darin feine Julienne von Orangenschalen blanchieren und mit der passierten Sauce auffüllen. Als weitere Einlage kommen einige Orangenfilets in die Sauce.

Auerhahn

Wenn auch Habs und Rosner in ihrem »Appetit-Lexikon« warnen: »Der Kenner geht ihm aus dem Weg und überläßt es dem Gecken, sich eines Genusses zu rühmen, der keiner ist«, mag der junge Auerhahn bei einem Jagd-Festessen hin und wieder dennoch mit Recht auf die Speisenkarte gesetzt werden. Verwendet wird dazu nur ein junger Auerhahn (blaßgelber Schnabel, aschgrauer Kopf und Hals, kurzer Bart an der Kehle, spitze Schwungfedern, weicher Brustknochen). Der Auerhahn wird nicht gerupft; man zieht die Haut samt dem Gefieder ab und entfernt das unter der Haut liegende ranzige Fett. Im allgemeinen wird nur das Brustfleisch serviert.

Auerhahn, geschmort

8 Portionen

1 Auerhahn (ca. 5 kg)
Marinade: ¾ l Rotwein, ¼ l Wasser, Wurzelwerk (je 80 g Karotten und Sellerieknolle, 50 g Petersilwurzel), 100 g Zwiebeln, 10 Pfefferkörner, 10 Neugewürzkörner, 1 Lorbeerblatt, Spickspeck, 50 g Speckscheiben, 5 Zitronen, 100 g Fett, 80 g Butter, ½ l Sauerrahm, ⅖ l Demi-glace

Aus blättrig geschnittenem Wurzelwerk, Gewürzen, Rotwein und Wasser eine Marinade kochen und auskühlen lassen. Den vorbereiteten Auerhahn in der Marinade vollkommen bedeckt 4–6 Tage marinieren; dabei das Tier mehrmals wenden.
Auerhahn aus der Marinade nehmen, abtropfen lassen und sorgfältig abtrocknen. Die Haut im ganzen vom Brustfleisch abziehen, das Brustfleisch gut spicken und mit entrindeten und entkernten dünnen Zitronenscheiben belegen, mit dünnen Speckscheiben bardieren, die abgezogene Haut wieder darüberlegen und mit Spagat mehrmals umwickeln, damit Zitronenscheiben und Speckscheiben während des Schmorens fest am Fleisch haften bleiben.
In einer tiefen Pfanne den Auerhahn in Butter und Fett allseitig anbraten, wobei auch das abgeseihte Wurzelwerk und die Zwiebeln mitgeröstet werden. Dann Bratfett abgießen, mit etwas Marinade untergießen und bei mäßiger Hitze und mehrmaligem Zugießen von Marinade das Tier gar schmoren. Sobald das Fleisch weich ist, das Tier herausnehmen und warm stellen. Den Schmorfond mit der Demi-glace (siehe Seite 155) vermischen, den sauren Rahm beigeben, gut durchkochen, abschmecken und passieren. Inzwischen Haut, Speck- und Zitronenscheiben vom Tier entfernen, das Fleisch tranchieren, mit wenig Sauce nappieren (Rest der Sauce wird extra gereicht).
Garnitur: Serviettenknödel, glasierte Kastanien, Pilze, Preiselbeerkompott.
Früher hat man gern auch den Kopf des jungen Auerhahns beim Anrichten als Zierde verwendet. Man bewahre dazu den Kopf mit dem Kragen samt dem Federkleid an einem kühlen, luftigen Ort auf, umgab den Hals beim Anrichten mit einer Papierkrawatte und legte den Kopf oben an das Halsende des tranchierten Auerhahns. F. G. Zenker bemerkt in seiner »Kochkunst«, 1824: »Das Fleisch wird, der Seltenheit wegen, für ein fürstliches Essen gehalten.«

Birkhuhn

Das Fleisch der Henne ist besser als das des Hahns, bei beiden aber zarter als das des Auerhahns, nach dessen Rezept Birkhuhn zubereitet werden kann. Nur Jungtiere verwenden: schmale rote Streifen über den Augen, ziemlich gerade Schwanzfedern, spitze Schwungfedern. Man braucht das Birkhuhn nicht zu häuten, sondern sollte es nur trocken rupfen.

Beilagen, Sättigungsbeilagen

Spätestens bei diesem Kapitel geraten Systematiker und Phänomenologen der österreichischen Küche in Widerstreit, finden Realisten und Theoretiker das gefürchtete Haar in der Suppe. Die Kochbücher spiegeln das Dilemma wider: Man findet die hier zusammengefaßten Gerichte in historischen Ausgaben unter »Verschiedene Gattungen anderer Mehlspeisen« (Dorn), »Ungezuckerte Mehlspeisen« (Prato), »Einfache Mehlspeisen« (Heitz), »Erdäpfel-Speisen«, »Reisspeisen«, »Einfache Mehlspeisen« (Rokitansky), »Schmarrn, Reisspeisen, Polenta, Sterz, Mehlspeisen, Strudeln etc.« (Seleskowitz), »Ordinäre Mehlspeisen« (Anna Bauer), »Teige« und »Mehlspeisen« (Lotti Richter). Erst die neueren Autoren kennen ein eigenes Kapitel »Beilagen«; Karl Duch unterscheidet »Kartoffelspeisen« und »Sättigungsbeilagen«.

Der gelernte Österreicher, ein geborener Pragmatiker, macht es sich leicht und sagt dazu »Zuspeis«; er meint damit alles, was zu einem Fleischgericht extra dazugehört (um nicht zuletzt vor allem der Soße »Herr zu werden«): Saucen, Gemüse, Garnituren, Kartoffeln, Knödel, Nockerl, Nudeln, Reis, Grieß, Mais, Salate und Kompotte.

Aber auch bei den »Beilagen im engeren Sinn«, die wir hier zusammenfassen, herrscht Verwirrung unter den Systematikern. Manchen Gerichten begegnet man bereits bei Suppeneinlagen, andere Gerichte – leicht erweitert – findet man als Hauptgericht wieder, und viele lassen sich gar ins »Süße« transponieren und beschließen als Nachspeise bzw. als Mehl- oder Süßspeise den Reigen. Der Schritt von der Zuspeise zur Hauptspeise ist klein, die Grenzen zwischen gesalzenen und gesüßten Mehlspeisen sind fließend. Hier offenbaren sich die Metamorphosen österreichischer Küchengeheimnisse auf Teller und Schüssel. Jede Köchin, jeder Koch beherrscht diese Verwandlungsformen perfekt.

Der Anfänger sei gewarnt. Die Rezepte dieser Gerichte schauen auf den ersten Blick einfach aus; dennoch scheitern die ersten Versuche häufig. Der Grund ist einfach: Hier entscheiden in erster Linie Erfahrung und handwerkliches Können über das Gelingen. Kochlöffel, Nudelbrett, Nudelwalker, Fingerspitzengefühl, Kenntnis der Materie und Geschicklichkeit der Hände sind hier am Werk. Hat man die Erfahrungswerte einmal erprobt und im Griff, dann ist alles gesichert, dann gelingen die Semmelknödel jedesmal! So darf es nicht wundern, daß man in diesem Kapitel die eine oder andere handfeste »Hausmannskost« antrifft.

Bei dieser Gelegenheit können wir auch der »unbekannten Köchin« ein Denkmal setzen. Hier verewigte sich der Geist der k. u. k. Monarchie auf breiter Basis: Ländlich-Bäuerliches, Städtisches, Böhmisches, Ungarisches, Bayerisches, Italienisches, Dienstmädchen, Köchinnen, Lakaien, Hausknechte: alles und alle haben auf Schritt und Tritt ihre Spuren hinterlassen. Allerdings waren da und dort auch wahre Künstler am Werk, die das Derb-Naturhafte ins Köstlich-Raffinierte sublimierten, die in Jahrhunderten zur Weisheit der klassischen Einfachheit fanden. Aber um die Hauptfunktion kamen und kommen auch die verfeinerten Formen der Beilagen nicht herum: Der österreichische Esser braucht die Beilagen in erster Linie zum Aufsaugen der Soßen, schlicht gesagt: zur Sättigung. Hier schließt sich der Kreis; der Knödel und der Bauch werden rund.

Beilagen sind für den Österreicher eine Selbstverständlichkeit, so selbstverständlich wie die Aussteuer einer Frau. Ein Rindfleisch, ein Schweinsbraten, ein Wildgericht ohne »Beilagen«, ohne »Zuspeis« – das ist wie eine Frau ohne Aussteuer. Der reale Wert der Liebe ließe sich sonst nicht exakt bemessen. Je reicher die Aussteuer, desto größer die Liebe, desto dauerhafter das »Zusammenhalten« (womit in diesem Falle Leib und Seele gemeint sind).

Knödel

Der Knödel kann als das »gemeinsame Element aller österreichischen Speisenfolgen«, als ein Charakteristikum alpenländischen Essens angesehen werden. Speisenreste, in Pfahlbauten gefunden, beweisen, daß man schon damals Fleisch und Obst mit einer Teigmasse umgab. Knödel (und auch Nudeln) erschienen einst auf dem bäuerlichen Tisch mit einer solchen Regelmäßigkeit, daß man jeweils von einem »Knödeltag« in der Woche sprechen konnte. In Tirol waren Dienstag und Donnerstag »Knödeltage«. Obwohl sich heute fast niemand mehr an diese alte Ordnung hält, steht der Knödel nach wie vor im Zentrum eines gediegenen – also ausgiebigen – Essens. »Geselchtes, Kraut und Knödeln« bilden noch immer die schon sprichwörtlich gewordene Trilogie einer soliden Mahlzeit, und selbst beim städtischen »Bauernschmaus« geht es nicht ohne Knödel, ja in Alt-Wien brachte es der »Knödelkeller« in der Salvatorgasse zu großer Berühmtheit und Beliebtheit. Denn schon längst hatte der Knödel alle Positionen auf der Speisenkarte erobert, ob als zarte Suppeneinlage, ob als Beilage zum Braten, ob als Hauptspeise oder als duftige Süß- und Mehlspeise. Ein Tiroler Kochbuch aus dem 16. Jahrhundert bringt u. a. das Rezept für gebackene Fastenknödel. Gemeinsam ist ihnen allen die runde Form und die Bereitungsart: gekocht (oder gedämpft). Schließlich gehören die Knödel zur großen Gruppe der Mehlspeisen (so wie die Nudeln und Nockerl), gleichgültig, ob sie aus Roggen-, Gersten-, Hafermehl, Brot, Semmeln, Kartoffeln, Grieß, Mais oder Topfen gemacht werden. Die älteste Form des Knödels dürfte der Mehl- und Brotknödel sein; ebenfalls sehr alt sind landschaftliche Sonderformen wie der Tiroler Knödel. Zu den »vornehmeren« gehören Speck-, Leber- und Fischknödel (in der Fastenzeit). In der Burgkapelle von Hocheppan in Südtirol befindet sich ein Fresko aus dem 12. Jahrhundert mit der ältesten erhaltenen bildlichen Knödeldarstellung. (Der Tiroler kennt auch das Sprichwort: »Die guten Knödel und die nutzen Gitschen [die tüchtigen Mädchen] stiahn all von selber auf.«) Dem alten Mehl- und Brotknödel folgte bald der Knödel aus altem Brot bzw. aus alten Semmeln, woraus sich der klassische Wiener Semmelknödel entwickelt hat. Der Tiroler Knödel wird heute aus Weizenbrot, -mehl und Speck bereitet. Der jüngste Sproß in der Familie der Knödel dürfte der Kartoffelknödel sein: begann doch die Kartoffel erst vor rund 200 Jahren bei uns heimisch zu werden. Den Kartoffelknödel bevorzugte eigenartigerweise die städtische Küche, in erster Linie in der Form des süßen Früchteknödels. Als die legendäre Heimat dieses Knödels wird Böhmen angesehen. In der Tat dürften die böhmischen Köchinnen – vor allem in Wien fanden sie ein reiches Betätigungsfeld – die süßen Früchteknödel importiert haben (Knödel heißt auf tschechisch »knedlsk«). Unser deutsches Wort »Knödel« kommt übrigens von einem spätmittelhochdeutschen »knödel« und stellt die Verkleinerungsform zum mittelhochdeutschen »knode, knote« dar, was soviel wie »kleiner Knoten« bedeutet. Entwicklungsgeschichtlich dürfte der Knödel zwischen Brei und Brot liegen – so wie der ursprünglich englische »Pudding« (»aus Mehl und Wasser angerührt... Dieser wurde, wie noch jetzt beim Volk, in eine Serviette gebunden und darin abgesotten«, berichtet Rumohr in seinem Buch »Geist der Kochkunst«, 1822).

FACHLICHE HINWEISE

Knödel erziehen zur Pünktlichkeit: Sind die Knödel in das siedende Salzwasser eingelegt, sind die Minuten bis zum Essen genau gezählt. Nur ein frischgekochter Knödel ist flockig-duftig.

Wichtig ist, welches Mehl bzw. welche Kartoffelsorte man verwendet. Der Knödelteig darf nicht klebrig-fest, sondern muß locker-geschmeidig sein. Wie für alle in Wasser gekochten Teigwaren ist es vorteilhaft, griffiges Mehl oder Mischmehl (griffig und glatt) zu verwenden; Teige mit griffigem Mehl sind besser formbar, weil der Teig nicht »nachläßt«. Einige Teige werden auch auf dem bemehlten Holzbrett bearbeitet und zu einer Rolle gewälzt, von der kleine Scheiben geschnitten werden, die dann – gefüllt – zu Knödel gerollt werden. Knödelteig aus Grieß und Semmelbröseln muß eine Zeitlang rasten. Mehl- und Kartoffelknödel werden mit mehlbestaubten Händen – oder in Mehl gewälzt – geformt; Wiener Semmelknödel, Fleisch- und Markknödel werden mit in warmes Wasser getauchten Händen rund geformt. Dann legt man sie auf ein bemehltes Brett. Immer nur so viele Knödel in stark kochendes, leicht gesalzenes Wasser einlegen, als nebeneinander Platz haben. Man muß berücksichtigen, daß sie beim Kochen noch etwas aufgehen! Nachdem die Knödel eingelegt sind, den Topf zudecken, bis das Wasser wieder siedet, dann ohne Deckel mehr ziehen als kochen lassen (nur Germknödel werden zugedeckt gekocht).

Vorsichtige kochen einen Probeknödel (angebracht vor allem bei Knödeln aus Kartoffelteig); man kann dann den Knödelteig immer noch leicht korrigieren. Es empfiehlt sich für den Anfänger auch, einen Probeknödel herauszunehmen und mit der Gabel aufzureißen. Ist er innen trocken und locker, kann man die Knödel herausnehmen, abtropfen lassen und in einer vorgewärmten Schüssel anrichten.

Wiener Semmelknödel

4 Stück

5 Schneidsemmeln (oder 250 g gebähte Semmelwürfel), 40 g Butter, 2 Eier, ca. 1/8 l Milch, 60 g Mehl, 30 g Zwiebeln, Petersiliengrün, Salz

Die Semmeln kleinwürfelig schneiden, im warmen Backrohr etwas bähen. Inzwischen in aufgeschäumter Butter feingeschnittene Zwiebeln anlaufen lassen, feingehackte Petersilie beigeben, über die Semmelwürfel geben und gut durchmischen. Milch, Eier und Salz versprudeln, über die Semmelwürfel gießen und durchziehen lassen. Dabei die Masse hin und wieder lockern. Zum Schluß noch einmal alles gut durchrühren, hierbei nach Bedarf noch Mehl beigeben. Aus der Masse mit wasserbenetzten Händen gleichmäßig große Knödel formen, in leichtgesalzenes, kochendes Wasser legen und etwa 12 Minuten langsam kochen. Die gekochten Semmelknödel müssen zwar eine gewisse Festigkeit haben, dürfen aber nicht zu fest sein, sondern sollen leicht mit einer Gabel aufgerissen werden können.

Die Köche sind im Hinblick auf die Fertigung der Semmelknödel in zwei Lager gespalten: Die einen geben zuerst Milch, Eier und Salz über die Semmelwürfel, lassen sie weichen und fügen zum Schluß das Mehl bei; die anderen – meiner Meinung nach die bessere Version – vermischen zunächst die Semmelwürfel mit den in Butter angelaufenen Zwiebeln und der Petersilie, dann mit Mehl und geben nun erst die Eiermilch dazu (die Knödel werden dadurch flockiger, leichter!). Eine weitere Verbesserung: Die Masse mit weniger Mehlbeigabe zubereiten, die Knödel zuerst grob formen und in Mehl wälzen und dann mit in warmes Wasser getauchten Händen rund formen.

Serviettenknödel

4 Portionen

5 leicht entrindete Schneidsemmeln, ca. 3/16 l Milch, 3 Eidotter, 3 Eiklar, 60 g Butter, Salz, Muskat, Butter für die Serviette

Die Semmelwürfel mit etwas Butter im Rohr bähen (man kann es auch unterlassen), in eine Schüssel geben, mit flüssiger Butter vermischen; Eidotter, Milch, Salz und etwas Muskat verquirlen und über die Semmelwürfel gießen; die Masse zusammendrücken und 1/2 Stunde ziehen lassen. Zuletzt den steifgeschlagenen Schnee unter die Semmelmasse ziehen.

Die Serviette oder ein weißes Leinentuch mit Butter dick bestreichen (nur soviel Fläche bestreichen, wie für die Teigrolle notwendig ist). Die Knödelmasse mit beiden Händen fest zusammendrücken und zu einer Rolle formen (etwa 7–8 cm Durchmesser), auf die gebutterte Fläche legen, zusammenrollen (nicht allzu fest, da die Masse während des Kochens etwas aufgeht), an beiden Enden zusammenbinden. Dann die Rolle in Salzwasser oder – auf Einsatz gelegt – 35 Minuten kochen bzw. dämpfen.

Nachdem die Rolle gar gekocht ist, herausnehmen und einige Zeit rasten lassen bzw. mit kaltem Wasser abkühlen (dadurch löst sich die Serviette leichter von der Knödelrolle). Dann nimmt man die Knödelrolle aus der Serviette und schneidet sie in dickere Scheiben.

Als Beilage zu Wildgerichten und Saftfleischgerichten servieren oder als eigenes Gericht in einer Schüssel anrichten, mit gehacktem Schinken und brauner Butter übergießen und mit Madeira- oder einer Champignonsauce (siehe Seite 159) servieren. Man kann Serviettenknödel auch in aufgeschäumter Butter leicht schwenken oder vor dem Anrichten mit in Butter gerösteten Semmelbröseln bestreuen.

Eine Variante der Serviettenknödel sind die **Klosterneuburger Knödel:** Die Masse dazu gibt Olga Hess an mit 4 Semmeln, 1/16 l Milch, 200 g würfelig geschnittenem Selchfleisch oder Schinken, 2–3 Eiern, 120 g Butter und 30 g Bröseln sowie Salz.

Bei einer anderen Version, den **böhmischen Serviettenknödeln,** gibt man zu einer Masse von 4 Semmeln 30 g Butter, 250 g Mehl, 1–2 Eier, Milch und Salz, eventuell auch 10 g Germ (Hefe), und läßt den Teig in der Wärme 1/4 Stunde aufgehen. Ältere Kochbücher kennen auch noch die **Palffy-Knödel,** benannt nach Albert Graf Palffy (1820–1897): 6 leicht entrindete, würfelig geschnittene Schneidsemmeln mit Milch befeuchten. 100 g Butter werden schaumig abgetrieben, mit 40 g feinwürfelig geschnittenem Speck vermengt und der Semmelmasse beigegeben, mit 1 KL Salz und 1 EL Mehl gut verrührt. Dann wird die Masse als ein einziger großer Knödel in einer bebutterten Serviette in Salzwasser langsam 1 Stunde gekocht.

Eine weitere Version führt Albert Kofranek in seiner »Wiener Küche« an: 200 g Grieß in 1/2 l Milch einkochen, 4 würfelig geschnittene, in Butter geröstete Semmeln und 2 ganze Eier beigeben, salzen, die Masse in eine bebutterte Serviette rollen und in Salzwasser kochen. Vor dem Anrichten die Rolle mit einem Bindfaden in dicke Scheiben schneiden.

Geröstete Knödel mit Ei

Gekochte Semmelknödel, Butter oder Fett, pro Knödel 1 Ei, Salz, Schnittlauch

Gekochte kalte Semmelknödel dünnblättrig schneiden, in heißer Butter rösten, so daß sie stellenweise eine leichte Kruste bekommen, dann die verquirlten, gesalzenen Eier darübergießen und anziehen lassen, bis die Eier steif geworden sind; dabei die Knödel leicht durchrühren. Mit feingeschnittenem Schnittlauch bestreuen. Dieses Gericht wird als Hauptspeise mit grünem Salat serviert.

Man kann statt der Eier auch reichlich blättrig geschnittene, geschälte, entkernte Äpfel beigeben und mitdünsten. Zum Schluß mit Zucker, etwas Zimt und gestoßenen Gewürznelken würzen. Ist mit Kompott oder Röster als »Mehlspeise« zu servieren.

Böhmische Mehlknödel

4 Stück

2 würfelig geschnittene Schneidsemmeln, 250 g Mehl, ¼ l Milch, 1 Ei, Salz

Die Semmelwürfel im Rohr bähen; aus Mehl, Ei, Salz und Milch einen weichen Nockerlteig bereiten, die Semmelwürfel beigeben, anziehen lassen und aus der Masse mit dem Schöpflöffel Knödel ausstechen, rund formen und in Salzwasser 18 Minuten kochen.

Tiroler Knödel

4 Stück

Semmelknödelmasse (statt Butter wird Fett verwendet), 1 feingeschnittene Zwiebel, gehackte Petersilie, 120–150 g gekochtes Selchfleisch

In die gebähten Semmelwürfel gibt man würfelig geschnittenes Selchfleisch (dieses zuvor in Fett glasig werden und darin Zwiebel und Petersilie anlaufen lassen). Sonst wie die Wiener Semmelknödel fertigen.

Fresko in der Burgkapelle von Hocheppan in Südtirol mit der ältesten erhaltenen Darstellung von Knödeln. Rechts die »Wehmutter« neben dem Wochenbett Marias. Mit der linken Hand hält sie den Stiel eines Kochgeschirrs, in dem sich fünf Knödel befinden, mit der rechten führt sie einen aufgespießten Knödel zum Mund.

Statt Selchfleisch kann man auch in Butter gedünstete und blättrig geschnittene Pilze beimengen (»**Tiroler Schwammerlknödel**«). Tiroler Knödel werden zu süßem oder saurem Kraut auch als Hauptgericht serviert. Statt Selchfleisch oder zusätzlich kann man ebenfalls eine feingeschnittene Hart- oder Räucherwurst verwenden. Rokitansky kombinierte in ihrer »Österreichischen Küche« den Semmel- und Serviettenknödel zum großen »feinen Tiroler Knödel« und verwendet dazu 5 Kaisersemmeln, Milch, 70 g Butter und 70 g Mark (oder Speck), 6 Dotter, feingewiegten Schinken oder Zunge, Schnee von 6 Eiklar und etwas Mehl, formte daraus eine größere Kugel, die sie in eine bebutterte Serviette einwickelt und, an einem Kochlöffelstiel hängend, 1 Stunde im Salzwasser kochen läßt.

Mühlviertler Kornmehlknödel

4 Stück

250 g Roggenmehl, Rindsuppe, Salz

Das gesalzene Mehl mit so viel Rindsuppe vermengen, daß daraus ein ziemlich fester Teig entsteht. Aus der Masse Knödel formen und in Salzwasser kochen. Zu Selchfleisch und Sauerkraut servieren.

Knödel aus Kartoffelteig

Bei allen Kartoffelteigen ist es ratsam, einen Probeknödel zu kochen. Ist der Teig zu weich, wird Grieß oder Mehl eingearbeitet, ist er zu fest, dann etwas Butter einarbeiten. Butter oder Schmalz müssen bei der Teigbereitung entweder Küchentemperatur haben oder erwärmt werden.

Kartoffelteig muß immer sofort verarbeitet werden, er läßt sonst nach, d. h., er wird weicher.

Das Abarbeiten soll kurz, aber kräftig durchgeführt werden. Bei zu langem Kneten wird der Teig »brandig«: Fett tritt aus, der Teig wird nicht mehr glatt und ergibt ein schlechtes Resultat. Wie bei allen vorwiegend in Wasser gekochten Teigen wird griffiges Mehl oder Mischmehl aus griffigem und aus glattem Mehl verwendet!

Waldviertler Knödel (»Grüne Knödel«)

5–6 Stück

500 g gekochte (das sind rund 750 g rohe) Kartoffeln, 500 g rohe Kartoffeln, Salz, 3 EL Mehl

Die rohen Kartoffeln schälen, reißen und leicht ausdrücken; mit den gekochten, geschälten und passierten Kartoffeln vermengen, salzen, mit etwas Mehl festigen und daraus Knödel formen, die etwa 20 Minuten in Salzwasser gekocht werden.

Man hat früher die geschälten und gewaschenen rohen Kartoffeln häufig geschwefelt und dann erst gerissen, um auf diese Weise den Knödeln die graue Farbe zu nehmen.

Kartoffelknödel I

4 Stück

600 g gekochte mehlige Kartoffeln, 4 Schneidsemmeln, 80 g Butter, 2 Eier, 40 g Butter, 60 g Mehl, Salz

Die 80 g Butter flaumig rühren. Die kleinwürfelig geschnittenen Semmeln in Butter leicht rösten, mit der flaumig gerührten Butter, den Eiern, den (am Vortag) gekochten, geschälten, passierten Kartoffeln, Mehl und etwas Salz gut verarbeiten. Daraus Knödel formen und in Salzwasser etwa ¼ Stunde langsam kochen. (Probeknödel kochen!)

Kartoffelknödel II

4 Stück

500 g gekochte mehlige Kartoffeln (etwa 750 g rohe Kartoffeln), 50 g Grieß, 150 g Mehl, 2 Eidotter, 30 g Butter, Salz

Die geschälten, passierten Kartoffeln noch warm mit Grieß, Butter, Dotter, Mehl und Salz zu einem Teig verarbeiten (mit der Hand kneten), dann etwas rasten lassen. Daraus Knödel formen und in Salzwasser kochen.

Dieser Teig eignet sich auch für Marillen-, Zwetschken-, Grammel- und Fleischknödel, Tascherl usw. (Seleskowitz bratet dazu die Kartoffel in glühender Asche bzw. »in der Röhre«.)

Böhmische Kartoffelknödel

3 Stück

350 g gekochte Kartoffeln (etwa 500 g rohe Kartoffeln), 20 g Butter, 1 Eidotter, 60 g Mehl, 60 g Grieß, Salz

Nach Möglichkeit mehlige Kartoffeln verwenden! Die geschälten Kartoffeln in Salzwasser kochen, das Wasser abgießen, die Kartoffeln zugedeckt im heißen Rohr kurz dämpfen. Noch heiß durch ein Sieb passieren und sofort mit Butter, Grieß und Mehl verrühren. Ei und etwas Salz beigeben, die Masse rasch durchkneten. Den fertigen Teig auf einem bemehlten Brett zu einer Rolle formen, gleichgroße Stücke davon abschneiden, zu runden Knödeln von etwa 4 cm Durchmesser formen und in siedendem Salzwasser 12–15 Minuten langsam kochen. (Man kann die angerichteten Knödel mit zerlassener Butter bestreichen.)

Wenn man bei der hier angegebenen Menge die Grießmenge halbiert und dafür einen Teil Stärke dazugibt, erhält man einen lockeren Kartoffelteig, der sich leicht weiterverarbeiten läßt.

Erdäpfelknödel, mit Fleisch gefüllt (Fleischknödel)

4 Stück

500 g gekochte Kartoffeln (etwa 750 g rohe Kartoffeln), 2 Eidotter, Salz, nußgroß Schweinefett, etwa 200 g griffiges Mehl, evtl. auch Weizengrieß

Fülle: 200 g faschiertes Schweine- oder Rindfleisch (oder nur mageres Schweinefleisch, oder Bratenreste), Fett, 1 feingeschnittene Zwiebel, Salz, Pfeffer, Petersilie

Die Kartoffeln in der Schale kochen, schälen, passieren und noch heiß mit Ei, Salz, Fett und Mehl (und evtl. etwas Weizengrieß) nach Bedarf zu einem mittelfesten Teig kneten. Daraus eine Rolle formen, die man in gleichmäßige Stücke schneidet. Diese Stücke drückt man auseinander, daß kleine »Schüsselchen« für die Fleischfülle entstehen. Den Teig über die Fülle zusammenschlagen und Knödel formen. In siedendem Salzwasser langsam 15–20 Minuten kochen.

Fülle: Das Faschierte mit feingeschnittener, in Fett gerösteter Zwiebel und gehackter Petersilie vermischen.

Salzen und pfeffern. Anstelle von Fleisch kann man auch Grammel (Grieben) nehmen, die man entweder ganz läßt oder grob hackt bzw. fasciert (»**Grammelknödel**«).

Innviertler Speckknödel

8 Stück

250 g würfelig geschnittenes Hausbrot, Salz, etwas Milch, 1 Ei, griffiges Mehl
Fülle: 250 bis 300 g Surspeck (»Kübelspeck«, grüner Speck) oder kleinwürfelig geschnittenes Selchfleisch, Salz, Pfeffer, feingeschnittener Schnittlauch

Die Speckwürfel mit Schnittlauch vermischen, würzen und daraus kleine, etwa nußgroße »Kugerl« formen, die man in den Kühlschrank stellt bzw. die Nacht über anziehen läßt. Das kleinwürfelig geschnittene Knödelbrot mit Milch und Ei anfeuchten, salzen, mit Mehl nach Bedarf einen halbfesten Knödelteig machen. Aus der Masse auf bemehltem Brett eine nicht zu dicke Rolle formen, in gleichmäßige Stücke schneiden, diese flachdrücken, mit den Speckkugeln belegen, den Teig darüberschlagen und Knödel formen. In kochendem Salzwasser gar kochen.

Sie können zu Sauerkraut, warmem Krautsalat, grünem Salat, Gurkensalat und gedünstetem Apfelkompott serviert werden.

Man kann die Speckknödel auch aus Kartoffelteig bereiten und im Rohr backen. (Ich bewunderte meine Mutter immer, weil sie einmal pro Woche für die Familie 20–30 kleine Speckknödel fertigte, obwohl sie selbst keinen davon aß! Wenn Handwerker im Haus oder drei, vier Gesellen in der väterlichen Schmiede arbeiteten, mußte sie oft 80–100 Speckknödel zum Mittagessen machen.)

Eine weitere oberösterreichische Spezialität sind die Grießknödel (zu Geselchtem und Sauerkraut). – Anton Bruckner schätzte dieses Gericht ganz besonders! Nach altem Rezept bereitet man sie so:

Grießknödel I

4 Stück

2 Schneidsemmeln, etwas Butter, 50 g kleinwürfelig geschnittener Selchspeck, 250 g grober Grieß, ca. 1/4 l Fleischsuppe (Rind- oder Selchfleischsuppe), Salz

Die Semmelwürfel in Butter rösten. Die Speckwürfel extra (nicht zu stark) rösten und mit dem Grieß vermischen. Alles mit der heißen Fleischsuppe abbrennen, verrühren, die Semmelwürfel beigeben, salzen und 10 Minuten ziehen lassen. Aus der Masse nicht zu große Knödel formen und in der Selchfleischsuppe (oder in Salzwasser) 15 Minuten leicht kochen (mehr ziehen als kochen lassen).

Grießknödel II

4 Stück

1/4 l Milch, 30 g Butter, 120 g Grieß, 2 Eier, 2 entrindete Schneidsemmeln, 30 g Butter, Salz

Milch, Butter und eine Prise Salz zum Kochen bringen, den Grieß einrühren; so lange auf dem Feuer rühren, bis ein dicker Brei entsteht, etwas nachrösten, dann überkühlen. In die abgekühlte Masse die Eier und die würfelig geschnittenen, in Butter gerösteten Semmeln geben, salzen und mit nassen Händen aus der Masse Knödel formen. Je nach Größe in Salzwasser etwa 10 bis 15 Minuten langsam kochen.

Man kann dieser Masse 100 g würfelig geschnittenen, gerösteten Selchspeck beigeben und die Knödel mit Salat oder Sauerkraut als Hauptgericht servieren.

Grießknödel III

Man kann die Grießknödel auch aus dem sogenannten abgebrannten Grieß bereiten:

4 Stück

200 g Grieß, 50 g Schmalz, 1/4 l Wasser, Salz

Man übergießt mittelfeinen Grieß mit heißem Schmalz, brüht ihn mit siedendem, leichtgesalzenem Wasser ab und verrührt alles. Zugedeckt läßt man die Masse 1 Stunde ziehen, damit der Grieß aufquellen kann. Dann Knödel formen, in kochendem Salzwasser zugedeckt 6–8 Minuten langsam kochen.

Der Wiener Grieß, aus bestem Weizen hergestellt, übertraf im 18. und 19. Jahrhundert alle Konkurrenten. Das war nicht zuletzt der Grund, daß sich die Wiener Köchinnen verhältnismäßig viele Grieß-Rezepte einfallen ließen (siehe auch Grießnockerl, Grießschmarren usw.).

Heidenknödel

4 Stück

200 g Heidenmehl (Buchweizenmehl), 100 g Weißbrotwürfel, 50 g Fett, 1 feingeschnittene kleine Zwiebel, ¼ l Wasser, 1 Ei, Salz, Rindsuppe

Die feingeschnittene Zwiebel in heißem Fett anlaufen lassen, die Weißbrotwürfel darin rösten, mit dem Mehl vermengen, mit kochendem Wasser abbrühen, mit dem Ei verrühren und etwas salzen. Aus der Masse vier Knödel formen und in einer Rindsuppe kochen.

Nockerl

Hier haben wir es mit der österreichischen-ungarischen-tschechischen Urform der italienischen »gnocchi« zu tun. Das Wort geht wohl auf ein deutsches Wort »Nock« (= Felskopf, Hügel) zurück. Die Nockerl dürften als Bauernkost schon sehr alt sein, wie die »Holzknechtnockerl« zeigen (und die Bezeichnung »Nocken« für eine »dumme oder ungeschickte Weibsperson«, wie das »Wörterbuch des Wiener Dialekts« von Julius Jakob erklärt). Man unterscheidet u. a. Mehl-, Grieß-, Fleisch-, Käse-, Bohnen-, Schmalz-, Äpfel- und Topfen-(»Schott«)Nockerl. Die Autorin des »Granat-Apfel«-Kochbuches (1699) setzt schon voraus, daß die Benützerinnen ihres Buches wissen, wie man Nockerl zubereitet, denn bei dem Rezept »Speck-Nocken« bemerkt sie nur: »Mach einen Teig an, wie zu nocken gehörig.«

Nockerl (Grundrezept)

4 Portionen

300 g Mehl, 60 g zerlassene Butter, 2 Eier, ca. ⅛ l Milch, Salz

Mehl, Butter, Eier und Salz in einen Kessel geben und mit der Milch gut verrühren. Von der Flüssigkeit so viel dazugießen, daß ein nicht zu fester Teig entsteht, den man kurz durcharbeitet und möglichst sofort kocht. Man darf den Teig nicht zu lange schlagen, aber auch nicht zu lange stehenlassen, sonst verkleistert das Mehl. – Von dieser Teigmasse sticht man mit einem nassen Teelöffel kleine Nockerl aus und gibt sie in das kochende Salzwasser (oder man drückt die Masse durch ein Nockerlsieb, oder durch ein umgekehrtes grobes Reibeisen ins Salzwasser, bzw. sticht mit einem Messerrücken kleine Nockerlportionen vom Nockerlbrett ins Salzwasser). Die Nockerl ein paar Minuten flott kochen lassen, anschließend auf ein Sieb schütten, mit kaltem Wasser abspülen und in heißer Butter schwenken, daß alle gleichmäßig von Fett glänzen; nochmals leicht salzen.

Werden Teigwaren oder Nockerl vorgekocht und kalt geschwemmt, hängt man sie kurz vor dem Servieren in einem Sieb in kochendes Salzwasser; dann schwenkt man sie, gut abgetropft, in Butter.

Man serviert sie gern zu gedünstetem Fleisch, Ragouts, Gulyás usw. als Beilage.

Eiernockerl

4 Portionen

Nockerlteig (siehe Grundrezept), 4 Eier, evtl. ⅛ l Sauerrahm

Die Nockerl nach vorstehendem Rezept bereiten und in Butter schwenken. Anschließend übergießt man sie mit den verquirlten Eiern und läßt die Eier nicht allzu fest stocken.

Man kann die Eier auch in saurem Rahm verquirlen, den man dann über die abgeschmalzenen Nockerl gießt. Die Eiernockerl werden als selbständiges Gericht mit grünem Salat oder Gurkensalat serviert.

Zwiebelnockerl

4 Portionen

Nockerlteig (siehe Grundrezept), 80 g Schweinefett, 2 mittelgroße Zwiebeln

Das Fett heiß werden lassen, die in Scheiben geschnittenen Zwiebeln darin hellbraun rösten und die abgetropften Nockerl dazugeben; salzen und durchschwenken, bis sie heiß sind.

Spatzen, Wasserspatzen

4 Portionen

Ca. 300 g Mehl, Salz, 1 Ei, 3/16 l Milch

Man macht einen weichen Teig aus Mehl, einer Prise Salz und dem in der Milch (ursprünglich nahm man Wasser, daher auch der Name) verquirlten Ei, gibt ihn auf einen glatten Holzteller und drückt mit dem Messer kleine, längliche Nockerl in das siedende, leicht gesalzene Wasser, kocht sie und seiht sie ab. Sie werden ohne Fett serviert.

Eine Altwiener Speise waren die »Schwarzen Wasserspatzen«; sie wurden aus dunklem Mehl (Roggenmehl) bereitet:

4 Portionen

300 g dunkles Mehl (Roggenmehl), Salz, 1/4 l Milch, Fett, 2 in Scheiben geschnittene Zwiebeln

In einer Schüssel das gesalzene Mehl mit kochender Milch übergießen, gut abschlagen, daß ein weicher Teig entsteht. Mit dem in heißes Wasser getauchten Teelöffel kleine Nockerl ausstechen (»in der Größe eines Spatzen«) und in kochendem Salzwasser garen. Abseihen, abschrecken, abtropfen lassen, den in heißem Fett angerösteten Zwiebeln beigeben; die Nockerl gut durchrösten, bis sie schließlich eine Kruste (»Rammeln«) bekommen.

Holzknechtnockerl

Die ursprünglichen Nockerl bestanden – wie die »Wasserspatzen« – aus gesalzenem Mehl, mit heißem Wasser abgebrannt; sie wurden in Salzwasser gekocht und dann »abgeschmalzen«. Gegessen wurden sie zu frischen Heidelbeeren oder anderen Beeren. Die Rezepte der Wiener Kochbücher weisen bereits verfeinerte Formen auf, meist unter Verwendung von Grieß und Eiern.

4 Portionen

40 g Butter, 250 g Grieß, Salz, Wasser, Fett

Die heiße Butter über den gesalzenen Grieß gießen (man kann etwas feingewiegtes Petersiliengrün beigeben). Dann wird kochendes Wasser beigegeben und ein weicher Nockerlteig geschlagen.

1/2 Stunde zugedeckt stehenlassen, damit der Grieß aufquellen kann. Aus der Masse Nockerl stechen, in Salzwasser kochen, abseihen, abschrecken und in heißem Fett anrösten.

Saure Rahmnockerl

4 Portionen

2/10 l Sauerrahm, 2 Eier, Salz, 150 g Mehl, 2 EL Schmalz, Wasser

Sauerrahm, Eier, Salz und Mehl zu einem glatten Nockerlteig abschlagen. In einer Kasserolle mit etwas Wasser (etwa 2 cm hoch) das Schmalz kochen lassen, den Nockerlteig beigeben und zugedeckt dünsten, bis er braun wird (man merkt es am »Prasseln«). Dann aus der Masse kleine, viereckige Stücke ausstechen und anrichten.

Vorarlberger Spätzle

4 Portionen

300 g Mehl, Salz, 1 Ei, 1/8 l Wasser, Butter, Zwiebel, Reibkäse

Aus Mehl, Ei, Salz und kaltem Wasser einen glatten Nockerlteig abschlagen, dann den Teig durch das Nockerlsieb in kochendes Salzwasser drücken und 2 Minuten kochen.

Die Nockerl herausnehmen, lagenweise auf die Anrichteschüssel geben, dazwischen reichlich geriebenen Käse streuen, obenauf heiße Butter und in Fett gelblich angelaufene Zwiebelringe geben.

Kartoffelnockerl

Kartoffelteig (siehe Seite 394), Butter, Semmelbrösel

Den Kartoffelteig auf einem bemehlten Brett zu einer Rolle formen (etwa 1 1/2 cm Durchmesser), kleine Stücke (etwa 2–4 cm lang) schneiden, diese in Salzwasser kochen und in heißer Butter oder in mit Butter gerösteten Semmelbröseln schwenken.

Nudeln, Teigwaren

Das Wort »Nudel« ist erst seit dem 16. Jahrhundert belegt, seine Herkunft liegt im dunkeln. Sicher ist nur, daß zahlreiche europäische Sprachen das deutsche Wort entlehnt haben. Was in den alten Kochbüchern in vielen Varianten als »Nudeln« (wie Schmalz-, Dampf-, Kirta-, Milch-, Rohr-, Hausnudeln, aufgegangene, geschutzte, geschnittene Nudeln) erscheint, hat mit diesen Nudeln hier nur den Namen gemeinsam. (Wir werden sie bei den »Buchteln« ausführlich besprechen.) Das »Appetit-Lexikon« von Habs und Rosner definiert unsere Nudeln: »Mehlspeispräserven, die aus Weizenmehl oder Gries einfach mit kochendem Wasser oder mit Ei gefertigt werden, zerfallen ihrem Ursprunge nach genau wie die dummen Streiche in fertig gekaufte und in selbstgemachte, nach ihrer Gestalt aber in drahtförmige Fadennudeln, in riemenförmige Bandnudeln, in schilfrohrstarke Rohrnudeln (Maccaroni), in knopfförmige Körnernudeln und in ein Gemisch von kleinen Sternen, Rädern, Ringen, Herzen, Kreuzen und anderen Figuren, das im Französischen unter dem Namen Semoules, im Deutschen unter dem Namen Façon- oder Figurennudeln zusammengefaßt wird.« Hausgemachte Nudeln erscheinen als »Fadennudeln« bereits 1715 in des Herrn von Hohbergs »Georgica curiosa«. In der zweiten Hälfte des 18. Jahrhunderts entstanden in Wien die ersten Makkaronifabriken; in dem »Register über die unbekannten Oesterreichischen Wörter« von 1772 werden »Macaronen« noch als »Spanische Nudeln« übersetzt (heute wissen wir, daß sie italienischer Herkunft sind). Schon das »Nützliche Koch-Buch« aus dem Jahre 1736 kennt »Mackaroni-Nudeln«, und bereits Marx Rumpolt spricht in seinem »New Kochbuch«, 1581, von »Nudeln aus der Grafschaft Tirol«.

Fachliche Hinweise

Man verwendet zu den Nudeln feines, griffiges Mehl, das man nach Theodor Ungers »Steirischem Wortschatz«, 1903, auch als »Nudelmehl« bezeichnet. Beim Kochen von Teigwaren sollte das Verhältnis Teigwaren zu Wasser 1:10 betragen. Salz kommt erst im letzten Drittel der Kochzeit dazu. Beim Einlegen der Teigwaren in das kochende Wasser die Teigwaren mit einer Gabel oder dem Kochlöffel sofort auflockern, damit sie nicht aneinanderkleben. Außer Spaghetti, die »al dente« (= mit leichtem Kern) gekocht werden, alle Teigwaren weich kochen. Benötigt man sie sofort, schwemmt man sie in heißem Wasser ab, worauf sie nach gutem Abtropfen meist in Butter, aber auch in Schmalz geschwenkt (abgeschmalzen) werden. Werden Teigwaren vorgekocht, so werden sie gründlich kalt geschwemmt (bis das abfließende Wasser ganz klar ist). Vor dem Servieren mit einem Sieb in kochendes Salzwasser hängen, gut abtropfen lassen und in Butter oder Schmalz schwenken.

Suppennudeln, Bandnudeln, Fleckerl

6 Portionen

300 g griffiges Mehl, 2 Eier, ca. 3 EL Wasser

Das Mehl auf das Nudelbrett häufen, obenauf eine kleine Grube machen, in diese Eier und Wasser, beide zusammen verquirlt, geben. Mit den Händen einen eher weichen, glatten Teig erarbeiten, daraus 2 kleine Laibchen formen, die man leicht mit Öl bestreicht, zugedeckt ½ Stunde rasten läßt und nacheinander ausrollt; dabei Brett und Nudelwalker mit Mehl bestreuen, damit der Teig nicht anklebt. Für Suppennudeln soll man die Flecke so dünn wie möglich auswalken (andere Nudeln oder Flecke nicht allzu dünn). Dann läßt man die Flecke auf einem bemehlten Tuch eine Zeitlang liegen, damit sie beim Schneiden nicht aneinanderkleben. Für feine Suppennudeln einen Fleck in 10 cm breite Streifen schneiden, einige Streifen aufeinanderlegen und mit scharfem Messer so dünn wie möglich schneiden, daß lange, feine Fäden entstehen. Für Bandnudeln schneidet man den Teig in etwa 1 cm breite Streifen. Man kann daraus auch kleine viereckige »Fleckerl« schneiden. Die Nudeln ausbreiten und in einem trockenen Raum mit geringer Luftfeuchtigkeit trocknen lassen.

Abgeschmalzene Nudeln, Butternudeln

Gekochte und abgetropfte Bandnudeln werden in Butter oder Schmalz geschwenkt. Man kann sie gekocht und abgetropft auch auf eine Anrichtschüssel häufen; sie werden mit in Butter gelbangelaufenen Bröseln oder geriebenem Parmesankäse überstreut und mit heißer Butter übergossen.

Zweckerln

Aus dem ausgerollten Nudelteig radelt man fingerbreite drei- oder viereckige Fleckerl, kocht sie in siedendem Salzwasser, seiht sie ab und läßt sie gut abtropfen. Dann Grieß in Butter gelb anlaufen lassen, ein paar Löffel Milch beigeben, jetzt die Fleckerl dazugeben, gut vermischen und etwas steif werden lassen. – Der »Zweck« oder Zwickel ist ein keilförmiges Stückchen Holz; vermutlich nannte man diese Fleckerl so wegen der ursprünglichen Ähnlichkeit der Form mit einem Zwickel.

Man kann die gekochten und abgeseihten Fleckerl auch zu in Butter angelaufener Petersilie geben; dazu mischt man 1/8 l sauren Rahm, mit 1 Ei abgesprudelt, und dünstet sie ein wenig (sie dürfen aber nicht braun werden). Für **Hackelberger-Nudeln** gibt man laut Katharina Prato Schnittlauch hinzu, dafür aber kein Ei.

In Altwiener Kochbüchern tauchen auch immer wieder die »Lasagni« auf, lange, halbzentimeterbreite Nudeln, in Wien als »Lasani, Lassani« bekannt; im »Wörterbuch der Küche und Tafel« von Theodor Eckardt wird dabei auf »Lazanki« (polnisch; sprich: »Lasanki«) = Nudeln, Fleckerln, verwiesen. Habs und Rosner meinen: »Fleckel, viereckige oder rautenförmige Stücke aus Nudelteig, wie sie heute in der Fleckerl- oder Lasany-Suppe auftreten! Diese Fleckerl aber sind keineswegs, wie der Name Lasany-Suppe anzuzeigen scheint, identisch mit den Lasagne der Italiener und den Lazagnes der Franzosen, sondern es ist eine Spielart der oberdeutschen wahren Nudeln, die zweimal, als Nulles (Nudelgebäck) und als Nouilles (Fleckel) in die französische Küche übergegangen sind.«

Krautfleckerl

4 Hauptspeiseportionen

300 g Fleckerl, 1 größerer Weißkrautkopf, 100 g Schmalz, 10–20 g Kristallzucker, 1 nudelig geschnittene Zwiebel, Salz, frischgemahlener schwarzer Pfeffer

Das Kraut putzen, vierteln, den Strunk entfernen, die Viertel mehrmals teilen, feinnudelig schneiden (früher machte man das mit dem Wiegemesser) und salzen. Das geschnittene, gesalzene Kraut zusammenpressen und 15 Minuten stehenlassen. Den Zucker im heißen Schmalz karamelisieren lassen, die Zwiebel darin hell rösten und das ausgedrückte Kraut dazugeben. Zugedeckt, aber unter wiederholtem Umrühren leicht bräunlich rösten bzw. weich dünsten. (Alte Rezepte empfehlen auch die Beigabe von etwas Rindsuppe.) Nun pfeffern. Zum Schluß die in Salzwasser gekochten, in kaltem Wasser geschwemmten Fleckerl beigeben, zugedeckt erhitzen und noch etwas dünsten lassen.

Krautfleckerl-Rezepte tauchen in den österreichischen Kochbüchern erst im letzten Drittel des 19. Jahrhunderts auf, so bei Louise Seleskowitz (1880), Elisabeth Stöckel (sie gibt zum Kraut etwas Paprika), Anna Bauer (1889), die dem Kraut Kümmel beigibt, und J. M. Heitz (1902), der die Krautfleckerln unter den »Hausmannsrezepten« anführt. Allerdings findet man schon im »Wienerischen bewährten Kochbuch« von Gartler und Hikmann vor 1800 »Fleckerl mit Hausen«, »Fleckerl von Krebsbutter und Milchrahm«, »Fleckerl mit Rogen« und »Fleckerl mit Schadenmagen«, wozu immer »geradelte Fleckerl« genommen werden. Schinkenfleckerl gibt es ebenfalls schon – auch in gebackener Form – im obenerwähnten »Wienerischen bewährten Kochbuch«, 1799, und sie bleiben von da an »Stammgast« in jedem Kochbuch.

Schinkenfleckerl

4–6 Portionen

300 g Fleckerl (vom Nudelteig aus 2 Eiern und 250 g Mehl), 30 g Butter, 250 g Schinken oder Teilsames, 1/4 l Sauerrahm, Salz, Pfeffer

Feingeschnittenen Schinken (oder Teilsames) in Butter erhitzen, die in Salzwasser gekochten Fleckerl sowie den gewürzten, glattgerührten Sauerrahm beigeben und kurze Zeit dünsten. F. G. Zenker meint dazu in seiner »Kunstbäckerei«: »Dieß Gericht gehört in die Kathegorie der Mehlspeisen, und zwar unter jene der ausgedünsteten; in der vornehmen Küche ist es zwar ohne allen Credit und Rahmen, welches aber nicht sagen will, das es ohne eigentlichen Werth wäre; im Gegentheil, es erfreut sich einer allgemeinen Theilnahme in der Mittelclasse.« – Beilage: grüner Salat.

Gebackene Schinkenfleckerl

4 Portionen

160 g Fleckerl, 60 g Butter, 2 Eidotter, Salz, Pfeffer, Muskat, 100 g Schinken oder Teilsames, 1/16 l Sauerrahm, 20 g Reibkäse, 2 Eiklar, Semmelbrösel

Die gekochten, abgeseihten Fleckerl gut abtropfen lassen. Inzwischen Butter schaumig rühren, nach und nach die Eidotter einrühren, mit Salz, Pfeffer und etwas Muskat würzen, den Sauerrahm beigeben, die abgetropften Fleckerl dazugeben, ebenso den kleinwürfelig geschnittenen Schinken oder das Teilsame. Zuletzt den mit etwas Salz steifausgeschlagenen Schnee darunterziehen. Die Masse in eine bebutterte und mit Bröseln ausgestreute Form geben, glattstreichen, mit Bröseln und Reibkäse bestreuen, mit zerlassener Butter beträufeln und bei mittlerer Hitze im Rohr etwa 40 Minuten goldbraun backen. Portionsweise ausstechen und anrichten. Beilage: grüner Salat.

Kärntner Nudeln (»geradelte Kasnudeln«, Topfennudeln)

4 Portionen

Nudelteig von 200 g Mehl
Topfenfülle: 250 g trockener, fettarmer Topfen; 1/16 l Sauerrahm, 50 g Butter; 120 g gekochte, passierte Kartoffeln; 1 Eidotter, Salz; reichlich Kräuter, vor allem Minze, Kerbelkraut (heißt in Kärnten »Keferfil«), Petersilie

Aus dem fertigen Nudelteig rollt man mit dem Nudelwalker messerrückendicke längliche Flecken aus, gibt auf die eine Hälfte dieser Flecken in Abständen von 7 bis 8 cm eine Reihe von je einem gehäuften Eßlöffel voll Topfenfülle, schlägt die freie Teigfläche darüber, deren Rand man zuvor mit Eiklar bestrichen hat, drückt den Rand halbkreisförmig um die Fülle zusammen und radelt halbmondförmige »Tascherl« aus (es soll die Form eines starkgefüllten Schlickkrapfens in Halbmondform entstehen). Dann wird der Teig noch in kleinen Falten übergeschlagen und zackenartig abgedichtet (das nennt man in Kärnten »abkrendeln«), damit die Fülle während des Kochens nicht ausrinnt. Sind alle Tascherl vorbereitet, kocht man sie in gesalzenem Wasser, schmalzt sie mit Butter ab und gibt auf die angerichteten Nudeln glasig angelaufene Speckwürfel oder »Verhacket«.

Fülle: Butter heiß werden lassen, darin die feingehackten Kräuter kurz anschwitzen, auskühlen, den passierten Topfen und die passierten Kartoffeln beigeben, ebenso den Eidotter und den sauren Rahm, würzen und alles gut verrühren.

Das **Verhacket** (auch »Speckverhacket«), eine steirische und kärntnerische Spezialität, wird aus durchzogenem frischem Schweinespeck bereitet, den man mit Salz einreibt und nach ein bis zwei Wochen auf einige Tage in leichten Rauch hängt. Dann zieht man die Schwarten ab, verhackt alles erbsengroß, knetet das »Verhacket« in ein Holz- oder glasiertes Tongefäß ein, übergießt es oben mit Rindstalg. Mancherorts mischt man auch zerkleinerten Knoblauch bei. Das »Verhakket« wird zum Abschmalzen, zur Bereitung von Gemüse, als Nudelfülle und zum Bestreichen der »Trenten« (eines fingerdicken, knusprigen Fladengebäcks) verwendet (vgl. Lia Miklau, »Kärntner Kochbüchl«, 1973).

Pinzgauer Nudeln

4 Portionen

1 kg Kartoffeln, 140 g Mehl, 30 g Butter, 60 g Speck, Salz

Die Kartoffeln dämpfen, heiß schälen, zerstampfen, noch heiß mit Mehl und Salz zu einem Teig verarbeiten. Diesen ausrollen und in fingerdicke, 5 cm lange Streifen schneiden. In gut mit Butter ausgestrichener Pfanne eng nebeneinanderlegen, die kleingeschnittenen, zerlassenen Speckwürfel darüberstreuen und im Rohr backen. Mit Sauerkraut oder warmem Krautsalat servieren.

Der böhmischen Küche verdanken wir die **Topfen-Haluska**: Ein Nudelteig (siehe Seite 398) wird dünn ausgerollt, in breitere Streifen geschnitten, die man wieder in

Victualienstand.

unregelmäßige, nicht zu große Flecken schneidet (ausradelt) oder, nach Louise Seleskowitz, »mit den Fingern in beliebig große Fleckerln zupft« und etwa 10 Minuten flott in Salzwasser kocht, anschließend mit kaltem Wasser abschreckt, abtropfen läßt, in heißem Schmalz schwenkt und etwas Sauerrahm sowie harten, passierten Topfen darübergibt. Zum Schluß streut man noch geröstete Speckwürfel darauf.

Man kann die gekochten Fleckerl auch in eine bebutterte Gratinierschüssel geben: dabei eine Lage Fleckerl, eine Lage Topfen und Grammeln usw., obenauf wieder eine Lage Fleckerl, und im Rohr überbacken.

Ein südosteuropäisches Gericht sind die **Piroggen**: Auch dazu bereitet man wieder einen Nudelteig (siehe Seite 398), rollt ihn messerrückendick aus, sticht entweder größere Scheiben oder radelt viereckige Stücke aus, belegt diese kaffeelöffelgroß mit Fülle (siehe unten), befeuchtet die Teigränder, schlägt die freie Teigfläche darüber, drückt den Rand gut zusammen und kocht diese »Tascherl« etwa 6 Minuten in siedendem Salzwasser, richtet sie auf einer vorgewärmten Schüssel an und übergießt sie mit zerlassener Butter. Die Fülle hierzu bereitet man so:

100 g Topfen, 1–2 gekochte, geriebene Kartoffeln; Salz, Pfeffer, etwas Milch oder Butter

Man verrührt alle Zutaten zu einer geschmeidigen Masse. – Statt mit der Topfenfülle kann man die Piroggen auch mit gedünstetem Weißkraut (»**Kraut-Tascherl**«) füllen, wobei man das Weißkraut, wie bei Krautfleckerl (siehe Seite 399) angegeben, zubereitet. Serviert werden diese **Kraut-Piroggen** mit braungerösteten Zwiebeln.

Makkaroni, Spaghetti

Makkaroni in 5 cm lange Stücke brechen, die Spaghetti im ganzen in Salzwasser kochen, abseihen, abtropfen lassen und in heißer Butter schwenken. Mit geriebenem Parmesankäse bestreuen.

Man kann diese Teigwaren auch mit einer Paradeissauce, die Makkaroni als Auflauf und die Spaghetti mit einer Bologneser Fleischsauce als »pasta à sciutta« anrichten.

Makkaroniauflauf, gratinierte Makkaroni

6 Beilageportionen

250 g Makkaroni, Salzwasser, 60 g Butter, 2 Dotter, 2 Eiklar, Salz, 30 g Parmesan, ¼ l saurer Rahm, Semmelbrösel und Butter

Die Makkaroni kochen, abseihen, abschrecken. Inzwischen Butter flaumig rühren, Dotter, Salz, geriebenen Parmesan und sauren Rahm beigeben und verrühren, mit den abgetropften Makkaroni vermengen, zum Schluß den steifgeschlagenen Schnee darunterziehen. Alles in eine gebutterte, mit Bröseln bestreute Form füllen, glattstreichen, mit Parmesan und Bröseln bestreuen, mit Butter beträufeln und ½ Stunde im Rohr backen. Man kann die Masse auch in eine gebutterte Darioleform oder Timbale füllen und im Dunst kochen. Statt saurem Rahm, Dotter, Ei und Salz kann man auch eine dünngehaltene Sauce Béchamel nehmen.

Reis

Der Reis hat in der österreichischen Küche nur einige Positionen erringen können: hauptsächlich gedünstet als Beilage zum Kalbsbraten, als Reisfleisch, Risotto, Reissuppe, Milchreis. Erst in jüngerer Zeit hat der Reis neue Freunde gefunden. In bäuerlichen Kreisen ist er nach wie vor meist nur als Milchreis anzutreffen.

Fachliche Hinweise

Wichtig ist die Wahl der richtigen Reissorte. Pro Person rechnet man etwa 100 g als Hauptgericht, 60–70 g als Beilage. Beim Kochen quillt der Reis etwa um das Dreifache seines Volumens auf. Der hartkörnige Langkornreis wird für Suppenreis, Beilage und Reisring verwendet, der weichere Rundkornreis für Milchreis und ähnliche Süßspeisen. Für gedünsteten Reis bevorzugt die ältere Generation Rundkornreis (er nimmt das »Safterl« – Jus oder Sauce – besser auf!); die jüngeren Leute bzw. feine Restaurantküchen ziehen Langkornreis vor. Manche Reisfanatiker bevorzugen das trockene Abreiben des Reises mit einem Tuch; mehr Erfolg hat man (vor allem bei den billigeren Sorten), wenn man ihn vor dem Kochen in kaltem Wasser wäscht. Dabei schwemmt man vor allem die Stärke heraus, die den Reis klebrig und patzig macht. Kocht man Reis für Beilagen, spüle man ihn gekocht mit kaltem bzw. lauwarmem Wasser ab: dadurch verliert der Reis den letzten Rest der Klebrigkeit. Will man Risotto bereiten, reibe man den Reis zunächst mit einem trockenen Tuch ab, erhitze ihn in heißem Öl so lange, bis er glasig wird, und dünstet ihn anschließend.

Gekochter Reis

Langkornreis, Salzwasser, Zitronensaft, evtl. 1 Stück Zwiebel

Den gewaschenen Reis in kochendes Salzwasser schütten; in das Salzwasser kann man etwas Zitronensaft sowie ein Stück Zwiebel geben. Während des Kochens (je nach Sorte 10–15 Minuten) mehrmals umrühren. Abseihen, zuerst mit heißem, dann mit kaltem Wasser schwemmen und weiterverwenden.

Wenn man den Reis als Beilage verwendet, schwenke man ihn in Butter und würze mit Salz evtl. etwas nach. Oder man bestreicht eine Pfanne mit Butter, gibt eine Lage Reis und einige Butterflocken hinein (salzt, wenn notwendig) und wiederholt den Vorgang, bis die Pfanne voll ist. Zuletzt mit bebuttertem Pergamentpapier bedecken und im Rohr etwa ½ Stunde erhitzen.

Gedünsteter Reis

4 Portionen

250 g Reis, 50 g Fett, Salz, 1/2 Zwiebel, 1–3 Nelken, Wasser (oder helle Rindsuppe oder Kalbsknochensuppe); für Hühnergerichte wird Hühnerbouillon (siehe Seite 78) verwendet.

Einen Teil (30 g) Fett oder Butter heiß werden lassen. Den ungewaschenen, aber mit einem Tuch abgewischten Reis beigeben und unter ständigem Rühren nur so lange erhitzen, bis die Körner glasig werden. Dann gießt man ihn mit Flüssigkeit, leicht gesalzen, auf (doppelt soviel Flüssigkeit wie Reismenge bei Langkornreis, bei Rundkornreis [italienische Reissorten] nur eineinhalbmal soviel Flüssigkeitsmenge). Die Flüssigkeit soll etwa handrückenbreit über dem Reis stehen. Dann gibt man eine geschälte halbe Zwiebel dazu (wenn gewünscht, in die Zwiebel Gewürznelken stecken). Zugedeckt läßt man den Reis auf der Platte oder im Rohr nach dem Ankochen etwa 20 Minuten, ohne umzurühren, langsam gar dünsten. Vor dem Anrichten die Zwiebel entfernen und den Reis nicht zugedeckt im offenen Rohr ausdünsten lassen. Butterflocken daraufgeben und nach 5 Minuten mit der Bratengabel vorsichtig lockern.

Champignonreis: Gedünsteten Reis mit blättrig geschnittenen, in Butter kurz gedünsteten Champignons vermengen. Nachwürzen.

Curryreis: In Öl feingeschnittene Zwiebeln anlaufen lassen, Reis beigeben, glasig werden lassen. Curry leicht anschwitzen, mit Flüssigkeit aufgießen und wie den gedünsteten Reis fertigen.

Gemüsereis: Feingeschnittene Zwiebeln in Fett anschwitzen, gewaschenen Reis beigeben, mit Knochensuppe (oder Wasser) aufgießen, salzen, aufkochen lassen und in nicht zu heißem Rohr fertigdünsten. Unterdessen verschiedene Gemüse in kleine, gleichmäßige Würfel schneiden, gesondert mit etwas Butter und wenig Flüssigkeit weich dünsten, dann dem körnig gedünsteten Reis beigeben.

Gestürzter Reis (Reiskranz, Reisring = Bordüre): Man belegt eine bebutterte Reifenform nach Wahl mit gedünsteten Pilzen, gekochtem Spargel, Karfiolröschen, Krebs- oder Schinkenwürfeln. Dann gibt man den inzwischen gedünsteten Reis in die Form und drückt ihn fest. Das Ganze 10 Minuten in Dunst stellen, den Reis auf eine Platte stürzen. Man kann in die Mitte des Reissockels ein Ragout, eingemachtes Fleisch, Fleisch mit kurzer Sauce usw. füllen.

Käsereis: Gedünsteten Reis mit geriebenem Käse vermischen und in mit Butter ausgestrichene kleine Formen drücken, dann auf die Platte stürzen und mit geriebenem Käse obenauf bestreuen.

Krebsreis: Den Reis mit Krebsbutter weich dünsten. Man kann die Krebsbutter auch in den bereits gedünsteten Reis geben; dann noch einmal kurz heiß werden lassen. In den Reis kann man auch kleine würfelig geschnittene Krebsschwänze geben oder ihn mit Krebsschwänzen garnieren.

Paprikareis: Würfelig geschnittenen Selchspeck glasig rösten, feingeschnittene Zwiebeln mitrösten, den Reis beigeben und paprizieren. Kurz anlaufen lassen, mit Flüssigkeit aufgießen und weich dünsten. Oder den Reis mit Paprikaspeck dünsten und nudelig geschnittene grüne Paprikaschoten mitdünsten.

Risipisi

4 Portionen

50 g Butter, 1 kleine Zwiebel, 250 g Reis, Salz, weißer Pfeffer, 1/2 l klare Knochensuppe (oder Wasser), 3 EL grüne Zuckererbsen, Reibkäse

In heißer Butter die feingeschnittene Zwiebel langsam anlaufen lassen, den Reis beigeben und glasig werden lassen, dann würzen, mit Suppe aufgießen und die grünen Zuckererbsen beigeben. Zugedeckt fertigdünsten. Butterflocken beigeben und den Reis auflockern. Eventuell mit geriebenem Parmesankäse bestreut anrichten.

Schinkenpudding (Schinkenreisdunstkoch)

6–8 Portionen

250 g Rundkornreis, Salzwasser, 30 g Butter, 3 Eidotter, Parmesankäse, 200 g Schinken, Salz, 3 Eiklar, Butter, Mehl

Den Reis in Rindsuppe oder Salzwasser nicht zu weich dünsten. Inzwischen aus Butter, Dotter und Parmesan einen Abtrieb bereiten, kleinwürfelig geschnittenen Schinken beigeben, salzen, mit dem inzwischen ausgekühlten Reis vermischen. Zuletzt den steifen Schnee darunterziehen. Die Masse in eine mit Butter ausgestrichene, mit etwas Mehl bestaubte Form geben und ¾ Stunden in Dunst kochen. Dann auf die Anrichteschüssel stürzen, mit geriebenem Parmesankäse bestreuen. Zusätzlich kann man ihn mit brauner Butter übergießen oder mit einer Champignonsauce (siehe Seite 159) servieren.

Kartoffeln

Der Österreicher sagte und sagt dazu »Erdäpfel«. 1588 brachte der Botaniker Charles de l'Ecluse die Erdäpfelstaude nach Wien und schrieb unter eine Abbildung davon: »Kleine Trüffel (Taratoufli), erhalten von Philippe de Siovry zu Wien am 26. Januar 1588.« 1662 wurde, laut J. Joachim Becher, in Österreich erstmals Kartoffelspiritus erzeugt. Der zur selben Zeit lebende Freiherr von Hohberg (gest. 1688) kennt bereits den »Erdäpfelsalat« und weiß zu berichten: »Man kocht die indianischen Papas und ißt sie warm oder auch, überbrüht und geschält, kalt mit Öl, Essig, Pfeffer und Salz. Sie sind allhier so fruchtbar und vermehren sich so gern, daß man fürgibt, in Canada selbst seien itzt nicht soviel zu finden als bei uns.« Der Wiener Botaniker Wilhelm Heinrich Kramer dagegen hielt 1756 das Knollen-Nachtschattengewächs nicht einmal für einer Erwähnung wert; aber die Mißernten im ausgehenden 18. Jahrhundert brachten die Kartoffeln bald zu Ehren und verdrängten das bis dahin reichlich verwendete Wurzelgemüse wie Rübenrapunzel, Kümmel, Zuckerwurzel, Zyklamen und Große Klette. Während der Napoleonischen Kriege wurde die Kartoffel als billiges Volksnahrungsmittel propagiert. Die Wiener freundeten sich allerdings erst mit ihr an, als die böhmischen Köchinnen sie als Teig verarbeitet servierten.
Die Kartoffel hatte es wahrlich nicht leicht. Noch Rumohr warnte 1822 vor dem schädlichen, ja giftigen Saft der Kartoffeln und empfahl, sie durch »längeres Auslaugen in frischem Wasser« zu »entgiften« und den Rest »bei gelinder Hitze verdünsten zu lassen«. Hinderlich für eine rasche Ausbreitung der Erdfrucht waren auch die Geistlichen, die sich gegen die »Teufelswurzel« heftig zur Wehr setzten – weil sie von dieser neuen Frucht keinen »Zehent« einheben durften. Dennoch wurde die Kartoffel vermutlich 1620 erstmals in Österreich im Garten des niederösterreichischen Benediktinerklosters Seitenstetten angebaut. Maria Theresia und Fürst Liechtenstein förderten den Anbau, der um 1740 auch in Pyhrabruck im Waldviertel nachweisbar ist. Der Pfarrer von Prinzendorf in Niederösterreich, Johann Jungblut, ließ sie eigens aus seiner niederländischen Heimat kommen.
In den alten Kochbüchern erscheint die Kartoffel unter vielen Namen: Artoffel, Tartofel, Erdaepfel, Patate, Erd- oder Grundbirne, Cartuffel, Papas, Erdapfel usw. Im »Granat-Apfel«-Kochbuch, 1699, heißt es einmal »eine Handvoll artopholi«, und »Du kanst zum stockfisch thun gesottene Tartoffeln oder Erd-Aepffel. Hast du von denen nichts, so nim weiße Ruben.« In dem »Erdmuthe Hülfreichinn Unterricht für Hausmütter«, Wien 1795, liest man u. a.: »Man baut seit einigen Jahren mancherley Arten von Kartoffeln. Die älteste Art hat ein schwarzgrünes Laub, und die Häute dieser Kartoffeln sind roth. Sie verdient noch immer den Vorzug vor den mehresten neu aufgekommenen Arten, sowohl in Ansehung ihrer Fruchtbarkeit, als ihres guten Geschmacks und ihrer Unschädlichkeit in Absicht auf die Gesundheit der Menschen... Zur Speise für Menschen ist die Sorte Kartoffeln mit himmelblauer Blüthe die gesündeste und wohlschmeckendste, und die beßten Kenner und Kennerinnen lassen ihr hierin Gerechtigkeit wiederfahren. Diese Kartoffeln haben sehr dünne gelblich weisse Häute, ein mildes Fleisch von gleicher Farbe, und einen so guten Geschmack, den einige mit

den Mandeln vergleichen wollen... Wenn sie auch nicht im Grossen gezogen werden wollen, so sollte man sie doch um ihres vortrefflichen Geschmacks willen, und zum Verkauf für herrschaftliche Tafeln pflanzen.« Das »Grätzerische Kochbuch« (1804) kennt bereits u. a. »Erdäpfel mit der Montirung« (in der Schale), mit frischer Butter oder Senf, Erdäpfelschmarrn, mit Zwiebeln, Mehl und etwas Rindsuppe bereitet, Erdäpfelsalat, »mit Pfeffer überstreut«, gebackene Erdäpfelknödel, »Knöderl von Erdäpfeln zum Füllen der gebratenen Gänse«, »Erdäpfel-Pasteteln und -wandeln«, »Ruten mit aufgelösten Müscherln und Artoffeln«, Erdäpfeltorte und Erdäpfelbrot. Zahlreiche Kartoffelrezepte führt Anna Dorns »Neuestes Universal- oder: Großes Wiener Kochbuch« (1827) an. Aber erst in den Kochbüchern der folgenden Jahrzehnte finden wir die als Teig verarbeiteten Kartoffeln, die Kartoffelknödel, gefüllt mit Früchten. Und erst um diese Zeit hat sich auch die internationale Gastronomie der Kartoffel als »Beilage« angenommen. Paula Kortschak gab dann 1891 die »Neue Kartoffelküche« heraus, »durchgelesen und empfohlen von Katharina Prato«.

Fachliche Hinweise
Für Salzkartoffeln wähle man eine feste, für Suppen und Knödel eine mehlige Sorte (geschätzt sind die gelbfleischigen); speckige Kartoffeln, besonders die länglichen »Kipfler«, geben vorzüglichen Salat.
Kartoffeln gut waschen, wenn nötig, bürsten. Für das Kochen womöglich immer gleichgroße Kartoffeln nehmen. In Schale gekochte Kartoffeln behalten mehr Nährstoffe. Heurige Kartoffeln in kochendem Wasser, alte Kartoffeln in Kaltwasser aufsetzen. Kochwasser immer salzen!
Kartoffeln können im Dämpfer, d. h. auf einem Einsatz liegend, ohne mit dem Wasser in Berührung zu kommen, gegart werden, wobei man sie zunächst stark ankochen, dann langsam weiterdämpfen läßt (besonders bei mehligen Kartoffeln); dabei werden immer die Kartoffeln gesalzen, nicht das Wasser. Für Knödel usw. kann man die Kartoffeln bereits am Vortag dämpfen.
Geschälte Kartoffeln waschen, nicht zu lange im Wasser liegenlassen (sonst Stärkeverlust). Immer erst unmittelbar vor dem Verwenden zerschneiden. Kartoffelgerichte grundsätzlich nicht zu lang stehenlassen oder aufwärmen!

Heurige Kartoffeln
Kartoffeln leicht abschaben, mit Salz und Kümmel in kochendem Wasser zusetzen. Sie können auch nur in Salzwasser gekocht und dann in heißer Butter mit gehackter Petersilie geschwenkt werden.

Butterkartoffeln
Kipfler oder kleine runde Kartoffeln schälen, dämpfen, in Butter schwenken und salzen.

Salzkartoffeln
Geschälte, geviertelte und gesalzene Kartoffeln im Dämpfer oder in Salzwasser garen. Sobald sie gar sind, Wasser abgießen und »trocknen« (noch etwas nachdämpfen).

Kümmelkartoffeln
Wie Salzkartoffeln zubereiten. Man gibt dem Kochwasser etwas Kümmel bei.

Petersilienkartoffeln
Gedämpfte Salzkartoffeln (oder »Kipfler«) in Schale gegart, dann geschält in heißer Butter, in der man gehackte Petersilie anlaufen ließ, schwenken (eventuell nachsalzen); oder Salzkartoffeln in Butter mit gehackter Petersilie schwenken.

Glasierte Kartoffeln
Gekochte Kartoffeln schälen, vierteln, in heißer Butter schwenken, aufgelöste Fleischglace beigeben und darin so lange schwenken, bis die Kartoffeln glänzen.

Bratkartoffeln I
In der Schale gekochte oder gedämpfte Kartoffeln schälen, vierteln, leicht salzen und etwas mit Mehl bestreuen. In heißer Butter auf nicht zu starkem Feuer unter häufigem Schwenken goldgelb braten. Man kann sie zum Schluß auch mit gehackter Petersilie bestreuen.

Bratkartoffeln II
Geschälte rohe Kartoffeln vierteln oder würfelig schneiden, kurz im Wasser einmal aufkochen, abtropfen lassen, in erhitztes Fett (oder halb Butter, halb Fett) geben und offen im Rohr bei starker Hitze braun braten. Dabei wiederholt schütteln. Zuletzt salzen.

Erdäpfelschmarren, Kartoffelschmarren
Gedämpfte oder gekochte, heiß geschälte und blättrig geschnittene mehlige Kartoffeln (man kann sie auch mit einer Gabel leicht zerdrücken) salzen, mit etwas Kümmel bestreuen. In heißem Fett (Schweine- oder Bratenfett) feingeschnittene Zwiebeln goldgelb anrösten, die Kartoffeln beigeben und langsam bei mäßiger Hitze rösten. Man schaufle dabei die Kartoffeln wiederholt um, trachte aber, daß sich teilweise braune Krusten (»Rammeln«) bilden können. Sofort anrichten!

Röstkartoffeln
Am Vortag gedämpfte oder gekochte und geschälte Kartoffeln am Kartoffelreißer zerkleinern, in heißes Fett geben, salzen und langsam knusprigbraun rösten, dabei die Masse immer nur schwenken, sobald die Kartoffeln unten gebräunt sind. Man kann sie zum Schluß auf einer Seite etwas stärker braten. Dann auf eine Platte stürzen und mit gehackter Petersilie bestreuen.

Gestürzte Kartoffeln
Fertig zubereitete geröstete Kartoffeln (oder Kartoffelschmarren) in eine bebutterte, mit Bröseln ausgestreute Pfanne oder in flaches Geschirr geben, leicht andrükken, etwa ½ Stunde zu lichtbrauner Kruste im Rohr gleichmäßig backen. Auf eine Platte stürzen.

Zwiebelkartoffeln
Wie Röstkartoffeln zubereiten, nur reichlich geschnittene Zwiebeln mitrösten.

Bäckerkartoffeln
In Schale gedämpfte Kartoffeln schälen, in dickere Scheiben schneiden, in heißem Fett rösten, mit in Speckwürfeln gerösteten, nudelig geschnittenen Zwiebeln vermengen. Mit gehackter Petersilie bestreuen.

Gratinierte Kartoffeln
In eine bebutterte Gratinierschüssel gekochte, geschälte Kartoffeln, in Scheiben geschnitten, einschlichten, mit Sauce Mornay (siehe Seite 161) bedecken, mit Reibkäse bestreuen, mit Butter beträufeln und in heißem Rohr überbacken.

Eingebrannte Erdäpfel

6 Beilageportionen

1 kg gekochte oder gedämpfte Kartoffeln, 60 g Fett, 60 g Mehl, 1 große Zwiebel, Petersiliengrün, Essig, 1 l Rindsuppe, Zitronenschale, Salz, 1 kleines Lorbeerblatt, Thymian, ⅛ l Sauerrahm, evtl. gehackte Kapern, Essiggurken

In heißem Fett das Mehl braun rösten, die feingeschnittene Zwiebel darin kurz rösten, mit etwas Essig ablöschen, mit Rindsuppe (oder Wasser) aufgießen, zu einer nicht dicken, aber glatten Sauce verkochen. Salz, feingehacktes Lorbeerblatt, Thymian und etwas Zitronenschale beigeben, ebenso Sauerrahm. Alles verkochen und über die geschälten, in Scheiben geschnittenen Kartoffeln passieren. Noch einmal gut durchkochen.

Als Einlage nach Wunsch gehackte Kapern und/oder in Scheiben geschnittene Essiggurken.

Eingebrannte Kartoffeln, Majoran-, Dill-, Gurken- und Paradeiskartoffeln werden zu gekochtem Rindfleisch serviert.

Majorankartoffeln

6 Portionen

1 kg gekochte oder gedämpfte Kartoffeln, 60 g Fett, 60 g Mehl, 1 Zwiebel, Petersiliengrün, Essig, 1 l Rindsuppe, Zitronenschale, Salz, Lorbeerblatt, Majoran, 1/8 l Sauerrahm

Zubereitung erfolgt wie bei den »eingebrannten Erdäpfeln«, nur wird die Einbrenn nicht so stark braun geröstet. Mit Majoran als Hauptgewürz besonders abschmecken.

Dillkartoffeln

Gedämpfte oder gekochte Kartoffeln schälen, gut auskühlen, in Scheiben schneiden und mit fertiger, nicht zu dicker Dillsauce (siehe Seite 163) übergießen, zum Kochen bringen und einige Minuten ziehen lassen.

Gurkenkartoffeln

Wie Dillkartoffeln bereiten; statt der Dillsauce eine fertige Gurkensauce (Seite 163 f.) nehmen. Als Einlage eingelegte saure, blättrig geschnittene Gurken verwenden. Auf die gleiche Art werden die **Paradeiskartoffeln** (mit Paradeissauce) bereitet.

Kartoffelpüree

6 Portionen

1 kg mehlige Kartoffeln, Salzwasser, 100 g Butter, ca. 1/4 l Milch, Salz, Muskat, 20 g Fett, 1 Zwiebel

Mehlige Kartoffeln schälen, teilen, in schwachgesalzenem Wasser weich kochen, Wasser abgießen, auf dem Herd nicht zugedeckt nachdämpfen und noch heiß passieren. Frische Butter beigeben, mit dem Schneebesen aufrühren, mit Salz und Muskat würzen, mit heißer Milch zur richtigen Konsistenz verrühren. Beim Anrichten kann das Püree mit blättrig geschnittenen, gesalzenen und in heißem Fett braungerösteten Zwiebeln bestreut werden.

Geflämmtes Kartoffelpüree

6 Portionen

Kartoffelpüree (wie vorstehend), zusätzlich noch etwas Obers, 2 Eidotter, 2 Eiklar, Butter

In das fertige Kartoffelpüree (wie erwähnt zubereiten, einen Teil der Milch durch Obers ersetzen und mit 2 Eidotter verrühren) wird zum Schluß Schnee von 2 Eiklar daruntergehoben; das Püree in eine bebutterte Gratinierschüssel dressieren, mit Butter beträufeln und bei starker Oberhitze flämmen.

Kartoffelkroketten I

5–6 Portionen

800 g mehlige Kartoffeln, 40 g Butter, 2 Eidotter, Salz, Muskat, etwas Mehl, 2 Eier, Semmelbrösel, Fett

Geschälte Kartoffeln dämpfen oder kochen, heiß passieren und noch heiß mit Butter, Eidotter, Salz, Muskat kurz auf dem Feuer glattrühren. Je weniger gerührt wird, desto fester und besser wird die Masse! Aus der Masse auf einem mit Mehl bestaubten Brett daumendicke Rollen formen, zu kleinen Stücken (etwa 5 cm lang) schneiden und kalt stellen; dann in Mehl, Eiern und Bröseln panieren und sehr rasch in heißem Fett (180 Grad) backen.

Kartoffelkroketten II

1. **Vermicelle-Kartoffeln:** Geformt wie vorstehend in Mehl, dann in Ei und anschließend in leicht zerdrückten rohen Fadennudeln panieren und backen.
2. **Mandelkartoffeln:** Kartoffelkroketten zu kleinen Kugeln formen, in Mehl, Ei und gehobelten Mandeln panieren und backen.
3. **Birnenkartoffeln:** Mit dem Dressiersack (ohne Tülle) die noch heiße Krokettenmasse in Birnenform (unten dick, oben spitz zulaufend) auf bemehltes Brett dressieren. Überkühlt in Mehl, Ei und Bröseln panieren, nachformen, oben ein Stück rohe Makkaroni oder Spaghetti als Stengel einsetzen, aufrecht stehend in den Fritierkorb stellen und rasch in heißem Fett backen.
4. Die Kartoffelkrokettenmasse kann außerdem variiert werden durch Beigabe verschiedener Zutaten wie

gehackte Pilze, Käse, Schinkenwürfel, Schnittlauch oder trockenen, passierten Spinat usw.

Kartoffelkrusteln
Die Kartoffelmasse (siehe Kartoffelkroketten I) mit erhöhter Butterbeigabe auf bemehltem Brett zu kleinen Scheiben, Rhomboiden usw. formen. Auf bebuttertes Blech geben, mit Ei bestreichen und im heißen Rohr backen.
Auf die gleiche Weise kann man auch kleine Krapfen formen, wenn man die Masse mit dem Dressiersack (Sterntülle aufsetzen) auf ein bebuttertes Blech spritzt, mit Ei bestreicht und im Rohr kurz bäckt (»**Herzoginnenkartoffeln**«).

Duchessemasse: ist die vorstehende Kartoffelmasse; sie dient als Bordüre (Rand) meist bei gratinierten Gerichten.

Kartoffelnudeln siehe Bröselnudeln (S. 501)

Kartoffelknödel siehe Seite 394

Kartoffelteig siehe Seite 498

Kartoffelgulasch
4 Portionen

1 kg Kartoffeln, 40 g Fett, 40 g Speck, 250 g Zwiebeln, Salz, ca. 20 g Paprika, Kümmel, Majoran, Knoblauch, Essig

Den kleinwürfelig geschnittenen Speck in heißem Fett leicht glasig rösten, die gehackten Zwiebeln darin goldgelb rösten, paprizieren und mit etwas Essig und Wasser ablöschen. Die gehackten Gewürze beigeben, ebenso die würfelig oder blättrig geschnittenen rohen Kartoffeln, salzen und mit Wasser knapp auffüllen. Zugedeckt weich dünsten.
Man kann in Streifen geschnittene Paprikaschoten und würfelig geschnittene Paradeiser mitdünsten und geschnittene Räucherwurst als Einlage am Schluß beigeben und kurz erhitzen.

Pommes frites
Rohe geschälte, in Stäbchen geschnittene Kartoffeln in heißem Fett nahezu durchbacken (bis die Spitzen sich zu bräunen beginnen). Aus dem heißen Fett nehmen und kurz vor dem Anrichten die Kartoffelstäbchen noch einmal in heißes Fett geben und rasch knusprigbraun nachbacken (durch den Temperaturwechsel werden sie »soufflïert«). Zum Schluß salzen.

Strohkartoffeln und Chipskartoffeln (Pommes chips)
Rohe Kartoffeln schälen, gleichmäßig nudelig schneiden (oder am Gurkenhobel in dünne Scheiben hobeln – dann heißen sie Chipskartoffeln), in fließendem Wasser gut wässern und fast trocken abtropfen lassen. Anschließend in kleinen Partien im heißen Fettbad knusprig backen, abtropfen lassen und vor dem Anrichten salzen.
Nie zuviel Kartoffeln auf einmal in das Fett geben (damit das Fett nicht abkühlt!).

Kartoffelnester (Kartoffelkörbchen)
Rohe geschälte Kartoffeln feinnudelig schneiden und sofort, ohne sie in Wasser zu legen, in die zuvor in heißes Fett getauchten Drahtnestkörbchenformen füllen. Die gefüllten Körbchen in heißes Fett geben, die Kartoffeln goldgelb backen, stürzen und salzen.
Diese Nester werden meist mit Gemüse, aber auch mit Rührei und dergleichen gefüllt (als Vorspeise oder als Garnitur).

Kartoffelkugeln (Pommes noisettes) und Pommes parisiennes (Pariser Kartoffeln)
Aus geschälten rohen Kartoffeln kleine Kugeln ausstechen, in kochendes Salzwasser legen, kurz aufkochen lassen, abtrocknen und in heißem Fett braten. Zum Schluß Fett abgießen, etwas frische Butter beigeben, salzen und schwenken.
Werden größere Kugeln aus den rohen Kartoffeln gestochen, erhält man bei gleicher Zubereitungsart Pommes parisiennes.

Kartoffelpuffer
4 Portionen

500 g mehlige Kartoffeln, 1–2 Eier, ca. 2 EL Mehl, Salz, Fett (am besten Schmalz) zum Backen

Die geschälten rohen Kartoffeln waschen, trocknen, auf einem Reibeisen reißen, abtropfen lassen und – vor allem junge Kartoffeln – in einem Tuch fest ausdrücken. Dann mit Eiern, Mehl und Salz zu einem dicklichen Brei verarbeiten. In einer flachen Pfanne Fett heiß werden lassen und die Kartoffelmasse löffelweise in die Pfanne geben, flachdrücken, auf beiden Seiten hellbraun backen. In alten Rezepten wird etwas saurer Rahm zur Erdäpfelmasse gegeben oder Schnee aus 1–2 Eiklar daruntergemischt. Nach Geschmack kann man auch gerösteten Speck mit Zwiebeln und Kümmel oder Grammel in die Masse mischen. – Die Puffer darf man nicht zu rasch backen, sonst bleibt die Kartoffelmasse innen roh. Sofort servieren.

Kartoffelroulade

Kartoffelteig II (siehe Seite 394); 250 g magerer, kleinwürfelig geschnittener Speck; 1 feingeschnittene Zwiebel, gehackte Petersilie, Butter

Den Speck glasig rösten, die Zwiebel beigeben und gelb anschwitzen; gehackte Petersilie daruntermischen. Vorbereiteten Kartoffelteig auf stark bemehltes Brett schwach fingerdick ausrollen, mit der Fülle bestreuen, zusammenrollen, in eine bebutterte Serviette einrollen, binden; in Salzwasser etwa 30 Minuten kochen. Aufgeschnitten und mit Butter bepinselt servieren.

Sterze

Der Sterz ist nichts anderes als der uralte Brei des Körndl- und Bergbauern – nur sagt in Österreich dazu niemand Brei, sondern Koch, Mus, Sterz oder Plenten (die »Plente« ist ein gekochter Maismehlbrei). »Mus« heißt es in Tirol (in Osttirol bezeichnet man den gekochten Brei überhaupt als »Plente«), »Koch« im Salzburgischen und in Tirol, »Riebel« in Vorarlberg. Den gekochten Breispeisen stehen – kochtechnisch gesehen – jene Breispeisen gegenüber, die mit Milch oder Wasser angerührt bzw. überbrüht und dann erst in heißem Fett geröstet bzw. gegart werden. Meistens werden sie dann noch gut »geschmälzt«, d. h., der Sterz wird zum Schluß mit heißer Butter übergossen, oder man macht in der Mitte eine Vertiefung, in die man ein Stück Butter gibt. Verwendet wurden einst alle Getreidearten, früher vor allem die Hirse (»Prein«), dann Hafer und Gerste. Im 16. Jahrhundert wurde der Kukuruz (»Türken«), der Mais, eingeführt und daraus die »Plente« (vom italienischen »polenta« = Mais), vor allem in Tirol, Südtirol, Kärnten und in der Steiermark, bereitet. Noch heute heißt es in Tirol:
»Knödl, Nudl, Muas und Plenten
sind die vier Tiroler Elementen.«
Ein Tiroler Kochbuch aus dem 17. Jahrhundert weist 53 verschiedene Mus-Rezepte auf.
Besonders heimisch wurde der Mais als »Türkensterz« in Kärnten und in der Untersteiermark. Der »Heidensterz« dagegen ist der Sterz aus Buchweizengrieß. Im Burgenland wieder ist der Bohnen-, Häferl- oder Grumbirn-(Erdäpfel-)Sterz bekannt, in Nieder- und Oberösterreich heißt der Mehlsterz »Glintensterz«, daneben ist dort auch der Erdäpfelsterz bekannt, der dem städtischen »Erdäpfelschmarren« entspricht.
Der Sterz muß locker sein, darf aber trotzdem nicht »bei den Ohren heraustauben«, d. h., er muß fett genug sein! Einen Sterz richtig zubereiten zu können, galt früher als ein »Wertmesser« für die Güte einer Köchin. In alten Bauernküchen des Alpenlandes findet man noch hier und da eine »Sterzgabel«, mit der ein fertiger Sterz auseinandergerissen wurde.
Küchentechnisch und volkskundlich zu unterscheiden ist der Sterz vom »Mus« und »Koch« der »Melker« (Senner) auf den Almen; Mus und Koch waren eine Angelegenheit der Männer und wurden im Gegensatz zum Sterz aus frischer Butter, Milch, Eiern und verhältnismäßig wenig Mehl hergestellt.
Freiherr Karl Ehrenberg von Moll, ein früher Erforscher alpenländischer Lebensweise, schrieb 1785 über die Zubereitung dieses »Melkermuses«: »Der Melker läßt Butter in einer Pfanne über Feuer schmelzen, geußt gute Milch zu, streut Gersten-, auch wohl Weizenmehl darein und bereitet daraus eine Art sehr fetten Muses, das die Gestalt eines Kuchens erhält. Während dem Kochen wirft er es öfter mehrere Spannen hoch in die

Luft und fängt es mit der Pfanne auf. Es ist ein Sprichwort der Aelpler: Ein rechter Melker muß das Mus über den Hengst (Kesselgalgen) schutzen (= schupfen) können.«

Brennsterz

4 Portionen

250 g Mehl, 100 g Fett, ¼ l Wasser, Salz

Das Mehl salzen und mit siedendem Wasser abbrühen (»abbrennen«). Mehl dabei rasch verrühren und den Teig sofort in heißes Fett geben. Während des Röstens den Teig ständig mit der Schmarrenschaufel umschaufeln und zerstoßen, bis er bröselig wird. – Statt Wasser kann man auch Mager- oder Buttermilch verwenden. Seleskowitz bemerkt zu ihrem Rezept »Gelinder, gerösteter Sterz« aus »schwarzem« Mehl (Roggenmehl): »In Steiermark und Kärnten unter dem Namen ›Mehl-Tommerl‹ bekannt.«

Heidensterz

4 Portionen

300 g Heidenmehl (Buchweizenmehl), 1 l Wasser, Salz, 120 g Schweineschmalz, 80 g würfelig geschnittener Selchspeck

In das siedende, gesalzene Wasser gibt man 60 g Schweineschmalz und läßt das Heidenmehl rasch einlaufen, ohne es zu verrühren, damit sich ein Knödel bilden kann, den man zugedeckt 10–12 Minuten kochen läßt. Dann dreht man diesen Knödel um, zerstößt ihn mit dem Kochlöffel und läßt ihn noch ein paar Minuten kochen.
In einer Pfanne läßt man das restliche Schweineschmalz recht heiß werden, gibt den zerdrückten Knödel hinein, zerreißt mit der Gabel die größeren Brocken, gießt das Salzwasser nach und läßt den Sterz im Rohr trocken dünsten. Dabei zerkleinert man mit der Gabel die sich bildenden größeren Brocken. Vor dem Anrichten schüttet man die heißen Grammel der ausgelassenen Speckwürfel darauf.
Dieser Sterz wurde (und wird) in der Steiermark zur Rindsuppe, aber ebenso zur Einbrennsuppe oder zu süßer oder saurer Milch gereicht; er kann mit Salat auch als selbständige Speise serviert werden. Früher wurde dieser Sterz gern als Frühstück zu Milch oder Milchkaffee kredenzt (es gab ihn auch am Abend wieder zu Milch oder Milchkaffee!).

Eine von J. M. Heitz als »Kartoffelsterz« bezeichnete Speise sind die **Skubanki** oder Skubanky. Abgeschälte, geviertelte Kartoffeln werden mit wenig Salzwasser weich gekocht. Wenn sie halb weich sind, gibt man vier Fingerbreit Mehl darauf und macht Löcher hinein, damit das Wasser die ganze Masse durchdringen kann. Sind die Kartoffeln ganz weich, wird das restliche Wasser abgegossen und alles wie ein Kartoffelpüree abgearbeitet. Dann sticht man aus der Masse mit einem Löffel, den man in heißes Fett taucht, Nocken aus und gibt die Stücke auf eine mit Mohn oder mit geriebenen Lebzelten bestreute Schüssel. Sobald eine Reihe fertig ist, bestreicht man sie mit Schmalz, gibt wieder eine Lage Skubanki darauf usw., bis die Schüssel kegelförmig gefüllt ist.

Man kann die Kartoffelmasse mit Butter und Obers verfeinern, eventuell nachsalzen und die ausgestochenen Nocken in heißer Butter auf beiden Seiten goldgelb backen und mit Zucker und Zimt oder mit passiertem Topfen, geriebenem Käse oder mit Zwiebelringen, in Fett knusprigbraun geröstet, bestreuen.

Kukuruz (Polenta, Mais)

Der Kukuruz wurde in Österreich zunächst eher als Zier- denn als Nutzpflanze gehalten, wenn man dem Bericht des Freiherrn Hohberg aus dem Jahre 1682 Glauben schenken darf: »Er wird mehr Lust's wegen in die Gärten als in die Felder gebauet. Die Hauer in Österreich bauen ihn auch gern in die Weinberge, wo ein wenig leerer Fleck ist, und hangen darnach die vielfarbigen Kolben in ihren Wohnzimmern zur Zierd' auf.«

In Niederösterreich und in der Steiermark setzte die Maiskultur erst zu Anfang des 18. Jahrhunderts ein. Im Friaulischen galt das richtige Polentakochen als Prüfstein für die Kochkunst einer Braut.

Polenta (Steirischer)

4 Portionen

500 g Maisgrieß, 1 1/4 l Salzwasser, 2 EL Butter oder Schmalz

In siedendes Salzwasser Butter oder Schmalz geben, den Maisgrieß unter ständigem Rühren einkochen und unter weiterem Rühren so lange kochen, bis sich die Masse von Gefäß und Löffel löst. Sobald die Flüssigkeit aufgesogen ist, gibt man noch etwas Butter bei und rührt gut durch. Dann zugedeckt im heißen Rohr weiterdünsten lassen. Nun in mit kaltem Wasser ausgeschwenkte Formen füllen, fest eindrücken, stürzen und servieren (zu Saucen, Ragouts usw.).

Man kann den Mais auch in Milch kochen, auskühlen lassen, in Scheiben oder Schnitten schneiden und diese in heißem Schweineschmalz goldgelb rösten.

Ein ausgesprochen »steirisches Schmankerl« sind die

Tommerl

4 Portionen

300 g würfelig geschnittener Selchspeck, 1 l Schweineblut, Salz, Majoran, Bohnenkraut, 500 g Maismehl, Fett

Man läßt die Speckwürfel glasig werden. Inzwischen kocht man das frische, flüssig gerührte und geseihte Schweineblut vorsichtig auf, würzt es, rührt das Maismehl langsam ein und gibt die Speckwürfel bei. Die Masse in eine gutgefettete längliche Pfanne geben, fingerhoch verstreichen und im heißen Rohr backen, bis sich am Rand dunkelbraune Krusten bilden. Man serviert dazu Sauerkraut und Salzkartoffeln. – In Kärnten heißt das Gericht »Blut-Tomele«, »Blutpfanzl« oder »schwarze Pfannzeltn«. (Es gibt dazu auch eine »süße Variante«: siehe Seite 511.)

Tarhonya

Diese trockenen Eiergerstel aus Eiern, Salz und Mehl in der Größe kleiner Linsen stammen aus der Ungarischen Tiefebene um Szeged und Hódmezővásárhely und werden dort vor allem als Beilage zum Gulyás serviert. Wir finden sie in vielen alten österreichisch-ungarischen Kochbüchern. Heute bekommt man sie als reisförmige Teigware zu kaufen.

4 Portionen

250 g Tarhonya, 60 g Fett, ca. 1/2 l Wasser, etwas Salz, 30 g feingeschnittene Zwiebeln, etwas Rosenpaprika

Die Tarhonya in heißem Fett goldgelb rösten, die Zwiebeln mitrösten, leicht paprizieren, salzen, mit heißem Wasser aufgießen und zugedeckt langsam dünsten. Damit die Tarhonya beim Dünsten nicht zusammenkleben, muß genügend Wasser verwendet werden.

Ritscher(t)

Neben dem »koscheren« Ritschert mit Gansbiegel gibt es in den österreichischen Kochbüchern auch einen Ritschert aus Rollgerste, Bohnen und Selchfleisch. Theodor Eckardt definiert ihn im »Wörterbuch der Küche und Tafel« folgendermaßen: »Ritscher (Steiermark) = Gemisch von Graupen und gekochtem Schinken; mit gedünsteten Bohnen, Zwiebeln und Speck zu dickem Brei verkocht; mit Schinken oder Wurstschnitten serviert.« Dr. Blühers »Rechtschreibung der Speisen und Getränke« erklärt: »Ritscher, I. ein österr. Bohnen- und Graupen-Gericht, auch ein Gemengsel von nicht zusammenpassenden Speisen; II. schweiz. Bohnen-Gericht.« Ähnlich heißt es im »Küchen-Deutsch« der Emma Eckhart: »Ein Gemengsel von nicht zusammenpassenden Speisen; auch specielle Speise von Erbsen, Bohnen, Linsen und Gerste.« Im »Bayerischen Wörterbuch« des Johann Andreas Schmeller, 1872–1877, gibt es ein »Ru(e)tsch, Rutschart = Rütscher, eine Speise aus gekochten Erbsen und Gerste oder aus Erbsen und Linsen«. Im Klosterkochbuch von Tegernsee (1534) gibt es ein »ruetschart« und »rutschart«; Eva Hepp vermutet in »Die Fachsprache der mittelalterlichen Küche« (in Hans Wiswe, »Kulturgeschichte der Kochkunst«, 1970), daß zu dieser Wortgruppe auch das schwäbische Wort »Rutsch – Kachel = flache, irdene Kachel zum Kochen« gehöre.

4 Portionen

100 g Graupen, 100 g Bohnen, 2 EL Fett; 1 kleine, feingeschnittene Zwiebel; 10 g Mehl, Salz, Pfeffer oder Paprika, Petersilie, nach Wunsch auch Knoblauch und Majoran

Rollgerste (Graupen) und Bohnen die Nacht über vorweichen, dann weich kochen. Aus Fett, Zwiebel und Mehl sowie Petersilie eine lichte Einbrenn bereiten (man kann sie paprizieren); damit Rollgerste und Bohnen binden, würzen und zu einem nicht zu flüssigen Brei sehr weich kochen. Der Ritschert kann mit einem Stück gekochten Selchfleisch oder mit grünen Erbsen oder Kohlsprossen variiert werden.

Die Wiener Küche nimmt zum Ritschert vorwiegend kleine weiße Bohnen, die steirische Landesküche dagegen jede Bohnenart. Die Kärntner Küche würzt vor allem mit Salbei und Liebstöckl.

Statt Selchfleisch kocht man in der Wiener Küche gern auch Schweinshaxen mit, die man dann, ausgelöst und portioniert, dem Gericht wieder beigibt.

Grenadiermarsch

4 Portionen

500 g gekochte Kartoffeln; 150–200 g gekochte Flekkerl, Hörnchen oder Bandnudeln; 2 EL Fett, 1 feingeschnittene Zwiebel, Salz, Pfeffer, gehackte Petersilie oder Schnittlauch

Der Name dieser Speise stammt aus der Soldatensprache des 19. Jahrhunderts. – In heißem Fett die Zwiebel goldgelb rösten, die blättrig geschnittenen Kartoffeln mitrösten, würzen, zum Schluß die Teigware beigeben, eventuell nachwürzen. Alles gut vermischen und in heißem Rohr etwas ziehen lassen.

Man kann ebenfalls übriggebliebene Semmelknödel, aber auch Restfleisch (gekocht oder gebraten) beigeben – es ist ein typisches Restgericht. Seleskowitz (»Wiener Kochbuch«, 1880) und Anna Bauer (»Praktische Wiener Köchin«, 1889) nennen es »Durchmarsch« und empfehlen die Speise als »Garnierung« (»gewöhnlich verwendet man den ›Durchmarsch‹ zum Garnieren des Rindfleisches« [Seleskowitz]). Als Hauptspeise wird gern grüner Salat dazu serviert.

Ein weiteres Restgericht – das aber auch »frisch« zubereitet werden kann – ist das **Tiroler Gröstl,** das man wie den Grenadiermarsch bereitet: Man verwendet dazu Bratenreste oder gekochtes Fleisch, würfelig geschnitten und in Fett geröstet; dann Zwiebeln und Kartoffeln beigeben. Gewürzt wird mit Salz, Pfeffer und einer Spur Majoran.

Gemüse

Der Österreicher hat sich ein sehr eigenwilliges Verhältnis zum Gemüse erworben. Sein praktischer Sinn, in erster Linie »nahrhafte« Speisen zu kochen, und seine bäuerliche Liebe zum Mehl ließen ihn auch das Gemüse dementsprechend behandeln. Daher schätzt er das Gemüse (natur) als solches nicht sehr – es hat vielfach nur zu dienen: als »Zuspeis«, als Beilage (Emma Eckhart erklärt in ihrem »Küchen-Deutsch«, 1876, das Wort »Zuspeis« mit: »das Gemüse«).

Das adelige »Neue und nutzbahre Koch-Buch« des »Granat-Apffels« (1699) führt neben Gemüsesuppen (Blaue Kohl- und Rüben-Suppe) bereits einige Gemüsezubereitungen an, so gefülltes Kraut, gefüllte Endivie und Artischocke, gefüllter Kohl und Salat sowie »Spinat auf Niederländisch« und erwähnt zur »Ohlio-Suppe« u. a. »weiße Steckrüben, kleine weiße Rüben, übersotten«, »kohl proculi, übersotten und in Butter gekocht«, »pasternat übersotten, in Mehl gebacken«, »gereinigte pöperlein, übersotten und weiß gelassen« (»Pöperl« ist eine Salatart, »Rapunzel-« oder »Büberlsalat« genannt, heute noch im Steirischen so bezeichnet), »zellerie, überbrennt, in vier theil zerschnitten und in dotter-suppe gemacht«, »spargel übersotten« und »kleine weiße rüben gewürffelt geschnitten und im schmaltze braun geröstet«.

Das »Wienerische bewährte Kochbuch« von Ignaz Gartler und Barbara Hikmann widmet den »Gemüsen oder Zuspeisen an Fast- und Fleischtägen« ein eigenes Kapitel, darin sich u. a. folgende Rezepte finden: »Antiphiesalat gedünsten«, gefüllte Artischocken, gedünstete Erbsen, grüne Fisolen, Gemüs auf niederländische Art, Karfiol, faschierter Kauli, gefüllter »Köhl«, »Köhlprockerln«, »geblattleter Köhlrabi«, Kraut auf französische Art, »angelegtes« Kraut, gedünstetes Kraut, gefülltes Kraut, gemischtes, »gewickeltes« und gestürztes Kraut, »Linsen Golly«, »Prokoli auf wälsche Art«, Rüben aller Art, »Schatore als Zuspeis«, »Scherruben«, Spargel, »Spenat auf gewöhnliche Art« und »Wälsche Zuspeis« (»Nimm Köhlrabi, gelbe Ruben, grüne Fisolen, grüne Erbsen, Antiphie, Kauli…«). Und es hält im Anhang unter dem Titel »Von der Zierlichkeit im Anrichten der Speisen, und Auftragen derselben« fest: »Von Zuspeisen. Selbe bestehen meistens in sauern und süssen Kraut, Köhl, Ruben, Erbsen, Köhlrabi etc. und ist darauf zu sehen, daß sie gut zugerichtet werden, übrigens pflegt man selbe mit allerley Zuthaten, und Nebeningredienzen zu belegen und zu garniren, welche man zur Erhöhung ihres Geschmacks beyfügt. So machen zum Beyspiel, bey dem Sauerkraut die Bratwürst, und Schweinfleisch, bey den Köhl die gebrattenen Kästen und gebackenen Pofösen die Garnirung aus.« Das »Grätzerische Kochbuch« (1804) folgt den gleichen Spuren; überdies wird vorsorglich am Schluß des Kapitels »Zuspeisen« in einem »NB.« gemahnt: »Bey Gemüsern ist überhaupt zu erinnern, daß an Fasttagen statt Fleischsuppe und Fleisch, Schmalz und frische Butter gebraucht wird.« Theresia Ballauf, verehelichte Muck und gewesene »Freyherrlich Aarnstein'sche Köchinn«, hat in ihrem Kochbuch »Die Wiener Köchinn, wie sie seyn soll« (1810) vorsorglich die Zuspeisen getrennt nach »Gemüser oder Zuspeisen an Fasttägen« und »Allerley Gemüse oder Zuspeisen an Fleischtägen«. Überall aber wurden zum »Eindicken« des Gemüses Mehl, »Semmelkrume«, »Rahmbrühe« (mit Dotter und Mehl verrührt) oder Eidotter verwendet.

Auch in Anna Dorns »Neuestem Universal- oder: Großem Wiener Kochbuch« (1827) fehlt bei fast keinem Gemüse der »Löffel voll Mehl« bzw. die Anweisung: »Brennt sie mit einer kurzen etwas dicklichen Soß ein.« Dorn bemerkt übrigens in ihrer »Vorerinnerung« zum Kapitel »Gemüse«: »Wenn auch die neuere Kochkunst einen großen Theil der Gemüse von den Tafeln der Reichen verbannt hält, auf welche nur noch Carfiol, Spargel, Artischocken, junge Erbsen, im Winter Braunkohl und Spinat kommen, so bleiben dessen ungeachtet die übrigen ein sehr wesentlicher Theil der gewöhnlichen Hauskost und verdienen als solche auch hier unsere achtungsvolle Berücksichtigung.«

Im Abschnitt »Das Auftragen und Anrichten der Speisen« schreibt Anna Dorn: »Fast alle Gemüsearten streicht man oben flach, und garniert sie am Rande mit dem sogenannten Sattel, der aus Carbonaden, Schnittchen von Schinken, kleinen Bratwürsten, Schnittchen von Zungen, oder was immer bestehen kann... Ist es ein Gemüse, das sich mit Speck verträgt, und damit auch geschmalzen wird, wie z. B. böhmische Erbsen, so kann man auch gerösteten Speck oben auflegen. Linsen bestreut man mit geriebenen Semmeln. Den Braunkohl belegt man oben mit Kastanien, die man aber zur Hälfte eindrückt. In ganze Viertel geschnittenes Süßkraut und Kohl richtet man so an, daß die äußere runde Seite oben aufliegt, die Stengelseite aber einwärts steht, welche man dann mit andern Vierteln oder mit etwas von dem Sattel belegt.«

Auch F. G. Zenker behandelt in seiner »Anleitung zur feineren Kochkunst« (1824) das Gemüse, und zwar unter den Kapiteln »Von Pflanzen« und »Von Wurzeln und Knollen«, und empfiehlt hin und wieder die Einbrenn. Bei einer Tafel »von höherem Range« kommt das »Zugemüse« nach der ersten Tracht, »wo der Magen befriedigt, der Gaumen abgestumpft, und das Vergnügen der Tafel aufzuhören scheint, und den Anfang machen dann die feinsten lieblich schmeckenden grünen Speisen; sie kühlen den Gaumen, geben den feinsten Nerven ihre Empfänglichkeit wieder, und verschaffen so dem übrigen Theil der Tafel einen Genuß, der durch Behaglichkeit, vertrauliche muntere Stimmung an Wollust gränzt, und bilden in gewisser Hinsicht die Verbindung zwischen der nothwendigen Befriedigung des Hungers und der schwelgerischen Freude.«

Auf diversen »Speiszetteln« alter Kochbücher aus »Biedermeiers molliger Zeit« liest sich das »Zugemüse« dann so: Süßes Kraut mit Pofösen, Scherrüben mit Kaiserfleisch, grüner Kohl mit Leberwurst, Saure Rüben mit »Augspurger Würst«, gelbe Rüben mit gebackenen Fröschen, »Spenat« mit gebackener Karpfenmilch, weißes Kraut mit Schnecken, Kohl mit »Kösten und Zunge«, Kohl mit Hirnkarbonadl, gedünsteter Kohlrabi mit gebratener Kalbsleber im Netz, grüne Fisolen mit gebackenen »Spaningern« (das waren »Bock- oder Widdernieren«).

Auch die »Klassikerinnen« der altösterreichischen Kochbuchliteratur – Prato, Seleskowitz, Rokitansky – pflegten in der zweiten Hälfte des 19. Jahrhunderts das »einfach eingebrannte Gemüse« (Seleskowitz fabriziert auch »Gemüse ohne Einbrenn« und empfiehlt dazu ein bis zwei Blatt Gelatine: sie machten das Gemüse »nahrhafter«!).

Und an dieses »einfach eingebrannte Gemüse« hielten sich Tausende und Abertausende Hausfrauen von Generation zu Generation: frisches Gemüse wurde in kochendes Wasser gelegt, ver- und zerkocht, wurde mit Zwiebeln und Kräutern in Butter »gedünstet«; nach dieser »Vorstufe« kam die österreichische bzw. wienerische »Nachbehandlung«, kam der besondere »Wiener Geschmack« des »Einbrennens«, des »Eingemachten« und des »Abschmalzens«.

Diese fast kultische Prozedur der sparsamen österreichischen Hausfrau traf damit gleich zwei Fliegen auf einen Schlag: Aus dem Gemüse wurde eine überaus sättigende Portion, und es machte »beleibt«, sprich: dick. Und wenn einmal die »Hauptmahlzeit«, die »Hauptspeis«, klein ausgefallen und wenig war – die »Zuspeis«, das Gemüse, eingebrannt, eingemacht, abgeschmalzen, gestaubt oder gefüllt, war immer sättigend, füllte den Magen auch des Ärmsten.

Was man allerdings noch geraume Zeit nicht beachtete: daß die Vitamine, das feine Aroma, die frische Farbe, die Mineralstoffe, die Spurenelemente, kurzum: aller wertvoller Inhalt des Gemüses, durch das lange Kochen, Dünsten, Einbrennen und Abschmalzen zerstört wurden.

FACHLICHE HINWEISE

Immer nur ganz frisches Gemüse kaufen. Kühl, luftig und im Dunkeln aufbewahren! Unmittelbar vor dem Zubereiten unzerkleinert möglichst kurz unter fließendem Wasser gründlich waschen. Nicht lange im Wasser liegenlassen (die Nährstoffe würden sich lösen!). Gewaschenes Gemüse über ein Sieb gut abtropfen lassen. Bereits zerkleinertes Gemüse nicht lange liegenlassen (manche Nährstoffe sind lichtempfindlich!).

Zubereitung: Die moderne Ernährungslehre empfiehlt, das Gemüse nicht zu kochen, sondern zu dünsten, besser noch: zu dämpfen! Nur bei einigen Gemüsearten ist es sinnvoller, das Gemüse zu blanchieren, d. h. in reichlich Wasser zu kochen. Auf keinen Fall Gemüse zu lange kochen – es würde sonst Farbe und Nährwert verlieren. Gemüse gart an sich rasch und bereits bei niedriger Temperatur. Daher schnell ankochen und nur bis zur Garung auf dem Feuer lassen. Gemüse schmeckt bekanntlich dann am besten, wenn es vom Herd sofort auf den Tisch kommt!

Tiefkühlgemüse wird im tiefgekühlten Zustand verarbeitet.

Dünsten: Mit Flüssigkeitsmenge ($1/3$ der Höhe des Gemüses) und zugedeckt dünsten. Für Gemüse mit hohem Wassergehalt und kurzer Garzeit noch weniger Flüssigkeit nehmen (z. B. bei Kürbis und Zucchetti). Feines Gemüse wird mit Butter, Krautarten werden mit Schmalz gedünstet.

Dämpfen: Ein Locheinsatz wird über die kochende Flüssigkeit gesetzt, das Gemüse eingelegt, gesalzen und zugedeckt gegart. Das Gemüse kommt mit der Kochflüssigkeit dabei nicht in Berührung.

Kochen oder Blanchieren: Gemüse nur mit so viel Flüssigkeit ansetzen, daß es gerade damit bedeckt ist. Wichtig ist dabei das Salz. Ungesalzenes Wasser laugt das Gemüse zu sehr aus, gesalzenes Wasser weniger. Das Gemüse gibt man immer in das bereits kochende Wasser. Beim Kochen oder Blanchieren des Gemüses wird das Geschirr nicht zugedeckt.

Artischocken

Obwohl die Artischocke eine Verwandte der Distel ist, gilt sie als Luxusgemüse, »Königin der Gemüse« genannt. Bekannt war die Artischocke schon in vorchristlicher Zeit. In den südlichen Ländern hat sie heute noch den Alltagswert wie bei uns die Kartoffel. Man unterscheidet die violette, kleinere Artischocke aus Italien und die große, grüne aus Frankreich. Fertig zu kaufen gibt es Artischockenböden und -herzen in Dosen. Bei frisch gekauften Früchten ist auf die geschlossenen Knospen mit glatten Hüllblättern zu achten. In feuchtem Tuch eingeschlagen aufbewahren. Die genießbaren Teile sind die noch nicht ganz reifen Blütenköpfe. Gegessen werden nur die fleischigen Fruchtböden (mit Messer und Gabel) und die unteren weichen, fleischigen Teile der Hüllblätter (mit der Hand die Blätter einzeln herausziehen, in die Sauce tauchen, durch die

Zähne ziehen und aussaugen; der Blattrest ist ungenießbar und wird auf den Tellerrand gelegt. Zum Artischockenessen Fingerschalen aufstellen!).
Die Artischocke wird gekocht (manchmal auch gedünstet) und als Vorspeise – warm und kalt – oder als Beilage zu Fleischgerichten serviert.

Vorbehandlung: Den Stiel am Artischockenboden wegschneiden, ebenso das obere Viertel oder Drittel des Kopfes, die schlechten äußeren Blätter entfernen, bis man die zarten inneren Blätter mit dem fleischigen unteren Teil, der gegessen wird, freigelegt hat. Die Schnittflächen sind sofort mit Zitronensaft einzureiben bzw. die Früchte zu blanchieren oder in Essig- bzw. Zitronenwasser einzulegen, sonst werden die Schnittflächen schwarz.
Eine andere Art, Artischocken an den Schnittflächen schön weiß zu erhalten: Schnittflächen mit dünnen Zitronenscheiben belegen und anschließend mit Spagat zubinden.

Artischocken, gekocht (Grundrezept)

Pro Person: 1–2 Artischocken

Zitronensaft, Salz für das Kochwasser, 10 g Mehl (auf 2 l Wasser), 1 EL Öl

Vorbehandelte Artischocken mit Boden nach unten in den Kochtopf setzen, mit Zitronensaft beträufeln, mit siedendem Salzwasser, dem ein paar Tropfen Öl beigefügt werden, begießen und weich kochen. In das Kochwasser wird auch gern ein »Mehlteigerl« gegeben: auf 2 l Wasser 10 g Mehl, in etwas Wasser angerührt, dem Kochwasser beimengen. Die Artischocken sind gar, wenn sich die einzelnen Blätter leicht herausziehen lassen (nach etwa 20 Minuten). Herausnehmen, abtropfen lassen. Die zarten Mittelblätter werden geschlossen herausgedreht (mit einer Gabel in der Mitte einstechen, mit dem Daumen und der Gabel die Mittelblätter herausziehen) und verkehrt wieder eingesetzt, nachdem zuvor vom Boden innen die Fasern (das »Heu«) entfernt wurden. Mit gehackter Petersilie bestreuen. Begleitsaucen (Sauce hollandaise, Sauce vinaigrette, Mayonnaise, Rahmsauce) extra servieren.
Besonders beliebt sind die **gefüllten Artischockenböden:** Als Fülle dienen Pürees, Haschees, Feingemüse, feine Ragouts.
Artischockenherzen sind besonders kleine, entsprechend zugeschnittene Böden.
Die Artischockenböden können weich gekocht, vorher in Zitronensaft und Petersilie mariniert, auch in Wein- oder Bierteig getaucht und in heißem Öl gebacken werden (mit einer Mayonnaisesauce als Vorspeise).

Artischocken auf Kaiserart

8 Vorspeiseportionen

8 Artischocken, 100 g magerer Selchspeck, 100 g in Scheiben geschnittene Zwiebeln, 1 blättrig geschnittene Karotte, 1 kleine Knoblauchzehe, ¼ l Weißwein 40 g Öl oder Butter, 50 g magerer Selchspeck, 100 g Zwiebeln, 300 g feingehackte Champignons, gehackte Petersilie, Salz, Pfeffer

Den Boden einer Kasserolle mit ganzen Speckscheiben, mit den Zwiebelscheiben, groben Scheiben von Karotten und etwas Knoblauch belegen; die vorbehandelten Artischocken mit den Böden nach unten einsetzen, salzen, mit Weißwein begießen, zum Kochen bringen, zudecken und am besten in heißem Rohr fertigdünsten. Dann die Artischocken herausheben, umdrehen und abtropfen lassen. Die Mittelblätter herausziehen, das »Heu« entfernen und warm stellen.
In Butter den feinwürfelig geschnittenen Speck anschwitzen, die feingeschnittenen Zwiebeln rösten, die Champignons mitrösten, Petersilie beigeben, salzen und pfeffern und mit Dünstfond zu püreeartiger Konsistenz verkochen. Damit die Artischocken füllen, in heißem Rohr etwas ziehen lassen.
Man kann die Artischocken auch in eine gefettete Pfanne legen, mit geriebenem Käse und Bröseln bestreuen, mit Butter beträufeln und im Rohr bei starker Oberhitze etwa 10 Minuten überbacken (gratinieren).
Schon das »Grätzerische Kochbuch« (1804) lehrt, wie man Artischocken »ordentlich vorzulegen« habe: »Man imbrochiret die Gabel oben und mitten im Kern, drücket mit dem Messer die untersten Blätter nieder, schneidet die größten mit einem Kreuzschnitte durch, thut das Rauhe heraus, trägt sie mit dem Löffel auf dem Teller, und übergibt sie mit etwas Brühe.«

Sacher Rezept

Artischockenböden Ristori

Gekochte marinierte Artischockenböden mit Fülle füllen, je zwei gefüllte Böden zusammensetzen, durch einen Bierteig ziehen und schwimmend in heißem Fett backen. Anrichten auf gebackener Petersilie. Sauce tyrolienne wird à part gereicht.
Fülle: Eine Duxelles (siehe Seite 156) wird mit gehackter Hühnerleber und kleinwürfelig geschnittenem Schinken vermischt und mit Eidotter gebunden.

Brokkoli, Spargelkohl

Diese italienische Gemüseart gehört zur Blumenkohlgattung und wird wie Karfiol zubereitet. Als »Pompejanischer Kohl« wurde der Spargelkohl bereits von den Römern gezogen; sie unterschieden den purpurroten römischen und den weißen, braunen oder schwarzen neapolitanischen Kohl. Beim Einkauf auf stramme, dunkelgrüne, stark gekräuselte Blätter und auf unverletzte Stiele achten!

Zubereitung: Brokkoli unter fließendem Kaltwasser gut reinigen, schlechte Blätter und Stielenden wegschneiden. In kochendes Salzwasser geben, bei mäßiger Hitze etwa 15 Minuten kochen, abtropfen lassen, auf einer vorgewärmten Platte mit Sauce hollandaise anrichten. Sie eignen sich zu jedem Braten als Beilage.

Cardy, Karde

Auch »Spanische« oder »Wilde Artischocke« genannt, ist die vergrößerte Ausgabe der Artischocke (die Cardy soll die »Stammutter« der Artischocke sein). Grimod de la Reynière bezeichnet sie als das »non plus ultra« unter den Gemüsen. – Die äußeren Blätter entfernen, Herz und Innenblätter reinigen, in fingerlange Stücke schneiden, schälen, in kaltes Wasser legen (damit sie weiß bleiben). Wird nach dem Kochen oder Dünsten meist gratiniert oder gebacken.

Endivie

Auch »Brüsseler Endivie« oder »Chicorée de Bruxelles« genannt. Diese Brüsseler Endivie ist zu unterscheiden von der »Gekrausten Chicorée«. Serviert wird sie meist nur unter der Bezeichnung »Endivie«. Das zarte, ganz weiße Gewächs hat einen leicht bitteren Geschmack. Wird meist als Salat verwendet.

Zubereitung: Die fleischigen Wurzelenden und welke Blätter wegschneiden, aus dem Wurzelende einen Keil herausschneiden (weil der sehr bitter schmeckt!). Endivie nicht blanchieren, sondern mit Butter, etwas Salz und Zucker sowie Zitronensaft und ganz wenig Flüssigkeit zugedeckt etwa 1/2 Stunde weich dünsten. Dann weiterbehandeln.
Brüsseler Endivie kann man vor dem Anrichten: mit Dünstsud übergießen und mit einem Stück Butter belegen; mit brauner Butter übergießen, mit Zitronensaft beträufeln und mit gehackter Petersilie bestreuen; à la creme: in breite Stücke schneiden, wie vorstehend dünsten, mit eingekochtem Obers oder Sauce creme leicht binden; oder auf vorgewärmter Platte mit Parmesankäse und brauner Butter servieren; mit Sauce hollandaise; in Schinken einrollen, mit Sauce Mornay überziehen, mit Käse bestreuen, mit Butter beträufeln und gratinieren. So wird die Endivie (das Wort ist ägyptischen Ursprungs) gern als Vorspeise serviert.

Grüne Erbsen

Frische, grüne Erbsen erscheinen in den Kochbüchern bis zum 17. Jahrhundert nicht. Sie wurden um 1610 erstmals in Holland gezogen. In den Klosterküchen des Mittelalters erfreuten sich nur »Heidnische« oder »Böhmische Erbsen« großer Beliebtheit; man verstand darunter allerdings ein Zwischengericht aus gestoßenen Mandeln, mit Honig und Gewürzen bereitet. Heute versteht man unter »Böhmische Erbsen« schlicht den Erbsenbrei mit gerösteten Zwiebeln.

Es gibt die grobkörnige Mark- oder Zuckererbse (»Fürst der Gemüse«, in alten Kochbüchern auch »Zisserl« genannt) und die glattkörnige Pal-(Kneifel- oder Schal-)Erbse. Die Palerbsen müssen für die Weiterbehandlung ausgepalt (ausgekneifelt, ausgebröckelt) werden, die Zuckererbsen können, jung geerntet, mit der Hülse gegessen werden. Sie wurden einst den höfischen Damen als Leckerei serviert; man naschte die »Zisserl« auch gern als »Betthupferl« vor dem Schlafengehen.

Zuckererbsen

Die Zuckererbsen in wenig kochendem Salzwasser weich kochen; kalt abfrischen; in einer Pfanne Zucker mit heißer Butter schmelzen, Erbsen beigeben und schwenken. Oder mit Bouillon (man kann Kräuter wie Dill, Kerbel, Petersilie, Schnittlauch mitdünsten) und mit einem Stück Butter und etwas Zucker dünsten. Die Flüssigkeit soll mit dem Weichwerden der Erbsen verdunstet sein. Butter und Zucker bleiben als Bindung zurück.

Grüne Erbsen auf französische Art

4 Portionen

500 g grüne Erbsen; 100 g Schalotten oder Zwiebeln, fein geschnitten; 400 g nudelig geschnittener Kochsalat, 80 g Butter, 2 EL Zucker, etwas Salz, Petersiliebouquet

Zuerst in Butter die Schalotten oder Zwiebel anlaufen lassen, den Salat beigeben, dann die Erbsen dazugeben, mit Zucker, Salz und kleinem Petersiliebouquet weich dünsten. Zum Schluß Petersilie entfernen, frische Butter beigeben. Statt Petersilie können auch Fenchel oder frische Pfefferminzblätter verwendet werden.

Erbsen mit Zwiebeln und Speck (»Eingemachte Erbsen«)

4 Portionen

500 g Zuckererbsen, 120 g würfelig geschnittener Selchspeck; 100 g junge, kleine Zwiebeln oder Schalotten; Bouillon (oder Wasser), Salz, Pfeffer, Petersiliebouquet, Mehlbutter (aus 20 g Butter, 10 g Mehl und etwas Milch) oder 1 EL Einmachsauce (aus Butter, Mehl und Milch)

Speckwürfel rösten, darin die Zwiebel anrösten, die rohen Erbsen beigeben, mit heißer Bouillon untergießen, mit Salz und Pfeffer würzen, mit Petersilie zugedeckt dünsten. Das Ganze nach Entfernen der Petersilie mit Mehlbutter oder Einmachsauce binden. – Mit den jungen Zuckererbsen kann man auch junge, kleinwürfelig geschnittene Karotten dünsten.

Fenchel

Der Speisefenchel, auch »italienischer Süßfenchel« genannt, in Österreich häufig unter der italienischen Bezeichnung »Finocchio« auf der Speisenkarte, wird als Vorspeise, Gemüsegericht, Beilage zu Fleisch und als Salat serviert. Der eigentümliche Fenchelgeschmack haftet auch dem Gemüsefenchel an, der dem Bleich- und Stangensellerie ähnlich ist. Wurden 1961 erst 50 000 kg Fenchelgemüse nach Österreich – ausschließlich aus Italien – eingeführt, so waren es 1971 bereits 199 000 kg. Genießbar sind nur die über der Wurzel liegende Knolle sowie der untere, zu einer runden Form vereinigte Teil der Blätter. Der Wurzelansatz muß gesäubert und pariert, alle harten, schlechten und strähnigen Außenrippen müssen weggeschnitten werden. Dann gut waschen und in Salzwasser etwa 5 Minuten blanchieren; danach dünsten. Als unfachgemäß gilt es, Fenchelgemüse in Milch- oder Zitronenwasser zu kochen.

Übrigens: Schmeckt einer Schwangeren Fenchel besonders gut, soll es ein Bub werden! Und ein altes Kräuter-

Schöne Maschanzga   Brennhaßi Kästen!

buch weiß: »Fenchel gessen, sterckt den magen, macht wol dawon, zertreibt die winde, den seugammen mehret er die milch. Fenchel in wein gesotten, hillft denen, so mit not harnen. Der Safft von kraut und stengel ausgedruckt, ist den trüben augen erspriesslich.« Spätestens unter Karl dem Großen kam der Fenchel über die Alpen nach Deutschland, Österreich und Böhmen. Beim Kauf auf stramme Stiele mit hellgrüner Farbe, festgeschlossene Knollen und frische Blätter achten!

Gedünsteter Fenchel (Grundrezept)

4 Portionen

4 Fenchelknollen, 3–4 Scheiben durchzogener Speck, 40 g Zwiebeln, 1 Karotte, Salz, 1/8 l fette Bouillon

Knollen sauber putzen, sandige Teile entfernen, die bräunlichen Außenblätter zurechtschneiden, mehrmals waschen, etwa 5 Minuten in kochendem Salzwasser blanchieren und kurz abfrischen. Nach Bedarf halbieren oder vierteln, den Strunk wegschneiden, in einem Geschirr mit etwas fetter Bouillon (oder Wasser) zugedeckt weich dünsten. Auf den Boden des Geschirrs kann man Scheiben von Speck, Zwiebel, Karotten legen (die aber nicht mitserviert werden). Oder man läßt magere Speckwürfel glasig werden, gibt feingeschnittene Zwiebeln und kleinwürfelig geschnittene Karotten bei, röstet alles durch, legt die blanchierten, halbierten Fenchelknollen darauf, untergießt mit fetter Bouillon und dünstet sie etwa 30 Minuten. Beim Anrichten Speck, Zwiebeln, Karotten obenauf legen und mit gehackter Petersilie bestreuen.

Weitere Serviermöglichkeit: Fenchel nach Grundrezept weich dünsten, in fingerdicke Scheiben schneiden, anrichten, mit 1/4 l Cremesauce (Seite 161) oder mit Markscheiben belegen und mit Sauce bordelaise begießen.

Gebackener Fenchel

Fenchel nach Grundrezept weich dünsten, in fingerdicke Scheiben schneiden, mit Mehl, Eiern und Bröseln panieren, in heißem Fett schwimmend backen. Oder zuerst in Petersilie und Zitronensaft marinieren, dann durch einen Backteig (Bierteig, Seite 516) ziehen und in Fett backen. Wird als Vorspeise mit Mayonnaise serviert.

Gratinierter Fenchel

Vorbereiteten, weichgedünsteten Fenchel in fingerdicke Scheiben schneiden. Eine Gratinierschüssel mit

Butter ausstreichen, den Boden mit einer Sauce Mornay (siehe Seite 161) bedecken, die Fenchelscheiben einlegen, mit Sauce Mornay (insgesamt ¼ l) übergießen, mit Reibkäse bestreuen, mit Butter beträufeln und gratinieren. Als Vorspeise serviert, gibt man zwischen die einzelnen Fenchelscheiben noch je eine Schinkenscheibe.

Fisolen (grüne Bohnen)

Die grüne Gartenbohne heißt in Österreich »Fisole« (lateinisch: »phaselus« = Bohne, mittelhochdeutsch: »fasol«). Sie kam im 16. Jahrhundert aus Südamerika zu uns. Das »New Kreutterbuch« schreibt: »Faseln erreyzen die unkeusche gelust, haben die tugendt, geschwulst und schmertzen zu stillen an dem heymlichen ort, und anderstwo, man macht daraus ein sehr köstliche weiberschmünke oder anstrich.« Für die feine Küche bevorzugt man heute die fadenlose grüne Bohne. Sie soll einen glatten, nichtfaserigen Querbruch haben.

Vorbehandlung: Die Enden der Fisolen abschneiden bzw. abzwicken; bei nichtfadenfreien Sorten die Fäden vom Stengelansatz zur Spitze hin und zurück abziehen, unter kaltem Fließwasser waschen, abtropfen lassen, in schräge, fingerbreite Stücke schneiden oder mit dem Bohnenmesser nudelig schneiden; in wenig siedendem Salzwasser bei starker Hitze nicht zu weich kochen, abseihen, abfrischen, abtropfen lassen und dann weiterbehandeln.

Fisolen mit Butter

Die Fisolen in Salzwasser weich kochen und abseihen. In einer Pfanne Butter aufschäumen, die Bohnen beigeben, pfeffern und gut durchschwenken.

Senffisolen

4 Portionen

750 g Fisolen, 60 g Fett, 1–2 kleine Zwiebeln, 1 EL Mehl, etwas Bouillon, Bohnenkraut, Salz, Pfeffer, Senf

Die feingeschnittenen Zwiebeln in heißem Fett rösten, mit Mehl stauben, leicht durchrösten, mit etwas Bouillon ablöschen, die kernig gekochten Fisolen beigeben, mit etwas Bohnenkraut weich dünsten. Zum Schluß salzen, pfeffern und mit Senf abschmecken.

Fisolen auf Wiener Art (Dillbohnen)

6 Portionen

1 kg Fisolen, Salzwasser, 60 g Butter, 1 feingeschnittene Zwiebel, 30 g Mehl, etwas Rindsuppe, 3 EL gehacktes Dillkraut, Essig oder Zitronensaft, etwas Zucker, ¼ l Sauerrahm, Salz, Pfeffer, gehackte Petersilie

Die geputzten, in Stücke geschnittenen Fisolen in siedendem Salzwasser nicht zu weich kochen. Die feingeschnittene Zwiebel in heißer Butter anlaufen lassen, mit Mehl stauben, kurz durchrösten, mit etwas heißer Rindsuppe aufgießen, kurz verkochen lassen, bis die Sauce sehr dickflüssig-sämig wird. Dann die abgetropften Fisolen beigeben. Mit Salz, Pfeffer, Essig, Zucker und gehacktem Dillkraut und Petersilie würzen und abschmecken. Zum Schluß den glattgerührten Sauerrahm beigeben, verrühren, einmal kurz aufkochen und noch kurz ziehen lassen.

Diese **eingemachten Fisolen** gehören in der Wiener Küche zu den »klassischen« Beilagen des gekochten Rindfleisches.

Fisolengemüse

4 Portionen

600 g Fisolen, 50 g Öl, 2–3 in Streifen geschnittene Paprikaschoten, 80 g Zwiebeln, Salz, Pfeffer, etwas Rindsuppe; 6 geschälte, ausgedrückte, grobgeschnittene Paradeiser oder 2 EL Paradeismark; gehackte Petersilie, eine Spur Knoblauch

Die feingeschnittene Zwiebel in Öl anschwitzen, die Paprikaschoten und die vorbereiteten Fisolen beigeben. Würzen, mit etwas Rindsuppe oder Wasser untergießen und weich dünsten. Vor dem Garwerden die Paradeiser beigeben und fertigdünsten. Mit einer Spur Knoblauch abschmecken. Mit Petersilie bestreuen.

Spargelbohnen auf Wiener Art

Die Spargelbohnen, auch »Wachsbohnen«, in Österreich »Spargelfisolen« genannt, werden wie die Fisolen zubereitet, vor allem mit frischer Butter, mit Butter und Bröseln, in Butter gedünstet und eingebrannt (»Spargelfisolen auf Wiener Art«, aber ohne Dille!) oder als Salat serviert.

Grüne Bohnenkerne

sind die noch grünen Kerne der weißen Gartenbohne. Sie werden in halbreifem Zustand ausgelöst und weiterbehandelt und wie die grünen Erbsen als Beilage, besonders zu Hammel- und Lammfleisch, serviert. Man kann sie mit Fisolen mischen, als Püree mit frischer Butter und Obers oder in Butter geschwenkt und mit grüner Petersilie zubereiten.

»**Prinzeßbohnen**« sind die kleinen, kernlosen grünen Zwergbohnen.

Gurke

Die Gurke gibt es schon seit Jahrtausenden. Ihre Heimat vermutet man in Indien, aber erst im 7. vorchristlichen Jahrhundert kam die Gurke nach Griechenland und wurde Handelsware. Nördlich der Alpen wurde sie von Karl dem Großen eingeführt. Bereits der römische Schriftsteller Plinius hat die Salzgurke erwähnt. (In Altösterreich waren die »Znaimer Gurken« ein Qualitätsbegriff. – Rumohr gab dennoch den holländischen »eingemachten«, »gesäuerten« Gurken den Vorzug.) Die Senfgurke ist im 2. Jahrhundert v. Chr. erwähnt worden. Das Wort »Gurke« geht auf das griechische »agouros« (= Gurke) zurück und wurde im 16. Jahrhundert aus dem Westslawischen entlehnt. Die österreichische Umgangssprache und Mundart griff auf die lateinische Wortform »cucumer« zurück und nennt das Kürbisgewächs »Umurke«.

Noch Karl Friedrich Rumohr schreibt 1822 in seinem »Geist der Kochkunst«: »Diese sonderbare Gemüsefrucht (Cucumis, Kummerling, Kukumer) wage ich kaum unter die nahrhafteren zu setzen, denn ihre Fiber ist grob und unverdaulich, daher im Süden als fieberhaft gefürchtet.«

Für Gemüse verwendet man die dicken kurzen Gurken, für Salate die schlankeren Salatgurken. Gurken vom Blüten- zum Stielansatz hin abschälen (am Stielansatz kosten, ob sie bitter schmecken; hier bilden sich nämlich die Bitterstoffe!). Halbierte Gurken immer von der Mitte zum Blüten- bzw. zum Stengelansatz hin schälen. Beim Kauf auf glatte, glänzende und unverletzte Schale und auf festes, druckempfindliches Fruchtfleisch achten!

Gurkengemüse

4 Portionen

1 große Gurke, 1 feingeschnittene Zwiebel, 40 g Butter, etwas Bouillon, Dillkraut, 1–2 EL Paradeismark, Salz, Pfeffer

Die geschälte, entkernte, würfelig oder in Scheiben geschnittene Gurke mit Zwiebeln, Dillkraut, den Gewürzen, Butter und etwas Bouillon weich dünsten. Mit Paradeismark und Zitronensaft abschmecken.

Rahmgurken mit Dill

6 Portionen

1–2 Gurken, 60 g Butter, 50 g Mehl, 1 feingeschnittene Zwiebel, Kalbsknochensuppe, Salz, Pfeffer, Essig oder Zitronensaft, 1/8 l Sauerrahm, gehacktes Dillkraut, gehackte Petersilie

Feingeschnittene Zwiebel in heißer Butter anlaufen lassen, mit Mehl stauben, mit Kalbsknochensuppe ablöschen und aufgießen; zu einer samtigen, dicklichen Soße verkochen lassen. Die geschälten, halbierten, entkernten und in dicke Scheiben geschnittenen Gurken beigeben und in der Sauce etwa 20 Minuten weich dünsten. Mit Salz, Pfeffer, Essig (oder Zitronensaft) würzen, Sauerrahm, mit Dille und Petersilie glattgerührt, beigeben und verrühren. Einmal kurz aufkochen und dann etwas ziehen lassen. Zum Schluß mit gehacktem Dillkraut bestreuen.

Gefüllte Gurken

4–6 Vorspeiseportionen

1–2 Gurken, Salz, 30 g Butter, etwas Bouillon, 1/2 l Dill- oder Paradeissauce (siehe Seite 163)
Fülle: 250 g fettes Faschiertes vom Schwein, 20 g Fett,

80 g Zwiebeln, gehackte Petersilie, 1 Ei, Salz, Pfeffer, 1 zerdrückte Knoblauchzehe

Die Gurken schälen, in 3–5 cm lange Stücke teilen und kurz blanchieren, abfrischen. Mit dem Ausstecher die Kerne entfernen, dann füllen und in Butter mit etwas Bouillon im Rohr fertigdünsten. Mit Paradeissauce oder Dillsauce nappieren und als Vorspeise servieren. Fülle: Feingeschnittene Zwiebel in heißem Fett goldgelb rösten, gehackte Petersilie beigeben, überkühlen, mit dem feinst faschierten Fleisch, den Gewürzen und dem Ei gut abarbeiten, mit Wasser zu einer weichen, geschmeidigen Konsistenz rühren. Mit dem Dressiersack ohne Tülle in die vorbereiteten Gurken erhaben füllen.

Karfiol

Der Karfiol (Blumenkohl) ist nach Habs–Rosners »Appetit-Lexikon« neben dem »König Spargel und der Königin Artischocke« das edelste aller Gemüse. Er gehört zur Kohlsippe, hat sich aber »abnorm« entwickelt. Bekannt war er schon im Altertum. In Österreich wurde er erst nach dem Dreißigjährigen Krieg heimisch. Noch 1682 mußte der Same aus Italien importiert werden. So hat sich in Österreich auch die italienische Bezeichnung »Carfiol« (von lateinisch »caulis« = Kohl und »flos, floris« = Blume) eingebürgert. Habs und Rosner meinen, Karfiol sei in Salzwasser gesotten mit weißer Sauce vorzüglich, gedämpft mit Rahmsauce vortrefflich, mit Hummer in Kräutersauce ausgezeichnet, in Teig gebacken köstlich, mit Öl und Zitronensaft wunderbar, in der Suppe delicat und mit Parmesankäse einfach unübertrefflich.

Beim Kauf beachten: »Rose« soll in grüne Außenblätter eingeschlossen, die Röschen sollen geschlossen und dicht sein, keine dunklen Flecken haben, gleichmäßig hell von weißer Farbe und ohne Ungeziefer sein.

Vorbehandlung: Den geputzten Karfiol im ganzen einige Minuten in kaltes Salzwasser legen, um etwaiges Ungeziefer zu entfernen. Gereinigten Karfiol, entweder in der ganzen Rose oder in nicht zu kleine Rosen geteilt, in siedendes Salzwasser legen und weich kochen (15 bis 20 Minuten), herausnehmen, abtropfen lassen, weiterbehandeln. – Man kann dem Salzwasser etwas Milch beigeben; der Karfiol verliert dadurch den charakteristischen herben Geschmack.

Die innenliegenden zarten Blätter des Karfiols kann man dünsten oder kochen und für eingemachtes Gemüse verwenden.

Karfiol mit Butter und Bröseln

4 Portionen

1–2 Karfiolrosen, Salz, 80 g Butter, 30 g Brösel

Karfiol in Salzwasser kochen, abtropfen lassen, trocken anrichten, mit in heißer Butter lichtgerösteten Semmelbröseln überziehen. Man kann statt der Brösel (oder damit vermischt) auch geriebenen Parmesankäse streuen, oder den Karfiol mit Sauce hollandaise oder kalt in Sauce vinaigrette mariniert servieren. Oder mit Reibkäse überstreuen, mit Butter beträufeln und einige Minuten im heißen Backrohr gratinieren.

Karfiol auf Wiener Art

4 Beilageportionen

2 Karfiolrosen, 40 g Butter, 40 g Mehl, Salz, Pfeffer, Muskat, gehackte Petersilie

Den weichgekochten Karfiol in kleine Röschen zerteilen. – In heißer Butter das Mehl anschwitzen, gehackte Petersilie zuletzt mitrösten, mit dem Karfiolsud oder mit Knochensuppe und Sud aufgießen, kurze Zeit verkochen lassen.

Mit Salz, Pfeffer und Muskat würzen, die Karfiolröschen beigeben und etwas ziehen lassen.

Karfiolröschen in Backteig

4 Vorspeiseportionen

1 Karfiolrose, Salz, Saft von 1 Zitrone, gehackte Petersilie, Backteig (siehe Seite 516), Backfett

Karfiol in Salzwasser weich kochen, abtropfen lassen, in nußgroße Stücke teilen, zusätzlich mit Salz, Zitronensaft und Petersilie marinieren. Dann gut abtropfen lassen, in Backteig tauchen und in Backfett backen. Mit gebackener Petersilie, Zitronensechsteln und Mayonnaisesauce servieren.

Karfiol, gratiniert

4–6 Vorspeise- oder Beilageportionen

2 gekochte Karfiolrosen, Sauce Mornay (siehe Seite 161), Parmesankäse, Butter (Brösel)

Den gekochten, abgetropften Karfiol im ganzen oder in Röschen zerteilt in eine bebutterte Gratinierschüssel geben, mit Sauce Mornay überziehen, mit geriebenem Käse (und eventuell mit Semmelbröseln) bestreuen, mit Butter beträufeln und im Rohr bei starker Oberhitze gratinieren.

Eine andere Art des Gratinierens: Die Platte dick mit Butter bestreichen, mit Parmesan bestreuen, den Karfiol einlegen, reichlich mit Parmesan bestreuen, mit Butter beträufeln und gratinieren.

Oder: ¼ l Sauerrahm mit 2 Eidotter verrühren, den Karfiol damit überziehen, reichlich mit Bröseln und Reibkäse bestreuen, mit Butter beträufeln und gratinieren.

Karfioldunstkoch (Karfiolpudding)

4 Portionen

1 Karfiolrose, Salzwasser
Puddingmasse: 70 g Butter, 4 Eidotter, Salz, Pfeffer, Muskat, 1 Zwiebel, 20 g Butter, 150 g gehackte Champignons, 1 eingeweichte Semmel, gehackte Petersilie, 2–3 EL Milch, 4 Eiklar, Butter und Mehl für die Puddingform

Karfiol in Salzwasser halbweich kochen, herausnehmen, abtropfen lassen, zerkleinern und überkühlen.
Puddingmasse: In einer Schüssel die Butter schaumig abtreiben, mit den Dotter verrühren, die in Milch geweichte, ausgedrückte, entrindete Semmel beigeben, die mit feingeschnittener Zwiebel in Butter gedünsteten Champignons und die gehackte Petersilie beigeben, mit Salz, Pfeffer und Muskat würzen. Zum Schluß den steifen Schnee unter die Masse heben.
Eine Auflaufform oder Timbale mit Butter bestreichen, leicht mit Mehl stauben, die Karfiolröschen einlegen, dabei eine Lage Karfiolröschen und eine Lage Puddingmasse geben. Das Ganze mit Puddingmasse abschließen. Im Wasserbad etwa ¾ bis 1 Stunde kochen. Stürzen, mit heißer Butter übergießen.

Karfiolpüree

4 Portionen

1 gekochter Karfiol, 1–2 weichgekochte Kartoffeln, Butter, Obers, Salz, Muskat

Den gekochten Karfiol im Rohr trocknen, passieren; ebenso die Kartoffeln passieren. Beide Massen vermengen, mit Butter und Obers glattrühren. Man kann in das feste Karfiolpüree auch nur Dotter und Schnee geben, das Ganze in eine bebutterte Auflaufform oder Timbale füllen und im Rohr backen. Gewürzt wird mit Salz und Muskat.

Karotte

Auch »Möhre, Mohrrübe« genannt. Sie gehört zu den ältesten und am weitest verbreiteten Gemüsesorten (man fand Reste bereits in Pfahlbausiedlungen). Die Bezeichnung »Karotte« wurde im 16. Jahrhundert dem niederländischen »karote« entlehnt, das wieder über ein französisches »carotte« (lateinisch: »carota«) auf ein griechisches »koroton« (= Möhre, Karotte) zurückgeht. Die Möhre oder Karotte hat sich aus der Wildmöhre entwickelt, ist also heimischen Ursprungs, und war neben Kraut und Rübe »das gewöhnlichste Gericht des gemeinen Mannes... Auch in Wien nahm man noch im letzten Viertel des 18. Jahrhunderts solchen Anteil an der ›Möra‹, daß man die grellrote, stattliche Feldmöhre das ›Männlein‹, die lichtrote oder gelbliche, zarte Frühmöhre oder eigentliche Carotte dagegen das ›Weiberl‹ nannte. Der Kartoffel gelang es, diese Vorherrschaft der Gelbrübe zu brechen« (Habs–Rosner, »Appetit-Lexikon«, 1894). In einem alten Kräuterbuch heißt es: »Die Möhren gesotten, sindt lieblich zu essen, dem magen nützlich, treiben den Harn, bringen Lust zur speiss und zu den ehlichen wercken.« Und angeblich hat der, welcher zu Silvester und Neujahr Karotten ißt, das ganze Jahr über Geld!
Nach alten Rezepten höhlte man die jungen Karotten aus, füllte sie mit Eiern, buk sie in Schmalz und richtete sie auf gebähtem Brot an; man bereitete auch aus mit Wein und Weinbeeren gekochten Möhren ein Möhrenmus mit Mandelmilch und Wein.

Beim Kauf beachten: Karotten sollen außen nicht beschädigt sein, dürfen keine Risse haben, die Blätter müssen frisch sein, im Bruch dürfen sie nicht zäh, faserig oder gar holzig sein.

Vorbehandlung: Junge Karotten nur abschaben, ältere vom Krautansatz an zu der Wurzel hin abschälen, kurz mit Kaltwasser abschwemmen, abtropfen lassen und weiterverarbeiten. In Scheiben, Stifte, Würfel oder olivenförmig schneiden; die jungen Karotten im ganzen mit Wasser, Salz, Zucker und etwas Butter weich dünsten, die Flüssigkeit einkochen lassen (Karotten geben wenig Flüssigkeit ab, daher ein bißchen mehr Flüssigkeit beigeben!). Die Karotten im Fond schwenken und glasieren.

Gedünstete Karotten

4 Beilageportionen

500 g Karotten, Salz, 1 EL Zucker, ⅛ l Rindsuppe oder Wasser

Die vorbereiteten, geschnittenen Karotten mit Salz, Zucker, Butter und Flüssigkeit zugedeckt bei mäßiger Hitze 20–45 Minuten dünsten (je nach Alter der Karotten), wiederholt umrühren, eventuell etwas Flüssigkeit nachgießen. Mit reichlich kleingeschnittener Petersilie bestreuen und anrichten.

Karotten auf Wiener Art

4 Beilageportionen

500 g Karotten, 60 g Butter, 20 g Mehl; 1 kleine, feingeschnittene Zwiebel; Prise Zucker, Salz, ⅛ l Rindsuppe oder Wasser

Die vorbereiteten, geschnittenen Karotten mit etwas Zucker in heißer Butter anlaufen lassen, feingeschnittene Zwiebel beigeben, mit wenig Flüssigkeit untergießen und weich dünsten. Nach Geschmack salzen. Zum Schluß mit wenig Mehl stauben, mit Rindsuppe aufgießen, gehackte Petersilie beigeben und fertigdünsten.

Glasierte Karotten

In heißer Butter wenig Zucker schmelzen, die jungen Karotten im ganzen beigeben, mit etwas Flüssigkeit untergießen und salzen. Zugedeckt weich dünsten, bis die ganze Flüssigkeit verdunstet ist (in diesem Augenblick sollen die Karotten weich sein). Zum Schluß die garen Karotten in dem sirupartigen Fond schwenken.

Karottenpüree

In Butter feingeschnittene Zwiebel anlaufen lassen, blättrig geschnittene Karotten beigeben, mit Rindsuppe oder Wasser untergießen, leicht salzen und weich dünsten, dann passieren. Mit Obers und Butter zu einem feinen Püree verarbeiten.

Man kann ein Drittel der passierten Karottenmasse mit Kartoffelpüree vermischen und mit Obers und Butter zu einem feinen Püree verarbeiten.

Kastanien (Maroni)

Beim Kauf auf glatte, glänzende Schale achten. Die Kastanien auf der gewölbten Seite kreuzweise einschneiden, etwa 15 Minuten auf einem Blech – zuvor mit Wasser bespritzt – ins heiße Backrohr geben, bis sich die Schalen öffnen und die Kastanien schälen lassen. Man kann sie auch kurz in kochendes Wasser legen. Je heißer das Wasser ist, desto leichter lassen sie sich schälen. Man zieht auch das unter der Schale liegende haarige Häutchen ab (eventuell noch einmal in das heiße Wasser tauchen). Bei der Methode mit dem heißen Wasser leidet jedoch der Wohlgeschmack. Gedünstete, glasierte usw. Kastanien heißen in Österreich auch Maroni (oberdeutsch: Marone).

Gedünstete Kastanien

6 Portionen

500 g Kastanien, 1 EL Zucker, 2 EL Butter, ¼ l Wasser

In heißer Butter den Zucker goldgelb schmelzen, mit Wasser aufgießen, die geschälten Kastanien beigeben. Zugedeckt bei mäßiger Hitze etwa 30 Minuten dünsten, bis das Wasser voll verdunstet ist. Man kann die Kastanien auch mit kräftig eingekochtem Kalbsfond und einem Selleriebouquet zugedeckt, ohne umzurühren, weich dünsten.

Hirschsteaks St. Hubertus

Gespickter Rehrücken

Fasan auf Winzerinnenart

Gebratene Rebhühner

Das Schanzl-Ufer und die Obstflottille des Donauarmes in Wien. Originalzeichnung von Palm. (S. 192.)

Glasierte Kastanien

Kastanien nach vorstehendem Rezept bei starker Hitze, ohne sie viel zu bewegen, dünsten. Den Fond bis zur Glace einkochen, die Kastanien darin leicht rollen.

Kastanienpüree

6 Portionen

500 g Kastanien, 50 g Zucker, 1/8 l Obers, 1/8 l Milch, 1–2 EL Butter, Prise Salz

Die vorbereiteten, ausgelösten Kastanien in Obers und Milch mit der Butter und dem Zucker weich kochen, dann herausnehmen und passieren. Mit einem Stück Butter zu Püreekonsistenz verarbeiten und leicht salzen. Das Kastanienpüree wird gern zu Wild- und Wildgeflügelgerichten serviert. Sehr gut schmeckt das Püree auch, wenn man 1/2 Sellerieknolle, blättrig geschnitten und in Salzwasser und etwas Zitronensaft weich gekocht, mit den Kastanien passiert. Nach Wunsch das Kastanienpüree mit Cognac abschmecken.

Kochsalat

Kochsalat auf Wiener Art

4 Portionen

1 kg Kochsalat, 40 g Butter, 40 g Mehl; 1 kleine, feingeschnittene Zwiebel; gehackte Petersilie, Salz, Pfeffer, Muskat, Kalbsknochensuppe

Den Kochsalat entblättern, den Strunk entfernen, einige Male in reichlich Wasser waschen und in etwa 3 l kochendem Salzwasser blanchieren, bis sich die Rippen leicht durchdrücken lassen; dann abseihen, abfrischen und abtropfen lassen. Etwas Kochwasser bereithalten. Den Kochsalat grob hacken. Butter aufschäumen lassen, feingeschnittene Zwiebel darin rösten, mit Mehl stauben, gehackte Petersilie kurz mitrösten und mit Suppe und etwas Kochwasser aufgießen. Gut verkochen. Die Sauce über den Kochsalat passieren. Das Ganze einige Minuten dünsten lassen. Mit Salz, Pfeffer und Muskat abschmecken.

Kochsalat mit grünen Erbsen

Dem Kochsalat auf Wiener Art etwa 200 g in Salzwasser (mit einer Prise Zucker) gekochte grüne Erbsen beigeben und 10 Minuten langsam dünsten.
Beide Zubereitungsarten gehören zu den klassischen Beilagen zum gekochten Rindfleisch.

Gedünsteter Kochsalat

Koch- oder Kopfsalat im ganzen gut waschen, dabei darauf achten, daß kein Sand mehr zwischen den Blättern ist. Dann im ganzen in Salzwasser 5 Minuten blanchieren, abfrischen und abtropfen lassen. Je 5 Stück zusammenbinden, in einer Kasserolle auf Speck-, Karotten- und Zwiebelscheiben legen, mit fetter Bouillon untergießen und zugedeckt im Rohr dünsten. Die gedünsteten Stücke der Länge nach teilen (Spagat zuvor weggeben, Strunk ausschneiden), leicht plattieren, in der Mitte zusammenklappen, in bebutterte Pfanne oder Kasserolle geben, mit dem Dünstfond untergießen und zugedeckt warm stellen. In dieser Form kann man den Kochsalat als Garnitur zu Schlachtfleischgerichten verwenden. Der Küchenchef nennt diese Art Kochsalat »laitue braisé«.

Grünkohl, Blatt- oder Braunkohl

Beim Einkauf beachten: Die Köpfe sollen geschlossen sein und helle oder dunkelgrüne krause Blätter haben. Es gibt auch einen glattblättrigen Kohl und den frühen »harten Kapuzinerkohl«. Der Winterkohl ist die winterharte Sorte.

Vorbehandlung: Gelbe Außenblätter entfernen, Kohl vierteln, säubern, gründlich waschen, Strunk und dicke Blattrippen wegschneiden und den Kohl je nach Verwendung in Streifen oder Stücke schneiden. Alle Kohlarten in offenem Geschirr kochen! Kochwasser weggießen und nicht weiterverwenden!

Eingebrannter Kohl

4 Portionen

600–800 g grobnudelig geschnittener Kohl; 1–2 geschälte, würfelig geschnittene Kartoffeln; 50 g Fett (oder Speckwürfel), 1 Zwiebel, 1 zerdrückte Knoblauchzehe, 40 g Mehl, 1/4 l Knochensuppe, Salz, Pfeffer, Majoran

Kohl und Kartoffeln in siedendem Salzwasser weich kochen und abfrischen. In heißem Fett die geschnittene Zwiebel anlaufen lassen, Knoblauch hineingeben, mit Mehl stauben, Petersilie beigeben, mit Knochensuppe aufgießen, Kohl und Kartoffeln (man kann beide zuvor passieren) beigeben. Kurz aufkochen lassen; würzen.

Kohl auf Wiener Art (»Wiener Kohl«)

4 Portionen

800 g Kohl, Salzwasser, 50 g Fett, 40 g Mehl, 1 feingeschnittene Zwiebel, 1 zerdrückte Knoblauchzehe, gehackte Petersilie, 1/2 l Rindsuppe, Salz, Pfeffer, Majoran, Bratenfett oder Bouillon

Den in grobe Streifen geschnittenen, vorbereiteten Kohl in Salzwasser blanchieren, abfrischen. In heißem Fett Mehl licht rösten, feingeschnittene Zwiebel mitrösten, Knoblauch und Petersilie beigeben, mit Rindsuppe aufgießen und gut verkochen lassen. Den blanchierten Kohl damit binden, würzen und noch 10 Minuten weiterkochen. Eventuell mit Bouillon oder Bratenfett vor dem Anrichten verfeinern.

Gedünsteter Kohl

4 Portionen

1 kg Kohl (kleine Kohlköpfe), 250 g Speckscheiben,

Salz, Pfeffer, gehackte Petersilie, Knochensuppe

Kohl waschen, vierteln oder im ganzen in heißem Salzwasser blanchieren; herausnehmen, gut auspressen. Eine feuerfeste Schüssel mit dünnen Speckscheiben belegen, die ausgepreßten Kohlstücke daraufgeben, salzen, pfeffern und mit gehackter Petersilie bestreuen. Mit kochender Knochensuppe untergießen und zugedeckt etwa 2 Stunden im Rohr dünsten. Vor dem Servieren eventuell mit Reibkäse bestreuen. – Zu den Kohlstücken kann man auch gebratene Schinkenscheiben, geschälte, ausgedrückte, geviertelte Paradeiser, geviertelte Champignons geben und sie statt mit Knochensuppe auch mit Bratensaft begießen. Dieses Gericht wird gern als Fleischgarnierung serviert.

»Gebratener« Kohl

4 Portionen

1 kg Kohl, Salz, Pfeffer, 200 g Speckscheiben, 1 Zwiebel, Rindsuppe oder Bratensaft

Den geviertelten, vorbehandelten Kohl in Salzwasser halbweich kochen, abfrischen, herausnehmen und gut auspressen. In eine Kasserolle abwechselnd Brustspeckscheiben, Kohl und Zwiebelscheiben, jeweils leicht gewürzt, legen. Mit Rindsuppe oder Bratensaft begießen und im Rohr zugedeckt 1–2 Stunden »braten«. Falls nötig, von Zeit zu Zeit mit etwas Suppe oder Bratensaft aufgießen.

Gedünstete Kohlkugeln

6–8 Beilageportionen

2 mittelgroße Kohlköpfe, Salzwasser, Salz, Pfeffer, 8 dünne Scheiben durchwachsener Speck
Fülle: 150 g würfelig geschnittener Frühstücksspeck, 150 g feingeschnittene Zwiebeln, gehackte Petersilie

Fülle: Den Speck glasig rösten, zuerst die Zwiebel, zuletzt auch die Petersilie mitrösten. Überkühlen. Vorbehandelten Kohl vierteln, den Strunk nicht ganz wegschneiden, in Salzwasser blanchieren, beim Abfrischen nicht ganz erkalten lassen, den restlichen Strunk ausschneiden. Je ein Kohlviertel auf ein Hangerl oder Küchentuch legen, die Fülle auftragen, den Kohl etwas darüberschlagen, das Hangerl zusammendrehen und eine kleine Kugel formen. Die Kugeln in eine Pfanne einschlichten, salzen, pfeffern, mit Speckscheiben belegen, mit Suppe untergießen, $1/2$ Stunde zugedeckt im Rohr dünsten lassen, dann ohne Deckel den Speck im Rohr etwas nachbräunen. Dieses Gericht serviert man als Beilage zu Rindfleisch- und Hammelgerichten.

Wirsingkohl

hieß früher Savoyer- oder Welschkohl (er kam aus dem Süden zu uns), wird auch »Kapuste« (von lat. »caput« = Kopf) genannt. Verwendungs- und Zubereitungsarten wie beim Kohl.

Kohlpflanzen

Im Frühjahr bekommt man als Blatt- oder Schnittkohl die jungen Blätter am Pflanzenstengel des Kohls. Man kann sie wie zartes Grüngemüse zubereiten, in erhitzter Butter, mit Salz und Muskat gewürzt, dünsten, mit Petersilie bestreuen oder in einer Buttereinmach als »eingemachte Kohlpflanzen« bereiten.

Kohlrabi

Auch Rübenkohl, italienisch »rava cauli«. Es gibt den frühen, den mittelfrühen und den späten Kohlrabi: als der feinste gilt der in Mistbeeten gezogene weiß- und blauköpfige Treibkohlrabi im Frühjahr.

Zubereitung: Kohlrabi schälen, in dünne Scheiben oder feine Streifen bzw. Würfel schneiden, in Salzwasser weich kochen, mit einer leichten Cremesauce (siehe Seite 161) binden, mit Salz, Zucker, Muskat würzen. Man gibt die zarten Kohlrabiblätter und gehacktes Petersiliengrün darunter. Kohlrabi werden auch geachtelt, tourniert, in Salzwasser gekocht, in heißer Butter mit Salz, Zucker, eventuell gehackter Petersilie geschwenkt (ergibt **»glasierte Kohlrabi«**) oder, in dicke Scheiben geschnitten, gekocht, paniert oder durch Backteig gezogen und in Fett gebacken.

Gedünstete Kohlrabi

4 Portionen

4 Stück Kohlrabi, 10 g Zucker, 40 g Butter, Salz, Pfeffer, Majoran, fette Bouillon, gehackte Petersilie

Zucker in erhitzter Butter schmelzen, mit Wasser ablöschen, die würfelig geschnittenen Kohlrabi beigeben, würzen, mit etwas Bouillon untergießen und weich dünsten. Zum Schluß gehackte Petersilie und gehackte junge grüne Blätter des Kohlrabis dazugeben.

Wiener Kohlrabi

4 Portionen

4 Stück Kohlrabi, Salz, 30 g Butter, 30 g Mehl, 50 g feingeschnittene Zwiebeln, gehackte Petersilie, Rindsuppe oder Kochsud, 1 KL Zucker, Pfeffer, Muskat, Zitronensaft

Kohlrabi schälen, halbieren, in Scheiben schneiden, in Salzwasser fast weich kochen, die jungen grünen Blätter, zu Julienne geschnitten, beigeben, fertigkochen, abseihen und abtropfen lassen.
In heißer Butter feingeschnittene Zwiebeln anschwitzen, mit Mehl stauben, hell rösten, Petersilie beigeben, mit ½ l Rindsuppe oder Kochsud aufgießen, gut verkochen, würzen, den Kohlrabi damit binden. Alles noch 5 Minuten dünsten.

Gefüllter Kohlrabi siehe Seite 304

Kohlsprossen (Rosenkohl, Sprossenkohl)

Dieses feine Kohlgemüse, auch »Brüsseler Kohl« genannt, ist erst rund 150 Jahre alt. Beim Kauf beachten: Die Sprossen müssen frisch sein und dürfen keine gelben Außenblätter haben.

Vorbehandlung: Von jeder Sprosse den Ansatz wegschneiden, die Außenblätter entfernen. Den Strunk der größeren Sprossen kreuzweise einschneiden, unter kaltem, fließendem Wasser waschen und abtropfen lassen. In kochendem Salzwasser etwa 15 Minuten langsam kochen, herausnehmen, abfrischen, abtropfen lassen, dann weiterbehandeln. Zum Beispiel Butter aufschäumen lassen, die Kohlsprossen darin schwenken, salzen und pfeffern. Oder im ganzen oder einige Male durchgeschnitten mit leichter Cremesauce (siehe Seite 161) binden; oder mit Butter und Bröseln bestreuen oder die Kohlsprossen darin schwenken; oder gekochte Kohlsprossen passieren, mit frischer Butter zu Püree verarbeiten (mit Muskat nachwürzen).

Eingemachte Kohlsprossen

4 Portionen

500 g Kohlsprossen, Salzwasser, 50 g Butter, 30 g Mehl, gehackte Petersilie, Salz, Pfeffer, Muskat, Knochensuppe

Die vorbereiteten Kohlsprossen in reichlich Salzwasser nicht zu weich kochen, herausnehmen, abfrischen und gut abtropfen lassen. In erhitzter Butter das Mehl licht anschwitzen, Petersilie beigeben, mit Knochensuppe aufgießen und gut verkochen lassen. Gekochte Kohlsprossen damit binden, würzen; kurz ziehen lassen.

Kraut (Kopfkohl), Weißkraut

Kraut ist bereits in der Bronzezeit nachgewiesen. Noch im 17. Jahrhundert galt Kraut, mit Fleischbrühe und Speck gekocht, bei Arm und Reich als unentbehrlich. Forscher vermuten, daß das Einsäuern des Krauts – wie auch der Rüben, Gurken und Bohnen – slawischen Ursprungs ist. Jedenfalls ist das Sauerkraut auch in Österreich seit alters üblich: Weißkraut wird gehobelt, gesalzen und gewürzt und ins Krautfaß eingetreten, zugedeckt und beschwert. Früher gab es auf dem Land berufsmäßige Krautschneider, es gab sogar eigene »Krauthackerg'sangl«. Sehr alt ist in einigen Gegenden (im östlichen Mühlviertel, in der Buckligen Welt und im Katschtal) die Konservierung als »Gruben- oder Brühkraut«, als »Grua-Kraut«: in einer 3 m tiefen und 1 m breiten Erdgrube, mit Lärchenholz verkleidet, wurden die frischgeernteten ganzen Krautköpfe, nur überbrüht und ohne Salz festgetreten, mit Stroh und Brettern zugedeckt und beschwert. Noch Peter Rosegger rühmte den Wohlgeschmack dieses Grubenkrautes. Im alten

Wien kaufte die Köchin ihr Sauerkraut beim »Sauerkräutler«, dem Händler mit Sauerkraut (und anderen »Victualien«).

Wiener Rotkraut

4–6 Portionen

1 kg Rotkraut, gehobelt bzw. feinnudelig geschnitten; 1–2 gerissene Äpfel, 1 TL Kümmel, Salz, Pfeffer, Saft einer Zitrone
80 g Schmalz, 20 g Zucker, 1 Zwiebel, Spritzer Essig, Salz, 5 g Mehl, 1/8 l Rotwein

Rotkraut, Äpfel, Kümmel, Salz, Pfeffer und Zitronensaft gut vermischen, zugedeckt und zusammengepreßt mindestens 2 Stunden marinieren. Zucker in heißem Schmalz karamelisieren, die nudelig geschnittene Zwiebel darin goldgelb rösten, mit einem Spritzer Essig ablöschen, das marinierte Kraut beigeben, leicht mit Wasser untergießen, dünsten und eingehen lassen. Zum Schluß mit Mehl stauben, mit Rotwein aufgießen und nachdünsten.

Wichtig bei allen gedünsteten Krautarten ist das sehr feine Schneiden des Krautes!

Sehr gut schmeckt Rotkraut, wenn man zum Schluß 50 g passierte Preiselbeeren beigibt (»à la Drei Husaren«). Pikant schmeckt Rotkraut mit glasierten Kastanien (siehe Seite 425); es eignet sich vorzüglich als Beilage zu Gans, Ente, Wildgeflügel, faschiertem Braten oder Schweinskoteletts.

Weißkraut (Weißkohl)

Die Blätter sollen feinrippig sein und dürfen keine grüngefärbten Mittelblätter haben. Der Strunk soll nicht zu weit in den Kopf hineinragen. Man wähle vor allem flach- und festköpfiges Weißkraut.

Gedünstetes Kraut

4–6 Portionen

1 kg feinnudelig geschnittenes oder gehobeltes Weißkraut, 60 g Fett, 20 g Zucker, 1 kleine, feinnudelig geschnittene Zwiebel; Spritzer Essig, Salz, Kümmel, Pfeffer, ca. 1/8 l Knochensuppe, 5 g Mehl

Auch hier sollte das Kraut vor dem Dünsten (wie beim Rotkraut angegeben) mit Salz, Kümmel und Pfeffer mariniert werden.

Zucker in erhitztem Fett karamelisieren, die Zwiebel darin goldgelb rösten, mit einem Spritzer Essig ablöschen, das Kraut beigeben, würzen, mit möglichst wenig Flüssigkeit untergießen und weich dünsten. Sobald das Kraut weich ist, mit Mehl stauben, noch einmal kurz durchrösten, mit etwas Knochensuppe aufgießen und abschmecken.

Weinkraut

Zunächst nach vorstehendem Rezept bereiten. Sobald das dünstende Kraut sich hellbraun zu färben beginnt, mit Mehl stauben, mit Knochensuppe und Weißwein (1/8 l) aufgießen und fertigdünsten. Das Ganze soll eine »mäßig gebundene Konsistenz« bekommen. Man kann auch noch gerissenen Kren beigeben. Nimmt man statt Weißwein Champagner, erhält man das **Champagnerkraut.**

Neben gerösteten Erdäpfeln ist das Weinkraut eine beliebte Beilage zum gekochten Wiener Rindfleisch.

Paradeiskraut

Nach vorstehendem Weinkraut-Rezept bereiten. Vor dem Stauben 4 EL Paradeismark oder 6 geschälte, ausgedrückte und würfelig geschnittene Paradeiser mitdünsten. Mitgedünstete feine Streifen von grünem Paprika verbessern den Geschmack!

Göpelkraut

6–8 Portionen

1 kg gehobeltes Weißkraut; 200 g rohe, geschälte, würfelig geschnittene Kartoffeln; 50 g Fett, 50 g Mehl, 1 feingeschnittene Zwiebel, zerdrückte Knoblauchzehe, Salz, Kümmel, Paprika, 1/4 l Rindsuppe oder Wasser

Das grobgehobelte oder -geschnittene Kraut und die Kartoffeln in Salzwasser weich kochen. Aus Fett und Mehl eine lichte Einbrenn bereiten, die Zwiebel darin anschwitzen, Knoblauch, zerhackten Kümmel, Salz und Paprika beigeben, mit 1/4 l Flüssigkeit aufgießen, glatt verkochen lassen und das Kraut damit binden. Alles gut verkochen lassen.

Sacher Rezept
Ananaskraut
4 Portionen

1 kg Weißkraut, Zucker, Salz, Ananassaft, Zitronensaft zum Marinieren, 60 g Öl, 40 g Kristallzucker, 1 Zwiebel, 1/8 l Weißwein, 4 Scheiben Ananas und Saft

Das Weißkraut in sehr feine Streifen schneiden, mit Salz, Zucker, Ananassaft und Zitronensaft gut marinieren. Den Zucker in heißem Öl karamelisieren, in Streifen geschnittene Zwiebel darin rösten, mit Wein ablöschen, das Kraut beigeben und dünsten. Vor dem Garwerden restlichen Ananassaft und würfelig geschnittene Ananas beigeben.

Krautstrudel
6 Vorspeiseportionen

1 kleiner Krautkopf, Salz, 60 g Fett oder Speckwürfel, 1 KL Zucker, 1 feingeschnittene Zwiebel, Salz, Pfeffer, Kümmel, Muskat, 1/8 l Sauerrahm
Strudelteig (siehe Seite 493), Fett, Rindsuppe

Feinnudelig geschnittenes, dann grob durchgehacktes Kraut salzen, zusammenpressen und 2 Stunden marinieren lassen. Anschließend ausdrücken. In Fett oder Speckwürfeln den Zucker schmelzen, die Zwiebel darin anrösten, das Kraut beigeben, würzen und unter häufigem Rühren weich dünsten. Dann auskühlen lassen.

Inzwischen einen ausgezogenen Strudelteig vorbereiten, das Kraut auftragen und mit glattgerührtem Sauerrahm leicht bedecken. Den Teig zusammenrollen, die Enden einschlagen, in eine gefettete Pfanne legen, in heißem Rohr backen, dabei wiederholt mit Rindsuppe und Eigensaft begießen.

Krautroulade, gefülltes Kraut siehe Seite 303 f.

Sauerkraut

Bei jeder der folgenden Zubereitungsarten erreicht man eine geschmackliche Verbesserung durch das Mitdünsten von Schwarten, Speck oder Schinkenknochen. Sauerkraut vor dem Dünsten immer kosten: wenn es zu scharf schmeckt, soll man es gut ausdrücken – gewaschen sollte es nicht werden!
Sauerkraut vor dem Dünsten auf das Schneidbrett legen und einige Male durchschneiden.

Eingebranntes Wiener Sauerkraut
6–8 Portionen

1 kg Sauerkraut, 8–10 leicht zerdrückte Wacholderbeeren, 100 g Schweineschmalz, 1 große, nudelig geschnittene Zwiebel, 2 EL Mehl, Knochensuppe oder Selchfleischsuppe, 1 TL Zucker, Salz

Das Sauerkraut einige Male durchschneiden, dann mit den Wacholderbeeren in Wasser weich kochen. In heißem Fett die Zwiebel goldgelb rösten, mit Mehl stauben und unter ständigem Rühren dem dünstenden Sauerkraut beigeben. Alles noch eine Zeitlang dünsten, ehe man mit der Flüssigkeit aufgießt. Zum Schluß noch etwas Zucker beigeben und eventuell nachsalzen.
Am wichtigsten bei diesem Wiener Sauerkraut ist nach Marie von Rokitansky, daß »viel Schmalz und Zwiebel dazu genommen und daß es sehr weich gekocht wird. Je länger es noch mit der Einbrenn kocht, desto besser wird es.«

Sauerkraut mit Speck
3–4 Portionen

500 g Sauerkraut, 120 g würfelig geschnittener Speck,

20 g Schmalz; 1 große, nudelig geschnittene Zwiebel; 10 g Mehl, Salz, Kümmel

Das Sauerkraut einige Male durchschneiden und mit wenig Wasser, Salz und Kümmel weich dünsten. Den Speck mit Schmalz glasig rösten, die Zwiebel mitrösten, mit Mehl stauben und unter ständigem Rühren dem dünstenden Sauerkraut beigeben und fertigdünsten.

Gebundenes Sauerkraut

Ein gekochtes Sauerkraut wird mit 2–3 rohen geriebenen Kartoffeln, die mit etwas kaltem Wasser glattgerührt wurden, gebunden. Dann die in heißem Fett gerösteten Zwiebeln dem Sauerkraut beigeben, gut verrühren und durchkochen.

Paradeiskraut

Ausgedrücktes, durchgeschnittenes Sauerkraut wird mit 250 g bereits gekochten und passierten Paradeisern weich gekocht, dann wie das eingebrannte Wiener Sauerkraut weiterbehandelt.

Szegedinerkraut

6–8 Portionen

1 kg Sauerkraut, 80 g Schweineschmalz oder würfelig geschnittener Speck, 1 nudelig geschnittene Zwiebel, ½ EL Edelsüßpaprika, 1 Knoblauchzehe, 1 Msp. Kümmel, ¼ l Sauerrahm, 10 g Mehl

Das ausgedrückte, geschnittene Sauerkraut mit Kümmel und Knoblauch weich dünsten. In heißem Fett oder Speck die Zwiebel rösten, paprizieren, mit Wasser ablöschen, dem dünstenden Sauerkraut unter Rühren beigeben. Mit Sauerrahm, glattgerührt mit Mehl, binden.

Gabelkraut

4 Portionen

600 g Sauerkraut, Salz, Kümmel, 60 g feingeschnittener Speck, 1 nudelig geschnittene Zwiebel, 1 KL Zucker

Das Sauerkraut ausdrücken, einige Male durchschneiden, mit Wasser, Salz, Kümmel zugedeckt etwa ½ Stunde langsam kochen. Den Speck anrösten, Zucker darin schmelzen lassen, die feingeschnittene Zwiebel mitrösten, unter Rühren dem dünstenden Sauerkraut beigeben und noch einmal kurz durchkochen lassen. Das Sauerkraut wird mit einer Gabel locker angerichtet (daher der Name).

Apfelsauerkraut

2 Zwiebeln, 20 g Schweinefett, 500 g Sauerkraut, Weißwein (oder Most oder Wasser), 2 Äpfel, 30 g Speck, 250 g Sauerkraut

Die feingeschnittene Zwiebel in heißem Fett anrösten, das aufgelockerte und einige Male durchgeschnittene Sauerkraut beigeben und so viel Flüssigkeit beigeben, bis das Kraut saftig dünsten kann. Die geschälten, in Stücke geschnittenen Äpfel und braungeröstete Speckwürfel unter das Sauerkraut mengen. Kurz vor dem Anrichten unter das etwa 1½ Stunden gedünstete Kraut noch 250 g frisches Sauerkraut ziehen (gibt dem Gericht ein besonders frisches Aroma!).

Ungarisches Rahmsauerkraut

60 g Fett, 30 g Zucker, 2 EL Zwiebeln, 100 g Speck, 2 EL Mehl, etwas Bouillon, 1 kg Sauerkraut, Salz, Pfeffer, Paprika, 1 Tasse Sauerrahm, 1 TL Paprika

Aus Fett, Zucker, feingeschnittener Zwiebel, grobgehacktem Speck und Mehl sowie etwas Bouillon eine helle Einbrenn bereiten, das Sauerkraut dazugeben, mit Salz, Pfeffer und reichlich Paprika würzen. Zugedeckt weichdünsten lassen. Zum Schluß den Sauerrahm, mit Paprika glattgerührt, unter das etwa 1 Stunde lang gedünstete Sauerkraut mengen. Wird gern als Beilage zu Schweinefleisch oder Koteletts serviert.

Kürbis

Der große Kürbis wird in der österreichischen Küche vor allem als Gemüsebeilage zu Rindfleischgerichten serviert. In manchen Gegenden werden die Kürbisse auch als Kürbiskraut eingelegt. In der Steiermark gewinnt man aus den Kürbiskernen das schwarze Kürbiskernöl. Beliebt ist in der feinen Küche der Mark-Kürbis (der englische Schmeer genannt), der schon unreif eßbar ist. Besonders wertvoll für die Küche sind die länglichen, kleinen, grünlichgelb gefärbten Spargelkürbisse. Das Kürbisfleisch muß kernig-fest sein, darf keine Löcher und Gänge (durch Schnecken verursacht) haben. »Kürbsen sollen auf alle Gattung wol gepfeffert seyn«, rät ein geistlicher »Küchenmeyster« aus dem Jahre 1672.

Kürbiskraut auf ungarische Art

6 Portionen

1,50 kg Kürbis, 60 g Fett (Schweineschmalz); 1 große, feingeschnittene Zwiebel; 1 zerdrückte Knoblauchzehe, 1 EL gehacktes Dillkraut, 1 KL Paprika, Salz, Pfeffer, Zucker, 1 Msp. gehackter Kümmel, 2 EL Paradeismark, ⅛ l Sauerrahm, 1 EL Mehl, Spritzer Essig, etwas fette Bouillon

Den Kürbis schälen, halbieren, Kerne und Kernfleisch und Fasern entfernen, nudelig schneiden, mit dem Kartoffelreißer reißen oder mit dem Gurkenhobel blättrig hobeln, salzen (1 TL voll), 10 Minuten stehenlassen, dann den Saft ausdrücken.
In heißem Fett die Zwiebel anlaufen lassen, Dill beigeben, paprizieren, den ausgedrückten Kürbis beigeben, mit zerdrücktem Knoblauch, Kümmel, Paradeismark und Zucker würzen; etwa 12 Minuten dünsten. Sauerrahm und Mehl verrühren und damit den Kürbis binden. Mit Salz und Pfeffer und einem Spritzer Essig abschmecken, eventuell mit fetter Bouillon verfeinern.

Paradeiskürbis

Wie Kürbiskraut bereiten; statt Dillkraut und Paprika 500 g geschälte, ausgedrückte, feingeschnittene Paradeiser, in heißem Fett geschwenkt, beigeben.

Spargelkürbis

Kürbis schälen, in etwa ½ cm dicke Scheiben schneiden, salzen, pfeffern, durch Milch und Mehl ziehen, in heißem Öl schwimmend rasch braun backen. Dazu Paradeissauce servieren. Die Scheiben kann man auch durch einen Backteig ziehen und backen oder nur in Öl braten.

Kukuruz (Zuckermais)

Es wird nur der unreife Samen der jungen Kolben verwendet. Die umhüllenden Blätter müssen fest am Kolben anliegen, junge Maiskolben sollen nur fingerlang sein; wenn man ein Korn eindrückt, muß weiße, milchige Flüssigkeit austreten.

Zubereitung: Die Stiele abschneiden, Blätter und Haare (Bart) entfernen. Die Kolben werden in ungesalzenem Wasser (dem man nach Wunsch etwas Milch beigeben kann) höchstens 15 Minuten gekocht. Man läßt sie gut abtropfen und kann sie mit Butter und Salz essen; man kann sie auch rundum in heißer Butter schwenken. Die Körner werden mit den Zähnen herausgeknabbert; man reicht dazu kleine Spießchen zum Halten der heißen Kolben.

Kukuruz, gratiniert

Von den weichgekochten Kolben die Körner mit einer stumpfen Gabel rebeln (ausbrechen), in Obers kurz überdünsten, mit Salz, Pfeffer, Zucker, Muskat und Cayennepfeffer würzen, mit Mehlbutter leicht binden. Dann in eine bebutterte Gratinierschüssel geben, mit Reibkäse bestreuen, mit zerlassener Butter oder Butterflöckchen überstreuen und im Rohr bei starker Oberhitze kurz gratinieren.

Kukuruzkrusteln

Die gekochten, ausgelösten Körner junger Kolben werden mit Obers, Eiern und Mehl dickflüssig vermengt, mit Salz und Muskat gewürzt, mit etwas Backpulver gelockert. Aus dieser Masse löffelweise in wenig heißem Fett Portionen auf beiden Seiten braun braten.

Mangold

auch Rippenkohl, Reißkohl, Schnittmangold oder Römischer Kohl genannt, gehört zur veredelten Gattung der Runkelrübe. Das Blattgemüse hat große, weiche Blätter mit einem herben Geschmack. Die Zubereitung der Blätter erfolgt wie bei Spinat, die Blattstiele werden wie der Spargel bereitet.

Melanzani, Eierfrüchte, Auberginen

Beim Kauf auf glatte, glänzende Schale achten! Immer nur frisch verwenden!
Junge, frische Melanzani können mit Schale verwendet werden; ältere Früchte vor dem Schälen kurz blanchieren oder ins heiße Backrohr legen.
Zum Dünsten die Melanzani roh schälen und in kleinfingerdicke Scheiben schneiden; zum Füllen halbieren, auf der Schnittfläche einkerben, im Rohr überbacken, aushöhlen und das Fruchtfleisch jeweils unter die Fülle mengen.

Gedünstete Melanzani

4 Portionen

4 mittelgroße Melanzani, Salz, ca. 1/8 l Öl, 1 Zwiebel; 250 g geschälte, ausgedrückte, würfelig geschnittene Paradeiser; Knoblauch, Pfeffer, Petersilie, etwas Rindsuppe

Die Melanzani in Scheiben schneiden, salzen, 30 Minuten zugedeckt stehenlassen, mit einem Hangerl abtrocknen. Öl in einer Pfanne erhitzen, die Melanzani einlegen, auf beiden Seiten leicht Farbe nehmen lassen, in eine Kasserolle legen. Im restlichen Öl die feingeschnittene Zwiebel gelb rösten, Paradeiser und Gewürze beigeben, durchrösten und über die Melanzani geben, etwas Rindsuppe hinzugießen und etwa 10 Minuten dünsten lassen.

Gebackene Melanzani

Wie oben vorbereitete (gesalzene und getrocknete) Melanzani durch einen Backteig oder durch Milch und Mehl ziehen, oder panieren mit Mehl, Eiern und Bröseln. In heißem Fett backen.
Die gebackenen Melanzani mit Mayonnaisesaucen als Vorspeise servieren.

Gefüllte Melanzani, gratiniert

4 Portionen

4 Melanzani, Salz, ca. 1/4 l Öl, 1 Zwiebel, 150 g Champignons, gehackte Petersilie, 1 EL Parmesan, Salz, Pfeffer, Brösel, Butter

Die Melanzani der Länge nach halbieren, auf der Schnittfläche kreuzweise einkerben und diese Seite in heißem Öl langsam anbraten. Dann überkühlen und aushöhlen. Das entfernte Melanzanifleisch fein hacken, die feingeschnittene Zwiebel in Öl gelb rösten, feingehackte Champignons mitrösten, dann Petersilie, das Melanzanifleisch, Salz und Pfeffer beigeben und kurz weiterrösten. Die Masse überkühlen, mit Bröseln festigen und mit Parmesankäse abschmecken. Mit dieser Masse die ausgehöhlten Melanzani füllen, mit Parmesan und Bröseln bestreuen, mit Butter beträufeln und im heißen Rohr etwa 10 Minuten gratinieren. Wird als Vorspeise oder als Garnitur verwendet. Der Füllmasse können Paradeiser, feingehackte Bratenreste, Reis und Knoblauch beigegeben werden.

Paprikaschoten

wurden – wie schon beim »Gulyás« ausgeführt – im 16. Jahrhundert von den Spaniern als »Spanischer Pfeffer« nach Europa gebracht. Österreich war eines der ersten Länder, die Freikulturen dafür anlegten. In der internationalen Küche spricht man nach wie vor von der »Pfefferschote«, in der österreichischen Küche hält man sich in diesem Fall an Ungarn. Der Paprika gilt als die vitaminreichste Pflanze; er desinfiziert Mund, Schleimhäute, Magen und Darm. Als Gemüse wird der Paprika meist gefüllt und gedünstet. Beim Kauf ist auf glatte, glänzende, straffe Haut zu achten!

Gedünstetes Paprikagemüse

4–6 Portionen

500 g nudelig geschnittene Paprikaschoten, 4 EL Öl, 1 würfelig geschnittene Zwiebel, Salz, schwarzer Pfeffer, gehackte Petersilie; 3–5 Paradeiser, geschält, ausgedrückt, geviertelt

Die Schoten von Stiel, Kernen und Fasern befreien, in längliche Streifen schneiden. In heißem Öl die Zwiebel anschwitzen lassen, die Paprikastreifen beigeben, erhitzen, salzen, etwas Wasser beigeben, zugedeckt bei mäßiger Hitze dünsten. Zum Schluß die Paradeiser beigeben, gehackte Petersilie darüberstreuen, salzen, pfeffern, verrühren und noch 5 Minuten dünsten.

Lecsó, Letscho (Paprikagemüse)

4 Portionen

4 Paprikaschoten, 5 Pfefferschoten; 2 große, nudelig geschnittene Zwiebeln; 4 EL Öl, 60 g Speckwürfel, 400 g Paradeiser, Salz, Pfeffer, Edelsüßpaprika, 1 zerdrückte Knoblauchzehe

Den würfelig geschnittenen Speck in heißem Öl rösten, die Zwiebeln mitrösten, leicht paprizieren, die entkernten, in Streifen geschnittenen Paprika- und Pfefferschoten beigeben, ebenso die Paradeiser, geschält, ausgedrückt und geviertelt; mit Knoblauch würzen, salzen, pfeffern. Alles langsam weich dünsten.

Gefüllter Paprika siehe Seite 303

Paradeiser (Tomaten)

Diese Nachtschattenpflanze brachten die Seefahrer aus Peru nach Portugal und Spanien. Zunächst erklärte man die mexikanisch »Tomatl« genannte Frucht als giftig. Das Volk nannte sie »Paradies-, Paradeis-, Gold- und Liebesapfel«. Karl Friedrich Rumohr schreibt 1822 im »Geist der Kochkunst«: »Liebesäpfel, pomi d'oro, welche im südlichen Europa zur Würze von Tunke und Suppen dienen, denen sie einen angenehm säuerlichen Geschmack und eine schöne rotgelbe Farbe mitteilen. In Menge genossen sollen sie das Blut verdikken. Mir ist unbekannt, weshalb man den Anbau dieser würzenden Frucht in Deutschland vernachlässigt.« Noch in Pierers »Universal-Lexikon der Gegenwart und Vergangenheit oder neuestes encyclopädisches Wörterbuch der Wissenschaften, Künste und Gewerbe, bearbeitet von mehr als dreihundert Gelehrten«, 1849–1855, erscheint nur der »Liebesapfel«, aber keine »Tomate«. Auch in den österreichischen Kochbüchern des 18. und 19. Jahrhunderts trifft man die Frucht vorwiegend als Paradies- und Paradeisapfel an, zunächst meist nur als Sauce verarbeitet (Ballauf, Hikmann, Dorn, Stöckel), ab der Jahrhundertmitte auch als Salat und Gemüse (Prato, Seleskowitz, Rokitansky, Fuchs, Anna Bauer und J. M. Heitz). Die Bezeichnung »Tomate« dringt erst um die letzte Jahrhundertwende in die Kochbücher ein. Rokitansky schreibt »Paradeisäpfel-Gemüse«, aber »Tomaten-Salat«, Anna Bauer (1889) und J. M. Heitz (1902) setzen zu »Paradeissauce« in Klammern »Tomatensauce«. Heitz betitelt das entsprechende Rezept als »Gefüllte Tomaten«, in der Bildunterschrift heißt es aber »gefüllte Paradies«.

Die Paradeiser werden in der feinen Küche meist geschält bzw. abgezogen verwendet: Man schneidet den Stengelknoten heraus, ritzt die Haut leicht ein, legt die Frucht etwa 10 Sekunden in siedendes Wasser, dann sofort in kaltes Wasser und zieht die Haut ab. Paradeiser einem Gericht erst immer in den letzten 5 Garminuten beigeben, da sie eine sehr kurze Garzeit haben. Die geschälten Paradeiser kann man, halbiert, entkernt und in große Stücke geschnitten, in sehr heißem Öl oder Butter rasch anrösten, mit Salz, Pfeffer und mit gehackter Petersilie würzen (»**Geschwenkte Paradeiser**«) oder ungeschält halbieren, mit der Schnittfläche zuerst in heiße Butter oder Öl legen, rasch anbraten, dann die zweite Seite fertigbraten, mit Salz und Pfeffer würzen, mit gehackter Petersilie und Basilikum bestreuen. (Diese »**gebratenen Paradeiser**« eignen sich besonders gut als Garnierung zu Reis, Teigwaren und gebratenem Rindfleisch.)

Gebackene Paradeiser

Dazu verwende man besonders feste Paradeiser. Die geschälten und ausgedrückten Paradeiser in etwa 1 cm dicke Scheiben schneiden, mit Salz und Pfeffer würzen, in nicht zu festen Backteig (siehe Seite 516) tauchen und in sehr heißem Fett rasch backen. Sofort anrichten.

Gefüllte Paradeiser

Feste Paradeiser von gleichmäßiger, mittlerer Größe; Salz, Pfeffer, Öl
Fülle (für ca. 6 Paradeiser): 20 g Butter, 20 g Öl, 100 g feingeschnittene Zwiebeln, 150 g gehackte Champignons, 1 EL Petersiliengrün, 1 TL Paradeismark, 1/16 l Weißwein, Salz, Pfeffer, Brösel, etwas Rindsbratensauce oder -saft

Den Paradeisern eine Art Deckel ausschneiden, die Früchte vorsichtig aushöhlen, füllen, mit oder ohne Deckel in eine beölte Pfanne geben, salzen und pfeffern, mit Öl beträufeln und im Rohr etwa 8 Minuten braten. Als Vorspeise servieren oder als Garnitur verwenden. Fülle: Die Zwiebeln in Öl und Butter gelb rösten, die Champignons beigeben, das Ganze rösten, bis es sich leicht braun färbt, Petersilie beigeben, würzen, mit Paradeismark weiterrösten, mit Weißwein ablöschen. Rindsbratensauce oder -saft zugießen und püreeartig einkochen, zuletzt mit wenig Bröseln festigen. Diese Fülle kann mit gehacktem Schinken, Bratenresten, gedünstetem Reis gestreckt bzw. variiert und kann auch als Fülle für anderes Gemüse verwendet werden.

Pastinak

Dieses Wurzelgemüse mit etwa 30 cm langer, weißer Wurzel und mit einem sellerieartigen, süßen Geschmack wird in erster Linie als Geschmacksbeigabe verwendet und weniger als Gemüse. Geschält, kann es wie die Karotten gedünstet, aber auch gekocht und zu einer dicklichen Sauce angerichtet werden. Die Altwiener Küche reichte zu gekochtem Rindfleisch u. a. auch eine Pastinaksauce.

Petersilie, gebacken

Frisch abgezupftes Petersiliengrün, kurz gewaschen und gut abgetropft, in heißem Fett einige Sekunden schwimmend backen, mit dem Gitterlöffel herausnehmen, auf Papier abtropfen lassen, mit Salz bestreuen. Wird vor allem als Garnierung zu Wiener Backhuhn und gebackenem Gemüse verwendet; paßt auch zu verschiedenen Braten als Garnitur.

Porree (Lauch)

Auch Breitlauch, Winterlauch und Burri genannt. Habs und Rosner schreiben im »Appetit-Lexikon« über dieses Liliengewächs: »Von den beiden Haupttypen, dem Winter-Porree und dem zarten Sommer-Porree, baute man in Österreich zu Ende des 17. Jahrhunderts nur den letztern im Hausgarten und nannte ihn einfach ›Lauch‹, während der Winter-Porree nur bei den berufsmäßigen Gärtnern zu finden war und ›Porro‹ genannt ward. Man benutzte vom ›Lauch‹ sowohl die Zwiebel wie die Blätter, scheint aber die letzteren bevorzugt zu haben und nannte daher die ganze Pflanze auch ›Schnittlauch‹, wofür dann seit Mitte des 18. Jahrhunderts, als man diese Spielart für sich zu züchten begann, zum Unterschiede vom wahren Schnittlauch die Bezeichnung Perllauch üblich wurde... Der Porree-Name selber drang erst seit dem letzten Viertel des 18. Jahrhunderts ins Volk.«

Vorbereitung: Die Stengel werden im allgemeinen nur bis zum Ansatz der grünen Blatteile verwendet. Das Weiße bis Hellgrüne vom Porree in 8–10 cm lange Stücke schneiden, die äußeren Blätter entfernen, längs bis zur Mitte einschneiden, um sie unter fließendem Wasser gut reinigen zu können, dann immer einige

Stücke zusammenbinden und in siedender Bouillon oder Salzwasser kochen. Besser allerdings ist es, Porree in wenig Flüssigkeit zu dünsten.

Man kann gekochten Porree wie Spargel anrichten und dazu die gewünschte Sauce servieren (etwa Cremesauce, Sauce hollandaise, mousseline, vinaigrette oder polonaise; geschmolzene Butter).

Porree, gedünstet

500 g gut gewaschenen, gereinigten, in Stücke geschnittenen Porree in 30 g erhitzter Butter mit etwas Bouillon zugedeckt weich dünsten. Man kann zum Schluß in Butter geröstete Brösel darüberstreuen. Wird gern als Beilage zu gekochtem Selchfleisch und Rindfleisch gereicht.

Man kann gedünsteten Porree auch in eine bebutterte Gratinierschüssel geben, mit Parmesankäse bestreuen, mit Butter beträufeln und gratinieren oder mit Sauce Mornay bedecken und gratinieren.

Porree auf Marchfelder Art

Den gedünsteten Porree Stück für Stück je in eine halbe Scheibe Preßschinken rollen, in die bebutterte Gratinierschüssel legen, mit Sauce Mornay bedecken, mit Käse bestreuen, mit Butter beträufeln; gratinieren.

Rote Rübe (rote Beete, Rahne, Randen)

Nicht zu große Exemplare kaufen (diese haben innen keine schöne vollrote Farbe). Die Schale darf nicht verletzt sein. Sie werden mit der Schale in Salzwasser weich gekocht. Man kann sie nach dem Schälen in Stäbchen schneiden (mit dem Chartreuxmesser), natur mit Butter oder Cremesauce binden. Hauptsächlich aber werden rote Rüben als Salat verwendet.

Rote Rüben in Cremesauce

4 Portionen

750 g rote Rüben, 3/8 l Cremesauce (siehe Seite 161), Saft einer Zitrone, Salz

Halbweich gekochte rote Rüben schälen, in Stifte oder Scheiben schneiden, in Cremesauce, mit etwas Zitronensaft abgeschmeckt, fertigdünsten. – Rote Rüben kann man auch in Wasser, dem 2 EL Essig, eine Prise Salz und Zucker, 1 TL Kümmel und etwas Pfeffer beigegeben wird, weich kochen.

Weiße Rübe (Steckrübe, Kohlrübe, Wruke, Erdkohlrabi)

Beliebt ist die längliche Gattung; sie haben einen charakteristischen Geschmack und werden gern der Bouillon beigegeben; als Gemüsebeilage zu besonders fetten Gerichten (Ente, Gans, Selchfleisch) sehr geeignet; sie werden vorbereitet wie Karotten, in Stäbchen oder Würfel geschnitten oder tourniert (geformt, abgedreht).

Eingebrannte weiße Rüben

4 Portionen

500 g weiße Rüben, 30 g Butter zum Dünsten, Zucker, Kümmel, Salz, 40 g Butter, 30 g Mehl, Bouillon oder Wasser, Essig

Die gereinigten, in Scheiben geschnittenen Rüben mit Butter, Zucker, Salz, Kümmel und etwas Bouillon weich dünsten, dann zu einer sehr lichten Einmach aus Butter und Mehl (mit Suppe aufgegossen) geben und gut verkochen. Mit etwas Essig abschmecken.

Man kann dabei die Flüssigkeit auch so weit einkochen, daß der Zuckersaft beim Dünsten allmählich braun wird. Die gedünsteten Rüben darin schwenken, bevor man sie in die fertige Einmach gibt. Man kann die weichgekochten Rüben mit einigen gekochten Kartoffeln passieren und mit Butter und etwas Obers zu einem Püree verrühren.

Saure Rüben

Weiße Rüben werden in Streifen geschnitten und wie Sauerkraut mit Salz und Gewürzen eingelegt. Man bereitet sie wie eingebranntes Sauerkraut (siehe Seite 430) zu.

Teltower Rübchen

Diese kleinen Rübchen, die schon im 16. Jahrhundert geschätzt wurden, erfreuten sich wegen ihres pikanten Geschmacks auch in Österreich bis zur Jahrhundertwende besonderer Hochachtung.

Die kleinen Rübchen putzen und waschen und im ganzen belassen (größere werden stiftelig geschnitten). Mit Wasser einmal aufkochen. In heißer Butter Zucker schmelzen, bräunen, mit etwas Bouillon ablöschen, die Rübchen darin fertigdünsten (15 Minuten Garzeit bei jungen Rübchen). Wie die Karotten mit dem eingekochten Fond glasieren. Sie können auch mit etwas Mehl gebunden werden.

Schwarzwurzel

Der »Spargel des kleinen Mannes« dürfte aus Spanien stammen und ist im Herbst und Winter auf den Märkten zu finden (daher auch die Bezeichnung »Spargel des Winters«). Bei guten Wurzeln tritt beim Auseinanderbrechen etwas Milchsaft aus. Schwarzwurzeln zuerst im Wasser gründlich reinigen, abbürsten, dabei das Wasser öfter wechseln. Dann die Wurzeln schälen, sofort in Essig- oder Zitronenwasser legen, damit sie nicht schwarz werden. Anschließend kaltes Wasser mit wenig Mehl (auf 2 l Wasser 10 g Mehl) verrühren, mit Salz und Zitronensaft würzen. Die Schwarzwurzeln in etwa 4 cm lange Stücke schneiden und im Salz-Mehl-Wasser weich kochen. Gekochte Schwarzwurzeln im Kochsud erkalten und bis zur Weiterverarbeitung darin liegenlassen. Dann erst herausnehmen, trocken ablaufen lassen und zubereiten. Man kann gekochte Schwarzwurzeln mit Zitronensaft und Petersilie marinieren, durch einen Backteig ziehen und in heißem Fett backen; mit Mayonnaisesauce als Vorspeise servieren. Oder als Schwarzwurzelgemüse in einer lichten Einmach noch einmal überdünsten, würzen und mit gehackter Petersilie bestreuen; oder in einer Rahmsauce vollenden bzw. mit einer Sauce hollandaise oder Sauce mousseline; man kann sie aber auch wie Spargel, Karfiol, Sellerie oder Kohlsprossen zubereiten.

Sellerie (»Zeller«)

Habs und Rosner nennen die Sellerie (der Österreicher sagt »die« Sellerie und betont das Wort auf der Endsilbe!) einen »Grand unter den Salatkräutern«. Nach Hohbergs Bericht mußte man in Österreich den Selleriesamen noch um 1680 aus dem Ausland kommen lassen. Wien wisse sie – so Habs und Rosner im »Appetit-Lexikon« – als Knollensellerie in der mageren wie in der Bouillonsuppe, besonders aber als Gemüse mit Parmesankäse oder Ochsenmark, in Öl gebacken und auch gefüllt in brauner Sauce, »auf lobwürdigste Weise zu verwerten«.

Den Griechen und Römern war Sellerie genauso wie Petersilie heilig. Beim Leichenschmaus würzte man die Speisen mit Sellerie, die Grabmäler schmückte man mit Sellerieblättern. Mit Sellerie bekränzte man auch die Sieger der »Nemeischen Spiele«. Ein mittelalterlicher Autor vermerkte den Heilwert: »Alle geschlecht des Eppichs« (man verstand unter »Eppich« alle Arten von Petersilie, Sellerie und Liebstöckl) »treiben den harn, stein und frawenzeit. Öffnen die jnnerliche verstopfung, dienen derhalben wider die geelsucht und wassersucht. Sie zertreiben auch die Winde.« Ein anderer Autor glaubte: »Es pringt unkäusch«, und verbot den Ammen, Sellerie zu essen, damit die Säuglinge vor Anfechtungen geschützt wären. Hartnäckig glaubt man auch heute noch an die Liebeswirkung der Sellerie.

Man unterscheidet Knollen- und Stangen-(Bleich-)Sellerie. Beim Kauf ist auf feste, glatte Knollen (nur mittelgroße), frische Blätter, elastische, ungeknickte Stangen zu achten.

Selleriegemüse

Sellerie, beliebig geschnitten, mit Wasser knapp bedecken, Salz, Zucker, Butter und Zitronensaft beigeben und so lange dünsten, bis die Flüssigkeit fast eingekocht ist. Dann mit einer Buttereinmach binden, mit Muskat würzen, etwas gehacktes Selleriegrün beigeben und noch einmal durchkochen lassen oder in einer Rahmsauce bereiten. Oder ein Püree bereiten: Man passiert gedünstete Sellerie mit gekochten Kartoffeln und verarbeitet die Masse mit Butter und etwas Obers zu Püree, würzt mit Muskat und serviert es zu Wild- oder Hammelgerichten.

Sellerie, gebacken

4–6 Portionen

1–2 kleinere Sellerieknollen, Salz, Zucker, Zitronensaft, gehackte Petersilie, Backteig (siehe Seite 516), Fett zum Backen

Sellerie vorbereiten, in dickere Scheiben schneiden, in Salzwasser mit einer Prise Zucker und etwas Zitronensaft weich kochen (man kann die Knollen auch im ganzen weich kochen, auskühlen lassen, dann erst in Scheiben schneiden), nun mit Petersilie, Selleriegrün und Zitronensaft marinieren.
Die ausgekühlten Scheiben durch den Backteig ziehen, in heißem Fett goldbraun backen. Abtropfen lassen und mit Sauce tatare anrichten. Die Scheiben können auch in Mehl, verklopftem Ei und Bröseln paniert und in heißem Fett gebacken werden.

Selleriescheiben florentine

Knollensellerie sauber bürsten, waschen, schälen, vierteln oder in runde, dickere Scheiben schneiden. Fünf Minuten in mit Zitronensaft gesäuertem Salzwasser blanchieren, abfrischen und mit Butter und weißem Fond oder Wasser weich dünsten.
Die gedünsteten Selleriescheiben auf gutgewürztem Blattspinat in eine gebutterte Gratinierschüssel legen, mit gehacktem Schinken bestreuen, mit Sauce Mornay überziehen, mit Parmesankäse und Bröseln bestreuen, mit Butter beträufeln und in heißem Backrohr gratinieren.

Stangensellerie

Verwendet werden nur die gelben Stauden. Wurzeln und untere Blattrippen auf etwa 15 cm Länge beschneiden, Blätter, erdige, faserige und harte Teile wegschneiden, mehrmals waschen, etwa 10 Minuten in heißem Salzwasser blanchieren, abtropfen lassen, dann weiterbehandeln. Zum Beispiel in eine Kasserolle auf Speck-, Zwiebel- und Kartoffelscheiben legen, mit fetter Bouillon untergießen, im Rohr zugedeckt langsam etwa 1½ Stunden weich dünsten. Die weichgedünsteten Stangenteile zusammenlegen und nach Belieben servieren (z. B. mit Cremesauce, mit in Rotwein erwärmten Markscheiben und Sauce bordelaise, gratiniert mit Sauce Mornay oder mit in Butter gerösteten Bröseln).

Spargel

Das »Appetit-Lexikon« nennt ihn das »Kaisergemüse« und führt die Orte Frauenhofen bei Horn, Aggsbach, Korneuburg, Wolkersdorf, Matzen und Laa als Spargelanbauorte (um 1890) an. – Die römischen Legionäre brachten den Spargel nach Österreich; man glaubte, herausgefunden zu haben, daß der Spargelgenuß – wie Sellerie – die Liebeskräfte fördere (»spargen in der speiss genossen, bringen lustige begirde den männern«).
Heute ist als österreichisches Anbaugebiet das Marchfeld berühmt wegen seiner weißen Spargelkulturen; der Spargel wird von Ende April bis »Johanni« (21. Juni) »gestochen«; nach dem 21. Juni soll kein Spargel mehr gestochen werden! Einst konnten sich diese »welsche Speis für Leckermäuler« nur die Reichen leisten.
Es gibt mehr als 20 Spargelsorten, u. a. den großen weißen Spargel mit hellrötlichem Kopf (Frankreich, Argenteuil), den weißen belgischen Spargel (aus Malines), den Schweizer Spargel (Wallis), den großen grünen Spargel (Frankreich, Lauris), den grünen englischen, den violetten italienischen (oder Genueser Spargel).
Für feine Spargelgerichte nehme man nur erste Wahl, den stark fingerdicken, fleischigen, saftigen Stangenspargel (»Solospargel«), für Suppen und Salate genügt auch die zweite Wahl (dünner oder bereits etwas länger gelagerter Spargel). Guter Spargel soll nach dem »Stechen« nicht länger als 24 Stunden unterwegs sein bzw. gelagert werden. Notfalls ungeschält in ein feuchtes Tuch hüllen. Pro Person rechnet man etwa 500 g zum Spargelessen, als Beilage 250 g Rohspargel.

Vorbehandlung: Sehr wichtig ist das sorgfältige, nicht knauserige Schälen des Spargels (man rechnet mit etwa 20–25 Prozent Schälverlust!). Mit dem Spargelschälen einige Zentimeter unter der Spargelspitze (dem Kopf)

Der Wiener Naschmarkt, um 1880

beginnen, in einem Zug Streifen um Streifen herunterschälen, damit der Spargel seine runde Form behält. Harte Anstichenden wegschneiden. Die Dicke des Schälens hängt von Frische, Sorte und Qualität ab. Beim Spargel erster Wahl sind meist nur die unteren zwei Drittel zu schälen. Grünen Spargel braucht man nicht zu schälen.

Nach dem Schälen sofort die Spargelstangen portionsweise in möglichst gleichgroße Bündel (aus gleichstarken Spargelstangen) binden (die Enden gleichmäßig abschneiden), in kochendem Salzwasser, dem etwas Zucker und ein Stück frische Butter beigegeben wird, weich kochen. (Sollte der Spargel einen bitteren Geschmack haben, gibt man ihn nach 15 Minuten Kochen kurz in kaltes Wasser, oder man gießt das erste Kochwasser ab und kocht ihn in frischem Salzwasser mit Zucker fertig.) Sobald die Spargelköpfe weich sind (der Spargel soll sich leicht durchstechen lassen), den Spargel sorgfältig herausheben, dabei mit einer Gabel die Spargelschlinge untergreifen, damit die Köpfe nicht abgestoßen werden. (Das Kochwasser darf nie zu stark kochen, die Spargelspitzen würden sonst leicht verletzt werden!) Dann läßt man den Spargel abtropfen, legt ihn auf eine vorgewärmte Platte, eventuell auf eine Serviette, entfernt den Spagat und serviert den Spargel mit in Butter gerösteten Bröseln (»à la polonaise« – auf polnische Art) oder richtet ihn mit verschiedenen Begleitsaucen extra an, meist mit Sauce Maltaise, Sauce mousseline, oder Sauce hollandaise (siehe Seite 161). Spargel wird auch mit Sauce Mornay nappiert und gratiniert oder als kalte Vorspeise angerichtet mit Sauce vinaigrette oder Obersmayonnaise.

Spargelgemüse

4 Portionen

500 g Spargel, 1/4 l Béchamelsauce, 1/16 l Obers, 30 g Butter, gehackte Petersilie

Den weichgekochten Spargel in Stücke schneiden, in einer Béchamelsauce nochmals kurz ziehen lassen, mit Obers und Butter montieren und mit feingehackter Petersilie bestreuen.
Spargelspitzen werden wie der Spargel zubereitet und serviert.

Spinat

Der Spinat stammt aus Persien und kam über Spanien nach Österreich.

Vorbehandlung: Nur junge Blätter wählen; welke Blätter, alle Schadstellen an Blättern, grobe Stiele und Wurzeln entfernen. In reichlich Wasser gut waschen, dabei das Wasser mehrfach wechseln, in kochendes Wasser geben, rasch zum Kochen bringen, so lange darin blanchieren, bis sich die Stiele weich anfühlen; herausnehmen, abfrischen und abtropfen lassen. Für manche Zubereitungsarten dann passieren oder als Blattspinat weiterverarbeiten.

Wiener Spinat

4 Portionen

1 kg roher Spinat, 40 g Butter, 1 feingeschnittene Zwiebel, 30 g Mehl, Petersilie, Salz, Pfeffer, Muskat, 1 Knoblauchzehe, etwas Milch oder Rindsuppe

In heißer Butter die Zwiebel licht rösten, mit Mehl stauben, durchrösten, gehackte Petersilie beigeben, mit Spinatkochwasser und etwas Milch oder Rindsuppe aufgießen, zu kurzer, dicklicher Soße verkochen (etwa 10 Minuten), mit Salz, Pfeffer, Muskat und zerdrückter Knoblauchzehe würzen, den vorbehandelten und passierten Spinat beigeben, alles kurz durchkochen und abschmecken.

Spinat à la Creme

Vorbehandelten und passierten Spinat mit Obers auf Püreedicke bringen, aufkochen, mit Salz und Muskat würzen, mit reichlich frischer Butter montieren.

Blattspinat

Blanchierten, gut abgetropften Spinat (nicht ausdrücken!) in aufgeschäumter Butter schwenken, mit Salz und Pfeffer würzen.

Spinattimbale

8–10 Portionen

1 kg roher Spinat, 50 g Butter, Salz, Pfeffer, Muskat, Butter für die Form; Eiermilch: 3/8 l Kaffeeobers, 1 ganzes Ei, 2 Dotter

Spinat putzen, waschen, blanchieren und kalt abseihen. Abgetropft in Butter schwenken, mit Salz, Pfeffer und Muskat würzen. In bebutterte Darioleformen füllen, mit der Eiermilch übergießen und im Wasserbad im Rohr pochieren. Dieses Gericht dient als Beilage zu feinen Fleischgerichten.

Stachys (Ziest)

sind längliche, spiralenförmige Knollen, süßlich im Geschmack, aber geruchlos. Beide Enden abschneiden, alle Fäden entfernen, kurz blanchieren, bis sich die äußere Haut löst. Dann in einem Küchentuch mit grobem Salz gut durchrütteln, damit sich auch die feine Haut löst, nochmals gut waschen und in siedendem Salzwasser weich kochen. Man kann sie dann in Butter und Bröseln vollenden, in Butter schwenken, salzen und pfeffern, reichlich mit gehackter Petersilie bestreuen oder mit einer Milcheinmach binden.

Topinambur

auch »Erdbirne, Erdartischocke«, früher auch »Erdapfel« genannt, war nach Hohbergs Versicherung um 1680 in Österreich häufiger als die Kartoffel anzutreffen. Sie soll aus Nordamerika vor etwa 300 Jahren über

Frankreich zu uns gekommen und später durch die Kartoffel verdrängt worden sein.

Die stark wasserhaltigen Knollen werden in Salzwasser gekocht. Man serviert sie mit Butter und Bröseln oder mit einer Milcheinmachsauce; man kann sie auch zu Püree verarbeiten.

Zucchetti, Zucchini

heißen Zwergkürbisse, die der Melanzani ähnlich sind und wie diese zubereitet werden; man kann auch Gurkenrezepte verwenden, berücksichtige aber, daß die Zucchetti eine kürzere Garzeit als die Gurken haben.

Zwiebel

Die Zwiebel gehört mit all ihren Spielarten zu den Liliengewächsen und dürfte aus den innerasiatischen Steppen nach Europa gekommen sein, wo sie bald das meistverwendete Gemüse bzw. »Gewürz« wurde. Der Name stammt vom lateinischen »cepa«; daraus wurde »caepulla« und »Zwiebel«. »Für die Zwiebel als Gemüse«, klagen Habs und Rosner im »Appetit-Lexikon«, »ist kein Platz mehr auf der guten Tafel: die Zwiebelsuppe und selbst der berühmte Zwiebelbrei à la Soubise begegnen heute nur noch kräftigst abwehrenden Handbewegungen.«

Zur Lauchgattung gehören die einfachen Zwiebeln (Sommer-, Winterzwiebel) und der Porree sowie die zusammengesetzten Zwiebeln mit Schalotte (Kreuzritter sollen sie angeblich aus Askalon – daher ihr Name – mitgebracht haben), Perlzwiebel sowie Knoblauch und Schnittlauch. Dem Schärfegrad nach geordnet gibt es weiß-, rot- und gelbschalige Zwiebeln. Die besonders milden kleinen Zwiebeln (Schalotten und Perlzwiebeln) werden vor allem als Beilage in der feinen Küche verwendet.

Glasierte Zwiebel

Für beide Zubereitungsarten kann die Zwiebel vorher kurz blanchiert werden:

1. Weißglasierte Zwiebel (à blanc): Sehr kleine, blanchierte Exemplare in ein flaches Geschirr legen, knapp mit lichter Bouillon bedecken, etwas Butter beigeben, mit Salz, weißem Pfeffer und etwas Zucker würzen, dann den Fond langsam zu Glace einkochen und die Zwiebeln darin mehrmals schwenken.

2. Braunglasierte Zwiebel (à brun): Kleine, blanchierte Zwiebeln mit Butter und Zucker und etwas Salz dünsten, den Fond langsam bis zur Karamelfärbung eingehen lassen. Die Zwiebeln darin schwenken; sie müssen, wenn die Flüssigkeit verdunstet ist, gar und braun sein.

Zwiebel in Backteig

Die Zwiebel in ungeteilte, halbzentimeterdicke Scheiben schneiden, mit Salz, Pfeffer, gehackter Petersilie und Zitronensaft marinieren. Durch einen Backteig (siehe Seite 516) ziehen, in heißem Fett schwimmend backen. Werden meist als Garnitur verwendet.

Zwiebelpüree I

4 Portionen

400 g in Scheiben geschnittene Zwiebeln, 100 g Butter, 20 g Mehl, 2 EL Obers, 1 Eidotter, Salz, weißer Pfeffer oder Cayennepfeffer, Zucker, etwas Rindsuppe

Die geschälten, in Scheiben geschnittenen Zwiebeln in ³/₄ der Butter weich dünsten (sollen nicht braun werden; eventuell etwas Suppe untergießen), dann passieren. Aus restlicher Butter, Mehl und Rindsuppe eine lichte Einmach bereiten, mit den passierten Zwiebeln verrühren, mit Obers und Eidotter legieren. Würzen und abschmecken.

Zwiebelpüree II

4 Portionen

300 g Zwiebeln, 100 g Butter, 100 g Rundkornreis, ¼ l Milch, ⅛ l Bouillon, Salz, Zucker, weißer Pfeffer oder Cayennepfeffer, Butter, Obers

Die in Scheiben geschnittenen Zwiebeln in Wasser kurz blanchieren, abseihen und in Butter dünsten, ohne Farbe nehmen zu lassen. Den Reis beigeben, mit Bouillon und Milch aufgießen und weich dünsten. Würzen, dann passieren, mit Zucker abschmecken und mit Butter und Obers zu einem etwas festeren Püree als das oben beschriebene rühren. Wird gern zu Hammel- und auch zu Lammgerichten serviert.

Glasierte Perlzwiebel

Die Perlzwiebel wurde erstmals im 16. Jahrhundert in Österreich erwähnt; man versteht darunter die Wurzelknolle des Perllauchs.

Die geschälte Perlzwiebel kurz blanchieren, mit Butter, Zucker, Salz, Bouillon und einem Spritzer Essig unter mehrfachem Durchschwenken weich dünsten, und zwar so lange, bis die Flüssigkeit verdampft ist und die Zwiebeln in dem karamelisierenden Zucker glasiert sind.

Hülsenfrüchte

Wenngleich Gemüse in den sehr frühen Kochbüchern als selbständige Speisen nur selten erscheinen – sie spielten in der Hauptsache als Beigaben eine gewisse Rolle –, so begegnen wir verhältnismäßig früh Bohnen und Erbsen. Sie kamen in vorgeschichtlicher Zeit aus dem Süden nach Mitteleuropa.

Bis in das 16. Jahrhundert waren als Bohnen allerdings nur die Acker- oder Saubohnen bekannt, die heute nur mehr als Viehfutter dienen. Die Gartenbohne kam erst durch Kolumbus nach Spanien und gelangte über Italien und Frankreich nach Österreich, fand aber erst im 17. Jahrhundert allgemeine Verbreitung. Die Linse war ebenfalls bereits in der Jungsteinzeit eine bekannte Kulturpflanze.

Hülsenfrüchte werden gewaschen und am besten über Nacht eingeweicht. Dann werden sie mit dem Einweichwasser, mit Suppengrün und Speckschwarten, Zwiebeln und Gewürzen weich gekocht. Salz darf während des Kochens nicht beigegeben werden.

Eingebrannte Bohnen

4 Portionen

300 g Bohnen, Suppengrün, Kuttelkraut, 1 kleines Lorbeerblatt, 1 feingeschnittene Zwiebel, 20 g Fett, 20 g Mehl, Salz, Pfeffer, Essig, Knoblauch, Petersiliengrün, Schinkenspeck oder Frühstücksspeck

Die vorgeweichten Bohnen mit dem Einweichwasser aufs Feuer setzen und mit Suppengrün, Kuttelkraut und Lorbeerblatt weich kochen. Das Mitkochen von Speckschwarten ist dabei immer empfehlenswert.

In heißem Fett feingeschnittene Zwiebel glasig rösten, mit Mehl stauben, mit Essig ablöschen und mit Bohnensud aufgießen, durchkochen, die weichen Bohnen beigeben und alles noch eine Viertelstunde kochen. Mit Salz, Pfeffer, zerdrücktem Knoblauch und gehackter Petersilie würzen.

Bohnen mit Paradeismark: Die in Fett hellgerösteten und mit wenig Mehl gestaubten Zwiebeln mit Paradeismark vermischen und mit Bohnensud aufgießen. Alles aufkochen, die Bohnen beigeben und gut durchkochen; zum Schluß mit Salz, Pfeffer, Knoblauch und frischer, gehackter Petersilie vollenden.

Bohnenpüree (Purée soissonnaise): Die Bohnen werden passiert und auf dem Feuer mit frischer Butter und etwas Obers zu Püreekonsistenz verrührt. Mit Salz und etwas Zucker abschmecken.

Das Bohnenpüree kann man auch ohne Einbrenn bereiten. In den alten Kochbüchern wurde das Bohnenpüree immer »durchgeschlagen«, nämlich im »Durchschlag«, einem groben Sieb, passiert.

Eingebrannte Erbsen

4 Portionen

300 g Erbsen, Suppengrün, Kuttelkraut, 1 EL Fett, 1 feingeschnittene Zwiebel, 1 EL Mehl, Salz, Prise Zucker

Die Erbsen im Einweichwasser mit Suppengrün und Kuttelkraut weich kochen. In heißem Fett die feingeschnittene Zwiebel hell rösten, mit Mehl stauben, licht rösten, mit Erbsensud aufgießen, etwa 10 Minuten durchkochen, mit den weichen Erbsen vermischen, noch einmal gut durchkochen und würzen.

Erbsenpüree: Die Erbsen mit oder ohne Einbrenn passieren, mit frischer Butter und Obers zu Püreedicke rühren, schließlich mit Salz und einer Prise Zucker abschmecken.

Ah, die Frau Sopherl!

Überbackene Erbsen

Während man gelbe Erbsen weich kocht, schöpft man die aufsteigenden Hülsen ständig ab. Sobald die Erbsen weich sind, soll auch der Kochsud zum größten Teil eingekocht sein. Dann werden die Erbsen mit Salz, Pfeffer und etwas Majoran gewürzt, in eine gefettete, mit Bröseln ausgestreute Pfanne gegeben, mit in Fett gerösteten Bröseln und in Fett gerösteten Zwiebelringen dick bestreut und etwa eine halbe Stunde im Rohr überbacken.

Häufig begegnen einem in alten Kochbüchern die »Pehaimischen Arbaiß«, die »Böhmischen Erbsen«, auch »Heidnische Erbsen« genannt. Es handelt sich bei diesem Rezept allerdings um eine Süßspeise von der Art unserer »Böhmischen Dalken«, die aus Germteig hergestellt wird.

Eingebrannte Linsen

4 Portionen

300 g Linsen, Suppengrün, Kuttelkraut, 1 kleines Lorbeerblatt, 1 mit Nelken besteckte Zwiebel, 1 EL Fett, 1 EL Mehl

Linsengewürz: 1 feingeschnittene Zwiebel, 1 zerdrückte Knoblauchzehe, 1–2 Sardellen, Kapern, Zitronenschale, kleine Gurken, Thymian, Petersilie, Salz, Pfeffer, Essig oder Zitronensaft, Senf

Die Linsen werden mit Suppengrün, Kuttelkraut, Lorbeerblatt und nelkenbesteckter Zwiebel weich gekocht. Aus Fett und Mehl die Einbrenn bereiten. Das feingehackte Linsengewürz kurz mitrösten, mit Essig oder Zitronensaft ablöschen, mit Linsensud aufgießen, glattkochen, die weichgekochten Linsen beigeben und noch einmal gut durchkochen. Mit etwas Senf, Essig und den Gewürzen abschmecken.

Specklinsen: Über die angerichteten Linsen gibt man kleinwürfelig geschnittenen, gerösteten Selch- oder Frühstücksspeck.

Linsenpüree: Die gekochten Linsen passieren, auf dem Feuer mit Butter und etwas Obers zu Püreedicke rühren. Eignet sich ganz besonders zu Wildgerichten.

Pilzgerichte

Die antiken Gourmets kannten köstliche Pilzgerichte, die sie jedoch vorsichtigerweise nicht von ihren Sklaven zubereiten ließen, sondern selbst bereiteten. In bescheidenem Ausmaß erwarben die mittelalterlichen Köche wieder einige Erfahrung mit den Pilzen, zumal die Pilze als Zehent an den Landesherrn bzw. den Lehensträger abzuliefern waren (übrigens dürfte der Zweitname des Steinpilzes – »Herrenpilz« – auf diese Praktik zurückgehen). Im großen und ganzen wußte man aber nichts Rechtes mit den Pilzen anzufangen. Noch 1537 urteilt Adamus Lonicerus in seinem in Leipzig erschienenen Kräuterbuch über Pilze: »Die Schwämme sein weder Kräuter noch Wurtzeln, weder Blumen noch Samen, sondern nichts anders, dann ein überflüssige Feuchtigkeit deß Erdrichs, der Bäume, der Höltzer, und anderer fauler Ding, darum sie auch ein kleine Zeit währen, dann in sieben Tagen wachsen sie, vergehen auch, sonderlich aber kriechen sie herfür, wann es donnert.« Noch Carl von Linné stellt im 18. Jahrhundert neben dem Tier- und Pflanzenreich ein eigenes »Reich der Pilze« auf und nennt sie verächtlich »diebische und gefräßige Bettler«.

Karl Friedrich von Rumohr bemerkt in seinem 1822 erschienenen Werk »Geist der Kochkunst«:

»Viele, welche ihr Leben lieben, enthalten sich deshalb der Schwämme ohne einige Ausnahme.« So darf es nicht wundern, wenn die Pilzgerichte in den alten Kochbüchern sehr stiefmütterlich behandelt wurden. Es tauchen fast immer nur wenige und immer die gleichen Rezepte auf, so »Schmalz-Suppe von Maurachen oder Morgeln« und »Maurachen oder Spitz-Morgeln zu machen« (»Granat-Apfel«-Kochbuch), »Schampiansoß«, »Maurachensuppe«, »Schwammenstrudel«, »Hechten in der Schwammerlsuppe« oder »Predling gefüllt« (Gartler und Hikmann), »Schöpserne Schlegerl mit Schampignon« (»auch mit Triffeln, oder, wie man sie obenhin nennet, mit Artoffeln«) und »Gerstensuppe mit Schwammerln« (»Reinige und schneide

445

Schwammen, welche du willst oder hast, sie mögen frisch oder dörre sejn«, in: »Die erfahrene und wohlgeübte Herrschafts-Köchin«, 1802), »Schampion in Consume«, »Schwammerlgerste in die Suppe« (»Grätzerisches Kochbuch«). Anna Dorn gibt in ihrem »Neuesten Universal- oder: Großen Wiener Kochbuch« (1827) genaue Anleitungen für »Schwämme einzupökeln«, »Schwammgeist oder Pilz-Ketschup«, »Schwämme zu trocknen« und »Schwammpulver« und bringt u. a. eine »Französische Kräutersuppe mit Champignons« (»Wenn Champignons fehlen sollten, so kann man auch andere Schwämme, Pilze oder Täubling genannt, brauchen; man gibt sie über gebähtes Brot«), »Pilzbrühe zu Hühnern oder Kaninchen«, »Salmi von Champignons« und »Champignon-Soß«. Louise Seleskowitz kennt unter anderem schon »Schwamm-Gollasch«, -Pudding, -Roulade und -Strudel, Pilzling-Auflauf und Pilzling mit Rahm; Marie von Rokitansky führt bereits ein eigenes Kapitel »Schwamm-Speisen« an mit Rezepten wie »Gelber Hirschschwamm (Ziegenbart oder Bärentatzen genannt)«, »Gedünstete Pfifferlinge«, »gefüllte, gebackene Morcheln« und »gebackene Schwämme mit Hirn«.

Die österreichische Küche war und ist, was Pilze betrifft, in erster Linie auf die Selbstversorgung angewiesen. Der »Laienstand« der Schwammerlsucher (der Österreicher sagt nicht »Pilze«, sondern liebkosend »Schwammerl«) ist neben dem Berufstand der Jäger und Fischer eine wenig bekannte Größe. Das Schwammerlsuchen erfreut sich namentlich bei den Städtern in der »Sommerfrische« großer Beliebtheit. Mit Kind, Frau und Hund zieht der Mann, wenn es »gedonnert hat«, hinaus in den Wald, denn einer Gefahr sind die Pilze bisher – mit Ausnahme des Champignons – entgangen: sie lassen sich nicht im Gemüsegarten und in Gärtnereien zähmen! Und an dieser Tatsache dürfte sich auch in Zukunft so schnell nichts ändern.

In die bäuerliche Küche dagegen verirrt sich noch heute kaum ein Pilz. Man hatte und hat nicht Zeit, die Schwammerl suchen zu gehen – und bleibt der Devise eines gesunden Selbsterhaltungstriebes treu, im Sinne jenes Satzes: »Was der Bauer nicht kennt, das ißt er nicht!«

FACHLICHE HINWEISE

Bovist ist nur verwendbar, wenn er beim Aufschneiden weiß bleibt. Vor dem Verwenden schälen!

Brätling eignet sich zum Braten, roh auch für Salate (dünn schneiden!)

Champignon (Wiesen- und Zuchtchampignon) hat weißes Fleisch; die Farbe der Lamellen an der Unterseite der Haube reicht von Hellgrau und Blaßrosa bis Schokoladebraun-Schwarz. Nur frische, feste, noch geschlossene Exemplare verwenden. Bereits leicht geöffnete Pilze vor dem Zerschneiden mit etwas Zitronensaft beträufeln.

Eierschwammerl, Pfifferling sind für alle Zubereitungsarten verwendbar. Zum Trocknen nicht geeignet.

Hallimasch: Nur die Köpfe (Hauben) verwenden. Muß vor der Zubereitung kräftig blanchiert werden (Wasser davon nicht weiterverwenden!). Nicht zum Trocknen geeignet.

Maurachen, Morcheln sind Schlauchpilze mit glockenförmigem Hut und wabenartigen Gruben. Vor Verwendung einige Male waschen, um alle sandigen Schmutzteile zu entfernen.

Mairittling hat weißes, sehr schmackhaftes Fleisch mit einem mehligen Beigeschmack. Kann den Zuchtchampignon ersetzen.

Parasol- oder Schirmpilz ist ein schmackhafter Speisepilz. Unzerteilte Hüte kann man wie Schnitzel, paniert oder unpaniert, in heißem Fett backen. Ältere Pilze eignen sich zum Trocknen.

Reizker eignet sich gut zum Braten und für Salate.

Ritterling ähnelt geschmacklich dem Reizker und wird wie dieser zubereitet. Eignet sich auch zum Einlegen in Essig.

Rotkappe ist ein vorzüglicher Speisepilz, hat ein dem Steinpilz ähnliches Fleisch, wird aber beim Zerschneiden schwarz (nur unzerteilt braten, dünsten oder kochen). Beim Kochen dem Wasser etwas Essig oder Zitronensaft beigeben, beim Braten vorher damit beträufeln.

Stein- oder Herrenpilz ist wie Champignon und Rotkappe vielseitig verwendbar. Eignet sich auch zum Trocknen (für Saucen, Suppen usw.).

Stockschwamm eignet sich für Suppen, Gemüse, aber

auch für Mischgerichte und Salate. Nicht zum Trocknen. Nur die Hüte verwenden!
Totentrompete, Herbsttrompete ist ein vielseitig verwendbarer Pilz; gilt auch als Ersatz für die Trüffel. Zum Trocknen geeignet.
Trüffel ist bei uns fast immer nur konserviert im Handel erhältlich. Selten findet man sie auch im südlichen Wienerwald. Sieht wie eine höckrige Kartoffel aus, gedeiht unter der Erde, hat festes Fleisch. Vor dem Anschneiden unter Fließwasser sauber bürsten. Die besten Trüffeln kommen aus der Region Périgord im Südwesten Frankreichs; sie sind fast schwarz und walnuß- bis faustgroß. Die norditalienische Trüffel ist innen gelblichweiß und hat leicht knoblauchartigen Duft.

Pilze immer in einem luftigen Korb befördern. Luftig lagern, nicht zusammendrücken.
Pilze so rasch wie möglich frisch verarbeiten und essen. Pilzgerichte nie länger aufbewahren. Sollen Pilze erst am nächsten Tag verwendet werden, breite man sie an einem kühlen, luftigen, dunklen Ort aus. Pilze im allgemeinen nur trocken säubern (außer Hallimasch), sauber ausschneiden, alle weichen, wäßrigen, vermadeten, faulen Stellen wegschneiden, von Stielen alle unsauberen, harten Stellen entfernen. Die Haut der Pilzkappe nur dann abziehen, wenn sie bereits schleimig ist. Die Lamellen nur dann entfernen, wenn sie schon dunkel und weich sind. Die Stiele (Röhren) älterer Pilze nicht verwenden.
Müssen Pilze nach dem Säubern und Putzen gewaschen werden, unter kaltem Fließwasser einzeln abspülen oder mit feuchtem Tuch abwischen. Dann in nicht zu dünne Scheiben schneiden. Beim Dünsten keine Flüssigkeit beigeben; immer so kurz und trocken wie möglich halten! Morcheln, Reizker und Trüffeln stets gesondert zubereiten. Zum Braten, Grillen und Backen immer nur trockene Pilze verwenden. Kleine Pilze kann man ganz belassen. Für Salate die Pilze im ganzen kochen, erst nach dem Erkalten schneiden. Zum Einlegen nur junge, feste Pilze wählen. Trockenpilze am Abend zuvor waschen und in kaltes Wasser legen. Das Einweichwasser bei der Zubereitung stets verwenden.
50 g getrocknete Pilze entsprechen etwa 500 g frischen Pilzen. Nur Emaille- oder Stahlgeschirr verwenden, nie Geschirr aus Eisen, Kupfer, Messing oder Aluminium! Bei einigen Pilzen, die vor der Weiterverwendung 3–5 Minuten abgekocht werden müssen (Frühlingsmorchel, Ockertäubling, Rotbrauner Milchling oder Hallimasch), das Kochwasser nicht weiterverwenden! Rohe Pilze – außer Zuchtchampignons – soll man nicht essen!

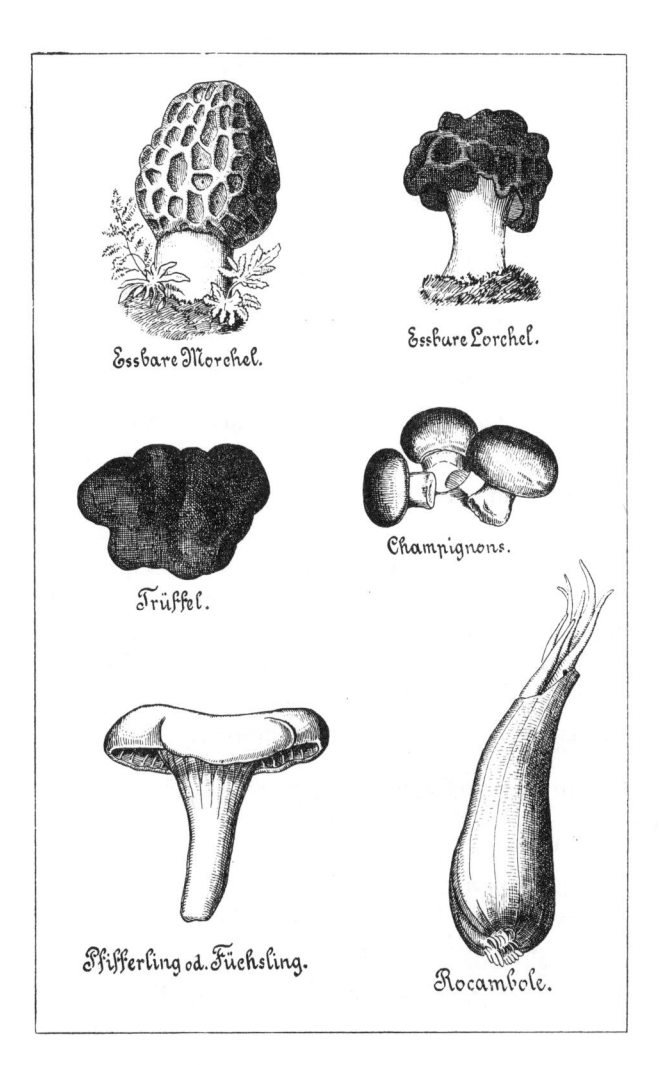

Gebackene Champignons

4 Portionen

500 g Champignons, Salz, Mehl, 2 Eier, Semmelbrösel, Fett zum Backen
Oder: Backteig (siehe Seite 516), Salz, Pfeffer, Zitronensaft, gehackte Petersilie

Champignons (oder andere Pilze) – je nach Größe im ganzen, halbiert, in Viertel oder Achtel oder in stärkere Schnitten geteilt – würzen, in Mehl, Ei und Bröseln panieren (oder kurz mit Pfeffer, Zitronensaft und Petersilie marinieren, salzen und durch Backteig ziehen) und in heißem Fett knusprig braun backen. Heiß servieren. Beilage: Sauce tatare, grüne Salate.

Gedünstete Champignons

4 Beilageportionen

500 g Champignons, 80 g Butter oder Öl, Salz, Zitronensaft, Petersilie

Die Pilze in nicht zu dünne Scheiben oder Stücke schneiden und mit etwas Zitronensaft beträufeln. In heißer Butter rasch weich dünsten. Dann salzen und pfeffern. Nach Belieben kann man 1 gutverklopftes Ei beigeben und stocken lassen. Man kann sie auch mit in der Butter angeschwitzten feingeschnittenen Zwiebeln oder mit geschälten Paradeisern dünsten. Vor dem Anrichten mit gehackter Petersilie bestreuen.

Champignons mit Rahm

4 Portionen

500 g Champignons, 60 g Butter, Zitronensaft, Salz, Pfeffer, 1 EL Mehl, 1/8–1/4 l Sauerrahm, Petersilie

Geviertelte oder blättrig geschnittene Pilze mit Zitronensaft beträufeln, in heißer Butter kurz dünsten und würzen. Sauren Rahm mit Mehl verrühren und den Pilzen beigeben. Kurz aufkochen und ziehen lassen. Mit gehackter Petersilie bestreuen. Beilage: Semmelknödel, Palffy- oder Serviettenknödel.

Gefüllte Champignons

3–4 Garniturportionen

8–12 große, gleichmäßige Champignons; Zitronensaft, Salz, 50 g Butter
Fülle I: Feingehackte Champignonstiele, 150 g Schinken, 1 Ei, 1 Zwiebel, Petersilie, 30 g Butter, 1 TL Madeira, 20 g Butter, Semmelbrösel
Fülle II: Zutaten wie für Fülle I, zusätzlich: 20 g Mehl, 20 g Butter, 1/8 l Obers, 2 Eidotter, Parmesan, Muskat, 1/8 l Sauerrahm

Champignons säubern, waschen, die Stiele herausdrehen und mit dem Parisienneausstecher die Lamellen entfernen. Die etwas ausgehöhlten Köpfe in bebuttertes (oder geöltes) Geschirr setzen, würzen, mit der Fülle kegelförmig füllen, mit Semmelbröseln bestreuen, mit zerlassener Butter beträufeln und 10 Minuten im heißen Rohr backen.
Fülle: Feingeschnittene Zwiebel und Petersilie in heißer Butter anschwitzen, die feingehackten Pilzstiele und den gehackten Schinken beigeben, kurz durchrösten, mit verklopftem Ei binden. Salzen, pfeffern und mit Madeira abschmecken.
Gefüllte Champignons kann man als Garnitur zu Fleisch- oder Geflügelgerichten oder als Vorspeise (auf in Butter gerösteten Weißbrotschnitten) servieren.
Die Fülle läßt sich beliebig variieren: z. B. kann man zur obigen Fülle eine Béchamelsauce bereiten, Eidotter und geriebenen Parmesan beigeben, die Hälfte der Béchamelmasse unter die Schinkenfülle mischen, die restliche mit saurem Rahm, Salz und geriebenem Muskat verrühren und über die gefüllten Champignonköpfe gießen; diese mit Parmesan und Semmelbröseln bestreuen, mit Butter beträufeln und im heißen Rohr goldgelb gratinieren.

Champignon-Pudding

6 Vorspeiseportionen

300 g Champignons, 50 g Butter, 1 Zwiebel, Petersilie, Butter, Semmelbrösel, 80 g Butter, 4–5 Eidotter, 4 Eiklar, 1/8 l Sauerrahm, 50 g Mehl, Salz

In heißer Butter die feingeschnittene Zwiebel und die blättrig geschnittenen Champignons und die gehackte Petersilie anschwitzen. Aus 80 g Butter, den Dotter, Rahm und Mehl einen Abtrieb bereiten, salzen und mit den gedünsteten, ausgekühlten Champignons vermischen. Zuletzt den steifgeschlagenen Schnee darunterziehen.
Das Ganze in eine bebutterte und mit Semmelbröseln ausgestreute Form geben, in Dunst etwa 3/4 Stunde kochen lassen, zuerst nicht zudecken; sobald sich die Oberfläche gefestigt hat, nicht ganz zudecken. Sobald das Gericht gar ist, stürzen, mit in Butter gerösteten Semmelbröseln bestreuen. Heiß servieren.

Champignonsoufflé

4 Portionen

200 g Champignons, 30 g Butter, 40 g Butter, 50 g Mehl, 3/8 l Milch, 4 Eier, Salz, Petersilie, Muskat

Die gereinigten Champignons teils in Scheiben schneiden, teils fein hacken; in 30 g heißer Butter weich dünsten, wobei der sich bildende Saft einkochen muß. Aus 40 g Butter, Mehl und Milch eine Béchamel bereiten, die Dotter und die gedünsteten Champignons beigeben, ebenso Salz, Muskat und gehackte Petersilie. Zuletzt den steifen Schnee in die Masse einheben und diese in eine bebutterte Form geben. Im heißen Rohr einige Minuten backen. Sofort servieren. Je weniger Champignons man nimmt, desto leichter wird das Soufflé.

Champignonpüree

4 Portionen

200 g Champignons, 1/16 l Obers, Béchamel (20 g Butter, 20 g Mehl, 1/8 l Milch), Salz, Pfeffer, Muskat, Butter

Die rohen Pilze passieren oder fein hacken, mit Béchamel und Obers vermischen und aufkochen. Würzen und mit frischer Butter vollenden.

Das Püree dient zum Füllen von Torteletten oder Gemüse.

Champignons à la Reine (nach Kofranek)

4 Portionen

200 g Champignons, 50 g Butter, 1 Zwiebel, Zitronensaft, Salz, Pfeffer, Muskat, 1/6 l Sauerrahm, 1 EL Mehl Soufflémasse: 20 g Butter, 20 g Mehl, 3/16 l Obers, 2 Eidotter, 2 Eiklar, 30 g Parmesan

Die geputzten Champignons in Scheiben schneiden. In heißer Butter die feingeschnittene Zwiebel anschwitzen, die Champignons beigeben, mit Zitronensaft beträufeln, zugedeckt 5–6 Minuten dünsten lassen. Etwas Mehl mit dem Sauerrahm verrühren, in die gedünsteten Champignons einrühren und würzen. Die Masse in eine Souffléschüssel (oder in kleine Cocottetöpfchen) füllen, mit Soufflémasse fingerdick überziehen und einige Minuten im heißen Rohr backen.

Soufflémasse: Mehl in heißer Butter anlaufen lassen, mit Obers zu einer nicht zu festen Masse verrühren, 2 Eidotter beigeben, gut verrühren. Zuletzt den steifgeschlagenen Schnee darunterziehen und mit Parmesan bestreuen.

Eierschwammerl auf Wiener Art

4 Vorspeiseportionen

500 g Eierschwammerl, 60 g Butter, 1 Zwiebel, Salz, Pfeffer, Kümmel, 1 KL Mehl, 3 EL Sauerrahm, 2 Eier, Petersilie

In heißer Butter die feingeschnittene Zwiebel hellgelb rösten, die geputzten, halbierten Eierschwammerl beigeben und dünsten. Sauerrahm und Mehl verrühren und die Eierschwammerl damit binden. Mit Salz, Pfeffer und etwas gehacktem Kümmel würzen. Zum Schluß 2 aufgeschlagene Eier einrühren und stocken lassen. Mit gehackter Petersilie bestreuen.

Man kann die Zwiebel statt in Butter auch in würfelig geschnittenem Schinkenspeck rösten. Zum Schluß anstelle der verquirlten Eier die Pilze mit einem Spiegelei servieren.

Eierschwammerl mit Ei

4 Vorspeiseportionen

500 g Eierschwammerl, 50 g Butter, 1 Zwiebel (oder kleine Schalotten), Petersilie, Salz, Pfeffer, 1–2 Eier

Die feingeschnittene Zwiebel oder die Schalotten im ganzen in heißer Butter kurz rösten, die geputzten, halbierten Pilze beigeben, würzen, bei starker Hitze rasch rösten. Die verklopften Eier einrühren und anziehen lassen. Mit gehackter Petersilie bestreuen.

Eierschwammerlgulasch

2 Portionen

500 g Eierschwammerl, 50 g Butter, 1–2 Zwiebeln, Salz, 10 g Paprika, 1 Msp. Kümmel, 1/8 l Sauerrahm, 20 g Mehl, 1 KL Essig

Die feingeschnittene Zwiebel in heißer Butter gelb anschwitzen, paprizieren, mit wenig Wasser ablöschen, die geputzten, grobgehackten Pilze beigeben und im eigenen Saft halbweich dünsten. Mehl und Rahm verrühren und beigeben, kurz aufkochen lassen, mit Salz, Kümmel und Essig abschmecken und ziehen lassen. Man kann noch in Streifen geschnittene, grüne Paprikaschoten und einige in Scheiben geschnittene, geschälte Paradeiser beigeben und mitdünsten.

Steinpilz auf Wiener Art (eingemachte Pilze)

2 Portionen

500 g Steinpilze, 60 g Butter, 1 Zwiebel, Salz, Pfeffer, Knoblauch, Kümmel, 1/8 l Sauerrahm oder saure Milch, 1–2 EL Mehl, Petersilie

Die feingeschnittene Zwiebel in heißer Butter anschwitzen, die blättrig geschnittenen Pilze beigeben, würzen und bei starker Hitze rasch halbweich dünsten. Mehl und Sauerrahm gut verrühren, den Pilzen beigeben, kurz durchkochen und 10 Minuten ziehen lassen. Mit gehackter Petersilie bestreuen. Beilage: Serviettenknödel.

Steinpilz am Rost (gegrillt)

Junge, feste Steinpilze; Öl, Salz, Pfeffer, Maître-Butter (siehe Seite 66 f.)

Die Pilze putzen, die größeren Pilze einschneiden, salzen, pfeffern, mit Öl bestreichen (oder durch Öl ziehen), langsam am Rost braten. Mit Maître-Butter belegen und heiß servieren. Man kann sie auf gedünstetem Reis anrichten und mit gegrillten Paradeisern und Brunnenkresse garnieren. Man kann die vorbereiteten Pilze auch in eine Marinade aus Zitronensaft, Pfeffer, Worcestersauce und feingehackten Kräutern legen, dann salzen, mit Öl bestreichen und grillen.

Steinpilz mit Paprika (auf ungarische Art)

2 Portionen

500 g Steinpilze, 60 g Butter, 1 Zwiebel, 2 KL Paprika, 1 KL Paradeismark, 1/4 Knoblauchzehe, 1/8 l Sauerrahm, ca. 20 g Mehl

Die feingeschnittene Zwiebel in heißer Butter rösten, paprizieren, die geputzten und grobgeschnittenen Steinpilze beigeben und dünsten. Mit Salz, Paradeismark und zerdrücktem Knoblauch würzen. Zum Schluß mit Rahm und Mehl binden.

Zu den folgenden Rezepten können Pilze unterschiedlicher Art, wie Champignons, Steinpilze, Eierschwammerl, Hallimasch usw., von einer einzigen Art oder gemischt, verwendet werden.

Kärntner Pilzknödel

4–6 Knödel

6 Schneidsemmeln, 40 g Mehl, 1/4 l Milch, Salz, 200 g Pilze, 30 g Butter, 2 Eier, Petersilie

Kleinwürfelig geschnittene Semmeln mit Mehl vermischen. Milch, mit Salz und Eiern verrührt, darübergießen und ziehen lassen. Die gereinigten, blättrig geschnittenen Pilze in heißer Butter mit gehackter Petersilie dünsten und mit der Semmelmasse vermengen. Aus der nicht zu festen Knödelmasse kleine Knödel formen und in Salzwasser langsam kochen.

Pilzlaibchen

4 Laibchen

500 g Pilze, 60 g Butter, 1 Zwiebel, Salz, Pfeffer, 1/8 l Sauerrahm, 20 g Mehl, 1 Eidotter, 2 EL Semmelbrösel, 1 Ei und Semmelbrösel zum Panieren, 1 Msp. Kümmel, Fett zum Backen

Die feingeschnittene Zwiebel in heißer Butter anschwitzen, die gereinigten Pilze beigeben und weich dünsten. Mit Salz, Pfeffer und etwas Kümmel würzen. Sauerrahm und Mehl verrühren und die Masse damit binden, etwas überkühlen lassen, Eidotter dazurühren und eventuell mit Semmelbröseln die Masse festigen. Aus der gut überkühlten Masse vier kleine Laibchen formen, in Ei und Semmelbröseln panieren und in heißem Fett backen. Mit grünen Erbsen anrichten.

Pilzletscho

4 Beilageportionen

300 g Pilze, 60 g Fett, 1 Zwiebel, 3–4 grüne Paprikaschoten, 500 g Paradeiser, 1 KL Paprika, Salz, Pfeffer, 1 Knoblauchzehe, Petersilie

Die feingeschnittene Zwiebel in heißem Fett anlaufen lassen, paprizieren, nudelig geschnittene Paprikaschoten, geschälte, ausgedrückte, geviertelte Paradeiser beigeben und weich dünsten (nicht zugedeckt, damit es eingeht). Dann die feinblättrig geschnittenen Pilze mitdünsten. Zum Schluß salzen, pfeffern, etwas Knoblauch beigeben und mit gehackter Petersilie bestreuen. Man kann in das Letscho auch noch 2–3 Eier einrühren und stocken oder zuvor im heißen Fett etwas Speck glasig werden lassen.

Pilzomelette

2 Omelettes

Omelette: 3 Eidotter, 1/8 l Obers, 20 g Mehl, Salz, Petersilie, 3 Eiklar, Butter zum Backen
Fülle: 200 g Pilze, 30 g Butter, Salz, Pfeffer, Kümmel, Petersilie

Aus Obers, Dotter, Mehl, gehackter Petersilie und Salz einen Omelettenteig bereiten, zum Schluß den steifgeschlagenen Schnee darunterziehen. Eine Pfanne erhitzen, Butter aufschäumen lassen, die Masse eingießen und im Rohr backen. Auf die fertige Omelette die blättrig geschnittenen, in Butter gedünsteten und gewürzten Pilze füllen und die Omelette zusammenschlagen.

Pilzreis

2 Portionen

250 g Pilze, 1 Tasse Reis, 30 g Butter, 1 Zwiebel, gehackte Petersilie, Salz, Pfeffer

In heißer Butter die feingeschnittene Zwiebel anschwitzen, die dünnblättrig geschnittenen Pilze und Petersilie beigeben, gut durchrösten und weich dünsten. Salzen und pfeffern. Den extra gedünsteten Reis daruntermischen und im Rohr ausdünsten lassen.

Pilzsalat

3–4 Vorspeiseportionen

500 g Pilze (besonders feste, junge Pilze), Wasser, Salz, Spritzer Essig, Öl, Basilikum, Petersilie, Essig, Salz, Pfeffer

Die geputzten Pilze – je nach Größe im ganzen, halbiert oder geviertelt – kurz in Salzwasser, dem ein Spritzer Essig beigemischt wurde, überkochen. Abseihen und überkühlen. Aus Öl, feingehackter Petersilie, Basilikum und Essig eine Marinade bereiten, die feinblättrig geschnittenen Pilze beigeben und gut vermischen. Salzen und pfeffern.

Trüffeln

»Trüffeln sind in die Küche verschlagene schwarze Diamanten.«
Jean Brillat-Savarin, 1825

Die Verwendung der Trüffel ist nach wie vor eine kostspielige Angelegenheit; sie dient meist als Garniturteil. Entsprechend kostbare Zutaten bei der Zubereitung der Trüffeln sind für jeden Koch Pflicht, und nicht umsonst steht dafür die Kombination von Trüffeln und Gänseleber als Vorbild jeder hohen Kochkunst.

Die klassische Zubereitungsart ist »**Trüffeln in der Asche**«. Gesäuberte, gebürstete Trüffeln werden mit Cognac, Salz und Pfeffer kurz mariniert, mit dünnen Speckscheiben umwickelt und in doppeltes, gutgebuttertes Pergamentpapier gehüllt. Leicht angefeuchtet, werden sie 40–45 Minuten in glühender Asche gebraten. Vor dem Servieren die erste Hülle entfalten und so heiß wie möglich servieren. Da in den meisten Küchen heute keine heiße Asche mehr vorhanden ist, wird man die mit Cognac, Salz und Pfeffer kurz marinierten Trüffeln, in Blätterteig eingehüllt, im Rohr backen und in der Teighülle anrichten.

Trüffeln in Butterteig

Kleine ganze Trüffeln mit Salz und Pfeffer würzen, mit Cognac beträufeln und in dünne Speckscheiben wickeln. Dann einzeln auf ausgetrocknete, runde Butterteigscheiben legen, die Ränder befeuchten und über die Trüffeln schlagen; dabei eine kleine Öffnung freilassen. Mit Ei bestreichen und in heißem Rohr etwa 20 Minuten backen.

Man kann auch auf die Butterteigscheiben je eine Schnitte rohe Gänseleber, leicht gesalzen und gepfeffert, legen und darauf die in Speck gehüllten Trüffeln geben.

Salate

Man braucht vier Personen für einen guten Salat: einen Verschwender für das Öl, einen Geizkragen für den Essig, einen Weisen für das Salz und einen Tollhäusler, um alles zu verrühren.
Spanisches Sprichwort

Das Wort »Salat« leitet sich von einem mittellateinisch-italienischen »(in)salare« (= einsalzen) ab. Bereits Brillat-Savarin schreibt: »Ich rate allen, die mir vertrauen, Salat zu essen; der Salat erfrischt, ohne zu schwächen, er stärkt, ohne aufzureizen; ich pflege zu sagen, daß er verjüngt.« August Mauers »Illustrirtes Wiener Kochbuch. Ausschließlich berechnet für die feinste Küche und den vornehmsten Haushalt« (1885) reiht die Salate unter die »appetitreizenden und denselben befördernden Gerichte« und stellt sie zwischen Horsd'œuvre und Braten. Das »Appetit-Lexikon« (1894) stellt fest: »Der gerechte und vollkommene Salat soll und muß die Zunge kitzeln, ohne zu brennen, den Gaumen erfrischen, ohne zu kratzen, und den Magen anregen, ohne zu überreizen. Ein solcher Salat ist ein verkörpertes Ideal und bildet die würdigste Begleitung für den Braten.«

In den österreichischen Kochbüchern des 17. und 18. Jahrhunderts sind schon sehr früh einige »Traditionssalate« zu finden: so der Häuptelsalat und der Paradeisersalat, der Zellersalat, der warme Krautsalat, der Fisolensalat, der Erdäpfelsalat, der Bohnensalat, der Gurkensalat, der Rettichsalat, der Rote-Rüben-Salat und der gemischte Salat, aber auch der Kapern-, Herings-, Sardellen- und Schneckensalat, der Italienische (»Wälsche«) und der Russische Salat. Einige dieser Salate haben sich im Laufe der Zeit auf ein »festes Verhältnis« mit einem Gericht eingelassen, wobei das eine ohne das andere nicht mehr zu denken ist. Backhendl und Gurkensalat, Wiener Schnitzel und grüner oder gemischter Salat, Eiernockerl und Häuptelsalat gehören zusammen wie ein lange verheiratetes Paar. (Wehe, einer würde vielleicht Ehebruch begehen!). Der gelernte Österreicher verurteilt einen jeden »Fremden«, der gegen eines dieser althergebrachten »Verhältnisse« verstößt, fühlt sich zutiefst unverstanden und wird persönlich unzugänglich, als hätte man ihn an seiner wundesten Stelle getroffen!

Der Österreicher liebt es, seinen Salat hübsch arrangiert und geschmackvoll angerichtet serviert zu bekommen. Selbst konträren Geschmackskompositionen zeigt er sich manchmal nicht abgeneigt. Aber die »Koalition aller Sinne« soll sich auch im »Drumherum« als bodenständig ausweisen. Für Firlefanz und fremde Schnörkeleien ist er nicht zu gewinnen. Er verlangt vom Salatkoch schlicht und einfach künstlerische Fähigkeiten: den Farbsinn eines Malers, die Saucenzunge eines Feinschmeckers und die Mannigfaltigkeit eines Hungrigen.

Einige variierende Kleinigkeiten sind dabei zu klären: Zucker in der Marinade verträgt nicht jeder Österreicher gleich gut. Während die Wiener Hausfrau bei der Marinade mit dem Zucker oft fast genüßlich umgeht (auch das hat seine Tradition, wie wir noch sehen werden), wird, je weiter man nach Westen und Norden des Landes gelangt, diese Vorliebe immer unverständlicher. Quer durch Österreich verläuft auch die Knoblauchgrenze. In den südlichen und östlichen Bundesländern gehört der Knoblauch mit nationaler Selbstverständlichkeit zu gewissen Salaten (und Gerichten), nach Westen zu geht man damit schon sparsamer um. Es soll auch nicht verschwiegen werden, daß der Österreicher nicht ungern den »nassen« Salat hat, daß er oft fast unerlaubt viel Essig in seinem Salat haben will.

Die altösterreichischen Kochbücher führen seit etwa 1800 alle bekannten Salate an. Besonders üppig verfährt man mit dem »Kräutersalat«: »Man suchet hierzu Kräuter, welche man am meisten liebt«, heißt es im »Grätzerischen Kochbuch« (1804), und der unbekannte Verfasser nimmt Kresse, Sauerampfer, Löffelkraut, Dragun (Estragon), Bomagen, Pimpernelle, Fenchelkraut, Melissen, Zuckerrüben, Schlüsselblumen, gelbe Viol. Hikmann nimmt dazu auch noch Pfefferkraut (Basilikum), Tausendschön, Kaisersalat (anderer Name für Estragon) und dicke »Nägleinblumen«; Theresia Ballauf (1810) erweitert die Liste um Isop, Schnittling (Schnittlauch), Ochsenzungen (Borretsch), Anna Dorn um »Fette Henne« (Tripmadam), Gundermann, Wegerichblätter. Den jungen Salat nennt sie »Lactuke«, und zum »Kräutersalat mit Blumen« nimmt sie außer jungem Salat, Gartenkresse, Kerbelkraut und jungen Zwiebeln auch blaue »Borrogen« (Borretsch), einige Märzviolen, Schlüsselblumen, gelbe und blaue Veilchen, einige »Monathblümchen« und Bertramblätter, »klopft etliche hartgesottene Eyerdotter ganz klein, und macht den Salat mit Provençeröl, Essig und Zucker an«.

»Öhl und Essig, als zwey Hauptstücke müssen vorzüglich gut, ersteres nicht alt und ranzig, letzteres nicht schwach, sondern von der gehörigen Säure. Anstatt des Essigs nehmen manche Citronensaft, aber dieses können nur wohlbemittelte Leute thun«, heißt es noch 1804 im »Grätzerischen Kochbuch«. Anna Dorn weiß: »Specksalat oder gebrühter, wird auf dem Lande, wo gerade das Öhl mangelt, sehr geachtet, vorzüglich aber lieben ihn Ungarn... Vom Anrichten ist zu bemerken, daß man kalte Salat-Gattungen durch aufgestreuten Schnittlauch, und durch Bestreuung des Schüsselrandes mit Zucker (!) zu zieren pflegt.« Der Erdäpfelsalat wird in alten Rezepten häufig mit Himbeeressig angemacht, wie übrigens kein altes Kochbuch an den Essigrezepten (Apfel-, Birnen-, Himbeer-, Weichsel-, Veilchen-, Honig-, Bier-, Rosen-, Kräuter- oder Bertramessig) vorbeigehen konnte. Hauptsächlich aber wurde und wird Weinessig verwendet.

Das Kochbuch der »Wiener Mode« (1893) schreibt vor: »Salat muß mit ›Liebe‹ bereitet werden, also jedenfalls von der Hausfrau selbst, etwa sogar vor den Augen der Tischgenossen.« Eine Rarität ist das Rezept »Wunderbarer Sallat« aus Theresia Ballaufs Kochbuch (1810): »Nimm von blauen Kohl die feinen Blätter und überbrenne sie mit heißem Wasser, damit sie grün werden, schneide ihn hernach wie den Krautsallat und gieb ihn unangemachter zu Tische, ersuchet nun die Frau Jemanden aus der Gesellschaft, zu machen daß dieser Sallat roth werde, so wird sich alles entschuldigen daß dieß nicht seyn könne. Dann gießt die Frau vom Hause Essig und Oehl darüber, so verwandelt sich dieser Sallat augenblicklich aus der grünen in die rothe Farbe. Auf diese Art kannst du auch Sallat auf dem Tische in 4 Stunden wachsen machen. Nimm gute fette Erde in einem großen zierlichen Topf, etwa 2 Finger hoch, säe in selben Sallatsaamen, den du vorher durch 24 Stunden in Brandwein geweicht hast, so wird der Sallat vor aller Augen in 4 Stunden so hoch wachsen, daß du ihn gebrauchen kannst.« Sofie Meissner nennt diesen Salat aus den »Herzblättern vom Braunkohl« in ihrem »Modernen Kochbuch« (1901) »Verzauberten Salat«.

Neben den »sauren« Salaten führen die alten Kochbücher auch »süße« Salate an. Anna Bauer schreibt dazu: »Insoferne dieselben als Compote aus in Zucker eingelegtem oder Dunstobst zusammengestellt werden, blei-

Pastetchen à la Kaunitz

Kalbfleischpastete

Wiener Apfelstrudel

Marillenknödel

Schönbrunner Reisauflauf

Salzburger Nockerln

ben sie hier außer Betracht. Bemerkt sei nur, daß sich auch im Arrangement dieser Speisen sehr Zierliches leisten läßt. Für uns kommen vor der Hand nur jene süßen Salate oder, wenn man will, Compote in Betracht, die aus frischen oder getrockneten Früchten bereitet und zum unmittelbaren Genuß bestimmt sind.« Unter anderem werden angeführt Orangen-, Apfel- und Birnenkompott, gesulzte Äpfel, Kompott von frischem Beerenobst und von getrocknetem Obst, weiter Quitten-, Weichsel- und Zwetschkensalat sowie »Triett« (siehe Seite 290).

FACHLICHE HINWEISE

Der Küchenchef unterscheidet den einfachen Salat von dem zusammengesetzten Salat (Salatkomposition), der meist als Vorspeise serviert wird, vor allem, wenn er Fisch, Schalentiere, Fleisch, Wild oder Geflügel enthält. Die einfachen Salate (grüne Salate, Salate aus einer Substanz wie Rohgemüse, gekochtes Gemüse) werden vorwiegend als Beilagensalat serviert. Salatplatten sind gemischte Salate und bestehen aus einer Mischung von rohen und/oder gekochten Salaten.

Blattsalate sorgfältig waschen, nicht ausdrücken, nur gut abtropfen lassen. Nicht lange im Wasser liegenlassen! Sofort nach dem Anrichten servieren (bzw. vor dem Gast am Tisch anrichten). Vorgesalzene Salate (Gurken, Rettich) nicht ausdrücken, das Salzwasser nur abgießen, dann weiterbehandeln. Gekochten Gemüsesalat (von einer einzigen Gemüseart) möglichst noch lauwarm mit der Marinade vermischen (außer mit Mayonnaise). Im allgemeinen wird die Salatsauce über den Salat gegossen, dann locker und vorsichtig gemischt und angerichtet. Um eine Salatmarinade für die Blattsalate richtig abzuschmecken, ist es vorteilhaft, ein Salatblatt durch die fertige Marinade zu ziehen und zu kosten.

Das Geheimnis des vortrefflichen Salats liegt im erstklassigen Grundmaterial, im guten Weinessig und im wohlschmeckenden Öl. Verbindliche Zusammensetzungen werden zwar in vielen Kochbüchern angegeben, sie können aber nur als Richtlinie gelten. Es ist z. B. ein Unterschied, ob Häuptelsalat angerichtet wird oder Endiviensalat – jener darf nicht so stark gewürzt werden wie dieser. Bei den hier angeführten Rezepten (Verhältnis von Öl zu Essig) wird 3½prozentiger Essig verwendet. Bei allen Marinaden werden die Gewürze zuerst im Essig aufgelöst, dann wird das Öl beigegeben. Einfache Salate werden meist in einer Essig-Öl-Sauce angemacht. Diese kann variiert werden durch Beigabe von gehackten Kräutern, hartgekochtem, gehacktem Ei, Senf, Würzsaucen usw. Alle mit Mayonnaise angemachten Salate werden zuvor mit Essig, Salz, Zucker und Pfeffer etwa ¼ Stunde mariniert; erst dann die Mayonnaise dazugeben.

Salatsaucen (Dressing, Marinade)

Essig-Öl-Saucen oder Marinaden: 1 Teil Essig, 2 Teile Öl, Salz, etwas Zucker (für Blattsalate); 1 Teil Essig, 1 Teil Öl, Salz, Pfeffer, etwas Zucker (für Gemüse- und Rohgemüsesalate).

Rahmdressing: 3 Teile dicker süßer oder saurer Rahm, 1 Teil Weinessig, etwas Öl, Salz, Pfeffer (für Gurken, grüne Salate), Kräuter.

Mayonnaisedressing: Mayonnaise mit etwas Essig und reichlich Obers verdünnen.

Joghurtdressing: Eidotter, Öl, Salz, Zitronensaft, Senf, Joghurt.

Eierdressing: Passierte, hartgekochte Dotter; Senf, Salz, Pfeffer, mit Öl wie Mayonnaise aufrühren, dann Essig beigeben (für grünen Blattsalat, Spargel, Karfiol).

Speckdressing: Kleinwürfelig geschnittenen Speck anrösten, über grünen Salat oder über Krautsalat gießen, Pfanne mit Essig löschen, damit den Salat säuern.

Senfdressing: Rahm, Senf, Zitronensaft, Salz, Öl.

Französischer Dressing: 3 Teile Öl, 1 Teil nicht zu scharfer Essig, wenig Salz, Pfeffer, Senf (dabei wird Senf mit Gewürzen vermischt und mit Öl wie Mayonnaise aufgerührt und mit Essig verdünnt).

Roquefortdressing: 2 Teile Öl, 1 Teil Weinessig, passierter Roquefortkäse, Pfeffer (für Blattsalate). Oder: Salat mit Öl-Essig-Marinade anmachen und etwas Roquefort darüber passieren.

Beliebte **Würzkräuter** für Salatmarinaden sind: Petersilie, Schnittlauch, Borretsch, Kerbel, Basilikum, Sauerampfer, Dille, Oregano, Majoran, Estragon, Kresse, aber auch Kren, Porree, grüne Paprikaschoten. Wer von Knoblauch nur einen Hauch im Salat wünscht, kann die Salatschüssel leicht mit Knoblauch einreiben oder ein Stück Brotrinde, mit Knoblauch eingerieben, eine Zeit in der Marinade lassen.

Die Salate von gekochtem Gemüse (Spargel, Linsen, Kartoffeln u. dgl.) in noch warmem Zustand anmachen!

Blattsalate

Endiviensalat

Die gereinigten Blätter der Breite nach nudelig schneiden (den feingekrausten Moosendiviensalat in kleine Stückchen schneiden), mit Essig-Öl-Marinade vermischen, aber etwas mehr Zucker verwenden (sollten die Endivien bitter sein, etwas auswässern). Bei der »Belgischen Endivie« ist es ratsam, den bitteren Kern herauszuschneiden, dann in fingerdicke Streifen schneiden, in Essig, Salz und Zucker kurz marinieren, abtropfen lassen und mit französischem Dressing oder mit Rahmdressing vermischen.

Häuptelsalat, Kopfsalat, grüner Salat

Salat gut reinigen, welke Blätter außen entfernen, in schöne Blätter zerlegen, die auch geteilt werden können; am festen Teil (Strunk) wird zweimal eingeschnitten, worauf das Herz in schöne Viertel auseinandergerissen wird. In reichlich Wasser kurz waschen und zum Abtropfen stellen. Dann mit dem gewünschten Salatdressing anrichten und sofort servieren.

An feingeschnittenen Kräutern kann man zum Bestreuen verwenden: Schnittlauch, Petersilie, Borretsch, Sauerampfer, Estragon, Basilikum, Selleriekraut, Pfefferkraut, Pimpernelle, Dille (jeweils aber nur höchstens zwei aufeinander abgestimmte Kräuter [sparsam] verwenden).

Man kann den grünen Salat mit hartgekochten und gehackten oder auch mit in 6 Teile zerschnittenen Eiern garnieren.

Vogerlsalat (Bummerlsalat, Rapunzelsalat, schweizerisch: Nüsslisalat)

Zubereitung wie beim Häuptel- oder Endiviensalat.

Rohgemüsesalate

Gelbe-Rüben-Salat, Karottensalat

Die geschälten rohen Karotten oder gelben Rüben (Möhren) waschen und am Krenreißer reißen; mit einer Marinade aus Essig, Zitronensaft und etwas Zucker und Salz gut vermischen und 1 Stunde durchziehen lassen. Beim Anrichten mit Öl beträufeln.

Paprikasalat

Die grünen Paprikaschoten entkernen, in dünne Streifen schneiden, salzen und mit Essig, Pfeffer und Öl bereiten. Man kann diesen Salat auch mit dem Paradeissalat mischen.

Rezept aus »Kurtzer Unterricht«, 1736

> **N. 452. Grünen gemischten Salat.**
> Bereite unterschiedlich grünen Salat/ wie es die Zeit gibet/ als nemlich schönen Häupel-Salat/ übersottenen Zeller/ krausten Entiffen/ Spanischen/ Rabünsel/ Feld-Salat/ Zichori/ übersottene und klein geschnittene Wurtzen darvon/ übersottenen Kauli-Rosen/ nihm von diesen/ wie die Zeit zu geben; richte von diesen Gattungen auf eine grosse Schüssel mit einen umgekehrten Teller von einer Gattung Cräntzel-weiß auf/ schön zierlich/ wie ein Berg hoch auf/ lege auch auf und auf Stückel-weiß geschnittene Bricken/ ausgewässerte und ausgelöste Sardellen/ Oliven/ Meer-Krebsel/ Meer-Fädl/ schön in der Ordnung aufgericht; nihm in eine Schüssel Baumöl/ Eßig/ Saltz/ und ein wenig gemischtes Gewürtz/ gezuckert/ wann es beliebig ist/ rühr es unter einander ab/ und gieß es über den Salat zwey- oder dreymal/ und allzeit wieder abgeseicht/ und daran gegossen/ auf die Tafel geben.

Paradeisersalat (Tomatensalat)

Paradeiser zuerst schälen (etwa 5 Sekunden in kochendes Wasser geben, herausnehmen, kurz ins kalte Wasser halten, dann schälen), in dünne Scheiben oder in Achtel schneiden. Mit einer Marinade aus Salz, wenig Essig (oder Zitronensaft), Zucker, Pfeffer und Öl übergießen, mit feingeschnittener Zwiebel und mit Petersilie oder Schnittlauch bestreuen. Eine halbe Stunde kalt stellen und ziehen lassen.

Gurkensalat

Gurken schälen, feinblättrig schneiden oder mit dem Gurkenhobel hobeln, salzen; nach kurzer Zeit das Salzgurkenwasser abgießen, die Gurken mit Essig und Öl vermischen und Pfeffer oder Paprika darüberstreuen.

Gurkensalat kann man mit feingeschnittenem Schnittlauch oder mit nudelig geschnittenen, frischen Borretschblättern bestreuen oder mit einer Spur Knoblauch versehen. Er kann auch mit saurem Rahm angemacht werden (sollte noch Säure fehlen, ein paar Tropfen Essig dazugeben).

Als »Wiener Art« gilt, den Gurkensalat mit gekochten, dünnblättrig geschnittenen Kartoffeln zu vermischen und wenig feinzerdrückten Knoblauch zu Salz, Pfeffer, Essig und Öl dazuzugeben.

Rettichsalat

Den rohen schwarzen Rettich schälen, in dünne Scheiben schneiden oder hobeln bzw. reißen, salzen und 1/2 Stunde kühl zugedeckt stehenlassen. Dann das ausgetretene Salzrettichwasser abgießen (Rettich nicht ausdrücken), mit (leichtgezuckertem) Essig und Öl zubereiten, pfeffern.

Rohselleriesalat

Geschälte Sellerieknollen in feinste Scheiben hobeln, diese in ganz feine Streifen schneiden und sofort mit Zitronensaft vermischen, zusätzlich mit Salz und Zucker marinieren. Etwas Mayonnaise mit geschlagenem Obers vermischen und die Selleriestreifen damit leicht binden.

Krautsalate

Warmer Krautsalat

Weißkraut, Essig, Wasser, Salz, Kümmel, Zucker, Öl, Selchspeck

1. Das vorbereitete Kraut feinnudelig schneiden, mit kochendem Wasser abbrühen, einige Zeit zugedeckt stehenlassen, dann abseihen. Essig mit Wasser, etwas Salz, einem Stück Zucker und Kümmel kochen, über das Kraut gießen und etwa 20 Minuten zugedeckt stehenlassen.
Selchspeck kleinwürfelig schneiden, auslassen und mit den »Grammeln« über das angerichtete Kraut geben. Es kann auch heißgemachtes Gänse-, Enten- oder Bratenfett darübergegossen werden.
2. Das nudelig geschnittene Kraut mit ein wenig Salz und Kümmel in etwas Wasser kernig-weich dünsten, abgießen und mit gekochtem Essig (in dem eine Prise Zucker mitgekocht wurde) übergießen; heißgemachte Speckwürfel darüberstreuen. Dieser Krautsalat muß heiß serviert werden.
3. Zuerst kleinwürfelig geschnittenen Selchspeck auslassen, die Grammeln entfernen und warm stellen, dann feingeschnittene Zwiebel und etwas Kümmel darin rösten und hernach das nudelig geschnittene und gesalzene Kraut mit ein wenig Essig weich dünsten. Vor dem Servieren die warmgestellten Grammeln darüberstreuen.

Sauerkräutler.

Kalter Krautsalat, kalter Rotkrautsalat

Das Kraut feinnudelig schneiden, mit siedendem Wasser übergießen, etwa 10 Minuten zugedeckt ziehen lassen, abseihen, mit Salz, Kümmel, Essig und Öl vermengen.

Auf die gleiche Art kann man auch das Rotkraut behandeln. Nur gibt man dann Zitronensaft und einige geriebene Äpfel sowie Zucker bei.

Sauerkrautsalat

Sauerkraut (roh), Öl, 1 Zwiebel, Essig; nach Wunsch können Äpfel, Paradeiser, Essiggurken, grüne Paprikaschoten dazugegeben werden

Das Kraut reinigen und durchschneiden, dann mit einer Gabel lockern, mit Essig, feingeschnittener Zwiebel und Öl bereiten. Nach Wunsch kann man würfelig geschnittene Äpfel, Essiggurken und grüne Paprikaschoten dazumischen.

Eine Variante: Je ein Drittel Sauerkraut, Paradeiser und Gurken in Salz, Essig und Öl marinieren und mit hartgekochtem, gehacktem Ei vermischen.

Gekochte Gemüsesalate

Bohnensalat

Bohnen waschen, einweichen und in kaltem, ungesalzenem Wasser auf das Feuer stellen und weich kochen. Den größten Teil Kochwasser abgießen und die Bohnen noch warm mit Essig, Salz und Öl vermischen; pfeffern und mit feingeschnittener Zwiebel bestreuen. 1 bis 2 Stunden vor dem Anrichten zubereiten und in der Marinade ziehen lassen.

Auf die gleiche Art und Weise ist auch Linsensalat zu bereiten.

Tiroler Linsensalat

200–300 g Linsen, Salz, Schinkenknochen, Essig, Pfeffer, Salz, Zucker, 1 Zwiebel, Bratenreste, Öl, Schnittlauch

Die am Tag zuvor eingeweichten Linsen in frischem, kaltem Wasser mit einem Stück Schinkenknochen weich kochen (die Linsen dürfen dabei nicht zerfallen), salzen und im Kochsud erkalten lassen. Dann die Linsen abseihen und abtropfen lassen. Einen Teil des Kochsuds mit Essig zu einer Marinade abschmecken, Salz, Zucker, geriebenen Pfeffer, feingeschnittene Zwiebel, mittelfeinnudelig geschnittene Bratenreste, Öl und die abgetropften Linsen damit gut vermischen. Mit feingeschnittenem Schnittlauch bestreuen.

Man kann den Tiroler Linsensalat rasch auch zu einem Hauptgericht erheben: In den obigen Linsensalat gibt man würfelig geschnittenen, gerösteten Speck und auf jede Portion ein hartgekochtes, geviertes Ei und gebratene Kartoffelscheiben. Mit Schwarzbrot servieren.

Fenchelsalat

Die vorbereiteten Fenchelknollen (siehe Seite 419) etwa 8 Minuten blanchieren, dann halbieren, in dünne Scheiben schneiden, in Essig, Salz, Pfeffer und Öl (nach Wunsch können auch Knoblauch und Petersilie beigegeben werden) anmachen.

Mit etwas feingehacktem Fenchelgrün bestreut servieren.

Grüner Fisolensalat

Die grünen Fisolen vorbereiten (säubern, von den Fäden befreien; junge Fisolen bleiben ganz, Brechbohnen schrägnudelig schneiden), in kochendem Salzwasser weich kochen, abseihen, mit kaltem Wasser übergießen und abtropfen lassen. Dann mit Essig, Salz, Zucker und etwas Pfeffer und Öl anmachen. Nach Wunsch feingeschnittene Zwiebel darüberstreuen.

Karfiolsalat

Die vorbereiteten Karfiolrosen (siehe Seite 422) in siedendem Salzwasser mit etwas Zitronensaft weich kochen, abseihen, auskühlen lassen (die Röschen dürfen beim Kochen nicht zerfallen!). Den Karfiol in nicht zu kleine Stücke zerteilen, mit einer Marinade aus Essig, etwas Kochsud, Salz und Zucker übergießen und gut vermischen. Dann eine Zeitlang stehenlassen, dabei mehrmals durchmischen. Vor dem Servieren mit Pfeffer bestreuen und mit Öl begießen.

Erdäpfelsalat (Kartoffelsalat)

Kipflererdäpfel, heiße Rindsuppe, Essig, Salz, Pfeffer, Öl, Zwiebel

Die gekochten Kartoffeln schälen, dünnblättrig schneiden, salzen, pfeffern und noch warm mit wenig heißer Rindsuppe und Essig benetzen. Zuletzt etwas Öl beigeben. Warm angemacht, wird der Kartoffelsalat sämiger (ist keine Rindsuppe vorhanden, nimmt man etwas heißes Wasser mit einer Spur Essig). Sollten die Kartoffeln schon zu ausgekühlt sein, gieße man heißes Essigwasser über die dünnblättrig geschnittenen Kartoffeln. Kartoffelsalat soll immer etwas saftig angemacht werden.

In vielen Häusern ist es üblich, den Kartoffelsalat mit feingeschnittener Zwiebel zu vermischen.

Wildgans dichtete in seinem Epos »Kirbisch«:
»... Daneben aber auf flachem | Gläsernem Tellerchen lud der Kartoffelsalat zum Genuß ein. | O, welch ein Kunstwerk auch er. Von harten Eiern umgeben | Und von dem zartesten Grün der Endivie neckisch umkräuselt, | Lagen die safrangelben Scheiben der Kipfel-Erdäpfel, | Reichlich mit Dottern vermengt und glänzend von Essig und Öl, | Gleich einem Häufchen Dukaten zum Gipfel der Wonne geschichtet, | Diesen aber bekrönte in perlmutternen Ringeln | Ambrosianischen Duftes die köstliche Würze des Zwiefels!«

Anna Bauer beschreibt in ihrem Kochbuch »Die praktische Wiener Köchin« (1889) den »Erdäpfel-Salat« so: »I. Man verwendet hiezu immer Kipfel-Erdäpfel, die mit Salz – jedoch ja nicht zu weich – gekocht, geschält und in messerrückendicke Scheiben geschnitten werden. So lange sie noch warm sind, streut man Salz darauf und übergießt sie mit 2 Löffeln klarer weißer Rindsuppe, welche das Salz löst und die Erdäpfel so weit durchdringt, daß sie den Essig nicht so leicht aufsaugen. Dann gibt man nach einiger Zeit Essig und Öl darauf, jedoch stets nur so viel, daß die Erdäpfel gehörig genetzt werden, aber nicht in einer Brühe liegen. Dann mengt man durcheinander, wobei nach Geschmack auch fein geschnittene Zwiebel beigegeben werden kann. Man verwendet hiezu gewöhnlich weißen, wie auch Himbeer- oder Bertram-Essig (Estragon).

Einen aromatischen Geschmack bildet die Beimengung von gelben Rüben, welche erst gesotten, dann kaltgestellt und zuletzt in gleiche Scheiben zerschnitten, der obigen Salatbehandlung mit unterzogen, auch als Garnitur verwendet werden.

II. Der Dotter eines hartgekochten Eies wird mit 5 Eßlöffel Öl, etwas Essig und weißem Pfeffer sehr fein abgerührt und dann nebst 2 gehörig geputzten Sardellen mit den wie oben vorbereiteten Erdäpfeln gemengt.«

Man kann den Erdäpfelsalat auch mit gehackter Petersilie bestreuen und mit Rosenpaprika bestäuben.
In der Wiener Küche wird der Erdäpfelsalat gern auch mit Vogerlsalat, Spinatsalat (geschnitten und mit Knoblauch gewürzt), mit Gurkensalat oder mit Brunnenkressesalat vermischt.
Mayonnaisesalat erhält man, wenn der Kartoffelsalat, ohne Öl bereitet, gut ausgekühlt, mit Mayonnaise vermischt wird.

Kartoffelsalat auf jüdische Art

Gekochte, geschälte Kartoffeln werden in feine Scheiben geschnitten und in einer Schüssel mit Essig, Salz, Pfeffer, geschnittener Zwiebel, würfelig geschnittenen, sauren Äpfeln und einer Prise Zucker sowie Gänsefett gut vermischt.

Rote-Rüben-Salat

Die roten Rüben putzen, sauber waschen (Außenhaut dabei nicht verletzen, sonst rinnt beim Kochen der Saft aus), in kaltem, gesalzenem Wasser zusetzen und zum Kochen bringen. Weich kochen. Dann schälen, in dünne Scheiben schneiden und diese in ein Porzellan- oder Glasgefäß geben; reichlich mit gerissenem Kren belegen, mit Kümmel bestreuen und mit gekochtem, leicht gesalzenem und gezuckertem Essig übergießen. Den Salat drei bis vier Tage in der Marinade zugedeckt stehenlassen. Vor dem Anrichten mit Öl beträufeln. – Gekochte oder rohe rote Rüben kann man auch auf dem Reibeisen fein reißen, mit geriebenen Äpfeln, gerissenem Kren, mit Salz, Essig und Zucker vermengen. Beim Anrichten mit etwas Öl beträufeln.

Schwammerlsalat (Pilzsalat)

Feste junge Pilze putzen, schneiden und mit schwach gesalzenem Essigwasser abbrühen. Noch warm mit Salz, Pfeffer, Essig, feingeschnittener Zwiebel und Öl marinieren.

Selleriesalat (»Zellersalat«)

Sellerieknolle, Salz, Zitronensaft, Zucker, Essig, Pfeffer, Öl

Geschälte Sellerieknolle achteln und in Scheiben schneiden. Diese Scheiben sofort (um ein Braunwerden zu verhindern) in Salz-Zitronen-Wasser weich kochen. Die Hälfte des Kochsuds weggießen, noch warm in der anderen Kochsudhälfte mit Zucker, Essig und Öl marinieren. Auskühlen lassen, dabei mehrmals durchmischen. – Die Marinade des Zellersalats muß besonders süß-sauer-pikant abgeschmeckt sein! Die altösterreichische Küche vermischt den Zellersalat gern mit Kartoffel- oder anderen Gemüsesalaten (Sellerie und gelbe Rüben, Sellerie, Äpfel und Gurken usw.).

Zwiebelsalat

Einige Zwiebeln nicht zu weich kochen und in Scheiben schneiden, in einer Kräutersauce (Essig-, Öl- oder Zitronen-, Öl-Marinade mit 1 KL feingehackter Petersilie, Kerbel, Kresse, Sauerampfer, Schnittlauch oder Basilikum usw. vermischen) marinieren und dann gut ziehen lassen.

Eine Spezialität aus dem Kärntner Gailtal ist der »Gailtaler Speck«: das ist ein Zwiebelsalat aus geschälten, in Scheiben geschnittenen, rohen, leichtgesalzenen Zwiebeln, die mit saurem Rahm verrührt werden.

Mischsalate, Salatkompositionen

Man kann die verschiedenen Salat- und Gemüsegattungen, roh und gekocht, auch gemischt servieren. Dabei werden die jeweiligen Salate entweder getrennt angemacht und dann erst zusammengemischt, oder man schneidet die einzelnen Gemüsesorten in Würfel, Streifen oder Scheiben und vermengt sie miteinander und macht diesen Mischsalat meist mit einer Mayonnaise, aber auch mit Sauerrahm usw. an, würzt mit Salz, Senf, Pfeffer, Essig oder Zitrone. Bei jedem Mischsalat ist vor allem auf die gefällige Form der Anordnung zu achten: so zum Beispiel mischt man je 1 Teil Paradeisersalat (mit gekochtem Eidotter bestreut), Gurkensalat (mit roten Paprikastreifen bedeckt) und Selleriesalat (mit Schnittlauch bestreut). Weitere Mischkombinationen sind Paprika-, Reis-, Paradeiser- und Rohselleriesalat, grüner Salat und Karfiolsalat, garniert mit Radieschen und Paradeiserachteln, Spargel-, Paradeiser- und grüner Salat oder Fisolen.

Die Rezepte zu den Salatkompositionen stammen meistens aus dem Ausland. Wir erwähnen hier nur Salate, die sich in Österreich einen Stammplatz auf kalten Buffets, beim Heringsschmaus oder als kalte Vorspeise erworben haben. Wichtig ist bei den mit Mayonnaise gebundenen Salaten die Beigabe von leichtgeschlagenem Obers, Sauerrahm oder Joghurt, damit die Salate bekömmlicher und leichter werden.

Französischer Salat (Gemüsesalat)

Dieser Salat stellt in der kalten Küche einen unentbehrlichen Helfer dar. Er dient als Beilagensalat oder ist für verschiedene kalte Eier-, Gemüse- und Fischgerichte eine beliebte Beilage oder wertvolle Unterlage; weiter verwendet man ihn auch als Füllmittel.

500 g Kipflererdäpfel, 1 Stück Sellerieknolle, 150 g Karotten, 150 g gelbe Rüben, 150 g Petersilwurzel, 150 g Erbsen, 2 Essiggurken, 1–2 rohe Äpfel, Essig, Zucker, Salz, weißer Pfeffer, Senf, Mayonnaise

Die Kartoffeln und alle anderen Gemüse, jedes für sich, in Salzwasser weich kochen, auskühlen und abtropfen lassen und kleinwürfelig schneiden. Das Wurzelgemüse wird meist vor dem Kochen geschnitten. Die würfelig geschnittenen Äpfel sofort zu den Essiggurken geben, um ein Braunwerden zu verhindern. Das geschnittene Wurzelgemüse, die Kartoffeln, Erbsen, Äpfel und Gurken in Essig, Zucker, Salz, Pfeffer und Senf marinieren. Erst nach 15 Minuten mit Mayonnaise leicht binden. Nachgewürzt wird nach persönlichem Geschmack mit Estragonsenf, Worcestersauce, Chillisauce, Tomatenketchup usw.

Die Grundzutaten können je nach Jahreszeit und Wunsch verändert werden. Durch würfelig geschnittene Fisolen, kleine Karfiolröschen, kleingeschnittene, entkernte, geschälte Paradeiser und vieles andere lassen sich zahlreiche Varianten herstellen. Die Beigabe von geschnittener Wurst, geschnittenem Fleisch (Bratenresten), Fisch, Hering usw. ermöglicht immer neue Kombinationen.

Heringssalat

3 Heringe (Matjes- oder Bouillonheringe), 750 g Kipflererdäpfel, 250 g säuerliche Äpfel, Sauerrahm, Kapern, 2–3 Essiggurken, 100 g gekochte weiße Bohnen, Salz, Zucker, Essig, Öl

Die Heringe einige Stunden in kaltem Wasser wässern, dann putzen und in kleine Würfel schneiden. Äpfel schälen und kleinwürfelig schneiden; die gekochten, geschälten Erdäpfel ebenfalls kleinwürfelig schneiden und mit den feingewürfelten Essiggurken, den gekochten Bohnen und den gewiegten Kapern gut vermischen. Etwas Heringsmilch, wenn vorhanden, passieren, mit Rahm und Öl verrühren, etwas geschnittenen Schnittlauch dazugeben, über die mit Salz, Zucker und Essig marinierte Herings-, Äpfel-, Bohnen- und Erdäpfelmasse gießen und gut vermischen. Mindestens 2 Stunden durchziehen lassen.

Dieser Heringssalat kann mit würfelig geschnittenen Sellerieknollen, in Salz-Zitronen-Wasser weich gekocht, variiert oder kurz vor dem Servieren mit gekochten, würfelig geschnittenen roten Rüben vermischt werden.

Ist keine Heringsmilch vorhanden, verrührt man 3 Eßlöffel Mayonnaise mit Sauerrahm und bindet damit den Salat.

Reissalat

200 g Langkornreis, Salzwasser, Öl, Salz, Essig, ca. 400 g Einlage bzw. diverse Gewürze

Den Reis in Salzwasser halbweich kochen, abseihen und in frischem Salzwasser nicht zu weich fertigkochen; abseihen, abschrecken und gut abtropfen lassen. Mit Salz, Essig, Öl und Einlage vermischen.

Einlagen:
In Streifen geschnittenes, gebratenes oder gekochtes Hühnerfleisch, Ananasstücke, Mango Chutney, in Öl angeschwitzter Curry;
zerpflückter Thunfisch, Paprikajulienne, in Streifen geschnittene Paradeiser;
Schinkenstreifen und Bratenreste, Zwiebeln, Erbsen, Fisolen, Karotten und Kräuter;
in Essigwasser und Salz gedünstete Pilze und reichlich Schnittlauch;
Thunfisch, Zwiebeln, entkernte, in Scheiben geschnittene Oliven, Knoblauch, Paradeiser und Schnittlauch.

Spargelsalat

300 g frischer, gekochter Spargel (siehe Seite 438 ff.); 100 g Frischgurke, 100 g Schinken (jede Scheibe ca. 1/2 cm dick), 3 Paradeiser, 1 gekochtes Ei, Zitronen-Öl-Sauce (1:1), Salz, Zucker, weißer Pfeffer

Gekochten Spargel in 3 cm lange Stücke schneiden; Gurke halbieren, entkernen und in Stücke schneiden; blanchierte, geschälte Paradeiser halbieren und in dicke Streifen schneiden. Auch den Schinken in Streifen schneiden. Alles mit der Zitronen-Öl-Sauce marinieren, würzen und mit Eisechsteln garnieren.

Spargelplatte

Um einen pikanten Fisolensalat zu beiden Seiten in Essig, Salz, Pfeffer und Öl marinierte, geschälte, in Viertel geschnittene Paradeiser legen, daran anschließend die gekochten, ebenfalls zuvor marinierten Spargel so anrichten, daß die Köpfe zu den Paradeisern gerichtet sind. Über Spargelspitzen und Paradeiser eine sehr pikante, mit Marinade verdünnte Mayonnaise gießen.

Waldorf-Astoria-Salat

Der Name dieses Salates geht auf das New Yorker Waldorf-Astoria-Hotel zurück, das der aus Walldorf in Baden stammende Johann Jakob Astor (1763–1848) gegründet hat.

Sellerieknolle, 2 Renetteäpfel, Zitronensaft, Obers, Mayonnaise, kleine Stücke von gekochtem Hühnerfleisch, Walnüsse, Zucker, Salz, Zitronenwasser, eine Orange

Würfelig geschnittene Äpfel, in Salz-Zitronen-Wasser

blanchierte und in Streifen geschnittene Selleriewürfel, geschälte und grobgehackte Walnüsse mit Obers-Mayonnaise (siehe Seite 167) anmachen, mit etwas geriebenen Orangenschalen und Orangensaft vermengen (sowie einen Schuß Madeira nach Wunsch), mit den Hühnerfleischstückchen vermischen. Auf Salatherzen (oder Salatblättern) oder in ausgehöhlten mürben Äpfeln anrichten, mit Nußkernen garnieren.

Der »Salat Waldorf« wird auch als Sockel und Füllmaterial für kalte Geflügel- und Wildgerichte verwendet.

Metternich-Salat

1 Sellerieknolle, 2 Äpfel, Salz, Pfeffer, Zucker, Zitronensaft, Mayonnaise, 1 gekochtes oder gebratenes Huhn, 6–8 Paradeiser, einige Trüffeln

Rohe Sellerie und Äpfel schälen, feinnudelig schneiden, mit Salz, Pfeffer, Zucker und Zitronensaft marinieren, die Mayonnaise dazurühren, das feinnudelig geschnittene Fleisch des gehäuteten Huhns ebenfalls dazugeben. Das Ganze gehäuft anrichten, mit geschälten, geviertelten Paradeisern garnieren und mit gehackten Trüffeln bestreuen.

Patriziersalat nach Konsul Zimmermann

Zimmermann (1854–1909) war ein Grandseigneur und Gourmet alter Schule. Als Finanzier und österreichisch-ungarischer Konsul war er in Libau – vor dem Ersten Weltkrieg eine berühmte Handels- und Industriestadt – als Feinschmecker bekannt. In »seinem« Restaurant forderte er stets eine lautlos-schweigende, äußerst aufmerksame Bedienung. Als einmal ein Kellner dem empfindsamen Gast etwas zu laut gewesen war, wies Zimmermann ihn zurecht: »Ich brauche nicht Ihre Allüren, ich brauche Ihre Bedienung!«
Den Salat mischte er immer höchst eigenhändig. Er machte jedesmal eine feierliche Zeremonie daraus, wenn er Endivie, Bananen, Äpfel, Birnen, Ananas, Gurken, alles fein geschnitten, mit Zitronensaft, Ananassaft und mit einem Schuß Rotwein anmachte, mit einer Spur Salz, einer Prise weißem Pfeffer würzte, das Ganze mit Öl beträufelte und mit gehackten Walnüssen, feingewiegter Petersilie und Dill bestreute.

Pikanter Fleischsalat

Gekochtes Rindfleisch, Suppengemüse und Gewürzgurken in feine, etwa 3 cm lange Streifen schneiden und mit Salz, Pfeffer und Essig etwa 15 Minuten marinieren. Dann mit Mayonnaise vermischen, mit gerissenem Kren und mit Ketchup abschmecken. Auf einem Teller mit einem Salatblatt als Unterlage gehäuft anrichten; mit Eierscheiben und Fächergurken garnieren.

Zu dem Kapitel »Fleischsalate« schreibt das »Appetit-Lexikon« (1894): »Unter Fleischsalaten, namentlich aus leimreichem Fleisch (Schnecken, Kutteln und Ochsenmaul), aber auch aus pikanten Fischconserven, wie Häring und Sardelle, oder aus allerlei gesottenen und gebratenen Fleischresten, sei's Kalb, Geflügel, Fisch oder Hummer, ist der Kalbshirnsalat der albernste, der Hummersalat der trockenste, der Häringsalat der populärste, der italienische Salat (aus Sardelle, Häring, Neunauge, Salami, Schinken, Kalbsfuß, Äpfel, Gurke, Rothrübe und Olive mit kalter Senfsauce) der unvermeidlichste und der Zigeunersalat (franz. Salade Murger), aus gesottenen Geflügelmagen und Kalbsfuß mit Zwiebel, Kerbel, Estragon, Senf und Pfeffer, der neueste, während unter den Pflanzensalaten der einfache Lattichsalat den gemeinen Mann, der bunte Salat, aus allen möglichen Kräutern zusammengemengt, den liberalen Bürger und der russische Salat aus Gelbrüben, Kartoffeln, Kapern, Sellerie, Apfel, Gurke, Häring und Sardelle mit saurem Rahm und Zucker den Aristokraten repräsentirt.«

Sacher Rezept

Salat »Helgoland«

Zu gleichen Teilen Hummer, Spargel, Shrimps, Tomates Concassées mit Salz und Zitronensaft marinieren und mit Obersmayonnaise binden. – Mit Salatherzen anrichten, mit Shrimps bestreuen und mit Spargelspitzen garnieren.

Sacher Rezept

Cocktail »Merry-Widow« (»Lustige Witwe«)

Spargelspitzen $1/2$ cm lang schneiden, mit gleicher Menge Cocktailshrimps mischen, mit Salz und Zitronensaft marinieren, mit Sauce vinaigrette binden.
Im Cocktailglas anrichten. Mit Spargelspitzen und Salatherzen garnieren.

Kalte Platten (Kaltes Buffet)

Speziell in der kalten Küche, bei der Herstellung von kalten Platten, sind viel Phantasie und Kompositionstalent ausschlaggebend. Um aber doch gewisse Richtlinien und Anleitungen zu geben, bringen wir eine Auswahl von kalten Platten mit den dazu passenden Garnituren. Aus diesen Rezepten läßt sich dann leicht ein kaltes Buffet zusammenstellen. Die folgenden Speisengruppen können für das kalte Buffet verwendet werden: Vorspeisen–Cocktails, Eierplatten, Platten von Krustentieren und Schalentieren, Fischplatten, kalte Gemüseplatten, Schlachtfleischplatten, Platten von Haus- und Wildgeflügel, kalte Wildgerichte, Pasteten und Galantinen, kalte Saucen, Salate mit einfachen Marinaden oder mit Mayonnaise gebunden, Brot- und Gebäcksorten, Käsebäckereien, Desserts.

FACHLICHE HINWEISE

Je einfacher und exakter eine Platte angerichtet wird, desto mehr wird sie den wahren Feinschmecker begeistern. Werden Silberplatten verwendet, müssen diese mit Aspik ausgegossen werden (das schont die Platten und sieht besser aus).

Auf keinen Fall die Speisen auf dem Plattenrand anrichten.

Im übrigen nehme man immer eine eher größere als zu kleine Platte. Zudem soll eine Platte so angerichtet werden, daß die Portionen ohne Schwierigkeiten von der Platte vorgelegt werden können: also keine turmartigen Aufbauten und Schnörkel anbringen! Die Fleischtranchen sollen immer klein gehalten werden, da der Gast von mehreren Platten essen möchte. Das Verzieren mit Mayonnaise sowie das Aufspritzen von Leberpürees und ähnlichem auf Fleischspeisen ist heute nicht mehr angebracht.

Die Mengen für kalte Platten sind sehr unterschiedlich, aber ungefähr berechnet man:
Fleisch ohne Knochen etwa 300 g pro Person,
Fische im ganzen etwa 300 g pro Person,
Saucen etwa $1/16$ l pro Person,
Salate etwa $1/8$ l pro Person.

Arbeitseinteilung: Saucen, Salate, mariniertes Gemüse, pochierte Fische, gebratenes Fleisch, Aspik, blanchierte Früchte, gekochte Eier werden am Vortag vorbereitet. Am nächsten Tag werden zuerst die Garnituren hergestellt, worauf man mit dem Anrichten der Platten beginnen kann.

Cocktails

Für Cocktails von Hummer, Langusten, Krabben, Crevetten oder Krebsen werden die vorgekühlten Sektschalen oder Cocktailgläser mit zarten, kleinen Salatblättern belegt, das ausgelöste, in Stücke geteilte Fleisch von Hummer usw. daraufgelegt und mit einer Cocktailsauce (siehe Seite 168) überzogen.
Garnitur: Eischeibe mit Kaviar oder Hummerstücke oder Crevetten, je nach dem Grundmaterial des Cocktails.
Das Fleisch der Krustentiere kann auch mit Grapefruitfleisch oder Ananaswürfeln vor dem Einfüllen vermischt werden.

Hummercocktail mit Ananas

6 Portionen

350 g Hummerfleisch, 3 Ananasscheiben, zarte Salatblätter, 1/8 l Mayonnaise, 1/16 l Chilisauce, etwas Curry, Obers, Zitronen- und Orangensaft, einige Pistazien

Würfelig geschnittenes Hummerfleisch und Ananaswürfel mit untenstehender Sauce binden, in Cocktailgläser auf Streifen von Häuptelsalat anrichten. Mit den restlichen Stücken von Hummer und Ananas garnieren, mit Pistazien bestreuen.
Sauce: Mayonnaise mit Chilisauce, Curry, Zitronen- und Orangensaft abschmecken, leichtgeschlagenes Obers darunterziehen.

Geflügelcocktail

6 Portionen

300 g gekochtes Hühnerfleisch, 1 großes Kopfsalatherz, 200 g Mayonnaise, 1 EL gerissener Kren, 1/2 TL Senfpulver, 1 EL Tomatenketchup, 2 cl trockener Sherry; 2 große, geschälte, entkernte, kleinwürfelig geschnittene Paradeiser; 12 kleine Spargelköpfe, Tabascosauce

Hühnerfleisch in Blättchen schneiden und mit den Paradeisern vermengen. Das Kopfsalatherz nudelig schneiden. Die Mayonnaise mit Kren, Senfpulver, Tomatenketchup und Sherry vermischen und mit einigen Tropfen Tabascosauce würzen. Den Salat auf die vorgekühlten Cocktailgläser oder Sektschalen verteilen. Hühnerfleisch und Paradeiserwürfel mit der Hälfte der Mayonnaise binden und in die Schalen füllen. Mit dem Rest der Mayonnaise nappieren und jede Portion mit zwei Spargelköpfen garnieren.

Obstcocktail

6 Portionen

5 Orangen, 1 Grapefruit, 2 Äpfel, 40 g geschälte Mandeln, 40 g möglichst abgezogene Walnüsse, 20 g Pistazien, 3 EL Mayonnaise, etwas Obers, Cognac zum Abschmecken, zarte Salatblätter

Vier Orangen und die Grapefruit schälen und in Spalten schneiden; die würfelig geschnittenen, geschälten Äpfel beigeben. Feingehackte Mandeln, Walnüsse und die Mayonnaise leicht daruntermischen, mit Cognac abschmecken. Zuletzt leichtgeschlagenes Obers darunterziehen.
Cocktailgläser oder Sektschalen mit zarten Salatblättern auslegen. Nun die Masse einfüllen und mit den Spalten der fünften Orange und den gehackten Pistazien garnieren.

Fischplatten

Seezungenfilets auf Krabbensalat

6 Vorspeiseportionen

3 ganze Seezungen oder 12 Filets, 1/8 l Weißwein, Salz, 1 Dose Königskrabbenfleisch, 1 Dose Spargelspitzen, 1 Sellerieknolle (kleines Stück), Zitronensaft, Mayonnaise, Obers, Crevetten, Aspik, Vincentsauce (siehe Seite 167)

Die Filets leicht plattieren, zusammenklappen, in eine beölte Pfanne schichten, salzen, mit Weißwein untergießen und fast zum Kochen bringen. Dann mit beöltem Papier bedecken und etwa 10 Minuten im heißen Rohr pochieren.

Sellerieknolle schälen, würfelig schneiden und in einem Zitronen-Salz-Wasser kochen. Aus Krabbenfleisch, Spargel, Sellerie, Mayonnaise und Obers einen pikanten, etwas festgehaltenen Salat bereiten. Auf der Platte pro Fischfilet 1 Löffel Salat anrichten, Fischfilets auflegen und mit Spargelspitzen und Crevetten garnieren. Gut gekühlt leicht mit Aspik überziehen. Als Garnitur können gefüllte Eier und gefüllte Paradeiser an den Seiten der Filets plaziert werden.

Marinierte Fische

4 Portionen

500 g Fischfilets (von Seezunge, Scholle, Dorsch oder Zander, aber auch ganze frische Sardinen), 60 g Öl Marinade: 40 g Öl, 1 Zwiebel, 400 g Paradeiser, 3/16 l Weißwein, Salz, Pfeffer, gehackte Petersilie

Ganze Fischfilets oder Stücke von größeren Fischfilets, in Portionen geschnitten, salzen, pfeffern und in Öl auf beiden Seiten goldbraun braten und anrichten.

In Öl die feinst geschnittene Zwiebel anschwitzen, geschälte, ausgedrückte und würfelig geschnittene Paradeiser beigeben, durchrösten, mit Weißwein aufgießen, einmal aufkochen lassen, salzen, pfeffern und über die Fische geben. Gut durchkühlen, mit gehackter Petersilie bestreuen. (Die Marinade kann mit Champignons, Knoblauch oder Safran variiert werden.)

Forellenplatte

6 Portionen

6 kleine Forellen, Court-bouillon (siehe Seite 175), 6 feste Paradeiser, Salz, Pfeffer, 1 Dose Spargelspitzen, Aspik, Kräuselpetersilie

Die gereinigten Forellen an Kopf und Schwanzende zusammenbinden. (Mit der Nadel an Unterkiefer und Schwanzende eine Schnur durchziehen und zusammenbinden.) In eine genügend große Kasserolle legen und mit heißer, abgeseihter Court-bouillon übergießen und völlig damit bedecken. Vorsichtig darin pochieren (nicht kochen). Dann sofort herausnehmen und in kaltes Salzwasser legen. Dabei aufpassen, daß die blaugekochten Forellen nicht verletzt werden. Gut gekühlt und abgetropft auf einer mit Aspik ausgegossenen Platte anrichten; in die Mundöffnung jeder Forelle ein kleines Stück Paradeiser legen.

Die Paradeiser schälen, abkappen, aushöhlen, salzen und pfeffern. Spargel auf ein Brett legen, von der Spitze weg etwa 4 cm lange Stücke schneiden und je 5 bis 7 Stück aufrecht stehend in die Paradeiser einsetzen. Die Forellen und die Paradeiser leicht mit Aspik überziehen, anrichten und mit Kräuselpetersilie garnieren.

Gemüseplatten und Gemüsevorspeisen

Gemüse à la Vinaigrette

Dazu eignen sich Artischockenböden, Karfiol, Pilze, Schwarzwurzeln, Spargel, Zwiebeln und Porree. Das gekochte oder gedünstete Gemüse wird im lauwarmen Zustand mit Sauce vinaigrette (siehe Seite 170) vermischt. Auf Salatherzen anrichten und mit der restlichen Sauce überziehen.

Gefüllte Paradeiser I

6 Vorspeiseportionen

6 größere Paradeiser, Salz, Pfeffer, 6 Eier, Kräuselpetersilie
Sauce: 1/4 l Mayonnaise, 2 EL Paradeismark, gehackte Petersilie, 2 EL feingewiegte Zwiebeln, Salz, Pfeffer, Zucker, Estragon, Worcestersauce, Chilisauce

Die Paradeiser häuten, halbieren, aushöhlen, salzen und pfeffern. Anrichten; die Eier 5 Minuten kochen, abschrecken, schälen, halbieren und in die Paradeiser setzen, mit der Sauce (alle Zutaten gut vermengt) überziehen und mit Kräuselpetersilie garnieren.

Gefüllte Paradeiser II

6 Vorspeiseportionen

6 mittelgroße Paradeiser, Salz, Pfeffer, 100 g Thunfisch (Konserve), 2 hartgekochte Eier, 1 EL feinst geschnit-

tene Zwiebeln, 1 TL gehackte Kapern, Schnittlauch, 2 EL Mayonnaise
Garnitur: 2 gekochte Eier, Oliven oder Sardellenringerl, Kräuselpetersilie

Die Paradeiser häuten, halbieren, aushöhlen, salzen und pfeffern. Vor dem Füllen umgedreht abtropfen lassen. Thunfisch kleinwürfelig schneiden oder hacken, mit feingehackten Eiern, Zwiebeln, Kapern, Schnittlauch und der Mayonnaise vermischen. Die Paradeiser damit füllen und mit Eischeiben bedecken. Verzierung: Tupfer Mayonnaise, halbe Olive oder Sardellenringe.

Gefüllte Paprika

6 Vorspeiseportionen

3 kleine Paprikaschoten, Salz, Essig
Fülle: 4 Stück gekochte Kipflererdäpfel, 2 gekochte Eier, 6 Sardellenfilets, 1 EL Kapern, 1 EL feinst gehackte Zwiebeln, Salz, Pfeffer, Zucker, Essig, 2 EL Mayonnaise, etwas Sauerrahm
Garnitur: Karfiol in Sauce vinaigrette (Seite 422), Paradeisersalat (ca. 500 g), Schnittlauch, Zwiebelringe

Gewaschene Paprikaschoten halbieren, Kerne entfernen. Mit Essig beträufeln und salzen. Vor dem Füllen zum Abtropfen mit der Öffnung nach unten auflegen. Würfelig geschnittene Erdäpfel, Eier, Sardellenfilets, gehackte Kapern und Zwiebeln mit Salz, Pfeffer, etwas Zucker und Essig marinieren. Mit Mayonnaise und Sauerrahm binden. Die Schoten mit diesem Salat erhaben füllen, mit Zwiebelringen belegen und mit Schnittlauch bestreuen. In die Mitte einer Platte den Karfiol vinaigrette anrichten, darum herum die gefüllten Paprikaschoten sternförmig auflegen, die Zwischenräume mit dem abgetropften Paradeisersalat füllen.

Fleischplatten

Roastbeef oder Lungenbraten auf Gärtnerinnenart

8 Portionen

1,50 kg Beiried oder Lungenbraten, Salz, Pfeffer, Senf, Öl, Aspik
Garnitur: 1 frische Gurke, 4 Paradeiser, Zwiebel, Salatmarinade, ½ gekochte Rose Karfiol (in Röschen zerteilt); 150 g gekochte junge Fisolen; 200 g gekochte Karotten; weiteres Gemüse, wie kleine Zwiebeln, Champignons, Spargel, Sellerie

Roastbeef oder Lungenbraten zubereiten (siehe Seite 226, 227f.).
Die Gurke schälen, in 3 cm lange Stücke schneiden, in Salzwasser kochen, Essig beigeben und marinieren. Paradeiser schälen, halbieren, ausdrücken und würfelig schneiden. Mit feingeschnittener Zwiebel und dem Salatdressing wie Paradeisersalat marinieren. Leicht abgetropft in die ausgehöhlten Gurken einfüllen. Das gekochte Gemüse (Karotten und Sellerie), tourniert oder in Stifteln oder würfelig geschnitten, in Kochwasser mit Essig marinieren.
Das gutgekühlte Fleisch dünn aufschneiden und auf einer Platte auflegen. An der einen Seite die gefüllten Gurken, auf der anderen Seite das Gemüse (farbmäßig abwechselnd) auflegen. Das Ganze kühlen, das Gemüse leicht mit Aspik bepinseln. Saucen: Sauce tatare, Tirolersauce, Krensauce. Dazu können auch Salate gereicht werden.

Kalbfleisch auf Thunfischart

8 Portionen

1 kg Kalbsfrikandeau oder Kalbsnuß oder Schlußbraten; Salz, Öl zum Braten, 6 Ölsardinen, 10 Sardellenfilets, 60 g Thunfisch (Konserve), ⅜ l Mayonnaise, ca. ⅛ l Obers, 2 EL Kapern, gehackte Petersilie

Das Fleisch, wie bei Kalbsbraten (siehe Seite 260) beschrieben, vorbereiten, salzen und in Öl auf allen Seiten anbraten; mit etwas Flüssigkeit untergießen und im Rohr braten. Nach etwa 15 Minuten Sardinen mit dem Öl, Thunfisch und die Sardellenfilets beigeben. Unter wiederholtem Begießen mit dem sich bildenden Saft garen, wobei darauf zu achten ist, daß das Fleisch nicht zu lange gebraten wird und austrocknet. (Es muß auch immer wieder mit Flüssigkeit untergossen werden!) Fleisch herausheben und leicht gepreßt auskühlen lassen. Gut gekühlt dünn aufschneiden, auf einer tiefen Platte anrichten und reichlich mit Sauce bedecken, mit Kapern und Petersilie bestreuen.

Sauce: Den ausgekühlten, aufgelösten Bratrückstand entweder im Mixer pürieren oder durch ein Drahtsieb streichen, mit Mayonnaise binden, abschmecken und mit Obers zu Saucendicke aufrühren.

Kalte Platte von Schweinskoteletts

6 Portionen

6 Schweinskoteletts
Ölmarinade: Öl, Rosenpaprika, Knoblauch, Lorbeerblatt, Zitronenschale
Garnitur: Mixed Pickles oder verschiedenes eingelegtes Gemüse, wie Perlzwiebeln, Bohnenkerne, Maiskolben, Paprika usw.; 3 Maiskolben, Aspik

Die parierten Koteletts mit der Ölmarinade begießen und 24 Stunden zugedeckt stehenlassen. Dann salzen, grillen und leicht gepreßt auskühlen lassen. Mit halbierten Maiskolben, grünen und roten Paprikastreifen belegen. (Wenn man Paprikaschoten zum Garnieren verwendet, werden sie zuvor eingesalzen, um sie geschmeidig zu machen.)
Mit Aspik leicht glasieren, auf einer Platte anrichten, mit Mixed Pickles oder eingelegtem Gemüse dekorativ garnieren. Dazu passen Salate und Saucen (z. B. Knoblauchsauce, Vincentsauce).

Schinkenrollen

8 Vorspeiseportionen

8 Scheiben nicht zu dünn geschnittener Preßschinken, 400 g Gervais, 1 EL gerissener Kren, Salz, Sauerrahm
Garnitur: 1/2 l französischer Salat (siehe Seite 460), 2 gekochte Eier, Kräuselpetersilie

Preßschinkenscheiben nebeneinander auf Pergamentpapier legen. Den Gervais mit Kren, Salz und Sauerrahm glattrühren und auf die Schinkenscheiben streichen. Durch Hochheben des Papiers die Schinkenscheiben straff zusammenrollen und danach im Papier eingerollt gut kühlen. Dann in Portionen teilen (mit einem in warmes Wasser getauchten Messer). Die einzelnen Rollen glasiert oder unglasiert auf einen Sockel von französischem Salat setzen, mit Eiersechsteln und Kräuselpetersilie garnieren. Als weitere Garnitur eventuell gefüllte Paradeiser, Essiggurken usw.

Kalte Poulardenplatte

8 Portionen

1 Poularde, Salz, 16 Cocktailkirschen, Mandarinenspalten, 400 g gekochtes Hühnerfleisch, 200 g Gänseleberpastete, 1/8 l Béchamel, 100 g Butter, 1/16 l Aspik, 1/8 l Obers, Salz, Pastetengewürz, 3 Äpfel, 1/4 l Weißwein, 50 g Zucker, Pistazien, 3/4 l Aspik

Poularde flambieren, ausnehmen, binden, salzen und etwa 50 Minuten braten (siehe Seite 342). Nach dem Auskühlen die Brustfilets abheben. Den Hohlraum mit Geflügelschaumbrot füllen, zur Form der Brust wieder aufstreichen und kalt stellen. Danach mit Mandarinenspalten und halbierten Cocktailkirschen gleichmäßig belegen und mit Aspik glasieren. Die Brustfilets in 8 gleichmäßige Tranchen schneiden, mit Aspik überziehen und an der Seite der angerichteten Poularde plazieren. Zusätzlich an der Seite mit gefüllten Apfelscheiben garnieren.
Geflügelschaumbrot: Gekochtes Hühnerfleisch und die Gänseleber feinst faschieren, mit Béchamel vermischen und nochmals durch ein feines Drahtsieb streichen. Butter schaumig rühren, mit dem passierten Hühnerfleisch glattrühren, mit Salz und Pastetengewürz abschmecken, 1/16 l Aspik beigeben und zuletzt das Obers vorsichtig darunterziehen.
Apfelscheiben: Apfelscheiben in Weißwein und etwas Zucker pochieren, auskühlen und abtropfen lassen. In der Mitte mit wenig Geflügelschaumbrot füllen, mit Mandarinenspalten und Pistazien garnieren, mit Aspik glasieren.

Masthuhn mit Melone

6 Portionen

1 ausgenommenes Masthuhn (ca. 2 kg), 300 g geräucherte Gänsebrust, 2 mittelgroße Melonen, 18 große Cocktailkirschen
Reissalat: 400 g Reis, 1 KL Currypulver, 100 g Senffrüchte, 100 g Mango Chutney, 3 Paradeiser, 250 g Mayonnaise, 4 cl Obers, 1 1/2 l Geflügelgelee

Dem Masthuhn werden die Füße nicht abgehackt, sondern mit geöltem Papier umwickelt. Salzen, bridieren und etwa 1 Stunde braten.

Den mit Curry gedünsteten Reis nach dem Erkalten mit gehackter Mango Chutney, den gehackten Senffrüchten und den abgezogenen, entkernten und würfelig geschnittenen Paradeisern vermischen. Mit der Mayonnaise und dem Curry nach Geschmack binden, mit einigen Löffeln kaltem Geflügelgelee und dem Obers vervollständigen.

Nach dem Erkalten des Masthuhns die beiden Brusthälften ausschneiden und in gleichmäßige Scheiben schneiden. Den Hohlraum mit dem Reissalat füllen, zur Form der Brust aufdressieren und kalt stellen. Die Melonen olivenförmig ausstechen, in Gelee tauchen und die Brust damit exakt belegen. Als Abschluß halbe Cocktailkirschen setzen. Eine ovale Silberplatte mit einem Geleespiegel versehen und das Masthuhn daraufsetzen. Rund um das Huhn die mit Aspik überzogene, in Scheiben geschnittene Gänsebrust und die gleichfalls mit Aspik überzogenen Brustscheiben gleichmäßig an der Seite des Huhnes auflegen.

Gespickter Hirschkalbsrücken mit Rehmedaillons

6 Portionen

1,20 kg ausgelöstes Hirschrückenfilet, 100 g Spickspeck, Salz, Pfeffer, Öl, etwa 3/4 l Waldorf-Astoria-Salat (siehe Seite 461 ff.), 6 in Weißwein pochierte Apfelscheiben, 6 Pfirsichspalten, 6 glasierte Kastanien, 60 g Pistazien, 300 g ausgelöstes Rehrückenfilet, 6 rundausgestochene Stücken Gänseleber (Terrine oder Pastete), Aspik

Das Hirschrückenfilet enthäuten und mit gleichmäßig geschnittenen Speckstreifen flach und leicht schräg spicken. Salzen und pfeffern, in geöltes Pergamentpapier einwickeln und binden. In Öl auf beiden Seiten anbraten (etwa 4 Minuten) und im Rohr, auf einem Gitter liegend, etwa 12 Minuten fertigbraten; das Fleisch soll innen rosa sein.

Aus dem ausgelösten Rehrückenfilet 6 Medaillons à 50 g schneiden, leicht plattieren, salzen, pfeffern und zartrosa braten (5–6 Minuten).

Auf einer Platte in der Mitte in länglicher Form den Waldorf-Astoria-Salat auftragen. Das Hirschrückenfilet entgegengesetzt zu den Spickstreifen in etwa 10 cm lange, dünne Tranchen (12 Stück) schneiden und, exakt den Salat abdeckend, auflegen. Mit Aspik überziehen und kalt stellen. Das abgeflossene Aspik von der Platte entfernen, und die Platte vollkommen mit einem Aspikspiegel ausgießen. An der einen Seite die Apfelscheiben, auf der anderen Seite die Rehmedaillons als Garnitur auflegen.

Apfelscheiben: Apfelscheiben mit Pfirsichspalten, Kastanien und je 2 Pistazienkernen garnieren und mit Aspik glasieren.

Rehmedaillons: Die Medaillons mit Gänseleber belegen, in der Mitte mit gehackten Pistazien bestreuen und mit Aspik glasieren.

Rehfilets mit Cumberlandsauce

6 Portionen

6 Rehfilets à 100 g vom Rehrücken oder von Teilen der Keule geschnitten; Salz, Pfeffer, Öl, 200 g Gänseleber (pochiert, gebraten oder als Pastete), 80 g Butter, etwas trockener Sherry, 1/8 l Cumberlandsauce (siehe Seite 170), 2 Blatt Gelatine, 12 Orangenfilets, 6 Pistazienkerne, Madeira-Aspik

Leichtplattierte Rehfilets (auch Medaillons können verwendet werden) zu ovaler Form parieren. Salzen, pfeffern und rasch in heißem Öl rosa braten.

Die Gänseleber pürieren und mit schaumig gerührter Butter glattrühren, mit Sherry abschmecken. Mit glatter Lochtülle auf die Filets erhaben auftragen und kalt stellen.

Cumberlandsauce leicht anwärmen, mit den in Wasser vorgeweichten Gelatineblättern verrühren, kaltrühren, kurz vor dem Stocken die Filets damit überziehen und mit Orangenfilets und Pistazien garnieren. Auf würfelig geschnittenem Madeira-Aspik anrichten.

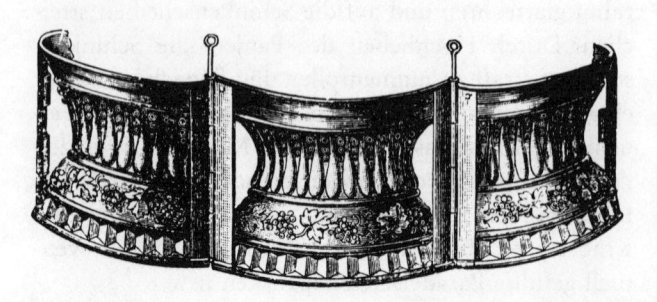

Pasteten

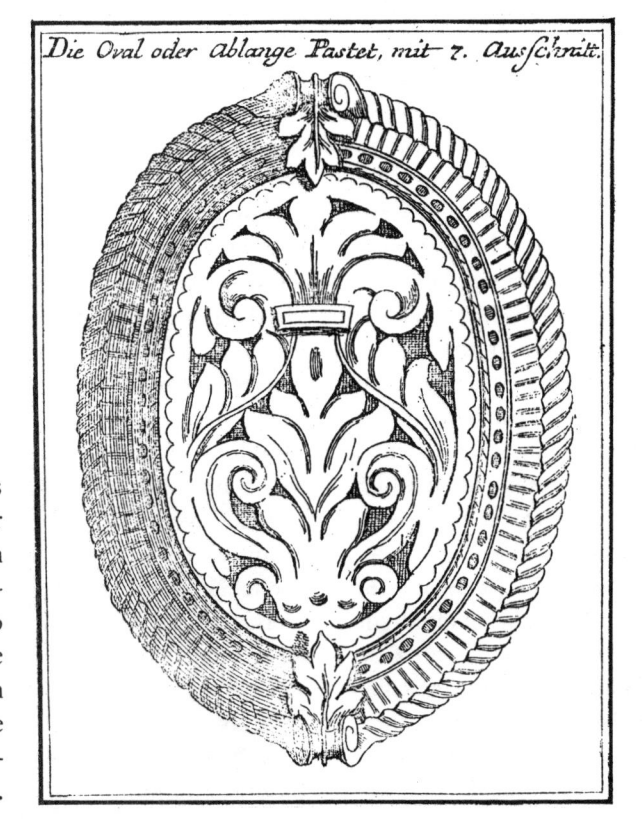

Die Oval oder Ablange Pastet, mit 7. Ausschnitt.

»Die Säfte des Fleisches und die Düfte feinerer Würzen in einem dichten Teig einschließen, in demselben backen, und die also eingeschlossenen Stoffe gleichsam in ihrem eigenen Safte gahr bereiten, ist eine sehr weitgetriebene Verfeinerung der Kochkunst... Die Pasteten sind in unseren Hauptstädten Gegenstände eines wahrhaft ärgerlichen Luxus. An und für sich sollten sie billig so gemein seyn, als Würste und andere für eine längere Aufbewahrung geeignete Speisen. In jeder Haushaltung, welche Gastfreyheit ausübt, sollte man aus vielfältigen Stoffen, welche dazu sich eignen, schmackhafte und dauerhafte Pasteten zu bereiten wissen.« So eröffnet Karl Friedrich von Rumohr, deutscher Koch aus Leidenschaft und Schriftsteller zu seinem Vergnügen, in seinem 1822 erschienenen Buch »Geist der Kochkunst« das Kapitel »Von der Bereitung des Fleisches innerhalb eines dem Backen bloßgestellten Teiges«. Wortwörtlich abgeschrieben hat Anna Dorn dieses Kapitel, das sie als »Vorerinnerung« ihrem Pasteten-Kapitel im »Großen Wiener Koch-Buch« (1827) voranstellte (ohne den Autor zu nennen).

Das Wort »Pastete« ist eine Weiterbildung des romanischen »pastata« (= »in Teig gehülltes Fleischgericht«) und gehört zum mittellateinischen »pasta« (= »Teig«), das wiederum auf ein griechisches »paste« (= »Mehlteig, Brei«; in der eigentlichen Bedeutung: »Gestreutes«) bzw. auf »passein« (= »streuen, besprengen«) zurückgeht.

Die Pastete ist keine Erfindung der italienischen Renaissance, wie noch Rumohr angenommen hatte. Schon Johannes de Garlandia (um 1252 gestorben), ein Engländer, der aber die meiste Zeit in Paris gelebt hat, berichtet, daß dort die Pastetenbäcker viel Geld verdienen: »Sie verkaufen allen Leuten Pasteten von Schweine- und Hühnerfleisch und von Neunaugen mit Pfeffer und haben in ihren Auslagen Torten und Fladen von weichem Käse und frischen Eiern.« Auch in einem deutschen Klosterkochbuch von 1350 wird, wie das »Appetit-Lexikon« weiß, nicht nur die Pastete ausdrücklich erwähnt, sondern ebenfalls ein Rezept unter dem Titel »Heidnische Kuchen«: »Man soll nehmen einen Teig und soll den dünne bereiten, und nimm ein gesotten Fleisch und Speck gehacket und Äpfel und

Pfeffer und Eier darin und backe das und gib's hin und versehr (beschädige) es nicht.« Aus der Bezeichnung »Heidnischer Kuchen« schließen die beiden Lexikonautoren, daß der Ursprung der Pastete bei den spanischen Mauren oder bei den syrischen Sarazenen zu suchen sei. Europäische Klosterküchen dürften sich dann der Pastete angenommen haben; die Franzosen, von jeher Meister in der Backkunst, haben sie zur Vollkommenheit geführt. So konnte Sebastian Franck 1534 in seinem »Weltbuch« berichten: »Pasteten ist ein französisch Gericht von Teig gemacht, innen hohl und gefüllt wie ein Krapf.« In der »Küchenmeisterei«, dem ersten in deutscher Sprache gedruckten Kochbuch (1485 in Nürnberg erschienen), heißt es: »Nimm die Pastete vom Feuer und warte, bis das Schmalz eingezogen ist. Dann hebe die Pastete aus der Form auf eine große Schüssel und trage sie vor einen König oder Fürsten. Vom einfachen Mann und armen Leuten rede ich hier nicht, die würden auch gern aus diesen Schüsseln essen, wenn sie einen Tisch haben könnten.«

Bis zur Einführung der Gabel als Eßwerkzeug im 16. Jahrhundert waren Pasteten ein Hauptbestandteil auf den Tafeln der vornehmen Herrschaften. Frantz de Rontzier führt in seinem 1594 in Wolfenbüttel erschienenen »Kunstbuch von mancherley Essen, Gesotten, Posteten, von Hirschen, Vogelen, Wildprat und anderen Schawessen« 180 Pastetenrezepte an. In der Renaissance und im Barock machten vor allem die Prunkpasteten Furore. Bei dem Hochzeitsschmaus des Herzogs Wilhelm von Bayern, 1581, tischte man eine Riesenpastete auf, der beim Aufschneiden der Zwerg des Erzherzogs Ferdinand von Österreich in strahlender Rüstung entstieg, um den Neuvermählten seine Reverenz zu erweisen. Und Conrad Hagger zeigt in seinem »Neuen Saltzburgischen Koch-Buch« (1719) auf zahlreichen Kupferstichen solche Prunkpasteten in Form von Schwänen, Auerhähnen, Pfauen, Hirschen und Rehen. Auch alle anderen österreichischen Kochbücher des 18. und 19. Jahrhunderts führen zahlreiche Pastetenrezepte für »Fast- und Fleischtage« an. Es gab u. a. Aal-, Austern-, Butter-, Erdäpfel-, Fischotter-, Fleck-, Fisch-, Forellen-, Gansleber-, Gehäck-, Haselhühner-, Hasen-, Haschee-, Hausen-, Hechten-, Hühner-, Indian-, Kalbshirn-, Kalbsschlegel-, Kapauner-, Karpfen-, Kasteroll-, Krebsen-, Lachs-, Mark-, Makkaroni-, Ragout-, Rebhuhn-, Rehschlegel-, Reis-, Rohrhühner-, Rutten-, Sauerkraut-, Schildkröten-, Schnepfen-, Schunken-, Schuster-, Semmel-, Spanferkel-, Stockfisch-, Tauben-, Topfen-, Wandel-, Wildentenpasteten und natürlich auch eine Kaiserpastete sowie wälsche, Genueser, spanische, böhmische, französische, englische, brabantische Pasteten und eine »österreichische Tauben-Pastete« (so im Kochbuch des »Granat-Apffels«, 1699). Besonders erfinderisch im Pastetenbacken dürfte das Wiener Biedermeier gewesen sein. Da gab es Pasteten mit »Briesel« (Kalbsbries), »leicht gesotten, die zartesten Teile in Würfel geschnitten, und allein oder mit Trüffeln, Morcheln oder andern feinen Schwämmen in der weißen Soße erwärmt, oder ausgemachte Krebsscheren und Schweife mit Morcheln in einer weniger säuerlichen, mit etwas Krebsbutter gebundenen Sauce. Hierzu tut man auch wohl die Lebern von allerley kleinen Geflügel, Ochsengaumen oder Euter von Kälbern, Hahnenkämme und ähnliches; auch die Austern gibt man auf dieselbe Weise, nur dürfen sie nicht gekocht, sondern nur in der schon vom Feuer gehobenen Sauce leicht erwärmt werden.« Auf die gleiche Weise wurden auch Pasteten von Seekrebsen, Hummern, Krabben, Garnelen, Sardellen, Lauch, von jungen Gänsen, von »Gänse-Gekröse«, von Rindfleischschnitten und Äpfeln oder Birnen bereitet. Der Schloßkastellan des Fürsten Metternich in Ober Sankt Veit, ein gewisser Valentin, schildert uns eine köstliche Szene: »Die Heigl-Bäckin in Hietzing unten hat jetzt was Neues, das gut zum Bier schmeckt. Ist ein Fleischteig gut wach gsotten, formt die Köchin gar zierliche Wunderthürml aus der Massa mit Zinken, Reyterlen und Giebel und druckt allsdann saure Zibeben und in Rotwein gekochten Knofel zur Verzierung ein. Das ganze wird mit Mayonnaise übergossen und mit einer Petersil ein Kranzl drauf gmacht.«

Wenngleich auch eine Wiener »Bürgerköchin« des 19. Jahrhunderts eine Meisterin im Pastetenbacken sein und damit Beweise ihrer Handfertigkeit liefern konnte, so drangen die Pasteten doch nie in die »gutbürgerliche« österreichische Küche ein. Der Österreicher war mit dem reichen Angebot an Würsten vollauf zufrieden. Sie bedeuteten und bedeuten ihm das, was den Franzo-

sen die Pasteten waren und sind. Hinter der Vorliebe der Franzosen für ihre Pasteten stand und steht letztlich auch die Bequemlichkeit der Hausfrau, die nur die Pastetenfülle zuzubereiten hatte: das Restliche besorgte »der Bäcker um die Ecke«. Und da hinter allen »Akzenten«, die in einer Küche und bei den Eßgewohnheiten gesetzt werden, immer auch ökonomische Gründe stehen, ist die Bequemlichkeit mit ein Hauptgrund; dazu kommt die leichte Konservierbarkeit von sonst leichtverderblichen Lebensmitteln und die Möglichkeit, sparsam Reste zu verwerten. Schon Rumohr (von Anna Dorn getreu wiedergegeben) bemerkte treffend: »Es läßt sich alles Ersinnliche zu Pasteten verwenden, und in der Zusammensetzung derselben kann ein braver Koch recht deutlich zeigen, daß er Einbildungskraft und Urteil besitzt« – wenn er dabei nur unverrückt »den großen Fundamentalsatz aller Pastetenbäckereien im Auge behält:
Schön sollen des Gewandes Falten sein,
Doch schöner muß, was sie enthalten, sein«,
wie Habs und Rosners »Appetit-Lexikon« dazu vermerkt. Den gastronomischen Wert der Pasteten beurteilt zutreffend Vaerst: »Die Pasteten sind das für die Küche, was die Redefiguren für das Gespräch sind – ihr Leben, ihre Zierde.«
Heute werden im privaten Haushalt nur mehr selten Pasteten hergestellt. Dennoch dürfte es aber hin und wieder eine Köchin oder einen Koch reizen, einmal selbst die Meisterschaft unter Beweis zu stellen.

FACHLICHE HINWEISE

Der Küchenchef unterscheidet drei Arten von Pasteten: 1. Pasteten, mit oder ohne Teigkruste gebacken, 2. Terrinen, nur in Speck gehüllt und im feuerfesten Geschirr pochiert, 3. pastetenähnliche Galantinen.
Die Herstellung der Pastetenfülle, der Farce, erfolgt für alle drei Arten auf ähnliche Weise.

Pastetenteig I
500 g glattes Mehl, 160 g Butter, 80 g Schmalz, 4 EL Öl, Salz, 2 Eidotter, ca. 1/8 l kaltes Wasser

Pastetenteig II
500 g glattes Mehl, 300 g Butter oder 250 g Schmalz, 3 Eidotter, Salz, ca. 1/8 l kaltes Wasser

Die Zubereitung der beiden Teige
Glattes Mehl auf ein Brett sieben und salzen. In der Mitte des Mehlhaufens eine kleine Grube machen, Fette in Küchentemperatur (kalte Fette am Kartoffelreißer reißen), Eidotter und die halbe Flüssigkeitsmenge (oft genügt diese Menge bereits, das hängt sehr stark von der Mehlqualität ab!) in die Grube geben. Die Masse zwischen den Fingern abbröseln, dann durch rasches Zusammenkneten den Teig glattarbeiten (möglichst wenig kneten! Der Teig wird nie sofort ganz glatt, sondern erst durch das Rasten). Aus der Masse eine Kugel formen, am besten in Plastik- oder Alufolie einhüllen und mindestens 3 Stunden kalt rasten lassen. Diese Teige werden auch zum Auslegen von Torteletten, Schiffchen und Pastetchenformen (siehe Seite 480 ff.) verwendet.

Die Zubereitung der Pastete in der Teigkruste
Eine längliche Kastenform (»Wandel« – sehr gut eignen sich auch Formen mit einem Verschluß) mit dem dick ausgerollten Pastetenteig auslegen (er soll 1–2 cm über den Rand hängen), darauf grüne Selchspeckscheiben legen, so daß auch der Speck über den Rand hängt. Der Speck kann zuvor im ganzen in Wasser gekocht, dann gepreßt, gut ausgekühlt und in dünne Scheiben geschnitten werden; man verhindert dadurch das Zusammenziehen des Specks während des Backens. Nun gibt man die vorbereitete Fülle (Farce und Einlagen) darauf; aber nie ganz bis zum Rand der Form anfüllen. Dann wird der Speck über die Fülle geschlagen, schließlich auch der Teig, den man mit Eistreiche (Eidotter mit etwas Wasser versprudelt) bestreicht. Obenauf legt man noch ein Teigblatt, das die ganze Oberfläche gut abschließt. Mit dem Pastetenkneifer werden dann die Teigränder verbunden und an der Oberfläche zwei Löcher im Durchmesser von 2 cm gemacht (der darunterliegende Speck soll ebenfalls entfernt werden). Man bestreicht noch einmal alles mit Eistreiche und setzt in die zwei Löcher Zylinder aus Pergamentpapier. Die Pasteten können an der Oberfläche mit Blättern,

Rosen, Girlanden, Trauben usw. aus Pastetenteig verziert werden (die ebenfalls mit Eistreiche zu bepinseln sind).

Die so vorbereitete Pastete kommt in das mittelheiße Backrohr (ca. 180 Grad); wenn sie Farbe zu nehmen beginnt, die Hitze drosseln und fertigbacken. Backdauer: etwa 1½ Stunden.

Nachdem das Fett, das in den Papierzylindern aufgestiegen ist, von der Farce wieder aufgenommen wurde, kann noch etwas lauwarmes Schmalz oder Gänsefett nachgegossen werden. Dann läßt man die Pastete vollkommen auskühlen (im Kühlschrank). Danach wird die Pastete mit temperiertem Madeira-Aspik (siehe Seite 147) zur Gänze ausgefüllt. Das flüssige Aspik wird mittels Trichter in die Öffnungen eingegossen. Sollte einmal eine Pastete durch zu hohes Anfüllen mit Farce oder durch zu rasches Backen aufgerissen worden sein und das Aspik dadurch ausfließen, verschließe man diese Risse mit etwas Butter, die aber vor dem Aufschneiden wieder restlos entfernt werden muß.

Das Anrichten einer Pastete

Erst wenn das Aspik ganz fest geworden ist (nach ungefähr 1 Stunde im Kühlschrank), die Pastete aus der Form stürzen. Dazu stellt man die Form kurz in heißes Wasser, löst mit einem dünnen, spitzen Messer die Pastete vom Rand und stürzt sie dann vorsichtig auf ein Tuch. Die Pastete wird in kleinfingerdicke Scheiben geschnitten, schön exakt auf eine Platte gelegt und mit Sauce Cumberland extra serviert. Zu Pasteten passen auch Garnierungen wie halbierte, pochierte, gefüllte Äpfel oder Birnen, Apfelscheiben mit Senffrüchten, Torteletten mit Preiselbeerkompott, oder Salat Waldorf, oder Orangenfilets und Orangenscheiben, oder geschälte Weintrauben.

Die Zubereitung der Pasteten ohne Teigkruste (der Terrine)

Auch für diese Pastete werden feine Farcen (besonders eignen sich dazu Leber, Geflügel, Wildgeflügel, Wild und Schinken) verwendet, die aber in keiner Teigkruste, sondern in feuerfestem Geschirr oder in einer Kastenform (»Wandel«) gegart (pochiert) werden. Die Terrine wird mit dünnen Scheiben eines ungesalzenen Specks ausgelegt. Die mit den Speckscheiben ausgelegte Terrine wird mit der Farce nicht ganz bis zum Rand gefüllt, obenauf mit Speckscheiben gut abgeschlossen. Die Terrine wird mit dem Deckel, gut verschlossen, in einem Wasserbad pochiert. Das Wasser soll dabei nur am Anfang langsam kochen, dann nur mehr »leise« unter dem Siedepunkt wallen, damit die Farce langsam gar ziehen kann. Verwendet man eine Kastenform, wird diese nach dem Auskleiden mit Speck und Auffüllen mit Farce und Einlagen mit Alufolie (am Rand gut angedrückt) oder mit befeuchtetem Pergamentpapier (einigemal zusammengelegt) bedeckt (über den Rand hängend), mit einer Schnur festgebunden und wie die Terrine im Wasserbad pochiert. Sobald das Fett obenauf klar ist bzw. die Nadelprobe positiv ausfällt (Nadel muß sich leicht einstechen lassen), ist die Pastete gar. Dann läßt man die Füllung unter leichter Presse in der Terrine im Kühlschrank auskühlen. Terrinen in Fayence (feuerfestem Geschirr) zubereitet, können nach dem Auskühlen mit einem schlanken spitzen Messer aufgeschnitten und angerichtet werden; andere stürzt man wie die Teigpastete und pariert sie (schneidet sie zurecht).

Den Boden der inzwischen gereinigten Terrine füllt man mit Aspik aus, dekoriert ihn nach Wunsch und gibt die Pastete wieder in die Form. Der Zwischenraum wird mit flüssigem Aspik ausgefüllt, dann läßt man alles ganz erkalten.

Vor dem Stürzen gibt man die Form kurz in kochendes Wasser, stürzt sie und richtet sie wie die Pastete in der Teigkruste an. Terrinen werden gern kalt als Vorspeise serviert.

Galantinen, warm oder kalt, werden meist aus Geflügelfleisch bereitet.

Pasteten in der Teigkruste

Kalbfleischpastete

12–14 Portionen

Farce: 400 g Schweinefleisch, 120 g frischer grüner Speck, Salz, Pfeffer, Pastetengewürz, 3 cl Cognac, 2 Eidotter, ⅛ l Obers
Einlage: 250 g Kalbsjungfernbraten (Lungenbraten),

Pastetengewürz, etwas Cognac, etwas Butter zum Anbraten; 100 g gepökelte, gekochte Rindszunge; einige Trüffeln, 100 g grüner Speck, 30 g Pistazien
Pastetenteig (ca. 500 g), Speckscheiben zum Auslegen der Form, 1 Eistreiche, Madeira-Aspik

Das würfelig geschnittene Schweinefleisch und den Speck zweimal durch die feine Scheibe der Faschiermaschine treiben, mit den Gewürzen und den Eidotter und weiter mit Cognac und Obers zu einer feinen Farce verarbeiten.

Die parierten Lungenbraten in Würfel schneiden, mit Cognac und Pastetengewürz eine Stunde marinieren, dann salzen und in heißer Butter anbraten. Auch den Speck würfelig schneiden und kurz im Wasser blanchieren.

Eine Form mit Pastetenteig und dünnen Speckscheiben auslegen und mit der Farce füllen. Kalbfleischwürfel, Speck, Rindszunge (würfelig geschnitten), Pistazien und zerteilte Trüffeln in die Farce mischen. Mit Speckscheiben und Teigdeckel abschließen, wie angegeben fertigen und im Rohr backen.

24 Stunden kalt stellen und mit Madeira-Aspik füllen. Man kann diese Pastete ebenfalls ohne Teigkruste im Wasserbad in der Terrine pochieren. Die Kalbfleischeinlage kann auch unzerteilt in Butter angebraten werden (siehe Kalbslungenbraten). Als Einlage kann man außerdem verwenden: Gänseleberscheiben oder Hühnerleber, in dickere Scheiben geschnittene Champignons. Unter die Farce kann man auch würfelig geschnittenen Schinken mischen.

Hasenpastete

12–14 Portionen

Farce: Hasenfleisch (ca. ⅔ des Gewichts vom gesamten Hasenfleisch), ca. 200 g Schweinefleisch; 200 g ungesalzenen, frischen Speck; Salz, Pfeffer, Pastetengewürz, etwas Cognac oder Madeira, 2 Eidotter, einige Trüffeln, etwas würfelig geschnittenen Selchspeck; 30 g abgezogene, grobgehackte Pistazien
Einlage: Butter zum Braten, ausgelöste Rückenfilets des Hasen, Filets mignons vom Hasen, Speck zum Spikken, Salz, Pfeffer, Pastetengewürz, Cognac oder Madeirawein, Speckscheiben
Pastetenteig (ca. 500 g), Speckscheiben zum Auslegen der Form, 1 Eistreiche, Madeira-Aspik

Die ausgelösten Rückenfilets und die Filets mignons des Hasen spicken, mit Pastetengewürz bestreuen und in etwas Cognac oder Madeirawein eine Stunde marinieren. Herausnehmen, abtropfen lassen, salzen und in heißer Butter überbraten, dann in Speckscheiben einrollen.

Das restliche ausgelöste Hasenfleisch, frischen Speck und das Schweinefleisch zwei-, dreimal durch die feine Scheibe der Faschiermaschine drehen, mit Salz, Pastetengewürz, Pfeffer, Cognac oder Madeirawein und Eidotter zu einer feinen Farce verarbeiten und mit den Gewürzen abschmecken. Man kann auch blanchierte Speckwürfel, kleinwürfelig geschnittene Trüffeln und grobgehackte Pistazien unter die Farce mischen.

Die leichtgefettete Pastetenform mit nicht zu dünn ausgerolltem Pastetenteig und Speckscheiben auslegen, die Farce bis zur Hälfte der Form einfüllen, in die Mitte die Rückenfilets und Filets mignons einlegen, die restliche Farce daraufgeben, mit Speckscheiben und Pastetenteig abschließen, den Teigdeckel (Rand mit Eistreiche bestreichen) daraufgeben, gut verschließen und backen. Wie eingangs angeführt fertigen.

In Scheiben geschnitten anrichten, mit Aspikwürfeln garnieren, mit dickflüssigem Aspik überglänzen und mit Orangenscheiben garnieren. Dazu extra Sauce Cumberland oder Preiselbeersauce (Preiselbeerkompott, Rotwein und Orangensaft verrühren) servieren.

Terrinen (Pasteten ohne Teigkruste)

Kalbsleberterrine

12–14 Portionen

500–750 g Kalbsleber, 250 g schweres Schweinskotelett; 250 g ungesalzener, grüner Speck; 1 grobgeschnittene Zwiebel, gehackte Petersilie, Fett zum Braten, Milch zum Einlegen und Einweichen, Salz, Pfeffer, Majoran, Basilikum, Bohnenkraut, 2–3 Schneidsemmeln, 3 Dotter, 1 Glas Sherry oder Madeira, einige gehackte Trüffeln, 250 g Speckscheiben für die Form

Die enthäutete Kalbsleber in größere Stücke schneiden, in Milch einlegen, nach 1 Stunde herausnehmen und abtrocknen. In heißem Fett die Leber braten, bis sie nicht mehr blutig ist; die geschnittene Zwiebel anlaufen lassen, mit etwas Majoran, Basilikum und Bohnenkraut würzen und überkühlen.

Jetzt die Leber mit Zwiebeln, das Schweinskotelett, den Speck und die in Milch geweichten, gut ausgepreßten Semmeln zweimal fein faschieren. Die Masse mit den Dotter verrühren, das Ganze gut würzen, mit Madeira oder Sherry zu einer geschmeidigen Farcemasse verarbeiten und so lange rühren, bis die Masse schließlich hell wird.

Eine Terrine oder Kastenform mit Speckscheiben auslegen, die Masse einfüllen, mit Trüffeln bestreuen, mit Speckscheiben abschließen und im Rohr etwa 1¼ Stunden im Wasserbad, wie angegeben, pochieren. Dann in der Form, leicht gepreßt, gut auskühlen lassen. Anschließend fertigen, wie eingangs erwähnt.

Rebhuhnterrine

12–14 Portionen

1–2 Rebhühner, 200 g Schweinefleisch, Salz, Pastetengewürz, 200 g geräucherter Speck, 1 Ei, 2 EL Madeira, 3 EL Cognac, 3 EL Obers, 100 g Gänseleber, etwa 150 g grüne Speckscheiben für die Form

Das Fleisch der Rebhühner auslösen (die Brustteile extra im ganzen), enthäuten, klopfen und in geräucherte Speckscheiben einschlagen. Das restliche Fleisch und das Schweinefleisch zwei- bis dreimal sehr fein faschieren, mit Ei, Cognac und Obers gut verrühren, mit den Gewürzen fein abschmecken. Den Boden der Terrine oder des Wandels mit Speckscheiben auslegen, die Farce einfüllen, in die Mitte die Brustfilets und die Gänseleberstücke einlegen und die restliche Farce daraufgeben. Oben mit Speckscheiben abschließen. Im Wasserbad zugedeckt bei mäßiger Hitze im Rohr etwa ½ Stunde pochieren.

Halb ausgekühlt leicht pressen, dann ganz erkalten lassen.

In Scheiben schneiden, mit Aspik glasieren und mit Preiselbeersauce (Preiselbeerkompott, Rotwein und Orangensaft gut verrühren) anrichten.

Gänseleberpastete

Diese Pastete gilt als die »Königin aller Pasteten«; ihre Zubereitung erfordert größte Aufmerksamkeit. Man verwende nur große, feste, hellrosa Fettleber (die es frisch vor allem von Oktober bis Jänner gibt). F. G. Zenker spricht in seiner »Vollständigen theoretisch-praktischen Anleitung zur feineren Kochkunst« (1824) von einem »Gansleber-Kuchen«.

12–14 Portionen

Einlage: 1 kg Gänseleber, 1–2 in dünne Scheiben geschnittene Trüffeln, Salz, Pastetengewürz, weißer Pfeffer, je 1 Glas Cognac und Madeira

Farce: ca. 250 g Gänseleberabfälle, 200 g weißes Schweinefleisch, 200 g ungesalzener grüner Speck; 1 kleine, in Fett angeschwitzte Zwiebel; Salz, Pastetengewürz, 2 Eiklar, 4 EL Obers, 150 g grobgeschnittene Champignons, ungesalzene Speckscheiben, 250 g Bauchfilzspeck, Madeira-Aspik

Die großen Gänseleberstücke von allen fasrigen Spitzen, Sehnen und dicken Enden befreien (die Leber muß ganz frei von Haut und anderen festen Bestandteilen sein), die Lebern halbieren. Die Leberstücke einige Male mit einem spitzen Messer so tief einschneiden, daß die Trüffelscheiben eingesetzt werden können. Mit Salz, weißem Pfeffer und Pastetengewürz leicht einreiben, mit Cognac und Madeira begießen und zugedeckt 2 Stunden stehenlassen.

Die Gänseleberabfälle, das Schweinefleisch und den Speck mit der grobgeschnittenen, in Fett angeschwitzten Zwiebel und den Champignons zwei-, dreimal durch die feine Scheibe der Fleischmaschine faschieren, mit Eiklar, Gewürzen und Obers gut verrühren und die Masse durch ein feines Drahtsieb passieren.

Die Pastetenterrine mit ungesalzenen Speckscheiben auslegen, eine Lage Farce einfüllen, dann einige Leberstücke einbetten, nun wieder eine Lage Farce daraufgeben und den Vorgang wiederholen; dabei darauf achten, daß Farce und Leberstücke gleichmäßig verteilt sind. Obenauf mit einer Lage Farce abschließen und mit Speckplatte belegen.

Im zugedeckten Geschirr im Wasserbad im Rohr bei mäßiger Hitze etwa 2 Stunden pochieren, bis das Fett oben klar austritt.

Sobald die Pastete gut ausgekühlt ist, aus der Terrine nehmen, in einem Tuch leicht ausdrücken, in die inzwischen gereinigte Terrine geben, mit zerlassenem, überkühltem Bauchfilzspeck zugießen, dann kalt stellen. Diese Pastete kann einige Tage gelagert werden.
Gänseleberpastete, auf Straßburger Art angerichtet: Man gibt auf eine Glasschüssel gehackten Madeira-Aspik, sticht mit einem in heißes Wasser getauchten Suppenlöffel ovale Stücke aus der Pastete aus und richtet sie angehäuft an, mit Madeira-Aspik garniert. Dazu Toast und frische Butter servieren.
Die Pastete wird auf ungarisch zubereitet, indem man in Gänsefett glasiggedünstete Zwiebeln beigibt und mit Knoblauch und Majoran würzt.

Gänseleberparfait

Gänseleber, Salz, weißer Pfeffer, Pastetengewürz, 1–2 in dünne Scheiben geschnittene Trüffeln, Speckscheiben, Madeira-Aspik

Die Gänseleber wie bei der Gänseleberpastete behandeln, mit Trüffelscheiben bestecken, würzen und in Speckscheiben einhüllen; diese mit der Leberoberseite nach unten in eine feuerfeste Form drücken, zugedeckt im Wasserbad pochieren. Dann erkalten lassen, die Leberstücke von der Speckhülle befreien und glattstreichen, erneut mit Trüffelscheiben belegen, kalt stellen, mit Madeira-Aspik wieder in die Form einsetzen.

Wildgeflügelpastete

12–16 Portionen

Brustfleisch von Fasan oder Rebhuhn; restliches Fleisch des Wildgeflügels, frisches Schweinefleisch (im Verhältnis 1:1 zum Geflügelfleisch), feine Kräuter (Kerbel, Estragon, Petersilie usw.), 1 Zwiebel, einige gehackte Pilze, etwas Butter, Salz, Pfeffer, Pastetengewürz, Wildgewürz, 1–2 Eidotter, 1 kleines Lorbeerblatt

Die schönen Fleischstücke (Bruststücke) auslösen, enthäuten, mit Gewürzen einreiben, mit Speckscheiben umwickeln. Das restliche Wildgeflügelfleisch in Butter anbraten, salzen, pfeffern, die feingeschnittene Zwiebel mitrösten, die gehackten Pilze beigeben, mit etwas Flüssigkeit untergießen, kurz dünsten, dann auskühlen lassen. Alles mit dem grobgewürfelten Schweinefleisch, den Kräutern und dem Speck zwei- bis dreimal fein faschieren, mit Gewürzen und Dotter zu einer feinen Farce verarbeiten.

Eine Form mit dünnen, ungesalzenen Speckscheiben auslegen, die Farce einfüllen, in die Mitte die Brustfleischstücke einlegen, darüber wieder Farce geben, obenauf ein Lorbeerblatt legen und mit einem Speckblatt gut abschließen. Pastete geschlossen im Wasserbad bei mäßiger Hitze im Rohr je nach Größe 1–2 Stunden pochieren. Diese Pastete kann auch in der Teigkruste bereitet werden.

Wildpastete

12–14 Portionen

Einlage: Einige zarte Filetstücke vom Wild (Rehfleisch, Hase oder Hirsch), ca. 200 g vom Rücken, Salz, Pastetengewürz, Speck zum Spicken und Speckscheiben, 1–2 blättrig geschnittene Trüffeln, 150 g Gänseleber
Farce: 200 g Wildfleisch, 100 g Kalbfleisch, 100 g mageres Schweinefleisch; 150 g frischer, ungesalzener

Rezept aus »Kurtzer Unterricht«, 1736

N. 311. Wildpret-Pastetten.

Nimm von einem Hirschen das Ruck-Brädl, dieses wird gehäutelt, und sauber gespickt, mit gestoßenen Kümmb und Cronwett-Beer bestreut, eingesalzen, und mit Eßig besprengt, laß ein oder zwey Tag liegen, mache einen guten Brand-Teig, treibe denselben aus, wie gebräuchlich ist, belege den Boden mit klein-geschnittenen Lemoni-Schäler, Butter, Cápry, Roßmarin, Lorber-Blätl, Gewürtz, und richte das Ruck-Brädl darauf, belege es auch oben auf wie unten, mache den Form wie ein Lateinisches S, mache die zwey Schnirckel schön mit Lauben, richte den Bach-Offen in einer guten Hitz, und gebacken drey Stund, mache ein gutes Cápry-Süppel, richte es darein, und gibs auf die Taffel.

Speck; 1 feingeschnittene Zwiebel, in etwas Fett angeschwitzt; 80 g grobgehackte Champignons, 1 Semmel, etwas Milch zum Einweichen, Petersilie, 3 Eidotter, Salz, Pfeffer, Pastetengewürz, Kerbel, Estragon, etwas Majoran, 1 Glas Cognac, Speck zum Auskleiden der Form*

Vom Wildfleisch zarte Filetstücke auslösen, leicht klopfen, spicken, mit Salz, Pfeffer und Pastetengewürz einreiben und in je eine Speckscheibe wie eine Roulade einrollen. – Einige Stücke Gänseleber gut säubern, Trüffeln blättrig schneiden.

Wildfleischreste, Kalbfleisch und Schweinefleisch sowie die eingeweichte und ausgedrückte Semmel, die in Fett leicht angeschwitzte, geschnittene Zwiebel und die mitgedünsteten Champignons zwei-, dreimal fein faschieren. Mit den Eidotter und den Gewürzen zu einer feinen Farce verarbeiten. Mit Cognac abschmecken.

Eine Form mit Speckblättern auskleiden, mit der Farce dick füllen, in die Mitte die Filetstücke, Gänseleberstücke und Trüffeln dekorativ einlegen, mit dem Farcenrest auffüllen, mit einem Speckblatt oben gut abschließen.

Im Wasserbad im zugedeckten Gefäß bei mäßiger Hitze im Rohr je nach Größe 1–1½ Stunden pochieren. Halb auskühlen lassen, mit einem Brett leicht pressen, dann ganz auskühlen lassen. Aufgeschnitten mit Sauce Cumberland servieren.

Galantine

Galantine von Huhn

12–14 Portionen

1 Brathuhn oder Kapaun (bis 2 kg)
Farce: Ausgelöstes Fleisch vom Geflügel, 200 g Kalbfleisch, 200 g mageres Schweinefleisch; 150 g grüner, ungesalzener Speck; 50 g Butter, ½ Gänseleber, Hühnerleber, 1 halbe geschnittene Zwiebel, 2 entrindete Schneidsemmeln, etwas Milch, 3 Eidotter, 2 EL Cognac, 2 EL Madeira, 1/16 l Obers, etwas Hühner- oder Rindsuppe, Salz, Pfeffer, Pastetengewürz, Muskat
Einlage: 80 g frischer, würfelig geschnittener Speck; 100 g gekochte, würfelig geschnittene Pökelzunge; 150 g grobwürfelig geschnittene Gänseleber, 1–2 gehackte Trüffeln; 20 g abgezogene, halbierte Pistazien; 150 g grüner Speck, Hühnersuppe (mit Wurzelwerk) zum Pochieren, Serviette, Spagat

Zurichtung des Geflügels zur Galantine: Das Huhn trocken rupfen, den Flaum vorsichtig absengen, den Kopf (am Beginn des Halses) abschneiden, Flügel am zweiten Gelenk und Schenkel (Keulen) am ersten Glied abhacken. Dann die Haut vom Hals an entlang des Rückgrats vorsichtig aufschneiden, die Haut samt dem Fleisch ablösen, dabei darauf achten, daß sie nirgends reißt. Den Steiß abschneiden und die Haut mit der Innenseite nach oben auf eine bebutterte Serviette legen, etwas salzen. Das restliche Fleisch auslösen und so verteilen, daß das Fleisch überall gleichmäßig dick aufliegt. Das restliche Huhn vorsichtig ausnehmen, waschen und trocknen.

Das Kalb- und das Schweinefleisch einmal fein faschieren, dann mit dem restlichen Hühnerfleisch, der halben Gänseleber, der Hühnerleber, dem Speck und der feingeschnittenen Zwiebel, in Fett leicht angeschwitzt und überkühlt, sowie mit den entrindeten, in Rindsuppe geweichten und ausgepreßten Semmeln noch einmal fein faschieren, durch ein Sieb streichen. Mit Eidotter, Cognac, Madeira, Obers und etwas Hühner- oder Rindsuppe die Masse zu einer geschmeidigen Farce verarbeiten und mit den Gewürzen abschmecken. Dann Pökelzunge, frischen Speck, Trüffeln und die Pistazien sowie die halbe Gänseleber, alles kleinwürfelig geschnitten, gleichmäßig in die Masse verrühren.

Die Farce auf die vorbereitete Hühnerhaut auftragen. Man beginnt beim Hals, näht die Haut laufend mit einer Dressiernadel und Spagat zu, füllt nach und nach die ganze Masse ein, näht die Haut fest zusammen und gibt der »Wurst« eine rundliche Form. Dann wickelt man die Geflügelwurst in die bebutterte Serviette, umwindet das Ganze mit Spagat (oder bindet sie knapp an den Galantineenden zusammen). Diese Galantine wird in einem Fond aus Wasser, Wurzelwerk, Zwiebel, Speck, Salz, Gewürzkörnern und Geflügelknochen sowie Abatis etwa 1½ Stunden (länger oder kürzer, je nach Größe) pochiert. Nadelprobe: Wenn die Masse gar ist, läßt sich eine Nadel leicht hineinstechen. (Zenker bemerkt dazu: »Allein solche Versuche müssen oft

wiederholt werden, um den feinen Tact sich eigen zu machen und ein richtiges Urteil fällen zu können.«) Die Galantine im Sud überkühlen, dann vorsichtig herausheben, auswickeln, in eine frische Serviette straff einwickeln, zwischen zwei Bretter legen, das obere leicht beschweren und so 24 Stunden in den Kühlschrank stellen. Dann die Serviette entfernen, die fertige Galantine in Scheiben schneiden, anrichten und garnieren (siehe Garnierung für kalte Platten, Seite 468 ff.).
Eine Gans-Galantine kann man in leichtgesalzenem Wasser mit etwas Essig, Wurzelwerk, Zwiebel, Thymian, Wein, 2 Kalbsfüßen und Basilikum pochieren.

Im Barock war für die Zubereitung und dekorative Präsentation von Pasteten eine Schar von Meistern beschäftigt: neben den Hofköchen bzw. den Pastetenbäckkern und den Patissiers auch Bildhauer und Architekten, Holzschneider, Siebmacher und Blechschmiede. Conrad Hagger beschreibt in seinem »Saltzburgischen Koch-Buch« (1719) die Herstellung von »allerhand Parade- und Figur-Pasteten, welche aber meistens nur zu Zeiten wann ein großes Fest und Solennität einfällt, an großer Herren Höfen zu dero prächtigen Mahlzeiten können gemacht und aufgetragen werden.«
Der Sieb- und Schachtelmacher fertigte für eine »rund-aufgesetzte« Pastete zuerst eine runde Holzschachtel an, die als Gerüst des Pastetenkörpers diente. Um sie herum wurde ein Blechring gelegt, »so hoch als die Schachtel«, der wie eine Tortenspringform ein Scharnier in der Mitte hatte, »als wie die große Halß-Band haben, damit man ihn auf- und zumachen kan, er sol auch innwendig mit schönen Figuren und Laubwerk schön ausgeschlagen sein, als wie die Wappen, dieses machen die Gürtler, Bildhauer und Goldschmied, wie man die getriebene Silber-Arbeit macht.« Oben auf die Pastete kamen ein schüsselförmiger, mit gebackenem Teig kaschierter Blechdeckel und eine figürliche Krönung auf einem Blechröhrchen. »Item auf diesen Deckel kann auch gemacht werden, an statt gemeldtes Rohr, ein Ring, in Gestalt eines runden Dryfuß von weißem Blech, auch wohl aufgelegt, und mit Nägel angemacht, damit man eine Schüssel, oder einen kleinen Aufsatz mit kleiner Bacherey darauf setzen kan.« Diese »Bacherey« stellt oft ein Wappen, einen Vogel, Adler

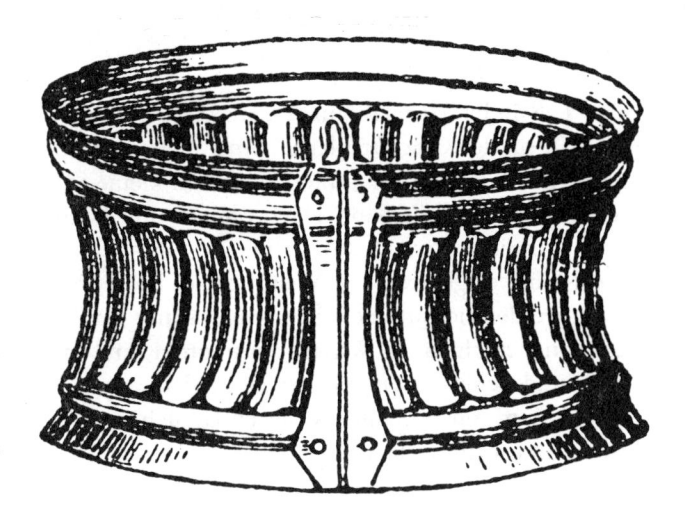

Pastetenreif.

oder Pelikan, bei Fasten-Pasteten einen Delphin dar. Nachdem die Pastete gefüllt worden war, setzte man den Deckel mit der »obigen kleinen Bacherey auf und trags auf. Oder man setzt die obere Pastete erst auf der Tafel gantz in die Höh, ehe die Leut darzu kommen.« Neben diese Pasteten stellte man noch gern Wappentiere wie Löwen und Greifen, die auf Holz- oder Drahtgestellen mit Teig modelliert und gebacken wurden. »Die Löw-, Hirsch-, Gembs-, Reh-, Delphin- und andere hohe Figur- und Drat-Pasteten müssen alle von dem jetzt-vorhergehenden hart-gemachten Taig formiert und gemacht werden, dann der gute Taig fällt herab und bleibt in keinem Form. Die Drät bey dem Hirsch und Löwen können vorhero, absonderlich der Kopff und Halß, am Vorabend mit Taig bekleidet, und ein wenig figurirt und gebachen werden, damit den andern Tag die Pastet desto geschwinder gemacht, und auch besser in dem Form bleibe, und bey einem jeden Thier oder Figur allhier, soll vor allen Dingen der darzu gehörige Taig, die Proportion der Statur, und dann der Kopff und Füß zu machen wol beobacht werden.«
In die Form des Rumpfes der gebackenen Tierpastete wurden dann noch Kopf, Flügel und Schwanz des Federviehs eingesteckt, die vor dem Rupfen sorgfältig abgetrennt und mit Holzspießen versehen wurden.
Hagger beschäftigte für den künstlerischen Tafelschmuck seines geistlichen Herrn auch Bildhauer, da er auch eigens Tonformen für seine Pasteten anfertigen

ließ: »Laß dir bey einem Bildhauer, aus Leim (= Lehm, Ton) ein rundes Geschirr gleich deiner Schachtel poßieren, und auswendig mit allerhand Form kleine Statuen, Figuren von allerhand Thier, Blumen und Laubwerck formieren, wann diß fertig, so wirds in der Ziegel-Hütten gebrennt... Wann diese Förm neu seynd, werden sie entweders bey dem Haffner glaßirt, oder sonst etlichmal im Wasser ausgesotten, und mit Speck und Schmaltz eingeschmirbt, und in warmen Ofen gethan, sonst behalten sie ihren Geruch von der Erden, und seynd nicht gut.«

Butterteigpastetchen

Pastetchen können als erster Gang zum Mittagessen oder nach der Suppe – anstelle eines Fischgerichts – zum Abendessen serviert werden.

Für das Gelingen der Pastetchen ist sehr viel Zeit und Geduld erforderlich. Voraussetzung ist ein guter Butter- oder Blätterteig (siehe Seite 539), bei dem die Rastpausen genau einzuhalten sind. Am besten ist es, den Teig bereits am Vortag herzustellen.

Es gibt grundsätzlich zwei Arten der Bereitung von Pastetchen:

1. Den Blätterteig etwa 1 cm dick ausrollen, mit einem runden Ausstecher (im Durchmesser von etwa 7–8 cm) Scheiben ausstechen, die umgedreht auf ein mit Wasser benetztes Backblech gelegt werden. Mit einem kleineren Ausstecher (im Durchmesser von etwa 6 cm) in der Mitte einen fast bis zum Boden reichenden Einstich machen, 1/2 Stunde rasten lassen, mit Eistreiche bestreichen (es darf keine Eistreiche über den Rand fließen!). Heiß backen; sobald der Teig Farbe genommen hat, die Hitze drosseln, vor dem Fertigwerden mit einer Gabel den Mittelteil der Pastetchen herausheben und alles fertigbacken (etwa 1/2 Stunde Backdauer). Um das Zusammenlaufen (Eingehen) der Pastetchen zu verhindern, kann auch auf Papier gebacken werden.

2. Den Blätterteig stark messerrückendick ausrollen, mit dem größeren Ausstecher für den Boden der Pastetchen große Scheiben ausstechen; die Hälfte dieser Scheiben werden mit einem kleineren Ausstecher zu Ringen ausgestochen. Die Scheiben (die großen und die kleineren) verkehrt auf ein mit Wasser benetztes Backblech legen. Den Rand der großen Scheiben mit Wasser bestreichen, die ausgestochenen Ringe umgedreht daraufsetzen, die Oberfläche vorsichtig mit Eistreiche bestreichen (es darf an den Rändern keine Eistreiche herabfließen!). Rasten lassen und backen. Die kleineren Scheiben, die als Deckel dienen, extra backen.

Die kleinen Teigpastetchen kann man natürlich auch in einer Feinkosthandlung kaufen. Diese bereits gebackenen Pastetchenformen müssen im heißen Rohr kurz aufgewärmt werden.

Die Pastetchen sind portionsgroße Formen. Man kann auch Pastetchen für zwei, drei oder mehrere Portionen machen. Der Blätterteig muß dann dementsprechend dick ausgerollt und ausgestochen werden. Pastetchen können auch quadratisch, rechteckig oder oval gefertigt werden.

Pastetchen à la Kaunitz

Blanchiertes, würfelig geschnittenes Kalbsbries und würfelig geschnittene Champignons werden in Butter angeschwitzt, würfelig geschnittene Trüffeln und Kalbfleischfarcenockerl (siehe Seite 482 f.) beigegeben und das Ganze mit Madeirasauce (siehe Seite 156) ragoutartig gebunden. Mit dieser Masse erwärmte Pastetchenformen füllen und den Deckel aufsetzen.

Königinnenpastetchen

8–10 Portionen

1 Suppenhuhn, Wurzelwerk, 1 kleine Zwiebel, Petersiliengrün, Salz, Pfefferkörner, 200 g Champignons, 40 g Butter, 40 g Mehl, 1 Eidotter, 2 EL Obers, 1 Zitrone, Butterteig (aus 250 g Butter), Salz, Muskat

Das Huhn mit Wurzelwerk, Salz, zerdrückten Pfefferkörnern, Zwiebel und Petersiliengrün weich kochen. Dem gekochten Huhn die Haut abziehen, das Fleisch auslösen und in kleine Würfel schneiden; die kleinwürfelig geschnittenen Champignons, mit Zitronensaft beträufelt, in Butter und etwas Hühnersuppe weich dünsten.

Aus Butter, Mehl und 3/4 l geseihter, entfetteter Hühnersuppe eine lichte Einmach bereiten, gut verkochen

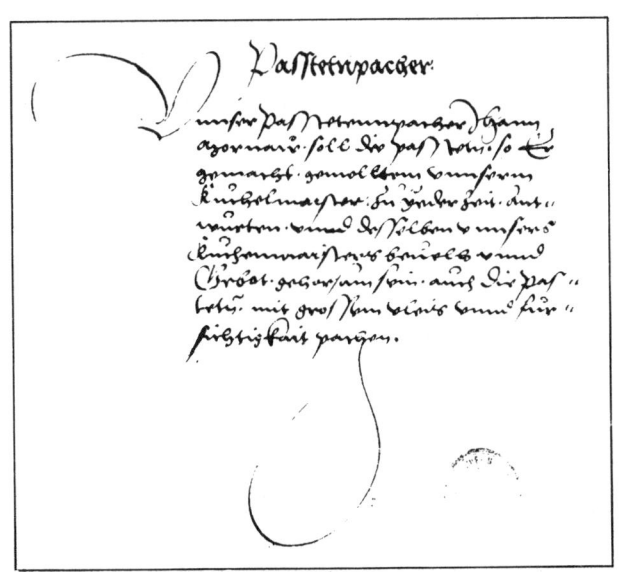

Aus der Hofordnung Ferdinands I., 1537
Italienische Pastetenbäcker, Miniatur, 15. Jh.

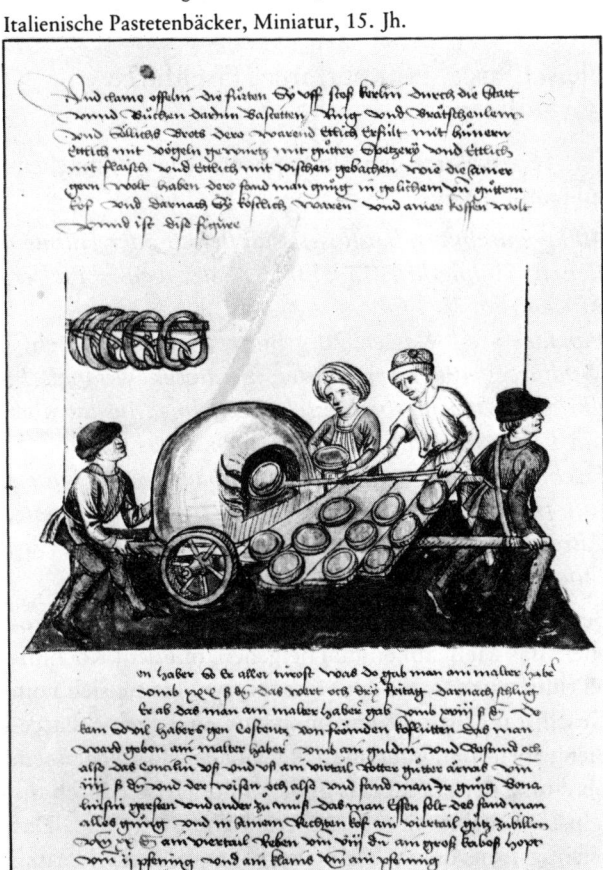

(die Einmach soll ziemlich dick gehalten werden!), mit Dotter und Obers, gut verrührt, legieren, mit Zitronensaft und Muskat würzen, dann die Hühnerfleisch- und Champignonwürfel beigeben.

Dieses Ragout in heiße Pastetchen füllen. Man kann in das Ragout auch Bries, Hahnenkämme und Farcenockerl geben.

Pastetchen mit feinem Ragout

Gekochtes Kalbfleisch und blanchiertes Kalbsbries, Champignons, etwas Butter, Zitronensaft, Kalbsfarcenockerl (siehe Seite 482f.), Kalbseinmachsauce (siehe Seite 159)

Würfelig geschnittene Champignons in aufgeschäumter Butter und mit etwas Zitronensaft weich dünsten, kleinwürfelig geschnittenes Fleisch und Bries beigeben, mit einer dick eingekochten, stark legierten Kalbseinmachsauce binden, Farcenockerl beigeben.

Das Ragout wird dann anschließend in die heißen Pastetchen gefüllt.

Pastetchen mit Wildragout

Gebratenes oder gedünstetes Wildfleisch nach Wahl, Wildsauce (siehe Seite 158), etwas Butter, Madeira, Cognac

Das kleinwürfelig geschnittene Wildfleisch in Butter erhitzen, mit kräftig gewürzter Wildsauce binden, mit Cognac und Madeira abschmecken. Damit heiße Pastetchen füllen.

Zu den Pastetchen mit Wildragout wird extra Preiselbeerkompott serviert.

Weiters kann man in dieses Ragout Champignons, Trüffeln und gekochte Pökelzunge, alles kleinwürfelig geschnitten, geben.

Pastetchen mit Meeresfrüchten

Man bereitet ein Ragout aus Seezungen, in Weißwein pochiert, blanchierten Miesmuscheln oder Austern, Crevetten und Fischfarcenockerl (siehe Seite 482), bindet alles mit einer Weißweinsauce, aus Pochierfond vom Fisch und Muschelfond hergestellt.

Hascheefüllungen

Das Haschee (Haché) ist gebratenes, gekochtes oder gedünstetes Fleisch, gehackt oder faschiert, in Butter erhitzt, mit der dazu passenden Sauce gebunden und mit Gewürzen abgeschmeckt; zum Beispiel Wildhaschee (Wildfleisch, Wildsauce, Cognac und Madeira), Kalbfleischhaschee (Kalbfleisch, Kalbseinmachsauce), Hühnerhaschee (Hühnerfleisch und Hühnercremesauce).

Die Haschees werden durch Beigabe von Champignons oder anderen Pilzen und Petersilie im Geschmack verbessert.

Das Haschee (Haché) war in der Altwiener Küche beliebt für »Assietten« (damit bezeichnet man »kleine Schüsseln mit feinem Zwischengericht«), also für Vorspeise oder »Einschiebspeise«. »Dieselben sollen klein, appetitreizend sein und sorgfältig ausgeführt werden. Gerade bei den warmen oder kalten Vorspeisen kann eine Köchin zeigen, ob sie Geschmack besitzt. Die Unterlage soll das Auge fesseln, aber auch nur das Auge. Ist die Vorspeise warm, soll sie kräftig und doch fein schmecken«, meint J. M. Heitz in seiner »Wiener Bürger-Küche« (1902). Die elegante Welt Alt-Wiens ging gern zu »Stiebitz«, »Demel«, »Gerstner« oder zu den »Drei Laufern« auf ein Gabelfrühstück; man aß »nur einen Bissen« Hascheekrapferl, Sandwiches usw. und trank dazu ein Glas Wein.

Auch als Suppeneinlage waren die Hascheekrapferl beliebt; sie waren ähnlich den Schlickkrapfen, nur aus feinen Butterteigfleckchen, mit Fleischhaschee gefüllt und in heißem Schmalz gebacken (»gib sie dann in die Anrichtsuppe«). Klara Fuchs hat dieses Rezept wortwörtlich 1893 von dem Buch »Die Wiener Mehlspeis-Köchin« der pensionierten Stiftsköchin Agnes Hofmann (1809 erschienen) abgeschrieben. Sofie Meissners »Modernes Kochbuch« von 1901 kennt u. a. »Haché-Pastetchen« und »**Semmel-Pastetchen**«: Kleinen Semmeln wird ein Deckel ausgeschnitten, die Schmolle mit feinem Fleischhaschee vermischt, hiermit die Semmeln gefüllt, samt Deckel in Wein oder Milch getunkt, in Bröseln paniert und in heißer Butter gebakken. Klara Fuchs bringt »**Erdäpfel-Pastetchen nach Wiener Art**«: Gekochte, geriebene Kartoffeln werden mit Dotter, Butter und Salz gut abgetrieben, mit einem Löffel Stücke ausgestochen, mit bemehlter Hand Pastetchen geformt, in eine Vertiefung oben kommen in Butter gedämpfte Zwiebeln und Champignons, werden mit einem Deckel abgeschlossen und in heißer Butter gebacken. Daneben kennt die Altwiener Küche noch kleine Blätterteigpastetchen, gefüllt mit Rebhuhnfleisch, Schnecken, Krebs, Sardellen, Geflügel, Hirn, Pilzen, Austern, Fischen, Krammetsvögeln, kleineren Vögeln und hartgekochten Eiern.

Farcenockerl

Die Farcenockerl können aus Fleisch, Geflügel, Wild oder Fisch bereitet werden; man verwendet sie als Einlage in Suppen, Pastetchen oder kleine Ragouts und als Garnitur zu Fisch-, Geflügel- und Fleischgerichten.

Fleischfarce, Hühnerfarce, Fischfarce (Grundrezept)

Ca. 16–20 Portionen als Suppeneinlage, Pastetchenfülle und Beilage

400 g entsehntes, hautloses Kalbfleisch oder Hühnerfleisch (Hühnerbrust), 4 Eiklar, Salz, weißer Pfeffer, Muskat, ca. $1/4$ l Obers
Panade: $1/16$ l Wasser, 20 g Butter, Salz, 30 g Mehl
Wildfarce: 400 g entsehntes, hautloses Wildfleisch; übrige Zutaten wie bei Fleischfarce, ohne Muskat, aber mit Pastetengewürz, eventuell auch etwas Cognac
Fischfarce: 400 g entgrätete, enthäutete Hechtfilets (nur frische Ware verwenden, keine tiefgekühlte), Salz, Zitronensaft, Spur Cayennepfeffer, 3 Eiklar, ca. $1/4$ l Obers

Bereitung der Panade: Wasser, Butter und Salz aufkochen, das Mehl auf einmal beigeben, mit dem Kochlöffel rühren und dabei die Masse rösten, bis sie sich vom Geschirrand löst. Wenn man nur eine kleine Farcemenge benötigt, kann man die Panade ganz weglassen.
Bereitung der Farce: Das gutgekühlte Fleisch durch die feinste Scheibe der Faschiermaschine drehen. Das wichtigste bei diesen Farcen ist die totale Zerkleinerung des Fleisches zu püreeartiger Konsistenz. Ist ein Mörser

Die Bierhalle in Fünfhaus.

vorhanden, dann wird das Fleisch zunächst grob faschiert und im Mörser fein gestoßen, dann durch ein Drahtsieb gestrichen. (In gewerblichen Betrieben wird das Fleisch im Kutter zerkleinert.) Zuletzt wird die Panade mitfaschiert bzw. durch das Drahtsieb gestrichen. Die Farcemasse dann auf Eis stellen, gut durchrühren, würzen und die Eiklar einrühren. Zuletzt löffelweise Obers daruntermischen, bis die Masse geschmeidig-weich ist.

Es empfiehlt sich, ein Probenockerl im siedenden Salzwasser zu kochen. Wird es zu fest, rührt man etwas Obers in die Masse ein, sollte es zu weich werden, festigt man die Masse mit ein wenig Eiklar.

Formen (Dressieren) der Farcenockerl: Man verwendet dazu zwei Teelöffel. Den einen Teelöffel füllt man mit Farcemasse und streicht den Löffel am Kesselrand glatt; mit dem zweiten Löffel, der in das heiße Wasser getaucht wurde, sticht man daraus kleine Nockerl aus (es soll immer nur das vordere Drittel der Masse auf dem Löffel ein Nockerl ergeben). Die kleinen Nockerl werden sofort in das fast siedende Salzwasser eingelegt. Eine etwas kompliziertere, aber der Tradition der Köche entsprechende Bereitung der Farcenockerl wäre folgende: Man gibt etwas Farcemasse auf den linken Handteller, legt den umgedrehten Teelöffel (Höhlung nach unten) auf die Farce und streift über den Handballen ziehend die Masse im Löffel glatt. Dann fährt man mit dem linken Zeigefinger über den glattgestrichenen, mit Farcemasse gefüllten Löffel und streift dabei ein kleines Nockerl mit, und zwar so viel an Masse, wie man mit dem Fingerballen, über den Löffelrand streifend, gerade abziehen kann. Das Nockerl wird dann mit dem umgedrehten Löffel vom Finger direkt in das fast siedende Salzwasser gestrichen. Diesen Vorgang so oft wiederholen, bis die ganze Masse vom Handteller verarbeitet ist; dann kommt wieder neue Masse darauf. Die Nockerl sollen im Wasser mehr ziehen als kochen. Die pochierten Nockerl mit dem Gitterlöffel herausheben und bis zur Weiterverarbeitung in kaltes Salzwasser legen.

Mehl- und Süßspeisen

Kipfelweib
La femme aux pains au lait.

»Mehlspeisen sind die Pointen der Wiener Küche, eine immer überraschender, bestechender, blendender und beifallswürdiger als die andern, Compositionen von berückender Fülle und Lieblichkeit, gastronomische Ghaselen von so wunderbar verschlungenem Bau, daß der Laie staunend vor ihnen innehält und, wie der Hauptmann der sieben Schwaben beim Anblick des Esels, verwundert ausruft:
›Ka Hirschkuh is's und 's is ka Has' –
Du lieber Himmel, was ist das?‹
Er hat ein Recht zu dieser Frage, denn die Wiener Mehlspeisen sind wirklich Wunder der Kunst. Was Grillparzer in seinen Dramen, Strauß in seinen Walzern, Makart in seinen Gemälden der Welt nur vorgaukeln: tiefes Gefühl, helle Lust am lieben Leben und herzinniges Behagen am ewig Schönen – das Alles und noch etwas mehr legt die Wiener Mehlspeis-Köchin in eine einzige Schüssel Dalkerln, in einen Aepfel-Strudel, in eine Schüssel Zwetschken-Knödel, Topfen-Tascherl oder auch in einen einfachen Kaiser-Schmarren. Kein Wunder also, daß selbst der Laie von solcher Ideenfülle hingerissen wird, und daß der Kenner sich nicht selten versucht fühlt, die Schöpferin dieser Kunstwerke auf dem nicht mehr ungewöhnlichen Wege durch die Kirche für alle Ewigkeit an sich zu fesseln. Kein Wunder aber auch, daß außer der Wiener keine Sprache der Welt reich genug ist, um den Begriff eines einzigen Krammel-Pogatscherls oder eines Salzburger Nockerls mit allen seinen Feinheiten knapp und klar zum Ausdruck zu bringen. Dieser Theil der Wiener Küche kann nur an Ort und Stelle gründlich studirt werden, und vielleicht wird dies Studium noch zu einer wirklichen Revolution in der europäischen Tischordnung führen, denn bekanntlich schließt das französische, deutsche und englische Menu mit dem Gemüse, das Wiener mit einer Mehlspeise.« So rühmen Habs und Rosner in ihrem »Appetit-Lexikon« (1894) die Wiener Mehlspeise, zu der Babette Franner, geborene Weinzierl, in ihrer

»Wiener exquisiten Küche« als Fußnote bemerkt: »Unter dieser Bezeichnung sind nach Wiener Gebrauch auch jene Speisen begriffen, deren Hauptbestandteil nicht gerade das Mehl ist.«

Im Grunde genommen verdanken wir die warmen Mehlspeisen den Fastenspeisen. Gartler und Hikmann widmen ihnen in ihrem »Wienerischen bewährten Kochbuch« noch einen eigenen Abschnitt »Verschiedene Mehl- Milch- Grieß- und Reißspeisen, meistens an Fasttägen« und bringen hier Fleckerl, Knödel, Nocken, Nudeln, Reissspeisen, Krapfen, Schmarren, Strudel, Wandeln. Diese »Mehlspeisen« waren meist ungezuckert. Koche und Obstspeisen behandeln die beiden gemeinsam mit den »Verschiedenen Fischen und andern Gerücht von Fischwerk«. Dazwischen stellen sie das Kapitel »Ordinari Backwerk von Germ, Mehl und so weiter«; dazu gehören »Bodin« (Pudding), Gugelhupf, »Galatschen«, Kipferl, Krapfen, Kuchen, Pfanzeln, Schneeballen, Strauben, »ordinaire Taige« (Butterteige) und Wespennester. Alles andere fassen sie in einem Schlußkapitel zusammen, überschrieben: »Von verschiedenen Torten, feinen Backereyen, süssen und sauren Sallaten, Salsen, Gefrornen, Sulzen, Eingesottenen, wie auch Säften«.

Ab etwa 1800 nahm sich dann die »Mehlspeisköchin« dieser »Mehlspeisen« an; die Mehlspeise als Nachspeise wurde in Restaurants und zu Hause »Pflicht« – ein Mahl ohne Mehlspeise wäre undenkbar gewesen!

Die Wiener Küche hat zum Mehl ein besonderes Verhältnis. Was sie bei Einbrennsuppen, Einmachfleisch, bei Knödeln und sonstigen Suppeneinlagen und Sättigungsbeilagen des Guten fast zuviel an Mehlbeigabe sündigt(e), so vornehm und sparsam geht sie paradoxerweise mit dem Mehl bei vielen »Mehlspeisen« und Zuckerbäckereien um. Hier hat sie ihr ganzes Raffinement eingesetzt, um den Anteil des Mehls soweit wie nur tunlich einzuschränken, ja oft ganz zum Verschwinden zu bringen, beziehungsweise einen durch Mehl gefestigten Teig durch Luft (mittels zu Schnee geschlagenem Eiklar) oder Schlagobers zu lockern, aufzulockern oder durch ein Treibmittel zu einem flaumig-hauchzarten Gebilde aufzuplustern. Die dabei eingearbeitete Luft aber verwandelt sich unter zarten Händen zu einer ergiebig-sättigenden Substanz, die durch ihre verführerische Süßigkeit eine »schlanke Linie« arg in Versuchung bringen kann. Aber schon Habs und Rosner mahnen: »Ein Memento für alle jene Köche und Gastgeber, guten Leute und schlechten Musikanten, die der bedauerlichen Ansicht sind, ein nahrhafter Tisch allein genüge und auf den Wohlgeschmack, auf die Schönheit, Zartheit und Feinheit der Gerichte komme es erst in zweiter oder gar in dritter Linie an. Die Feinheit insbesondere ist im Gegentheil ein so wesentliches Erforderniß einer vollendeten Speise, daß man sie rundweg der Eintheilung der Mehlsorten zu Grunde gelegt hat und in der modernen Hochmüllerei, die die Zerkleinerung der Körner zwischen thunlichst weit übereinander gestellten Steinen oder Walzen bewirkt und nach jedem einzelnen Mahlproceß durch Sieben und Blasen eine Sichtung des Productes vornimmt, mindestens 6 Mehlsorten unterscheidet: Kaiserauszug, Mehl Nr. 00, Nr. 0, Nr. 1, Nr. 2 und Nr. 3. Diese Hauptsorten werden dann noch in Untersorten zerlegt, wie z. B. das Mehl Nr. 0 in Prima 0 und Mundmehl und Secunda 0 oder Semmelmehl, und so unterscheidet man im Ganzen nicht weniger als 12 Sorten, die aber nicht blos äußerlich, sondern auch nach ihrem Nährwerthe verschieden sind.«

Wie bei den Gerichten der vorangegangenen Kapitel, so besteht auch im Reich der österreichischen »Mehlspeisköchin« und des vornehmeren Zuckerbäckers eine vielfältig genährte Tradition, in der Bodenständig-Bäuerliches sich mit Höfisch-Fremdländischem zu einer Einheit verschmolzen hat. Wenn wir uns heute unter warmer »Mehlspeise« eher eine bescheidene Alltagskost, das nahrhafte, autochthone Produkt aus weiblicher, hausmütterlicher Hand vorstellen, so verknüpfen wir mit dem Wort »Zuckerbäcker« beziehungsweise »Konditorei« das zuckersüße, kunstvolle Back- und Schleckwerk, hergestellt von einem eigenen Gewerbe, in dem wahre Künstler am Werke sind. In beiden Reichen aber, in dem der Mehl- und der Süßspeisküche, der warmen und der kalten, spiegelt sich ein Stück Kultur- und Völkergeschichte wider: tschechische, ungarische, arabische, italienische, spanische, polnische, französische und englische Bezeichnungen in der Wiener bzw. österreichischen Mehlspeisküche sind Zeugen dieses jahrhundertealten Austausches.

Charakteristisch für die »hausgemachten« Mehlspeisen der österreichischen Küche sind zunächst einmal die Germspeisen (und nicht die »flachen Böden« der germanischen Küche); sie bestimmen einen Großteil der traditionellen Gerichte der warmen und auch der kalten Mehlspeise. Das Backpulver wurde erst im 19. Jahrhundert eingeführt; so konnte Amalia Grünzweig 1885 schreiben: »In der Neuzeit bedient man sich häufig des sogenannten Backpulvers statt der Hefe als Hebemittel. Das Backpulver wird auch Backsoda oder Natron genannt.« Früher lockerte man die derberen Mehlspeisen mittels Germ (Hefe), die feineren Backwerke und Torten durch eine große Anzahl von Eiern. (Klara Fuchs nimmt zu ihrem Hochzeitskuchen 30 Eier, das »Grätzerische Kochbuch« verwendet für eine »Schwarze Brottorte« 42 Eier, im »Neuen und nutzbahren Koch-Buch« des »Granat-Apffels« gibt man zu einem »Butter-Koch« nebst einem Pfund Butter 24 Eidotter.) Zu Lebkuchen und anderen Backwarenteigen verwendet die ländliche Küche noch heute das Hirschhornsalz (ein sekundäres Ammoniumcarbonat), so genannt, weil es früher in unreinem Zustand durch trockne Destillation stickstoffhaltiger tierischer Stoffe, Hörnern und Klauen, gewonnen wurde.

Bei den traditionellen Germspeisen können wir drei umfangmäßig gleichgroße Gruppen unterscheiden: die Schmalzgebäcke, die Strudel und die Kuchen (vor allem den Gugelhupf). Aus der Tatsache, daß sich die Landwirtschaft Österreichs seit eh und je in die zwei großen Gruppen der Milch- und der Getreidebauern, der »Hörndl«- und der »Körndlbauern«, gliedert, sind weitere Gruppen bodenständiger Mehlspeisen hervorgegangen: das »Melkermus« und die typischen österreichischen Pfannenspeisen, wie Schmarren und Palatschinken, sowie der Brei, der Sterz, das Koch, der Auflauf, die Nockerl und der Pudding. Alle diese Speisen erscheinen in den vielfältigsten lokalen Formen und unter lokalbedingten Namen. Einige sind sehr alt und haben demgemäß eine »geradezu kultisch-festliche Bedeutung. Ihr festlicher Charakter tritt sowohl in der Formgebung wie in der Verwendung und häufig auch in der Auszier noch betont hervor« (Leopold Schmidt). Viele, zunächst oft ungesüßte bäuerliche Mehlspeisen fanden in den städtisch-bürgerlichen Haushalten oder gar am Wiener Hof ihre Verfeinerung – und oft auch ihre Abwandlung – und wanderten dann wieder in die bürgerliche und bäuerliche Küche zurück. Solche Reste ungesüßter Mehlspeisen sind auch die Weißbrotgebäcke, wie Leopold Schmidt in seinem Artikel »Volksnahrung in Österreich. Ein volkstümlicher Überblick« ausführt. Viele dieser Gebäcke wurden in der Stadt alltägliches Kaffeegebäck. »Die chiphen vnd wizze flekken, weizzer dann ein hermelin«, welche die Wiener Bäcker Herzog Leopold VI. bei seinem Einzug zu Weihnachten (vor 1230) darbrachten, »waren offenbar noch Festgebäck der Weihnachtszeit, den noch üblichen Osterflecken verwandt. Ihre Namen und Formen haben sich erhalten, in der Verwendung sind sie alltäglicher geworden. Für manche verwandte Speisen ist das Schwanken zwischen gesüßt und nicht gesüßt heute noch bezeichnend. So gibt es die ›Grammelpogatscherln‹, die offenbar auch alt sind, in beiden Ausführungen« (Leopold Schmidt). Eine wegen ihrer Altertümlichkeit und Bedeutsamkeit wichtige Gruppe stellen in diesem Zusammenhang die Kultspeisen, vor allem die sogenannten Gebildbrote, dar. Dazu gehören auch die Krapfen und Striezeln, die Brezen, Kipfel, Salzstangerl, Semmeln, Weckerl und Laibchen, heute längst alltägliches Weißbrotgebäck, sowie der Lebzelten, verschiedene andere Zelten und das Kletzen- und Früchtebrot. »Als Gebäck der winterlichen Festzeiten wie als Speisengeschenke unter Liebenden, häufig auch mit erotischen Motiven und Namen, führen sie unter den anderen Speisen ein ausgesprochenes Eigenleben« (Leopold Schmidt).

Neben diesen großen Gruppen von »Mehlspeisen« steht schließlich die Gruppe der eigentlichen »Süßigkeiten«, das bunte Schaufenster der »süßen Speisen, der verzuckerten Trachten, die kritallenen Sulzen, die schleckrigen Possen und Bissen in vergüldeten Kandeln« (Abraham a Santa Clara), die hauchzarten Geschöpfe aus Blätter- und Plunderteig, die Schmankerln, die Krokants und Cremespitzen, die Fruchtkörbe aus Marzipan, gesulzter Nußschaum, Quittenkäse, Schokolade- und Mandelbonbons sowie die Aufbautorten alten Stils; diese schmückten die barocken Festtagstische großer Herren, verziert mit farbenreichen Bildwerken, Aufsätzen von Lustgärten, Springbrunnen,

Tempeln und Figuren aus Tragant und Zucker, Marzipan und Gefrorenem. Die ausfertigenden Zuckerbäcker waren Künstler wie die Bildhauer und Architekten, sie waren die Innendekorateure fürstlicher Barockgelage.

Noch heute kommt dieses Aristokratisch-Höfische in vielen Namen zum Ausdruck. Da gibt es neben den vielen »Kaiser«-Gerichten, wie Kaiserbiskotten, Kaisertorte, Kaiserbrot, Kaiseräpfel, Kaiserbiskuit, Kaiserpudding usw., Komtessäpfel, Kabinett-, Königs- und Kardinalpudding, Soufflé Kronprinz, Diplomatensauce, Königskuchen, Königinnenkuchen, Bischofsbrot, Herzoginnengebäck, Husarenkrapferl, Dukatenbuchteln, es gibt Maria-Theresia-Taler, Herzogsbrot, Herzog-Kolatschen, Aristokratenkoch, Royal Kipferl, Königinnenkeks, Austern von Zucker, Kardinal- und Königsschnitten. Ein Abglanz dieser süßen Herrlichkeiten sind zum Beispiel die heute oft nur mehr industriell hergestellten österlichen Zuckerlamperl und Hasen mit bonbongefüllten Butten, die Zucker- und Guckeier, die Karamel- und Seidenzuckerl und Krokantgeschöpfe, die kandierten Früchte (in Alt-Wien »Gigerlfutter« oder »Studentenfutter« genannt), Zelten, Kokusbusserln, Wurstzeug aus Marzipan, Nikolos und Zwetschkenkrampusse.

Die Entwicklung der Zuckerbäckerei hing ja eng mit der Verbreitung des Zuckers, des Marzipans (arabisch: »mautaban« = Schachtel), der Schokolade und des Tragant (eines zu weißen Fäden getrockneten Gummisaftes der Pflanze Astragalus) zusammen.

Das Zuckerrohr stammt aus Indien. Die Perser raffinierten erstmals den Saft und gewannen daraus den »Kand« (davon stammt unser Wort »Kandiszucker«). Araber und Ägypter übernahmen dann den Zuckerrohranbau. Durch die Araber gelangte er nach Rhodos, Sizilien, Spanien und Portugal, von da im 15. Jahrhundert auf die Kanarischen Inseln (daher auch Canarischer Zucker), nach Haiti und Kuba.

Auch Marzipan, eine Masse aus Zucker und Rosenwasser, kam aus dem Vorderen Orient. Tragant wurde erst im 17. Jahrhundert bekannt; mit Wasser aufgeweicht, mit Zucker versetzt, ergibt dieser Pflanzengummi eine leicht formbare Masse, die das wichtigste Hilfs- und Bindemittel für alle barocken Tafelaufsätze war und heute noch für die Herstellung von Dragées, Konditorwaren, Pillen, Farben u. ä. verwendet wird. Wie kostbar Zucker, Marzipan, Tragant usw. damals waren, ersieht man daraus, daß sie zunächst nur in den Apotheken gehandelt werden durften. Auch das Wort »Konfekt« stammt aus der Apothekersprache. Die Apotheker bezogen Konfekt zunächst aus Italien. Sie bezeichneten schon im 15. Jahrhundert alle besonderen Arten von eingekochten und eingezuckerten Früchten, zu Heilzwecken angewendet, als »Konfekt« (von lateinisch »confectum«, »Zubereitetes«). Nur allmählich gingen Rezepte und bisher streng geheimgehaltene Herstellungsarten dieser Zuckerwaren ab dem 16. Jahrhundert von den Apothekern auf die Zucker- und Feinbäcker beziehungsweise auf die »Konditoren« über. Mit »Konditorei« bezeichnete man zunächst den Backraum für Zuckerwaren, seit dem 19. Jahrhundert auch die Zucker- und Feinbäckerei selbst; das Wort »Konditor« wurde im 17. Jahrhundert vom lateinischen »conditor« (»Hersteller, Erbauer, Urheber«) abgeleitet. Im 18. Jahrhundert erschien dazu eine aus dem Wort »kandieren« gebildete Nebenform »Kanditor«. Schon sehr früh erlangten neben den Prager vor allem die Wiener Zuckerbäcker europäischen Ruhm. Ihre Tradition reicht weit zurück. Als im 12. und 13. Jahrhundert einige Babenberger Herzöge sich byzantinische Frauen als Gattinnen geholt hatten, dürfte die »arabische« Vorliebe für Süßigkeiten aller Art in Wien begründet worden sein.

Von Kaiser Maximilian I. wissen wir schon, daß er auf brabantische Süßigkeiten versessen war. Kaiser Ferdinand I. holte burgundische »Zuggermacher« nach Wien. Ein Matthias de Voss war als einer der ersten Hofzuckerbäcker im Hofstaatsverzeichnis von 1560 eingetragen. Selbständigkeit und – wie der Name »Zuckerbäckerstiege« in der Wiener Hofburg andeutet – vorübergehend auch eigene Räume im Leopoldinischen Trakt scheinen die Hofzuckerbäcker aber erst in der Zeit Maria Theresias bekommen zu haben. Damals stieg – bei den vielen kaiserlichen Sprößlingen kein Wunder! – die Nachfrage nach Näschereien sprunghaft an. In der Folge wurden die Hofzuckerbäcker vor allem durch ihre unglaublichen Leistungen für den jährlichen Hofball berühmt. Für rund 3000 Gäste mußten sie nicht nur Torten, Feingebäck und Gefrornes herstellen, sondern auch rund 1000 Kilogramm »Hofzuckerl«, die, in hübsch adjustierte Säckchen gefüllt, mit den Bildnissen der Hofmitglieder geschmückt, den Gästen überreicht wurden. Im Rokoko, vor allem aber im Biedermeier des beginnenden 19. Jahrhunderts, »verbürgerten« Backwaren, Konfekt und Zuckerwaren.

Was im 17. und 18. Jahrhundert als kostbares Dessert oder nur als Zierde die fürstliche Tafel schmückte, wurde im 19. Jahrhundert Bestandteil der bürgerlichen Küche, vor allem zu Weihnachten und anderen Festen, und Massenartikel der Zuckerbäcker, Konditoren und Zuckerlfabriken. Eine der wichtigsten Voraussetzungen dafür war, daß der raffinierte Zucker, aus der billigen Zuckerrübe hergestellt, zum »Volksnahrungsmittel« wurde. Die napoleonische Kontinentalsperre von 1806 hatte den Sieg dieses billigen Rübenzuckers beschleunigt. Als man 1836 auch die zuckerreichste Rübensorte fand – der Chemiker Zier erreichte damit eine Ausbeute von 10 bis 12 Prozent, statt bisher nur 2 bis 3 Prozent –, stand der Entwicklung der Zuckerfabriken nichts mehr im Wege. Zunächst aber kam dieser Zukker in Form von »Zuckerhüten«, schön in blauem Papier verpackt, zum Verkauf. Ein Wiener, Jacob Christoph Rad (geboren 1798), ärgerte sich darüber, daß sich seine Frau beim Zerkleinern des Zuckerhuts immer wieder verletzte. Er experimentierte und erfand die Würfelzuckerpresse.

Süßspeisen-Abc

Aprikotieren: Fertiges Gebäck mit heißer Marmelade (meist Marillenmarmelade) bestreichen (siehe Seite 553).

Ausstecher: Zuerst in Mehl tauchen, bevor man Formen aus dem Teig aussticht.

Backblech, Backformen, Kuchenformen: Werden gereinigt, solange sie noch warm sind, und zwar mit Papier und Salz. Anschließend werden sie mit einem fetten Papier ausgerieben. Vor neuer Verwendung mit trockenem Tuch ausreiben. Nach Rezept mit Butter an Boden und Rand gleichmäßig einfetten, mit einem Löffel Mehl oder Bröseln ausstreuen. Neue Backformen einfetten, ins heiße Backrohr stellen und das Fett einbrennen lassen.

Glatte Formen (Wandelformen, Tortenformen) können auch mit Papier ausgelegt werden.

Backprobe (Garprobe, Nadelprobe): Bei Süßspeisen mit längerer Back- oder Kochdauer (Hefegebäck, schwere Kuchen und Massen, Puddings, Aufläufe) sticht man mit einer langen Nadel in das betreffende Stück. Ist die herausgezogene Nadel heiß und ohne Teigreste, ist das Back- oder Kochgut gar.

Backpulver: Die Wiener Küche verwendet Backpulver als Treibmittel nur selten. Teige mit Backpulver sofort in das Backrohr geben und bei mäßiger, ansteigender Hitze backen. Backpulver immer mit der benötigten Mehlmenge vermischen (sieben) und ganz zuletzt erst dem Teig beigeben. Man rechnet 15 bis 25 Gramm pro 500 g Mehl. Bei fettarmen Teigen nimmt man auch manchmal Speisenatron oder Speisesoda (doppeltkohlensaures Natrium) und gibt 3 bis 4 Tropfen Essig bei. Hirschhornsalz als Auflockerungsmittel wird nur für kleinere flache Bäckerei und Lebkuchen verwendet.

Backrohr: Bevor das Backgut ins Backrohr gegeben wird, muß das Rohr auf die erforderliche Backhitze erwärmt werden. Geschlossenes Backrohr (von Anbeginn an) bei Germteig, Brand-, Blätterteig und einigen Biskuitmassen. Der beim Backen entstehende Dampf beeinflußt das Aufgehen der Gebäckformen.

Eingehängt, also nicht ganz geschlossen, wird das Backrohr bei Biskotten, Indianerkrapfen, Aufläufen und bei Backgut, das eine glatte Oberfläche bekommen soll (nicht reißen darf). Schwere Tortenmassen z. B. werden bei eingehängtem Rohr angebacken, bei geschlossenem Rohr fertiggebacken. Bei angegebenen Backzeiten ist immer zu berücksichtigen, ob mit Gas-, Elektro- oder Backschrank mit festen Brennstoffen gearbeitet wird.

Butter schaumig rühren: Dazu wird die Butter etwas angewärmt, dann erst schaumig gerührt.

Dampfl (Gärprobe): Germ (Hefe) zerbröckeln, in warmer Milch (etwa 40 Grad) und Zucker auflösen (pro 20 g Germ 1/16 l Milch, 1 TL Zucker), dann so viel Mehl einrühren, bis ein dicker, jedoch noch fließender Teig entsteht, fingerhoch Mehl daraufgeben und an einem warmen Ort zur doppelten Höhe aufgehen lassen.

Eiermaße: 1 Liter sind etwa 24 ganze Eier oder 40 Eiklar oder 60 Eidotter.

Eischnee: Zu steifem Schnee geschlagenes Eiklar. Immer erst kurz vor dem Verwenden schlagen. Zuerst steif schlagen, dann mit Kristallzucker kräftig ausschlagen – so lange, bis die Zuckerkristalle aufgelöst sind. Es kann auch Staubzucker eingeschlagen werden.

Eistreiche: Mit Milch oder Wasser verdünntes Ei verklopfen; zum Bestreichen von Teigoberflächen (vor dem Backen).

Germteig (Hefeteig): Alle Zutaten werden warm verarbeitet. Den Teig nicht zu lange stehenlassen. Bei starker Hitze backen.

Gelantine: Blätter zuerst in kaltem Wasser aufweichen, dann in wenig Wasser auf Dunst ganz auflösen.

Haselnüsse: Im warmen Backrohr rösten, dabei mehrmals durchschütteln, bis sich die Haut abreiben läßt.

Karamel: Staubzucker auf kleinem Feuer unter ständigem Rühren zu gelbbrauner Farbe schmelzen.

Kneten: Das Zusammenarbeiten von Zutaten zu einem Teig (z. B. Mürbteig, Germteig)

Luft: Ist ein gutes Treibmittel. Daher das Mehl und den Zucker vor Verwendung immer sieben, damit beides locker wird.

Mandeln schälen: Mandeln mit kochendem Wasser überbrühen, nach 10 Minuten die Schale mit den Fingern entfernen. Trocknen, dann erst fein reiben, hobeln oder zerhacken.

Mehl: Für die meisten Massen wird glattes Mehl verwendet. Bei Brandteig, Auflauf, Puddingmassen u. ä. soll das Mehl immer mit einer starken, eigens dazu bestimmten Schneerute, nicht mit dem Kochlöffel, eingerührt (eingekocht) werden.

Mürbteig: Nicht kneten, sondern nur mit dem Handballen locker und rasch bearbeiten, dann kalt stellen; bei starker Hitze backen.

Obers schlagen: Wird nicht wie beim Eiklar durchgepeitscht; es ist vielmehr ein Mittelding zwischen Schlagen und Rühren. Sobald sich das Obers verdichtet (»zusammenballt«), nicht mehr weiterschlagen. Immer nur gutgekühltes, nicht zu frisches Obers zum Schlagen verwenden. Wenn erforderlich, erfolgt die Zuckerbeigabe am besten vor dem Schlagen. Wird Geschmacksstoff in das Obers gegeben, zunächst nur 1/4 des geschlagenen Obers mit dem Geschmacksstoff (erweichte Schokolade, Kaffee) gut vermengen, dann erst mit dem Hauptteil des geschlagenen Obers vermischen.

Die Knödelköchin.

Papier: Zum Belegen von Blechen, Auslegen von Formen usw. werden Pergamentpapier oder Pergamin verwendet.

Rosinen: Zuerst verlesen, dann in kaltem Wasser einweichen und auf einer Serviette abtrocknen. Bevor man sie dem Backgut beigibt, mit Mehl stauben (bei Kuchen), damit sie beim Backen nicht zu Boden sinken.

Rühren: Schüssel auf ein feuchtes Tuch stellen. Kochlöffel oder Schneerute sind schräg zu halten.

Schokolade: Es gibt Kochschokolade, Milchschokolade, Tunkmasse und Schokoladeglasurmasse.

Teig ausrollen: Teig auf bemehltem Brett mit bemehltem Rollholz (Nudelwalker, Walkholz) ohne zu drücken leicht ausrollen.

Torten backen: Den Reifen der Tortenform nicht fetten oder mit Mehl bestauben. Tortenblech nur mit Papierscheibe belegen, nach dem Backen abziehen (ergibt eine schönere Oberfläche!). Zum Glasieren nur die schöne, ebene Bodenseite verwenden.

Tunkmasse (Kuvertierschokolade): Gibt es im Handel fertig zu kaufen. Nie mit Wasser in Berührung kommen lassen. In einem lauwarmen Backrohr oder in einem nicht zu heißen Wasserbad langsam zergehen lassen, dann weiterverwenden.

Tour (Tourieren): Das mehrfache Ausrollen und Wiederzusammenlegen eines Teiges bei Herstellung von Butter- oder Plunderteig (siehe Seite 538, 536).

Tülle: Spritzröhrchen mit glatter oder gezackter Öffnung, zum Aufdressieren bzw. Aufspritzen weicher Teige, Cremes usw.

Vanille, Vanillezucker: Bereitet man selbst zu, indem man in eine Dose abwechselnd eine Lage Zucker und eine Vanilleschote gibt, bis die Dose ganz gefüllt ist. Nach einigen Tagen ist dieser Zucker aromatisiert.

Wasserprobe beim Backen in Fett: Man spritzt einen Tropfen kaltes Wasser in das heiße Fett; entsteht dabei ein Zischen, hat das Fett die richtige Temperatur.

Wirken: Ist das Bearbeiten eines Teiges zu bestimmten Formen (wie Milchbrot, Kleingebäck, Wecken u. ä.).

Zitrone: Nur ungespritzte Zitronen verarbeiten! In der modernen Küche empfiehlt es sich, bereits fertiges Zitronenschalenaroma zu verwenden. Zitronenschale immer nur sehr dünn abreiben, damit nicht das Weiße unter der Schale mitgerieben wird.

Warme Mehlspeisen

Strudel

Den deutschen Namen hat diese in unzähligen Varianten erscheinende Mehlspeise wohl von der »strudelartig«, wasserwirbelartig bzw. schneckenförmig gedrehten äußeren Form (althochdeutsch: »stredan« = wallen, brausen oder »leidenschaftlich« glühen). Als schneckenartig gewundene Mehlspeise taucht das Wort erklärt auch schon in dem 1715 erschienenen »Frauenzimmer-Lexikon« auf. Der Strudel selbst aber ist orientalischen Ursprungs. Araber und Türken, aber auch die romanischen Länder kennen noch heute den papierdünnen Teig, mit Rosenwasser und Orangenöl parfümiert, getränkt von einem mit Rosenwasser gewürzten Sirup; man nennt dieses süße Dessert »pastis, pastilla« oder »croustade«.

In einem 1696 handgeschriebenen anonymen »Koch-Puech« (heute in der Wiener Stadtbibliothek) gibt es bereits einen »Mülch Raimb Strudl zu machen«: »Mach einen gueten marben Taig gleichwie man ihm zum marben Pastetten Taig macht, aber nicht zu fest, und dann walg ihn Zu einem Bladl auss gantz din alss wie ein Pappier, wie man ihm Zu einem Krapfen oder Spinat Strudl walgt, hernach rühr den Taig mit millich rumb und streu auch ein wenig Sembl brössl dran, würgg alssdan übereinander wie andere strudl, hernach schmierb ein Schüssel mit Butter rin aber nit zu wenig, richt den Strudel zu einem Hörndl in der Schüssel und schön rundt, güass alssdann eine süsse millich drauf, auch nit zu wenig Butter, setz auf ein glueth und obenauf auch glueth, bachs also rechts schön auss, es geht gar schön auf. und gübs.«

Im »Neuen und nutzbahren Koch-Buch« des »Granat-Apffels« (1699) lesen wir im Kapitel »Von allerhand Würsten, Knödeln oder Klößern und Strudeln, etc.« unter der Nummer 150: »Milch- Rahm- oder Milch-Sahn-Strudel. (Strudel ist eine Mehl-Speise.) Nimm frische butter, laß sie zergehen, rühre 2. eyerdotter und einen löffel voll milch-rahm darein, schütts ins mehl, rührs wohl ab, würcks und walcks aus, nach diesem streich butter über den ausgewalckten teig, über die butter aber wohl dicke milchrahm oder sahne, legs zusammen wie ein strudel, brey und pappe, legs in eine schüssel mit guter milch, setze oben und unten eine glut, oder kohl-feuer, daß wohl braun werden.«
Die drei dem Inhalt nach fast identischen Kochbücher, »Kurtzer Unterricht«, 1736, »Nutzliches Koch-Buch / Oder: Kurtzer Unterricht«, 1740, und »Bewehrtes Koch-Buch«, 1749, bringen an Rezepten Krebs-, Milchrahm-, Topfen- und Kräuterstrudel sowie einen »Französischen Strudel« (der aber aus »Eyer-Flecken«, also Palatschinken, gemacht wird).
Genauer beschäftigt sich mit der gleichen Materie sodann Anna Dorn 1827 in ihrem »Großen Wiener Kochbuch«: »...walzet Anfangs den Teig ein wenig aus, dann aber müssen zwey Personen mit beyden Händen ihn vollends aus einander ziehen. Ist er dann in der Mitte fein, so legt man ihn auf das ausgebreitete Tuch, macht ihn noch ringsherum so fein als möglich, verhüthe aber, daß er keine Risse oder Löcher bekomme. Wenn es möglich ist, so soll er so fein werden, daß man eine Schrift dadurch lesen kann...« Dorn kennt übrigens schon ausgezogenen Apfelstrudel, Krebs-, Reis-, Mark-, Topfenstrudel und einen »Chocoladestrudel«.
Daß der papierdünne Strudelteig maurisch-spanisch eingefärbt ist, bezeugt auch das Rezept aus dem »Granat-Apfel«-Kochbuch (1699) mit der Nummer 312: »Spanischen Teig zu machen: Nimm mundmehl, arbeit es wohl durch mit warmen wasser, mache ihn gar nicht fest, arbeit ihn eine stund oder länger, bis er sich vom tische löset, walge oder rolle ein stück oder 20. so dünn wie papier aus, ziehe es noch dünner mit den händen.« Dann werden 10 oder 12 solche dünne Blätter mit beliebiger Fülle übereinandergelegt und im Rohr gebaken. Ähnlich bereitete man auch die Pastetchen. Die Mauren haben diesen »Strudel«-Teig (das Wort »Strudel« gibt es nur im Deutschen) nach Spanien gebracht. Dort und auch in Südfrankreich läßt er sich bis in das 17./18. Jahrhundert verfolgen. Vom Osten kam der »Strudel« mit den Türken nach Mitteleuropa. Wieder einmal hat Wien aus West und Ost empfangen.
Es waren vor allem die Ungarn, die sich dann des Strudelteiges besonders annahmen (ihr Geheimnis war und ist das Mehl, der hohe Klebergehalt des ungarischen Weizenmehls). Von Ungarn aus eroberte der Strudel die gesamte Donau-Monarchie und die internationale Küche. Das Pariser Hotel Ritz nahm den »Rétes hongrois« bereits in der ersten Hälfte des 19. Jahrhunderts als besondere Spezialität des Hauses in sein Repertoire auf, nachdem der Pâtissier persönlich nach Budapest gereist war, um den Strudelteig an Ort und Stelle zu studieren. »Monsieur Rétes« ließ sich dann sein Strudelmehl immer direkt aus Ungarn schicken.
In der zweiten Hälfte des 19. Jahrhunderts kam ein zweiter Franzose, der berühmte Alexandre Dumas jun., Dichter der »Kameliendame«, nach Budapest, wo er den Dichter Maurus Jókai besuchte und dessen Frau, Rosa Laborfalvy, eine berühmte Schauspielerin und tüchtige Hausfrau. Dumas bekam einen Strudel als Nachspeise serviert. Als der Gast fragte, wie man dieses »Gedicht von einer Mehlspeise« denn mache, antwortete Maurus Jókai: »Es ist ganz leicht. Auf einen riesigen Tisch wird eine weiße Tischdecke gebreitet; auf diese kommen zwei faustgroße Stücke von geknetetem Teig. Unter den fachmännischen Weisungen der Hausfrau beginnen zwei Mädchen diese zwei Stücke zu ziehen, zu dehnen und zu strecken, bis sie so breit werden wie der ganze Tisch. Sie werden so groß, daß ein Römer sie als Toga hätte umhängen können. Dieser hauchdünne Teig wird mit saurem Rahm, Fett, Rosinen, Mandeln oder mit einer anderen Füllung bestreut. Dann wird er zusammengerollt, wie eine Boa constrictor, auf ein Backblech gelegt und mit der Raffinesse spanischer Inquisitoren auf langsamem Feuer gebacken und dann...« – »Und dann bedauern Sie die barbarischen Völker, die das nicht kennen!« vollendete Dumas galant die Ausführung.
Inzwischen hatte der Strudel sich in verfeinerten Varianten mit den verschiedensten Füllen in der österreichi-

schen Küche endgültig etabliert. Auf fällt, daß er in den Gebirgsgegenden seltener als im Flachland zu finden ist; so gelten vor allem die südöstlichen Bundesländer und die Länder entlang der Donau als »Strudelländer« (wo es neben dem Apfel- und Topfenstrudel vor allem Birnen-, Mohn-, Erdäpfel-, Kraut- und Bohnenstrudel gibt). In diesen Ländern und Gegenden kommt dem Strudel jene Bedeutung zu, die das Schmalzgebäck (besonders der Krapfen) in den Alpenländern hat. Die Fülle richtet sich jeweils nach den bäuerlichen Erzeugnissen. Die Rezepte sind daher sehr vielfältig, aber meistens schon bürgerlicher Herkunft.

In den diversen alten österreichischen Kochbüchern ab 1800 gibt es Äpfel-, Mandel-, Grieß-, Reis-, Kindskoch-, Topfen-, Milchrahm-, Weinbeer-, Kapuziner-, Kraut-, Mohn-, Nuß-, Kohl-, Fleisch-, Krebs-, Erdäpfel-, Haiden-, Zwetschken-, Kirschen-, Birnen-, Citronat-, Marillen-, Schinken-, Plunder-, Französischen-, Kaffee-, Parmesan-, Semmel-, Schwammerl-, Kräuter-, Zimt-Strudel und den Ungarischen Strudel (Pittah genannt).

Daß der Strudel in Österreich längst heimisch geworden ist, bezeugen auch die Redensarten, die man damit in Verbindung bringt: Wenn sich etwas »wie ein Strudelteig zieht«, geht nichts weiter; einer, »der sich abstrudelt«, ist der Typ des modernen Managers, und als »Strudler« bezeichnet man die großen grünen, säuerlichen Äpfel, die sich besonders als Fülle für den Apfelstrudel eignen. Übrigens wird der Strudel nicht »zubereitet«, sondern »gemacht« – man legt Wert auf die »händisch gefertigte« Machart.

Es gibt Strudel von gezogenem Teig, von Blätter- und von Germteig.

Strudelteig (vom gezogenen Teig)

Ca. 12 Portionen

200 g glattes Mehl, 1 Ei (bei gutem Mehl nicht notwendig), Salz, ca. 1/16 l lauwarmes Wasser, 20 g Öl

Aus allen Zutaten auf unbemehltem Brett einen halbweichen Teig machen. Wenn sich der Teig von Händen und Brett löst und glatt geworden ist, auf ein bemehltes Brett geben, die Oberfläche mit Öl bestreichen. Etwa 30 Minuten rasten lassen. Dann den Teig auf bemehltem Strudeltuch zu einem rechteckigen Fleck ausrollen und nach allen Seiten mit der Hand so dünn wie möglich auszuziehen. Man greift dazu mit dem bemehlten Rücken der einen Hand unter den Teig, beginnt mit der anderen Hand immer von der Teigmitte aus in Richtung Tischkanten vorsichtig zu ziehen. Der Teig muß papierdünn werden und über die Kanten des Tisches gespannt sein.

(Es gibt im Handel auch tiefgekühlten, schon gezogenen Strudelteig.)

Backzeit der Strudel

Apfelstrudel (Strudel mit Früchten gefüllt): 35 Minuten
Topfen- und Milchrahmstrudel: ca. 40–45 Minuten
Temperatur: 160–190 Grad

Die folgenden Strudel kann man warm oder kalt servieren. Sie werden alle angezuckert aufgetragen. Warm werden einige Strudel auch mit Vanillesauce serviert, kalt ohne Sauce, aber einige auch mit Schlagobers an der Seite.

Apfelstrudel

10 Portionen

Strudelteig (siehe oben)
Fülle: 1,50 kg Strudeläpfel, 40 g Butter, 80 g Semmelbrösel, ca. 100 g Zucker, mit gemahlenem Zimt vermischt; 60 g Rosinen, evtl. 60 g geriebene oder gehackte Walnüsse, 80 g Butter, Staubzucker

Strudeläpfel sind grüne, kernige Äpfel; überreife sind dazu nicht geeignet. Bei stark säuerlichen Äpfeln muß man etwas mehr Zucker nehmen. Man bestreut zwei Drittel des ganz dünn ausgezogenen Strudelteiges mit den in Butter hellbraungerösteten Semmelbröseln, dann mit den geschälten, blättrig geschnittenen Äpfeln, würzt mit Zucker, Zimt und Rosinen, eventuell Nüssen, beträufelt das freigelassene Teigdrittel mit zerlassener Butter und schneidet den dickeren Teigrand weg. Dann hebt man das Tischtuch hoch, rollt den Strudel gegen die freie Teigseite zu ein und legt den Strudel mit der Teignaht nach unten auf das schwach befettete Backblech, wobei man den Strudel entweder in entsprechend lange Stücke schneidet oder hufeisenförmig auflegt. Jetzt bestreicht man ihn mit zerlassener Butter.

Während der ersten Backzeithälfte wird der Strudel dreimal mit zerlassener Butter bepinselt. Backdauer: etwa 35 Minuten.

Der Apfelstrudel kann angezuckert warm oder kalt serviert werden.

Altwiener Apfelstrudel

Wird wie der vorstehende Apfelstrudel gemacht. Man gibt vor dem Zusammenrollen ¼ l glattgerührten Sauerrahm oder leichtgeschlagenes Obers und 80 g grobgehackte Nüsse über die aufgestreuten Äpfel. Dieser Strudel wird gehaltvoller, molliger und ist daher auch sättigender.

Die Altwiener Köchin nahm statt der Semmelbrösel gerne »Kipfelbrösel«.

Der »echte« Salzburger Apfelstrudel wird mit gezuckerter, warmer Milch übergossen (damit er saftig bleibt).

Kirschenstrudel

12 Portionen

Strudelteig (siehe Seite 493)
Fülle: 1,50 kg Kirschen, 60 g Butter, 100 g Brösel, 120 g Kristallzucker, 80 g Butter zum Bestreichen, Staubzucker

Der dünnausgezogene Strudelteig wird mit in Butter gerösteten Bröseln und mit gezuckerten entkernten Kirschen bestreut. Wie Apfelstrudel fertigen. – Nichtentkernte Kirschen machen diesen Strudel schmackhafter, weil kein so hoher Saftverlust entsteht.

Auf die gleiche Art wird auch der **Marillenstrudel** hergestellt. Die Marillen werden entkernt und geviertelt. Zusätzlich gibt man zur Fülle 80 g geriebene Mandeln oder Nüsse.

Milchrahmstrudel

10 Portionen

Strudelteig (siehe Seite 493)
Fülle: 10 Schneidsemmeln (oder Weißbrot), ca. ¼ l Milch, 100 g Butter, 120 g Staubzucker, 100 g passierter Topfen, Vanille, Zitronenschale, 5 Eidotter, ⅛ l Sauerrahm, 5 Eiklar, 40 g Kristallzucker, 80 g Rosinen
Überguß: ½ l Milch, 50 g Zucker, 1 Ei, Butter zum Bestreichen der Form und zum Beträufeln des Teiges

Die Semmeln abrinden, kleinwürfelig schneiden und mit der Milch befeuchten.

Butter, Staubzucker, Eidotter, passierten Topfen, Vanille und etwas geriebene Zitronenschale schaumig rühren, nach und nach die übrigen Zutaten beigeben (ohne Rosinen, die man erst auf die aufgetragene Fülle streut), auch die Semmelwürfel. Zum Schluß den mit Kristallzucker ausgeschlagenen Schnee locker darunterziehen. Die Fülle auf den ausgezogenen Strudelteig geben (nur ⅔ damit bedecken), wie Apfelstrudel machen. Zusammengerollt in einem feuerfesten, mit Butter bestrichenen Geschirr (Jenaglas oder Pfanne) im Backrohr etwa 45 Minuten lang backen. Im Unterschied zum Topfenstrudel kommt hier sofort ⅓ des Übergusses dazu, der Rest nach und nach während des Backens, d. h., der Milchrahmstrudel wird eigentlich mehr gekocht als gebacken. – Mit Vanillecremesauce (siehe Seite 570) als Beigabe warm servieren.

Einst pilgerten »die Ausflügler am Sonntag, und wochentags Reihen von Fiakern mit ihrer eleganten Fracht nach Breitenfurt und dem ›Roten Stadl‹ im Wienerwald« zum »Millirahmstrudel« (Ann Tizia Leitich, »Das süße Wien«).

Rhabarberstrudel

8 Portionen

Strudelteig (siehe Seite 493)
Fülle: 1 kg Rhabarber, 50 g Butter, 100 g Brösel, 200 g Kristallzucker, 100 g Rosinen, 80 g Butter zum Bestreichen, Staubzucker

Wird wie der Apfelstrudel gemacht, gefüllt mit in Butter gerösteten Bröseln, geschälten, in 1 cm große Stücke geschnittenen Rharbarber, Zucker und Rosinen. Vor dem Auftragen reichlich mit Staubzucker bestreuen.

Grießstrudel

Siehe Seite 90f.
Wenn der Grießstrudel als Mehlspeise serviert wird, bestreut man ihn beim Anrichten mit in Butter geröste-

ten Bröseln und serviert ihn mit Zwetschkenröster (siehe Seite 574).

Tiroler Strudel

6 Portionen

Strudelteig (siehe Seite 493)
Fülle: 160 g Butter, 20 g Staubzucker, 6 Eidotter, ½ Zitrone (geriebene Schale), Prise Zimt, 80 g würfelig geschnittene Datteln, 160 g gehackte Nüsse, 80 g Kletzen, 40 g Rosinen, 80 g würfelig geschnittene Feigen, 6 Eiklar, 60 g Kristallzucker

Fülle: Die Butter mit Staubzucker und Eidotter schaumig rühren, mit geriebener Zitronenschale und Zimt würzen; Nüsse, Datteln, Kletzen, Feigen und Rosinen beigeben, zuletzt den mit Kristallzucker ausgeschlagenen Schnee in die Masse einrühren. Die Masse auf den ausgezogenen Strudelteig aufstreichen, locker rollen und wie Apfelstrudel machen. Etwa 30 Minuten backen.

Topfenstrudel

8 Portionen

Strudelteig (siehe Seite 493)
Fülle: 500 g Topfen, 100 g Butter, 80 g Staubzucker, 60 g Mehl, ⅜ l Sauerrahm, 5 Eier, 120 g Kristallzucker, geriebene Zitronenschale, Vanille, etwas Salz, 100 g Rosinen
Eiermilch: ½ l Milch, 50 g Zucker, 3 Eidotter, Vanille

Fülle: Butter mit der Hälfte des Zuckers und den Geschmacksstoffen schaumig rühren. Topfen, Dotter, Rahm und Mehl einrühren. Zuletzt den mit dem restlichen Kristallzucker ausgeschlagenen Schnee in die Masse einrühren. Die Topfenfülle auf zwei Drittel des ausgezogenen Strudelteiges streichen, mit den Rosinen bestreuen, den freibleibenden Teil mit zerlassener Butter bestreichen; nun zusammenrollen, in eine mit Butter bestrichene Pfanne legen, mit Butter bestreichen und backen.
Nach etwa 15 Minuten Backzeit den Topfenstrudel mit der Eiermilch übergießen und unter mehrmaligem Beträufeln mit Butter fertigbacken. Mit Vanillecremesauce (siehe Seite 570) servieren.

Gibt man statt der Rosinen 200 g möglichst kernarme Weintrauben oder 250 g halbierte Marillen dazu, erhält man den **Wachauer Topfenstrudel**.

Weintraubenstrudel

8 Portionen

Strudelteig (siehe Seite 493)
1 kg kernarme Weintrauben, 2 Eidotter, 2 Eiklar, 20 g Kristallzucker, 20 g Staubzucker, 30 g feingeriebene Haselnüsse, 20 g Mehl, Zimt, geriebene Zitronenschale, 60 g Butter zum Bestreichen des Teiges

Eidotter, Staubzucker, Zimt und Zitronenschale schaumig rühren, zuletzt den mit Kristallzucker ausgeschlagenen Schnee in die Masse einheben und Mehl sowie geriebene Haselnüsse locker einmengen. Mit dieser Masse zwei Drittel des ausgezogenen Strudelteiges schwach fingerdick bestreichen, darauf gewaschene, gut abgetropfte, dünnschalige und kernarme Weintrauben streuen, restliches Teigdrittel mit zerlassener Butter bestreichen, den Strudel einrollen und wie den Apfelstrudel 35 Minuten backen.

Dieser »Weinbeerlstrudel« war in der Buckligen Welt und in der Oststeiermark einst ein Festessen an den höchsten kirchlichen Festtagen des Jahres, bei Hochzeiten, Taufen und bei jeder Primiz.

In der Buckligen Welt war auch ein gekochter Mohnstrudel als Fastenspeise bekannt (der ausgezogene Strudelteig wurde mit gemahlenem Mohn, mit Wasser aufgegossen, gefüllt, das Ganze dann in Salzwasser gekocht). Beim Kirchberger »Karfreitagsstrudel« kamen geriebener Mohn, getrocknete gekochte Kirschen, Birnen, Zucker und etwas Öl als Fülle auf den ausgezogenen Strudelteig.

Blätterteig- und Plunderteigstrudel

Siehe Butterteiggebäck, Seite 537, 539

Knödel

Eine bunte Palette breitete sich aus, wenn wir all die gefüllten Früchteknödel servieren würden, die heute in der österreichischen warmen Mehlspeisküche gemacht werden und in aller Welt als ein typisches Produkt der Wiener Küche gelten. Wir haben im Zusammenhang mit den Fleisch- bzw. Beilageknödeln schon darauf hingewiesen, daß die Früchteknödel ein verhältnismäßig spätes Produkt der österreichischen Küche sind. Im »Neuen und nutzbahren Koch-Buch« des »Granat-Apffels« (1699) gibt es zwar schon »Weixel- oder Kirsch-Knödel oder Klößer«, »Äpfel-Knödel« und »Mandel-Knödel«, aber sie sind nicht mit unseren Obstknödeln identisch; man hackte gedünstete oder gekochte Äpfel, gedörrte Weichseln oder Kirschen klein, vermengte sie mit in Butter oder Schmalz gerösteten geriebenen Semmeln, verrührte die Masse, mit Zucker und Zimt gewürzt, zu einem Teig, aus dem man kleine Knödel formte, die – mit Mehl bestäubt – in heißem Schmalz gebacken wurden. Dann goß man »abgesyhene Kirsch-suppe«, mit Zucker, Zimt und wenig Mehl eingebrannt, über die Knödel und ließ sie darin kurz ziehen. (Abkömmlinge davon finden wir heute noch in den in Schmalz gebackenen Früchten.) In Hülle und Fülle dagegen gab es laut den überlieferten Kochbüchern des 17. und des 18. Jahrhunderts kandierte Früchte, in Alt-Wien später »Steckerlobst« genannt: Kandierte Weintrauben, Zwetschken, aber auch Nüsse, Ingwer, Pommeranzenschalen usw. wurden an einem dünnen Holzstäbchen aufgefädelt und in Zuckerglasur eingesponnen. Man überzog auch Kräuter, Gewürze, »Blumen-Werck«, Zitronen, Quitten mit gesponnenem bzw. geläutertem Zucker. Das »Granat-Apffel«-Kochbuch widmet den »candirten und eingemachten Sachen« ein eigenes Kapitel mit 23 Seiten! Man verwendete auch Marzipan und Schokolade, um die Früchte zu »versüßen«. Aber diese kandierten Früchte waren eine sehr teure Angelegenheit: glasiertes Obst konnten sich nur die Reichen, die Fürsten, die Adeligen und die Handelsherren leisten. Das »Wienerische bewährte Kochbuch« von Gartler und Hikmann (um 1800) und Anna Dorns »Wiener Universal-Kochbuch« (1827) führten im Abschnitt »Obstspeisen« u. a. nur wieder die »Äpfelknödeln« an; auch alle anderen »gefüllten« Äpfel, Birnen, Mandelbirnen und Marillen wurden auf ähnliche Weise in Schmalz gebacken. Die Ballauf verfeinerte das Rezept der »Äpfelknödeln«, indem sie dem Teig noch Rosinen beigab und Eier einrührte; die »Birnenknödeln« panierte sie in Semmelbröseln und buk sie dann in Schmalz. Das »Grätzerische Kochbuch« (Ausgabe 1804) führt u. a. »Gebakkene Erdäpfelknödel« an (gekochte Erdäpfel werden gerieben, mit in Butter gerösteten Semmelwürfeln, Eiern, Obers und Salz zu einem Teig verarbeitet, Knödel daraus geformt, in Semmelbröseln gewälzt und in heißem Fett schwimmend gebacken).

Obst und Früchte spielten in der Küche der vergangenen Jahrhunderte eine größere Rolle als heute. Man findet die gleiche Einstellung dazu am ehesten heute noch in alten Bauernhäusern, wo man Obst, gedünstet oder gebacken, zum Fleisch als »süßen Salat« serviert oder an Festtagen gebackene Apfelspalten als Zwischenmahlzeit reicht.

Noch im 18. Jahrhundert (um 1780/90) kosteten in Österreich 1 Pfund Schokolade 1 bis 5 Gulden, 1 Pfund Kartoffeln 6 Gulden (= 360 Kreuzer). Ein Handwerker verdiente pro Tag aber nur etwa 24 Kreuzer. (1 Pfund Rindfleisch dagegen kostete nur 5 bis 6 Kreuzer.) Zwetschkenknödel aus Kartoffelteig, in Zucker und Zimt gehüllt, wären für den »gemeinen Mann« als Alltagskost oder »Fastenspeise« wohl zu teuer gewesen!

Der Zucker war ebenfalls nur zu Apothekerpreisen zu bekommen. (1 Pfund Zucker kostete 3 bis 7 Gulden, später »nur« mehr 34 Kreuzer.) Irgendwann wird wohl eine findige Biedermeierköchin auf den Gedanken gekommen sein, den teuren Zucker, das teure Marzipan der kandierten Früchte durch einen billigen Teig zu ersetzen. Außerdem waren nach 1800 auch die Voraussetzungen geschaffen worden: Zucker wurde billiger (durch »Erfindung« des Rübenzuckers), die Kartoffeln waren ein Volksnahrungsmittel geworden. Kriegsnöte und die napoleonische Kontinentalsperre verhalfen so unseren »Obstmehlspeisen« zum Sieg. Und die praktisch-ökonomische böhmische Knödelköchin war inzwischen auch in die Wiener Küche eingezogen.

Aber erst um die Mitte des 19. Jahrhunderts tauchen in den heimischen Kochbüchern die ersten Zwetschken- und Marillenknödel aus Erdäpfel-, Topfen- oder Strudelteig auf (»auf böhmische Art bestreut man sie mit geriebenem Lebkuchen oder Topfen und schmalzt sie mit Butter ab«, wie es bei der Prato noch heißt). Findige Köpfe nahmen diese neue Errungenschaft sofort in das Repertoire der »Fastenspeisen« auf. Innerhalb von 50 Jahren haben die Zwetschken-, Marillen- und andere Obstknödel sich weitgehend »demokratisiert« und in der österreichischen Küche eine so feste Position erobern können, daß Anna Bauer sie 1880 bereits zu den »ordinären Mehlspeisen« zählen und J. M. Heitz 1902 sie in das große Kapitel »Hausmannskost« aufnehmen konnte, worunter er jene Speisen zusammenfaßte, »welche für eine einfache Küche mit geringem Aufwand sich eignen«.

Germknödel

6 Portionen

Germteig: 250 g Mehl, 10 g Germ, 25 g Butter, ca. 1/16 l Milch, 10 g Zucker, 1 Eidotter, Salz
100 g Powidl, mit Zimt und einigen Tropfen Rum gewürzt; 50 g Butter, 50 g Mohn, Staubzucker

Mehl in einen Kessel geben, lauwarme Milch mit Zucker und zerbröckeltem Germ glattrühren und zum Mehl geben. Salz, Eidotter, zerlassene Butter beigeben und zu einem festeren Teig verarbeiten. Sollte er zu fest sein, noch etwas Milch zugießen. Der Teig sollte so lange bearbeitet werden, bis er glatt ist und sich vom Kochlöffel löst. Anschließend mit einem Tuch zugedeckt an einem warmen Ort etwa 1 Stunde lang aufgehen lassen, dann den Teig ausrollen, in 12 etwas breitgedrückte Stücke teilen, die mit Powidl gefüllt werden; zu Knödeln formen, auf ein bemehltes Brett legen und noch einmal etwa 25 Minuten aufgehen lassen. In kochendes Salzwasser einlegen, zugedeckt gut aufkochen, umdrehen und noch ca. 12 Minuten in dem leicht aufkochenden Wasser ziehen lassen.
Probe: Mit einer Gabel oder einem Holzspan einen Knödel mehrmals anstechen: der Knödel ist gar, wenn beim Herausziehen des Holzspans kein Teig mehr haften bleibt. Einfacher und besser ist es, die Knödel im Dampf zuzubereiten; sie werden dabei auf ein befettetes Sieb gelegt und brauchen nicht gewendet zu werden. Die Kochzeit beträgt nur etwa 12 bis 14 Minuten insgesamt. Die Knödel gut abtropfen lassen, mit geriebenem Mohn, mit Staubzucker verrührt, bestreuen, mit zerlassener Butter beträufeln. So serviert, bezeichnet man sie auch als **Klosterknödel**.

Zweite Auflage.

Mehlspeisen- und Konditoreibuch

Herausgeber und Verlag
Anton Gradl, Konditor
Wien, I., Operngasse Nr. 10.

Druck von Karl Brakl, Wien VII., Halbgasse 9.

Böhmische Germknödel

Werden wie vorstehende Knödel bereitet. Beim Anrichten abwechselnd einen Knödel mit Mohn und einen mit grobem, fettarmem Topfen, mit Staubzucker verrührt, bestreuen.

Teig für Fruchtknödel

Der fertige Teig wird auf einem bemehlten Brett zu einer länglichen, runden Rolle geformt (gewalzt) und in Scheiben geschnitten; diese werden auf der Hand flachgedrückt, die Fülle (Zwetschken, Marillen usw.)

eingelegt, der Teig darübergeschlagen, die »Nahtstellen« gut zusammengedrückt und zu runden Knödeln geformt.

1. Kartoffelteig

Ca. 10 Knödel

400 g rohe, ungeschälte Kartoffeln; 20 g Butter, 100 g Mehl, 25 g Grieß, Salz, 1 Eidotter

Mehlige Kartoffeln nicht zu junger Ernte in Salzwasser weich kochen, schälen, entweder sofort heiß passieren (durch Drahtsieb oder Kartoffelpresse) oder ganz erkaltet faschieren bzw. am Kartoffelreißer reißen. Die übrigen Zutaten werden mit der völlig erkalteten Kartoffelmasse zusammengewirkt. Nach kurzem Rasten verarbeiten. Ratsam ist es, bei den Knödeln aus Kartoffelteig immer einen Probeknödel zu kochen, bevor man den Teig weiterverarbeitet.
Um Zeit und Arbeit zu sparen, kann man auch Kartoffelflocken oder -püreepulver (im Handel erhältlich) verwenden.

2. Topfenteig

Ca. 10 Knödel

250 g Topfen, 170 g Mehl, 60 g Butter, 1 Ei, Zitronenschale, Salz

Butter, geriebene Zitronenschale und Prise Salz glattrühren, die übrigen Zutaten beigeben, gut verrühren und im Kühlschrank kühlen. Es sollte immer ein Probeknödel gekocht werden.
Ist der Teig zu weich, gibt man Mehl, ist er zu fest, gibt man Butter bei.

3. Brandteig

Ca. 10 Knödel

260 g Mehl, 20 g Butter, Salz, ³/₈ l Milch, 2 Eier

Milch, Butter und Salz aufkochen, das Mehl beigeben, mit der Schneerute durchrühren und auf der Flamme weiterrösten, bis sich die Masse vom Geschirr löst. Die Eier dazugeben und glattrühren. Die Masse leicht überkühlt auf ein Brett legen und gut durchkneten. Den Teig zu einer Rolle formen und weiterbehandeln.
Teig dabei etwas dünner als bei Kartoffelteigknödeln halten.

Ananasknödel

4–6 Portionen

Topfenteig; 500 g Gartenerdbeeren (»Ananas«), 80 g Butter, 100 g Brösel, Staubzucker

Gereinigte, vom Stiel befreite Erdbeeren in den Topfenteig hüllen, zu Knödeln formen, in kochendem Salzwasser rund 10 Minuten mehr ziehen als kochen lassen. Gut abgetropft in Butterbröseln wälzen, anrichten, mit Staubzucker bestreuen.

Kirschenknödel

4–6 Portionen

Kartoffelteig, Topfen- oder Brandteig; 500 g Kirschen, 80 g Butter, 100 g Brösel

Knödel nach vorstehendem Rezept fertigen. Man füllt in einen Knödel mehrere Kirschen ein.

Marillenknödel

5–6 Portionen

Kartoffel-, Topfen- oder Brandteig; 500 g Marillen, Würfelzucker, 80 g Butter, 100 g Brösel

Marillen waschen, aufschneiden, die Kerne entfernen und statt der Kerne Würfelzucker einsetzen. Die Knödel wie oben angegeben fertigen.

Zwetschkenknödel werden wie Marillenknödel gemacht. Man kann die Zwetschken auch samt den Kernen verwenden.

Topfenknödel I

8 Portionen

70 g Butter, 3 Dotter, 200 g Topfen, Salz; 2 entrindete, kleinwürfelig geschnittene Semmeln; ¹/₈ l Sauerrahm, 80 g Mehl, 3 Eiklar, 80 g Butter, 100 g Brösel, Staubzucker

Butter, Dotter, Topfen und Salz schaumig rühren, Semmelwürfel, Sauerrahm und Mehl beigeben, gut verrühren, zuletzt den steifen Schnee darunterziehen. Im Kühlschrank kurz rasten und etwas anziehen lassen, dann aus der Masse kleine Knödel formen. In gesalzenem Wasser etwa 15 Minuten leicht kochen lassen.

Abtropfen lassen, in mit Butter gerösteten Bröseln wälzen und mit Staubzucker bestreut anrichten. Dazu Zwetschken- oder Marillenröster (siehe Seite 574).

Topfenknödel II

8 Portionen

500 g Topfen (10% Fettgehalt), 125 g Mehl, 1 ganzes Ei, 1 Eidotter, 30 g Butter, 30 g Staubzucker, Salz, 80 g Butter, 100 g Brösel, Staubzucker

Alle Zutaten rasch im Schneekessel vermischen. Die Masse kann sofort oder auch gekühlt verwendet werden. Die mit der Hand geformten Knödel werden etwa 10 Minuten langsam in Salzwasser gekocht. Abgetropft mit Butterbröseln und Staubzucker anrichten.

In beide Topfenknödelteige können »Ananas« (Gartenerdbeeren), frisch oder tiefgefroren, gegeben werden. Mit Zwetschken- oder Marillenröster (siehe Seite 574) servieren.

Tascherl (Tatschkerl)

Die »Tascherl« oder »Tatschkerl« kommen aus der böhmischen Küche. Das Wort »Tatschkerl« hat eine ähnliche Geschichte wie »Pofese«. Wie bei dieser stand auch bei den »Tatschkerln« eine spätmittelalterliche Wappenschildform Pate bei der Namensgebung. Die »Tartsche« (altfranzösisch: »targe«, was wieder auf eine germanische Wortwurzel zurückgeht) war ein kleiner »Turnierschild mit einer seitlichen Ausnehmung für den langen Rennspieß«. Das Wort »Tartsche« wurde dann von den Slawen und Ungarn als »tarča« bzw. »társsa« übernommen, die daraus die Verkleinerungsform »tarčka« bzw. »tárcska« bildeten und diese auf eine Mehlspeise übertrugen, deren Gestalt man mit einem Schildchen vergleichen kann.

Es sind rundausgestochene Teigstücke, die gefüllt und zu einem Täschchen zusammengelegt werden. Man nimmt dazu meist Kartoffelteig, seltener Nudelteig. Es kommt bei den Tascherln vor allem auf die richtige Dosierung der Fülle an. Man achte besonders, daß die zusammengelegten Tascherln gut verschlossen sind, damit sie während des Kochens nicht aufgehen.

Powidltascherl

6 Portionen

Kartoffelteig (siehe Seite 498), 100 g Powidl, etwas Rum, Prise Zimt, Eistreiche, 80 g Butter, 100 g Brösel, Staubzucker

Den Kartoffelteig etwa 5 mm dick ausrollen, handtellergroße, runde Flecke ausstechen. In die Mitte der Flecke gibt man einen Kaffeelöffel Powidl, der etwas mit Rum, Zucker und Zimt abgeschmeckt worden ist. Den Teigrand mit verdünntem Ei bestreichen, die Teigränder übereinanderschlagen und gut verschließen (Rand zusammendrücken). In leichtgesalzenes, siedendes Wasser geben. Sobald die Tascherl obenauf schwimmen (in etwa 6 Minuten), sind sie gar und werden mit dem Drahtlöffel herausgenommen. In kaltem Wasser kurz abschrecken, übertrocknen, in gerösteten Butterbröseln wälzen, anrichten und mit Staubzucker bestreuen.

Topfentascherl

8 Portionen

Kartoffelteig (siehe Seite 498), 30 g Butter, 30 g Zucker, 1 Eidotter, 100 g Topfen, Salz, Vanille, Zitronenschale, Rosinen, 80 g Butter, 100 g Brösel, Staubzucker zum Bestreuen

Werden wie Powidltascherl gemacht und angerichtet. Topfenfülle: Butter, Zucker und Eidotter schaumig rühren, Salz, Vanille, Zitronenschale und Topfen beigeben und gut verrühren.

Den Kartoffelteig etwa 5 mm dick ausrollen. In die Mitte der handtellergroß ausgestochenen Teigflecke die Fülle und jeweils 3 Rosinen geben. Etwa 10 Minuten in leichtgesalzenem, siedendem Wasser kochen.

Marmelade

Unser Wort »Marmelade« (für mit Zucker eingekochtes Fruchtmark, Fruchtmus) hat im Laufe der Zeit einen gewissen Bedeutungswandel erfahren. Es wurde um 1600 mit der ursprünglichen Bedeutung »Quittenmus« aus dem portugiesischen »marmelada« entlehnt (bzw.

einer Ableitung des portugiesischen Wortes »marmelo« = »Honigapfel, Quitte«, das seinerseits aus dem gleichbedeutenden lateinischen »melimelum« bzw. griechischen »melimelon« – »melon« = Apfel, »meli« = Honig – stammt). Die Quitte, den »goldenen Apfel« der Venus, der Eris und der Hesperiden, schätzte man noch im 16. Jahrhundert sehr hoch. Bei der Krönung Maximilians II. 1562 kam Quittenmark auf die Festtafel, das die Herzoginnen von Bayern und von Mantua nebst den übrigen neun Schwestern des Neugekrönten eigenhändig zubereitet hatten. Ferdinand I., der dem Kurfürsten August von Sachsen im März 1564 einen Quittenkuchen schickte, legte dem Leibarzt Naeve die sorgfältige Aufbewahrung dieser Leckerei mit den rührenden Worten ans Herz: »Lieber, thut das, damit ich den Ruhm meiner Kuchen nicht verlieren möge.« Damals galten die Quitten aus Meran als die besten; Hohberg dagegen schrieb: »Die aus Tirol von Bozen kommen, werden wegen ihrer Milde, Größe und Güte allen anderen vorgezogen.« Noch in den Kochbüchern des 18. und 19. Jahrhunderts finden wir die reichliche Verwendung von Quitten zu Kuchen und Käse, »Compot«, Gefrorenem, Backwerk (Kipfel, Torten, Hohlhippen) und Wein.

Es war übrigens der junge österreichische Erzherzog und spätere Kaiser Ferdinand I. – er residierte ab 1522 in Wien –, der als erster eine »Composterey« für Konfitüren und Fruchtsäfte an seinem Hof einrichten ließ.

Das Wort »Marmelade« findet man in den deutschen Kochbüchern früher als in den österreichischen, wo es erst im Laufe des 19. Jahrhunderts auftaucht. In den österreichischen Kochbüchern stehen dafür bis ins 19. Jahrhundert die Begriffe »Frucht-Gelées«, »Confitüren«, »Sulzen« und »Salsen« (mittelhochdeutsch: »salse«, stammt von dem mittellateinisch-italienischen Wort »salsa«, aus dem ebenfalls das Wort »Sauce« entstand). Oft stehen auch beide Ausdrücke nebeneinander (so heißt es in Anna Dorns Kochbuch einmal »Marillensalsen«, einmal »Marmelade oder Lattwerge«, bei Amalie Grünzweig »Marmelade« und »Marmelade oder Salsen«). Heute ist der Name »Marmelade« auch in Österreich längst ein Standardbegriff. Man kann allerdings in den letzten Jahren bereits einen neuen Bezeichnungswandel verfolgen, da das Wort vielfach durch das englische »Jam« ersetzt wird. – Das Wort »Latwerg(e)« für einen durch Einkochen gewonnenen, dicken Fruchtsaft stammt aus der mittelalterlichen Apotheker- und Arzneisprache (kommt vom griechischen »eleikton, eleigma« = »Arznei, die man im Mund zergehen läßt«), so auch das Wort »Trisenit« = »mit Zucker gemischtes Gewürzpulver, Konfekt«: Früchte (Weichsel, Birnen, Quitten usw.) wurden mit Wasser und Honig eingekocht, passiert, an der Luft getrocknet und zu kleinen Würfeln geschnitten (und mit Gewürzen bestreut).

Es war einst der Stolz einer jeden Hausfrau, über einen Kasten voll »Marmeladegläsern«, »Eingesottenem« und »Eingemachtem« zu verfügen. In jedem Sommer und Herbst wurden die Galerien von Gläsern und Flaschen mit Gelees, Gallerten, Säften, »Marmeladen oder Lattwerge«, Sulzen, »gebrannten Wässern«, künstlichen Weinen (zum Beispiel »Ingwer-Wein«, »Weißer Hollunder-Wein, der dem Frontignak gleichet«) aufs neue gefüllt; dazu kamen in der Vorratskammer (in der »Speis«, wie es in Österreich hieß) die gedörrten und »eingelegten« Zwetschken, Äpfel, Weintrauben, Birnen (»Kletzen«), Hagebutten, Rosenäpfel, Berberisbeeren, Berberitzen und Pfirsiche, nicht zu vergessen das **»Zwetschkenmuß (Powidl)«**, wie es in Anna Dorns »Neuestem Universal- oder: Großem Wiener Kochbuch« (1827) heißt: »Die Zwetschken werden geschnitten, die Kerne herausgenommen, dann in einen großen Kessel geschüttet, der vorher mit Speckschwarten durchaus gut ausgestrichen seyn muß; damit sie sich nur nirgends anlegen oder anbrennen, muß eine Person stets mit einer eigenen, bekannten, langen Rührstange umrühren. Wenn nun die Zwetschken alle zerkocht sind, werden sie mit Kellen in ein auf einem Trog oder einer Wanne auf Hölzern stehendes Sieb geschöpft, und mit großen hölzernen Kochlöffeln oder eignen Schäufelchen durchgeschlagen, daß die Brühe in die Wanne geht, die Schalen oder Hülsen aber zurückbleiben. Dann, wenn alles durchgetrieben ist, wird diese dickliche Masse wieder in den Kessel geschüttet. Ingwerzehen werden indeß im Töpfchen gekocht, in Stückchen zerschnitten, und nebst zerschnittenen Citronenschalen, auch wohl Nelkenpfeffer und Citronat, bey gelindem Feuer wieder gekocht, und beständig so lange um-

gerührt, bis es ein dickes, schwarzes, stätes Muß ist, welches dann in große irdene Töpfe ausgeschöpft wird, die gehäuft voll gemacht und gerüttelt, zuletzt in Speisekammern oder anderen trockenen Orten aufbewahrt werden.
Auch pflegen einige grüne Nußschalen mitzukochen, wovon es indeß nur eine schwärzere Farbe bekömmt. Wenn es nun recht gut und steif gekocht ist, bekommt es eine harte Haut, die den Zugang aller Luft abhält, wodurch es sich dann mehrere Jahre hält. Dergleichen Muße kann man auch von Kirschen, Äpfeln, Birnen und mancherley Früchten, Hollunder- und anderen Beeren auf ähnliche Art, in kleinen Kesseln oder Töpfchen kochen.«

Nudeln

Bröselnudeln, Kartoffelnudeln

6 Portionen

Kartoffelteig (siehe Seite 498), 60 g Brösel, 40 g Butter, Staubzucker

Den Kartoffelteig in daumendicke Rollen formen, in nußgroße Stückchen schneiden, mit der Hand auf bemehltem Brett zu länglichen Nudeln rollen (in der Mitte sollen sie bauchig, an den Enden spitz sein). Etwa 4 Minuten in Salzwasser kochen (bis sie obenauf schwimmen), herausheben, abtropfen lassen und in mit Butter hellbraungerösteten Bröseln wälzen. Mit Staubzucker bestreut anrichten. Man serviert sie auch gern mit geriebenem Mohn. Beilage: Apfel-, Kirschenkompott.

Grießnudeln

6 Portionen

Kartoffelteig (siehe Seite 498), 40 g Butter, 80 g Grieß, 1/16 l Milch, Staubzucker

Aus dem Kartoffelteig werden nach vorstehendem Rezept Nudeln geformt und gekocht.
Den Grieß in erhitztem Fett goldgelb rösten, mit Milch aufgießen, 3 Minuten auf schwacher Flamme dünsten. Eventuell etwas Milch nachgießen. Die inzwischen in Salzwasser gekochten Nudeln in die Grießmasse geben, mehrmals darin wenden, einige Minuten im mittelheißen Rohr überdünsten. Angezuckert servieren. Beilage: Kompott.

Mohnnudeln

6 Portionen

Kartoffelteig (siehe Seite 498), 80 g geriebener Mohn, 40 g Butter, Staubzucker

Werden wie Bröselnudeln gefertigt; statt in Bröseln in Mohn und 'zerlassener Butter wälzen und mit Staubzucker angezuckert servieren.

Pudding

Wort und Gericht wurden um 1700 aus dem Englischen übernommen. Man verstand ursprünglich darunter eine ganz im Sinne des englischen Wortes bereitete wabbelige »Mehlspeise«, im Wasserbad in einer Form gar gekocht, oft mit einer Fisch-, Brot-, Gemüse- oder Fleischeinlage. Das englische Wort »pudding« geht vermutlich auf ein altfranzösisches »boudin« = Wurst, Blutwurst zurück (latein.: »botulus« = Wurst). Ab Mitte des 16. Jahrhunderts tritt es als »Mehlpudding mit Fleisch oder Früchten; Süßspeise« auf. Im »Neuen und nutzbahren Koch-Buch« (1699) heißt das Gericht »Sackkuchen« (ein Straubenteig wird in einem Leinensäcklein gekocht, dann in »lange schniedlein« geschnitten und im Schmalz gebacken). Im »Wienerischen bewährten Koch-Buch« heißt die Speise »Budin«.
Anna Dorn schreibt in ihrer »Vorerinnerung« zum Kapitel »Pudding«: »Diese Speisen sind, wie schon der Name andeutet, englischen Ursprungs; ehe die Erdäpfel allgemein wurden, aß man in jenem Lande zum Roastbeef Pudding, der aus Mehl und Wasser angerührt war und – wie noch jetzt beym Volke üblich – in eine Serviette gebunden, und darin gesotten wurde. In der Folge aber bildete man dieses Gericht so aus, daß es gegenwärtig als eine der größten Wohltaten für zahnlose Feinschmecker zu betrachten ist, weil jeder Pudding, er möge gesotten oder in einer Form gebacken werden, durch Eyerschaum und fleißiges Rühren, sehr leicht

und schwammartig ausfallen muß. Leider wird diese gute Eigenschaft bey den süßen Puddingarten, durch die zerstoßenen und gekocht stets ungesunden Mandeln, die jeden Teig schwerfällig machen, wieder zerstört.«

Habs und Rosner kommentieren in ihrem »Appetit-Lexikon« (1894): »Der Pudding der Engländer ist von Hause aus dem Worte wie dem Wesen nach nichts anderes als der Boudin der Franzosen, d. h. eine mit Mehl, Ei, Gewürz, Nüssen, Mandeln u.s.w. versetzte Fett- oder Blutwurst.«

Anna Dorn tituliert ein Puddingrezept »Pudding mit Chaudeau (Schodo), wie er bey uns am beliebtesten ist«: »Man sprudelt eine gute Halbe Obers mit 6 darangeschlagenen Eyern gut ab, und schüttet dieß über 4 bis 5 Loth klein gewürfelte Semmelschmolle, einen Vierting abgezogene und fein gestoßene Mandeln, 12 Loth gut in Mehl eingewalktes Mark oder Butter, 4 Loth Pistazien und 3 Loth Citronat, alles klein gewürfelt mit beliebigen großen und kleinen Rosinen nebst Zucker und etwas Salz, rührt alles gut durcheinander, gibt dann das Abgeriebene auf eine mit Butter bestrichene Serviette, und bindet es, dem Abgetriebenen nicht zu nahe, mit Spagat fest zusammen, damit es auflaufen kann. Auf diese Art legt oder hängt man es in siedendes Wasser, das man ein wenig gesalzen hat, und läßt es 1½ Stunden kochen, indem man es darin von Zeit zu Zeit umwendet. Unterdessen läßt man in einem Topf 6 Eydotter, über welche man ½ Seitel Wein, ein auf Limonie geriebenes Stück Zucker, und einige Tropfen Limoniesaft gegeben hat, unter beständigem Quirlen bey einer Gluth zusammen gehen, bis es zu schäumen anfängt und dicklich wird; dann löst man auf einer Schüssel die Serviette von dem Einbunde herab, deckt die Schüssel, auf welcher der Pudding angerichtet werden soll, darüber, kehrt beyde Schüsseln in einem Schwunge mit beyden Händen um, zieht die Serviette weg, gießt den Chaudeau darüber und trägt den so fertigen Pudding auf.«

Zum Geburtstag des Kaisers, am 18. August 1854, stellten Wiener Köche einen Riesenpudding mit einem Gewicht von 630 kg her. Man benötigte 150 kg Rosinen, 150 kg Korinthen, 125 kg Zucker, 100 kg Mandeln, 100 kg Nierenfett, 50 kg Citronat, 4500 Stück Eier, 10 Flaschen Rum, 15 kg Gewürze; man brauchte zur Herstellung volle acht Tage. Statt der Serviette bediente man sich eines Segeltuches, das mit 25 kg Butter bestrichen wurde und in einem Kessel aus dünnstem Weißblech eingelassen wurde, der seinerseits wieder in einem großen starken Sudkessel zu stehen kam. Das Ein- und Ausheben des Puddings geschah mittels eines Flaschenzuges, das Kochen selbst dauerte fünf Tage und fünf Nächte, das Verspeisen dagegen kaum fünf Viertelstunden.

Die Puddings (Dunstkoche) werden gekocht bzw. im Dampf zubereitet. Als Formen verwendet man Puddingformen, Portionsförmchen oder größere Formen für höchstens 6 Portionen, Kaffeetassen oder feuerfeste Kompottschüsseln. Die Formen werden immer mit Butter befettet und dann mit Staubzucker ausgestreut. Sie werden – im Gegensatz zum Auflauf – gestürzt und nicht in Portionen geteilt. Längeres Warmhalten schadet dieser Süßspeise!

Kochdauer des Puddings: In Portionsformen ca. 40 Minuten, in größeren Formen über 1 Stunde.

Garprobe: Eine Nadel einstechen; bleibt keine Masse an der Nadel haften, ist der Pudding gar.

Vanillepudding

4–5 Portionen

40 g Butter, 40 g Mehl, ³/₁₆ l Milch, Vanille, Salz, 3 Dotter, 3 Eiklar, 40 g Zucker, Butter und Zucker für die Formen, Vanillecremesauce (siehe Seite 570)

Butter heiß werden lassen, Mehl einrühren, mit Milch aufgießen, unter ständigem Rühren so lange rösten, bis sich die Masse vom Geschirr löst; sofort die Dotter, Prise Salz und Vanille einrühren. Zuletzt in die überkühlte Masse den mit Zucker ausgeschlagenen Schnee beigeben: zuerst ⅓ des Schnees beigeben, die Masse damit glattrühren, dann den restlichen Schnee nur ganz leicht unter die Masse heben.

Puddingformen mit zerlassener Butter einfetten, mit Staubzucker stauben, die Masse bis fingerbreit zum oberen Rand einfüllen. Die gefüllten Formen in ein Geschirr mit Wasser, das bis zur halben Höhe der Formen reicht, stellen, auf kleiner Flamme nicht ganz zugedeckt langsam kochen (oder im Rohr nicht ganz zudecken). Wenn die Puddings aufgegangen und an der Oberfläche etwas fest geworden sind, in dreiviertel zugedecktem Geschirr fertigkochen. – Mit Vanillecremesauce servieren.

Wird der Pudding mit Erbeersauce serviert, spricht man von einem **Erdbeerpudding.**

Wird Orangensauce dazu serviert und in die Masse die geriebene Schale einer Orange gegeben, erhält man den **Orangenpudding.**

Früchtepudding: gemischte Kompottfrüchte werden der Grundmasse beigegeben; dieser Pudding wird mit Fruchtsaft serviert.

Grießpudding

6 Portionen

¼ l Milch, 50 g Grieß, 20 g Butter, 3 Eidotter, 3 Eiklar, 10 g Staubzucker, 20 g Kristallzucker, Vanille, Prise Salz, Butter und Zucker für die Puddingform

Milch, Butter, Salz und Vanille aufkochen, den Grieß einlaufen lassen und weich kochen. Eidotter und Staubzucker schaumig rühren und in den noch heißen Grieß einrühren. Den mit Kristallzucker ausgeschlagenen steifen Eierschnee locker in die Masse einheben. Dann in Puddingform im Wasserbad wie nach vorstehendem Rezept fertigen (mit nicht ganz geschlossenem Deckel). – Man kann als Einlage in diesen Pudding kleingeschnittene Kompottfrüchte geben.
Beigaben: Fruchtsäfte (Himbeer-, Ribiselsaft u. a.) und Saucen (Erdbeer-, Schokoladesauce u. dgl.)

Kabinettpudding

6–8 Portionen

Ca. 200 g Biskuitmasse (siehe Seite 545) oder Mehlspeisereste, ½ l Milch, 100 g Zucker, 3 Eidotter, 2 ganze Eier, Vanille, 1 EL Maraschino, Butter und Zucker für die Puddingformen

Biskuitmasse oder Reste verschiedener Mehlspeisen kleinwürfelig schneiden, in befettete, mit Zucker ausgestreute Puddingformen geben, bis knapp an den Rand damit füllen. Eidotter, ganze Eier, Zucker, Vanille und Maraschino gut verrühren, mit kalter Milch verrühren, mit dieser Masse die Formen nicht ganz anfüllen. Die Puddings im Wasserbad bei etwa 95 Grad stocken lassen (pochieren, nicht kochen). Beigabe: Weincremesauce oder Weinchaudeau.

Mohr im Hemd

6 Portionen

90 g Butter, 40 g Staubzucker, 3 Dotter, 60 g Schokolade; 1½ entrindete, in Milch aufgeweichte Semmeln, ausgedrückt und passiert; 60 g geriebene Nüsse, 50 g Semmelbrösel, 3 Eiklar-Schnee, 50 g Kristallzucker, Butter und Staubzucker für die Puddingformen, Schokoladesauce (siehe Seite 571)

Butter und Zucker schaumig rühren, mit den Dotter, der geschmolzenen und überkühlten Schokolade, den passierten Semmeln, den Nüssen und Bröseln vermischen. Zum Schluß den mit Kristallzucker geschlagenen Schnee darunterziehen. In gefettete, mit Staubzucker ausgestaubte Puddingformen dreiviertelhoch füllen, im Wasserbad nicht ganz zugedeckt etwa 35 Minuten leicht kochen. Beim Anrichten mit Schokoladesauce übergießen, mit geschlagenem Obers an der Seite garnieren.

Auflauf

In Rumohrs »Geist der Kochkunst« – von dem z. B. Anna Dorn immer wieder zehrt – lesen wir u. a.: »Lekkerhafter (als der Pudding) ist der Auflauf. Ein Auflauf soll hoch steigen, eine fest aufgerissene Kruste bilden, welche auf einer Seite mit Anmut überhängen muß. Dieses veranlaßt der Koch, indem er teils schon beim Umrühren einer zu großen Verdünnung des Teiges sich enthält, teils auch beim Backen selbst auf dem Deckel der Tortenpfanne, oder von obenher das Feuer lebendiger unterhält als von unten. Im Französischen heißt dieses Gericht omelette soufflée; was man treffend in Pustkuchen übersetzen könnte.«

In den altösterreichischen Kochbüchern finden wir diesen Auflauf zunächst als »aufgegangenes« Koch (Ballauf: »Reißkoch aufgegangenes«). Erst in den Kochbüchern der zweiten Hälfte des 19. Jahrhunderts gehen dann diese »Aufläufe« auf: Da gibt's dann Reisauflauf, Radetzky-Reis, Grieß-Auflauf, Nudel-Auflauf, Gerstel-Auflauf, Rum-Auflauf. Rokitansky hat in ihrer »Österreichischen Küche« ein eigenes Kapitel »Aufläufe, Dunstköche und Puddings«; darin gibt es »Vanille-, Caramel-, Karlsbader-, Citronen-, Punsch-, Mandel-, Kaffee-, Makronen-, Mandelmilch-, Haselnuß-, Fritatten-Auflauf«, Auflauf von gerösteten Orangenblüten, von Marasquino oder von Reismehl mit Vanille, Flanken-Auflauf auf französische Art, Auflauf von Äpfeln, Pfirsich, frischen Erdbeeren, Himbeeren und Marillen. J. M. Heitz führt in »Von den Aufläufen« u. a. an: Auflauf von Reismehl, Ananas-, Polenta-, Orangen-, Karamel-, Kastanien-, Mandel-, Schokolade-, Kaffee-, Grieß-, Reis-, Schmankerlauflauf, Früchteauflauf (oder »Zipfelmütze«).

F. G. Zenker schreibt: »Die Auflaufe sind bei uns aus uralten Zeiten her bekannt, gewürdigt und angesehen gewesen, ihre Kostspieligkeit ist das einzige Hinderniß, daß sie nicht so allgemein, wie unter der niedern Volksklasse die Knödel, im Gange sind. Der Zufall hat dieses Gericht vor ungefähr zwanzig Jahren nach Paris gerathen lassen, viele geübte Hände machten sich über dasselbe her, und die Bereitung gelang bis zu einiger Verbesserung; sie brachten nämlich mehr Geschmackfeinheit hinein, und dies hat sie auf den Wahn gebracht, sie seien die Erfinder unserer guten Auflaufe.«

Die Aufläufe sind nach Brillat-Savarin vom Standpunkt des Menüs aus das »gewisse Tüpflein auf dem i«, ein federleichtes, schneeflockenleichtes, luftiges Dessert (Grundmaterial eines Auflaufs ist die durch das Schneeschlagen einzuarbeitende Luft!), das aber unter der Schneehaube dennoch reichlich »Substanz« birgt. Als »Königin der Aufläufe« aber regiert einmal kein »Wiener Kind«, sondern das »Salzburger Nockerl«, das angeblich dem Salzburger Erzbischof Wolf Dietrich von Raitenau erstmals serviert worden sein soll, jenem geistlich-weltlichen Fürsten, der mit Salome Alt (von Altenau) liiert war, für die er das heutige Mirabellschloß errichten ließ und mit der er 15 Kinder zeugte. Die Forschung freilich hat über die Salzburger Nokkerln noch nicht das endgültige Wort gesprochen.

Das Backen der Aufläufe: Zuerst das Backrohr einen Spalt offen lassen (einhängen), nach 25 Minuten das Rohr ganz schließen. Mit wenig Unterhitze backen. Gesamte Backdauer: 40 Minuten.

Die Aufläufe in quadratische Portionsstücke schneiden, anzuckern, anrichten und mit der Begleitsauce umkränzen.

Reisauflauf

6 Portionen

100 g Rundkornreis, 3/8 l Milch, 40 g Butter, Vanille(schote), Zitronenschale, Salz, 2 Eidotter, 50 g Staubzucker, 20 g Rosinen, 2 Eiklar, Butter, Brösel oder Mehl für die Auflaufform

Reis in kochendem Wasser blanchieren, abseihen, mit Milch, Butter, Vanille, Zitronenschale und einer Prise Salz etwa 20 Minuten zuerst kochen, dann zu dickbreiiger Konsistenz dünsten und überkühlen lassen. (Zitronenschale und Vanilleschote entfernen.) Inzwischen die Dotter mit etwas Wasser und Staubzucker schaumig rühren, mit dem Reis vermischen und die Rosinen beigeben. Zum Schluß den Schnee von 2 Eiklar darunterziehen. Eine Form mit Fett ausstreichen, mit Bröseln oder Mehl stauben, die Masse nicht ganz bis zum Rand einfüllen (der Auflauf steigt beim Backen!) und in nicht zu heißem Rohr etwa 40 Minuten backen. Mit Himbeersaft anrichten.

Maschansker Reisauflauf

6 Portionen

Reisauflaufmasse (siehe vorstehendes Rezept), 350 g Maschansker (kleine Kompottäpfel), 50 g Kristallzucker, 30 g Butter, 30 g Rosinen, 1 Backoblate, Butter und Mehl für die Auflaufform

Die Äpfel blättrig schneiden, in eine mit Butter bestrichene Kasserolle geben, Zucker, Rosinen beigeben und zugedeckt im Rohr dünsten. Die eine Hälfte der inzwischen angefertigten Reismasse in die gebutterte, bemehlte Pfanne oder Form geben, mit der Oblate belegen, dann die Apfelmasse daraufgeben, die restliche Reismasse darüberschichten und wie oben angegeben backen.

Schönbrunner Reisauflauf

8 Portionen

Reisauflaufmasse (siehe Seite 504f.), 80 g Schokolade, 1 Backoblate
Schneehaube: 2 Eiklar, 50 g Feinkristallzucker

Schneehaube: Die 2 Eiklar zu steifem Schnee schlagen, nach und nach den Feinkristallzucker einschlagen und den Schnee stark ausschlagen. Der Schnee kann zusätzlich mit Orangensaft, Zitronensaft usw. abgeschmeckt werden.
Fertigung: Die fertige Reisauflaufmasse vor der Schneebeigabe halbieren. In die eine Hälfte der Reismasse die erwärmte Schokolade einrühren. Den steifen Schnee in beide Reismassen unterziehen. Zuerst die gelbe Reismasse in die gebutterte, bemehlte Form einfüllen, dann die Backoblate auflegen, darauf die mit der Schokolade gefärbte Reismasse auftragen und backen. Nach etwa 40 Minuten Backzeit die Schneehaube aufstreichen oder aufdressieren und rasch – je nach Hitze – zwei bis drei Minuten bräunen. – Mit Orangensauce (siehe Seite 571) oder Himbeersaft servieren.
Babette Franner, geborene Weinzierl, variiert ihren Reisauflauf in »Die Wiener exquisite Küche« mit drei Farben, indem sie einen Teil gelb läßt, einen zweiten mit Schokolade und einen dritten Teil rot färbt. Dann wird der Reis in einen »Plafond« gefüllt, zwischen jede Lage kommt eine Oblate, die wieder mit Marmelade bestrichen wird. Obenauf dressiert sie spanischen Wind und bestreut das Ganze mit grobem Zucker, rotgefärbten Mandeln und Pistazien.

Grießauflauf

6 Portionen

¼ l Milch, 50 g Grieß, 15 g Butter, Prise Salz, Vanille, 20 g Butter, 20 g Staubzucker, 2 Eidotter, 2 Eiklar, 15 g Kristallzucker, 25 g Rosinen, Butter und Mehl für die Auflaufform

Den Grieß in Milch mit einer Prise Salz, Vanille und Butter dick einkochen und auskühlen lassen.
Dann Butter und Staubzucker schaumig rühren, die Dotter nach und nach einrühren und diesen Abtrieb in den ausgekühlten Grieß löffelweise einrühren. Den steifgeschlagenen Schnee mit Feinkristallzucker ausschlagen und unter die Masse ziehen. Die Masse in eine bebutterte und mit Mehl bestaubte Backform füllen und, wie angegeben, backen. – Nach dem Aufgehen bei geschlossenem Rohr so lange backen, bis ein leichter Fingerdruck auf der Masse Widerstand findet. Portionieren, anzuckern und mit verdünnter Hagebuttenmarmelade oder Himbeersaft servieren.

Ödenburger Nudelauflauf

6–8 Portionen

120 g feine Bandnudeln, ½ l Milch, Salz, 50 g Butter, 4 Eidotter, 10 g Staubzucker, 4 Eiklar, 80 g Feinkristallzucker, Vanille

Fülle: 100 g geriebener Mohn, 30 g Staubzucker, Prise Zimt, 60 g Rosinen, 60 g Butter, Butter und Mehl für die Auflaufform

Die Nudeln werden in die kochende Milch gegeben und weich gekocht; dann ausdünsten lassen. Butter mit Dotter und Zucker schaumig rühren und der Nudelmasse beigeben. Den steifgeschlagenen Schnee mit Feinkristallzucker ausschlagen und in die Masse einheben. Die halbe Masse in eine gebutterte, bemehlte Pfanne geben. Mohn, Staubzucker und Zimt gut vermischen und mit den Rosinen auf die eingefüllte Masse streuen, mit Butter beträufeln, dann die zweite Hälfte der Masse daraufgeben. Im mittelheißen Rohr etwa 40 Minuten backen.

Mannheimer Auflauf

6 Portionen

80 g Butter, 40 g Staubzucker, 4 Eidotter, Zitronenschale, Vanillezucker, Prise Zimt, etwas Rum, 50 g Zuckerbrösel oder lichte Semmelbrösel, 50 g geriebene Mandeln, 4 Eiklar, 40 g Kristallzucker, 1 Backoblate, 400 g geschälte und geviertelte Äpfel, 1/8 l Wasser, 40 g Zucker, Zitronensaft, Gewürznelken, Butter und Mehl für die Auflaufform

Die Äpfel mit Wasser, Zucker, Zimt, etwas Zitronensaft und Nelken weich dünsten.

Butter, Staubzucker und Eidotter (nach und nach beigeben) schaumig rühren, mit den Gewürzen abschmecken. Schnee mit Kristallzucker ausschlagen und mit den ungeschälten, geriebenen Mandeln (mit den Bröseln vermischt) in die Masse einheben. Die halbe Masse in eine bebutterte und bemehlte Pfanne einstreichen, die Backoblate auflegen, die abgetropften gedünsteten Äpfel auflegen, die restliche Masse auftragen. Im Backrohr bei mittlerer Hitze etwa 35 Minuten backen. Mit Apfeldünstfond beträufeln, anzuckern, in quadratische Portionen schneiden und anrichten.

Salzburger Nockerln (im Rohr gebacken)

2 Portionen

5 Eiklar, 3 Eidotter, 30 g Kristallzucker, 20 g Mehl, Vanillezucker, geriebene Zitronenschale, 20 g Butter und 10 g Zucker für die Form, 1/16 l Milch oder Obers, Vanillezucker

Eiklar zu steifem Schnee schlagen, nach und nach Zucker gut einschlagen, dann Eidotter, Vanillezucker, geriebene Zitronenschale und Mehl kurz einrühren. Dabei so wenig rühren, daß die Dotterstreifen in der Masse noch sichtbar bleiben. Drei große, pyramidenförmige Nocken formen und in eine ovale, feuerfeste, bebutterte und mit Zucker ausgestreute Glas- oder Porzellanschüssel einlegen und etwa 5 Minuten backen. Dann die heiße Milch, mit Vanillezucker verrührt, an der Seite eingießen und noch weitere 3 Minuten bei eingehängtem Rohr backen.

Die Salzburger Nockerln sollen nicht ganz durchgebacken und innen noch cremig sein. Mit Staubzucker besieben und sofort servieren. Sobald die Nockerln auskühlen, fallen sie zusammen!

Voraussetzung für eine einwandfreie Nockerlmasse ist ein festausgeschlagener Schnee (ohne Eidotterreste und in einem fettfreien Geschirr ausschlagen!).

Die Wiener Mehlspeis-Köchin.

Praktische Anleitung zur Bereitung guter und billigst herzustellender

Mehl- und Fastenspeisen.

Von der pens. Stiftsköchin

Agnes Hofmann.

Wien, 1890.
Verlag von Albert A. Wenedikt.
Druck von J. Koblischek, Wien, I., Postgasse 2.

Salzburger Nockerln
(in der Pfanne gebacken)

Diese Salzburger Nockerln sind äußerst schwierig herzustellen; es ist aber das Originalrezept.

2 Portionen

5 Eiklar, 3 Eidotter, 40 g Kristallzucker, 20 g Mehl, Vanillezucker, geriebene Zitronenschale, 30 g Butter, Staubzucker zum Bestreuen

Die Eiklar zu steifem Schnee schlagen, nach und nach den Zucker einschlagen, dann Eidotter, Vanillezucker, geriebene Zitronenschale und das Mehl sehr leicht und locker einrühren. In einer Pfanne Butter erhitzen, bis sie geklärt ist, drei große pyramidenförmige Nocken formen und ins heiße Butterschmalz einlegen. Bei mäßigem Feuer unter zweimaligem Wenden hellbraun backen. Im Innern sollen die Nocken leicht cremig bleiben. Auf einer Platte anrichten, mit Staubzucker bestreuen und sofort servieren.
Begleitsaucen: Vanille-, Schokoladesauce oder gezuckertes Erdbeermark, unter geschlagenes Obers gezogen.

In der Kochbuchliteratur findet man seit Conrad Hagger eine große Auswahl von Salzburger-Nockerl-Rezepten. Die »echten« Salzburger Nockerln wurden ursprünglich aus einem Brandteig und auflaufähnlich hergestellt. Aus dem Brandteig wurden mittels eines Löffels oder des Spritzsackes Nockerln in die kochende Milch einlegt, dann in einer Schüssel angerichtet, mit Eidotter, Obers oder Milch und Vanillezucker (oder Schnee mit Zucker) übergossen und im Rohr kurz überbacken. »Man kann die Nockerln auch in einer flachen Kasserolle backen und dann auf einer Schüssel anrichten und nach Belieben zuckern«, wie Louise Seleskowitz zu einem ihrer Salzburger-Nockerl-Rezepte bemerkt. Die Prato gibt einen Abtrieb aus 70 g Butter, 4 Dotter, 1 KL Mehl, 1 EL Zucker und den Schnee von 4 Eiklar in eine Kasserolle, in der etwas Butter und siedende Milch gerade den Boden bedecken; lichtbraun gebacken, sticht Katharina Prato aus der Masse »mit einem Eßlöffel nockenartige Stücken heraus, legt sie in einer Schüssel übereinander und bestreut sie dann mit Zucker«.

In Elisabeth Stöckels »Österreichischem Universal-Kochbuch« (neu bearbeitet von E. Kieslinger, 1902) stehen die »Gebackenen Salzburgernocken« zwischen den Rezepten »Mehlnocken in Milch« und »Schwäbische Nocken (Spatzen)« im Kapitel »Zweckerln«.
Das »Neue Salzburger Kochbuch für mittlere und kleine Haushaltungen«, 1873 von Josefine Zöhrer herausgegeben, bringt neben einer »Mozarttorte« auch »Salzburgernockerln«: »4 Loth Butter, 4 Eier, 4 Messerspitzen Zucker, 4 Kochlöffel Mehl. Butter wird flaumig abgetrieben, das Eidotter, Zucker, Mehl und Eiklar-Schnee dazugegeben. Nockerln in siedende Milch geben, in die etwa 4 Loth Butter und etwas Zucker beigefügt worden sind. Die Milch verdunsten lassen und ins Backrohr stellen, bis alles Farbe bekommt, und mit Vanillezucker bestreuen und sofort servieren.«

Scheiterhaufen mit Schneehaube

6 Portionen

5 blättrig geschnittene Schneidsemmeln, ¼ l Milch, 1 Ei, 1 Eidotter, Prise Zimt, Zitronenschale, 10 g Vanillezucker; Schneehaube: 2 Eiklar, 50 g Kristallzucker Einlage: 250 g Äpfel, 40 g Rosinen, 40 g Zucker, 30 g Butter zum Beträufeln, Butter für die Auflaufform

Milch und Eier versprudeln, Zimt, Zitronenschale und Zucker beigeben, alles über die blättrig geschnittenen Semmeln gießen. Die Flüssigkeit aufsaugen lassen. Die halbe Masse in eine bebutterte Auflaufform geben. Geschälte, blättrig geschnittene Äpfel, Rosinen und Zucker daraufgeben, dann die restliche Semmelmasse auftragen und mit zerlassener Butter beträufeln. Etwa 40 Minuten im Backrohr backen.
2 Eiklar zu steifem Schnee schlagen, mit Feinkristallzucker fest ausschlagen, auf den gebackenen Scheiterhaufen aufstreichen. Diese Schneehaube bei guter Oberhitze rasch bräunen lassen.

Wiener Koche

Während die Aufläufe auch in der internationalen Küche bekannt sind, waren und sind die Koche seit eh und je eine charakteristische Angelegenheit der Wiener warmen Mehlspeisküche. (Ursprünglich wurden die Koche auf kaltem Weg hergestellt.) Gebacken werden Aufläufe wie Koche in feuerfesten Formen (Wandel oder Auflaufform), die zweckmäßigerweise in ein Wasserbad gestellt werden (während der Pudding immer eine »gekochte Mehlspeise« ist).

F. G. Zenker bemerkt in seiner »Kunstbäckerei«: »Die feinen Köchel sind uns unter drei Gestalten sehr interessant, nämlich als selbständige Gerichte in einer feinen Kruste, ihre Oberfläche stark mit Zucker bestäubt, und mit heißem Stahl in verschiedene Figuren gebrannt; dann als Fülle so vieler Gebäcke, die durch dieselbe ihren meisten Werth erhalten; endlich als Auflauf; denn ein jedes feine Köchel kann, mit dem zu festen Schnee geschlagenen Eierklar vermengt, einen sehr feinen Auflauf geben.« In den alten Kochbüchern heißen die Rezepte auch gern »Aufgelaufenes Koch«, »aufgegangnes Koch« (Hagger), »gefaumtes Koch« (Ballauf).

Anna Fink definiert in ihrem »Neuen illustrirten Wiener Kochbuch«, 1894, zum Kapitel »Köche, Soufflées (Aufläufe), Puddings«: »Die Bezeichnungen Koch und Pudding lassen sich eigentlich nicht recht trennen. Wir in Österreich bezeichnen mit Koch diejenige leichte Mehlspeise, welche in der Form oder im Papierkästchen gebacken, in demselben hoch aufläuft, während des Backens und dann sofort mit demselben zu Tisch gebracht wird. Man nennt es darum ebenso oft Auflauf, auch Soufflée in einzelnen Fällen. Werden die Speisen aber in festgeschlossenen Formen, im Wasserdampf oder Dunst gesotten und gestürzt servirt, so nennt man sie Puddings oder Dunstköche. Die Hauptsache für das Gelingen dieser Speisen... bildet 1. der schaumige Abtrieb, 2. die Verwendung frischer Eier, 3. das Einziehen des recht steifgeschlagenen Eierschnees knapp, ehe man ihn in die Form füllt und 4. das möglichst rasche Auftragen sobald der Koch gar, also schön hoch ist.«

Katharina Prato eröffnet ihr Kapitel »Aufläufe, Koche, Puddings« mit folgender Erklärung: »Da man unter dem Namen ›Koch‹ sowohl eine gebackene als dunstgesottene Mehlspeise versteht, habe ich diesen Ausdruck angewendet, wenn mehrere eines Namens zusammengestellt sind, da die Ausdrücke ›Auflauf, Koch und Dunstmehlspeise‹ meist nur durch das Backen oder Kochen oder etwas mehr Eier begründet sind... Übrigens ist das rechtzeitige Auftragen, schnell vom Ofen auf die Tafel und die geeignete Hitze so wichtig zum Gelingen, wie fleißiges Rühren und sehr fester Schnee, den man nur leicht dazu mischt.«

Den Kochen widmeten die Kochbuchautoren des 18. und 19. Jahrhunderts meist ein reichhaltig-umfangreiches Kapitel (Gartler–Hikmann: »Köche an Fast- und Fleischtagen«, Ballauf: »Köche an Fleisch- und Fasttagen«; Grätzerisches Kochbuch: »Von Köchern«; F. G. Zenker: »Von feinen Köcheln«; Klara Fuchs: »Köche und Puddings«; Sofie Meissner: »Koch«; Rokitansky: »Aufläufe, Dunstkoche und Puddings« usw.).

Die »Koch«-Litanei ist lang: Nudelkoch, Frittaten-Koch, Krebskoch, Topfenkoch, Erdäpfelkoch oder »Wanneln«, Erbsenkoch, Kukuruzkoch, Grießkoch, »Grieß-Nigel«, Reiskoch, Rahmkoch, »Blamaschee-Koch«, Crême-Koch, Krapferlkoch, Wiener Koch (2 Deciliter Obers, 6 Dotter, 70 g Butter, 100 g Zucker mit Vanille, 2 schwache Eßlöffel Mehl kocht man bei ständigem Rühren, bis es dick, rührt dann fort, bis es kalt ist, mengt die 6 Klar als Schnee dazu und bäckt es in einer Schüssel«), Kindskoch, Schmankerlkoch, Kaffeekoch, Caramelkoch, Chocoladekoch (»Schwarzes Koch« als »Mohr im Hemd«: in Dunst gekocht, mit Marillenschaum), Beschamelkoch, Semmelbeschamelkoch, Biscuitkoch, Zwiebackkoch, Kipfelkoch, Citronatkoch, Weinkoch, Brotkoch, Mandel-, Mohn-, Vanille-, Kastanien-, Nuß-, Haselnuß-, Muscatzinkoch, Dotter-, Baumwoll-, Äpfelkoch, Quitten-, Zwetschken-, Marillen-, Salsen- und Limonien-Koch. Weiter gibt es noch Salsen-Schaumkoch, Schaumkoch von frischem Obst, Hohlhippen-Koch, Dornbacher Koch.

Die Koche sind auflaufähnlich, doch wird die Masse auf kaltem Wege hergestellt. Die Koche werden im Rohr gebacken, wobei sie am besten wie die Puddings im Wasserbad stehen. Gefüllte Koche (wie Eierkoch und Linzer Koch) erhalten keine Saucenbeigabe, die nichtgefüllten Koche werden mit Begleitsaucen oder Sirupen serviert.

Eiskoch
6–8 Portionen

4 Schneidsemmeln, ¼ l Milch, 40 g Butter, 40 g Staub-

zucker, 1 ganzes Ei, 2 Eidotter, 2 Eiklar, Vanille, 20 g weiße Semmelbrösel oder 10 g Mehl; 20 g abgezogene, geriebene Mandeln; 80 g Ribisel- oder Preiselbeermarmelade, 2 Eiklar, 70 g Kristallzucker, 1 EL Rum, 1/2 EL Zitronensaft, Butter und Brösel für die Pfanne

Die Semmeln werden entrindet, blättrig geschnitten, in kalter Milch aufgeweicht, gut ausgedrückt, grob passiert oder ein wenig verrührt. Butter und Staubzucker schaumig rühren, nach und nach die ganzen Eier und die Dotter, ebenso die Semmelmasse einrühren.

Aus den 2 Eiklar den Schnee schlagen, mit Vanillezukker ausschlagen und nebst Semmelbröseln und geriebenen Mandeln in die Masse einmischen. Die Masse in eine bebutterte, mit Bröseln ausgestreute Pfanne zweifingerhoch einfüllen und langsam etwa 20 Minuten backen.

Zum Schluß mit etwas Rum bespritzen, eine halbzentimeterdicke Lage Preiselbeer- oder Ribiselmarmelade aufstreichen.

Aus 2 Eiklar und 70 g Kristallzucker eine Eierschaummasse bereiten, mit etwas Rum und Zitronensaft würzen und gleichmäßig auf die Marmeladeschicht auftragen, daß alles schön bedeckt ist. Überzuckern und in sehr heißem Rohr kurz überbacken (etwa 10 Minuten), bis alles eine hellbraune Farbe genommen hat. Die Portionen teilt man dann mit einem in Wasser getauchten Messer.

Linzer Koch

6–8 Portionen

50 g Butter, 50 g Staubzucker, Zitronenschale, Vanille, 3 Eidotter, 2 entrindete Semmeln; 40 g ungeschälte, geriebene Mandeln; 3 Eiklar, 1 Backoblate, Ribiselmarmelade, Butter und Brösel für die Pfanne

Butter, Staubzucker und Aromaten schaumig rühren, nach und nach die Eidotter einrühren. Dann die entrindeten, in Milch geweichten, ausgedrückten Semmeln, sowie die ungeschälten, geriebenen Mandeln, zuletzt den steifen Schnee einrühren. Die Hälfte der Masse in eine bebutterte Pfanne füllen, mit einer Oblate belegen, diese mit Ribiselmarmelade bestreichen, die restliche Masse daraufgeben. Langsam 40 bis 45 Minuten im Rohr backen.

Salzburger Koch

6 Portionen

85 g Butter, 20 g Staubzucker, 3 Eidotter, Vanille; 2 entrindete, in 1/8 l Milch aufgeweichte Schneidsemmeln; 40 g geriebene, geschälte, weiße Mandeln; 2 Eiklar, 30 g Kristallzucker, 150 g entkernte Kirschen oder blättrig geschnittene Äpfel, Butter und Brösel für die Pfanne

Butter und Staubzucker schaumig rühren, die Eidotter nach und nach einrühren, mit Vanille würzen, die Mandeln und passierten Semmeln beigeben, zuletzt den mit Kristallzucker ausgeschlagenen steifen Schnee darunterziehen. Eine bebutterte, mit Bröseln ausgestreute Form zur Hälfte mit der Masse füllen, mit Früchten bedecken und die restliche Masse auffüllen. Im Rohr etwa 40 Minuten backen.

Kipfelkoch

6 Portionen

5 altbackene Kipfel, 1/8 l Milch, 1 Ei, Salz, 20 g Kristallzucker, 300 g Äpfel, 30 g Rosinen, 20 g Kristallzucker, Zimt, 1/8 l Milch, 1 Eidotter, 60 g Butter für die Form, Staubzucker zum Bestreuen

Die Kipfel in dünne Scheiben schneiden, mit einer Mischung aus kalter Milch, Salz, Zucker und Eiern übergießen. Die Hälfte der Masse in eine befettete Auflaufform füllen, geschälte, blättrig geschnittene Äpfel, Rosinen, Zucker und Zimt daraufstreuen, dann die restliche Kipfelmasse daraufgeben. Das Ganze mit einer Mischung aus 1/8 Liter Milch und 1 Eidotter übergießen, mit Butterflocken belegen, 45 Minuten im Rohr backen. Die Oberfläche muß knusprig werden. Das Koch mit Staubzucker bestreuen und mit Zwetschkenröster (siehe Seite 574) servieren.

Nußkoch

6–8 Portionen

4 Eier, 40 g Staubzucker, 60 g Kristallzucker, 80 g geriebene Wal- oder Haselnüsse, 20 g Biskuit- oder Semmelbrösel, 50 g Mehl, geriebene Zitronenschale, Vanille, Stäubchen Zimt, Butter für die Auflaufform

Eidotter, Staubzucker, Zitronenschale, Vanille und Zimt schaumig rühren. Festen Schnee schlagen und mit Kristallzucker ausschlagen. Ein Drittel des geschlagenen Schnees mit Mehl, geriebenen Mandeln, Biskuit- oder Semmelbröseln und dem gerührten Eidotter gut vermischen, dann erst den restlichen Schnee mit dem Kochlöffel unter die Masse ziehen. Die Masse in eine bebutterte Auflaufform füllen und backen. – Mit Weinchaudeau servieren.

Mandelkoch

Wie das Nußkoch bereiten; anstatt der Nüsse nehme man ungeschälte, geriebene Mandeln und serviere das gebackene Koch mit Mandelsauce (siehe Seite 570).

Weinkoch

Ist ein Nußkoch, das mit leichtem Glühwein oder – mit Glühwein beträufelt – mit Weinchaudeau serviert wird. Dieses Weinkoch ist häufig auch eine ländliche festliche Speise, führt aber gegendweise ganz verschiedene Bezeichnungen, wie »Weinbuddin«, »Bröselpudding«, »Weingans«, »Weinbackerl«; statt Wein wird auch Most (mit wenig Wasser, Zucker, Zitronenschale und Zimtrinde bis zum Kochen erhitzt) verwendet. Die Speise wurde gern als Schnittermahl, aber auch bei Hochzeits- und Leichenmahlen serviert.

»Besoffener Kapuziner« (»B'soffene Liesl«)

16 Portionen

Masse: 4 Eier, 150 g Kristallzucker, Vanille, Zitronenschale, Zimt, 130 g Mehl, 50 g geröstete, geriebene Haselnüsse; *Sirup:* 1/10 l Ananassaft, 100 g Zucker, 1/16 l Wasser, 1/10 l Rum, 1/4 l Weißwein; 1/4 l Schlagobers zum Garnieren

Eier, Zucker und Aromaten zuerst warm, dann kalt schlagen, gesiebtes Mehl und die Haselnüsse darunterziehen. In einen Tortenreifen mit etwa 23 cm Durchmesser und 5 cm Höhe die Masse einfüllen und anschließend backen.
Mit dem Sirup beträufeln, portionieren und obenauf reichlich mit Schlagobers garnieren.

Schmarren

Während der Strudel eine bereits verfeinerte, von der bürgerlichen Küche her beeinflußte Form der Teighüllspeisen darstellt, ist der Schmarren in seiner ursprünglichen Form ein ländlich-bäuerliches, einheimisches Gericht, das verhältnismäßig spät »salonfähig« wurde. Schmarren, Pfannkuchen und die späteren Palatschinken dürften auf die älperischen Pfannenspeisen zurückzuführen sein. »Während im bäuerlichen Bereich die Brei- und Mussspeisen aus Mehl usw. vorwiegen, haben die Almwirtschafter dies zum ›Melkermus‹ erweitert – wie das 18. Jahrhundert ganz richtig aufzeichnet –, wobei die Vollmilch, das Mehl und die Butter zusammen die Grundlage aller österreichischen Pfannenspeisen, also der Schmarren und der Palatschinken usw., bilden. Auch das ›Schupfen‹ der Pfannenspeisen gehört offensichtlich dieser almerischen Männerkochkunst an, wie sie auch den Holzknechten vertraut ist« (Leopold Schmidt).
Erstmals erwähnt in der Literatur wird der Schmarren 1563 in der Hochzeitspredigt des Johannes Mathesius, in der von einem »feisten« Schmarren die Rede ist, was unterstreicht, daß man das Wort »Schmarren« mit dem alten Wort »Schmer« = »Schmalz, rohes (Schweine-) Fett« in Zusammenhang bringen kann.

Die Kochbücher des 18. Jahrhunderts führen bereits die bis heute bekannten Schmarrenrezepte an, so das »Nutzliche Koch-Buch Oder: Kurtzer Unterricht« (1736 und 1740) den »Mehl-Schmarn«, »Grieß-Schmarn« und »Semmel-Schmarn«; im »Grätzerischen Kochbuch« gibt es dazu einen »Reißschmarn«, Anna Dorn bringt 1827 Grießschmarren, Ordinären Mehlschmarren und Semmelschmarren, Rokitansky erweitert das Schmarren-Repertoire durch Kaiser-, Kirschen-, Biskotten-, Äpfel-, Topfenschmarren und den Gaadner Schmarren, führt aber auch Kapaun-, Braten- und Fleisch-Schmarren an. Beliebt war auch der Kipfelschmarren. Die Spitze stellt der »Kaiserschmarren« dar, auf dessen bürgerliche Abstammung wir bereits verwiesen haben. Dieser »Kaiserschmarren« bildet mit dem »Zwetschkenröster« heute fast ein Synonym für Wien und die Wiener Küche.

Mädchen mit Zuckerbachereyen.

Auch heute ist der Rat, den F. G. Zenker in seiner »Kunstbäckerei« zu seinem Rezept »Mehlschmarn« gibt, noch gültig: »Es ist besser, die Gäste warten auf den Schmarn, als der Schmarn auf die Gäste.« Neben den Palatschinken sind Eierschmarren und Eierspeise als schnell zu bereitende Speisen vor allem in ländlichen Gegenden noch immer eine weitverbreitete Gästekost, »besonders für unerwartete Einzelbesucher« (Gertrud Heß-Haberlandt, »Das liebe Brot«, 1960).
Eine ländliche, lokal begrenzte Sonderform sind die »Tommerl oder Ofenkater«, die Katharina Prato im Kapitel »Schmarn und Tommerl« anführt. Seleskowitz schreibt zu dem Rezept »Gelinder, gerösteter Sterz«: »in Steiermark und Kärnten unter dem Namen ›Mehl-Tommerl‹ bekannt«. Lia Miklau überliefert uns in ihrem »Kärntner Kochbüchl« ein Rezept »**Türkenpfanzl** oder **Türkentomele**«: In 1 Liter siedende Milch wird ½ Liter grießiges Türkenmehl, das nötige Salz und ein wenig Zucker gerührt. 60 g Butter werden in einer Pfanne verteilt, die Hälfte der Türkenmehlmasse darübergestrichen, 1 kleiner Teller voll Apfelschnitten oder »Apfelgschra« (= Apfelmus) darauf verteilt, dann kommt die zweite Hälfte der Pfanzlmasse darauf. Es wird dann etwa ½ Stunde fingerhoch im Backrohr gebacken, in Stücke aufgeschnitten und mit »Birnmehl« (feinvermahlene Kletzen), »Karobemehl« (zerstampfte Boxhörndl, das ist Johannisbrot), mit Zimt und Zucker oder mit Honig darüber, aufgetragen. – »Ofenkater« bzw. »Ofenkoter« dagegen ist laut Miklau richtigerweise ein Fladengebäck aus dunklem Weizenbrot- oder Roggenbrotteig. Allerdings bringt das Kochbuch der »Marianka, Mundköchin des Hans-Jörgel von Gumpoldskirchen«, 1846, ein Rezept »Oisnitzer Ofenkater: Eine halbe Maß neugemolkne Milch wird mit eben so viel feinem Mehl und 6 Eiern gut abgesprudelt, gesalzen, in eine mit Schmalz oder Butter bestrichene Rein gegossen, und unverzüglich in den Ofen geschoben. Wenn es früher eine Weile steht, wird der Kater speckig. Vor dem Auftragen kann man ihn mit Zucker bestäuben.
Der steirische Polenta (Ofentommerl) wird auf die nämliche Art mit Kukurutzmehl gemacht.«

Kaiserschmarren

2 Portionen

4 Eidotter, 30 g Staubzucker, etwa ³⁄₁₆ l Milch oder Obers, 100 g Mehl, Prise Salz, 4 Eiklar, 50 g Butter zum Backen, 40 g Rosinen, Staubzucker

Mehl, Zucker, Salz, Eidotter und Milch zu einem glatten, nicht allzu dickflüssigen Teig verrühren. Zuletzt den steifen Schnee in den Teig ziehen.
In einer Pfanne die Butter erhitzen, den Teig hineingießen, anbacken, mit Rosinen bestreuen, wenden und auf mäßigem Feuer fertigbacken. Dabei oder anschließend in kleine Stücke zerreißen, kurz (im Rohr) ausdünsten lassen, auf einer Platte anrichten, mit Zucker bestreuen und servieren.
Als Beilage kann man dazu Kompott oder Zwetschkenröster reichen.

Grießschmarren

6 Portionen

½ l Milch, Prise Salz, 200 g grober Weizengrieß, 50 g Butter, eventuell 1 Ei, 100 g Butter, 20 g Staubzucker, 50 g Rosinen, geriebene Zitronenschale, Staubzucker zum Bestreuen

Die gesalzene Milch mit Butter zum Kochen bringen, den Grieß einlaufen lassen, dick einkochen und überkühlen. (Geschmackliche Verbesserung: in die überkühlte Masse 1 Ei einrühren.) Diese Grießmasse in einer Pfanne im Rohr in heißer Butter ausdünsten lassen, den Schmarren dabei öfter mit einer Gabel zerkleinern. Nach etwa 20 Minuten Zucker, Rosinen und etwas geriebene Zitronenschale dazugeben und den Schmarren knusprig braun noch etwa 20 Minuten weiterrösten. Mit Zucker bestreuen. Beilage: Zwetschkenröster, Kompotte.

Kipfelschmarren

4 Portionen

8 Kipfel, ³⁄₁₆ l Milch, 20 g Zucker, 30 g Rosinen, Vanille, Zimt, 80 g Butter

Die Kipfel werden blättrig geschnitten. Milch, Eier, Zucker, Vanille und Zimt gut verrührt und abgeschlagen über die Kipfel gießen. Diese Masse in eine mit Butter ausgestrichene Form geben, mit Rosinen bestreuen und etwa 25 Minuten im Rohr langsam backen. Mit einer Gabel zerreißen, anrichten und mit Zucker bestreuen. Wird mit Zwetschkenröster oder mit einem Kompott serviert.

Statt Kipfel kann man auch Semmeln (vom Vortag) verwenden. Auch dieser **Semmelschmarren** wird mit Zwetschkenröster serviert.

Palatschinken

Die Herkunftsgeschichte des Wortes »Palatschinken« ist charakteristisch für eine große Zahl von Namen für Wiener Mehlspeisen. Wie in so vielen Fällen beginnt die Geschichte auch hier bei den Römern, die mit dem Wort »placenta« einen Kuchen schlechthin bezeichneten (heute kennen nur mehr die Mediziner diesen Ausdruck für »Mutterkuchen«). In einer Tochtersprache des Lateinischen, im Rumänischen, heißt das Wort »placinta« (»platschinta« ausgesprochen). Im westlichen Siebenbürgen stellte man diese Fladen auf besonderen, aus Sandsteinschieferplatten gewonnenen »Fladenbacksteinen« her; sie wurden »seitlich von zwei geeigneten Steinstücken unterlegt, auf den offenen Herd gestellt und vor dem Aufgießen des Teiges eingefettet. Der Teig war entweder nur ein gewöhnlicher Hefeteig oder entsprach in seiner Zusammensetzung unserem Palatschinkenteig« (Gertrud Heß-Haberlandt, »Das liebe Brot«). Die Ungarn, die das Wort übernahmen, machten daraus ein »palacsinta«. Die Ungarn gaben es an die benachbarten Slawen weiter, die es zu »palacinka« umformten. Die österreichische bzw. die Wiener Küche übernahm Namen und Gericht dann von den Tschechen. Das Wort erscheint allerdings erst in den Kochbüchern des 19. Jahrhunderts (früher gab es den Eierkuchen, den Pfannkuchen, den »Pfannzelten«). Heute unterscheidet der Wiener genau zwischen Palatschinken und Omeletten. Palatschinken (und Pfannkuchen) werden aus einem dünnflüssigen Teig bereitet und sind kleiner, die Omelette ist größer und wird aus einem etwas dicker gehaltenen Teig bereitet. Für die Omelette wird auch ein feinerer Teig genommen. Bei den Palatschinken ist der Teig im Grunde genommen sekundär, er soll nur die Fülle einfassen – sie ist das Ausschlaggebende. Daher sagt der Eingeweihte auch nie »Topfenomeletten«, sondern immer nur »Topfenpalatschinken«.

J. M. Heitz mahnt die Hausfrau in seiner »Wiener Bürger-Küche«: »Die Omelettenpfanne soll nie aus übertriebener Reinlichkeit auf die Innenfläche mit Sand oder Wasser gescheuert werden, da die ersten Omeletten einer so behandelten Pfanne meistens verdorben sind. Man reinigt die Pfanne, indem man sie mit einem Tuch oder weißem Papier ausreibt.«

Palatschinken

4–6 Portionen, 12 mittelgroße Palatschinken

140 g Mehl, ¼ l Milch, 2 Eier, 1 Eidotter, Salz, Fett zum Backen (die Altwiener Küche nahm halb Butter, halb Schweinefett dazu), 150 g Marillenmarmelade zum Füllen

Mehl mit Milch, dann mit den Eiern und Eidotter und einer Prise Salz zu einem glatten, dicklichen Teig verrühren. Nun noch so viel Milch beigeben, daß ein dünnflüssiger Teig entsteht. Durch erhöhte Beigabe von Eidotter oder Beigabe von Obers statt eines Teiles Milch werden die Palatschinken feiner. Dann in der Palatschinkenpfanne ein wenig Fett heiß werden lassen, so viel Teig hineingießen, daß der Boden der Pfanne dünn bedeckt ist bzw. die Pfanne beim Eingießen des Teiges so bewegen, daß der Teig gleichmäßig dünn verteilt wird. Über mäßigem Feuer zuerst die eine Seite hellbraun backen, dann wenden und die zweite Seite ebenfalls backen (Farbe nehmen lassen). Die fertigen Palatschinken übereinandergelegt warm stellen, bis der ganze Teig aufgearbeitet ist. Dann die Palatschinken mit Marillenmarmelade bestreichen, zusammenrollen, auf einer Platte anrichten und mit Zucker bestreuen. Sofort servieren.

Man kann die Palatschinken auch mit beliebigen anderen Marmeladen füllen.

Topfenpalatschinken

6–8 Portionen

Palatschinkenteig nach vorstehendem Rezept
Fülle: 250 g Topfen, 80 g Butter, 50 g Staubzucker, 50 g Kristallzucker, 3 Eier, Salz, Vanille, Zitronenschale und -saft, 80 g Rosinen
Eiermilch (Royal): ¼ l Milch, ¼ l Sauerrahm, 4 Dotter, 50 g Zucker, Vanille, Butter für die Pfanne

Palatschinken bereiten und backen.
Eiermilch: Alle Zutaten werden gut miteinander verrührt.
Fülle: Butter, Staubzucker, Dotter, Topfen und Gewürze schaumig rühren. Die Eiklar mit dem restlichen Zucker zu steifem Schnee ausschlagen, mit der Topfenmasse zu einer feinen Creme vermengen. Die Palatschinken mit dieser Creme bestreichen, mit Rosinen bestreuen, zusammenrollen, in zwei Teile schneiden und dachziegelartig in eine Pfanne legen; mittelheiß backen. Nach 15 Minuten Backzeit übergießt man die angebackenen Palatschinken mit der Eiermilch und backt sie fertig. Angerichtet werden die Palatschinken auch mit heißer Vanillecremesauce (Seite 570).
Babette Franner, geborene Weinzierl, zuckert ihre gebackenen, mit Marmelade gefüllten und zusammengerollten »Marmeladepalatschinken«, legt sie dann mit der gezuckerten Seite noch einmal auf eine vorher mit ein wenig Butter bestrichene »Fridattopfanne«, läßt die Palatschinken schön braun glasieren und richtet sie dann der Reihe nach an.

Pfannkuchen

Der Pfannkuchen ist – wie die Omelette oder Palatschinke – ein in einer flachen Pfanne gebackener »Eierkuchen« und wird ebenfalls auf beiden Seiten gebacken; nur wird der Teig dazu etwas dicker in die Pfanne gegossen und geht am Rand schüsselartig hoch. In den altösterreichischen Kochbüchern macht man noch keine Unterscheidung zwischen »Pfannkuchen« und »Omeletten«. In sehr alten Kochbüchern taucht auch noch die Form »Pfannzelt« auf, also Pfannenzelte, ein in einer Pfanne gebackener Fladen bzw. Zelten (zu unterscheiden vom »Pfanzel«, einer Schöberlform, vor allem als Suppeneinlage verwendet), der einst zu den bäuerlichen Festtagsspeisen (z. B. zum Abschluß der Ernte) gehörte.

Grundmasse

2 Portionen

80 g Mehl, 3 Eidotter, etwa ⅛ l Milch, Prise Salz, 3 Eiklar, 40 g Zucker, 40 g Butter zum Backen

Mehl, Milch, Eidotter und Salz zu einem glatten Teig verrühren. Den festen Schnee mit Kristallzucker ausschlagen und unter die Masse ziehen. Butter in der Omelettenpfanne erhitzen, die Masse eingießen, anbacken, umdrehen und im Rohr fertigbacken; mit Kompott (Preiselbeeren) oder Marmelade füllen, anrichten und überzuckern.

Apfelpfannkuchen

2 Portionen

Grundmasse, 250 g geschälte, in dünne Scheiben geschnittene Äpfel

Butter erhitzen, den Teig eingießen, etwas anbacken, die Apfelscheiben auflegen und im Rohr fertigbacken. Auf eine Platte stürzen und überzuckern.

Heidelbeerpfannkuchen

2 Portionen

Grundmasse, 250 g Heidelbeeren

Wird wie der Apfelpfannkuchen zubereitet.

Pfannkuchen »Gastronom«

6 Portionen

50 g Butter, 50 g Mehl, ¼ l Milch, 5 Eidotter, 5 Eiklar, 50 g Zucker, Vanillezucker, Prise Salz, etwas Cognac, geriebene Zitronenschale

Nußfülle: 50 g geriebene Nüsse, 50 g verdünnte Marillenmarmelade, etwas Zitronensaft, Cognac, 3 EL Obers

20 g zerlassene Butter zum Backen, Erdbeer- und Schokoladesauce (siehe Seite 571), geschlagenes Obers

Mehl in zerlassener Butter anlaufen lassen, mit Milch aufgießen, mit dem Kochlöffel so lange rühren, bis sich die Masse vom Geschirr löst. Dann vom Feuer nehmen, Eidotter und Geschmackszutaten einrühren. Zuletzt den steifen, mit Kristallzucker ausgeschlagenen Schnee darunterziehen.

In einer Pfanne Butter erhitzen, einen Eßlöffel Teig in die Pfanne geben, über den Pfannenboden rinnen lassen, anbacken, wenden und bei schwachem Feuer fertigbacken.

Je 2 Pfannkuchen mit Nußfülle zusammensetzen, je zur Hälfte mit Erdbeer- und Schokoladesauce überziehen, mit geschlagenem Obers garnieren und servieren.

Fülle: Obers aufkochen lassen, die übrigen Zutaten beigeben und gut verrühren.

Omelette

Die Omelette – der Österreicher sagt »die Omelette« statt »das Omelett« – ist die verfeinerte Steigerungsstufe von Pfannkuchen und Palatschinken und war besonders im 18. Jahrhundert eine sehr beliebte Speise. Damals wurde auch das Wort aus dem Französischen übernommen (es taucht seit etwa 1710 in unseren Kochbüchern auf); es bedeutet soviel wie »Platte«. Bekannt war die Speise, im Duden als »Eierkuchen« übersetzt, schon den Römern unter dem Namen »ova mellita«. In den Kochbüchern früherer Jahrhunderte wurden die Omeletten häufig auch als »französische Strudelflecken« bezeichnet, so in »Kurtzer Unterricht in welchem Unterschiedene Speisen gut zuzubereiten beschrieben seynd« (Wien 1736, Steyr 1740), wo es heißt: »Eyer-Fleck werden gemacht wie der französische Strudelfleck«, und »Krebs-Strudel... Man bäckt in den Kösterol die gewöhnlichen Eyer-Flöcken.«

Die Omelette wird immer nur frisch zubereitet und ist im Grunde genommen bloß eine flach gebackene, gerollte oder zusammengeklappte Eiermasse, nach deren Zusammensetzung wir Omeletten aus Eiern allein (»Eieromeletten«), aus Biskuitmasse und aus Brandteig unterscheiden. Eine Abart sind die Auflaufomeletten (Omelettessoufflées), die auch in der Form von der eigentlichen Omelette abweichen.

Da der Österreicher eine ausbalancierte Mischung zwischen einem Gourmand und einem Gourmet ist, stellt er sich auch unter einer Omelette eine eher etwas handfeste Portion (daher auch die Mehlbeigabe!) vor.

Kaiseromelette

4–6 Portionen

¼ l Milch, Prise Salz, 50 g Butter, 70 g Mehl, 5 Eidotter, 5 Eiklar, 60 g Kristallzucker, 50 g Butter zum Backen, 80 g Marillenmarmelade

Milch, Salz und Butter aufkochen, das Mehl einrühren, durchrösten und rühren, bis sich die Masse vom Rand löst, leicht überkühlen, die Eidotter nach und nach einarbeiten. Den festen Schnee mit Kristallzucker steif ausschlagen. Ein Drittel der Schneemenge der Masse beigeben, kräftig glattrühren, den restlichen Schnee locker darunterziehen.

In einer Pfanne Butter aufschäumen lassen und mit einem kleinen Schöpfer pro Portion 2 kleine Omeletten einlegen. In genügend großer Pfanne können auch 4 Omeletten gleichzeitig eingelegt werden. Die Masse anbacken, wenden, auf schwacher Flamme, noch besser

Kaiserschmarren mit Zwetschkenröster

Gebackene Topfenpalatschinken

Dukatennudeln mit Vanillecremesauce

Schneeballen und Faschingskrapfen

aber im Rohr fertigbacken. Jede Omelette einmal in der Diagonale einritzen, umdrehen, mit Marmelade füllen, zusammenklappen, anrichten, anzuckern und dann servieren.

Omelette Johann Strauß

6 Portionen

6 Omeletten nach vorstehendem Rezept bereiten, ungefüllt zusammenklappen, mit Orangenscheiben von 2 Orangen belegen und mit folgender **Orangensauce** nappieren.

Sauce: 4 Orangen, 3 Stück Würfelzucker, 40 g Zucker, 60 g Marillenmarmelade, 20 g Butter, etwas Orangenlikör

Mit Würfelzucker die Orangenschale von einer Orange abreiben, den Saft von 4 Orangen mit Zucker, Würfelzucker und 60 g Marillenmarmelade aufkochen, vom Feuer wegziehen, mit Butter verfeinern und mit Orangenlikör abschmecken.

Biskuitomelette

2 Portionen

3 Eier, 40 g Zucker, 40 g Mehl, feingeriebene Zitronenschale, 20 g Butter zum Backen, Mehl zum Stauben, Marmelade zum Füllen

Die Eiklar zu festem Schnee schlagen, den Kristallzucker nach und nach einschlagen, dann geriebene Zitronenschale, Eidotter und Mehl vorsichtig unter den Schnee heben. Diese Masse dann in eine bebutterte und mit Mehl bestaubte Omelettenpfanne geben. Der Außenrand der Masse muß dicker sein als der mittlere Teil. Im heißen Rohr etwa 7 Minuten backen, bis die Omelette oben Farbe genommen hat und beim Befühlen einen leichten Druck erwidert.

Die Omelette einmal diagonal einritzen, auf eine Platte stürzen, eine Hälfte mit Marmelade füllen, zusammenklappen und überzuckern.

Omelette Stephanie: Eine Biskuitomelette mit Marillenmarmelade füllen, darauf im Saft erwärmte, gut abgetropfte, würfelig geschnittene Kompottfrüchte legen. Zusammenklappen und servieren.

Schönbrunner Omelette heißt die Stephanieomelette, wenn sie zusätzlich mit warmer Schokoladesauce serviert wird.

Sacher Rezept

Omelette George Sand

6–8 Portionen

Omelettenmasse: ¼ l Milch, 60 g Butter, 80 g Mehl, etwas Salz, 6 Eidotter, 6 Eiklar-Schnee, 60 g Kristallzucker, Früchte-Vanillecreme, Maronireis (siehe Seite 572)

Vanillecreme: ⅛ l Milch, Vanillestangerl, 10 g Vanillecremepulver, 30 g Zucker ¼ l geschlagenes Obers, 100 g Kompottfrüchte

Omelettenmasse: Die Butter aufschäumen lassen, Mehl kurz mitrösten, mit Milch aufgießen und durchkochen, den Dotter einrühren, den Schnee mit Kristallzucker ausschlagen und einmelieren. Dann wie bei der Kaiseromelette (siehe Seite 514) beschrieben bakken, mit der Vanillecreme füllen, mit Kastanienreis bestreut servieren.

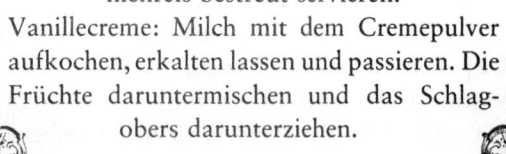

Vanillecreme: Milch mit dem Cremepulver aufkochen, erkalten lassen und passieren. Die Früchte daruntermischen und das Schlagobers darunterziehen.

Früchte in Backteig

Diese Gattung Mehlspeise (»Backteigsachen«) hat wie alle in Fett (»Schmalz«) gebackenen Mehlspeisen der österreichischen Küche eine alte Tradition. Im tirolischen Paznaun waren der Stephanitag, der erste Fastensonntag, Oster- und Pfingstmontag und Mariä Himmelfahrt »Kücheltage« (in der ländlichen Küche spricht man bei in Schmalz gebackenen Früchten usw. von »Kücheln«). Bereits die handschriftlich erhaltenen Kochbücher des 15. und 16. Jahrhunderts bringen ausführliche Rezepte dazu. Wir haben schon die gebackenen Äpfel-, Weichsel- und Kirschenknödel im »Granat-Apfel«-Kochbuch aus dem Jahre 1699 erwähnt. Alle österreichischen Kochbücher seither bringen viele Rezepte von Obst, in einen Backteig getaucht und im heißen Fett schwimmend gebacken. Von Blüten werden schon im 15. und 16. Jahrhundert Holunder (Mundartform: »Holler«), Rosenblätter, Akazien- und Kürbisblüten, aber auch Salbei, junge Brennesseltriebe, Schwarzwurzelblätter und Petersilie durch einen Backteig gezogen und in Fett gebacken (so im Kochbuch von »St. Dorotheen zu Wien« und im »New Kochbuch« von Marx Rumpolt). Blütenblätter von Rosen, Akazien und Flieder wurden ja auch mit Zucker überzogen (im »Granat-Apfel«-Kochbuch: »Allerley Kräuter und Blumen-Werck mit Zucker zu überziehen«).

Die Backteige werden nach der verwendeten Flüssigkeit (Milch, Wein, Bier) als Milchbackteig, Weinbackteig oder Bierbackteig bezeichnet (Bierteig wird vor allem bei gebackenem Gemüse, Innereien, Fischen usw. verwendet; dabei fällt die Zuckerbeigabe weg). In der ländlichen Küche wird der Backteig verschieden bezeichnet (Tropfteig, Schmarrnteig, Omelettenteig, Kücheltteig); meist wird er aus Mehl, Milch und Eiern bereitet. Backen kann man Früchte wie Ananaserdbeeren, Apfelspalten, Bananen, Birnen, Marillen, Pfirsiche, Zwetschken, aber auch Blüten wie Akazienblüten (Robinien) und Holunder (Holler) sowie Rosenblätter.

Fachliche Hinweise

Entscheidend ist die Wahl des Backfettes. Wasserarmes Fett ist vorzuziehen, zum Beispiel Kokosfett, Schmalz (Schmalz wird immer gemischt mit Öl oder Kokosfett verwendet) und gutes Öl, nicht aber Butter oder Margarine. Das industriell hergestellte Backfett eignet sich ebenfalls sehr gut, weil es nicht leicht überhitzt werden kann (hoher Qualmpunkt!). Das Fett kann mehrmals verwendet werden, wenn es nicht überhitzt und nach jedem Backen sorgfältig geseiht wird. Wichtig ist auch die richtige Temperatur des Fettes; sie soll 160 bis 180 Grad betragen.

Wasserprobe: Man taucht einen Kochlöffel zuerst in kaltes Wasser, dann in das heiße Fett. Wenn das Fett zischt und am Kochlöffel kleine Bläschen aufsteigen, hat das Fett die richtige Temperatur. Die in Fett gebackenen Speisen immer gut abtropfen lassen (auf Gitter, Sieb oder Fließpapier legen). Dann erst mit Zucker bestreut servieren.

Backteig (mit Milch, Wein oder Bier)

Ca. 6 Portionen

140 g Mehl, $1/8$ l Milch oder Weißwein oder Sodawasser oder Bier, 2 EL Öl, Prise Salz, 2 Eidotter, 2 Eiklar, 10 g Zucker (bei Gemüse ohne Zuckerbeigabe!)

Mehl, Milch (oder eine andere Flüssigkeit), Öl, Eidotter und Salz kurz zu einem glatten Teig verrühren. (Oft wird der Teig auch mit einem KL Rum aromatisiert.) Den Teig nicht länger rühren, als unbedingt notwendig ist, sonst wird er beim Backen zäh. Dann etwas rasten lassen.

Vor der Verwendung den steifen Schnee, mit Zucker fest ausgeschlagen, vorsichtig und kurz unter den Teig ziehen, um zu verhindern, daß der Teig zäh und rissig wird.

Gebackene Apfelschnitten (Apfelscheiben)

6 Portionen

Backteig (siehe vorstehendes Rezept), 500 g kernige Äpfel; 60 g Staubzucker, vermischt mit 1 TL Zimt; Saft einer Zitrone, 1 EL Rum, Backfett, Vanillezucker

Die geschälten und entkernten Äpfel in 1 cm dicke Scheiben (oder in Spalten) schneiden, mit Zitronensaft und Rum beträufeln, mit Staubzucker und Zimt bestreuen und einige Zeit marinieren. Dann in den Backteig tauchen und im heißen Backfett schwimmend goldbraun backen (3 Minuten), dabei einmal wenden! Abtropfen lassen, mit Vanillezucker bestreuen und servieren.

Im Brixental werden die Apfelschnitten noch zusätzlich mit einer warmen Honigbrühe übergossen.

Bananen in Weinteig

Backteig (siehe Seite 516), pro Person 1 Banane, etwas Rum, Zitronensaft, Backfett, Vanillezucker

Die Bananen schälen, der Länge nach halbieren, dann vierteln, mit Rum, Zitronensaft und Zucker würzen, kurze Zeit stehenlassen, dann durch den Backteig ziehen, in heißem Fett schwimmend sehr rasch goldbraun backen (etwa 2 Minuten). Abtropfen lassen, mit Vanillezucker bestreuen und servieren.

Wiener Wäschermädel

Backteig (siehe Seite 516), pro Portion 3 reife Marillen und 40 g Marzipan, Staubzucker, Marillenbrand oder Weinbrand, Backfett, Vanillezucker

Die ganzen Marillen etwa 10 Sekunden in kochendes Wasser legen, herausnehmen, sofort kalt schwemmen und die Haut abziehen. Die Früchte aufschneiden, mit Marillenbrand oder Weinbrand und Staubzucker marinieren (5 Minuten stehenlassen), statt des Kerns eine Kugel Marzipan einsetzen, dann in den Backteig tauchen, in heißem Fett schwimmend goldbraun backen, abtropfen lassen; mit Vanillezucker bestreut servieren.

Pfirsich Mirabell

Backteig (siehe Seite 516), pro Portion 4 kleine halbe Kompottpfirsiche und 2 kleine Kugeln Vanilleeis; etwas Orangenlikör, Backfett, Staubzucker

Die Pfirsichhälften ½ Stunde lang ins Tiefkühlfach legen, die Innenfläche mit Orangenlikör beträufeln, mit Vanilleeis zusammensetzen, durch den Backteig ziehen und sehr rasch in heißem Fett schwimmend backen, abtropfen lassen, überzuckern und sofort servieren.

Schlosserbuben

Backteig (siehe Seite 516), pro Portion: 6 große Dörrpflaumen, 40 g Marzipan oder 3 geschälte Mandeln; Zucker, Zimt, Backfett, 30 g Schokolade, 30 g Staubzucker

Große kernlose Pflaumen einige Stunden im Wasser einweichen, einmal aufkochen, dann auskühlen und gut abtropfen lassen. Jeweils 2 Stück aneinanderdrücken, mit Zucker und etwas Zimt würzen, Marzipan oder Mandeln in die Mitte legen, zu einer Kugelform zusammendrücken, in den Backteig tauchen und in heißem Fett schwimmend backen. Abtropfen lassen, in Staubzucker, vermischt mit geriebener Schokolade, rollen und sofort servieren.

Seleskowitz nennt das Rezept »Gebackene Zwetschken« und erklärt dazu: »Die Zwetschken können, wenn sie fertig gebacken sind, in geriebener Schokolade, gemischt mit feingestoßenem Zucker, gewälzt werden, wo sie dann den Namen ›Schlosserbuben‹ erhalten.«

Gebackener »Holler«

Die schirmähnlich angeordneten weißen Holunderblüten werden kurz gewaschen und getrocknet. Am Stielende halten, in den etwas dünner gehaltenen Backteig (siehe Seite 516) tauchen und in heißem Fett backen.

N. 394. Gebachenen Holler.

Bereite ein gutes durchgefähtes Mund-Mehl in einem Weidling, ein wenig gefalsen, mache den Teig mit weissen Bier, oder Milch und Eyern an, in der rechten Dicken, nimm saubern, und nicht gar zu vil ausgeblühten Holler, kehre ihn in dem angemachten Teig um, bereite Schmaltz, oder gute Faisten, bache ihn schön röslet, und die Pfann gebeitlet, damit er schön krauß wird, hernach gezuckert, auf die Tafel geben.

N. 395. Gebachenen Salbey / oder Frauen-Blätl.

Nimm in ein Reindl süsse Milch, lege ein wenig Schmaltz oder Butter darein, und laß sieden, rühre ein gutes Mund-Mehl darein, in der Dicken, wie ein Brand-Teig, trückne den Teig auf der Glut wohl ab, lasse ihn auskühlen, rühre Eyer darein, und gesalzen; mache ihn in der Dicken, wie einen dinnen Strauben-Teig, kehre die Blätl in disen Teig um, und schön langsam gebachen. Man kan auch Kerschen und Weichseln in disem Teig bachen.

Abtropfen lassen. Mit Vanille oder Zimtzucker bestreuen und mit einer Fruchtsauce oder Fruchtsaft servieren. Man häuft sie beim Anrichten mit den Stengeln nach oben an. Die Speise wird in manchen Gebieten Österreichs auch als »Hollerscheberl« (Holunderschöberl), »Hollerstrauben« und »Hollerküchel« bezeichnet. Sie waren neben den Krapfen das Festgebäck der Sommersonnenwende. Das Volk hat die Holunderstaude seit alters her mit allerlei Segens- und Heilzauber ausgestattet.

Der »Neunhäutelkrapfen«, in der Gegend um Schladming bekannt, hat als Fülle getrocknete Feigen, die neunmal in Bierteig getaucht und ebensooft in Fett gebacken wurden. Eine Festspeise, besonders in den Gebirgsgegenden, sind auch die »Speckküchel« und die »Kasküchel«.

In Backteig getaucht werden auch verschieden vorbehandelte Brot- und Weißbrotschnitten (in meiner Innviertler Heimat heißen sie »bachene Schnidn«; die Heischegänger bekamen sie in den Rauhnächten vor Weihnachten). In den bürgerlichen Kochbüchern heißen sie

Arme Ritter (Pofesen)

Der Name dieses Gerichts (es heißt auch »Zwetschkenpofesen«, »Brotkrapfen«, »Semmelfische«, »Armer Mann«, »Karthäuserknödel«, »Brudernudeln«, »Reitzerl«, »Schnittlen« usw.) taucht schon im »Buch von guter Speise« aus dem 14. Jahrhundert auf. Dort wird er im Zusammenhang mit einem Rezept »Hühner auf griechische Art« erwähnt, wozu der anonyme Kochbuchautor auch »aht shnitten armeritler« benötigt; der Herausgeber dieses Kochbuchs erklärt in der Anmerkung das Wort als »Apfelart, malus armeniaca«. Die Herkunft dieser Bezeichnung ist allerdings, wie wir schon erwähnt haben, noch ungeklärt.

Zum Gericht können Brotschnitten, Schneidsemmeln, aber auch Weißbrot (Toastbrotschnitten) vom Vortag verwendet werden.

4 Portionen

4 Schneidsemmeln oder 8 dünne Scheiben entrindetes Weißbrot, 50 g Marmelade (so Marillen-, Ribisel-, Weichselmarmelade, auch Powidl), ca. 1/8 l Milch, Vanillezucker, 2 Eier, Backfett oder 80 g Butter; Staubzucker, mit Zimt vermischt

Die Semmeln entrinden, waagrecht halbieren, jede Hälfte nochmals einschneiden. Die Zwischenräume mit Marmelade bestreichen. Die zusammengelegten Semmelschnitten in der vanillierten Milch nicht zu stark erweichen, dann in die versprudelten Eier tauchen, in heißem Backfett rasch knusprig backen oder Butter in der Pfanne erhitzen und darin backen. Abtropfen lassen und mit Zimtzucker bestreuen. Oder: Dünngeschnittene Semmelschnitten mit Powidl bestreichen, je zwei zusammenlegen, in Backteig oder nur in aufgeschlagene Eier tauchen; in heißem Fett backen.

Dalken (»Dalkerln«)

Die »Dalkerln« gehören zu der langen Reihe von Wiener Mehlspeisen mit tschechischen oder slawischen Namen: die »Dalken« oder »Dalkerln« (tschechisch: »dolek« oder »vdolek«, Mehrzahl »dolky«) – die älplerischen »Talggen« dagegen sind etwas ganz anderes (dieses Wort ist germanischer Herkunft und vom Wortstamm »Talgg« = »Brei« abgeleitet) –, die »Liwanzen« (tschechisch: »livanec«, Mehrzahl »livance«; Germplinsen), die »Schkubanken« (»skubánsky«), die »Haluschka« (»haluska«), dann die »Wuchteln« oder »Buchteln« (»buchta«), die »Pogatscherln« (slowenisch, kroatisch: »pogaca«; ungarisch: »pogácsa«), die »Kolatschen«, »Golatschen« (tschechisch, kroatisch: »kolač« = Kuchen; von den Ungarn als »kolács« übernommen), »Powidl« (tschechisch: »povidla«).

Eine den »Böhmischen Dalken« ähnliche Speise erscheint schon im »Buch von guter Speise« (14. Jahrhundert) und heißt »pehamisch Arbeiß« (böhmische Erbsen) oder auch »heidnische erweiz« (»heidenisch«, »heidnisch« bedeutet soviel wie »fremd, selten, unchristlich, sarazenisch, nach Art des Ostens«); es war eine Süßspeise aus gestoßenen Mandeln und Honig mit Gewürzen. Man reichte sie kalt oder warm.

4 Portionen

120 g Mehl, 15 g Germ, 1 Ei, 20 g Butter, ca. 3/16 l Milch, Kristallzucker, Salz, geriebene Zitronenschale,

Butter zum Backen, 100 g Powidl oder Marmelade zum Füllen, Staubzucker zum Bestreuen

Ein Dampfl aus etwas Mehl, lauwarmer Milch, etwas Zucker und Germ ansetzen. Mit restlichem Mehl, Eidotter, Salz, zerlassener Butter, geriebener Zitronenschale und lauwarmer Milch zu einem weichgehaltenen Germteig abschlagen, zuletzt den mit Zucker ausgeschlagenen Schnee daruntermischen. 1/2 Stunde aufgehen lassen. In einer Dalkenpfanne (man kann auch eine Spiegeleierpfanne verwenden) Butter erhitzen. In jede Vertiefung einen Eßlöffel Teig geben, die eine Seite anbacken, wenden und langsam fertigbacken. Je zwei Dalken werden mit Powidl, den man mit Rum gut abschmeckt, zusammengesetzt. Überzuckern.

Altösterreichische Kochbuchautoren, so M. von Rokitansky oder J. M. Heitz, nennen die »echt böhmischen Dalken« auch **Liwanzen**; sie walken einen ganz »gewöhnlichen Germteig« auf dem Nudelbrett fingerdick aus, stechen mit einem kleinen Krapfenausstecher runde Platten aus und lassen diese, zugedeckt, nochmals aufgehen; dann backen sie diese auf der heißen Herdplatte auf beiden Seiten. Oder der oben angeführte Teig wird löffelweise in einer eigenen Liwanzenpfanne, die kleinere Vertiefungen als die Spiegeleierpfanne hat, auf beiden Seiten gebacken, die Dalken werden dann auf beiden Seiten mit Butter bestrichen, oben auch mit Powidl, alle Stücke nebeneinander auf eine flache Schüssel gelegt, mit geriebenem Lebkuchen oder Topfen bestreut und mit heißer, zerlassener Butter übergossen. Rokitansky führt weiters an: Saure-Rahm-Dalken, Rahm-, Grieß- und Topfen-Dalken sowie böhmische Dalken mit Erdäpfeln und ordinäre Dalken in Rahm-Sauce mit Parmesankäse.

Dukatennudeln

6 Portionen

200 g Mehl, ca. 3/16 l Milch, 15 g Germ, 40 g Zucker, 50 g Butter, 2 Eidotter, Salz, geriebene Zitronenschale

Aus 1/16 Liter erwärmter Milch, zerbröckelter Germ, dem Zucker und etwas Mehl ein Dampfl herstellen. Die übrigen Zutaten (Butter, Zitronenschale, Salz) in der restlichen erwärmten Milch auflösen. Die Eier und das Dampfl mit dem Mehl zu einem Teig vermischen, wenn nötig, noch etwas warme Milch beigeben, den Teig mit dem Kochlöffel so lange ausschlagen, bis er sich von Geschirr und Kochlöffel löst und eine glatte, seidige Beschaffenheit aufweist. Die Oberfläche des Teiges leicht mit Mehl bestauben, den Teig an einem warmen Ort rasten und aufgehen lassen (muß sich um etwa 1/3 seines Volumens vermehren). Dann wird der Teig nochmals zusammengestoßen (dadurch wird das Backgut feinporig).

Den Teig auf einem mit Mehl bestaubten Brett stark fingerdick ausrollen, mit einem kleinen, runden Ausstecher 2–3 cm im Durchmesser) kleine Stücke ausstechen (oder auch größere, wenn man **Dampfnudeln** macht); man setzt sie, mit zerlassener Butter reichlich befettet, nebeneinander reihenweise in eine Backpfanne ein. Zugedeckt an einem warmen Ort noch einmal um die Hälfte höher aufgehen lassen. Dann in mittelheißem Rohr goldbraun backen. Nach dem Backen stürzen, auseinanderlösen und mit einer Vanillecremesauce anrichten.

Was vor allem in der bäuerlichen Küche Österreichs oft als »Nudeln« bezeichnet wird, hat mit den Teigwaren-Nudeln in keiner Weise – weder in der äußeren Form noch in der Zusammensetzung – zu tun. Viele volkstümliche Germspeisen gehören hierher: Rohrnudeln, Dampfnudeln, Pfannennudeln, Weinbeernudeln. Nicht nur die Bezeichnung dieser Speisen – einmal heißt es »der Nudel«, einmal »die Nudel« –, auch die Zubereitung ist sehr unterschiedlich. Wochentags bereitete man sie aus Roggenmehl, sonntags aus feinem Weizenmehl; die Rohrnudeln werden im Rohr gebacken, die Dampfnudeln in einer gefetteten Pfanne auf dem Herd (mit Wasser übergossen und dann durch Dampf gegart; statt Wasser wird auch Milch verwendet, in Tirol heißen sie dann »Sticknudel«); den Krapfen ähnlich sind bereits die »Herschdnudeln« (= Herdnudel); sie werden aus einem besseren Germteig mit Weinbeeren wie Wuchteln geformt und in heißem Fett gebacken. Wenn diese »Nudeln« gefüllt werden, heißen sie »Wuchteln« oder »Buchteln« (siehe Seite 529). Dabei gilt die Regel: je kleiner, desto feiner – wie die Dukatennudeln beweisen. Stellvertretend für die Mehlspeise schlechthin stehen die »Nudeln«, wenn im kärnterischen Metnitztal die Tage mit ausschließlicher Mehlspeise kurzweg »Nudeltage« heißen.

Schmalzgebäck (Krapfen)

Bereits in einem Rezept aus dem Jahre 140 v. Chr. wird ein krapfenähnliches Gebäck erwähnt: ein breiartiger Teig, in heißem Fett gekocht und dann mit Honig bestrichen. Um 1200 findet man auf dem Speisezettel von Klosterküchen das Wort »craplum«. Im Althochdeutschen bezeichnete man mit »krapho« (mittelhochdeutsch: »krapfe«) eine gebogene Klaue, Kralle bzw. einen Haken, also etwas »Rundgekrümmtes« (italienisch: grappo, französisch: l'agrafe); der crapho bzw. krapfe, der heutige Krapfen, dürfte den Namen von seiner ursprünglich hakenförmigen Gestalt bekommen haben. (Ein schwäbisches Rezept aus dem 15. Jahrhundert kennt »krumme Krapfen« in Form eines Hufeisens.) Genau allerdings weiß man nicht, was man unter dieser heimischen Bezeichnung verstand; noch heute werden die verschiedensten Gebäckformen als »Krapfen« bezeichnet, ob sie rund, kugelig, länglich, gekrümmt, zupfig sind, süß oder ungesüßt, ungefüllt oder gefüllt mit Fleisch, Kraut, Spinat, Fisch, Obst, Nüssen oder Marmelade, ob warm oder kalt serviert. Auf fällt, daß gerade bei diesen Schmalzgebäcken ein ausgeprägter Formensinn am Werk war. Gemeinsam ist ihnen allen, daß sie in heißem Fett, zumeist in ausgelassener Butter, gebacken wurden. »Diese Zubereitungsart hat sowohl eine wirtschaftliche Ursache im reichlicheren Vorhandensein von Butter, vor allem in der Bergbauernwirtschaft, dem oft ein verhältnismäßig geringer Mehlvorrat gegenübersteht, als auch eine kochtechnische Begründung: Bei offenem Herdfeuer ist, abgesehen vom Sieden in Wasser, die Zubereitung in heißem Fett die schnellste und einfachste« (Gertrud Heß-Haberlandt, »Das liebe Brot«).

Krapfen und Schmalzgebäcke spielten einst in der bäuerlichen Alltagskost, aber besonders als Festtags- und brauchtumsgebundene Speise eine große Rolle. Dabei waren Größe, Form und Fülle dieser Krapfen durch den Anlaß genau festgelegt; jede Landschaft bewahrt dabei ihre eigenen Überlieferungen, wie Heß-Haberlandt weiter ausführt. Charakteristisch für die volkstümlich-bäuerlichen Krapfengebäcke ist, daß die »geschmacklichen Besonderheiten nicht durch Füllung, sondern durch Beträufeln, Bestreuen oder Eintunken« (Heß-Haberlandt) gegeben sind; dazu verwendet man »Zwetschken- oder Kletzenpfeffer« (weichgekochte, kleingehackte gedörrte Zwetschken oder Birnen, mit Zimt und Nelken gewürzt), Würzweinbrühe, Weinsuppe oder »Honigschmalz« (mit Wasser verdünnte Honigbrühe, mit etwas Butterschmalz aufgekocht).

Der marmeladegefüllte Faschingskrapfen (siehe Seite 532) dürfte ein Erzeugnis bürgerlicher Kochkunst sein. Wann diese Krapfen rund geworden sind und ihr »Ranftl« (den hellen Ring um die Mitte) bekommen haben, läßt sich wohl nicht mehr eruieren. Aber schon in den »gebackenen Mäusen« (im Innviertel auch »Hauberling« genannt) finden wir diese ausgeglichene Ballenform. In den Städten, vor allem auch in Wien, wurden diese runden, ballförmigen Krapfen bereits im Mittelalter gewerbsmäßig in öffentlichen Schmalzkochereien hergestellt.

Häufig wurden zur Herstellung der Krapfen und Schmalzgebäcke die verschiedensten Modeleisen verwendet. Schon Marx Rumpolt beschreibt in seinen »New Kochbuch«, 1581, den Prügelkrapfen, ebenso Marperger (1716) als »Eyerkuchen am Spieß« und Conrad Hagger (1719); sie tauchen auch im »Granat-Apffel«-Kochbuch (1699) auf (»Gebratene Prügel- oder Stöckel-Krapffen von Gerben- oder Bier-Hefen-Teige«): Ein etwas festerer Krapfenteig wird ringförmig auf einen leicht konisch verlaufenden Prügel (eine

Art Rollholz) aufgegossen, dann auf den Feuerböcken langsam über offenem Feuer gedreht und baumkuchenartig übereinandergeschichtet. In den bürgerlichen Kochbüchern heißen sie auch »Baumkuchen«, in Tirol nennt man sie »Blattlstock«. Übrigens erscheint im Hausinventar des 17. Jahrhunderts unser heutiger Nudelwalker im niederösterreichischen Waldviertel auch als »Krapfenwalcher«.

Ähnlich sind die »Spießkrapfen« und die »Schnürkrapfen«: Man benötigt dazu eine halbbogenförmige, an einem Stil befestigte Blechbackform, an die eine Schnur gebunden wird. Über die Backform wird ein messerrückendickes und kleinfingerlanges Teigviereck aufgelegt, das mit der Schnur schräg und in gleichmäßigen Abständen festgebunden wird. Dann hält man die Form in das heiße Backfett und backt die Krapfen goldgelb. Losgelöst füllt man sie innen mit heißer Marillenmarmelade und bestreut sie außen mit Zimtzukker. Einige andere Krapfen, wie die »Rosenkrapfen«, haben durch die inzwischen geänderte Heiz- und Backtechnik selbst eine Wandlung durchgemacht: Den Rosenkrapfen finden wir heute sowohl als Schmalzgebäck als auch als einen im Rohr gebackenen Butterteigkrapfen. Der Teig wird dabei zu einer kleinen Rosette geformt (die Rosenkrapfen waren ein beliebtes Hochzeitsgebäck).

Wie weitläufig und willkürlich das Wort »Krapfen« in den späteren Kochbüchern angewendet wurde, zeigt schon eine wahllose Aufzählung: Butterkrapfen, Vanillekrapferl, Linzer Krapferl, Franzosenkrapferl, Lebzeltkrapferl, Herzogskrapferl, Mandelkrapfen, Gewürzkrapfen, Kaffeekrapfen, Paulkrapfen, Brandteigkrapfen, Dotterkrapferl, Gefüllte Kaffeekrapfen, Windkrapferl, Heidelbeer-, Erdbeer-, Himbeerkrapfen, Sternkrapfen, Schlüsselkrapfen, Rohrkrapfen, Husarenkrapferl, Ennstaler Krapfen, Ischler Krapferl, Böhmische Krapfen (gefüllt mit Mandeln, Zimt und Zitronenschalen), Karthäuser Krapfen, Weihnachtskrapfen.

Im »Neuen Lexikon der französischen, sächsischen, österreichischen und böhmischen Kochkunst« (1785) werden »auf österreichisch zu machen« angeführt: »Krapfen, Maultasche oder Schlickkrapfen, Krapfen von Mundmehl oder Spießkrapfen, Krapfen von Mandeln oder Bauernkrapfen, Krapfen von gefähten Zukker oder Eiskrapfen, Krapfen von Milchrahm, gespritzte Krapfen oder Braunkrapfen, Krapfen von Gerben«. Bekannt waren auch die »Tiroler Krapfen« (»nimm zerstossene Mandeln, Mehl, Anken, Anis usw., schneide dreieckige Stücke aus dem Teig«). Das städtische Gegenstück zum derben und größeren Bauernkrapfen sind die »Glaskrapfen« (so genannt, weil sie mit einem Glas ausgestochen wurden) – wie überhaupt die Mundart oft interessante Details aus der Küchenpraxis verrät. In Schmelzers Wörterbuch werden für das Bairische die Krapfenarten »Büchsenkrapfen, Spritzkrapfen und Straubenkrapfen« angeführt. In vielen Gegenden nennt man die Krapfen auch »Küchlein« oder »Küchel« (also »kleine Kuchen«); so zum Beispiel nennt Klara Fuchs eines ihrer Rezepte »Oberösterreichische Bauernküchel«.

Ins Reich der Legende gehört, daß die Wiener Köchin Cäcilie Krapf die Krapfen »erfunden« hätte. Sie mag vielleicht eine ihrer Sonderformen, die »Cillikugeln«, kreiert haben – mehr aber nicht.

»Die Kultivierung dieser ›Küchel‹-Form zur Gefülltheit mit Marmelade usw. geht offenbar auf die Barockzeit zurück, ein gewisser Krapfenkult, der in Wien im 18. und frühen 19. Jahrhundert auftritt, erscheint als bedeutsame Verbreitungsform der jahreszeitlich gebundenen Festspeise, wie ähnliche Erscheinungen die Großstadtvolkskunde öfter nachweisen kann« (Leopold Schmidt). In diesen Jahrhunderten wurden die Krapfen »hoffähig«; man servierte sie zum Hofball (siehe auch Seite 531). Die Krapfen, in all ihren möglichen Erscheinungsformen, dürften einst als Speise der Vegetationsdämonen gegolten haben, denn sie waren im Jahresablauf an ganz bestimmte Feste gebunden. In meiner Heimat, dem oberösterreichischen Innviertel, gab es die Krapfen am Neujahrsmorgen, in der »foasten« (feisten, fetten) Rauhnacht, der Nacht auf Dreikönig (im Salzkammergut gibt es da die »Glöcklerkrapfen«); ihnen folgten die Faschingskrapfen, die in alten Kostordnungen für das Gesinde als Mahlzubuße extra vermerkt waren (so aus dem Jahre 1749: »Extra zum Faschingsmahl jeder Person drey Krapfen«) und in der vorösterlichen Zeit die »Beichtkrapfen«; eine große Rolle spielten die Krapfen auch am Sonnwendtag. Die

Bäuerinnen sollten an diesem Tag neun verschiedene Krapfen backen, die Heischegänger sollten neunerlei Krapfen sammeln bzw. essen (sie hießen Hollerkrapfen, Kleekrapfen, Brennesselkrapfen, Krautkrapfen, Schnürkrapfen, Schneeballen, Butterkrapfen, Blechkrapfen, Prügelkrapfen). Die Schnitterleute bekamen die festlichen »Schnitterkrapfen«, die Riffler bei der Flachsaufbereitung erhielten ebenfalls eine Schüssel voll Krapfen. Als Festtagsgebäck wurden sie auch am Kirchweihfest und bei Bauernhochzeiten – also immer nur bei fröhlichen Festen, nie zum Leichenschmaus – aufgetischt.

Spritzkrapfen

4–6 Portionen

1/8 l Milch, 30 g Butter, Salz, 80 g Mehl, 2 Eier, 1 TL Staubzucker, 1 TL Rum, Backfett; Staubzucker, mit etwas Zimt vermischt

Milch, Butter und Salz aufkochen lassen, das Mehl hineinschütten, mit der Schneerute glattrühren. Sobald der Teig glatt ist, den Brandteig auf kleinem Feuer mit dem Kochlöffel weiterrühren, bis er sich von Geschirr und Kochlöffel löst. Vom Feuer nehmen, etwas überkühlen, Eier, Rum und Zucker beigeben; gut verrühren.

Auf ein befettetes Papier, das so groß ist wie die Fettbadoberfläche, etwa 5 cm große Ringe spritzen. Mit der Teigseite in heißes Backfett legen. Durch die Dampfbildung läßt sich das Papier bald abziehen. Einmal wenden. Hellbraun backen. Herausheben, abtropfen lassen, mit Zimt bestreuen und mit Fruchtsauce oder Weinchaudeau servieren.

Spritzstrauben

Zutaten siehe vorstehendes Rezept

Den fertigen Brandteig in einen Dressiersack füllen, durch eine große Sternhülle fingerlange Stäbchen in das heiße Fett spritzen und backen. Herausheben und abtropfen lassen. Mit Zimtzucker bestreuen und mit einer Begleitsauce servieren.

Auch die »Strauben« (mittelhochdeutsch: »strube, striubelin«) sind ein altes Gericht; Rezepte dazu findet man schon in der um 1490 erschienenen »Küchenmei-

---

Von allerhand Kraffen und Back-Werck.

245. Mandel-Kraffen zu machen.

Man soll mandeln auf das kleineste bereiten, und wohl zuckern, und von 2. oder 3. eyern das klare nehmen, nachdem man viel macht, mit einem frischen oder zimmet-wasser wohl kochen, und unter die mandeln rühren, darnach soll man mit eyer-dottern und schönen mehl einen teig anmachen, und ziemlich zuckern, und ein blätlein auswalgen, die fülle darauf legen, und mit einem rädel fein lange stritzel, die eines fingers lang, und eines zwergen fingers dicke seyn, abrädeln, und das abgerädelte über sich kehren, und an den örtern mit eyer-klar fein zusammen bicken, wie ein ringel, und in einer torten-pfanne backen, wenn sie halb gebacken seyn, einen eyer-dotter mit frischem wasser und zucker abschlagen, und darmit bestreichen, und folgends backen.

sterey« und in einem 1534 verfaßten Kochbuch aus dem bayrischen Kloster Tegernsee (darin wird als eine Hauptmahlzeit empfohlen: »gelbe Knödel, Apfelmus« und »ein strauben darauf«). Der Name (Straube und Schraube) dürfte von der schraubenförmigen, gewundenen Form kommen, wie wir sie bei den oberösterreichischen Schmalzstrauben noch heute vorfinden. Auch die Strauben haben ursprünglich brauchtümliche Bedeutung, vor allem bei der Brautwerbung und beim Hochzeitsessen.

Schmalzstrauben

20 Stück

300 g Mehl, 60 g Butter, 10 g Germ, 50 g Zucker, 1 Ei, Salz, 3/8 l Milch, etwas Rum, Schmalz, Zimtzucker

Mehl und Milch glattverrühren, etwas zuckern und salzen, die zerbröselte Germ beigeben und verrühren. Die erweichte Butter und das Ei beigeben, verrühren. An einem warmen Ort aufgehen lassen. Schweineschmalz erhitzen. Den Teig durch einen Straubentrichter (oder mit Spritzsack) in das Fett einlaufen lassen, beginnend in der Mitte und eine Spirale fortdrehend, bis die Pfanne voll ist.

Auf beiden Seiten goldbraun backen, herausheben, abtropfen lassen, mit Zimtzucker bestreuen und noch heiß servieren.

Gebackene Mäuse

8 Portionen = 16 Stück

150 g Mehl, Salz, 1/8 l Milch, 20 g Kristallzucker, 2 Eidotter, 30 g Butter, 10 g Germ, 1 EL Rum, Backfett, 3/8 l Himbeersaft

Mehl erwärmen, salzen, mit lauwarmer Milch, Eidotter, geschmolzener Butter, Rum, einem Dampfl aus Germ, Zucker, etwas Mehl und lauwarmer Milch zu einem nicht zu festen Teig verrühren. Sollte er zu fest sein, etwas Milch beigeben. Dann den Teig tüchtig mit dem Kochlöffel abschlagen, bis er sich vom Löffel löst. Etwa 1/2 Stunde warm gestellt rasten und aufgehen lassen. Jetzt mit einem Eßlöffel, den man vorher in heißes Fett taucht, Nockerl ausstechen, ins heiße Fett geben und langsam hellbraun backen (etwa 8 Minuten), die Pfanne dabei anfangs mehrmals schütteln. Herausheben und gut abtropfen lassen. Überzuckern und mit Fruchtsaft servieren.

Ein Schmalzgebäck mit dem etwas sonderbaren Namen »Regenwürmer« (auch »Zahnstocher«) gibt es im »Granat-Apffel«-Kochbuch (»Regen-Würm zu bakken« aus Dotter, Zucker, Rosenwasser, Mehl und Anis; »kanst auch Hirsch-Hörner davon machen«); in den Kochbüchern der Prato und der Emma Eckhart finden wir es wieder.

Schneeballen

4 Portionen

150 g Mehl, 1 Ei, 1 Eidotter, 1/16 l Wein, Salz, Backfett, Staubzucker, Fruchtsaft

Mehl, Eidotter, Butter, Weißwein und Salz auf dem Brett zu einem glatten Teig verarbeiten. Dann eine Stunde kühl rasten lassen. Den Teig ausrollen, mit dem Teigradl viereckige Flecke (etwa 12 mal 12 cm) ausschneiden und darauf, ohne den Teigrand zu durchtrennen, fingerbreite parallelverlaufende Streifen schneiden (einradeln). Jeweils einen Teigfleck gut aufgelockert in eine Schneeballenform (Metallhohlkugelformen mit Löchern) geben und im tiefen Fettbad goldbraun backen. Die Schneeballen müssen dabei ganz mit Fett bedeckt sein.

Aus der Form nehmen, gut abtropfen lassen, rundherum überzuckern. Mit Fruchtsaft oder Weinchaudeau servieren.

Katharina Prato nennt die »Schneeballen« auch »Maulkörbe«.

Hasenöhrl

Dieses Schmalzgebäck erscheint bereits in der »Küchenmeisterey« (1490) und im Tegernseer Klosterkochbuch (als Fastengericht), auch bei Marperger (Hamburg, 1716) und weiter im »Neuen und nutzbahren Koch-Buch« (»Aufgeloffene Haasen-Oehrlein: Thue schmaltz und wasser in eine pfanne, laß sieden, gieß es in schönes Mehl, und schlag 3. eyer daran, mach einen teig, und walge ihn dünn aus, formire haasen-oehrlein, und backs im schmaltze«). Dazu bringt die Autorin sogar ein zweites Rezept: »Mache einen teig an, mit etlichen eyern, nimm ein löffel voll milch, saltz, mach den teig nicht zu hart, welger ihn auf das dünnste, form es darnach wie haasen-öhrlein, man muß den teig zweyfach zusammen legen, und mit einem rädlein herum fahren, leg es ins schmaltz, backs und streu zucker darauf.« Weitere Bezeichnungen für dieses Gebäck sind »Schiffeln«, »Schneiderfleck« oder »Polsterzipf«. Das Handwörterbuch des deutschen Aberglaubens (1928–1942) weist dieses Gebäck als ein »Substitut des gesundmachenden Frühlingshasen« aus, mit dem Vermerk, daß im 14. Jahrhundert den Kindern richtige Hasenohren als Einschläferungsmittel in die Wiege gelegt wurden. Diese Speise gibt es unter ähnlichen Namen ebenfalls in deutschen Gegenden. In Schwaben sind sie als »Teiglappen« oder »Fastnachtsörl« bekannt, in Franken als »Hasenlöffel« oder »geschnitten Hasen«. In mittelalterlichen Handschriften taucht hierfür auch die Bezeichnung »Lappenküchlein« auf (so genannt wegen der gelappten, ausgefransten Form – ähnlich den »Maultaschen und »Schneeballen«); es gab sie in gelber, grüner oder blauer Farbe – gefärbt mit Safran, Petersilien- oder Kornblumensaft. Bei Louise Seleskowitz (»Wiener Kochbuch«) heißt es zum gleichen Rezept: »Man macht denselben Teig wie zu Schneeballen, jedoch ohne Zucker, walk ihn stark messerrückendick aus und schneidet oder radelt dann dreifingerbreite, ganz schmal zulaufende, fingerlange Streifen aus, die man unter öfterem Schütteln der Kasserolle aus sehr heißem Fett bäckt und ungezuckert als Verzierung zu Wildbret, Salat gibt, oder auch Gemüse damit besteckt, gezuckert mit Früchten aber als Mehlspeise mit Chaudeau oder Creme serviert.«

Heute füllt die Wiener Köchin diese »Teigtaschen«, dreieckig zusammengeschlagen, auch mit Marmelade, bäckt sie im Schmalz und serviert sie angezuckert heiß oder kalt.

Betty Hinterer (»Grabnerhof-Kochbuch«, 1913) servierte die Hasenöhrl mit Sauerkraut oder grünem Salat. In der livornesisch-toskanischen Küche Italiens gibt es ein hebräisches Gebäck mit dem Namen »Hamansohren« (Orecchi di Amman), das ebenfalls aus Teigbändern gemacht wird.

Kalte Mehlspeisen

Denken wir bei den warmen Mehlspeisen in erster Linie an eine nahrhafte Alltags- und Hausmannskost, eventuell noch an eine »Fastenspeise« oder an eine das Menü abschließende, süße Nachspeise, auf alle Fälle aber an das »Kochen« und an das »Essen«, so bringt man Brote, Kuchen, Torten, Schnitten, Rouladen, Tee- und Kaffeegebäck, Gugelhupf und Faschingskrapfen, die verschiedenartig geformten Gebäcke und Zuckerwaren mit dem »Backen« und mit »Naschen« in Verbindung. Am Anfang der Backkunst steht das Brot, Sinnbild unserer täglichen Nahrung. Zunächst war es wohl ein flacher, ungesäuerter Fladen, und es war ein langer Weg, bis die Menschen den Sauerteig und damit den Gärungsprozeß auszunutzen verstanden. Dieser Sauerteig (ursprünglich aus Wasser und Most oder Weizenkleie und Most, auch aus Soda oder Traubensaft) wurde, wie der Keim in die Erde, dem Mehl beigemengt, in den Teig »eingepflanzt«, der dann sich blähte und aufging wie die Leibesfrucht einer werdenden Mutter. So lag es nahe, daß alles, was mit dem Brotbacken zu tun hatte, mit einem Tabu belegt wurde.

Das Brotbacken war bei den meisten Völkern ursprünglich Frauensache. Eine archaische Lebensart wird offenkundig, und man brachte nicht von ungefähr Backen und Gebären gedanklich in Zusammenhang. »Wenn einer Frau ein Kuchen im Backofen zusammenfällt, werden Emotionen wach, die aus dieser Schicht stammen und das Versagen tiefer empfinden lassen, als dem Vorgang angemessen ist, wie andererseits jede Frau, die einen wohlgelungenen Kuchen auf den Tisch stellt, eine archaische Befriedigung über diese Leistung empfindet, als habe sie selbst diesen Kuchen ›hervorgebracht'« (Hansferdinand Döbler, »Kochkünste und Tafelfreuden«).

Wenn wir der Herkunft der traditionellen Festtagsbrote, -kuchen und -bäckereien von heute nachspüren – der Festtagsbäckerei zu Weihnachten, Ostern, Allerseelen, im Fasching, bei Taufe, Hochzeit und verschiedenen kirchlichen Heiligenfesten –, so finden wir in vielen Fällen jene Urformen, wie sie den entsprechenden »heidnischen« Kultspeisen ursprünglich zugrunde lagen und wie sie in den »Gebildbroten« und Brauchgebäcken noch heute zum Ausdruck kommen.

Die alten Sumerer, Ägypter, Griechen und Römer kannten Modeln und besondere Backformen aus Ton oder Bronze für derartige Gebäcke, die man auch in außereuropäischen Kulturkreisen vorfindet. Man kennt zum Beispiel mindestens sechzehn verschiedene Brote und Kuchen, die einem verstorbenen reichen Ägypter mit ins Grab gegeben werden mußten. Vielen dieser Formen begegnen wir in den Alltagsgebäcken wieder. Auch unsere Kipfel, Brezen, Schnecken, Ringe, Beugel und Hörnchen sind »Nachkommen« uralter Gebildbrote; Volkskundler alter Schule hielten das Gebildbrot für einen Ersatz für das Tieropfer (so zum Beispiel das Zopfgebäck – wie wir sie in unseren Allerseelenwecken haben – für den Zopf, den eine Witwe ihrem verstorbenen Mann ins Grab mitgab). Man hält diese Interpretation heute für überholt. Sicher handelt es sich dabei um kultische Symbole, um uralte Brotgaben für Götter und Dämonen; man glaubte, durch die Brotform magische Kräfte vermittelt zu bekommen. Entsprechend alt sind auch die Gebäckformen. Drachen- und Schlangenformen, in unseren Striezeln und Zopfgebäcken weitergeführt, gehen zum Beispiel auf die Sumerer zurück. Kreuz- und Rosettenformen sind frühägyptischen Ursprungs, Lebkuchenherz – und auch unsere Krapfen – gehen auf uralten Liebeszauber zurück, Hörnchen- und Kipfelformen wurzeln im Mondkult, Reiterformen versinnbildlichen heidnische Reitergötter. Salzstangerl, Semmeln und Wecken stellen uralte Fruchtbarkeitssymbole dar. Vorläufer des Krapfens waren die römischen »placentae bacchicae«, die am Geburtstag Apollos, aber auch bei den römischen Frühjahrsbacchanalien gebacken wurden. Vielen, vor allem den weihnachtlichen Bäckereien mengt man noch heute gern Samenkerne, wie Anis, Fenchel, Koriander, Mohn, aber auch Walnüsse, Haselnüsse, Mandelkerne und zerschnittene Trockenfrüchte bei: der Kern, der Samen, das Samenkorn sind ebenfalls Symbole des keimenden Lebens. Bereits von den Kelten ist überliefert, daß sie in den Brotteig kleingeschnittene, getrocknete Früchte mengten: eine Frühform unserer heute noch zur Weihnachtszeit beliebten Früchte- und Kletzenbrote. Auch die klassische Weihnachtsbäckerei, der Lebkuchen, ist ein »Opfergebäck«. Das Wort »Lebkuchen« entstand aus der römischen Bezeichnung »libum«; das Volk machte daraus den »Leck-Kuchen«, den »Leczelten« bzw. den »Lebkuchen« (»leck« bzw. »leb« bedeutet dasselbe wie »Kuchen«, »Zelten«, also flaches, fladenartiges Backwerk). Schon die Griechen kannten Honigkuchen als Opfergebäck, das man Toten mit ins Grab gab, mit dem man auch Dämonen besänftigen wollte. In den frühmittelalterlichen Klosterbäckereien, wo die Lebkuchen zuerst gebacken wurden, nannte man diese »Mönchsbrote« auch »Printen« oder »Brenten« (vom lateinischen »imprimare« = »drücken«, weil den flachen Honigkuchen meistens ein Muster, ein Model, aufgepreßt wurde). Heute gehören Lebkuchenmodeln aus dem Mittelalter, der Renaissance und dem Barock zu den schönsten Zeugnissen alter Volkskunst. Die Lebzelter und Wachszieher waren im Mittelalter angesehene Zünfte.

Neben Gebildbrot- und Lebzeltmodeln gehörte einst noch das Waffel- oder Klammeisen zum unentbehrlichen Requisit der bürgerlichen und ländlichen Küche und Backstube. Es war aus Eisen geschmiedet, viereckig oder rund, hatte an der Innenseite abgeschliffene Flächen und war mit Ritzmustern versehen. Sein Ursprung dürfte in den frühmittelalterlichen Zangeneisen der Klosterküchen zu suchen sein, die man für die Hostienherstellung benötigte.

Wie der Kuchen das »idealisierte« Weißgebäck ist, so erfuhren auch die anderen Bäckereien, Kult- und Gebildbrote in »säkularisierter« Form im Laufe der Jahrhunderte auf dem Weg durch die klösterlichen, höfischen, adeligen und bürgerlichen Küchen vielfache Abwandlungen und Variationen. Zuckerbäcker, Köchinnen, Hausfrauen und Kochbuchautoren waren fast unerschöpflich im Erfinden neuer Namen und Formen.

Unsere alten Kochbücher sind reich an süßen Sachen: Mandel-, Neger-, Kokos-, Nuß-, Anis-, Gewürz-, Dattel-, Wind-, Kaffee-, Marillen-, Pignolienbusserl, Negerküsse, Witwenküsse, Feenkrapferl, Hausfreunderl, Ehestandsbusserl, Seemadamen, Amazonenschnitten, Hexenkoch, Apfel im Schlafrock, Verwirrte Gedanken, Verschlungene Knoten, Die sanfte Mehlspeise, Lüftlein, Schneehügel, Wiener Lieblinge, Windbeutel, Bettelmann, Schlosserbuben, Spitzbuben, Leopoldiflekken, Rauchfangkehrer, Korsikaner, Mailänder, Florentiner, Engländer, Kapuzinerl, Besoffener Kapuziner, Versoffene Schwester, Nonnenschnitten, Freimaurer, Mohr im Hemd, Mohrenköpfe, Indianer, Singalesen, Weinbeißer, Linzer Augen, Gute Herzen, Schwarze Herzen, Spaßvögel, Baumstamm, Scheiterhaufen, Anisscharten, Hobelspäne, Hufeisen, Gebackenes Stroh, Hasenöhrl, Polsterzipf, Schneeballen, Prügel- und Schnürkrapfen, Spiralen, Streichhölzer, Patience, Kartenblätter, Zimtkarten, Pfeffernüsse, Wespennester, Ofenkater, Tommerle, Katzenzungen, Regenwürmer, Kaffeeigel, Ochsengurgeln, Ochsenzungen, Ochsenhörner, Kirschforellen, Bienenstock, Bärenpratzerl, Rehrücken, Gebackene Mäuse, Biskottenigel, Bunte Finken, Uhrfedern, Zahnstocher, Nonplusultra usw., usw.

Genossen werden diese Süßigkeiten und Bäckereien sehr gern im Kaffeehaus, vor allem aber in der Konditorei, im Kaffeerestaurant und im Konditoreicafé.

Kaffeegebäck

Wiener Kaffeehaus und Wiener Küche sind seit zweihundert Jahren zwei engverwandte Begriffe. Das Wiener Kaffeehaus ist seit seiner Gründung eine nicht mehr wegzudenkende »Institution« geworden, die weit über eine bloße Dienstleistung hinausreicht. Als ein Ort behaglich-gemütlicher Liebenswürdigkeit leitete es eine neue »wienerische Seelenstimmung« (Hans Thomas Hager) ein. Denn sehr bald hatte sich um den türkischen »Cahvetrunk«, rund um »Coffeh, Zucker und Milch« in Wien eine eigene Atmosphäre entwickelt, die sich von den damaligen Bier- und Weinstuben wohltuend abhob. Als der Begründer des Wiener Kaffeehauses gilt Franz Georg Kulcycki (Kolschitzky), der am 27. Februar 1684 – ein Jahr nach der Belagerung Wiens durch die Türken – im Schlossergassl, im Haus »Zur blauen Flasche«, das erste Kaffeehaus eröffnete. Das Kaffeetrinken hat nach neuesten Forschungen allerdings ein Lodovico Conte di Marsigli in Wien eingeführt, der als junger Offizier in türkische Gefangenschaft geriet und beim Pascha in Temesvar zum Kaffeekoch ausgebildet wurde. Mit dem Troß kam er nach Wien und wurde in kaiserlichen Diensten Feldzeugmeister (später dann Höchstkommandierender der päpstlichen Armee). 1685 schrieb er übrigens das Buch »De bevenda asiatica«.

Bald gab es in den Kaffeehäusern die ersten Zeitungen zu lesen und eine Sensation, die bislang nur dem Adel vorbehalten war: das Billardspiel. Schöngeister, Literaten, Politiker und »Adabeis« machten das Kaffeehaus zu ihrem neuen Treffpunkt. Die Kaffeesieder vermehrten ihr Angebot. Johann Pezzl, ein Wiener Chronist, schrieb um 1812: »Die Bestimmung der Kaffeehäuser hat sich seit ihrer ersten Entstehung unendlich weiter ausgedehnt. Man trinkt nicht bloß Kaffee darin, man nimmt Tee, Schokolade, Punsch, Limonade, Mandelmilch, Brautsuppe« (gemeint ist der Chaudeau), »Rosoglio, Gefrorenes usw., lauter Dinge, die man vor ein paar Jahrhunderten in Deutschland noch nicht dem Namen nach kannte.« Im Laufe des 19. und 20. Jahrhunderts entstanden noch zusätzlich Zwischenformen, so das Kaffeerestaurant, die Kaffeekonditorei und die Espressostube. Die Verbindung des Zuckerbäckergewerbes mit dem Kaffeehaus in der Kaffeekonditorei lag ja nahe, hat aber erst nach dem Ersten Weltkrieg ihre Breitenwirkung erhalten. Die moderne, italienisch geprägte Espressostube wurde in Wien bald »verwienert« und den ungeschriebenen Gesetzen der Wiener Kaffeehausbesucher unterworfen, denn das Wiener Kaffeehaus »wurde nicht von den Lokalen, von der Ausschmückung derselben, sondern von

den Wienern, die sich darin befanden, charakteristisch gestaltet« (Friedrich Uhl).
Und da Kaffee – vor allem in der Form des Milchkaffees, der Wiener Melange mit »Schlag« – und »Bäckerei« von Anfang an in Wien bald unzertrennlich zusammengehörten, entwickelte sich eine Reihe von charakteristischen Gebäckarten und -formen, die mit ihren Zutaten oder Füllungen einen nicht zu aufdringlichen Eigencharakter entwickeln, sondern vielmehr das Aroma, den Duft und den Genuß des Kaffees nur noch betonen.

Germteig (Hefeteig)

Hefe (in Österreich heißt es »die Germ«) und Brot dürften ägyptischen Ursprungs sein. Vorher hat man den Brei durch Fettbeigabe erweicht oder gekneteten Mehlteig mit ölhaltigen Samenkörnern bestreut (beim Backen vermischte sich dann das Öl mit dem Teig und machte ihn »geschmeidig«), oder man mischte Honig in den Teig (was später zu den Lebkuchen führte). Die Ägypter gaben einen drei Tage alten Weinmost in das Mehl und kneteten diesen »Sauerteig« in den Brotteig ein. Von diesem fertigen Brotteig bewahrte man jeweils etwas Teig auf und verwendete ihn das nächstemal als Treibmittel, das den notwendigen Gärungsprozeß bewirkt. Dabei verwandelt sich die Stärke im Mehl zu Zucker, dann zu Kohlensäure und Alkohol. Die Kohlensäure bewirkt, daß der Teig »aufgeht«; durch den »Kleber« im Mehl aber kann die Kohlensäure nicht entweichen und macht so den Teig porös.
Dieser Hefeteig spielt in der Mehlspeisküche eine große Rolle, vor allem in der böhmisch beeinflußten Altwiener Mehlspeisküche und Feinbäckerei. Durch die heute mögliche Reinzuchthefe – früher wurde Hefe als Nebenprodukt der Brauerei und der Winzerei erzeugt – gewinnen Produkte aus Hefeteig in der heutigen Ernährung wieder an Bedeutung. Erfahrungswerte, Sorgfalt, Geduld und Gründlichkeit sind die Voraussetzungen für das Gelingen der Germteiggebäcke, die in der Hauptsache aus Mehl, Milch und Wasser, Zucker, Fett, Eiern, Geschmackszutaten und Germ bestehen.

FACHLICHE HINWEISE

Man sollte stets frische Germ verwenden (sie hat einen angenehmen, obstartigen Geruch und eine feuchte Brüchigkeit). In der Regel nimmt man gelagertes Weizenmehl. Man kann Milch allein verwenden, aber eine Mischung von Milch und etwas Wasser bewirkt einen besonders seidigen Teig, weil das Wasser den »Kleber« im Mehl löst und so den Teig besser bindet. Als Fette eignen sich Butter, Margarine, Schweinefett und Öl (bei Schweinefett und Öl kann die Menge um ein Viertel herabgesetzt werden). Die Eierzugabe ist nicht so streng bemessen wie bei den Massen. Feiner wird der Teig durch die erhöhte Beigabe von Eidotter, Zucker und Butter, billiger und derber durch eine erhöhte Mehl- und Germbeigabe. Germteig-Rezepte können daher sehr leicht abgewandelt werden; allerdings muß die Germmenge – auf das Mehl bezogen – immer gleichbleiben! Wird zum Beispiel die Mehlmenge um $1/4$ des Grundrezeptes erhöht, muß dementsprechend auch die Germmenge um $1/4$ erhöht werden.
Besonders wichtig ist das »Abarbeiten«, das Kneten oder Schlagen des Teiges. Maria Horváth zitiert in ihrem Büchlein »K. und K. Backgeheimnisse. Aus Backstuben und Küchen des alten Österreich-Ungarn«, 1963, das Geheimnis einer alten ungarischen Köchin: »Das Wichtigste ist, daß ich während des Knetens wütend bin. Dann schlage ich, knete ich alle meine Wut in den Teig, und wenn er fertig ist, kann er sich auf der Tafel des Königs sehen lassen. Er wird leicht wie eine Daunenfeder und zerfließt förmlich im Mund. Und obendrein bin ich meine Wut losgeworden.« Alte Kochbücher beschreiben den Vorgang des Schlagens und Knetens stets genau. So heißt es in Pratos »Süddeutscher Küche« u. a.: »Man drückt etwas von dem Teige mit der Rückseite des Kochlöffels an die Seitenwand der auf den Schooß genommenen oder nahe vor sich auf den Tisch gestellten Schüssel und faßt bei jedem Schlage mit dem Löffel wieder etwas vom Teige und drückt ihn in der Schüssel gegen sich, bis man auf diese Weise den ganzen Teig auf seiner Seite hat, worauf man die Schüssel umdreht und ebenso verfährt, bis der Teig Blasen bekommt und sich vom Löffel abschält, wenn man diesen herauszieht.«

Unerläßlich ist aber auch die richtige Temperatur (Körperwärme!) für das Gehen des Teiges. An einem kalten Ort geht der Teig schlecht auf, an einem zu warmen Ort stirbt die Hefe bereits ab. Geht der Teig zu kurz, wird er schwer, geht er zu lange, wird er brüchig, sauer und fällt zusammen. Er muß an einem mäßig warmen Ort zu doppelter Höhe aufgehen, »zusammengeschlagen« werden und wieder zum Aufgehen gebracht werden, das heißt, man läßt den Teig um die Hälfte seines Volumens aufgehen, wirkt ihn kurz durch, läßt ihn wieder aufgehen und wiederholt diesen Vorgang ein- bis zweimal.

Germteige werden im allgemeinen bei geschlossenem Rohr gebacken. Leichte Germteige werden heiß angebacken und bei gedrosselter Temperatur ausgebacken. Schwerere Germteige, also Teige mit reichlicher Fett- und Zuckerbeigabe, sind bei gleichbleibender mittlerer Hitze langsam zu backen. Ist ein Germteig zu stark gegangen, wird er in heißem Rohr rasch angebacken und in abnehmender Hitze ausgebacken. Ein schwachaufgehender Teig wird in ein schwachheißes Rohr gestellt und bei steigender Hitze fertiggebacken. Das Garsein prüft man durch einen Nadeleinstich. Wenn die Nadel rein bleibt, ist das Backgut fertig.

Es gibt zwei Arten der Germteigbereitung. Auf »böhmische Art« wird der Teig ohne Gäransatz, also ohne Dampfl, bereitet; alle Zutaten einschließlich der zerbröckelten Hefe werden zusammengemischt: Die Germ wird in etwas lauwarme Milch gebröckelt, dann werden sofort die übrigen Zutaten beigegeben und glatt verarbeitet. Das ist zwar die schnellste Art, aber der Teig wird nicht so feinporig wie bei der zweiten Art, dem »gedampfelten« Germteig, wie er auch in unseren Rezepten beibehalten wird.

Gedampfelter Germteig (mit Hefeprobe bzw. Gäransatz)

Diese Zubereitungsart ergibt einen zarten, porösen Germteig. Sie ist besonders für kleine Mengen sehr geeignet. (Bei großen Mengen, zum Beispiel in den Konditoreien, wird das Dampfl extra angesetzt; das bringt aber bei einer kleinen Menge keinen Vorteil.)

Das im Rezept angegebene gesiebte Mehl in einen Kessel (»Weitling« oder Teigschüssel) geben, in der Mitte des Mehls eine Vertiefung machen; in diese kommt ein Teil des Zuckers, die gutzerbröckelte Hefe und ungefähr $1/3$ der benötigten Milchmenge, auf 30 Grad erwärmt. Durch Rühren beziehungsweise Zerdrücken der Hefe entsteht ein dicklicher Teig (etwa so dick wie ein Backteig), der halbfingerhoch mit Mehl bedeckt und in das lauwarme Rohr gestellt wird. Nach etwa zehn Minuten zeigen sich Risse und Sprünge in der Mehldecke, mit anderen Worten, das Dampfl tritt sichtbar hervor.

Jetzt werden die übrigen Zutaten beigegeben: Die restliche Milch wird zunächst auf etwa 30 Grad erwärmt, Zucker, Salz und Butter werden darin aufgelöst und mit Eiern oder Dotter und den Gewürzen zu der Mehl-Dampfl-Masse gegeben. Wichtig: Einen kleinen Teil der angegebenen Flüssigkeitsmenge soll man immer zurückbehalten, da das Mehl je nach Qualität mehr oder weniger Flüssigkeit aufnimmt und man so den Teig leicht korrigieren kann.

Diesen Teig bearbeitet man nun mit dem Kochlöffel (»schlagen«) oder mit der Hand, und zwar immer so lange, bis der Teig Blasen schlägt, sich vom Kochlöffel bzw. vom Geschirr löst und glatt und seidig ist. Dann den Teig mit einem Tuch zudecken, an einen warmen Ort stellen und zweimal zusammenstoßen, das heißt, man läßt den Teig um die Hälfte seines Volumens aufgehen, wirkt ihn kurz durch und wiederholt diesen Vorgang.

Germgugelhupf

250 g Mehl, 60 g Zucker, 20 g Germ, 2–4 Eidotter, ca. 1/8 l Milch, 80 g Butter, Salz, Vanille, geriebene Zitronenschale, 50 g Rosinen, 30 g Mandeln, Butter für die Form, Staubzucker zum Bestreuen

Man bereitet zunächst das Dampfl, dann aus Mehl und den übrigen Zutaten (ohne die Rosinen) einen weicher gehaltenen Germteig, arbeitet die Rosinen kurz ein, läßt den Teig kurz aufgehen und stößt ihn einmal zusammen. Eine Gugelhupfform buttern, mit Mehl bestauben, den Boden der Form mit abgezogenen, halbierten Mandeln auslegen, den Teig einfüllen und gehenlassen. Dann backen. Abgekühlt stürzen und überzuckern.

Batzerlgugelhupf

Eine Germgugelhupfmasse (siehe vorstehendes Rezept) ohne Rosinen nach einmaligem Gehenlassen halbfingerdick ausrollen, in 3 Streifen teilen, auf den einen Streifen Topfen-, auf den zweiten Nuß- und auf den dritten Streifen Mohnfülle auftragen (der Länge nach aufspritzen), einrollen und abwechselnd diese Streifen in eine bebutterte, bemehlte Gugelhupfform legen (nur ⅔ der Form füllen), gehenlassen und backen. Abgekühlt aus der Form stürzen und überzuckern.

Batzerlkuchen wird nach vorstehendem Rezept bereitet. Aus den drei verschieden gefüllten Teigstreifen wird ein Zopf geflochten und in eine Wandelform eingelegt. Gehenlassen, mit Ei bestreichen und backen.

Buchteln (Wuchteln)

Die Buchteln (so heißen sie vor allem im Wien, im Westen Österreichs heißen sie Wuchteln) sind eine böhmische Speise (tschechisch: »buchtičky«). In Oberösterreich sagt man dazu auch »Rohrnudeln« (siehe Seite 519). Im Wien des Biedermeier gab es einst sogar »Ternobuchteln«: Als die Wiener noch scharenweise am Agnestag (21. Jänner) und am Tag von Johannis Enthauptung (29. August) zum Agnesbrünnl auf dem Hermannskogel im Sieveringer Wald pilgerten, hatte ein Wiener Wirt, ein gewisser M. Nebenhey, eine glänzende Idee. Er buk Buchteln, die er anstatt mit eingesottenen Früchten mit Nummern-Zetteln für die Lotterie (»Terno« genannt) füllte und die er dann zu einem angemessenen Preis verkaufte.

25 Stück

500 g Mehl, 80 g Kristallzucker, 80 g Butter, 20 g Germ, ca. ³⁄₁₆ l Milch, 2–4 Eidotter, 5 g Salz, Zitronenschale, Vanille, Butter zum Backen, Marillenmarmelade oder Powidl, oder eine Mohn-, Nuß- oder Topfenfülle, Staubzucker zum Bestreuen

Aus ⅓ der lauwarmen Milchmenge, Germ, ein wenig Mehl und einer Prise Zucker das Dampfl ansetzen. Die restlichen ⅔ der Milch mit Butter, Salz, Vanille, Zucker auf etwa 30 Grad erwärmen, zum Mehl und Dampfl geben, geriebene Zitronenschale und Eidotter dazugeben (eine erhöhte Eidottermenge ergibt noch feinere Buchteln). Zum Aufgehen den Teig an einen warmen Platz stellen. Einmal zusammenstoßen. Den Germteig (ca. 30 mal 30 cm) ausrollen, in fünf mal fünf Teile schneiden, Marillenmarmelade (oder eine andere Fülle) in die Mitte der Teigstücke geben, die vier Ecken der Teigstücke übereinanderschlagen und zusammendrücken. Jede einzelne Buchtel mit zerlassener Butter gut bestreichen, mit dem Schluß nach unten in eine Pfanne (ca. 25 mal 25 cm) dicht nebeneinander einschlichten. Aufgehen lassen, unter mehrmaligem Bestreichen mit Butter backen. Abkühlen lassen, stürzen und mit Zucker bestreuen.

Mohn- oder Nußstrudel (aus Germteig)

Germteig (siehe vorstehendes Rezept)

Der gedampfte Germteig wird dazu etwas fester gehalten, ausgerollt, mit Mohn- oder Nußfülle (siehe Seite 537) im Gewicht des Teiges bestrichen, aufgerollt, in befettete, bemehlte Wandelform gelegt. Aufgehen lassen, mit Ei bestreichen und backen. Er kann auch in einer Pfanne oder auf einem Backblech gebacken werden. – Nach kurzem Abkühlen aus der Form nehmen, vollkommen ausgekühlt mit Staubzucker bestreuen.

Kärntner Reinling

Der Germteig (siehe links) wird ausgerollt, dann mit der Fülle belegt. Fülle: Mischung aus 50 g Butter, 120 g Zucker, 1 EL gestoßenem Zimt und 150 g ausgelesenen und gewaschenen Rosinen. (Volkstümlich ist auch die Fülle aus Bockshörndl oder gesottenen, kleingehackten Dörrzwetschken oder Kletzen.) Der gefüllte Teigfleck wird strudelartig gerollt, mit Butter bestrichen, schneckenartig eingedreht und in eine gut gefettete irdene Rein oder in ein Schwarztongeschirr gelegt. Vor dem Backen läßt man ihn noch etwas gehen. Den Namen »Reinling« hat er von der Rein; als »Kärntner« wird der Reinling eher von den Außenstehenden bezeichnet, wie Heß-Haberlandt feststellt. In Kärnten selbst hat er je nach seiner Zubereitung und Verwendung verschiedene Namen, wie Wazan- oder Türkenreinling (Weizen- oder Maismehlreinling), »Schirbling«, »Schartl«, »Weichnreinling« (zum Weihen in der Kirche), »Gotenreinling« (Patenreinling),

»Wandererreinling« (zum Termin des Dienstbotenwechsels); der Rosentaler »Preitel« hat manchesmal Riesenausmaße und gehört zu den Osterspeisen, die in der Kirche geweiht werden. Der Rosentaler »Hochzeitsreinling« muß in einer Rein gebacken werden, die in der Mitte einen breiten, geraden Zapfen hat; seine Fülle muß aus Früchten bestehen, die Rinde knusprig sein. Auch in Teilen Niederösterreichs und im Burgenland wird der Reinling als Hochzeitskuchen verwendet.

Das ursprünglich im Slowenischen beheimatete Gegenstück zum Reinling ist die

Potize

Den Germteig (siehe Seite 529) ausrollen, mit Nuß- oder Mohnfülle (im Gewicht des Teiges) den Teig bestreichen, von zwei Seiten zur Mitte hin aufrollen, in eine gefettete, bemehlte längliche Kuchenform füllen, gehenlassen, langsam backen und noch heiß stürzen. Vor dem Anrichten zuckern.
Der Name »Potize« oder »Putize« bezieht sich auf die Herstellungsart (»potivica, potica« von »potivi« = einwickeln); gefüllt wird die Potize gern mit Mandeln, Nüssen und Honig, bestrichen mit einem verquirlten Ei. Die Potize ist in der Steiermark und in Teilen Kärntens als weihnachtliche und österliche Festspeise beliebt. Schon Freiherr von Valvasor beschreibt 1689 in seinem Werk »Ehre des Herzogtums Krain« die Potize genau: »Man welgt einen Teig ganz dünn, wie Laub oder Papier, streicht klein gestoßne und mit Honig durcheinandergemischte Nußkerne und walget solches Gemisch, drückts hiernechst zusammen oder windets herum, daß es ein Laib Brot wird. Endlich backt mans und wenn es ausgebacken, wird es Potiza genannt.« J. M. Heitz bemerkt in seiner »Wiener Bürger-Küche« (1902) zum Rezept »Potize« nur: »Krainisches National-Germgebäck«, nennt es auch »Farinages natieneaux de la Caraințhie« und bringt die Rezepte »Bertrampotize«, »Honigpotize« und »Speckpotize«.

Brioche

Der Name dieses Gebäcks ist französisch, das Gebäck selbst aber wurde eine typisch wienerische Angelegenheit. Die Herkunft des Wortes ist ungeklärt. Die kleinen Köpfchen heißen auch Apostel-, Propheten- oder Seherkuchen. Ihr Kennzeichen ist die dickere, unten geriffelte Kugel und darauf der kleinere, runde, glatte Teigkopf. Heute gibt es Briochen in den verschiedensten Formen, als Striezel, Kipferl und Rundgebäck. Charakteristisch dabei ist für die Wiener Briochen immer die Bestreuung mit Hagelzucker.

25 Stück

500 g Mehl, 150 g Butter, 30 g Zucker, 4 ganze Eier, 30 g Germ, 1/8 l Milch, Salz, geriebene Zitronenschale, Hagelzucker

Aus den Zutaten wie beim gerührten Gugelhupf (siehe Seite 545) einen eher festgehaltenen Germteig bereiten. Nach dem Aufgehen daraus 25 gleichgroße Stücke formen, zu Kugeln schleifen und hieraus Schnecken, Zöpfe, Knöpfe, Striezeln usw. formen. Auf ein gefettetes Backblech legen und zu doppelter Größe aufgehen lassen, gut mit Ei bestreichen, mit Hagelzucker bestreuen und rasch backen, damit das Gebäck saftig bleibt. Briochen sind beliebt zur Wiener Kaffeejause und zum Wiener Frühstück.

Faschingskrapfen

Der Wiener Faschingskrapfen ist der verfeinerte Abkömmling des derberen Bauernkrapfens und wurde neben Wiener Backhendl und Wiener Schnitzel eine charakteristische Speise der Wiener Küche. Er war und ist dem Wiener »Sinnbild der Lebensfreude« – zumal man ihn einst nur im hohen Fasching, an den vier letzten Faschingstagen (am Faschingssamstag, -sonntag, -montag und -dienstag) auftischte. So schreibt der »Eipeldauer« (vulgo Josef Richter) im Jahre 1804: »Wenn ich's aber auch vergessen wollt, daß wir noch im lustigen Fasching sind, so würden mich schon d'Krapfen dran erinnern. Man geht fast durch kein' Gassen, wo man nicht ein' Schüssel mit Krapfen bei ein' Gwölb stehn sieht. Einige haben, wie d'idealistischen Parokkenköpf, ein gläsernes Kastel drüber, damit kein Staub dazu kommt, andre aber lassen's wieder gern einstaub'n, damit s' den Zucker ersparn. Aber auch d'halberte Wienerzeitung ist voller Ankündigung von Faschingskrapfen…« Dabei war und ist der Faschings-

Krapfenweib.
Une femme aux gateaux

krapfen – wie das Wiener Schnitzel – keine echte »wienerische« Erfindung, wenn auch das Märchen der Lokalhistoriker noch immer durch das Schrifttum geistert, daß eine Wienerin diese Krapfen erfunden hätte. Schon bei den Griechen und Römern gab es gefüllte Krapfen in der Form des römischen Herzschemas, das einen runden Hohlkegel darstellte; sie wurden vor allem bei den Frühjahrsbacchanalien gebacken. Vielleicht haben römische Kolonisten diese Speise an den Donaulimes und nach Vindobona, wie Wien damals hieß, »importiert«. Freilich verstanden es gerade die Wienerinnen (und Wiener) – wie so oft bei Genußmitteln –, aus diesem übernommenen Gut einen wahren Kult zu machen. Bereits in der Kochordnung vom 8. Juni 1486, von der Stadt Wien festgesetzt, tauchen auch schon die »Krapffenpacherinnen« auf: Sie sollen »in Irrn Ladnen weder Herbergn noch an offenn plecznnichtz kochen auch kainen visch pachen noch fail habn zuverkauffen noch kein gastung nicht habn haimlich noch offenlich in kein weis, damit vereterey vnd andere vbel, so daraus kommen mochten, vermitten bleiben.«
In der ersten Hälfte des 18. Jahrhunderts dürften die Krapfen »hoffähig« geworden sein. Es gab damals in der Wiener Hofburg im Fasching das sogenannte »Krapfenschießen«. Ab 1786 bildeten die Anpreisungen von Faschingskrapfen in der Wiener Zeitung eine ständige Rubrik in der Faschingszeit: »Faschingskrapfen, gefüllte das Stück für 2 Kreuzer und ungefüllt für 1 Kr., auf Bestellung auch solche für 3 Kr. sind in der bayrischen Küchelbäckerei brot. Turm in dem Haus zur Gans am Bergel Nr. 657, im Gewölbe zur Bayerin genannt, täglich warmer zu bekommen.« Bei der Kunigunde Rheinhartin kosteten 1789 die »ordinari« Krapfen zwischen ein und zwei Kreuzer, die Butterkrapfen zwei Kreuzer, die gefüllten schon drei bis vier Kreuzer und die abgetriebenen das Stück vier bis fünf Kreuzer. Die Art der Fülle konnte man bei Bestellungen bereits wählen. 1806 kosteten ungefüllte Krapfen schon zwei bis drei, gefüllte vier bis acht, extrafeine zehn bis zwölf Kreuzer (um 1800 bekam man für zehn bis zwölf Kreuzer ein Mittagsmahl mit mehreren Gängen!).

Formen und Aussehen dieses Wiener Faschingskrapfens werden im Laufe der Zeit bis aufs i-Tüpferl genau fixiert: Er soll nicht zu groß und nicht zu klein sein, er muß die Mündung eines »mäßigen« Glases grad bedecken! Außerdem muß er um die Mitte einen blassen Ring aufweisen, der in der Volks- und Küchensprache das »Ranftl« (= Rand, Randl, Ring) genannt wird. »Die Krapfen müssen nämlich so leicht sein, daß sie nicht die Hälfte in das heiße Schmalz sinken, und hierdurch das weiße Ränftchen erhalten«, schreibt F. G. Zenker.

Wenn meine Tante, Herrschaftsköchin einer Gräfin Arco, später eines Linzer Arztes, zu uns auf Besuch kam und Faschingskrapfen buk, jagte sie uns Kinder stets aus dem Haus, sperrte alle Türen und Fenster zu und waltete ihres Amtes. Ihre Krapfen waren leicht wie Schneeflocken, flaumig wie ein Osterküken, mit einem Sternmuster überzuckert und voll einer himmlischen Füllung – genau in der Mitte der Krapfen!

Faschingskrapfen

15 Stück

300 g Mehl, 20 g Germ, 60 g Butter, 30 g Zucker, 3 Eidotter, Salz, 1 EL Rum, geriebene Zitronenschale, ca. 1/8 l Milch, 150 g Marillenmarmelade, Fett zum Backen, Staubzucker

Aus 1/16 l lauwarmer Milch, Germ, Prise Zucker und etwas Mehl das Dampfl ansetzen und aufgehen lassen (bis die Masse sich verdoppelt und an der Oberfläche große Risse sichtbar werden).
Restliche warme Milch, Zucker, Salz, flüssige Butter, Rum, Eidotter, Dampfl und das vorgewärmte Mehl zu einem weichen, seidigglänzenden Teig verarbeiten, bis er Blasen wirft. 15 Minuten rasten lassen, dann auf einem bemehlten Brett etwa 1 cm dick ausrollen. Aus der einen Teighälfte mit einem Ausstecher (Durchmesser 6 cm) Kreise anzeichnen, genau in die Mitte der vorgezeichneten Kreise Marillenmarmelade (je 10 g) geben und mit einem ebenso groß ausgestochenen, verkehrt daraufgelegten Teigblättchen bedecken. Die Teigränder mit den Fingerspitzen rundherum leicht andrücken. Mit einem kleineren Ausstecher (etwa 5 cm Durchmesser) ausstechen und mit der Oberseite nach unten auf ein mit Mehl bestaubtes Tuch legen, zudecken und an einem warmen Ort um ein Drittel ihrer Höhe aufgehen lassen.
Es gibt im Handel ein besonderes Krapfenschmalz; sonst nimmt man eine Mischung aus halb Öl, Kokosfett oder Friturefett, halb Schweinefett (Schweinefett allein würde die Krapfen zu dunkel werden lassen!). Entscheidend ist auch die Temperatur des Fettes: Ein Wassertropfen muß das heiße Fett aufzischen lassen.
Die Krapfen mit der Oberseite in ein auf 155 bis 160 Grad erhitztes Fettbad geben, zudecken, nach etwa 3 Minuten die nicht zu braungebackenen Krapfen mit dem Kochlöffelstiel umdrehen, nochmals etwa 3 Minuten nicht zugedeckt fertigbacken. Gut abtropfen lassen und leicht abgekühlt mit einer Schablone überzuckern (in Sternform). Der Restteig wird mit etwas Milch verarbeitet und nach kurzer Rastzeit weiterverwendet.
Palffykrapfen sind etwas kleinere Faschingskrapfen aus sehr feinem Teig. Sie werden gern mit Weinchaudeau serviert.

Streuselkuchen mit Früchten

12 Portionen

500 g Germteig (siehe Seite 528) aus 250 g Mehl; 500 g beliebige Früchte
Streusel: 150 g Mehl, 150 g grober Kristallzucker, 120 g Butter; 150 g geschälte, feingeriebene Mandeln; Salz, Vanille, Prise Zimt, Staubzucker

Den fertigen Germteig ausrollen, auf ein gefettetes Backblech legen, beliebige Früchte auflegen (siehe unten), Streusel daraufstreuen und aufgehen lassen. Dieser Kuchen muß der Früchte wegen langsam gebacken werden. Portionieren und mit Staubzucker bestreuen.
Streusel: Die angegebenen Zutaten zusammenmengen und zwischen den Handflächen krümelig reiben.
Das Auflegen der Früchte: Als Früchte zum Auflegen eignen sich halbierte Marillen, Zwetschken, Kirschen, aber auch Beeren, wie Heidelbeeren, Ribiseln usw. Halbierte Zwetschken in der Mitte leicht einschneiden, so daß zwei zusammenhängende Viertelzwetschken entstehen. Die Zwetschken, einander leicht überlappend, mit der Haut nach unten auflegen. Marillen werden wie die Zwetschken aufgelegt. Beerenfrüchte gut abgetropft aufstreuen.

Zwetschkenfleck

(Auch Marillen-, Ribisel-, Kirschen-, Heidelbeerkuchen oder -fleck.) Ist der obenstehende Früchtekuchen ohne Streusel. Dazu rechnet man 1 Teil Germteig, 2 Teile Früchte und Zimtzucker, z. B. 1 kg Früchte, 500 g Germteig (aus 250 g Mehl hergestellt).
Den Teig 1/2 cm dick ausrollen, die vorbereiteten Früchte auflegen, gehenlassen. Im mittelheißen Rohr backen. Nach der halben Backzeit werden die Früchte mit Zimtzucker bestreut und fertiggebacken. Nach dem Auskühlen noch einmal mit Zimtzucker überzuckern und servieren.

Mohn- und Nußbeugel

16 Stück

250 g Mehl, 80 g Butter, 30 g Zucker, 15 g Germ, 1 Eidotter, etwa 1/16 l Milch, Salz, Vanille, Zitrone, Eistreiche (2 Dotter, 1 ganzes Ei), Mohn- oder Nußfülle

Nußbeugel sind schmale, Mohnbeugel sind etwas breitere Kipfel. Für den Beugelteig wird jedoch kein Dampfl angesetzt.

Sämtliche Zutaten (außer Eistreiche und Fülle) werden auf einem Brett zu einem festeren, aber doch geschmeidigen, glatten Teig verarbeitet und zugedeckt. Eine halbe Stunde im Kühlen rasten lassen. Den Teig dann halbieren, die Hälften zu Strängen rollen und diese in je 8 kleine Teile schneiden.

Jedes Stück zu einer kleinen Kugel schleifen (formen) und mit dem Nudelwalker zu einer kleinen ovalen Fläche ausrollen, jeweils mit 25 g Nuß- oder Mohnfülle belegen, mit der dünnen Teighülle umschließen und durch Rollen und Drücken mit beiden Händen zu einer dickbauchigen Kipfelform bringen. Auf schwachgefettetes Blech setzen, mit Eistreiche bestreichen, in kühlem trockenem Raum trocknen lassen, nochmals mit Eistreiche bestreichen; bei mäßiger Hitze backen.

Weißbrot

Hohe Qualität und Vielfalt der Formen kennzeichnen auch das Wiener Weißbrotgebäck. »An der Vielfalt und fast ornamentalen Verspieltheit unserer Gebäcksorten allein erkennt man schon die Tradition und das Alter unserer Eßkultur. In welcher Stadt sonst unterscheiden Bäcker und Kundschaft sehr genau etwa ein gewöhnliches Kümmelweckerl von einem an sich schon als Delikatesse zu genießenden Patentweckerl. Die Spezialität des Wiener Gebäckkörberls ist absolut ein Dissertationsthema«, schreibt Otto Stradal in seinem Buch »Wiener Stadt, Wiener Leut«.

Neben der »Kaisersemmel« gibt (oder gab) es noch das »Kaiserweckerl« (ein etwas länglicheres Gebäck als die Semmel); das »Patentweckerl« ist ein besonders glattes Weckerl, das »Bierweckerl« ist aus Roggen- und Weizenmehl gemacht und wird mit Kümmel bestreut. Wird Kümmel mitgebacken, nennt man es »Kümmelweckerl«. Dann gibt es noch das »Schusterlaibchen« und das größere »Wachauerlaibchen«; zum Frühstück gibt es das »Milchlaibchen« oder den »Milchknopf«. Nicht zu vergessen zwei klassische Gebäcke, das Kipfel und das Salzstangel, sowie die Breze.

Das Wiener Weißbrot- und Feingebäck verdankt seinen guten Ruf nicht zuletzt auch dem vorzüglichen Weißmehl heimischer Hochmüllereien. So kam es, daß ebenfalls in anderen Ländern Gebäcke die Qualitätsmarke »Wiener« führen. In Danzig hießen kleine Brötchen »Wiener Brötchen«, in Prag gab es die »Wiener Butterkipfel«, in Schlesien bis zum Zweiten Weltkrieg ein Milchgebäck namens »Wiener Hörnchen«, in Sachsen einen »Wiener Knoten«. Noch heute sagen die Dänen zum Plunderteiggebäck: »Wienerbrød«. In Wien dagegen gab es den »Prager Spitz«, »Mexikaner« (ein Kümmelgebäck), »Gestaubte Franzosen«, »Breslauer Brezel« und »Bosniakerl« (ein Kümmelweckerl, auch »Hadschiloja« genannt).

Wie der Wiener Faschingskrapfen wurde auch das Wiener Kipfel in der Wiener Lokalgeschichtsschreibung lange Zeit hartnäckig als eine »Wiener Erfindung« dargestellt. Die Fama hat es mit der Türkenbelagerung von 1683 in Verbindung gebracht und behauptet, ein Wiener Bäckermeister namens Peter Wendler habe es erstmals 1683 zum Hohn auf den türkischen Halbmond, den die Türken auf der Spitze des Stephansturmes aufgepflanzt hatten, gebacken. Die Historiker konnten nachweisen, daß es das Kipfel schon lange vor 1683 in Wien gegeben hat (übrigens ist Peter Wendler bereits am 6. Dezember 1680 gestorben!). Die »kipfen« wurden 1630 in Akten der Wiener Medizinischen Fakultät und in Schutzpatenten von 1652 erwähnt. 1670 berechtigte ein kaiserliches Privileg den Wiener Bäcker Adam Spiel »ayren khüpflgebächt« feilzubieten, und Abraham a Santa Clara erwähnt in seinen Schriften »vil lange, kurze, krumpe und gerade küpfel«. Doch bereits im Jahre 1227 hatten die Wiener Bäcker dem Babenberger Herzog Leopold dem Glorreichen bei seinem Einzug in Wien zu Weihnachten eine »Tracht Chipfen« überreicht!

Die Kipfel gehen vermutlich auf ein Klostergebäck zurück – die ersten Bäckereien waren ja Klosterbäckereien –, wahrscheinlich auf ein altes Ostergebäck (nachgeahmte Ziegenhörner, daher auch der Name »Hörnchen«). Die althochdeutsche Wortbedeutung für »kipfa« (lateinisch: »cippus« = Pfahl, mittelhochdeutsch: »kipfe«) ist »Wagenrunge«. (Nach deren Gestalt heißt das in zwei Spitzen auslaufende, längliche

Brot in Bayern noch heute »der Kipf«). Es wurde nachweislich seit etwa 1000 gebacken. Ein Klostergebäck, eine Fastenspeise der Mönche dürfte auch die Brezen – das Brezel – gewesen sein. Die Mönche bildeten aus dem lateinischen Wort »brachium« (= »Arm«) ein »künstliches« Wort »brachitum« für ein Gebäck in Form verschlungener Arme sowie dazu eine Verkleinerungsform »brachitellum«. Über das italienische »bracciatello« und das provençalische »brassadel« kam das Wort in der Form »brecedela« oder »brezitella« ins Althochdeutsche und schliff sich in der Folge zu »Brezel«, »Brezen« ab. Auch unser Wort »Semmel« kommt vom lateinischen »simila«, womit ursprünglich das feine Weizenmehl bezeichnet wurde (im Altgriechischen hieß es »semidalis«, im Arabischen »samid«, im Babylonisch-Akkadischen »samidu«!). Das lateinische »Simila« wurde in das Althochdeutsche übernommen und entwickelte sich über das mittelhochdeutsche »simil(e)« oder »semel(e)« – jetzt schon mit der Bedeutung »Gebäck aus feinem Weizenmehl« – zu »Semmel«.

Wenn der Österreicher (bzw. der Wiener) beim Essen von Semmeln und Kipfeln auch nicht an die Etymologie denken wird, so differenziert gerade er dennoch sprachlich sehr genau bei diesen Gebäckformen: Er unterscheidet – wie zwischen Krapfen und Krapferl – auch zwischen Kipfel und Kipferl. Das Kipfel ist gewöhnlich ein aus Germteig bereitetes Gebäck (es gibt noch Herd-, Radetzky-, Schinken- und Blechkipfel – letzteres soll eine Spezialität des Bäckers am Wiener Petersplatz gewesen und von Mozarts Frau Konstanze als Frühstücksgebäck bevorzugt worden sein!). Ein Kipferl dagegen ist etwas Exquisites, Zerbrechliches, etwas, das auf der Zunge zergeht, wie etwa ein Butterkipferl, ein Vanillekipferl, ein Briochekipferl. Das Butterkipfel ist ein knuspriges Weißbrotgebäck, dessen Rinde beim Brechen stark bröselt (»splittert«; daher heißt es auch »Splitterkipfel«) und das mit Butter bestrichen gegessen wird; ein Butterkipferl dagegen ist ein aus Mehl, Zucker, Butter und Eiern bereitetes Feingebäck.

Kaisersemmel (Wiener Semmel)

Die Kaisersemmel läßt sich nicht aus jedem Mehl ohne weiteres herstellen. Das Mehl muß zur »Führungsart« passen und Eigenschaften haben, die das »Wirken« des Teiges (Formen) ermöglichen. Die Ausbildung des Gebäckes im Ofen hängt ebenfalls sehr von der Teigbeschaffenheit und den Backbedingungen ab. Der Mehltyp 700, aus in- und ausländischen Weizensorten gemischt, eignet sich für die Kaisersemmel ganz ausgezeichnet.

Für etwa 14 Semmeln oder Salzstangerl

170 g Wasser, 80 g Milch (= ¼ l Flüssigkeit); 500 g Weizenmehl, Typ 700 glatt; 10 g Hefe, 10 g Butter oder Margarine, 7 g Salz, 5 g Malzextrakt (Diamalt), 5 g Zucker

Alle Zutaten werden vermischt, wobei darauf zu achten ist, daß die Hefe nicht unmittelbar zum Salz oder zur Butter bzw. Margarine gegeben wird. Salz in direkter Verbindung mit der Hefe wirkt ungünstig, da das Salz der Hefe das Wasser entzieht und diese dadurch abtötet und somit unbrauchbar macht. Butter oder andere Fettarten direkt zur Hefe gegeben, wirken dagegen gärhemmend, d. h. der Teig braucht dann länger zum Aufgehen.

Anschließend wird dieser Teig mit der Hand oder mit einem Kochlöffel geknetet bzw. abgeschlagen, bis er eine glatte Oberfläche aufweist.

Teigruhe: Dieser böhmisch (direkt) geführte Teig muß nun in der nachfolgenden Teigruhe gelockert werden. Sie beträgt je nach Mehlqualität insgesamt etwa 135 Minuten. Dazwischen wird in Zeitabständen gut zusammengestoßen, und zwar:

das erstemal nach	45 Minuten
das zweitemal nach	40 Minuten
das drittemal nach	35 Minuten
das viertemal nach	15 Minuten

Anschließend wird der Teig sofort ausgewogen und geschliffen. Das Teiggewicht einer Semmel beträgt 56 Gramm.

Die geschliffenen Stücke werden mit Mehl überstaubt, mit beiden Händen gut hin- und hergerollt und dann zusammengezogen. Die mehligen Stücke sollen nicht zusammenkleben. Sie werden zugedeckt und bekommen eine kurze Ruhezeit. Diese Ruhezeit richtet sich nach der Raumtemperatur und beträgt 15 bis 20 Minuten. Beim Handwirken (Formen) kommt es sehr darauf an, daß die fünf Laugen (die fünf Teile der Semmel) auch gleich groß sind und schön in der Mitte der Semmel zusammenlaufen. Der Schluß (»Ende«) muß gut zusammengezwickt werden, sonst geht er im Ofen wieder auf. Der Semmelteig läßt sich am besten wirken, wenn er schön wollig und seidig ist.

Zum Handwirken ist es vorteilhaft, wenn man etwas helles Roggenmehl nimmt. Die Laugen reißen besser, und der Stern der Semmel wird beim Backen schöner. Nach der Ruhezeit wird das Teigstück mit der Hand zu einem runden, nicht zu dünnen Fleck geklopft. Mit der linken Hand wird das Teigstück gehalten und mit der rechten Hand Lauge für Lauge angeschlagen. Bei der letzten Lauge wird der Daumen der linken Hand herausgenommen und an dieser Stelle die letzte Lauge hineingesteckt. Dann werden die erste und die letzte Lauge (Schluß) fest zusammengezwickt. Nach dem Wirken (Formen) setzt man die Semmeln mit dem Stern nach unten auf ein Tuch. Jetzt werden die Semmeln zugedeckt und mit einem Brett niedergehalten (etwas flachgedrückt). Dieses Niederhalten muß mit Gefühl erfolgen: junge Teige schwach, ältere Teige dagegen fester niederhalten.

Das Garen der Semmeln soll möglichst in einem Gärschrank oder in einem Gärraum stattfinden. Wenn es im Raum sehr dunstig und warm ist, genügt das auch. Auf keinen Fall aber dürfen Semmeln in trockener Wärme oder gar in Zugluft garen; eine Hautbildung ist dann nicht zu vermeiden.

Die Beurteilung der Garzeit ist Erfahrungssache. Die Gare ist ungefähr dann eingetreten, wenn die geruhte Teigsemmel ¾ des Volumens einer bereits gebackenen Semmel erreicht hat. Die Laugen sollen sich vor dem Einschließen noch lösen lassen, wenn man sie auseinanderzieht. Stark zugeklebte Laugen lösen sich auch im Ofen nicht mehr.

Viel Schwüle vor dem Einschießen und während des Backens ist die Grundbedingung zum guten Reißen der Semmeln und zur Glanzbildung auf der Rinde. Eine Kaisersemmel muß »rösch« (»resch«) sein, das heißt, es muß etwas krachen, wenn man sie auseinanderbricht oder hineinbeißt. – Bevor man die Semmeln in den Ofen gibt (»einschießt«), werden sie ganz leicht mit Wasser bestrichen.

Salzstangerl

Salzstangerl macht man aus Semmelteig. Nach dem Schleifen zieht man die Teigstücke zusammen und läßt sie kurz ruhen (wie bei den Semmeln). Nach dieser Ruhezeit werden die Teigstücke mit einem »Vorlänger« oder mit einem Rollholz vorgelängt, bis man ovale Flecke erhält. Den Fleck beginnt man von der dem Körper am weitesten entfernten Stelle mit der rechten Hand einzurollen, wobei man mit der linken Hand am anderen Ende durch leichtes Anziehen eine schöne, gleichmäßige Laugenbildung erreicht.

Die Salzstangerl werden nun mit dem Schluß nach oben auf ein Tuch weggesetzt und mit der Hand etwas niedergehalten. Bei ¾ Gare dreht man sie um, bestreicht sie mit Wasser und tunkt sie in Salzstangerlsalz (grobes Salz und Kümmel gemischt). Jetzt kleben Salz und Kümmel an der Oberfläche. Dann werden die Salzstangerl so weiterbehandelt wie die Semmeln.

Kletzenbrot

700 g Kletzen (Dörrbirnen), 200 g Dörrpflaumen, 50 g Nüsse, 50 g Mandeln, Rum, Prise Zimt und gestoßene Gewürznelken, Zitronenschale, 20 g Germ, 400 g Brotteig (beim Bäcker bestellen!)

Kletzen und Dörrpflaumen würfelig schneiden, Gewürze beigeben, mit Rum befeuchten und einige Zeit marinieren. In wenig lauwarmem Wasser verrührte Germ beigeben und das Ganze in den Brotteig einkneten. Die Teigmasse in gefettete Wandelform füllen und gehenlassen. Bei 200 Grad Ofentemperatur etwa 50 Minuten backen.

Das Kletzenbrot aus Brotteig, mit gedörrtem Obst, Nüssen (und neuerlich auch mit gekauften Südfrüchten), war schon im Mittelalter als »piratura« bekannt. Es war brauchtumsgebunden, wurde meist am Thomastag gebacken oder zumindest vorbereitet und in feierlicher Form an einem der Weihnachtstage vom Hausvater angeschnitten. Landschaftlich verschieden sind die Formen (Laib, Wecken, auch Zelten genannt), die Benennung (»Birazelten«, »Moltschero«, »Zlabern«, »Klotzen- und Klatzenbrot«, »Fochanzen«) und die Zutaten (gedörrte Birnen, Zwetschken, Zibeben, Mandeln, Nüsse, Zirbelkerne, Haselnüsse, Feigen,

Datteln, Arancini, Pignoli, Zitronat, Bockshörndl, Anis, Koriander, Fenchel, Cardamomen, Zimt, Nelken, Kümmel, Rum, Schnaps).

Plunderteig (Germbutterteig, Germblätterteig)

Der Plunderteig ist eine Mischung aus Germteig und Butterteig, also ein gewöhnlicher, etwas fester gehaltener Germteig, in den wie beim Blätterteig (siehe Seite 539) frische Butter lagenweise eingeschlagen wird. Wird der Plunderteig aus Butter hergestellt, spricht man von Germbutterteig, wird er aus Margarine hergestellt, bezeichnet man ihn als Germblätterteig. Die Zubereitung bleibt bei beiden Teigarten die gleiche. Dieser Teig wird immer – im Gegensatz zum Germteig – kühl ausgearbeitet. Der ausgearbeitete Teig muß langsam und gut aufgehen und wird bei stärkerer Hitze rasch gebacken. – Aus dem Germbutterteig wird ausschließlich Kaffeegebäck hergestellt, wie Schnecken, Kolatschen und Kipferl.

Germbutterteig (Grundrezept)

Ca. 30 Stück Gebäck
Vorteig: 500 g Mehl, 50 g Staubzucker, 50 g Butter, 50 g Germ, ca. 1/4 l Milch, 3 Eidotter, 5 g Salz, Vanille
Butterziegel: 400 g Butter, 50 g Mehl

Vorteig: In lauwarmer Milch wird die Germ eingebröckelt und glattgerührt. Mit gesiebtem Mehl, aufgelöster oder kalter Butter, Eidotter, Salz und Vanille auf dem Brett zu einem festeren, jedoch geschmeidigen Teig kneten. Zu einer Kugel formen, kreuzweise (bis zur Mitte des Teiges) einschneiden und im Kühlschrank oder noch besser im Tiefkühler so lange rasten lassen, bis der Butterziegel fertig ist.
Butterziegel: Die gekühlte Butter kurz mit dem Mehl durchwirken und zu einem quadratischen Ziegel formen.
Einschlagen des Butterziegels und Tourieren: Auf ein mehlbestaubtes Brett den kreuzweise eingeschnittenen Vorteig sternförmig ausrollen, in die Mitte dieses Teigstücks den Butterziegel legen und die 4 Teiglappen über den Butterziegel zusammenschlagen. Mit dem Rollholz dann gleichmäßig von der Mitte aus nach allen Seiten hin flachklopfen und zu einem fingerhohen Rechteck ausrollen. Daraufhin dreiteilig übereinanderlegen (**einfache Tour**): Dazu wird das Rechteck in 3 gleichmäßig große Teile unterteilt; zuerst wird das linke Drittel über das mittlere Drittel, dann das rechte Drittel über die beiden schon zusammengelegten Teile geschlagen. Somit ergeben sich, im Schnitt gesehen, abwechselnd 4 Vorteig- und 3 Butterteigschichten. Diesen Teigblock im Kühlschrank 15 Minuten rasten lassen.
Darauf wieder zu einem Rechteck ausrollen und jetzt vierteilig zusammenlegen (**doppelte Tour**): Dazu wird der rechteckige Block in 4 Teile unterteilt; die zwei äußeren Viertel legt man über die zwei inneren Viertel. Daraufhin klappt man die zwei Doppelschichten wie ein Buch zusammen.

Der Wienerische
Zuckerbäcker
oder
praktische Anleitung
eines
herrschaftlichen Koches und Zuckerbäckers,
alle möglichen Gattungen
von
Pasteten, Torten, Gefrornen, Liqueurs, Säften, Syrup, Marmeladen, Gallerten, Marzipanen, Zuckerbrod, eingesottenen und eingemachten Früchten, kleinen Zuckerwerk u. s. w.
zu verfertigen.

Zum Besten
des weiblichen Geschlechtes
und aller derjenigen,
welche sich der Kochkunst und Zuckerbäckerey
widmen wollen.

Wien,
bey Anton Doll.
1799.

Verarbeitung und Backen: Der Teig wird in Plastik oder in ein feuchtes Tuch eingeschlagen und ½ Stunde in den Kühlschrank oder in den Tiefkühler zum Rasten gestellt. Daraufhin wird der Teig je nach Rezept weiterverarbeitet und auf ein leichtgefettetes Blech zum Aufgehen gestellt. Der Plunderteig darf in einem nicht zu warmen Raum nur ganz wenig aufgehen!
Das Backen von Plunderteig erfolgt bei Temperaturen um 200 Grad. Vor dem Backen wird das Gebäck mit Eistreiche bestrichen.

Plunderteigstrudel

Für Apfel-, Mohn-, Nuß- oder Topfenstrudel: Teig und Fülle im Verhältnis 1 : 1.
Den Plunderteig etwa 25 cm breit ausrollen, die Fülle in der Mitte auftragen. Zuerst die eine Seite der freigebliebenen Teigfläche über die Fülle schlagen, darauf die zweite, mit Ei bestrichene Seite schlagen.
Diesen Strudel mit dem Schluß nach unten auf das Backblech legen (mit Teigstreifen Muster auf dem Strudel bilden). Mit Ei bestreichen, kurz gehenlassen, dann backen. Mit Puderzucker bestreuen.

FÜLLEN FÜR GERMTEIG-, PLUNDERTEIG- UND BLÄTTERTEIGGEBÄCK

Apfelfülle

500 g geschälte, ausgestochene Äpfel; 60 g Zucker, 30 g Butter, 40 g Rosinen, Saft von ½ Zitrone, 1 Msp. Zimt, eventuell etwas Rum

Die Äpfel blättrig schneiden, in eine gebutterte Kasserolle geben, Rosinen und Gewürze beigeben und zugedeckt im Rohr weich dünsten.

Mohnfülle

500 g Mohn, 200 g Zucker, 150 g Semmelbrösel, ca. ³/₈ l Milch, 100 g Rosinen, 2 EL Honig, geriebene Zitronenschale, Zimt

Zucker, Honig und Milch aufkochen, den gemahlenen Mohn dazugeben und noch etwas abrösten. Brösel und die Aromaten beigeben. Diese Mohn- und die folgende Nußfülle werden gern mit etwas Marillenmarmelade abgeschmeckt.

Nußfülle

500 g geriebene Nüsse, 250 g Zucker, 50 g Butter, 180 g Semmelbrösel oder Biskuitbrösel, ca. ³/₈ l Milch, Vanille, Zitronenschale, Zimt, Rum

Zucker, Butter und Milch aufkochen, die geriebenen Nüsse und Brösel sowie Aromaten beigeben.

Topfenfülle

(z. B. für 20 Kolatschen)

50 g Butter, 100 g Staubzucker, 20 g Cremepulver oder Maizena, 250 g passierter Topfen, 2 Dotter, Zitronenschale, -saft, Vanille, Rosinen

Alle Zutaten in der angegebenen Reihenfolge mischen und schaumig rühren. Zuletzt die Rosinen beigeben.

Topfenkolatschen

Das Wort »Kolatsche« stammt aus dem Tschechischen (»kolač«) und bedeutet soviel wie »Kuchen« (madjarisch: »kalacs« = »Kuchen«) und hängt wohl mit der Radform des Gebäcks zusammen (tschechisch: »kolo« = »Rad«). Belege für diese Kolatschen (man findet häufig auch die Form »Golatschen«) gibt es in allen österreichischen Kochbüchern. Schon Lichtensteins »Granat-Apfel«-Kochbuch (1699) führt zwei Rezepte an: »Die blätterichten Golatschen zu machen«, und »Die guten Böhmischen Golatschen«, ebenso Gartler und Hikmann im »Wienerischen bewährten Kochbuch« (»Golatschen gewöhnliche« und »Golatschen auf eine andere Art«), Theresia Ballauf (»Galatschen böhmische« und »Germgalatschen«), »Die Herrschafts-Köchin«, 1802 (»Germ-Golatschen«), das »Grätzerische Kochbuch«, 1795 (»Pomeranzen-Gollatschen«), F. G. Zenkers »Kunstbäckerei« (»Germgulatschen/Kolatschen«), Amalie Grünzweig (»Topfen-Kolatschen«). Habs und Rosner definieren in ihrem »Appetit-Lexikon« (1894): »Kolatschen, eine Spezialität des Böhmerlandes, sind kleine, runde Kuchen aus Hefenteig mit Butter und Eiern, die, wenn sie mit Pflaumenmus (Powidl) gefüllt, als ›böhmische‹, mit jedem andern Füllsel aber als ›Karlsbader Kolatschen‹ bezeichnet werden. Die dritte Sorte bilden die ›Troppauer Kolatschen‹, ein Kunstbau, der aus sechs übereinander geschlichteten und mit verschiedenen Marmeladen gefüllten einfachen Kolatschen besteht. Von dieser sechsstöckigen Troppauer Pyramide gilt das Wort: Tout est beauté, tout est charme en elle – An ihr ist Alles reizend und berückend.«

Zubereitung: Einen fertigen Plunderteig ausrollen, in Quadrate schneiden (etwa 11 mal 11 cm). Die Topfenfülle in der Mitte auftragen. Die Ecken der Kolatsche mit Ei bestreichen, gegengleich zusammenschlagen und die Ecken zusammendrücken, oben wieder mit Ei bestreichen, obenauf in die Mitte kleine Teigquadrate (ca. 3 mal 3 cm) legen und ebenfalls mit Ei bestreichen. Bakken und mit Staubzucker bestreuen. – Statt des Topfens kann man auch Powidl nehmen, der mit etwas Rum und Zimt abgeschmeckt wird (»Powidlkolatschen«).

Plunderteigschnecken

Einen Plunderteig etwa 30 cm breit ausrollen, mit flüssiger Butter bestreichen. Geriebene Nüsse, Zimt, Zukker sowie Rosinen darüberstreuen, einrollen, fingerbreit schneiden, mit der Schnittfläche nach unten auf ein Backblech legen, wobei das Ende der Schnecken nach unten gezogen wird, dabei etwas flachdrücken. Backen. Nach dem Backen aprikotieren und mit Fondant oder Wasserglasur (siehe Mohnrollen) glasieren. In der Mitte einige geriebene Nüsse aufstreuen.

Klosterkipferl

Einen Plunderteig ausrollen, zu Flecken in der Größe von 13 mal 8 cm schneiden, in der Mitte Marillenmarmelade auftragen (dressieren), von zwei Seiten zusammenlegen, die Oberseite mit Ei bestreichen, in Hagelzucker oder grobem Kristallzucker panieren und zu Kipfel gebogen auf leicht mit Butter bestrichenes Blech legen und backen.

Mohnrollen

Einen Plunderteig etwa 20 cm breit ausrollen, mit Mohnfülle (siehe Seite 537) bestreichen, aufrollen und in etwa 5 cm breite Streifen schneiden. In der Mitte quer mit einem Kochlöffelstiel fest eindrücken (die Seitenteile gehen dadurch auf!). Backen, dann aprikotieren, dünn mit Fondant (siehe Seite 553f.) glasieren, in die Mitte etwas ungeriebenen Mohn streuen. Statt Fondant kann man im Haushalt folgende **Glasur** verwenden: 200 g Puderzucker oder Staubzucker, etwas Zitronensaft und 2 EL Wasser werden gerührt und etwas erwärmt. Die Konsistenz wird mit Flüssigkeit oder Zucker korrigiert. Das aprikotierte, überkühlte Gebäck leicht und ganz dünn mit dieser Glasur bestreichen.

Nußkipferl

Einen Plunderteig ausrollen, spitze Dreiecke ausschneiden, die Nußfülle auf die Flecke auftragen, aufrollen und Kipferl formen. Nach dem Backen aprikotieren, dünn mit Fondant glasieren (oder mit einer Glasur, wie bei der Mohnrolle beschrieben) und mit einigen gehobelten, gerösteten Mandeln bestreuen.

Kranzkuchen

Der fertige Germbutterteig wird etwas dicker als bei den Plunderteigschnecken ausgerollt, gefüllt und eingerollt. Dann ringförmig auf ein gefettetes Blech gelegt, wobei beide Enden gut verbunden (zusammengedrückt) werden. Die Oberfläche zwickt man mit einer Schere der Länge nach in Abständen von je 5 cm leicht ein. Nun gehenlassen, mit verdünnter Eistreiche bestreichen und bei guter Hitze backen.

Butterteig (Blätterteig)

Butterteig wird aus dem sogenannten Vorteig und einem Butterziegel hergestellt. Verwendet man anstelle Butter Margarine oder ähnliches (Ziehmargarine, Ziehfett), spricht man von einem Blätterteig. Nur wasserarme Margarine-Sorten verwenden!
Die Verarbeitung bleibt bei Butter- und Blätterteig die gleiche (Vorteig und Butterziegel). Am wichtigsten dabei sind die Herstellung und Verarbeitung des Teiges an einem kühlen Ort sowie die genaue Einhaltung der Rastpausen zwischen den einzelnen Touren.
Auch aus Butter- bzw. Blätterteig stellt man vorwiegend Kaffeegebäck (Kolatschen, Kipferl, Dreispitz, Strudel, Striezeln, Cremeschnitten, Schaumrollen), aber auch Pasteten her.

Butterteig (Grundrezept)

300 g Butter, 300 g Mehl, ca. ⅛ l Wasser, 1 EL Rum oder 1 Spritzer Essig, Salz, eventuell 1 Eidotter

Butterziegel: Butter mit etwa ⅕ der Mehlmenge kurz durchkneten und zu einem quadratischen Ziegel formen, die Kanten glatt zuschneiden und kalt stellen.
Vorteig: Mehl mit kaltem Wasser, Rum oder Essig, Salz, den Abfällen des Butterziegels und eventuell einem Eidotter zu einem halbfesten, glatten Teig kneten, zu einer Kugel formen und kreuzweise einschneiden. Dann ½ Stunde kühl rasten lassen.
Einschlagen und Tourieren: Dann erfolgen die einfache und die doppelte Tour, wie es beim Plunderteig (siehe Seite 536) angegeben ist: Den Butterziegel in den Vorteig einschlagen, auswalken, dreifach zusammenlegen, rasten lassen, wieder auswalken, dann vierfach zusammenlegen.
Den Teig mit einem feuchten Tuch oder mit Plastik bedecken und ½ Stunde kühl rasten lassen. Nach dem Rasten die einfache und die doppelte Tour wiederholen. Anschließend erneut zugedeckt ½ Stunde rasten lassen. Eventuell erst am nächsten Tag mit dem Weiterverarbeiten des Teiges beginnen. Wichtig ist dabei, in einem möglichst kühlen Raum zu arbeiten, den Butterziegel immer kalt zu halten und während des Rastens den Teig nach Möglichkeit in den Tiefkühler stellen.
Backen: Butterteige werden immer bei geschlossenem Rohr und möglichst flott gebacken. Dabei muß jedes einzelne Stück gut und resch durchgebacken werden. Wichtig ist das rasche Anbacken bei etwa 200 Grad; sobald der Teig Farbe genommen hat, die Hitze drosseln und vollkommen durchbacken (wodurch er auch in der Mitte knusprig-spröde wird!). Der Butterteig darf nicht zu schwach gebacken werden, denn erst, wenn er resch gebacken ist und locker wird, erhält er den ihm eigenen Röstgeschmack. Butterteiggebäck so frisch wie nur möglich servieren! Nicht auf Vorrat backen!

Äpfel im Schlafrock

10 Portionen

Butterteig (siehe vorstehendes Rezept), 10 kleine, geschälte, ausgestochene Äpfel; 30 g gehackte Nüsse, 100 g Marmelade, 50 g Zucker, ein wenig Zimt, 1 Ei zum Bestreichen

Den fertigen Butterteig etwa 1 mm dick ausrollen und in Quadrate (12 mal 12 cm) schneiden. In die Mitte eines jeden Teigstückes einen Apfel legen, die Höhlung der Äpfel mit Nüssen und mit Marmelade, dann mit Zimtzucker füllen. Die Teigecken mit Ei bestreichen, über die Äpfel zusammenschlagen. Obenauf mit Butterteigquadraten belegen. Auf das Backblech legen, mit Ei bestreichen, kurz rasten lassen, gut durchbacken (etwa 20 Minuten) und überzuckern.

Butterteigstrudel

Butterteig (siehe links)

Nuß-, Mohn-, Topfen- oder Apfelfülle (siehe Seite 537). Fülle zu Teig im Verhältnis 2 : 1.

Butterteig messerrückendick ausrollen (etwa 20 cm breit, beliebig lang). Gewünschte Fülle in der Mitte aufstreichen oder mit dem Dressiersack ohne Tülle auftragen.
Den Teig beidseitig über die Fülle schlagen, den Strudel mit dem Schluß nach unten auf das Backblech legen. Die Oberseite mit Ei bestreichen, schmale Butterteigstreifen in verschiedenen Mustern auflegen, ebenfalls mit Ei bestreichen; den Strudel stupfen (mit der Nadel oben Löcher einstechen), damit der Dampf entweichen kann.
Backen (mindestens 40 Minuten) und überzuckern.

Topfenschnitten

Butterteig (siehe links), Topfenfülle (siehe Seite 537)

Den fertigen Butterteig ausrollen, in Streifen schneiden (etwa 10 cm breit), mit einer glatten, großen Tülle (30 mm Durchmesser) Topfenfülle in einem Streifen in der Mitte auftragen. Die Ränder mit Ei bestreichen. Mit Butterteigstreifen kreuzweise belegen, mit Ei bestreichen. Backen. Überkühlt schneiden und überzuckern.
Ebenso werden **Apfelschnitten** zubereitet. Dafür geschälte, entkernte Äpfel blättrig schneiden, mit Rosinen, Zitronensaft, Zucker und etwas Marillenmarmelade und Bröseln vermischen.

Polsterzipf

Ca. 20 Stück

Butterteig (siehe Seite 539), 300 g dicke Ribiselmarmelade, 1 Ei zum Bestreichen

Den fertigen Butterteig stark messerrückendick ausrollen, Quadrate von etwa 10 mal 10 cm mit dem Teigrad schneiden. Die Teigränder mit Ei bestreichen. In die Mitte jedes Teigquadrates Marmelade geben und diagonal zu einem Dreieck zusammenklappen. Auf das Backblech legen, mit Ei bestreichen und nach halbstündigem Rasten backen. Nach dem Auskühlen überzukern.

Cremeschnitten

Siehe SCHNITTEN, Seite 569

Schaumrollen

Einen fertigen Butterteig zu einem länglichen, etwa 25 cm breiten, nicht zu dicken Flecken ausrollen und in 2 cm breite, etwa 16 cm lange Streifen schneiden, die leicht mit Wasser benetzt werden. Diese Streifen wickelt man spiralenförmig auf die Schaumrollenröhrchen (konisch verlaufende Blechzylinder) auf; dabei ist darauf zu achten, daß die Teigränder knapp übereinander zu liegen kommen. Dann setzt man die Rollen mit dem Teigende nach unten auf das Blech, bestreicht den Teig mit verdünnter Eistreiche und backt sie in heißem Rohr. Vorsichtig von den Röllchen heruntergelöst, werden sie nach dem vollständigen Erkalten mit geschlagenem und gesüßtem Obers gefüllt und dann überzuckert.

Brandteig

Im Unterschied zu anderen Teigen kommt bei einem Brandteig das Mehl nicht roh, sondern abgebrüht, »abgebrannt« (daher der Name) dazu. Die beigegebene Flüssigkeit dient als Treibkraft und Lockerung, weil sie im Backrohr unter starker Hitzeeinwirkung Dampf entwickelt und so das Aufgehen des Teiges bewirkt. Brandteiggebäcke müssen daher in das bereits sehr heiße Backrohr kommen, das so wenig wie möglich geöffnet werden darf (auf alle Fälle erst, wenn der Teig eine ausreichende Kruste gebildet hat).

Als Faustregel für eine Brandteigmasse gilt das Verhältnis: 1 Teil Flüssigkeit, ½ Teil Mehl, ¼ Teil Butter, Prise Salz und 3 bis 4 Eier pro ¼ Liter Wasser. Dieser Teig wird je nach Verwendungszweck abgewandelt. Die Menge der Eizugabe richtet sich nach der fortschreitenden Bindung der Masse. Sobald die Masse eine feste, zähschmierige Beschaffenheit aufweist, keine Eier mehr beigeben. Wenn zuviel Eier beigegeben werden, wird die Masse weich, läuft während des Backens auseinander und fällt dann zusammen. Je besser die Zutaten eingearbeitet werden, ein desto besseres Ergebnis wird man erzielen.

Der Brandteig wird auf wenig befettetes Blech aufdressiert (nicht mit Mehl stauben!).

Grundrezept (für Cremekrapferl und Profiterolen)

⅛ l Wasser, 120 g Butter, Salz, 120 g Mehl, 4 Eier

Wasser mit Butter und einer Prise Salz zum Kochen bringen. Das Mehl mit der Schneerute einrühren und so lange bearbeiten, bis sich die Masse vom Geschirr löst. Vom Feuer ziehen, die Eier nach und nach einrühren, dabei immer kräftig rühren und bearbeiten.

Brandteig-Cremekrapferl

Brandteig (siehe Grundrezept)
Creme: ⅛ l Milch, 1 Eidotter, 30 g Zucker, 20 g Vanillezucker, 15 g Cremepulver oder Stärkemehl und ¼ l Obers

Aus fertigem Brandteig dressiert man kleine Krapfen in der Größe eines halben Eies auf ein leichtbefettetes Backblech, bestreicht sie mit Ei und backt sie bei geschlossenem Rohr zunächst bei starker Hitze (ca. 220 Grad) etwa 10 bis 15 Minuten, drosselt dann die Hitze und läßt sie gegen Ende der Backzeit (Gesamtbackzeitdauer etwa 20 Minuten) mehr trocknen als backen. Die Krapfen müssen gut ausgebacken sein und dürfen nicht zusammenfallen. Dann schneidet man die Krapfen quer durch die Mitte auf, füllt sie mit der Creme, setzt den

Deckel wieder auf und bestäubt die Krapfen mit Puderzucker.

Creme: ²/₃ der Milch aufkochen; Dotter, Zucker, Cremepulver oder Stärkemehl mit restlicher Milch gut verrühren und in die kochende Milch mit der Schneerute einrühren, einmal aufkochen lassen und gut überkühlt durch ein Haarsieb passieren. Zum Schluß ¼ l geschlagenes Obers vorsichtig darunterziehen (wobei das erste Drittel des Schlagobers kräftig verrührt und weiter das restliche Schlagobers leicht daruntergezogen wird).

Schokoladeprofiterolen

6 Portionen

⅛ l Wasser, Salz, 70 g Mehl, 40 g Butter, 2 Eier
Fülle: ⅜ l Schlagobers mit 20 g Zucker und 10 g Vanillezucker aufschlagen
Schokoladecremesauce (Rezept siehe Seite 570f.), etwas Obers

Brandteig aus obigen Zutaten herstellen, auf ein leichtbefettetes Blech Profiterolen (Häufchen in der Größe einer Haselnuß) spritzen. Backen. Nach dem Backen halb aufschneiden, mit Vanille-Schlagobers füllen. Eine Bombenform mit gefüllten Profiterolen auslegen, dazwischen immer etwas Obers spritzen, damit beim Stürzen die Form erhalten bleibt. Auf eine runde Platte stürzen, mit gut deckender Schokoladesauce überziehen, am Rand eine Bordüre von Schlagobers legen. Die restliche Schokoladesauce wird à part in der Sauciere serviert. Die erkaltete Schokoladecremesauce wird mit etwas Obers zur richtigen Saucenkonsistenz verrührt.

Eclairs (Blitzkuchen)

Auf ein schwachbefettetes Blech spritzt man mit glattem Röhrchen aus der Brandteigmasse daumenstarke, 6 cm lange Streifen, bestreicht sie mit verdünntem Ei und backt sie in heißem Rohr wie Cremekrapferl. Man kann sie gebacken mit Schokoladeglasur überziehen, entzweischneiden, mit Schlagobers füllen und wieder je zwei zusammensetzen (»**Schokolade-Eclairs**«) oder mit einer Kaffeeglasur (siehe Seite 554) überziehen und mit Schlagobers, das mit Kaffee abgeschmeckt und gefärbt wurde, füllen (»**Kaffee-Eclairs**«). In Berlin heißen die Eclairs »Liebesknochen«.

Mürbteig

Bei der Zubereitung eines Mürbteiges (»weißer Linzerteig«) ist darauf zu achten, daß die Rezepte alle auf die Butter ausgerichtet sind (Margarine hat eine andere Zusammensetzung, die eine andere Behandlung erfordert!). Den Teig immer sehr rasch bearbeiten, damit die Butter dabei nicht erwärmt wird. Die Butter – richtige Temperatur etwa 10 Grad – soll man nie in zu weicher Form mit den übrigen Zutaten verkneten: der Teig könnte sonst leicht brandig werden (»er verbrennt«), seine Bindung verlieren und brüchig-spröde werden; das Fett würde teilweise in flüssiger Form austreten. Sollte dies trotz aller Vorsicht einmal passieren, gibt man dem Teig mit etwas Eiklar oder einigen Tropfen Milch wieder Zusammenhalt; das Gebäck wird dann allerdings einfacher, keksartiger und nicht so mürbe (weil das Mehl durch die vermehrte Flüssigkeitsbeigabe stärker gebunden wird). Nach dem Bearbeiten soll der Teig an einem kühlen Ort rasten. Das Mürbgebäck soll während des Backens nicht zuviel Farbe annehmen, um keinen Röstgeschmack des Mehles aufkommen zu lassen. Mürbteig kann man auf Vorrat backen; er eignet sich vor allem für Wiener Tascherl, weiße Linzerschnitten, Obstschnitten, Obstkuchen, Teebäckereien und zum Auskleiden verschiedener Formen.

Mürbteig (Grundrezept)

300 g glattes Mehl, 200 g Butter, 100 g Staubzucker, 1 Ei oder 2 Eidotter, Zitronenschale, Vanille

Das Mehl auf ein Brett sieben, in der Mitte des Mehlhaufens eine kleine Grube machen, Butter, Eier oder Eidotter, Zucker, Vanille und geriebene Zitronenschale beigeben. Alles kurz zusammenarbeiten (nicht zuviel kneten!). Einige Stunden im Kühlschrank rasten lassen, dann weiterverarbeiten.

Gibt man zu dieser Grundmasse 100 g gebrannte, geschälte und feingeriebene Haselnüsse, erhält man den »**Haselnußmürbteig**«, der sich für Teegebäck, wie Husarenkrapferl usw., besonders eignet.

Apfelkuchen

Mürbteig (siehe Seite 541), Apfelfülle (siehe Seite 537), Eistreiche

Zwei Drittel des fertigen Mürbteiges halbzentimeterdick ausrollen, auf Backblech oder Tortenreifen legen, mit der Gabel einstechen und halb backen. Leicht überkühlen lassen und dann die Apfelfülle zweifingerhoch auftragen. Das letzte Drittel des Teiges zu kleinfingerdünnen Schlangen formen und in Gitterform auflegen. Mit Ei bestreichen. Statt des Mürbteiggitters kann auch eine Schneehaube aufgestrichen werden; danach wird der Kuchen rasch fertiggebacken.

Wiener Tascherl

Mürbteig (siehe Seite 541), 150 g Ribiselmarmelade, 1 Ei zum Bestreichen, 50 g gehobelte Mandeln

Den Mürbteig messerrückendick ausrollen, Quadrate (8 cm) ausschneiden oder radeln. In die Mitte haselnußgroß Marmelade setzen, den Teigrand mit verdünntem Ei bestreichen und die eine Teighälfte so über die andere schlagen, daß dabei eine Art Stufe entsteht. Auf ungefettetes Blech legen, mit Ei bestreichen, mit Mandeln bestreuen und goldgelb backen.

Obstschüsserl

Mürbteig (Seite 541), Tunkmasse (Seite 555)
Obst: rohes Obst, Bananen, Erdbeeren, Orangenfilets, Weintrauben, diverse Kompottfrüchte usw.
Oberscreme: 1/8 l Milch, 15 g Cremepulver, 30 g Staubzucker, 20 g Vanillezucker, 1 Dotter, 1/4 l Obers, 2 EL Kirschwasser

Kleine Schüsselformen mit dem fertigen, ausgerollten Mürbteig auskleiden und backen. Mit Tunkmasse dünn anpinseln, etwas Oberscreme hineindressieren und verstreichen. (Man kann auch Biskuitabfälle einlegen, mit einem Likör befeuchten und mit Oberscreme verstreichen.) Dann beliebiges Frischobst oder Kompottfrüchte einlegen und mit einem im Handel erhältlichen Obstgelee überziehen.
Oberscreme: Die Zutaten zu einer saucigen Creme verkochen, auskühlen lassen, passieren und 1/4 l geschlagenes Obers und Kirschwasser einrühren.

Linzeraugen (Weißer Linzerteig)

150 g Mehl, 100 g Butter, 50 g Staubzucker; 50 g abgezogene, feingeriebene Mandeln; 1 Eidotter, feingeriebene Schale einer Zitrone, Vanille, Prise Salz; Marmelade zum Füllen

Die Zutaten rasch zu einem Mürbteig verarbeiten. Gut rasten lassen, dann den Teig auf bemehltem Brett ausrollen, mit einem gezackten Ausstecher Scheiben (im Durchmesser von etwa 10 cm) ausstechen, die Hälfte dieser Scheiben mit einem Loch in der Mitte versehen, mit Ei bestreichen und mit gehobelten oder gestiftelten Mandeln bestreuen. Alle Scheiben extra backen. Die ganzen Unterteile mit Marmelade bestreichen, die Ringe daraufsetzen; innen zusätzlich mit heißer Marmelade füllen.

Linzerschnitten

Einen weißen Linzerteig nach vorstehendem Rezept bereiten, messerrückendick ausrollen und in drei je 10 cm breite Streifen schneiden. Aus einem Streifen dünngerollte Stückchen schneiden. Einen Streifen mit Ei bestreichen und mit einem Gitter aus den dünngerollten Mürbteigstückchen belegen. Beide Streifen bei mittlerer Hitze backen, erkalten lassen, dann mit Marmelade zusammensetzen. Die Zwischenräume des Gitters mit heißer Marmelade füllen. Zum Schluß die Schnitten überzuckern.

Gebäck und Kuchen aus Sandmassen

Sandmassen sind Massen, die mit einem Butterabtrieb hergestellt werden. Dazu die Butter leicht anwärmen (sie darf aber nicht schmelzen!), dann glattrühren, Staubzucker, Vanille und geriebene Zitronenschale beigeben und weiter schaumig rühren. Nach und nach werden dann unter ständigem Rühren auch die nötigen Eidotter beigegeben.
Anschließend wird das Eiklar zu steifem, aber dennoch schmierigem Schnee geschlagen und mit dem Kristallzucker fertig ausgeschlagen. Schnee unter den Abtrieb locker durchziehen, zuletzt das gesiebte Mehl locker

darunterziehen. Es ist darauf zu achten, daß der Butterabtrieb nicht zu fest wird, sondern weich und geschmeidig bleibt.

Anisbrot

370 g Butter, Vanille, Zitrone, 370 g Staubzucker, 6 Eier, 25 g Anis, 420 g Mehl

Butter, Zucker und Gewürze schaumig rühren, die Eier nach und nach einrühren, zuletzt das Mehl, mit Anis vermischt, einrühren.
Eine Kuchenform mit Papier auslegen (man kann auch ein Wandel oder eine Rehrückenform verwenden), die Masse einfüllen, bei mittlerer Hitze backen, auskühlen lassen und stürzen. Dann das Papier abziehen und den Kuchen überzuckern.

Kirschkuchen

250 g entkernte Kirschen, 80 g Butter, 40 g Staubzucker, 5 Eidotter, Vanille, Zitronenschale, 5 Eiklar, 40 g Kristallzucker, 100 g Mehl

Butter mit Staubzucker, Vanille und geriebener Zitronenschale schaumig rühren, die Eidotter nach und nach schaumig einrühren. Dann den Schnee von 5 Eiklar steif schlagen, mit Kristallzucker ausschlagen und locker in den Abtrieb mischen. Zuletzt das Mehl einheben. In eine bebutterte Tortenform oder in eine mit befettetem Papier ausgelegte Kuchenform (Wandel) füllen, mit ca. 250 g entkernten Kirschen bestreuen und etwa 30 Minuten im Rohr backen.

Rehrücken

100 g Butter, 40 g Staubzucker, 90 g Schokolade, 6 Eidotter, 6 Eiklar, 60 g Kristallzucker, 170 g geriebene, ungeschälte Mandeln, 70 g geriebene Biskuit- oder 50 g Semmelbrösel, 150 g Ribiselmarmelade, 40 g Mandeln zum Spicken
Schokoladeglasur: 100 g Schokolade, 100 g Butter

Die Butter mit dem Staubzucker schaumig rühren, die erwärmte Schokolade beigeben und die Dotter nach und nach schaumig dazurühren. Eiklar zu festem Schnee schlagen, mit Kristallzucker ausschlagen und unter den Abtrieb ziehen. Zuletzt Mandeln und Brösel in die Masse mischen. Die Masse in eine befettete, bemehlte Form (Rehrückenform) füllen und 50 Minuten im mittelheißen Rohr backen.
Ausgekühlt zweimal aufschneiden und mit Ribiselmarmelade dünn füllen, auch außen mit Marmelade bestreichen, mit Schokoladeglasur überziehen und mit geschälten, stiftelig geschnittenen Mandeln spicken.
Der Rehrücken wird gerne mit geschlagenem Obers à part serviert.
Schokoladeglasur: Schokolade zergehen lassen, die Butter beigeben, glattrühren und lauwarm über den Rücken der gebackenen Form gießen, am Rand schön glatt verstreichen.

Früchtekuchen aus schwerer Sandmasse

Ca. 300 g Früchte, 250 g Butter, 150 g Staubzucker, Zitronenschale, Vanille, 5 Eidotter, 5 Eiklar, 100 g Kristallzucker, 250 g gesiebtes Mehl

Butter und Staubzucker mit geriebener Zitronenschale und Vanille schaumig rühren, die Eidotter nach und nach schaumig einrühren. Den steifen, mit Zucker ausgeschlagenen Schnee unter den Abtrieb ziehen. Zuletzt das Mehl einheben. Bei allen Sandmassen bzw. bei ähnlichen Massen soll der Abtrieb immer halb weich sein; daher vor dem Einrühren des Schnees eventuell kurz das Geschirr anwärmen! Zu fester Abtrieb und Schnee vermischt sich schlecht mit Mehl; die Folge: man muß zuviel rühren! – Die Masse in eine bebutterte, mit Mehl bestaubte Kuchenform oder Tortenform zweifingerhoch einfüllen, mit Früchten belegen und 35 bis 40 Minuten backen.
An Früchten kann man verwenden: reife Marillen, entkernt, halbiert, mit der Haut nach unten auflegen; Kirschen, entkernt; gemischte, würfelig geschnittene Kompottfrüchte; geachtelte, in etwas Zitronen-Zucker-Wasser gedünstete, gutabgetropfte Äpfel; halbierte Zwetschken, mit der Haut nach unten auflegen.

Gugelhupf

Was heute in ganz Europa und darüber hinaus als eine Spezialität der Wiener Mehlspeisküche gilt, war schon im 2. Jahrhundert n. Chr. bei den Römern bekannt: der Gugelhupf. Unter den Kuchenformen und -modeln, die in Budapest, Carnuntum, im Rheintal oder in Frankreich bei Ausgrabungen gefunden wurden, tauchen immer wieder auch bronzene Formen auf, die den heutigen Gugelhupfformen fast völlig gleichen; lediglich der Napf in der Mitte ist bei den römischen Formen etwas geringer eingebuchtet. Wir wissen nicht, ob die Hausfrau am Donaulimes, in Carnuntum oder im Königreich Noricum, das bereits im zweiten vorchristlichen Jahrhundert in engen Handelsbeziehungen mit Rom stand, den Gugelhupf aus Germteig oder aus einer Biskuitmasse bevorzugte – bekannt waren ihr beide Teige, der Hefe- wie der Eierteig. Es kann auch sein, daß sie wie die römische Köchin in der Gugelhupfform den Safrankuchen buk (aus dem beim geringsten Druck gelber Safransaft spritzte).

Die Forscher nehmen an, daß der römische Gugelhupfmodel ursprünglich die »rotierende Sonne« versinnbildlichte. Die Herkunft des Wortes »Gugelhupf« ist nicht endgültig geklärt. Im »Vollständigen Deutschen Kochbuch« (1856) erklärt die Autorin Friederike Ritter in dem vier Seiten langen »Küchenlexikon« u. a. auch den »Napfkuchen – Aschkuchen = Kugelhupf = Butterlaiblein«. Theodor Eckardt erläutert in seinem »Wörterbuch der Küche und Tafel«: »Kugelhupf = Formenkuchen von Hefeteig.« Die Wienerin Emma Eckhart schreibt in ihrem »Küchen-Deutsch« (1876): »Gugelhupf, d. h. Kugelhippe, Napfkuchen, wegen der Backform so genannt, die dem Tuche, das sich die Bäuerinnen um den Kopf gebunden haben und Gugl heißt, gleicht.« (Noch heute bezeichnet man das im Nacken gebundene kugelförmige Kopftuch in manchen Gegenden als »Gugel«. Es soll im 12. Jahrhundert in Mode gekommen sein.) In unseren alten Kochbüchern tauchen auch noch die Nebenformen »Gogelhopff« (Conrad Hagger), »Kogel-Hopff« (Lichtenstein) oder »Kugelhopf« (Anna Dorn) auf. »Kogel« nennt man in den Alpen auch einen kugel-kegelförmigen Berg. Die Wirren der Völkerwanderung nach der Römerzeit ließen die Gugelhupfmodeln verschwinden. Erst im 15. Jahrhundert tauchen wieder die ersten Rezepte und Formen mit den geschwungenen Rillen und der starken Einbuchtung im Napfboden auf und fanden vor allem in den Alpenländern rasche Verbreitung. Sprechen mittelalterliche Verfasser noch von Mörsern (so eine Wiener Handschrift: »Kuchen in einem Mörser«) beziehungsweise von Holzmodeln (so das Kochbuch des Wiener Dorotheenklosters), so tauchen in der Renaissance bald auch kupferne Model und Gugelhupfformen aus verzinnten Kupferblechen auf. Conrad Hagger (1719) schließt eines seiner »Gogelhopff-Rezepte«: »Schmiere ein wohlverzinntes Geschirr.« Ab dem 18. Jahrhundert mehren sich die Hinweise auf metallene Formen, die in Größe und Ausführung oft stark variieren. So hat man bei Erdaushebungen in Linz eine dreifach verschlungene Gugelhupfform ausgegraben. Im 19. Jahrhundert gibt es eine Fülle von Gugelhupfrezepten, vielfach abgewandelt und verfeinert. Bekanntlich aß auch Kaiser Franz Joseph gern einen Gugelhupf. So gab es neben dem »Kaiser-Gugelhupf« einen Sacher-, einen Mandel-, einen Ordinären, eine Biscuit- und einen Feinen Gugelhupf. Anna Bergmann kennt in ihrer »Wiener Küche« (3. Auflage 1924) neben 28 Arten des »abgetriebenen Gugelhupfes« noch einen Waltersdorfer, einen Böhmischen ordinären, einen Kaiser-, Mandel-, Krebs-, Malaga-, Biskotten- und einen Französischen Gugelhupf. Barbara Hikmann zählt in ihrem »Wienerischen bewährten Kochbuch« den Gugelhupf zum »Ordinari-Backwerk von Germe, Mehl, usw.«. »Große Mannigfaltigkeit herrscht unter diesem Gebäcke«, schreibt F. G. Zenker in seiner »Kochkunst«, »sowohl in der Zusammensetzung der Ingredienzen, als in der Form, die zwar sich immer einem hohen Corpus nähern soll; denn daher die Benennung Kugelhupf, wovon die letzte Silbe auf das Germen oder Steigen des Kuchens deutet.«

Der Gugelhupf ist auch heute noch ein unerläßlicher Bestandteil des Wiener Familienfrühstücks (vor allem am Sonntag) und der Wiener Kaffeehausjause. Der Gugelhupf, mit oder ohne Rosinen, »marmoriert«, mit oder ohne Schokoladeglasur oder auf Altwiener Art mit gestifteten Mandeln besteckt, ist längst so etwas wie ein bürgerliches Statussymbol für Wohlstand geworden. Das bezeugt auch die Antwort des Wiener Schriftstellers O. F. Berg (1833–1886), die er einem Theaterdirektor gab, der ihm für eine seiner Possen zu wenig Geld geboten hatte: Er sei auf eine Aufführung nicht

Marmorgugelhupf

Linzer Torte

Sachertorte

Makronenaufsatztorte

Wiener Eiskaffee

In der Roten Bar im Hotel Sacher

angewiesen, da er – Gott sei Dank – täglich Gugelhupf zum Frühstück essen könne.

Germgugelhupf

Siehe Seite 528

Gerührter Gugelhupf

220 g Butter, 120 g Staubzucker, 45 g Stärkemehl, 4 Eidotter, Rum, Salz, Vanille, geriebene Zitronenschale, 220 g Mehl, 1/8 l Milch, 4 Eiklar, 100 g Kristallzucker, 50 g Rosinen, 30 g Mandeln

Butter mit Zucker, Stärkemehl und den Aromaten (Rum, Salz, Vanille, geriebene Zitronenschale) schaumig rühren, die Eidotter nach und nach einrühren, Mehl und Milch abwechselnd kurz einrühren.
Festen Schnee mit Kristallzucker ausschlagen und mit den Rosinen in die Buttermasse einheben. Eine Gugelhupfform mit Butter ausstreichen, mit Mehl bestauben, den Boden mit abgezogenen, halbierten Mandeln auslegen und die Masse einfüllen. Etwa 70 Minuten backen. Abkühlen, aus der Form stürzen und überzuckern.

Marmorgugelhupf

Ein Drittel der vorstehenden Masse (ohne Rosinen) wird mit 20 g Kakao eingefärbt. In die vorbereitete Gugelhupfform wird dann abwechselnd gelbe und kakaogefärbte Masse eingefüllt. Backen und fertigen nach vorstehendem Rezept.

Gugelhupf

wie ihn angeblich die Hofschauspielerin und Freundin Kaiser Franz Josephs, Katharina Schratt, gebacken haben soll:

170 g Butter, 140 g Staubzucker, geriebene Zitronenschale, 4 Dotter, 40 g Rosinen; 40 g geschälte, gestiftelte Mandeln; 280 g Mehl, 1 Packerl Backpulver

Butter, Zucker, Zitronenschale und Dotter schaumig rühren. In die Masse Mandeln und Rosinen einrühren. Den steifen Schnee vorsichtig in den Abtrieb einheben und zuletzt das gesiebte Mehl, Backpulver und die Rosinen einheben. Die Masse in eine bebutterte, mit Mehl bestaubte Gugelhupfform füllen und im Rohr bei mittlerer Hitze backen. In der ersten Zeit des Backens das Backrohr ein wenig offen lassen (einhängen).

Biskuitmassen

Wir unterscheiden kalte Biskuitmassen (auf kaltem Wege hergestellte) und warme Biskuitmassen (zuerst warm-, dann kaltgeschlagene Massen).

Kalte Biskuitmasse (kalt gerührte)

6 Eidotter, 40 g Staubzucker, geriebene Zitronenschale, Vanille, 6 Eiklar, 80 g Kristallzucker, 150 g Mehl, evtl. 40 g heiße Butter oder Öl

Die Eidotter mit dem Staubzucker, Vanille und Zitronenschale schaumig rühren; der Abtrieb muß nach dem Rühren ganz hell und steif werden.

Das Eiklar zu steifem Schnee schlagen, langsam Kristallzucker beigeben und fest ausschlagen, dann unter den Abtrieb ziehen. Zuletzt das gesiebte Mehl vorsichtig daruntermischen. Oft werden am Schluß noch flüssige Butter oder Öl beigegeben; die Masse wird dadurch saftiger.

Diese kalte Masse eignet sich für Torten, Schnitten und Obstkuchen und ist etwas kompakter als die folgende warme Biskuitmasse.

Warme Biskuitmasse (warm aufgeschlagene)

6 Eier, 120 g Kristallzucker, geriebene Zitronenschale, Vanille, 150 g gesiebtes Mehl

Die ganzen Eier mit Zucker, geriebener Zitronenschale und etwas Vanille warm aufschlagen: Dazu wird eine Kasserolle 2 bis 3 cm hoch mit Wasser gefüllt und das Wasser zum Kochen gebracht. Der Schneekessel wird auf die Kasserolle gesetzt und die Eiermasse mit der Schneerute dickschaumig ausgeschlagen. Dabei mit Fingerprobe feststellen, ob die Temperatur von rund 35 Grad erreicht ist.

Dann den Schneekessel vom Dunst nehmen und die Masse kalt und dickschaumig (mit großem Volumen) schlagen (so lange weiterschlagen, bis die Masse kalt ist). Daraufhin das gesiebte Mehl nach und nach mit dem Kochlöffel vorsichtig einrühren.

Diese Masse ergibt ein leichteres Backwerk mit feinerem Geschmack und dient ebenfalls für Torten und Schnitten aller Art, in einer abgewandelten Form (siehe Seite 569 f.) auch für Rouladen.

Bischofsbrot

6 Eidotter, 60 g Staubzucker, Vanille, Zitronenschale, 1 EL Rum, 6 Eiklar, 60 g Kristallzucker, 140 g Mehl; 150 g kandierte und würfelig geschnittene Früchte; 50 g Rosinen, 100 g grobgehackte Schokolade, 80 g Butter

Mehl, kandierte Früchte, Rosinen, Nüsse und Schokolade gut vermischen. Eidotter mit Staubzucker, Vanille, Rum, geriebener Zitronenschale schaumig rühren. Eiklar zu festem Schnee schlagen, mit Kristallzucker ausschlagen, unter den Abtrieb heben, mit Mehl und Früchten vorsichtig vermischen, zuletzt die flüssige, warme Butter behutsam einrühren. Die Masse in eine mit Papier ausgelegte Form füllen und 40 Minuten im mittelheißen Rohr backen. Abgekühlt stürzen und das Papier abziehen. Entweder nur überzuckert in Scheiben schneiden oder mit Marillenmarmelade bestreichen und mit Schokoladeglasur (siehe Seite 554) überziehen.

Indianer-Krapfen

Ca. 10 Portionen

4 Eidotter, 5 Eiweiß, 70 g Kristallzucker, 50 g Mehl, 50 g Stärkemehl, Vanille, 3/8 l Schlagobers, 20 g Staubzucker, Vanillegeschmack, Marillenmarmelade, Schokoladeglasur (siehe Seite 554)

Eidotter mit 2/3 der Stärkemehlmenge und Vanille glattrühren. Eiklar zu steifem Schnee schlagen, mit Kristallzucker ausschlagen, mit Abtrieb, Mehl und restlichem Stärkemehl vermischen. Auf Papier mit glatter Tülle Krapfen dressieren (es gibt auch eigene »Mohrenkopf-Formen«), bei eingehängtem Backrohr rasch anbacken, etwas langsamer ausbacken (Backzeit etwa 20 Minuten).

Auskühlen lassen, vom Papier lösen, mit einer Messerspitze etwas aushöhlen, je zwei zusammensetzen, aprikotieren und mit Schokoladeglasur oder Schokoladefondant überziehen. Bei lauer Temperatur trocknen lassen. Dann die Hälften trennen, die Unterteile in Papierkapseln setzen, leichtgesüßtes Schlagobers aufspritzen und die Oberteile wieder aufsetzen.

Um die Entstehung der »Indianer« – einige Kochbücher nennen dieses süße Backwerk auch »Mohrenköpfe« – rankt sich eine »k.-u.-k.-Legende«. Eigentlich müßte man ihn »Inderkrapfen« nennen – aber um 1820 unterschied man in Wien nicht so genau zwischen »Inder« und »Indianer«. Der Taufpate für diesen Biskuitkrapfen mit Schlagobers war ein Mann aus Madras in Indien, der berühmte Zauberkünstler Kutom Bulchia Titescan, der wie in anderen Hauptstädten Europas auch in Wien, im Theater an der Wien, große Triumphe feierte. Nicht bekannt wurde jener Zuckerbäcker, der dem Inder mit seiner schwarzbraunen-weißen Schleckerei huldigte. Der schokoladefarbene Überzug sollte an die Hautfarbe des Inders erinnern, die Schlagobersfülle an dessen blendend weiße Zähne. Der Zauberkünstler geriet in Vergessenheit, den Zuckerbäcker kannte man nie: der »Indianerkrapfen« aber wurde eine beliebte Delikatesse sämtlicher Konditoreien der Monarchie – und blieb es bis heute.

Biskotten (»Löffelbiskuit«)

6 Dotter, 40 g Staubzucker, 4 Eiklar, 100 g Kristallzucker, 120 g Mehl

Die Eidotter mit Staubzucker schaumig rühren. Eiklar zu steifem Schnee schlagen und mit dem Kristallzucker ausschlagen, zur Dottermasse geben, dann das gesiebte Mehl darunterziehen. Mit glatter Tülle (Röhrchen) auf Papier gleichmäßig große Biskotten aufspritzen, mit feinem Zucker (durch Haarsieb oder poröses Tuch) bestauben und bei mittlerer Hitze in eingehängtem Rohr rasch backen. Die Biskotten nach dem Backen sofort vom Papier lösen.

Das Wort »Biskotten« stammt unmittelbar aus dem Italienischen (»biscotto«), das letzten Endes aus dem Lateinischen (»bis coctum« = »zweimal Gebackenes«) kommt. Es wurde im 16./17. Jahrhundert aus dem Italienischen übernommen. In Lichtensteins »Granat-Apffel«-Kochbuch (1699) tauchen die Rezepte »Bischgoten in die Papier-Häusel« und »Bischgoten andere Art« auf, im Buch »Kurtzer Unterricht, in welchem unterschiedene Speisen gut zuzubereiten beschrieben seynd« (1736 und 1740), gibt es »Bischgoten-Wändel«, »Bischgotten« und »Piscotten-Torten«. Das lateinisch-italienische Wort wurde auch ins Französische übersetzt. Beide Formen, die italienische als auch die französische, fanden ins Deutsche Aufnahme. Die italienische Form wurde über das mittelhochdeutsche »piscot« zur »Biskotte«, die französische Form zum »Biskuit«. Die Bedeutung dieser Wörter änderte sich, als man zu Beginn des 17. Jahrhunderts das französische »Bis-cuit« wörtlich ins Deutsche übertrug: zu »Zwey-back« (Zwieback), womit man seither das frühere »Biskuit« (das Schiffsdauerbrot) bezeichnete.

Indianerkrapfenform.

Teegebäck

Mit »Teegebäck« bezeichnet man Kleingebäck verschiedener Art aus Mürbteigen, aus gerührten Teigen (für Spritzgebäck) oder gekneteten Teigen (für ausgestochenes Gebäck), aber auch aus Makronenmassen, aus gerührten Massen mit einer Beigabe von Marzipan, Schokolade, Nüssen usw. oder aus Biskuitmassen. Der Formen und Namen gibt es in den alten Kochbüchern mehr als genug.

Chinesischer Tee hat wie der türkische Kaffee die Tafelgewohnheiten der Europäer seit dem 17. Jahrhundert zu beeinflussen begonnen: zunächst nur langsam, denn Kaffee, Tee und Schokolade waren anfangs teure Luxusgetränke, ja viele deutsche Fürsten hatten ihren Untertanen im 18. Jahrhundert das Tee- und Kaffeetrinken verboten. Als Verbote und Preise fielen, hat sich neben der Kaffee- auch eine gewisse Teekultur – freilich nie in dem hohen Ausmaß wie bei den Chinesen oder den Engländern – entwickeln können. In Elisabeth Stöckels »Österreichischem Universal-Kochbuch« (neu bearbeitet von Emilie Kieslinger, 1902) lesen wir zum Kapitel »Thee« u. a.: »Um ihm einen angenehmen Geschmack zu geben, kann man ein kleines Stückchen Vanille mit dem Thee in die Kanne legen. Man gibt kalten Rahm dazu, der ein wenig geschlagen wurde. Der Thee wird wie folgt genossen:
1. Mit Rum und Zucker;
2. anstatt des Rums mit rothem Ausbruchwein;
3. mit kaltem Obers und Zucker;
4. als sogenannter Tschai mit Rum, Zucker, Citronen- oder Orangensaft;
5. als reformierter Thee mit Zimmt, Zucker, Citronenschalen und nach erfolgtem Durchseihen mit Eidottern legiert;
6. als Thee-Punsch.
Die Zutaten zu Thee sind verschiedener Art. Die gewöhnlichste ist Butterbrot mit Schinken und hartes Backwerk, belegte Brötchen etc.«

Spitzbuben

Mürbteig (siehe Seite 541), Erdbeermarmelade, Staubzucker mit Vanillegeschmack

Den fertigen Mürbteig ausrollen, mit gezacktem, rundem Ausstecher gleichgroße Plätzchen (Scheiben) im Durchmesser von etwa 4 cm ausstechen und auf ein ungefettetes Backblech legen. Bei der Hälfte der Scheiben jeweils 3 kleine Löcher ausstechen. Hell backen, die Vollscheiben mit Marmelade bestreichen und die überzuckerten gelochten Scheiben aufsetzen.

Husarenkrapferl

300 g Mehl, 200 g Butter, 100 g Staubzucker, 100 g gebrannte, geschälte, feingeriebene Haselnüsse; Vanille, Zitronenschale, 2 Eidotter, 250 g Marmelade, Staubzucker mit Vanille

Aus den obigen Zutaten einen Mürbteig herstellen, zu Rollen formen und in gleichmäßig nußgroße Stücke schneiden. Diese zu Kugeln formen, auf ungefettetes Blech legen, etwas flachdrücken, in der Mitte eine kleine Vertiefung machen und backen. Erkalten lassen. Den Hohlraum mit beliebiger erwärmter fester Marmelade füllen. Zum Schluß überzuckern.

Wiener Krapferl

Einen fertigen Mürbteig (Seite 541) ausrollen, mit runden Ausstecherformen Scheiben in fünf aufeinanderfolgenden Größen ausstechen und extra backen. Je fünf Scheiben, ausgekühlt, mit Marmelade pyramidenartig zusammensetzen und mit Zucker bestreuen.

Nußringe

160 g Butter, 60 g Staubzucker, 1 ganzes Ei, Vanille, Zitronenschale, 160 g Mehl, 120 g geriebene Nüsse, Erdbeermarmelade, Staubzucker

Butter mit Staubzucker schaumig rühren, Ei und Gewürze beigeben und weiterrühren, dann unter den Abtrieb heben.
Auf nichtbefettetes Backblech mit gezackter Sterntülle Ringe dressieren und bei mittlerer Hitze hell backen. Je zwei Ringe mit Erdbeermarmelade zusammensetzen und leicht überzuckern.

Sandscheiben

250 g Mehl, 160 g Butter, 120 g Staubzucker, Salz, Zitrone, Vanille, Eistreiche, Hagelzucker oder grober Kristallzucker, ca. 100 g feste, passierte Marillenmarmelade

Den Mürbteig bereiten, zu Stangen von etwa 2,5 cm Durchmesser rollen, kühlen. Mit Ei bestreichen, in Hagelzucker oder grobem Kristallzucker rollen und in 5 mm dicke Scheiben schneiden. Auf Blech nicht zu knapp nebeneinander auflegen, in der Mitte mit dem Kochlöffelstiel eine kleine Vertiefung eindrücken, etwas Marillenmarmelade hineinspritzen und flott bakken. Noch heiß vom Backblech lösen.

Schokoladebusserl

3 Eiklar, 140 g Staubzucker, 140 g geriebene Haselnüsse, 120 g geriebene Schokolade, ca. 120 g ganze geschälte Haselnüsse

Eiklar zu steifem Schnee schlagen, zuerst den Staubzucker, dann die Nüsse und die Schokolade darunterrühren. Aus der Masse kleine Kugeln formen, auf leichtbebuttertes Blech legen, mit ganzen Nüssen – ein wenig in die Kugeln eingedrückt – belegen.
Bei mittlerer Hitze backen, bis sich die Oberfläche fest anfühlt.

Schokoladekipferl

100 g Butter, 100 g Schokolade, 140 g Staubzucker, 140 g feingeriebene Mandeln (ungeschält), Tunkmasse (siehe Seite 555)

Einen Mürbteig aus Butter, Schokolade (erwärmt und möglichst überkühlt), Staubzucker und Mandeln bereiten. Daumendicke Stangen rollen, kleine Stücke schneiden, daraus Kipferl formen. Sehr kühl und ohne Dunst backen (Rohr dabei immer einen Spalt offen lassen). Dann in die Tunkmasse tauchen.

Schokoladekrapferl

250 g Butter, 140 g Staubzucker, 180 g Mehl, 50 g Kakao, 2 Eier, 1 Dotter, Salz, Vanille, Tunkmasse (siehe Seite 555), Erdbeermarmelade

Butter mit Staubzucker und Geschmacksträger schaumig rühren, Eier und Dotter nach und nach einrühren, zuletzt das mit Kakao vermengte Mehl einrühren. Auf Papier runde Plätzchen dressieren, bei eingehängtem Rohr backen. Erkaltet vom Papier lösen. Je zwei Plätzchen mit Erdbeermarmelade zusammensetzen. Schräg in die Tunkmasse tunken.

Spritzgebäck

150 g Butter, 50 g Staubzucker, geriebene Zitronenschale, 10 g Vanillezucker, 1 Ei, 1 Eidotter, 230 g Mehl, Tunkmasse (siehe Seite 555)

Butter, Zucker, Zitronenschale und Vanille schaumig rühren, Ei und Eidotter einrühren, das Mehl locker darunterziehen (die Masse möglichst rasch aufarbeiten. Bei längerem Stehenlassen wird sie zu fest!). Mit Sterntülle Bögen, Rosetten, Stangerl, Ringe, Biskottenform usw. auf ein gefettetes Backblech dressieren. Nicht zu heiß backen. Vom Blech lösen und verschieden fertigen, z. B. je zwei mit Marillenmarmelade zusammensetzen und schräg in eine Tunkmasse tauchen, eventuell mit Nüssen bestreuen oder mit Tunkmasse überspritzen oder vor dem Backen schon mit kandierten Früchten belegen.

Vanillekipferl

300 g Mehl, 250 g Butter, 100 g Staubzucker, 100 g geschälte und geriebene Mandeln oder Nüsse, Vanille, Zucker

Aus Mehl, Butter, Staubzucker und Mandeln einen Mürbteig bereiten. 1 Stunde im Kühlen rasten lassen. Den fertigen Teig zu dünnen Stangen ausrollen, in kurze Stücke schneiden und aus diesen kleine Kipferl formen. Auf nichtbefettetem Backblech ganz hell backen. Noch heiß vom Blech nehmen und sofort mit Staubzucker und Vanillezucker, beides gut vermischt, überzuckern.

Makronen

Diese Masse wird aus Zucker, überaus fein geriebenen weißen Mandeln sowie Kokos und Walnüssen oder

Haselnüssen (stets 1 Teil Mandeln und 2 Teile Zucker) und Eiklar, aber auch aus Marzipan hergestellt. In Wien werden die Makronen auch »Mandelbusserl« genannt; sie sind nach Habs–Rosners »Appetit-Lexikon«: »Mandelgebäcke von Wallnuß- bis Aprikosengröße, die aus Zucker, Eiweiß und süßen Mandeln (süße Makronen) oder nur zur Hälfte süßen und zur anderen Hälfte bittern Mandeln (Bitter-Makronen) hergestellt und als Näschereien zur Chocolade oder beim Dessert verbraucht werden«. Das Wort »Makrone« als Gebäck aus Mandeln, Zucker und Eiklar wurde uns im 17. Jahrhundert in der französischen Form »macaron« vermittelt und geht auf die gleiche Quelle wie das italienische Wort »Makkaroni« für Hohl- oder Röhrennudeln (»maccarone«, »maccherone«) zurück.

Die Mandeln waren in der Küche der vergangenen Jahrhunderte sehr beliebt. Die Vorliebe stammt vielleicht aus jener Zeit, da Eier und Milchprodukte in der Fastenzeit noch zu den verbotenen Speisen gehörten und man als Ersatz Mandeln und die daraus hergestellte Mandelmilch sowie Mandelkäse (Mandelziger, Mandelschotten) genoß, der auch als Farce Verwendung fand. Beliebt waren weiter Mandelwürste oder Gebäck aus Mandelmilch und gestoßenem Reis oder Mandelmilch, Mehl, Zucker und Salz (z. B. »gulden Schnitten«) sowie Igel aus Mandelmasse (die Mandelsplitter deuteten die Borsten an). In den altösterreichischen Kochbüchern finden wir noch Mandelbrote, -biskuits, -torten, -kuchen, -bögen, -koche, -puddings, -krapfen, -busserln, -schmarren, -sulzen, -kipfel, -hippen, -maultaschen, -saucen, -suppen, -gefrornes, -cremes, -milch. (Wien importierte um 1890 rund 10 000 Zentner Mandeln zu der Eigenernte von etwa 45 000 Zentner. »Bei all dem dürfte aber die österreichische gute Küche des 19. Jahrhunderts in diesem Punkte noch hinter der des Mittelalters zurückstehen«, bemerken Habs und Rosner im »Appetit-Lexikon«, 1894.) Spötter nannten den beliebten Mandelkäse auch »Käse der Damen«. Mit schwang bei der Vorliebe für Mandeln außerdem die Tatsache, daß sie im Mittelalter wie Muskatnuß, Vanille, Basilikum und die Zwiebelgewächse zu den Gewürzen mit besonders erotisierender Wirkung zählten. Allgemein bekannt war die Färbung von Mandelmilch. Da die Mandeln einen wichtigen Bestandteil des Marzipans bilden, erfreuen sie sich vor allem bei der Konfektherstellung großer Beliebtheit. Mit der Makronenmasse erlangten sie weitere Verwendungsmöglichkeiten für den Zuckerbäcker. Beliebt war zum Beispiel – vom »Grätzerischen Kochbuch« (1804) bis J. M. Heitz' »Wiener Bürger-Küche« (1902/11) –, »einen Bienenkorb von Makronenteig auf eine Torte zu setzen… Auch macht man ein Flugloch hinein und an den Seiten von demselben Teig etliche Bienen, denen man Flügel und Augen verfertigt« (»Grätzerisches Kochbuch«). Die »gebrannten«, in Zucker gerösteten Mandeln nannte der Küchenmeister zu Ehren seines Herrn, des französischen Marschalls Du Plessis-Braslin (1598–1675), »praline«. Vor und nach 1800 gab es in Alt-Wien die welschen Mandolettikrämer, die auf der Straße ihre »Letti-Mandoletti! Bombiletti!« verkauften, farbig herausgeputzte Süßigkeiten aus Mandelteig (italienisch: »mandolato«).

Makronenmasse

150 g geriebene Mandeln, Kokos, Walnüsse oder Haselnüsse, 300 g Staubzucker, Eiklar nach Bedarf, geriebene Zitronenschale

Die Nüsse sehr fein reiben, mit Staubzucker in einem Schneekessel gut vermischen und so viel Eiklar beigeben, daß eine dickliche Masse entsteht, die man unter ständigem Rühren auf kleinem Feuer fast bis zum Kochen abröstet und dann im kalten Wasserbad unter wiederholtem Rühren abkühlen läßt.

Die Masse soll eine weiche, leicht dressierfähige Konsistenz aufweisen, aber nicht zu flüssig werden! Am besten ist es, von der Masse eine Backprobe zu machen. Sollte die Masse auseinanderfließen, dann werden Mandeln oder Zucker im Verhältnis 1 : 2 beigegeben. Ist die Probe nicht schön aufgerissen, wirkt sie stumpf, wird etwas Eiklar dazugerührt.

Auf Papier mit glatter Tülle die gewünschten Formen aufspritzen. Im mittelheißen, eingehängten Backrohr backen. Nach dem Backen das Papier umdrehen, mit Wasser benetzen und sofort wieder auf das heiße Backblech zurückdrehen und die Makronen vom Papier lösen. Die Makronen sollen eine schöne gerissene und glänzende Oberfläche aufweisen. Dies wird nur durch die richtige Konsistenz der Masse und durch das richtige Backen erreicht.

Makronen sollen immer frisch serviert werden. Sonst müssen sie in einem feuchten Raum aufbewahrt werden, um das Hartwerden zu verhindern.

Gefüllte Makronen

Makronenmasse (siehe vorstehendes Rezept); geröstete, geschälte Haselnüsse
Marzipanfülle: 100 g Rohmarzipan, 30 g Marillenmarmelade, ca. 1/16 l Rum

Mit einer glatten Tülle wird die fertige Makronenmasse auf Papier in Busserlform dressiert. Auf die Hälfte der Busserl je eine Haselnuß auflegen, die dann die Oberteile ergeben. Backen und anschließend, wie beschrieben, vom Papier lösen. Je zwei mit Marzipan zusammensetzen.

Marzipanfülle: Marzipan mit Marmelade und wenig Rum zu einer dressierfähigen weichen Masse rühren.

Mürbteigmakronen

Mürbteig (siehe Seite 541), Makronenmasse (siehe Seite 550f.), kandierte Kirschen oder Angelika

Den fertigen Mürbteig ausrollen, rund oder oval ausstechen, auf das Backblech legen, mit glatter Tülle die Makronenmasse aufdressieren (aufspritzen), wobei nur 2/3 der Oberfläche der Plätzchen mit Makronenmasse zu bedecken sind. Zuletzt mit Kirschen oder Angelika garnieren und backen.

Marzipanarabesken

160 g Rohmarzipan, 30 g Staubzucker, 20 g Butter, Eiklar, kandierte Früchte, 2 EL Marillenmarmelade

Marzipan mit Staubzucker, Butter und wenig Eiklar glattrühren und so viel Eiklar einrühren, daß man eine dressierfähige, glatte Masse erhält, die beim Aufspritzen die Konturen hält und nicht auseinanderfließt.
Mit gezackter Tülle auf Papier verschiedene Formen aufspritzen (zum Beispiel Rosetten, Ringe, Zipfe, Sterne usw.), mit kandierten Früchten belegen, etwa 2 bis 3 Stunden trocknen lassen und dann bei starker

Lebzeltmodel, Kärnten, um 1700

Oberhitze (250 Grad) flämmen, wobei nur die Konturen Farbe nehmen dürfen. Sofort mit kochendheißer Marillenmarmelade, die etwas mit Wasser verdünnt wurde, bepinseln. Nach kurzem Übertrocknen vom Papier lösen.

Rohmarzipan ist ein Fabrikat, das nach den gesetzlichen Bestimmungen aus zwei Teilen Mandeln und einem Teil Zucker hergestellt wird. Dieses Verhältnis gewährleistet eine besonders feine Masse.

Käsebäckerei

Käsemürbteig (Grundrezept)

200 g Butter, 200 g geriebener Chesterkäse, 200 g Mehl, 1 Eidotter, Salz, Cayennepfeffer

Alle Zutaten werden kurz vermischt. ½ Stunde rasten lassen, dann weiterverarbeiten.

Käsekeks in verschiedener Ausführung

1. Den fertigen Käsemürbteig stark messerrückendick ausrollen, mit Ei bestreichen, rund oder gezackt ausstechen, auf ungefettetes Backblech legen, jedes Stück mit einer abgezogenen Mandel belegen und backen.
2. Den ausgerollten Teig mit Ei bestreichen, mit Käse und Kümmel bestreuen und in schmale Streifen schneiden. Hell backen.
3. Den ausgerollten Teig mit Ei bestreichen, mit gezacktem, rundem Ausstecher ausstechen und backen. Nach dem Backen je zwei mit Käsecreme zusammensetzen.
4. Den Käsemürbteig mit Paprika rot färben, messerrückendick ausrollen, mit Reibkäse bestreuen, in gleichmäßige Dreiecke schneiden, einrollen und zu Kipferl formen, dann auf das Backblech legen, mit Ei bestreichen, mit Kümmel oder grobem Salz bestreuen und backen.

Käsecreme

a) 80 g Butter, 100 g passierter Gorgonzola, Paprika
b) 80 g Butter, 100 g geriebener Chesterkäse, Salz, Cayennepfeffer

Jeweils die Zutaten miteinander schaumig verrühren.

Käsestangerl

Blätterteig (siehe Seite 539) stark messerrückendick ausrollen, die Hälfte des Teigfleckes mit Reibkäse (am besten Parmesan und Emmentaler gemischt) und edelsüßem Paprika bestreuen, die andere Hälfte darüberschlagen und nochmals ausrollen. Mit Ei bestreichen, mit Käse und Kümmel bestreuen, zuletzt mit Paprika leicht bestäuben. In Schnitten teilen, spiralenförmig eindrehen und auf das Backblech legen. Nach halbstündigem Rasten backen; dabei darauf achten, daß der Paprika nur wenig Farbe nimmt.

Käsekolatschen

Den fertigen Blätterteig (siehe Seite 539) messerrückendick ausrollen, in Quadrate von etwa 4 mal 4 cm ausradeln, die Ecken mit Eistreiche befeuchten, in die Mitte einen 1 cm großen Emmentalerwürfel legen, mit Paprika bestäuben, die Ecken über dem Käsewürfel zusammenschlagen. Auf ein Backblech setzen, mit Ei bestreichen, obenauf ein kleines Quadrat aus Blätterteig aufsetzen, ebenfalls mit Ei bestreichen. Nach halbstündigem Rasten backen.

Mohn-Käse-Keks

Den fertigen Blätterteig (siehe Seite 539) ausrollen, zur Hälfte mit geriebenem Käse bestreuen, zusammenklappen und nochmals ausrollen, mit Ei bestreichen, mit reichlich ungemahlenem Mohn bestreuen, beliebig ausstechen oder schneiden und backen.

Geschnitzter Lebzeltmodel, Niederösterreich

Torten, Schnitten, Rouladen

FACHLICHE HINWEISE

Tortenformen: Sehr praktisch sind Tortenreifen ohne Boden; statt des Bodens nehme man Papier (Pergament oder ähnliches), das man um den Reifen kantet, der weder gefettet noch mit Mehl bestäubt wird.

Springform: Auch hier ist es besser, diese nicht mit Butter zu fetten und mit Mehl oder Bröseln zu bestreuen, sondern den Boden mit Papier auszulegen und darauf die Masse einzufüllen. Dadurch bleibt die Masse während des Backens am Rand haften und verhindert so das Zusammenziehen des Backgutes.

Backen: Das Backen erfolgt je nach Masse. Schwere Massen werden am Anfang bei eingehängtem Rohr (einen Spalt offengelassen) gebacken. Die erforderliche Backdauer richtet sich nach der Zusammensetzung der Masse: schwere Massen bis 1 Stunde, leichte Massen etwa 40 Minuten.

Stürzen: Sofort nach dem Backen die Torte mit der Oberseite nach unten auf ein bemehltes Brett oder Papier legen, kurz abkühlen lassen, dann wieder auf die Bodenseite stellen.

Füllen: Das Papier abziehen, die Torte aus dem Reifen schneiden und je nach Rezept ein-, zwei- oder dreimal waagrecht durchschneiden.
Geschmacklich verbessert man die Torte, wenn man vor dem Auftragen einer Tortenfülle (Oberscreme, Buttercreme usw.) die Tortenscheiben mit etwas verdünnter neutraler Marmelade (Marillenmarmelade) oder mit einer auf die Fülle abgestimmten Marmelade bestreicht. Nach dem Füllen (vor allem mit Buttercreme) und Zusammensetzen sollte die Torte einige Zeit im Kühlschrank stehen. Vor der Weiterverarbeitung umdrehen, damit die schöne Seite nach oben kommt. Nur so werden exakte Tortenformen erreicht. Die Torte wird nun mit Creme eingestrichen oder als Vorbereitung zum Glasieren mit Marmelade bestrichen (aprikotiert).

Aprikotieren: Um für die Glasur eine glatte Oberfläche zu schaffen, als geschmackliche Verbesserung und um ein »Absterben« (Grau- und Brüchigwerden) der Glasur zu verhindern, wird aprikotiert: dazu passierte Marillenmarmelade erhitzen. Sollte die Marmelade dabei zu dünn werden, muß sie dicklich eingekocht werden. Die Torte wird nun mit dieser Marmelade vollkommen eingestrichen.

Glasieren: Nach dem Aprikotieren kann die Oberfläche mit einer passenden Glasur überzogen werden. Der Außenrand der Cremetorte wird gern mit geriebenen Nüssen, gehobelten Mandeln, Schokoladestreuseln usw. eingestreut.

Verzieren (Dekorieren): Die Verzierung des Oberteils einer Torte entweder nach Rezept ausführen oder beliebig.

Glasuren

Torten, Schnitten, Rouladen und Gebäcke, die mit einer Glasur überzogen werden, bestreicht man vor dem Glasieren mit Marillenmarmelade (aprikotieren). Nur so erhält man dann eine glatte, schöne Oberfläche, die wiederum die beste Unterlage für die Glasur darstellt. Und nur so behält die Glasur auch ihren Glanz und »stirbt nicht ab«.

Fondant (»Zucker zum Flug gekocht«), Grundrezept

Der Fondant (in Österreich sagt man auch: »das Fondant«) ist die feinste der weißen Glasuren. Er kann im Fachhandel bereits fertig gekauft und zusätzlich mit Sirup, Essenzen, Schokolade usw. geschmacklich variiert bzw. gefärbt werden.

500 g Kristallzucker, ca. 3/16 l Wasser

Kristallzucker und Wasser dickbreiig vermischen, unter ständigem Rühren zum Kochen bringen und bis zur Flugprobe (siehe nächster Absatz) weiterkochen. Dabei den an der Oberfläche entstehenden grauen Schaum abschöpfen; außerdem wird mit einem in Wasser getauchten Pinsel der Geschirrand mehrmals abgewischt (dabei lösen sich Zuckerkristalle).

Flugprobe: Eine Drahtschlinge mit einer etwa 1 cm großen Schlaufe wird in den kochenden Zucker eingetaucht und herausgezogen. Dann bläst man durch die Schlaufe. Dabei sollen sich einige große, zusammenhängende Zuckerblasen bilden (»starker Flug«). Bilden sich keine Blasen bzw. bildet sich nur eine kleine Zuckerblase, die sofort platzt, muß man den Zucker noch weiterkochen. Nach erfolgter Flugprobe den Zucker auf eine mit Wasser benetzte Stein- oder Marmorplatte gießen, die Oberfläche mit Wasser benetzen. Wenn der Zucker lauwarm geworden ist, mit einer Spachtel oder einem Kochlöffel tablieren, das heißt in Art einer umrührend-schaufelnden Bewegung den Zucker so lange bearbeiten, bis er milchig-weiß geworden ist und eine teigige Beschaffenheit hat. Noch in diesem Zustand – vor dem Festwerden – in ein kleines Geschirr geben und mit einem feuchten Tuch zudecken. Wird der Fondant für längere Zeit aufbewahrt, soll dies in einem gut verschließbaren Geschirr geschehen.

Steht keine Stein- oder Marmorplatte zur Verfügung, wird der Zucker im Kochgeschirr tabliert. Zunächst wird nach erfolgter Flugprobe das Geschirr sofort in Eiswasser (reichlich Eiswürfel in das Wasser geben!) gesetzt und die Zuckeroberfläche mit Wasser besprizt (verhindert die Krustenbildung). Zucker dann, ohne zu rühren, abkühlen lassen. Anschließend tablieren.

Zum Glasieren wird die Fondantmasse im Wasserbad unter Umrühren wieder lauwarm erwärmt (darf dabei aber nicht zu heiß werden!). Mit etwas Eiklar zu streichfähiger Konsistenz verdünnen. Für Torten benötigt man eine dickere, für Gebäcke aus Plunderteig eine dünnere Konsistenz des Fondants.

Weitere Verwendungsmöglichkeiten der fertigen Fondantmasse für Glasuren ergeben sich, wenn man den Fondant mit dem gewünschten Geschmack und der entsprechenden Farbe versetzt:

Punschglasur

Man färbt die fertige Fondantmasse mit einer Lebensmittelfarbe oder mit konzentriertem Himbeersaft ein (darauf achten, daß die Glasur nicht zu dünn wird!) und schmeckt sie mit Rum ab.

Kaffeeglasur

Fertiger Fondant mit starkem Kaffeegeschmack: starker schwarzer Kaffee wird in die Masse eingerührt.

Schokoladeglasur I

Weiße Fondantmasse wird mit Kakao (Pulver oder Masse) und wenig Schokolade gefärbt, bis die Masse Schokoladefarbe anzeigt. Man kann die weiße Fondantmasse zusätzlich mit Zitronensaft, Maraschino, Orangenextrakt, Rum usw. abschmecken.

Schokoladeglasur II

300 g Kristallzucker, 250 g Schokolade, ⅛ l Wasser

Für diese Glasur muß der Zucker »zum Faden gekocht« werden. Alle Zutaten werden unter ständigem Rühren zum Kochen gebracht und »zum schwachen Faden« weitergekocht: Man nimmt mit dem Zeigefinger etwas von der Zuckerlösung vom Kochlöffel und versucht, zwischen Zeigefinger und Daumen die Masse zu einem Faden auseinanderzuziehen. Sollte sich noch kein Faden bilden, muß die Glasur bis zum Gelingen der Probe weiterkochen. Das Geschirr vom Feuer ziehen und die Glasur in noch heißem Zustand mit dem Kochlöffel an der Gefäßinnenwand tablieren. Hat die Glasur eine schöne dickliche Konsistenz erreicht, kann glasiert werden. Wird für Indianer-Krapfen, Sachertorte, Rouladen usw. verwendet. Diese Masse kann auch auf einer Marmorplatte tabliert werden (siehe Sachertorte, Seite 567f.).

Wasserglasur (»Zitronenglasur«)

ist eine einfachere, aber nicht so feine Glasur. Gesiebter Staubzucker wird mit etwas Zitronensaft und Wasser zu einer streichfähigen, leicht fließenden Konsistenz schaumig gerührt. Die Beigabe von Zitronensaft und Wasser erfolgt in kleinen Mengen: der Zucker kann nämlich nur sehr wenig Flüssigkeit binden. Diese Glasur wird für Teegebäck, Gebäck aus Butterteig und Germbutterteig sowie als Ersatz für Fondant verwendet. Wenn man statt des Zitronensaftes Rum verwendet, erhält man eine **Rumglasur**.

Fettglasur

Die Fettglasurmasse ist im Handel erhältlich; sie wird zerkleinert, ohne Flüssigkeitsbeigabe bis zur Lippenwärme erwärmt und dann glasiert. Kann mit Öl, im Sommer auch mit Kokosfett, verdünnt werden. Eine einfache Fettglasur kann man auch aus Kochschokolade bereiten (siehe Rehrücken, Seite 543).

Tunkmasse (Schokoladeglasur)

Die im Handel erhältliche Tunkmasse zerkleinern (klein schneiden), vorsichtig im lauwarmen Wasserbad erwärmen. Dabei muß besonders darauf geachtet werden, daß keine noch so geringe Wasser- oder andere Flüssigkeitsmenge in die Tunkmasse gelangt, weil diese Glasur Flüssigkeit bindet und dadurch die Tunkmasse eine dicke Konsistenz bekommt. Die Tunkmasse wird mit Kokosbutter oder auch -fett oder mit Öl zur gewünschten Konsistenz verdünnt. Die so aufgelöste Tunkmasse wird nun kalt gerührt: so lange rühren, bis sie zu stocken beginnt (dicklich wird). Dann noch einmal kurz anwärmen (es genügt, den Boden des Geschirrs zu erwärmen) – die Masse soll Lippenwärme erreichen –, glattrühren und die Probe machen: Man gibt einen Tropfen der erwärmten Glasur auf einen kalten Teller; der Tropfen soll in wenigen Sekunden stocken. Dauert das Stocken länger bzw. wird der Überzug grau, war die Tunkmasse zu warm und muß nochmals kalt gerührt und wieder leicht erwärmt werden. Dann glasieren. Wird für Kleinbäckerei, Schnitten, Torten und Rouladen verwendet.

Cremes und andere Füllmassen

Buttercreme

Die Buttercreme und ihre Varianten dienen ausschließlich zum Füllen von Torten und Schnitten bzw. Rouladen. Es gibt verschiedene Arten der Zubereitung. Das folgende Grundrezept ist überaus einfach und eignet sich für den Haushalt am besten. Eine Buttercreme soll immer sehr cremig-schaumig gerührt werden. Je schaumiger, desto leichter und bekömmlicher wird sie. Die Buttercreme darf vor allem nie ein schmieriges Aussehen aufweisen. Gute Buttercreme wird am besten in der Maschine gerührt. Da Butter bei normaler Temperatur weich und schmierig wird, empfiehlt es sich, einen kleinen Teil Hartfett (z. B. Kokosfett) der Butter beizugeben. Verschiedene Margarinesorten lassen sich noch besser als Butter schaumig rühren.

Buttercremes sollen immer nur mäßig eingefüllt werden und nicht zu stark gesüßt sein. Die jeweiligen geschmacklichen Zutaten sind immer der fertigen Grundcreme beizugeben.

Buttercreme (Grundrezept): 1/4 l Milch, 150 g Zucker; 30 g Vanillepuddingpulver, Cremepulver oder Stärkemehl; 2 Eidotter, 250 g Butter, 50–70 g Kokosfett

2/3 der Milch aufkochen. Die restliche Milch mit den anderen Zutaten (Zucker, Vanillepulver, Eidotter) glattrühren, mit der Schneerute in die kochende Milch einrühren. Einmal aufkochen, dann auskühlen lassen. Kokosfett zergehen lassen, Butter beigeben und schaumig rühren. Die am besten durch ein Haarsieb passierte, ausgekühlte Vanillecreme löffelweise beigeben und jeweils gut verrühren.

Kaffeecreme

Buttercreme mit starkem Mokka oder mit Kaffee-Essenz abschmecken. Die im Grundrezept angegebene Zuckermenge etwas erhöhen.

Nußcreme

1/16 l Milch mit 30 g Zucker aufkochen, 60 g feingeriebene Nüsse beigeben, erhitzen und auskühlen lassen. Dann der fertigen Buttercreme beigeben. Leicht mit Rum abschmecken.

Schokoladecreme

100 g Schokolade erwärmen, in die Buttercreme einrühren. Durch Beigabe von Nougat, Sirup, Fruchteinlage, Essenzen, Likören und Pürees können nach Belieben weitere Variationen geschaffen werden.

Pariser Creme

1/4 l Obers aufkochen, 200 g zerkleinerte Schokolade oder Tunkmasse beigeben und kurz glattrühren. Einige Stunden kalt stellen. Kurz vor Gebrauch mit der Schneerute so lange rühren, bis die Creme schaumig fest wird, dann sofort verwenden.

Schokolade

Die Schokolade bzw. die Kakaobohne war im 17. Jahrhundert aus Südamerika nach Spanien gekommen, wo die Schokolade bald zum täglichen Getränk wurde.

Über Frankreich und die Niederlande gelangte sie allmählich auch nach Deutschland. Die »Schatzkammer rarer und neuer Curiositäten« aus dem Jahre 1683 kennt die neuen Getränke »Coffée, Thee und Chocolate« noch nicht (erst der Ausgabe von 1697 ist eine Abhandlung darüber beigegeben), während das »Artzney-Garten- und Tisch-Buch« (1690) von Johann Sigismund Elsholtz bereits Abbildungen der Kaffee-, Kakao- und Tee-Pflanzen bringt.

Schokolade wurde dann im 18. Jahrhundert das Leib- und Magengetränk der vornehmen Damen, wenngleich es anfangs – wie Kaffee und Tee – ein teures Luxusgetränk war. Man trank Schokolade mit Milch, Obers oder auch Wasser (so war sie auch in der Fastenzeit gestattet), aber ebenso als Medizin: Mageren Leuten empfahl man Schokolade mit Salep, Nervenschwachen verabreichte man sie mit Orangenblüten, mit Mandelmilch wurde sie als Beruhigungsmittel verschrieben. Allgemein war man auch von ihrer erotisierenden Wirkung überzeugt. Eine Abhandlung über die Kakaobohne aus dem Jahre 1721 bezeichnete die Schokolade sogar als »Venusbrot«. Franciscus Balthasar von Lindern meint in dem 1751 in zweiter Auflage herausgegebenen »Speculum Veneris noviter politum: Das ist Neu-ausgeputzter Venus-Spiegel«, daß diese Wirkung weniger von der Schokolade als vielmehr von deren Zusätzen ausgehe, da die Schokolade viel Gewürz in sich habe, »welches alsdann die meiste Wirkung beweiset«. An solchen »Zusätzen« gab es außer Zucker, Vanille und Zimt auch noch Gewürznelken, Orangenwasser, Ambra, Mochus, Anis, Pfeffer, Madeira oder »Canariensect«.

Es erhoben sich allerdings auch heftige Gegenstimmen. So hatte schon 1666 der italienische Kardinal Francesco Maria Brancaccio die Schokolade für ein Nahrungsmittel erklärt, dessen Genuß mit dem Fastengebot unvereinbar sei. Seinen ärgsten Feind fand das Getränk aber ausgerechnet in einem Wiener Arzt namens Johann Franz Rauch, der es 1722 in einer Abhandlung »Von der Lust und den Nahrungsmitteln« als die Ursache aller Schäden und Laster seiner Zeit schlechthin denunzierte.

Dennoch erfreute sich die Schokolade im 18. und 19. Jahrhundert auch in den österreichischen Haushalten

Torte mit Makronenaufsatz, 19. Jh.
Diente als Vorlage für die Torte gegenüber Seite 561

großer Beliebtheit. Sie wurde mit Wasser, Milch oder Wein gekocht (Anna Dorn berechnet für 10 Tassen 1 Pfund »Chocolate«); gern wurde sie schaumig geschlagen (Hikmann allerdings bemerkt: »Nun haben auch einige den Glauben, daß der Chokolade eigentlich nicht schön sey, wenn man ihn nicht zu Schaum sprüdle, aber Schaum ist Schaum, das heißt überflüssige Luft in den Magen kömmt, unnöthiger Weise Blähungen macht. Etwas aufrühren kannst du ihn wohl, damit sich der Chokolade nicht zu Boden setzt«), oft auch mit Eidottern abgerührt und eingedickt (»wenn der Chokolade gut ist, ist es unnöthig«, bemerkt Barbara Hikmann dazu). Darüber hinaus fand die Schokolade in der Süßspeisenküche im 19. Jahrhundert vielfältige Verwendung. Das Repertoire reichte von »Chokolade«-Auflauf, -Biskuit, -Bombe, -Bonbons, -Brot, -Consommé, -Creme, -Eis, -Gefrornem, -Glasur, -Kipferl, -Koch, -Konfekt, -Krapferl, -Kuchen, -Palatschinken, -Schnitten bis zur Sachertorte (»Chocolade-Torte. À la Sacher« heißt es bei Katharina Prato) und weiter zu »Chocolade«-Sulzen, -Überguß, -Würfeln und -Würstchen.

Bis zur industriellen Herstellung von Speiseschokolade und Kakaopulver im 19. Jahrhundert wurde Schokolade nur aus nichtentölten Kakaobohnen gewonnen. 1890 gab es in Wien bereits 11 Schokoladenfabriken mit rund 400 Arbeitern.

In der Hofkonditorei Demel indes stellte man nach wie vor eigene Schokolade her, indem man von Hand ausgesuchte Kakaobohnen und Zucker 72 Stunden lang zusammenmischte. Als eigentliche Krönung des Ganzen aber servierte man in Schokolade getunkte echte Kakaobohnen.

Torten

»Wir nähern uns nun« – so eröffnet F. G. Zenker in seiner »Kunstbäckerei« das 39. Kapitel »Von großen Stücken der Bäckerei, die im Allgemeinen unter der Benennung als Torten erscheinen« – »immer mehr jenem Theile der Kunstbäckerei, der eben so viel den Sinn des Auges als Gaumens beschäftigt, und folglich genaue Kenntniß der Zeichnung der verschiedenen Verzierungen, und endlich eine Total-Wirkung über das Ganze voraussetzt; diese und jene Stücke sind die eigentlichen Ruhepunkte einer großen Tafel, die, wenn ich mich so ausdrücken darf, dem Geiste und Magen zugleich eine interessante Aemulation geben.«

Unsere Vorstellung von einer Torte hat das Barock geprägt; sie wurde im 19. Jahrhundert verfestigt: ein üppiges, schaumgefülltes Gebilde aus Eiern, Zucker, Butter, Schnee und wenig Mehl – ein Luxusprodukt, vitaminarm und kalorienreich, eine »L'art-pour-l'art«-Schöpfung, »unter deren Glasur Österreich ist«, wie Ludwig Plakolb in »Die weltberühmte Wiener Küche« pointiert. Dabei hat die Vorstellung, was als Torte zu bezeichnen ist, im Laufe der Jahrhunderte vor allem in geschmacklicher Hinsicht eine gewisse Wandlung erfahren. Unser Wort »Torte« fehlt in den mittelalterlichen Wörterbüchern; es taucht erstmals 1418 auf und wurde aus dem gleichbedeutenden italienischen »torta« (= »Torte, Feingebäck«) entlehnt, das wiederum aus dem spätlateinischen »torta« (= »rundes Brot, Brotgebäck«) bzw. aus dem mittellateinischen »tortum« (= »gewundenes Brot, Gebäck«) abgeleitet wird. Die meisten Forscher bringen es mit dem lateinischen »torquere« (= »drehen, winden«; »tortum« = »das Gedrehte, Gewundene«) in Zusammenhang. Im Französischen bedeutet »tourte« soviel wie »Fleischtorte, Ölkuchen«, was der ursprünglichen Ausführung einer »Torte« noch näherkommt als unsere heutige Torte.

Diese Fleischtorten gab es auch schon in den mittelalterlichen Küchen und in der Renaissance; der Tortenboden wurde mit Kalbfleisch oder gekochtem Kapaun belegt (in der Fastenzeit mit Fischen). Daneben gab es noch Gemüsetorten, »Quarktorten«, Käsetorten und »Äpfeltorten« (gefüllt mit in Wein gedünsteten Äpfeln, mit Feigen, Trauben, gebratenen Zwiebeln, Safran, Ingwer und Zimt, aber weder mit Honig noch mit Zucker gesüßt). Die alten Kochbücher sind reich an solchen pastetenähnlichen »Torten«. Die Fülle wurde in den Teig eingeschlossen und mitgebacken. Gebacken wurden sie in einer besonderen Pfanne oder in einem Model. Noch das »Neue und nutzbare Koch-Buch« des »Granat-Apffels« (1699) überschreibt das entsprechende Kapitel: »Von allerhand Pasteten und Torten« und bringt an Einzelrezepten: Torten von Mandeln, Speck-, Zimt-, Spinat-, Mark-Torten, Kälbernieren-Torten, »Frangipani-Torten«, »Coppenhagische Butter-Torten«, Österreichische Blätter-Torten, Romanische »Crostada«, »Bianco mangiare-Torten«, Englische Torten, Milch-, »Milch-Rahm- oder Sahn-Torten«, Kräutertorten, Germ-Torten und Mandelbrot. Auch das 1736 und 1740 erschienene »Nutzliche Koch-Buch« faßt dieses Kapitel als »Unterschidliche Pasteten und Torten« zusammen, führt aber auch bereits eine umfangreiche Rezeptreihe von süßen Torten an. Conrad Hagger läßt in seinem »Saltzburgischen Koch-Buch« (1719) besondere Sorgfalt bei den Tortenverzierungen, den kunstvoll aufgebauten Pyramidentorten und Tortenaufsätzen walten; er führt 93 verschiedene Torten (von Früchten-, Kräutern-, und Krebsfüllungen) an. Auch die Kochbücher um 1800, so das »Wienerische bewährte Kochbuch«, das »Grätzerische Kochbuch«, die Kochbücher von Theresia Ballauf und Anna Dorn bringen ein umfangreiches Tortenkapitel. Es gab u. a. Äpfel-, Baum-, Berg-, Blätter-, Biscuit-, Biskotten-, Brösel-, Chocolate-, Eier-, Erdäpfel-, Kaiser-, Karmeliter-, Kastanien-, Kleien-, Krebs-, Linzer, Mandel-, Mark-, Marzepan-, Mürbe-, Muskazonen-, Polnische, Pomeranzen-, Reis-, Sand-, Spanische Wind-, Spinat-, Speck-, Zimt-, Zucker-, Zwieback-Torten; es gab geschobene, gesottene, gewürzte, gestiftelte, gemischte, grillierte, aufgestrichene, gegossene, gerührte Torten. Zum Backen dieser Torten verwendete man einfache Tortenreifen aus Blech, deren Weiten meist verstellbar waren, oder man half sich mit Kleister und Bindfäden oder Papier. Manchmal ist auch von einem »Model« die Rede (z. B. »Bergmodel«). In der zweiten Hälfte des 19. Jahrhunderts wurde das Tortenrepertoire der Kochbücher ins schier Endlose erweitert; dabei kann man einige zusammengehörende Gruppen unterscheiden. Da gibt es einmal die traditionellen Torten, benannt nach der dominierenden Zutat oder Herstellungsart, ferner Torten, die den Namen des »Erfinders« tragen, es gibt Torten mit Namen nach modischen Zeiterscheinungen sowie Torten mit Namen ihres Ursprungslandes oder -ortes. Zu den Torten, die nach ihrem Erfinder benannt sind, zählen Dobos-, Sacher-, Demel-, Pischinger-, Schneider-, Kauber-, Dommayer-, Rokitansky-, Lotti-Richter-, Seleskowitz-, Kofranek-Torte. Modische Zeitnamen sind »Alliancetorte« (Prato), Börsianer Torte (Rokitansky), Automobil- und Radfahrer-Torte (Sofie Meissner), »Eisenbahnertorte« (Anna Bergmann). Zu den Torten, die einer Persönlichkeit zu Ehren (»à la...«) benannt sind, gehören u. a. die Nelson-, Napoleon-, Pfarrer-Kneipp-, Elisabethtorte, Kastanien- oder Radetzky-Torte, Hunyadi-, Andrássy-, Eugenie-, Gisela-, Mariannen-, Stefanie-, Vallerie-Torte, Sonnenthal-Torte, Catalani-, Habsburger-, Isabella-, Esterházy-Torte und Malakoff-Torte. Umfangreich ist auch die Liste der Torten mit Länder- oder Ortsnamen, wie Spanische Windtorte, Französische, Russische, Holländer, Brasilianer, Brabanter, Italienische, Griechische, Polnische Torte, Linzer, Wiener, Traunkirchner, Schönbrunner, Gmundner, Ischler, Schladminger, Tiroler, Triester, Prager, Genueser, Pariser, Meraner, Mailänder Torte. Darüber hinaus gibt es unzählige Hochzeits-, Tauf- und andere Festtagstorten.

Dobos-Torte

Die Dobos-Torte ist nach ihrem Erfinder, dem ungarischen Zuckerbäcker Lajos Dobos (gestorben 1924), benannt. »Die Kochkunst«, das Kochbuch der »Wiener Mode« (1895), bemerkt dazu: »Die Bereitung der echten Dobos-Torte ist noch immer Geheimnis des Erfinders.« In Louise Seleskowitz' »Wiener Kochbuch« (19. Aufl., 1922) heißt diese Torte noch »Tobose-Torte«.

16 Portionen

5 Eier, 130 g Zucker, Vanille, 130 g Mehl, 60 g Butter, Schokoladebuttercreme (siehe Seite 555)
Glasur: 200 g Staubzucker, nußgroß Butter, Milchschokoladereis

Eier mit Zucker und Vanille zuerst warm und dann kalt schlagen, das Mehl dazugeben und vorsichtig die flüssige Butter einrühren.
Backbleche mit Butter bestreichen, stauben und darauf mit einem Tortenreifen Konturen eindrücken.
Die Masse auf die angezeichneten Kreisflächen etwa 5 mm dick aufstreichen; man benötigt zur Dobos-Torte insgesamt 8 dünne Tortenblätter (mit einem Durchmesser von je 23 cm).
Backen. Sofort nach dem Backen vom Backblech lösen und mit einem Tortenreifen die Böden glattschneiden.

Das schönste Blatt dann zum Glasieren beiseite legen. Sieben Blätter mit Schokoladebuttercreme füllen und exakt aufeinandersetzen, glattstreichen, den unteren äußeren Rand mit Milchschokoladereis einstreuen. Kühl stellen.

Das achte schöne Blatt auf eine geölte Marmorplatte oder eine glatte Kunststoffplatte (Küchentisch) legen. Saubere Palette und schwachgeöltes Messer vorbereiten. Dann die Glasur bereiten: Feinen Zucker auf kleiner Flamme goldbraun schmelzen, bis er einigermaßen flüssig wird. Butter beigeben, verrühren, auf das Blatt gießen und mit einer Palette verstreichen. Die flüssige Zuckerglasur soll dabei nicht über den Rand fließen. Einige Sekunden warten und, solange die Glasur noch heiß und weich ist, mit einem beölten oder durch Butter gezogenen Messer in 16 Portionsstücke schneiden; erkalten lassen, dann exakt auf die Torte aufsetzen.

Esterházy-Torte

16 Portionen

8 Eiklar, 200 g Staubzucker, Zitronenschale (oder feingehacktes Zitronat), Msp. Zimt; 150 g ungeschälte, geriebene Mandeln; 40 g Mehl
Buttercreme (Grundrezept dazu siehe Seite 555), mit Kirschwasser abgeschmeckt; 40 g Marillenmarmelade, Fondant (siehe Seite 553f.), etwas Kakao, kandierte Kirschen, gehackte oder gehobelte Mandeln

Die Eiklar zu steifem Schnee schlagen, löffelweise den Zucker beigeben, jedesmal den Schnee danach gut ausschlagen, Gewürz beigeben. Zum Schluß muß der Schnee eine zähe Konsistenz erreicht haben. Die geriebenen Mandeln mit dem Mehl vermischen und in den Schnee einrühren. Auf befetteten und bemehlten Backblechen sechs Ringe mit einem Tortenreifen eindrücken (markieren), um eine Schablone zu erhalten. Darauf die in 6 gleiche Teile geteilte Masse zu tortenformgroßen Böden aufstreichen. In mittelheißem Rohr die Böden hellbraun backen. Dann sofort vom Blech lösen und mit dem Tortenreifen die Böden glattschneiden.

Fünf Tortenböden mit Kirschbuttercreme füllen, den schönsten Tortenboden mit der Unterseite nach oben auflegen, mit gewärmter Marillenmarmelade dünn bestreichen. Vor dem Glasieren nicht zu kalt stellen, dann dieses Blatt mit der weißen, lippenwarmen Fondantglasur überziehen und darauf das typische Esterházymuster setzen.

Esterházyglasur und -muster: Fondant im Wasserbad unter Rühren erwärmen, mit Eiklar auf die richtige Konsistenz bringen. 2 EL Fondant mit Kakao schokoladefarben einfärben und in ein Papierstanitzel (Tüte) füllen. Die weiße Glasur auftragen. Auf diese dann mit dem Stanitzel Längsstreifen im Abstand von etwa 2 cm über die Glasuroberfläche der Torte ziehen. Mit einer Messerspitze sofort in gleichem Abstand wechselseitig zueinander Querstreifen ziehen. An der Seite mit Buttercreme einstreichen und mit gehackten oder gehobelten Mandeln einstreuen.

Obenauf mit kandierten Kirschen und Angelika garnieren.

Grillagetorte

16 Portionen

100 g Butter, 120 g Staubzucker, 60 g Schokolade, 5 Eidotter, 5 Eiklar, 30 g Kristallzucker; 100 g geschälte, feingeriebene Mandeln; 30 g Mehl
Fülle: 120 g Staubzucker; 120 g leichtgebrannte, geschälte Haselnüsse; 3/8 l Obers, 10 g Butter

Butter mit Staubzucker und erwärmter Schokolade sehr schaumig rühren, nach und nach die Eidotter einrühren. Eiklar zu festem Schnee schlagen, mit Kristallzucker steif ausschlagen und gleichzeitig mit Mandeln und Mehl unter die Masse ziehen. Diese Masse in einen Tortenreifen einfüllen, ungefähr 1 Stunde im mittelheißen Rohr backen. Die erste Viertelstunde das Backrohr einen Spalt offen lassen. Dann auskühlen lassen, die Torte herauslösen und in drei gleichgroße Blätter querschneiden.

Fülle (Grillage): Den Staubzucker in einer Pfanne auf kleinem Feuer goldbraun schmelzen, dann die Haselnüsse beigeben und kurz durchrösten. Nun die Butter beigeben, nochmals gut durchrühren, auf ein mit Butter bestrichenes Backblech gießen und erstarren lassen. Die erstarrte Masse in der Bröselmaschine reiben und durch ein Drahtsieb sieben, dabei darauf achten, daß eine Hälfte fein gesiebt wird und die andere Hälfte etwas gröber im Sieb verbleibt.

Die feine Grillage in ¼ l gut geschlagenes Obers einrühren und damit die Tortenblätter füllen und die Blätter zu einer Torte exakt aufeinandersetzen; auch das obere Deckblatt und den Rand mit dem Grillage-Schlagobersschaum bestreichen. Die Oberfläche dann mit der groben Grillage bestreuen. Knapp vor dem Auftragen die Torte mit ⅛ l Schlagobers garnieren.

Hunyadi-Torte

16 Portionen

1 Ei, 7 Eidotter, 7 Eiklar, 80 g Staubzucker, 60 g Kristallzucker, 140 g Haselnüsse oder Mandeln, 30 g Schokolade, 40 g Semmelbrösel oder Biskuitbrösel, 40 g Marillenmarmelade, ⅜ l Schlagobers, 60 g Staubzucker, Schokoladeglasur oder Tunkmasse (siehe Seite 555)

Ei, Eidotter und 80 g Staubzucker sehr schaumig rühren. Das Eiklar zu steifem Schnee schlagen, mit Kristallzucker ausschlagen. Die erwärmte Schokolade in den Dotter-Zucker-Abtrieb einrühren, den steifen Schnee, die geriebenen Haselnüsse (oder Mandeln), vermischt mit den Biskuitbröseln (bzw. Semmelbröseln), vorsichtig darunterziehen. Die Masse in zwei befettete und bemehlte Tortenformen füllen und backen. Die eine der erkalteten Torten wird mit Marillenmarmelade bestrichen und darauf das geschlagene, etwas gesüßte Obers aufgetragen, die zweite Torte daraufgelegt. Die ganze Torte mit einer Schokoladeglasur oder Tunkmasse glatt überziehen. Nach Wunsch auch mit Schlagobers garnieren.

Kaffeewindtorte

12 Portionen

Windmasse (Pastamasse): 4 Eiklar, 120 g Feinkristallzucker, 140 g Staubzucker, ⅜ l Obers, 20 g Feinkristallzucker, etwas Instant-Kaffee

Die Windmasse kann auch für Windbäckerei (beispielsweise Windringe) verwendet werden. Eiklar – am besten mit einem Rührgerät – zu festem Schnee schlagen, nach und nach Feinkristallzucker beigeben und weiterschlagen, bis die Masse fest und glatt ist. Mit dem Kochlöffel gesiebten Staubzucker einrühren.

Auf Pergamentpapier drei tortengroße Kreise zeichnen. Mit einem Dressiersack mit glatter Tülle (8-mm-Öffnung) – in der Mitte beginnend – von der Windmasse spiralenförmig auf das Pergament drei Tortenblätter aufspritzen. Das Papier auf ein heißes Backblech ziehen und im Rohr bei etwa 120 Grad etwa 10 Minuten anbacken, dann die Hitze drosseln und bei etwa 90 Grad fertigtrocknen (Farbe nehmen darf die Windmasse nicht!). Danach noch heiß vom Papier lösen.

Eine halbe Stunde vor Gebrauch der Torte das Kaffeeobers herstellen. Dazu wird das Obers mit Feinkristallzucker steif geschlagen. Etwa ¼ davon für den Dekor zur Seite stellen, das restliche Schlagobers mit in wenig Wasser gelöstem Instant-Kaffee abschmecken und damit die Tortenblätter füllen. An der Seite mit Kaffeeobers glattstreichen. Das oberste Blatt wird mit großen Schlagoberskuppeln, die mit Kaffeepulver bestaubt werden, garniert.

Linzer Torte

Die Linzer Torte zählt neben der Sachertorte zu den berühmtesten österreichischen Torten; der Linzerteig ist eine der beliebtesten Teigarten der österreichischen Mehl- und Süßspeisküche. Schon in den Kochbüchern des 18. Jahrhunderts finden sich Rezepte, die den Regeln unserer heutigen Linzer Torte sehr ähnlich sind. Der Name selbst tritt zum erstenmal im »Saltzburgischen Koch-Buch« des Conrad Hagger (1719) auf. Dieser »gute und süße Lintzer Taig« besteht aus Butter, Mandeln, Mehl, Zucker, Eiern, Zitronenschale und wird oben bereits mit einem Gitter geziert, wie der dem Werk beigegebene Kupferstich mit dem Titel »Der geflochtene Lintzer Dorten« zeigt. (Übrigens kennt das Haggersche Kochbuch auch noch »Lintzer Nudeln in Milch«: ein Zeichen, daß die Linzer Kochkunst bereits zu Beginn des 18. Jahrhunderts einen guten Namen hatte – wie sonst nur noch die Tiroler Küche der Frühzeit.) Diese Linzer Torte wurde sehr rasch bekannt. Sie erscheint schon wenige Jahre später in dem handschriftlichen Kochbuch der Katharina Lehnerin in Friedburg bei Mattighofen, Oberösterreich, und in dem der Maria Claudia in Kirchham bei Gmunden, dann

116

Die Germ-Linzer-Torten zu machen.

Treibe 1 Pfund Butter schön pflämig ab, rühre 1 Pfund klein gestoßene Mandel darein, schlag 12 ganze Eyer darein, rühr's eine ganze Stund auf einer Seiten, hernach nimm 1 Pfund Zucker, und von einem Lemoni die Schäller, und zuletzt 1 Pfund Mehl, und nur so viel gerührt, daß es durch einander kommt, schmiere ein Blattel mit Butter, leg den Taig darauf, füll darein, was du willst, aber was nicht gar naß ist, mache von den übrigen Taig Stängel darüber, und mach einen papierenen Reif darum, und back's ganz langsam, wann's recht backen ist, mache ein Wassereis darauf, sähe gehackte Pistazi darauf, setze es wieder in die Tortenpfann, laß es trückeren, gieb's auf die Tafel.

wieder in einem gedruckten Kochbuch, und zwar in dem der Baronin Hager, geborene Gräfin Katzian (1734), und in dem »Nutzlichen Kochbuch«, 1736 in Wien, dann in 2. Auflage 1740 in Steyr erschienen, wo es bereits »Lintzer-Torten«, »Lintzer-Torten andere Arth«, »Lintzer-Torten mit Zimmet« gibt. Sonderbarerweise hat sie der Stadtkoch Jakob Heim in Linz in sein 1724 herausgegebenes Kochbuch nicht aufgenommen, aber wir finden sie bereits in mehreren steirischen Kochbüchern, so in einem aus Oberwölz aus dem Jahre 1757, in dem ebenfalls schon drei verschiedene Zubereitungsarten aufgezählt werden. Auch das 1772 in Bamberg und Würzburg erschienene »Wienerische bewährte Kochbuch« enthält drei Linzer-Torten-Rezepte. Die Bezeichnung »Linzer Torte« stand vom ersten Tag an fest. Dort, wo mehrere Rezepte zur Auswahl angeführt werden, sind sie meist durch das Beiwort »abgetriebene«, »gerührte«, »abgebreselte« unterschieden. Ein Welser Kochbuch bezeichnet sie auch einmal als »Linzer Kreuztorte«. Im »Neuesten Conditorey-Buch« von Louis Adam Henri Laroche, Weimar 1800, gibt es zwei Rezepte »Lintzer Torte«. Der Autor bemerkt dazu: »Diese Tourte conserviret sich sehr lange.« Im »Linzer Kochbuch« aus dem Jahre 1805 erscheinen vier verschiedene Rezepte. Sie erfahren in all den vielen späteren Auflagen keine Änderung in ihrer Zusammensetzung. Als reine Sage muß abgetan werden, daß die Linzer Torte 1822 in Linz erfunden worden wäre: denn bereits 1818 hat die »Lintzer-Torte« ihren ersten Lobsänger gefunden. Der fürstlich-schwarzenbergische Koch F. G. Zenker schrieb in seiner »Kunstbäckerei« u. a.: »Sehr allgemein ist dies liebliche Backwerk bekannt, eben so allgemein geliebt und geschätzt; hätten die Linzer nur noch zwei Gerichte, die ihren Namen trügen und so allgemein goutirt würden, so müßte man eine hohe Meinung von ihrem feinen Gaumen und ihrer seltenen Combinations-Gabe hegen.« Zenker weist darauf hin, daß es in Paris eine ähnliche Mehlspeise gebe, die dort den Namen »Gâteau à la Madelaine« führt. Ausführlich berichtet er über die Herstellung der Linzer Torte und erklärt, wie diese mit den »Stängchen« zu zieren ist, die das schon in ältesten Rezepten vorgeschriebene »Gätter« bilden. Für die Reiseschriftsteller des 18./19. Jahrhunderts war die Linzer Torte ein »gefundenes Fressen«; sie erwähnen dieses süße Linzerkind immer wieder: so Weber (1820) und Kohl, der in seinem Linzer Hotel eigens die Küche aufsuchte, sich von der Köchin das Rezept der Linzer Torte verraten ließ und es dann in seinen Band »Hundert Tage auf der Reise« aufnahm. Bei Kohl heißt es u. a.: »Dies führte uns zunächst in die Küche, welche in den österreichischen Wirtshäusern fast durchgängig eine Treppe hoch ist. Wir fanden darin vier bis sechs junge Mädchen und eine etwas ältere, die eigentliche Köchin und Lehrerin der übrigen... Sie buken eben ›bachen Hänel‹ und ›Linzer Torten‹, und wir nahmen diese Gelegenheit wahr, sie um das Rezept dieser berühmten Torte zu befragen.

›Na geng' her‹, sagte die Hauptköchin, ›nehmen's Büchel und schreiben's aufi, was i soag‹: Zum Linzer Torten nehmt's a Butter, gflaumig abgerieben, und schüttet's in die heiße Kuchenform. Zum Kuchenteig selbst nehmt's a Zucker, a wenk (wenig) fein gestoßen, Mehl und Eier. Mit einem Theelöffel legt's davon in die Butter, a Füllung von Obstsaft oder sonst was Einkochtes darüber. Das Ganze zugedeckt mit Teigkugeln, die es in der Hand dreht – im Feuer gebacken – noch Mal Zucker darauf gestreut, und fertig ist die Linzer Torten, daß es einbeißen könnt.‹«

Auch Erzherzog Franz Karl war dafür bekannt, daß er auf seiner Reise in die »Sommerfrische nach Ischl« im »Goldenen Löwen« in Linz übernachtete und eine Linzer Torte auf die Reise mitnahm. 1822 kam der Zuckerbäcker Johann Konrad Vogl aus Bayern nach Linz. Sein Verdienst war es, daß er die Linzer Torte in den Gewerbebetrieb eingeführt und so der Linzer Köstlichkeit die weiteste Verbreitung verschafft hat. »Erfunden« aber hat er sie nicht.

Linzer Torte
16 Portionen

300 g Mehl, 300 g geriebene Nüsse (oder Mandeln), 300 g Butter, 220 g Zucker, 1 ganzes Ei, 1 Dotter, ½ KL Nelkenpulver, 1 KL Zimt, Schale und Saft von ½ Zitrone, Eistreiche, 40 g gehobelte oder gestiftelte Mandeln, Staubzucker, mit Vanille vermischt; 1 weiße Tortenoblate, Ribiselmarmelade (unpassiert)

---

(170)

einer Seiten / daß es schön pflämig wird; Auf die letzt bereite einen Viertung Mund-Mehl / ¼ Pfund Stärck gesäthet / und darein wohl abgerührt; bestreiche den gewöhnlichen Model mit Schmaltz / und schütte ihn halb voll an; es gehet hoch auf / langsam in einer gemachen Hitz gebachen.

N. 329. Lintzer Torten.

Zu einer grossen Torten nihm 3. Viertung Butter in einen Weidling / diesen eine halbe Stund schön pflämig abgetrieben; rühre darein ¼ Pfund klein gestossene Mandeln / rühre es wiederum eine halbe Stund / nihm ¼ Pfund gesäthen Zucker / eine Viertelstund gerührt. Auf die letzt bereite drey Viertung gesäthes Mund-Mehl / von ein Lemoni die Schälern klein geschnitten / so viel gerührt / daß es wohl unter einander kommt / ein wenig gesaltzen; bereite ein flaches Torten-Blätl / bestreiche es samt den Reüff mit Schmaltz / streiche den Boden auf / fülle es mit Eingemachten vom andern Teig / spritze schöne Ringel / gebachen in einer mittlern Hitz; mache ein weisses und rothes Eis von Alkermes und Bisätzen / länglet geschnitten / und darüber gestreuet.

N. 330. Lintzer-Torten andere Arth.

Nihm zu einer Torten in einen Weidling

(171)

ling 1¼. Viertung frischen Butter / treibe denselben schön pflämig ab / 1. Pfund klein gestossene Mandeln / eine Viertelstund abgetrieben / ½ Pfund gesäthen Zucker darein gerühret / treibe es in allem ab 3. Viertelstund; auf die letzt rühre darunter von einen Lemoni die Schälern klein geschnitten / den Safft darein getruckt / eine geriebene Muscatnuß / 8. Loth Mund-Mehl / wohl verrührt; mache es hernach in allen / wie bey vorbemeldter / schön langsam gebachen.

N. 331. Lintzer-Torten mit Zimmet.

Bereite drey Viertung Butter in einen Weidling / dieser wird wohl abgetrieben / rühre darein 9. Eyer-Dötter / einen nach dem andern / nihm darein ½ Pfund kleingestossene Mandeln / und wohl abgerührt / ¼ Pfund gesäthen Zucker / 2. Loth gesäthen Zimmet / eine gantze Stund gerührt / hernach wöge drey Viertung Mund-Mehl / darein geschütt / daß es wohl unter einander kommt / nihm ein flaches Torten-Blätl / bestreiche es mit samt den Reüff / streiche den Boden halben Messerrucken-dick auf / nihm eingesottene Ribisel; vom andern Teig mache ein abgerädletes Gätter / oder Ringel / langsam gebachen / und ein Eis darüber gemacht / gibs auf die Tafel.

N. 332.

Mehl und Butter mit der Hand gut abbröseln und mit allen anderen Zutaten sehr rasch zu einem glatten Mürbteig verarbeiten. ½ Stunde im Kühlen rasten lassen.

²/₃ dieses Teiges in eine Tortenform drücken, eine weiße Tortenoblate auflegen und reichlich mit unpassierter Ribiselmarmelade bestreichen. Dabei muß man einen fingerbreiten Streifen am Außenrand der Oblate freilassen. Aus dem restlichen Teig eine bleistiftdicke Teigrolle formen und gitterförmig auf die Tortenoberfläche legen, eine dickere Teigrolle rund um den Rand festdrücken. Gitter und Rand mit verklopftem Ei bestreichen, die Mitte der Form mit gehobelten Mandeln bestreuen. Langsam etwa 50 Minuten bei mäßiger Hitze zu brauner Farbe backen. Die Torte erkalten lassen, aus der Form nehmen und gut überzuckern.

Gerührte Linzertorte

200 g Butter, 200 g Staubzucker, 3 Eier, Saft und Schale einer halben Zitrone, 1 Prise Nelkenpulver, 1 TL Zimt, 130 g geriebene Mandeln oder Haselnüsse, 200 g Mehl, ein Päckchen Backpulver, 150 g Ribiselmarmelade, Oblate, Eistreiche, 40 g gehobelte oder gestiftelte Mandeln; Staubzucker, mit Vanille vermischt

Die Butter mit Staubzucker und Geschmackszutaten schaumig rühren, Eier nach und nach beigeben. Gesiebtes Mehl mit Backpulver und Mandeln oder Nüssen vermischen und in den Butterabtrieb leicht einrühren. ²/₃ der Masse in eine Tortenform einstreichen, eine Oblate auflegen, Marmelade auftragen und die restliche Masse mit Spritzsack und glatter Tülle als Gitter und Rand aufspritzen. Mit Ei bestreichen, in der Mitte mit Mandeln bestreuen und bei mittlerer Hitze etwa 1 Stunde backen.

Malakoff-Torte
16 Portionen

Biskotten: 5 Eidotter, 50 g Staubzucker, Vanille, 5 Eiklar, 50 g Kristallzucker, 100 g Mehl
Malakoff-Creme: ¼ l Milch, 2 Eidotter, 40 g Zucker, 3 Gelatineblätter, Vanille, ¼ l Obers, Rum, etwas Läuterzucker (siehe Seite 574), mit Rum abgeschmeckt; Schlagobers, 16 Belegkirschen (kandiert)

Biskotten: Dotter mit Staubzucker und Vanille sehr schaumig rühren, bis die Masse fast weiß und fest geworden ist. Eiklar zu steifem Schnee schlagen, mit Kristallzucker ausschlagen und in den Dotter-Zucker-Abtrieb einheben. Zuletzt das Mehl vorsichtig daruntermischen.

Auf Papier mit einer glatten Tülle Biskotten dressieren, mit Puderzucker bestauben und bei eingehängtem Rohr langsam goldgelb backen. – Um sich das schwierige Dressieren von Biskotten zu ersparen, kann man einfach längere Streifen auf das Backpapier spritzen; nach dem Backen schneidet man diese in Biskottenlänge und löst sie vom Papier.

Malakoff-Creme: Milch, Dotter, Zucker und Vanille im Wasserbad aufschlagen, bis die Masse dicklich wird (kochen darf sie dabei nicht!). Die in kaltem Wasser aufgeweichten Gelatineblätter ausdrücken, beigeben und kalt rühren. Kurz vor dem Stocken (sobald die Masse dicklich zu werden beginnt) geschlagenes Obers und 1 EL Rum unter die Masse ziehen.

Fertigung der Torte: Einen Tortenreifenrand mit Papier auskleiden. Den Boden der Tortenform dicht mit Biskotten belegen, die Creme aufstreichen, dann den Vorgang wiederholen, dabei aber die nächsten drei Lagen nicht so dick mit Biskotten auslegen. Dazwischen immer wieder etwas Creme auftragen. Zuletzt wird mit Creme abgeschlossen. Die Biskotten werden vor dem Einlegen kurz durch Rumläuterzucker gezogen.

Die Torte mit Pergamentpapier bedecken und einige Stunden kalt stellen (erstarren lassen). Dann den Tortenreifen und das Papier entfernen. Ganz leicht mit dem Schlagobers, das mit Vanillezucker aromatisiert wurde, oben und am Rand bestreichen, so daß die Torte ganz von Schlagobers eingehüllt ist. Den Tortenrand kann man mit Biskuitbröseln oder Hobelröstmandeln einstreuen. In 16 Teile teilen, auf jede Portion extra einen Schlagoberstupfen geben und mit je einer kandierten Kirsche garnieren.

Früher wurde die Malakoff-Torte mit einer Buttercreme gefüllt (120 g Butter, 120 g Zucker, 120 g abgezogene Mandeln, 3 Eidotter, ⅛ l kaltes Obers, 1 Gläschen Curaçao). Heute verwendet man vorwiegend die leichtere, bekömmlichere und auch geschmacklich bessere Oberscreme. Man kann natürlich ebenso fertige, im Handel erhältliche Biskotten verwenden; selbstgemachte führen allerdings doch zu einem besseren Resultat!

Mohntorte

16 Portionen

150 g Butter, 70 g Staubzucker, Vanille, Rum, geriebene Zitronenschale, Spur Salz, 4 Eidotter, 170 g gemahlener Mohn, 4 Eiklar, 80 g Kristallzucker, 50 g Mehl, 50 g Stärkemehl, 1/16 l Milch

Butter und Staubzucker, Vanille, etwas Rum, Salz und geriebene Zitronenschale schaumig rühren, dann die Eidotter nach und nach einrühren, anschließend den gemahlenen Mohn. Den steifen Schnee mit Kristallzucker ausschlagen und in die Masse einheben. Mehl, Stärkemehl und Milch glattrühren und in die Masse einrühren. Die Masse in eine mit Butter bestrichene und mit Mehl gestaubte Tortenform füllen; bei geringer Hitze etwa 1 Stunde lang backen. Auskühlen lassen, aus der Form nehmen und ringsum überzuckern.

Nußtorte

16 Portionen

6 Eidotter, 1 ganzes Ei, 150 g Staubzucker, Saft und geriebene Schale von 1/2 Zitrone, 6 Eiklar, 170 g Kristallzucker, 300 g geriebene Walnüsse, 50 g mit wenig Rum befeuchtete Brösel
Fülle: 1/4 l Obers, 70 g feingeriebene Walnüsse, 20 g Staubzucker
Ganze Walnüsse zum Garnieren; nach Wunsch Zitronenglasur (siehe Seite 554)

Eidotter und ganzes Ei mit Staubzucker schaumig rühren, Zitronensaft und -schale, feingeriebene Nüsse und die mit Rum befeuchteten Brösel beigeben und gut verrühren. Zum Schluß den Schnee steif schlagen, mit Kristallzucker ausschlagen und leicht in die Masse einheben. Die Masse in eine Tortenform füllen, langsam, zuerst bei eingehängtem Backrohr (etwa bei 160 Grad ca. 3/4 Stunden lang), backen.
Die ausgekühlte Torte einmal quer durchschneiden. Obers schlagen, mit Zucker und geriebenen Nüssen verrühren, damit die Torte füllen und zusammensetzen. Mit restlicher Creme einstreichen. Mit ganzen überzuckerten Walnüssen garnieren.
Man kann diese Nußtorte auch mit Ribiselmarmelade füllen, auch oben damit bestreichen, mit Zitronenglasur glasieren und die Torte mit halbierten Nußkernen dekorieren.

Punschtorte

16 Portionen

Kalte Biskuitmasse (siehe Seite 545)
Punschfülle: 1/8 l Wasser, 100 g Zucker, Saft und Schale von 1/2 Zitrone, 40 g Schokolade, 1 EL feingehackte Arancini, Biskuit, etwas Rum, ca. 200 g Marillenmarmelade; Punschglasur (siehe Seite 554), eventuell auch Rumglasur, rosa gefärbt; 8 kandierte Kirschen

Biskuitmasse im Tortenreifen backen. Die gebackene Torte zweimal waagrecht durchschneiden. Den mittleren größeren Teil für die Fülle weglegen. Die schöne Seite (die auch glasiert wird) nach unten in einen Tortenreifen einlegen, mit Marmelade bestreichen, die Punschfülle auftragen und den mit Marmelade bestrichenen zweiten Teil auflegen. Mit einem Brett beschwert einige Stunden stehenlassen. Tortenreifen hochheben, Torte umdrehen und die Oberfläche mit heißer Marillenmarmelade bestreichen. Mit Punschglasur glasieren, mit halbierten kandierten Kirschen garnieren.
Punschfülle: Den Mittelteil und Reste von Biskuit-, Nuß- oder Schokolademasse (eventuell Biskuitmasse von 2 Eiern extra backen) würfelig schneiden. Mit Rum leicht anfeuchten. Wasser, Zucker, Schokolade, Aroma aufkochen und damit die Biskuitmasse anfeuchten: dabei darauf achten, daß die Würfel ganz bleiben.

Sachertorte

»Die Sachertorte ist eine Erfindung meines jetzt noch lebenden Vaters. Er hat die Torte als junger Koch-Eleve zusammengestellt und wurde selbe beim alten Metternich, wo mein Vater die Kochkunst erlernte, vor 56 Jahren auf die Tafel gesetzt, fand allgemeinen Beifall und trug ihm sehr viel Lob des Fürsten ein. Seit dieser

Zeit ist diese Torte, als sich mein Vater etablierte, fort erzeugt worden und kann von keinem Koch oder Zukkerbäcker nachgeahmt werden. Der Beweis ist, daß diese Torte von mir täglich auf dem Tische Ihr. Mayestät u. dem h. Kronprinzenpaare steht. Man findet sie in ganz Wien, in allen größeren Städten, kurz überall am Speisezettel als eine bekannte Spezialität. Es arbeiten bei mir vier Leute in einer eigens eingerichteten Küche, Tag und Nacht, das ganze Jahr hindurch und manchen Tag werden 200 bis 400 Torten von 1 fl. bis zu 6 fl. (fl. = Gulden) verkauft und verschickt. Nach Paris, Berlin, London und auch übers Meer gehen ›Sachertorten‹.«

Dies schrieb Eduard Sacher, der Sohn Franz Sachers und damals schon »Chef eines strebsamen Hauses«, an die amtliche »Wiener Zeitung«, die im Mai 1888 ein Feuilleton, betitelt: »Vom Michaelerplatz«, abgedruckt hatte, in dem der Verfasser auch einige weltbekannte Wiener Küchenspezialitäten besungen, aber dabei eine wichtige Strophe vergessen hatte: Er erwähnte mit keinem Wort die schon damals berühmte Sachertorte, obwohl sie erstmals im Jahre 1836 »hoffähig« geworden war, wie aus Speisenkarten des Kaiserhauses hervorgeht.

Sechs Jahre später wurde diese Torte bereits lexikonreif. Die beiden Autoren des »Appetit-Lexikons«, Habs und Rosner, schrieben 1894: »Sacher-Torte nennt sich eine Chocoladentorte höherer Art, die sich vor ihren Gefährtinnen noch besonders auszeichnet, indem sie unter der glänzenden Chocoladen-Robe noch ein Hemd von Aprikosen-Marmelade trägt. Die Sachertorte scheint berufen, den Namen ihres Schöpfers noch späteren Generationen in Erinnerung zu bewahren, denn sie bildet eine Wiener Specialität, eine jener ›süßen Thorheiten‹, an denen die Kaiserstadt von jeher ein ganz unbändiges Vergnügen gefunden hat und die ihr nirgends mit vollem Effecte nachgemacht werden. Die Sachertorte wird in allen vornehmen Wiener Conditoreien und Restaurants gut imitirt, aber jene bezaubernde, liebliche Anmuth, welche den Original-Erzeugnissen der Firma Eduard Sacher eigen ist – ist unnachahmlich. Man meint ein Gedicht von Heine auf der Zunge zu haben. Kein Wunder, daß jährlich mehr als 20 000 Exemplare davon in die Welt gehen.«

Franz Sacher, 1816 als Sohn eines fürstlich-schwarzenbergschen Gutsverwalters in Wien geboren, begann als Kocheleve im Hause Metternichs und wurde später Inhaber eines Wein- und Delikatessengeschäftes in Wien I., Weihburggasse 4. In seinem zweiten Lehrjahr, 1832, soll er 16jährig erstmals »seine« Torte gebacken haben. Ihren Siegeszug aber hat sie vom Hotel Sacher aus angetreten. Heute werden Sachertorten mit dem Flugzeug nach England, Amerika, nach Indien und Japan versandt. Auf allen internationalen Kochkunst-Ausstellungen wurde sie schon ausgezeichnet; man findet sie an der königlichen Tafel im Buckingham Palace ebenso wie beim Diner des französischen Präsidenten oder beim Gastmahl eines indischen Maharadschas.

Die Sachertorte ist eine wohlabgestimmte Komposition, ihr Geschmack ist zart und mild – nicht zu süß, nicht zu weich, nicht zu trocken, nicht zu sandig. Sie zerschmilzt auf der Zunge. Ihr großer Vorzug ist außerdem ihre Haltbarkeit: sie wird täglich noch besser. Und nach zwei Wochen ist sie immer noch so delikat wie am ersten Tag. Form und Farbe, besonders ihre Glasur, sind so charakteristisch, daß jeder, der sie auch nur einmal im Original gesehen hat, eine Nachahmung sofort erkennt.

Das Geheimnis ihres Gelingens liegt in der klassischen Ausgewogenheit der Zutaten, im Prozeß des Backens, in der Glätte ihrer Glasur. Verständlich, daß sich seither alle Köche und Köchinnen, Kochbuchautoren, Zuckerbäcker und Hausfrauen an dieser Torte gemessen haben. Alle Kochbücher machen es sich seither zur Pflicht, mindestens ein Sachertortenrezept – wenn nicht gleich drei, vier Variationen – zu bringen. Man schreckte selbst vor Beigaben wie Backpulver und Semmelbröseln nicht zurück.

Schon bald, nachdem die Schokolade in die Kochbücher Eingang gefunden hatte, tauchte auch eine »Cioccolate-Torten« auf: so in Haggers »Neuem Saltzburgischem Koch-Buch« (1719) und in den drei inhaltlich fast identischen Kochbüchern »Kurtzer Unterricht« (1736), »Nutzliches Koch-Buch / Oder: Kurtzer Unterricht« (1740) und »Bewehrtes Koch-Buch« (1749), aus dem das berühmte »Wienerische bewährte Kochbuch« von Ignaz Gartler und Barbara Hikmann entstand. Das Rezept lautete auf 140 g Butter, 6 Eidotter,

> **N. 358. Chiocolade-Torten.**
>
> Bereite 1. Viertring Butter in ein Weidling / treibe ihn schön pflämig ab / rühre 6. Eyer-Dötter darein / einen nach dem andern / die Klar von Eyern säumet gemacht / auch gemach darein gerührt / nihm 12. Loth klein gestoßene Mandeln / 1. Viertring gesätten Zucker / von 1. Lemoni den Safft / darein gerührt / 5. Loth geriebene Chiocolade / 1. Loth Zimmet / nihm ein flaches Torten-Blätl / mit sammt den Reüff geschmiert / mit Oblaten belegt / schütte das Abgerührte darein / richte es schön / gleich gebachen / schön langsam in einer gemachen Hitz / mache ein Eiß / und gibs zur Taffel.

6 Eiklar-Schnee, 210 g Mandeln, 140 g gefähten Zukker, Zitronensaft und -schale, ca. 90 g Schokolade und etwas Zimt. Auch diese Torte wurde schon mit »Eis« überzogen. Anna Dorn (1827), Elisabeth Stöckel (1833), das »Marianka«-Kochbuch (1846) und Katharina Schreder (1851) brachten ebenfalls ähnliche Schokoladetorten-Rezepte. Eduard Sacher dürfte von diesen bereits zur Tradition gewordenen Schokoladetorten inspiriert worden sein. Als eine der ersten brachte dann Katharina Prato in »Die Süddeutsche Küche« das neue Rezept und nennt es »Chocolade-Torte. À la Sacher«: »15 Deka geriebene Chocolade mit 1 Eßlöffel Wasser befeuchtet, läßt man im Rohre weich werden, verrührt sie fein und gibt 15 Deka Butter dazu, die man mit 6 Dottern und 15 Deka Zucker abtreibt. Man mischt dann Schnee von 6 Klar und 15 Deka feines Mehl dazu, füllt es in einen mit Papier ausgelegten weiten Tortenreif und bäckt es 1/4 Stunde bei mäßiger Hitze. Ausgekühlt dreht man die Torte um und bestreicht die glatte Seite mit zäher Marillensalse und übergießt sie mit Chocolade-Glasur.« Diese Glasur nennt sie noch »Gekochtes Chocolade-Eis«: »Man löst 14 Deka feinste Vanille-Chocolade mit wenig Wasser über Feuer auf, worauf man 28 Deka Zucker und 2 Deciliter Wasser dazu gibt und unter fleißigem Rühren kocht, bis sich ein Faden zieht, wenn man einen Finger am Löffel etwas eintaucht, dann an den Daumen drückt und wieder davon entfernt. Wenn es diesen Grad erreicht hat, nimmt man es vom Feuer und schlägt es ab, bis sich ein Häutchen bildet, worauf man die Glasur über die Torte gießt und im Ofen, dann an der Luft trocknet.« In späteren Ausgaben ergänzt sie: »Ist die Torte für rascheren Verbrauch bestimmt, so rührt man die Chocolade mit einem nußgroßen Stückchen Butter ab, ehe man sie zum Zucker gibt. Die Glasur wird dadurch schöner und glänzender, stirbt jedoch früher ab.« Ähnlich lauten die Rezepte für die »Sacher-Torte« auch in den folgenden Kochbüchern der Louise Seleskowitz (1880): Sie verwendet je 160 Gramm Schokolade, Butter, Zucker und Mehl sowie 6 Eidotter und 6 Eiklar-Schnee und bäckt die Masse »beiläufig 1 Stunde in der Röhre«; Klara Fuchs, Anna Bauer, Anna Fink, Friedrich Josef Hampel, Marie von Rokitansky, Anna Strobl und Anton Gradl bringen verwandte Rezepte.

Olga und Adolf Hess schreiben in ihrer »Wiener Küche« (1913) vor: 140 g Butter, 160 g Zucker, 180 g erwärmte Schokolade, 8 Eidotter, 10 Eiklar-Schnee und 120 g Mehl; für die Glasur empfehlen sie 200 g Zucker, $1/5$ l Wasser und 200 g Schokolade. Außerdem 50 g Marillenmarmelade. In der Fußnote heißt es dazu: »Das vorstehende Rezept wurde der Kochschule der Gastwirte von Frau Anna Sacher, welche von der Gründung dieser Schule bis zu deren Verstaatlichung als Präsidentin dem Schulkuratorium angehörte, in liebenswürdiger Weise zur Verfügung gestellt. Wenn hiedurch auch das Geheimnis der weltberühmten Sachertorte scheinbar gelüftet erscheint, so wird doch kein Kenner und wahrer Gourmet im Zweifel darüber sein, daß die Auswahl der richtigen Schokolade, der passendsten Mehlsorten, der vorzüglichsten Marmelade, des entsprechendsten Hitzegrades, des geeignetsten Backofens usw. von so wesentlichem Einfluß auf die Güte der Torten sind, daß eben nur das durch langjährige Erfahrungen eingeschulte Personal des Hauses Sacher diese Torte stets mit voller Sicherheit und in ihrer allerbesten Qualität zu bereiten imstande ist.« – Wer die Superlativformen dieses Textes zu lesen versteht, der weiß, wieweit man ein Rezeptgeheimnis »verraten« kann. Dazu kommt der Umstand, daß die Sacherküche Großrezepte verwendet; z.B. für 22 Torten: 3 kg Butter, 5 kg Zucker, 135 Stück Eier, 3 kg Schokolade, 3 kg Mehl! Daß es der Österreicher mit seinen Torten sehr streng nimmt, beweist die Tatsache, daß hin und wieder die eine oder andere Torte sogar auf dem Richtertisch landet. Wie schon 1952 der Oberste Gerichtshof über die »Echte Original-Pischingertorte« zu entscheiden hatte, so führte auch die Sachertorte zu einem siebenjährigen Tortenkrieg zwischen dem Haus Sacher und der Konditorei Demel (sie füllt die Torte in der Mitte mit Marillenmarmelade), der 1957/58 vor dem Wiener Handelsgericht ausgefochten und dessen Entscheidung vom Obersten Gerichtshof bestätigt wurde.

Sachertorte

130 g Butter, 110 g Staubzucker, Vanille, 6 Eidotter, 130 g Kochschokolade, 6 Eiklar, 110 g Kristallzucker, 130 g Mehl; Marillenmarmelade
Glasur: 200 g Zucker, 1/8 l Wasser, 150 g Schokolade
Oder: 300 g Zucker, 250 g Schokolade, 1/8 l Wasser

Die leichterwärmte Butter wird mit dem Staubzucker und Vanillegeschmack schaumig gerührt, dann gibt man nach und nach die 6 Eidotter dazu und rührt mit dem Schneebesen auch die vorgewärmte Schokolade ein. Jetzt wird der Schnee von 6 Eiklar geschlagen, mit dem Kristallzucker ganz steif ausgeschlagen und vorsichtig mit dem Kochlöffel unter die obige Masse gerührt. Anschließend wird das Mehl ebenso vorsichtig mit der Masse verrührt (einmeliert).

Zum Backen verwendet man eine einer Kasserolle ähnliche Tortenform von 22 bis 24 cm Durchmesser. Den Boden belegt man am besten mit einem Blatt Pergamentpapier. Nun füllt man die Masse in die Form und streicht sie glatt. Die Masse wird in einem vorgewärmten Backrohr bei mittlerer Hitze (ca. 170 Grad Celsius) gebacken; dabei läßt man die ersten 12 bis 15 Minuten die Backrohrtür einen fingerbreiten Spalt offen, damit die Masse sich heben und ganz leicht wölben kann, aber sich noch keine Kruste bildet. Dann backt man die Torte bei geschlossenem Rohr eine Stunde lang aus. Ausgebacken ist sie, wenn sie einen leichten Fingerdruck ganz »leise« erwidert.

Nun stürzt man die Torte samt Form auf ein Sieb und läßt sie 20 Minuten auskühlen, dann stellt man sie wieder so, wie sie in der Form lag, und läßt sie ganz auskühlen. Erst nach dem völligen Auskühlen nimmt man die Torte aus der Form. Dazu wird die Torte mit einem dünnen kleinen Messer glatt vom Rand losgeschnitten, der Tortenboden und das angebackene Papier entfernt. Sie wird nun auf der Oberseite glattgeschnitten und wieder umgedreht. Der glatte Tortenboden wird mit geschmeidig verrührter, leichterwärmter Marillenmarmelade bestrichen. Zum Schluß die Torte mit der Glasur überziehen.

Glasur: Den Zucker kocht man mit dem Wasser 5 bis 6 Minuten scharf auf und läßt die Zuckerlösung dann halb auskühlen. Inzwischen erwärmt man die Schokolade weich und verrührt sie mit der noch warmen Zuckerlösung nach und nach, so daß eine dickflüssige, glatte Glasur entsteht. Läßt man die fertige Glasurmasse über den Kochlöffel laufen, soll dieser etwa 4 Millimeter bedeckt bleiben. Sollte die Glasur zu dick sein, schwemmt man das Kochgeschirr, in dem der Zucker gekocht wurde, mit einigen Tropfen Wasser aus und verdünnt damit die Glasur entsprechend. Die Glasurmasse muß träge-flüssig bleiben und lippenwarm sein. Würde die Glasurmasse zu warm sein, bekommt sie keinen Glanz und bleibt nach dem Trocknen stumpf; eine zu kalte Glasurmasse hingegen trocknet schlecht und läuft auch schlecht an dem Tortenrand ab. Neben dieser im Haushalt verwendeten Glasur gibt es die Originalglasur, die tabliert wird: 300 g Zucker, 250 g Schokolade und 1/8 l Wasser werden unter ständigem Rühren bis 108 Grad Celsius gekocht. Dabei wird auch die Gefäßwand immer wieder »zusammengewaschen«, d. h. die Masse an der Gefäßwand immer wieder eingerührt. Dann seiht man die Masse in ein zweites Gefäß. Einen kleinen Teil davon gießt man nun auf eine Marmorplatte und tabliert die Glasur darauf fest. Die tablierte Glasur gibt man wieder zur übrigen Masse zurück, rührt das Ganze gut durch und gibt dann wieder etwas frische Glasurmasse auf die Marmorplatte zum Tablieren, verrührt sie anschließend erneut mit der übrigen Glasur. Diese Prozedur wird so lange fortgesetzt, bis die ganze Glasur die richtige dickliche Konsistenz und Farbe hat.

Man kann die Glasur auch mit dem Kochlöffel an der Gefäßwand tablieren, was aber einen größeren Kraft-

Dergleichen mit eingemachten natürl. u. anderen Zucker-Früchten, der Taig aber von Marzipan od andern gattung, so man hierin viel findt.

aufwand erfordert. Die fertige, lippenwarme Glasur gibt man dann in einem einzigen Guß über die Torte, streicht rasch mit zwei, drei Strichen die Oberseite mit der Palette schön glatt und verstreicht auch den Tortenrand rundum mit der Glasur. Dann die glasierte Torte auf einen Tortenteller stellen und einige Stunden ruhig stehenlassen (Glasur muß schön glatt stocken).
Die Sachertorte bleibt unverziert (nur das Haus Sacher verwendet heute ein Schokolademedaillon).
Vor dem Servieren wird die Torte in 16 gleiche Portionen aufgeschnitten, angerichtet und an der Seite mit einem gehäuften Eßlöffel voll ungezuckertem Schlagobers garniert. Im ganzen Service trägt man Schlagobers in einer Schüssel gehäuft separat auf.

Topfenoberscremetorte

16 Portionen
3 Eier, 70 g Kristallzucker, 80 g Mehl, geriebene Zitronenschale, Vanille
Topfenoberscreme: 250 g passierten Topfen, 180 g Staubzucker, 3 Eidotter, 10 g in kaltem Wasser aufgeweichte Gelatineblätter, Zitronensaft, Schale von ½ Zitrone, Vanille, ½ l Obers

Die drei ganzen Eier mit Zucker, geriebener Zitronenschale und Vanille über Dunst warm schlagen, dann kalt schlagen. Das Mehl vorsichtig einrühren.
Auf ein Backblech Papier legen, mit 2 Tortenreifen 2 Ringe eindrücken. Die Masse in die markierten Kreisflächen aufstreichen und flott etwa 10 Minuten in heißem Rohr backen. Herausnehmen, auf bemehltes Papier stürzen, das Papier abziehen und einen gebackenen Tortenboden in den Tortenreifen legen (den Tortenreifen am besten mit Papier auskleiden). Die Topfenmasse einfüllen und stocken lassen. Den in 16 Teile geteilten zweiten Tortenboden exakt auflegen. Alles gut kühlen lassen. Reifen und Papier entfernen, aufschneiden und mit Staubzucker leicht überzuckern.
Topfenoberscreme: Den Topfen, Zucker, die Eidotter, die Gewürze sehr schaumig rühren, heiße aufgelöste Gelatine beigeben, glattrühren und das geschlagene Obers darunterziehen.

Gebackene Topfentorte

16 Portionen
Mürbteig: 270 g Mehl, 180 g Butter, 90 g Staubzucker, 1 Eidotter, geriebene Zitronenschale
Topfenmasse (Fülle): 120 g Butter, 120 g Zucker (halb Staub-, halb Kristallzucker), etwas Zitronenschale, Vanille, 6 Eidotter, 380 g Topfen, 1½ Semmeln, etwas Milch, 25 g Mehl, ca. 5 EL Sauerrahm, 60 g Rosinen, 6 Eiklar Schnee

Zuerst den Mürbteig bereiten (siehe Seite 541).
Fülle: Butter mit Staubzucker und etwas geriebener Zitronenschale sehr schaumig rühren, dann den passierten Topfen, die in Milch geweichten, ausgedrückten und passierten Semmeln und den Sauerrahm beigeben und gut verrühren. Den steifen Schnee mit Kristallzucker gut ausschlagen und in die Masse einheben. Zuletzt Mehl und Rosinen in die Topfenmasse geben.
Einen Tortenreifen mit dem fertigen und ausgerollten Mürbteig auskleiden, die Topfenmasse einfüllen und in mittelheißem Rohr (bei etwa 160 Grad) backen.
Da diese Torte während des Backens stark aufgeht, ist es notwendig, einen entsprechend hohen Tortenreifen zu verwenden. Beim Auskühlen verliert diese Torte in der Mitte etwas an Höhe. Abkühlen und überzuckern.

Schnitten

Die Schnitten unterscheiden sich von den Torten in ihrer Form. In Herstellung, Füllung und Dekor gibt es nur den einen Unterschied, daß die Grundmasse oder der Teig in rechteckiger Form oder fingerhoch auf Papier aufgestrichen oder die Teige rechteckig ausgerollt und dann gebacken werden. Die meisten Tortenrezepte finden auch für die Schnitten Anwendung. Einige Mehlspeisen werden ausschließlich in Schnittenform serviert.

Cremeschnitten

10–12 Portionen

Butterteig (siehe Seite 539)
Vanilleoberscreme: 2 Eier, 60 g Zucker, Vanille, 3 Gelatineblätter, ½ l Obers

Den fertigen Butterteig messerrückendick zu einem Rechteck ausrollen, auf ein Backblech legen, mit einem spitzen Messer in 4-cm-Abständen einstechen und ½ Stunde rasten lassen. Nach dem Rasten zunächst bei starker Hitze anbacken. Sobald der Teig leicht Farbe angenommen hat, die Hitze drosseln und fertigbacken. Auskühlen lassen und in etwa 8 cm breite Streifen schneiden. Ein Blatt mit der Hälfte der Creme bestreichen, das zweite Blatt auflegen, mit restlicher Creme bestreichen und das Deckblatt mit der Unterseite nach oben auflegen; überzuckern. Nachdem die Creme im Kühlschrank vollkommen gestockt ist, in Portionen schneiden.

Vanilleoberscreme: Die ganzen Eier mit Zucker und Vanille über Dunst warm schlagen, dann vom Dunst wegheben und kalt schlagen. Die in kaltem Wasser aufgeweichten und mit 2 EL Wasser erwärmten Gelatineblätter einrühren. Gut gekühltes Schlagobers unter die Masse ziehen.

Kastanienschnitten

6–8 Portionen

250 g passierte Kastanien (Zubereitung des Kastanienpürees siehe Seite 425), Vanillezucker, Rum, 3 Eier, 120 g Zucker, 60 g Mehl, 40 g Stärkemehl, 15 g Kakao, 3 EL Öl

Pariser Creme aus ⅛ l Obers und 100 g Schokolade (siehe Seite 555), ¼ l Obers, 20 g Vanillezucker, Ribiselmarmelade

Eier und Zucker über Dunst zuerst warm schlagen, dann vom Dunst nehmen und kalt schlagen. Mehl, Stärkemehl und Kakao, miteinander vermischt (versiebt), darunterziehen und zuletzt vorsichtig das Öl darunterziehen. Die Masse zu einem kleinfingerdicken Streifen von 16 cm Breite auf Papier streichen und bei 180 Grad backen. Auskühlen lassen. Das Papier abziehen und den Streifen einmal längs halbieren. Mit Ribiselmarmelade füllen. Obenauf mit Pariser Creme bestreichen.

Von dem fertigen Kastanienpüree zwei Drittel mit etwas Rum verrühren, daß eine dressierfähige Masse entsteht. Mit dem Dressiersack in Längsrichtung der Schnitten eine dicke Schlange Kastanienpüree aufspritzen. Die Schnitten mit vanilliertem Schlagobers komplett einstreichen, wodurch im Querschnitt eine Kuppelform entsteht. Das restliche Drittel des Kastanienpürees auf die Schnitten durch ein Sieb oder Reibeisen drücken. Gut gekühlt in 4 cm breite und 8 cm lange Schnitten portionieren.

Rouladen

Biskuitroulade

8 Portionen

4 Eier, 100 g Zucker, Vanille, Zitronenschale, 100 g Mehl, 140 g Marillenmarmelade

Eier, Zucker, Vanille, etwas geriebene Zitronenschale über Dunst warm schlagen (auf etwa 35 Grad), dann vom Dunst nehmen und kalt schlagen, bis die Masse dickschaumig ist. Zum Schluß das Mehl einmengen (»melieren«).

Diese Masse etwa 1 cm hoch auf Papier streichen und rasch heiß backen. Nach dem Backen sofort auf ein bemehltes Papier stürzen, das Back-Papier abziehen, den Flecken mit erwärmter Marmelade bestreichen, einrollen und – in Papier gerollt – auskühlen lassen. Zum Schluß überzuckern, dann aufschneiden.

Nußroulade

12 Portionen

5 Eidotter, 40 g Staubzucker, Vanille, Zitrone, Zimt, 5 Eiklar, 80 g Kristallzucker, 80 g Nüsse, 30 g Öl, 80 g Mehl, Nußcreme (siehe Seite 555), 100 g Ribiselmarmelade, geriebene und ganze Walnüsse

Eidotter, Zucker, Vanille, geriebene Zitronenschale und Zimt sehr schaumig rühren. Den festen Schnee mit Kristallzucker ausschlagen und in den Dotter-Zucker-Abtrieb geben. Dann Mehl und geriebene Nüsse, beide gut vermischt, vorsichtig in die Masse einheben. Zum Schluß behutsam das Öl einrühren.
Die Masse etwa 1 cm hoch auf Papier aufstreichen und flott 8 bis 10 Minuten backen. Auf ein bemehltes Papier stürzen. Die Masse erkalten lassen, das Papier abziehen, zunächst etwas erwärmte Ribiselmarmelade, dann die Nußbuttercreme aufstreichen und einrollen. In Papier gerollt abkühlen lassen. Dann außen ganz mit Nußbuttercreme bestreichen, an der Seite mit gerösteten, geriebenen Nüssen bestreuen, obenauf pro Portion eine Rosette aus Nußbuttercreme aufspritzen und mit überzuckerten Nußkernen dekorieren.

Schokoladeroulade

12 Portionen

5 Eier, 180 g Zucker, 80 g Mehl, 60 g Stärkemehl, 25 g Kakao, 40 g Öl, Ribiselmarmelade
Fülle (Pariser Creme): 3/8 l Obers, 300 g Schokolade

Eier und Zucker zuerst warm, dann kalt schlagen. Mehl, Stärkemehl und Kakao, gesiebt, einrühren und zuletzt vorsichtig das Öl darunterziehen. Die Masse auf ein Papier streichen und etwa 10 Minuten flott backen. Auskühlen lassen, das Papier abziehen, mit leicht erwärmter Ribiselmarmelade dünn bestreichen, die fertige Pariser Creme auftragen, einrollen und fest in Papier gerollt steif werden lassen.
Dann auch außen dünn mit Pariser Creme einstreichen, mit Schokoladespänen bestreuen und portionieren.
Für die Creme werden Obers zum Kochen gebracht, kleingeschnittene Schokoladestücke beigegeben, glattgerührt und gut gekühlt. Vor dem Stocken kurz schaumig rühren, bis die Creme streichfähige Konsistenz erhält. Sollte sie während der Verarbeitung fest werden, den Kessel kurz anwärmen und die Creme dann wieder glattrühren.

Cremesaucen

Vanillecremesauce (Grundrezept)

1/2 l Milch, Vanillegeschmack (halbierte Schote oder auch Vanillezucker), 120 g Zucker, 20 g Cremepulver oder Puddingpulver oder Maizena, 3 Eidotter, 1/16 l Obers

2/3 der Milchmenge mit Vanille aufkochen. Restliche Milch mit Zucker und Stärke glattrühren, mit der Schneerute unter stetem Schlagen in die kochende Milch einrühren und einmal aufkochen lassen; vom Feuer ziehen, mit Obers und Eidotter legieren.
»**Kanarimilch**« heißt in der Altwiener Küche eine etwas dünnere Vanillecremesauce ohne Stärke: 1/4 l Milch, 60 g Zucker, Vanille und 3 Eidotter werden über Dunst aufgeschlagen. Nicht kochen lassen!

Kaffeecremesauce

Vanillecremesauce, bei der 1/3 der obigen Milchmenge durch einen starken Kaffee oder aufgelöstes Kaffeepulver ersetzt wird.

Karamelcremesauce

180 g Zucker, 1/4 l Wasser, Vanillegeschmack, 3/8 l Milch, 20 g Cremepulver, 3 Eidotter, 1/16 l Obers, Rum

Den Zucker langsam zu Karamel schmelzen, mit Wasser ablöschen und den Karamel auflösen. Milch mit Cremepulver (oder Stärke) glattrühren, einrühren, aufkochen und mit Eidotter legieren. Eventuell mit Rum abschmecken.

Mandelsauce

Fertige Vanillecremesauce mit geschälten, geriebenen Mandeln und etwas Mandelbitter abschmecken.

Schokoladecremesauce

Vanillecremesauce (siehe Grundrezept oben), aber nur 60 g Staubzucker und 150 g Schokolade. Zwei Drittel der Milch mit Schokolade aufkochen, die restliche Milch mit 15 g Stärkemehl und Zucker glattrühren, beigeben, aufkochen und schließlich mit Obers und Eidotter legieren.

Schokoladesauce

250 g Schokolade, 200 g Zucker, 1/4 l Wasser

Die Zutaten aufkochen, zu sauciger Konsistenz verrühren und einkochen lassen (etwa 5 Minuten kochen lassen). Man kann sie sofort heiß servieren oder zunächst kalt stellen. Eventuell mit Obers auf Saucenkonsistenz bringen.
Nach Wunsch kann die Schokoladesauce auch mit Cognac abgeschmeckt werden.

Weincremesauce

1/2 l Weißwein, 120 g Zucker, 20 g Stärke, 3 Eidotter

Die Zutaten werden unter Schlagen zu einer Creme verkocht und mit 3 Eidotter, mit etwas Wein glattgerührt, legiert.

Weinchaudeau (Weinschaum)

1/4 l Weißwein, 3 Eidotter, 1 ganzes Ei, 100 g Staubzucker

Eier, Zucker und Wein werden über Dunst dickschaumig aufgeschlagen und sofort serviert (verträgt kein zu langes Stehenlassen!).

Fruchtsaucen

werden aus einem verdünnten Püree aus frischem Obst oder verdünnter Marmelade und einer Vanillecremesauce (siehe Grundrezept S. 570) bereitet und mit entsprechendem Likör vollendet. Man kann sie warm und kalt als Beilage servieren.

Erdbeersauce

250 g Erdbeeren, ca. 80 g Staubzucker, Zitronensaft

Die Erdbeeren waschen, abtropfen lassen, passieren, mit dem Staubzucker und Zitronensaft abschmecken. Man kann auch die ganzen Früchte mit Staubzucker und Zitronensaft im Mixer laufenlassen. Mit etwas Wasser auf richtige Saucenkonsistenz bringen.
Auf die gleiche Art wird **Himbeersauce** bereitet.

Erdbeeroberssauce

Eine dicke Erdbeersauce ohne Zitronensaft mit Schlagobers vermischen. Sofort servieren.

Marillensauce

1/2 kg entkernte Marillen, 125 g Zucker mit *1/8 l Wasser* und Zitronensaft weich dünsten; passieren und mit etwas Wasser auf richtige Saucenkonsistenz bringen.

Orangensauce

(siehe Seite 515) mit Curaçao vollenden.

Ribiselsauce

1 Teil Ribisel passieren, mit 1 Teil Staubzucker glattrühren.

Dessertcremes

Früchtecreme (Erdbeer-, Himbeer-, Ribiselcreme)

6–8 Portionen

1/8 l Milch, 2 Eidotter, 80 g Zucker, 6 Gelatineblätter, 1/4 l Schlagobers, etwas Zitronensaft (fällt bei Ribiselcreme weg), 200 g passierte frische Beeren, Beerenobst zum Garnieren

Milch, Dotter und Zucker über Dunst warm schlagen, die in Wasser vorgeweichten und ausgedrückten Gelatineblätter beigeben und kalt rühren.
Obers steif schlagen, Beeren und Zitronensaft beigeben und in die fast stockende Creme einrühren; in die mit kaltem Wasser geschwemmten Formen einfüllen, gut kühlen, stürzen und mit Schlagobers und Beerenobst garnieren.

Schmankerlcreme

6 Portionen

1 Ei, 30 g Zucker, 2 Gelatineblätter, 1/4 l Obers, etwas Rum, 40 g feinst geriebene Nüsse, 4 Stück zerstückelte Hohlhippen, pro Portion 1 EL Fruchtsauce; Schlagobers zum Garnieren

Ei mit Zucker und 1 EL Wasser vorsichtig auf etwa 40 Grad warm schlagen, anschließend kalt schlagen. Die in kaltem Wasser eingeweichten, dann mit 2 EL

Wasser erwärmten Gelatineblätter beigeben, mit Rum parfümieren, geschlagenes Obers einrühren, Nüsse und Hohlhippen darunterziehen. In Gläser füllen und stokken lassen. Fruchtsauce (siehe Seite 571) daraufgießen und mit Schlagobers garnieren; Schlagobers evtl. mit Grillage (siehe Grillagetorte, Seite 559f.) bestreuen.
Heute verwendet man fertige, im Handel erhältliche Hohlhippen. Man kann sie auch leicht selbst herstellen: einen Teig (Zucker, gleichviel Mehl, Prise Salz mit Obers auf streichfähige Konsistenz glattrühren) auf leichtbefettetes Backblech dünn auftragen; rasch bakken, leicht überkühlt mit einem Messer vom Backblech lösen.
Schneller erklärt in seinem »Bayerischen Wörterbuch« die Wörter »Schmankerl«, »Schmänkelein« mit: Kruste, eine Art Gebäck, das aus lauter Kruste besteht.

Weincreme mit Früchten

5 Portionen

1/8 l Weißwein, 2 Eidotter, 30 g Zucker, 2 Gelatineblätter, 1/8 l Obers, Schlagobers zum Garnieren, etwa 120 g Kompottfrüchte

Weißwein, Eidotter und Zucker über Dunst dickschaumig schlagen. Die in kaltem Wasser aufgeweichten Gelatineblätter beigeben, kalt schlagen. Kurz vor dem Stocken das geschlagene Obers darunterziehen. Zuletzt die würfelig geschnittenen Kompottfrüchte daruntermischen. Sofort in Gläser füllen und kalt stellen. Vor dem Servieren mit Schlagobers und Früchten garnieren.

Zitronencreme

12 Portionen

3 Eier, 100 g Zucker, 6 Gelatineblätter, 1/2 l Obers, Saft von 2 Zitronen, etwas geriebene Zitronenschale, Vanille, Früchte und Obers zum Garnieren

Ganze Eier und Zucker mit etwas Wasser über Dunst warm aufschlagen, die in kaltem Wasser aufgeweichten Gelatineblätter beigeben und kalt schlagen. Wenn die Masse kalt ist, den Saft von zwei Zitronen und geriebene Zitronenschale und Vanille beigeben und das geschlagene Obers locker daruntermischen. In wasserbenetzte Form oder Wandelformen (Boden mit Papier auslegen) oder in große Puddingformen füllen und 2 Stunden kühlen. Kurz in heißes Wasser tauchen und stürzen (zuvor den Rand mit einem Messer lösen, damit Luft hineinkommt, dann stürzen). Mit Schlagobers und Früchten garnieren.
Alle gestürzten Cremes können, wenn die Gelatinebeigabe um die Hälfte reduziert wird, in Gläsern angerichtet werden und mit Schlagobers und Früchten oder einer Fruchtsauce garniert werden.

Kalter Grieß

6–8 Portionen

1/4 l Milch, 40 g Zucker, 350 g Grieß, 3 Gelatineblätter, Salz, Vanille, 1/4 l Obers, Schokolade- oder Fruchtsauce (siehe Seite 571)

Milch und Vanille mit Salz aufkochen, Grieß einrühren; 5 Minuten weiterkochen lassen, dabei gut rühren, dann Zucker und die in kaltem Wasser vorgeweichten Gelatineblätter, gut ausgedrückt, beigeben. Auskühlen lassen, vor dem Absteifen das Obers einrühren und die Masse in mit kaltem Wasser ausgeschwemmte Förmchen füllen; stocken lassen, in heißes Wasser tauchen, stürzen, mit Schokolade- oder Fruchtsauce anrichten, mit Obers verzieren und je eine Kompottkirsche pro Portion auflegen.

Kastanienreis mit Schlagobers

4 Portionen

250 g Kastanien (Maroni, Edelkastanien), Vanillezucker, 50 g Staubzucker, etwa 2 KL Rum, Dekorkirschen, Staubzucker, 1/4 l Schlagobers

Die Bezeichnung »Kastanienreis« ist der Altwiener Küche entnommen. Mit dem Reis selbst hat diese Speise nichts zu tun: die äußere geringe Ähnlichkeit mit Reis mag zu der Namensgebung geführt haben.
Kastanien kochen, schälen und passieren, dann mit Zucker, Vanillezucker und Rum zu einem festen Püree verarbeiten. Durch ein großes Sieb auf ein mit Vanillezucker gesüßtes Schlagobers drücken, überzuckern und mit Kirschen verzieren. – Einfacher ist es allerdings, tiefgekühltes Kastanienpüree zu verwenden.

Orange Charlotte (Gefüllte Orange)

8 Portionen

4 Orangen, 1/8 l Orangensaft, 70 g Zucker, 2 Gelatineblätter, 1 Dotter, 1 ganzes Ei, 3 Stück Würfelzucker, abgeriebene Orangenschale, 1/4 l Schlagobers

Vier gleichmäßig große Orangen halbieren, das Fruchtfleisch, ohne die Schale zu beschädigen, herausnehmen und passieren. Den Orangensaft für die folgende Creme verwenden: Saft, Zucker, Gelatineblätter, Ei und Würfelzucker erhitzen, knapp vor dem Kochen (um das Gerinnen des Eies zu verhindern), vom Feuer ziehen und ausgekühlt mit dem geschlagenen Obers vermischen.

Diese Creme in die leeren Orangenhälften füllen, kalt stellen, mit geschlagenem Obers garnieren, mit Belegkirschen und Orangenfilets verzieren.

Reis Trauttmansdorff

8 Portionen

1/4 l Milch, 40 g Zucker, 4 Gelatineblätter, 60 g Rundkornreis, 1/4 l Obers, Vanille, Salz, Kompottfrüchte; einige würfelig geschnittene kandierte Früchte, zusammen 150 g; 1 EL Maraschino, 1/4 l Obers zum Garnieren, Fruchtsauce

Den Reis mit 1 l Wasser etwa 6 Minuten kochen lassen, abseihen, dann mit kalter Milch zum Kochen bringen, Vanille beigeben und ganz weich dünsten. Zucker mit den in 1/16 l Wasser aufgeweichten Gelatineblättern einrühren und die Masse kalt stellen.

Kurz bevor die Masse abstockt, das geschlagene Obers, in Maraschino marinierte, würfelig geschnittene Kompottfrüchte und kandierte Früchte vorsichtig daruntermengen und vermischen. Die Masse in kleine Portionsförmchen (die zuvor mit kaltem Wasser ausgeschwemmt wurden), füllen; kalt stellen. Mit Himbeer- oder Erdbeersauce anrichten, mit Schlagobers und Kompottfrüchten dekorieren.

Schneenockerln

6 Portionen

6 Eiklar, 210 g Staubzucker, 1 l Milch, Vanille, Schlagobers zum Garnieren
Sauce: ca. 1/2 l Milch, 120 g Zucker, 20 g Cremepulver, 3 Eidotter, 1/16 l Obers, 60 g Schokolade

Eiklar zu festem Schnee schlagen, gesiebten Zucker einschlagen. Die Milch inzwischen mit Vanillegeschmack fast zum Kochen bringen. Mittels zweier Eßlöffel große Nockerln formen, in die Milch einlegen und ungefähr 2 Minuten ziehen lassen, dann umdrehen. Nach weiteren 2 Minuten herausheben und auf einem Haarsieb oder sauberen Tuch abtropfen lassen. Die Milch hat sich inzwischen auf etwa 1/2 l reduziert und wird abgeseiht. Aus dieser Milch und den angegebenen Zutaten (ohne Schokolade) wird die Cremesauce zubereitet. Die Masse in zwei Hälften teilen; in der einen wird die Schokolade aufgelöst. Beide Saucen im kalten Wasserbad auskühlen lassen, dabei einige Male rühren.

Jeweils 2 Nockerln auf einer Glasschüssel oder einem Teller anrichten, eines mit Vanillesauce, eines mit der Schokoladesauce überziehen und an der Seite mit ungesüßtem Schlagobers garnieren.

Obstsalate, Röster, flambierte Früchte, Kompotte

Fruchtsalat

Zur Hälfte rohes Obst (Äpfel, Birnen, Weintrauben, Bananen, Orangen, Ananaserdbeeren, Walderdbeeren, Ribisel, Himbeeren – je nach Jahreszeit und Wunsch), zur Hälfte Kompottfrüchte dazu verwenden.
Zuerst etwas Kompottsaft und Orangenfilets (verwendet man keine Orangen, dann nimmt man etwas Zitronensaft), dann die übrigen Früchte, nicht zu klein geschnitten, beigeben und mit etwas Maraschino übergießen. Es muß darauf geachtet werden, daß man die Früchte nur einmal – am Schluß – leicht durchrührt und miteinander mischt, damit der Saft klar bleibt. 1 Stunde ziehen lassen. Mit gehobelten oder gestiftelten Mandeln oder grobgehackten Walnüssen bestreuen und anrichten. Man kann den Fruchtsalat auch auf einer Eiscreme oder mit Schlagobers servieren.

Salat von Trockenfrüchten

Man verwendet dazu nach Belieben Feigen, Datteln, Nüsse, Rosinen, Sultaninen, Bananen, Rum, Fruchtsaft und Zucker. Die Früchte werden würfelig oder in Scheiben geschnitten, die Datteln entkernt, das Ganze mit einer Mischung aus Zucker, Rum, Saft von Orangen und/oder Zitronen- und Himbeersaft übergossen. Anstelle von Zucker kann auch in Wasser gelöster Honig verwendet werden. Mindestens 12 Stunden zugedeckt kühlen lassen. Man soll in dieser Zeit den Salat öfter durchmischen. Beim Anrichten eventuell mit grobgehackten Pistazien bestreuen. Der angerichtete Salat kann mit Schlagobers garniert werden.

Orangensalat

Dazu verwendet man Orangen, Läuterzucker (siehe rechts), Orangenlikör oder Maraschino. Die Orangen mit einem scharfen Messer schälen, auch alles Weiße entfernen, dann in Scheiben schneiden. Schön in flacher Schale oder auf einem Glasteller anrichten.

Mit Läuterzucker begießen und mit Likör beträufeln. Auf die gleiche Weise wird auch der **Bananensalat** (mit Läuterzucker und Kirschwasser) und der **Melonensalat** (mit Läuterzucker und Cognac) bereitet.

Läuterzucker (Vorratslösung)

800 g Zucker, 1 l Wasser

Den Zucker mit dem Wasser aufkochen; auskühlen lassen. Die Mischung entspricht einem Zuckergehalt von etwa 28 Grad. Dieses Verhältnis ist deswegen wichtig, weil der Zucker, schwächer gekocht, nach kurzer Zeit sauer, konzentrierter eingekocht dagegen leicht auskristallisieren würde.

Zwetschkenröster

1 kg Zwetschken, 200 g Zucker, 1/8 l Wasser, 2 Nelken, 1 Stück Zimtrinde, Saft und Schale von 1 Zitrone

Wasser und Zucker mit den Gewürzen aufkochen. Die entkernten und halbierten Zwetschken dazugeben, unter wiederholtem Rühren so lange kochen, bis die Früchte halb zerfallen und die Schalen sich einzurollen beginnen.
Der Zwetschkenröster ist eine Spezialität der wienerisch-böhmischen Küche (aus Böhmen kommt ja auch der Powidl! – siehe Seite 500). Er steht zwischen Kompott und Mus (Marmelade bzw. Powidl) und wird vor allem als Beilage zum Kaiserschmarren, aber auch zu Topfenknödel, Grießschmarren und dergleichen serviert. Zwetschkenröster läßt sich auf Vorrat herstellen.

Marillenröster

1 kg Marillen, 1/8 l Wasser, ca. 200 g Zucker (je nach Süße der Marillen)

Wasser und Zucker aufkochen. Entkernte, halbierte Marillen beigeben und unter Rühren langsam weich dünsten, bis die Marillen leicht zerfallen.

Hollerröster (Holunderröster)

1 kg Holunderbeeren, 200 g Zucker, 1/8 l Wasser, Zimt, Nelken, Zitronenschale; einige entkernte, halbierte Zwetschken; etwas Stärkemehl, Obers (oder Milch)

Zuerst Wasser und Zucker aufkochen und die Gewürze etwa 5 Minuten mitkochen, dann die Beeren darin ziehen lassen, bis sie fast ganz weich sind. Nach Belieben kann man etwas Stärkemehl (Maizena) mit ein wenig Obers oder kalter Milch verrühren und hineinrühren. Man kann auch mit den Beeren Zwetschken weich kochen. Der Röster wird heiß oder kalt serviert. Zum kalten Hollerröster gibt man einige Tropfen Rum.

Flambierte Früchte

Flambierte Speisen erfreuen sich aus mehreren Gründen großer Beliebtheit: Die Vorbereitungszeit ist kurz, die Zubereitung geht rasch und problemlos vor sich, es entstehen gewisse Schau-Effekte, der Geschmack ist hervorragend. Zum Flambieren benötigt man ein Flambiergerät mit regulierbarer Spiritusflamme und weiter eine Flambierpfanne. Flambiert werden frische Früchte, Kompottfrüchte und Crêpes (kleine zarte Palatschinken). Die Kompositionen sind sehr mannigfaltig, eigene Kompositionen führen meist zu guten Resultaten. Alle flambierten Früchte und Crêpes schmecken in Verbindung mit Vanilleeis und Schlagobers ausgezeichnet; es kann auch mit Mandelsplittern, Pistazien, Fruchtmark, Schokoladesauce usw. serviert werden. Bei der Verwendung von Destillaten wie Grand-Marnier, Maraschino, Cointreau, Cognac usw. ist zu beachten, daß nur Qualitätsware die Erwartungen auch tatsächlich erfüllen wird.

Flambierte Ananas

4 Portionen

4 Scheiben Ananas (frische oder aus der Konserve), 40 g Kristallzucker, 6 Stück Würfelzucker, 40 g Butter, 2 Orangen, 1 EL Marillenmarmelade, Grand-Marnier, Cognac

Vorbereitung: Frische Ananas in 1 cm dicke Scheiben schneiden, Schale abschneiden, den Strunk ausstechen und mit einer Tischgabel einigemal einstechen. Würfelzucker an der Orangenoberfläche reiben, um die Geschmacksstoffe der Schale zu übertragen. Orangen anschließend auspressen.

Zubereitung am Tisch: Die Flambierpfanne erwärmen, Butter, Kristall- und Würfelzucker in die Pfanne geben und bei mäßiger Hitze zu hellem Karamel schmelzen. Mit Orangensaft ablöschen, Marillenmarmelade beigeben und den Karamel lösen. Die Ananasscheiben einlegen und etwa 4 Minuten dünsten (Dosenfrüchte nur 2 Minuten). Grand-Marnier und Cognac beigeben, auf den vorderen Teil der Pfanne etwas Staubzucker streuen und durch leichtes Neigen der Pfanne über der Flamme den Alkohol entzünden. Sofort anrichten, mit Saft (Fond) übergießen. Die Beigabe von Schlagobers und Vanilleeis ist empfehlenswert. Ananasscheiben können auch mit Kirschwasser oder Curaçao flambiert werden. Eine andere Variation ergibt sich durch das Weglassen von Marillenmarmelade und die Beigabe von 1/16 l Erdbeermark.

Flambierte Bananen

4 Portionen

4 Bananen, 60 g Kristallzucker, 40 g Butter, 1 Orange, 4 Stück Würfelzucker, 1/2 Zitrone, Grand-Marnier, Cognac

Vorbereitung: Die geschälten Bananen längs halbieren und einigemal mit der Tischgabel einstechen. Würfelzucker teils an der Orange, teils an der Zitrone reiben. Orangen- und Zitronensaft vorbereiten.

Zubereitung am Tisch: In der erwärmten Pfanne Butter, Kristall- und Würfelzucker hellbraun schmelzen, die Bananen einlegen und braten. Orangen- und Zitronensaft beigeben, mit Grand-Marnier und Cognac flambieren. Flambierte Bananen können mit Schlagobers, Vanilleeis oder Schokoladesauce und gestifftelten Mandeln garniert werden. Die Variation mit Cognac und Cointreau schmeckt ebenfalls ausgezeichnet.

Flambierte Erdbeeren

4 Portionen

300 g frische Erdbeeren, 80 g Zucker, 40 g Butter,

Orangen- und Zitronensaft, 1 EL Marillenmarmelade oder 1/16 l Erdbeermark, Maraschino, Cognac

Zucker und Butter langsam zu hellem Karamel schmelzen, mit Orangen- und Zitronensaft ablöschen, Marillenmarmelade oder Erdbeermark beigeben. Die Erdbeeren einlegen, kurz erwärmen und mit Maraschino und Cognac flambieren. Am besten ebenfalls mit Vanilleeis und Schlagobers anrichten. Auf die gleiche Weise können auch frische Himbeeren flambiert werden.

Sacher Rezept

Brennende Äpfel

Äpfel schälen, ausstechen, in Ringe schneiden und in Butter braten. Mit Hagelzucker bestreuen, mit Cognac übergießen und anzünden. Die Äpfel müssen sehr heiß sein, sonst brennt der Cognac nicht. Eiskaltes Schlagobers dazugeben.

Kompotte

Immer nur reifes (aber nicht überreifes!) und frisches Obst verwenden: ganz, halbiert oder geviertelt.
Meist wird zuerst eine Zuckerlösung (je nach Frucht 300–450 g Zucker pro 1 l Wasser) bereitet, dann erst gibt man die vorbereiteten Früchte bei und läßt sie mehr ziehen als kochen.
Viele Kompotte werden leicht mit Vanille, mit Zimt oder Gewürznelken aromatisiert, auch mit geschnittenen Orangenschalen oder Orangenfilets. Darauf achten, daß die Früchte ihren Eigengeschmack behalten.

Apfelkompott

1 kg Äpfel (feste, süße Maschansker, Goldreinetten oder Zitronenäpfel), 3/8 l Wasser (man kann auch halb Wasser, halb Weißwein verwenden), 250 g Zucker, Zitronensaft, Vanilleschote, 2 Gewürznelken

Die Äpfel schälen, das Kerngehäuse ausstechen, in Spalten schneiden und in Zitronenwasser legen.
Wasser mit Zitronensaft, Vanilleschote, Gewürznelken und Zucker aufkochen, die Äpfel darin weich dünsten. Sobald sie weich sind, herausheben und in einer Glasschüssel anrichten. Den Kompottsaft etwas einkochen und darübergießen. Kalt stellen.

Apfelpüree

Dazu verwendet man nur Äpfel, die sich beim Kochen ganz auflösen. Die geschälten, entkernten, geteilten Äpfel in Zitronenwasser einlegen (auf 1 kg Äpfel etwa 1/8 l Wasser), dann zugedeckt dünsten, durch ein Haarsieb passieren, mit Zucker abschmecken, noch einmal aufkochen lassen.

Birnenkompott

1 kg Birnen, 3/8 l Flüssigkeit (halb Wasser, halb Weißwein), 200 g Zucker, Vanille

Birnen schälen, halbieren, entkernen, in der Wasser-Weißwein-Mischung und Zucker weich kochen. In eine Schüssel geben, den Saft dicklich einkochen, Birnen noch einmal dazugeben und darin aufkochen lassen.

Brombeerkompott

Keine zu überreifen Früchte in kochender Zuckerlösung einmal aufwallen lassen, herausnehmen, abtropfen lassen, in eine Schüssel geben. Den Saft mit Weißwein und Brombeersaft (1:1) gut einkochen, erkalten lassen und über die Brombeeren gießen.

Erdbeerkompott

1 kg Erdbeeren in 1/4 l Wasser mit 1/4 l Zucker mehr ziehen als kochen lassen.

Heidelbeerkompott

Heidelbeeren mit Wasser und Zucker nur heiß werden lassen (auf 1 kg Heidelbeeren rechnet man 200 g Zucker und 3 EL Wasser), bis sie Saft gezogen haben. Nicht kochen. Oder gekochtes Zuckerwasser über die Beeren gießen. Kalt stellen.

Kirschenkompott

1 kg Kirschen, 1/4 l Wasser, 125 g Zucker

Die entkernten Kirschen in das kochende Zuckerwasser geben und darin mehr ziehen als kochen lassen.

Marillenkompott

1 kg Marillen, 1/4 l Wasser, 250 g Zucker

Die Früchte kurz in heißes Wasser halten, schälen, halbieren, entkernen. In Läuterzucker die Früchte kurz ziehen, aber nicht zu weich werden lassen. Etwas Weißwein beigeben und kalt stellen.

Melonenkompott

1 kg Zuckermelonen, 1/4 l Wasser, 125 g Zucker, Cognac

Die geschälten, entkernten, geschnittenen Melonen in Läuterzucker so lange ziehen lassen, bis sie leicht glasig werden. Mit Cognac abschmecken.

Preiselbeerkompott

1 kg Preiselbeeren, 500 g Zucker, 1/2 l Rotwein

Zucker und Rotwein etwa 15 Minuten einkochen lassen, Preiselbeeren beigeben, auf kleiner Flamme etwa 10 Minuten langsam kochen lassen. Dabei nicht zu oft und zu stark rühren.

Rhabarberkompott

1 kg Rhabarber, 1/4 l Wasser, 500 g Zucker, Zitrone, etwas Weißwein

Rhabarber schälen, in etwa 3 cm lange Stücke schneiden, in Zitronenwasser geben und partienweise im kochenden Läuterzucker ziehen lassen. Der Rhabarber sollte nicht zu weich gekocht werden (wird sehr rasch weich!). In eine Schüssel geben, den Läuterzucker einkochen und über den Rhabarber gießen. Auch für das **Rhabarberpüree** den Rhabarber nicht zu weich mit weniger Wasser (1/8 l!) kochen, passieren und wie Apfelpüree fertigstellen.

Ribiselkompott

1 kg Ribisel, 1/8 l Wasser, 250 g Zucker

Die Ribisel in den kochenden Läuterzucker geben, einmal aufkochen und zugedeckt ziehen lassen. Auskühlen.

Stachelbeerkompott

1 kg Stachelbeeren, 1/8 l Wasser, 250 g Zucker

Die Stachelbeeren (»Agrasel«) mit einer Nadel einmal anstechen, heiß abbrühen und in dem kochenden Läuterzucker weich dünsten.

Weichselkompott

Wie Kirschenkompott fertigen (1 kg Weichsel, 1/4 l Wasser, 250 g Zucker).

Weintraubenkompott

1 kg entstielte Weintrauben, 1/4 l Wasser, 400 g Zucker, 1/2 Zitrone, etwas Zimtrinde, Weißwein

Die Weintrauben in kochenden Läuterzucker geben. Kurz aufkochen, zugedeckt ziehen lassen; auskühlen.

Zwetschkenkompott

1 kg Zwetschken, 1/8 l Wasser, 125 g Zucker

Die entstielten, entkernten Zwetschken in den kochenden Läuterzucker geben und weich dünsten, in eine Glasschüssel geben, den Saft einkochen und heiß darübergießen.

Sacher Rezept

Grazer Äpfel

Auf getränkten Biskuitsockel Ribiselmarmelade streichen, mit Mandeln bespickten Kompottapfel daraufsetzen und mit kaltem Weinschaum (kaltgeschlagenem Weinchaudeau) übergießen.

Der Autor ist folgenden Personen und Institutionen zu besonderem Dank verpflichtet, weil sie ihm in den letzten fünf Jahren durch Auskünfte, Verfügungstellen alter Kochbücher sowie Aufnahme- und Reproduktionsgenehmigung sehr geholfen haben:
Den Direktionen, Damen und Herren der Universitätsbibliotheken von Wien und Salzburg, der Österreichischen Nationalbibliothek und deren Bildarchiv und Handschriftensammlung, der Wiener Stadtbibliothek, des Historischen Museums der Stadt Wien, der Wörterbuchkanzlei sowie dem Verband der Köche Österreichs und der Fachgruppe Wien der Gast- und Schankbetriebe;
namentlich Baron Franz Alberti, Fachlehrer Peter Berger (Gastgewerbefachschule, Wien), Dr. J. Gassner (Museum Carolino Augusteum Salzburg), Dr. Elfriede Grabner (Steirisches Volkskundemuseum am Landesmuseum Joanneum, Graz), Peter Gürtler (Hotel Sacher), Dr. Hubert Kaut (Historisches Museum der Stadt Wien), Dir. Eduard Mayer (Direktor der Gastgewerbefachschule und des Gastronomischen Instituts, Wien), Doz. Dr. Herbert Mößlacher, Dir. Rudolf Palla (Hotel Sacher), Ludwig Plakolb, Fachlehrer Johann Radatz (Berufsschule für Fleischer, Wien – St. Marx), Dr. Elisabeth Scheicher (Kunsthistor. Museum, Sammlung Schloß Ambras, Innsbruck), Hofrat Prof. Dr. Leopold Schmidt (Direktor des Österreichischen Volkskundemuseums, Wien), Konditormeister Karl Schuhmacher (Kurcafé Oberlaa), Lucie Staininger, Sous-Chef Franz Zodl (Hotel Sacher).
Ein besonderer Dank gilt »meinem« Chefkoch und Fachlehrer Ernest Richter; er hat nicht nur alle Rezepte überprüft, sondern viele davon selbst ausgewählt, prüfend gekocht – und fotografiert.
Nicht zuletzt danke ich den Mitarbeitern der Schuler Verlagsgesellschaft, die mein Buch vom Manuskript bis zur Drucklegung betreut und gefördert haben.
Folgende Firmen stellten dankenswerterweise Geschirr zur Verfügung:
Argentor – Alexander Sturm Silber und Metallwarenfabrik, Wien · Albin Denk, ehemaliger Hoflieferant »Zum Eisgrübl«, Wien · Herend Porzellan (1839) – J & L Lobmeyr, Wien · Erika K. F. Luft Antiquitäten – Inneneinrichtungen, Wien · Vereinigte Metallwerke Ranshofen-Berndorf AG, Wien · Ostovics Handelsges. m.b.H., Wien · Wiener Porzellanmanufaktur Augarten, Wien

Literaturverzeichnis

Appetit-Lexicon oder alphabetisch geordnetes Auskunftsbuch über alle Speisen und Getränke sowohl gewöhnlicher Art als des Luxus; über ihre Bestandteile und Eigenschaften, nicht sowohl in Bezug auf den Gaumen, als auch auf die Verdauung und auf ihre diätetische Zuträglichkeit oder Unzuträglichkeit überhaupt. Gewidmet Allen, denen körperliches Wohlbefinden und langes Leben am Herzen liegen; nicht minder solchen Personen, welche raffiniertere Speisen, Seltenheiten und Delikatessen lieben; Für unsere Lande und Verhältnisse eingerichtet, und zugleich Ergänzung eines jeden Kochbuches. (Hrsg. von Franz Gräffer.) – Wien: Carl Gerold 1830. VI, 218 S.

Baernreither, Franziska C., Mittelstands-Kochbuch. Ein Behelf, um billig und doch nahrhaft zu kochen. – Wien: C. Fromme 1924. 131 S., Ill. Erschien auch u. d. T.: Pfarrhof-Kochbuch

Ballauf, Theresia, Die Wiener-Köchinn wie sie seyn soll, oder mein eigenes durch dreyßig Jahre geprüftes Kochbuch in sechs Abtheilungen. Enthält Tausend zweyhundert acht und siebenzig Speisen für Fleisch- und Fasttage, nebst allen Gattungen Bäckereyen, Blamaschen, Sulzen, Eingesottenen und Gefrornen, auch einen Anhang von Speißzetteln des Mittags und Nachts, nach dem neuesten Geschmack. Verfaßt von Theresia Ballauf, verehligten Muck, gewesene Freyherrlich Aarnstein'sche Köchinn. – Wien: Kupffer und Wimmer 1810. 2, 586, 84 S.; 2. verb. Aufl. 1822; 3. von ihrer Schülerin Maria H. sehr verm. u. verb. Aufl. Mit 1 Titelkupfer. Wien: Wimmer 1834. IV, 635, 52 S., 10. Bl. Register

Bauer, Anna, Allgemeines österreichisches Kochbuch für Bereitung des herrschaftlichen und bürgerlichen Tisches mit Berücksichtigung der Wiener Gasthaus- und der nationalen Küche. – Wien: Anger 1889. 316 S. Ab der 2. Auflage erschien das Buch u. d. T.: Die praktische Wiener (auch: süddeutsche) Köchin (und Hausfrau). Ein durch vieljährige persönliche Ausübung und Erfahrung erprobtes Kochbuch für Bereitung des herrschaftlichen und bürgerlichen Tisches, mit Berücksichtigung der Wiener Gasthaus- und der nationalen Küche. Ein unentbehrliches Handbuch für Frauen, Mädchen und angehende Köchinnen. – Wien: Jacob Dirnböck's Buchhandlung 1889. 444 S.; 8. Aufl. 1895; 9. Aufl. 1897. 442 S.; 10. verb. u. verm. Aufl. 1899. 426 S., 5 Taf. (Dazu erschien auch ein II. Teil u. d. T.: Die österreichische Hausfrau. – Wien: Jacob Dirnböck's Buchhandlung 1892; 4. Aufl. 1895; 6. Aufl. 1897; 7. Aufl. 1900)

Beck, Lydia, Die echte Wiener Küche. Mit Rezepten von Eugen Lippert, Karel Beranek und Béla Czangay. Mit kulinarischen Anekdoten von Otto Stradal und Siegfried Weyr. – Wien: Alfa-Edition (Mary Hahns Kochbuchverlag, Berlin-W.) 1954. 322 S., Ill.

Bergmann, Anna, geb. Schernhorst, Wiener Küche. Das beste, praktische Kochbuch für sehr feine, sowie für einfache Küche, enthaltend gegen 2000 Kochrezepte und 40 Speisezettel. (In 10 Lieferungen hrsg.) – Leipzig: 1898 ff. Als Buch: 3. Aufl. Wien: Friese & Lang 1924. 439 S.

Beutel, F. J., Die freie österreichische Kochkunst. – Wien, Leipzig: A. Hartleben o. J. (ca. 1904). XIV, 136 S., 50 Abb.

Das Buch der Kochkunst. Eine Sammlung mustergültiger Kochrezepte aus dem Erfahrungsschatz der prominenten Köche Österreichs. Offizielles Kochbuch des Verbandes der Köche Österreichs. (Mitarb.: Gareis, Stephan, u. a. Vorwort v. Osk. Lehner.) – Wien: Zentrale europ. Verl.- u. Werbeges. 1933. XII, 476 S., Ill.

Das Goldene Buch der Küche. Wiener Kochkunst in Wort und Bild. Bearbeitet von Josef Stadler. Das hervorragende wirtschaftliche Wiener Kochbuch für den mittleren und kleinen Haushalt. – Wien: Österr. Verlagsges. W. Wiesmüller o. J. (1937). 4 S., 891 Rezepte, 24 S., Ill.

Bußwald, Maria Anna, Allerneuestes Kochbuch für Fleisch- und Fasttäge. Oder: Praktische Anleitung alle mögliche Gattungen größtentheils ganz neuer Speise in diätetisch und ökonomischer Hinsicht, sowohl für herrschaftliche als bürgerliche Tafeln nach dem gegenwärtig herrschenden Geschmack zu verfertigen. Zwey Abtheilungen. Herausgegeben von Maria Anna Bußwald, vormaligen Köchin bey Ihrer Excellenz Rosalia Gräfin von Attems, geborne Gräfin von Leslie. Dritte mit vielen neuen Speisen, Confituren, Gefrornen, Milchen und Sulzen etc. nebst einer Anweisung zum Transchiren und Vorlegen vermehrte Auflage. – Grätz: Aloys Tusch 1807. IV, 16 u. 358 S., 14 Doppelseiten Tafelbesetzung

Wiener Dessertbonbons. Rezepte für die Selbstbereitung köstlicher Bonbons, Konfitüren, Desserts, Nougats, Cremes, Schokoladen, Parfaits u. v. a. Süßigkeiten. – Wien: Göschl 1954. 88 S., Ill.

Diettrich, Karoline, Kochbuch für ländliche Haushalte. Hrsg. von der Niederösterr. Landes-Landwirtschaftskammer. 2. Aufl. – Wien: Scholle-Verl. 1928. 192 S.; 3. Aufl. 1929; 4. Aufl. 1930; 5. verm. Aufl. 1933. 240 S.

Dorn, Anna, geb. Pellet, Einsiedekunst. Oder vollständige Anleitung alle Dunstobst, Marmeladen und Säfte zu bereiten, sowie frisches Obst und Gemüse zu trocknen und aufzubewahren. – Wien: Tendler und Co. 1857. VI, 58 S.

Dies., Neuestes Universal- oder: Großes Wiener-Kochbuch. Eine Anleitung sowohl der vornehmsten Tafeln als auch die gewöhnliche Hauskost nach dem feinsten Geschmacke, der größten Eleganz und nach durchgehends selbst erprobten Erfahrungen, durch Benützung aller nur erdenklichen Wirtschaftsvortheile, mit den mindesten Kosten zu bestreiten; nebst verschiedenen Vorschriften zum Tafel-Arrangement, Tranchiren und Vorlegen, Speisezettel auf alle Tage des Jahres, hohe Feste insbesondere, und Angabe der schicklichsten und vortheilhaftesten Zeit des Ankaufes aller für die Küche erforderlichen Artikel. Für gebildete Köchinnen ein unentbehrliches Handbuch, für Alle, die es werden wollen, der sicherste Leitfaden, und der treueste Rathgeber für jede Frau, die ihrer Haushaltung selbst rühmlich vorzustehen wünscht. – Wien: Tendler und von Manstein 1827. XXIX, 1 Bl., 641 S. Weitere Auflagen erschienen u. a. 1834; 1845 (u. d. T.: Neuestes Wiener Universal-Kochbuch. Neue, durchaus umgearbeitete u. vermehrte Aufl. – Wien: Tendler). XXIX, 1 Bl., 544 S.; 1853 (= 8. vermehrte Aufl. u. d. T.: Österreichisches Musterkochbuch. VIII, 523 S., Holzschnitte), 1853 (= 10. verm. Aufl. IV, 416 S.); 1860 (= 12. Aufl. IV, 416 S.); 1862 (= 13. Aufl. VI, 410 S.); 1867 (= 14. verb., illustrierte Aufl. – Wien: Gerold's Sohn. IV, 410 S.), 1886 (15. illustrierte, verbesserte Aufl. – Wien: C. Gerold's Sohn. IV, 394 S.); 1893 (= 17. illustr. Ster.-Titel-Aufl. IV, 394 S.). Reprint-Ausgabe der Erstauflage 1975 (Verlag Kremayr & Scheriau, Wien), mit Einführung und Lexikon von Franz Maier-Bruck hrsg.

Dorninger, Marie, Bürgerliches Wiener Kochbuch für 3–4 Personen. 1651 Rezepte mit Angabe des Herstellungspreises der Speisen nach langjähriger praktischer Erfahrung für die wirklich bürgerliche und sparsame Küche zusammengestellt. Mit illustrierter Anleitung zum Anrichten bei festlichen Gelegenheiten und Notizblättern für eigene Rezepte. – Wien: C. Konegen 1906. 525 S.; 2. verm. u. verb. Aufl. (3.–7. Tsd.) 1906. XLVIII, 558 S., 9 u. 8 S.; 4. Aufl. 1913. 531 S., 4 Taf.

Drewes, Maria, u. Kostenzer, Otto, Tiroler Küche. Ein Spezialitäten-Kochbuch mit 450 Rezepten und einer kleinen Kulturgeschichte der Tiroler Küche. – Innsbruck, Wien, München: Tyrolia 1974. 206 S., Ill.

Duch, Karl, Kalte Gerichte. 3. völlig neu bearb. Aufl. – Wien, St. Pölten, München: Hippolyt-Verl. 1956. 142 S.; 5. Aufl. 1968 (u. d. T.: Pikante kalte Küche). 144 S., Ill.

Ders., Handlexikon der Kochkunst. Linz: Trauner 1958; 1961. 832 S.; 4. Aufl. 1965. 848 S.; 5. Aufl. 1966. 864 S.; 7. bearb. u. erw. Aufl. 1970. 904 S.

Ders., Kleines Wiener Kochbuch. – Wien, München: Cura-Verl. o. J. (1967). 298 S., Ill.

Ders., Wiener Kochbuch. Die Praxis des modernen Kochens. – Wien: Fachverb. f. Kochkunst. Mayer & Comp. 1946. 288 S., 4 Taf., Ill.

Ders., u. Witzelsberger, Richard, Die Wiener Mehlspeise in der Gaststätte. – Bad Gastein: Krauth u. Wien: Mayer 1939. 184 S.; 2. Aufl.: Wien: Fachverl. f. Kochkunst Mayer & Comp. 1946. 180 S. (Mit Anhang: Süßspeisen für den Zuckerkranken.); 3. Aufl. 1949. 259 S. (Mit Anhang: Spezialrezepte für Diabetiker und Großverpflegung.); 5. Aufl.: Bad Gastein: Krauth 1960. 208 S., Ill.; 6. Aufl. ebd. 1965. 218 S. Ill.

Ebstein, Jacob, Die Wiener Conditorei. Handbuch für die Haushaltung, für Küche und Conditoren. 1 Thl. Die Backwerke. Mit 60 Holzschnitten. – Wien: Wallishauser 1860. VII, 328 S. 3. Ausg. Wien: Wenedikt 1871. 328 S., Ill.

Eckhart, Emma, Der häusliche Herd. Neues geprüftes Kochbuch für junge Hausfrauen, erfahrene Köchinnen und solche, die es werden wollen. Enthält: Anleitungen zur Bereitung guter einfacher, wie auch feiner Speisen jeder Art, zum Einmachen des Obstes und Gemüses, zur Bereitung verschiedener Getränke, nebst praktischen Winken aus der Haushaltungskunde. Nach eigenen Erfahrungen gesammelt. – Wien, Pest, Leipzig: Hartleben 1876. XVI, 480 S.; 2. bed. verm. und zeitgemäße umgearbeitete Aufl. 1887. IV, 541 S., Ill.

Fiala, Louise, Die moderne Wiener Küche. Praktisches Kochbuch mit 1380 Kochregeln und 20 Speisen-Zetteln. 3. verb. Aufl. – Graz: Aug. Wagner 1882. 182 S.; 4. Aufl. 1888; 5. verb. und durch neue Rezepte vermehrte Aufl. – Wien: C. Kravani 1895. III, 303 S.; 6. Aufl. 1896. 311 S.; 8. Aufl. (mit 1647 Kochregeln und 19 Speisezetteln) 1904. 375 S.; 12. verbesserte und durch neue Rezepte verm. Aufl. – Wien: C. Kravani, Linz: Pirngruber 1911. 444 S.; 13. Aufl. 1923. 447 S.

Fillunger, Josefine, Kochrezepte aus der Kochschule des Wiener Frauen-Erwerb-Vereines. – Wien: F. Deuticke 1914. 150 S.; 2. Aufl. 1914. IV, 208 S.; 3. Aufl. 1922. 266 S.; 4. Aufl. 1925. 266 S.; 5. Aufl. 1928. 266 S.; 6. Aufl. 1936. 233 S.

Fink, Anna, Die Küche des Mittelstandes. Neues illustrirtes Wiener Kochbuch für jeden Haushalt. Eine Schule der Kochkunst; die bürgerliche und feinere Küche nach ihrem ganzen Umfange enthaltend, mit Berücksichtigung der böhmischen, ungarischen, italienischen, französischen und englischen National-Speisen. Auf Grund mehrfach erprobter Original-Recepte vieler Frauen, Berufsköchinnen und Köche, in leicht verständlicher Art unter ständiger Berücksichtigung von Erfahrungsvortheilen. Mit 72 erläuternden Illustrationen. Für Anfängerinnen sowie für praktische Köchinnen. Zusammengestellt und herausgegeben von A. Fink, praktische Köchin. – Wien: Moritz Stern 1892–1894. XXIV, IV, 782 S. Ill.

Fischer, Karoline, Billigste österreichische Hausmannskost. – Graz: Leykam 1913. 80 S.

Fischer, Theresia, Die feine und schmackhafte bürgerliche Hauskost, oder neuestes, durch langjährige eigene Erfahrung geprüftes österreichisches Haus- und Familien-Kochbuch für große und kleine Haushaltungen der Mittelklasse. Zum Gebrauch für Bürgersfrauen und deren Töchter, Köchinnen und Wirthschafterinnen. – Wien: Singer & Goering 1845. XVIII, 292 S.

Franner, Babette, geb. Weinzierl, Die Wiener exquisite Küche. Ein zuverlässiges Hand- und Nachschlagebuch für Hausfrauen und Köchinnen mit besonderer Berücksichtigung der Hotel-, Restaurations-, Herrschafts- und bürgerlichen Küche. – Wien: M. Stern 1893. XX, 279 S.; 2. Aufl. 1906. 328 S.

Fuchs, Klara, Das praktische Einsieden der Gemüse, Beeren, Obst- und Gartenfrüchte, das Trocknen und Aufbewahren derselb., sowie das Eindunsten des Himbeer-, Johannisbeer- u. Kirschsafts, vorzügl. Marmeladen, Compot's, Gelées u. Gefrornes zu bereiten. – Wien: Wenedikt 1875. 47 S.

Dies., Die praktische Wiener Vorstadt-Köchin als Meisterin in der Kochkunst. Ein verläßliches Universal-Kochbuch, um bei theuern Zeiten billige und doch vorzügliche Kost herzustellen. Enthaltend über 800 Speisen. Durch 22jährige Erfahrungen erprobt. – Wien: Wenedikt 1860. XII, 460 S.; 2. außerordentl. verm. Aufl. 1865. 244 S. (Enthält über 900 Speisen. Mit Angabe des neuen und alten Maßes und Gewichtes.); 6. Aufl. 1887. 258 S.; 8. Aufl. 1890. 259 S.; 10. gänzlich umgearbeitete u. verm. Aufl. u. d. T.: Die praktische Wiener Bürger-Köchin als Meisterin in der Kochkunst (vormals Vorstadt-Köchin). – Wien: A. Wenedikt & Sohn 1893. 259 S. u. 13 S., 1 Taf.

Fürlinger, Raimund, u. Stekler, Erna, »Das Glück im Hause.« Neues Koch- und Wirtschaftsbuch. – Wien: Eigenverl. o. J. (1929.) 224 S.

Gaden, Hans Frh., Alt-Wiener Kochrezepte. – Wien o. J.

Gartler, Ignaz (Hrsg.), Wienerisches bewährtes Kochbuch in sechs Absätzen. – Wien: Gerold 1785

Gartler, Ignaz, u. Hikmann, Barbara, Wienerisches bewährtes Kochbuch in sechs Absätzen. Enthält Tausend fünfhundert fünfzig Kochregeln für Fleisch- und Fasttäge alle auf das deutlichste und gründlichste beschrieben, nebst einen Anhang in fünf Abschnitten, worinnen ein allgemeiner Unterricht, was man in der Küche, beym Einkaufen, Anrichten der Speisen und Anordnung der Tafeln zu beobachten habe, als auch bequeme Speiß- und Suppeezetteln. Anfangs herausgegeben von Ignaz Gartler, nunmehro aber verbessert und vermehrt von der Barbara Hikmann. Mit nöthigem Register versehene Auflage. – Wien: Gerold 1790. 416 S. u. 42 S. (= 14. Aufl.); weitere Auflagen: 1791; 1792 (649 S.); 1793 (585 S.); 1794; 1797 (= 20. Aufl.); 1799 (= 22. Aufl., 1 Kpf., Titel, 2 Bl., 59 S., 2 Bll., 628 S., 6 Bll., 2 Bl., 1 Taf.); 1808 (= 28. Aufl.); 1810 (= 29. Aufl.); 1813 (= 30. Aufl. Enthält 1620 Kochregeln.); 1817 (= 31. Aufl. Enthält 1619 Kochregeln.); 1825 (= 33. Aufl.); 1828 (= 34. Aufl. »Anfangs herausgegeben von Ignaz Gartler u. Barbara Hikmann, jetzt umgearbeitet und verbessert von F. G. Zenker: Allgemeines bewährtes Wiener Kochbuch in zwanzig Abschnitten, welches Tausend einhundert ein und dreyßig Kochregeln für Fleisch- und Fasttäge, alle auf das deutlichste und gründlichste beschrieben, enthält. Nebst einem Anhange in fünf Abschnitten, worin man einen allgemeinen Unterricht, was man in der Küche, beym Einkaufen, beym Anrichten der Speisen und Anordnung der Tafeln zu beobachten habe, findet. Mit bequemen Speisezetteln.«); 1831 (= 35. Aufl.); 1839 (= 36. Aufl.); 1844 (= 37. Aufl. XXIV, 480 S.; 5 Kpftaf.); 1850 (= 38. Aufl. XXIV, 480 S., 1 Titelkupfer, 6 Tafelarrangements)

Dies., Auszug aus Wienerisches bewährtes Kochbuch. – Wien: Gerold 1800

Gemüsekochbuch der k. k. Gartenbaugesellschaft in Wien. – Wien 1915. 64 S.; 4. Aufl. 1916. 64 S.

Gerold-Sauerländer, Bertha, Kochrezepte ges. u. erprobt. – Wien: Gerold's Sohn 1897. 446 S.; 2. Aufl. 1904. 374 S.

Gradl, Anton, (Illustriertes) Mehlspeisen- und Konditoreibuch. Mit 1100 erprobten Rezepten und 8 kolorierten Tafeln. – Wien: H. Kirsch 1906. XXVIII, 262 S.; 2. Aufl. (Karl Brakl. Eigenverlag.) 1919. XXXIII, 336 S.

Grünzweig von Eichensieg, Amalie, Wiener Koch- und Wirtschaftsbuch für den bürgerlichen Haushalt, mit Berücksichtigung der deutschen, ungarischen, südslawischen, polnischen, böhmischen und italienischen Küche. – Wien: M. Perles 1885. 366 S.; 2. u. 3. Aufl. 1892. 409 S.; 4. Aufl. 1895; 5. Aufl. 1921. 360 S.; 6. Aufl. (von Helene Reitter bearbeitet) 1922. 360 S.; 7. Aufl. 1925. V, 369 S.

Gstrein, Cäcilie, Tiroler Kochbuch. 3. Aufl. des Petronilla'schen Kochbuches. – Innsbruck: Vereinsbuchhandlung 1898. 425 S., Ill.

Habs, Robert, u. Rosner, L., Appetit-Lexikon. Ein alphabetisches Hand- und Nachschlagebuch über alle Speisen und Getränke. Zugleich Ergänzung eines jeden Kochbuches. Zweite den modernen Anforderungen entsprechend umgearbeitete Auflage. – Wien: Carl Gerold's Sohn 1894. 602 S.

Hagger, Conrad, Neues Saltzburgisches Koch-Buch für hochfürstliche und andere Höfe... mit mehr dann 2500 Speisen und 318 in schönen Kupfer gestochenen Formen... Tl. 1–2. – Augsburg: Johann Jacob Lotter 1718. (Tl. 1–2 = 1 Bd.)

Ders., Neues Saltzburgisches Koch-Buch. Für Hochfürstliche und andere vornehme Höfe, Clöster, Herren-Häuser, Hof- und Hauß-Meister, Köch und Einkäuffer; Wie auch Für einschichtige, gesund und krancke Persohnen, nicht allein zu Hauß, sondern auch im Feld. Mit mehr dann 2500. Speisen und 318 in schönen Kupffer gestochenen Formen, aus eigener langwieriger praxi also eingerichtet; Daß man auch bey Hoch-Fürstl. und vornehmer Höfe Tafeln, bey großen Gastereyen und gemeinen Mahlzeiten die Tische auf das Zierlichste mit annehmlichsten Abwechslungen täglich versehen und bestellen kan. Bestehend aus 4. Theilen, in 8. Büchern eingetheilt, bei deren jeden ein doppelt Register mit angehänget. – Augsburg: Johann Jacob Lotter 1719; Neuauflage 1721

Conrad Haggers... hochfürstl. saltzburgische Stadt- und Landschaftskochen Kochbuch, bestehend in fünfzehn Kapiteln. – Salzburg: Mayr 1765. 265 S.

Hampel, Friedrich, Hand-Receptbuch für die Thee- und Mehlspeisküche. Mit Berücksichtigung eines handschriftlichen Nachlasses des k.u.k. Hofkoches A. Radlmacher, sowie nach Angaben anderer Chefs und Köche der k.u.k. Wiener Hofküchen und Hotels herausgegeben von F. Hampel. – Wien–Leipzig: A. Hartleben 1896. 156 S.

Ders., Deutsche und österreichische Küche. – Wien: A. Hartleben 1915. 30 S.

Ders., Lucullus. Ein Handbuch der Wiener Kochkunst. – Wien: A. Hartleben 1915. 119 S., 3 Taf.

Ders., Der Saucier. Eine Anleitung zur Bereitung von Saucen und einschlägigen Artikeln für Herrschafts-, Hotel- und bürgerliche Küchen, sowie für Kochinstitute. – Wien: A. Hartleben 1897. 144 S.

Hampel, Friedrich Joseph, Jagakost. Österreichische Kochrezept' in Versen. – Wien 1913

Ders., Kochrezepte der einfachen und feinen Wiener Küche. – Wien 1924. (Tagblatt-Bibl. Nr. 50/51, 154/155, 276/280, 477/478, 841/843. I. Teil: Mehlspeisen und Süßspeisen; II. Teil: Gemüsespeisen; Beilagen und Garnituren; III. Teil: Suppen, Suppeneinlagen und Soßen; IV. Teil: Fleischspeisen; V. Teil: Vorspeisen, Delikatessen)

Ders., Rezept-Buch für Theegebäck, Mehlspeisen und Getränke. – Wien, Leipzig: A. Hartleben 1904. XVI, 173 S. (2. Aufl. von Friedrich Hampel, Hand-Receptbuch)

Heim, Jacob, Kochbuch. – Linz 1724

Heinrich, Elisabeth, Das Kochbuch der Bäuerin. Unter Mithilfe der Landwirtschaftslehrerinnen Karoline Sporn u. Katharina Schmidhuber. 2. erw. u. verb. Aufl. – Salzburg: Pfad-Verl. 1950. 355 S., Ill.; 3. verb. u. erw. Aufl. 1951. 355 S.

Heitz, Johann Michael, Die Wiener Bürger-Küche. Illustrirtes Kochbuch. – Wien: A. u. R. Heitz 1902. 1 Portr., 20 Taf., 643 S., Ill.; 2. Aufl. 1911. 8, 768 S., LXIX, 1 Portr., 21 Taf.; Neuaufl. 1911; 11. Aufl., neu bearbeitet u. erw. von Karl Hierz 1929. 839 S., 23 Taf.

Die erfahrne und wohlgeübte Herrschafts-Köchin. Ein Handbuch für die Schönen, welche die Kochkunst nach dem neuesten Geschmacke, und doch mit Hinsicht auf Oekonomie und Bürgerstafeln, zu erlernen wünschen. – Wien: Georg Eckmann 1802. 152 S.

Hess, Olga u. Adolf Fr., Wiener Küche. Sammlung von Kochrezepten der staatlichen Bildungsanstalt für Koch- und Haushaltungsschullehrerinnen und der Kochschule der Gastwirte in Wien. Ein unentbehrliches Hilfs- und Nachschlagebuch für Leitungen und Hilfskräfte häuslicher und gewerblicher Klein- und Großküchenbetriebe. – Wien: Franz Deuticke 1913. 1500 S., Ill; 2. verm. u. verb. Aufl. 1916. 1573 S., Ill.; 3. Aufl. 1920.; 4. Aufl. 1923. 622 S.; 5. Aufl. 1925. 668 S., Ill.; 6. Aufl. 1927; 7–9. Aufl. 1927; 10.–17. Aufl. 1928. 744 S. Ill.; 18.–19. Aufl. 1931. XCVIII, 744 S., 5 Taf. Ill.; 20.–22. Aufl. 1931, 842 S. (incl. XCVIII); 23. Aufl. 1931; 24. Aufl. 1931; 25. Aufl. 1935. XCVIII, 801 S., 4 Taf.; 26. Aufl. 1938; 27. Aufl. 1939. XCVIII, 810 S., 4 Taf.; 28. Aufl. 1949; 29. Aufl. 1950. LXXXVII, 755 S., 4 Taf.; 30. Aufl. 1952; 31. neu bearb. Aufl. 1956. LV, 375 S.; 32. erg. Aufl. 1960. LV, 404 S.; 33. Aufl. 1963; 34. Aufl. 1966; 35. Aufl. 1970. LV, 404 S., 4 Farbtaf.; 36. Aufl. 1974. LVI, 404 S, 107 Abb., 4 farb. Taf.

Hinterer, Betty, Grabnerhof-Kochbuch für Stadt und Land. – Wien: Stocker Verl. 1913. 230 S.; 2. Aufl. 1915; 3. Aufl. 1918; 4. Aufl. 1921; 5. Aufl. 1926; 6. Aufl. 1929; 7. vollständ. neu bearb. und sehr erweiterte Aufl. – Graz, Wien: Stocker Verl. 1950. 408 S.; 8. erw. Aufl. 1951. 417 S.; 10. Aufl. 1952. 452 S.; 12. Aufl. (illustrierte Ausg.) 1955; 15. Aufl. 1956; 16. Aufl. 1956. 446 S.; 17. Aufl. 1958; 18. Aufl. 1959; 19. Aufl. 1960; 20. Aufl. 1963; 21. Aufl. 1966. 475 S.; 23. Aufl. 1971. 475 S.

Hofmann, Agnes, Der practische Haus-Conditor. – Wien: A. Wenedikt 1890. 253 S.

Dies., Die Wiener Kartoffelküche in ihrem ganzen Umfange. Praktische Anweisungen zur billigen Anfertigung von 140 der schmackhaftesten Kartoffelspeisen. – Wien: Albert A. Wenedikt 1890. 2. Aufl. siehe Wiener Universal-Kochbuch, 1908, u. Wiener Saison-Kochbuch. 1909

Dies., Die perfekte Köchin. – Wien: A. Wenedikt 1892. 105 S.

Dies., Die Wiener Mehlspeis-Küche. Praktische Anleitungen zur Bereitung guter und billigst herzustellender Mehl- und Fastenspeisen. – Wien: Albert A. Wenedikt 1890. 128 S., 2. Aufl. siehe Wiener Universal-Kochbuch

Dies., Wiener Saison-Kochbuch, enthält: Fleisch-Speisen und Delikatessen, Kartoffelspeisen, Mehlspeisen und Fastenspeisen. (Kleine Ausgabe des »Universal-Kochbuchs«.) – Wien: F. C. Mickl 1909. 105, 96 u. IX–XV, 125 S.

Dies., Wiener Universal-Kochbuch. (Wenedikt's Kochbücher in 4 Teilen.) I.–III. Teil. I. Wiener Fleischspeisen-Küche. Praktische Anleitung zur Bereitung von 200 vorzüglichen Fleischspeisen und Fleisch-Delikatessen. 2. Titel-Auflage 1908. 105 S. II. Teil – Wiener Kartoffel-Küche. Praktische Anleitung zur Bereitung von 140 ausgezeichneten Kartoffelspeisen. 2. Titel-Auflage 1908. 96 S. III. Teil

Horváth, Maria, K. und K. Backgeheimnisse. Aus Backstuben und Küchen des alten Österreich-Ungarn. – München: Heimeran-Verl. 1963; 2. Aufl. 1968. 96 S., Ill.

Hüppmann, Anton, Der elegante Gaumen. Praktisches Handbuch der feinern Kochkunst. Nach den besten deutschen und französischen Methoden. Enthaltend die Anweisung zur Bereitung von 400 der ausgesuchtesten und feinsten Gerichte. Mit 140 Abbildungen. – Pest: Gustav Heckenast 1835. 240 S.; 2. unveränderte Ausg. 1858. 284 S., 25 Tab.

J. M., Grätzerisches durch Erfahrung geprüftes Kochbuch. Eingerichtet für alle Stände. Zum Gebrauch für Fleisch- und Fasttäge. Siehe: Grätzerisches Kochbuch

Kappstein, Anna, Tischlein deck dich. Unzeitgemäße Biedermeiereien. – Wien: Ostmarken-Verl. 1941. 184 S.

Karlinger, Rosa, Kochbuch für jeden Haushalt. Vielfach erprobte Rezepte. Abgestimmt für 4 Personen. – Linz: Trauner 1951. 560 S., Ill.; Neuaufl. 1953. 560 S., Ill.; Ausg. 1964. 573 S.; Neuaufl. (Mit Reformküche und Krankenkost.) – Linz: Trauner 1971. 624 S., Ill.

Karpath, Ludwig, Österreich tafelt. – München: Prestel 1973. 224 S., Ill. (= Neuaufl. des 1929 erschien. Kochbuches von Karpath)

Kauders Wwe. Marie, Vollständig israelitisches Kochbuch mit Berücksichtigung der österr., ungar., deutschen, französ. und engl. Küche, sowie der Ostküche. Enth. 1000 auf mehr als 50jähriger Erfahrung gegr. Orig. Küchenrezepte. Nebst Observanzen für den jüdischen Haushalt, e. Küchen-Kalenders, u. e. Register der in der Kochkunst im allgemeinen, in diesem Kochbuche insbesondere vorkomm. wichtigsten Ausdrücke und Erklärungen der Namen mancher Speisen. 4. bed. verm. u. verb. Aufl. – Prag: J. B. Brandeis 1903. XIX, 366 S., mit Bildnis

Kernmayr, Hans Gustl, Kochen und Reisen in der Steiermark. 200 Spezialitätenrezepte aus dem grünen Herzen Österreichs unter Mitarbeit der Meister der steirischen Küche Frieda und Victor Juza. – Graz, München: Heyne 1972. 239 S., Ill. (Erschien auch u. d. T.: Hans Gustl Kernmayrs Steirisches Kochbuch. – Wien: Amalthea 1973)

Kneid, Maria, u. Stekler, Erna, (Modernes praktisches) Wirtschafts- und Kochbuch »Das Glück im Hause«, zugleich Handbuch für die Hausfrau. I. Teil: Wirtschaftsbuch und Ratgeber für die Hausfrau. II. Teil: Praktisches Kochbuch. – Wien: R. Fürlinger 1931. 192 S.

Dies., Was koche ich heute? Koch- und Wirtschaftsbuch. – Wien 1931. XLVIII, 134 S.

Neues Wienerisches Kochbuch oder (gründlich und durch vielfältige Erfahrung bewährter) Unterricht für Köchinnen aus allen Ständen, wie selbe alle Arten Fleisch-, Fisch- und Fastenspeisen, Backereien, warme Getränke etc. – Wien: Pichler 1806. (Mit Titelkpf.) – Wien: Sammer 1807. – Leipzig: Gerh. Fleischer 1808. – Neue Aufl. Wien: Pichler 1816

Neues erprobtes Wienerisches Kochbuch, aus den hinterlassenen Papieren einer berühmten Köchin (Barbara Nicklin). – Wien: Wallishauser 1802. – Neue Aufl. – Leipzig: Joachim 1812

Neues Kochbüchlein. 1714. (Ohne Orts- u. Verlagsangabe.)

Kochbuch der Deutschen Kochschule in Prag. Sammlung von erprobten Speisevorschriften. 9. u. 10. verm. Aufl. – Prag: Gustav Neugebauer 1911 u. 1914. VI, 635 S., 1 Taf. u. III, 575 S. u. Titelbild. Erschien zuerst u. d. T.: Deutsche Kochschule. Siehe dort

Das beste Kochbuch für sehr feine, sowie für einfache Küche. – Wien: Dorfmeister 1898. 284 S.

Bewährtes und wohl-eingerichtetes Koch-Buch, Welches von einer sorgfältigen Liebhaberin dieser schönen Wissenschaft, meistens selbst practicirt, mit ohnermüdetem Fleiß zusammen getragen, und in 16 Capiteln eingetheilet worden. – Nürnberg 1715. 102 S. u. 6 Bl. Register, 2 Kupfertafeln. Dieses Kochbuch bildet den Schluß (9. Kapitel) zu Hohbergs Georgica curiosa

Bewehrtes Koch-Buch. In sechs Absätze vertheilet; In welchem zu finden: Wie man verschiedene Speisen von allerhand Wild-Prät, Fleisch, Geflügelwerk, Fisch und Garten-Gewächsen, wie auch Torten, Pasteten und anderes Gebackenes, niedlich zurichten könne.

Wegen guter, und sicher-gestellten Eintheilung dient jedermann, besonders der in der Kocherey sich übenden Jugend. – Wien in Oesterreich: Leopold Kaliwoda 1749; verbess. 5. Aufl. 1759. 299 S., 13 S. Register; erschien auch bei Gerold in Wien 1779 und 1791. Ist fast völlig identisch mit den Kochbüchern »Kurtzer Unterricht«, »Nutzliches Koch-Buch« und »Wienerisches bewährtes Koch-Buch«. Siehe dort

Grätzerisches durch Erfahrung geprüftes Kochbuch. Eingerichtet für alle Stände. Zum Gebrauch für Fleisch- und Fasttäge. Enthaltend: deutlich und gründlich beschriebene Vorschriften von der Zubereitung verschiedener für jeden Stand tauglicher Gerichte, Gebackenen, Torten, Zuckergebäcke, Gefrornen, Sulzen und Eingesottenen, Geleen, Gallerten, etc. Getränken, von Fleischeinpökeln: etc. nebst andern häuslichen Erfahrungen, und einer Anweisung zum Trenschiren und Vorlegen. Herausgegeben von J. M. – Grätz: Johann Andreas Kienreich 1795; 1801 (bei Tusch in Graz); Achte, mit einer großen Menge bewährter Speise-Vorschriften neuerdings vermehrte und veränderte Auflage. – Grätz: J. A. Kienreich 1804. IV, 464 S. u. 25 S. Register.; 1817 (bei Härtter in Wien). Das Kochbuch erschien früher u. d. T.: Österreichisches Kochbuch. Siehe dort

Kleines Linzer Kochbuch, mit einem Inhalt von 372 sehr guten und wohl geprüften Kochrezepten von Fleisch- und Fastenspeisen, die am häufigsten vorkommen. Nach vierzigjähriger Erfahrung herausgegeben von einer verläßlichen Köchin. 8. Aufl. – Linz: Huemer's Wwe. und Panner 1857. IV, 195 S.

Praktisches Linzer Kochbuch in 17 Abteilungen, worin Beispiele von Fleisch- und Fastenspeisen; von Eier-, Mehl-, Germ- und Fleischspeisen; von Saucen etc. zu ersehen sind. Eine Hilfe für Jene, welche die Kochkunst erlernen wollen, und auch Nachschlagebuch für Diejenigen, welche die Kochkunst schon wirklich erlernt haben. 6. (Titel-) Aufl. – Linz o. J. XXXII, 400 S.

Das Linzerische Kochbuch. Siehe: Meixner, Maria Elisabetha

Der Marianka, Mundköchin des Hans-Jörgel von Gumpoldskirchen, durch vieljährige persönliche Ausübung und praktische Erfahrung erprobtes Kochbuch, oder die Kunst, sowohl vornehme Tafeln delikat, zierlich und elegant zu bereiten, als auch die oesterreichische Hausmannskost wie sie seyn soll, für mittlere Haushaltungen in theuern Zeiten billig und schmackhaft herzustellen. Enthält nebst mehr als 700 Kochregeln zu Fleisch- und Fastenspeisen, Mehlspeisen und Confituren, Torten, Sulzen, Schaum, Gefrornen u. dgl., auch eine vollständige Anleitung zu allen Vorarbeiten, Vorkenntnissen und Eigenschaften einer vollendeten Köchin, die allen Anforderungen genügend entspricht, und eine kleine Naturgeschichte der einheimischen Lebensmittel und Naturstoffe. Ein unentbehrliches Handbuch für junge Frauen und Mädchen, und jede angehende Köchin. – Wien: Jakob Dirnböck 1846. 416 S. Siehe: Neumann, Rosalia

Neues und bewährtes Kochbuch worin eine große Anzahl sehr guter und wohl geprüfter Kochregeln für Fleisch- und Fasttäge enthalten ist. Zusammengetragen von mehreren geschickten und berühmten Köchinnen. – Linz: Johann Huemer 1798; 1827. 166 S., 9 S. Register; Neueste Auflage 1841 (»Das kleine Linzer Kochbuch«)

Ein neues und nutzbares Koch-Buch, in welchem zu finden, wie man verschiedene herrliche und wohl-schmäckende Speisen von gesottenen, gebratenen und gebackenen, als allerhand Pasteten, Torten, Krapffen etc. sehr künstlich und wohl zurichten wie auch allerhand eingemachte Sachen bereiten solle. Worbey ein Register von Speisen, so denen Patienten zu unterschiedlichen Kranckheiten dienlich zu kochen seyn; Samt einer kurtzen Ordnung, wie man sich täglich in Essen und Trincken verhalten solle, damit nicht unzeitige Kranckheiten verursachet werden. Von einer Hoch-Adelichen Persohn zusammengetragen und in Druck gegeben. – Wien: Leopold Voigt 1699. S. 467–588, 10 S. Register. Weitere Auflagen erfolgten u. a. 1709, 1710, 1724, 1731, 1739, 1741, 1752, 1754. Siehe auch: Lichtenstein, Eleonora

Nutzliches Koch-Buch. Oder: Kurtzer Unterricht/ In welchem Unterschiedene Speisen Gut zu zubereiten beschriben seynd. Erstlich zu Wienn in kleinern Form gedruckt, Anjetzo aber/ Da vil der Kocherey Verständige, dises Buch wegen ihrer gut- und sichergestellten Einrichtung sattsam approbiret haben, auf vilfältiges Ersuchen in disem Form wiederum zum Druck befördert. – Steyr: Johann Adam Holtzmayr seel. Wittib und Erben 1740. 234 S., 11 S. Register

Durch Erfahrung geprüftes Österreichisches Kochbuch, eingerichtet für alle Stände. – Graz: Kienreich 1791, 1792. – Graz: Tusch 1795. Erschien ab 1795 u. d. T.: Grätzerisches Kochbuch (siehe dort)

Kleines österreichisches Kochbuch oder Sammlung der ausgesuchtesten, schmackhaftesten und vorzüglichsten Fleisch- und Fastenspeisen nebst einigen Confituren, die eine wienerische Köchinn sowohl für herrschaftliche als bürgerliche Tafeln durch eine lange Reihe von Jahren stets mit Beyfall aufgetischt hat. – Wien 1798.

Allgemeines geprüftes Pesther Kochbuch. 1100 Vorschriften für die bürgerliche Küche. Enthält: Eine Anweisung zur Bereitung der schmackhaftesten und gesündesten Speisen, Braten, Bäckereien, Torten, Geleen, Sulzen etc. nebst einigen kalten und warmen Getränken. Nach den einzelnen Vorschriften geprüft und herausgegeben von drei Pesther Frauen. 1. u. 2. Aufl. – Pesth: Heckenast 1836 u. 1838; 3., mit 100 Vorschriften für Küche, Keller und Vorrathskammer vermehrte Aufl. Nebst einem Anhang: Die Käse-Fabrikation im Großen und Kleinen. – Pest: Heckenast 1841

Vollständiges Kochbuch oder Was kochen wir heute? Was morgen? Ein Handbuch für wirthliche Frauen. Dritte von Maria Anna Steinbrecher beträchtlich verm. Auflage. – Wien: Leopold Grund 1823.

Allgemeines Wiener Kochbuch, eine gemeinfaßliche Anleitung, alle Gattungen Fleisch- und Fastenspeisen auf eine leichte, zweckmäßige und zugleich auf die wohlfeilste Art zu bereiten. Hrsg. von einer praktischen Wiener Köchin. – Wien: Braumüller u. Seidel 1841

Allgemeines homöopathisches Wiener Kochbuch, eine gemeinfaßliche Anleitung, alle Gattungen Fleisch- und Fastenspeisen nach den Grundsätzen der Homöopathie auf eine leichte, zweckmäßige und zugleich auf die wohlfeilste Art zu bereiten, sowohl für bürgerliche als auch für herrschaftliche Küchen auf das Deutlichste angegeben. Ein unentbehrliches Handbuch für sorgfältige wirthschaftliche Hausfrauen. Als Vervollständigung zu den bereits bewährten Kochbüchern einer Barbara Hikmann u. a. hrsg. von einer praktischen Wiener Köchin unter Aufsicht eines homöopathischen Arztes in Wien sammt einem Humorist. Vorwort von demselben. – Leipzig: Köhler 1836. (11½ Bogen)

Wienerisches bewährtes Koch-Buch in 6 Absätze vertheilet, in welchem zu finden: Wie man verschiedene Speisen, von allerhand Wild-Prät, Fleisch, Geflügelwerk, Fisch und Garten-Gewächsen, Wie auch Torten, Pasteten, und anderes Gebackenes, niedlich zurichten könne. – Wien: Gerold 1779. 270 S. – Bamberg und Würzburg: Göbhardische Buchhandlung 1779 (»Neue und mit einem Register über die unbekannten Oesterreichischen Wörter vermehrte Auflage.«) 270 S. u. 9 Bl. Register. – Siehe auch: Ignaz Gartler u. Barbara Hikmann

Durch Erfahrung geprüftes Wienerisches Kochbuch. Siehe: Neubauer, P.

Die Innsbrucker Köchin, oder sehr einfach und verständlich beschriebenes praktisches Kochbuch von A. P. – Innsbruck: Wagner'sche Buchhandlung 1850. 46 S.

Die kleine Linzer Köchin. Anleitung, gut, schmackhaft und billig kochen zu lernen. (Ohne Erscheinungsort und -jahr)

Die wirthschaftliche Prager Köchinn. Von einer Prager Hausmutter. 2 Tle. – Prag: K.k. Hofdruckerei 1819. 798 S.

Die vollkommene Welser Köchin. Hrsg. von Katharina K. – Wels: Haas 1866. 56 S.

Die Kochkunst. Kochbuch der »Wiener Mode«. Vollständige Sammlung von Kochrecepten. Lehrbuch des Kochens und Anrichtens, der Dunstobst- und Getränkebereitung nebst 365 Menus für alle Tage des Jahres und einem Anhange Küche für Leidende. – Wien, Leipzig, Berlin, Stuttgart: Verlag der Wiener Mode. o. J. (1893.) 852 S.; 1895; 4.–6. Aufl. 1897; 7.–10. Aufl. 1901. IV, 662 S., Ill. (Erschien auch in Folgen von insgesamt 18 Heften.)

Die wahre Kochkunst, oder: Neuestes geprüftes und vollständiges Pesther Kochbuch. Enthält eine Sammlung von 726 zuverlässigen Vorschriften usw. 2. Aufl. – Pest: Eggenberger 1823; 5. verm. u. verb. Aufl. 1832. 1 Titel-S., 1 Bl., 496 S., 18 Bl.

Meine besten Kochrezepte. Gesammelt und erprobt von den Leserinnen der »Kleinen Zeitung«, zusammengestellt von Lia Koch-Hoffmann. – Graz: Styria 1950–1951. 176 S.

Wiener Kochrezepte für Kriegszeiten. Anweisungen zur einfachen, schmackhaften und billigen Ernährung. Ein Ratgeber für Hausfrauen und alle, die raten und helfen wollen. Von 2 Wienerinnen. 16. bis 21. Tsd. – Wien: H. Heller & Cie. 1915. 64 S.

Kochschule. Anleitung, um gut und sparsam zu kochen, samt Recepten zur Bereitung von Dunstobst und Marmeladen. – Wien 1906. (Bibliothek der illustrierten Kronen-Zeitung. Nr. 10)

Deutsche Kochschule. Sammlung von erprobten Kochrecepten der deutschen Kochschule in Prag. – Prag: Dominicus 1887. V, 280 S. Später u. d. T.: Kochbuch der Dt. Kochschule in Prag. Siehe dort

Ein Koch- und Artzney-Buch. – Graz: Widmanstätterische Erben 1686. S. 1–118 (»Koch-Buch«), S. 119–236 (»Artzney-Buch«), 15 S. Register; 2. Aufl. 1688; 3. Aufl. u. d. T.: Ein sehr nutzbares Koch- und Artzney-Buch/ worinnen Von allerhand Confect/ und anderen Speysen/ wie auch von unterschidlichen Artzney-Sachen wie solche zu machen/ zum dritten mahl im Truck verfertiget. – Graz: Widmanstätterische Erben 1696. (Dieses Kochbuch ist ein Vorläufer des Kochbuches im »Granat-Apfel«. Siehe Lichtenstein)

Wiener Koch- und Haushaltungskurse. Hrsg. von der Frauen- und Müttervereinigung in Wien. – Wien 1933. 579 S.

Kofranek, Albert, Kalte Eiergerichte. – Wien: Verl. »Die Wiener Küche«, Mödling 1928. 148 S., Ill.

Ders., Gute Wiener Küche. 2000 Rezepte und Spezialitäten der Wiener Kochkunst. – Wien: Göschl 1950. 466 S.; 2. Aufl. 1957. 477 S.

Ders., Die gute Wiener Küche. – Wien: Kremayr & Scheriau 1959. 477 S., Ill.; Erw. Aufl. 1961, 1967. 487 S., Ill.; Neuausgabe 1971. 524 S., Ill.; Völlig neu bearbeitete und ergänzte Ausgabe von Küchenchef Ernest Richter u. Franz Maier-Bruck. – Wien: Kremayr & Scheriau 1975. 584 S., Ill.

Kortschak, Paula, Neue Kartoffelküche. Eine Sammlung praktisch erprobter Rezepte für den einfachsten und feinsten Haushalt. Hrsg. von P. Kortschak. Durchgelesen und empfohlen von Katharina Prato. – Graz: U. Moser's Buchhandlung (J. Meyerhoff) 1889. IV, 128 S.; 2. verm. Aufl. 1891. VIII, 135 S.; 4. verm. Aufl. ca. 1917

Dies., Obstspeisen, Gesammelt und hrsg. von P. Kortschak. – Graz: U. Moser 1893. IV, 76 S.

Kraft, Josefa, Nelken, Thekla, Die Wiener Köchin. Ein vollständiges österreichisches Muster-Kochbuch, enthaltend leichtfaßliche Anweisungen auf die einfachste und wohlfeilste Art alle Fleisch-, Fisch-, Grün- und Mehlspeisen, Saucen, alle Arten von Braten, Salate, und Compote, Back- und Zuckerwerke, Crêmes, Sulzen, Essenzen, kalte und warme Getränke und Gefrorenes auf das schmackhafteste zu bereiten. Anleitung über die zweckmäßige Einrichtung der Vorrathskammer, über die Küche und erforderlichen Geräthe; deren Behandlung; Dressiren des Geflügels und anderer Braten; Speise-Ordnung und deren Wahl; eine vollständige Tranchirkunst mit vielen Illustrationen, nebst einem Anhang über die nährenden und schädlichen Stoffe der Pilze; des Gemüses; des Brotes; des Caffes und Thees und über die Fälschungen der Milch; ferner 433 Speisezettel für das ganze Jahr und ein Inhalts-Verzeichniß. Nach langjähriger Erfahrung verfaßt von … 7. vollständig umgearbeitete und mit 1624 Küchen-Recepten versehene Auflage. – Wien und Brünn: Karafiat o. J. 636 S.; 8. Aufl. o. J. 671 S.; 10. Aufl. 1881. 671 S.; 11. Aufl. 1891

Die Wiener Kranken-Köchinn, oder neues medicinisches Familien-Kochbuch. Hrsg. von einem praktischen Arzte in Wien. – Wien: Kupfer 1804; Neuausg. 1835

Kreipner, Anna von, Muster-Kochbüchlein für den kleinen Haushalt. 3. Aufl. – Wien 1888. 134 S.

Das »Kronen-Zeitung«-Kochbuch. Zusammengestellt nach Originalrezepten von Leserinnen und Lesern der »Kronen-Zeitung«. Neu bearbeitet und auf den letzten Stand gebracht. – Wien: Dichant & Falk o. J. (1968). 416 S., Ill. Erschien früher u. d. T.: (Die) Gute Küche. Siehe dort

Das »Kronen-Zeitung«-Spezialitäten-Kochbuch. – Wien: Dichand & Falk 1969. 352 S., Ill.

(Die) Gute Küche. Neuestes Kochbuch. Zusammengestellt nach Original-Rezepten von Leserinnen und Lesern der »Illustrierten Kronen-Zeitung«. – Wien: Davis 1906. 468 S. (Bibliothek der Illustrierten Kronen-Zeitung. Nr. 4–6.) Weitere Auflagen erfolgten u. a. 1916 (3. Aufl.), 1922, 1923, 1924 (64. Aufl.), 1925 (Große Jubiläums-Ausg. I. Mehlspeisen. 359 S.), 1925 (64. Aufl.), 1940 (Die gute Küche. Wiener Kochbuch mit Anhang: Kriegs- und Spar-Rezepte. Zusammengestellt nach Originalrezepten von Leserinnen und Lesern der Illustr. Kronen-Zeitung. 75. Aufl., 502 S.), 1950 (Bibl. der Illustr. Kronenzeitung. N. F. 1. 255 S.), 1955 (255 S.). Neu erschienen u. d. T.: Das »Kronen-Zeitung«-Kochbuch. Siehe dort

Latscher-Lauendorf, Linda u. Priska, Vom Karpfen bis zur Sachertorte. 225 Spezialitäten aus Alt-Österreich–Ungarns berühmter Küche. – Klagenfurt: Johannes Heym 1969. 120 S.

Leitner, Franciska, Neuestes bürgerliches Kochbuch für einfache und mittlere Haushaltungen, bestehend in 863 der erprobtesten Koch- und Wirtschafts-Recepte. 2. verm. Aufl. – Wien: Daberkow 1882. 152 S. (Herm. Winkler's billige Haus- und Volksbücher. Nr. 1)

Neues Lexikon der französischen, sächsischen, österreichischen und böhmischen Kochkunst. – Prag und Wien: Schönfeldische Handlung 1785. 8 Bll. u. 472 S.

Lichtenstein, Eleonora, Maria, Rosalia, Hertzogin zu Tropau, und Jägerndorff, des Heil. Röm. Reichs Gefürsten Gräfin zu Gradisca, und Gräfin zu Adelsberg, gebohrner Fürstin von Lichtenstein, Hertzogin zu Crumau, und Fürstin zu Eckenberg, Freywillig-aufgesprungener Granat-Apffel, des Christlichen Samaritans, Oder: Aus Christlicher Lieb des Nächsten eröffnete Geheimnuß, Vieler vortrefflichen, sonders-bewährten Mitteln, und Wunder-heylsamen Artzneyen, wider unterschiedliche Zuständ und Übel des Menschlichen Leibs, und Lebens; Welche mit sonderbarem Fleiß, und auf das Heyl des Nächsten allzeit nachdencklicher Sorg, aus vieler Artzney-Erfahrner, und berühmter Leib-Aertzten, oder Medicin-Doctorn lang-gepflogener Erfahrenheit. – Wien: Leopold Voigt 1696. Nach drei Auflagen wurde ab 1699 ein Kochbuch beigefügt. (Siehe: Ein neues und nutzbahres Koch-Buch.) Erfuhr mindestens 14 Auflagen, u. a. 1708, 1709, 1710, 1720, 1724, 1729, 1731, 1738, 1741, 1752, 1754. 466 S. Kochbuch: S. 467–588. 10 S. Register.

Liebold, Josephine, Größtes und vollständigstes Kochbuch für die österreichisch-ungarische Küche. 2. Aufl. – Wien 1888. 298 S.; 3. Aufl. 1897. 298 S.; 4. Aufl. 1901. 464 S.

Lindt, Inge, Feinschmeckers Plattenfreuden. 129 Rezepte für Feste und Fasten. – Salzburg: Residenz-Verl. 1968. 96 S. Ill.

Lindau, Marianna Catharina, Die Steyermärkische Köchin, oder neues bürgerliches Kochbuch für alle Stände, von welcher Art noch keines im Druck erschienen ist. Es enthält eine gründliche Anweisung, wie man alle Arten Fleisch- und Fasten-Speisen auf eine schmackhafte Weise nach hiesiger und Oesterreichischer Art, ohne kostspielig zu Werke zu gehen, zubereiten kann; mit einem vollständigen Anhange, alle Arten Zuckerbäckereyen, Eingesottenen, Sulzen, Säften, Gefrornen, und verschiedenen Getränken zu verfertigen. Herausgegeben zum Behuf meiner lieben Landsmänninnen, die sich der Kochkunst befleißen, und deren, die sich darinnen zu vervollkommen suchen, von Marianna Catharina Lindau, Köchin zu Wien. – Grätz: Christian Friedrich Trötscher 1797. 341 S., 9 S. Register

Marperger, Paul Jacob, Vollständiges Küch- und Keller-Dictionarium ... In welchem ... in Summa alles dasjenige, was zum splendiden so wohl, als was zum moderaten Leben an Speiß und Getränck vorhanden seyn muß, vorgestellet wird ... – Hamburg: Benjamin Schillers seel. Wittwe 1716. 6 Bl. u. 1352 get. zweispalt. S., Titelkpf.

Mathias, Stefanie, Zum Après Souper. 333 Rezepte f. kleines Backwerk, Crèmes, Eis ... – Wien–Leipzig: Fiba-Verl. 1932. 221 S.

Dies., Das Beste aus aller Welt. 888 Kochrezepte einer Wiener Hausfrau. – Wien–Leipzig: Fiba-Verl. 1931

Mauer, August, Illustrirtes Wiener Kochbuch. Ausschließlich berechnet für die feinste Küche und den vornehmsten Haushalt. Reich ausgestattet mit künstlerischen Illustrationen und versehen mit interessanten historischen Menu's. Red. von H. E. Schättinger. – Wien: Cerny 1883. Gebrüder Rubinstein 1885. 656 S., Ill.

Mayer, Eduard, Wiener Süßspeisen. – Linz: Trauner 1968. 2. Aufl. 1972. 348 S.; 3. Aufl. 1975

Meindl-Dietrich, Karoline, Kochbuch für ländliche Haushalte. 18.–21. Aufl. – Wien 1937; 22.–29 Aufl. 1939. 279 S.

Meinl-Kochbuch. – Wien: Verl. Berger & Fischer 1934. 272 S.

Meissner, Sophie, Modernes Kochbuch. Mit besonderer Berücksichtigung der hygienischen Grundsätze der Neuzeit und der nationalen Küche. – Wien, Pest, Leipzig: Hartleben's Nachf. o. J. (1901.) XVI, 668 S.

Meixner, Maria Elisabetha, geborene Niedererin(n), Das Linzerische Kochbuch. In 10 Abschnitten. Enthält: ein tausend sechs hundert ein und sechzig Kochregeln für Fleisch- und Fasttage, sehr deutlich und faßlich beschrieben. Nebst einem Anhang in zwey Abschnitten, worin ein allgemeiner Unterricht vom Kochen überhaupt, von der Ordnung, von der Reinlichkeit, von der Zierlichkeit im Anrichten, von dem Fleiße, von der Sparsamkeit, vom Tranchiren und Vorlegen gründlich und ausführlich abgehandelt wird. Beygefügt sind noch: mehrere bequem eingerichtete Speisezettel, nebst einem vollständigen alphabetischen Register. – Linz: Akademische Buchhandlung 1805. Weitere Ausgaben: 1807 (= 2. Aufl.), 1815 (= 3. Aufl. u. d. T.: Das neue, geprüfte Linzer Kochbuch in 10 Abschnitten); 1818 (= 4. verb. und mit 155 Speisen vermehrte Auflage. – Wien: Härtter.); 1822 (=5. verbesserte und mit 275 Speisen vermehrte Ausgabe u. d. T.: Das neue, große, geprüfte und bewährte Linzer Kochbuch. – Linz: Akadem. Buchhandlung. XVI, 584 S., 1 Titelkupfer.); 1828 (= 6. verb. u. verm. Aufl. 373 S., 1 Titelkupfer); 1852 (=15. Aufl. u. d. T.: Das neue Linzer Kochbuch. Enthält 1854 Kochregeln.); 1874 (= 21. Aufl. – Linz: Winter.); 1917 (als 25. Jubiläums-Ausgabe u. d. T.: Wiener Küche. Illustrierte Sammlung von Kochrezepten der bürgerlichen Küche für Anfängerinnen als auch geübte Köchinnen. Mit einem Anhang über das Kochen im allgemeinen, von der Ordnung und Reinlichkeit in der Küche. Zierlichkeit im Anrichten, Sparsamkeit sowie Tranchieren u. s. w. Neu bearbeitet nach M. E. Meixner. – Wien: A. Bauer. 236 S., 5 Taf., Ill.)

Miklau, Lia, Kärntner Kochbüchl. – Klagenfurt: Kleinmayr 1960. 108 S., Ill.; 3. erw., verb. Aufl. – Klagenfurt: Heyn 1973. 160 S., Ill.

Neidinger, Anna, Das berühmte und wohlapprobirte Kochbuch, nach welchem in allem sicher zu geben etc. – Wien: Geistinger 1812

Neubauer, Peter, Wienerisches durch Erfahrung geprüftes Kochbuch für alle Stände, wie man Fleisch- und Fastenspeisen auf das Beste zubereiten kann. Zum Nutzen der jungen Köche und Köchinnen. Zweyter Theil. Neueste Auflage mit einem Register. – Wien: Johann Georg Edler von Mößle 1805. Titelkpf., 412 S., 24 S. Register. Weitere Aufl.: 1812; 1816 (bei Pichler)

Neumann, Rosalia, Die wirtschaftliche und geschickte Wiener Köchin. Ein durch vieljährige persönliche Ausübung und praktische Erfahrung erprobtes Kochbuch. Enthält die gründliche Anleitung sowohl vornehme Tafeln delikat, zierlich und elegant zu bereiten, als auch die österreichische und böhmische Hausmannskost wie sie sein soll für mittlere Haushaltungen in theuren Zeiten billig und schmackhaft herzustellen. Mit mehr als 700 Kochregeln etc. Ein unentbehrliches Handbuch für junge Frauen und Mädchen, und jede angehende Köchin. – Wien: Dirnböck 1858. 409 S., 1 color. Lithogr.; 4. Aufl. 1864; 5. verb. und mit viel neuen Speisen-Recepten verm. Aufl. 1866. 412 S.; Gänzl. umgearbeitete und sehr erweiterte Aufl. 1873. XXXII, 256 S. – Dieses Kochbuch ist die Neuauflage von »Der Marianka ... Kochbuch«, 1846

Neuwirth, Rosa Karolina, Praktisches Salzburger Kochbuch für den sparsamen bürgerlichen und feineren Haushalt. – Salzburg: H. Dieter 1898. XVI, 194 S.; 2. u. 3. verm. u. verb. Aufl. (G. Lorenz) 1912 u. 1913. XVIII, 200 S.

Dies., Die gute österreichische Küche. (Neuauflage des »Salzburger Kochbuches«.) 4. verm. u. verb. Aufl. – Salzburg: H. Krinner 1914. XX, 200 S.; 7. Aufl. Salzburg. XVIII, 200 S.; 11. von Elis. Pabst bearb. Aufl. Salzburg 1937. 191 S.

Niedererin(n). Siehe: Meixner, Maria Elisabetha

Oberbarleitner, Barbara, Die genaue und sparsame Salzburger Köchin. ... für den bürgerlichen und reicheren Tisch, und der um Salzburg einheimischen Wildpretarten und Fische ... 3. Aufl. – Salzburg: Pustet 1865. 83 S.

Payr, Josefa, geb. Blaas, Neuestes Kochbuch mit 623 selbst erprobten Recepten und 12 Speisezetteln. – Innsbruck: Wagner 1898. XXVIII, 180 S.

Perger, Grete, Das neue Thea-Kochbuch. – Wien: Kunerol 1963. 186 S., Ill.

Pflanzl, Rosina, Kochbuch. – Steyr 1792

Pilz, Franz, Pilz-Kochrezepte der Wiener Küche. – Wien 1947. 15 S.

Plakolb, Ludwig, Die weltberühmte Wiener Küche. Ein Streifzug für Feinschmecker durch die Herrschaftsküchen, Restaurants und Kaffeehäuser der Donaumetropole mit 175 Rezepten. – München: Heyne 1956. 160 S., Ill.

Prato, Katharina (= Edle von Scheiger, Katharina), Die Haushaltungskunde. Ein Leitfaden für Frauen und Mädchen aller Stände. 2 Abteilungen. – Graz: Hesse 1877. VII, 148 S., 142 S.; 2. Aufl. 1882; 4. verb. Aufl. 1886. XX, 144 u. 160 S.; 5. verm. u. verb. Aufl. 1896 (bei Styria). VII, 148 und V, 142 S.

Dies., Kochbuch Officiers-Menagen. – Graz: Hesse 1866. IV, 300 S.

Dies., Die Süddeutsche Küche auf ihrem gegenwärtigen Standpunkte mit Berücksichtigung des Thees und einem Anhange über das moderne Servieren. – Graz: Hesse 1858. 348 S.; 2. bed. verm. u. verb. Aufl. 1861. VII, 632 S.; 3. Aufl. 1862; 4. Aufl. 1864. IV, 643 S.; 5. Aufl. 1865. VI, 680 S.; 6. u. 7. verb. Aufl. IV. 643 S.; 11. verb. Aufl. 1876. VIII, 652 S.; 12. u. 13. verb. Aufl. 1878 u. 1879. (Nach metrischem Maß und Gewicht berechnet.) VIII, 656 S.; 14. verb. Aufl. 1881. VIII, 656 S.; 15. Aufl. 1882; 18. neu bearb. u. verm. Aufl. 1887. VIII, 694 S.; 51. Aufl. 1912; 53. Aufl. 1914; 68.–71. Aufl. 1922; 72. u. 73. Aufl. 1923. (Bearbeitet und hrsg. von deren Enkelin Viktorine v. Leitmaier.); 80 Aufl. 1957. (»Die große Prato.«) XVI, 1128 S. (Verlag der Brüder Hollinek, Wien.)

Dies., Die kleine Prato. Kochbuch für den kleinen Haushalt. Zusammengestellt von Viktorine Leitmaier. – Wien: Brüder Hollinek 1949. XXIV, 419 S.; 2. Aufl. 1951; 3. Aufl. 1952. XXVI, 432 S.; 4. Aufl. 1959; 5., gänzlich durchgesehene und verbesserte Aufl. 1966. XXXII, 436 S. (Neu bearbeitet von Dora Larin-Zelinka.)

Reichenfelser, Karl, Olla Podrida. – Wien 1969. 62 Bl.

Reinhart, Steffi (Stephanie), Wiener Seefisch-Kochbuch. Hrsg. zur Verbreitung der Seefischkost von der Genossenschaft der Fischhändler in Wien. – Wien 1933. 31 S.

Dies., Was soll ich heute kochen? – Wien 1926. 128 S.; 2. Aufl. 1927. 138 S.; 6. Aufl. 1928. 137 S.; 10.–12. Aufl. 1929; Neue Aufl. 1930. 137 S.; 1932, 1933. 140 S.

Reitter, Helene, Kochbuch für fleischlose Kost. – Wien: M. Perles 1915. III, XII, 121 S.; 2. umgearb. u. verm. Aufl. 1917. III, XII, 152 S. (u. d. T.: Kochbuch für fleischlose, fettlose und eiersparende Kost), 3. umgearb. u. verm. Aufl. 1919. XII, 182 S.

Dies., Moderne Wiener Küche. 8 Hefte. – Wien: L. Heiderich 1911

Rettig, Magdalena D., Die Haus-Köchin, oder eine leichtfaßliche und bewährte Anweisung auf die vortheilhafteste und schmackhafteste Art... – Königgrätz und Prag. 4. vielseitige verm. u. verb. Aufl. 1843. XVIII, 7 Bl., 384 S.; 14. Aufl. – Prag u. Wien: Szelinski 1884. 532 S.; 15. Aufl. 1888. 632 S.

Richter, Lotti, Mein Kochbuch. Nach langjähriger praktischer Erfahrung für die bürgerliche und feine Küche zusammengestellt von... – Graz: Ulrich Mosers Buchhandlung (J. Meyerhoff) 1900. VIII, 655 S., 3 farb. Taf.; 3. verm. u. verb. Aufl. 1906; 4. verm. u. verb. Aufl. 1917; 758 S., Ill.; 5. Aufl. 1921. 757 S., Ill.

Rindler, Johanna (Mater Johanna), Mein großes Kochbuch. Ein Kochlehrbuch für die moderne Haushaltung. (Die gute österreichische Küche.) – Graz, Wien, Köln: Styria 1954. XVI, 352 S.; 2. Aufl. 1955; 3. Aufl. 1955; 4. Aufl. 1955; 6. Aufl. 1956; 7. Aufl. 1957; XVI S., 6 Bl., 352 S.; 10. verb., erg. Aufl. 1964. XVI S., 6 Bl. Abb., 343 S.; 11. völlig neu bearb. Aufl. (U. d. T.: Mein großes Kochbuch. Die gute österreichische Küche.) 1973. 379 S.

Rokitansky, Marie von, Die Österreichische Küche. Eine Sammlung selbsterprobter Kochrecepte für den einfachsten Haushalt und den feinsten Haushalt, nebst Anleitungen zur Erlernung der Kochkunst. – Innsbruck: A. Edlinger's Verl. 1897. IX, 558 S. (Erschien auch in 13 Lfgn.); 2. Aufl. 1900. IX, 590 S.; 3. Aufl. 1903; 4. Aufl. Vielfach vermehrt u. verbessert. Mit 32 Text-Ill. und 6 Tafeln. – Innsbruck: Deutsche Buchdruckerei 1906. X, 606 S.; 5. Aufl. 1908. (Auch Wien: A. Edlinger.) VIII, 613 S.; 6. Aufl. 1910; 7. Aufl. 1912. VIII, 623 S., 32 Abb., 6 Taf.; 8. u. 9. Aufl. – Wien: A. Edlinger 1913. 1914. VIII, 642 S., 32 Abb., 6 Taf.; 10. Aufl. 1918; 12. u. 13. Aufl. – Graz: Leykam-Verl. 1923. VIII, 642 S., Ill.; 14. Aufl. 1929. VIII, 642 S., 32 Text-Ill., 6 Schwarz-, 3 Farbtafeln

Rösch, Rudolf, So kocht man in Wien. Ein Koch- und Haushaltungsbuch der gutbürgerlichen Küche. – München: Ernst Reinhardt 1939; 2. Aufl. 1939. 560 S.; 5. Aufl. 1952. 650 S.; 6. Aufl. 1953 (bei Gerlach & Wiedling.) 560 S.; Neu bearbeitet von Marianne Bieler und Gertrude Wohlmuth. (Untertitel: Ein Hausbuch der guten Küche.) – Wien: Forum-Verl. Lizenzausgabe 1966. 464 S., Ill.

Rosenberg, Sidonie, u. Urbach, Alice, Das Kochbuch für Feinschmecker. Vorspeisen, Torten, Bäckereien. Wiener Familienrezepte. – Wien, Leipzig: M. Perles 1925. VII, 104 S.

Rudisch, Maria Anna, Mein eigenes geprüftes Kochbuch erster Theil, enthaltend eine ganz neue Sammlung der ausgesuchtesten, niedlichsten und besten Speisen: von verschiedenen Suppen, Fleischspeisen, Zuspeisen an Fleisch- und Fasttägen, Pasteten, Eyerspeisen, Mehl- und Fastenspeisen, Fischen, Köchen, Wandeln, Torten, Teigen, Bakkereyen, gesulzten Speisen, Sulzen, Eingesottenen und Säften, Eingerichtet für alle Gattungen der Stände. Durchgehnds neu, selbst verfaßt, und im Druck herausgegeben von... – Wien: Wappler 1788. 2. Aufl. Wien: Ghelen 1789. 6. verm. Aufl. 1798. 1 Titelkpf., 8 Bl., 314 S.; Weitere Ausgaben 1810 und 1811

Ruhm, Franz, Allgemeine Diätküche mit einem Anhang für Rohkost-Zubereitung. – Wien-Purkersdorf: Selbstverl. 1951. 184 S., Ill., 1 Tab.

Ders., Kochbuch für alle. Rezepte der Wiener Küche. – Wien: Selbstverl. 1933. 576 S.; Unveränderte Neuaufl. 1950. 576 S.; 1961. 576 S., 20 S., XVI S. Abb.; 1970. 596 S., XVI S. Abb.; 1973. 596 S., XVI S. Abb.

Ders., Kochen lernen. – Wien: Ruhm-Verl. o. J. (um 1968). 280 S., Ill.

Ders., Wiener Küche. Lfg. 1–12. – Wien: Ruhm-Verl. 1948–1950. 591 S.

Ders., Perlen der Wiener Küche. – Wien-Purkersdorf: Ruhm-Verl. 1962. 378 S. – München: Südwest Verl. 1970. 320 S., Ill.

Rumpolt, Marx Marcus, Ein new Kochbuch/ das ist: ein Gründtliche Beschreibung/ wie man recht und wol/ nicht allein von vierfüssigen/ heymischen und wilden Thieren/ sondern auch von mancherley Vögeln unnd Federwildpret... allerlei Speiß... zubereiten. – Frankfurt: Peter Fischers Erben Johann Sauer 1581; 2. Aufl. 1587; 1604. (Holzschnitte von Weiditz, Jost Amman, Victor Solis u. a.)

Schachhuber, Pauline, Bürgerliches Kochbuch. Ein prakt. und unentbehrliches Handbuch für Alle, welche das Kochen gründlich, rasch und ohne besonders weitere Beihilfen erlernen wollen. 462 erprobte Rezepte. – Wien: Szelinski & Co. 1901. 108 S.

Scheibenpflug, Lotte, Das Beste aus Österreichs Küche. – Innsbruck, Frankfurt: Pinguin-Verl., Umschau-Verl. 1970. 79 S., Ill.

Dies., Spezialitäten aus Österreichs Küche. – Innsbruck, Frankfurt: Pinguin-Verl., Umschau-Verl. 1969. 112 S., Ill.

Schreder, Katharina, Praktisches Kochbuch mit 962 Kochregeln und 46 Speisen-Zetteln, gewidmet für Anfängerinnen. – Wien: Mechitharisten 1851. 2 Bl., 344 S.; 4. Aufl. 1864; 6. verb. Aufl. 1874; 7. Aufl. – Wien: Kirsch 1877. II, 330 S.; 8. verb. u. verm. Aufl. durch Aloisia Schneider. – Wien: Kirsch 1882. IV, 348 S.; 9. Aufl. 1888
Schuller, Hedwig, geb. Oberleithner, Schatzkästlein der Kochkunst. 1500 erprobte, vorzügliche Küchenrezepte, nebst einem Anhang mit praktischen Ratschlägen für den Haushalt. – Wien: W. Braumüller 1908. X, 496 S.
Seleskowitz, Louise, Wiener Kochbuch. – Wien: Keiß 1880. VIII, 424 S.; 4. Aufl. 1883 (Lienhart.) 462 S., 15 Taf.; 5. Aufl. 1886. 520 S., 19 Taf.; 6. Aufl. 1888. VI, 540 S. 18 Taf.; 9. verm. Aufl. 1896. 518 S., 20 Taf., 5 Bl.; 10. Aufl. 1898; 11. Aufl. 1901. 524 S., 21 Taf.; 12. Aufl. 1905. 543 S., 21 Taf.; 13. von Spörk durchgesehene u. vermehrte Aufl. 1908; 17. Aufl. 1916. 544 S., 21 Taf.; 19. von Schuller verm. Aufl. 1922. 611 S., 8 Taf., 1 Titelbild; 20. Aufl. 1923. 611 S., 5 Taf.
Dies., Die Schnellküche. Ein Kochbüchlein für schnelle Zubereitung schmackhafter Speisen, ob auf der Jagd, auf Reisen oder am häuslichen Herde. – Wien: Künast 1889. 80 S.
Sohm, Herbert, Vorarlberger Spezialitäten. – Bregenz: Landesverband f. Fremdenverkehr in Vorarlberg 1970. 18 S.
Die Soldaten-Küche. Kurzgefaßte Anleitung zum Kochen für Offiziers- und Cadetten-Menagen. Kochregeln für Jedermann, der, auch ohne geschulter Koch zu sein, mit geringen Kosten gesunde, kräftige und schmackhafte Speise bereiten will. Nebst einem Anhang mit praktischen Speiszetteln. Verfaßt von einer Offiziersfrau. 1. u. 2. Aufl. – Wien: Dirnböck 1866. 52 S.
Stern, Marianne, Hundert leichte Erfrischungsspeisen aus Obst und Gemüse. – Wien 1930. (Tagblatt-Bibliothek. Nr. 872/873)
Dies., Die gute Wiener Küche. Eine Sammlung von 1000 erprobten Rezepten für die einfache und feine Küche bei sparsamstem Materialverbrauch. Unter besonderer Berücksichtigung der fleischlosen Kost, der diabetischen Küche und einem Anhang: »Die Säuglingskost.« – Wien: Verlagsbuchhdl. M. Stern 1925. 8, XXII, 334 S.
Dies., Wiener Mehlspeisen und Vorspeisen. 500 erprobte Rezepte für den modernen Haushalt. Mit einem Anhang: Herstellung von Bargetränken, Bowlen, Punsch und Likören. – Wien: Verlagsbuchhandl. M. Stern 1927. 173 S.
Stöckel (auch: Stöckl), Elisabeth, Die bürgerliche Küche, oder neuestes österreichisches Kochbuch für Bürgerfamilien aus der gebildeteren Mittelclasse. Eine auf eigene Erfahrung gegründete, vollständige Anweisung, alle Arten Speisen nach dem neuesten Geschmacke und auf die wenigst kostspielige Weise zu bereiten. Mit einem Anhange: Speisen ohne Gewürze, Essig und Wein auf die schmackhafteste Weise zu bereiten, so wie einer Anleitung zum Einsieden, Trocknen, Dunstsieden, Frischbewahren der Früchte, zum Einlegen derselben in Essig, Branntwein etc. Mit Beigabe von 200 Speisezetteln. Eine schätzbare Gabe für junge Hausfrauen und Mädchen, welche sich dazu bilden wollen. – Wien: S. P. Sollinger's Witwe 1833; 4. Aufl. 1836; 6. Aufl. 1844; 7. verm. u. verb. Aufl. 1846; 10. stark verm. u. verb. Aufl. (durch Judith Winkler) 1853; 24. Aufl. u. d. T.: Oesterreichisch-ungarisches Universal-Kochbuch und bürgerliche Küche. Wien: Gebrüder Rubinstein o. J. (ca. 1900.) 672 S.; 21. Aufl. (Österreichisches Universal-Kochbuch für die bürgerliche Küche. Ältestes Wiener Kochbuch.) Wien 1905. 825 S., 10 Taf.; 25. (Jubiläums-)Ausgabe u. d. T.: Elisabeth Stöckel's österreichisches Universal-Kochbuch für die bürgerliche Küche. Vollständig neu bearbeitet von Emilie Kieslinger. – Wien: Daberkow o. J. (ca. 1902.) IV, 852 S.; 26. Aufl. 1906. 852 S.
Dies. (Verfasserin der »bürgerlichen Küche«), Neuestes und bewährtestes Kochbuch für bürgerliche Haushaltungen. Praktische Anweisung nicht nur geschmackvoll und der Gesundheit am zuträglichsten, sondern auch auf die wohlfeilste Art zu kochen. Mit mehr als 1200 Speisen in 20 Abtheilungen, nebst einer Anleitung zur Bereitung von Torten, Bäckereien, Theebäckereien und Erfrischungen. 4. verb. Aufl. – Wien: Ludwig Mayer 1881. 404 S. 5. Aufl. u. d. T.: Elisabeth Stöckl's Bewährtes Kochbuch. Enthält mehr als 2700 Rezepte, Winke und Ratschläge, Küchenzettel für jeden Tag des Jahres, Fest- und Feiertags-Tafeln sowie eine Reihe von Dejeuners, Diners und Soupers für besondere Gelegenheiten nebst 4 farbigen Tafeln und zahlreichen Abbildungen im Texte. Auf Grund vieljähriger praktischer Erfahrungen neu bearbeitete und vielfach vermehrte 5. Auflage. Herausgegeben von Frau I. Winkler. – Wien: Verlag Mayer & Comp. 1923. 530 S.
Stockhammer, Marie, Prakt. Fischkochbuch. – Wien 1890. 48 S.
Stocklin, Franziska, Neue Wiener-Kochschule für Frauenzimmer, die sich nach dem herrschenden Geschmack mit ökonomischer Befließenheit zu Köchinnen zu bilden Willens sind. Nach dem Privat-Unterricht der berühmten Frau Franziska Stocklin. – Linz u. Wien: Binzische Buchhandlung 1798. 4 S., 299 S., 20 S. Register
Strobl, Anna, Die praktische Wiener Küche. Universal-Kochbuch für den besseren Bürgerstand. 52.–55. Tsd. Neue, verb. u. ill. Ausg. – Wien: J. Rubinstein 1912. IV, 622 S., 32 S. mit 6 Abb.
T., Gabriele, Kochbuch für die Zubereitung der Kaninchen. – Klagenfurt: Kleinmayr 1908. 58 S.
Tagwerker, Anna, Neuestes Kochbuch für feine und bürgerliche Küche. – Innsbruck: Verl. d. Dt. Buchdruckerei o. J. 380 S.
Das Thea-Kochbuch. 500 Rezepte und viele praktische Tips für feineres Kochen aus der Kochschule Thea. – Wien: Kunerol 1958. 190 S., Ill.; 4. Aufl. 1961. 190 S., Ill.
Thea-Kochbuch. Nr. 3. Zusammengestellt von Grete Perger. – Wien: Kunerol 1969. 222 S., Ill.
Trebo, Crescenz, Tiroler Kochbuch, mit besonderer Rücksicht für bürgerliche Kreise und Wirtschaften in Pfarrhöfen. – Brixen: Buch d. kath.-polit. Pressvereins 1896. VIII, 154 S.; 3. verm. u. verb. Aufl. 1913. 211 S.; 4. verm. u. verb. Aufl. (u. d. T.: »Heimische Küche«). – Bozen: A. Auer & Comp. 1927. 197 S.
Treichlinger, W. M., Alt Österreich bittet zu Tisch. Aus dem Kochbuch meiner Mütter. – Zürich: Sanssouci Verl. 1960; Neuaufl. 1962. 80 S., Ill.
Triebnigg-Stockinger, Eleonore, Praktisches Kochbuch für die österreichische Küche. – Wien 1911. 200 S.
Türck, Josephine. Jubiläums-Kochbuch. 28 komplette Menüs zur feinbürgerlichen Küche für alle Feiertage des Jahres sowie des Geburtstages und des Tages des Regierungs-Jubiläums Seiner Majestät des Kaisers. – Wien: Mayer & Co. 1908. 73 S. Die 2. verb. Aufl. erschien in 4 Teilen: I: VIII, 76 S., 1 Taf. 1909; II: VIII, 62 S. 1912; III: VIII, 66 S. mit Abb. u. 1 Taf. 1909; IV: Kochschule. 83 S. mit Abb., 1 Taf. 1912
Kurtzer Unterricht In welchen Unterschiedene Speisen gut zuzubereiten beschrieben seynd. – Wien: Maria Theresia Voigtin Wittib 1736. 469 S. Siehe auch: Bewehrtes Koch-Buch
Urbach, Alice, So kocht man in Wien! Koch- und Haushaltungsbuch der gut bürgerlichen Küche. – Wien: Zentralges. 1931; Neuaufl. 1936. 509 S.

Urban, Franz, Das Buch des Conditors oder Anleitung zur praktischen Erzeugung der verschiedensten Artikel aus dem Conditorei-Fache. Handbuch für Zuckerbäcker, Hotels, große Küchen und für das Haus, enthaltend 589 der vorzüglichsten Recepte von allen in das Conditorei-Fach einschlagenden Artikeln. – Wien: A. Hartleben 1890. VIII, 444 S., 37 Taf.; 2. verb. Aufl. 1922. 288 S.

Urban, Gisela, Österreichisches Kriegs-Kochbuch vom k. k. Ministerium des Innern überprüft und genehmigt. – Wien 1915. 84 S.

Varry, Chr., Die famose Wiener Köchin in der Schürzentasche. Original-Muster-Kochbuch. – Wien: Karafiat 1873. 442 S.

Wagner, Franz, Geheimnisse aus der feinen Küche. Anleitungen für Kochkunstverständige und das feinere Servierpersonale. – Wien: Carl Kravani 1902. 124 S.

Waldmann, Nicolaus (Pseud.: Felizitas), Manöver-Küche. – Wien: L. W. Seidel & Sohn 1905. III, 93 S.

Walter, Charlotte, Wiener Küche. Über 500 altbewährte und moderne Rezepte. – Wien: Globus-Verl. 1955. 190 S., Ill. (Taschenbibliothek. Reihe: Frau und Heim)

Was koche ich, wenn das Mittagessen und Abendessen zusammen pro Person nicht mehr kosten darf als durchschnittlich täglich 80, 90, 100, 120, 140, 160, 180, 200 Groschen. – Wien: 1933. 91 S.

Wechsberg, Joseph, Forelle blau und schwarze Trüffeln. Die Wanderungen eines Epikuräers. Deutsche Ausgabe nach der engl. Originalausgabe »Blue Trout and Black Truffels«. (1953.) 1964. (Rowohlt)
Ders., Die Küche im Wiener Kaiserreich. (Gemeinsam mit der Redaktion TIME-LIFE). Dt. Ausgabe. 1970. 206 u. 104 S., Ill.

Wehinger, Anna, Dornbirner Kochbuch. 850 selbsterprobte Kochrezepte für gewöhnlichen und besseren Haushalt nebst 2 vierwöchentlichen Speisezetteln. 6. verm. u. verb. Aufl. – Dornbirn: F. Rusch 1912. 334 S.; 8. Aufl. 1924

Weidmann, Juliane, geb. Engelhardt, Neue Linzer Köchin für die bürgerliche Küche Österreichs und Deutschlands. Mit vielen Original-Rezepten. Nebst einem Anhang über Führung der Hauswirtschaft, Anleitung zum Waschen, Bleichen, Appretiren etc. – Wien: Daberkow 1887. 899 S., 8 ill. Taf.

Willkomm, Anna, Österreichisches Universal-Musterkochbuch. – Wien, Pest, Leipzig: A. Hartleben o. J. (um 1880.)

Winkler, Judith, Kochbuch für den Mittelstand. Eine Sammlung von zeitgemäßen, im eigenen Haushalte sowie im großen Bekanntenkreise vielfach erprobten und bewährten Kochrezepten. Der Allgemeinheit übergeben. – Wien: Mayer & Comp. 1921. VIII, 80 S.

Zeidler, Emilie, Kochbüchel für das steirische Bauernhaus. 11. Aufl. – Graz: Steiermärk. Landesdruckerei 1948. 60 S.; 12. Aufl. 1950. 64 S., Ill.
Dies., St. Martiner Kochbüchel. 14. Aufl. – Graz: Steiermärk. Landesdruckerei 1955. 117 S.; 17. Aufl. 1963. 136 S.; 18. Aufl. 1964; 19. Aufl. 1967. 180 S.; 20. Aufl. 1969. 180 S.; 22. verbesserte Aufl. (Hrsg. von Elfriede Temm.) 1974. 228 S., Ill.

Zelena, Franz, Die Kochkunst für herrschaftliche und bürgerliche Tafeln, oder allerneuestes Österreichisches Kochbuch. Ein gründlicher und leichtfaßlicher Unterricht zur Bereitung aller Gattungen Fleisch- und Fastenspeisen, der feinen und Kunstbäckerey, der Gelees, Cremen, Sulzen, Salate, Compots, und der kalten und warmen Getränke; mit getreuer Angabe der in den meisten Kochbüchern fehlenden Handübungsvortheilen, nebst gemeinnützigen Bemerkungen über die erforderliche Beschaffenheit und Einrichtung der Küchen, wie auch ihrer Herdstellen; sammt einer Anweisung zum Pöckeln, Beizen, Räuchern und Wursten, zur Anrichte-, Tranchir-, Vorlegekunst, und zu den geschmackvollsten Tafel-Arrangements, nebst ausgewählten Vorschriften zu Speiszetteln für Fest-, Jagd- und andere große und kleine Tafeln; Gabelfrühstücke, Soupers und Büffets; ingleichen mit einem Wörterbuch zur Erklärung der in der Kochkunst angenommenen fremden und einheimischen Sach- und Kunstbenennungen. Nach eigenen und vieljährigen erprobten Erfahrungen. – Wien: Mörschner und Jasper 1828. Titelkpf., 7 gestochene Tafel-Arrangements, 820 S.; 2. verm. u. verb. Aufl. u. d. T.: Allgemeines österreichisches oder neuestes Wiener Kochbuch, in jeder Haushaltung brauchbar, oder die Kochkunst für herrschaftliche und bürgerliche Tafeln. – Wien 1831

Zenker, F. G., (Vollständige) theoretisch-praktische Anleitung zur feineren Kochkunst für herrschaftliche und bürgerliche Tafeln. Erster Theil. – Wien: Carl Haas 1817/18. XVII, 507 S., 14 Kupfertafeln; 2. viel vermehrte und verbesserte Aufl. 1824; 3. Aufl. 1837
Ders., (Vollständige) theoretisch-praktische Anleitung zur feineren Kochkunst für herrschaftliche und bürgerliche Tafeln. II. Theil: Die Kunstbäckerei. Enthaltend gegen 600 Gerichte. – Wien: Carl Haas 1817/18. X, 304 S., 10 Kupfertafeln; 2. viel vermehrte u. verbesserte Aufl. 1824; 3. Aufl. 1843
Ders., Comus-Geheimnisse über Anordnung häuslicher und öffentlicher kleinerer und größerer Gastmahle, Pikenicks, Theezirkeln etc. mit erl. Kupfer. – Wien: Carl Haas 1827. VI, 153 S. u. 2 Bll., 6 Kpf.
Ders., Allgemeine Kochkunst für jede bürgerliche Haushaltung überhaupt und insbesonders für Köchinnen, oder gründliche Anweisung in kurzer Zeit die gesammte Kochkunst praktisch zu erlernen. Mit einem Anhang über Aufbewahrung der Speisen etc. – Wien: Carl Haas 1829. XVI, 280 S.
Ders., Nicht mehr als sechs Schüsseln! Ein Kochbuch für die mittleren Stände. – Wien: Carl Haas 1820. 429 S.; 2. verb. Aufl. 1827; 3. Aufl. 1831; 4. Ausg. 1841. XV, 432 S.
Ders., Der Zuckerbäcker für Frauen mittlerer Stände. Eine Anweisung zur leichten und wenig kostspiligen Bereitung der auserlesensten Kunstgebäcke, Zuckerwerke, Confitüren, Getränke, Gefrornen etc. etc. Für Dejeuner's, Diner's, Gouter's und Souper's. – Wien: Carl Haas 1823; 2. Aufl. 1834

Ziegenbein, Hans, u. Eckel, Julius, Was koche ich heute? 2300 Speisenrezepte der einfachen Küche, Sparküche, Kleinhaushalts- und Schnellküche für alle Tage des Jahres nebst Restenküche sowie etwa 2400 Rezepte und Anleitungen. – Wien: Wehle 1931; 2. Aufl. 1931. 399 S.; 3. Aufl. 1931; 10. verb. Aufl. 1951. X, 341 S.; 11. verb. Aufl. 1951. X, 430 S.; 12. verb. Aufl. 1957. X, 432, XXXII S.
Dies., Die gute Wiener Mehlspeise. Die weltberühmte Wiener Süß- und Mehlspeisküche in 1500 einfachen und feinen Rezepten. – Wien: Wehle & Höfeles 1932. – Wels: Leitner 1953. 315 S., Ill.

Zöhrer, Josefine, Neues Salzburger Kochbuch für mittlere und kleinere Haushaltungen. 854 Rezepte aus allen Gebieten der Kochkunst nach eigener Erfahrung geprüft und zusammengestellt. – Salzburg: Mayrische Buchhandlg. 1863; 3. Titel-Ausg. Salzburg 1903. XXIV, 256 S.

Der vollständige wienerische Zuckerbäcker oder praktische Anleitung eines herrschaftlichen Koches und Zuckerbäckers; Zum Besten des weiblichen Geschlechts, und aller derjenigen, welche sich der Kochkunst und Zuckerbäckerey widmen wollen. Wie auch als ein Handbuch für solche, welche zwar ausgelernt, allein in Ermanglung einer öfteren Praxis, das Vergessene wieder ins Gedächtniß zu bringen wünschen. – Wien: Mathias Ludwig 1794. – Wien: Anton Doll 1799

Abbildungsverzeichnis

Die Ziffern links bezeichnen die Seiten, auf denen die Abbildungen zu finden sind.

2 Titelkupfer zu »Wienerisches bewährtes Kochbuch«, hrsg. von Ignaz Gartler und Barbara Hikmann. 20. Auflage, Wien 1797. (Bildarchiv der Österreichischen Nationalbibliothek)

3 Das Mittlere Österreichische Reichswappen bis 1918, von H. G. Ströhl. Aus »Österreichisch-Ungarische Wappenrolle«, Wien 1900. Kunstverlag Anton Schroll & Co. (Bildarchiv der Österreichischen Nationalbibliothek)

7 Titelkupfer zu Franz Zelena, »Die Kochkunst für herrschaftliche und bürgerliche Tafeln oder allerneuestes Österreichisches Kochbuch«, Wien 1928. (Wiener Stadtbibliothek)

9 Titelblatt und Rezept aus dem handschriftlichen Kochbuch für Erzherzog Maximilian Ernst von Steiermark, Graz 1607. Cod. Vindob. 11470. (Handschriftensammlung der Österreichischen Nationalbibliothek)

Erste Seite aus dem handschriftlichen Kochbuch des »closters zu sand dorothe zu wienn«, 15. Jahrhundert. Cod. Vindob. 2897. (Handschriftensamml. der Österreich. Nationalbibl.)

Rezeptseite aus dem handschriftlichen Kochbuch für Philippine Welser, 16. Jahrhundert. Cod. Vindob. 11375. Zur Zeit im Schloß Ambras bei Innsbruck. (Kunsthistorisches Museum, Sammlungen Schloß Ambras)

10 Titelkupfer und Titelblatt zu Paul Jacob Marperger, »Vollständiges Küch- und Keller-Dictionarium«, Hamburg 1716. (Bibliothek der Universität Wien)

12 Aus der Fischereiordnung Kaiser Maximilians I. vom 24. Februar 1506. (Haupt-Archiv der Stadt Wien, Urk. 5825)

13 Titelblatt des handschriftlichen Exemplars von Marx Rumpolt, »Ein new Kochbuch«, 16. Jahrhundert. Cod. Vindob. 11445. (Handschriftensammlung der Österreichischen Nationalbibliothek)

15 Festtafel des »Innern Statt Rath« in der Wiener Hofburg. Kupferstich aus dem Erbhuldigungswerk für Ferdinand IV., gedruckt bei Johann Jakob Kürner, Wien 1654. (Bildarchiv der Österreichischen Nationalbibliothek)

22 Titelkupfer und Titelblatt zu Conrad Hagger, »Neues Saltzburgisches Koch-Buch«, Augsburg 1719. (Bibliothek der Universität Salzburg)

Titelblatt des Kochbuchs im »Freywillig-aufgesprungenen Granat-Apfel«, Wien 1752. (Baron Franz Alberti)

23 Titelblatt zu »Bewehrtes Koch-Buch«, 5. Auflage, Wien 1759. (Im Besitz des Autors)

24 Titelblatt zu »Neues Lexikon der französischen, sächsischen, österreichischen und böhmischen Kochkunst«, Prag und Wien 1785. (Wiener Stadtbibliothek)

Titelblatt zu »Wienerisches bewährtes Koch-Buch«, Bamberg und Würzburg 1772. (Wiener Stadtbibliothek)

25 Titelblatt zu »Wienerisches bewährtes Kochbuch«, herausgegeben von Ignaz Gartler und Barbara Hikmann, 20. Auflage, Wien 1797. (Aus dem Bildarchiv der Österreichischen Nationalbibliothek)

Titelblatt zu »Mein eigenes geprüftes Kochbuch«, hrsg. von Maria Anna Rudisch, 2. Auflage, Wien 1789. (Wiener Stadtbibliothek)

28 Titelkupfer und Titelblatt zu Maria Elisabetha Meixner, »Das neue, große, geprüfte und bewährte Linzer Kochbuch«, 5. Auflage, Linz 1822. (Ludwig Plakolb)

29 Titelblatt zu »Appetit-Lexicon«, hrsg. von Franz Gräffer, Wien 1830. (Wiener Stadtbibliothek)

Schmucktitelblatt zu Louise Seleskowitz, »Wiener Kochbuch«, 10. Auflage, Wien 1899. (Im Besitz des Autors)

30 Titelblatt zu Katharina Prato, »Die Süddeutsche Küche«, 60. Auflage, Graz und Wien 1918. (Lucie Staininger)

31 Titelblatt zu Marie von Rokitansky, »Die Österreichische Küche«, 8. Auflage, Wien 1913. (Im Besitz des Autors)

Titelblatt zu J. M. Heitz, »Die Wiener Bürger-Küche«, Wien 1911. (Im Besitz des Autors)

33 »Die liegende Adler-Pasteten, mit Lauber belegt«, Kupferstich aus Conrad Hagger, »Neues Saltzburgisches Koch-Buch«, Augsburg 1719. (Ludwig Plakolb)

34 »Sacher's Restauration, Kärntnerstraße«, Außenansicht. Graphik, 19. Jahrhundert. (Bildarchiv der Österreichischen Nationalbibliothek)

35 Rechnung des Hotel Sacher aus dem Jahre 1886. (Historisches Museum der Stadt Wien)

36 Menükarten. Aus »Servierkunde für Gastwirte und Hoteliers«, von Adolf Hess u. a., 3. Auflage, Wien 1911. (Im Besitz des Autors)

37 Teilansicht des alten Delikatessen-Verkaufslokals im »Etablissement Sacher«. Nach einer Photographie aus dem Atelier des k.u.k. Hof- und Kammerphotographen Charles Scolik sen., Wien. (»Illustrierte Wiener Küchen-Zeitung«, 15. Juli 1906.) (Bibliothek der Universität Wien)

38 Oben links: Das alte Delikatessen-Verkaufslokal im »Etablissement Sacher«. Teilansicht. A.a.O.

Oben rechts: »Sachertisch« auf der II. Internationalen Kochkunstausstellung in Wien 1906. Nach einer Photographie aus dem Atelier des k.u.k. Hof- und Kammerphotographen Charles Scolik sen., Wien. A.a.O.

Mitte: Die alte Küche im Hotel Sacher. (»Illustrierte Wiener Küchen-Zeitung«, 15. November 1906.) (Bibliothek der Universität Wien)

Unten: Zeitungsinserat für Sacher's Hôtel de l'Opéra. (Hotel Sacher, Wien)

39 Löwen-Pastete. Kupferstich aus Conrad Hagger, a.a.O.

41 »Über die unbekannten Oesterreichischen Wörter«, aus »Wienerisches bewährtes Koch-Buch«, Bamberg und Würzburg 1772. (Wiener Stadtbibliothek)

51 »Küchen-Deutsch«. Emma Eckhart, »Der häusliche Herd«, 2. Auflage Wien, Pest, Leipzig 1887. (Im Besitz des Autors)

53 Mürbteig-Pastete. Kupferstich aus Conrad Hagger, a.a.O.

58 Geeichte Meßgefäße (»Zimenter«) aus Metall, die vom Zimentierungsamt (Eichamt) periodisch überprüft wurden, dienten als Urmaße, nach denen alle anderen Hohlgefäße gemessen wurden. Sie fanden vor allem in den Gasthäusern Verwendung. (Historisches Museum der Stadt Wien)

59 »Kroatinn mit Zwiebel«, Kupferstich von Johann Ernst Mansfeld nach einer Zeichnung von Johann Christian Brand. Aus »Zeichnungen nach dem gemeinen Volke besonders Der Kaufruf in Wien«, 1775. Selbstverlag und Kommissionsverlag Artaria, Wien 1775/76. (Historisches Museum der Stadt Wien)

61 »Lorberbläterkrämer«, Kupferstich von Friedrich Brand nach einer Zeichnung von Johann Christian Brand. Aus »Zeichnungen nach dem gemeinen Volke besonders Der Kaufruf in Wien«, 1775. A.a.O.

62 »Limonienkrämer«, Kupferstich von Johann Ernst Mansfeld nach einer Zeichnung von Johann Christian Brand. Aus »Zeichnungen nach dem gemeinen Volke besonders Der Kaufruf in Wien«, 1775. A.a.O.

64 »Giem, Magron, Gnobl!« (»Kümmel, Majoran, Knoblauch!«), Federlithographie von Josef Schmutzer. Aus »Wiener Volksbeschäftigungen«, Verlag Matthias Trentsensky, Wien um 1835. (Historisches Museum der Stadt Wien)

65 Fruchtgeleetorte mit aufgelegtem Ornamentdekor aus Marzipan. Kupferstich aus Conrad Hagger, a.a.O.

67 »Greisler«, Stahlstich von Carl Mahlknecht nach einer Zeichnung von Wilhelm Böhm. Aus »Wien und die Wiener«, hrsg. von Adalbert Stifter, Verlag Gustav Heckenast, Pest 1844. (Historisches Museum der Stadt Wien)

69 Alte Buttermodel, Holz, Oberösterreich und Steiermark, 18. Jahrhundert. Aus Helmut Nemec, »Alpenländische Bauernkunst«, Verlag Kremayr & Scheriau, Wien 1966.

70 Pastete mit Mürbteigdekor. Kupferstich aus Conrad Hagger, a.a.O.

71 Jacob Adam, »Brodsizerinn«. Kupferstich aus »Abbildungen des gemeinen Volks zu Wien«. Verlag Lukas Hochleithner, Wien 1777. (Historisches Museum der Stadt Wien)

72 Kupferstich aus Conrad Hagger, a.a.O.

73 Jacob Adam, »Köchin«. Kupferstich a.a.O.

75 Jacob Adam, »Ein Weib mit Grienner Wahr«. Kupferstich a.a.O.

79 Ausspeisung. Kupferstich von A. Geiger nach einer Zeichnung von J. Chr. Schoeller. Bildbeilage zu. A. Bäuerles Theaterzeitung (»Wiener Scene«, Nr. 25), 32. Jg., 1839. (Historisches Museum der Stadt Wien)

82 Kupferstich aus Conrad Hagger, a.a.O.

91 Köchin in der Küche. Kupferstich von A. S., um 1795. Verlag Josef Eder, Wien. (Historisches Museum der Stadt Wien)

97 Titelblatt zu Klara Fuchs, »Die praktische Wiener Vorstadt-Köchin«, 6. Auflage, Wien 1887. (Im Besitz des Autors)

104 Rezeptseite aus »Ein neues und nutzbahres Koch-Buch« im »Granat-Apfel«, Wien 1752. (Baron Franz Alberti)

109 Rezeptseite aus »Bewehrtes Koch-Buch«, Wien 1759. (Im Besitz des Autors)

112 Titelkupfer und Titelblatt zu »Grätzerisches durch Erfahrung geprüftes Kochbuch«, hrsg. von J. M., 8. Auflage, Graz 1804. (Im Besitz des Autors)

117 Löffel aus Sterzing, Südtirol, 18./19. Jahrhundert. Aus Leopold Schmidt, »Volkskunst in Österreich«, Forum-Verlag, Wien und Hannover 1966.

118 Michael Wolgemut, »Königliche Tafel«. Holzschnitt aus Stephan Fridolin, »Schatzbehalter oder Schrein der wahren Reichtümer des Heils und der ewigen Seligkeit«, Nürnberg 1491. (Bildarchiv der Österreichischen Nationalbibliothek)

121 »Tafel deren Hr.n Abgeordneten von der Stadt Wienn undt achtzehen mit leydenten Landts Fürstlichen Städt- und Märckten«, Kupferstich aus Gülich, Edler zu Lilienberg, Erb-

huldigung für Joseph I., gedruckt bei Johann Jacob Kürner, Wien 1705. (Bildarchiv der Österreichischen Nationalbibliothek)

124 Rezepte aus »Bewehrtes Koch-Buch«, Wien 1759. (Im Besitz des Autors)

126 Wappen-Pastete. Kupferstich aus Conrad Hagger, a.a.O.

127 Titelkupfer zu Elisabeth Stöckel, »Neuestes und bewährtestes Kochbuch«, 4. Auflage, Wien 1881. (Original im Besitz des Autors)

131 Vorspeisen-Formen. Aus J. M. Heitz, a.a.O.

132 »Kalter Fisch«, aus J. M. Heitz, a.a.O.

133 »Eyerweib«, Kupferstich von Johann Ernst Mansfeld nach einer Zeichnung von Johann Christian Brand. Aus »Zeichnungen nach dem gemeinen Volke besonders Der Kaufruf in Wien«, 1775. A.a.O.

137 »Verlorene Eier auf Fischer-Art« (oben), »Ein Chaudfroidgericht: Imitierte Fasaneneier« (unten). Aus F. J. Beutel, »Die freie österreichische Kochkunst«, Wien und Leipzig o.J. (Im Besitz des Autors)

139 Eierkasten. Aus J. M. Heitz. a.a.O.

140 Rezept aus »Bewehrtes Koch-Buch«, Wien 1759. (Im Besitz des Autors)

143 »Böhmische Köchin«, Stahlstich von Carl Mahlknecht nach einer Zeichnung von Wilhelm Böhm. Aus »Wien und die Wiener«, a.a.O.

144 Wappen-Pastete. Kupferstich aus Conrad Hagger, a.a.O.

145 Aspik- und Sulzformen. Aus Lotti Richter, »Mein Kochbuch«, 4. Auflage, Graz 1917. (Im Besitz des Autors)

148 »Ungarisches Rebhuhn«, aus J. M. Heitz, a.a.O.

149 »Mayonnaise mit Fischresten«, aus J. M. Heitz, a.a.O.

150 Mürbteig-Pastete. Kupferstich aus Conrad Hagger, a.a.O.

151 Jacob Adam, »Küche Mensch«. Kupferstich, a.a.O.

159 »Speisen-Tariff im chinesischen Garten im Gasthaus zur blauen Weintraube in Penzing« bei Wien, um 1825. (Historisches Museum der Stadt Wien)

165 Klebeschild auf dem Schuber zu Friedrich Hampel, »Der Saucier«, Wien 1897. (Im Besitz des Autors)

167 Mayonnaise-Rührschüssel. Aus J. M. Heitz, a.a.O.

169 Geschnitzter Apfelschaber, Oberösterreich. Aus Leopold Schmidt, a.a.O.

170 Mürbteig-Pastete. Kupferstich aus Conrad Hagger, a.a.O.

171 Fischmarkt am Franz-Josefs-Kai, Wien. Holzstich nach einer Zeichnung von Franz Kollarz, 1876. (Historisches Museum der Stadt Wien)

175 Fischpastete. Kupferstich aus Conrad Hagger, a.a.O.

176 Fische, in der Reihenfolge: Aal, Äsche, Barsch, Bachforelle, Hecht, Huchen, Karpfen, Lachs, Seeforelle, Neunauge, Zander, Schleie, Stör, Waller, Kabeljau, Steinbutt. Aus Marie von Rokitansky, »Die Österreichische Küche«, 8. Auflage, Wien 1913. (Im Besitz des Autors)

195 »Schneckenweib«, Kupferstich von Carl Conti nach einer Zeichnung von Johann Christian Brand. Aus »Zeichnungen nach dem gemeinen Volke besonders Der Kaufruf in Wien«, 1775. A.a.O.

197 »Hummer en bellevue« und »Hummer in Fächerform«. Aus J. M. Heitz, a.a.O.

199 Krebsessen. Miniatur aus dem Hausbuch der Cerruti, 14. Jahrhundert. (Handschriftensammlung der Österreichischen Nationalbibliothek)

201 »Krebse auf Wiener Art«, aus J. M. Heitz. a.a.O.

203 »Meine lewendign Fisch!« »Kaft's Krebs'n!« (»Meine lebendigen Fisch!«, »Kauft's Krebse!«), Federlithographie von Josef Schmutzer. Aus »Wiener Volksbeschäftigungen«, a.a.O.

206 Krebs. Holzschnitt aus Marx Rumpolt »Ein new Kochbuch«, Frankfurt 1581. (Bibliothek der Universität Wien)

207 Jacob Adam, »Koch«. Kupferstich, a.a.O.

211 Rezeptseite aus dem handschriftlichen Exemplar von Marx Rumpolt, »Ein new Kochbuch«, 16. Jahrhundert. Cod. Vindob. 11445 (Handschriftensammlung der Österreichischen Nationalbibliothek)

213 Das Rind. Aus Elisabeth Stöckel, »Bewährtes Kochbuch«, 5. Auflage, hrsg. von J. Winkler, Wien 1923. (Im Besitz des Autors)

215 Teilung des Rindes nach Wiener Art. Aus Karoline Meindl-Dietrich, »Kochbuch für ländliche Haushalte«, 18.–21. Auflage, Wien 1937. (Im Besitz des Autors)

216 Festtafel anläßlich der Krönung Maria Theresias in der Prager Burg 1743. Stich von Michael Heinrich Rentz, nach einer Zeichnung von Johann Josef Dietzler. (Bildarchiv der Österreichischen Nationalbibliothek)

218 Ein Rindfleischteller

221 Kupferstich aus »Bewährtes und wohl-eingerichtetes Koch-Buch« in Hohbergs »Georgica curiosa aucta«, Nürnberg 1715. (Bibliothek der Universität Wien)

225 Bäuerliche Eßbestecke aus dem Nonnstal und Passeiertal, 18./19. Jahrhundert. Aus Helmut Nemec, a.a.O.

230 Johann Victor Krämer, »Lungenbraten à la Godard«. Aus Louise Seleskowitz, »Wiener Kochbuch«, Wien 1892. (Historisches Museum der Stadt Wien)

239 Erbhuldigung Maria Theresias durch die Niederösterreichischen Stände, 1740. Tafel des Ober-Erb-Vorschneiders. (Bildarchiv der Österreichischen Nationalbibliothek)

245 »Von schmaler Nahrung«, Holzschnitt des Petrarca-Meisters um 1520. Als Illustration verwendet in den Kochbüchern von Platina-Vigilius und Marx Rumpolt (»Ein new Kochbuch«, 1581, als »Bancket der Bauren«). (Bibliothek der Universität Wien)

246 Speisenkarte des Gasthauses »Zur goldenen Sonne«, Wien um 1840, auf der bereits »Gollaschfleisch« zu finden ist. (Historisches Museum der Stadt Wien)

251 Titelkupfer zu »Allgemein bewährtes Wiener Kochbuch in zwanzig Abschnitten. Anfangs hrsg. von Ignatz Gartler und

Barbara Hikmann, jetzt umgearbeitet und verbessert von F. G. Zenker«, 37. Auflage, Wien 1844. (Im Besitz des Autors)

253 Kupferstich aus Marx Rumpolt, »Ein new Kochbuch«, Frankfurt 1581. (Bibliothek der Universität Wien)

255 Titelblatt zu »Kurtzer Unterricht«, Wien 1736. (Bibliothek der Universität Wien)

256 Marzipantorte. Kupferstich aus Conrad Hagger, a.a.O.

257 Titelkupfer zu »Wienerisches bewährtes Kochbuch«, hrsg. von Ignaz Gartler und Barbara Hikmann. 22. Auflage, Wien 1799. (Im Besitz des Autors)

258 Teilung des Kalbes. Aus Karoline Meindl-Dietrich, a.a.O.

259 Kupferstich aus Conrad Hagger, a.a.O.

263 Georg Fischer, »Der Fleischhauer«. Kolorierte Federlithographie. Aus »Wiener Bilder«, Verlag Matthias Trentsensky, Wien um 1845. (Historisches Museum der Stadt Wien)

266 »Herr Land Marschall Frey Taffel« in der Wiener Hofburg. Kupferstich aus dem Erbhuldigungswerk für Ferdinand IV., gedruckt bei Johann Jacob Kürner, Wien 1654. (Bildarchiv der Österreichischen Nationalbibliothek)

270 Rezept aus »Kleines österreichisches Kochbuch«, Wien 1798. (Bildarchiv der Österreichischen Nationalbibliothek)

275 Johann Victor Krämer, »Kalbs-Cotellettes. (Cotellettes de veau naturelles.)« Aus Louise Seleskowitz, »Wiener Küche«, Wien 1892. (Historisches Museum der Stadt Wien)

278 Kupferstich aus Conrad Hagger, a.a.O.

279 Titelblatt zu »Neuestes Universal- oder: Großes Wiener-Kochbuch«, hrsg. von Anna Dorn, Wien 1827. (Im Besitz des Autors)

281 Erhard Schoen, »Brautschmaus«. Holzschnitt. (Bildarchiv der Österreichischen Nationalbibliothek)

282 Kupferstich aus Conrad Hagger, a.a.O.

283 Jacob Adam, »Fleischselcherinn«. Kupferstich, a.a.O.

286 Das Schwein. Aus Maria Elisabetha Meixner, »Wiener Küche«, Jubiläumsausgabe, Wien 1917. (Im Besitz des Autors)

287 Teilung des Schweines. Aus Karoline Meindl-Dietrich, a.a.O.

291 »Die Bratelbraterin«, Stahlstich von Carl Mahlknecht nach einer Zeichnung von Wilhelm Böhm. Aus »Wien und die Wiener«, a.a.O.

292 Kupferstich aus Conrad Hagger, a.a.O.

293 2 Rezepte aus »Bewährtes und wohl-eingerichtetes Koch-Buch«, in Hohbergs »Georgica curiosa aucta«, Nürnberg 1715. (Bibliothek der Universität Wien)

299 Küche und Anrichtezimmer um die Mitte des 16. Jahrhunderts. Gemälde aus dem Jahre 1652 von Ludger tom Ring dem Jüngeren. (Bildarchiv der Österreichischen Nationalbibliothek)
Rechts im Hintergrund das Speisezimmer, links Einblick in die Küche; die Herrin, die mit ihrem Töchterchen am Tisch steht, erteilt der Köchin Anweisungen.

301 Rezept aus Katharina Schreder, »Praktisches Kochbuch«, Wien 1851. (Im Besitz des Autors)

302 Kupferstich aus Conrad Hagger, a.a.O.

304 Kupferstich aus Conrad Hagger, a.a.O.

305 Deckelblatt zu Emma Eckhart, »Der häusliche Herd«, 2. Auflage, Wien 1887. (Im Besitz des Autors)

307 Das Schaf. Aus Maria Elisabetha Meixner, »Wiener Küche«, Jubiläumsausgabe, Wien 1917. (Im Besitz des Autors)

311 »Gespickter Schöpsenrücken«, aus J. M. Heitz, a.a.O.

316 »Vom Wirtschaften«, Holzschnitt vom Petrarca-Meister, um 1520. Als Illustration zum »Bancket der Bürger« verwendet in Marx Rumpolt, »Ein new Kochbuch«, Frankfurt 1581. (Bibliothek der Universität Wien)

317 Titelblatt zu Hohbergs »Georgica curiosa aucta«, Nürnberg 1715. (Bildarchiv der Österreichischen Nationalbibliothek)

323 Georg Fischer, »Die Straßen-Auskocherei«. A.a.O.

325 Titelblatt zu »Nutzliches Koch-Buch«, Steyr 1740. (Bibliothek der Universität Wien)

327 Titelkopf der »Illustrierten Wiener Küchen-Zeitung«, hrsg. von Carl Schneid, Wien 1904–1907. (Bibliothek der Universität Wien)

328 Frontispiz zu Klara Fuchs, »Die praktische Wiener Bürger-Köchin als Meisterin in der Kochkunst. (Vormals Vorstadt-Köchin.)«, 10. Auflage, Wien 1893. (Im Besitz des Autors)

330 »Die 6te Parade-Pastet, auf Vornehme Hochzeiten«, Kupferstich aus Conrad Hagger, a.a.O.

331 Jacob Adam, »Bradelbraderin«. Kupferstich, a.a.O.

333 Gasthausszene. Anonymer Stich in »Eipeldauerbriefe«, hrsg. von Franz Karl Gewey, Jg. 1816, Heft 2, Seite 22. (Historisches Museum der Stadt Wien)

334 Fünfeckige Pastete. Kupferstich aus Conrad Hagger, a.a.O.

335 Jacob Adam, »Kopäunlerinn«. Kupferstich, a.a.O.

338 Das Dressieren und Tranchieren des Geflügels. Aus Maria Elisabetha Meixner, »Wiener Küche«, Jubiläumsausgabe, Wien 1917. (Im Besitz des Autors)

341 Georg Fischer, »Hühnerkrämer«. A.a.O.

347 »Von den Cappaunen«, Holzschnitt aus Marx Rumpolt, »Ein new Kochbuch«, Frankfurt 1581. (Bibliothek der Universität Wien)

348 Titelblatt zu Marx Rumpolt, »Ein new Kochbuch«, Frankfurt 1581. (Bibliothek der Universität Wien)

352 »Gansleber auf Reisreifen« und »Gefüllte Gans«, aus J. M. Heitz, a.a.O.

354 »Indianische Henn«, Holzschnitt aus Marx Rumpolt, »Ein new Kochbuch«, Frankfurt 1581. (Bibliothek der Universität Wien)

356 Zierleiste aus »Schachtaffeln der Gesundheit verteutscht durch Mich(ael) Hero«, Straßburg 1533. (Bildarchiv der Österreichischen Nationalbibliothek)

357 Jakob Adam, »Wildbradhandlerinn«. Kupferstich, a.a.O.

361 Zierleiste zum Kapitel »Wildbret« aus Elisabeth Stöckel, »Bewährtes Kochbuch«. 5. Auflage, hrsg. von Frau J. Winkler, Wien 1923. (Im Besitz des Autors)

364 Hans Baldung-Grien, »Ein Koch nimmt einen Hasen aus«. Titelholzschnitt zu »Ain gaistliche Bedeutung des Häßleins...«, Straßburg 1511. (Bildarchiv der Österreichischen Nationalbibliothek)

365 »Die Gembs Pastet«, Kupferstich aus Conrad Hagger, a.a.O.

366 Der Hirsch. Aus Maria Elisabetha Meixner, »Wiener Küche«, Jubiläumsausgabe, Wien 1917. (Im Besitz des Autors)

369 »Die Hirsch Pastet«, Kupferstich aus Conrad Hagger, a.a.O.

371 Rehrücken. Aus J. M. Heitz, a.a.O.

374 Der Sperl in der Leopoldstadt, Wien. Anonymer Kupferstich in »Eipeldauerbriefe«, hrsg. von Adolf Bäuerle, Jg. 1820, Heft 7, Seite 337. (Historisches Museum der Stadt Wien)

375 Marktbericht aus »Illustrierte Wiener Küchen-Zeitung«, 1905. (Bibliothek der Universität Wien)

376 »Faschierter Wildschweinskopf«, aus Lotti Richter, a.a.O.

377 »Rohdressierter Fasan«, aus J. M. Heitz, a.a.O.

381 »Gebratener Fasan«, aus Lotti Richter, a.a.O.

385 »Gebratene Schnepfen«, aus Lotti Richter, a.a.O.

388 »Eine 6Eckichte Lauber-Pastet mit einem busch von Teig in der mitten«, Kupferstich aus Conrad Hagger, a.a.O.

389 »Küchenträger«, Kupferstich von Johann Feigel nach einer Zeichnung von Johann Christian Brand. Aus »Zeichnungen nach dem gemeinen Volke besonders Der Kaufruf in Wien«, 1775. A.a.O.

393 »Die Knödelesserin«, Detail aus dem Südwand-Fresko der Kapelle von Hocheppan, Südtirol, 12. Jahrhundert.

401 Georg Fischer, »Victualienstand«. A.a.O.

406 Deckelblatt zu Paula Kortschak, »Neue Kartoffelküche«, Graz und Leipzig o.J. (Im Besitz des Autors)

412 Blumenpastete. Kupferstich aus Conrad Hagger, a.a.O.

413 Georg Fischer, »Croatische Zwiebel- und Melonen-Verkäufer«. A.a.O.

519 »Schöne Maschanzga« und »Brennhaßi Kästen!« (»Schöne Maschansker« und »Brennheiße Kastanien!«). Federlithographie von Josef Schmutzer. Aus »Wiener Volksbeschäftigungen«, a.a.O.

425 »Das Schanzl-Ufer und die Obstflottille des Donauarmes in Wien«, Druck nach Originalzeichnung von Palm, 1870. Aus »Über Land und Meer«, Allgemeine Illustrierte Zeitung, Nr. 10. (Historisches Museum der Stadt Wien)

433 Titelblatt zu »Gemüsekochbuch der k.k. Gartenbaugesellschaft«, Wien 1915. (Im Besitz des Autors)

439 Der alte Wiener Naschmarkt auf der Wieden (zwischen Karlskirche und Freihaus). Holzstich nach einer Zeichnung von G. Zafourek, 1880. (Historisches Museum der Stadt Wien)

443 »Frau Sopherl« vom alten Wiener Naschmarkt (zwischen Karlskirche und Freihaus). Druck nach einer Zeichnung von Hans Schließmann, 1884. (Historisches Museum der Stadt Wien)

444 Mürbteigpastete. Kupferstich aus Conrad Hagger, a.a.O.

445 Titelblatt zu »August Mauer's illustrirtes Wiener Kochbuch«, Wien 1885. (Im Besitz des Autors)

447 Pilztafel aus Marie von Rokitansky, »Die Österreichische Küche«, 8. Auflage, Wien 1913. (Im Besitz des Autors)

451 Jost Amman, »Der Koch«, Holzschnitt um 1570, verwendet als Titelblatt zu »Koch vnd Kellerei von allenn speisen vnd geträncken / vil gutter künst / Sampt etlichen Notarznenien«, und in Marx Rumpolt, »Ein new Kochbuch«, Frankfurt 1581. (Bibliothek der Universität Wien)

452 Herzpastete. Kupferstich aus Conrad Hagger, a.a.O.

453 Georg Fischer, »Grünwaaren-Verkäuferin«. A.a.O.

456 Rezept aus »Kurtzer Unterricht«, Wien 1736. (Bibliothek der Universität Wien)

457 Georg Fischer, »Sauerkräutler«. A.a.O.

462 Frau Sopherl vom Wiener Naschmarkt. Zeichnung von Ludwig Koch, 1824. (Bildarchiv der Österreichischen Nationalbibliothek)

463 Dem Titelblatt gegenüberliegende Seite zu Lotti Richter, a.a.O.

464 Obsttorte mit aufgelegtem Teiggitter. Kupferstich aus Conrad Hagger, a.a.O.

465 Buchdeckel zu Sofie Meissner, »Modernes Kochbuch«, Wien, Pest, Leipzig o.J. (Bibliothek der Universität Wien)

470 Pasteten-Reifform aus Katharina Prato, »Die Süddeutsche Küche«, a.a.O.

471 »Die Oval oder ablange Pastet«, Kupferstich aus Conrad Hagger, a.a.O.

477 Rezept aus »Kurtzer Unterricht«, Wien 1736. (Bibliothek der Universität Wien)

479 Pastetenreif aus J. M. Heitz, a.a.O.

481 Aus »Der römischen-kuniglichen Majestät Ordnung und Instruction derselben hohen und nider Hofembter des Königs Ferdinands I.« vom 1. 1. 1537. (Haus-, Hof- und Staatsarchiv, Obersthofmeisteramt SR 181/10
Textwiedergabe:
Passtetnpacher
Vnnser Passtetennpacher Hans / Mornau soll die passtetn so Er / gemacht gemelltem vnnserm / Kuchelmaister zu yeder zeit ant- / wurten vnnd desselben vnnsers / Kuchemaister geuelh vnnd / Arbat gehorsam sein auch die pas- / tetn mit grossem vleis vnnd fur- / sichtigkait pachen.

Italienische Pastetenbäcker mit einem fahrbaren Backofen. Miniatur aus dem Codex 3044, fol. 48, 15. Jahrhundert. (Bildarchiv der Österreichischen Nationalbibliothek)

483 Die Bierhalle in Fünfhaus, Wien. Anonymer Stich um 1840. Verlag Franz Barth, Wien. (Historisches Museum der Stadt Wien)

484 »Die Erste Pastet mit dem Österreichischen Wappen«, Kupferstich aus Conrad Hagger, a.a.O.

485 Jacob Adam, »Küpfelweib«. Kupferstich, a.a.O.

490 »Die Knödelköchin«, Stahlstich von Carl Mahlknecht nach einer Zeichnung von Wilhelm Böhm. Aus »Wien und die Wiener«, a.a.O.

497 Titelblatt zu Anton Gradl, »Mehlspeisen- und Konditoreibuch«, 2. Auflage, Wien 1919. (Im Besitz des Autors)

503 Anzeige der Firma Matauschek, Wien. Aus J. M. Heitz, a.a.O.

506 Agnes Hofmann, »Die Wiener Mehlspeis-Köchin«, Wien 1890. (Im Besitz des Autors)

511 Jacob Adam, »Mädchen mit Zuckerbachereyen«, Kupferstich, a.a.O.

517 Rezepte aus »Nutzliches Koch-Buch Oder: Kurtzer Unterricht«, Steyr 1740. (Bibliothek der Universität Wien)

520 Faschingskrapfen. Aus Katharina Prato, a.a.O.

522 Rezept aus »Ein neues und nutzbahres Koch-Buch« im »Granat-Apffel«, Wien 1752. (Baron Franz Alberti)

531 Jacob Adam, »Krapfenweib«, Kupferstich, a.a.O.

536 Titelblatt zu »Der Wienerische Zuckerbäcker«, Wien 1799. (Wiener Stadtbibliothek)

545 Ein neues Prachtcafé auf dem Stephansplatz. Aus »Illustriertes Wiener Extrablatt«, 8.4.1900. (Historisches Museum der Stadt Wien)

547 Indianderkrapfenform. Aus J. M. Heitz, a.a.O.

551 Lebzeltmodel, Kärnten, 1700. Aus Helmut Nemec, a.a.O.

552 Geschnitzter Lebzeltmodel in Rautenform, Niederösterreich. Aus Leopold Schmidt, a.a.O.

556 Torte mit Makronenaufsatz aus R. Schneider, »Practische Vorlagen für Conditoren«, Barmen und London 1892. Siehe auch das Farbfoto gegenüber der Seite 561

561 Rezept aus »Kleines österreichisches Kochbuch«, Wien 1797. (Bildarchiv der Österreichischen Nationalbibliothek)

562 2 Rezeptseiten aus »Kurtzer Unterricht«, Wien 1736. (Bibliothek der Universität Wien)

566 Rezept aus »Kurtzer Unterricht«, Wien 1736. (Bibliothek der Universität Wien)

568 »Ein hoher Dorten mit eingemachten natürl. u. anderen Zukker-Früchten, der Taig aber von Marzipan od. andern gattung, so man hierin viel findt.« Kupferstich aus Conrad Hagger, a.a.O.

573 Orangenkörbchen mit Crème. Aus Lotti Richter, a.a.O.

Register

Die mit * versehenen Stichwörter sind Originalrezepte des Hotel Sacher.
Rezepte aus alten Kochbüchern sind durch Anführungszeichen » « gekennzeichnet.

Aal 176
–, gebraten 176
– in grüner Sauce 176
Ananas, flambierte 575
Ananasknödel 498
Ananaskraut* 430
»Andouille« 277 f.
Andrássy-Gulyás 253
Anisbrot 543
Äpfel, brennende* 576
–, Grazer* 577
– im Schlafrock 539
Apfelfülle 537
Apfelfülle (Gans) 351
»Äpfelknödeln« 496
Apfelkompott 576
Apfelkren 168 f.
Apfelkuchen 542
Apfelpfannkuchen 513 f.
Apfelpüree 576
Apfelsauerkraut 431
Apfelscheiben, gebackene 516
Apfelschnitten 539
–, gebackene 516
Apfelstrudel 493 f.
–, Altwiener 494
–, Salzburger 494
Aprikotieren 553
Arme Ritter 518
Artischocken 415 ff.
– auf Kaiserart 416
– gekocht (Grundrezept) 416
Artischockenböden, gefüllte 416
– Ristori* 417
Artischockenherzen 416
Äsche 176 f.
Aspik, Auskleiden mit 148
–, Glasieren mit 148
–, Schneiden von 148
Aspikgerichte 145 ff.
Aspikmayonnaise 148
Aspikschüssel 149

Auberginen 433
Auerhahn 388
–, geschmort 388
Auflauf 504 ff.
–, Mannheimer 506
Aurorasauce 161
Austern 202 ff.
–, auf Wiener Art 203
–, gratinierte 203 f.

Backerbsen 98
Bäckerkartoffeln 406
Backfett 70
Backhendl, Wiener 340 ff.
Backhuhn 340 ff.
Backteig 516
Bananen, flambierte 575
– im Weinteig 517
Bananensalat 574
Bandnudeln 398
Barsch 177
Barszcz 120
Bartgrundel 177
Batzerlgugelhupf 529
Batzerlkuchen 529
Bauerngulyás 253
Bauernomelette 142
Bauernschmaus 299
Bauernschweinskoteletts 297
»Baumwollsuppe« 97
Béarnaisesauce 162
Béarner Sauce 162
Béchamelsauce 160 f.
Beefsteak 234
– in Blätterteig 234 f.
– Stephanie 235
– Tatar 235
Beeftea 80 f.
Beilagen 389 ff.
Beilagen zum gekochten
    Rindfleisch 217 f.
»Beinfleisch« 220

Beiried, gedünstete 224
–, gerollte 223
–, gespickte 226
–, roh portioniert 237 ff.
Beiriedschnitte 237
Besoffener Kapuziner 510
Beuschel 318 f.
Bierteig 516
Birkhuhn 388
Birnenkartoffeln 407
Birnenkompott 576
Bischofsbrot 546
Biskotten 547
Biskuitmassen 545 ff.
Biskuitomelette 515
Biskuitroulade 569
Biskuitschöberl 84
Blätterteig 538 f.
Blattkohl 426 f.
Blattsalate 456
Blattspinat 440
»Blattlstock« 521
Blaufelchen auf
    Haushofmeisterart 178
Blaukochen von Fischen 175
Blitzkuchen 541
Blumenkohl 422 f.
Blunzen 332 f.
Blunzn, g'radelte 333
Blut 329
»Blutpfanzl« 411
»Blut-Tomele« 411
Blutwurst 332 f.
–, geradelte 333
Bodenseefelchen in Rahmsauce 178
»Bœuf à la mode« 222
Bograczgulyás 252 f.
Bohnen, eingebrannte 442
–, grüne 420 f.
– mit Paradeismark 442
Bohnenkerne, grüne 421
Bohnenpüree 442

Bohnenpüreesuppe 106
Bohnensalat 458
Bohnensuppe 105 f.
Bordelaiser Sauce 157
Bosnisches Gulyás 253
Bouillon 77
Bouquet garni 65
Bovist 446
Brandteig 540
Brandteig-Cremkrapferl 540 f.
Brandteig (Fruchtknödel) 498
Brandteigkrapferl 98
Bratenfett 70
Brathuhn 342
–, gefülltes 342
–, in Alufolie 342
Bratkartoffeln I, II 405
Bratleberwurst 333 f.
Brätling 446
Bratwurst 334
Braunkohl 426 f.
Brennsterz 410
Bries 319 ff.
– auf Artischockenböden 320 f.
–, eingemachtes 320
– mit Champignons 320
Briesragout, gratiniert 321
Brioche 530
»Brodsuppe, schwarze« 106
Brokkoli 417
Brombeerkompott 576
Bröselbutter 68
Bröselnudeln 501
Bröselknödel 87
Brotsuppe 106
Bruckfleisch 321
»Brühkraut« 428
B'soffene Liesl 510
Buchteln 529
Buffet, kaltes 465 ff.
Bummerlsalat 456
Burgunderbraten 224

595

Butter, braune 68
–, geklärte 68
–, geschmolzene 68
–, schwarze 68
Buttercreme 555
»Buttercreme« 563
Butterkartoffeln 405
Buttermilchbeize (Wild) 361
Buttermilchsuppe 107
Buttermischungen 66
Butternockerl 88
Butternudeln 398 f.
Buttersaucen 161 f.
Butterschmalz 68
Butterschnitzel 273 f.
Butterteig 538 f.
Butterteigpastetchen 480 ff.
Butterteigstrudel 539

Cardy 417
»Carmenädl gebachen« 268
Caviar 177 f.
Champagnerkraut 429
Champignon 446
Champignonbraten 223
Champignons à la Reine 449
–, gebackene 447 f.
–, gedünstete 448
–, gefüllte 448
– mit Rahm 448
Champignon-Pudding 448
Champignonpüree 141, 449
Champignonreis 403
Champignonsauce 159
Champignonschnitzel 272
Champignonschöberl 86
Champignonsoufflé 449
Champignonsuppe 106 f.
Chantillysauce 167
Chemisieren 148
»Chiocolade-Torten« 566
Chipskartoffeln 408
»Chocolade-Eis, gekochtes« 566
»Chocolade-Torte.
   A la Sacher« 566
Christinen-Eier 136
Cocktails 466
Cocktail »Merry-Widow«
   (»Lustige Witwe«)* 464
Cocktailsauce 168
Consommé 79 f.
– double 80
– madrilène 80
– Metternich 80
– Narve* 81
– Olympia* 81
– Valerie* 81
Cordon bleu 271

»Côte de Bœuf à la
   Provençale« 238
Court-bouillon 175
Cremenockerl 89
Cremekrapferl 540
Cremes 555
Cremesaucen 570 f.
Csikósfleisch 302
Csipetka 112
Cumberlandsauce 170
Curryreis 403
Currysauce 164
Cremeschnitten 569
Cremesuppen 103
Crevetten 202

Dalken 518 f.
Dampfnudeln 519
Debreziner Fleisch 302
– Gulyás 253
Demi-glace 155 f.
Dessertcremes 571 f.
»Diegenes« 292
Dillbohnen 420
Dillkartoffeln 407
Dillsauce 163
– auf einfache Art 163
–, kalte 168
Dobos-Torte 558 f.
Donaulachs 182
Dorsch 190
Dorschfilet in Rahmsauce 190
Dressing 455 f.
Duchessemasse 408
Dukatennudeln 519
Dunstkoch 93 f.
»Durchmarsch« 412
Duxelles 228

Eclairs 541
Ei, gebackenes 139
–, gekochtes 135 f.
–, hartgekochtes 135
– im Glas 135
–, kernweiches 135
–, pochiertes 139 f.
–, verlorenes 139
–, wachsweiches 135
Eier à la Tegetthoff, pochierte 141
– auf Benediktiner Art,
   pochierte 140
– auf königliche Art, pochierte 141
– auf Tiroler Art, pochierte 140
–, gefüllte ganze 136
–, gefüllte halbierte 135 f.
– in Aspik 149
– mit Schinkenmus, gefüllte 136
– »Princesse«, pochierte* 141

–, Russische 136
–, Venezianische 136
Eierconsommé 93
Eierdressing 455
Eierfrüchte 433
»Eiergebackenes« 140
Eiergerichte 133 ff.
Eieromelette 141 f.
Eiernockerl 396
Eierschwammerl 446
– auf Wiener Art 449
– mit Ei 449
Eierschwammerlgulasch 449 f.
Eierspeise, Wiener 138
Eierstich 93
Einbrenn 105
–, braune 155
Einbrennsuppe 107
Eingetropftes 96 f.
»Eingußnudeln« 97
Einmach 105
Einmachhuhn 343 f.
Einmachsuppen (Grundrezept) 103
Einmachsuppe, Wiener 107
Eiskoch 508 f.
Endivie 417
– à la creme 417
Endiviensalat 456
Ente 350 ff.
–, gebratene 350
–, gefüllte 350
Entenfett 70
Entrecôte 237
– à la Auersperg 237
– auf Wiener Art 237
Erbsen auf französische Art,
   grüne 418
–, eingebrannte 442
–, eingemachte 418
–, grüne 418
– mit Zwiebeln und Speck 418
–, überbackene 443
Erbsenpüree 442
Erbsenpüreesuppe 107
»Erbsen-Suppen« 124
Erdäpfel, eingebrannte 406 f.
»Erdäpfelknödel, gebackene« 496
Erdäpfelknödel, mit Fleisch
   gefüllt 394 f.
»Erdäpfel-Pastetchen nach Wie-
   ner Art« 482
Erdäpfelsalat 459
Erdäpfelschmarren 406
Erdbeercreme 571
Erdbeeren, flambierte 575 f.
Erdbeerkompott 576
Erdbeerobersauce 571
Erdbeerpudding 503

Erdbeersauce 571
Erdkohlrabi 436
Essig-Kräuter-Sauce 170
Essigkren 169
Essig-Öl-Marinaden 455
Esterházy-Gulyás 253
Esterházy-Rindsbraten 224
Esterházy-Rostbraten 240 f.
Esterházysauce 157
Esterházy-Torte 559
Estragonbutter 66
»Eyer mit Krebsen, gefüllte« 140

Farcenockerl 482 ff.
Farferl 97
Fasan à la vigneronne 379 f.
Fasan auf Wiener Art 379
– auf Winzerinnenart 379 f.
– Dürnstein 380
–, gebraten 378 f.
– in Rahmsoße 380
– Metternich* 381
– mit Granatapfelsaft, sautier-
   ter 380 f.
– mit Speckkraut 381
Fasanbrust, gebratene 380
»Fasanenhirn« 379
Fasanensuppe, klare 80
Fasanpüreesuppe 107 f.
Faschiertes 303 f.
Faschingskrapfen 530 ff.
Fastensuppen 108 ff.
»Fauler Topf« 119
Felchen 178
Fenchel 418 f.
–, gebackener 419
–, gedünsteter (Grundrezept) 419
–, gratinierter 419 f.
Fenchelsalat 458
Fettglasur 554 f.
Fiakergulyás 253
Filet de Bœuf Colbert 228 f.
–, englisches 228
–, Wellington 229
Filets de Sole New-bourg* 191
Finocchio 418 f.
Fisch à la meunière 174
– auf Müllerinart 174
–, Blaukochen von 175
– in Aspik 149
Fischaspik 147
Fischbeuschelsuppe 110
Fische, Backen der 174
–, Grillen der 174
–, marinierte 467
–, Pochieren der 174
Fischeinmachsauce (Velouté) 160
Fischfarce 482

Fischfarcenockerl 482 ff.
Fischfond 160
Fischgerichte 171 ff.
Fischgulasch 193
Fischkroketten 193
Fischlaibchen, faschierte 192 f.
Fischplatten 466 f.
Fischpörkölt 193
Fischsauce 160
Fischsuppe 110
–, ungarische 112
Fischvelouté 160
Fisolen 420 f.
– auf Wiener Art 420
–, eingemachte 420
– mit Butter 420
Fisolengemüse 420
Fisolensalat, grüner 548
»Fissolen-Suppen« 124
Fleckerl 95, 398
Fledermaus auf Wiener Art, gratinierte 219
Fleischextrakt 158
Fleischfarce 482 ff.
Fleisch, faschiertes 303 f.
Fleischfülle (Gans) 351
– (Kalbsbrust) 266
Fleischglace 158
Fleischknödel 394 f.
Fleischplatten 468 ff.
Fleischroulade 92
Fleischsalat, pikanter 463
Fleischstrudel 92
»Fleischsuppe« 82
Fleischtascherl 100
Fogás 187 ff.
– à la Metternich 188
– am Rost 188
– auf Wiener Art, gefüllter 188 f.
–, gebraten 188
Fogosch s. Fogás
Fondant 553 f.
Fond, brauner 156
– (Grundbrühe) 76
Forelle 178 ff.
– à la Mozart 179
– auf Müllerinart 174
– auf Tiroler Art 180
– blau 179
– in Papierhülle 179
Forellen, gebackene 179
Forellenplatte 467
Französischer Dressing 455
Französischer Salat 460 f.
Frischlingsrücken, garnierter 375
»Frittada« 96
Frittaten 95 f.
Froschschenkel 206

–, eingemachte 206
–, gebacken 206
– mit feinen Kräutern 206
Früchtecreme 571
Früchte, flambierte 575 f.
– in Backteig 515 ff.
Früchtekuchen aus schwerer Sandmasse 543
Früchtepudding 503
Fruchtsalat 574
Fruchtsaucen 571
Füllen (für Germ-, Plunder- und Blätterteiggebäck) 537

Gabelkraut 431
Gailtaler Kirchtagssuppe 111
»Gailtaler Speck« 460
Galantine 478 f.
– von Huhn 478 f.
Gans 350 ff.
Gans-Galantine 479
Gans, gebratene 350 f.
–, gefüllte 351
Gansbiegel mit Ritschert 352
Gänsefett 70
Gänsehals, gefüllter 352
Gänsejunges, eingemachtes 351 f.
Gansel, gedämpftes 351
Gänseleber mit Reis 353
– mit Zwiebel 353
Gänseleberparfait 477
Gänseleberpastete 476 f.
–, auf Straßburger Art angerichtet 477
Ganslebergulyás* 353
Gansljunges 351 f.
Ganslsuppe 111
Garnelen 202
Geflügel 335 ff.
Geflügelcocktail 466
Geflügelschaumbrot 469
»Gehirnwürste« 324
Gekröse 321 f.
– in Buttersauce 322
Gelatineblätter 147
Gelbe-Rüben-Salat 456
Gemse 365
»Gemse auf Tyroler Manier« 365
»Gemsenrücken auf Tiroler Art« 365
»Gemsschlegel gut zu bereiten« 365
Gemüse 413 ff.
Gemüse à la Vinaigrette 467
»Gemüse, eingebranntes« 414
Gemüse, gefülltes 303 f.
Gemüseplatten 467 f.
Gemüsepüreesuppe 111
Gemüsereis 403

Gemüsesalat 460 f.
Gemüsesalate, gekochte 458
Gemüseschöberl 84
Gemüsesulz 150
Gemüsesuppe 111
– auf Hausfrauenart 111 f.
Gemüsesuppe, klare 78 f.
Gemüsesuppen, unpassierte 103 ff.
Gemüsevorspeisen 467 f.
Geräuchertes (Schweinefleisch) 294 f.
Germblätterteig 536 f.
Germbutterteig 536 f.
Germgugelhupf 528
Germknödel 497
–, Böhmische 497
»Germ-Linzer-Torten zu machen« 561
Germteig 527 f.
–, gedampfter 528
Gerstel, geriebenes 97
Gerstelsuppe, Ulmer 123
Geselchtes 294 f.
Getreidesuppen 105
Gewürzsträußchen 65
Girardi-Rostbraten 241
Glasuren 553 f.
»Gollasch auf Wiener Art« 249
»Gollaschfleisch« 248
Göpelkraut 429
Grammel 68 f.
Grammelknödel 394 f.
Grammelschmalz 69
Gratiniersauce, weiße 161
Grazer Äpfel* 577
Grenadiermarsch 412
Grießauflauf 505
Grießdunstkoch 93
Grieß, kalter 572
Grießnockerl 89
Grießknödel 395 f.
Grießnudeln 501
Grießpudding 503
Grießschmarren 512
Grießschöberl 84
Grießstrudel 90 f., 494 f.
Grießsuppe 112
Grillage 559 f.
Grillagetorte 559 f.
Großjägermeistersauce 157
Gröstl, Tiroler 412
»Grubenkraut« 428
Grundel 180
Gründling 180
Grüne Sauce 167
»Grünen gemischten Salat« 456
Grünkohl 426 f.
Grundsauce, braune 155 ff.

–, weiße 158 ff.
Grundsaucen 154
Gugelhupf 543 ff.
Gulasch 247 ff.
– auf Wiener Art 252
»Gulaschfleisch« 249
Gulyás 247 ff.
– auf Fiumer Art 253
Gulyás, bosnisches 253
–, Debreziner 253
–, Karlsbader 253
–, Pester 253
–, Preßburger 253
–, Serbisches 253
–, Szegediner 300
–, Triester 253
–, ungarisches 252 f.
–, Znaimer 253
Gulyás-Variationen 252 f.
Gulyássuppe 112 f.
Gurke 421
Gurken, gefüllte 421 f.
Gurkengemüse 421
Gurkenkartoffeln 407
Gurkensalat 457
– auf Wiener Art 457
Gurkensauce 163 f., 170

»Haasen-Oehrlein« 523 f.
»Haché-Pastetchen« 482
»Hackelberger Nudeln« 399
Hagebuttensauce 165
Halaszlé 112
Hallimasch 446
Hammelfleisch 305 ff., 311 ff.
– mit Bohnen 313 f.
»Hammelfleisch mit Kopftuch« 315
Hammelkarree, gebratenes 312
Hammelniere, am Spieß gebraten 314
Hammelrücken à la Metternich 312
–, gebraten 311 f.
–, gedünsteter 312
Hammelschlegel in Rahmsauce 313
Hammelzunge à la diable 314
– à la vinaigrette 314
–, gekocht 314
Harlekinbraten 223
Haschee 482
Hascheefüllungen 482
Hase 362 ff.
Haselhuhn 384 f.
Haselnußmürbteig 541
Hasenbraten auf Wiener Art 362
– in Rahmsoße 362
Hasenfilet à la Hainisch 364
Hasenjunges 363 f.
Hasenpastete 475
Hasenpfeffer 364

Hasenlauf in Rahmsoße 363
Hasenöhrl 523 f.
Hasenrücken, ausgelöster, gefüllt 364
»Hasenrücken, falscher« 232 f.
Hasenrücken, garnierter 363
– in Rahmsoße 363
Häuptelsalat 456
Hausen 180
Hausenblase 146, 180
Hausgeflügel 335 ff.
Haushofmeisterbutter 66
Haussulz 149 f.
Hauswürste 332 ff.
Hecht 180 f.
–, mit Sardellen gebraten 181
– mit Paradeisern und grünem Paprika 181
– mit Sardellenbutter 181
Hechtnockerl 181 f.
Hefeteig 527 f.
Heidelbeerpfannkuchen 514
Heidelbeerkompott 576 f.
Heidenknödel 396
Heidensterz 410
Heilbutt 192
»Hendel, gebackene« 339 f.
Herbsttrompete 447
Heringssalat 461
Heringssauce 168
Herrengulyás 253
Herrenpilz 446
Herz 322
Herzoginnenkartoffeln 408
Hetschepetschsauce 165
Himbeeren, flambierte 576
Himbeercreme 571
Himbeersauce 571
Hirn 322 ff.
– à la vinaigrette 323
–, gebacken 322
–, geröstet 322
– mit Ei 323
»Hirn-Ei-Strudel« 94
Hirndunstkoch 93 f.
Hirnknödel 87
Hirnkroketten 323
Hirnnockerl 89
Hirnpofesen 100 f., 324
Hirnpudding 323 f.
Hirnpüreesuppe 113
Hirnroulade 92
Hirnschöberl 85
»Hirnwandel, gesottene« 94
Hirsch 366 ff.
Hirschfilets 368
»Hirsch-Geil« 366
Hirschgulyás 369

Hirschkalbsrücken mit Rehmedaillons, gespickter 470
»Hirschkolben« 366
Hirschkoteletts mit Kastanienrotkraut und pochierten Birnen 368 f.
Hirschpfeffer 369
Hirschpörkölt 369
Hirschragout 369
–, steirisches 369
Hirschroulade Wienerwald 367 f.
Hirschrücken, Montafoner 367
Hirschschlegel 363
– in Rahmsoße, gedünsteter 367
Hirschschnitzel 368
Hirschschulter 367
– in Rahmsoße, gedünstete 367
Hirschsteaks St. Hubertus 368
Hohlhippen 572
Holländische Sauce 161
»Holler, gebachenen« 517
Holler, gebackener 517 f.
Hollerröster 575
Holunderröster 575
Holzknechtnockerl 397
Huchen 182
Huhn 339 ff.
– in der Cocotte, gedünstetes 344
»Hühnchen auf Wiener Art, gebackene« 340
»Hühner auf junge Hasenart« 356
Hühnerbouillon 78
Hühnercremesauce 160
Hühnerfarce 482 ff.
Hühnerfarcenockerl 482 ff.
»Hühner, gebackene« 339
»Hühner, gebackene, auf eine andere Manier« 339
Hühner-Kraftsuppe 80
Hühnerpüreesuppe 113
»Hühner-Raviol« 100
Hühnerrisotto auf Wiener Art 345 f.
Hühnersuppe, klare 78
»Hühnlein wie ein Hasel-Hühnlein zuzurichten« 356
Hülsenfrüchte 442 ff.
Hülsenfrüchtesuppen 103, 105
Hummer (Grundrezept) 196 f.
– à l'armoricaine 197 f.
–, kalt 197
– Thermidor 198
–, überbackener 198
Hummerbutter 66
Hummer-Cocktail 197
Hummercocktail mit Ananas 466
Hummersauce 160
»Hüner gebachene« 339
»Hünl gebachen von Eyern« 339

»Hünlein aus abgeschlagenen Eyern gebachen« 339
»Hünlein im Schlafrock« 339
Hunyadi-Gulyás 253
Hunyadi-Rostbraten 244 f.
Hunyadi-Torte 560
Husarenkrapferl 548

Indian 354 f.
–, gefüllt und gebraten 354 f.
Indianer-Krapfen 546 f.
Innereien 317 ff.
Italienische Sauce 157

Jägerbraten 223 f.
Jägerrostbraten 242
Jägerschnitzel 272
»Jäger-Suppe« 104
Joghurtdressing 455
»Jourbrötchen« 99
Jungfernbraten im Netz 295
Jungschweinernes 287 ff.
»Jungschweinernes mit Kren« 301
Jungschweinsbraten 288
Jungschweinsbrust, gefüllte 288 f.
Jus 157, 260 f.

Kabeljau 191
Kabinettpudding 503
Kaffeecreme 555
Kaffeecremesauce 570
Kaffee-Eclairs 541
Kaffeegebäck 526 ff.
Kaffeeglasur 554
Kaffeewindtorte 560
Kaiser-Consommé 94
Kaisergerstel 98
Kaisergranat 202
Kaisergulasch 253
Kaiseromelette 514 f.
Kaiserschlegel 261
Kaiserschmarren 511
Kaiserschnitzel 273
Kaiserschöberl 85
Kaisersemmel 534 f.
Kaisersuppe 113 f.
»Kälberne Vögel/Boncons gedämpft« 278
»Kälbernes Schnitzel mit Parmesan-Käß und Semmel-Schnitten« 268
Kalbfleisch 257 ff.
– auf Thunfischart 468 f.
–, eingemachtes 280
–, geschnetzelt 282
Kalbfleisch-Farcenockerl 482 ff.
Kalbfleischpastete 474 f.
Kalbfleischpüreesuppe 114

Kalbsbeuschel 318 f.
Kalbsbraten (Grundrezept) 260 f.
–, Dominikaner 261
Kalbsbratensaft 260 f.
–, gebundener 157
Kalbsbries à la Tegetthoff 321
–, Wiener 320
Kalbsbriesfülle (Huhn) 343
Kalbsbrust 264 ff.
–, eingemachte 280
–, gebackene 266
–, gefüllte 265
–, gerollte 265
Kalbsbrust, glasiert 264 f.
Kalbsbrust-Füllen 265 f.
Kalbseinmachsauce 158 f.
Kalbsfond 158 f.
Kalbsgulyás 279 f.
Kalbshaxen, Tiroler 264
Kalbsherz, gespickt 322
Kalbsknochensuppe, weiße 78
Kalbskopf 329 f.
–, gebacken, panierter 330
Kalbskoteletts 275
– à la Imperial 275
–, gratinierte 276
– »Gourmet«* 276
Kalbsleber, natur (glasiert) 326
Kalbsleberterrine 475 f.
Kalbslunge, krustierte 319
Kalbsmedaillons 278
– Metternich 278
–, überkrustete 278
Kalbsnierenbraten 261 f.
Kalbspörkölt 280
Kalbsragout 279 ff.
Kalbsroulade 274 f.
Kalbsrücken 262 f.
– à la Metternich 264
–, Wiener 263 f.
Kalbssattel 262 f.
–, Wiener 263 f.
»Kalbsschnitzel« 268
Kalbsschnitzel, gefüllte 274
–, gratiniertes 273
Kalbssteak 276 f.
– auf Altwiener Art 276 f.
– auf kaiserliche Art 277
Kalbsstelze, gebratene 264
Kalbsstück 276 f.
»Kalbs-Vögel« 277 f.
Kalbsvögerl, gespickt, glasierte 277
– in Paprikasauce 277
– in Rahmsauce 277
– mit Champignons, glasierte 277
Kalbszunge, gedünstete 329
–, gespickt 329
– mit Kren 328

Kalte Platten 465 ff.
»Kanarimilch« 570
Kaninchen 316
Kapaun auf Wildbretart 347
Kapernsauce 164
Karamelcremesauce 570
Karde 417
Kardinalsuppe 114
Karfiol 422 f.
– auf Wiener Art 422
–, gratiniert 423
– mit Butter und Bröseln 422
Karfioldunstkoch 423
Karfiolpudding 423
Karfiolpüree 423
Karfiolpüreesuppe 114
Karfiolröschen in Backteig 422
Karfiolsalat 458
Karfiolsuppe 114
»Karfreitagsstrudel« 495
Karlsbader Gulyás 253
Kärtner Reinling 529 f.
Károly-Gulyás 253
Karotte 423 f.
Karotten auf Wiener Art 424
–, gedünstete 424
–, glasierte 424
Karottenpüree 424
Karottenpüreesuppe 114 f.
Karottensalat 456
Karpfen 182 ff.
– auf jüdische Art 185
– auf serbische Art 184
–, böhmischer 184
–, gebacken 183
–, gefüllter 185
–, gesulzter 183
– in schwarzer Soße 184
–, polnischer 185 f.
–, ungarischer 185
Kartoffelgulasch 408
Kartoffelkörbchen 408
Kartoffelkroketten 407 f.
Kartoffelkugeln 408
Kartoffeln 404 ff.
–, gestürzte 406
–, glasierte 405
–, gratinierte 406
–, heurige 405
–, Pariser 408
Kartoffelknödel 394
–, böhmische 394
Kartoffelkrusteln 408
Kartoffelnester 408
Kartoffelnockerl 397
Kartoffelnudeln 501
Kartoffelpüree 407
–, geflämmtes 407

Kartoffelpüreesuppe, Prager 115
Kartoffelpuffer 408 f.
Kartoffelroulade 409
Kartoffelsalat 459
– auf jüdische Art 459
Kartoffelschmarren 406
»Kartoffelsterz« 410
Kartoffelsuppe, Wiener 115
Kartoffelteig (Fruchtknödel) 498
Käsebäckerei 552
Käsecreme 552
Käsekeks 552
Käsekolatschen 552
Käsemürbteig (Grundrezept) 552
Käsereis 403
Käsestangerl 552
Kasnudeln, geradelte 400
Kastanien 424 f.
–, gedünstete 424
–, glasierte 425
Kastanienfülle (Gans) 351
Kastanienpüree 425
Kastanienreis mit Schlagobers 572
Kastanienschnitten 569
»Kastraun-Schlegel, geselchte« 305
Kavaliersbries 320
Kaviarbutter 66
Kernfett 69
Kesselgulyás 252 f.
Kipfelkoch 509
Kipfelschmarren 512
Kirschenknödel 498
Kirschenkompott 577
Kirschenstrudel 494
Kirschkuchen 543
Kitz 315
–, eingemacht 315
–, gebacken 315
Klachelfleisch 301
Klachelsuppe, steirische 125
Klärfleisch 79
Kletzenbrot 535 f.
Klosterkipferl 538
»Klosterknödel« 497
»Klosterneuburger Knödel« 392
Knoblauchbutter 66
Knochenmark 69, 329
Knödel 390 ff., 495 ff.
– aus Kartoffelteig 393 ff.
– »Knödel, feine Tiroler« 393
Knödel, grüne 394
– mit Ei, geröstete 392
–, Tiroler 393
–, Waldviertler 394
Knöderl 87 f.
–, Tiroler 88
Koche, Wiener 507 ff.
Kochsalat 425 f.

– auf Wiener Art 425 f.
–, gedünsteter 426
– mit grünen Erbsen 426
Kochsalatcremesuppe 115
Kohl auf Wiener Art 426
–, eingebrannter 426
–, gebratener 427
–, gedünsteter 426 f.
Kohlkugeln, gedünstete 427
Kohlpflanzen 427
Kohlpüreesuppe 116
Kohlrabi 427 f.
–, gedünstete 428
Kohlrabi, gefüllte 304
–, glasierte 427
–, Wiener 428
Kohlrübe 436
Kohlschöberl 85
Kohlsprossen 428
–, eingemachte 428
»Kolaschfleisch, Wiener« 248
»Kolaschfleisch, ungarisches« 248
Kokosfett 70
Kompotte 576 f.
Königinnenpastetchen 480 f.
Kopfkohl 428 ff.
Kopfsalat 456
Kornmehlknödel, Mühlviertler 393
Krabben 202
Kraftsuppe 79 f.
– auf Madrider Art 80
–, doppelte 80
Krammetsvogel 386 f.
–, gebraten 387
– im Nest 387
Kranzkuchen 538
Krapfen 520 ff.
»Krapfen, böhmische« 521
»Krapfen, Tiroler« 521
Krapferl, Wiener 548
Kraut 428 ff.
–, gedünstetes 429
–, gefülltes 303 f.
Kräuterbüschel 65
Kräuterbutter 68
Kräutereier 136
Kräutermayonnaise 167
»Kräutersalat« 454
Kräutersauce 156, 159
Krautfleckerl 399
Krautfleisch, Szegediner 300
Kraut-Piroggen 401
Krautsalate 457 f.
Krautstrudel 430
Krautsuppe 118
–, ungarische 118
Kraut-Tascherl 401
Krebs 198 ff.

Krebs (Grundrezept) 200
Krebsauflauf 201
»Krebs-Böcherl« 201
Krebsbutter 66
Krebsbutterfülle (Huhn) 343
Krebse à la Schöner 200 f.
– auf Burgenländer Art 200
–, gebacken 201
–, gekocht 200
– »Rassconi«, frische* 202
»Krebs-Gugelhupf« 201
Krebspudding 201
Krebsreis 403
Krebs-Risotto 201
Krebssauce 160
Krebsschöberl 86
»Krebs-Strudel« 201
Krebssuppe* 116
Kren 162
Krenfleisch 293 f.
»Krenfleisch« 290
Krensauce 162, 168
Krustentiere 195 ff.
»Kuchen, heidnische« 471 f.
Kukuruz 410 f., 432
–, gratiniert 432
Kukuruzkrusteln 432
Kümmelfleisch 301
Kümmelkartoffeln 405
Kümmelreduktion 297
Kümmelsuppe 107
Kuttelflecke 324 f.
– auf Südtiroler Art 325
–, gebackene 325
– in Gulyásansatz 325
– in Weinsauce auf Rheintaler Art 325
»Kuttelflecksuppe« 325
Kürbis 431 f.
Kürbiskraut auf ungarische Art 432
Kürbissuppe 118

Lachs 186
»Lachs auf Wiener Art« 186
Lachs, gebraten oder gegrillt 186
–, gekocht 186
Lachsforelle 186 f.
Lachsschnitten in Rotweinsauce 186
»Lahner Würstel« 332
Lammbrust, gefüllte 309 f.
»lämmernen Haasen zu braten« 305
Lämmernes, gebackenes 309
Lammfleisch 305 ff.
–, eingemachtes 310
–, »heiß abgesottenes« 310
»Lammfleisch mit Kapern« 306
Lammgulyás 310 f.
Lammkarree mit Gemüse 309

599

Lammkotelett 309
Lammkoteletts, gebacken 309
– mit Champignons in Rahmsauce, gebratene 309
Lammragout mit Gemüse 311
Lammrücken 308
– auf englische Art 308 f.
Lammschlegel auf Wiener Art 308
–, gebratener 308
–, überkrusteter 308
Lamprete 187
»Lasany-Suppe« 95
Lauch 435 f.
Lauchsuppe 122
Läuterzucker 574
Leber 326
–, gebackene 326
–, geröstete 326
–, saure 326
–, Tiroler 326
Leberdunstkoch 94
Leberknödel 87
–, gebackene 87
Lebernockerl 89
Leberpofesen 101
Leberpüreesuppe 119
Leberreis 89 f.
Leberschnitten 101
Leberschöberl 86
Legieren (mit Eidotter) 134
»Lembraten« 327
Lescó 434
Letscho 434
Löffelbiskuit 547
Linsen, eingebrannte 444
Linsenpüree 444
Linsenpüreesuppe 119
Linsensalat 458
–, Tiroler 458
Linsentopf, Salzburger* 373
»Lintzer Torten« 562
»Lintzer-Torten andere Arth« 562
»Lintzer-Torten mit Zimmet« 562
Linzeraugen 542
Linzer Koch 509
Linzer Torte 560 ff.
Linzertorte, gerührte 563
Linzerschnitten 542
Linzerteig, weißer 542
Liwanzen 519
»Lungel-Brätl« 238
Lungenbraten 228
»Lungenbraten à la Bellegarde« 232
Lungenbraten, Altwiener 227 f.
– Belvedere, gedünsteter 231
– auf Gärtnerinnenart 468
– auf Wiener Art 229 f.

»Lungenbraten auf Wiener Art« 231 f.
»Lungenbraten, faschierter« 232 f.
Lungenbraten im ganzen 227 ff.
– in Butterteig 229
– in Rahmsoße, gedünsteter 229
– mit Wurzelwerk 229 f.
–, Pester 230 f.
–, roh portioniert 233 ff.
Lungenbratengulyás 253
»Lungenbratl, geflochtenes« 232
Lungenroulade 92
Lungenstrudel 91 f.

Madeira-Aspik 147
Madeirasauce 156
Mairittling 446
Mais 410 f.
Maître-d'hôtel-Butter 66
Majoranfleisch 254
Majorankartoffeln 407
Majoranschöpsernes 313
Makkaroni 402
–, gratinierte 402
Makkaroniauflauf 402
Makronen 549 ff.
–, gefüllte 551
Makronenmasse 550 f.
Malakoff-Torte 563 f.
Malteser Sauce 162
Mandelfülle (Huhn) 343
Mandelkartoffeln 407
Mandelkoch 510
»Mandel-Kraffen zu machen« 522
Mandelkren 162
Mandelsauce 570
»Mandel-Suppe« 104
»Mandel-Suppen« 109
Mangold 432
Mannheimer Auflauf 506
Marengo-Kalbsschnitzel 273
Marillenknödel 498
Marillenkompott 577
Marillenröster 574
Marillensauce 571
Marillenstrudel 494
Marinade, gekochte (für Wild) 361
Marinade (Salate) 455 f.
Mark 329
Markknödel 87 f.
Marknockerl 90
Markschöberl 86
Marmelade 499 ff.
Marmorgugelhupf 545
Maroni 424 f.
Marzipanarabesken 551 f.
Maschanskar Reisauflauf 505
Maschinrostbraten 243

Masthuhn mit Melone 469 f.
Matrosenfleisch 254
Maurachen 446
Mäuse, gebackene 523
Maximiliangulyás 253
Mayonnaise 166 f.
Mayonnaisedressing 455
Mayonnaisesalat 459
Mayonnaisesaucen 166 ff.
Meerkrebse 202
Mehlbutter 68
Mehleinmach 154 f.
Mehlknödel, böhmische 393
Mehlschwitze 154 f.
Mehlspeisen 485 ff.
–, kalte 524 ff.
Mehlspeisen, warme 491 ff.
»Mehl-Tommerl« 410
Melanzani 433
–, gebackene 433
–, gedünstete 433
–, gefüllte, gratiniert 433
»Melkermus« 409 f.
Melonenkompott 577
Melonensalat 574
Metternich-Salat 463
Miesmuscheln 204
Milchbackteig 516
Milcheinmachsauce 160 f.
»Milch-Rahm- oder Milch-Sahn-Strudel« 492
Milchrahmstrudel 494
Milz 329
Milzcroutons 101
Milzpofesen 101
Milzroulade 92
Milzschnitten 101
Milzschöberl 86
Mirepoix 65
Mischsalate 460 ff.
Mohnbeugel 532 f.
Mohnfülle 537
Mohn-Käse-Keks 552
Mohnnudeln 501
Mohnrollen 538
Mohnrollen 538
Mohnstrudel (Germteig) 529
»Mohnstrudel, gekochter« 495
Mohntorte 564
Mohr im Hemd 503 f.
Morcheln 446
Mornaysauce 161
»Most-Braten« 232
»Mülch Raimb Strudl« 491
Mürbteig 541 f.
Mürbteigmakronen 551
Muscheln (Grundrezept) 204
– marinière 204

Naturaspik 146 f.
Naturschnitzel 271 f.
»Naturschnitzel, Wiener« 269
Neunauge 187
»Neunhäutelkrapfen« 518
Netz (Schwein, Kalb) 329
Netzbraten 303
Nieren 327
–, geröstete 327
Nierenbraten, gerollter 262
Nierndeln mit Hirn 327
Nockerl 88 ff., 396 f.
– (Grundrezept) 396
–, Prager 90
–, Salzburger 506 f.
Nudelauflauf, Ödenburger 505 f.
Nudeln 398 ff., 501
–, abgeschmalzene 398 f.
–, Kärntner 400
–, Pinzgauer 400
Nudelsuppe, Tiroler 95
Nußbeugel 532 f.
Nußcreme 555
Nußfülle 537
Nußkipferl 538
Nußkoch 509 f.
Nüsslisalat 456
Nußringe 548
Nußroulade 570
Nußstrudel (Germteig) 529
Nußtorte 564

Oberjägermeistersauce 158
Oberskren, warmer 162
Obersmayonnaise 167
Obstcocktail 466
Obstsalate 574
Obstschüsserl 542
Ochsenauge 138 f.
Ochsenmaul 329
Ochsenmaulsalat 329
Ochsenschlepp 256
– nach Wiener Art, gedünsteter 256
–, steirisch 220
Ochsenschleppsuppe, gebundene 119
–, klare 81
»Ochsenzunge mit Austern« 329
»Ofenkater« 511
»Oisnitzer Ofenkater« 511
»Ofentommerl« 511
Öl 69
»Olio-Suppe« 75 f.
Olla potrida 119
Omelette 514 f.
– à la Kaunitz 142 ff.
– à la Tegetthoff 142
– Châtelaine 144
– George Sand* 515

– Johann Strauß 515
–, spanische 142
Orange Charlotte 573
–, gefüllte 573
Orangenpudding 503
Orangensalat 574
Orangensauce 571
Oxtail 81

Palatschinken 512 f.
Palffy-Gulyás 253
»Palffy-Knödel« 392
»Pallfykrapfen« 532
Panade 482 f.
Panadelsuppe 98 ff.
Paprika 247 f.
–, gefüllte 303
–, gefüllte (kalt) 468
Paprikabraten 261
Paprikagemüse 434
–, gedünstetes 434
Paprikahuhn 344 f.
Paprikakitz 315
Paprikakraut 304
Paprikanieren 327
Paprikareis 403
Paprikasalat 456
Paprikasauce 164 f.
Paprikaschnitzel 272
Paprikaschoten 434
Paradeisbraten 224
Paradeiser 434 f.
–, gebackene 435
–, gebratene 435
–, gefüllte 435, 467 f.
–, geschwenkte 435
Paradeisersalat 457
Paradeiskraut 431, 429
Paradeiskürbis 432
Paradeissauce mit frischen
  Paradeisern 163
– mit Paradeismark 163
Paradeissuppe 120
Parasolpilz 446
Pariser Creme 555
– Kartoffeln 408
– Schnitzel 271
Parmaschnitzel 271
Pastetchen à la Kaunitz 480
– mit feinem Ragout 481
– mit Meeresfrüchten 481
– mit Wildragout 481
»Pastete mit Briesl« 472
Pasteten 471 ff.
– in der Teigkruste 474 f.
– ohne Teigkruste 475 ff.
Pastetengewürz 62
Pastetenteig 473

Pastinak 435
Patriziersalat nach Konsul
  Zimmermann 463
Paulaner Würste 187
Perlhuhn 346 f.
– in Rahmsoße 346 f.
Perlzwiebel, glasierte 442
Pester Gulyás 253
Petersilie, gebacken 435
Petersilienkartoffeln 405
Pfahlmuscheln (Grundrezept) 204
Pfannkuchen 513 f.
– »Gastronom« 514
»Pfannzelten, schwarze« 411
Pfefferkarpfen 185
Pfeffersauce 158
Pfeffersteak* 235
Pfifferling 446
Pfirsich Mirabell 517
Pflanzenfett 70
Pilze, eingemachte 450
Pilzgerichte 445 ff.
Pilzknödel, Kärntner 450
Pilzlaibchen 450
Pilzletscho 450 f.
Pilzling-Kalbfleisch 280 ff.
Pilzomelette 451
Pilzreis 451
Pilzsalat 452, 460
Piroggen 401
Platte, kalte 465 ff.
Plunderteig 536 f.
Plunderteigschnecken 538
Plunderteigstrudel 537
Pofesen 518
Pofesen (Suppeneinlage) 100 f.
Pökelfleisch 294 f.
Polenta 410 f.
– (steirischer) 411
Polnische Sauce 164, 167
Polnischer Karpfen 185 f.
Polsterzipf 540
Pommes chips 408
– frites 408
– noisettes 408
– parisiennes 408
Pörkölthuhn 345
»Pörkölrostbraten« 246
Porree 435 f.
– auf Marchfelder Art 436
–, gedünstet 436
Porreesuppe 122
Porren 202
Potize 530
Poularde à la Maria Theresia
  347 f.
– mit feinem Gemüse, steirische
  347

Poulardenbrust Königin Christine*
  349
Poulardenplatte, kalte 469
Poulet sauté Hotel Sacher* 344
»Powidl« 500 f.
Powidlkolatschen 537 f.
Powidltascherl 499
Prager Nockerl 90
»Preinfleisch« 302
Preiselbeerkompott 577
Preiselbeerkren 169
Preiselbeersauce 476
Preßburger Gulyás 253
Preßwurst 334
Prinzeßbohnen 421
Profiterolen 540
»Prügelkrapfen« 520 f.
Pudding 501 ff.
»Pudding mit Chaudeau (Schodo)«
  502
Punschglasur 554
Punschtorte 564
Purée soissonnaise 442
Püreesuppen 103

Ragout 279
Ragouts (von Schweinefleisch)
  300 ff.
Rahmbraten 224
Rahmdressing 455
Rahmgurken mit Dill 421
Rahmnockerl, saure 397
Rahmsauce 157
– (Wildgerichte) 158
Rahmsauerkraut, ungarisches 431
Rahmschnitzel 272 f.
Rahmsuppe, saure 122
–, süße 122
Rahne 436
Randen 436
Rapunzelsalat 456
Rebhuhn 382 ff.
– à la Andrássy 383 f.
–, gebraten 382
– in Kohl 383
»Rebhuhn mit Austern gefüllt auf
  österreichisch« 384
»Rebhuhn, ungarisches« 150, 384
Rebhuhnbrüstchen auf Salmi
  mit Trauben* 383
»Rebhühner, falsche« 384
Rebhuhn-Salmi 382
Rebhuhnterrine 476
Reh 370 ff.
Rehfilets mit Cumberlandsauce 470
– mit Gänseleber 372
– mit Orangen 371 f.
Rehgulyás 373

Rehleber 373
Rehpfeffer 372
Rehragout 372 f.
Rehrücken 543
– auf böhmische Art 370 f.
–, gespickter 370
– mit flambierten Kirschen* 371
Rehschlegel 363
– in Rahmsoße 371
Rehschulter in Rahmsoße 371
Reibgerstel 97
Reinrostbraten 243
Reis 402 ff.
–, gedünsteter 403
–, gekochter 402
–, gestürzter 403
– Trauttmansdorff 573
Reisauflauf 504 f.
Reisfleisch, serbisches 302
Reisfülle (Huhn) 343
Reisknödel 88
Reiskranz 403
Reisring 403
Reissalat 461
Reissuppe 122 f.
Reizker 446
Remouladensauce 167
Rettichsalat 457
Rhabarberkompott 577
Rhabarberpüree 557
Rhabarberstrudel 494
Rheinanke 187
Ribiselcreme 571
Ribiselkompott 577
Ribiselsauce 571
Rieddeckel, steirischer 220
Rindfleisch 207 ff.
–, Aufteilung und Benennung 212 ff.
–, Beilagen zu gekochtem 217 ff.
–, gekochtes 217 ff.
–, Grillen von 233 f.
– in der Pfanne, Braten von 233
– in Suppe und mit Gemüse,
  gekochtes 219 f.
– Parmentier 255
Rindsbraten (Grundrezept) 222 f.
– à la Trauttmansdorff 223
– auf ungarische Art 225 f.
–, Bordelaiser 224
– mit Rahmsauce 224
–, Znaimer 223
Rindsbratensauce 155 f., 223
Rindsfett 69
Rindsgulyás 252
»Rinds-Gulyás (Gollasch auf
  Wiener Art)« 249
Rindsgulyás, Ableitungen
  252 f.

Rindskamm, gedünsteter 224
–, gekocht 220
Rindskotelett 237
Rindslungenbraten à la Colbert 228 f.
– Medici* 231
Rindsragout 254 f.
– auf bürgerliche Art 255
Rindsrippenstück 237
Rindsrouladen 238
Rindsschmalz 68
Rindsschnitzel, gedünstet 238
Rindsuppe, braune 77 f.
–, helle oder weiße 77
Rindszunge 329
Risipisi 403
Risotto 345 f.
Ritscher(t) 411 f.
Ritterling 446
Roastbeef 226
– auf Gärtnerinnenart 468
Rohgemüsesalate 456 f.
Rohselleriesalat 457
»Rolladen von Kalbfleisch« 274
»Rollaten von einer kälbernen Brust« 274
Rollen (Suppeneinlage) 92 f.
Rollgerstelsuppe 123
Roquefortdressing 455
Rosenkohl 428
Rostbraten 238 ff.
– à la Tegetthoff 244
– auf dem Rost 240
– auf Offiziersart, gerollter 245
–, gebackener 240
–, gerollter 244
»Rostbraten in einer Rahmsoße« 246
Rostbraten, italienischer 243 f.
»Rostbraten mit Zwiebeln« 238
Rostbraten nach Wiener Art, gefüllter 244
»Rostbraten, steirischer« 246
Rostbraten, ungarischer 241 f.
–, Wiener 238 f.
–, Znaimer 242
Röster 574 f.
Röstgemüse 65
Röstkartoffeln 406
Rote Beete 436
Rote Rübe 436
Rote Rüben in Cremesauce 436
Rötel 187
Rote-Rüben-Salat 459
Rote-Rüben-Suppe, polnische 120 ff.
Roter Rübenkren 169
Rotfisch 182

Rotkappe 446
Rotkraut, Wiener 429
Rotkrautsalat, kalter 458
Rouladen 569 f.
– (Suppeneinlage) 92 f.
Roux 155
Rübchen, Teltower 437
Rübe, rote 436
–, weiße 436
Rüben, eingebrannte weiße 436
– in Cremesauce 436
–, saure 436
Rübenkohl 427 f.
Rührei 137
– in Wasserbad 137
Rumfordsuppe 123
Rumglasur 554
Rumpsteak 237
– auf Weinhändlerart 237

Sachertorte 564 ff., 567 f.
Saftgulyás 252
Saibling 187
– auf Weinkennerart 187
Salat, französischer 460 f.
–, grüner 456
– »Helgoland«* 464
»Salat, verzauberter« 454
Salat von Trockenfrüchten 574
»Salat Waldorf« 461 ff.
Salate 453 ff.
Salatkompositionen 460 ff.
Salatsaucen 455 f.
»Salbey oder Frauen-Blätl, gebachenen« 517
Salm 186
Salonbeuschel 319
Salongulyás 253
»Salzburger Braten« 288 f.
Salzburger Koch 509
Salzburger Nockerl 506 f.
»Salzburgernockerln« 507
Salzkartoffeln 405
Salzstangerl 535
Sandmassen (Gebäck, Kuchen) 542 f.
Sandscheiben 549
Sangel 180
Sardellenbutter 68
Sardellenfleisch 220
Sardellenrostbraten 242
Sardellensauce 160, 165
Sardellenschnitzel 273
Sardinenbutter 68
Sauce auf Hausfrauenart 160
– aurore 161
– béarnaise 162
– Béchamel 160 f.

– bonne femme 160
– bordelaise 157
– choron 162
– demi-glace 155 f.
– diable 156
– Duxelles 156
– grand-veneur 158
–, grüne 167
– hollandaise 161
– italienne 157
– Madeira 156
– Maltaise 162
– Mornay 161
– mousseline 161
– piquante 157
– poivrade 158
–, Polnische 164, 167
– Rachel 234
– Robert 156
–, schwedische 168
– tatare (auf Wiener Art) 167
–, Tiroler 167
– vinaigrette 170
Saucen 151 ff.
–, kalte 166 f.
–, selbständige 162 ff.
–, selbständige kalte 168 ff.
–, warme 154 ff.
Sauerbraten 224 f.
Sauerkraut 430 f.
–, eingebranntes Wiener 430
–, gebundenes 431
– mit Speck 430 f.
Sauerkrautsalat 458
Scampi 202
– auf Wiener Art 202
Schaiden 190
»Schaiden-Schnitzel« 190
Schaumrollen 540
Schaumsauce 161
Scheiterhaufen mit Schneehaube 507
»Schifferl« 95
Schill 187 ff.
Schinkenfleckerl 399 f.
–, gebackene 400
Schinkenpofesen 101
Schinkenpudding 403 f.
Schinkenreisdunstkoch 403 f.
Schinkenrollen 469
Schinkenschöberl 86
Schirmpilz 446
Schleie 189
– auf Tiroler Art 189
–, in Bier gedünstet 189
Schlickkrapferl 100
»Schlick-Kräppfel von Krebsen« 100

Schlosserbuben 517
Schmalz 68 f.
Schmalzgebäck 520 ff.
Schmalzstrauben 523
»Schmalz-Suppe von Maurachen oder Morgeln« 104
Schmankerlcreme 571 f.
Schmarren 510 ff.
Schnecken 204 ff.
–, gebackene 205
»Schnecken auf österreichische Art« 205
»Schnecken auf Wiener Art« 205
Schneckenbutter 68, 205
Schnecken in Kräuterbutter 205
»Schneckensalat« 205 f.
Schneeballen 523
Schneenockerln 573
Schneeschlagen 134 f.
Schnepfe 385 f.
– mit Schnepfendreck, gebratene 385
Schnepfendreck 385
Schnepfentimbal à la Metternich 385 f.
Schnitten 569
Schnitten (Suppeneinlage) 100 f.
Schnittlauchsauce* 168
Schnittlauchsauce, Wiener 168
»Schnitzel mit Parmesan-Käß und Semmel-Schnitten, Kälbernes« 268
»Schnitzel, panirte« 268
Schnitzel, Pariser 271
Schnitzel, Tiroler 298
Schnitzel, Wiener 267 ff.
»Schnitzeln, eingebröselte oder panirte« 268
»Schnitzeln, gebachene« 270
»Schnürkrapfen« 521
Schöberl 84 ff.
Schokolade 555 ff.
Schokoladebusserl 549
Schokoladecreme 555
Schokoladecremesauce 570 f.
Schokolade-Eclairs 541
Schokoladeglasur 554 f.
Schokoladekipferl 549
Schokoladekrapferl 549
Schokoladeprofiterolen 541
Schokoladeroulade 570
Schokoladesauce 571
Schöpsenbeuschel 319
»Schöpsencotelettes à la Nelson« 315
Schöpsenrücken, gerollt und gebraten 312
»Schöpsenschlegel, gebraten« 314 f.
»Schöpserner Schlegel auf österreichische Art« 314
Schöpsernes 311 ff.

»Schöpsernes nach Wiener Art« 315
Schöpsernes, steirisches 313
Schott(en)suppe, steirische 125
»Schü« 157
»Schü- oder braune Saftsuppe« 82
Schwalbennester 274 f.
Schwammerlsalat 460
Schwammerlsuppe 123 f.
Schwarzwurzel 437
Schwarzwurzelsuppe 124
Schwedische Sauce 168
Schweinefett 68 f.
Schweinefleisch 283 ff.
–, gekochtes 293 f.
»Schweinen Fleisch zu kochen« 293
Schweineschmalz 68 f.
»Schweinlein, oder Span-Färcklein zu sieden« 293
Schweinsbeuschel 319
Schweinsbraten 289 ff.
– auf Bäckerart 289
– in Senfsauce 290 f.
»Schweinsbraten mit Brotkruste« 289 f.
Schweinsbraten, Wiener 289
Schweinsfilet à la Lueger 296
Schweinsgulyás 300
Schweinskarree auf Kaiserart 291
–, gerolltes 291
Schweinskopf 329 f.
–, gekochter 293
Schweinskoteletts auf Zigeunerart 298
–, gebacken 297
–, gebraten 296
Schweinskotelett in Paprikasauce 298
– in Pörköltsauce 298
– mit Kräutern, gedünstete 297
– mit Kümmelglace 297
–, Szegediner 297 f.
Schweinslungenbraten 292, 297
– im Netz 295
– nach Colbert 295 f.
Schweinspörkölt 300
Schweinsragout à la diable 301 f.
–, steirisches 301
Schweinsrippen, gekochte 294
Schweinsroulade 299
Schweinsschlegel mit Wurzelsauce, gedämpfter 292
–, steirischer 291 f.
Schweinsschnitzel 297
–, gebacken 298
–, pikant 298 f.
Schweinsschwartenaspik 147 f.

Schweinsstelzen 294
Schweinsstelze, garniert 292
Schweinszunge 329
Seefische 190 ff.
Seeforelle 186 f.
Seewolf 191
Seezunge 191
– à la Metternich 191
– auf Wiener Art 191
Seezungenfilets auf Krabbensalat 466 f.
– in Weißweinsauce 192
– Newburgh* 191
Selchfleisch, gekocht 294
Selchkarree, gebratenes 292
Selchsuppe 294
Sellerie 437 f.
–, gebacken 438
Selleriegemüse 437 f.
Seleriesalat 460
Selleriescheiben florentine 438
Selleriesuppe 124
Semmel, Wiener 534 f.
Semmeleinbund 92 f.
Semmelfülle (für Kalbsbrust) 265
– (Huhn) 342 f.
Semmelknödel 88
–, Wiener 391 f.
Semmelkren 162 f.
»Semmel-Pastetchen« 482
Semmelroulade 92 f.
Semmelschmarren 512
Semmelschöberl 86
Senfbraten 223
Senfbutter 68
Senfdressing 455
Senffisolen 420
Senfsauce 156
Serbisches Gulyás 253
Serbisches Reisfleisch 302
Serviettenknödel 392
»Serviettenknödel, böhmische« 392
Setzei 138 f.
»Sezessionsnockerl« 89
Shrimps 202
Skubanki 410
Spaghetti 402
Spanferkel 287 f.
»Spanischen Teig zu machen« 492
Spargel 438 ff.
– auf polnische Art 439
– vinaigrette 440
Spargelbohnen auf Wiener Art 420 f.
Spargelcremesuppe 124
Spargelfisolen 420 f.
Spargelgemüse 440
Spargelkohl 417

Spargelkürbis 432
Spargelplatte 461
Spargelsalat 461
Spargelspitzen 440
Spatzen 397
Spätzle, Vorarlberger 397
Speck 70
»Speck, Gailtaler« 460
Speckdressing 455
Speckknödel, Innviertler 395
Specklinsen 444
»Specksalat« 454
»Speckverhacket« 400
Spiegelei 138 f.
»Spießkrapfen« 521
Spinat 440
– à la Creme 440
–, Wiener 440
Spinatfrittaten 95
Spinatfülle (Kalbsbrust) 265
Spinatpofesen 101
Spinatsuppe 124
Spinattimbale 440
Spitzbuben 548
Spritzaspik 148
Spritzgebäck 549
Spritzkrapfen 522
Spritzstrauben 522 f.
Sprossenkohl 428
Stachelbeerkompott 577
Stachys 440
Stangensellerie 438
»Steckerlobst« 496
Steckrübe 436
Steinbutt 192
Steinpilz 446
– am Rost 450
– auf ungarische Art 450
– auf Wiener Art 450
–, gegrillt 450
Steinpilz mit Paprika 450
»Stephanie-Rostbraten« 246
Sterze 409 f.
Stockfisch 192
– auf Wiener Art 192
Stockschwamm 447
»Stoffat« 221
Stör 189
Stosuppe 125
»Strauben« 522 f.
Streusel 532
Streuselkuchen mit Früchten 532
Strohkartoffeln 408
Strudel 491 ff.
– (Suppeneinlage) 90 ff.
–, Tiroler 495
Strudelteig (gezogener Teig) 493
»Stufato« 221

Sulzgerichte 145 ff.
Suppen 73 ff.
–, braune 105
–, gebundene 102 ff.
–, klare 76 ff.
–, legierte 103
Suppeneinlagen 83 ff.
Suppengrün 76
Suppenhuhn 345
Suppenkräuter 76 f.
»Suppe mit kleinen Vögelein« 104
Suppennudeln 95, 398
Suppentopf, spanischer 119
»Suppenzelteln« 81
Surfleisch 294 f.
Süßspeisen 485 ff.
Süßspeisen-Abc 489 ff.
Süßwasserfische 186 ff.
Szegediner Gulyás 300
Szegedinerkraut 431
Szekelygulyás 300

Tafelspitz, gedünsteter 224
Tafelspitz im Hotel Sacher* 219
»Tafelstück, gefülltes« 221
Tarhonya 411
»Tartarin-Schnecken« 204
Taschèrl 499
Tartarensauce 167
Tatschkerl 499
Taube 355 f.
– auf Wildbretart 356
–, gefüllte 356
–, in Alufolie gebraten 355
Teegebäck 548 f.
Teige für Fruchtknödel 497 f.
Teigeinlage 94 ff.
Teigwaren 398 ff.
»Tellerfleisch« 220
Tellersulz, Wiener 150
Teltower Rübchen 437
Terrinen 475 ff.
Teufelssauce 156
Tiroler Knöderl 88
– Leber 326
– Sauce 167
– Speck 294
Tomaten 434 f.
Tomatensalat 457
Tomatensauce 163
Tomatensuppe 120
Tommerl 411
Topfenfülle 537
Topfen-Haluska 400 f.
Topfenknödel 498 f.
Topfenkolatschen 537 f.
Topfennudeln 400
Topfenoberscremetorte 568

Topfenpalatschinken 513
Topfenschnitten 539
Topfenstrudel 495
–, Wachauer 495
Topfentascherl 499
Topfenteig (Fruchtknödel) 498
Topfentorte, gebackene 568
Topinambur 440 f.
Torteletten 473
Torten 557 ff.
Totentrompete 447
Tournedos 235 f.
– à la Maria Theresia 235
– à la Metternich 236
– à la tyrolienne 236
– auf Jägerart 236
– bouquetières 236
– mit grünem Erbsenpüree 236
– mit Sauce béarnaise 236
– Prince Rohan* 236
– Rossini 236
Triester Gulyás 253
»Triett« 290
»Trisenet« 290
Trockenaspik 147
Tropfteig 96 f.
Trüffel 447
Trüffeln 452
– in Butterteig 452
– in der Asche 452
Truite en papillote 179
Truthahn, gebratener 354
Tunkmasse 555
»Türkenpfanzl« 511
»Türkentomele« 511

Ulmer Gerstelsuppe 123

Vanillecremesauce 570
Vanillekipferl 549
Vanilleoberscreme 569

Vanillepudding 502 f.
Vanillerostbraten 240
»Verhacket« 400
Vermicelle-Kartoffeln 407
Vincentsauce 167
Vogerlsalat 456
Vorspeisen 127 ff.

Wacholderdrossel 386 f.
»Wacholder-Vögel à la Candale«
    386
Wachtel 386
Wachtelfarcenockerl* 90
Wachteln, gebratene 386
– auf böhmische Art 386
Wachtelsuppe, klare* 78
Waldorf-Astoria-Salat 461 ff.
Waller 189 f.
Wasserglasur 554
Wasserspatzen 397
»Wasserspatzen, schwarze« 397
Weichselkompott 577
Weinchaudeau 571
Weincreme mit Früchten 572
Weincremesauce 571
Weinkoch 510
Weinkraut 429
Weinschaum 571
Weintraubenkompott 577
Weintraubenstrudel 495
Weißbrot 533 ff.
Weißkohl 429
Weißkraut 428 ff.
Weißweinsauce 160
Wels 189 f.
Wildfond 158
»Wiener Aal« 176
»Wiener Koch« 508
Wiener Kohl 426
Wiener Krapferl 548
– Schnitzel 267 ff.

»Wienerschnitzel« 269
Wiener Tascherl 542
– Wäschermädel 517
Wild 357 ff.
Wildbeize, kalte 361
Wildente 387
–, gebraten 387
– in Orangensauce à la Bigarade
    387
Wildgeflügel 377 ff.
Wildgeflügelpastete 477
Wildkaninchen 316
Wild-Kraftsuppe 80
Wildpastete 477 f.
»Wildpret-Pastetten« 477
Wildpüreesuppe 125 f.
Wildsauce 158
Wildschwein 374 ff.
Wildschweinernes, steirisches 376
Wildschweinsteak Gorwatsch
    375 f.
Wildsuppe 103, 125
Wirsingkohl 427
»Wollsuppe« 97
Wruke 436
Wuchteln 529
»Wunderbarer Sallat« 454
Würste 332 ff.
»Wurzelfleisch« 290
Wurzelfleisch, steirisches 300 f.
– vom Rind 254 f.
Wurzelwerk 76
Würzkräuter (für Salatmarinaden)
    455 f.

Zander 187 ff.
– à la Sacher 188
– auf Königinnenart 188
Zeller 437 f.
Zellersalat 460
Zelny-Gulyás 253

»Zemmer schöpsenen zuzurichten«
    314
Ziest 440
»Zigeuner-Gulyas« 249
Zigeunergulyás 253
Zigeunersauce, kalte 168
»Zipfelmützeneier« 140
Zitronencreme 572
Zitronenglasur 554
Znaimer Gulyás 253
Zucchetti 441
Zucchini 441
Zuckererbsensuppe 126
Zunge 328 f.
–, gedünstete 329
Zuckererbsen 418
Zuckermais 432
»Zugemüse« 414
»Zuspeis« 413 ff.
Zweckerln 399
Zwetschkenfleck 532
»Zwetschken, gebackene« 517
»Zwetschkenmuß« 500 f.
Zwetschkenknödel 498
Zwetschkenkompott 577
Zwetschkenröster 574
Zwiebel 441 f.
–, braunglasierte 441
–, glasierte 441
– in Backteig 441
–, weißglasierte 441
Zwiebelfleisch 254
– nach Hausfrauenart 254
Zwiebelkartoffeln 406
Zwiebelnockerl 396 f.
Zwiebelpüree 441 f.
Zwiebelpüreesuppe 126
Zwiebelrostbraten 238 f.
Zwiebelsalat 460
Zwiebelsauce, Wiener 164
Zwischenrippenstück 237